中共松阳县委
松阳县人民政府 主办

松陽年鑒

2020

总第17卷

松阳县地方志编纂委员会 编

方志出版社
Publishing House of Local Records

图书在版编目(CIP)数据

松阳年鉴. 2020 / 松阳县地方志编纂委员会编. --
北京 : 方志出版社, 2020.9
ISBN 978-7-5144-4517-6

Ⅰ. ①松… Ⅱ. ②松… Ⅲ. ①松阳县 -2020 - 年鉴
Ⅳ. ①Z525.54

中国版本图书馆 CIP 数据核字(2020)第 202120 号

松阳年鉴(2020)

编　　者:松阳县地方志编纂委员会

责任编辑:程　倩

出 版 者:方志出版社

地址　北京市朝阳区潘家园东里 9 号(国家方志馆 4 层)

邮编　100021

网址　http://www.zgfzcb.cn

发　　行:方志出版社图书经销中心

电话(010)67110500

经　　销:各地新华书店

印　　刷:丽水日报印务有限公司

开　　本:889×1194　　1/16

印　　张:31.5

字　　数:989 千字

版　　次:2020 年 9 月第 1 版　　2020 年 9 月第 1 次印刷

印　　数:001～800 册

ISBN 978-7-5144-4517-6　　**定价**:300.00 元

编辑说明

BIANJI SHUOMING

一、《松阳年鉴》由松阳县地方志编纂委员会编纂。《松阳年鉴（1998～2003）》为第1卷；从2004年始，每年编辑1卷；《松阳年鉴（2020）》为第17卷。

二、《松阳年鉴（2020）》记述时限为2019年1月1日至12月31日。《松阳年鉴（2020）》以马克思列宁主义、毛泽东思想、邓小平理论、“三个代表”重要思想、科学发展观、习近平新时代中国特色社会主义思想为指导，围绕建设“田园松阳”奋斗目标，全面贯彻“绿水青山就是金山银山”战略思想，沿着“绿色发展、科学赶超、生态惠民”发展主线，突出文化引领，坚持品质发展，推动“田园松阳”升级版建设迈出新步伐、取得新成效、开创新局面。该年鉴坚持以服务松阳改革开放、经济建设和构建和谐社会为宗旨，全面、系统地记载2019年松阳县政治、经济、文化、社会和生态文明建设的基本情况，为社会各界读者了解和研究松阳提供基本信息资料，为各级领导和有关部门的决策提供借鉴和依据，同时发挥资政、存史作用。

三、《松阳年鉴（2020）》坚持年鉴全面性、科学性、连续性和常编常新的原则，因2019年为机构改革年，机构变动较大，故在保持原来类目的基础上进行适度创新和调整。

四、《松阳年鉴（2020）》采用分类法编辑，由类目、分目、条目三级层次组成，部分分目增设次分目，全书设类目32个。

五、根据图书出版要求，条文中亩、公里、公斤分别换算成公顷、千米、千克，个别情况例外。

六、本卷年鉴所载信息资料数据由全县各承编单位撰稿人提供，经县档案馆《松阳年鉴》编辑部整理编辑，各供稿机关、单位审核形成，如部分数据合计或相对数由于单位取舍不同而产生的计算误差，均未做机械调整。

七、书中如有疏漏与不妥之处，恳请广大读者批评指正。

内部用图

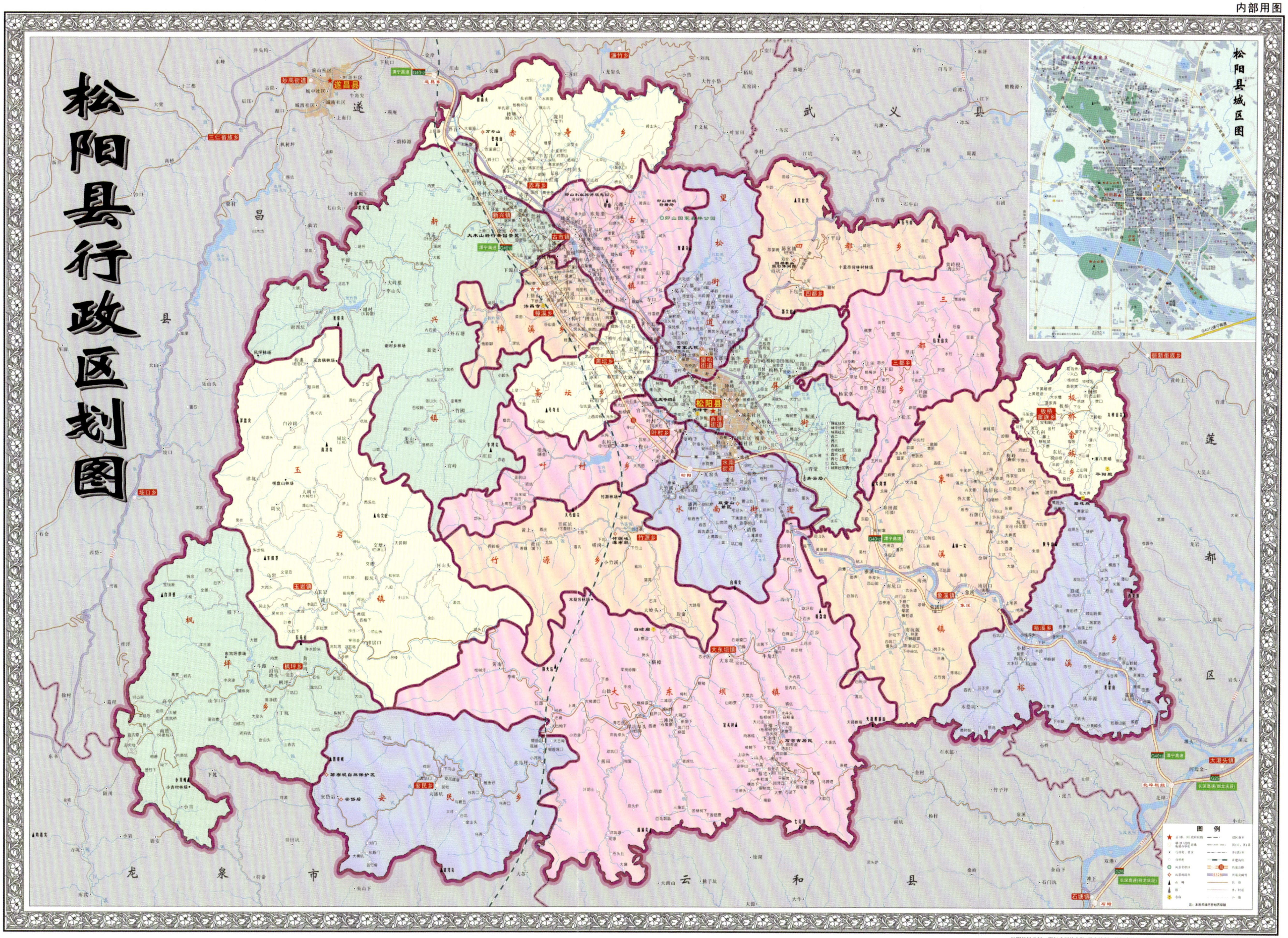

松阳县民政局、浙江省测绘大队 联合编制 地图审核号：浙丽S(2020)1号 2020年2月第1版 2020年2月第1次印刷

2019年1月2~3日，浙江省委书记车俊（右三）到丽水开展“服务企业、服务群众、服务基层”活动期间，在丽水市委书记胡海峰（右二）的陪同下，到松阳考察调研产业发展、基层群众生产生活和美丽乡村建设工作

2019年1月9日，松阳县委十届六次全体(扩大)会议暨机构改革方案通报会召开

2019年1月14～15日，浙江省农业农村厅副巡视员徐建华（右二）到松阳开展“三服务”活动

2019年1月16日，丽水市委副书记李锋（左三）到松阳开展“三服务”活动并调研乡村振兴工作

2019年2月11日，松阳县创建国家森林城市启动仪式暨2019年新春义务植树活动在卯山国家森林公园举行

2019年2月20日，松阳县委副书记、县长李汉勤（前右二）调研县(市、区)长工程项目

2019年2月28日，浙江省卫生健康委副主任曹启峰（左二）带领省考核专家组到松阳，开展基本公共卫生服务项目考核和基层卫生健康调研

2019年3月7日，松阳县召开"浙西南革命精神"弘扬践行活动动员大会

2019年3月13～14日，中国文物保护基金会理事长励小捷（前右一）、国家文物局副局长胡冰（前左二）一行到松阳县调研“拯救老屋行动”项目，并召开绩效考评汇报会

2019年3月25日，县委副书记、县长李汉勤（右三）带队到部分危化企业检查安全生产工作

2019年3月26～27日，中国国际茶文化研究会会长、省政协原主席周国富（右二）到松阳考察乡村振兴工作，县委书记王峻（右一）陪同

2019年4月2日，浙江省政协副主席陈铁雄（前左三）一行到松阳县板桥畲族乡调研传统村落保护工作

2019年4月2日，县委副书记、县长李汉勤（前左一）到西屏街道检查松材线虫病防治情况并调研乡村振兴等工作

2019年4月2日，松阳县举行“纪念高亭战斗70周年系列活动”

2019年4月8日，浙江省人大常委会副主任史济锡（前中）到松阳县开展促进民营经济高质量发展、《浙江省学前教育条例》执法检查、“三服务”等调研活动

2019年4月8日，松阳县与深圳赫兹波生物科技有限公司举行细胞理疗仪项目签约仪式

2019年4月11日，仙居至庆元公路松阳县水南至枫坪段暨要津南路延伸段工程项目征迁工作动员会召开

2019年4月12日，农业农村部党组成员、中央农办秘书局局长吴宏耀（前左二）带领调研组到松阳，在开展传统村落保护发展和利用工作专题调研

2019年4月18～19日，北京市门头沟区区委副书记、区长付兆庚（前左一）带领政府考察团到松阳考察乡村振兴等工作，县委副书记、县长李汉勤（中）陪同

2019年4月19日，“对标欧盟肥药双控·丽水在行动”暨全市“春耕支农”和“送科技下乡”服务活动在松阳县新兴镇举行

2019年4月21日，江西省婺源县县委书记吴曙（中）带领党政代表团到松阳考察茶产业发展等工作

2019年4月25～27日，全国政协常委、副秘书长，民革中央副主席兼秘书长李惠东（前左二）带队到松阳，在浙江省政协常委、副秘书长，民革浙江省委会专职副主委刘净非（前右二），县政协主席毛建南（右一）等陪同下，调研考察乡村振兴和民革丽水市委会松阳县支部工作

2019年5月6日，松阳县委书记王峻（左五）带领相关部门负责人调研文旅项目和重点项目推进情况

2019年5月8日，四川省巴中市委书记罗增斌（左二）带领党政代表团到松阳考察

2019年5月8日，安徽省工商联党组成员、副主席司应武（右一）带领“千企结千村、消灭薄弱村”台账工作检查

2019年5月15日，丽水市委常委、纪委书记、监委主任方文军（前右三）到松阳开展调研指导清廉建设工作

2019年5月27日，松阳县举行2019年扩大有效投资第二批项目“集中开工”活动启动暨丽水学院松阳校区开工仪式

2019年6月1日，“松阳故事一小时”发布会在2019年第三届杭州（国际）未来生活节主会场举行

2019年6月10日，松阳县委副书记、县长李汉勤（左三）调研大花园（创新区）绿道项目建设

2019年6月21日，2019年丽水市社科普及周在松阳县樟溪乡红糖工坊启动

2019年6月24日，松阳县庆祝中国共产党成立98周年纪念大会暨行政村规模调整工作动员部署会召开

2019年6月24～26日，浙江省政协主席葛慧君（中）带队到松阳开展蹲点调研

2019年7月2日，松阳县举行庆祝中国共产党成立98周年、新中国成立70周年暨弘扬践行“浙西南革命精神”合唱比赛

2019年7月3日，县领导王峻（前右二）、杨金跃（前右一）到工业园区、在建项目现场及重点企业，专题调研工业招商落地、企业运行管理等情况

2019年7月9日，县委书记王峻（前左三）专题调研衢宁铁路松阳段建设工作

2019年7月9～11日，浙江省残联党组书记、理事长蔡国春（左三）一行到松阳开展“不忘初心、牢记使命”主题教育蹲点调研和“三服务”活动

2019年7月15日，县委副书记、县长李汉勤（前右二），县委常委、常务副县长杨金跃（前右三）到衢宁铁路松阳段项目建设工地，实地考察火车站站前广场及站前大道等项目建设进展情况

2019年7月17日，活态传承非遗项目松阳高腔红色革命题材剧目《箬寮风雷》在金华市中国婺剧院首演

2019年7月19～21日，松阳县委副书记、县长李汉勤（左二）带队到四川省巴中市巴州区开展东西部扶贫协作工作

2019年7月21~22日，松阳县委书记王峻（前右三）带领考察团到余姚市，考察“消薄飞地”项目、吉利新能源汽车制造、农产品加工、高新技术产业发展等情况

2019年7月23日，丽水市人大常委会主任虞红鸣（右二）带领省人大代表丽水中心组成员到松阳开展小组联组活动，专题考察调研乡村振兴战略实施开展情况

2019年7月25～26日，余姚市委副书记、市长潘银浩带领余姚市党政代表团到松阳，考察山海协作推进工作并召开专题座谈会

2019年7月30日，余姚市委常委、中意宁波生态园党工委副书记、管委会副主任韩柏顺（前右一）带领中意产业园考察团到松阳开展为期3天的松阳中医药产业、茶产业、古村落保护、山海协作产业园发展情况考察

2019年8月1日，县领导王峻、翁樟明、毛建南、王立武等走访慰问驻松部队官兵和应征青年

2019年8月20日，浙江省政协副主席周国辉（左三）到松阳调研生态产品价值实现机制工作

2019年8月28日，浙江省政协副主席马光明（前右三）到松阳县出席“松阳县茶业政协委员会客厅正式开门迎宾首场活动”

2019年9月6日，2019年浙江省第八届运动休闲旅游节开幕式在松阳县双童山景区举行

2019年9月23~24日，丽水市“大搬快聚富民安居工程”现场推进会在松阳县召开

2019年9月26日，丽水市委常委、宣传部部长任淑女（左三）到松阳县走访慰问省优秀党务工作者李金凤

2019年10月15日，“乡村振兴”浙江省远教专家服务松阳行活动在市政广场启动

2019年10月15日，四川省巴中市职业中学建档立卡贫困学生86人到对口帮扶学校——松阳县职业中专开展学习交流

2019年10月15日，江西省政协副主席、抚州市委书记肖毅（中）带领抚州市党政代表团在丽水市委常委、市纪委书记方文君（左一）的陪同下到松阳考察

2019年10月15日，浙江省水利厅党组成员、水文中心主任江海洋（左二）到松阳县检查指导农村饮用水达标提标工作

2019年11月5～6日，浙江省委第十一巡回指导组组长章文彪（左三）一行到松阳县督查指导“不忘初心、牢记使命”主题教育

2019年11月6日，“第二届全国香榧炒制大赛”在松阳县举办

2019年11月11日，由联合国人居署、浙江省住房和城乡建设厅、丽水市人民政府主办，松阳县人民政府承办的第一届城乡联系国际论坛在松阳县汤兰公所开幕

2019年11月19~20日，嘉兴市委常委、经济技术开发区党工委书记陈利众（右二）带领嘉兴市经济技术开发区考察团到松阳县考察农文旅融合、乡村旅游及精品民宿建设与发展等方面情况

2019年12月7～8日，2019丽水·松阳中国天空跑国际挑战赛登高赛在松阳县开跑

2019年12月31日，衢丽铁路建设动员会暨松阳站北干渠水利改造工程开工仪式在衢丽（宁）铁路松阳站站区举行

目　录

特　载

专　辑

大事记

名　录

松阳概况

中国共产党松阳县委员会

松阳县人民代表大会
县人大常委会

松阳县人民政府

中国人民政治协商会议松阳县委员会

中共松阳县纪律检查委员会松阳县监察委员会

民主党派　工商联

人民团体

法治　军事

城乡建设

信息互联网

交通运输　电力

农业　水利　气象

自然资源规划

工　业

商贸服务业

财税　国资管理

金融　保险

综合经济管理

综合执法 应急管理 环保

教育 科技

文体　旅游

融媒体　华数

医疗　卫生

社会事务管理

乡镇（街道）

荣　誉

附 录

特 载

松阴溪绿道

加快推进治理体系和治理能力现代化 为高质量建设"田园松阳"升级版提供坚强保障

——2020年3月4日县委书记王峻

在县委十届九次全体（扩大）会议暨全县干部大会上的报告

一、砥砺创新、奋发作为，全县经济社会发展不断取得新成效

过去一年，面对国内外风险挑战明显上升的复杂局面，县委常委会全面贯彻落实中央、省、市决策部署，始终坚持"两山"发展理念，紧紧围绕"田园松阳"升级版建设战略目标，坚持"稳中求进"工作总基调，紧盯重点工作、重点任务、重点指标，克难攻坚、砥砺奋进，推动全县各项事业取得新进展。初步核算全年地区生产总值115.55亿元，增长8.4%；一般公共预算收入7.89亿元，增长8.5%；社会消费品零售总额54.85亿元，增长13.0%；城镇居民人均可支配收入40432元，增长8.9%；农村居民人均可支配收入19371元，增长10.4%。

一是发展思路更加系统清晰。坚持一张蓝图绘到底，坚定不移贯彻县第十次党代会和历次全会精神，与时俱进完善县域发展思路，专题研究了浙西南革命精神弘扬践行和红色资源价值转化工作，细化"中国茶乡""国际乡愁旅游目的地""国际中医药康养胜地""国际艺术创作交流胜地"建设目标、实施步骤，谋划推进有机农耕强县建设、趟出乡村振兴新路等创新工作，对县域发展战略、发展布局和落地举措作了系统完善和有益补充，有效构架了县域经济社会发展的四梁八柱。

二是生态经济更加绿色高效。以绿色生态为导向、全域旅游为驱动、融合发展为特征的新型经济业态呈现蓬勃发展态势。生态农业质效齐增，累计建成生态农业基地46家，实现第二批40种禁限用农药全面退市，松古盆地入选首批省级农村产业融合发展示范园创建名单，新增"中国十大生态产茶县""中国茶业百强县"两张"国字号"金名片，松阳成功入选首批部省共建乡村振兴示范省先行创建名单，创成省级农业绿色发展先行县。生态工业取得突破性发展，出台企业减负"二十条"、企业用工"十五条"，为企业减负2.3亿元，制定不锈钢管产业转型升级三年行动计划和培育发展数字经济三年行动计划，省"两化融合"、不锈钢"机器换人"、茶产业改造提升3个省级试点和省级工业互联网平台建设深入推进，产业清洁化、标准化、智能化水平不断提升；深入实施"亩均论英雄"改革，盘活低效闲置工业用地25.06公顷。招商引资态势向好，全年引进大项目12个，中德AI产业园、细胞理疗仪等一批优质项目落地建设。全域旅游品牌进一步打响，全县民宿（农家乐）总数达526家、床位5081张，在全市率先通过国家全域旅游示范区创建初评，平田村入选全市唯一的全国乡村旅游发展典型案例，全年实现旅游收入55.10亿元，同比增幅31.5%，增幅排名全市首位。

三是人居环境更加舒适宜人。统筹推进"五水共治""五气共治""三改一拆"、小城镇环境综合整治、洁净家庭创建等工作，空气质量优良率99.5%，荣获"中国天然氧吧"称号，出境水质一类比例上升13.1个百分点，"五水共治"群众满意度全省第一，成功夺取大禹鼎。城中村改造稳步推进，完成老城"街巷疏浚"和北山区块征迁工作，青田码道、瓦窑头区块改造有序实施，创成省级"基本无违建县"。快速平稳完成行政村规模调整，行政村从401个减少至203个。环城西路、屏安东路顺利打通，独山大桥建成通车，南城路网框架基本成型，衢宁铁路松阳站房建设基本完成，衢丽铁路开工建设，西竹玉公路实现无障碍施工，全域交通布局和区位条件加快改善。

四是社会事业更加优质均衡。教育基础环境持续改善，文教区块初见雏形，"一蛋一奶""空调进教室""放学后托管服务”等工作落实到位，高考上线率99.8%，创历史新高，顺利通过省对县教育督导评估，教育现代化指数居全市第一。医共体建设有序推进，县级医院与乡镇卫生院结对率、乡镇卫生院标准化建设率均达100%。深入推进中医药复兴地建设，设立中医药发展基金会，中医智能医联体项目建成投用。成功举办国际半程马拉松、全国围棋甲级联赛等高等级赛事活动，天空跑国际挑战赛入选省精品赛事，《箬寮风雷》入选省第十四届艺术节终评剧目。全面完成“消薄”任务，村均经营性收入超6万元。社会大局持续保持和谐稳定，圆满打赢“平安护航新中国成立70周年大会战”。成功创建省级食品安全县，群众满意度位列全省第一。

五是开放交流更加广泛深入。积极融入长三角一体化发展，与上海市松江区、金山区枫泾镇结对友好县区（镇），嘉兴“飞地”项目稳步推进。成功举办第二届世界丽水人大会松阳分会、中国（国际）茶商大会、国际现代有机农业峰会、首届城乡联系国际论坛等活动，并作为全国唯一受邀县级代表参加首届联合国人居大会和第十届世界城市论坛，得到省委主要领导点赞。积极拓展深化国际友城关系，与意大利奎斯泰洛市签订教育合作备忘录，与俄罗斯科洛姆纳市结成友好城市并签订合作初步协议。积极开展国际招商，北京碧山国际旅行社落地松阳，完成国际袋泡功能茶项目战略合作协议签订工作。

六是改革创新更加全面有力。深化“最多跑一次”改革，实现公事、商事、民事全覆盖，1378项事项实现“全域一证通办”。创新“1+N”代办模式，让偏远山区群众实现“零跑腿”，累计代办事项达7000余件，获《人民日报》《浙江日报》点赞。统筹推进“标准地”“承诺制”“多证合一”等改革，营商环境持续优化，“承诺制”实现“零”突破，在全市率先实现企业开办全流程“一日办结”。深化国企改革，完成文旅投、水投、交投、城投组建，国投和田园强村公司实现稳健运营。三都乡上田村、大东坝蔡宅村和山头村等乡村振兴改革试点成效初显，实现实体化运营。“拯救老屋行动”入选国家文物局首份《文物建筑开放利用案例指南》。制定发布全国首个《乡村景区无障碍建设导则》地方标准、全省首个《传统村落保护建设规范》。

七是管党治党更加坚强有力。高质量开展“不忘初心、牢记使命”主题教育，完成问题整改3000余个，开展各类志愿服务3.6万人次，为群众办实事好事1.44万件（次）。坚定落实“全面从严治党”主体责任，高标准完成省委巡视反馈问题整改，扎实推进县委巡察，认真落实共性问题整改，完成十届县委第五、第六、第七轮政治巡察，并以“巡乡带村”方式对111个行政村开展政治巡察。大力弘扬践行浙西南革命精神，积极推动红色资源价值转化，为高质量绿色发展“注魂赋能立根”。深入推进“清廉松阳”建设，打好社会环境综合整治、扫黑除恶专项斗争等组合拳，全年共处置各类问题线索288件，立案117件，给予党纪政务处分111人、留置7人、移送司法机关7人。坚持实干担当用人导向，着力整治不担当、不作为、慢作为问题，结合巡视整改处置干部44人次。统战社团与省知联会共创同心实践基地工作得到省委主要领导点赞。全面加强党管武装工作，军民融合取得积极进展。

这些成绩的取得来之不易，是上级党委政府正确领导的结果，是全县广大党员干部真抓实干的结果，更是全县人民共同奋斗的结果。在此，我谨代表县委常委会向各位委员、向奋战在全县各条战线的广大党员和干部群众致以崇高的敬意和真挚的慰问！

在看到成绩的同时，我们也清醒地意识到在发展中还面临着诸多困难和挑战，主要体现在：一是呼应县域发展战略“四梁八柱”的细化落地研究还不够，推动理念落实落地仍有较大差距；二是符合生态文明建设理念的现代经济体系尚未真正成型成势，生态产品价值转化通道依然没有充分打开；三是制约高质量绿色发展的体制机制障碍和要素瓶颈还有不少，改革创新的力度还需进一步加大；四是优质公共服务供给仍然不足，县域治理体制还不够完善，基层治理能力还需进一步提升；五是干部队伍的担当精神、思想理念、能力作风与高质量发展要求还有差距，侵害群众切身利益的腐败与作风问题依然存在，基层党建仍需持续加强，等等。面对这些困难和挑战，我们必须高度重视、下定决心、采取措施，全力予以解决。

二、落实要求、补齐短板，加快推进县域治理体系和治理能力现代化

县域治理是国家治理的重要基石。县域治理工作成效，事关县域社会和谐稳定，事关党和国家的长治久安。党的十八大以来，以习近平同志为核心的党中央从党和国家事业发展全局和战略高度出发，就推进国家治理体系和治理能力现代化提出一系列新理念新思想新战略。党的十九届四中全会就坚持和完善中国特色社会主义制度、推进国家治理体系和治理能力现代化若干重大问题作出决定，深刻回答了“坚持和巩固什么、完善和发展什么”的重大政治问题，系统阐释了“中国之治”的制度价值、制度逻辑和制度内涵，为实现我们党长期执政和国家长治久安、中华民族伟大复兴中国梦提供了根本制度保证。省委十四届六次全会和市委四届七次全会就认真学习贯彻党的十九届四中全会精神进行了全面部署、作出了重要决定，为松阳推进县域治理现代化提供了遵循。

面对新时代、新任务、新要求，县委常委会认为，在更高水平上完善社会治理体系，推进县域治理能力现代化，是贯彻落实中央、省委和市委

决策部署的政治要求，是加快补齐县域治理短板、建设“田园松阳”升级版的迫切需要，更是实现“振兴松阳”的内在要求。全县各级党组织和广大党员干部务必要把学习贯彻党的十九届四中全会、省委十四届六中全会和市委四届七次全会精神作为重大政治任务，增强“四个意识”、坚定“四个自信”、做到“两个维护”，切实强化模范践行中国特色社会主义制度的责任担当，创新落实各项治理举措，努力实现松阳长治久安，谱写高水平推进县域治理体系和治理能力现代化的新篇章。

主要目标：构建“制度设计更趋完备、制度运行更加有效”的县域治理制度体系，形成更加安全稳定的社会环境、更加公平正义的法治环境、更加和谐包容的人文环境、更加诚信有序的市场环境、更加真诚友善的服务环境，推进松阳县域治理现代化走在全省、全市前列，打造全国平安建设先进县。到我们党成立一百年时，在县域治理上积累形成一整套更加完备、更加有效的制度体系，为与全省同步高水平全面建成小康社会提供更有效的坚实保障。到2035年，现代化的县域治理制度体系全面形成，并充分转化为治理效能，基本实现县域治理现代化。到新中国成立一百年时，高水平全面实现县域治理现代化，形成与全省同步高水平全面建设社会主义现代化的强有力制度保障。

（一）完善县域治理体系

县域社会治理体系是党委领导下政府和社会共建共治共享的制度体系，包括一整套紧密相连、衔接协调的体制机制和制度安排。要认真学习领会中央、省委和市委推进社会治理体系和治理能力现代化的系列部署要求，坚持系统谋划、整体推进，不断提升县域社会治理体系现代化水平。

——构建县域社会治理的政治体系。按照“坚持和加强党的全面领导、提高政府治理效能、形成社会治理合力”原则，加快构建优化、协同、高效的县域政治体系。一是全面加强党的领导，构建总揽全局、协调各方的党委领导体制，推动社会治理融入县域经济社会发展全过程，形成问题联治、工作联动、平安联创的格局。二是优化组织领导框架，构建职能优化、运行高效、上下贯通、执行有力的组织体系。三是加强落实效能，构建区域联动、部门协作的重大决策部署贯彻落实机制，推动基层治理向每个角落延伸。

——构建县域社会治理的法治体系。加快构建系统完备、科学规范、集约高效的县域社会治理法治体系，实现社会治理制度化、规范化、程序化。一是建立公正权威的县域法治实施体系，健全落实依法决策机制，推动程序公开化、裁量标准化、行为规范化。二是建立规范严密的县域法治监督体系，建立健全立体化、全天候的县域法治监督网络。三是建立务实管用的县域法治保障体系，构建全县统一的公共法律服务网络。

——构建县域社会治理的德治体系。坚持以社会主义核心价值观为统领，完善社会、学校、家庭“三位一体”的德育网络，加快构建具有中国特色、彰显时代精神、体现松阳特色的县域德治体系。一是加强社会公德建设，健全县域媒体宣传引导机制，弘扬真善美、贬斥假恶丑，不断提高群众公德修养。二是加强职业道德建设，大力倡导爱岗敬业、诚实守信、办事公道、服务群众、奉献社会、精益求精的职业道德。三是加强家庭美德建设，培育尊老爱幼、男女平等、夫妻和睦、勤俭持家、邻里团结的家庭美德。四是加强个人品德建设，推动各级学校思想品德教育创新，进一步完善符合当代青少年成长规律的德育体系。

——构建县域社会治理的自治体系。加快构建民主、开放、包容的县域自治体系，打造人人有责、人人尽责、人人享有的社会治理共同体，提高县域社会治理社会化水平。一是完善基层群众自治机制，健全以群众自治组织为主体、社会各方广泛参与的新型社区治理体系。二是完善企事业单位自治机制，健全职工代表大会、工会等民主管理机制，发挥好维护职工权益、化解内部矛盾的积极作用。三是完善社会组织自治机制，推动城乡社会组织成为制度健全、运行规范、充满活力的自治实体，释放社会组织微治理的大能量。

——构建县域社会治理的智治体系。充分利用5G、大数据、互联网等现代信息技术，提升县域治理的智慧化水平。一是紧密结合“智慧城市”建设，运用现代科技手段推动社会治理体系架构、运行机制和工作流程创新。二是提高运用大数据辅助决策能力和运用现代科技强化治安防控能力，建立人工智能决策辅助平台和社会稳定数据信息系统，推动从依靠直觉与经验决策向依靠大数据决策转变，从被动“堵风险”向主动“查漏洞”转变。三是提高运用信息技术服务群众能力，着力解决企业和群众反映强烈的办事难、办事慢、办事繁问题。

（二）提升县域治理能力

社会治理能力现代化是实现社会治理现代化的重要保证。要善于以联动融合、开放共治的理念协调社会关系，以法治思维、法治方式调处社会矛盾，以经济、行政、道德等多种手段规范社会行为，以大数据、人工智能等新技术防控社会风险，不断提高县域社会治理能力。

——提高系统谋划能力。牢牢把握时代发展规律，牢固树立“大治理”理念，坚持系统性、全局性、关联性、协同性思维，立足松阳实际，整合各方面资源，审时度势、深谋远虑，推动系统治理、依法治理、综合治理、源头治理。善于以系统思维进行顶层设计和整体谋划，正确处理局部与全部、部分与整体的关系，推动实现社会建设与经济建设同步、平安幸福与民生改善共进、客观指标与群众感受相符。

——提高依法执政能力。认真贯彻执行《中国共产党地方委员会工作条例》，加强和改进县委对法治工作的绝对领导，支持和保证权力机关、行政机关、司法机关依法行使权力。健全科学决策、民主决策、依法决策机制。加强党内法规制度建设，运用党内法规把党要管党、全面从严治党落到实处，促进党员干部模范遵守国家法律法规。提高党员干部法治思维和依法办事能力，把法治建设成效作为衡量各级领导班子和领导干部工作实绩的重要内容，纳入政绩考核指标体系。

——提高群众工作能力。把济民困、解民忧作为推进社会治理的出发点和落脚点，着力破解教育、就业、社会保障、医疗、住房等群众最关心、最迫切需要解决的难题。把识民意、察民情作为决策的前提，拓展、畅通民意收集渠道，完善党代表、人大代表、政协委员联系群众制度，完善“一联十四”制度，确保群众诉求畅通无阻。把聚民智、汇民力作为推进社会治理的重要依托，主动适应互联网时代的新特点、新要求，走好网上群众路线，构建起县域社会治理的网上网下同心圆。

——提高攻坚克难能力。针对农民增收难题，深入实施低收入农户高水平全面小康计划，形成更加精准可持续的增收富民政策体系。针对农户单兵作战、效益不高、增收不快等问题，创新农民组织化发展机制，推进混合所有制、农合联等多样化联合合作发展模式，保障农民享受全产业链增值收益。针对矛盾纠纷化解难题，聚焦影响社会稳定的历史遗留问题，摸清底数、攻坚克难、削减存量、控制增量。通过领导干部定期下基层大接访等多种方式，切实解决群众的合理合法诉求，将矛盾化解在一线。

——提高驾驭风险能力。坚定理想信念，增强忧患意识，遇到矛盾和问题不绕着走，在风险和挑战面前不回避、不退缩，建立健全风险研判机制，制定针对性的风险应对策略；建立健全决策风险评估机制，将风险评估作为必经程序；建立健全风险防控协同机制，推动风险信息及时互通共享；建立健全风险防控责任机制，坚持一级抓一级、层层抓落实。既要高度警惕“黑天鹅”事件，也要防范“灰犀牛”事件；既要有防范风险的先手，也要有应对和化解风险挑战的高招；既要打好防范和抵御风险的有准备之战，也要打好化险为夷、转危为机的战略主动战。

三、聚焦重点、精准发力，奋力推进“田园松阳”升级版建设取得新突破

2020年是“十三五”规划收官之年，也是高水平全面建成小康社会的决胜之年，做好今年工作十分重要。2020年经济下行压力持续增大，前进中面临许多困难和挑战。本次新冠肺炎疫情给我国经济发展带来了不可避免的短期冲击。但总体而言，稳中向好、长期向好的基本趋势没有改变。

于松阳而言，当下正处于“高质量建设生态文明”的战略机遇期、“高品质实现松阳振兴”的攻坚克难期、“高标杆推进对外开放”的基础夯实期、“高水准完成跨越赶超”的集中发力期。越是在这个时候，我们越要用全面、辩证、长远的眼光看待发展趋势，越要增强信心、坚定信心，努力变压力为动力、善于化危为机，紧盯既定目标不动摇，千方百计、全力以赴确保高质量完成今年经济社会发展的目标任务。

今年工作的总体要求是：高举习近平新时代中国特色社会主义思想伟大旗帜，全面贯彻落实十九大和十九届历次全会、省委市委历次全会以及中央、省、市经济工作会议精神，始终以习近平总书记对浙江的重要指示精神和“丽水之赞”为引领动力，紧盯“高水平全面建成小康社会”这一目标，围绕“推进县域治理现代化”“建设现代化经济体系”两条主线，坚持稳中求进工作总基调，坚持新发展理念，深化供给侧结构性改革，开展“营商环境提升年”“全县域组织化提升年”“改革创新提升年”活动，稳企业、增动能、补短板、保平安，推动经济在高质量发展前提下实现必要适度的高速度增长，确保与全省同步高水平全面建成小康社会和“十三五”规划圆满收官。

今年的主要目标是：地区生产总值增长7.5%以上；规模以上工业增加值增长9%；服务业增加值增长7.5%；一般公共预算收入增长7.5%；固定资产投资增长11%以上；社会消费品零售总额增长9.5%；货物出口总额适度增长；城镇居民人均可支配收入增长8.5%以上；农村居民人均可支配收入增长10%。确定以上目标，充分研究考虑了外部宏观环境和自身现实条件，既坚持高质量发展的鲜明导向，又努力追求必要适度的增长速度，确保实现又好又快的发展效果，做到质量效益和规模速度统筹兼顾。

（一）紧盯“一个目标”

紧紧围绕“高水平全面建成小康社会”目标，对标指标体系，建立补短板清单，确保高质量完成各项目标任务。全力打好“三大攻坚战”，坚决守住精准脱贫、生态安全、社会平安的底线。统筹抓好促进就业、教育提质、文化繁荣、健康卫生、平安建设、社会保障等各方面民生大事和“关键小事”。尤其要集中精力解决好低收入农户增收问题，确保低收入农户收入年增幅保持在10%以上，并高于农村居民收入增长水平。

（二）围绕“两条主线”

1.学习贯彻党的十九届四中全会精神，推进县域治理体系和治理能力现代化。认真学习贯彻落实党的十九届四中全会精神，坚持和加强党的全面领导，以“最多跑一次”“最多跑一地”改革为牵引，推进系统治理、依法治理、综合治理、源头治理，构建系统集成、协同高效的县域治理制度体系，把制度优势更好地转化为治理效能，把治理效能更好地转化为发展胜势。

2.建立现代化生态经济体系。紧紧围绕“高质量绿色发展”目标，认真践行“两山”理念，积极探索生态产品价值实现机制，系统修复生态环境、丰富生态产品、打通转化渠道、形成县域特质，构建“生态经济化、经济生态化”的现代化生态经济体系，推动GDP与GEP（生态系统生产总值）规模总量协同较快增长，GDP与GEP之间转化效率实现较快增长，满足人民日益增长的美好生活需要，推动县域经济跨越赶超。

（三）开展“三个年”活动

1.开展营商环境提升年活动。认真落实中央、省、市关于优化营商环境、促进民营经济健康发展的相关条例和意见，常态化开展“三服务”“精准服务企业、振兴实体经济”专项行动，突出招商引资关键环节，聚焦服务精准性和问题解决实效，不断优化政务服务环境、法治保障环境、金融支撑环境，支持民营企业做强做大，巩固拓展减税降费成效，为企业解忧、助力、赋能。

2.开展全县域组织化提升年活动。以基层党组织的组织力建设为核心，积极搭建全县域各类资源组织化发展平台，探索建立“全域统筹、协调联动、共享互联”的资源整合、市场运营、信息互通、利益联结等创新机制，带动提升农村、国企、群众团体、社会组织等各领域的组织化程度，最大限度整合资源、形成合力、发挥效益，为高水平全面建成小康社会提供重要保障。

3.开展改革创新提升年活动。紧盯制约松阳高质量绿色发展的关键瓶颈，在谋划推进系统性、整体性、重构性改革的同时，狠抓“最多跑一次”“最多跑一地”改革、中医药康养胜地建设、集体经济体制混合所有制机制探索等改革创新实践落地，确保年内一批关键性创新实践落地见效、实现突破。

（四）强化“四种意识”

一要强化大局意识。观大势、谋全局是对党员干部素质和能力的基本要求。全县干部要不谋私心谋大局，牢固树立“一盘棋”理念，胸怀松阳发展大局，克服孤立割裂的单一思维、本位思想，打破思想界限、产业界限、区域界限、制度界限，全力完善知识结构，提升能力素养，凝聚各方力量，形成全方位、多层次、多领域的干事创业合力。

二要强化担当意识。干部就要有担当。有多大担当才能干多大事业。全县干部在推进县域经济社会发展实践中要不讲借口讲担当。既要担得起权力，也要担得起责任；既要担得起当下，也要担得起未来；既要担得起顺境，也要担得起逆境；既要担得起成绩，也要担得起失误；既要担得起表扬，也要担得起批评。

三要强化标杆意识。目标追求决定发展高度。松阳作为后发地区要实现跨越赶超，必须要有高远可达的理想目标，争创一流的品质追求，拥有一支忠诚干净担当的高素质干部队伍。全县干部要不求过得去但求过得硬，自觉拉高标杆、对标先进，拓展国际视野，强化国际意识，全力消除“差不多、过得去”的思想，以“政治过硬、业务过硬、责任过硬、纪律过硬、作风过硬”的自我要求，推动县域开放发展、创新发展、跨越发展。

四要强化进取意识。不断进取是社会进步发展的重要动力，也是干部成长成才的重要基础。全县干部要不求安逸求进取，树立“事业当头个人利益自在其中”的意识，倍加珍惜组织给予的事业发展平台，面对重任和考验，勇于担当、冲锋在前；面对矛盾和问题，知难而进、克难攻坚；面对困难和挑战，不屈不挠、愈战愈勇，以进取实干回馈组织和松阳百姓。

（五）实现“五大突破”

1.聚焦高质量发展，在全面提升经济发展成色上取得新突破。积极推进供给侧结构性改革，以“生态经济化、经济生态化”为导向，坚持传统产业转型升级和新兴动能培育双向发力，坚持富民与强县相统一，全面构建现代化生态经济体系。

一要加快培育壮大新型经济业态。推进生态制造业高质量发展。以科技创新、行业整合为引领，深化传统制造业改造提升试点，推进不锈钢、合成革等产业转型升级，收官不锈钢行业“1331”整治工程，攻坚危废处置、分布式集中供热、污水处理厂提标改造等重点项目。全面启动园区“二次开发”，推动“腾笼换鸟”和闲置厂房盘活利用，推进园区平台整合、要素集聚、职能优化，推动产业平台向高能级跃进。优化工业发展模式，积极建设小微产业园，加快推动“飞地经济”发展，提高工业发展成效。联动实施“凤凰行动”“雄鹰行动”“雏鹰行动”，推动企业做大做强。推进生态农业高效发展。深入开展“有机农耕强县”创建，持之以恒推进农药化肥减量增效，力争农药化肥管控全面达到欧盟标准。全力推进茶产业转型升级，优化生产结构，提升加工品质，办好首届网上茶商大会，打响“松阳香茶”品牌，推动茶文化的传播弘扬。加快茶香小镇、油香小镇建设，推动香榧、油茶产业全产业链发展和品牌打造。加快优质农产品生产、营销、溯源全链条标准化提升，提高农民合作社抱团发展的能力和合作经营的层次，打造具有松阳特色的拳头产品，形成品牌效应。推进文旅产业融合发展。全面推进国家全域旅游示范区创建，推进大东坝镇、象溪镇省级旅游风情小镇创建，加快清露乡隐旅游度假区、椰树民宿综合体、南山大健康产业园等项目进度；高品质推进全县域生态博物馆建设，完成张玉娘诗文馆、蚕桑研学中心、气象博物馆等建设，推动造纸工坊、暗夜公园等项目落地。培育壮大赛事经济、节会经济、研学经济，高品质办好各类赛事活动、民俗节庆活动，根据市场需求定制农耕文化、自然教育、建筑设计、中医康养等研学路线。拓展国际旅游，制定境外旅游政策和方案，提高旅游服务配套的智慧化、国际化水平。

二要加快形成支撑经济发展的新动能。强化招商支撑。坚持生态绿色标准，坚持有所为有所不为，拉高选商引资标杆，从产业和空间两个维度科学谋划平台项目招商工作。积极引进符合绿色生态主导产业培育需要的配套型、集聚型、成长型项目，现有产业的“强链”“补链”项目，以及高端装备、新能源新材料、生物制药、人工智能等战略性新兴产业项目，加快培育新动能。积极探索基金组合招商、中介招商，推进驻点招商，完善投资促进重大项目推进机制，切实提升招商引资实效。强化金融支撑。深入实施融资畅通工程，建立企业需求表、创新产品表和金融政策表，打造无缝对接的政银企融资信息平台。引导金融机构创新金融产品，科学降低企业信贷门槛，加大对制造业、民营企业、小微企业的支持力度。降低企业综合融资成本，提升担保平台服务能力，加快纾困基金落地，防范部分民营企业流动性风险。强化科技支撑。抢抓数字经济发展机遇，准确把握区块链、大数据、5G、物联网等创新技术发展趋势，积极推进数字经济与实体经济深度融合；推动全社会创新发展，加大企业技术创新支持力度，建立健全以企业为主体、市场为导向、产学研深度融合的技术创新体系及技术创新激励机制，鼓励发展众创空间、科技企业孵化器等创业创新服务平台。

三要加快创新高质量发展体制机制。深化生态产品价值实现机制。创新发展生态产品利用型产业，编制政府采购生态产品清单，开展全域评估核算，加快生态产品价值转化。深化营商环境“10+N”改革。进一步深化“标准地”、区域评估、商事登记制度、投融资等改革，重点破解产权保护、公平竞争、法律维权等关键领域的难点堵点问题，创造良好营商环境。深化“亩均论英雄”改革。全面建立以提高全要素生产率为导向的企业亩产效益综合评价体系，完善企业资源要素差别化价格形成交易机制。重点抓好亩均税收2万元以下企业的分类提升，推动资源要素向优势企业、优势区域集中。深化全域闲置资源盘活利用机制。加快国企改革，分类推动闲置国有资产、经营性资产整合利用，加强国资国企监管，加速国有经济发展；加快推进农民组织化建设，健全一二三产融合发展机制和公司、基地、农户利益联结机制。

2.聚焦高水平融合，在全面推动区域协同发展上取得新突破。紧紧抓住长三角一体化发展国家战略和省委“四大建设”战略、“山海协作”升级版等重大机遇，立足城乡融合发展的良好基础，积极践行符合山区特色的新型城镇化道路，问海借力、借梯登高，开辟松阳区域协同发展新境界。

一要加速城镇村融合发展。推进规划优化完善。高标准推进“十四五”规划编制和县域空间规划调整，科学合理统筹城乡发展空间，合理配置产业发展用地，创新城乡融合、产城融合、产村融合的体制机制，系统推进县域产能布局调整、生产力区划重构和生产要素重组，既给生态留出修复空间，又给经济腾出发展空间。优化县域总体规划和县域乡村建设规划，根据村庄现状合理掌控规划尺度，探索推进乡村规划的创新实践，加快推动古市卯山区块、崇觉寺区块产业项目规划落地，研究出台城乡规划二类区新政策，高标准做好望松区块、高速以南区块规划编制工作。研究完善规划管控机制，探索建立跨领域、体系化、综合性的规划编制、评审机制，建立“多规合一”的规划管理体系。推进基础设施共建共享工作。研究建立城乡一体化的保障型基础设施网络，加快松古盆地供水、排水、垃圾处理、能源供应等基础保障型项目一体谋划、统筹共建。研究建立符合山区特点的立体交通网络，推进县际交通动脉、县内等级公路以及乡道、绿道、古道等支道和特色道路建设，建立符合县域特点的交通网络与交通组织方式。研究建立全县域水资源统筹调度体系，加快水利项目联库联网，实现全域统筹管理和科学高效利用。研究文化、教育、卫生等公共服务优质共享的公共服务基层网络，推进各类服务均衡化发展。推动资源要素双向互动。探索搭建县域资源统筹运营平台，建立符合市场经济规律、城乡融合发展特征，充分调动各方积极性的经济运行新机制。加快构建“两进两回”新制度、新平台、新通道，推动科技、资金、人才、项目等要素向乡村合理流动、有效集成，实现城乡资源的高效利用和优势互补。

二要加速区域一体化发展。加强平台对接。积极参与“一带一路”、长江经济带、浙闽皖赣国家东部生态旅游协作区及海西经济区发展建设，积极接轨“大湾区”、义甬舟开放大通道及义新欧班列等平台，发挥我县茶产业、传统村落等发展优势，全面提升松阳在国家省市重要平台的参与度和影响力。深化交流合作。深化同上海松江区、金山区枫泾镇的交流合作，加强项目招引、人才交流，努力打造成为松阳对接长三角一体化发展战略的桥头堡和前沿阵地。深化同余姚、嘉兴经开区的山海协作，加快飞地项目建设，拓宽合作领域，深化合作层次，打造山海协作升级版。推进协同发展。积极融入丽水市“一带三区”建设，重点围绕乡村振兴、生态产品价值实现机制、红色资源价值转化、推动要素流通等课题，加强与周边县（市、区）的对接合作，实现区域资源要素的集约配置和产业的集聚发展，聚力打造区域竞争力的新增长。

三要加速山区国际化发展。打造对外发展核心品牌。全面实施“中国茶乡、国际乡愁旅游目的地、国际中医药康养胜地、国际艺术创作交流胜地”三年行动计划，推动山区在地域性资源生态化、差异化、内涵化、品质化、创新化发展，形成具有世界影响力的山区特色发展品牌。提升对外发展合作平台。把握近年来国际化发展的良好态势，充分利用国际茶商大会、国际现代有机农业峰会、城乡联系国际论坛等平台，广结国际人脉，寻找合作机会，吸收借鉴更多国际节会活动经验和特色，办好具有松阳特色的国际活动，推动松阳更好更快实现国际化发展。构建对外发展体制机制。加大国际人才招引政策支持力度，完善国际人才在松配套服务，同时结合松阳产业发展需求，培养一批具有国际视野、能力突出的国际型人才。认真贯彻外商投资法及配套法规，依法依规出台国际招商引资优惠政策，积极开展国际招商。积极主动对外开展城乡建设、生态经济、文化产业等领域的交流合作，向世界讲好“松阳故事”。

3.聚焦高品质生活，在全面改善和提高民生福祉上取得新突破。全面对标高水平全面建成小康社会目标，狠抓突出短板和薄弱环节，集中解决好低收入农户增收问题，确保高水平全面建成小康社会，进一步提升人民群众获得感幸福感。

一要高水平推进富民惠民工作。实施更精准有效的增收行动。全面实施低收入农户高水平全面小康计划，深入推进“大搬快聚富民安居”工程和“八个万元”富民增收行动，建立健全农民持续增收长效机制，确保最低收入水平达年人均9000元以上。巩固发展农村“消薄”成果，加大涉农资金整合力度，提升资金使用效益，深化三都上田等乡村振兴改革试点、大东坝石仓田园综合体建设，集成经验总结推广。提供更优化均衡的公共服务。统筹推进就业、教育、医疗、养老、体育等社会事业发展。全面落实教育提质行动计划，力争在全市率先创成全国义务教育优质均衡发展县，率先实现教育现代化。加快推进丽水学院松阳校区、职业中专迁建工程，启动城西小学建设。全面落实“健康松阳2030行动”，倡导低碳健康现代生活方式，加快中医院迁建工程落地，深化“三医联动”改革，推动县域医共体深度融合，加快优质医疗资源最大化共享。深化文化惠民行动，加快融媒体中心建设，推进松阳高腔传承中心、非遗馆二期等惠民工程改造提升，利用现有文化设施拓展文化活动，深化打响“永不落幕的民俗文化节、艺术展”“永不闭馆的乡村博物馆”“永不停歇的乡野运动场”三大文化品牌。搭建更贴心暖心的就业创业平台。大力实施新时代工匠培育工程和职业技能提升行动，加大“松阳茶师”“松阳工匠”“田园电商”等本土实用性人才培养力度，打造松阳劳务输出品牌。深入推进“无欠薪县”创建工作，保障群众合法利益。

二要高品位建设美丽城乡，提升生活品质。市场化推进城市有机更新和存量住房改造提升，积极争取“千年古城”复兴行动试点。加快推进瓦窑头、青田码道区块改造项目，开展荷田岭区块改造提升工程，深化“街巷疏浚”，优化和拓展城市发展空间。深入实施“千万工程”，深化传统村落风貌保护提升和美丽宜居示范村建设，全面开展“拯救老屋”行动二期，实施乡村全域土地综合整治行动，推动乡村有机更新，创建新时代美丽乡村。提升文化品质。丰富城乡历史文脉，将茶文化、中医药文化植入城乡建设，加快提升文里区块、药皇宫区块、文教区块的建设品质和文化内涵。深化“百名艺术家入驻乡村计划”，以艺术介入提高乡土建筑品质，并以“建筑针灸”激活乡村发展活力。深化红色文化传承，推进革命文物保护利用，推动红色资源价值转化。加强文化礼堂建设与利用，丰富提升百姓精神文化生活。积极践行社会主义核心价值观，弘扬志愿服务精神，倡导文明新风尚。提升管理品质。推进深化“智慧城市”“智慧乡村”建设，加快推进5G网络基础建设，推动各类数据充分共享。加强老旧小区改造和住宅小区管理，探索推进“未来社区”建设，打造智能化、生态化、数字化的新型城市功能单元。

三要高标准优化生态治理，高标准推进生态修复。系统推进山水林田湖草修复工程，实施生物多样性保护工程，推动湿地保护和水田恢复，推进“一村万树”行动，大力种植景观林、彩化林、城市片林，统筹抓好美丽林相建设和“拯救老树”行动，加大松材线虫病防治力度。高标准开展生态治理。扎实做好第二轮中央生态环境保护督察迎检工作，全域排查生态领域隐患问题，建立“一案一档”“回头看”等制度，确保各类问题销号清零。深入实施蓝天、碧水、净土、清废保卫战，推进PM2.5和臭氧浓度“双控双减”，推广工业企业进退场“验地、验水、验气”制度，加快推动污泥处置动态清零。强势推进垃圾革命、厕所革命、污水革命向纵深延伸，持续推进“洁净家庭”创建工作，建立健全综合性的城乡环境综合治理机制。高标准推进生态资源保护利用工作。坚守生态保护红线、环境质量底线、资源利用上线，建立“县域自然资源资本”清单，积极探索市场化的生态保护体系，完善生态资源产权制度、保护制度、交易制度，完善提升各类产权交易平台，积极开展市场交易。

4.聚焦高效能治理，在全面提升社会治理水平上取得新突破。认真贯彻落实上级决策部署，以统筹推进全局性、战略性、基础性工作为立足点，以防控化解各类风险源为着力点，全面提升县域治理体系和治理能力现代化水平，努力建设更高水平的平安松阳、法治松阳。

一要深化“平安松阳”建设。健全社会风险防控机制，加强风险隐患识别，压实各级责任，强化协同防控，严格落实决策风险评估机制。推动应急处置模式和机制专业化、标准化、数字化升级，建立健全地质灾害、小流域防洪、全流域调度的应急指挥体系和机制，启动实施新一轮地质灾害防治能力提升三年行动，全面开展矿山领域综合整治、小流域山洪隐患排查治理，确保各类隐患即查即治、动态清零。严格落实安全生产属地管理责任、行业部门监管责任和企业主体责任，围绕扫盲区、除死角，开展重点行业领域安全综合治理，切实提升安全意识和水平。持续深化反恐、反邪教和意识形态领域斗争，加强风险隐患排查化解，确保社会安定，人民安宁，全力夺取“星级平安金鼎”。

二要深化“最多跑一地”改革。以信访积案“大化解”、矛盾纠纷“大调解”两大工程为抓手，深化社会矛盾纠纷调处化解中心（信访超市）建设，规范化提升“全科网格——基层治理四平台——县指挥中心”管控指挥体系，完善受办一体的即接即办、事心双解的教育疏导机制、协调联动的会商研判机制、上下对接的协调办事机制、阳光透明的公开监督机制、协同配合的考核管理机制，实现群众综合类信访问题“最多跑一次”“最多跑一地”。深化“民情地图促服务”“1+N”全域代办等模式，统筹各方资源进村入户开展信访代办，以干部的“最少跑一次”实现群众矛盾纠纷化解“一次不用跑”，努力将矛盾纠纷化解在一线。

三要纵深推进“扫黑除恶”专项斗争。按照“持续发力、久久为功”要求，建立健全“扫黑除恶”专项斗争的长效机制，聚焦人民群众反映强烈的问题和黑恶势力易发多发地带进行严打深挖，开展“回头看”，巩固“扫黑除恶”成效。深化智能化举报平台应用，拓宽群众监督举报渠道。依法严厉打击电信网络诈骗、非法集资等新型犯罪，强化“黄赌毒”等社会治安乱点整治，努力实现黑恶势力违法犯罪特别是农村涉黑涉恶问题得到根本遏制、涉黑涉恶治安乱点得到全面整治、重点行业重点领域管理得到明显加强、基层组织生态环境得到显著改善、涉黑涉恶违法犯罪防范打击长效机制得到有效健全等目标。

5.聚焦高标准落实，在全面从严治党向纵深发展上取得新突破。贯彻落实新时代党的建设总要求，坚定不移全面从严治党，确保党的路线方针政策贯彻落实，为决胜全面建成小康社会，加快实现“田园松阳”升级版建设目标提供坚强保障。

一要着力加强党的政治建设。巩固和拓展主题教育成果，健全学习教育、调查研究、检视问题、整改落实的长效机制，加强思想政治教育，坚持用习近平新时代中国特色社会主义思想武装头脑。落实一切工作到支部，把全面加强党的领导贯穿各领域、全过程。严明政治纪律、政治规矩，教育引导广大党员干部增强“四个意识”、坚定“四个自信”、做到“两个维护”，确保上级决策部署不折不扣落到实处。健全和落实全面从严治党各项制度，压紧压实全面从严治党、意识形态、统一战线、党管武装、基层党建等主体责任。

二要着力加强基层基础建设。全面推进党建引领基层治理工作，加快构建“党建统领+四个平台+全科网格+集成服务”基层治理新模式，推动党组织建设在基层治理领域有效覆盖，发挥引领作用。实施“强本固基”工程，推动“整乡推进、整县提升”，加强农村、社区、两新、机关、国企等各领域基层党建工作。创新党组织设置和活动方式，推进党支部标准化规范化建设，提升以党建带群建水平，不断强化党组织的主心骨作用。强化教育管理，持续加强农村干部队伍、党员和乡贤三支队伍，全面夯实党在基层的执政基础。严格执行发展党员“十条”管理办法，把好发展党员入口关。

三要着力加强干部队伍建设。坚持新时代“好干部”标准，加强年轻干部队伍建设，打破干部成长隐形台阶。坚持政治标准、实干导向，注重在专项工作、重点项目一线考察、识别干部，着力使用一批忠诚、干净、担当的高素质干部，让安心扎根基层、埋头踏实干事的干部更有盼头。加强干部执行力建设，开展“治懒、治散、治庸”行动，着力整治群众和企业反响强烈的“中梗阻”问题和不担当、不作为现象，强化干部能上能下，加大干部“下”的力度。用心用情做好老干部工作。加强干部日常管理培训，着力提升干部理论素养、创新意识和国际意识。加大人才招引力度，加大本土人才培养，制定出台力度更大、更有吸引力的人才新政。

四要着力加强“清廉松阳”建设。加快构建党委主体责任、党委书记第一责任、班子成员“一岗双责”、纪委监委监督责任“四责协同”机制，着力营造风清气正的政治生态和干事创业的工作氛围。一以贯之抓好中央八项规定精神贯彻落实，深入推进专项整治，持续发力“打伞破网”，巩固提升作风建设成果。注重完善纪律监督、监察监督、巡察监督、派驻监督“四个全覆盖”的监督格局，一体推进不敢腐、不能腐、不想腐工作，巩固发展反腐败斗争压倒性胜利。认真落实十届县委五年巡察工作规划，健全完善巡察上下联动网建设，持续抓好省委巡视反馈问题和县委巡察发现共性问题整改，充分发挥巡察利剑作用。严格落实《松阳县村级小微权力清单28条》和《松阳县村级工程“集体建”实施办法（试行）》，切实把村级“小微权力”关进制度笼子。大力推进警示教育常态化制度化，引导党员干部把遵规守纪内化于心、外化于行，为推进“田园松阳”升级版建设营造良好环境、提供坚强保障。

四、坚定信心、鼓足干劲，高质量实现“两战都要赢”工作目标

2020年初，一场突如其来的新冠肺炎疫情，给百姓生命安全和经济社会发展带来了巨大的挑战。疫情发生以来，县委坚决贯彻落实中央、省委和市委决策部署，把疫情防控作为首要的政治任务来抓，全县上下迅速行动、积极应战，聚焦“外防输入、内防扩散”，坚持群防群控和科学理性相结合、行政力量和专业力量相结合、严控严防和人文关怀相结合、短期防控和长期发展相结合，形成了抗击疫情和统筹推进经济社会发展的强大合力，有力保障了全县疫情形势持续平稳，复工复产有序推进，取得了这次大战大考的阶段性胜利。

我们构建了高效的指挥体系。第一时间成立由党政主要领导为总指挥长，各乡镇（街道）、县直部门“一把手”为成员的高规格指挥部，下设9个工作组，坚持24小时领导带班值班制，每日会商研判。成立疫情防控指挥部办公室临时党支部，全面加强对全县疫情防控的统一领导、统一指挥、统一调度、统一把关，建立“立即交办、立即整改、立即反馈、立即督办”的督查整改交办机制，确保交办任务落实落细。

我们筑牢了坚实的疫情防线。疫情严控期，严格开展封闭式管控，全面加强村（社区）防控，所有村居实行封闭管理，全面取消各类大型人群聚集性活动，筑牢交通卡口排查、乡镇网格排查、大数据排查、医疗机构排查、群众排查等人员排查五道防线，累计排查63万人次。随着疫情形势转好，及时调整转向精密智控，全面推广“健康码”，全县健康码申领人数12.13万人，申领率达63.1%。

我们凝聚了群防群控的强大合力。先后成立72个临时党支部，组建250余支1.5万名党员组成的志愿服务队，构建群防群治体系。完善12345举报投诉热线运行管理机制，累计受理疫情相关来电2565件。发动广大松商、侨商和社会各界爱心人士捐款捐物，截至目前，通过红十字会和慈善总会渠道累计接受捐赠款435.26万元，口罩23.35万只以及测温仪、酒精、防护服等其他防疫物资。同时，各乡镇（街道）乡贤、人大代表、政协委员以及青年志愿者、市民主动参与疫情防控，形成同心同德抗击疫情的磅礴之力。

我们营造了良好的舆论氛围。依托官方平台发布权威信息、疫情通报，发布指挥部通告23个、指挥部令2个，刊发工作简报42期，刊发（播）疫情相关原创报道650余条，转载上级媒体报道4900余条，新媒体总阅读量达300余万次。防疫工作在市级以上媒体刊发（播）报道90余条，其中央视《新闻联播》《新闻直播间》等栏目和新华网、中新网等国家级主流媒体刊发（播）报道12条。同时，严查属地涉疫情网络不实信息，教育训诫11人次，行政拘留1人，有效维护了舆论稳定。

我们有序推进了企业的复工复产。坚持疫情图和复工图同研判、相匹配，充分运用“一图一码一指数”精密智控机制，有序推进复工复产。截至目前，全县35个在建项目复工33个，省市重点项目实现100%开复工。企业产能恢复指数102.7%，企业复工率指数95.2%，规上工业企业、服务业以及建筑业企业、房地产企业、建筑工地复工率均达100%，规上企业返岗率90.1%，企业复工电力指数120.2%。其中，针对茶产业精准开展“三服务”，创新推出“四色工作证”机制，建立“茶农群”“茶商群”“加工群”“金融服务群”等信息群，积极开拓网上交易渠道，化危为机，实现“防得住疫情，闻得到茶香”，得到省委书记车俊充分肯定。

疫情防控是一场大考，也是一场大战。在这场没有硝烟的疫情防控人民战争中，全县各级党组织和广大党员、干部冲锋在前、顽强拼搏，充分发挥了战斗堡垒作用和先锋模范作用。广大医务工作者义无反顾、日夜奋战，展现了救死扶伤、医者仁心的崇高精神。广大人民群众众志成城、守望相助，展现了坚忍不拔的顽强斗志。广大公安民警、疾控工作者、社区工作者们坚守岗位、日夜值守，广大志愿者真诚奉献、不辞辛劳，为疫情防控作出了重大贡献。全县各部门、人大、政协以及各人民团体等主动担责，采取有力措施支持抗击疫情斗争。社会各界和港澳台同胞、海外侨胞纷纷捐款捐物，展现了同舟共济的深厚情怀。在此，我代表县委常委会向大家的辛勤努力和无私奉献，致以崇高的敬意和衷心的感谢！

近期中央省市先后召开专项部署会议，研究统筹推进新冠肺炎疫情防控和经济社会发展工作，明确了总体要求、重点任务、重大举措。全县上下要切实把思想和行动统一到中央、省、市确定的目标要求上来，以更管用的办法、更扎实的工作，争取把疫情耽误的时间追回来，把疫情造成的损失降到最低，高质量实现“两战都要赢”。

一要保持警惕，持续抓实疫情防控。尽管疫情防控形势积极向好的态势正在拓展，但疫情防控仍处在最吃劲的关键阶段。尤其是近期市内新增境外输入性确诊病例，更说明了疫情防控形势依然严峻复杂。这个时候，我们必须高度警惕麻痹思想、厌战情绪、侥幸心理、松劲心态，始终紧绷疫情防控这根弦，继续毫不放松抓紧抓实抓细各项防控工作，强化对重点人群、重点场所、重点单位的防控措施，不获全胜决不轻言成功。要更加关心关爱工作一线干部，合理安排轮休调休补休，扎实做好值班值勤等后勤保障。对抗疫表现突出、符合条件的干部予以提拔重用，优先晋升职级。

二要理性看待，坚定年度发展目标。新冠肺炎疫情不可避免会对经济社会造成较大冲击。越是在这个时候，越要用全面、辩证、长远的眼光看待发展，越要增强信心、坚定信心。从宏观看，习近平总书记提出，我国经济长期向好的基本面没有改变，疫情的冲击是短期的、总体上是可控的，我们完全有底气、有条件、有能力实现今年经济社会发展目标任务。针对当前的短期困难，中央已经出台了一系列宏观政策，加大了逆周期调节力度。省市也陆续出台了相关配套政策。这些政策组合拳将大大缓解企业压力，增强市场信心、稳定投资预期。从松阳看，通过顶层设计、提前谋划，针对茶产业、工业企业、小微企业、金融等领域制订出台了一系列复工复产指导意见和实施方案，为企业复工提供了详细可操作的流程图，并通过深入开展“三服务”为复工复产打下了坚实的基础。按照上级部署要求，根据我县经济社会形势判断，县委决定在确保疫情稳控的基础上，今年全县经济社会发展目标不变、任务不变、要求不变。各部门、各乡镇（街道）务必要以最大力度提振各方面信心，以最大限度激发市场主体活力，以最快速度恢复全县经济社会运行，决不能降格以求，退而求其次，更不能以疫情冲击为借口，在工作上讲条件、打折扣。

三要化危为机，逆势推进转型升级。虽然这次疫情是重大的突发性危机，但疫情危机的倒逼，也孕育着新的发展机会，是推动我县发展转型的重要机遇。要抢抓茶产业转型升级的机遇。受疫情影响，茶产业面临巨大挑战，但这也恰恰是倒逼转型升级的良好机遇。我们要深挖疫情下茶产业发展的新机遇，逆势推动茶叶品质提升、浙南茶叶市场提档升级、“松阳香茶”品牌培育壮大、茶文化传承弘扬等，真正打造具有国际影响力的“中国茶乡”。要抢抓扩大有效投资的机遇。中央明确指出，“积极的财政政策要更加积极有为”“稳健的货币政策要更加注重灵活适度”“用好中央预算内投资、专项债券资金和政策性金融”等要求，这对国有和民间资本拓宽投资领域、提高投资效益带来重大利好。我们要牢牢把握政策窗口期，结合“十四五”规划编制，查漏洞、补短板，加快谋划一批新项目，加快推进一批在建项目，夯实基层基础建设，充分发挥扩大有效投资对县域经济社会的带动作用。要抢抓新动能培育的机遇。在这次疫情中，智能制造、无人配送、在线消费、医疗健康等新兴产业展现出强大成长潜力。这次疫情后，一些行业产业的价值链和商业生态将会重塑，尤其是产业互联网平台、中医康养等产业可能获得大规模发展。我们要立足松阳传统优势产业，鼓励本地企业尝试线上线下业务的融合，大力发展数字经济。要坚定不移推进中医药康养胜地建设，加快恢复有机农耕、全域旅游、乡村民宿等业态活力，全力为康养产业加快发展提供重要支撑。

四要勇于担当，交出“两战”高分答卷。能不能打好、打赢这场疫情防控的人民战争、总体战、阻击战，是对各级党组织和党员干部能不能担当、敢不敢担当、会不会担当的重大考验。要积极主动作为。各级党组织和广大党员干部一定要拿出对党和人民高度负责的态度，以良好的精神状态，以赤胆忠心担起非常之责任、展现非常之担当，以身作则、率先垂范，统筹兼顾抓好疫情防控和县域经济社会发展工作。要改进工作作风。要狠抓落实，反对空谈、强调实干，细之又细、实之又实、严之又严地抓好工作落实。要大力弘扬“一线工作法”，深入企业、项目一线破解难题、推进工作。要认真调查研究，广泛汲取群众智慧，群策群力破解难题。要强化“钉钉子精神”，深入抓、具体抓，抓住事务的关键与细节，找准问题的症结点，精准有效解决问题。要提高工作效率。战时状态要有战时举措、战时机制，对交办的事项，做到立说立行、马上就办，做到事不过夜、案无积卷。要提高落实效能，提倡直接沟通、直接交办，减少层层交办，防止责任空转。要严肃工作纪律，对交办的任务，不推诿扯皮、消极应付，确保政令畅通、令行禁止。

松阳县人民代表大会常务委员会工作报告

——2020年4月28日县人民代表大会常务委员会党组书记徐为民

在松阳县第十二届人民代表大会第四次会议上的报告

一、过去一年主要工作

2019年是新中国成立70周年，也是地方人大设立常委会40周年。一年来，在中共松阳县委的正确领导和市人大常委会的精心指导下，常委会高举习近平新时代中国特色社会主义思想伟大旗帜，按照习近平总书记对地方人大及其常委会工作的重要指示精神，坚持党的领导、人民当家做主、依法治国有机统一，大力弘扬践行“浙西南革命精神”，紧紧围绕全县工作大局，发挥人大制度优势，提高履职行权效能，有力推动中央和省市县委决策部署的落实，切实推进法律法规有效实施。

一年来，共召开常委会会议8次，主任会议15次，组织专题视察5次，听取和审议专项工作报告43个，开展执法检查6次，作出决议决定16个，提出审议及视察意见12个，对22件规范性文件依法进行备案审查，依法任免国家机关工作人员95人次，组织54名国家机关工作人员进行宪法宣誓，全面完成县十二届人大三次会议确定的各项目标任务。

（一）聚焦守初心担使命，贯彻决策部署更加坚决

常委会立足新形势新定位新要求，坚守人大制度的初心和使命，自觉在党的领导下履行人大职责，发挥人大作用，推进各项决策部署有效落实。

全力开展“不忘初心、牢记使命”主题教育。常委会按照中央和省市县委统一部署，把学习教育、调查研究、检视问题、整改落实贯穿主题教育全过程。坚持把学习贯彻习近平新时代中国特色社会主义思想作为主线，加强集中学习研讨，组织现场教学，推动学习教育往深里走、往心里走、往实里走。坚持把主题教育与走乡入村深化“三服务”活动结合起来，认真开展蹲点调研，助力解决企业、群众和基层反映强烈的突出问题，主题教育期间共收集梳理问题36个，其中需要县级层面协调解决的24个问题基本得到解决。坚持把学和做、查和改贯通起来，对照党章党规找差距，认真检视剖析问题，共查找4方面13个问题，提出13条整改措施，从加强和改进代表工作、密切同人民群众联系、推动基层人大工作和建设等方面推进整改落实，一些突出问题得到有效解决。

全力抓好上级决策部署贯彻落实。认真贯彻落实省委、市委人大工作会议和浙委发〔2019〕21号、丽委发〔2019〕30号文件精神，第一时间召开党组会议，及时分解任务责任，推动会议精神落地落实。高质量做好县委人大工作会议筹备工作，认真查找和梳理我县在贯彻落实中央和省委、市委相关文件中存在的问题和不足，协助做好督查调研、沟通协调、文件起草等工作。积极配合支持省、市人大常委会开展立法工作调研，在“最多跑一次”改革、《浙江省反走私综合治理规定（草案）》《浙江省宗教事务条例（修订草案）》等地方性法规征求意见中，我县人大提出了许多建设性的具体意见并被采纳，尤其在《丽水市传统村落保护条例》（简称《条例》）立法中，市人大常委会充分借鉴我县传统村落保护方面的有效经验，为《条例》出台提供了松阳经验。

全力贯彻党委对人大工作的全面领导。认真落实县委决策部署，积极支持和服务县委中心工作。以高度的政治自觉抓好省委巡视组反馈意见的整改，及时召开省委巡视反馈问题整改暨意识形态工作专题民主生

活会，研究落实方案，不折不扣将省委巡视反馈的2方面问题整改到位。以坚定的意志决心抗击新冠肺炎，贯彻落实省市人大决定精神，按照县委统一部署，常委会领导率先垂范、靠前指挥，人大机关干部全员参与、奋战一线，各级人大代表担当使命、捐款捐物，形成坚决打赢疫情防控战的强大合力。以强烈的责任担当参与县委重点工作，重点围绕“三服务”、扫黑除恶专项斗争、行政村规模调整、弘扬践行“浙西南革命精神”、重点项目建设等工作，依法履行人大职责，持续助推黄南水库、南城文教区块项目建设，持续助力瓦窑头、北山区块改造项目攻坚，常委会及其机关、各级人大代表在围绕中心、服务大局上展现了一线作为，体现了人大担当，贡献了人大力量。

全力依法行使决定权和任免权。贯彻中央、省委关于健全人大讨论决定重大事项的文件精神，依法行使重大事项决定权。认真审查年度政府工作和经济社会发展计划、财政预算等报告，及时作出年度财政决算、预算调整、政府债务安排等决定。扎实推进民生实事项目代表票决制工作，实现县乡全覆盖，票决通过165个项目，投资金额10.57亿元，其中19个乡镇街道产生民生实事项目155个，投资额8.41亿元。坚持党管干部和人大依法任免干部的有机统一，认真做好人事任免和代表辞补工作，推动“一府一委两院”及政府部门落实宪法宣誓制度。

（二）聚焦人大主责主业，助推监督工作更加有效

紧紧围绕县委中心工作和全县工作大局，以“盯住法”“管好钱”“把牢图”为关键，突出重点、多措并举，提高监督工作针对性和实效性。

围绕财经工作，助推经济高质量发展。配合省市开展促进民营经济高质量发展调研，将促进民营经济高质量发展与“三服务”活动、打赢防范化解重大风险攻坚战同时推进，推动解决部分民营企业发展的问题和困难，为民营经济发展营造良好环境。深化政府投资重点项目预算绩效管理监督，采用绩效监督前置的方法对西竹玉公路项目前期开展审查监督，使该项目概算更加精准。首次试行县级层面预算项目绩效目标评审工作，从2019年财政部门审核的新增和部分延续性重大项目中选取10个具有代表性的项目进行集中评审，共核减当年预算资金1500万元，有效提高财政资金绩效。加强国有资产管理监督，配合县委出台《中共松阳县委关于建立县人民政府向县人大常委会报告国有资产管理情况制度的意见》。开展深化经济运行和计划执行情况监督，听取和审议县政府经济社会发展情况的报告及预算执行、决算、审计工作，审计查出问题整改情况等报告，推动经济高质量发展。

围绕公平正义，助推社会长治久安。专题调研扫黑除恶专项斗争工作，听取我县开展扫黑除恶工作情况的报告，要求公检法司四机关充分认识专项斗争的重要性、长期性和复杂性，加大黑恶案件侦办力度。深入开展公益诉讼工作调研，听取和审议县人民检察院公益诉讼工作情况的报告，支持检察院进一步加强和改进监督工作，提高公益诉讼水平。对县人民法院落实破解执行难工作审议意见情况开展跟踪监督，组织代表旁听法院拒执案件庭审工作，邀请代表参加法院“春雷行动”集中执行活动，通过连续三年持续跟踪，进一步规范民事执行工作，推动法院基本解决执行难问题。持续开展行政执法办案质量检查，对市场监管局、文广旅体局行政处罚案件办理情况开展检查，对应急管理局、综合行政执法局落实上年度办案质量检查意见情况进行跟踪监督。加强规范性文件备案审查工作，对政府报备的22件规范性文件进行备案登记审查，对政府拟出台的部分规范性文件采取提前介入的工作措施，进一步提高政府规范性文件的制订质效。加强信访综合分析，督办化解信访件，维护人民群众合法权益，认真受理、转办群众来信来访15件次，接待群众上访65人次，信访数量较往年同期有所下降。

围绕生态环保，助推高质量绿色发展。围绕打好污染防治攻坚战，在全市率先开展《中华人民共和国土壤污染防治法》贯彻实施情况检查，实地检查了丽水市工业污泥处置中心项目、农业“两区”土壤污染修复试点，就健全工作机制、加强监督管理、强化土壤污染防治等方面提出意见建议，坚决打赢净土保卫战。开展农药化肥减量增效及秸秆露天禁烧与综合利用专题询问审议意见落实情况跟踪监督，围绕农药化肥减量、农资一卡通落实、露天焚烧秸秆、秸秆综合利用及处理等情况，多渠道、多形式开展监督，听取整改落实情况的汇报，农药化肥使用量较上年分别减少44吨和2050吨，秸秆露天焚烧从“零处罚”到立案调查78起，当场处罚19起，助推我县茶产业高质量绿色发展。开展农村生活垃圾分类处理工作监督工作，针对管理体制机制未理顺、处置体系不完善、分类质量不高等问题，提出要理顺机制、系统推进，补齐短板、加快落实，多措并举、强化引导的意见建议，助力我县美丽乡村示范县创建。跟踪监督渔政管理联合执法机制执行情况，利用“禁渔期”重点时段，结合公益诉讼调研，对我县禁渔执法工作开展检查，确保渔政联合执法机制落实到位。落实环境状况和环境保护目标完成情况报告制度，实现县、乡人代会审议环境状况和环境目标完成情况报告制度的全覆盖。

围绕实事好事，助推民生福祉改善。对医共体建设情况开展专题调研，深入推进我县医共体建设；专题视察地震工作，推动政府及相关部门依法履行防震减灾职责；对《中华人民共和国公共文化服务保障法》贯彻实施情况进行检查，跟踪监督《浙江

省学前教育条例》执法检查意见落实情况。深入推进民生实事项目票决制工作，强化项目实施全过程监督，采取“年中审和年底评”的方式，定期对民生实事项目进展情况开展监督。年中审议县政府半年度民生实事项目办理进展情况和存在问题，根据民生实事项目的具体进度和办理难度，每季度选取部分民生实事项目开展现场视察，逐件听取项目进展情况汇报，对部分进展缓慢的项目提出监督意见，推进民生实事项目落地生根。年底，由常委会领导牵头成立5个评估小组，各工委及部分人大代表共同参与，深入项目现场，对项目实施情况开展评估，将评估结果作为民生实事项目办理情况满意度测评的重要依据。在人大和政府的合力推动下，2019年县政府十件民生实事全部办理完毕，经满意度测评，总体评价较好。

（三）聚焦代表主体地位，确保作用发挥更加充分

坚持代表主体地位，完善联系机制，加强教育管理，强化服务保障，支持保证代表依法履职，有效促进代表主体作用发挥。

强化代表联系服务。健全“双联系”制度，常委会组成人员采取多种方式联系代表95人次，完善代表小组联系政府工作部门和“一府一委两院”定期向县人大代表抄送文件的制度，全县20个代表小组与11个政府工作部门开展了联系活动，全年共向100余名基层县人大代表抄送“一府一委两院”规范性文件50余份，有效推动政府部门依法行政。对西屏、大东坝、竹源等12个乡镇街道的实体代表联络站进行规范化建设，促进县领导干部人大代表进联络站联系群众制度化、常态化，全年各代表联络站共开展调研视察、接待群众、学习培训等活动200余次，收集各类意见建议400余条，及时交有关部门办理，使联络站成为把人大工作做到群众心坎上的重要平台。

推动代表建议办理。高度重视大会期间代表审议意见，对代表在大会上的审议发言，采取清单形式交办“一府两院”。全面推广使用我县人大议案建议管理系统，健全建议办理工作机制，并案处理后的106件代表建议均已按期办理并答复代表。实行“县委领导联系、人大领导督办、政府领导领办”工作机制，进一步加大重点代表建议督办力度，主任会议成员带队督办了2件重点督办件、3件重点跟踪督办件，其中《关于加强县城城西片医疗卫生服务机构设置的建议》通过连续多年督办，西屏街道社区卫生服务中心于去年正式搬入新址运营，为该跨界跟踪督办件办理画上圆满句号。有关加强生态农业发展、加强闲置国有土地管理、加快农民饮用水提升工程等重点建议办理取得较好成效。

加强代表履职管理。组织部分优秀县人大代表赴全国人大培训中心学习培训，组建“松阳县人大代表培训讲师团”，全年共开展授课培训21场，有效提升代表履职能力。严格代表履职管理，出台代表述职评议实施办法，在全县19个乡镇街道开展代表述职评议工作，引导、激励和监督代表依法履行代表职务。完善代表活动组织体系，组织代表中心组、代表小组开展视察调研60余场次，扩大代表对常委会工作的参与，组织人大代表参加“两院”开放日、旁听案件庭审、监督调研、执法检查等工作200余人次，充分发挥代表的优势和作用，不断夯实常委会工作基础。加强和规范代表活动经费管理，精心组织县人大代表中心组活动和市人大代表松阳中心组的跨区域视察活动。

展现代表担当作为。在新冠肺炎疫情防控工作中，全县900余名各级人大代表积极响应，迅速行动，充分发挥密切联系人民群众的天然优势，以身作则、率先示范，引领和发动人民群众共同参与疫情防控工作，带头参与卡点值守、主动开展排摸走访、积极组织捐款捐物，疫情防控期间共收集代表爱心捐款65万余元，口罩1万余个以及各类生活物资、消毒用品。各级人大代表认真做好舆论正面引导工作，积极宣传疫情防控知识和工作动态，向全社会传递必胜信心和强大正能量，积极营造同舟共济的社会氛围，为全县上下步调一致，生产生活秩序井然，社会大局和谐稳定，疫情防控和复工复产“两手都要硬，两战都要赢”作出应有的贡献。

（四）聚焦自身能力建设，保障履职尽责更加规范

围绕全面担负起宪法法律赋予的职责，常委会进一步解放思想、拉高标杆，不断提高依法履职能力和水平。

强化思想政治建设。坚持以政治建设为统领，完善常委会党组理论学习中心组制度，丰富学习内容，举办常委会专题学习、专题讲座12次，深刻领悟习近平总书记关于坚持和完善人民代表大会制度的重要思想，深入学习习近平总书记对地方人大及其常委会作出的重要指示精神，全面学习贯彻党的十九届四中全会和省委、市委人大工作会议精神，及时跟进学习习近平总书记在庆祝中华人民共和国成立70周年大会上的讲话和对脱贫攻坚、乡村振兴等工作的重要指示，夯实思想政治基础，切实增强“四个意识”，坚定“四个自信”，坚决做到“两个维护”，保证党的决策部署在人大工作中得到贯彻和执行。

重视组织机构建设。加强常委会党组建设，认真贯彻党组工作条例，召开党组会议13次，及时贯彻中央和省市县委重大决策部署。认真履行全面从严治党和意识形态工作主体责任，深化领导干部谈心谈话制度，扎实推进党风廉政建设。严格请示报告制度，先后就人代会召开、民生实事项目、专题询问审议意见满意度测评结果和人事任免等重大事项向县委请示报告，确保党的领导贯穿人大工作全过程，充分发挥党组在人大工作中把方向、管大局、保落实的作用。规范人大机构设置，将代表工委更名

为代表与选举任免工委，较好保证人大常委会工作的开展。重视对人大机关干部的使用和交流，坚持把人大干部的配备、培养、选拔和使用纳入干部工作总体规划，加大干部双向交流力度，改善人大机关干部队伍结构。

加强规范人大工作。以整治形式主义突出问题为重点，抓好人大机关作风建设，优化办文、办会、办事流程，提高机关工作规范化水平。深化调查研究，注意听取列席常委会的基层人大代表的意见，提高调研工作和审议意见的针对性。坚持乡镇街道人大工作例会制度和负责人列席常委会会议制度，健全上下级人大沟通联系和联动开展工作的机制。加强乡镇街道人大标准化建设，制定完善的乡镇人代会、主席团会议、联络站建设、代表小组活动等制度，建立健全街道人大议事监督制度。组织新任乡镇街道人大负责人赴市委党校进行业务培训，有效提升人大业务能力水平。

各位代表！一年来，常委会各项工作取得的成绩，是中共松阳县委正确领导的结果，是常委会组成人员和全体代表共同努力的结果，是“一府一委两院”和乡镇街道人大密切配合的结果，更离不开全县人民以及社会各方面的大力支持。在此，我谨代表县人大常委会，表示衷心的感谢！

在看到成绩的同时，我们也清醒地认识到存在的问题和不足，主要是：精准监督和有效监督有待进一步加强；密切同代表和人民群众联系还需深化；代表的教育管理力度还需进一步加大；常委会履职能力有待进一步提升。这些都需要我们在今后的工作中努力改进。

二、2020年的主要工作

2020年是我县高水平全面建成小康社会和“十三五”规划的收官之年。面对新形势新任务，今年县人大常委会工作总体要求是：以习近平新时代中国特色社会主义思想为指导，认真贯彻党的十九大和十九届二中、三中、四中全会精神，全面落实习近平总书记关于坚持和完善人民代表大会制度的重要思想，深入学习贯彻习近平总书记在浙江考察时的重要讲话精神，按照省市县委人大工作会议和县委十届九次全体（扩大）会议的部署要求，围绕高水平推进县域治理体系和治理能力现代化，大力弘扬践行“浙西南革命精神”，深入开展“营商环境提升年”“全县域组织化提升年”“改革创新提升年”活动，持续聚焦中心工作、聚情民生关切、聚力依法履职、聚合代表力量，创造性地做好人大各项工作，为浙江成为新时代全面展示中国特色社会主义制度优越性的重要窗口，确保高水平全面建成小康社会贡献人大力量。

（一）强化理论武装，着力彰显人民代表大会制度优势

以“三个地”的政治自觉和排头兵姿态，找准我县人大工作新方位，进一步明确目标任务，乘势推动我县人大高水平发展。自觉把理论学习摆在突出位置，通过党组理论中心组、主任学习会、专题讲座等途径，持续深入学习习近平新时代中国特色社会主义思想、习近平总书记关于坚持和完善人民代表大会制度的重要思想，坚定不移地坚持好、完善好、实践好、发展好人民代表大会制度。切实抓好习近平总书记关于坚持和完善人民代表大会制度的重要思想学习研究和宣传教育，推动这一重要思想和宪法法律纳入党校（行政学院）的主体班次教学计划。对人大及其常委会选举任命干部开展人大制度理论和宪法知识集中培训，进一步增强领导干部的宪法意识和根本政治制度意识。多角度、多层次加大人大制度和人大履职的宣传，普及人大知识，讲好人大故事，展现代表风采，让人民代表大会制度深入人心。

（二）增强监督实效，着力推动重大决策和法律法规有效实施

紧紧围绕事关我县经济社会发展全局，认真组织实施年度监督计划，坚持和完善行政执法办案质量检查、专题询问、跟踪监督等行之有效的做法，努力提高监督工作的深度和精准度。紧扣全县经济高质量发展，省市县三级联动开展数字经济发展情况专题调研，推进数字经济“一号工程”落地落实；开展《浙江省民营企业发展促进条例》执行情况调研，促进民营企业健康发展；听取和审议全县经济社会发展情况、国有资产管理情况等报告，加强计划执行和预决算审查监督；监督“十三五”规划纲要执行情况及“十四五”规划纲要编制情况。紧扣高水平推进县域治理现代化，着力发挥人大职能作用，依法全面有效履行法定职权，上下联动开展矛盾纠纷调处化解“最多跑一地”专项监督，提高社会治理能力和水平。紧扣促进依法行政和公正司法，强化人大法律监督，保证宪法和法律有效实施，坚持开展行政执法办案质量检查和规范性文件备案审查工作，对市场监管局和文广旅体局落实行政执法办案质量检查审议意见情况开展跟踪监督；开展《中华人民共和国动物防疫法》《浙江省动物防疫条例》《浙江省华侨权益保护条例》实施情况调研；关注“七五”普法工作，听取和审议全县“七五”法治宣传教育工作情况的报告；开展人民陪审员履职情况专题调研，切实发挥人民陪审员作用；继续支持检察公益诉讼工作，跟踪监督公益诉讼工作审议意见落实情况并开展满意度测评。紧扣生态文明建设，坚持环境状况和环境保护目标完成情况报告制度，配合上级人大对《中华人民共和国大气污染防治法》《浙江省大气污染防治条例》实施情况开展执法检查；审议县人民政府关于《松阳县国土空间总体规划（草案）》。紧扣“两手抓、两手硬、两战赢”，开展新冠肺炎疫情防控和复工复产专题调研，听取和审议专项工作报告，确保疫情防控和经济社会发展统筹推进。紧扣事关群众利益的

“关键小事”，继续跟踪监督县域医共体建设情况；听取教育提质行动计划完成情况的报告，推进我县教育工作再上新台阶；关注全民健身中心建设情况，组织代表开展专题视察。健全人大对“一府一委两院”监督制度，创新监督方式，深化人大监督与检察法律监督有机结合，推动人大监督更加精准有效。

（三）密切代表联系，着力提高代表履职积极性

始终把牢“代表机关”定位，树立服务代表意识，尊重代表主体地位，制定加强和改进代表工作的具体措施，紧紧把代表工作和群众工作结合起来，全方位协同推进代表工作。健全代表联络机制，深化代表联络站规范化建设，拓展代表联络站功能，把联络站建设成为代表联系群众的好桥梁、代表履行职责的好平台、国家机关听取代表意见的好场所。完善“县委领导联系、人大领导督办、政府领导领办”代表建议督办工作机制，加大督办力度，切实提高建议办理面商率、满意率。做实代表履职服务保障，丰富代表培训内容，提高培训质量。加强代表履职教育管理，保证代表活动经费落实到位，为代表履职创造更好条件。

（四）加强自身建设，着力提升人大履职能力和整体水平

巩固和深化“不忘初心、牢记使命”主题教育成果，健全人大守初心担使命长效机制，深入推进全面从严治党。贯彻落实好省委人大工作会议和省委关于高水平推进新时代人大工作和建设文件精神，加快完善人大工作机构设置。切实加强人大干部队伍建设，逐步缓解人大机关干部队伍年龄老化、梯次结构出现断层等问题，加大人大干部交流力度，不断增强人大工作的生机和活力。夯实人大工作基层基础，密切与乡镇街道人大工作联系，推进基层人大工作和建设，增强新时代人大工作整体实效。全面贯彻实施乡镇人大工作条例和街道人大工作条例，充分发挥基层人大在畅通群众诉求表达、推进基层社会治理、维护社会和谐稳定中的作用。

政府工作报告

——2020年4月28日县长李汉勤

在松阳县第十二届人民代表大会第四次会议上的报告

一、2019年主要工作回顾

2019年，是新中国成立70周年，也是高水平全面建成小康社会的关键之年。一年来，面对复杂多变的外部环境，县政府在上级党委政府和县委的坚强领导下，坚持以习近平新时代中国特色社会主义思想为指导，以习近平总书记对浙江工作重要指示精神和“丽水之赞”为引领和动力，大力弘扬践行“浙西南革命精神”，聚焦高质量、竞争力、现代化，主动拉高标杆，坚持真抓实干，较好完成了县十二届人大三次会议确定的目标任务，取得了一系列新成效：

——经济增长保持稳健。主要经济指标增速均高于年初目标。实现地区生产总值115.6亿元，增长8.4%，规上工业增加值增长12.6%。固定资产投资增长12.8%。财政总收入、一般公共预算收入分别达12.8亿元、7.9亿元，分别增长10.3%、8.5%，增幅均居全市前列。社会消费品零售总额增长13%，居全市第一，其中网络零售总额增长65%，居全省第一。旅游收入55.1亿元，增长31.5%，增幅居全市第一。

——项目建设推进有力。黄南水库工程完成大坝主体填筑，输水隧洞提前全线连通，移民安置小区工程基本完工，淹没区公路建成通车。衢宁铁路完成铺轨，衢丽铁路松阳段、火车站站前大道及广场项目顺利推进。屏安东路、独山大桥建成通车，乌弄口至弓桥公路改建工程基本完工。职业中专迁建项目主体建筑结顶。西竹玉公路、茶产业综合体一期、丽水学院松阳校区等项目开工建设。丽水至龙游天然气管道松阳段主管贯通。

——生态环境持续向优。森林覆盖率提升至80.1%，马鞍山成为省级森林公园。地表水达标率100%，出境断面水质保持Ⅱ类水标准，Ⅰ类水天数占比提高13.1%，荣获“五水共治”大禹鼎。松阴溪获评长江经济带2018年度最美河流，成为“中国休闲垂钓基地”。松阴溪绿道荣获“浙江最美绿道”“浙江省十佳运动休闲绿道”称号，小港、大木山茶园绿道获评“丽水最美绿道”。空气质量创下近年最优纪录，优良率达99.5%，提高1.7个百分点，PM2.5均值降至26微克/立方米，我县获“中国天然氧吧”称号。

——国际交流不断深化。圆满举办中国（国际）茶商大会、国际现代有机农业峰会。乡村建设经验获联合国认可，作为全国唯一县级单位代表参加了首届联合国人居大会，并与联合国人居署在松阳联合举办了第一届城乡联系国际论坛，17个国家、18个国际组织的200余位官员、专家参会。以视频形式参加世界城市论坛，讲述松阳故事。精品乡村建筑入展奥地利维也纳建筑展，累计5次登上国际展台。积极发展国际友城关系，与意大利奎斯泰洛市签订教育合作备忘录，与俄罗斯科洛姆纳市结成友好城市并签订合作初步协议。来松国际游客同比增长25.2%，我县国际知名度、美誉度进一步提高。

——惠民增收取得实效。城镇居民人均可支配收入达40432元，增长8.9%。农村居民人均可支配收入达19371元，增长10.4%，增幅居全市第二。低收入农户收入增长13.9%，扶贫工作获省政府表彰激励。全县各村均完成年度“消薄”任务。“光伏小康”、余姚“消薄飞地”项目完工，有力助推村集体和低收入农户增收。“大搬快聚富民安居”工程稳步推进，完成农户搬迁1169户、3203人，群众获得感、幸福感持续提升。

成绩源自努力，奋斗终有收获。一年来，我们锐意进取、敢想善干，主要做了以下五方面工作：

（一）围绕发展第一要务，全力做强生态产业

生态农业稳步发展。实现农林牧渔业增加值13.2亿元，增长2.7%，茶叶、香榧、油茶种植面积分别达8800.44公顷、5266.93公顷、6867.01公顷。茶叶全产业链产值超122亿元，振通宏入选国家级重点农业龙头企业，我县被评为“2019中国十大生态产茶县”，系全省唯一。茶叶、油茶产业农合联成立，第二届全国香榧炒制大赛成功举办。成立县自然农法协会和新型庄稼医院，累计发展生态种养殖基地46个，提前完成4批次152种农药退市，农药化肥使用量分别下降5.9%、5.3%，我县创成省级农业绿色发展先行县，新兴、象溪创成省级农业绿色发展示范区。青莲10万头生猪保供项目开工建设。

生态工业扩量提质。落实各级惠企政策，出台企业减负“二十条”、支持企业用工“十五条”，为企业减负2.3亿元，兑现政策资金4300余万元，新增规上企业10家。工业招商有新成效，新签约项目53个，博勒科技、继能科技等项目落地建设。实施不锈钢管产业转型升级三年行动，建立高质量产业发展服务平台，发布2项“浙江制造”团体标准，年处理10万吨工业危废综合处置项目开工。承办全省工业互联网平台建设现场会，上上德盛工业互联网平台成为省级平台。企业更加注重科技创新，规上企业研发投入增长39.5%，新增省级企业研究院1家、高新技术企业研发中心2家。农业科技特派员工作获省委省政府表彰。开展第四届政府质量奖评选，新增获奖企业6家。

生态服务业蓬勃发展。我县入选省级文旅产业融合试验区培育名单，在全市率先通过国家全域旅游示范区创建初评，全域旅游发展考核居全市第一。成功承办省第八届运动休闲旅游节。双童山景区创成国家AAAA级景区。四都乡创成省级旅游风情小镇，平田村入选全国乡村旅游发展典型案例。民宿（农家乐）总数达526家、床位5081张，游客接待数、营业收入分别增长15.2%、21%。鸣珂里被评为白金级民宿，系全市唯一。推进“百县千碗”工程，“松阳十大碗”持续获得游客好评。金融服务实体经济能力不断提升，本外币存贷款余额分别增长18%、16.3%，增幅均居全市前三，存贷比79.6%，民营经济、普惠小微企业贷款分别增长13.9%、10.5%，新引进台州银行。大力支持电商产业发展，祥瑞电商园二期、康洁电子商务园建设稳步推进。

（二）坚持改革开放引领，着力激发发展动能

深入推进“最多跑一次”改革。1378个事项实现“全域一证通办”，“1+N”村级代办模式获全市推广，改革满意率达98.8%，居全市第一。政府数字化转型有序推进，在全市率先实现“互联网+监管”工作“七个100%”，网上办、掌上办实现率分别达99.4%和99.3%。在全市最先实现企业开办全流程“一件事”一日办结，新增小微企业466家，实现“个转企”42家。承诺制审批项目实现零的突破，实现一般企业投资项目审批“最多90天”，以“标准地”形式出让工业用地10宗。完成农房确权发证1.4万余本，“统一收件、上门办理”服务获群众广泛认可。

深入推进重点领域改革。新增省级及以上改革试点10项。“民情地图”以省地方标准形式在全省推广。平稳完成行政村规模调整，行政村从401个调整为203个。完成县乡党政机构和生产经营性事业单位改革。深化国企改革，国投集团、强村公司稳健运营，完成文旅投、水投、交投、城投公司组建。三都上田、大东坝蔡宅等乡村振兴改革试点成效初显。集中财力办大事体系有效构建，我县被评为省财政管理绩效考评优秀单位。

深入推进区域协作。着力打造山海协作升级版，深化与余姚的全面协作关系，山海协作产业园发展步伐稳健，农产品定向销售渠道不断拓展。紧抓长三角一体化发展机遇，与上海市松江区、金山区枫泾镇、嘉兴经开区签订战略合作协议，嘉兴“消薄飞地”项目启动。深入开展东西部扶贫协作，与四川巴州区建立多层次结对帮扶关系，援助资金3300万元，实施帮扶项目18个，捐赠茶苗520万株，开展各类帮扶培训2300余人次，有力助推巴州区脱贫攻坚。

（三）立足绿色协调发展，奋力提升城乡品质

城乡建设加快步伐。城市有机更新有序推进，完成北山大道拓宽改造项目征收，本草园、明清街整治六期等工程完工，项弄安置房基本建成，青田码道、瓦窑头安置房建设进展顺利。城市天然气管道、全民健身中心等项目加快推进。龙丽高速松阳入城口成为省级精品示范。乡村振兴稳步推进，我县成为首批部省共建先行创建单位、省级乡村振兴产业发展示范县和美丽乡村建设试点县。沿坑岭头入选省美丽乡村美育村试点，陈家铺、杨家堂入选省第八批历史文化村落重点村。松阳古村落保护利用项目入选国家《文物建筑开放利用案例指南》。制定发布全国首个《乡村景区无障碍建设导则》地方标准、全省首个《传统村落保护建设规范》。启动“拯救老屋行动”二期项目，完成修缮32幢。加快打造红色乡村，6个乡镇、31个村分别被列入市级红色示范乡镇、示范村培育名单，数量均居全市首位。实施农村饮用水达标提标工程，完成54个单村工程，惠及群众5.4万人。安联溪和石仓水厂完工，建成美丽水厂36个，象溪片供水一体化管网主管贯通，县域一体化供水率全市最高。与农饮水等项目一体谋划的绿道体系进一步成型，建成各类绿道139.7千米，完成投资5.8亿元。

环境整治有力推进。深化“五水

共治”，完成2个省级“污水零直排区”试点建设。强化大气污染防治，落实秸秆露天禁烧、松古盆地烟花爆竹全面禁燃等工作，开展不锈钢退火油烟整治试点，完成11家涉气“散乱污”企业整治。创成省“基本无违建县”，完成三改38.2万平方米、拆违63.3万平方米。垃圾分类稳步推进，建成区、建制村覆盖率分别达60.9%、75%，建成省级高标准分类示范小区1个，建筑垃圾资源化利用项目投产。小城镇环境综合整治顺利收官，古市、玉岩通过省级验收，象溪靖居获评省级样板。

生态保护持续深化。启动生态环境损害赔偿工作机制，依法收缴赔偿金120万元。严格保护饮用水源地，完善8项配套工作制度。美丽河湖建设成为“浙江样板”，成功举办首届中国•丽水（松阳）休闲垂钓节。完成小水电清理整改。水文公园加入中国水利博物馆联盟，系全市唯一。加快国家森林城市创建，扎实开展植树造林、山林抚育工作，创新实施“拯救老树行动”，完成美丽林相建设5666.95公顷、绿化造林558.09公顷、新植珍贵树31.6万株，保护一级濒危古树175株。有力开展松材线虫病防控，完成防治面积约1.17万公顷。鼓励恢复水田生产，生态水稻种植面积达1226.73公顷，生物多样性得到进一步保护。

（四）强化发展为民意识，竭力增强民生福祉

保障水平稳步提升。全年民生支出38.8亿元，占财政总支出的83.7%。涉及省、市、县三级的55项民生实事全面完成。居民养老保险、医保参保率分别达97.6%、99.2%。加强政策兜底，全面实施因病、因残等支出型贫困入保政策，落实特困人员、残疾人的扶贫救助、参保补助。残疾人托养中心主体建筑结顶。

教育提质成效显著。教育基础环境持续改善，全县学校无线网络、录播教室覆盖率达100%，数字化教学实现全覆盖，教育信息化三年实施方案入选省十佳。省对县教育督导获评优秀，教育现代化发展水平监测居全市第一。“一蛋一奶”“空调进教室”“放学后托管服务”等工作在全市率先到位。高考成绩全面进步，本科上线率达60%，其中一段上线174人，同比增加13人。中考成绩优秀率连续两年居全市前列。职业教育和成人教育事业发展考核获省优秀等次。

卫生健康服务持续优化。居民健康水平不断提升，我县人均预期寿命达79.47岁，健康松阳建设考核位居全市第二。顺利通过国家卫生县城复评，创成11个国家级卫生乡镇，创成率全市第一。医共体建设有序推进，开展医共体成员单位联合门诊、省中医院专家下沉挂职、“流动医院”“送药上山”等行动，让群众享受更多优质医疗资源。西屏街道社区卫生服务中心建成投用。乡镇卫生院标准化建设率达100%，融合中医功能的21家农村卫生室完成改造。造血干细胞、器官捐献数位居全市前列。出台中医药复兴地建设三年行动计划，设立中医药发展基金会，中医智能医联体项目建成投用，中医药康养产业项目有序推进。

文体事业繁荣发展。开展民俗节庆、乡村春晚等活动100余场，圆满举办国际半程马拉松、全国围棋甲级联赛、全国老年气排球赛等高等级赛事，天空跑国际挑战赛入选省精品赛事。推动文化保护传承，詹宝兄弟牌坊成为全国重点文保单位，松阳高腔传承中心正式挂牌，《箬寮风雷》入选省第十四届艺术节终评剧目。我县作为主创地的电视连续剧《麦香》在央视一套热播，获全国“五个一工程”优秀作品奖。松阳书房成为杭州世界城市博物馆的首个县级“城市书房”。中国首款城市字体“汉仪松阳体”正式上线。深化“百名艺术家入驻乡村”行动，组建全国首家连环画乡村艺术馆，已签约艺术家工作室85个，落地40个，形成艺术村9个。

社会大局保持安定。应急管理综合协调体系初步构建，安全生产、森林防火、防汛抗台等工作扎实有力，圆满完成新中国成立70周年平安护航任务，捧回全省首批一星“平安金鼎”。社会治安形势持续向好，连续21年命案全破且案犯全部归案。铁腕推进扫黑除恶专项斗争，破获一批涉黑涉恶案件。创成省食品安全县，食品安全满意度居全省第一。推进强军拥军工作，连续三年实现兵役登记率100%，县民兵训练基地开工建设，民兵救援队完成县内外多项抢险救援任务，有力保护了人民生命财产安全。开展爱国主义教育，举办“娃娃学兵”幼儿国防教育培训。推进社会化拥军工作，成立退役军人服务中心，落实军人抚恤补助和帮扶措施，拥军优属、拥政爱民氛围更为浓厚，我县荣获省级“双拥模范县”称号。

（五）围绕“两强三提高”，努力提升履职能力

扎实开展政府系统“不忘初心、牢记使命”主题教育，深入弘扬践行“浙西南革命精神”，坚定政治信仰，强化理论武装，为民担当尽责。深入基层开展“三服务”活动，累计办结问题976件，办结率99.6%。更加注重依法行政，健全依法决策机制，严格决策法定程序，落实政府新任领导干部宪法宣誓制度，开展新一轮政府法律顾问选聘。组织召开“府院”联席工作会议，推进行政复议规范化建设，行政执法监督进一步加强。驰而不息纠正“四风”，会议、文件同比下降38.8%、33%，“三公”支出下降22.9%。全面落实从严治党和意识形态工作主体责任，坚持与政府各项业务工作同研究、同部署、同落实。完成省委巡视反馈问题整改，举一反三建立健全长效机制。自觉接受各方监督，定期向人大报告工作、向政协通报情况，104件人大代表建议、130件政协委员提案全部办结。公开政府信息1万余条。

同时，注重各项工作统筹，妇女、

儿童、老年人、残疾人权益得到保障，民族宗教、外事侨务、移民、人防、气象、史志档案、慈善、红十字、志愿者等工作均取得了新成效。

各位代表，过去一年的成绩，是坚持以习近平新时代中国特色社会主义思想为指引的结果，是上级党委、政府和县委正确领导的结果，是县人大、县政协和社会各界有效监督、大力支持的结果，是全县人民凝心聚力、奋力进取的结果。在此，我代表县人民政府，向全县人民，向人大代表、政协委员，向各民主党派、工商联、人民团体和社会各界人士，驻松部队官兵，向在松投资者和建设者，向所有关心支持松阳发展的朋友们，致以最崇高的敬意和最诚挚的感谢！

在肯定成绩的同时，我们也清醒地认识到，当前我县经济社会发展还面临不少困难和问题，主要是："两山"转化通道还未充分打开，高质量绿色生态产业体系尚未定型成势；发展要素趋紧，土地、能耗等指标约束加大，新的优质税源培育不足；农民持续增收的后劲不足，城乡公共服务发展不充分、不协调；社会治理体系不够完善，安全生产、生态环保等方面还存在薄弱环节；政府系统部分干部干事创业激情不足，业务水平和执行能力有待提升，工作作风还需持续转变。受"新冠"肺炎疫情影响，今年我们各项工作将面临更大挑战。面对这些问题，我们决不回避，将在今后的工作中精准施策、砥砺攻坚，努力加以解决。

二、2020年主要工作目标和任务

2020年是全面建成小康社会和"十三五"规划的收官之年，也是"十四五"规划的谋划之年，干好今年工作至关重要。年初，面对一场突如其来的新冠肺炎疫情，在县委的坚强领导下，全县上下按照党中央及省市决策部署，围绕"两手都要硬、两战都要赢"的目标，团结一心，严阵以待，统筹做好疫情防控和复工复产工作，推动疫情防控形势持续好转和经济社会运行恢复正常。这充分说明，只要有党的坚强领导，我们有能力应对一切风险挑战，战胜一切艰难险阻。为此，县政府将坚定信心、保持定力，牢牢抓住用好重要战略机遇期，准确识变、科学应变、主动求变，与全县人民一起携手奋进，扎实做好"六稳"工作，落实"六保"任务，努力化危为机，在加快推动松阳经济社会发展上展现新作为、谋求新突破。

今年政府工作的总体要求是：高举习近平新时代中国特色社会主义思想伟大旗帜，深入学习贯彻党的十九大和历次全会及习近平总书记考察浙江重要讲话精神，落实省市党委政府和县委决策部署，按照省委全面对标"努力成为新时代全面展示中国特色社会主义制度优越性的重要窗口"新目标新定位，聚焦高水平全面建成小康社会目标和高质量绿色发展要求，深入践行"两山"发展理念，大力弘扬践行"浙西南革命精神"，坚持稳中求进工作总基调，深入开展"营商环境提升年""全县域组织化提升年""改革创新提升年"活动，坚持稳企业、增动能、补短板、保平安，努力探索生态产品价值实现机制，勇趟山区国际化发展道路，着力构建制度设计更趋完备、制度运行更加有效的县域治理制度体系，确保完成全年经济社会发展目标任务，实现与全省同步高水平全面建成小康社会和"十三五"规划圆满收官。

经过综合分析，建议2020年全县经济社会发展主要预期目标为：GDP力争增长7.5%左右，加快推进GDP和GEP实现"两个较快增长"；规上工业增加值增长9%；城乡居民收入、一般公共预算收入增长与经济增长基本同步，农民收入增幅力争全省、全市前列；投资总量较快增长，结构持续优化；节能减排全面完成省市下达任务。

围绕上述目标，今年重点要抓好以下八方面工作：

（一）聚力主攻生态制造业

加大转型升级力度。紧扣"整合、转型、赋能、开放、改制"十字方针，全面启动平台"二次创业"，制订生态制造业高质量绿色发展五年倍增行动计划。推进现有工业区块清理整治，积极盘活闲置及低效工业用地，对工业区块内亩均税收2万元以下的企业开展分类提升，加快推进重点破产企业处置。深化"亩均论英雄"改革，持续完善企业综合评价机制，落实要素差别化使用措施，开展省级工业节能与绿色制造试点建设。深化不锈钢管、合成革产业生态化治理，推进不锈钢管产业"1331"工程，加快年处理10万吨工业危废综合处置、不锈钢废水处理中心改造提升、分布式天然气集中供热等项目建设。加强"三强一制造"建设，促进企业提质增效。

加大产业培育力度。支持不锈钢管企业定标准、创品牌，推进智能化制造、产业链延伸，加快不锈钢研究院和市场的谋划推进。重抓装备制造产业，全力推进赤寿装备制造产业园、古市小微园等平台建设和发展，继续引进汽摩配、电子电器行业项目。加快中德AI产业园建设和招商，力争引进一批德国高端装备制造项目。推进科马摩擦新能源刹车片项目建设。大力发展农产品精深加工产业，谋深中意启迪中医药产业园、象溪南州农产品加工小微园等项目前期。推进新型建筑工业化试点及建筑节能改造。

加大扶企惠企力度。贯彻执行好企业减负政策，重点落实好疫情下支持企业渡过难关的省"十八条"、市"十八条"、县"二十条"及推进生态工业高质量绿色发展"三十条"，让企业轻装上阵谋发展。深化"三服务"活动，落实驻企服务员、问题交办等制度，着力帮助企业排忧解难。做好博勒科技、香巴佬、顺力机械等重点培育企业跟踪服务，新增规上企业5家以上。

（二）发展壮大现代服务业

进一步打响文旅品牌。围绕打造国际乡愁旅游目的地、国际中医药康养胜地和国际艺术创作交流胜地目标，完善文旅产业政策体系，推进文旅深度融合联动发展，实现文化产业增加值增长12%以上，旅游业增加值占GDP比重超9%。以国家全域旅游示范区创建为抓手，推进大东坝、象溪省级旅游风情小镇创建。开展重点旅游景区改造提升，力争创成1个A级景区城、4个A级景区镇、25个A级景区村。高品质推进全县域生态博物馆（工坊）建设，建成张玉娘诗文馆、蚕桑研学中心、航运博物馆，争取造纸工坊、暗夜公园等项目开工。加快清露乡隐旅游度假区、榔树民宿综合体、南山大健康产业园等重点项目建设，建成云夕国际共享空间、小后畲民宿综合体（一期）等精品点位，推进卯山森林康养、雅溪口文旅、碧山国际等项目落地，加快横岗民宿综合体等项目招商。加强旅游人才培育，做好中英文讲解员、“松阳工匠”队伍、旅游外事礼仪等培训，讲好“松阳故事”。

进一步释放金融活水。加强政银企专项对接，优化民营企业金融服务，提升无还本信贷规模，加大制造业贷款授信及发放力度。关注有纳税无贷款的成长性小微企业，优化信贷供给结构，提高中长期贷款比例，有效破解首贷难问题。深化金融“三服务”，落实省市县三级金融顾问制度。推进“凤凰行动”计划，完善上市后备企业梯队建设，重点推进上上德盛、云中马在省证监局辅导备案，科马摩擦材料争取申报创业板或进入新三板精选层。积极打造乡村普惠金融样板，提升普惠贷款签约率和信用贷款率。做好扶贫贷款和消薄村集体贷款发放。健全金融风险防范机制，确保不发生系统性金融风险。

进一步做强商贸经济。加大贸易、旅游、民宿、文化娱乐等领域企业培育，充实服务业上规上限企业名录库，力争新增规上限上企业15家。推进浙南茶叶市场转型升级，建成汽车综合服务中心二期，引导祥瑞汽车城、建材市场等专业市场业态集聚。建立服务业企业“亩产效益”综合评价制度，探索建立资源要素配置、企业服务等机制。推进洞阳观旅游度假村、大木山茶文化主题酒店等高品质酒店建设，力争完成2家酒店评星定级。培育“生长型”民宿经济，打造精品民宿示范项目3家以上，创成2家银宿级以上民宿。

（三）加快推进乡村振兴

发展壮大生态农业。高质量推进发展平台建设，力争“一区一镇”通过省级验收。深化茶产业转型升级六大行动，出台“中国茶乡”建设三年行动计划，办好第十三届中国（国际）茶商大会•松阳香茶网络茶叶节，建设标准化茶叶生产基地5个，改植高效益品种300.01公顷，力争茶叶全产业链产值突破130亿元。新发展香榧、油茶各3000亩，加快推进油茶、香榧全产业链发展。落实生态农业扶持政策，新建一批生态农业基地，积极发展中药材、食用菌、笋竹林、中蜂、娃娃鱼等特色种养殖产业。严格保护5万亩粮食生产功能区，启动高标准农田建设1733.42公顷，确保生态水稻种植面积在1200公顷以上。对标欧盟标准，持续推进“肥药双减”，完善农资溯源一卡通平台，落实农药实名制购买和化肥定额制。切实抓好生猪稳价保供，推进青莲生猪规模化养殖项目建设。

多方促进增收致富。加大脱贫攻坚力度，落实低收入农户高水平全面小康计划，统筹实施产业、异地搬迁、金融、教育和结对帮扶等精准扶贫措施，深化“八个万元”系列富民增收行动，实现低收入农户收入增长10%以上。大力发展来料加工、乡村旅游等增收致富产业，完成农民培训1000人次。巩固提升“消薄”成果，积极发展村集体经济，实现30%的行政村年收入超15万元、经营性收入超8万元。加快嘉兴“消薄飞地”项目建设。深化“大搬快聚富民安居”工程，引导山区群众向县城和中心镇集聚。

建设美丽宜居乡村。加快乡村振兴产业示范项目实施，力争创成省级美丽乡村示范县。开展省级美丽宜居示范村建设，创建美丽城镇样板1个、新时代美丽乡村51个。深化“三大革命”，实现垃圾分类建制村覆盖率80%以上，完成新改建农村公厕35座，基本实现农村污水处理设施标准化运维全覆盖。加强历史文化村落保护，持续推进“拯救老屋行动”二期项目，护好乡村原真风貌、乡愁元素。实施红色乡村振兴发展行动，加快安岱后、斗潭、小吉、丁坑等核心点位建设，推进“两乡两镇”红色资源串点成线。深化农村饮用水达标提标工程，完成29个村一体化供水和82个单村供水工程，惠及人口4.5万。按照“原生态、高品质”的定位持续推进绿道建设，年底实现松阴溪干流绿道全线贯通。高水平建设“四好农村路”，提升改造农村公路60千米、大中修69千米，努力提高交通运输一体化水平，让山区群众出行更便捷。

（四）打造新型田园城市

统筹城市建设。稳步推进南城开发，以“未来社区”理念建设青田码道区块，加快推进瓦窑头安置房、联合大厦、全民健身中心等项目建设，开工建设水南安置房。保护县城古城完整风貌，落实民居修缮及业态扶持政策，提升原四联食堂、进士牌坊等区块，实施博物馆扩容改造、瓦窑头文化公园等工程，申报国家级历史文化名城，明清古街争创省级步行街试点。加快“大古市”建设，推动基础设施和公共服务向古市片区集聚，系统开展古市老城有机更新，争取入选省级“千年古城”复兴行动试点，联动推进新兴、赤寿、樟溪融合发展。建设望松北城新区，完成国土空间全域规划、文旅小镇规划，启动五都源综合整治工程，完成街道文化活动中心、王村第二书房等项目建设，加快黄家大院片区项目招商。

完善城市功能。进一步优化城市路网，深化“街巷疏浚”工程，开工建设北山大道拓宽改造、要津南路延伸段、育英路延伸段等道路工程，推进江南东路建设，加快长虹中路改造、万通大道望松延伸段等道路项目前期建设。推进城市燃气管道建设，建成中压管线10千米。继续实施县城老旧小区改造，推进既有住宅加装电梯工作，完善小区居住功能。探索推进“海绵城市”建设，实施县城截污纳管、雨污分流建设工程，提升各城中村改造区块配套基础设施。

精细城市管理。围绕“绿化、亮化、净化、美化”，加强市政管理，实现县城整洁美丽。加大街面巡查整治力度，攻坚治理违章搭建、乱停乱放、餐饮油烟、城市噪音等问题。建立城市基建项目管理库，强化项目实施统筹安排，减少重复投资和建设。深化高标准生活垃圾分类示范小区建设，引导群众正确分类和投放，完善末端处置机制。加强住宅小区物业管理规范化建设，出台物业服务规范。建设智能交通指挥体系，启动行政审批中心立体停车库建设，着力解决堵车、停车难题。

（五）持续增强发展活力

大抓规划引领。对标丽水“一带三区”发展新格局，统筹推进乡村振兴样板区打造。高质量完成“十四五”规划纲要编制，细致谋划一批重大工程、重大项目、重大政策、重大改革。以国土空间规划编制试点县为载体，完成新一轮国土空间规划编制，为中长远发展布好局。梳理县域产业发展思路，完成生态产业、文旅、红色小镇等“十四五”专项规划编制。

大抓项目建设。坚持项目为主，全面开展项目前期提速、品质提升“双提”活动。抢抓政策窗口期，力推一批重大项目列入省“2+6”项目清单，全力争取中央专项债券、预算内资金。以“4+1”投资结构为导向，完善工作机制，提升谋划本领，实现生态环境和公共设施、交通、高新技术产业、民间投资分别增长12%以上，力争落地2个县（市、区）长项目。狠抓年度重点项目，严格按计划推进14个新开工项目、27个续建项目、4个预备项目、18个前期项目，实现黄南水库建设的“三提前”，青田码道安置小区、残疾人托养中心等项目基本完工。做好要素保障，力争垦造耕地400.02公顷、复垦建设用地66.67公顷，推进城镇低效用地再开发。强化政府投资项目审计管理，把好项目资金预算、执行等关口。推进融资方式多样化，引导社会资本参与政府投资项目建设。

大抓改革深化。开展营商环境提升年行动，深化营商环境“10+N”改革。加快项目竣工验收，实现全过程审批“最多80天”。持续推进“标准地”改革，逐步向旅游、房地产等行业拓展。完善企业投资承诺制改革实施细则。深化公民个人全生命周期“一件事”改革。加快“最多跑一地”改革，完善“信访超市”运行机制。深化事业单位改革，完成清理规范整合工作。推进县属国企改革，提升市场化运营和融资能力，完成经投集团组建。探索生态产品政府采购机制，创成新兴、四都生态产品价值实现机制示范乡镇，开展试点乡镇GEP核算。探索建立“两进两回”长效机制，以创新驱动、要素回流推动乡村发展。创新推行“村级工程集体建”模式，加强村级项目资金管理。

大抓科技创新。出台人才新政，大力招才引智。引导企业加大科技投入，力争新增国家高新技术企业4家、省科技型中小企业14家、省高新技术企业研发中心1家。积极申报创建茶产业省级创新服务综合体。完善创新券制度，让更多企业享受科创政策红利。深化产学研合作，引导企业加强与上海等地区科研院校合作。做好科技特派员入驻及项目实施。办好浙江茶业学院松阳分院。

大抓数字经济。推进5G基础设施建设，完成县域基站规划编制，实现县城区域网络连续覆盖。加快企业数字化转型，力争园区企业上云全覆盖，完成省级两化深度融合国家示范区建设。对接省“数字经信”平台，精准服务企业。完善电子商务扶持政策，完成祥瑞电商产业园二期建设，实现网络零售额增长15%以上，争创国家电子商务进农村综合示范县。加快茶叶电商产业园建设，推进“松阳香茶”线上销售、线上创牌。

（六）积极促进开放合作

推动区域合作更深入。紧抓长三角一体化、打造山海协作升级版等机遇，进一步接轨上海、对接苏皖、联结嘉甬，开展产业合作、人才输送、科技创新等领域常态化合作。面向上海及山海协作对口地区，开展生态农产品、旅游地商品等展销活动，推出景区门票减免、住宿折扣等政策，实现市民卡连通互享。做好东西部扶贫协作、对口援疆帮扶，加强与四川巴州区、新疆新和县在产业、劳务等领域合作，携手余姚探索打通山海协作与东西部扶贫协作渠道。主动对接“一带一路”建设，支持企业开拓多元化出口市场。

推动招商引资更有效。深化重大招商项目“一把手”工程，以二产为重点，协同推进一三产招商，力争引进生态制造业项目50个，其中亿元以上项目10个。依托丽水（长三角）招商办事处，加强驻外招商人员的培训、管理和考核，力争从上海等地区招引一批优质产业项目。开展多元化招商，持续推进顾问招商、中介招商，探索基金招商新模式，加强国际招商。建立高效的招商引资决策机制，实现项目精准评估、快速落地，跟踪做好引进项目后续服务。

推动开放通道更便捷。坚持交通先行，做强发展支撑。围绕全省“三个一小时”交通圈建设，完成全县综合交通中长期规划编制，逐步构建立体交通大通道。实现衢宁铁路通车，加快衢丽铁路松阳段建设，抢抓铁路时代发展新机遇。推进西竹玉公路、235国道松阳段等工程建设。争取金松龙、缙莲松2条高速列入省公路中长期规划。做好222省道雅溪口至裕溪段、235国道松阳至武义段、靖板公路、江北公路、通用机场等项目前期工作。

（七）深化生态文明建设

打好污染防治攻坚战。统筹打好蓝天、碧水、净土、清废保卫战，完成35蒸吨以下燃煤锅炉淘汰改造，加快不锈钢退火油烟专项整治、工业园区有机废气治理，加大烟花爆竹禁燃、秸秆露天禁烧防控力度，开展机动车尾气超标专项整治。着力补齐水生态环境基础设施短板，推进垃圾填埋场渗滤液整治和城市污水处理厂提标改造，完成望松、象溪、新兴“污水零直排区”建设，开展工业园区地下水污染防控试点。启动无废城市建设前期工作，抓好污泥动态清零。

完善生态保护机制。建立生态保护红线制度，启动勘界定标。健全智能化生态监测网络体系，新建一批水气自动监测站。完成省级河湖标准化试点县工作，创建1条省级美丽河道，落实松阴溪重点流域和支流生态拦截净水措施。完善畜禽养殖禁养区方案，推进污废循环利用。探索建立乡镇生态补偿机制。

强化生态系统修复。保护山水林田湖草生态系统，开展生物多样性本底调查，注重濒危物种保护。开展河道清淤整治，严厉打击非法采砂、电鱼毒鱼等行为。推进省级小流域山洪灾害防御提升先行县建设。按照“四个统筹，十个一批”思路，力争创成国家森林城市。坚持做好松材线虫病防控，深化“拯救老树行动”。

（八）扎实推进民生改善

加强社会保障。坚持将新增财力的三分之二以上用于民生。推进基本养老保险再扩面，完善兜底参保机制，加强社会保费依法征缴，力争实现基本医疗保险全覆盖，基本养老保险参保率达96%以上。着力扩大就业，开展职业技能提升行动，确保零就业家庭动态清零。完善民办养老产业扶持政策，加快养老服务设施建设，建成6个乡镇级居家养老中心。保障困难群体基本生活，提高低保标准8%以上，提高临时救助水平。深化低保专项整治，落实“渐退制”等政策。

优先发展教育。以创成全国义务教育优质均衡发展县、省级教育现代化县为目标，深入推进教育提质三年行动。高质量推进职业中专迁建、丽水学院松阳校区建设，启动城西小学、城区幼儿园建设。创新教育管理方式，加强初高中教育衔接，注重创新性后备人才培育。深化课程改革，持续提升教育教学质量，高考成绩力争全市前列。持续推进“田园教育”县域德育品牌创建。健全多渠道教师补充机制，制定教育系统引才政策，加强中小学教师待遇保障。

建设健康松阳。精密做好新冠肺炎疫情防控，强化联防联控工作机制，持续提升公共卫生应急服务能力和医疗硬件设施，保障应急医疗物资供应，有序推动复工、复产、复学。深化中医药复兴地建设三年行动，健全中医人才培养、引进和学科建设激励机制，完成全国基层中医药工作先进单位创建，争取国家中医药综合改革试验区落地。发挥好中医智能医联体作用，推进乡镇中医馆、村中医室有效运行。深化县域医共体改革，出台卫生人才队伍激励政策，完善流动医院建设，推进医疗资源均衡化发展。落实全周期健康服务，做好家庭医生签约服务、重大疾病和慢病监测管理、妇幼健康等工作。推进浙江省运动休闲基地创建，积极发展体育事业，倡导全民健身。

完善社会治理。开展应急管理、安全生产基础、消防基础能力“三个提升年”活动，筑牢安全防线。完善应急救援体系建设，持续做好森林防火、防汛抗涝、地质灾害防范等工作。保持高压严打态势，打好扫黑除恶收官战。依托基层治理四平台、“1+8”调解中心建设多元化调解体系，发挥“全科网格”“乡贤调解”“熟人警务”作用，深化诉源治理。全方位做好村级换届选举准备工作，选优配强村级班子，实现平稳换届。强化大数据集成应用，严厉打击盗抢、诈骗等违法行为。持续推进“无欠薪”县创建。启动“无违建县”创建，打好“治旧控新”攻坚战，推进“两违”处置长效化管理。巩固省食安县创建成果，完善食品溯源体系建设，让群众吃得放心。加强国防动员建设，深入推进民兵调整改革，做好作战能力检验评估迎检。高质量开展征兵工作，严把征兵各项关口，努力提高大学生群体应征比例。推进军民融合发展，开展国家“双拥模范县”创建，优化军人优抚安置和帮扶援助机制，常态化开展走访慰问及军民共建活动，建设新时代枫桥式退役军人服务站。

各位代表，按照“群众提、代表定、政府办”的理念，今年县政府提出了农村饮用水达标提标工程，消防安全隐患线路整治，儿童青少年近视防控，免费开展新生儿耳聋基因筛查、可疑胎儿心脏超声检查，小区基础设施提升改造，农村亮化工程，农村生活污水处理设施标准化提升改造，交通便民设施综合提升，加强食品安全监管，居家养老健康管家项目，“大搬快聚富民安居”工程，“就业创业乡村行”，“雪亮工程”提升项目等13项民生实事候选项目。对于经本次人代会最终票决确定的项目，我们将全力认真办好。

三、全面加强政府自身建设

各位代表，唯有实干担当，方能不辱使命。当前，松阳正处于发展机遇的交汇期，工作责任重大。县政府将坚持以人民为中心发展思想，担当尽责，奋发有为，务求实效，努力打造人民更加满意的服务型政府，与全县人民一起创造更加美好的未来。

（一）坚持党的领导，提高政治站位

推进“不忘初心、牢记使命”主题教育常态化，切实增强“四个意识”，坚定“四个自信”，坚决做到“两个维护”，把讲政治落实到具体行动，坚决贯彻落实中央、省、市和县委决策部署，始终做到党委有号召、政府有行动。严格落实意识形态工作责任制，牢牢把握工作主动权。

（二）强化法治意识，规范权力运行

开展法治政府建设年报及公开工作。推进行政复议规范化，建设配套专业场所。加强食品药品、环保、社会治安等领域专项执法监督检查。严格遵守重大行政决策法定程序，提高决策法治化水平。自觉接受县人大及其常委会的法律监督，诚恳接受县政协的民主监督，依法执行县人大决议决定，高质量办理人大代表建议案、人大常委会审议意见、政协委员提案。严格落实政务公开制度。

（三）建设数字政府，提升服务效能

加快政府数字化转型，着力推进“掌上办公”“掌上办事”，实现政务服务办件线上受理率80%、掌上执法率90%以上。依托市县共建公共数据平台，加强大数据集成运用，初步完成“智慧城市”平台搭建。建立县级主题数据库，谋划推进场景化多业务协同应用，有序推动公共数据开放共享。注重县域信息化项目的统筹建设、集约整合。加强数据安全保障，完善网络安全管理机制。

（四）锤炼过硬作风，务求工作实效

制定政府工作“三重”任务书，对标对表抓好落实。倡导“一线工作法”，加强基层调查研究，全力解决事关群众切身利益的问题。深入开展作风整治，提倡开短会、讲短话、发短文，继续精简会议和文件。改进督查考核，强化跟踪问效，坚决纠正“过度留痕”现象，让基层干部有更多时间抓落实。完善政府系统学习培训制度，提升干部综合素质。

（五）严守纪律规矩，保持清正廉洁

深入贯彻“清廉松阳”建设要求，扎实推进政府系统党风廉政建设，切实履行“一岗双责”。支持纪检监察机关履行职责，坚决查处不正之风和腐败问题。强化财政资金绩效和预算管理，加强审计监督。完善公务接待、财务报销制度，严格公车使用，实现全县一般性支出压减12%、日常公用经费支出压减7%。进一步整治“四风”，严格落实中央八项规定实施细则精神及省市有关规定，“三公”经费预算下降5%。

中国人民政治协商会议第九届松阳县委员会常务委员会工作报告

——2020年4月27日县政协主席毛建南

在政协第九届松阳县委员会第四次会议上的报告

一、2019年主要工作

2019年是中华人民共和国成立70周年，也是中国人民政治协商会议走过70年光辉历程的里程碑之年。一年来，在中共松阳县委的坚强领导和上级政协的正确指导下，在县人大、县政府和社会各界的关心支持下，县政协常委会全面贯彻落实党的十九届四中全会精神、习近平总书记关于加强和改进人民政协工作重要思想及中央、省委、市委政协工作会议精神，按照县委十届历次全会的决策部署，牢牢把握团结和民主两大主题，忠实履行政治协商、民主监督、参政议政三大职能，为我县奋力谱写高质量绿色发展田园松阳升级版新篇章，争当乡村振兴排头兵作出了积极贡献，一年的工作呈现出积极有为、富有成效的良好态势：

——致力提高思想政治站位，体现政协新境界

一年来，我们将“不忘初心、牢记使命”主题教育工作作为重要政治任务来抓。紧紧围绕深入学习贯彻习近平新时代中国特色社会主义思想，聚焦五方面具体目标，注重解决根子上的问题，思想、政治、作风、能力、廉政建设等方面得到了加强，主题教育取得了积极成效。在政协系统中深入开展“新时代人民政协的新样子”专题实践活动。通过开展“政协人新时代新风貌”笔谈、“新样子金点子”征集、委员结对帮扶等系列活动，树立了新时代松阳政协的新样子。

——倾力服务田园松阳建设，体现政协新担当

一年来，我们不忘议政初心，牢记“双向”使命。紧紧围绕打造“一乡三地”的战略目标，主动对接全县改革发展稳定的重点领域和关键环节，找准履行职能的切入点和着力点，用好“话语权”，发出“好声音”，在高质量绿色发展的田园松阳新篇章上留下了较深的政协印记。全年共召开常委会8次，主席会议7次，组织开展各类专题协商21次、民主监督12次、视察8次、调研25次，形成协商、监督、视察、调研报告26篇，向县委、县政府提交意见建议137条，提案238件，大会发言33篇，编报社情民意29期。

——开拓创新民主协商途径，体现政协新作为

一年来，我们不断改革创新协商机制，拓宽民主协商途径，为委员履职搭建更多更优更好的平台。在九届三次会议期间创新增设“大会即席发言”环节，为委员建言发声提供新的途径，让大会的民主氛围更加凸显。积极构建“请你来协商”议政新平台，围绕中心工作制定了“红绿融合”助推革命老区发展、香榧加工及品牌建设等6个重点协商课题和中医药服务体系建设、闲置低效工业用地处置等15个专题协商课题，共开展21场专题协商会，向县委、县政府提交6份协商纪要和6份建议案。在全市率先制定“请你来协商”考核细则，为平台的有效运行提供了坚实保障。

具体而言主要抓了以下四个方面工作：

（一）紧扣党政中心，服务大局更加精准

围绕中心、服务大局是人民政协履行职能的重要原则。常委会始终把服务推进高质量“田园松阳”升级版建设作为履职主线，通过有力有效的履职活动，广集良策以促进决策优化，广聚共识以推进决策实施。

深入调研寻根问源。紧盯中医药产业发展，以“文化引领，品质发展，打造世界中医药康养胜地”为主议题高质量举办了第八届“田园松阳”论坛，深入开展一系列有较强针对性的精准调研。先后举办了“中医药康养新模式，休闲农旅新生活”、“打造

康养胜地推动乡村振兴”、打造国际中医药康养胜地专家报告会等子论坛，形成《凝心聚力整合资源打造国际中医药康养胜地》论坛纪要和调研报告，为我县制定出台《关于加快推进中医药健康发展的实施意见》和《松阳县中医药复兴地建设概念规划》提供决策参考。将“发展红色旅游，助推老区乡村振兴”列为2019年度的重点调研课题，形成了《红绿并举，推进革命老区高质量发展》调研报告，科学分析了我县革命老区发展存在的19个问题短板，提出意见建议34条，为助推“红绿”融合发展，实现老区乡村振兴贡献了政协方案。开展“返乡创业”专题调研，调研组走访座谈50余位返乡创业代表，摸清了返乡创业基本情况，提出了凝聚共识、完善政策、搭建平台等方面的10余条意见建议，以建议案形式报县委、县政府，调研文章《支持返乡创业 助力松阳振兴》在《丽水研究》发表。

专题协商集智破难。按照县委出题、政府点题、政协命题的原则，精心制定“6+X”协商计划，县党政领导亲自到会参与重点协商。围绕“亩均论英雄”改革开展专题协商，针对考核指标体系、考核结果导向、企业自身能力等方面提出了7条改进建议，促进我县产业经济结构进一步优化。将“强化小区物业管理”列为常委会专题协商议题，与有关部门一道摸清痛点症结，促成了《松阳县物业管理条例》的出台，县域小区环境有了较大改观。聚焦“香榧加工和品牌建设”课题开展专题协商，形成《助推香榧产业发展》的协商纪要报送县委、县政府。针对建筑行业存在的诸多突出问题开展专题调研。举办“扶持建筑业发展”专题协商会，就保障政策兑现、发挥行业纽带作用、统一行业规范等8个方面达成了广泛共识，为建筑行业的良性发展提供了可行方案。

民主监督提质增效。聚焦“闲置及低效工业用地处置”问题，针对闲置低效工业用地处置政策不健全、力度不到位等问题从根源上进行剖析，向县委、县政府提交了《松阳县闲置及低效工业用地处置暂行办法落实情况》的民主监督报告，助力25.06公顷低效闲置工业用地得到有效盘活。按照省市政协统一部署，积极开展“城乡生活垃圾分类处理”三级政协联动专项集体民主监督，成立6个监督组，分别由主席会议成员带队分赴各乡镇（街道）开展民主监督。全年共开展日常监督活动13次，实地检查点位57个，提出意见建议30余条，均被相关部门采纳。对近两年的调研建议落实情况进行“回头看”，针对《松阳县推进茶产业转型升级扶持办法》的落实情况开展民主监督，在茶叶品牌影响力不足、农药化肥减量增效推进难等方面提出切实有效的意见建议。

（二）关注民生改善，履职为民更加有力

人民政协来自于人民、植根于人民，具有鲜明的人民性。常委会始终牢记人民政协的初心使命，把促进民生改善作为履职的重要着力点，协助党委政府破解民生难题、增进人民福祉，切实做到人民政协为人民。

提案办理量质并重。坚持从源头出发、质量优先的原则，实行提案预审、初审、终审的“三审”制度。同时，坚持“一跟到底”严防“一答了之”，进一步加强重点提案跟踪追办。九届三次会议期间共收到提案238件，其中团体提案79件，委员个人提案159件。经审查立案195件，转来信43件，并案后的130件提案已全部办复，满意率为99.23%。其中，民盟、经济、工商联等界别提交的《发展红色旅游助推乡村振兴》《关于香榧产业发展的相关建议》等6件提案被列为重点提案，由县委、县政府领导亲自领办，相关建议均得到有效落实。“解决县城出行拥堵问题”“中小学生校内课后托管服务”等民生提案在相关承办单位的努力下，城区道路改造、小学托班开设等措施已转化为实际成果。

社情民意传递民声。注重发挥社情民意“直通车”作用，通过集中座谈、外出考察学习等方式进一步提升信息员水平。一年来共征集社情民意信息70余条，经编撰向党委政府报送29期，市、县领导批示6条，被评为全市政协社情民意信息工作二等奖。其中，《乡村振兴5G应用存冷热不均》《关于网约车合规化的几点建议》被全国政协综合采用，《关于个人所得税专项扣除办法实施中需完善的几点建议》等10篇信息被省、市政协录用，推动一些民生问题在上级层面得到重视和解决。

惠民活动温暖民心。主动对接上级部门，精准扶贫困难地区。积极争取省政协结对帮扶玉岩镇周安村，落地了光伏发电、中蜂养殖等11个项目，争取资金470余万元。目前，已有9个项目完工。深入村企开展“三服务”活动，共收集群众反映问题200余个，通过现场解决、部门协办等方式破解难题150余个。进一步深化开展“走基层送服务”和“三联三进”活动，以帮助群众“做好事、办实事、解难事”为宗旨，开展“送教下乡”“送医下乡”等活动24场，参与委员250余人次。此外，广大委员还自发开展“点对点”结对帮扶、拥军爱军、社区困难慰问等活动，捐赠物资价值62万元，受到社会一致好评。

（三）凝聚广泛共识，团结民主更加突出

广泛凝聚共识和力量，是人民政协的神圣使命。常委会始终注重强化开展统一战线工作的责任担当，着力做好凝心聚力这篇大文章，广泛联系和动员各界群众，努力寻求最大公约数、画好最大同心圆。

广泛开展联络联谊。搭建平台、创造条件，加强与各民主党派、工商联、人民团体和无党派人士的联系沟通。建立《松阳县政协党组成员联系界别党员委员、党员委员联系党外委员制度》，每名党员委员联系帮带1～3名党外委员，重点在思想引领、履职带头、互助示范等方面发挥作用。立足“学习交流新载体、联系群众新纽带、协商民主新路径、团结联谊新平台”的功能定位，建设茶业委员会客厅和中医药、不锈钢行业、城东社区委员工作室，开展各类活动10次。加强政协组织间的沟通交流，全年共接待上级政协和省内外兄弟政协单位来松考察72批（次），促进了地方经济文化的交流合作。

文化下乡成效显著。积极争取省政协支持，做好“送文化下乡”活动。促成浙江婺剧研究院、浙江艺术职业技术学院与县政府签订《文化战略框架协议》，并在我县成立“戏曲教学实践基地”“校外采风教学实践基地”，合作打造的《元宵闹婚》《古井捞钗》《箬寮风雷》等新剧目成功登上了中央电视台等国家级大舞台。助力县政府出台《关于加快高腔传承发展实施意见》和成立松阳县高腔传承中心。组织开展书画讲座、书画创作、古村采风等形式多样的文化活动，促进了我县田园文化的交流和传播。

合力讲好政协故事。积极反映政协的特色亮点工作，打响松阳政协工作品牌。全年共编辑《松阳政协》杂志4期，编发“松阳政协”网站、微信公众号信息50余条。积极向上级刊物投稿，全年累计有11篇稿件在《联谊报》《同心苑》等省级新闻媒体上刊登报道，“松阳农业界别委员积极为茶叶发展建言”的新闻登上《人民日报》版面。征集文史资料30余篇，其中有20余篇文稿分别被省政协《70年70人》和市政协《改革开放40周年亲历》文史资料录用。

（四）坚持从严要求，自身建设更加扎实

加强政协履职能力建设，事关我县政协事业的发展。常委会始终把加强政协党的建设和队伍建设作为履职能力建设的重要基础性环节，持之以恒、多措并举地加以推进。

党建工作统抓共管。将全面加强政协党组建设作为首要的政治责任，自觉强化“抓好党建工作是本职，抓不好党建工作是失职，不抓党建工作是渎职”的责任意识。全年共召开党组会议19次，先后向县委请示报告全会召开、协商调研课题、人事任免等重大事项，确保党的领导贯穿政协工作的全过程。进一步健全完善政协党建体系，成立中共松阳县政协机关党组、机关总支，政协党组把方向、管大局、抓落实的作用进一步夯实。将牢牢掌握意识形态话语权当作首要的政治任务，及时总结研判县政协意识形态工作，向县委报告政协党组2019年度履行意识形态主体责任落实情况。严格按照2019年度政协意识形态工作要点开展宣传教育工作，确保政协上下树牢“四个意识”，坚定“四个自信”，做到“两个维护”。

展现一线攻坚作为。松阳政协对标“五个一线”要求，实现了从建言资政践行者到一线攻坚助跑者的转变，展现了松阳政协的精神风貌。县政协主席会议成员分别担任重点项目的联系县领导，深入乡镇（街道）、企业工地、基层一线，及时精准帮助解决项目建设中遇到的困难问题。广大政协委员也将使命感和责任感扛在肩上，积极投身于北山区块改造、黄南水库建设、青田码道有机更新等重点项目中，深刻诠释了政协的一线担当精神。

深化政协队伍建设。倡导实干之风，强化担当意识，增强服务观念，深入推进“学习型、服务型、创新型”机关建设。加强清廉机关建设，严格贯彻落实中央八项规定精神及省、市、县关于改进工作作风各项规定，研究制定《党风廉政建设和反腐败工作责任清单》，与各专委、科室负责人签订《党风廉政建设责任书》，进一步夯实党风廉政和机关效能建设，以优良作风和严明纪律履行好政协各项职能。加强委员学习培训，在政协系统开展“弘扬践行浙西南革命精神”专题讨论活动，组织优秀委员赴延安革命旧址进行现场教学，进一步激发广大政协委员弘扬革命精神、坚定理想信念、干事创业的热情。完善《松阳县政协委员履职情况综合评价办法》，严格执行政协委员退出机制，责令3名履职不力委员辞去政协委员职务。

各位委员、同志们，“同心石成玉，协力土成金”。一年来政协能够取得以上的工作成绩，是县委正确领导，县人大、县政府及各部门乡镇（街道）大力支持，社会各界和离退休老同志关心帮助的结果，是各民主党派、各参加单位、各人民团体、无党派人士、社会各界人士及全体政协委员、政协工作者共同努力的结果。在此，我代表县政协常委会向大家表示衷心的感谢！

在肯定成绩的同时，我们也清醒地认识到，与新时代、新任务、新要求和人民群众对政协工作的新期待相比，我们的工作还存在差距和不足，主要是：调查研究的方式和方法有待进一步创新，民主监督的力度和成效有待进一步提高，政协委员的优势和作用有待进一步发挥，等等。这些都需要我们在今后的工作中加以重视、研究和改进。

二、2020年工作思路

2020年是贯彻落实各级党委政协工作会议精神的开局之年，是“十三五”规划的收官之年，也是全省同步高水平全面建成小康社会的决胜之年。在这承前启后继往开来的一年里，县政协工作的指导思想是：高举习近平新时代中国特色社会主义思想伟大旗帜，全面贯彻落实党的十九大、十九届历次全会以及中央、省委、市委政协工作会议精神，以习近平总书记关于加强和改进人民政协工作重要思想为指引，严格按照县委十届历次全会决策部署，坚持围绕中心服务大局工作主线，抓住建言资政、凝聚共识两个重点，实现协商民主中的委员履职水平、县域发展中的政协贡献度两个提升，为我县奋力当好乡村振兴排头兵，高水平全面建成小康社会再立新功。

根据上述指导思想，2020 年工作要重点把握好以下三个方面：

（一）提高政治站位，着力加强政协系统党的建设

新的一年，要把加强政协党建作为首要工作来抓，提高政治站位，牢牢把握政协工作的正确方向。

加强思想引领。坚持把党的理论武装摆在更加突出的位置，进一步巩固深化“不忘初心、牢记使命”主题教育成果， 着力增强党的思想在“双向发力”中的引领力。注重发挥政协党组理论学习中心组的龙头作用，带头示范、以上率下，推动习近平总书记关于加强和改进人民政协工作的重要思想常学常新。探索设立“委员学习日”，建立专委会联系、界别活动组负责、召集人落实的定期学习制度，引导委员自觉学习、相互学习、深度学习。

落实政治责任。按照新时代党的建设总要求，夯实政协党组加强党的领导、强化党的建设、全面从严治党的政治责任，着力增强党的政治引导力。坚持在县委的领导下开展工作，做到重大事项及时请示、重要活动及时汇报、重要精神及时传达，始终围绕党委政府的中心工作开展调研协商，确保政协履职与党委政府工作同频共振。全面贯彻落实党内法规，严肃党内政治生活，不断强化政协党组抓党建的主业意识和主体责任，着力构建“政协党组—机关党组—机关党支部—专委会临时党支部”的党建工作新格局，营造层层抓落实的生动局面。

增进团结合作。依托政协联系广泛、人才荟萃的优势，夯实团结基础、壮大合作力量，增强团结工作的“温度”，着力增强党的群众组织力。加强与各民主党派、人民团体和无党派人士的联系，进一步畅通民主渠道，切实营造平等协商、合作共事的良好环境。依托邀请各行业代表列席政协会议、参与重大课题调研、参加专题座谈等经常性联络渠道，强化与专家学者、新媒体从业人员、非公有制经济人士的团结联谊。加强与少数民族、宗教界代表人士的联系，积极做好海外联络联谊工作，注重发挥政协的桥梁纽带作用。

（二）狠抓关键环节，着力增强人民政协的履职实效

新的一年，要把增强履职实效作为关键环节来抓，全力服务好全县经济社会发展大局。

助力打赢“两场战役”。今年年初，新型冠状病毒疫情暴发，广大政协委员积极响应号召，深入“抗疫”一线参与防控工作，累计参与防控 1000 余人次，捐赠金额和物资价值 30 余万元，为取得抗疫阻击战的阶段性胜利贡献了政协力量。面对当前疫情防控新形势，继续严格执行县委、县政府各项疫情防控决策部署，发动广大政协委员深入村、社参与值守排查，凝聚起群防群控的强大合力。贯彻落实县委、县政府关于“复工复产复学”的有关规定，主席会议成员深入乡镇、学校，为助力顺利复工复产复学出谋划策。制定《主席会议成员联系服务委员企业》方案，对委员企业复工复产情况进行“全覆盖”调研，助力企业抓好防疫工作和复工复产。深化“提笔”抗疫，在“危”中求机，围绕茶产业转型升级、医疗健康产业等课题开展精准调研，助推产业转型升级。

做细做实调查研究。紧扣县委、县政府工作大局，按照“少而精、专及深、点到面”的原则，坚持从大局着眼、小处着手，选择党政重视、社会关注的重点难点问题。着重围绕油茶产业发展、农民组织化建设、社会治理现代化建设等方面开展专题调研。在调研中，坚持深入“一线”摸清真实情况，集合众智提出解决办法，努力使对策建议有的放矢、切中要害。

大力推进民主协商。把民主协商贯穿履行职能的全过程，推动视察、监督与民主协商有机结合。坚持完善和推进专题协商、对口协商、界别协商和提案办理协商，探索调研协商、网络议政等新的协商形式，努力构建宽领域、多层次、常态化的“6+X”民主协商新体系。依托“请你来协商”平台，重点选择不锈钢产业高质量发展、加强工程中介公司管理、发展赛事经济等课题开展专题协商。在协商过程中严格按照平台考核细则，合理量化工作实绩，提升各界参与积极性。

跟踪强化民主监督。坚持问题导向原则，选择社会群体反映强烈，政策法规执行不严，专项行动推进不力等方面问题开展民主监督。重点抓住大气质量管理长效机制构建、城乡垃圾分类落实情况等课题。在对难点痛点进行仔细摸排梳理，提出切实可行意见建议的同时，也要进一步跟踪相关部门的办理情况，及时通报整改结果，让民主监督“监”到实处，“督”出实效。

创新打造工作精品。着眼新时代新任务新要求，结合工作实际，进一步开拓创新，打响松阳政协工作品牌。完善“重点提案跟踪督办”机制，形成有松阳政协特色的品牌效应。以创新的思维开展界别组活动，探索界别活动组日常活动模式，将其制度化规范化，让委员在界别组中更好地履职作为。强化社情民意信息“微调研”，畅通反映渠道，改进编报工作，提升专报水平。创新民主监督方式，突出针对性监督、加强持续性监督、深化协同性监督。探索“互联网+政协”新模式，推动提案办理、社情民意反馈、委员管理等工作信息化。

（三）优化工作作风，着力提高政协组织的能力水平

新的一年，要把提高政协工作水平作为突出重点来抓，优化工作作风，切实为政协积极作为提供坚强保障。

着力发挥委员主体作用。按照

"懂政协、会协商、善议政、守纪律、讲规矩、重品行"的标准，更加重视委员素质培训，为政协高效履职提供坚实保障。巩固完善政协委员进企业、进农村、进社区的"三联三进"工作机制。充分发挥"委员工作室"平台作用，探索开展"委员接待日"活动，进一步将其打造成党政宣讲的"主阵地"、委群交流的"连心桥"、建言资政的"大平台"。完善委员履职积分考核制度，倡导比学习、比履职、比贡献，营造出争先进位的履职氛围。

着力加强政协自身建设。深化政协"三化"建设，以政协章程为基础，对政协工作制度进行全面梳理和完善。充分发挥界别独特优势，丰富界别活动形式，强化界别活动保障，推进界别工作规范化、常态化、制度化。更好发挥专委会基础作用，依托专委会"专"的优势、"联"的特点，多形式构建协商议政的桥梁。认真贯彻执行中央八项规定精神，全力抓好正风肃纪，着力打造风清气正的政协机关。

着力扩大政协对外影响。充分运用报纸、刊物等传统媒体和网站、微信公众号等新媒体，办好委员风采等精品栏目，开展深度报道，以提升政协工作的社会影响。加强文史资料成果转化，发挥其独特的育人功能，以《古城记忆》为基础，与县委宣传部、县名城古村老屋办合作创办"古城故事会"栏目，定期为市民讲述松阳故事。以我县抗击"新冠"肺炎疫情为主题，号召广大政协委员、各民主党派、政协参加单位积极参与文史资料的撰写工作。深化开放型履职平台建设，建立"走出去""请进来"双向交流工作机制，营造"有事好商量，众人的事情由众人商量"的氛围，努力拓展社会公众参与政协工作的协商空间。

奋力推进新时代纪检监察工作高质量发展 为更高水平推进县域治理现代化提供坚强保障

——2020年3月25日县纪委书记潘仲珏

在中国共产党松阳县第十届纪律检查委员会第六次全体会议上的报告

这次全会的主要任务是：以习近平新时代中国特色社会主义思想为指导，深入贯彻落实党的十九大和十九届二中、三中、四中全会精神，按照十九届中央纪委四次全会、省纪委十四届五次全会、市纪委四届五次全会和县委十届九次全会的部署，回顾总结我县2019年纪检监察工作，部署2020年任务。

中央、省、市纪委全会召开后，县委高度重视，及时组织召开县委常委会对会议精神进行传达贯彻，特别是对习近平总书记的重要讲话精神进行了深入学习。习近平总书记的重要讲话，深刻总结了新时代全面从严治党的历史性成就，深刻阐释了我们党实现自我革命的成功道路、有效制度，深刻回答了管党治党必须“坚持和巩固什么、完善和发展什么”的重大问题，对以全面从严治党新成效推进国家治理体系和治理能力现代化作出战略部署。讲话高屋建瓴、统揽全局、思想深邃、内涵丰富，对不断深化清廉松阳建设、持续推动全面从严治党向纵深发展具有重大指导意义。全县广大党员干部特别是纪检监察干部要把学习贯彻习近平总书记重要讲话精神作为当前的一项重要政治任务，认真学习领会，坚决贯彻落实。

一、2019年工作回顾

2019年是中华人民共和国成立70周年，也是深入贯彻党的十九大精神、扎实推进清廉松阳建设的重要一年。县委旗帜鲜明、坚定不移扛起管党治党政治责任，以上率下深化全面从严治党、加快推进清廉松阳建设，全面从严治党不断向纵深推进，政治生态持续优化，反腐败斗争压倒性胜利得到巩固发展。全县各级纪检监察组织在上级纪委监委和县委的坚强领导下，以党的政治建设为统领，以清廉松阳建设为主线，以“奔跑2019”和“两年”活动为载体，忠诚履行党章和宪法赋予的职责，一体推进不敢腐、不能腐、不想腐，我县纪检监察工作呈现高质量发展的良好态势。

（一）坚决践行“两个维护”，政治监督全面强化。坚决把“两个维护”作为纪检监察工作的出发点和落脚点，严明党的纪律特别是政治纪律和政治规矩，坚决纠正上有政策、下有对策，有令不行、有禁不止行为。坚持从政治纪律角度审视违纪违法问题，共立案审查违反政治纪律案件7件，给予党纪政务处分7人。切实提高政治站位和政治觉悟，不断增强省委巡视整改的思想自觉和行动自觉，紧盯认领的35个整改问题、59件信访件和61件问题线索，及时进行分类处置，完成一件销号一件，共立案27件，给予党纪政务处分25人，采取留置措施4人，挽回损失93.97万元。加强对县委重大决策部署贯彻落实情况的监督检查，紧紧围绕“三大攻坚战”“最多跑一次”改革、减税降费、“大花园”建设、北山区块改造等重大决策部署，严明纪律要求，强化监督执纪问责。加强对全面从严治党主体责任落实情况的监督，协助县委严格落实“六步工作法”，实行廉情抄告制度，印发《履职记录本》，建立常态化督促检查机制，不断夯实各级党委（党组）的主体责任，推动领导干部增强履行“一岗双责”的政治、思想和行动自觉。建立政治生态指数评价体系，开展乡镇（街道）、县直单位季度廉情报告和年度政治生态报告，加强党内政治生态分析研判。严格落实问责条例，2019年共有8个单位党组织、23名党员干部因责任落实不力被问责。

（二）层层压实主体责任，清廉松阳成效彰显。建立四项机制一体推进清廉松阳建设，组织承办了全市清廉建设现场调研活动，“五强”清廉机关被评为全市纪检监察系统“十佳工作品牌”。建立计划管理机制，将清廉建设内容纳入履行主体责任范畴，推动6个牵头单位每年年初和年底分别向县委、县纪委报告推进清廉建设的工作计划和完成情况；县委常委会每半年面对面听取1次牵头单位推进清廉工作情况汇报，扎实推进清廉建设主体责任落实到位。建立项目推进机制，每年有重点地推出一批清廉建设重点项目或任务，以重点项目带动整体推进。2019年在选人用人、巡察整改评价、常态化警示教育、小微权力清单、村级工程集体建设、清廉财务、亲清政商关系清单等方面进行探索突破，健全各种防控制度91项。建立过程检查机制，加强清廉丽水建设基础应用平台和“三重一大”电子监察平台建设，运用平台落实主体责任和清廉建设“四张清单”，在线上开展全域预警提醒，在线下开展实地监督，加强精准化跟踪指导和全过程督促检查。建立考核评价机制，将清廉建设纳入全面从严治党主体责任检查考核；结合干部考察评价、群众满意度社会化评价、领导干部离任审计等，形成正反评价体系。

（三）聚力开展专项整治，基层基础不断夯实。扎实开展涉纪信访“百日攻坚”、初信初访“清零”、重复越级访“清淤”等专项活动，制定《信访举报工作中形式主义、官僚主义问题专项整治工作作战图》，减存量、遏增量成效明显，信访总量、检举控告量、初次举报量、重复举报量、越级信访总量同比分别下降30.3%、18.8%、19.4%、18%、33.1%。积极探索将澄清工作向基层延伸，出台《基层涉纪问题澄清制度》，共对15名党员干部的不实举报问题进行澄清正名，还干部清白。扎实开展人防系统腐败问题专项整治、深化扶贫民生领域不正之风和侵害群众利益问题集中整治，强化“8+1”专项整治工作督查，向社会公布15个集中整治项目，通报村级工程建设领域侵害群众利益问题8起8人。深挖彻查涉黑涉恶腐败和“保护伞”，制定“打伞破网”攻坚行动实施方案，健全与政法机关协作机制，严肃查处了徐卫平、林关土等恶势力团伙，3•11案，叶火亮案等“保护伞”。全县共梳理涉黑涉恶问题线索25条，给予党纪政务处分5人，查处充当“保护伞”的党员干部2人。

（四）驰而不息正风肃纪，“四风”纠治持续发力。协助县委开展执行力建设年活动，以“奔跑2019”为作风建设新载体，依托《松州聚焦》等舆论监督栏目平台，共发现并曝光问题29个，已全部整改到位，有效发挥了舆论监督作用。健全完善“1+x”专项督查工作机制，继续紧盯重要节点，深挖细查顶风违纪、隐形变异问题，坚决防止“四风”反弹回潮；采取“一月一主题一检查”方式，围绕重点项目、重点工程、群众身边腐败问题等，加大随机抽查、交叉检查力度，共开展正风肃纪检查26次，发现问题65个，查处违反中央八项规定精神问题5起8人，发出典型问题通报3期。组织开展公职人员违规事项清理、领导干部利用名贵特产类特殊资源谋取利益、减税降费政策落实专项监督，进一步摸清底数、督促整改。深入整治形式主义、官僚主义，共查处形式主义、官僚主义问题7起，给予党纪政务处分10人。深入推动廉政风险防控建设，制定下发《关于进一步加强廉政风险防控工作的通知》，将廉政风险排查延伸至全体公职人员和村三委干部，突出“三个重点”，制定“三张清单”，做到排查到位、措施到位、防范到位。

（五）坚定不移重拳反腐，“三不”机制稳步推进。始终保持惩治腐败高压态势，充分发挥县委反腐败领导小组牵头抓总的作用，协调公检法、组织等有关部门完善反腐败问题线索移送机制，凝聚反腐合力，不断取得反腐败工作新胜利。深化运用监督执纪“四种形态”，综合考虑事实证据、思想态度和量纪执法标准，做到抓早抓小、严管厚爱。坚持受贿行贿一起查，严肃查处了吴海波行贿案。全县共处置各类问题线索288件，立案117件（其中乡科级12人）；给予党纪政务处分111人（其中乡科级11人），采取留置措施7人（其中乡科级1人），移送司法机关7人。严格落实审查调查安全责任制，全面规范留置执行工作和“走读式”谈话，牢牢守住安全底线。加强案件审理工作，制定出台《定性量纪会商制度（试行）》，开展党纪政务处分决定执行情况检查，不断提升案件办理质量。持续深化标本兼治，积极协助县委抓好警示教育，通过县委书记王峻为全县领导干部上专题党课和领导干部家属上廉洁教育课，县四套领导班子、新提任领导干部200余人赴省第三监狱开展警示教育等“七个一”活动，推动警示教育常态化制度化运行，进一步提高党员干部拒腐防变能力。扎实做好案件查办“后半篇文章”，对杨卫中案件进行深刻剖析，组织拍摄警示教育片，进一步营造知敬畏、存戒惧、守底线的良好氛围。积极倡导文化引领，在包拯后裔聚居地大东坝镇横樟村建设以廉洁治家为官为核心内容的思廉堂，并被评为首批市级法纪教育基地。

（六）全面深化政治巡察，管党治党利剑高悬。坚守政治巡察定位，按照“六围绕一加强”要求，扎实开展政治巡察，坚决纠正政治偏差。高质量组织开展3轮县委巡察，共巡察8个乡镇、13个部门党组织，同时以“巡乡带村”方式对111个行政村开展政治巡察。积极协助市委巡察组完成对集聚区管委会的提级巡察和对新兴镇、县人防办的交叉巡察。通过巡察共发现问题1559个，移交线索79条，清退各类违纪违规费用151万元。健全巡察机制建设，制订出台《县委巡察组工作规则》《巡察整改约谈工作若干规定》《巡察成果运用暂行办法》《巡察整改评估办法》等8项制度，进一步规范巡察工作职责及工作方式方法，确保巡察工作高质量开展。创新实施定向联系机制，由县委巡察办、县纪委监委四个纪检监察室分别联系四个巡察组，确保在服务保障、梳理问题、查找线索等方面给予充分的支持和指导。严格实行巡察整改约谈制度，由县委书记、纪委书记和组织部长分别对被巡察单位的前后任主要领导进行约谈，着力解决“新官不理旧账、旧官不管整改”问题，切实压实整改责任。扎实推进共性问题整改，对十届县委巡察发现的问题进行全面梳理，形成乡镇、部门8个方面30项共性问题，由12名县领导牵头负责督促全县各单位进行整改，确保巡察进驻前整改工作先行一步。截至目前，针对30个共性问题制定的149条整改措施已完成整改146条，完成率为98%。

（七）深入推进体制改革，治理效能不断提升。加强党对反腐败工作的集中统一领导，坚持重大事项、重要工作第一时间向市纪委市监委和县委请示报告。强化上级纪委监委对下级纪委监察办的领导，完善对下级纪委监察办“两为主一报告”、对派驻机构“三为主一报告”的工作机制。全面深化国家监察体制改革，严格落实监督执纪工作规则、监督执法工作规定精神，主动对接司法机关和执法部门，打通纪法贯通、法法衔接的堵点。持续深化派驻机构改革，通过分类梳理、全面核对，充分理顺被监督单位情况，将监督单位数量从64家增加到73家，充分保证我县派驻监督“全覆盖”。推进监察职能向基层延伸，开展乡镇监察办规范化建设，建成标准型场所4个，普通型场所15个，实现机构配置到位、制度配套完善、业务流程科学、工作运行有序，使基层监察从“有形覆盖”向“有效覆盖”转化，打通监察监督“最后一公里”。深化县纪委县监委内设机构改革，规范设置内设机构和职责分工，促使各科室协调配合机制更加健全完善。制定下发《松阳县监察委员会特约监察员工作办法》，聘任县监委首届特约监察员12名，推动我县纪检监察机关自觉接受民主监督、社会监督、舆论监督。

（八）扎实开展主题教育，队伍建设从严从实。扎实开展“不忘初心、牢记使命”主题教育，创新开设“精品初心课堂”，开展为期一周的集中学习，真正做到两手抓、两促进，防止“两张皮”。班子成员深入基层开展调查研究，形成调研报告9篇，解决实际问题10个，帮助群众办理实事好事37件。认真检视问题，全面整改落实，以主题教育的扎实成效推动纪检监察工作高质量发展。制定出台《县纪委县监委领导班子带头转作风提效率六项机制制度（试行）》《请示报告制度（试行）》《机关重要事项督查督办制度（试行）》等3项制度，实行周点评、月通报机制，督促全体纪检监察干部自觉做到廉政、勤政、善政。扎实开展“奔跑2019”暨“工作质量提升年、业务能力提高年”活动，搭建文字能力提升、业务素质锻造、清廉素养熔铸三个平台，开设“人人讲堂”10期、编送“学在指尖”32期、“文字大练兵”6期，1名纪检监察干部被评为全市纪检监察系统“十佳办案能手”，5名纪检监察干部通过国家法律职业资格考试，纪检监察队伍的监督执纪能力和水平得到有效提升。每季度组织开展纪检监察系统“出彩一件事”擂台赛，达到以赛促学、以赛促干的目的和效果。加强机关党建，成立县纪委县监委直属机关党委和机关纪委。严格落实党风廉政建设责任制，积极推行“五张清单一张网”，坚持每季度召开“一岗双责”汇报会，全方位打造自我监督网。坚持严管厚爱、刀刃向内，对4名纪检监察干部信访问题进行调查核实，坚决防止“灯下黑”。

在肯定成绩的同时，必须清醒认识到，全面从严治党永远在路上，反腐败斗争形势依然严峻复杂，正风肃纪依然任重道远。有的党委（党组）管党治党主体责任落实还不够到位，班子成员履行“一岗双责”还不够有力，层层递减现象依然存在；“四风”问题禁而未绝，隐形变异，更趋隐蔽；侵害群众利益的不正之风和腐败问题依然易发多发；少数党员干部顶风违纪，不收敛不收手，有的甚至沦为恶势力“保护伞”；巡察发现共性问题整改还不到位，责任落实冷热不均。有的纪检监察组织“三转”还不到位，仍存在敏感性不强、主动融入不够、跟进速度不快、监督执纪步伐滞后，等等。针对这些问题，我们要高度重视，认真予以解决。

二、2020年工作任务

2020年是高水平全面建成小康社会和“十三五”规划的收官之年，也是高水平推进县域治理现代化的起步之年。做好今年纪检监察工作，意义重大，责任重大。工作的总体要求是：以习近平新时代中国特色社会主义思想为指导，深入学习贯彻党的十九大和十九届二中、三中、四中全会精神，按照十九届中央纪委四次全会、省纪委十四届五次全会、市纪委四届五次全会和县委十届九次全会的部署，增强“四个意识”、坚定“四个自信”、做到“两个维护”，把“严”的主基调长期坚持下去，以“一体化、规范化、专业化”建设年为载体，全面履行党章和宪法赋予的职责，深入推进清廉松阳建设，扎实开展“靶向式”监督，一体推进不敢腐、不能腐、不想腐，在高水平推进县域治理现代化中充分发挥监督促进作用，为建设“田园松阳”升级版实现“松阳振兴”提供坚强保障。

（一）始终坚守初心使命，以更高站位践行“两个维护”

突出抓好政治监督。坚持把习近平总书记重要指示批示精神贯彻落实情况作为政治监督的首要任务，作为政治监督的重要内容，实行项目化管理，开展常态化监督，确保不折不扣落实到位。加强对党章党规党纪和宪法法律执行情况，党的十九届四中全会新部署新要求贯彻落实情况，县委高水平推进县域治理体系与治理能力现代化、城中村改造等决策部署执行情况的监督检查，严明政治纪律和政治规矩，增强政治监督效果。强化对新冠肺炎疫情防控责任和复产复工责任履行情况的监督检查，保障各项措施有效落实到位。深化省委巡视成果运用，举一反三查找类似或者变异的问题，加强自纠自查。制定出台《关于建立政治生态（清廉指数）评价体系的实施意见（试行）》，持续深化政治生态动态分析和研判工作，探索建立评估结果运用机制。

巩固主题教育成果。把“不忘初心、牢记使命”作为政治本色和前进动力，作为加强党的建设的永恒课题，作为党员干部的终身课题，推动主题教育常态化长效化制度化。强化思想政治引领，督促推动广大党员干部坚守初心使命，持之以恒学懂弄通做实习近平新时代中国特色社会主义思想，跟进学习习近平总书记一系列重要论述和最新指示批示精神，做到学思用贯通、知信行统一，把主题教育激发出来的政治热情，转化为“两个维护”的思想自觉和行动自觉。持续抓好“8+1”专项整治任务的督促落实，充分发挥县乡两级纪检监察组织上下联动作用，常态化开展监督检查，推进专项整治真正落实到位，真正解决问题。

深入推进清廉松阳建设。协助县委完善全面从严治党责任制度，把清廉建设作为党委履行主体责任和县委巡察工作的重要内容，推动构建党委主体责任、党委书记第一责任、班子成员“一岗双责”、纪委监委监督责任“四责协同”机制，督促推动各级党组织特别是主要负责人切实担负起全面从严治党政治责任。进一步健全完善“计划管理、项目推进、过程检查、考核评价”四项推进机制，推动清廉松阳建设向纵深发展。坚持问题导向，注重“靶向治疗”，重点围绕监督质效、政治生态评价指数、清廉建设推进体系等项目进行探索突破，打造松阳工作品牌。对“两个责任”落实不到位、履行管理监督职责不力的，坚决追究责任。严格落实“三个区分开来”的要求，强化运用容错纠错、澄清正名、受处分党员干部教育管理等严管厚爱“三项机制”，保护和激发干部干事创业的积极性，鼓励干部担当作为。

（二）持续加强基层治理，着力解决群众反映强烈的突出问题

深入开展专项治理。加强对脱贫攻坚政策措施落实情况的监督检查，全面梳理盘点问题线索，对搞数字扶贫、虚假扶贫的严肃问责，对贪污挪用、虚报冒领、优亲厚友的严肃查处。继续深化与巴州区纪委协同推进东西部扶贫协作监督执纪问责，健全完善信息共享和问题线索移送机制，为脱贫攻坚决战决胜提供坚强纪律保障。根据省、市纪委部署，开展“惩治基层腐败、推动基层治理”专项行动，深入整治民生领域漠视和侵害群众利益的“微腐败”问题，严肃查处民生资金、“三资”管理、征地拆迁、教育医疗等重点领域违纪违法行为，不断增强群众获得感幸福感安全感。深挖彻查涉黑涉恶腐败和“保护伞”，健全完善同政法机关的各项沟通协调机制，形成反腐扫黑除恶治乱的强大合力。

强化基层公权力监督。深入推进乡镇（街道）监察办规范化建设，健全完善乡镇、村居重点监察对象廉政档案，进一步优化监察运行程序、流程图，构建“协作办案+交叉监督”机制，提升乡镇监察办的办信办案效能。严格执行《松阳县村级小微权力清单28条》和《松阳县村级工程“集体建”实施办法（试行）》，进一步规范农村基层小微权力，坚决查处群众身边腐败问题，把全面从严治党和监察监督覆盖到“最后一公里”。充分发挥村（居）基层组织、村（居）监督委员会的作用，建立完善乡镇特约监察员、村级监察联络员履职长效机制，发挥乡村监察监督的“探照灯”“显微镜”作用。

深化信访举报工作职能。认真贯彻《纪检监察机关处理检举控告工作规则》，构建全覆盖平台监督体系，打造信访举报大数据库，提升精准发现问题线索能力。深化“四区分”工作法，甄别剔除挂牌举报、无实质性内容举报和恶意举报，提升举报件受理水平。注重综合分析研判，围绕重点任务及群众切身利益问题，改进分析方法，完善分析机制，充分发挥信访举报问题线索主渠道作用。深入推进质量评查、“两清”治理、重点领域治理、形式主义官僚主义问题治理等专项工作，不断规范办信程序和处置机制，提升办理质效，提高群众满意率，有效遏制重复越级访等突出问题。

（三）精准发力纠治“四风”，巩固提升作风建设成果

持续纠治“四风”不放松。从讲政治的高度充分认识纠治“四风”的重要性和长期性，继续严格执行中央八项规定及实施细则和我省“36条办法”，市委、县委实施办法，对“四风”问题线索优先处置、深挖细查，坚决防止产生“疲劳综合征”，做到越往后执纪越严。继续紧盯节庆假日等重要节点，严格落实“四风”问题值班、报告和督办制度，防范、查处不吃公款吃“大款”、借公务考察之名违规公款旅游、收送电子红包、私车公养等隐形变异问题，对不收敛不收手的从严查处，对典型案例坚决通报曝光，防止老问题复燃、新问题萌发、小问题做大。畅通群众监督和舆论监督渠道，让顶风违纪行为无处藏身。

深入推进专项整治。对违规收送礼品礼金、违规吃喝、违规借贷、违规发放津补贴或福利等突出问题开展重拳整治。会同有关部门，对规范发放津贴补贴奖金的落实情况进行

抽查，从严处理违规违纪行为。进一步规范礼品礼金处置和廉政账户管理，深入开展“烟票”问题专项整治，协调相关职能部门开展联合督查。组织开展“会所中的歪风”“回头看”，对基层公款吃喝风仍然存在的情况，加强监督检查。运用中央纪委新改版的党风政风监督统计系统、“互联网+”等新技术新手段，加强综合分析研判，抓早抓小。针对专项整治中发现的体制机制问题和相关制度漏洞，督促有关职能部门健全完善相关制度，推动构建更有针对性、实效性、可监督、可遵循的制度体系。

全力护航民营经济发展。深入学习领会习近平总书记关于发展民营经济的重要论述，认真执行省纪委省监委关于护航民营经济平稳健康发展的8条意见，加强对党的十九届四中全会关于支持民营经济发展重要部署的贯彻情况，省委、市委、县委关于促进民营经济高质量发展的相关政策举措等执行情况的监督，推动一系列政策举措落地见效。助力“营商环境提升年”，把构建亲清政商关系作为清廉松阳建设的重要内容，严格落实《亲清政商交往正反面清单》，严肃查纠干扰和阻碍民营经济发展的违纪违法行为，推动营商环境不断净化优化。正确处理依纪依法办案和护航民营经济稳定健康发展的关系，在办好案件、查清问题的同时，切实保障维护涉案企业的合法权益和企业声誉，最大限度减少对企业正常经营活动的影响。

（四）牢牢把握政治定位，更高标准提升巡察工作质效

强化巡察政治属性。准确把握政治巡察的内涵和方向，聚焦“两个维护”根本政治任务，按照“三个聚焦”总体要求，强化对习近平新时代中国特色社会主义思想和习近平总书记重要指示批示精神贯彻落实情况的监督，重点突出对落实党的路线方针政策和党中央、省委、市委、县委重大决策部署，落实全面从严治党战略部署，落实新时代党的组织路线，落实巡察整改要求的监督。坚持把巡察与清廉松阳建设、净化政治生态、整治群众反映强烈的腐败和不正之风、解决日常监督发现的突出问题结合起来，着力发现并推动纠正政治偏差。把监督责任纳入巡察范围，关注被巡察单位纪检监察组织监督责任的履行情况，对巡察发现的问题，既要追究主体责任，也要追究监督责任。

完善联动贯通机制。认真落实十届县委五年巡察工作规划，统筹安排常规巡察、专项巡察、“机动式”巡察和“回头看”等巡察方式，有力有序推进巡察全覆盖。持续推动巡察上下联动网建设，创新联动方式和途径，坚持“巡乡带村”“直接巡村”分类开展，配合做好全市提级巡察和“推磨式”交叉巡察，增强上下联动监督效果。坚持实施定向联系机制，推动县委巡察与纪检监察机关和派驻机构间的相互协同，提升巡察工作质效。进一步建立健全巡察精准监督、整改落实督查回访等制度，提高规范化水平，为深化政治巡察固本强基。

强化巡察整改和结果运用。扎实做好巡察整改“后半篇文章”，全面客观、公正准确地评价被巡察党组织整改情况，进一步压实被巡察党组织的整改主体责任，坚决防止以“简单问责下级代替整改”，防止以“问责代替负责”，防止“新官不理旧账”，确保巡察整改工作落到实处、取得实效。持续抓好共性问题整改，进一步充实完善县委巡察共性问题清单，同时积极部署开展村居巡察共性问题整改工作，压实整改主体责任，强化整改监督检查，不断巩固深化巡察成果运用。健全纪检监察机关、组织部门对整改落实情况日常监督的工作机制，全面推行巡察整改量化评估办法，进一步深化整改结果运用。

（五）一体推进“三不”机制，巩固发展反腐败斗争压倒性胜利

保持高压态势不敢腐。继续探索完善审查调查一体化机制，统筹整合资源力量，强化整体作战优势。坚持无禁区、全覆盖、零容忍，坚持重遏制、强高压、长震慑，始终保持惩治腐败高压态势。从严查处党的十八大以来不收敛不收手，严重阻碍党的路线方针政策贯彻执行、成为全面从严治党障碍的腐败问题，对主动投案的依规依纪依法从宽处理，对巨额行贿、多次行贿的严肃处置，坚决破除权钱交易的关系网。紧盯重点领域，深入治理人防系统腐败问题。强化依纪依法、安全文明办案意识，进一步做好案件审理、申诉复查等工作。一体推进追逃防逃追赃工作，落实主体责任，完善协调机制，前移工作关口。

深化标本兼治不能腐。以“最多跑一次”改革为牵引，推动形成决策科学、执行坚决、监督有力的权力运行机制。充分发挥纪律检查建议、监察建议的作用，补上制度短板，堵塞管理漏洞，推动审批监管、工程建设、资源开发、执法司法、公共资源交易、公共财政支出、金融信贷等重点领域监督机制改革和制度建设。深入推进廉政风险防控一体化机制，深化重点部门、重点领域典型样本建设，构建科学评价标准，形成各部门、各领域可推广、可复制的经验做法。建立健全权力运行可查询、可追溯的反馈机制，推动深化党务、政务、司法公开和其他领域办事公开，推广应用清廉丽水建设基础应用平台和“三重一大”电子监察平台，以公开促公正、以透明保廉洁。

坚定理想信念不想腐。做好查办案件“后半篇文章”，利用叶火亮等身边典型案例制作警示教育片，协助党委强化党性教育、思想教育、纪法教育，督促发案单位开好专题民主生活会，做实同级同类干部的警示教育，推进以案释德、以案释纪、以案释法。建好用好“思廉堂”廉政教育馆，严格落实警示教育“三必考、五必学”制度，进一步推动警示教育活动常态化制度化。深入推进廉政文化

建设，优化城市“一亭一站台”宣传阵地，拓展农村“一廊一场馆”活动场所，创作一批清廉主题节目，不断浓厚清廉文化氛围。深化家规家训家风建设，引导党员、干部修身律己、廉洁齐家。

（六）持续深化纪检监察体制改革，高质量健全监督体系

持续深化“三项改革”。统筹推进纪律检查体制、国家监察体制、纪检监察机构改革，推动制度优势更好地转化为治理效能。加强上级纪委监委对下级纪委监委的领导，严格执行请示报告制度。坚持纪委书记、副书记的提名和考察以上级纪委会同组织部门为主，选优配强纪检监察干部队伍。坚持和完善查办腐败案件以上级纪委监委领导为主的工作机制，着力解决一些纪检监察机关在线索处置、立案查处、处分处理等环节不愿报、不敢报问题。强化纪法贯通、法法衔接，严格执行职务违法犯罪管辖、政务处分、监察建议等方面制度，扎实推进检举举报处置子平台和基层综合应用系统省级试点工作，进一步规范监察业务流程、监察留置措施操作。加强纪检监察机关与审判机关、检察机关、公安机关的相互配合、相互制约，健全统一决策、一体运行的执纪执法工作机制。深入推进派驻机构改革，全面落实“三为主一报告”要求，积极稳妥推进“六个一体化”工作，加强对派驻机构的直接领导和统一管理，探索使用统一规范文书模板、工作流程图，推进派驻机构履职规范化建设。

构建一体化监督机制。聚焦监督第一职责，强化对上落实和对下指导，健全完善纪律监督、监察监督、派驻监督、巡察监督“四个全覆盖”的监督网络，压减权力设租寻租空间。整合全县乡镇纪委、监察办资源，深入开展片区协作机制建设，提升乡镇办信办案、监督检查的效能。深入开展“靶向式”监督，查找被监督单位的廉政风险，就某项权力或某项业务组织开展专项监督，确保监督的精准化和实效化。推动完善对各级主要领导干部的监督制度和领导班子内部监督制度，着力破解对“一把手”监督和同级监督难题。把党委（党组）全面监督、纪委监委专责监督、党的工作部门职能监督、党的基层组织日常监督、党员民主监督等结合起来，融为一体，推动党内监督与人大监督、民主监督、行政监督、司法监督、审计监督、统计监督、群众监督和舆论监督贯通融合、协调协同。

深化运用监督执纪“四种形态”。充分认识运用“四种形态”的重大政治意义，更加准确熟练地把握好、运用好这一有力武器，体现惩前毖后、治病救人，体现组织的关爱和温暖。探索精准运用第一种形态，有效运用日常谈话了解、线索处置、约谈提醒、谈话函询等措施手段，抓早抓小、防微杜渐。建立分层分类处置定期报送制度，提高基层党组织对第一种形态运用的科学性和规范性水平。精准把握“四种形态”间相互转化的尺度，严格依据纪法和事实，充分考虑被调查人的态度和认错悔错改错态度，做到宽严适度，实现政治效果、纪法效果、社会效果的有机统一。加强问题线索管理，加大对函询结果的抽查核实力度，增强工作严肃性和实效性。

（七）围绕高素质专业化，从严锻造纪检监察铁军

全面加强政治建设。县纪委常委会要带头领学习近平新时代中国特色社会主义思想，带头坚守初心使命，带头严格执行民主集中制，带头严肃党内政治生活，带头维护制度权威、执行制度规定，带头贯彻上级决策部署，发挥示范引领作用。各级纪委书记、派驻纪检监察组组长、纪委委员要以身作则，做讲政治、顾大局的表率。严格落实机关党建工作责任制，强化机关党委政治功能，深入开展清廉机关创建，营造严肃紧张、生动活泼的机关文化氛围。强化纪检监察干部斗争精神，锤炼对党忠诚、敢于担当的政治品格，坚决同影响党的先进性、弱化党的纯洁性、破坏党的集中统一的问题作斗争，在党和人民最需要的时候和地方冲锋陷阵、担当作为。

全面加强专业能力学习。巩固深化全员培训和实战练兵，加大纪法培训、安全培训、信息培训，强化案件练兵、岗位练兵、擂台练兵力度，推动全县纪检监察干部学习专业知识、提升专业能力。坚持党管干部原则和好干部标准，加大干部培养管理、选拔任用和交流轮岗力度，优化领导班子和干部队伍结构。制定实施纪检监察干部成长计划，建立新进人员师徒结对制度，开展应知应会、办信办案、综合文字等能力大比武，举办专项监督、清廉建设、协作片办信办案等不同主题的“出彩一件事”擂台赛，大力培养锻炼优秀干部特别是年轻干部。加强领办重点课题调研实施，扎实推进品牌创建。加强对党建、法律、财政、金融、审计、工程、信息化等方面人才的引进，加大监督检查、审查调查、巡察等人才库建设，完善管理机制，夯实人才保障。

全面加强自我监督。积极推进县纪委机关规范化建设，健全纪检监察权力运行机制和监督管理制约体系，加强纪检监察干部运用制度能力，严格按照权限、规则、程序开展工作。加强日常教育监督管理，健全完善纪检监察干部廉政档案，梳理查找不同岗位的廉政风险点，有针对性地防范化解风险挑战，把队伍建强，让干部过硬。健全完善纪委监委接受各方监督的体制机制，充分发挥机关党委、机关纪委、干部监督机构和特约监察员的作用，确保执纪执法权受监督、有约束。坚持刀刃向内，认真核查问题线索，决不护短遮丑，对执纪违纪、执法违法者“零容忍”，坚决解决“灯下黑”问题，维护纪检监察干部良好形象。

松阳县人民法院工作报告

——2020年4月28日县法院院长林伟

在松阳县第十二届人民代表大会第四次会议上的报告

2019年工作回顾

2019年，松阳法院高举习近平新时代中国特色社会主义思想伟大旗帜，忠诚履职、担当作为，充分发挥职能作用，各项工作取得新进展。全年共受理各类案件7764件，办结8031件（含旧存，下同），同比分别上升1.13%和7.83%。法官人均结案281件。案件质量、效率、效果指标持续向好。

一、服务大局有担当

优化法治营商环境。设立浙江省首家“茶乡巡回法庭”及配套的涉茶执行工作室，实现涉茶商、茶企、茶农纠纷快调快审快执，新华网、《浙江日报》等主流媒体相继报道。设立旅游巡回法庭，实现县域AAAA级景区巡回审判全覆盖。积极稳妥处置“僵尸企业”，启动卖油翁、天虹物流、凯尔泰等6家停滞超3年企业破产处置工作，其中凯尔泰已由国投公司兜底收储，恒达塑料厂、富康内燃机厂已成功拍卖，累计盘活闲置用地4.38万平方米。依法维护交易秩序与安全，审结合同纠纷案件3651件，标的金额7.49亿元。依法保障民营经济健康发展，审结涉企纠纷案件876件，标的金额3.92亿元。执结涉企纠纷案件1447件，执结金额3.63亿元。服务防范化解金融风险，审结金融借款纠纷案件247件，标的金额1.04亿元。

助推基层社会治理。助力瓦窑头、北山区块改造等重点工作任务。落实矛盾纠纷逐级化解导引机制，多元化解诉前纠纷787件，同比上升58.67%。与县综治办建立矛盾纠纷排查化解联席会议制度，与松香商会建立矛盾纠纷调处对接机制。联合检察院发布环境损害赔偿工作规定，建立补植复绿、公益诉讼生态修复资金专户，收缴生态公益金140.92万元。

着力执行破难攻坚。新收各类执行案件3089件，同比上升17.68%。执结各类执行案件3151件，执结标的金额4.73亿元，分别同比上升22.51%和43.96%，实际执行到位率53.65%。开展春雷、风暴、秋风等涉民生专项行动，执行到位标的金额977.48万元。妥善解决兴乐电缆公司员工集体讨薪案件，向197名员工发放劳动报酬489.6万元。强化执行刚性，冻结款项2158.86万元，查封房产289处、车辆332辆、股权124件，网络司法拍卖变现1.59亿元。严惩失信行为，依法限制消费2755人，限制出境53人，限制驾驶995人，司法拘留138人，罚款880人225.2万元，向公安局移送涉嫌拒执犯罪10件11人，判处拒执犯罪3件4人。

二、忠诚履职有作为

依法惩治各类犯罪。新收刑事案件275件，审结289件，同比分别上升31.58%和45.96%。判处5年以上有期徒刑32人，重刑率为7.36%。深入开展扫黑除恶专项斗争，审结市督办重点涉黑恶案件2件，其中蓝旭华等人恶势力犯罪集团案件主要成员7人被判处10年以上有期徒刑，并处罚金和没收非法收入累计2262.7万元。审结徐某等人涉恶案件、杨某扰乱国家机关工作秩序案件，有力地整肃了风气。审结黄赌毒、“两抢一盗”等严重危害群众安全犯罪案件115起。审结贪污、贿赂等职务犯罪案件8件8人，以受贿罪判处丽水市委原副秘书长、市农办原主任吴善印有期徒刑10年6个月，以受贿罪判处丽水市林业局原副局长麻飞鹤有期徒刑4年。落实认罪认罚制度改革，对154起案件适用认罪认罚程序。对213名被告人依法判处缓刑、管制和免予刑事处罚，非监禁刑适用率为46.91%。对71名符合条件被告人指定辩护，指定辩护率100%。适用非法证据排查排除1件，7名侦查人员出庭接受询问。

妥善调处民事纠纷。诉前调解纠纷969件，同比上升62.04%。全年审理各类民事案件3041件，同比下降9.67%。实现矛盾纠纷诉前化解率显著上升、民事案件量稳步下降的良性互动。民事案件服判息诉率92.39%，自动履行率56.13%。深化家事审判改革，成立家事纠纷化解委员会，审结婚姻、继承等案件313件。维护妇女、儿童人身权益，发出人身安全保护令2份，对违反保护令人员何某依法采取司法拘留措施，人民日报、法制日报等主流媒体相继报道。坚决打击虚假诉讼、恶意诉讼等滥用诉讼行为，公布31名职业放贷人名录，向公安移送涉嫌“套路贷”案件5件，民间借贷纠纷收案数同比下降30.18%，标的总额下降41.33%。依法维护军人军属合法权益，妥善高效审结涉军案件。

监督支持依法行政。审结行政诉讼案件146件，其中行政机关败诉10件，败诉率6.85%，行政机关负责人出庭率100%。注重实质性化解行政争议，协调撤诉31件，占结案总数的21.23%。受理审查行政非诉案件23件，裁定准予执行率100%。根据最新管辖调整，2019年9月起，松阳行政诉讼案件当事人可选择在本院或景宁法院审理。召开府院联席会议2次，设立松阳县行政争议调解中心，加强对重点及敏感案件风险评估及协调化解力度。继续发布年度《行政审判白皮书》，助力县域法治政府建设。

三、锤炼队伍有抓手

坚持政治建院。认真开展“不忘初心、牢记使命”主题教育，引导广大干警增强“四个意识”，坚定“四个自信”，坚决做到“两个维护”。组织践行浙西南革命精神主题晚会、“我的初心、我的成长”宣讲等活动。全面落实司法责任制，全年召开专业法官会议13次。院庭长率先垂范，共办结案件3212件，占结案总数65.82%。严惩扰乱法庭秩序行为，司法拘留2人。组织开展中层干部竞聘上岗，12名80、90后干警走上中层岗位，占比从15.32%提升至53.65%。鼓励创先争优，古市法庭荣立集体二等功，信息化手段推进案款试点工作入选全省法院十佳司法保障成果，李金泉同志被评为丽水市担当作为好干部，另有30人获县级以上表彰。

坚持科技强院。建立“一本通”管理模式，实现法院工作可视化、精细化动态监管。推广浙江移动微法院，移动微法院引入率97.53%，运用率96.57%。推动诉讼事项网上办理，全面落实“最多跑一次”，网上立案2488件，网上立案率59.85%，跨域立案23件。全年当场登记立案率100%。在新浪直播平台开展庭审直播2244次，庭审直播率87.49%。建立电子卷宗信息采集中心，新收案件前端随案扫描率100%，案件办理全程网上流传。依托执行指挥中心，运用“执行秘书”，构建执行案件管理、执行力量调配的“智慧大脑”，实现各类财产查控处置“一站办理”。

坚持文化建院。探索“院校合作”，与浙江警察职业学院合作成立环境法学研究与教学实践基地，邀请浙江大学教授为干警授课，与湖南大学、宁波大学合作开展干警综合能力培训。举办“独山说法”论坛、松法人讲坛、“五四青年节”青年干警座谈会，法院合唱团在县庆祝建党98周年合唱比赛中勇夺一等奖。深入开展调查研究，完成国家级调研课题1个，获最高院三等奖；完成省级重点调研课题2个、市级2个。调研文章共获得国家级奖项6个、省级1个、市级3个。大力开展普法宣传，在省级以上媒体发表稿件114篇。创新运用新媒体宣传，松法微信公众号影响力显著提升，粉丝量首次破万，共发布各类普法文章97篇，其中执行专项行动推文登上新浪热搜，点击量超过6700万。组织干警参观思廉堂廉政教育基地，组织中层以上干警赴之江监狱接受警示教育。紧盯作风纪律等问题，定期发送廉政警示短信，开展日常督查28次，组织重大节日专项检查6次。运用执纪监督“第一种形态”处理10人，“第二种形态”处理1人。

四、接受监督有实招

自觉接受人大依法监督与政协民主监督。认真落实县十二届、人大三次会议决议，向政协、各民主党派、工商联、无党派人士通报法院工作。认真办理代表建议、政协提案，贯彻落实县人大会议代表审议发言的意见。建立中层以上干警走访联络人大代表制度，邀请人大代表参加座谈、旁听庭审、见证执行128人次。

自觉接受检察机关法律监督。邀请检察长列席审委会4次，认真办理各类检察建议，审结抗诉案件3件，采纳抗诉意见2件，维持1件。

广泛接受社会监督。在中国裁判文书网公开裁判文书2497份，裁判文书上网率100%。实施人民陪审员倍增计划，新增人民陪审员55名。建立律师与法官互评机制，召开律师座谈会，充分听取意见建议。组织新闻发布会3场，举办“普法六进”活动13次，开展“公众开放日”活动11场，982名群众走进法院。邀请80余名师生共同参加迎国庆升旗仪式，发表国旗下的讲话，开展普法教育。

各位代表，过去一年松阳法院的发展进步，是县委正确领导，人大及其常委会有力监督，政府、政协大力支持，各民主党派、工商联、无党派人士以及社会各界共同关心、支持、帮助的结果。在此，我谨代表松阳县人民法院向大家表示衷心的感谢，并致以崇高的敬意！

在看到成绩的同时，我们也清醒地认识到，当前的工作还存在不少问题和不足：一是政治站位需要进一步提高。少数法官服务大局意识不强，存在就案办案、机械执法现象，个别案件效果不佳。二是破解司法难题能力尚需提升。办案任务依然繁重，新类型案件、矛盾错综复杂案件、历史遗留问题引发案件等层出不穷，法官压力山大，不仅考验法官法律素养，更考验法官群众工作能力、改革创新能力和沟通协调能力。三是案件质效仍需要强化。司法理念、司法能力与新时代要求还有差距，有的案件裁判尺度不够统一，个别案件办案周期偏长，少数执行案件不规范，审判权运行和案件质量监管机制需要不断健全。对此，我们将在各方面关心支持下，认真研究加以解决。

2020 年主要工作

各位代表，2020 年，松阳法院的总体工作思路是：高举习近平新时代中国特色社会主义思想伟大旗帜，深入学习贯彻党的十九大和十九届历次全会精神，省、市、县委全会精神以及习近平总书记在浙江考察时的重要讲话精神，坚持司法为民、公正司法，只争朝夕，不负韶华，努力让人民群众在每一个司法案件中感受到公平正义，为浙江成为新时代全面展示中国特色社会主义制度优越性的重要窗口贡献法院力量。

一重服务大局。紧紧围绕县委决策部署，深入开展“三服务”工作，护航重点区块改造、重大工程建设。着力“打伞破网”“打财断血”，“稳、准、狠、快”推进扫黑除恶专项斗争。坚持宽严相济惩治犯罪，着力提升人民群众安全感和满意度。践行“法治是最好的营商环境”理念，为企业复工复产、公开公平公正参与市场经济活动提供司法保障。加速推进破产企业司法处置，助力县域经济转型升级。严厉打击虚假诉讼、规避执行等不诚信诉讼行为，助推社会信用体系建设。深化民间借贷协同治理，严惩非法吸收公众存款、“套路贷”等违法犯罪行为。依法稳妥处置涉疫情防控中的各类纠纷，维护社会大局稳定。

二重司法为民。高标准建设新古市法庭，将法治文化与松阳家训文化、契约文化有机融合，打造司法服务乡村振兴的窗口。健全诉源治理，构建“社会调解优先、法院诉讼断后”的递进式矛盾纠纷分层过滤体系。加快智慧法院建设，全面落实“无纸化办案”，助推信息化、大数据、人工智能与法院工作深度融合。建设智能安检房，安装最新人脸识别系统，开设人大代表、政协委员刷脸绿色通道。探索守信履行正向激励机制，设立执行悬赏制度，积极构建“自动履行为主、强制履行为辅”的长效工作机制。用足用好执行强制措施，加大打击拒执犯罪力度，有效提升实际执行率和执行标的到位率。

三重司法公信。巩固“不忘初心、牢记使命”主题教育成果，持续深化省高院“三个建设年”活动，扎实开展司法规范化水平提升年活动以及执行不力问题专项治理。履行全面从严治党“两个责任”，坚持严管厚爱，坚持抓早抓小抓细。注重发现、培养、宣传先进典型，开展“十佳裁判文书”“十佳优秀庭审”“十大典型案例”等评比活动。认真接受县委巡察与县人大常委会监督，落实整改措施。完善审判权运行、院庭长监督管理、案件质量评查等机制，实行案件“常规评查+重点评查”模式，不断提升司法公信力。持之以恒抓廉政、驰而不息纠“四风”，努力建设一支党和人民信得过、靠得住、能放心的法院队伍。

松阳县人民检察院工作报告

——2020 年 4 月 28 日县检察院检察长汪兴

在松阳县第十二届人民代表大会第四次会议上的报告

2019 年工作回顾

2019 年是新中国成立 70 周年，是高水平全面建成小康社会的关键之年，也是松阳检察工作转型发展的深化之年。一年来，县检察院以习近平新时代中国特色社会主义思想为引领，牢牢把握检察事业发展新机遇，围绕“稳进、落实、提升”工作基调，紧盯“守底线，创特色，创一流”工作目标，大力弘扬践行“浙西南革命精神”，在服务全县经济社会发展大局中，不断满足人民群众的新期待新要求，全力保障高质量“田园松阳”升级版建设。

一、服务全县发展大局，为社会稳定提供“检察保障”

牢牢把握稳大局、促发展的政治任务，始终把服务松阳社会发展作为第一要务，为营造安全的政治环境、稳定的社会环境、公正的法治环境和优质的服务环境作出新贡献。

深入开展扫黑除恶专项斗争，维护社会稳定。按照“是黑恶犯罪一个不放过，不是黑恶犯罪一个不凑数”的要求，全年共批准逮捕黑恶势力犯罪 4 件 15 人，提起公诉 3 件 25 人。依法起诉林军飞等 10 人开设赌场、寻衅滋事恶势力集团案，蓝旭华等 12 人诈骗、开设赌场、寻衅滋事、非法拘禁恶势力集团案。积极引导侦查机关查封、扣押、冻结涉案财产，同时紧扣“破网打伞”“打财断血”要求，开展涉黑涉恶案件线索专项排查，移送“保护伞”线索 4 条。

依法严厉惩治各类刑事犯罪，助力平安建设。依法履行批捕、起诉职能，全年共受理提请批准逮捕案件 97 件 156 人，批准逮捕 86 件 131 人；受理审查起诉案件 286 件 507 人，提起公诉 263 件 435 人。严厉打击涉众新型犯罪，办理吴成永等人网络开设赌场犯罪案件，批捕 20 人，起诉 91 人，涉案金额达 8100 余万元；积极回应群众反映强烈的案件，准确认定犯罪，办理刘淑珍非法吸收公众存款案，依法改变定性为集资诈骗，该案涉案金额高达 560 余万元；破解毒品案件证据难题，追诉陈香贩卖毒品案，在犯罪嫌疑人负隅顽抗、拒不认罪的情况下，通过引导侦查人员深挖客观性证据，重构证据体系，使得案件顺利侦破，成功地在“零口供”情况下起诉，陈香被判处有期徒刑十五年，对毒品犯罪形成有力震慑。

完善监察与刑事诉讼的衔接，筑牢反腐体系。积极推进“纪法贯通、法法衔接”工作新模式，加强对职务犯罪案件提前介入、审查起诉、出庭支持公诉等工作，共办理职务犯罪案件 8 件。依法对市监委调查移送的原丽水市林业局党组副书记、副局长麻飞鹤受贿案和丽水市委原副秘书长吴善印受贿案提起公诉，在审查起诉阶段追缴赃款 915.93 万元。在办案的同时积极开展教育转化，促进犯罪嫌疑人认罪悔罪。两起案件均被编入全市职务犯罪领导干部忏悔录，成为廉政教育案件典型素材。依法侦查杨子丰涉嫌徇私枉法职务犯罪案件，该案系司法工作人员职务犯罪侦查权回归后，我市首例由检察机关侦办且被判有期徒刑的案件。

积极参与社会治理机制创新，化解矛盾纠纷。扎实开展诉源治理工作，最大限度减少社会对抗、修复社会关系。坚持和发展“枫桥经验”，共受理群众来信来访 63 件次，向群众提供法律咨询 355 人次，实现群众来信 7 天内程序性回复 100%、三个月内实体办结回复率 100%。释放检察温度，办理司法救助案件 5 件，发放司法救助金 5 万元。推进“少捕慎诉、保障权益”专项工作，对情节轻微、社会危害性较小的刑事犯罪嫌疑人，依法不批准逮捕 9 人，不起诉 48

人。加大环境资源领域公益诉讼机制探索，结合办理松阳县污水处理厂超标排污行政公益诉讼案，牵头县环保部门等八家单位建立完善环境损害赔偿磋商工作机制，督促县环保部门在获得县政府授权后，与污水处理厂运营商通过磋商收取生态修复赔偿金120万元，实现了政府主动作为、企业维护商誉、检察创新监督的多赢效果。

全面加强未成年人权益保护，传递司法温度。贯彻“教育为主、惩罚为辅”方针，落实未成年人宽缓刑事政策，全年共对涉罪未成年人依法不批捕3人，不起诉19人。办理我县首例撤销监护权支持起诉案件，保护未成年人监护权。开展校园周边流动食品摊贩公益诉讼监督，维护未成年人舌尖上的安全。针对网吧实施实名登记制度存在的漏洞，向相关职能部门发出检察建议，助力净化网络市场。联合县教育局等部门制定《关于建立“涉未”行业准入查询制度的意见（试行）》《关于建立罪错未成年人临界预防工作机制的实施办法》，从制度上把有侵害未成年人“前科”人员挡在“涉未”行业门外，对罪错未成年人实行分级处遇、分级预防，以期最大限度挽救罪错未成年人。主动开展专题调研，通过实地查访、微信推送、致信家长、普法宣传等方式，落实最高检“一号检察建议”，推动校园安全建设。开展“订单式”法治宣讲，全年开展法治教育讲座11次，受教育学生达2260人。

二、深化“四大检察”职能，为公平正义彰显“检察担当”

以检察内设机构改革为契机，提升法律监督工作质效，为群众提供更优质的检察产品，努力让人民群众在每一起司法案件中感受到公平正义。

持续强化刑事检察监督，切实维护司法公正公信。加强刑事侦查监督，办理的监督案件获有罪判决20人，其中被判处三年以上有期徒刑7人。加强刑事审判监督，提出抗诉3件，其中，法院采纳抗诉意见2件、维持原判1件。加强刑罚执行监督，办理羁押必要性审查案件16件，纠正司法机关违法违规案件7件、监督收监执行2人。按照上级检察院部署，对侦查机关执法办案存在的问题进行系统梳理，从控方视角积极提出对策，并以《法律监督年度报告》的形式进行反馈，实现由碎片化的个案监督向系统化的集成监督转变，全面提升检察监督质效。

大力加强民事检察监督，有效践行司法为民理念。全年审查民事监督案件28件，监督民事审判活动违法案件和民事执行活动案件各1件。以打击黑恶犯罪产业链为抓手，依托本院内部线索共享协作机制，从涉恶案件中挖掘虚假诉讼案件线索，调查核实19件，其中本院办结8件，移送他院办理11件。

稳步推进行政检察监督，有力助推法治政府建设。重点监督行政非诉执行工作，对县法院以“裁执分离”形式审查裁定的52件行政非诉执行案件，进行逐案排查，根据不同类型，分别到乡镇、街道、自然资源和规划局等单位进行走访、调查，分批召集17家单位就“裁执分离”行政非诉执行案件办理工作进行会商，共发出检察建议18份，督促有关单位进行整改。加强行政生效裁判文书监督，督促法院对裁定内容错误的案件进行纠正。

着力拓展公益诉讼监督，积极担当公益保护使命。牢记习总书记“检察官是公共利益代表”的重要嘱托，全年办理公益诉讼案件79件。其中，生态环境与资源保护领域37件，食品药品安全领域11件，国有财产保护领域26件，国有土地使用权出让领域1件，其他领域4件。以县人大常委会对检察公益诉讼工作专项监督为契机，探索打造检察公益诉讼“红+绿”松阳模式，既突出对我县英雄烈士和浙西南革命根据地“红色”资源保护的监督，又体现对“田园松阳”生态环境保护的“绿色”监督。办理革命遗迹遗址公益诉讼案件11件，被评为全省检察机关公益诉讼两周年十大精品案件。积极链接人大监督，跟踪监督民生实事项目，办理“黄板”公益诉讼案，被评为丽水市检察机关十大精品案例。探索创新劳务代偿的赔偿履行方式，对生态损害进行修复赔偿。

三、锻造过硬检察队伍，夯实基础培育“检察铁军”

牢牢把握人民对廉洁从检、司法公信的期盼，对标“五个过硬”“四个铁一般”要求，内强素质、外树形象，努力打造一支政治过硬、本领高强的高素质检察队伍。

加强思想政治建设。深入开展“不忘初心、牢记使命”主题教育活动，把学懂弄通践行习近平新时代中国特色社会主义思想作为首要任务。深入推进党风廉政建设和意识形态工作，开展弘扬践行“浙西南革命精神”和“两山”理论大讨论活动，开展“警示教育月”和检务廉政督察。大力推进清廉检察建设，完善落实一岗双责季度例会、一季一考、家庭和社区走访等工作机制，推动全面从严治党、从严治检向纵深发展。

增强队伍履职能力。组织开展全员培训，围绕提升法律监督水平，坚持队伍专业化建设。常态化推进高质量检校共建、高层次实务研讨、高强度实战练兵。加强检察理论调研工作，调研文章《当前民事执行检察监督的探索与思考》先后被最高检察院、省检察院录用，获省院贾宇检察长批示肯定，并印发全省检察机关参考。理论文章被评为全省检察机关普通期刊优秀成果三等奖2篇，完成省检察院重点立项课题1项。

深化检察改革创新。突出“四大检察”法律监督职能，全面完成内设机构重塑性改革，内设机构由改革前13个精简为5个，其中检察业务部门3个，综合行政部门2个。全面落实检察人员分类管理和司法责任制，遴选员额检察官3名，招录司法雇员6名，入额领导干部带头办理案件135件，占案件总数的24.36%。全面推行“捕诉一体”办案模式，整合办案资源、提升办案效率，着力推进权责明确、运转高效的专业化办案团队建设，设立扫黑除恶、未检+生态、职务犯罪、公益诉讼等专班。积极推动认罪认罚从宽制度落地落实，联合公安局、法院、司法局制定《关于办理认罪认罚从宽案件实施细则（试行）》，推动认罪认罚在刑事诉讼各阶段、全领域适用，其中审查起诉环节适用认罪认罚从宽制度办理刑事案件163件206人，确定刑量刑建议提出率95.78%，量刑建议采纳率100%，两项指标均列全市第一。积极加强审查起诉环节认罪认罚教育转化，成功办理全市首例职务犯罪认罪认罚案件和抢劫、盗窃重型犯罪认罪认罚案件。

自觉接受人大及社会各界监督。认真贯彻落实省委《进一步加强检察机关法律监督工作的若干意见》，加强代表、委员联络工作，积极走访，听取意见建议，赢得社会各界对检察工作的支持。自觉接受人大及其常委会的监督，主动向县人大常委会专题报告重点工作开展情况。自觉接受民主监督，向政协、民主党派等社会人士专题通报专项检察工作。积极深化检务公开，邀请代表、委员、人民监督员和社会各界人士参加检察开放日、公开听证会等活动。公开法律文书和重要案件信息742条，编发检察工作信息与宣传稿217篇，实现检察工作与社会舆论良性互动。

各位代表，过去的一年，县检察院各项检察工作取得新进展、实现新突破、展现新风貌，共获得市级以上集体和个人荣誉17项，其中两名干警被评为丽水市政法系统先进个人，两名干警获得市检察院嘉奖。这些成绩的取得，是县委和上级检察院坚强领导，县人大及其常委会有力监督，县政府、县政协和社会各界关心、支持的结果。在此，我代表县检察院向各位代表、委员，向所有关心支持检察工作的领导和同志们表示衷心的感谢，并致以崇高的敬意！

同时，我们也清醒地认识到，当前检察工作还存在一些不足：一是服务保障全县经济社会发展，推进深层次提升社会治理的举措不多、能力不够;二是案多人少矛盾突出，一方面职能转隶后员额检察官减少，政法编制减少，另一方面又新增公益诉讼职能和司法人员职务犯罪侦查职能，导致现阶段一些检察职能疲于应对，无法深层次推进；三是依法履职能力和水平还不高，监督理念仍需进一步转变，监督本领和斗争精神仍需进一步增强。面对这些问题，我们将高度重视，在今后工作中，采取有效措施，认真解决。

2020年工作思路

各位代表，2020年是全面建成小康社会和“十三五”规划收官之年，是全面贯彻党的十九届四中全会精神的开局之年。县检察院工作的总体思路是：以习近平新时代中国特色社会主义思想为指导，深入贯彻落实党的十九大和十九届二中、三中、四中全会以及习近平总书记在浙江调研时系列讲话精神，按照中央、省委、市委、县委和上级院部署要求，坚决扛起建设“重要窗口”的政治任务，坚持“深化法律监督，彰显司法权威，维护公平正义”工作主线，狠抓省委《进一步加强检察机关法律监督工作的若干意见》落地见效，加强检察机关核心战斗力建设，全面提升检察工作质效，为县委开展“营商环境提升年”“全县域组织化提升年”“改革创新提升年”活动，高质量建设“田园松阳”升级版提供有力司法保障。

一、坚持服务大局，全力保障经济社会发展。毫不动摇把坚持党的绝对领导作为新时代检察工作的最高原则，以习近平新时代中国特色社会主义思想武装头脑、指导实践，确保正确政治方向。严厉打击妨碍疫情防控、暴力伤医、非法猎捕野生动物、制假售假、哄抬物价等犯罪行为，积极保障“两手硬、两战赢”目标实现；积极主动履职，继续服务打好“三大攻坚战”；贯彻落实《浙江省民营企业发展促进条例》，为民营企业发展提供司法保障；深入开展扫黑除恶专项斗争，持续推进深挖根治，推动长效长治；重拳打击电信网络诈骗、非法集资、食品安全等群众反映突出的犯罪，全力维护社会和谐稳定；坚持发展好新时代“枫桥经验”，深化“少捕慎诉”、认罪认罚从宽、司法救助等工作，协同推进诉源治理和社会矛盾化解；通过办案及时发现社会治理中的普遍性、典型性问题，充分运用检察建议堵塞漏洞，促进善治。

二、恪守宪法定位，全面提升法律监督水平。推进刑事、民事、行政、公益诉讼四大检察工作全面、协调、充分发展，坚持敢于监督、善于监督、规范监督，促进严格执法、公正司法。围绕做优刑事检察，加大对严重犯罪行为处罚力度，严格刑事责任追究。继续推进“繁简分流”，会同审判机关构建认罪认罚速裁程序、简易程序、普通程序等程序体系；履行好司法人员徇私舞弊、枉法裁判等职务犯罪侦查职权，促进公正司法。围绕做强民事检察、做实行政检察，完善多元化监督格局，探索行政争议实质性化解工作，综合运用提请抗诉、督促履职、支持起诉、检察建议等手段，提升监督实效。围绕做好公益诉讼检察，拓展公益诉讼案件范围，积极拓宽监督领域和探索惩罚性赔偿制度，完善生态环境公益诉讼与行政机关生态损害赔偿磋商机制的衔接，对历年检察建议落实整改情况开展回头看，确保实现办案力度大、监督亮点多、社会效果好的工作目标。

三、深化自身建设，切实打造过硬检察队伍。深入开展“不忘初心、牢记使命”主题教育，落实司法责任制和诉讼制度改革举措，持续加强从严治党、从严治检向纵深推进。开展“治顽疾、补短板”专项整治，锲而不舍加强党风廉政和纪律作风建设，持之以恒发挥党建引领作用和提升清廉机关建设，有效健全检察权运行、制约和监督体系。切实推进智慧检务建设，促进信息技术和检察业务深度融合。加大人才培养教育和招才引智力度，为检察工作发展夯实专业人才和基础保障。强化检务公开和代表委员联络工作，更加自觉接受人大监督、政协监督和社会监督，认真主动积极对接人大常委会评议检察官工作，为评议工作顺利开展提供保障，积极邀请代表、委员参与公开听证、诉前会议等检察活动，不断提升检务开放度和检察公信力。

关于松阳县2019年国民经济和社会发展计划执行情况及2020年国民经济和社会发展计划草案的报告

——2020年4月29日县发展和改革局

在松阳县第十二届人民代表大会第四次会议上的报告

一、2019年松阳县国民经济和社会发展计划执行情况

过去一年，全县上下坚持以习近平新时代中国特色社会主义思想为指导，深入贯彻党的十九大精神，认真贯彻省委、市委各项决策部署，坚定不移践行“绿水青山就是金山银山”发展理念，深入实施“四县并举”发展战略，全面推进“田园松阳”升级版建设，以浙江（丽水）绿色发展综合改革创新区、大花园核心区建设为抓手，努力抓好经济和社会发展工作。全县经济运行总体平稳，稳中有进，年初计划报告提出的四大类32项指标中，有30项指标已完成目标任务，出口总额增速（负0.5%）、生产企业出口（4.3%）与预期目标略有差距（详见附表1）。

（一）从经济基本面看，经济运行总体平稳

经济保持平稳增长，全年实现地区生产总值115.55亿元，增长8.4%。其中一产增加值13.17亿元，同比增长2.7%；二产增加值46.97亿元，同比增长9.7%；三产增加值55.42亿元，同比增长8.8%，三次产业结构比由2018年的11.8：41.9：46.3调整为11.4：40.6：48.0，一产、二产分别回落0.4个百分点、1.3个百分点，三产提高1.7个百分点。

三大需求协调拉动，固定资产投资稳步增长，全县固定资产投资增长12.8%。从四大结构性投资指标来看，项目民间投资增长25.3%、交通投资增长51.8%、生态环保和公共设施投资增长29.5%、高新技术产业投资增长106.0%。重点项目有序推进，45个重点建设项目完成投资37.20亿元，完成年度计划的108.6%。中德AI产业园项目、“香巴佬”休闲卤制品加工项目等一批重大产业项目先后落地开工，全年省市县长工程落地率为66.7%,完成落地率50%的目标。消费较快增长，全县实现社会消费品零售总额54.85亿元，增长13.0%，增速排名全市第一，其中网络零售额25.75亿元，增长65.0%。出口基本持平，全年实现出口总额8.9亿元，同比下降0.5%。

财政金融平稳运行。全县财政总收入12.83亿元，同比增长10.3%；一般公共预算收入7.89亿元,同比增长8.5%；其中税收收入6.46亿元，同比增长7.8%,占一般公共预算收入的81.9%。全县金融机构本外币存款余额180.93亿元，同比增长18.1%；金融机构本外币贷款余额144.38亿元，同比增长16.3%，存贷比为79.6%。

（二）从发展活力看，产业转型升级步伐加快，经济发展后劲增强

生态农业提质增效。全县现有茶园面积8787.11公顷，其中采摘茶园8420.42公顷，全年茶叶总产量1.35万吨，产值7.98亿元；浙南茶叶市场交易总量8.6万吨，交易总额70.2亿元，分别增长8.7%和21.2%。全县茶叶全产业链总产值达122亿元。全年新增“600”基地4020.20公顷，累计建成自然农法基地9个、原种农业基地25个，培育有机农业企业12家。深入开展农药化肥减量增效行动，完成75万套黑刺粉虱信息素诱捕器政府采购并扦插使用，推广应用绿色防控技术5953.63公顷、测土配方施肥402万公顷，使用商品有机肥1.1万吨、配方肥0.66万吨，农药化肥分别实现减量44吨和2050吨，回收农药包装废弃物64.2吨，处置59吨。

生态工业结构加快调整。深化“亩均论英雄”改革。完成99家规上工业企业和118家用地3亩（含）以上的规下工业企业的初步评价，规上企业实现亩均税收11万元/亩，相

比2017年7.61万元/亩同比增长44.5%。狠抓闲置低效工业用地处置工作，工业用地盘活利用合计349.85亩。全年实现数字经济核心产业制造业增加值6540万元,同比增长347%;实现高端装备制造业增加值1.87亿元，同比增长47.4%；高新技术产业增加值11.35亿元，同比增长11.5%；装备制造业增加值2.73亿元,同比增长55.0%；战略性新兴产业增加值5.17亿元，同比增长10.2%。先后引进浙江博勒科技有限公司、浙江继能科技有限公司等智能装备产业；中意启迪产业园、乡巴佬食品等农产品精深加工产业，发展后劲逐渐增强。

生态旅游业蓬勃发展。双童山景区通过国家AAAA级景区市级初评，四都乡创成省旅游风情小镇，大木山茶园入选“中国亲子游品质产品十佳”。四都乡平田村入选全国乡村旅游发展典型案例，系全省唯一（全国仅4个）。成功举办首届城乡联系发展国际论坛。成功承办省第八届运动休闲旅游节、省第二届生态运动会（松阳站）等活动。新增红色旅游精品线路1条，推出红色旅游徒步线路9条，承接红色研学260余批次。

（三）从创新层面看，各大领域改革持续深化，开放协作进一步加快

“最多跑一次”改革成效显著。优化各类便民服务中心（点）建设。推进行政服务中心标准化建设，全县19个乡镇（街道）便民服务中心实现全覆盖，94%的民生事项在乡镇（街道）便民服务中心可办。推进便民服务中心向村级延伸，对全县203个村（社区）代办点进行分阶段、分层次建设，建成重点村级代办示范村27个、一般村176个，落实代办员565人。深化“1+N”村级代办模式，推进“规范引领、分层建设、代办托底”建设，全年为偏远山区群众上门代办事项7000余件。一般企业投资项目实现从备案到竣工验收全流程审批“最多90天”改革目标。

重点领域改革深入开展。推进生态产品价值实现机制试点，确定以茶产业为特色的新兴镇和以民宿业为特色的四都乡作为试点乡镇，开展两个乡镇的生态产品价值评估核算，试点工作得到国家、省、市发改委的充分肯定。深化绿色发展综合改革创新区建设，完善创新区、大花园核心区建设推进工作体系和责任体系，全年共完成大花园重点建设项目投资36.7亿元。深化农村土地制度改革，推进“三权”抵押贷款扩面提质。深化全省农业水价综合改革试点，健全农业水价形成机制，完成试点面积6166.98公顷，试点以优秀等次通过省级评估。深化全国传统村落保护发展示范县和全国传统村落保护利用试验区试点，全面完成71个村的试点项目建设任务。深化“拯救老屋行动”及修缮老屋活化利用，全年新修缮老屋28处、活化利用10处，带动其他传统建筑活化利用20处。

开放协作进一步加快。深入开展国际、国内交流合作，先后高质量举办中国（国际）茶商大会、国际现代有机农业峰会、第一届城乡联系国际论坛、首届中国丽水（松阳）休闲垂钓节、第八届浙江省运动休闲旅游节、浙江省全民健身第二届生态运动会等高层次活动。紧抓长三角一体化、山海协作、东西部协作等载体，与上海市松江区、上海市枫泾镇、嘉兴市经开区签订战略合作协议，与巴州区的茶叶产销对接成效明显，带动该区4500余贫困人口人均增收1.5万元。

（四）从统筹层面看，县域面貌不断改善，城乡协调发展进一步向好

城市建设有序推进。本草园、明清街整治六期、溪滩路整治等工程全面完工，项弄安置区基本建成，青田码道、瓦窑头安置区建设顺利。新增城市绿地12.8万平方米，松阴溪干流滨水绿道基本实现全立交贯通。创成省“基本无违建县”，小城镇环境综合整治顺利收官。

人居环境逐步改善。深化农村人居环境综合整治，成功入选省级第一批美丽乡村建设试点县，沿坑岭头村入选省美丽乡村美育村试点。推进厕所革命，新建改造农村公厕100座。完成县级民生实事项目新农村亮化工程，新安装农村路灯282盏。全面推广城乡垃圾分类试点，建成区垃圾分类收集覆盖率60.9%、农村生活垃圾分类处理覆盖率74.6%;深化秸秆、农药垃圾等农业废弃物综合利用试点，全县回收农药废弃包装物64.2吨，农作物秸秆综合利用率95.01%。

（五）从生态层面看，环境质量持续优化，生态文明建设进一步推进

环境质量持续优化。全县森林覆盖率提升至80.1%，马鞍山成为省级森林公园。地表水达标率保持100%。松阴溪被评为长江经济带2018年度最美河流，松阴溪滨水绿道被评为“浙江最美绿道”“浙江省十佳运动休闲绿道”，小港、大木山茶园绿道被评为“丽水最美绿道”。空气质量稳步提升，全年优良率达到99.5%，同比提高1.7个百分点，PM2.5均值降至26微克/立方米，松阳获“中国天然氧吧”称号。

生态文明建设加快推进。推进国家生态文明建设示范县创建，铁腕落实划定区域烟花爆竹全面禁燃、秸秆露天禁烧等工作，完成小水电清理整改工作，完成省级“污水零直排区”试点建设。加快国家森林城市创建，扎实开展植树造林、山林抚育，创新实施“拯救老树行动”，完成美丽林相建设3733.52公顷、绿化造林8371亩、新植珍贵树31.6万株，完成160株一级濒危古树名木保护。有力开展松材线虫病防控，完成防治面积1.17万顷，清理枯死松木18万余株。

（六）从民生事业看，社会保障持续加强，公共服务不断优化

居民收入稳步增长。城镇常住居民人均可支配收入40432元，同比增长8.9%；农村居民人均可支配收入19371元，同比增长10.4%;低收入农户人均可支配收入10447元，同比增长13.9%。城乡居民收入比为2.09：1，

比 2018 年缩小 0.03 个百分点。

社会保障持续加强。一般公共预算支出 46.30 亿元，增长 21.9%，其中民生支出 38.77 亿元，增长 26.1%，占一般公共预算支出 83.7%。城镇新增就业人数 3775 人，城镇登记失业率 1.79%，控制在目标 3.5%以内。深化推进全国首批结合新型城镇化开展支持农民工等人员返乡创业试点工作，全年新增返乡创业人数 1725 人，带动就业人口 7135 人。全力推进大搬快聚工程，完成异地搬迁农户 1169 户 3203 人，其中整村搬迁 10 个村 729 户 1755 人。加快重点安置小区建设，全年共完成投资 3.5 亿元，新（续）建安置小区和安置点 14 个。深化省光伏小康工程实施县试点，累计完成投资 1.56 亿元，发电 3122.19 万千瓦时，为 75 个集体经济薄弱村每村增加集体经济收入 1.2 万元，扶持全县 5629 户低收入农户户均年增收 800 多元。

公共服务不断优化。持续改善教育基础环境，全县学校无线网络、录播教室覆盖率达 100%，数字化教学全覆盖，教育信息化三年实施方案入选省十大优秀方案。高考成绩全面进步，上线率达 99.8%，本科上线率 60%，均创历史新高，中考成绩优秀率、关注率连续两年居全市第二，职业教育发展挂钩考核获省优秀等次。医共体建设有序推进，实现乡镇卫生院标准化建设率 100%。出台中医药复兴地建设三年行动计划，设立中医药发展基金会，建成投用中医智能医联体项目。创成省食品安全县，食品安全满意度测评位居全省第一。积极推进养老服务，全县每千名老年人拥有社会养老床位 65 张，其中机构护理床位占比 56.4%；基本养老保险参保人数 18.69 万人，基本养老保险参保率 97.59%。社会治安形势持续向好，铁腕推进扫黑除恶专项斗争，破获一批涉黑涉恶案件。推进社会化拥军工作，落实抚恤补助和帮扶措施，被评为省双拥模范县。

（七）从重点项目推进看，总体进展顺利，基本完成计划目标

2019 年我县共有重点建设项目 45 个，其中新开工建设项目 15 个，续建项目 22 个，重点预备项目 8 个。另有重大前期项目 21 个。15 个重点新开工项目已开工 14 个，开工率为 93.3%，全年完成投资 10.19 亿元，完成年度投资计划的 92.6%。235 国道松阳段改建工程完成了项目可行性研究报告审批，因涉及省级审批、政府财力、土地指标等问题未实现开工目标。22 个重点续建项目全年累计完成投资 27.01 亿元，完成年度投资计划的 116.2%，各续建项目总体进展顺利，基本完成计划目标。独山大桥、乌弄口至弓桥公路改建工程、大鲵产业综合园等 5 个项目完工或基本完工，其他进展较快的项目有汽车综合服务中心二期、县残疾人托养中心、丽水生态产业集聚区松阳赤寿至卯山公路、清露乡隐旅游度假区项目、黄南水库、衢宁铁路松阳段等。8 个重点预备项目中，要津南路道路延伸工程和瓦窑文化公园、县中医院迁建工程、静脉产业园等项目进度偏慢，其余 4 个项目进度正常。21 个重大前期项目中，城西小学和幼儿园、档案馆新馆（联合大厦）建设、望松文旅小镇、江南公路三期道路改造工程（高速出口大转盘至汽车城段）、松阳油茶产业发展全产业链项目、联库联网工程 6 个项目进度相对偏慢。其余 15 个项目前期工作进度正常。

过去一年，我县经济社会发展虽然取得了一定的成绩，但也应清醒地看到，我县经济发展还面临深层次和结构性的问题：经济总量不大，实体经济不强、面临困难增多，出口形势不容乐观；发展质量和效益不高，创新驱动能力弱，在招商引资、产业培育、项目建设等方面的自我投入实力、自我造血能力相对不足；生态环境持续向好但也面临挑战，能耗双控形势严峻；民生领域还有不少短板，教育、医疗、居住、养老等优质资源供给相对不足，城乡居民持续增收也还面临诸多压力。对此，我们必须高度重视，进一步增强忧患意识和底线思维，着力采取有效措施认真加以解决，努力保持县域经济持续健康发展和社会和谐稳定。

二、2020 年松阳县经济社会发展主要目标和工作建议

2020 年是“十三五”规划的收官之年，也是决胜高水平全面建成小康社会、决战脱贫攻坚之年。做好 2020 年工作，要高举习近平新时代中国特色社会主义思想伟大旗帜，全面贯彻落实十九大和十九届历次全会以及中央、省、市经济工作会议精神，始终以习近平总书记对浙江的重要指示精神和“丽水之赞”为引领动力，紧盯“高水平全面建成小康社会”这一目标，围绕“推进县域治理现代化”“建设现代化经济体系”这两条主线，坚持稳中求进工作总基调，坚持新发展理念，深化供给侧结构性改革，开展“营商环境提升年”“全县域组织化提升年”“改革创新提升年”活动，稳企业、增动能、补短板、保平安，推动经济在高质量发展前提下实现必要适度的高速度增长，确保与全省同步高水平全面建成小康社会和“十三五”规划圆满收官。

2020 年初，突如其来的新冠肺炎疫情给百姓生命安全和经济社会发展带来了巨大的挑战。疫情发生以来，县委坚决贯彻落实中央、省委和市委决策部署，全县上下迅速行动、积极应战，聚焦“外防输入、内防扩散”，坚持群防群控和科学理性相结合、短期防控和长期发展相结合，统筹推进疫情防控和经济社会发展各项工作，高质量实现了“两手都要硬、两战都要赢”的工作目标。

关于 2020 年主要经济指标的设定，更加强调“底线思维”和“质量意识”。一是确保完成“十三五”规划提出的 GDP 增长目标。二是更加注重经济社会发展的质量效益。基于以上两点考虑，建议 2020 年主要经

济指标设定为：地区生产总值力争增长7.5%左右；规模以上工业增加值增长9%；服务业增加值增长7.5%；一般公共预算收入增长7.5%；固定资产投资增长10%以上；社会消费品零售总额增长9.5%；货物出口总额适度增长；城镇居民人均可支配收入增长8.5%以上；农村居民人均可支配收入增长10%（详见附表2）。

围绕上述目标，2020年要突出抓好七方面工作：

（一）加快培育壮大新型经济业态

推进生态制造业绿色发展。深化传统制造业改造提升试点，推进不锈钢、合成革等产业转型升级，完成不锈钢行业“1331”整治工程，攻坚危废处置、分布式集中供热、污水处理厂提标改造等重点项目。深化“亩均论英雄”改革、“腾笼换鸟”和闲置厂房盘活利用。全面建立以提高全要素生产率为导向的企业亩产效益综合评价体系，重点抓好亩均税收2万元以下企业的分类提升，推动资源要素向优势企业、优势区域集中。完善企业资源要素差别化价格形成交易机制。全面启动园区“二次开发”，大力推进园区平台整合、要素集聚、职能优化，推动产业平台向高能级跃进。搭建产业发展平台。探索政府资金助力企业发展，为入园企业降低成本的新模式。完成中德产业园、古市小微园标准厂房建设，吸引企业投资入园。联动实施“凤凰行动”“雏鹰行动”，推动企业做大做强。

推进生态农业高效发展。深入推进“有机农耕强县”创建，持之以恒推进农药化肥减量增效，力争农药化肥管控全面达到欧盟标准。全力提升茶叶发展品质，办好网上国际茶商大会，推动茶文化的传播弘扬，加快茶香小镇建设，推动香榧、油茶产业全产业链发展和品牌打造。加快优质农产品生产、营销、溯源全链条标准化提升，提高农民合作社抱团发展的能力和合作经营的层次，打造具有松阳特色的拳头产品，形成品牌效应。

推进文旅产业融合发展。全面推进国家全域旅游示范区创建，推进大东坝镇、象溪镇省级旅游风情小镇创建，加快清露乡隐旅游度假区、榔树民宿综合体、南山大健康产业园等项目进度；高品质推进全县域生态博物馆建设，完成张玉娘诗文馆、蚕桑研学中心、气象博物馆等建设，推动造纸工坊、暗夜公园等项目落地。培育赛事经济、节会经济、研学经济，高品质办好各类赛事活动、民俗节庆活动，根据市场需求定制农耕文化、自然教育、建筑设计、中医康养等研学路线。拓展国际旅游，加快推动碧山国际旅行社项目落地，制定境外旅游政策和方案，提高旅游服务配套的智慧化、国际化水平。

（二）加快形成经济发展新动能

强化招商支撑。坚持生态绿色标准，坚持有所为有所不为，拉高选商引资标杆，从产业和空间两个维度科学谋划平台项目招商工作。积极引进符合绿色生态主导产业培育需要的配套型、集聚型、成长型项目，现有产业的“强链”“补链”项目以及高端装备、新能源新材料、生物制药、人工智能等战略性新兴产业项目，加快培育新动能。积极探索中介招商，推进驻点招商，完善重大项目推进机制，切实提升招商引资实效。

强化金融支撑。深入实施融资畅通工程，建立企业需求表、创新产品表和金融政策表，打造无缝对接的政银企融资信息平台。引导金融机构创新金融产品，科学降低企业信贷门槛，加大对制造业、民营企业、小微企业的支持力度。降低企业综合融资成本，提升担保平台服务能力，加快纾困基金落地，防范部分民营企业流动性风险。

强化科技支撑。抢抓数字经济发展机遇，准确把握区块链、大数据、5G、物联网等创新技术发展趋势，积极推进数字经济与实体经济深度融合；推动全社会创新发展，建立健全以企业为主体、市场为导向、产学研深度融合的技术创新体系及技术创新激励机制，加大企业技术创新支持力度；鼓励发展众创空间、科技企业孵化器等创业创新服务平台。

（三）加快创新高质量发展体制机制

深化生态产品价值实现机制试点。积极探索生态产品价值实现机制。创新发展生态产品利用型产业，开展政府采购生态产品，建立两山银行，并进行实体化运营，打通“两山”转化通道。建立“县域自然资源资本”清单，积极探索市场化的生态保护体系，完善生态资源产权制度、保护制度、交易制度，完善提升各类产权交易平台，积极开展市场交易。加快推进农民组织化建设，健全一二三产融合发展机制和公司、基地、农户利益联结机制。

提升营商环境服务。开展营商环境活动年，完善一套扶工助企政策，优化招商决策、快速入园等机制，提升招商服务优质度；提升“企业开办”“企业注销”等便利度，推进营商环境便利化行动；着力解决企业“用地难”“融资难”、产业政策兑现效率，提升服务企业精准度；规范涉企行政执法机制等，提升执法监管温暖度。深化“最多跑一次”改革。深化“民情地图促服务”“1+N”全域代办等模式，统筹各方资源进村入户开展信访代办，以干部的“最少跑一次”实现群众矛盾纠纷化解“一次不用跑”，努力将矛盾纠纷化解在一线、稳控在一线。

（四)加快形成区域协同发展新格局

加速城镇村融合发展。优化县域国土空间规划和县域乡村建设规划，根据村庄现状合理掌控规划尺度，探索推进乡村规划的创新实践，加快推动古市卯山区块、板桥崇觉寺区块产业项目规划落地，研究城乡规划二类区新的政策，高标准做好望松区块、高速以南区块规划谋划工作。推动资源要素双向互动。探索搭建县域资源统筹运营平台，建立符合市场经济规律、城乡融合发展特征，充分调动各方积极性的经济运行新机制，加快构建“两进两回”新制度、新平台、新通道，推动科技、资金、人才、项目等要素向乡村合理流动、有效集成，实现城乡资源的高效利用和优势互补。

加速区域一体化发展。加强平台对接。积极参与“一带一路”、长江经济带、浙闽皖赣国家东部生态旅游协作区及海西经济区发展建设，积极嫁接“大湾区”、义甬舟开放大通道及义新欧班列等平台，发挥我县茶产业、传统村落等优势，全面提升松阳在国家省市重要平台的参与度和影响力。深化交流合作。深化同上海松江区、金山区枫泾镇的交流合作，加强项目招引、人才交流，努力打造成为松阳对接长三角一体化发展战略的桥头堡和前沿阵地。深化同余姚、嘉兴经开区的山海协作，加快飞地项目建设，拓宽合作领域、深化合作层次，打造山海协作升级版。推进协同发展。积极融入丽水市“一带三区”建设，重点围绕乡村振兴、生态产品价值实现机制、红色资源价值转化、推动要素流通等课题，加强与周边县（市区）的对接合作，实现区域资源要素的集约配置和产业的集聚发展，聚力打造区域竞争力的新增长极。

加速山区国际化发展。形成对外发展核心品牌。全面实施“中国茶乡”“国际乡愁旅游目的地”等6个三年行动计划，推动山区在地域性资源生态化、差异化、内涵化、品质化、创新化发展，形成具有世界影响力的山区特色发展品牌。提升对外发展合作平台。把握近年来国际化发展的良好态势，提升现有国际平台，充分利用国际茶商大会、国际现代有机农业峰会、城乡联系国际论坛等平台，吸收借鉴更多国际节会活动经验和特色，办好具有松阳特色的国际活动，打响会议品牌，广结国际人脉，寻找合作机会，推动松阳更好更快向国际化发展。构建对外发展体制机制。加大国际人才招引政策支持力度，完善国际人才在松配套服务，同时结合松阳产业发展需求，培养一批具有国际视野、能力适应的国际型人才。

（五）加快改善和提高民生福祉

高水平推进富民惠民工作。聚焦脱贫攻坚战最后堡垒，结合推进乡村振兴战略，以疫情防治为切入点，加强乡村人居环境整治和公共卫生体系建设。实施更精准有效的增收行动。全面实施低收入农户高水平全面小康计划，深入推进“大搬快聚富民安居”工程和“八个万元”富民增收行动，建立健全农民持续增收机制，确保最低收入水平达到年人均8000元以上。巩固发展农村“消薄”成果，加大涉农资金整合力度，提升资金使用效益，深化三都上田等乡村振兴改革试点、大东坝石仓田园综合体建设，集成经验总结推广。提供更优化均衡的公共服务。统筹推进就业、教育、医疗、养老、体育等社会事业发展。搭建更贴心暖心的就业创业平台。大力实施新时代工匠培育工程和职业技能提升行动，加大“松阳茶师”“松阳工匠”“田园电商”等本土实用型人才培养力度，推进本土人才成长，打造松阳劳务输出品牌。深入推进“无欠薪县”创建工作，保障群众合法利益。

高品位建设美丽城乡。提升生活品质。市场化推进城市有机更新和存量住房改造提升，积极争取“千年古城”复兴行动试点，加快推进瓦窑头、青田码道区块改造项目，开展荷田岭区块改造提升工程，深化街巷“疏浚”，优化和拓展城市发展空间。提升文化品质。丰富城乡历史文脉，推进茶文化、中医药文化植入城乡建设中，加快文里区块、药皇宫区块、文教等区块的提升。深化“百名艺术家入驻乡村计划”，以艺术介入提高乡土建筑品质，并以“建筑针灸”激活乡村发展活力。弘扬践行“浙西南革命精神”，深化红色文化传承，推进革命文物保护利用，推动红色资源价值转化。加强文化礼堂建设与利用，丰富提升百姓精神文化生活。加快推进5G网络基础建设，推动各类数据充分共享。加强老旧小区改造和住宅小区管理，探索推进以未来邻里、教育、健康、创业、建筑、交通、能源、物业和治理等九大场景创新为引领的“未来社区”建设，打造智能化、生态化、数字化的新型城市功能单元。

高标准优化生态治理。高标准推进生态修复。系统推进山水林田湖草修复工程，实施生物多样性保护工程，推动湿地保护和水田恢复，推进“一村万树”行动，大力种植景观林、城市片林，统筹抓好美丽林相建设和“拯救老树”行动，加大松材线虫病防治力度。高标准开展生态治理。扎实做好第二轮中央生态环境保护督察工作，全域排查生态领域隐患问题并建立“一案一档”，全面落实各级环保督查反馈问题“回头看”，确保实现销号清零。对标各行各业最高标准，深入实施蓝天、碧水、净土、清废保卫战，推进$PM_{2.5}$和臭氧浓度“双控双减”，推广工业企业进退场“验地、验水、验气”制度，加快推动污泥处置动态清零。强势推进垃圾革命、厕所革命、污水革命向纵深延伸，持续推进“洁净家庭”创建工作，建立健全综合性的城乡环境综合治理机制。

（六）加快提升社会治理水平

深化“平安松阳”建设。健全社会风险防控机制，加强风险隐患识别，压实各级责任，强化协同防控，严格落实决策风险评估机制。推动应急处置模式和机制专业化、标准化、数字化升级，建立健全地质灾害、小流域防洪、全流域调度的应急指挥部体系和机制，启动实施新一轮地质灾害防治能力提升三年行动，全面开展矿山领域综合整治、小流域山洪隐患排查治理，确保各类隐患即查即治、动态清零。严格落实安全生产属地管理责任、行业部门监管责任和企业主体责任，围绕扫盲区、除死角，开展重点行业领域安全综合治理，切实提升安全意识和水平。持续深化反恐、反邪教和意识形态领域斗争，加强风险隐患排查化解，确保社会安定、人民安宁，全力夺取“星级平安金鼎”。

纵深推进“扫黑除恶”专项斗争。按照“持续发力、久久为功”的要求，做好“扫黑除恶”“回头看”和“严打深挖”文章，重点将矛头对准人民群众反映强烈的问题和黑恶势力易发多发地带，建立健全“扫黑除恶”专项斗争的长效机制，深化智能化举报平台应用，拓宽群众监督举报渠道。依法严厉打击电信网络诈骗、非法集资等新型犯罪，强化“黄赌毒”等社会治安乱点整治，努力实现黑恶势力违法犯罪特别是农村涉黑涉恶问题得到根本遏制、涉黑涉恶治安乱点得到全面整治、重点行业重点领域管理得到明显加强、基层组织生态环境得到显著改善、涉黑涉恶违法犯罪防范打击长效机制得到有效健全等目标。

（七）加快推进县域治理现代化

建设智慧治理平台。推进政府数字化转型，将数字化变革性力量融入法治政府建设，推进职能重塑、流程再造、业务协同、效能提升、提高依法行政水平。构建全县统一、线上线下融合、省市县无缝对接的政务服务体系，建设本地“浙里办”自运营平台，打造“掌上办事之县”，全面推进“一网通办”。加大党政机关、公共服务组织、金融机构等信息系统整合力度，依托省市数据中心平台构建统一的县域治理专题数据库、自然资源和地理空间信息库。拓展深化经济调节、市场监管、公共服务、社会治理、环境保护、政府运行、档案利用等领域数字化应用，形成即时感知、高效运行、科学决策、主动服务、智能监管的新型治理形态。加强与省市一体化政务服务平台的衔接贯通，提高跨区域数据共享和数字化治理水平。探索建立运用互联网、大数据、人工智能、区块链等技术手段进行行政管理的制度。

加强“清廉松阳”建设。一以贯之抓好中央八项规定精神贯彻落实，深化“三清理一规范”专项行动，持续发力“打伞破网”，坚决杜绝形形色色的形式主义、官僚主义，切实减轻基层负担。认真抓好全省检举举报处置子平台、基层综合业务应用系统扩大试点建设，提供更多松阳经验。强化纪律监督、监察监督、派驻监督和巡察监督，切实提高工作质效。严格落实《松阳县村级小微权力清单28条》和《松阳县村级工程“集体建”实施办法（试行）》，切实把“小微权力”关进制度的笼子。大力推进党规党纪常态化教育，持续抓好省委巡视反馈问题和县委巡察发现问题整改，解决一批突出问题，完善一批长效机制，引导党员干部把遵规守纪内化于心、外化于行，为推进“田园松阳”升级版建设营造良好环境、提供坚强保障。

三、2020年重点项目计划安排

（一）2020年固定资产投资及“4+1”项目计划安排情况

2020年我县固定资产投资计划增长10%以上，“4+1”投资结构计划安排情况：生态环保和公共设施投资项目34个，计划增长12%以上；交通投资项目6个，计划增长12%以上；高新技术产业投资项目4个，计划增长12%以上；项目民间投资45个，计划增长12%以上。2020年县长项目初步谋划4个，分别是卯山森林康养项目、中医药康养产业发展示范项目、智能装备制造产业园、不锈钢智能化制造项目。

（二）重点建设项目计划安排情况

2020年全县拟安排重点新开工项目14个、重点续建项目27个、重点预备项目4个，另外还有重大前期项目18个。

14个重点新开工项目主要有：

1.衢丽铁路松阳段

2.垦造耕地项目

3.2020年配电网改造建设工程

4.235国道松阳段改建工程

5.北山大道拓宽改造工程

6.要津南路延伸段道路工程

7.老旧小区改造项目（一期）

8.县中医医院迁建工程

9.县档案馆、现代农业服务中心、环境监控检测中心联合大厦

10.南山大健康文化园

11.松阳光洁环保固废处置有限公司年处理10万吨工业危险废物综合利用处置项目

12.松阳—嘉兴飞地产业园

13.松阳港能投智慧能源有限公司分布式集中供热项目

14.松阳茶香牧业有限公司年出栏10万头生猪标准化养殖示范项目

27个重点续建项目主要有：

1.衢宁铁路松阳段

2.松阴溪干流综合治理工程

3.黄南水库工程

4..赤寿生态工业区块（近期）基础设施工程

5.仙居至庆元公路松阳县水南至枫坪段工程（西竹玉公路）

6.火车站站前大道、站前广场及其配套工程

7.江滨路二期及地下停车场工程

8.江南东路道路及景观工程

9.城区截污纳管雨污分流工程

10.棚户区改造一期（城中村）项目--青田码道安置区块

11.瓦窑头区块改造安置房建设项目

12.城市燃气管道建设工程

13.县域供水一体化管网工程（象溪、大东坝、裕溪、板桥片）

14.农村饮用水达标提标工程

15.职业中专迁建工程

16.丽水学院松阳校区

17.铺门安置小区二期

18.筏铺小区四期

19.全民健身中心

20.拯救老屋行动工程（二期）

21.县残疾人托养中心

22.茶产业综合体

23.松阳香巴佬食品有限公司“香

巴佬”休闲卤制品加工项目

24.浙江博勒科技有限公司中德AI产业园一期

25.榔树村主题民宿项目

26.清露乡隐旅游度假区

27.汽车综合服务中心二期

4个重点预备项目分别是：

1.S222（原50省道）松阳雅溪口至裕溪段公路改建工程

2.县城西小学

3.卯山森林康养项目

4.桐榔文化康养基地项目

18个重大前期项目为：

1.长虹西路道路改造工程（大马公路至斋坛连接线段）

2.长虹中路道路改造工程（太平坊路至环城西路段）

3.塘寮城中村改造项目

4.松阳县联库联网工程（一期）

5.抽水蓄能工程

6.235国道松阳至武义段改建工程

7.仙居至庆元公路松阳板桥至靖居口段改建工程

8.安岱后至小吉公路工程

9.河头文旅综合体项目

10.暗夜公园

11.南环路拓宽改造工程（万通大道至站前大道段）

12.万通大道望松延伸段道路工程

13.东环大桥及接线道路工程

14.青龙地下停车场及附属工程

15.金松龙高铁

16.金松龙高速公路

17.缙莲松高速公路

18.通用机场

关于松阳县 2019 年财政预算执行情况和 2020 年财政预算草案的报告

——2020 年 4 月 28 日县财政局

在松阳县第十二届人民代表大会第四次会议上的报告

一、财政预算执行情况

（一）一般公共预算收支执行情况

根据现行财政体制，2019 年我县一般公共预算收入 7.89 亿元，省转移支付 23.53 亿元，地方政府性债券 3.5 亿元，上年结转收入 2.98 亿元，动用预算稳定调节基金 4898 万元，市补助 0.43 亿元，调入资金 11.96 亿元（其中：政府性基金调入 11.23 亿元、财政结余资金 0.73 亿元），一般公共预算收入合计 50.78 亿元；上解上级支出 1.87 亿元，年终结转下年支出 2.46 亿元，补充预算稳定调节基金 760 万元，东西部扶贫支出 755 万元，一般公共预算支出 46.3 亿元，一般公共预算支出合计 50.78 亿元，当年一般公共预算实现收支平衡。

1.一般公共预算收入情况。

2019 年，我县财政总收入实现 12.83 亿元，增长 10.26%，完成年度预算 101.76%。一般公共预算收入 7.89 亿元，增长 8.55%，完成年度预算 100.97%，其中：税收收入 6.46 亿元，增长 7.84%，完成年度预算 98.01%；非税收入 1.43 亿元，增长 11.87%，完成年度预算 116.94%。一般公共预算收入占财政总收入的比重为 61.49%，比上年同期下降 0.97 个百分点。税收收入占一般公共预算收入的比重为 81.89%，比上年同期下降 0.54 个百分点。

一般公共预算收入主要项目执行情况如下：

国内增值税（50%部分）收入 2.54 亿元，增长 0.19%，完成年度预算 82.14%。

企业所得税（40%部分）收入 1.14 亿元，增长 42.11%，完成年度预算 129.68%。

个人所得税（40%部分）收入 4561 万元，增长 10.25%，完成年度预算 182.44%。

城市建设维护税收入 2779 万元，增长 1.13%，完成年度预算 89.65%。

耕地占用税收入 6921 万元，增长 122.54%，完成年度预算 173.03%。

契税收入 5111 万元，下降 9.44%，完成年度预算 113.58%。

其他各税收入 8440 万元，下降 22.55%，完成年度预算 69.75%。

非税收入 1.43 亿元，增长 11.87%，完成年度预算 116.94%。其中：行政事业性收费收入 2287 万元，专项收入 4205 万元，罚没收入 4337 万元，其他非税收入 3461 万元。

2.一般公共预算支出情况。

2019 年，我县一般公共预算支出 46.30 亿元，增长 21.86%，完成年度预算 100%。其中“服务业八项支出”完成 34.11 亿元，增长 25.53%，县本级支出 29.66 亿元， 增长 23.28%。

一般公共预算支出主要项目执行情况如下：

一般公共服务支出 4.67 亿元，增长 10.79%，完成年度预算 100.0%。

公共安全支出 2.06 亿元，增长 11.66%，完成年度预算 100.0%。

教育支出 6.44 亿元，增长 4.45%，完成年度预算 100.0%。

科学技术支出 5846 万元，增长 41.58%，完成年度预算 100.0%。主要是拨付国有资产投资经营公司整合资产补助资金 1000 万元，拨付浙江康恩贝中药有限公司“一厂一策”奖励资金 797 万元。

文化旅游体育与传媒支出 6584 万元，增长 26.71%，完成年度预算 100.0%。

社会保障和就业支出 6.65 亿元，增长 53.91%，完成年度预算 100.0%。主要是今年有一次性提取风险金等预拨经费转支出 2.53 亿元。

卫生健康支出 4.17 亿元，增长 16.83%，完成年度预算 100.0%。

节能环保支出 1.19 亿元，增长 54.65%，完成年度预算 100.0%。主要是拨付全县截污纳管雨污分流建设工程资金2500万元，工业园区不锈钢下脚泥处置补助资金1445万元。

城乡社区支出8.35亿元，增长42.04%，完成年度预算100.0%。主要是债券资金比上年增支1.12亿元，拨付集聚区基础设施建设工程款5000万元，拨付仙居至庆元公路松阳县水南至枫坪段工程项目前期经费1.05亿元。

农林水支出8.08亿元，增长26.07%，完成年度预算100.0%。

交通运输支出8071万元，下降45.45%，完成年度预算100.0%。主要是上年拨付黄南水库淹没公路改建工程资金2560万元，乌弄口至弓桥公路改建工程2000万元，农村公路提升改造工程1500万元。

资源勘探信息等支出2577万元，增长161.89%，完成年度预算100.0%。主要是工业与信息化发展财政专项资金比上年增支1514万元。

商业服务业等支出677万元，下降9.49%，完成年度预算100.0%。

自然资源海洋气象等支出4887万元，增长47.96%，完成年度预算100.0%。主要是拨付2019年耕地保护补偿县配套机制资金1273万元。

住房保障支出5998万元，下降21.76%，完成年度预算100.0%。主要是上年有拨付保障性安居工程专项资金及配套基础设施建设资金2300万元，今年无此类支出。

粮油物资储备支出910万元，下降7.43%，完成年度预算100.0%。

灾害防治及应急管理支出1222万元，下降11.26%，完成年度预算100.0%。

其他支出1.02亿元，增长12.21%，完成年度预算100.0%，其中国防支出573万元，债务付息支出9496万元。增长主要是由于债务付息支出比去年增加1269万元。

动用预备费3800万元，用于追加补助2019年城乡医疗保险基金3000万元，征收集体土地涉及的被征地农民社会保障费用800万元。

3.地方政府债务情况。

2019年省财政厅下达我县新增债券8亿元，其中：一般债券3.5亿元，专项债券4.5亿元。截至2019年底，我县政府债务余额为46.06亿元，其中一般债务余额29.50亿元，专项债务余额16.56亿元。根据财政部最新债务年限测算率，预计2019年我县债务率为62%左右。

2019年我县已化解隐性债务2.78亿元，截至2019年底，我县存量隐性债务余额为14.96亿元，按上级要求，计划在五年内（到2022年）完成隐性债务化解任务，其中2020年化解1.99亿元，2021年化解1.75亿元，2022年化解11.26亿元。

到2019年底，我县共落地PPP项目9个，在PPP合作期内总支出责任65.8亿元，2019年支付PPP支出责任4294万元。2020年预计支出责任5133万元，2021年预计支出责任23434.52万元，2022年预计支出责任24099.3万元，2023年预计支出责任24629.83万元，2024年预计支出责任46185.55万元。

（二）政府性基金预算收支执行情况

2019年政府性基金收入总量24.98亿元，其中县本级政府性基金预算收入19.84亿元，上级补助收入0.18亿元，专项债券收入4.5亿元，上年结转资金0.46亿元。2019年政府性基金支出总量24.98亿元，其中县本级政府性基金支出预算安排8.48亿元，省补助支出0.31亿元，专项债券支出4.5亿元，调出资金用于弥补一般公共预算11.23亿元，结转下年支出0.46亿元。

1.政府性基金预算收入情况。

政府性基金预算收入完成19.84亿元，增长31.40%，完成年度预算100.0%。

政府性基金收入主要项目执行情况如下：

国有土地使用权出让收入10.36亿元，增长28.27%，完成年度预算100.0%。

国有土地收益基金4620万元，增长24.06%，完成年度预算100.0%。

城市基础设施配套费收入950万元，下降10.29%，完成年度预算100.0%。

其他政府性基金收入8.83亿元，增长37.68%，完成年度预算100.0%。其中入库土地折抵指标款7.1亿元，增长102.86%。

2.政府性基金预算支出情况。

政府性基金支出13.29亿元（其中地方政府专项债券支出4.5亿元），下降7.16%，完成年度预算100.0%。

政府性基金支出主要项目执行情况如下：

国有土地使用权出让金支出5.39亿元，下降47.67%，完成年度预算100.0%。

国有土地收益基金支出669万元，下降29.50%，完成年度预算100.0%。

城市基础设施配套费支出171万元，下降89.97%，完成年度预算100.0%。

其他政府性基金支出2.68亿元，下降18.52%，完成年度预算100.0%。

（三）社会保险基金预算收支执行情况

2019年社会保险基金预算收入12.76亿元，增长1.03%；社会保险基金支出预计15.30亿元，增长14.72%。当年收支赤字2.54亿元，年末滚存结余7.88亿元。

1.社会保险基金预算收入情况。

2019年，我县社会保险八项基金(企业职工基本养老、机关事业单位基本养老、失业保险、城镇职工基本医疗保险、工伤保险、生育保险、居民社会养老保险、居民基本医疗保险)总收入12.76亿元，增长1.03%，完成年度预算118.25%。

社会保险基金收入主要项目执行情况如下：

企业职工基本养老保险基金收入4.44亿元，下降24.17%，完成年度预算119.56%。

机关事业单位基本养老保险基金收入2.42亿元，增长11.33%，完成年度预算101.39%。

失业保险基金收入1057万元，增长9.31%，完成年度预算106.71%。

城镇职工基本医疗保险基金收入1.16亿元，增长7.58%，完成年度预算100.98%。

工伤保险收入3264万元，增长5.05%，完成年度预算102.97%。

生育保险收入867万元，增长3.46%，完成年度预算102.58%。

居民社会养老保险基金收入7337万元，下降0.84%，完成年度预算97.90%。

居民基本医疗保险基金收入3.49亿元，增长52.25%，完成年度预算152.24%。主要是国家社保基金征收政策改变后，在2019年12月入库了次年收入约7390万元。另外当年政府补助收入增加4710万元。

2.社会保险基金预算支出情况。

我县社会保险八项基金支出15.30亿元，增长14.72%，完成年度预算104.98%。

社会保险基金支出主要项目执行情况如下：

企业职工基本养老保险基金支出7.35亿元，增长10.99%，完成年度预算96.56%。

机关事业单位基本养老保险基金支出2.38亿元，增长6.23%，完成年度预算99.25%。

失业保险基金支出2471万元，增长204.31%，完成年度预算281.11%。主要是经营困难企业失业保险基金返还1700万。

城镇职工基本医疗保险基金支出1.39亿元，增长18.84%，完成年度预算114.28%。

工伤保险支出4070万元，增长67.70%，完成年度预算163.91%。主要是我县相关企业出险率增高。

生育保险支出666万元，下降15.91%，完成年度预算95.14%。

城乡居民社会养老保险基金支出6869万元，增长0.18%，完成年度预算94.48%。

城乡居民基本医疗保险基金支出2.78亿元，增长25.09%，完成年度预算125.13%。

3.社会保险基金滚存结余

2019年我县社会保险基金滚存结余为7.88亿元。其中：企业职工基本养老保险基金滚存结余43039万元，机关事业单位基本养老保险基金滚存结余800万元，城乡居民基本养老保险基金滚存结余11284万元，失业保险基金滚存结余2656万元，职工基本医疗保险基金滚存结余12471万元，城乡居民基本医疗保险滚存结余8088万元，工伤保险基金滚存结余482万元。

（四）国有资本经营预算收支执行情况

今年，国有资本经营预算收入295万元，增长5.26%，完成年度预算100.0%。

国有资本经营预算支出实现295万元，增长5.26%，完成年度预算100.0%。

（五）财政预算执行主要特点

1.收入平稳增长，增速居全市中上水平

2019年，我县收入各项指标在全市保持中上水平，财政收入保持较稳定的增长。财政总收入、一般公共预算收入和税收收入在全市九个考核县市（区）收入增长排名中，分别位列第三名、第四名和第三名。今年我县深入贯彻减税降费政策，成效显著。其中增值税收入增长从上年的23.29%下降至0.19%；其他地方小税种减收明显，其中房产税、城镇土地使用税、土地增值税分别下降28.50%、21.25%、29.27%。2019年，税收收入增长主要动力是耕地占用税、企业所得税、个人所得税，分别实现6921万元、1.14亿元、4561万元，分别增长122.54%、42.11%、10.25%。耕地占用税主要是为做好耕地占用税立法准备工作，清缴入库力度加大；所得税增长主要是受到小水库股权转让，无形资产转让等非即期和一次性税收因素的影响。

2.一般公共预算支出增速较快，民生支出保障有力

2019年，我县坚持实施积极的财政政策，着力保障“三保支出”以及各项民生支出。2019年，我县民生支出38.77亿元，增长26.51%，占一般公共预算支出83.74%。其中，科学技术、文化旅游体育与传媒、社会保障和就业、节能环保、城乡社区等支出分别增长41.58%、26.71%、53.91%、54.65%、42.04%。我县积极保障民生实事项目和重点建设项目支出，其中县城路网工程6500万元，截污纳管雨污分流建设工程5000万元，西竹玉公路及乌弄口至弓桥公路等重点交通建设项目1亿元。

3.政府性基金收入增长较快，但收入不均衡问题仍然存在

2019年，我县政府性基金收入完成19.84亿元，增长31.4%；其中土地出让金收入10.36亿元，增长28.27%，土地折抵指标收入7.1亿元，增长102.86%。我县政府性基金收入增长较好，但收入月度不均衡的问题依然存在。上半年我县政府性基金收入仅完成全年收入的13.29%，60%以上的收入于第四季度入库，其中12月份入库8.63亿元。由于政府性基金收入集中在第四季度入库，造成我县年度中间资金紧张，支出保障压力较大。

4.社保基金收支赤字进一步扩大

2019年，我县社会保险八项基金总收入12.76亿元，增长1.03%；社会保险八项基金支出15.30亿元，增长14.72%。社保支出增幅远高于收入增幅，支出增长比上年提高11个百分点，主要是企业职工基本养老保险基金、城乡居民基本医疗保险基金支出增量较大。今年社保基金赤字2.54亿元，赤字规模比上年进一步扩大，其中企业职工基本养老保险基金支

出赤字 2.9 亿元。社保基金支付压力日益显现，收支平衡风险需高度关注。

（六）2019 年财政收支主要工作

1.科学研判征管工作，提升收入质量水平。一是紧盯组织收入。结合经济大形势，加强对接，盯紧税收收入情况并做好收入预测，合理把控非税收入入库力度，增强收入的预见性与主动性。二是加大非税收入征缴力度。稳步推进统一支付平台建设；紧紧把握土地收入，做好土地出让金的结算和缴库工作，全年我县土地出让金收入 10.36 亿元，同比增长 28.27%。三是加强社保基金征收管理。规范“四率”管理，深入落实“五费”合征，以省政府提出“五不得”要求，定期预测全县社保基金的存量情况，积极应对社保基金收支平衡风险。四是加大对接融资力度。积极申请限额内新增债券额度，今年共争取 8 亿元新增政府债券，同时加快各重点项目融资筹资步伐，棚改项目获得省财政厅 4.5 亿元棚改专项债。

2.做优财政支出结构，集中财力办大事。一是关注民生实事。加大对民生领域的财政倾斜力度，全力支持智慧教育试点工作、“健康松阳”建设、养生养老业、城乡生活垃圾分类、“厕所革命”、乡村振兴等民生实事，全年民生支出 38.77 亿元，增长 26.51%。二是规范兑现好财政扶持政策。强化财政政策和资金供给，加大优质财源培育力度，完成财政奖补资金 1.44 亿元。三是科学分配上级补助资金。在“两山”一类、扶持村级集体经济发展、一事一议助推美丽乡村等试点，及涉农、农发资金的切块中，尽可能地使用竞争性分配，提高项目实施的绩效。全年共获得上级转移支付 23.96 亿元。四是大力支持乡村振兴。加大对产业培育、农业基础项目、新农村建设等重点领域的扶持力度，推动涉农资金整合工作，全年财政支农专项资金累计支出 6.59 亿元；成功争取到 2019 年度省级乡村振兴产业发展示范建设县、2020 年度第一批一事一议财政奖补助推美丽乡村建设试点 2 个省级改革试点项目。五是保障重点项目建设。积极贯彻“以项目为第一抓手”的工作要求，加强政府性基本建设预算编制和执行，全年政府投资项目实际支出 13.86 亿元，执行率为 69.24%。

3.提高资金使用效益，全面落实绩效管理。一是完善资金管理机制。积极推动集中支付改革，全面推行授权支付业务；不断强化资金统筹整合和清理，全年整合资金 1.1 亿元，并清理回收结余资金 1.71 亿元。二是提升资金统筹能力。全县 14.72 亿元财政资金分两期实现竞争性存放，第一期收益率较银行利率上浮 40.35%，第二期收益率较银行利率上浮 40.79%；强化项目监管，完成 70 个政府性投资项目的预算审核，核减额 6145 万元；全面推广“政采云”平台，全年政府采购节约资金 386.31 万元，资金节约率 5.02%。三是加强资金监管力度。强化“三公”经费调控，全年“三公”经费支出 1863 万元，同比下降 22.89%；牵头起草《中共松阳县委 松阳县人民政府关于全面落实预算绩效管理的若干意见》并由县委办正式发文，全面落实预算绩效管理。四是守好资金安全屏障。按照省委巡视整改任务、市委办下发的关于落实“违反中央八项规定精神和我市‘36 条办法’突出问题专项整治行动方案”的任务清单、县委巡查发现的 30 个共性问题清单等要求，加强单位内控制度建设，开展违规公务接待、违规购买商业保险整改督查，分别清退资金 6.93 万和 106.74 万元。召开班子会落实庆元县关于政府资金管理领域风险防控典型样本建设的工作，加强资金安全风险管护意识。

4.加速财政体制改革，提高财政管理水平。抓好财政体制改革，推动财政改革向更深、更细、更实的阶段迈进。一是加快投融资体制改革。加强优质企业筛选，夯实区域基金投资基础，继续推进已立项的云夕松阳国际乡村文化交流中心、大木山云酒店、上上德盛集团三个项目的投资进程。加快推进 PPP 项目落地，完成丽水学院松阳校区项目及火车站站前大道站前广场及其配套基础设施项目、仙居至庆云公路松阳县水南至枫坪段 PPP 项目签约工作。二是加快国企改革步伐。稳步推进国投集团、强村公司、文旅投集团、水投集团、交投集团和城投集团组建工作；研究完善国有企业公司治理组织结构；部署开展全民所有制企业制改制工作。三是积极防范债务风险。严格按照“三个不得立项”要求，坚决遏制隐性债务增量，积极推动五年化债计划实施，2019 年计划化解 1.91 亿元，全年实际化解 2.79 亿元，已超额完成 2019 年任务。四是加强国有资产管理。出台《松阳县国有经营性资产管理规定》；全县范围内推广“资产云”管理平台。出台《松阳县国有资产整合利用工作实施方案》，顺利推进闲置国有资产整合利用。建立国资营运机构“三公经费”和“福利费”监控预警制度，进一步加强监管。

二、2020 年财政预算草案

（一）2020 年财政经济形势

2020 年是高水平全面建成小康社会的决胜之年，是实施“十三五”规划的收官之年，面对复杂多变的外部环境，疫情防控的影响，保持经济运行总体平稳、稳中有进的发展态势在 2020 年面临更大的挑战。实施积极的财政政策，坚决打赢三大攻坚战，打赢疫情防控总体战、阻击战，实施富民强省十大行动计划，统筹推进稳增长、促改革、调结构、惠民生、防风险、保稳定工作，对财政支出提出更高的要求。我县是浙江省相对不发达县，在全国减税降费等政策影响下，财政面临减收增支的紧平衡状态将进一步凸显，资金保障压力不断加大，在有保有压的情况下更要集中财力办大事，将财政资金用到保障经济社会发展的重大战略、重大改革和重点领域上，促进田园松阳高质量发展。

（二）2020年财政预算编制的指导思想

根据2020年度全县经济社会发展目标、国家宏观调控总体要求和跨年度预算平衡的需要，结合对2020年财政经济形势的分析和预测，并参考上年度执行情况，按照中央、省、市、县对经济工作的总体部署以及财政改革总体要求，我县2020年财政预算编制的指导思想是：深入贯彻习近平新时代中国特色社会主义思想和党的十九大及十九届二中、三中、四中全会精神，提高政治站位，强化政治担当，以“八八战略”再深化、改革开放再出发为主题，坚持稳中求进的工作总基调。全面贯彻落实习近平总书记关于“艰苦奋斗”和“党和政府带头过紧日子”等重要指示精神，坚持“以收定支”，从严从紧管好财政支出，加强预算绩效管理，做到花钱要问效，无效要问责。深入践行“两山”发展理念，大力弘扬践行“浙西南革命精神”，努力探索生态产品价值实现机制，着力推进县域治理体系和治理能力现代化，加快“田园松阳”升级版建设，勇趟山区国际化发展道路。要保障好重点领域支出需求，压减非重点、非刚性的一般性支出，特别是压减低效无效、标准过高的支出和非必需的项目支出，优化财政支出结构，提高资金使用效益，确保“十三五”规划圆满收官，与全省同步高水平建成全面小康社会。

（三）2020年财政预算编制原则

1.量入为出，量力而行。县级预算编制要保持与国民经济和社会发展规划相一致，与单位履行行政职能及事业发展计划相协调，与政府财力相适应。各部门要进一步强化过“紧日子”的思想，压减一般性支出10%以上，切实优化财政支出结构，集中财力办大事。

2.科学、精准，确保预算执行。切实保障县委、县政府确定的中心工作（任务）的落实和重点支出需要。按年度所有因素和事项的轻重缓急测算每一项支出需求，强化预算绩效管理，盘活存量资金，加大统筹力度，确保预算执行进度，促进经济社会全面、协调、可持续发展。

3.规范、透明，硬化预算约束。早编、早定预算。夯实预算公开基础，规范预算编制，增强财政资金分配透明度，加快预算批复、下达。增强单位财务统一核算、统一管理力度。预算一经批准，不得随意调整，年中原则上不再追加。

（四）2020年重点财政支出政策

1.支持打赢三大攻坚战

一是助力精准扶贫。筹措保障财政扶贫资金，继续支持东西部扶贫协作和对口支援，规范扶贫资金使用，提高资金绩效。深化“消薄”攻坚提升行动，扶持村级集体经济发展。规范扶贫异地搬迁补助政策，重点向低收入农户倾斜。严格财政扶贫资金动态监控，提升扶贫资金使用绩效。二是积极防控地方政府债务风险。妥善处理好促发展和防风险的关系，严格按照省委、省政府“开前门，堵后门”要求，充分发挥地方政府债券带动有效投资补短板扩大内需的积极作用。深入实施防范化解地方政府性债务风险专项行动，严格按照既定的计划稳妥有序化解存量隐性债务，使风险等级保持在合理区间。加强债务风险源头管控，开展政府投资项目立项前财政承受能力和债务风险评估。三是助力污染防治攻坚战。按照省财政厅绿色发展财政奖补机制，积极争取绿色发展财政奖补资金。深入开展环境问题排查整治，全力做好第二轮中央环保督察迎检工作。突出打好蓝天、碧水、净土保卫战。

2.支持稳增长防风险

强化财税政策的逆周期调节作用，继续推动减税降费政策落地见效。紧抓长三角一体化、山海协作等机遇，推动产业转型升级，促进实体经济健康发展。创新财政资金使用方式，通过政府产业基金运作，引导社会资本加大对重大产业项目及创业创新领域的投资。创新投融资体制机制，规范PPP模式应用和管理，加强项目监管和政策解读，提高公共服务供给质量和效率。

3.支持高标准实施乡村振兴战略

积极推进生态农业发展，通过生态农业扶持办法，促进农业转型升级，加快推进农业农村现代化，继续推动农村一二三产业深度融合发展，深入推进农业供给侧结构性改革。整合资金用于农村环境综合整治，深化“厕所革命”“污水革命”，推进历史文化村落保护，“拯救老屋”行动二期项目，持续推进绿道建设，加快“四好农村路”建设工作，加强乡村振兴基础设施建设。深入推进农村综合改革，加大对村级活动场所、农村文化礼堂等农村文化事业的支持力度，深入开展一事一议财政奖补工作，加快农村公益事业建设项目，推动“三农”工作迈上新台阶、开创新局面。

4.支持补齐民生短板

坚持将新增财力的三分之二以上用于民生领域。推进基本养老保险再扩面，完善兜底参保机制，实现基本养老保险、基本医疗保险参保率分别达到95%、99%。推进民办养老产业扶持政策，加快养老服务设施建设，稳步提高养老保障水平，筑牢困难群体基本生活保障底线。深化低保专项整治，推进“重病单独施保”与“渐退制”政策落实。持续扩大就业，把稳就业作为重中之重。完善基本住房保障体系，推进棚户区改造和老旧小区改造建设，促进保障性安居工程。支持国防后备力量建设，加强国防教育宣传，促进军民融合发展，强化“双拥”工作。优先发展教育，进一步优化教育支出，高质量推进职业中专迁建、丽水学院松阳校区项目建设，支持发展公平而有质量的教育。

5.支持保障疫情防控支出

落细落实疫情防控和经济发展各项财政扶持政策，确保政策落地见效。保障疫情防控、医疗救治、卫生防疫、医疗物资等所需的经费。积极支持企业复工复产，保障扶持企业各项财政政策所需的资金。调整优化支出结构，统筹安排各类财政资金，保障打赢疫情防控总体战、阻击战。

（五）2020年财政预算收支计划安排

1.一般公共预算收支安排

一般公共预算按“收支平衡、以收定支”原则进行编制，2020年我县一般公共预算收入拟安排8.49亿元、预计省市补助收入23.10亿元、上年结转收入2.46亿元、动用预算稳定调节基金760万元、预计调入资金15.95亿元，预下达地方新增一般债券3.5亿元，一般公共预算收入合计53.56亿元；一般公共预算支出48.74亿元、预计上解省支出2.10亿元、补充预算稳定调节基金1800万元、东西部扶贫支出910万元，年终结余结转下年支出2.45亿元，一般公共预算支出合计53.56亿元，当年一般公共预算收支平衡。

（1）一般公共预算收入安排

县本级一般公共预算收入拟安排8.49亿元，增长7.53%。其中：税收收入6.92亿元，增长7.04%。其中：增值税（地方部分）预计3.02亿元，增长18.79；企业所得税（地方部分）预计1.36亿元，增长19.01%；个人所得税（地方部分）预计3400万元，下降25.45%，主要是个人所得税改革减税效应；一般公共预算收入占财政总收入的比重为60.37%，比上年同期下降1.12个百分点。税收收入占一般公共预算收入的比重为81.52%，比上年同期下降0.37个百分点。非税收入1.57亿元，增长9.73%。其中：专项收入4800万元，增长14.15%；行政性收费3600万元，增长57.41%；罚没收入4680万元，增长7.91%；其他收入2600万元，下降24.88%。

（2）一般公共预算支出安排

2020年一般公共预算支出预安排48.74亿元，增长5.28%，剔除一般债券支出同比增长5.71%。其中：县本级支出32.74亿元，同比增长5.37%；省专项支出12.5亿元，同比增长6.59%；预下达新增一般债券支出3.5亿元。

1）县本级支出32.74亿元，同比增长5.37%，增加支出1.67亿元，主要安排为：

基本支出拟安排14.72亿元（工资福利支出12.97亿元、商品服务支出1.43亿元、对个人和家庭补助支出0.32亿元），增加支出0.66亿元。主要是：1、正常工资增加3770万元；2、五险一金正常增加和工会费、福利费计提范围扩大增加支出2701万元；3、退休活动费增加101万元。

项目支出需求安排18.02亿元，比上年增加1.01亿元，主要是一般债券利息支出增加0.28亿元，PPP项目支出责任增加500万元，社保支出增加0.73亿元。

项目支出结合各部门单位上年结余情况，厉行节约，严控“三公”经费开支和压减一般性支出，统筹省预下达资金，做好2020年项目资金安排工作。依据县委县政府的重点工作安排和县人大常委会的审议意见、工作意见、视察意见，各单位常规项目安排6.87亿元，其中：基本运转项目支出3.84亿元；临时人员支出1.3亿元；预算统留资金1.73亿元。一般债券付息1.23亿元，社保支出3.98亿元，PPP支出责任支出0.51亿元，基建专户中央专项资金项目转集中支付资金0.45亿元，2019年暂付2020年列支出2.4亿元，2019年收回未支出抄告单1.87亿元，2019年底收回应付未付年初预算项目0.3亿元。

2）省市补助专项支出拟安排12.5亿元，同比增长6.59%，比上年增加0.77亿元。主要是2019年底转暂付资金0.65亿元，需2020年中实际支出。

3）预下达一般债券支出3.5亿元。主要预安排项目用于：1、市政基础设施建设1.25亿元，其中：育英路东段道路工程1000万元、北山大道拓宽改造工程4500万元、江南东路道路工程2000万元、市政小工程2000万元、独山脚斜坡综合治理工程2000万元、独山大桥建设工程1000万元；2、交通基础设施建设1.2亿元，其中：235国道松阳段改建工程8000万元、松阳县乌弄口至弓桥公路改建工程3000万元、丽水生态产业集聚区松阳赤寿至卯山公路1000万元；3、农村基础设施建设5800万元，其中：小城镇环境综合整治3316万元、全县域供水一体化管网工程（象溪、大东坝、裕溪、板桥）1084万元、松古平原供水一体化进村主管道工程1400万元；4、教育文化旅游等基础设施建设4700万元，其中：民兵训练基地2000万元、全县域生态博物馆群建设2000万元、融媒体中心搬迁工程400万元、青田码道邻里中心项目工程300万元。

4）动用预算稳定调节金760万元，比上年减少4135万元。

2020年度一般公共预算分科目支出具体安排情况如下：

一般公共服务支出4.80亿元，增长2.62%；公共安全支出2.13亿元，增长3.44%；教育支出6.73亿元，增长4.52%；科学技术支出6100万元，增长4.34%；文化旅游体育与传媒支出6850万元，增长4.04%；社会保障与就业支出7.26亿元，增长9.25%；卫生健康支出4.30亿元，增长3.12%；节能环保支出1.24亿元，增长3.79%；城乡社区事务支出8.53亿元，增长2.14%；农林水事务支出8.27亿元，增长2.39%；交通运输支出8350万元，增长3.46%；资源勘探电力信息等事务支出2670万元，增长3.61%；商业服务业等事务支出700万元，增长3.40%；自然资源海洋气象事务支出5050万元，增长3.34%；住房保障支出6200万元，增长3.37%；粮油储备事务支出960万元，增长5.49%；灾害防治及应急管理支出1260万元，增长3.11%；债务付息支出1.12亿元，增长17.94%；债务发行费用支出45万元，增长7.14%；其他支出673万元，增长2.91%；预备费支出安排4880万元。

2.政府性基金收支安排

政府性基金预算按照“专款专用，以收定支，结余结转使用”的原则编制。2020年政府性基金收入总量拟安排26.95亿元，其中本级政府性基金预算收入23.83元，上级补助收入预计0.15亿元，上年结转资金0.47亿元，预下达专项债券2.5亿元。2020年政府基性金支出总量拟安排26.95亿元，政府性基金支出8.08亿元（其中本级政府性基金支出预算安排7.78亿元，省补助支出0.30亿元），专项债券支出2.5亿元，调出资金用于弥补一般公共预算15.95亿元，结转下年支出0.42亿元。具体收支安排如下：

（1）政府性基金收入安排

县本级政府性基金收入23.83亿元，增长20.13%。主要收入是：土地收入19.85亿元（国有土地使用权出让金收入10亿元；土地折抵指标收入9.85亿元）；西竹玉公路、职业中专、松阳师范三个PPP项目前期资金收回1.6亿元，青田码道安置房出售款1.25亿元，政府性收费及土地出让金收益、城市基础配套费收入等收入预计1.13亿元。

（2）政府性基金支出安排

县本级政府性基金支出7.78亿元，同比下降8.13%。主要项目安排：部门项目支出0.85亿元，还本付息1.98亿元（化解隐性债务1亿元，隐性债务利息0.5亿元，专项债券利息0.48亿元）、垦造耕地项目支出2亿元、土地收储0.2亿元、国资营运机构常规支出0.1亿元、旅游发展资金0.3亿元、项目前期及规划经费0.3亿元、2019年底收回未支付项目0.3亿元、古市镇土地出让金返还0.25亿元、政府投资项目安排1.5亿元。

专项债券支出2.5亿元。其中：松阳县中医医院迁建工程0.95亿元；松阳县城区截污纳管、雨污分流工程1亿元。

3.社保基金收支安排

社保基金预算根据统筹上年度基金支出预算执行情况、本年度受社会保险待遇人数变化、经济社会发展水平、社会保险政策调整情况及社会保险待遇变化等因素编制。2020年，全县社会保险基金收入拟安排13.83亿元，社会保险基金支出预算安排16.23亿元，收支相抵，当年收支赤字2.4亿元，年末滚存结余5.48亿元。具体项目收支如下：

（1）社会保险基金预算收入安排

2020年社会保险基金预算收入13.83亿元，增长8.37%。其中保险费收入7.12亿元，下降14.24%；财政补贴收入4.54亿元，增长14.92%；利息收入1351万元，下降73.55%。

社会保险基金预算收入具体分项如下：

企业职工基本养老保险基金收入5.60亿元，增长26.09%，其中保险费收入3.31亿元，下降17.15%，主要是因为增加2019年收支赤字省补60%结算资金1.88亿元；

失业保险基金收入1071万元，增长1.32%，其中保险费收入860万元，下降6.32%；

城镇职工基本医疗保险基金收入1.20亿元，下降3.50%，其中保险费收入1.16亿元，下降2.28%，2020年生育保险基金并入城镇职工基本医疗基金，下降主要是受新型冠状肺炎疫情影响；

工伤保险基金收入4008万元，增长22.79%，其中保险费收入1908万元，下降16.57%，主要是财政补贴收入1600万元，增长76.60%；

城乡居民基本养老保险基金收入8485万元，增长15.65%，其中保险费收入1300万元，增长118.12%，财政补贴收入6900万元，增长6.40%，主要是政策调整，缴费档次分为9档，最低档100元仅允许困难人员参保，其他人员缴费最低档从100元调整为300元，最高档次缴费从2000元调整为5000元，预计缴费收入大幅增长；

城乡居民基本医疗保险基金收入3.17亿元，下降9.19%，其中保险费收入8640万元，下降34.99%。财政补贴收入2.30亿元，增长6.67%，主要是缴费标准提高，从人均缴费1200元提高到1500元。

机关事业单位基本养老保险基金收入2.51亿元，增长3.43%，其中保费收入1.3亿元，下降7.18%（缴费比例从20%下降16%），财政补贴收入1.2亿元，增长20%（费率下降收入下降，但支出不降，不足部门由财政补贴）。

（2）社会保险各项基金预算支出安排

2020年社会保险各项基金预算支出16.23亿元，增长6.05%。其中社会保险待遇支出15.66亿元，增长7.88%。具体分项如下：

企业职工基本养老保险基金支出7.91亿元，增长7.63%，其中基本养老金支出7.55亿元，增长6.31%；当年收支预计赤字2.31亿元。

失业保险基金支出2569万元，增长3.97%，其中社会失业保险金支出357万元，下降50.49%，主要是2019年经营困难社保费返还政策1700万，2020年无此支出；当年收支预计赤字1498万元。

城镇职工基本医疗保险基金支出1.61亿元，增长10.49%，其中基本医疗保险待遇支出1.59亿元，增长12.81%；当年收支预计赤字4090万元。

工伤保险基金支出3937万元，下降3.27%，其中工伤保险待遇支出3900万元，下降3.35%；当年收支预计结余71万元。

城乡居民社会养老保险基金支出7118万元，增长3.62%，其中基本养老金支出7118万元，增长3.62%；当年收支预计结余1367万元。

城乡居民医疗保险基金支出2.84亿元，增长2.37%，其中基本医疗保险待遇支出2.74亿元，增长2.00%；当年收支预计结余3224万元。

机关事业单位养老保险基金支出2.51亿元，增长5.27%，其中基本养老金支出2.5亿元，增长5.48%。当年收支预计持平。

（3）社会保险基金滚存结余

2020年社会保险基金预计滚存结余5.48亿元(含企业职工基本养老保险省补助弥补2019年当年收支缺口60%的1.88亿元)。其中：企业职工基本养老保险基金预计滚存结余1144万元(未计入省补助资金)，机关事业单位基本养老保险基金预计滚存结余803万元，城乡居民基本养老保险基金预计滚存结余12651万元，失业保险基金预计滚存结余1158万元，职工基本医疗保险基金预计滚存结余8381万元，城乡居民基本医疗保险预计滚存结余11312万元，工伤保险基金预计滚存结余553万元。

4.国有资本经营预算收支安排

国有资本经营预算根据“量入为出，以收定支”原则编制。

预算收入情况：预计2020年松阳县国有资本经营预算收入总量322万元，比上年执行数增长9.15%。其中：松阳县旅游发展有限公司预算收入302万元，主要由旭日大酒店承包款收入以及延庆寺塔、黄家大院、大木山茶园景区收入组成；松阳县政策性融资担保有限公司担保费收入10万元；松阳县生态经济产业基金投资有限公司区域基金管理费7万元；松阳县国有资本投资运营集团有限公司股息红利3万元。

预算支出情况：预计2020年松阳县国有资本经营预算支出总量322万元，比上年执行数增长9.15%。其中：松阳县旅游发展有限公司预算支出302万元，用于景区的办公费、营销费和日常维护保养、旅游商品成本以及其他营运费用；松阳县政策性融资担保有限公司预算支出10万元，用于日常办公经费和人员经费；松阳县生态经济产业基金投资有限公司预算支出7万元，主要用于区域基金项目投资尽职调查和中介费用；松阳县国有资本投资运营集团有限公司预算支出3万元，主要用于日常办公经费支出。

（六）2020年财政工作的主要措施

2020年，全县财政工作将坚持以习近平新时代中国特色社会主义思想为指导，全面贯彻党的十九大，十九届二中、三中、四中全会和中央经济工作会议，全国财政工作会议以及省委十四届六次全会和省委经济工作会议精神，以“八八战略”再深化、改革开放再出发为主题，坚持稳中求进工作总基调，将“财为政服务”理念落实到财政工作全过程，加力提效实施积极的财政政策，扎实推进稳企业增动能保平安各项工作，服务全县经济社会发展大局。

1.力求科学增收，确保资金盘子稳定。一是做大财政收入盘子。做好2020年全年预算的编制工作，加强与税务、自然资源和规划、发改、建设等部门沟通，谋划好全县资金总收入、基本建设支出、土地收支等重点资金盘子情况；抓好土地出让金收入，积极盘活处置闲置土地、闲置资产，大力推进大搬快聚工作，利用村庄撤并契机，谋划好建设用地复垦工作，积极应对国土涉林项目等新政策。二是积极争取债券收入。结合县级预算及债务风险防控工作，尽可能多且可持续的申请新增债券。2020年，计划向省财政厅申请新增债券17.55亿元（其中一般债券10亿元，专项债券7.55亿元）。三是全力争取上级资金。立足本县实际，充分发挥县级目标责任考核中财政综合考核的杠杆作用，激发起全县各部门争取资金积极性，以更特色的项目规划、更高的支出绩效、更好的考评结果获得更多转移支付，并争取各类产业基金支持。预计省市补助资金23.10亿元。四是做好财政风险防范。立足于财政预算、执行、监督三位一体建设，严格贯彻《预算法》，提升年初预算精准度、严控追加预算和超预算支出、提升资金使用绩效和整合力度，切实防范收支平衡风险；着力防范化解地方债务风险，严格落实政府投资项目“三个不得立项”要求，建立健全发改、财政、国资、自然资源和规划等部门会商制度，把好立项关；密切关注并防范养老保险基金风险，全面分析我县养老社保基金情况，做好养老社保基金赤字的风险研判和应对准备。

2.服务民生实事，发挥财政支撑作用。一是继续推进集中财力办大事财政政策体系。在2019年县集中财力办大事财政政策体系初步方案的基础上，根据县委县政府工作目标细化项目，统筹整合各类资金，确保民生支出，保障重点项目支出，为全县重点领域提供有力的财政支撑；同时相关部门要有全局观，要紧紧围绕县委县政府战略布置重点工作合理统筹安排资金。二是加大重点领域资金投入。牢牢树立“有限的政府财力要集中力量办大事”理念，将新增财力的三分之二用于民生支出，突出对民生、涉农和地方经济等资金扶持，保障十大民生实事、各项民生工程以及全县重点项目建设；加大涉农资金的整合力度，加快两山一类资金、扶贫资金支持进度。三是提高财政支出合理性水平。优化支出结构，压缩一般性支出，严控新增支出，在政府采购、项目审价、项目合同造价管控等方面进一步压缩支出。做好项目资金整合，扩大项目资金整合扩围，既从全县整体着手，积极发挥财政预算核心功能，加强项目资金的全局性统筹整合利用，又要从具体点位着手，在“大花园”建设、乡村振兴、绿道建设等个体项目上，有深度的开展资金整合，实现“每一分财政资金都有合理去处，每一个项目实施都不重复安排资金”。四是提高资金使用绩效。全面落实政府预算绩效管理，完善预算绩效目标县级集中评审办法，争取成为全省全面预算绩效管理创新项目。根据“花钱必问效、无效要问责”的原则，着重解决支出低效、无效问题，确保“好钢用在刀刃上”。集中财力用于县委县政府决策的中心工作、重大项目支出；同时，继续加强财政存量资金管理，积极盘活各类沉淀资金，重点用于消化隐性债务、弥补社保欠账和重点急需项目支出。加强同审计部门的沟通协作，强化政府投资项目审计管理；完善政府投资项目资金管理办法，加强项目资金预算、执行等环节的管理；建议将国有企业投资项目与政府投资项目分开，开展“两本”基建预算编制试点，并推行政府投资项目代建制。积极做好造价审核管理模式调整后的监督工作，健全造价评审中介机构及考核管理机制。

3.立足自身实际，加大财政体制改革。一是国有企业市场化改革。根据《松阳县国有企业市场化改革实施方案》的要求，按照“成熟一家改革一家”的原则，力争在2020年6月底前完成“松阳县经济发展投资集团有限公司”的组建工作，实现全县国有企业改革“1+6”框架模式，加快建立符合市场经济规律的国有资产管理体制和国有企业运行机制，建立国有企业的现代企业制度。同时，按照企业基本信息、综合事务、人事、财务、资产、产权、投资融资、党建等八个模块建立国有企业信息化监管平台，在2020年6月底前实现国资监管部门对各国有集团企业的实时动态监管，提升国有资产监管水平。二是PPP项目改革。充分开展PPP项目前期工作，逐条研究合同条款，避免出现漏洞，同时控制项目成本；按照“利益共享、风险共担”原则，规范实施PPP项目；加大PPP工作队伍建设，组织专业培训，提升专业人员业务素质。三是国库支付改革。深化国库集中支付改革，基本建设资金实行集中支付；实现湖溪林场、林村林场、古市医院集中支付。试点简化用款计划审批流程，小额、固定用途的用款计划系统自动批复。积极做好2021年预算会计核算上云进行前期准备。四是国有资产管理改革。依托“资产云”平台进行国有资产信息化管理，严格按照《松阳县行政事业单位国有资产处置管理暂行办法》要求认真做好国有资产报废工作，实现国有资产效益最大化；加强国有企业通用办公设备资产的管理；依据《松阳县国有经营性资产管理规定(试行)》，分类做好国有资产管理；分批分类开展国有闲置资产处置。

专 辑

大木山茶园景区

“拯救老屋”松阳模式——拯救老屋行动

“拯救老屋行动”项目是由财政部、国家文物局批准设立，中国文物保护基金会全程管理实施的传统村落保护公益项目，主要资助中国传统村落中低级别非国有不可移动文物建筑的保护和利用。经过中国文物保护基金会认真调研和充分论证，2016年1月，松阳县被定为“拯救老屋行动”项目整县推进首个试点县。4月14日，由中国文物保护基金会发起的“拯救老屋行动”在浙江省松阳县山下阳村正式启动，并按照“修旧如旧”的原则对古老村落进行修缮、保护和开发。截至2019年底，松阳县“两山（一类）”建设财政专项激励政策拯救老屋行动项目累计投资2374.42万元。

一、项目实施情况

实施“拯救老屋行动”项目修缮情况。截至2018年9月底，松阳县的“拯救老屋行动”项目取得阶段性成效，一期申报修缮的142幢老屋全部完工，修缮涉及16个乡镇（街道）35个行政村，修缮建筑面积9.6万平方米；二期项目申报43幢，截至2019年12月底，开工并通过验收32幢，两期项目累计投入省级专项资金“两山（一类）”资金1660余万元。

优秀传统建筑修缮。2019年5月，松阳县人民政府为巩固“拯救老屋行动”项目成果，深化“拯救老屋行动”项目意义，使全县优秀传统建筑得到有效修复和利用。安排两山（一类）资金714余万元，印发《松阳县优秀传统建筑修缮项目实施方案》，在全县范围内通过自愿申报原则，经专家组综合评估选定优秀建筑修缮25幢，截至2019年11月底，全部完成修缮。老屋的修复为改善居民生活条件、提供村民公共活动空间、培育乡村新型业态等发挥了作用，并提升普通百姓对老屋的价值判断和文化自觉。通过老屋修缮，带动118个乡村植入了民宿、农家乐、生态农业、文化产业、艺术家工作室等新型业态，2018年至2019年全县增加常住人口4700余人。

二、创新亮点

2016年至2019年，松阳县坚持保护和利用并重，初步形成产权人与经营人（老百姓）（产权人应该是老百姓）利益共享、民生改善和产业发展相结合的共生互惠的乡村发展新格局。

传统村落得到保护活化。松阳县始终把拯救老屋放到乡村振兴、城乡融合发展的大背景中来谋划、推动。在延续乡村历史文脉、助力乡村振兴中，推动乡风文明建设、村集体经济发展、基层组织建设等工作，系统推动乡村的生态修复、经济修复、文化修复和人心修复。

产权人主体意识复苏。通过建立合理的共建机制，产权人的保护意识进一步增强，从“要我修”逐渐转变为“我要修”。主体作用充分发挥，从“旁观者”逐渐转化为“主导者”，文化参与感、获得感和认同感不断提升，营造传统村落保护发展的良好氛围。

民生环境得到改善。秉承“保护为主、抢救第一、合理利用、加强管理”的指导方针，在老屋项目实施过程中坚持保护和利用相结合、传统与现代相结合，修缮时同步植入卫生设施，采用防水、隔音材料，重新铺设强弱电管线，并对周边环境开展整治，使原本破败的老屋得到保护，让原住民享受到现代居住质量，并带动村居环境的改善。

经济业态调整。通过老屋修缮，不仅让原住民返乡创业，也吸引有文化自觉的工商资本参与乡村发展，带动民宿经济、生态农业、传统手工业和文化旅游等业态的发展。截至2019年底，在传统村落内签订、洽谈、落地的艺术家工作室有110余家，一大批乡村民宿效益明显提升。一批掌握传统技艺的本土工匠也重拾技艺，根据调查统计，全县参与老屋修缮项目的传统建筑工匠1000余人，组建的队伍有30余支，在带动传统建筑行业复兴的同时，也初步形成“松阳工匠”品牌，衍生出新的行业经济。

优秀传统文化复兴。乡村建设最要紧的是文化和价值观的修复，通过“拯救老屋行动”，不仅让传统民居等实物的形态得到延续传承，也让“敬天爱人、耕读传家”的传统农耕文化得到延续，拉近了邻里关系，增强了村级组织战斗力。在挖掘和复兴乡村文明、保护完整的乡村生态系统、打造高品质乡村生活的道路上迈出重要一步。

明清古街

在不断地探索和实践过程中，松阳的“拯救老屋”工作取得一些新突破。2018 年 10 月，“拯救老屋行动”作为助力乡村振兴的重要之举被写入中共中央、国务院《乡村振兴战略规划（2018—2022 年）》，松阳“拯救老屋行动”试点工作成为全国示范。“拯救老屋”松阳模式写入 2019 年浙江省政府工作报告并在全省推广［全面推广拯救老屋松阳模式，加强历史文化（传统）村落保护］，该模式案例于 2018 年 12 月获得第五届浙江省公共管理创新案例“十佳创新奖”。2019 年 5 月 27 日至 31 日，首届联合国人居大会在肯尼亚首都举行，100 多个国家和地区的 3000 余名代表参会。中国在会上分享了城镇化领域的成功实践和范例。松阳县委书记王峻作为国内唯一一位县级一把手受邀参加会议，并在会上分享松阳的创新经验。

三、具体做法

（一）做好“四个保障”，夯实工作基础

提供项目保障。2018 年 6 月 1 日，松阳县统筹成立“名城古村老屋保护发展工作领导小组办公室”（简称“老屋办”），办公室主任由 1 名县处级领导担任，各乡镇（街道）建立相应的组织，确保试点工作有人抓、有人管；委托浙江省古建筑设计研究院负责编制《浙江松阳县传统村落文物建筑保护修缮技术导则》《浙江松阳县传统村落文物建筑修缮概算指南》等；制定出台《松阳县“拯救老屋行动”实施方案》和《松阳县“拯救老屋行动”项目与资助资金管理办法》，并纳入各乡镇（街道）年度目标责任制考核；在基金会资助资金基础上，积极整合民宿经济发展、传统民居改造、传统村落保护项目等相关资金。

夯实基础保障，开展对全县传统村落内挂牌建筑的摸底调查，梳理出一批符合条件确需修缮的老屋，并对老百姓的修缮意愿进行细致的调查；通过政府网发布“拯救老屋行动”项目公告，印发“拯救老屋行动”项目宣传提纲 1500 余份，到各乡镇（街道）召开座谈会，举办“乡村复兴”论坛、“薪火相传——传统村落守护者颁奖仪式”等活动，提高松阳传统村落保护发展和“拯救老屋行动”的知晓度；实时跟进项目申报到编制方案概算再到签订合同，及后续开工修缮的每一个环节，确保项目的推进。

落实人才保障，2019 年 3 月 21 日、5 月 22 日至 23 日，分别举办“松阳县文物保护从业人员（领队）培训”，有传统工匠 160 人参加培训，取得领队证 46 人，工匠证 110 人。5 月，创新出台《松阳县文物保护从业人员管理办法》；2019 年 2 月 28 日、8 月 16 日，由本土工匠吴炳松组建的“松阳县松诚建筑工程有限公司”和叶常贤组建的“常贤古建公司”正式取得由浙江省文物局颁发的“文物保护工程施工三级”企业资质，注册成立古建修缮公司 2 个；1 月至 6 月，培养青年古建工匠 53 人次。9 月，松阳县职业中等专业学校在县文旅局、名城古村老屋办支持下，增设土木工程（古建筑修缮与仿建）专业全日制班级 1 个，招入学生 50 人，已进入日常授课；是月，由浙江省古建院、县文广旅体局、县名城古村老屋办联合举办的，为期 18 天的松阳县青年古建工匠设计测绘实训提升班已结班。

强化督查保障，建立日常巡查、

专项督查、社会监督、严格自查等多位一体的监督机制，对开工在建项目开展施工巡查和专项督查，在检查过程中发现的问题，第一时间进行全县通报或下发巡查整改通知书。修缮方案和概算定稿后，均在村公开栏进行公示，接受村级组织和村民的监督。做好下拨资助资金的公示，财政、审计等部门建立常态化指导与监管制度，严把财经纪律，确保每一分钱都花在刀刃上。

推进基地建设，开展课题研究，为进一步总结提炼“拯救老屋”松阳模式，委托浙江省古建院开展“拯救老屋”松阳模式课题研究，该课题修改稿已讨论完成。建立老屋研学基地，在赤寿乡界首村建立“拯救老屋”研学基地（含展览馆和培训基地），2019 年 3 月 29 日，老屋基地开工建设。5 月 30 日，中国文物保护基金会正式发函至省文物局，共同发起建立坐落在松阳县的拯救老屋南方培训基地。截至 2019 年底，展陈工程、培训教室土建工程已竣工验收，展陈方案正在进一步完善中。完善研学材料编制，初步形成项目概况图册、政策文件汇编、名录图库及课件等的编制，正与中国文物保护基金会、省古建院、县委党校等对接，开发相应培训课程。打造现场教学线路，着重打造几条老屋项目集中、交通便利、业态丰富的线路，提升公共服务设施和服务水平，有望松街道王村—古市镇山下阳村—樟溪乡兴村—赤寿乡界首村；象溪镇雅溪口村—大东坝镇六村—蔡宅村—横樟村—竹源乡后畲村；三都乡杨家堂村—西田村—毛源村；四都乡西坑村—陈家铺村—平田村等。

（二）探索“五大革新”，开启保护新路

围绕改革创新的主基调，开展低级别非国有不可移动文物建筑的保护，在现行法规框架内探索出一套不出施工图、不公开招投标、不要求修缮资质、不需工程监理，却能有效加快项目进度、降低建设成本又保证修缮质量的工作机制。

突出主体地位，通过领导干部、基层干部和普通群众的互联互动、互促互进，由政府主动作为引领百姓主动作为，深化干群一体的精神内核；通过百姓自愿申报、百姓自主编制修缮方案和概算、自行选择施工工匠、补助资金根据工程进度直接补给老百姓等措施，以及县乡村干部积极宣传发动、做好项目指导与监管，社会团体、乡贤和志愿者的广泛参与、携手推进，老百姓的文保意识和责任感得到有效提升。

简化项目程序，高级别文物的修缮保护工程，多以政府为业主单位，需要修缮方案编制、施工图编制、预算编制、预算审核、项目招投标等程序。“拯救老屋行动”项目则由浙江省古建院与本土工匠先行研究测算，制定出详实合理又符合本土实际的概算，再经基金会组织专家审定，形成切实可行的修缮导则、概算指南等技术规范和标准。产权人依照规范自行编制修缮方案和概算，而后由省古建院和老屋办审核、基金会审定后即可签订合同准备施工。简化程序后既遵守规范，又符合老百姓实际，且缩短工期。

优化工程管理，项目主体由政府主导转为产权人（群众）自主实施；施工单位，由需具备施工资质的企业转为群众自行组织工匠实施；工程质量监管，由原来的专业监理单位负责转为群众自行负责，县老屋办负责监督与指导；资金拨付与工程验收程序也相应得到简化。整个工程管理方式更为灵活，减少项目招投标等环节，既激发百姓的自主意识，又培育本土工匠队伍，还能有效控制项目成本。

丰富保护方式，基金会作为社会团体，接受国家财政项目委托，与地方政府合作共同推动项目实施，改变以往政府单一保护模式，使保护方式进一步丰富，形成一套政府委托项目、社会组织运作、监督、管理的项目实施办法，走出一条私人产权文物建筑保护利用的新路子，为社会资金配合大局、拾遗补缺、有所作为找到一个适宜切口。

确保资金安全，项目通过招投标后，资金先到达县财政。之后按照实际工程量达到三分之一时，拨付资助资金的 50%，工程验收合格后再支付另外 50%资助资金的补助流程，直接付给产权人，再由产权人付给施工队伍，资助结果在村公开栏以及县政府网站公示，公开透明。项目资助资金直补给产权人的方式，有效杜绝了资金的截留、挪用。

通过上述创新，整个项目在现行法规框架内实现更加灵活高效的管理。从工程进度看，由于减少出施工图、预算、财审、图审、招投标等环节，缩短工期 3 个月以上。从工程造价看，根据测算，每平方米修缮均价为 795 元，相比预估的 1000 元/平方米至 1200 元/平方米，减少投资 30%以上。从实际操作看，发挥老百姓的主体意识，有效保证工程质量。在项目中期评估时，评审委员会专家对老屋修缮质量和整套工作流程给予高度评价。“拯救老屋”项目在一定程度上有效解决乡村保护发展与老百姓改善居住条件这对矛盾，赢得群众的认可和拥护。但也清醒地认识到，工作中依然存在不少问题，比如社会力量的参与还不足，老屋的活化利用要继续加强，品质管理和工匠队伍建设有待提升，还有很多老屋在等待我们去修缮，等等。

（郑　升）

松阳县“拯救老屋行动”首期项目142幢老屋完成修缮情况表

表1

序号	乡镇（街道）	建筑名称	开工时间	工程造价（万元）
1	西屏街道	桐溪24号叶氏宗祠	2016	40.5
2	水南街道	桥头村13号民居	2016	37.7
3	望松街道	吴弄村1号民居	2016	26.9
4	望松街道	吴弄村10号（蕴玉怀珠）	2017	19.4
5	望松街道	吴弄村曾氏古宅	2016	37.6
6	望松街道	吴弄村15号	2017	43.8
7	望松街道	叶氏民居	2017	44.1
8	古市镇	山下阳村141号	2016	25.8
9	古市镇	山下阳香火堂	2017	42.3
10	古市镇	山下阳村张氏宗祠	2017	102.9
11	古市镇	山下阳村张氏民居	2016	64.9
12	象溪镇	靖居村靖新路52号	2017	50.6
13	象溪镇	南州老街15弄1号民居	2016	23.0
14	象溪镇	雅溪口下弄7-2号民居	2016	9.9
15	象溪镇	南州31弄10号民居	2016	10.9
16	象溪镇	雅溪口沿溪街20号民居	2017	62.6
17	象溪镇	雅溪口沿溪街15弄4号民居	2007	36.5
18	象溪镇	雅溪口 15弄1号民居	2016	14.8
19	象溪镇	靖居村沿溪路4号	2017	37.3
20	象溪镇	靖居村沿溪路9号	2016	42.0
21	象溪镇	南州村老街49弄4号民居	2017	13.7
22	象溪镇	雅溪口徐氏宗祠	2016	47.0
23	象溪镇	南州37弄3号民居	2016	27.3
24	象溪镇	南州老街31弄4号民居	2016	18.6
25	象溪镇	靖居村靖中路27弄12号	2017	102.7
26	象溪镇	靖居村靖中路46弄5号	2016	69.9
27	象溪镇	靖居村靖中路27、28号	2017	29.1
28	象溪镇	靖居村靖中路80号	2017	74.5
29	象溪镇	雅溪口村沿溪路18号	2017	33.9
30	象溪镇	靖居村沿溪路29号	2017	29.8
31	象溪镇	靖居村靖新路51号	2017	72.3
32	象溪镇	靖居村靖中路37号	2018	16.1
33	象溪镇	南州村老街45号	2017	33.1
34	象溪镇	靖居村靖新路11号	2018	81.5
35	象溪镇	靖居村靖新路34号	2017	75.1

续表 1

序号	乡镇（街道）	建筑名称	开工时间	工程造价（万元）
36	象溪镇	南州村 37 弄 4 号	2018	39.7
37	玉岩镇	大岭脚村 30 号	2016	43.5
38	玉岩镇	大岭脚村 18 号	2016	62.8
39	玉岩镇	大岭脚村 27 号	2016	38.9
40	玉岩镇	大岭脚村书院	2017	45.9
41	玉岩镇	大岭脚村钟氏宗祠	2017	36.1
42	玉岩镇	大岭脚村叶氏宗祠	2017	62.5
43	大东坝镇	横樟村北弄 20 号	2016	70.1
44	大东坝镇	燕田村 34 号	2016	68.5
45	大东坝镇	横樟村下村弄 2 号	2017	117.0
46	大东坝镇	横樟村北弄 24 号	2016	62.3
47	大东坝镇	横樟村东弄 33 号	2016	69.6
48	大东坝镇	横樟村北弄 15 号	2016	26.5
49	大东坝镇	后宅村桥东一区 3 号	2017	40.8
50	大东坝镇	横樟村北弄 10 号	2017	84.1
51	大东坝镇	洋坑埠头村双坑口 6 号	2017	36.7
52	大东坝镇	横樟村北弄 18 号	2017	28.1
53	大东坝镇	横樟村东弄 30 号	2017	27.6
54	大东坝镇	横樟村北弄 16 号	2017	29.4
55	大东坝镇	横樟村北弄 9 号	2017	55.0
56	大东坝镇	后宅村桥东一区 8 号	2017	28.8
57	大东坝镇	燕田村 33 号	2017	43.7
58	大东坝镇	洋坑埠头潘氏古民居群——61 号	2017	27.9
59	大东坝镇	后宅村慎修堂	2017	45.0
60	大东坝镇	洋坑埠头岙呢自然村 3 号 4 号	2017	62.4
61	大东坝镇	后宅村桥东一区 7 号	2017	102.1
62	大东坝镇	横樟村外房弄 9 号	2017	48.0
63	大东坝镇	洋坑埠头潘氏古民居群——59 号	2017	21.4
64	大东坝镇	洋坑埠头村 53 号	2017	17.5
65	大东坝镇	横樟村下村弄 11 号	2017	44.4
66	大东坝镇	洋坑埠头村 60 号	2017	32.1
67	大东坝镇	横樟村东弄 22 号	2017	79.0
68	大东坝镇	洋坑埠头潘氏古民居群——63 号	2017	54.2
69	大东坝镇	后宅村余庆堂	2017	50.4
70	大东坝镇	后宅村桥南二区 7 号	2017	39.9
71	大东坝镇	洋坑埠头 51 号	2017	48.4
72	大东坝镇	洋坑埠头潘氏古民居群——65 号	2017	64.4

续表 1

序号	乡镇（街道）	建筑名称	开工时间	工程造价（万元）
73	大东坝镇	后宅村桥南二区 26、27 号	2017	130.8
74	大东坝镇	横樟村东弄 32 号	2018	82.9
75	大东坝镇	后宅村桥南二区 15 号	2018	102.3
76	新兴镇	平卿村内村 20 号	2016	53.9
77	新兴镇	朱山村叶氏宗祠	2016	18.2
78	新兴镇	朱山村 23 号	2017	52.7
79	新兴镇	平卿村张氏宗祠	2017	20.7
80	新兴镇	山甫村徐氏宗祠	2016	11.6
81	叶村乡	横坑村叶氏宗祠	2016	32.2
82	叶村乡	南岱村 9 号	2017	42.9
83	叶村乡	南岱村 10 号	2017	65.4
84	叶村乡	南岱村 23-2 号	2017	38.1
85	叶村乡	南岱村 23-3 号	2017	71.9
86	叶村乡	南岱村吴氏宗祠	2017	50.0
87	斋坛乡	吊坛何氏宗祠	2016	23.2
88	三都乡	毛源村 5 号	2016	86.9
89	三都乡	上庄村 28 号	2016	113.0
90	三都乡	毛源村 14 号	2016	50.1
91	三都乡	黄岭根村 13 号	2016	96.0
92	三都乡	黄岭根村陈氏宗祠	2017	10.1
93	三都乡	呈回村 31 号民居	2016	43.8
94	三都乡	毛源村 37 号民居	2016	47.6
95	三都乡	酉田村 23 号民居	2016	48.7
96	三都乡	周山头村周火标宅	2016	84.7
97	三都乡	杨家堂村 2 号民居	2017	75.1
98	三都乡	毛源村 11 号民居	2017	55.7
99	三都乡	酉田村 30 号民居	2017	90.9
100	三都乡	杨家堂村 1 号民居	2017	83.4
101	三都乡	上庄村毛氏宗祠	2017	35.0
102	三都乡	杨家堂村 9 号民居	2017	28.4
103	三都乡	毛源村 36 号民居	2017	55.5
104	三都乡	酉田村 37 号民居	2017	94.8
105	三都乡	呈回村 34 号民居	2017	122.1
106	三都乡	松庄村 39 号民居	2017	60.2
107	三都乡	杨家堂村 6 号民居	2017	51.7
108	三都乡	杨家堂村 4 号	2018	108.9
109	三都乡	杨家堂村 19 号	2018	73.8

续表 1

序号	乡镇（街道）	建筑名称	开工时间	工程造价（万元）
110	三都乡	尹源村曾氏宗祠	2018	13.7
111	三都乡	尹源村李氏宗祠	2018	22.0
112	三都乡	酉田村 35 号	2018	10.4
113	三都乡	呈回村 20 号民居	2018	73.0
114	四都乡	塘后村 31 号	2017	29.4
115	四都乡	平田村江氏民居	2017	39.1
116	四都乡	塘后村 51 号	2017	44.4
117	四都乡	塘后村陈氏宗祠	2017	16.2
118	竹源乡	后畲村 12 号民居	2016	30.1
119	竹源乡	后畲村 14 号民居	2017	71.9
120	竹源乡	后畲村 62 号民居	2017	90.5
121	竹源乡	黄上村 27 号民居	2017	36.5
122	竹源乡	后畲村 20 号民居	2017	32.7
123	竹源乡	后畲村 24 号民居	2018	55.6
124	竹源乡	后畲村 34 号民居	2017	80.6
125	竹源乡	后畲村 46 号民居	2017	42.1
126	竹源乡	后畲村粮仓	2018	11.8
127	竹源乡	后畲村 56 号民居	2017	57.7
128	赤寿乡	黄山头村 12 号民居	2016	41.9
129	赤寿乡	黄山头村苏氏宗祠	2016	34.1
130	赤寿乡	界首村 53 号民居	2017	63.7
131	赤寿乡	界首村 53 号西侧	2017	33.4
132	赤寿乡	界首村 39 号民居	2017	82.5
133	赤寿乡	界首村 110 号	2017	28.3
134	赤寿乡	界首村 63 号民居	2017	82.9
135	赤寿乡	界首村 134 号民居	2017	38.5
136	赤寿乡	界首村客栈	2017	37.4
137	赤寿乡	界首村 168 号（明高少府）	2018	69.9
138	枫坪乡	梨树下村 14 号	2016	43.3
139	枫坪乡	梨树下张氏宗祠	2017	14.7
140	枫坪乡	梨树下村红军标语	2017	31.8
141	板桥乡	张山村 21 号	2017	84.0
142	板桥乡	张山村 20 号	2017	52.7
		合计		7162.0

松阳县“拯救老屋行动”二期项目32幢老屋完成修缮情况表

表2

乡镇（街道）	建筑名称	开工时间	工程造价(万元)
象溪镇	靖居村沿溪路27号	2019	27.8
	靖居村靖中路63号	2019	57.5
	靖居村靖中路46弄4号	2019	41.0
	靖居村27弄5号	2019	35.1
	靖居村靖中路31号	2019	56.7
	南州村老街15弄3号	2019	54.2
玉岩镇	玉岩村青云路6号	2019	23.7
	玉岩村横街27号	2019	37.5
	大岭脚村28号	2019	37.9
大东坝镇	横樟村包氏宗祠	2019	11.4
	燕田村56号	2019	23.9
	内大阴村百鸟朝凰11号	2019	15.5
	内大阴村红军标语	2019	21.2
	蔡宅村三接桥12号	2019	57.4
	七村13号	2019	85.9
	小后畲村1号	2019	66.1
新兴镇	庄后村周氏宗祠	2019	18.8
叶村乡	斗米岙村何氏宗祠	2019	20.3
	斗米岙村11号	2019	36.1
三都乡	下田村思步蔡氏宗祠	2019	21.3
	下田村朱竹宋氏宗祠	2019	20.7
	下田村朱竹15号	2019	77.9
	后湾村吴氏宗祠	2019	18.9
	上田村杨梅坪李氏宗祠	2019	48.1
	下田村16号	2019	73.0
	下田村18号	2019	34.5
四都乡	陈家铺鲍氏宗祠	2019	18.1
赤寿乡	界首村71号	2019	62.3
	界首村刘氏宗祠	2019	25.5
	界首村张氏宗祠	2019	17.2
安民乡	大潘坑村杨氏民居	2019	62.5
裕溪乡	凤弄源村许氏宗祠	2019	17.1
	合计		1224.8

（县文化和广电旅游体育局）

“拯救老屋”松阳模式——传统村落保护

松阳县地处浙西南山区，有1800多年的建县历史，是丽水市最早的建制县，也是浙江省最早建制的县之一。2019年，县域面积1406平方千米，总人口24万，辖3个街道5个镇11乡203个行政村。全县拥有省级传统村落84个，其中中国传统村落75个，总量位居全国第五位，是华东地区传统村落数量最多、风格最丰富、保存最完好的县域之一，被誉为“最后的江南秘境”、留存完整的“古典中国”县域标本。先后被国家部委列为中国传统村落保护发展示范县、中国传统村落保护利用试验区和“拯救老屋行动”整县推进试点县。

（一）准确把握项目发展定位。把传统村落视为松阳最宝贵的文化资源和最独特的经济资源，把传统村落保护发展作为保留历史文脉、建设美丽乡村的重要途径，以传统村落的系统保护发展激活乡村发展动能，找到绿色发展、特色发展的有效路径，最终推动乡村文明的全面复兴。

（二）树立项目发展“12345”的理念。“1”是坚持活态保护、有机发展理念。“2”是使用“最少、最自然、最不经意的人工干预”“充分利用本土、原生态、低碳环保材质和废弃建材，充分利用生态环保技术”两个手法。“3”是做到三个维持，维持原生态的田园风光，维持原真的田园乡村风情，维持原味古朴沧桑的历史感。“4”是实现“风貌完整、舒适宜居、富有活力、人文和谐”四个发展目标。“5”是五个复活，复活传统村落整村风貌，复活传统民居的生命力，复活传统村落的经济活力，复活传统村落的优良文化基因，复活低碳、生态、环保的生产生活方式。

春到杨家堂

（三）传统村落保护与发展新模式。坚持适度有序、深度融合、提升品质的原则，深入实施传统村落保护发展工程，实施“传统村落+特色民宿”“传统村落+生态精品农业”“传统村落+摄影写生”“传统村落+民俗文化”“传统村落+电商文创”等融合产业，推动全县传统村落得到有效保护、乡村经济得到有效激活、乡村文明得到有效传承。

一、传统古村落保护的主要做法

（一）加强组织领导，理顺管理机制

建立综合协调机构。2015年5月，县委成立名城名镇名村与传统村落保护发展领导小组；2016年1月，县委成立“拯救老屋行动”领导小组；2017年2月，县委把名城名镇名村与传统村落保护发展领导小组和“拯救老屋行动”领导小组，整合成立名城古村老屋保护发展领导小组，并将两个办公室合并为一个办公室，负责名城古村老屋项目建设的综合协调、政策制定、备案审查、督促检查和风貌管控等工作。

建立风貌审查机制。成立县古村落保护利用专家委员会，负责古村落项目建设的规划评审、技术指导、风貌审查、效果评估。专家委员会每月召开3次评审会，为古村落项目建设把好风貌关。

建立合力共建机制。县建设局、县环保局等主管部门负责督促、指导传统村落项目建设的组织实施和监督管理。县农办、文广出版、旅委、国土、财政等相关部门加大对传统村落项目的政策倾斜力度，协助做好项目管理。各乡镇、街道是实施传统村落保护发展项目的责任主体，配备分管领导和联络员，每个传统村落明确1名领导班子成员具体负责。传统村落村两委认真履行保护义务，将传统村落保护发展写入村规民约，坚决制止违法拆建行为。

（二）健全工作制度，确保有章可循

2013年至2019年，制定系列政策文件和技术指导手册，为古村落保护发展工作提供制度保障。出台《关于加强历史文化村落保护利用，打造“松阳古村落”品牌的实施意见》。完善科学保护、挂牌保护、活态保护、共赢保护、合理保护机制，形成“政府主导、村民主体、优秀社会人才共同参与”的推进机制。制定了《关于规范传统村落保护发展项目建设管理的实施意见》《传统村落保护发展项目建设和房屋处置备案管理工作规程》《传统村落保护发展项目建设巡查工作办法》，建立项目审查、备案管理、定期巡查、整改落实、考核激励、责任追究等一整套系统的项目管理体系，规范项目建设管理，防止建设性破坏现象的发生。2015年，制定《传统村落保护发展项目资金管理办法》，严格按要求设置报账程序，确保资金使用安全。出台《关于开展民居改造利用工作的实施意见（试行）》。加强引导和管理，对改造利用传统民居发展特色经营的，分类别按建筑面积分别给予补助。编制《传统建筑修缮利用技术图册》《技术导则》《政策解读》《项目申报》等图文并茂的图册，以便相关传统村落干部更好地掌握业务知识，并严格遵照执行。

（三）规范项目管理，保持风貌协调

加强项目审查，涉及传统村落项目建设的乡镇、街道，必须于每年初将建设项目年度计划报县名城古村老屋办及相关主管部门审查，项目建设资金优先用于危旧房修缮、环境整治、文化设施、防灾安全设施等项目，提高资金使用绩效。

实行备案管理，县名城古村老屋办和县专家委员会对涉及传统村落的建设项目和房屋处置方案进行备案审查，从源头上把好风貌关。加强巡查力度，坚持定期巡查机制，对巡查过程中发现影响整体风貌的建设行为，及时发放整改清单，督促整改落实。

（四）抓好试点项目，发挥示范作用

坚持典型引领、示范带动、以点带面、整体推进的原则，通过建设示范点、评选典型、积极推广等途径，发挥好示范带动作用。先后吸引北京绿十字、新湖集团、花间堂、北京DNA建筑设计、游多多旅游网、山中杂记、过云山居、西湖隐居集团等一批社会优秀人才和有文化知觉的优质工商资本深度融入乡村建设。部分传统村落保护项目精品建设得到专家评审的认可，枫坪乡沿坑岭头“柿子红了”入选浙江省十佳民宿备选名单，平田农耕馆改造项目被评为“2015住建部第一批田园建筑优秀作品”一等奖，茶园里的竹亭被评为二等奖，大木山茶室和竹亭登上《福布斯》的2015年刊底，被誉为先锋中国设计。

（五）加强培训指导，强化技术保障

加强业务培训，实行集中培训与分片培训相结合的形式，定期开展有针对性的业务培训，通过业务知识讲座、典型案例分析、现场考察等形式，提高培训效果，培育一批有情怀懂业务的技术骨干。开展技术指导，定期到乡镇（街道）及传统村落就项目谋划、建设方案进行技术指导，促使规范实施。印发政策及技术手册，结合建设中出现的问题，进一步完善编印图文并茂的技术导则，分发给相关部门、乡镇（街道）和村干部，以便遵照执行。

二、主要成效

（一）修复传统风貌

按照活态保护、有机发展的理念，通过“中医调理、针灸激活”的方式，逐渐恢复传统村落的生机与活力。规划先行保护原风貌，以全县域传统村落保护发展总体规划为纲要，把田园、山水、村落作为一个有机整体开展规划、保护和建设，最大程度保护传统村落空间格局和传统风貌。截至2019年底，松阳县编制成71个传统村落保护发展详细规划。坚持拆违控新促协调，实施传统村落格局和历史风貌整体保护工程，全面整治影响传统村落整村风貌的乱搭乱建，对传统村落核心区域和周边区域建房进行控制和引导，在建筑布局、高度、风格、色调上与村庄传统风格保持协调，如三都乡杨家堂、酉田等村通过对砖混结构楼房降层和外立面改造等举措，保持了楼房与整村夯土墙房屋的外观协调。美化环境优化村格局，按照“一村一品、一村一韵、一村一景”要求，实施村落生态系统修复工程，全面保护提升生态湿地、古树名木和村庄水系，并引导农民调整农作物种植结构，美化农田生态景观，不断优化“山水-田园-村落”格局。2016年，四都乡西坑村、叶村乡横坑村被评为“浙江十大最美乡村”。截至2019年底，全县整合或争取国家、省、市补助资金累计3.8亿元，其中71个传统村落的中央环保资金和“一事一议”奖补资金计21480万元，统筹用于传统村落保护发展规划编制、保护修缮、环境整治、村庄基础设施配套及文化挖掘等，全县域村庄环境风貌得到显著提升。

（二）利用传统民居

出台传统民居改造利用专项政

策，制订奖补标准，编制传统民居改造技术指南，通过示范项目，引导、帮助村民通过对原有住房进行修缮、改造，用较低的成本达到改善居住条件的目的。建成枫坪沿坑岭头的“柿子红了”、四都“云上平田”、“云端密境”、“过云山居”、板桥“麒麟山居”、三都“西田花开”、关山寮“茶隐”、赤寿“卓庐若家”等一批精品示范项目。通过解决防潮、通风、隔热、采光等问题，提升土木结构房子的舒适度和老百姓改造民居的意愿和积极性。全县19个乡镇（街道）累计54个村650户完成民居改造，有490户具备经营条件。其中“拯救老屋行动”共有142幢老屋已全部完工并验收。

（三）激发内生经济活力

发展乡村休闲旅游，按艺术创作、休闲度假、运动健身、养生养老等精准定位、细分市场，建成四都乡西坑村、平田村等精品民宿村，枫坪乡沿坑岭头村、新兴镇官岭村等“画家村”“摄影村”共13个，开发古村落摄影、写生线路8条，每年吸引“古村游”游客250余万人。立足“一乡一品”“一村一特”精品农业线路，抓好原种农业、自然农耕基地建设。横坑村、上庄村分别引进“阿郎自然农耕”、全息自然农法等有机农业示范基地，岱头村有机稻米、兴村古法红糖和沿坑岭头柿子由原来无人问津到现在供不应求，吸引一批高层次人才、年轻原住民回村创业，激活了传统村落的生机与活力。开展传统手工业保护复兴工程，引导手工业者将传统手工艺品开发成旅游产品，积极发展乡村农副产品生产与加工业。现已开发杆秤、铁器、篾器等20余个传统手工艺旅游产品，枫坪乡沿坑岭头村制鼓老艺人仅制鼓单项年收入达2万元。开展以淘宝特色中国·松阳馆、农村电子商务创业孵化中心等电子商务公共服务平台为依托，推进“赶街”“京东帮”“淘实惠”等电子商务新模式，建设国家级农村电子商务强县。树立“化整为零、串点连线”的理念，坚持在传统村落中多做小事，多做一些小而精、小而美、小而特的文化项目，如在大木山茶园建设竹亭、茶室，在松阴溪绿道系统中结合自行车驿站和休憩点，布置红糖工坊、烟叶、桑蚕展陈室、鸟类保护观察站等。通过绿道、古道等载体，将散落在各地的这些文创点位串联在一起，形成独具地方特色的文化体验线路。

（四）传承传统文化基因

弘扬传统文化精髓，全面开展“村风、民风、家风”教育活动，编制传统村落乡土教材，将优秀传统文化全方位融入思想道德教育、文化知识教育、艺术体育教育、社会实践教育各环节，努力延续“温良恭俭让”“仁义礼智信”的文化传统。2016年，松阳县被中国民间文艺家协会评为中国古村落文化保护传承基地。挖掘村落文化遗产，按照“不漏村镇、不漏线索、不漏种类、不漏艺人”要求，全面开展传统村落物质和非物质文化遗产普查，编辑出版《松阳村居录》《松古村语》《江南秘境——松阳传统村落》等书籍，建立系统详尽的文字、图片和音像档案。完善“乡乡有节会、月月有活动”民俗文化展演机制，打造竹溪摆祭、石仓客家民俗文化节、象溪溪鱼节等一批有影响力的民俗节会。建设全县域（生态）乡村博物馆，按照“化整为零、点位激活、系统推进”思路，充分利用古民居、祠堂、文化礼堂等文化建筑，探索建设全县域农耕博物馆，构建“县级中心馆—乡镇（街道）主题馆—村级展示馆”三级网络体系。建成红糖工坊、茶叶博物馆、契约博物馆、豆腐工坊等和一批农村文化礼堂并投用。

（五）提升生产生活方式

推广绿色生产方式，坚持“精致、优美、生态、高效”发展目标，转变粗放的农业生产方式，推广茶叶绿色生态防控、实施农药废弃物回收工程和推广“猪—沼—茶（果）”等高效生态循环模式，有效改善农业生态环境。松阳县成为浙江省首个全县域无公害农产品产业整体认证县、丽水市生态精品农业示范县。保持原真生活方式，恢复乡村的生态系统，建立生态循环链，开展垃圾分类，建设绿色建筑，运用绿色节能技术，营造一种简约、质朴、生态、低碳，亲近自然、回归自然的乡村生活。倡导健康养生方式，依托原真自然的村落环境、淳朴厚道的民风民俗、源远流长的养生文化，建设养生养老基地；创新松阳传统十大名菜、十大小吃，开发绿茶宴、百合宴等特色养生主题菜系；推动绿色低碳出行，以绿道、古道串连传统村落，设计骑行健身路线和徒步健身路线。举办全国山地竞速挑战赛、浙江省山地自行车赛等高等级赛事活动。

（六）推进乡村自治机制建设

成立田园乡村惠农担保互助社，出台《田园乡村惠农担保互助社管理办法》，建立资本充足、功能健全、服务完善、运行安全的现代农村金融体系，唤醒农村“沉睡资本”，增强农村发展动力。截至2019年底，全县成立村级担保互助社57家，累计为社员提供749笔2.07亿元贷款担保。推进农民的组织化建设，加强农家乐协会等农村专业合作组织建设，发挥行业规章、团体章程等社会规范在乡村管理中的积极作用，促进农民与市场的有效对接。先后成立岱头村有机稻米协会、靖居村大棚蔬菜协会、沿坑岭头村民宿协会及一批茶叶协会等100余家农村专业合作组织。社会优秀人才回归乡村，一批有理想情怀的社会优秀人才和有文化知觉的优质工商资本的深度参与乡村建设，激发当地村民参与乡村建设的积极性，一些外出创业者开始回归乡村参与乡村业态建设，旅行社等本地工商资本积极投身乡村建设。全县建成农家乐民宿490余家。

（县住建和城乡建设局）

乡村振兴"松阳经验"

从2018年以来，松阳县深刻把握生态文明时代的发展规律和趋势，深入践行"绿水青山就是金山银山"发展理念，以传统村落保护发展为切入，系统推进"文化引领的乡村复兴"，初步蹚出一条城市与乡村、传统与现代、经济与文化互融、互促、互补发展的乡村振兴之路，成为中国传统村落保护发展示范县、保护利用试验区，"拯救老屋行动"整县推进试点县、第一批部省共建乡村振兴先行创建县，"拯救老屋"松阳模式被写入2019年浙江省政府工作报告，乡村振兴工作获浙江省委、省政府表彰为"优秀县"。同时，作为浙江省唯一县级单位代表，受邀参加首届联合国人居大会，县委书记王峻在会上分享松阳创新经验，并与联合国人居署联合在松阳举办"第一届城乡联系国际论坛"。通过这几年的发展，松阳乡村人居环境明显改善，破败的老屋得到及时修葺；乡村经济形态开始发生深刻调整，四分之一的乡村植入了民宿、农家乐、生态农业、文化产业等新型业态；乡村优秀文化得到保护传承与发展，传统手工艺、民俗节庆活动等开始逐步复兴，乡村文脉得到有效延续；乡村治理体系实现优化提升，社会风气越来越和谐安定。老百姓对乡村的综合价值和巨大潜力有了新的认识和判断，越来越多的工商资本、优秀人才开始进村下乡，2018～2019年全县增加常住人口4700余人，乡村开始呈现蓬勃的发展生机。

一、具体做法

理念上，坚持"活态保护、有机发展"，即把乡村放到历史动态中去考量，遵循它的发展规律，尊重原住民，通过"中医调理、针灸激活"方式，给予村落适度的刺激，慢慢恢复其生命力。手法上，坚持使用最少、最自然、最不经意、最有效的人工干预，充分利用本土、原生态、低碳环保材质和废弃建材，充分利用生态环保技术。原则上，坚持做到三个维持，即维持原生态的田园风光，维持原真的田园乡村风情，维持原味古朴沧桑的历史感。目标上，坚持通过保护使乡村达到健康态、和谐态，即"风貌完整、舒适宜居、富有活力、人文和

2018年11月8～10日，来自世界各地的建筑业界学者专家在松阳县线下游学，实地参观红糖工坊

谐”。路径上，坚持“五个复活”，通过努力让原住民在乡村中活得更加富足而有尊严，最终打造有品质的田园乡村生活。

（一）复活乡村整村风貌。村落形态是村落风貌的直观展现，蕴含着先人崇尚人与自然和谐共生的“天人合一”思想。为保护和恢复“天人合一”的村落形态，制定出台系统保护政策和总体规划，把田园、山水、村落作为一个有机整体来规划、保护和建设。加强全县村落的传统格局和历史风貌的整体保护，核心区严控建新房，外围区域建房注重建筑布局、高度、风格、色调上与村庄传统风格相协调。加强村落自然生态环境的保护提升，优化“山水—田园—村落”和谐美的格局。

（二）复活传统民居的生命力。传统民居构成乡村的主要形态，要保护发展好乡村，就必须解决好保护与老百姓改善居住条件这对矛盾。为此，出台改造利用专项政策，制定详细奖补标准，帮助村民通过对原有住房进行修缮、改造，用较低的成本达到改善居住条件的目的。编制改造技术指南，用图文并茂的方式告诉老百姓怎么改，解决百姓在改造过程中遇到的实际问题。加强示范项目引领，建成“过云山居”“云上平田”“云端觅境”“茑舍”等精品民宿示范项目，让当地老百姓能切身感受土木结构的房子经过合理改造，也能提高居住舒适度。截至2019年底，全县19个乡镇（街道）累计54个村完成改造民居650户，发展民宿（农家乐）526家，床位5081张。

（三）复活乡村经济活力。要复兴乡村文明，必须要复活乡村的经济活力，促进乡村文明与城市文明、商业文明的有机衔接，这样乡村文明才具有稳定性和可持续性。总体思路是以优良的生态环境为底本、以乡土民俗风情文化为依托、以摄影写生等艺术创作为媒介，植入生态农业、休闲度假、文化旅游等业态，推动一二三产深度融合发展。大力发展高效生态农业，全面推进全县域绿色食品标准化生产基地建设，创成全省首个全国绿色食品原料（茶叶）标准化生产基地，茶叶全产业链产值超百亿元，建成全国交易量最大的绿茶交易市场、全国绿茶价格指数发布地——浙南茶叶市场，年交易额突破50亿元；引进全息自然农法、阿郎自然农法，建成自然农法基地20余个，岱头有机大米、上庄原种土豆、四都生态萝卜等优质的生态农产品得到市场青睐，让群众在优质优价中获得实实在在的收益。加快推进全域旅游发展，系统推进全县域慢行系统和八条全域乡村旅游路线建设，高品质建成大木山茶室、石门圩廊桥、水文公园、独山驿站等精品示范项目及一批“画家村”、“摄影村”、“养生村”、“户外运动村”，并与周边村庄进行有机串联，带动整个区域的旅游发展。推进农业特色工坊建设，立足当地的特色文化和传统工艺，打造红糖工坊等小而特、小而精、小而美，农业、工业与休闲产业相融合的农业特色工坊，推动乡村经济发展模式调整、乡村生产生活方式变革。推动文化产业发展，实施“百名艺术家入驻乡村计划”，探索艺术助推乡村振兴之路，并积极推动乡村振兴、文化发展的国际化交流，松阳乡村建筑入展德国Aedes建筑论坛、威尼斯国际建筑双年展等国际高端论坛。

（四）复活乡村优良文化基因。乡村建设最要紧的是文化和价值观的修复，开展优先保护历史文化建筑，本着“保护为主、精修为旨、艺术为重、和谐为本”的原则对濒危历史文化建筑开展抢救性修复、保护性修缮，全县100余个传统村落和1000余幢传统建筑实现挂牌保护，200余座宗祠、20余座古廊桥、60余千米古道、140余幢老屋得到修缮保护。其中，“拯救老屋行动”试点工作成为全国示范，列入中共中央、国务院《乡村振兴战略规划（2018～2022年）》中的乡村文化繁荣兴盛重大工程。弘扬传统文化精髓，传承好“温良恭俭让、仁义礼智信”等优良传统文化基因，发挥礼序家规、乡规民约的教化作用，编制传统村落乡土教材，在中小学开设传统村落选修课，开展国学经典教育。传承和发扬民俗文化，挖掘复活“竹溪摆祭”“平卿成人礼”等节会60余台，建立“乡乡有节会、月月有活动”的民俗文化展演机制，打造“永不落幕的民俗节庆活动”。探索建设全县域乡村博物馆，采取化整为零的方式，利用古民居、祠堂、文化礼堂等文化建筑，建设具有体验、休闲、展陈体验功能的博物馆，建成契约博物馆、王景纪念馆、茶叶博物馆等一批高品质乡村博物馆。

（五）复活低碳、生态、环保的生产生活方式。乡村优良的生态环境、古朴的民风民情是乡村最具优势的资源所在。努力保护原真自然的生活环境，提倡绿色健康的饮食方式和休闲方式。着力建立生态循环链，开展垃圾分类，建设绿色建筑，运用绿色节能技术，从生产环节、生活方式上探索低碳循环，积极营造一种简约、质朴、生态、低碳，亲近自然、回归自然的乡村生活。倡导低碳养生的健身方式，依托万亩茶园每年举办浙江省山地自行车赛，借助良好的村落古道系统，与中国登山协会合作开展全国山地竞速挑战赛等高等级赛事活动。

二、经验和启示

实现乡村振兴是新时代的使命，必须要以新时代的站位，以改革创新的思维，全力蹚出一条乡村振兴的新路径。这应该是一条以生态文明理念为指导，以文化引领为导向，以品质发展为准则，以壮大集体经济为牵引，以共同富裕为追求，系统调整乡村经济、政治、文化和社会结构的“新路”。其内涵实质体现在“五个新”。（1）新的价值取向。从工业文明时代“以人为中心，追求利润最大化”

转变为生态文明时代“人与自然和谐发展，追求绿色发展、可持续发展”的价值取向。未来将掀起一场以绿色发展引领乡村振兴的深刻革命，乡村不再是单一从事农业的地方，而将成为人们养生养老、创新创业、生活居住的新空间，乡村的经济价值、生态价值、社会价值、文化价值将日益凸显。（2）新的城乡关系。从城乡二元割裂转变为城镇村三元共生、城乡互动互补互促的城乡融合发展。未来乡村将成为一个既深刻保持传统乡村文明原真性，又开放兼收现代文明创造性的新型社区，这里既有祖祖辈辈守望村落和田野的传统村民，也有离开村落外出发展后返回家乡的回归村民，还有城市回归乡村田园生活的新型村民。（3）新的经济形态。从单一的农业经济形态转变为以高品质农业为基础、农工贸文旅深度融合发展的多元经济形态。未来乡村公共基础设施的改善与互联网等现代技术的应用，将会模糊城乡地域界限和产业界限，原本单一的农业经济将演变为农业与农产品加工业、休闲旅游业、文化创意产业融合发展的综合业态，并将建立与政治、文化、社会、生态共生且高度一致的区域性内生经济循环系统，形成与生态文明建设相适应的经济发展体系。（4）新的运行机制。从原子化、碎片化的独立分散经营转变为有利于实现共同富裕、符合市场经济要求的集体经济运行新机制。农村集体经济是社会主义公有制经济的重要形式，是县域经济的重要组成部分。壮大农村集体经济，是引领农民实现共同富裕的重要途径。未来乡村将形成以集体经济制度为基础，以混合所有制、农合联等多样化联合合作发展为特征，既能实现集体经济发展壮大，又充分调动村民个体积极性，并保障农民享受全产业链增值收益，实现共同富裕，体现集体优越性的经济运行机制。（5）新的文化形态。从单一的传统农耕文化形态转变为优秀传统乡土文化与现代文化元素、城市文明形态兼收并蓄的新型文化形态。未来乡村中既有“敬天爱人”“耕读传家”的传统农耕文化，也有从城市带来的现代生活理念、科学技术应用，也将会产生传统文化和现代文明碰撞交融而带来的新文化。乡村衰败是一个动态的历史过程，乡村振兴同样也是一个渐进的过程，不可能一蹴而就。在探索实践中深刻感受到，方向比速度更重要，要实现乡村振兴的美好蓝图，必须始终保持好定力。

（一）树立科学理念。充分尊重乡村发展规律，不急功近利，要优先使用乡村存量资源，最大限度保护乡村的自然生态底本与历史人文底本，坚决防止天人合一的乡村风貌、宁静安详的乡村生活、淳朴和谐的村风民风受到破坏，渐进式恢复乡村生命力。

（二）强化系统建设。将城乡发展视为一个有机整体，树立中医整体观，按照“全域统筹、区域联动、系统推进、融合发展”思路，推动城乡资源要素双向合理流动、城乡基础设施共建共享，系统开展生态修复、经济修复、文化修复和人心修复。

（三）维护村民主体地位。既以开放的姿态欢迎和接纳外来人口进入乡村休闲和创业，也决不能动摇原住民的主体地位，要积极构建新老村民融合共生的发展机制和合理的利益联结机制，让原住民合理分享全产业链增值收益，最大限度共享乡村发展成果。

（四）突出文化引领。文化是乡村的根脉与灵魂,只有让文化的基因重新注入乡村的母体，乡村振兴才有希望。要切实保护、传承、弘扬好传统文化，让有形的乡村文化留得住，让活态的乡村文化传下去，并结合现代文明要素和现代需要进行创造性转化、创新性发展。尤其要充分汲取提炼优秀文化中蕴含的精神内涵，使其成为经济社会发展的引领力量。

（五）坚持品质发展。积极顺应供给侧结构性改革要求，将工匠精神、品质意识贯穿于乡村振兴各环节、全过程，让乡村真正成为人人向往的品质之地。要吸引一批有理想情怀的外来优秀人才和各类乡贤回归乡村，深度参与乡村建设，并通过科学规划设计和教练式指导、培训，让品质发展成为一种全民自觉。

（六）加强社会治理。乡村振兴离不开和谐稳定的社会环境。要强化基层组织建设，提升基层组织自我管理能力和水平，积极构建自治、法治、德治相结合的乡村治理体系，培育文明乡风、良好家风、淳朴民风，提高乡村凝聚力和向心力，形成乡村善治新风尚。

松阳是浙江省历史文化名城，也是华东地区历史文化名城名镇名村体系保留最完整、乡土文化传承最好的地区之一，被誉为“最后的江南秘境”、留存完整的“古典中国”县域标本。县城是中国历史文化名镇，古城格局完整，文庙、武庙、城隍庙、药王庙、天后宫、太保庙等地标性历史建筑留存至今，明清老街依然保留着打铁、做秤、弹棉花、中草药铺等鲜活的传统农耕商业业态；乡村中依然保留着100余座格局完整的传统村落，其中国家级传统村落75座，数量位居全国第五位。松阳虽然较好地保留了优质的乡村资源，然而在城市化、工业化高速发展的今天，这些乡村也依然面临着不断走向衰败和萧条的境遇。但松阳人民始终认为，在生态文明背景下，随着现代都市人越来越向往田园生活，越来越渴望良好生态环境和健康食品，以及基本公共服务的日趋均等化，交通、互联网等现代基础设施的日臻完善，乡村的价值将会得到重新发现，乡村的经济社会结构将会发生重要变革，乡村将迎来新的发展机遇。

（县农业农村局）

松阳县创建“省级全域旅游示范县”工作

2019年2月19日，浙江省人民政府办公厅印发《浙江省人民政府关于表彰全域旅游示范县（市、区）的通知》（浙政发〔2019〕4号），通报表彰松阳县创建成为省级全域旅游示范县，肯定松阳县深化旅游供给侧结构改革、推进体制机制创新、完善旅游公共服务体系以及全域旅游发展等方面的成效，并对松阳县提出“再接再厉，不断提升旅游发展水平，为浙江省全域旅游高质量发展发挥示范带头作用”。

松阳县全域旅游示范县创建工作启动于2017年2月，县委书记、县长担任全域旅游示范县创建工作领导小组组长，全县32个部门、19个乡镇（街道）为成员单位，建立最高规格工作体系；创新“5+X”联系点评机制、联合督查机制、领导联系机制和定期会商制度；出台加快全域发展的若干意见、非遗体验定制补助、文旅企业上规奖励等政策；县财政每年安排1亿元以上专项资金用于文化旅游发展，整合3亿元资金用于传统村落活化利用。

（一）完善公共服务体系。创新“征用+挂牌”等五种乡村旅游土地集约利用模式，破解乡村旅游用地难题；打造“快进慢游”旅游交通体系，累计投资8.5亿元改建通景公路28.5千米；推进“四个百公里”绿道建设，建成各类绿道311.6千米；编制全域旅游厕所建设指南，利用灰铺等存量资源改建旅游厕所，建成旅游厕所74座，提升农村厕所587座；建成智慧旅游大数据中心，研发“游松阳”APP、AR定向乐园等体验终端；是丽水市唯一“五馆”俱全的县，全年免费开放。

松阳县首家集体经济的民宿综合体——“原乡上田”

（二）提升环境满意指数。建设文化旅游市场社会信用和执法体系，健全文旅企业“红黑榜”“文明旅游”等制度；强化旅游安全管控，与蓝天救援、登山协会等队伍开展合作；夯实人才引进培育机制，徐甜甜等一批优秀团队和高端人才全程参与文旅项目，“携程”等品牌落户松阳；礼仪口才等30余个协会、文化圆梦大使等千余名中英文讲解志愿者常态化开展志愿服务。

（三）合理保护利用资源。坚持“活态保护、有机发展”，盘活闲置资源，最大限度节约土地，减少各类建设性破坏。投资2亿元实施城市有机更新，出台扶持政策保护修缮老城传统建筑，梳理周边环境、文化、生活肌理，引入威尼斯驿站（侨资）等项目，重现老城风貌格局和商业活力；通过传统村落保护利用和“拯救老屋行动”，全县200余座宗祠、20余座古廊桥、184幢老屋得到修缮保护，118个乡村植入了民宿、生态农业、文化产业等新型业态，县域开始呈现候鸟式的“生态移民”，近3年全县常住人口增加5700余人，其中3900余人是村庄的增长人口。

（四）坚持文化引领。持续推动全县域永不落幕的民俗文化节和当代艺术展、永不闭馆的乡村博物馆、永不停歇的乡野运动场品牌建设。复活“竹溪摆祭”等60余台民俗节会；举办国际天空跑等高等级品牌赛事；越剧《张玉娘》、松阳高腔红色剧目

松阴溪景区

《箬寮风雷》等先后在国家大剧院、中国婺剧院首演；实施“百名艺术家入驻乡村计划”，开展四季乡村艺术展等活动，已签约落地艺术家工作室85个。

（五）突出品质建设。围绕瓯江山水诗路文化带，秉承工匠精神，高品质推进张玉娘诗文馆等示范项目，推动黄南水库国家水利风景区、拯救老屋二期等50余个在建文旅项目，椰树民宿综合体等一批重大文旅项目成业成型。建成红糖、豆腐、白老酒等全县域生态工坊，推进蚕桑、造纸等工坊项目建设，探索混合所有制发展模式。围绕“万村千镇百城景区化”，推进新兴镇AAAA级景区乡镇，29个A级景区村庄创建，打造一批“画家村”“养生村”“户外运动村”，推动活村活业活态富民。打造“松阳工匠”品牌，培育30支近千人的松阳古建工匠队伍；推出“松阳八大碗”、八条艺术创作线路、八条研学线路。

（六）聚焦品牌塑造。打造具有国际影响力的“中国茶乡、乡愁旅游目的地、中医药康养胜地、艺术创作交流胜地”，推动乡村振兴、文化旅游的国际交流。高质量举办国际茶商大会、乡村振兴国际论坛、国际现代有机农业峰会，成立全球首个茶叶碳中和试验基地；王景纪念馆等品质文旅项目先后入展德国Aedes建筑论坛等世界级展示平台。

（七）注重融合发展。大木山茶园成为全国首批绿色食品一二三产业融合发展示范园，四都乡平田村入选全国乡村旅游发展典型案例；引进全息、阿郎自然农法，建成自然农法基地30余个，叶村乡岱头有机大米等优质的生态农产品得到市场青睐；研发艺术创作交易等十大文化业态和创意产品；打造“生长型”民宿，云端觅境精品民宿成为全国首批五星级民宿推荐单位。

（县文化和广电旅游体育局）

茶叶节

2008年3月16日至18日，由松阳县人民政府、中国国际茶文化研究会、中国农科院茶叶研究会、浙江省茶叶产业协会主办的第一届中国“松阳银猴”开茶节暨茶商大会在松阳县城举行。浙江省人大常委会副主任程渭山，浙江省人民政府原省长沈祖伦，中科院所长杨亚军，中科院主任陈霄雄，中国茶科所原所长、研究会副会长程启坤，中国国际茶文化研究会副会长、浙江省原文化厅厅长沈才土，浙江省茶叶产业协会副会长沈璇，浙江省农业厅副厅长朱志泉，浙江省科技厅副厅长邱飞章，浙江省工商局副局长吴干冰，浙江省质监局副总工杜久航，浙江省供销社副主任周加洪，浙江省妇联副主席赵玲，市领导焦光华、张成祖、虞红鸣、朱晨等出席会议。有国内外专家、学者、茶叶经销商和流通大户300余人参会。

当届开展了“松阳银猴”制茶状元大赛、“松阳银猴”系列名茶及名特优产品展示展销、专家讲座、欢迎晚宴、开幕式暨“古邑茶韵”大型文艺晚会、“2008浙南茶叶市场开市”仪式、浙江省茶产业科技创新服务平台专家科技咨询活动、茶商大会、丽水茶文化研究会成立大会、“松阳银猴”采茶状元大赛、茶乡游等活动。

松阳县依托良好的生态环境和悠久的历史文化，合力打造“浙江生态绿茶第一县”“中国绿茶集散地”的现代生态农业区域品牌。通过改良品种，建设标准化高效示范基地，优化茶叶产业结构，发展生态有机茶。通过推广应用先进适用技术，实施标准化、清洁化生产，提升茶叶品质，打响“松阳银猴”茶叶品牌。茶产业成为松阳农业的支柱产业，8万农民在茶产业找到自己合适的岗位，走上致富奔小康的快车道。

2009年3月24日至26日，松阳县开展以“茶商、市场、品牌”为主题，由中国茶叶流通协会、浙江省茶叶产业协会、松阳县人民政府联合主办的“2009中国茶商大会暨松阳茶叶节”在县城举行。浙江省人民政府副省长茅临生，浙江省人民政府原省长沈祖伦，中国茶叶流通协会常务副会长王庆，浙江省供销社主任诸葛彩华，浙江省茶叶产业协会会长施建强，市领导施基城、林天宁、张春法、金建新等出席会议。有来自全国26个省（市）的茶叶行业协会负责人、茶商300余人及新华社、中央电视台、中国新闻、《经济日报》、《浙江日报》、东方卫视、浙江在线、浙江电视台、《丽水日报》等中央和省、市各级媒体记者60余人参加。此次会议活动内容包括新闻发布会、文艺晚会、开幕式、“2009全国春茶形势分析会”、全国茶叶行业协会联席会、“2009松阳茶叶产销洽谈签约会”、品茶会、茶乡游、全国名茶展示、“碧云天”杯制茶状元大赛、民间艺术表演等活动。

茶叶节围绕“三个一”思路开展实施，即“打造一个平台，宣传一个主题，着眼一个目标”。一个平台即提供全国茶界精英汇聚松阳共商茶

2009年3月24日至26日，2009中国茶商大会暨松阳茶叶节在县城举行

事这一平台，让其成为“松阳茶”立足本地、走向全国的重要平台；一个主题就是紧密依托，提升松阳县“中国绿茶集散地”功能，扩大松阳茶产业的知名度和影响力；一个目标就是以茶为媒，推介松阳，达到农业增效，农民增收这一根本目标。

2009年，浙南茶叶市场茶叶交易量突破4200万千克，交易额达到12.4亿元；全县共有茶园面积7266.67公顷，总产量846万千克，实现产值4.84亿元，当地茶叶主打品牌“松阳银猴”已位列“浙江省十大名茶”，品牌价值8.4亿元。

2010年3月25日至27日，松阳银猴茶叶节以“茶商、市场、科技、品牌”为主题，由中国茶叶流通协会、浙江省农业厅和丽水市政府主办，松阳县人民政府以及浙江省茶叶产业协会承办的“第三届中国茶商大会松阳银猴茶叶节”在松阳县城举行。浙江省人大常委会副主任程渭山，民盟中央副主席、浙江省政协副主席徐辉，浙江省人民政府原省长沈祖伦，中国工程院院士陈宗懋，中国茶叶流通协会常务副会长王庆，浙江省人事劳动社会保障厅厅长乐益民、副厅长傅玮，浙江省农业厅副厅长朱志泉，浙江省供销社副主任周加洪，中茶所副所长江用文，浙江省茶叶产业协会会长施建强，中华全国供销总社茶叶研究院院长张士康，中国农村发展研究院副院长徐丽安，市领导陈荣高、林天宁、毛子荣、张春法、金建新、陈翠仙等出席会议。一同参会的有各级领导专家60人，全国各地重点产茶地领导40人，各地茶叶协会负责人40人，茶商和企业负责人200余人，媒体记者70人，共计410余人。在这期间组织举办了浙江省“松阳银猴”杯茶艺师职业技能竞赛、开幕式、新闻发布会、中国（松阳）绿茶产销对接洽谈会、中国（松阳）绿茶产业可持续发展研讨会、焰火晚会、品茶会，浙江名茶、丽水名茶展等活动。

2011年3月25～27日，第四届中国茶商大会·松阳银猴茶叶节在松阳县城举行

2011年3月25日至27日，松阳银猴茶叶节以“市场、科技、文化、品牌”为主题，由中国茶叶流通协会、中国国际茶文化研究会、浙江省农业厅和丽水市人民政府主办，浙江省茶叶产业协会以及松阳县人民政府承办的“第四届中国茶商大会·松阳银猴茶叶节”在松阳县城举行。浙江省人大常委会副主任程渭山，浙江省人民政府原省长沈祖伦，中国工程院院士陈宗懋，中国茶叶流通协会常务副会长王庆，浙江省农业厅总农艺师王建跃，浙江省工商局副局长朱志泉，浙江省供销社副主任瞿建，中茶所主任陈霄雄，浙江省茶叶产业协会会长施建强，中华全国供销总社茶叶研究院院长张士康，中国国际茶文化研究会副会长沈才土，市领导林天宁、张春法、金建新、庄志清等出席会议。来自全国各地重点产茶地领导、茶叶产业协会领导、茶叶专家、茶商、参展商共590余人，以及新华社、中国新闻社、人民网等近30家媒体记者90余人参加会议。此次节会活动内容有新闻发布会、大型音乐焰火晚会、开幕式、中国茶叶流通协会会长会议、陈宗懋院士专题讲座、松阳县茶文化研究会成立大会、中国松阳茶叶产销洽谈会、中国茶产业可持续发展论坛、品茶会，丽水市名茶、松阳银猴茶叶展示展销等活动。

进一步提高浙南茶商市场、“松阳银猴”品牌的知名度，展示了松阳悠久的茶文化历史。同时，经过多年的努力，借助茶商大会平台，“茶叶—茶农—茶商—茶产业”这条完整的产业链在松阳实实在在地得到呈现，茶产业富民、强县的产业地位越来越突出，“茶商大会和松阳银猴茶叶节”的金字招牌也正在变得越来越亮。

2012年3月27日至28日，由中国茶叶流通协会、中国国际茶文化研究会、中国茶叶学会、浙江省农业厅和丽水市人民政府主办，浙江省茶叶产业协会、松阳县人民政府共同承办的“第五届中国茶商大会·松阳银猴茶叶节暨松阳恢复县制30周年庆祝会”在县城浙南茶叶市场开幕。浙江省政协副主席徐辉，中国工程院院士陈宗懋，国家烟草专卖局原副局长潘必兴，中国茶叶流通协会常务副会长王庆，科技部农村司副司长王喆，丽水市人大常委会主任焦光华，以及肖建中、沈才土、陈直、张士康、周樟燮、吴定玮、张向北、何春淮、黄笑苹、吴金良、金津松、王昌荣、廖思红、金建新、吴炳全、叶赞平、沈璇、江用文、黄颖、徐颂列、陈国锋、林健东、武昌、张成祖、林彬、周国达、夏金星、刘年艳、陈家顺、郑文渊、邓唐良、陈士杰、姚祖根等国家部委领导、省市有关领导出席本届茶商大会。第五届节会活动内容有全国茶叶绿色防控现场会、欢迎晚宴、开幕式、文艺晚会、浙南茶叶市场茶叶质量IC卡启用仪式、松阳银猴茶王赛、茶叶产销洽谈会暨茶叶生产装备技术展、文化踩街、中国茶叶流通协会茶叶市场专业委员会年会、全国茶叶绿色防控学术研讨会、中国茶叶市场发展高峰论坛、全国茶叶绿色防控学术研讨会等活动。期间，恰逢松阳恢复县制30周年，松阳县于3月25日至30日举办了松阳恢复县制30周年成就展、摄影作品展等系列活动，吸引来自全国各省市茶叶流通协会、茶叶科研机构的专家、学者和全国知名茶商前来商贸洽谈。

2013年3月26日至28日，由中国茶叶流通协会、中国国际茶文化研究会、中国茶叶学会、浙江省农业厅和丽水市人民政府主办，中华全国供销合作总社杭州茶叶研究院、浙江省茶叶产业协会、松阳县人民政府承办的“第六届中国茶商大会·松阳银猴茶叶节”在松阳县城浙南茶叶市场隆重开幕。中国茶叶流通协会常务副会长王庆，中国国际茶文化研究会副会长沈才土，浙江省农业厅副厅长陈利江，浙江省供销合作社联合社党委委员、副主任王东方，中国银行浙江省分行副行长姚华，浙江省茶叶产业协会常务副会长沈璇，中华全国供销合作总社杭州茶叶研究院院长张士康，中国农业科学院茶叶研究所副所长鲁成银，中国茶叶流通协会副秘书长姚静波，中国茶叶学会常务副秘书长周智修，市领导朱晨、蓝资霞、任淑女、庄志清、张成祖等出席节会。来自国家有关部委、省市有关部门的领导、专家，以及国内知名茶商、茶叶市场负责人等嘉宾共500余人参会。

节会期间举办了新闻发布会、“松阳银猴”茶王赛、茶叶深加工技术应用交流会、品茶会、开幕式暨民俗民间艺术专场广场演出、百名画家画茶乡、大木山骑行茶园开骑仪式、茶叶产销洽谈会、中国茶叶深加工专业委员会成立大会、中国茶叶综合利用高峰论坛、全省茶叶深加工技术成果暨丽水市名茶展示等活动。

2014年3月26日至28日，松阳银猴茶叶节以“科技 市场 品牌 文化——茶叶电子化交易与茶产业转型升级”为主题，由中国茶叶流通协会、中国国际茶文化研究会、中国茶叶学会、浙江省农业厅、丽水市人民政府主办，浙江省茶叶产业协会、松阳县人民政府承办的“第七届中国茶商大会·松阳银猴茶叶节”在会议中心开幕。浙江省政协副主席陈艳华，中国农产品市场协会会长、农业部原党组成员张玉香，中国茶叶流通协会常务副会长王庆，国务院发展研究中心局级研究员、信息中心原主任程秀生，中国国际茶文化研究会副会长沈才土，中华全国供销合作总社杭州茶叶研究院院长张士康，中国农科院茶叶研究所党委书记姜仁华，浙江省农业厅总农艺师王建跃，浙江省供销社副主任张悦，市领导朱晨、蓝资霞、庄志清等出席会议。一同参会的有来自全国各地重点产茶地领导、茶叶产业协会领导、茶叶专家、茶商、参展商共510余人，以及新华社、中国新闻社、中国网、新华网、浙江在线、中央电视台、浙江电视台等40余家媒体的90余名记者。

节会活动有新闻发布会、开幕式、“松阳银猴”茶王赛、品茶会、“万人品茶”大会、“田园松阳”古村行、“田园松阳”茶乡行、浙江茶叶销售趋势分析暨松阳茶产业综合体招商推介会、“田园松阳”论坛、香茶（松阳）现货电子交易论坛、长三角茶叶品牌建设研讨会、全国重点产茶县座谈会、松阳茶产业发展座谈

2013年3月26～28日，第六届中国茶商大会·松阳银猴茶叶节在浙南茶叶市场举行

2014 年 3 月 26～28 日，在第七届中国茶商大会·松阳银猴茶叶节期间，全国重点产茶县座谈会在松阳县城举行

会等。展示松阳悠久的茶文化历史，提高浙南茶商市场、“松阳银猴”品牌的知名度。

2015 年 3 月 26 日至 28 日，以“科技 市场 品牌 文化——茶叶质量安全”为主题，由中国茶叶流通协会、中国国际茶文化研究会、中国茶叶学会、浙江省农业厅和浙江省丽水市人民政府主办，浙江省茶叶产业协会和松阳县人民政府承办的“第八届中国茶商大会·松阳银猴茶叶节”在松阳县城举行。全国政协文史和学习委员会副主任、中国国际茶文化研究会会长周国富，中国工程院院士陈宗懋，农业部绿色食品管理办公室主任王运浩，中国茶叶流通协会常务副会长王庆，中国农科院茶叶研究所党委书记姜仁华，安徽农业大学党委书记宛晓春，浙江省农产品行业协会联席会议秘书长王良仟，中国国际茶文化研究会副会长于辉达，中国国际茶文化研究会秘书长王小玲，浙江省农业厅副厅长唐冬寿，浙江省工商局副局长方金土，建设银行浙江省分行副行长陈根海，浙江省供销合作社联合社副巡视员申屠步升，市领导朱晨、任淑女、庄志清等出席会议。有来自全国多个省市县的相关领导、茶叶界专家、茶叶行业协会负责人、各地重点茶叶市场负责人、各地茶商共 500 余人，以及新华社、中国新闻社、新华网、浙江在线、《浙江日报》、中央电视台、浙江电视台、丽水电视台等 40 余家媒体记者 90 人参加节会。

节会期间松阳县举举行了新闻发布会、松阳银猴茶王赛、茶叶副产物综合利用工作会议、“松古遗芳”非遗专场演出、开幕式、“万人品茶”大会（“松阳银猴”茶王赛颁奖和获奖茶样展示、茶乡广场排舞表演）、开拓西北茶叶市场研讨会、“2015‘松阳银猴·魅力善融行’中国建设银行善融商务企业商城经贸洽谈暨招商引资推介会”、“2015 中国茶叶质量安全工作座谈会”、茶叶质量安全与茶产业持续发展报告会、“田园松阳”论坛等活动。

2016 年 3 月 26 日至 27 日，由中国茶叶流通协会、中国国际茶文化研究会、中国茶叶学会、浙江省农业厅、丽水市人民政府主办，浙江省茶叶产业协会、松阳县人民政府承办的“第九届中国茶商大会·松阳银猴茶叶节”在松阳县城开幕。全国政协文史和学习委员会副主任、中国国际茶文化研究会会长周国富，中国工程院院士陈宗懋，农业部绿色食品管理办公室主任王运浩，中国茶叶流通协会常务副会长王庆，中国农科院茶叶研究所党委书记姜仁华，安徽农业大学党委书记宛晓春，浙江省农业厅副厅长唐冬寿，浙江省工商局副局长方金土，建设银行浙江省分行副行长陈根海，浙江省供销合作社联合社副巡视员申屠步升，中华全国供销合作总社杭州茶叶研究院党委书记郑国建，中国农科院茶叶研究所副所长、中国茶叶学会理事长江用文，市领导朱晨、任淑女、庄志清等出席会议。有来自各省市领导、知名茶商（含茶叶网商）、全国各大茶叶市场负责人、科研领域的专家、媒体记者等 600 人参加节会。在节会期间松阳县举行了新闻发布会、松阳银猴茶王赛、品茶会（观看微电影《来自远方的茶》）、开幕式、经贸洽谈暨招商引资推介会、“万人品茶”大会（广场舞展演、“松阳银猴”茶王赛颁奖和获奖茶样展示、“松阳银猴”杯茶艺师竞赛颁奖、茶艺表演）、茶叶深加工副产物综合利用研讨会、嘉宾游学活动、“2016 中国茶叶网商大会（松阳）”、第三届全国茶艺职业技能竞赛技术规程研讨会等活动。

2017 年 3 月 26 日至 28 日，以“绿色 生态 融合 发展”为主题，由中国茶叶流通协会、中国国际茶文化研究会、中国茶叶学会、浙江省农业厅、丽水市人民政府主办，浙江省茶叶产业协会、松阳县人民政府承办的“第十届中国茶商大会·松阳银猴茶叶节”在松阳县城举行。全国政协文史和学习委员会副主任、浙江省政协原主席、中国国际茶文化研究会会长周国富，浙江省政协副主席、省侨联主席吴晶，中国国际茶文化研究会常务副会长、杭州市人民政府原市长孙忠焕，中国茶叶流通协会会长王庆，浙江省政协农业与农村工作委员会主任楼国华，浙江省供销合作社联合社主任邵峰，中国农科院茶叶研究所党委书记姜仁华，中国国际茶文化研究会副会长、杭州市人大常委会原副主任于辉达，中国国际茶文化研究会秘书长、浙江省政府原副秘书长王小玲，中国国际茶文化研究会发展与促进部、中国农业科学院茶叶研究所原党委书记陈叙达，同济大学丽水中药研究院院长、丽水学院原党委书记肖建中，浙江省农业厅副厅长陈利江，市领导任淑女、武昌、朱山华等出席会议。有来自10余个省份的专家学者、知名茶商和媒体记者等700余人参加节会。此次节会活动内容有开幕式、“禅心茶语”音乐沙龙品茶会、市场考察(第十届中国茶商大会•松阳银猴茶叶节茶叶加工机械装备技术展)、中国绿色生态茶乡行主题茶旅活动、中国绿茶产业带上线启动仪式、“2017年全国重点产茶县做大做强研讨会”、“浙江茶叶2017市场拓展研讨会”、历届茶商大会成果展示（微信、网页、专题片）、国家茶产业技术创新战略联盟科技示范基地“2016年度中国十大最美茶乡”授牌、绿色食品产业融合发展示范园创建启动仪式、“茶商新秀”、“风云茶商”、“松阳银猴”茶王赛颁奖等。

2018年3月27日至29日，以“科技、市场、品牌、文化——品质发展”为主题，由中国茶叶流通协会、中国国际茶文化研究会、中国茶叶学会、浙江省农业厅、丽水市人民政府主办，浙江省茶叶产业协会、松阳县人民政府协办的“第十一届中国茶商大会·松阳银猴茶叶节”在松阳县城举行。十二届全国政协文史和学习委员会副主任、中国国际茶文化研究会会长、第十届浙江省政协主席周国富，中国国际茶文化研究会常务副会长、杭州市人民政府原市长孙忠焕，中国茶叶流通协会会长王庆，浙江省农业厅厅长林健东，中国农科院茶叶研究所党委书记姜仁华，浙江省供销合作社联合社副主任张建，中华全国供销合作总社杭州茶叶研究院院长尹祎，市领导张兵、王小荣、金爱武等出席会议。一同参会的有来自15个省份的专家学者、知名茶商和媒体记者等700余人。节会期间举行主体活动10项，包括开幕式、松阳银猴茶王赛、茶香物语音乐会、市场考察、新生代茶人发展论坛、茶叶团体标准工作委员会成立大会及主体培训活动、中国茶叶学会活动、浙江茶叶拓展西北市场研讨会、经贸洽谈暨茶香小镇招商推介会、主题茶旅活动。

2019年3月26日至28日，由中国茶叶流通协会、中国国际茶文化研究会、中国茶叶学会、浙江省农业农村厅、浙江省农民合作经济组织联合会、丽水市人民政府主办，浙江省茶叶产业协会、松阳县人民政府承办的第十二届中国（国际）茶商大会·松阳银猴茶叶节隆重开幕。这是松阳首次举办国际茶商大会，旨在以现代化的要求、国际化的标准推动茶叶市场转型升级，将浙南茶叶市场打造成为具有国际影响力的茶叶市场；推动茶产业的绿色健康可持续发展，真正让松阳茶成为享誉世界的生态茶、健康茶、品质茶、文化茶；积极搭建国际化的交流合作平台，努力让全世界人民都能喝上优质茶，共同感悟和分享中国茶文化的价值和魅力；全面展示松阳茶叶全产业链建设成效。来自澳大利亚、比利时、埃塞俄比亚、德国、加纳、意大利、马拉维、新西兰、俄罗斯、卢旺达、肯尼亚、新加坡等国家和地区的国际友人，各兄弟省、市、县的相关领导、茶叶界专家、茶叶行业协会负责人、重点茶叶市场负责人、茶商朋友，台湾同胞和新闻媒体记者参加。

2019年3月26～28日，第十二届中国（国际）茶商大会·松阳银猴茶叶节在松阳县城举行

松阳县历届茶叶节情况

表 3

召开时间	摘 要	参会人员（人）	荣 誉	备 注
2008 年 3 月 16 日至 18 日	第一届中国“松阳银猴”开茶节暨茶商大会	300 余人	获首届中国名茶之乡；浙江省茶叶产业强县	打造“浙江生态绿茶第一县”“中国绿茶集散地”的现代生态农业区域品牌
2009 年 3 月 24 日至 26 日	2009 中国茶商大会暨松阳茶叶节	360 余人	被授予“中国绿茶集散地”称号；“松阳银猴”位列“浙江省十大名茶”	
2010 年 3 月 25 日至 27 日	第三届中国茶商大会“松阳银猴”茶叶节	410 余人	获“全国特色产茶县”“全国重点产茶县”称号；浙南茶叶市场荣获“第十四批农业部定点市场”	
2011 年 3 月 25 日至 27 日	第四届中国茶商大会·松阳银猴茶叶节	590 余人	被授予“中国茶文化之乡”“松阳银猴——中国文化名茶”称号	
2012 年 3 月 27 日至 28 日	第五届中国茶商大会·松阳银猴茶叶节暨松阳恢复县制 30 周年庆祝会	500 余人		
2013 年 3 月 26 日至 28 日	第六届中国茶商大会·松阳银猴茶叶节	500 余人	被授予“陈宗懋院士专家工作站”“中国绿茶第一市”称号	
2014 年 3 月 26 日至 28 日	第七届中国茶商大会·松阳银猴茶叶节	510 余人		
2015 年 3 月 26 日至 28 日	第八届中国茶商大会·松阳银猴茶叶节	500 余人	荣获“松阳银猴”驰名商标、松阳县松古盆地省级现代农业综合区、省级标杆性现代农业园区、全国茶叶病虫专业化统防统治与绿色防控融合试点县、中国茶叶行业诚信经营示范店	
2016 年 3 月 26 日至 27 日	第九届中国茶商大会·松阳银猴茶叶节	600 人	中国茶叶产业示范县授牌，全国绿色食品原料（茶叶）标准化生产基地授牌，浙南茶叶市场全国诚信示范市场授牌，浙南茶叶市场中国商品市场百强授牌	
2017 年 3 月 26 日至 28 日	第十届中国茶商大会·松阳银猴茶叶节	700 余人	国家茶产业技术创新战略联盟科技示范基地“2016 年度中国十大最美茶乡	
2018 年 3 月 27 日至 29 日	第十一届中国茶商大会·松阳银猴茶叶节	700 余人	松阳“古韵茶香 健康骑行——大木山骑行茶园”路线为 2018 年度全国茶旅金牌路线；被授予“中国茶事样板十佳”称号；“松阳香茶”被评为 2018 浙江绿茶（银川）博览会金奖；被评为中国茶叶百强县、中国茶旅融合竞争力全国十强县、全省最美田园、浙江省最具成长性十强品牌	
2019 年 3 月 26 日至 28 日	第十二届中国(国际)茶商大会·松阳银猴茶叶节		茶旅融合竞争力全国十强县、“松阳香茶”2018 年浙江省优秀农产品区域公用品牌最具成长性十强	中国碳中和茶项目松阳成果发布会；“全球茶叶产销形势及市场需求”分析会；全国茶业标准发展研讨会；茶叶行业组织建设研讨会；全国“茶叶机械”行业标准准研讨会；茶乡巡回法庭揭牌仪式等活动

（县委宣传部）

松阳县城中村改造项目

县委常委（扩大）会议暨城中村改造工作领导小组会议召开

2018年至2019年，松阳县开展城中村改造项目有青田码道、瓦窑头、北山3个区块。原青田码道和瓦窑头两个区块的违章建筑众多，社会问题错综复杂，派系利益盘根错杂、基层组织软弱涣散、历史遗留问题得不到有效化解，邻里矛盾、家风不正等社会不和谐问题长期存在，法治权威和政府公信力缺失，也是典型的“脏、乱、差、臭”，与周边区块极不和谐，仿若田园城市的一块“刀疤”。“一江两岸”（青田码道和瓦窑头）区块改造是老百姓多年的夙愿，早在多年前两区块的村三委就给县政府提交过报告，县人大代表、政协委员也纷纷提案，民有所呼，政有所应，不能让百姓在脏、乱、差的环境中步入小康社会。松阳县制定出台极为惠民的征迁政策，无论是安置地选择、房屋价格，还是奖补标准等细化政策，做到最大限度让利于民，让百姓充分享受政策红利。规划方案最大限度保留区块的乡愁记忆、历史文脉，最大限度拓展公共休闲空间，也最大限度地为原住民提供商业发展机会。“一江两岸”青田码道和瓦窑头区块改造，采取适度介入的“有机更新”方式，保留了天后宫、古造船厂、古航运站、老瓦窑等历史建筑，最大限度实现区块肌理脉络、文化脉络的有机延续。过2年至3年以后，“一江两岸”将实现凤凰涅槃。于百姓而言，将拥有更优质的生活环境，保留更完整的乡愁记忆，享受更多元的发展机会，这里将建成既保留城市田园风光，又延续城市历史文脉，还注入城市经济活力的“有根的城市社区”。于城市建设而言，将有效提高城市品位，增强城市核心竞争力，这里将成为松阳最具活力、充满魅力、极具潜力的“田园松阳”经济带、生态带、休闲带和文化带，成为松阳城市文化的新名片、城市旅游的新风尚、城市有机更新的典范与标杆。

（一）城中村改造——青田码道区块改造项目

青田码道区块改造范围为长松路以南，松阴溪以北，要津路以西，新华路以东，约23万平方米。松阳县将着眼于整个区块的长远发展，采取适度介入的“有机更新”方式，以优化、提升居民居住环境为主要任务，以疏导区块内部交通流线和水系景观为重要途径，以保护传统建筑风貌、城市肌理为工作重点，以补充发展旅游、休闲等新功能为发展目标，全力打造一个保留城市田园风光、延续城市历史文脉、注入城市经济活力的“有根的城市社区”。根据规划，把实施房屋拆迁、安置公寓建设、节点打造、立面整治、违建拆除、环境整治、基础设施改造、业态培育等系列有机更新项目；在前期调查得出，需征收土地约8公顷，征收房屋158户计3.6万余平方米，158户中在工程先行建设区及影响区内有55户，在公寓建设区块外有103户，建设安置房438套，建筑面积5.17万平方米。

2017年11月16日，松阳县政府公布了青田码道房屋拟征收范围，委托中介公司开展实物调查、登记、测量等工作，建立户情房情等基础档案；在县发改局、县建设局、县财政局等部门的共同努力下，规划方案、项目立项、审批、工程设计等工作均有一定的提前量，棚改资金落实到位；县房屋征收办经过精细研究，在广泛征求被征收户意见的基础上，制定房屋征收补偿政策，经县政府第20次常务会议通过，于2018年4月11日公开发布，并做出了房屋征收的决定。

2018年3月2～25日，青田码道区块改造项目指挥部抽调县建设局、县国土局、县执法局和县房屋征收办等单位干部17人，与西屏街道干部组成5个调查走访组，开展对征收户158户进行走访调查、宣传动员，完善基础信息，熟悉户情房情；并在5个走访组的基础上进行力量再强化，成立房屋征收动迁工作组8个计34人，由西屏街道班子成员担任组长；4月11～12日，指挥部组织动迁工作组、中介公司和相关村三委干部开展系统的政策培训，县委常委（扩大）会议暨城中村改造领导小组会议后又组建了由67个单位计190人组成的项目工作服务组，并与4月17日开展政策业务培训，为入户动迁做好准备；县国土局与西屏街道共同配合，基本完成红线范围内的征地测量调查工作。4月18日，县委县政府组织召开青田码道区块改造工作动员大会，组建8个动迁工作组、67个服务组并包干到户；会后青田码道区块改造项目指挥部坚持每日会商，召开多次研判会议，交办解决重大个性问题，加快房屋确权推进，其间先后8次召集中介公司、确权组等相关单位对红线范围内被征收户的房屋进行确权工作，完成第一批55户征迁户确权。4月29日，补偿方案全部制订完成，组织8个工作组全体成员和涉及工程先行建设区的27个服务单位组长及联络员进行征收补偿方案培训。5月5日，完成3家企业补偿方案；5月13日，启动青田码道区块改造项目先行建设区的签约工作，8个工作组计67个服务组开展全天候入户模式；5月15日，进入全面签约阶段，第二批103户征迁工作深入推进，由41个服务组做好相关资料搜集、核对、完善工作；5月22日，先行建设区55户原始户，122户析产小户房屋征收补偿协议签约任务全面完成；5月30日，实现55户房屋腾空验收。6月13日，先行建设区房屋拆除工作全面结束；6月24日，青田码道改造区块有机更新区实现103户房屋征收补偿协议签订工作。7月1日，房屋腾空工作全面结束，实现青田码道区块改造项目签约、腾空率100%。青田码道区块改造项目从4月份启动改造以来，历时68天，征收土地8公顷，征收房屋158户计5万余平方米，并于签约完成后8天内全部腾空，先行建设区房屋7天内全部拆除。

（二）城中村改造——瓦窑头区块改造项目

瓦窑头改造区块位于独山区块的江滨地带，共有原始户310户，其中：水南街道273户，西屏街道37户；征收范围红线内总占地面积17.92万平方米，其中房屋拆除面积13.7万平方米。瓦窑头区块改造项目是本届县委、县政府深入实施南城战略，全面推进县城“一江两岸”协同发展，打造“宜居、宜业、宜游”的“醉美南城”的重大民生工程。该区块改造前已通过“五水共治”“三改一拆”

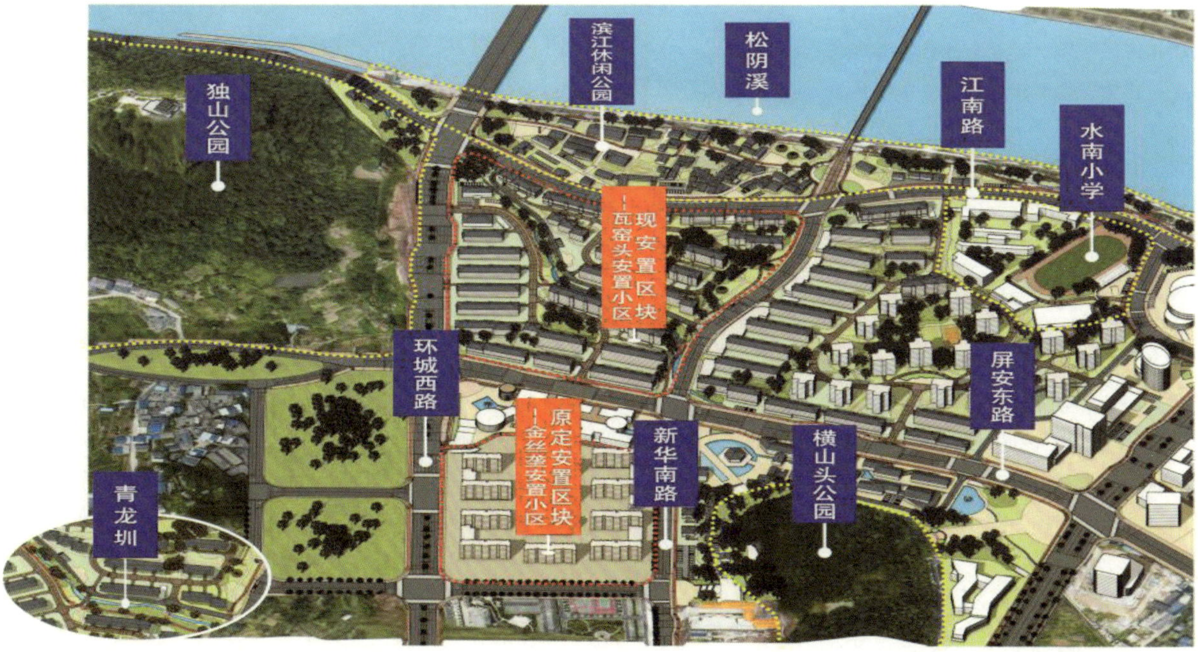

松阳县瓦窑头区块改造项目规划效果图

等环境整治专项行动，区块周边人居环境得到了改观，但与人民群众对更加美好生活的向往相比，差距依然较大。违章搭建严重、基础设施滞后、交通条件不畅、公共服务缺位、安全隐患较多、周边环境差等问题依然存在，群众对改善区域生活环境的愿望十分强烈。2018年4月，县委县政府成立了以县委书记王峻，县委副书记、县长李汉勤任组长，相关县领导9人任副组长的城中村改造领导小组，统筹规划城中村改造工作；2018年8月29日，松阳县召开瓦窑头区块改造项目规划汇报会；9月，成立由6人联系县领导抓总，6个主要单位牵头，抽调部分乡镇、部门干部组建23个102人组成的房屋征收动迁工作组和由67个单位200人组成的服务组，形成"县领导包片"、"重要部门牵头"工作组包组、"服务组包户"的全方位工作机制，并成立瓦窑头区块改造项目临时党委、纪委和党支部。县委、县政府先后召开瓦窑头区块改造项目建设动员大会、签约动员大会、3次部署会、6次推进会和35次研判会，动员部署、总结成绩、激发调动广大干部群众积极性、主动性、创造性。同时，完善工作运行机制和宣传机制，组建全体县领导和各副总指挥、各工作组和服务单位负责人参加的"瓦窑头攻坚"钉钉群，指挥部每天在群里通报6个大组，23个工作组、67个服务组的工作进展情况，各工作组与服务组第一时间上传最新的攻坚成果，用数据来说话，以结果为导向，晒成绩、比进度，迅速形成"比学赶超帮"的浓厚氛围。经反复研究，前后修订10余稿，制订《松阳县瓦窑头区块改造项目房屋征收补偿安置实施方案》（征求意见稿），并于2018年8月31日向社会公开征求意见建议。9月30日，《松阳县瓦窑头区块改造项目房屋征收补偿安置实施方案》在县政府常务会议正式通过并发布。

北山区块改造项目建设动员大会

2018年11月30日，瓦窑头区块改造项目沿路住宅迁建资格选号工作举行；12月19日，房屋腾空拆除工作正式启动。2019年1月10日，瓦窑头区块改造项目全面完成签约工作，2月21日，迁建安置户集中选地工作结束。瓦窑头区块改造项目自2018年9月30日启动，历时90天全面完成310户原始户700小户计13.7万平方米的征收签约工作。

（三）城中村改造——北山区块改造项目

北山区块位于县城北山路一侧，南起松阳车站，北至北山大转盘，是县城北部重要的入城口。涉及用地面积85163.29平方米，建筑面积25202.93平方米，区块内需征收房屋55户。2019年8月29日，松阳县发展和改革局批复县兴民新农村建设发展有限公司提出的北山区块城中村改造项目建议书；是日，县兴民新农村建设发展有限公司向县政府提交房屋征收申请书，8月30日批准同意；9月4日松阳县人民政府公布《松阳县北山区块拟征收房屋范围红线图》；9月5日召开北山区块城中村改造项目动员大会后，以西屏街道干部为主体组建3个工作大组，并于9月9日正式开始入户调查测量工作，用时8天完成走访测量工作100%；9月23日张贴并公布《松阳县北山区块城中村改造项目房屋征收补偿安置实施方案（征求意见稿）》，征求公众意见，为期30天；9月26日，正式进行确权工作，先后召开确权工作会议8次，期间，县委书记王峻、县长李汉勤多次到区块改造项目指挥部调研指导工作，并召开北山区块改造项目建设动员大会、2次工作推进会和20余次工作会商，成立北山区块城中村改造项目临时党委、纪委和党支部，5位联系县领导亲自上一线，并参照青田码道、瓦窑头区块改造的经验做法，以"县领导包片""工作组包组""服务组包户"的全方位工作机制，在3个工作大组的基础上进行力量再强化、任务再细化，由西屏街道班子成员9人担任组长，县国土局、县建设局、县房屋征收办等单位40余人组成的工作小组和35个单位120人组成的服务工作组共计200余人参与攻坚，11月6日开始评估信息采集工作，于11月11日全部收集完成，工作转入复核、签约阶段。11月17日，北山区块城中村改造项目确权率100%；12月31日，完成被征收户房屋征收补偿协议签订55户，签约率100%；累计腾空户数35户，腾空率65.6%；12月26日启动房屋拆除工作。

（县住房和城乡建设局）

“浙西南革命精神”弘扬践行活动

松阳是革命老区县，红色基因流淌在24万松阳干部群众的血液之中。当地红色资源丰富，革命遗物、遗址、故事和纪念建筑物等党史胜迹类型众多，是浙江省革命遗址存量最多的革命老根据地县之一。1924年，松阳有志之士为寻求革命道路，走出松阳，加入中国共产党。在土地革命时期，刘英、粟裕等老一辈革命家以及陈凤生、卢子敬、陈丹山等松阳籍革命先驱以安岱后、斗潭、小吉一带为中心据点，始终坚定“革命理想高于天”的信念，在腥风血雨、硝烟弥漫中，弥天烽火举红旗，舍生忘死跟党走，用鲜血和生命谱写了一部可歌可泣、恢弘壮丽的革命史诗。

2019年，松阳认真贯彻落实丽水市委四届四次全会和全市“浙西南革命精神”弘扬践行活动动员大会精神，全面开展“浙西南革命精神”弘扬践行活动。2月16日，松阳县召开“浙西南革命精神”弘扬践行活动工作动员部署会，会议要求，要以“浙西南革命精神”弘扬践行活动为契机，研究好松阳革命事迹，传承好松阳革命传统，弘扬好松阳革命精神，不断丰富“浙新南革命精神”内涵，将革命历史知识、革命传统、革命精神和民族精神、爱国主义精神传播给人民大众。2月22日，县委常委（扩大）会议暨“浙西南革命精神”弘扬践行活动领导小组第一次会议召开。会上，县委宣传部汇报了《松阳县“浙西南革命精神”弘扬践行活动实施方案》、工作任务分解及相关情况。3月7日，松阳召开“浙西南革命精神”弘扬践行活动动员大会。动员全县干部群众以实际行动弘扬践行伟大的“浙西南革命精神”，让红色精神绽放出新的时代光芒，汇聚起“松阳之干”的磅礴伟力，高质量推进“田园松阳”升级版建设。

全面启动“浙西南革命精神”本土性课题研究活动，研究编制《浙西南红色革命文化遗产保护利用工程总体规划》，开展“浙西南革命精神”等一系列的学习讨论活动。同时，通过强化红色资源价值转换，重点打造浙西南红色基因教育基地，推动松阳高质量绿色发展，促进“红+绿”精神、物质资源深度融合。

在弘扬践行“浙西南革命精神”活动中，松阳注重发挥党员干部的带头作用，广泛动员老党员、老干部、老红军后代、革命老区群众代表等各方面力量参与活动，形成全域推进、全民参与的热潮。通过组织开展“重走浙西南红色革命路”主题采访活动，“知名艺术家走进松阳深入红色基地”“讲好浙西南革命故事”“探寻浙西南红色印记·网络达人松阳行”“‘浙西南革命精神’宣讲活动”等，全面营造社会各界积极参与的浓厚氛围。

一、具体做法

（一）全面护好革命老区红色底本

2019年3月7日下午，全县“浙西南革命精神”弘扬践行活动动员大会召开

梳理革命历史，组织人员到北京、南京等地采访烈士后代，通过口述、访谈等方式，努力还原烽火年代的革命史实，编撰了《红旗插上安岱后》《难忘的人》《战斗的一生》等专著，创作了《杜鹃魂》等革命历史剧和《红色记忆》《火种》《三迎红军》等红色文艺作品。

保护革命遗存，开展红色资源普查工作，共梳理革命遗址149处。编制《浙西南红色革命文化遗产保护利用工程总体规划》，计划投资1756万元，实施挺进师机关和浙西南特委旧址等44处革命遗址的保护修缮工作。安民乡刘英、粟裕旧居，枫坪乡小吉会议旧址完成修复及布展。

挖掘革命内涵，广泛开展“浙西南革命精神课题”研究及论文征集，形成系列研究成果。其中，《“三迎红军”：浙西南革命中的军民团结》一文在《学习时报》、人民网等地刊登。

创作文艺精品，联合浙江婺剧艺术研究院打造松阳原创高腔红色革命题材剧《箬寮风雷》，在中国婺剧院、丽水大剧院等地上演，反响热烈；联合艺术家工作室创作《红色浙西南-松州风雷》连环画；以本土革命故事为蓝本，拍摄了一批反映革命历史的微视频。

（二）全面传承革命老区红色基因

全媒体进行宣传造势，开展弘扬践行“浙西南革命精神”文艺宣传演出进企业、进社区、进敬老院、进学校等活动30余场次。组织以红色精神为主题的全民阅读、主题朗读、微党课、红歌传唱等活动。全县60多个官微参与主题宣传，共创作839篇推文。国家级主流媒体报道1篇，省级12篇，市级25篇，县级250余篇。

全领域开展学习践行，将“浙西南革命精神”列入理论中心组、夜学、党校主体班次等学习内容。编印《浙西南革命精神读本（松阳卷）》《致敬浙西南》《松阳革命遗址图鉴》《纪念挺进师入松80周年专辑》，课外辅导读物《杜鹃红》画册、《红色故事系列》等。开展主题宣讲、文艺演出、红歌传唱等活动，引导干部群众深刻理解其精神内涵。

全方位打造红色阵地，打造以安岱后、小吉、斗潭革命遗址群为核心，以“专题教学+现场教学+体验式教学”模式为依托的红色研习基地。现已接待学员126批，经营收入180余万元。

（三）全面增进革命老区红色动力

加强红色资源转化，建立红色资源价值转化项目库，谋划项目22项。通过整合各部门资金对安岱后红军主会场等旧址进行修缮，分区域打造红色研习基地，把革命历史文化遗存同自然景观、地域文化和民俗风情相互融合，推进红绿古融合发展。

助推产业融合发展，引导当地提升民宿、“红军食堂”品质，为区域红色旅游接待提供优质服务。在革命老区植入生态农业、文化创意、农产品加工等农工贸文旅融合发展的新型业态，让群众在家门口实现增收。全县已形成红色职工疗休养线路4条、红色精品线路1条和红色户外徒步线路9条。

二、践行活动工作举措

（一）在“主题教育”上下功夫。认真贯彻落实市委四届六次全会精神，结合“不忘初心、牢记使命”主题教育，持续开展大学习大讨论活动，抓好党员干部理论学习教育，进一步领会革命初心。

（二）在“融合发展”上下功夫。加快安岱后红色教育文化接待中心、斗潭纪念馆等项目建设。以“红+绿+古”融合发展为要求，结合红色旅游发展，完善基础设施建设，营造红色研习氛围，推进安岱后、竹溪、小吉等红色景区村创建，实现红色资源价值转化，助推革命老区乡村振兴。

（三）在“深化内涵”上下功夫。组建红色讲师团及讲解员队伍，进行浙西南革命精神系列宣讲活动，送“教”下乡。松阳原创高腔红色革命题材剧《箬寮风雷》将参加江西抚州全国高腔展演、浙江省第十四届戏剧节展演、上海戏剧表演艺术白玉兰奖展演，并着手将剧目移植到本土剧团，送“戏”下乡。《红色浙西南》连环画首发仪式后，将与《杜鹃红》等红色文艺作品一起作为红色革命教育教材，在各个爱国主义教育基地进行推广，送“艺”下乡。

（县委宣传部）

松阳县"不忘初心、牢记使命"主题教育活动

2019年9月12日，松阳县"不忘初心、牢记使命"主题教育工作会议召开

2019年9月12日下午，召开全县"不忘初心、牢记使命"主题教育工作会议。会议学习贯彻中央和省委、市委关于"不忘初心、牢记使命"主题教育的工作要求，松阳县全面启动主题教育工作。全县82个部门单位、819个党组织，县处级以上领导干部32人，党员1.56万人参加第二批主题教育，全县面上呈现出高质量谋划、高起点开局、高标准推进的良好态势。通过开展自查评估，随机抽样150人参加测评调查，全县开展主题教育，党员领导干部学习贯彻习近平新时代中国特色社会主义思想，党员领导干部讲专题党课，党员领导干部担当作为、转变作风，力戒形式主义、官僚主义，主题教育期间解决群众反映强烈问题，专项整治开展情况等方面的总体评价都为好，并且提出了相关意见建议68条。同时也组织各巡回指导组对各单位开展主题教育情况进行调查评估，结果纳入年终基层党建考核。

一、开展主题教育的主要做法

（一）以强有力的组织保障，推动主题教育有序高质量。中共松阳县委高度重视主题教育，以强烈的政治责任感和担当精神，自觉把思想和行动统一到中央、省市委的决策部署上来，确保落实有力。在主题教育开展前，松阳县坚持不等不靠，开展党组织和党员的摸底核查和组织关系接转专题检查，督促组织关系接转到位；同时根据中央和省委规定的书目，组织党员干部按照"老老实实读原著"要求先学起来，为全面启动主题教育打牢学习基础。8月23日，县委主题办召开第一次会议，认真学习上级关于第二批主题教育工作要求，组织相关人员到市委主题教育办进行无缝对接，扎实做好启动各项准备工作；9月12日上午，丽水市委主题教育工作会议召开后，下午松阳县召开全县主题教育工作会议，进行全面部署，当天晚上，县直单位、乡镇（街道）本级均进行了动员部署。9月15日，所有党支部均启动主题教育。成立主题教育领导小组及办公室，进行全局统揽、全面推进、全程督导。领导小组由县委书记王峻任组长，先后召开3次会议，统抓顶层设计、总体布局；抽调精干力量14人，分设综合、宣传、联络和整改落实工作小组4个，负责主题教育日常工作，先后召开专题会议6次；成立县委巡回指导组10个，对78个单位、695个党支部实行全覆盖巡回指导，及时督查纠偏，确保规定动作落实到位。结合实际精心制定主题教育实施意见和工作计划，明确时间表、路线图和任务书，在此基础上，县委主题教育办每周以工作提示的形式，对各时间段主题教育任务进行细化指导，确保做到环环相扣。10个巡回指导组采取蹲点指导、随机抽查、实地检查、会商分析等方式，全程参加所指导单位集中学习、党课宣讲、基层调研、专题会议等，11月中下旬开展专题重点核查，全面体检，及时开展纠偏查漏工作，推动主题教育工作有条不紊，取

得实效。坚持“书记抓、抓书记”，各党委（党组）书记始终把开展好主题教育作为首要政治任务，思想上高度重视、组织上周密部署，对主题教育工作做到亲自抓、亲自管，做到学在前、做在前，带头开展学习研讨、调查研究、检视问题、落实整改，以上率下，教育引导全体党员干部改进作风，做到主题教育和中心工作“两手抓”“两手硬”。

（二）开展以高质量的学习，筑牢党员干部思想之基。松阳县县处级领导干部带头执行主题教育“每周夜学”制度，坚持每周一晚上开展集中封闭学习；各级党组织采取理论中心组、领导领学、专题辅导、交流研学、观看专题片、集中自学等形式，将学习教育任务落到实处。全县县处级领导带头开展现场教学2次、专题辅导4次、调研成果交流1次、集中学习7次；各级党委（党组）开展集中学习1230余次，基层党组织开展集中学习4170余次。乡科级领导干部615人参加“不忘初心、牢记使命”主题教育专题读书班；机关、村（社区）、“两新”党组织书记695人参加专题轮训。

突出互动研讨学，把交流研学作为学习教育的重要方式，全县领导干部围绕“党的政治建设”等8个专题举办交流研讨会82场，各级党组织积极采取“人人讲堂”“轮值讲堂”“一问一答”等方式深入开展讨论交流。组织开展十九届四中全会精神交流研讨，全县党组织开展四中全会精神集中学习（研讨）共1104场次，其中党委党组128场、党总支78场、党支部898场次。

突出创新载体学，创新现场教学模式。县委常委会立足浙西南革命资源开展“初心之行”，围绕县域发展的堵点、痛点、难点精心策划“使命之行”，寓教于学，提升学习实效。全县规划建立枫坪、安民等红色革命教育现场教学线路7条，乡村连环画艺术馆“红色学堂”、老兵故事展等教学点位11个。拓展线上学习平台。利用田园先锋微信公众号推送“组工好声音”、习近平总书记“经典语录”276期。在远教广场、各村级活动场所Led显示屏、电视图文频道、广播上开设主题教育专栏，不间断播放应知应会、习近平总书记系列重要讲话等内容，营造良好氛围。实施初心引领，开展“百名老党员话初心、百名书记践初心、百名年轻党员强初心”活动，以身边的人和事教育党员。

突出特色领域分类学，根据党员领导干部、机关事业单位普通党员、两新组织党员、农村（社区）党员、离退休党员和老弱病残党员的身份特点，灵活采取领学、送学、研学等方式分类指导。如机关事业单位“每周夜学+交流研学”、农村党员“书记领学”、两新党组织“党建指导员督学”、离退休党员“‘1+1’结对助学”、外出党员“邮寄送学+视频共学”、老党员“上门送学”等，确保各领域党员参加主题教育实现全覆盖。

突出督查推动学，建立常态化指导、检查督查机制，各县委巡回指导组通过“每周一查”“每周会商”“实地检查”“电话抽查”“组内排名”等有效形式，开展不间断巡回指导，县主题教育办开展实地检查4次，电话抽查8次，发出通报8期，同时综合运用好提醒、教育、补课、返工等手段，及时掌握进度和纠偏。

全领域宣讲学，党员领导干部结合走乡入村深化“三服务”活动，进机关、进社区、进农村、进学校、进企业，深入工作现场、田间地头、生产车间，向各级党员干部群众传达党的十九届四中全会精神。向各级干部宣讲四中全会精神1.2万次，其中县处级干部112次、乡科级干部715次。

（三）紧贴基层实际，坚持问题导向，开展调查研究。明确调研的目的和方式，时间节点，围绕“田园松阳”升级版建设战略，聚焦松阳山区国际化发展“四个地”目标，结合“十四五”规划调研，围绕新经济形态培育、城市品质提升、乡村全面振兴、民生福祉改善、体制机制创新、全面从严治党等方面有针对性地精心确定调研选题，助推中心工作、重点工作。县处级领导确定调研课题32个，全县乡科级领导干部确定调研选题624个。

领导带头作表率，县委书记围绕“关于松阳打造‘中医药康养胜地’的落地实践与思考”课题，相继开展调研活动6场，提出操作性强的落地建议。组团调研求实效，组建“县处级领导干部+联系部门干部+乡镇（街道）干部”的走乡入村组团调研服务模式，通过直插基层一线、直奔项目现场，到典型集中、矛盾集中的地方开展集中调研和蹲点调研，全县各级领导干部共开展调研活动2600余次。

把调查研究与解决基层难题结合起来，边调研边解决问题，主题教育期间，县处级领导结合“三服务”活动，解决调研中发现的问题177个，征集到基层治理、民生诉求、企业发展、基层组织建设及乡村振兴五方面问题246个，采取问题交办、整改销号的方式，已解决问题142个，帮办实事好事64件，帮助实施“消薄”项目32个。全县党员干部开展各类志愿服务3.6万人次，为群众办实事好事1.44万件次，圆梦微心愿4068个，拉近了与群众的距离，让群众感受到了主题教育带来的变化。

在深入调研的基础上，形成县处级领导调研报告32份，科级领导干部调研报告624份。12月20～21日县处级领导集中召开调研成果交流会，进一步形成推动松阳山区国际化发展共识；全县召开调研成果交流会82场次，摸清当前存在的问题，理清推动松阳高质量发展的对策思路，为下一步制定决策，开展攻坚破难，提供参考依据。同时结合调研成果，县委书记带头讲党课，其他班子成员跟进讲，各单位党员领导干部以讲好党课为己任，共讲专题党课637场次。

（四）紧盯关键症结，开门纳谏，

推动检视问题找细找准。坚持以正视问题的自觉和刀刃向内的勇气，坚持从主题教育一开始就抓好检视问题。全县县处级党员领导干部检视并转化为整改清单的问题507条，已整改446条；乡科级党员领导干部检视问题4128条，已整改3715条；普通党员检视问题3.93万条，已整改3.15万条。县委常委会班子按照习近平总书记关于“四个对照”“四个找一找”的要求，带头把自己摆进去、把职责摆进去、把工作摆进去，深刻检视剖析自身存在的问题；常委领导班子共查摆出14方面问题39种具体表现，每类问题既有总结归纳又有具体表现形式，既有党委班子的问题又有常委个人的问题，既有工作上的问题，又有思想作风问题，避免了“大而空”“小而碎”，确保问题找得准、找得实。认真对照党章党规、十九届四中全会精神以及巡视巡察反馈等方面，深入逐条对照检查，查摆不足，梳理问题清单。对照十九届四中全会精神，县处级领导对照查摆问题49个，乡科级党员领导干部805个；对照“8+1”专项整治查摆问题，县处级领导干部39个，乡科级党员领导干部540个。推行“线上+线下”同步征求，通过报纸电视、微信公众号、政府网站等平台，结合走乡入村深化“三服务”活动、大走访大调研大服务活动、结对帮扶、党员联系群众等，采取谈心谈话、集中座谈、个别访谈、夜访家访等形式，广泛征求党员干部群众的意见建议。期间，共征集到意见建议2.05万条，其中县处级党员领导干部234条、乡科级党员领导干部2693条，经梳理归类，均纳入检视问题清单。建立检视问题清单“一周一调整”机制，结合对照党章党规查摆情况、巡视巡察反馈情况、“三服务”征集意见情况、谈心谈话指出问题情况、自我剖析发现问题情况等，全面梳理查摆，及时添加新问题，逐步完善工作问题清单和个人问题清单。坚持立行立改、动态调整、销号管理，区分已整改的、正在整改的以及一时难以整改的，坚持每周进行“回头看”，一条一条兑现整改承诺，把整改落实转化为老百姓看得见的实惠。截至目前，县处级领导干部调整问题清单普遍在10次以上，普通党员3次以上。全县共召开对照党章党规找差距专题会议783场次。党员领导干部在思想、政治、作风、能力和廉政等五个方面深入剖析的基础上，广泛开展谈心谈话活动，诚心诚意交换意见，为专题民主生活会的召开打下良好的思想基础。12月6日县委常委会召开专题民主生活会，开展严肃的批评和自我批评，市委常委、宣传部长任淑女，市委第十五巡回指导组周大勇副组长到会指导。各单位也按照要求全部召开专题民主生活会。同时，县处级党员领导干部带头以普通党员的身份到组织关系所在的党组织参加支部生活会，带领党员干部开展批评和自我批评。695个党支部也已全部召开专题组织生活会，制订整改方案，全力抓好整改。

（五）紧抓工作实效，改字当头，推动整改落实抓紧促效。坚持把“改”字贯穿始终，结合学习调研发现的问题以及检视出来的问题，确定整改重点，真刀真枪解决问题。

1.聚焦巡视巡察反馈抓整改。针对省委巡视反馈涉及的57个问题逐一明确牵头领导、责任领导、牵头单位、责任单位，召开30余次专题会议，剖析问题根源、细化整改责任，研究提出整改措施231条。现均已完成整改，建立健全常态长效机制44条。

2.聚焦“8+1”专项整治抓整改。针对“8+1”专项整治的问题，按照“谁分管、谁整改、谁负责”的要求，建立县领导领办制，相关职能单位根据职责分工认领具体整治任务，全面推进九大专项整治问题查摆、研究整改举措，切实做到目标明、措施实、责任清，推行专项整改“销号式”管理，推动每项专项整治取得实效。“8+1”专项整治梳理的59个方面问题均已完成整改，建立健全长效机制67项。

3.聚焦群众操心事烦心事揪心事抓整改。推进“最多跑一次”改革向基层延伸，实现19个乡镇（街道）可办事项1387个;组织19个乡镇(街道）和13个职能部门开展扶贫民生领域不正之风和侵害群众利益突出问题排查，确定15个集中整治项目，并集中向社会公布；加大扶贫领域监督执纪问责力度，通报村级工程建设领域侵害群众利益问题8起8人；重点整治涉黑涉恶、黄赌毒、套路贷等违法犯罪问题，严格执行“一案三查”，在“打伞破网”上持续发力，打击涉黑涉恶团伙3个，查处黄赌毒案件79起，打掉套路贷团伙2个。

4.聚焦中心工作抓整改。把开展主题教育和改革发展稳定、中心工作等紧密结合起来，对标对表年度目标任务，找差距、抓进度、促落实，各项工作有序推进。全县主要经济指标稳步增长，前三季度10项主要经济指标增速排名全市前三名的有4项，其中社会消费品零售总额增速、财政总收入增速、一般公共预算收入增速均居全市第一名；全县45个重点建设项目进度达到预期，1～11月完成投资31.60亿元，完成年度投资计划的92.3%；社会治理、应急管理、森林防火等工作扎实推进；村集体经济“双达标”村203个，完成率100%。

5、聚焦干部作风抓整改。严格落实《关于进一步激励干部新时代新担当新作为，以“松阳之干”担纲“松阳振兴”的实施意见》等文件精神，拓宽干部“上”的渠道，畅通干部“下”的通道，严肃查处不担当不作为干部2人，对落实主题教育不力或落实信访维稳工作不力的乡科级干部5人给予诫勉处理，查处违反中央八项规定精神问题4起7人，通报曝光违反中央八项规定精神问题案例3起6人。

在抓好主题教育工作的基础上，积极挖掘亮点，总结提炼经验成效，共撰写活动简报13期，田园先锋、松阳广电、松阳新闻等自媒体推送信息464条。先后被省委主题教育办信息录用2条，市委主题教育办信息录用10条，市级以上媒体典型报道32篇。截至12月30日，人民网刊发1篇，省级媒体7篇，其中《浙江日报》2篇、浙江新闻客户端5篇；市级媒体24篇，其中《丽水日报》14篇、丽水电视台丽水新闻10条。

二、主要收获

2019年，松阳县通过3个多月扎实有效的工作，全县党组织和广大党员把开展主题教育同学习贯彻落实习近平新时代中国特色社会主义思想，特别是习近平总书记系列重要指示批示精神结合起来，同推进县域经济社会发展实际结合起来，坚持在学习教育、检视问题中守初心、悟初心，在整改落实、解决问题中勇作为、担使命，真正做到边学边查边改，把学与做、查与改有机融会贯通，自觉锤炼忠诚干净担当的政治品格，主题教育取得重要阶段性成果。

（一）理论学习有收获。县委常委会深刻认识到，在新时代把党的自我革命推向深入，强化政治理论学习是基础。只有深刻领会基本理论，真正掌握马克思主义观点、立场、方法，实实在在学懂弄通做实政治理论，才能真正起到武装头脑、指导实践、推动工作的效果。在此次主题教育中，通过集中有效不间断地读原著、学原文、悟原理，广大党员尤其是党员领导干部理论武装得到强化，有效解决了理论学习“学得浅”“学得散”的问题，进一步加深了对习近平新时代中国特色社会主义思想的理解，增强了学思用贯通、知信行统一的自觉性和坚定性，提高了运用党的创新理论指导实践、推动工作的能力。

（二）思想政治受洗礼。县委常委会深刻认识到，坚定的理想信念，来源于严格的党内政治生活锤炼、党性锻炼。通过组织全体党员干部学党史、学新中国史，进一步坚定了党员干部的信仰与信念，使党员干部在思想上得到一次升华。在此次主题教育中，党员干部主动接受思想政治洗礼，集体赴安民、枫坪接受红色教育，对照浙西南革命斗争中的英雄人物和英雄事迹，检视自身问题和差距，从革命精神中汲取战胜一切艰难险阻的精神动力；组织参观老兵的故事影展、新中国70周年成就展网上展馆，在回顾新中国发展史中汲取理想信念养分；集体瞻仰革命烈士纪念碑，重温入党誓词，迸发砥砺前行的精神动力。通过各种理想信念教育，广大党员不断筑牢信仰之基、补足精神之钙、把稳思想之舵，进一步深化对“四个意识”“四个自信”“两个维护”的认识，更加坚定自觉地在思想上政治上行动上同以习近平同志为核心的党中央保持高度一致。

（三）干事创业有担当。县委常委会深刻认识到，对党忠诚，不是靠嘴巴说说的，而是要通过扎扎实实的工作，实实在在的业绩来体现的，是要通过攻克一个个发展难关的实际行动，才能真正诠释对党忠诚，对人民负责。此次主题教育，通过抓学习促工作，将主题教育与推动工作有机融合，特别是《关于深化完善容错纠错机制的实施细则》出台和落实，全县各级党组织带领广大党员干部迸发出积极向上，勇于克难的精神风貌，推动党员干部勇于担当、直面矛盾、求是挺进，圆满完成 “平安护航新中国成立70周年大会战”；捧得了大禹鼎；成功承办首届联合国城乡联系国际论坛；举办“2019田园松阳国际半程马拉松”“2019丽水·松阳中国天空跑国际挑战赛”等系列活动；顺利推进了南城攻坚，启动并顺利推进北山区块改造、衢丽铁路等重点项目。

（四）为民服务解难题。县委常委会深刻认识到，这次主题教育是群众家门口的主题教育，出发点和落脚点都应当是解决群众所思所想所急，用实实在在的实惠让群众感受到主题教育带来的变化，不断增强群众的获得感、幸福感。此次主题教育中，广大党员自觉把眼睛向下，身子下沉，努力解决好群众操心事、烦心事、揪心事，通过走乡入村“三服务”、志愿服务、党员联系服务群众等长效机制的落实，广大党员深入村组、深入农户，送温暖、送政策、解难题、办实事、做好事，在带给群众实惠的同时，进一步站稳了人民立场，树牢了以人民为中心的发展思想，成功创建省食品安全县。“最多跑一次”向基层延伸、智能电子公交站牌安装、农户发证“统一收件、上门办理”、党员干部合力解决用水难等，充分体现了为民服务的情怀。

（五）廉洁自律做表率。县委常委会深刻认识到，时刻把政治纪律和政治规矩挺在前面，守住底线、不越红线、不碰高压线，是共产党人的政治本色。此次主题教育中，全县各级党员领导干部从一开始就检视问题，从一开始就立行立改，并随着主题教育的推进不断深化。通过对照党章党规找差距专题会议、专题民主生活会、专题组织生活会，深刻检视自己在知敬畏、存戒惧、守底线方面存在的差距，查摆各种违背初心和使命的问题，进一步淬炼了广大党员干部保持为民务实清廉的政治本色。县委在深入推进“8+1”专项整治的同时，不断深化县委巡察，组织召开全县领导干部警示教育大会、领导干部家属廉政集体谈话等，坚持警钟长鸣，采取书面通报、诫勉、调离岗位等实质性举措，对不担当不作为的领导干部进行处置，教育广大党员干部以案为鉴，汲取教训。从今年巡察发现问题的情况来看，2019年以后新发生的问题占比不到20%，说明党员干部的政治意识、政治规矩有明显增强，政治生态有明显好转。

三、特色做法

（一）“三个一百”初心引领成效初显。通过开展“百名老党员话初心、百名书记践初心、百名年轻党员强初心”初心引领活动，编印《初心的力量》本土教育读本，收录机关、农村、城市社区、“两新”等不同领域的老党员100人、党组织书记100人和年轻党员100人的初心故事，用身边事、身边人滋养党员初心。

（二）“每周夜学”推动学习教育入脑入心。建立县直单位、乡镇（街道）“每周夜学”制度，机关党员干部每周一晚上集中学习，采取领导干部领学、专题辅导、交流研学、观看专题片、集中自学等形式，推动读原著学原文悟原理走深走实。

（三）“组内排名”营造比学赶超氛围。建立县委巡回指导组指导单位“一旬一排名”机制，即各县委巡回指导组结合日常检查抽查、指导督促情况、材料上报情况等内容，对组内各单位主题教育开展情况每旬进行一次排名并通报，形成各单位比学赶超良好氛围。

（四）“集中交办”抓实问题整改。建立走乡入村“三服务”问题办理有关工作制度，对走乡入村深化“三服务”活动中收集的基层、群众、企业反映的各类问题建立问题清单，实行集中交办、定期通报和销号管理，对已解决的问题及时向群众公布，对一时难以解决的问题也要实事求是向群众说明情况，切实推进问题整改。

（五）探索推行党员“双指数”评议制度激活农村党建“细胞”。创新开展农村党员先锋指数和服务指数“双指数”考评，通过联系户量化打分的形式，对党员的作用发挥和党性状况进行评议，为基层党组织加强党员管理提供有力抓手，激发党员争先意识，实现党员好不好由组织和群众“一起说了算”。

四、成功经验和重要启示

（一）聚焦主线不偏离，扎实抓好规定动作是主题教育顺利推进的基础。主题教育期间，全县各级党组织始终紧紧围绕学习贯彻习近平新时代中国特色社会主义思想主线，通过“每周夜学”、主题党日、专题研讨、现场教学、专家授课等平台和载体，广大党员干部带着问题学、带着思考学，在学习教育中学初心、悟初心、守初心，真正推动学习贯彻习近平新时代中国特色社会主义思想往深里走、往心里走、往实里走，切实提高了运用党的创新理论指导实践、推动工作的能力。

（二）以上率下强示范，始终牢牢掌握主动权是主题教育顺利推进的保证。火车跑得快不快，关键靠车头带；工作干得好不好，“头雁”是关键。在这次主题教育中，县委常委会带头开展主题教育，县委书记“挂帅指挥”，县处级领导以上率下，起到了很好的示范带头作用。在推进过程中，牢牢坚持“书记抓、抓书记”，紧紧压实各党组织书记的责任，各单位主要领导自觉做到带头学习谈体会、带头调研找问题、带头检视真剖析、带头整改抓落实、带头开展批评与自我批评，一级做给一级看，一级带着一级干，推动主题教育各项规定动作有效扎实落地。

（三）坚持分类指导，抓住重点领域突破是主题教育实现全覆盖的重点。第二批主题教育面广量大情况复杂，针对这一情况，松阳县始终把分类指导贯彻始终，针对机关、农村、离退休、“两新”等不同领域实际情况，县委主题教育办立足实际，进行分类指导，分别召开“两新”党组织、离退休党支部、农村党支部等三个重点领域的专题培训推进会，提出相应的具体要求。各单位结合实际，以全覆盖为目标，针对部分流动党员、年老体弱党员以及学历层次低的党员，分类采取“红色邮寄”“送学上门”“1+N结对助学”“线上线下融合推进”等有效措施，确保党员主题教育全覆盖。同时在巡回指导、检查抽查中，把离退休、流动党员、“两新”组织党员作为重点，及时发现问题，及时调整措施，推动了党组织和党员参与主题教育的有效覆盖。

（四）坚持问题导向，边学边改、边查边改贯穿始终是主题教育取得实效的关键。整改落实是主题教育的关键，整改到位不到位也是人民群众评价主题教育效果的重要依据。在主题教育中，全县各级党组织深刻理解中央精神，准确把握主题教育“十二字”总要求，积极回应群众关切、关注的问题，始终盯着问题抓整改，一抓到底，确保主题教育取得实实在在、群众看得见摸得着的实际成果。

（五）坚持开门搞教育，激发群众主动参与是检验主题教育成效的标准。此次主题教育是在群众家门口开展的教育。在主题教育中，各级党组织始终坚持开门搞教育，通过公开征求意见建议、走访联系服务群众、办实事好事情况公开公示、开展家访夜访、座谈访谈交流等，做到查摆问题公开透明、重大事项办理网上公布、重大工作群众监督、教育成效群众评判，有效保障群众的知情权、参与权和评判权，主题教育成效得到广大群众的认可。同时在农村基层党组织推行了群众直接参与评价的工作机制，主题教育成果让群众共享，成效由群众评价，激发群众参与的积极性，也推动党员干部主动联系农户，为群众办实事好事的主动性，真正实现了党员受教育，群众得实惠的效果。

（中共松阳县委主题教育办）

中医药复兴地建设

松阳人文沿革鼎盛，中医药底蕴深厚，是瘟病学家叶天士的传承地，有佛教高僧行达禅师、道教国师叶法善真人，中医世家盛出，有“酉田先生”叶氏、“张三馀”中弄张氏、“中药楼”杨家堂宋氏、“包一钱”城西包氏等中医世家，为后世留下不少具有重要价值的中医药方。松阳县域尚存100多家鲜活的中草药铺，流传着许多单方验方，依然发挥着重要作用。近年来，中共松阳县委、县人民政府深刻领悟中医药内涵实质，结合当地生态优良的自然环境、丰富多元的中草药资源以及底蕴深厚的中医药文化。2016年，中共松阳县委第十次党代会上明确提出打造“中医药复兴地”的奋斗目标，并以构建四个体系、12个专项行动、60个指标任务施行“中医药复兴地”奋斗目标的实现。

一、中医药服务体系架构成框成形

（一）三级服务网络形成运行。按照以“县级中医院+乡镇中医馆+村级中医室”为主框架、以“民营中医诊所+民间中草药铺”为补充的中医服务网络布局，全面推进中医项目建设，提升软硬设施。目前，县中医医院迁建项目完成项目前期80%工作量，正开展项目征地、规划方案编制等工作；该项目估算投资约4.6亿元，规划床位500张、占地5.67公顷、建筑面积7.1万平方米。此外，中医基层化项目建设列入2019年民生实事项目之一，建成标准化村中医室21家，中医智能医联体建成并贯通投用，扶助民间中草药铺规范化提升7家，基层中医药服务网络更加健全便捷，也获得了县人大代表、政协委员的高度肯定。

（二）三大品牌创建开始落地。启动“4+2”品牌创建，即4个国家级和2个省级创建，分别为国家中医药综合改革试验区、全国中医药旅游示范地、全国基层中医药工作先进单位、国家综合医院中医药工作示范单位和省级中医药养生文化旅游示范基地、省级示范性中医馆，通过标准化和特色化创建，大幅提升中医药服务能力。申报创建国家中医药综合改革试验区的材料已上报，等待国家中医药管理局领导专家到松阳调研考察；全国基层中医药工作先进单位创建工作完成材料申报并召开了动员部署会；云顶仙坑源国际人文养生度假村创建成为省中医药文化养生旅游示范基地，乡伴椰树、鸣珂里等10余家民宿融入中医康养元素，体验人气趋旺。

（三）中医一体化建成通用。县中医医院建立“一体三中心”，负责县域公立医疗机构中医药工作指导，形成中医药一体化互联服务综合体，内部建成中医信息智慧中心、共享药房中心、炮制培训中心。设立中医智能医联体项目终端，包括中医智能云系统、共享阳光中药房系统、华数网络支持系统和现代物流配送系统，2019年8月底建成试运行，11月初全面铺开，实现全县乡镇医疗机构中医药服务全覆盖，实现中医诊疗、处方、配药、煎煮、配送一体化服务，解决基层“缺中医、少中药”的困境，助推中医药“最多跑一次”，让老百姓真正享受到更多“简、便、验、廉”的中医药服务。截至2019年底，各乡镇卫生院共上传中医处方501张，配送中药2875贴。

二、中医药产业体系开始布局落子

（一）中药材生态种植方向明确。利用当地自然资源优势，开展中草药野化扩繁和林下套种，实现示范引领、点位突破，明确中药材生态种植基地：卯山中药材种苗繁育基地、林村中药材野化抚育基地、松阴溪中药材科普景观带、板桥畲药规模化基地、全县域药食同源生态农业基地。截至2019年底，全县林下种植中药材基地243.33公顷，中药材苗圃基地4公顷，形成10余种松阳道地中药材。10月14日，中国农科院原副院长、联合国工发组织（UNIDO）全球科技创新专家委员会执行主席章力建博士在2019丽水“人才·科技峰会”期间，与市县领导就在丽水市筹建“全球中医农业科技创新基地”方案进行了探讨并达成共识，拟落地松阳。同时，启动中医药博览园、百草园科普基地等建设，对县城生态滩公园、江滨公园、中草药广场等公共场所绿地，以及政府单位内部绿地和云

2019 年 5 月 22 日，浙江康恩贝中药有限公司向松阳县慈善总会捐赠 500 万元善款

县中医院共享阳光中药房

顶仙坑源养生文化村等地的主要药用植物进行摸底调查，并完成中草药立牌挂牌 107 类 280 块，逐步形成全县域中草药科普景观。

（二）中医药产业招商节奏加快。做强做大地方企业，开展中医药制造产业招商引资和回引创业，逐步实现中医药产业集群集聚发展。2019 年，引进俞同春股份有限公司落户松阳，该企业在三都乡丁旺山开发建设“五谷虫”基地；康恩贝中药有限公司的复方鱼腥草合剂列入浙江省 2019 年首批 13 种“浙产名药”宣传推介目录之一；松阳与上海相宜本草化妆品股份有限公司、乡伴旅游文化发展有限公司，签署《中医药本草生态圈三方战略协议》；与瑞典农业大学下属公司完成数字化植物工厂项目洽谈；与中意启迪签订中医药产业体系及功能性食品科技开发示范基地项目合作意向书,该公司计划在松阳建立合资公司，推进全县中医药产业体系建设、功能性食品产业发展、中医云数据和康养小镇打造等。同时，成功申报了省财政厅乡村振兴中医药康养产业示范项目，争取 4000 万元的产业扶持资金。

（三）康养文旅运动多层面展开。挖掘“六养”资源，重点开发中医药康养旅游主题线路、特色产品和健身休闲产业，推出“六养”主题体验线路六条。以各类文化体育赛事活动为发力点，积极培育康养休闲型赛事经济，高质量举办运动康养休闲旅游节、半马、天空跑等高端康养赛事活动，推广举办“五禽戏”“八段锦”培训班，群众参与太极等各类康养运动。在玉岩镇谋划建设康养小镇，在古市卯山道教养生文化传承区块建设大鲵康养小镇，推进中医特色康养产业建设。

三、中医药文化体系梳理推广行动

（一）挖掘整理一批底蕴文化。开展以弘扬传统中医文化为核心，挖掘“松阳中医药”文化底蕴，组织专班开展专题文史研究，整理松阳历代名老中医医案、叶法善道教养生文化、叶天士温病理论，为松阳中医药文化注魂、赋能、立根。实施药皇宫、酉田七代医馆、中医药文化广场的修缮建设，对县域 132 种草药土名进行确定，整理成 60 余个单方验方。2019 年底，县中医药学会编辑出版《松阳常用中草药（一）》一书，该书收集了县域常用中草药 99 种，配原药材彩色图谱和文字说明。邀请河南中医药大学许敬生教授创建“中医药文化研究工作室”，立项编写《松阳中医药文化寻源》一书。

（二）教育传承逐步向全民贯穿。（1）推动中医教育由科普宣传向教育应用转变，创新完善中医药本土教材，中医知识编入《田园松阳》教材，在全县小学四年级阶段授课；水南小学编写了《百草韵》校本教材，在学校综合实践课中开设中医药知识校本课程。（2）推动中医师承教育从娃娃抓起，创建中医药校园传承基地。在民族中学、松阳三中、城北小学、水南小学、靖居小学建成本草园中医药文化教学实践场所。同时，在全县各中小学校将中医药知识融入校园文化建设中，开展中草药系列活动进校园活动。博士朱慧萍在实验小学举办首届公益性“中医童子夏令营”，城北小学组织学生手绘草药图，汇文小学在药皇宫区块组织中医药文化现场教学等。（3）推动中医药文化广泛传播，厚植全社会“信中医、学中医、懂中医、用中医”的中医发展氛围。2019年，举办中医药文化展、养生科普讲座、中医传统技艺体验等各类载体活动70余场次，走进松阳讲课的省级以上专家教授30余人，群众参与达4.6万余人次。

（三）立体化开展对外交流。举办中医药文化节，搭建国际康养论坛等交流合作平台，加快形成国际影响力，全力打造国际中医药康养胜地。2019年，举办松阳·杭州民间中医药学术交流活动、田园松阳论坛——打造中医药康养胜地报告会、健康松阳研讨会等，复旦大学国家医学研究中心在松阳立项“人群健康生物学年龄评价体系研究”课题，肖鲁伟院长在松阳立项“中医康养专项”研究课题；邀请美国堪萨斯城儿童医院临床药理毒理实验室所长、药学博士到松阳进行考察调研中医药科研项目，先后也有湖南永州、山东德州、吉林梅河口、江西鄱阳等10余批次计30余人次民间中医师到松阳交流，中医药学术交流、人才交往、国内国外交流频繁。

四、中医药保障体系要素聚合明显

（一）出台多项政策机制。建立以县委书记、县长为双组长的中医药复兴地建设领导小组，印发实施《深化中医药复兴地建设 打造国际中医药康养胜地三年行动计划（2019—2021）》，编制《松阳县中医药复兴地建设总体规划》《松阳县乡村振兴中医药康养产业示范项目》文件。成立中医药发展研究中心，设立中医药发展专项基金，制订基金会章程。2019年9月7日，杭州灵隐寺在华严阁举行“云林中医药发展基金”捐赠仪式，向松阳县中医药发展基金会捐赠500万元。截至年底，基金会已筹集发展资金700万元。

2019年12月21日，松阳县“挖掘松阳传统药膳活动”决赛

（二）人才培养多渠道拓展。加强中医药职业教育，加快技能型人才培养，开通中医药人才招聘引进绿色通道，招引一批中医药优秀人才，进一步拓展中医药从业人员施展一技之长的空间，鼓励西医人员学习中医，培养一批中西医人才。2019年，成立中医药学会中医护理分会，推进中医药护理学术发展；450余人次完成县级中医药课程学习，第三期“西学中”培训班学员109人结业；县委高层次人才沈敏鹤院长工作室挂牌成立，一名国医大师合作正在洽谈，3个省名中医工作室将落地，吴瑞华工作室、朱慧萍工作室高效运行，中医人才汇聚初显。

（三）多层次开展宣传报道。编制每月一期工作简报，制作完成“江南秘境 中医药复兴”主题宣传片，借力主流媒体讲好松阳中医药故事。2019年，由《中国改革报》、《经济日报》、人民网、《健康报》、《中国中医药报》、《经济参考报》等7家中央主流媒体记者组成的调研组到松阳调研中医药创新工作；人民网、《健康报》、《中国中医药报》、国家中医药管理局官微、《浙江日报》、浙江中医药官微、《丽水日报》等各级主流媒体大篇幅宣传报道松阳中医药工作13篇，丽水市副市长卢彩柳专门批示松阳中医药创新性工作。

（县卫生健康局）

省委第八巡视组对松阳县委巡视工作

——松阳县委关于巡视整改情况的通报

根据省委部署，2019年3月13日至5月15日，省委第八巡视组对松阳县委进行巡视，6月27日，省委巡视组向松阳县委反馈巡视意见。按照党务公开原则和巡视工作有关要求，现将巡视整改情况予以公布。

松阳县委把巡视整改作为重大政治任务来抓，始终站在讲政治、讲大局、讲党性的高度，切实将思想和行动统一到省委的部署要求上来，以高度的思想自觉正视问题，以强烈的紧迫意识改正问题，切实做好整改工作。（一）提高思想认识，把握整改要求。按照“见人、见事、见单位、见处理结果、见责任追究、见规章制度”要求，始终坚持“从紧、从严、从快和实事求是”原则，对巡视反馈意见中点到的具体人、具体事、具体案例，逐一落实，抓好整改。（二）加强组织领导，明确整改任务。第一时间成立省委巡视反馈意见整改落实工作领导小组。针对反馈的7个方面问题提出了231条整改措施，逐一明确牵头领导、责任领导、牵头单位、责任单位、完成时限，形成《整改方案》。先后召开县委常委会4次、整改工作领导小组会议8次，开展巡视整改工作专题调研及专项会议30余次，专题研究整改工作。（三）坚持上下联动，狠抓督导落实。成立省委巡视整改工作督查组，制定“任务报告机制、会议商调机制、跟踪督办机制、通报问责机制”等四大机制，采取清单式销号管理，实行“每周一报”制度，定期分析研判全县整改工作基本情况及存在问题，对全县各单位整改情况进行实地督查，对进度滞后事项及责任单位进行通报，确保整改任务落实到位。

巡视反馈后，对省委巡视组巡视期间移交的59件信访件，进行了认真梳理和集中办理，目前已办结56件，办结率为94.9%。对巡视组移交的61件问题线索，及时进行分类处置，并均已办结。在巡视整改工作中，立案21人，党纪处分16人（党内警告10人，党内严重警告6人），政务处分5人（警告1人、记过4人）；组织处理22人（调离岗位13人、免职9人）；留置3人，诫勉2人，教育谈话126人。建立健全制度44项。挽回经济损失520.29万元。

一、关于“贯彻习近平同志松阳调研指示精神有落差”问题的整改情况

2004年、2006年，时任省委书记习近平2次调研松阳，提出“茶叶要绿色有机、欠发达地区要加快发展”等明确要求，松阳县委在学习贯彻中仍有差距”问题的整改情况。（一）学深悟透习近平总书记重要指示精神。县委常委会、县政府党组分别组织召开专题民主生活会，针对该问题进行深刻剖析，明确要求深入学习习近平总书记对浙江、丽水的历次重要指示精神，并着重组织开展习近平总书记两次到松阳调研指示精神的再学习、再研究，进一步明确我县生态农业、生态工业发展思路和举措。（二）推动生态农业绿色发展。深入开展农药化肥减量增效工作，积极推广生态控制、生物防治等绿色防控技术，落实农药实名制购买制度，近年来化肥、农药使用量同比降幅均位居全市前列。成立全市首家植物医院和新型庄稼医院，成立县自然农法协会、县农业产业技术创新与推广服务团，成功举办国际现代有机农业峰会，累计建成高品质生态农业基地34个，培育有机农业企业12家。（三）推动生态工业提质增效。加快发展高新技术产业，12家企业实施工业科技特派员制度，完成8家国家高新技术企业申报。优化县域工业布局，出台《松阳县制造业领域低效企业改造提升方案（2019～2020）》，完成7家企业低效企业改造提升。推动传统产业转型升级，深入开展茶产业转型升级、不锈钢行业“机器换人”“两化融合”试点工程，出台《松阳县“两化融合”省级试点资金管理使用办法》，完成全县不锈钢企业雨、污、废三套水收集系统改造并通过验收。加大招商引资力度，制定《2019年度松阳县招商引资工作目标责任制考核办法》，出台《松阳县推进顾问招商工作实施意见（试行）》《松阳县招商小分队工作方案》，新增签约项目26个，其中二产制造业项目21个，固定资产投资14.70亿元。

二、关于“落实上级重大决策部署不够到位”问题的整改情况

（一）深入开展“三服务”活动。

制定县领导、部门、乡镇（街道）联系帮扶小微企业清单，建立分管县领导和部门联动会商机制、协调解决机制、限时挂号销号机制等长效机制。其中，县领导共牵头联系小微企业62家，18家县直部门共联系小微企业691家，19个乡镇（街道）按照“属地管理”原则，进行“属地服务”。（二）全力推进“三改一拆”。启动点位整改与面上整改相结合的专项整治行动，共开展集中拆违4次。落实长效机制，已完成《松阳县违法用地、违法建设防控治理工作制度》《松阳县违法用地、违法建设行政问责办法》审议稿。

（三）全力抓好中央环保督察移交问题整改。有序推进污泥处置，加快工业污泥处置中心项目建设。

三、关于“脱贫攻坚工作不够扎实”问题的整改情况

（一）加大扶贫资金监管力度。统筹安排资金，2017—2018年度扶贫项目报账结余资金已收回县财政。落实长效机制，已出台《松阳县扶贫产业增收扶持项目和资金管理暂行办法的补充规定》，严把项目申报立项，强化项目实施过程跟踪监管，提高资金使用绩效。（二）开展全县困难群众住房救助款发放工作专项整治。成立核查组对相关问题开展调查，开展全县困难群众住房救助款发放情况“回头看”，被截留挪用的违规资金已追缴至县财政，并对3名责任人进行问责。同时，完善专项资金管理制度，进一步加强资金监管。（三）持续推进“消薄”工作。发挥山海协作机制优势，优化空间配置，积极探索村级集体经济“飞地”抱团发展的新路径，全县48个村加入“余姚飞地”项目。开展乡镇、村级项目建设，已确定乡镇联建项目38个，村级自建项目128个。抓好“村企结对”工作，加快64个村企结对项目进度。大力实施“头雁”工程，发挥优秀农村党支部书记队伍的带动作用，开展“兴村名师”评选工作。推进乡村振兴改革试点，创新农民合作组织方式和利益联结机制，通过成立农民合作社、组建混合所有制企业等方式，协同推进组织化运营模式。（四）扎实推进精准扶贫。对全县低保、低边、特困对象进行全面核查，共核准救助人员116人，发放救助资金81.89万元。组织全县各乡镇（街道）医保员开展政策培训，对各乡镇（街道）医疗救助工作人员进行操作细则培训，提升业务素质。开展医疗救助政策宣传，公布医疗救助咨询电话，提高群众知晓率。加强部门间信息互通，及时进行“一站式”结算。建立健全长效机制，开展风险点评估，制定医保救助操作细则，建立医疗救助申报、审核、发放长效机制，确保符合医疗救助条件的对象救助到位。

四、关于“基层民生服务保障有短板”问题的整改情况

（一）加强农村饮用水安全保障。满足县城一体化供水条件的村，已全部制定一体化供水工程实施计划，未达条件的，按照上级要求实施乡镇区域集中供水工程和单村供水工程达标建设，加强运行维护，确保饮用水安全。（二）提高基层医疗卫生水平。完善20分钟医疗圈建设，合理布局乡镇卫生院、分院和服务点，遴选21家村卫生室植入中医元素，建设村级中医室，组建115个服务团队，开展巡回医疗服务，开展村医培训和业务指导，推动优质医疗资源下沉。鼓励引导优质民间医疗资源在无村卫生室的村庄开设门诊部、个体诊所等医疗机构为群众提供医疗服务。（三）补齐偏远山区交通设施短板。因地制宜解决交通出行难题，开通古市至玉岩运行班线，调整10个建制村通行方式为日发班车，其余56个村采用班线延伸、集市班车、预约出租车等方式。根据运营情况及各村实际情况对通行方式进行调整，调整8个建制村采用电话预约出租车模式。

五、关于“学习习近平新时代中国特色社会主义思想不深入”问题的整改情况

（一）落实学习制度。印发《中共松阳县委理论学习中心组2019年学习计划》，各党委（党组）理论学习中心组参照制定本级学习计划。定期通报《全县党委（党组）理论学习中心组学习情况》。（二）丰富学习形式。县委理论学习中心组成员通过专题学习会、培训学习会、集体学习会、交流研讨会等形式，开展“不忘初心、牢记使命”主题教育，组织“增强忧患意识，防范风险挑战”等主题集体学习，并到联系单位上党课。各乡镇（街道）、县直各单位通过“主题党日”、干部夜学、理论学习中心组等形式，深入学习《中国共产党宣传工作条例》，贯彻落实巡视巡察、浙西南革命精神弘扬践行等相关文件精神。（三）转化学习成果。各理论学习中心组成员认真研读《中国共产党章程》《习近平关于“不忘初心、牢记使命”重要论述选编》《习近平新时代中国特色社会主义思想学习纲要》《浙西南革命精神简明读本》等书目，围绕全面从严治党、生态经济培育、乡村振兴、历史文化名城现代复兴、长治久安等重点工作开展调研，形成调研报告。

六、关于“意识形态工作重视不够”问题的整改情况

（一）压实意识形态工作责任。定期召开全县意识形态工作例会，研究部署意识形态工作责任制落实工作，开展集体谈心谈话活动，督促各级党委（党组）切实履行主体责任。（二）加强意识形态工作部署。制定《松阳县落实意识形态工作责任制纪实手册》，全县各乡镇（街道）、县直各单位参照执行，并将维护意识形态安全内容纳入县委理论学习中心组和党校领导干部培训主体班次课程。（三）完善意识形态工作机制。印发《松阳县新闻宣传通气会组织实施试行办法》《松阳县报告会、研讨会、讲座、论坛审批备案管理办法》等工作机制，定期分析研判意识形态工作。

七、关于“党内政治生活不够严肃”问题的整改情况

（一）提高民主生活会质量。建立基层党委（党组）民主生活会联系指导制度，加强对会议方案、发言提纲的审核以及会议督查指导，切实提高民主生活会质量。（二）加强党务工作规范化管理。组织各基层党委对所属党总支、党支部党务干部情况进行全面排查，在各乡镇（街道）设立党建办，配齐配强党务干部。出台乡镇（街道）党（工）委书记抓基层党建政绩评审办法，加强党务干部培训，开展村社、两新、机关等领域书记培训班。不定期对基层党务工作进行检查。（三）坚决整治“支部活动走样变味”问题。对个别单位违规领取参加党组织活动下乡补贴的问题进行整改和通报。结合基层党建突出问题专项整治工作，加强对基层党组织组织生活的指导和督查，严格落实主题党日、“三会一课”等党内各项制度，并把规范党内政治生活作为县委巡察的重要内容。

八、关于“农村基层组织建设薄弱”问题的整改

（一）提高农村党员发展质量。全面梳理排查各乡镇（街道）党员队伍情况，落实发展党员工作责任，注重发展优秀年轻党员，制定出台发展党员“十条”办法，进一步规范发展党员工作。（二）提升农村党员干部综合素质。加强教育培训，深化党性锻炼，认真抓好“不忘初心、牢记使命”主题教育、“两学一做”学习教育、“三会一课”、主题党日、村干部轮训等工作。严格执行“凡进必审”原则，实行村干部资格条件常态化县级联审机制。（三）推进农村基层社会治理。进一步压实乡村两级农村基层信访工作责任，实行“农村信访代办”制度，抓实初信初访，推进积案化解。

九、关于“选人用人扶正纠偏不够有力”问题的整改情况

（一）开展核查排摸工作。根据专项调查结果，对2名县管领导干部予以诫勉，2名县管领导干部约谈提醒以及责令作出书面检查。同时，结合基层选人用人专项整治及县委巡察基层选人用人等工作全面开展自查自纠。（二）健全长效机制。严格执行《干部任用条例》和干部选拔任用全程纪实等制度，从严把握提任资格条件，健全完善领导干部署名推荐等办法，强化选任监督，匡正选人用人风气。制定出台《松阳县规范机关事业单位工作人员调动工作的意见（试行）》，从严规范干部调动管理。

十、关于“干部人事制度执行不严”问题的整改情况

（一）规范编外用工管理。采取“清理一批、规范一批、实行购买服务一批”等方式，从严从实加强编外用工管理。新拟订《松阳县加强和规范机关事业单位编外用工管理办法》，已规范用工166人，并对相关责任人给予党内警告处分。同时，将编外用工管理情况纳入县委巡察监督检查内容。（二）规范“退二线”干部管理。按照《松阳县退出领导岗位干部管理办法（试行）》及相关通知要求，印发《关于进一步加强退出领导岗位工作的通知》，做好退出领导岗位干部日常管理工作。（三）严格因私出国（境）管理。根据调查结果，对2名干部进行约谈提醒，对1名干部给予党内警告处分。同时，对25个单位因私出国（境）管理情况进行抽查，下发共性问题通报，提出相应处置意见。责成全县各单位制定相关管理制度，对干部职工因私出国（境）情况进行检查、清理，对登记备案信息和证件管理进行核查。

十一、关于“违反中央八项规定精神问题禁而不绝”问题的整改

（一）坚决清退违规发放津补贴。对2015-2017年违规领取各类奖金补贴进行监督检查，所涉违规奖金补贴均已清退到位。严格审核监管，对无依据、超标准、超比例等各类不规范津补贴一律不予发放。（二）严肃整治违规购买商业保险行为。组织相关单位学习《购买商业保险若干规定》文件，加强财政纪律宣传和解读，全面部署开展自查自纠，全部清退在职在编干部职工及离退休人员的违规购买商业保险资金。同时，强化支付审核、财政监管，实施后台动态监控管理。（三）严格规范接待工作管理。严格落实中央八项规定精神，健全内控制度，进一步规范接待审批程序，坚决杜绝违规接待、超标准接待等问题，对违规报销款项进行清退。开展社会风气整治，共约谈提醒党员12人，处理党员6人，刑拘8人。加大监督检查力度，对查处的各类违规违纪行为进行通报，形成震慑。印发《松阳县关于进一步加强和规范乡镇（街道）征迁工作经费使用管理的通知》，规范征迁工作经费使用等相关制度。

十二、关于“形式主义、官僚主义问题不同程度存在”问题的整改情况

（一）加快新客运中心投入使用。制定和落实新客运中心运营方案，公交公司、旅游接待中心（旅游集散中心）、交通综合行政执法队已入驻运行和办公。（二）开展“文山会海”整治。印发《关于整治形式主义突出问题切实减轻基层负担的通知》，对全县基层减负工作进行全面部署，并开展专项督查，县级召开的会议、下发文件数量明显下降。（三）开展“APP多、工作群多”整治。印发《关于开展政务APP、政务工作群统计整合清理工作的通知》，取消各类工作群343个。完善综合考核办法，对形式主义问题突出的相关条款进行重点清理，杜绝将工作群和安装政务APP作为考核内容。

十三、关于“少数部门和干部不担当、不作为”问题的整改情况

（一）加强养老金发放管理。通过调查核实，对违规发放的养老金进行追缴，给予县社会保险事业管理局党支部通报问责，党纪处分2人，政务处分1人，通报问责1人。完善社保待遇领取人员资格认证制度，推广手机人脸识别认证。（二）提升服务群众效能。对问题开展调查处理，对5名相关责任人进行约谈问责。制定并落实《松阳县推进“最多跑一次”改革向农村基层延伸的实施方案》，积极推进“最多跑一次”改革向公共场所、农村基层等延伸。（三）开展“执行力建设深化年”活动。组织开展“奔跑2019”晒业绩活动，在各单位宣传橱窗设立“奔跑加速度”专栏，将本单位特色亮点、存在短板等进行晾晒，接受群众监督。全面核查并严肃处理“领导干部撂挑子”问题，对涉事的1名县管领导干部给予党内严重警告处分，并免去其领导职务。（四）加强“关键少数”监督管理。开展“干部不担当不作为问题”专项整治行动，推动党委（党组）主要领导切实履行管党治党主体责任和第一责任人的责任。加大查处问责力度，对发现的不担当不作为问题，及时处置，相关典型案例在一定范围内进行通报。深化完善县管干部预警管理办法等干部日常监管机制，从严教育管理。加大“担当作为好干部”先进典型宣传力度，营造担当作为浓厚氛围。

十四、关于“‘两个责任’落实不够到位”问题的整改情况

（一）全面压实县委主体责任。制定出台《2019年度党风廉政建设和反腐败工作组织领导与责任分工》，细化班子成员责任，建立廉情抄告制度，向各县领导发放《履职记录本》，层层压实“一岗双责”主体责任，做到问责一个、警醒一片。针对县殡仪馆2名工作人员因挪用公款被追究刑事责任问题，已对民政局党组、前后4任分管领导进行通报问责，并给予3名责任人党内警告处分。（二）加强监督执纪问责力度。制定出台《关于巡察发现问题线索交办工作的若干规定》，规范问题线索处置工作，切实提高问题线索处置效率。

十五、关于“少数领导干部违纪问题突出”问题的整改情况

（一）规范领导干部个人事项报告制度。对县管领导干部的年度个人有关事项报告和日常个人重要事项报告情况开展专项检查，做好单位及个人在个人重要事项申报方面的政策宣传及警示提醒，制定出台县委《重大事项请示报告清单》制度。将领导干部年度个人有关事项报告和日常个人重要事项报告列为县委巡察的重要内容，并根据干部管理权限，按照上级要求做好领导干部个人有关事项的抽查工作。（二）开展“领导干部违规投资借贷”问题调查处理。开展“领导干部违规投资借贷”专项整治，对1名县管领导干部进行留置，对2名县管领导干部进行约谈提醒，清退违规所得66.28万元。强化教育管理，对查处的各类违规案例视情况进行通报，形成有力震慑。

十六、关于“巡察工作仍有短板”问题的整改情况

（一）加强巡察工作组织领导。召开县委巡察工作领导小组专题会议，对照上级要求深刻反思剖析存在问题，严格落实整改措施。召开县委常委（扩大）会议对相关文件精神组织学习。印发《关于巡察发现问题线索交办工作的若干规定》《关于巡察整改约谈工作的若干规定》《关于巡察成果运用的暂行办法》，完善工作流程，明晰职责，严格按照程序和要求开展巡察工作。（二）丰富巡察工作方式方法。对水南街道等8个乡镇（街道）和综合行政执法局等13个部门开展巡察，其中对集聚区管委会进行提级巡察，对新兴镇进行交叉巡察，对大东坝镇、竹源乡开展扶贫攻坚专项巡察，不断丰富巡察方式方法。（三）开展专项治理。印发《关于做好违规发放津贴补贴或福利及违规公务接待问题自查自纠工作的通知》，在全县范围内开展违规发放津补贴、违规公务接待自查自纠工作并开展专项检查，收缴违规费用。同时，印发《关于转发<丽水市人民政府办公室关于进一步加强全市行政事业单位内部控制建设的若干意见>的通知》，要求各单位加强内部管控，从源头上堵塞制度漏洞，加强单位财务报账方面的监督管理，将十届县委巡察发现的共性问题整改情况列入十届县委第六轮巡察监督检查重点。

十七、关于“领导干部直接干预和插手经济活动”问题的整改情况

（一）开展专项治理。对“领导干部直接干预和插手经济活动”问题开展专项治理，并对医疗、交通等重点领域开展专项治理，党内严重警告处分并免去领导职务1人，约谈提醒2人。严格落实医疗设备采购程序要求，建立健全采购监督制度，加强医疗机构采购行为监督管理，杜绝人为干预采购行为。（二）加强教育培训。对各乡镇（街道）、县直各单位分管领导和业务工作人员进行工程建设项目管理培训。印发《关于在全县开展工程招投标知识学习及警示教育活动的通知》，要求将招投标法、工程领域违法违规典型案例作为理论学习中心组、夜学的重要内容。印发《关于深入贯彻落实〈关于禁止领导干部违反规定插手干预工程建设领域行为的若干规定〉的通知》，将工程建设项目纳入“三重一大”集体决策事项和廉政风险防控机制范围，组织副科以上领导干部签订不插手干预工程建设活动的承诺书。（三）规范工程招标程序。加强项目招投标管理，严格按照《中华人民共和国招标投标法》及相关法律法规开展项目建设。出台《松阳县国有投资限额以下工程建设项目简易发包实施办法（试行）》，明确发包办法采用“双随机”，随机产生中标人，有效防止提前指定承包商的情况发生。建立健全工程招投标、项目工程施工、质量监管等全流程制度，对房建、市政、水利、交通类项目招标均采用省、市招标文件示范文本，施工类项目（采用工程量清单招标）均实行全流程电子招标。

十八、关于“土地和工程违规违法问题突出”问题的整改情况

（一）进行调查核实。对“土地和工程违规违法问题突出”问题开展专项治理，对相关问题进行调查核实，根据调查结果，约谈问责2个单位，约谈提醒6人。（二）加强业务培训和警示教育。贯彻落实《关于禁止领导干部违反规定插手干预工程建设领域行为的若干规定》，对乡镇（街道）、县直各单位分管工程的领导进行项目财审、招投标、结算审核等内容的培训，并在全县开展工程招投标知识学习及警示教育活动。（三）强化制度保障。出台《关于建立重点文旅投资项目评估制度的实施意见》，完善项目评估制度。科学编制旅游项目的控制性详细规划，通过专家论证等方式，合理确定土地用途、开发强度等相关指标。进一步规范土地出让程序，强化《浙江省人民政府办公厅关于加强土地出让管理工作的通知》等文件执行，对列入城镇低效土地再开发的项目，科学确定开发模式。严格规范招标投标行为，全面实行资格后审，随机确定评标基准价，防止围标串标情况发生。

十九、关于“群众身边腐败易发多发”问题的整改情况

（一）开展调查处理。对“群众身边腐败易发多发”问题开展专项整治，给予2人党内严重警告处分，对2人进行约谈提醒。（二）加强警示教育。制定《关于进一步推动警示教育活动常态化制度化的责任清单》，建立健全警示教育“三必考”和“五必学”机制，常态化制度化推进。组织县四套领导班子、新提任领导干部200余人赴浙江省第三监狱开展警示教育，召开全县领导干部家属廉洁教育大会，开展廉洁从医培训、师德师风建设等专项警示教育活动。同时，把警示教育纳入全面从严治党主体责任考核，全县各级各部门共召开警示教育大会79场次。（三）强化制度保障。以清廉松阳建设为契机，建立完善计划管理、项目推进、过程检查、考核评价等常态化机制，全面推进清廉文化、清廉机关、清廉村居、清廉学校、清廉医院、清廉企业建设。建立健全《松阳县清廉建设指数评价制度》《松阳县巡察整改量化评估机制》《松阳县村级小微权力清单28条》等各类制度90项。深入开展廉政风险排查工作，落实重大议事决策机制，完善工程项目建设管理制度，严格执行招标规定，妥善做到风险防控。在县人民医院、县中医院、古市医院设立“纪检监察室”“两代表一委员督导室”，严格执行廉政约谈制度。

二十、关于“上一轮巡视指出的问题尚有整改仍不到位”问题的整改情况

（一）加快推进干部超编、超配问题整改。结合党政机构及事业单位改革工作，进一步规范股级事业单位设置，严格按要求配备干部。进一步梳理分析党政群超编情况，认真贯彻落实领导职数和行政编制管理工作相关要求,严把招录关口,规范干部调动，实行积极稳妥、自然消化等方式，加大党政群机关行政超编消化力度。加大超配问题整改，发文核销高配职位34个，制定违规配备情况整改计划，逐步消化整改到位。（二）规范工程建设领域管理。出台《松阳县国有投资限额以下工程建设项目简易发包实施办法》，开展工程招投标领域违法行为治理，对全县政府性投资和村级投资项目招投标工作开展专项自查和抽查工作，建立各行政监督部门参与的联席会议制度。依法依规招标，严格项目前期审查和招标备案审查，严格按工程批复文件及财审控制价把关，严厉打击串标、围标、虚假招标等行为。

下一步，松阳县委将继续深入贯彻习近平新时代中国特色社会主义思想，认真落实中央和省委关于做好巡视“后半篇文章”要求，持续抓好巡视整改反馈意见的整改落实，进一步巩固整改成果，以巡视整改成效促进各项事业持续健康发展。（一）强化政治担当，层层压实责任。县委巡视整改工作领导小组继续发挥抓总作用，建立健全工作机制，动态掌握整改进展和重点问题整改情况。督促各级党组织主要负责人落实整改“第一责任人”责任，围绕问题清单一项一项“对账”销号整改，确保责任落实到位，问题整改到位。（二）坚持标本兼治，深化后续整改。严格按照《整改方案》要求推进工作，全面完成整改落实，持续做好后续整改工作。对已整改到位事项，适时组织“回头看”，完善长效机制，巩固整改成效；对尚未整改到位的问题，加大督促检查力度，实行清单管理、对账销号，确保按时整改到位。健全完善巡视整改工作考评体系，科学评估巡视整改效果，推动责任落实，确保各项整改事项落地生根、见底见效。（三）推进成果转化，巩固整改成效。以此次省委巡视整改工作为契机，坚持以点带面、举一反三，督促各级党组织围绕巡视发现的问题，集中时间、集中力量进行专项治理，针对性地完善制度机制，实现源头治理、标本兼治。坚持把巡视整改工作与“不忘初心、牢记使命”主题教育相结合，与优化政治生态、推进县域发展、提升干部作风能力相结合，通过整改进一步理清发展思路、找准发展差距、补齐发展短板，努力将“问题清单”转变为“成果清单”。

（县委巡察办）

松阳县行政村规模调整

2019 年 6 月 17 日上午，县委常委（扩大）会议暨行政村规模调整工作领导小组会议召开

2019 年，松阳县委、县政府按照浙江省委、丽水市委部署行政村规模调整工作要求，系统谋划、精心组织，以敢于担当、敢于负责的精神，开展全县部分行政村规模调整工作。松阳县地域面积 1406 平方千米，原有行政村 401 个，自然村 1036 个，全县行政村规模较小、经济偏弱、设施较差、布局较散、空心化严重，行政村平均人口 533 人。其中 217 个村户籍人口 500 人以下，114 个村常住人口 200 人以下，47 个村常住人口不足 100 人。2018 年 10 月起开展前期调研，组织人员到外地学习先进经验；2019 年 5 月抽调人员着手准备启动；6 月 20 日，19 个乡镇（街道）行政村规模调整方案通过评审；6 月 24 日，松阳县召开全县行政村规模调整工作动员部署会；7 月 24 日，全县 324 个涉及调整村通过村民（社员）会议表决；8 月 9 日，124 个新村全部授牌、授印及举行挂牌仪式，行政村规模调整阶段性工作圆满完成。从召开动员会至新村挂牌运行，全程历时 46 天，呈现“一大两高三优化”特点。

行政村规模调整幅度大。全县原有行政村 401 个，非建制村民委员会 2 个。该次涉及调整 324 个村，占 80.79%，其中樟溪乡、赤寿乡调整面 100%。调整后全县行政村总数为 203 个，减少 198 个行政村，减少率为 49.38%，最高的为樟溪乡，调减率达 63.64%。

群众参与率高。该次行政村规模调整工作群众知晓率 100%，村民会议参与率 99.68%，村民同意率 99.63%。

三资完全融合率高。初步认定，组建的新村 124 个，采取完全融合方式的村 121 个，协商融合方式的村 3 个，融合率 97.58%。

优化组织设置和班子结构。全县调整建立行政村党组织 124 个，其中党总支 62 个，建立健全过渡时期村级各组织班子。新村中有 2 个村实行书记组长“一肩挑”，发展党员家族化和多年未发展党员问题得到有效解决。全县行政村党组织书记平均年龄 49.2 岁，大专及以上文化程度 112 人，文化程度提高 12.8%。村级干部队伍结构实现明显优化。

优化发展布局。城镇化率略有提升，初步测算，不考虑“大搬快聚”等人口增加因素，城镇化率可以提升 0.8 个百分点。中心村、传统村落村、民族村规模不断调优，国家级传统村落由原来的 75 个（含自然村），优化为 61 个，保留完整建制传统村落村 43 个，25 个少数民族村合并成 15 个，初步奠定集聚发展、优质发展的基础。村人口规模优化，村平均人口从原来的 533 人上升至 1054 人，户籍人口最多的村达 2389 人。“三资”融合效益初步显现，按原 401 个行政村计算，调整前“消薄”任务达标村 161 个，调整后“消薄”任务达标村 180 个，增加 19 个村，集体经济发展后劲进一步增强。村级活动场所（便民服务中心）、农村居家养老照料服务中心、文化礼堂等公共服务设施等布局优化，扩大服务半径。

优化乡村治理格局。建立新村运行规则，修订完善村民（股份经济合作社）自治章程、村规民约、财务管理制度等工作机制和规章制度，健全完善治理机制。农村法律顾问和“一村一（辅）警”制度得到有效落实，基层网格不断优化，村民协商逐步走向常态化，乡村治理“法治、德治、自治”三治融合步伐加快。

一、注重顶层设计

组建领导机构，松阳县四套班子全员上阵，靠前一线指导。村调工作领导小组由县委书记、县长担任组长，县委副书记任常务副组长兼办公室主任，下设综合协调、集体资产处置指导、宣传、信访维稳、纪律保障5个职能组和以联系县领导为牵头的联系督导组19个。

出台实施意见，县委高度重视实施意见的起草，县委书记、县长4次听取实施意见的起草情况汇报，并提出明确的工作要求。突出调整刚性要求。将人口500人以下以及涉及集体经济薄弱、软弱涣散、生存条件恶劣等列入原则调整范围，明确新组建村人口规模要求。突出实施意见个性化。针对本县传统村落、民族村、新安江移民村等特殊村落多的实际，因地制宜列出传统村落村可以保留的4种情形，明确移民村全面融合，民族村调大、调强的调整要求。突出可操作性。先后11次专题研究“三资”处置、新村组织设置和班子配备、工作操作流程、档案管理、村名村址等配套政策，确保制定的政策文件符合实际，易于操作。突出政策激励，县政府安排4000余万元的专项奖补资金用于村调工作；突出广泛性，制定意见过程充分征求部门、乡镇及社会各界的意见，起草小组八易其稿，形成了最终的实施意见。

组织会审，县委建立“6+26+3+X”的方案评审委员会，在分赴乡镇（街道）调研听取意见的基础上，先后3次采取一对一汇报评审的方式，逐一对乡镇（街道）的调整方案进行科学化、可行性、认可度评审，及时提出完善意见建议，通过对调整方案“三上三下”反复论证，实现方案执行率100%。县地名专家委员会紧扣新村名称命名原则，规范了新村名称命名。

二、依法依规把握工作标准和节奏

依法依规严格程序。细化工作安排，突出于法周延于事简便，制订“整体工作流程表”“阶段工作清单”“重点时段作战图”，明确各个环节的工作安排、主要内容、注意事项及责任单位，将时间精确计算到天，做到“一步不多、一步不少”。细化业务培训，县领导集中听取相关业务培训预授课，就政策业务、程序环节、操作细节逐项提出修改意见。专门利用半天时间开展业务培训，由县职能部门分管领导分块逐项培训，及时下发工作手册及培训提纲，培训业务骨干190余人，同时明确各职能部门政策解释责任人，确保做到“一个声音对外、一个口径解释、一个标准执行”。严格法定程序，对村级会议的参会对象、会议通知、会议程序及会议纪要制作明确要求，并提供规范范本，增强程序执行的严肃性、合法性。在村民（社员）会议表决结束后，县村调办逐村审查申报资料，及时提出规范修改意见。县司法局（法制办）提前介入指导做好行政规范性文件的制定程序把关，真正做到“该有的环节一个不少，该走的程序一步不漏”。

扣牢节点有序推进。紧扣村务联席会议、村民（社员）代表会议及村民（社员）会议三个重要时间节点，先后3次召开工作推进会，采取听取汇报、总结点评、现场提问解答等方式，及时总结阶段成效，梳理分析存在的问题，部署下阶段工作，做到环环相扣、紧锣密鼓、一鼓作气，顺利完成了各阶段工作。

全力以赴破解难题。秉持“事不过夜、马上就办”的原则，推行动态日报、每日会商、重点研判等制度，动态掌握村调工作进展情况。县领导每天蹲点村调办，组织会商当天基层反映的问题，属于共性问题的，通过工作动态群、《动态日报》及时反馈共享；对于个性化问题的，与具体乡镇（街道）点对点深入交流指导，共梳理研判解决疑难问题43个。抓重点村、重点事、重点人，排摸疑难复杂重点村24个，召开专题分析研判会，逐村会商提出具体的解决处置指导意见。对村民代表会议后出现问题的5个乡镇（街道）的重点村，抓住问题导向，抽丝剥茧，深入分析存在原因，整合全县所有资源，助推问题解决。

三、引导群众自觉参与作为总抓手

部署宣传全方位。宣传先行，在乡镇（街道）制定调整方案、确定新村村名、村址时，就通过走访调研、座谈讨论、征集意见等广泛征求意见；全县动员部署会采取视频会议的形式，组织全县各村党员干部、村民代表集中收看。县传媒中心充分运用新媒体、广播电视、图文频道、室外显示屏等，全天候不间断宣传村调政策，每个阶段跟踪报道村调工作进展情况，营造良好的工作氛围。各乡镇（街道）通过发放公开信、倡议书、张贴标语海报、电话微信联系、悬挂横幅等方式，使村调工作真正做到家喻户晓，人人皆知。

落实责任无死角。通过推行乡镇（街道）党（工）委书记负总责，班子成员分片联系、分村负责，村党员干部、村民代表及生产队长联户包干的机制，逐级压实责任，逐一明确任务，有效地构建“横向到边、纵向到底”的工作责任网格，有力确保“走村不漏户，户户见干部”。在村民（社员）会议召开前，推行村党员干部联户包干走访日报制度，倒逼工作责任落实，深入群众做好思想工作，以实际行动赢得群众理解支持，实现群众知晓率100%，参会率与同意率均超过99.5%。

组织工作全覆盖。各乡镇（街道）抓住村干部这少数群体，逐级做好党员干部、村民代表的思想工作，从而影响带动大多数。在全面宣传走访阶段，组织党员干部逐户上门做好村民

（社员）会议召开的时间、地点、内容的通知，宣传解释村调相关政策，同时掌握摸清参会对象的态度，有针对性地落实跟进措施，确保在会议之前达成思想共识。抓村民（社员）会议的组织，立足各村的实际情况，引导采取集中、分片区等符合实际的形式召开村民（社员）会议以及表决方式，并通过法定程序形成决议。细化会议召开方案，因村设岗，因岗定人，每个片区都有乡镇干部参与指导把关，切实保障了每个村民的知情权、参与权、表决权。

四、打好村规模调整“主动仗”

严考核。将村调工作纳入年终目标管理责任制考核，明确乡镇（街道）的主体责任，县直各单位与所联系的乡镇（街道）村调工作考核直接挂钩，推动县直各单位主动参与村调工作，全县形成了党委领导、党政共管、书记主抓、各方合力联动工作格局。

聚合力。深化“全县一盘棋”思想，完善工作协调推进机制，形成村规模调整的最大合力。县村调领导小组办公室牵头抓总，统筹协调，根据全县村调工作的进展情况及时作出相应调整，部署阶段性重点工作，制发工作任务清单，抓好工作督促落实，确保整个村调工作按计划有序推进；各职能组主动领办职责范围内的事项，制订详细的工作方案，充分发挥各自作用。比如资产处置指导组主动深入乡镇（街道）、村，参与资产处置具体工作，提出建议方案；宣传组围绕全县村调工作大局，在人员调配、氛围营造上尽心尽责；信访维稳组、纪律保障组主动出击，充分运用好教育、引导、训诫等综合手段，及时介入处置不配合、不支持，甚至阻挠干扰村调工作的各种行为，在全县上下形成了高压震慑态势，为村调工作提供了有效的法律法规和纪律保障。县四套班子领导和县直部门“点对点”挂钩乡镇（街道），全程参与、下沉指导村规模调整工作，为乡镇（街道）提供充足的力量支援；充分发挥乡贤能人、“两代表一委员”、公安干警等群体作用，形成同频共振、同心同向的攻坚合力。

破顾虑。将村调工作期间的表现与新村组织干部人选确定相挂钩，通过谈话谈心、召开推进会，进一步明确工作要求和政治纪律，拧紧责任链条，对表现不佳的村主要干部，采取“歇职”等措施处置，如玉岩镇对表现不佳的村主要干部1人歇职、2人党内通报批评，通过村主要干部以身作则、率先垂范，带领引导其他干部形成合力推进村调工作。做深做细退岗转岗村干部的交心谈心工作，村主职干部由党（工）委书记亲自谈，其他由副书记、组织委员分别谈，彻底消除其思想顾虑，发挥个人特长，使其成为村调工作推进“助力”。

借东风。坚持归零导向，稳字当头，村规模调整工作与维稳工作“两手抓两手硬”，紧借“扫黑除恶树清风专项行动”东风，通过县乡联动、专班会、提早处置等方式及时处置各类苗头性隐患，实现涉调村工作越级上访、集体上访“零发生”，实现既定的“矛盾少出、力争不出、出了也能快速处置”的目标。

五、做好行政村规模调整工作的“后半篇文章”

建章立制，规范新村运行。针对前期村级运行规则建设滞后、规章制度不健全等问题，县村调办梳理出一套融合发展期村级组织工作职责、村级活动场所建设要求、村务联席会议、村民（社员）代表会议、“三务”公开、印章管理、档案管理、村规民约、股份经济合作社规程、财务管理制度、村民自治章程等新村运行规则参考文本，指导各乡镇（街道）进一步细化、量化，形成较为完善的融合发展期新村运行机制，为村级班子运行、管理、监督打下基础。建立健全村务运行规则，制订规章制度344个，修订完成235个，修订村规民约109个，建立村级议事协商制度111个。

合理设置新村组织，配齐配强新村班子。调整后全县共有行政村党组织203个，其中，行政村党总支62个，其余为行政村党支部。全面开展任职考察工作，对照“十个有没有”的要求，把村调中的具体表现列入考察内容，选好配强新村班子，特别是党组织书记，全县行政村党组织书记平均年龄为49.2周岁，60岁以上16人，大专以上学历提升至55%，切实优化了村党组织书记队伍。9月初，开展新村主职干部的集中培训，进一步提升了新村干部的履职能力和水平。

加快融合，实现并村并心。组织召开新村授牌授印及新村挂牌仪式，提升新村干部、群众的归属感、认同感。第一时间组织召开新村村务联席会，增进互相之间的了解，搭建沟通交流的平台，同时对新村班子因人施策，合理分工，充分发挥新村干部的主动能动性，激发工作热情。8月15日，所有新村党组织开展以“合和新村”为主题的主题党日活动，通过开展“我为新村献一计”“凝心聚力建新村”“乡村振兴再启航”“齐心为新村志愿服务”等活动，以党员的率先融合带动新村融合。细化“三资”融合方案的落实，组织新村开展全面的清产核资工作，进一步摸清新村的“家底”。及时启动新村发展规划及村庄建设规划的修编，做好新旧规模的衔接；初步拟定122个民生实事项目，用实实在在的行动让群众感受到村调工作带来的红利。

（县民政局）

2019年松阳县村民委员会辖区和自然村情况表

表4

乡镇（街道）	行政村名	自然村个数	自然村名
西屏街道(行政村22个，自然村85个）	西一村	1	西一
	西二村	1	西二
	西三村	6	处岗山、周庵儿、徐坞垄、紫荆村、子山垄、白露岭
	西五村	3	破樟树、双坑口、神农殿岗
	西六村	2	占村、半岗山
	西七村	1	岗头
	西九村	1	西九
	钟楼村	4	白云小区、大马塔、西八、西十
	西十一村	1	西十一
	北山村	3	北山、后泽源、乌石徐
	项弄村	1	项弄
	白沙村	2	白沙、瓦厂
	青蒙村	2	青蒙、水车
	乌形山村	5	上村、下村、樟树山、阳东坑、央砝头
	周垒村	6	周垒、葛山头、山顶、砝头嘴、 坑塔儿、荷花地
	桐溪村	7	桐溪、林村、活源、武旺、官溪、大厅山、梅树寮
	铺门村	3	铺门、塘村、三十担
	官路口村	7	大路口、金安山、定照院、源内、留富岱、寺后山、孙源
	项桥下村	6	项桥下、金钟垒、河村、王家、上田垒、里岗山
	西垒村	5	西垒、石板路、西角垄 、西岗背、西岗背山
	新华村	4	丁山头、砝下、召山、竹客口
	延庆村	14	塔寺下、石桥头、中央圩、石笋脚、上连头、灰弄、马桥下、大荒田、项山前、上山垄、大圩地、黄公渡、棚里、树塔
水南街道（11个行政村，50个自然村）	大竹溪村	4	竹溪、新溪、市口、杨山
	潘西村	5	潘村、岩西、黄坑源口、树砒桥、砝岩壳下
	桥头村	5	桥头、山岗顶、上黄、上黄殿山、坑口塔
	清路村	7	清源垒、管山处、宅沿头、占大山、路里、路里树山、砖砝
	南山村	7	南山、大陂头、郑弄口、上村、下村、对面山、岗轿山
	横山村	3	横山、踏步头、匣头
	程徐村	4	程村、徐村、溪边塔、河山吉
	水南村	2	水南、青龙
	独山村	9	安乐山、塘寮、杏花地、四家头、山脚下、吴家、桃寮、沿溪路、山垄
	瓦窑头村	2	瓦窑头、东岗寮
	寺岭下村	2	寺岭下、叶墙头

续表 4

乡镇（街道）	行政村名	自然村个数	自然村名
望松街道(行政村 10 个，自然村 51 个)	望松村	3	草塔、乌井、大塔头
	六都村	7	六都、大处坛、六都源口、八担、仪桥、郑家、祠堂边
	吴弄村	1	吴弄
	翁村村	9	翁村、半岭脚、李家、外灰铺、坑沿、馒头石后、黄岗头、新半岭脚、乌岔圳
	山仁下村	11	山仁下、下新处、郎下、对门、茶村、李家、吴村岗、山头背、保处根、岗后、西岗岭
	乌石下村	4	黄家、乌叉路、周家、砌坛
	西河村	7	西河、西河口、田垒、祝家、麻洋塔、汤家、榔阳
	王村村	3	王村、金村、墓塔
	五都阳村	2	五都阳、马桥后
	石门村	4	石门、石角、山日头、大徐
古市镇（行政村 15 个，自然村 60 个）	建安村	3	上方、古一、古二
	城门村	4	城头、黄枝连、古三、古五
	下街村	4	古六、古八、徐学、黄岗坑
	东角垄村	1	东角垄
	七都村	5	湖溪、刘边、圳头、源口、坳头
	八都村	4	庄门、黄连山、白角外、大湖溪
	塘湾村	9	古四、拳头山、古七、红地、潘家、孙家、下连畈、吴家、塘头
	筏铺村	5	筏铺、荫岗下、羊角墩、下横圳、上横圳
	五木村	3	上五木、墈头背、下五木
	上河村	6	樟树下、大路上、许家、林家、上河、航埠头
	黄圩村	4	红梨寮、上角、四家头、下角
	山下阳村	2	山下阳、下社
	岗下村	2	岗下、下黄圩
	寺口村	3	上寺口、应店、外窑岗
	十五里村	5	谢家、谷垄塔、纪家、新永、坑岸岗山
象溪镇（行政村 13 个，自然村 101 个）	象溪村	1	象溪村
	梅峰村	7	上梅、双坑、木路垵、下寮儿、洞坑口、鲁峰、岭脚
	靖居包村	13	靖居、白碧桥、小佛儿、牛铺、盖砿、楼底、垄背、高岸、陈家里、西塆、岗沿、坑口、小西
	石牌门村	5	石牌门、大垦、东山、黄店、吴司
	坑里村	8	村头、塘里源、鲁西、外坑里、外东源、东源、内坑里、家庵
	东田源村	17	金山头、程路后、黄岩、温家、岭脚、中央村、水头桥、十二窟脚、龙湾、白麻寮、大坞蓬、石鼓、东田、松树墩、吴村、外田边、内田边
	雅溪口村	5	雅溪口、项山头、黄田铺、砿上、潘弄
	金钟村	9	金钟、大塔、山头塘、西塘、朱章、大坑、对山、上毛弄、下毛弄
	南州村	2	南州、石马铺
	象溪圩村	9	石马源、知院坛、双坑口、塔背、坑头源、下坑源、黄庵、象二、高岭

续表 4

乡镇（街道）	行政村名	自然村个数	自然村名
象溪镇（行政村 13 个，自然村 101 个）	南坑口村	7	南坑口、外埠头、西山脚、吕潭、陈下、岩弄、自然坑
	靖居口村	1	靖居口
	南坑源村	17	林家、下麻厂、樟村源、陈落山口、兰蓬、馒头山、下中央坑、陈落山、凉亭湾、对门山、墒角、鄢家、岗子头、石竹岗、叶宅下、西坑口、白鹤殿脚
玉岩镇（行政村 14 个，自然村 60 个）	玉岩村	3	玉岩、支木、对坑坳
	程惠村	4	道惠、道惠口、程岭根、程路
	周坑村	6	周坑、上杭、杭坑、丁岱、西沿头、西沿坑
	白沙岗村	4	白沙岗、麻田、程源头、烧火坑
	洋坑村	1	洋坑
	大树村	3	潘山头、大树后、济上
	周安村	1	周安
	交塘村	4	交塘、神坛、大岭脚、白麻山
	何山头村	2	何山头、源坑
	乌岩村	7	乌岩、文里后、梨步坑、吴往、吴山头、吴树坞、内墒
	根坑村	5	根坑、松树坑、八担、何庄、鲍客寮
	溪口村	7	大丘下、叶寮、溪口、下陈、大连、东肚寮、水磁丘
	玉湖村	4	召楼、余叶、王山头、坳头
	排居口村	9	排居口、旱田垄、兆坑湾、四方格、山后、沙丘、黄磁、范山头、四格下
大东坝镇（行政村 17 个，自然村 125 个）	大东坝村	7	大东坝、汶水口、赤圩、白峰、石寺源口、赤圩坑、树稍
	西山村	6	西山、港口、包岭脚、弓桥坑、上包、赵圩坝
	百步村	3	上百步、下百步、白麻山
	牛角圩村	6	墒内、东头、百步栏、山脚下、坑口、内坑
	二滩坝村	14	二滩坝、梅村、麻厂、虎山坝、石角里、麻园、大阴口、坑门口、新屋下、老虎坑、苦槠树下、百鸟朝凰、三角坵、下香菇寮
	横樟村	5	横樟、岗头、平岗岭脚、横樟源口、上寮山
	黄南村	3	黄南、松树圩、卷绳
	山徐村	4	山徐、后岱山、平岗、下垄
	五部村	6	五部、弓桥、石角、大古坳下、大樟源口、上滩
	茶排村	13	下茶排、天堂坑、丁子里、山粉寮、铜坑、大北山、水井头、水缸湾、白粉墙、杨柳树下、三栋屋、老屋下、洋头岗
	山头村	6	上山头、下山头、山坑子、金钟山、石盘、樟树下
	燕田村	2	燕田、小后畲
	后宅村	9	后宅、天鹅孵蛋、大垒、石盆下、平阳岗、岗背坵、梨树岗、大寮、南岭
	蔡宅村	8	蔡宅、南山下、三节桥、包处坑、牛栏墒、横路下、对门山、仓源头
	洋坑埠头村	14	蛤湖、葫芦井、西塘、大桥头、洋坑埠头、青石坝、双坑口、坳里、小明源、顶头炉、洋坑源、叶明山、石头丘、大墒
	下宅街村	11	下宅街、周弄源、培朱口、周岭脚、大垄坑、山边、大王庙、高坑、坞林栋、白叶坝、下包
	灯塔村	8	马蹄墒、后门山、茶铺、崀里、周宅寮、乌岩前、高石山、大岭口

续表 4

乡镇（街道）	行政村名	自然村个数	自然村名
新兴镇（行政村22个，自然村75个）	横溪村	5	温州寮、嫐头、大木山、渡市、林场
	大石村	3	大石、上溪滩、陈家
	后周包村	3	后周包、杨家、内寮
	杨村头村	6	杨村头、白塔垄、西山下、下溪滩、外盂、进贤
	泉庄村	3	塔岭、金坞、泉庄
	新刘村	9	高丰、下高丰、端口、关山寮、后刘、宋坦、道堂塔、坎头沿、下沿
	徐郑村	2	徐郑、上源口
	上安村	4	上安、小上安、小南坑、小岭头
	内盂村	5	内盂、叶庄店、溪房、大畈、合湖
	潘连村	5	潘连、广因寺脚、赤岩、安儿山、油麻山
	下源口村	2	下源口、项宅
	新处村	4	新处、杭坑桥、山甫、东北头
	外石塘村	3	外石塘、内石塘、坳后
	竹囮村	2	竹囮、岗头
	朱山村	5	朱岱、落梯岭、殿后、张山头、石板岭
	庄后村	1	庄后
	官岭村	1	官岭
	大岭根村	3	大岭根、盂坑、坳后
	平卿村	1	平卿
	李山头村	1	李山头
	谢村村	4	大岭里、谢村、北坑下、南坑
	谢西坑村	3	谢西坑、上仓、大铺
叶村乡（行政村8个，自然村29个）	叶村村	4	叶村、小叶村、河头栏、寺山
	官田村	5	官田、黄犬山、下杨、乌石垄、杨柳洞
	横坑村	2	横坑、膳垄
	河头村	2	河头、大蓬
	东坞村	3	东坞、叶村源口、麻寮
	松山村	5	松山、平山、大荒田、瓦窑山、朱口
	叶家村	2	叶家、包安山
	南岱村	6	上南岱、下南岱、斗米岙、项坑、正岗山、岱头
斋坛乡（行政村7个，自然村44个）	斋坛村	6	斋坛、狼衣山、上桐村、下桐村、道堂口、下圩
	小石村	4	小石、隔坑、陈富地、大花地
	京梁村	8	浮桥头、湾口、东圳儿、外山、小圳、东圩蓬、上村、荒山
	石门圩村	5	石门圩、中央溪滩、小圳、渡头、下桃堂
	大路村	6	大路、毛村、上坎头、下坎头、船下坌、山岗
	庐东村	9	东关、坑西、过坑、桐楼、内村、外村、坑沿、东关源口、上坌
	花田坌村	6	苦马塘、仙坑源、上西岭根、花田坌、光头山、吊坛

续表 4

乡镇（街道）	行政村名	自然村个数	自然村名
三都乡（行政村 10 个，自然村 32 个）	里庄村	4	里庄、上庄、水竹、后畲
	黄岭根村	2	黄岭根、周山头
	紫草村	4	紫草、呈回、淡竹、碗寮
	上源村	2	上源、里黄
	上田村	4	上田、山苍殿、杨梅坪、半岭
	尹源村	4	尹源、下连坑、毛源、麻磁
	下田村	3	下田、思步、朱竹
	酉田村	2	酉田、后湾
	杨家堂村	4	杨家堂、泉址、坞山、岭上
	松庄村	3	松庄、凉连、五尺坑
四都乡（行政村 5 个，自然村 14 个）	下包村	3	下包、上河、东坑
	四都阳村	5	椰树、午岭、章田、柘坑、汤城
	平田村	2	平田、塘后
	陈家铺村	3	陈家铺、庄河、河坌
	西坑村	1	西坑
竹源乡（行政村 7 个，自然村 21 个）	小竹溪村	5	小竹溪、创古基、下竹山、紫坞、蒲弄
	呈旺坑村	4	呈田、可重旺、大路下、潘坑
	黄上村	1	黄上
	黄庄村	5	燕庄、黄下、龙坑、香碓、周岭根
	横岗村	2	横岗、下坑
	后畲村	2	后畲、大路弯
	大岭头村	2	大岭头、石井
樟溪乡（行政村 8 个，自然村 49 个）	肖周村	9	大徐、上周弄口、下周弄口、上后肖、下后肖、马头山、陆家、福村、兰家
	溪下村	6	溪下、塘头、马家、球坑、西源、杨岭脚
	兴村村	5	兴村、包村、周家、下马坑、竹蓬头
	上徐山村	6	上徐山、中徐山、下徐山、荒田、新安寮、黄田
	力溪村	8	力溪、阙家、下阙家、上店、赤头山、上溪滩、陈村儿、富兴
	馒头山村	6	馒头山、火烧山、高里村、高岸、高岸坛、泉塘口
	樟村村	3	樟村、谷山垄、下谷山垄
	东市村	6	东市、横岗山、毛庄、楼家、坑徐、岗头呢
赤寿乡（行政村 8 个，自然村 47 个）	陇川村	5	龙下、下定、大川、水库脚、徐山儿
	赤岸村	5	赤三、赤四、章家、上山头、田岗
	楼塘村	11	楼石头、仙岩脚、半坑源、杨梅树山、塘东、谷旺、杨家、八岗头、大处、林家、余家
	半古月村	8	对面山、林家旧处、林家新处、朱坑、墙里、隔坑、叶家新村、卢家
	界首村	5	界首、上坞源、狮子口、大猫源、赤溪源
	叶川头村	3	叶川头、梧桐口、后安垄
	卯山村	6	卯山后、太平山、黄坑口、桥头、大塔、黄山头
	红连村	4	朝阳、红连、缸窑、高金坌

续表 4

乡镇（街道）	行政村名	自然村个数	自然村名
枫坪乡（行政村 10 个，自然村 51 个）	枫坪村	3	枫坪、丁坑口、项庄
	根下村	8	根下、金竹、大根、钱余、宝钱源、旧处、后齐、全畈
	黄埠坞村	7	黄埠坞、净水岭头、盆坑口、石柱、大山、朱岱儿、梨树下
	斗潭村	3	斗潭、大畈、水店
	沿坑岭头村	2	沿坑岭头、内寮
	山乍口村	6	山乍口、白硋沿、田忠寮、 塘鱼岗、中央渡、洋庄源
	高亭村	4	高亭、高寮、岩坑、圳古兰
	丁坑村	4	丁坑、清净硋、山坑、山赤坑
	南胜村	12	大破、由章、坳下、内南坑、外南坑、 粗砻、军廷后、白肖、直坑源、真武桥、龙虎坳下村、龙虎坳上村
	小吉村	2	小吉、苦竹下
安民乡（行政村 4 个，自然村 27 个）	大潘坑村	12	吴宅、下马山、双坑口、荷田、大潘坑、社殿门、苦竹塆、大横坑、对门、台坑口、鲤鱼圩、曹竹
	李坑村	1	李坑
	苏马坪村	13	大坛、鲤鱼山、银岭塆口、小苏坑、苏马坪、大古坳、筏铺、乌弄口、马鞍丘、金山头、大圩、台坑、乌弄
	安岱后村	1	安岱后
板桥畲族乡（行政村 5 个，自然村 44 个）	板桥村	13	上黄碧垵、下黄碧垵、板桥、下仓、安勤畈、金弄、大水槽、潘家弄、后塘、靛青弄、大凸、枝树岙、黄碧岗
	桐榔村	12	钟楼沿、月光山脚、立山、寅口、万岭脚、大方车、潘八、插葱、屋下坑、沙岸坑、下岩、张山
	大毛科村	9	大毛科、马架垵、坑上源、岭头、下寮、角边、麒上、树枝坳、对村
	东坑村	4	枫岭根、东坑、半岭、坑上
	高山村	6	高山、上山背、塘弄、下山背、毛大弄、岗丘
裕溪乡（行政村 7 个，自然村 62 个）	裕溪村	6	裕溪、金村圩、施家地、裕溪上村、路亭下、徐山
	联溪村	19	黄岭头、黄家田、双隔丘、水尾口、田岸椿、岭脚、铁炉、上垟、横路下、山头、楼山、乌奴、水口、潘山、朱畈、叶西后、双坑口、楼山岭脚、青田圩
	小槎村	3	小槎、石坑口、小槎埠头
	内陈村	9	内陈、下圩、半岭脚、田塘、半岭、曾家、上牛塘、独山脚、大水圩
	凤弄源村	8	凤弄源、陈村、源口、斗谷埠、大坑、下牛塘、小黄岭头、大坑头
	木岱坑村	5	木岱坑、西坑、茶子坪、旱坞、黄种坑
	霭溪村	12	合溪、王田圩、新渡、田寮、章山、章山岭脚、赤路圩、寨头、新渡坑、东溪沿、水洋后、处章山脚
合计	203	1027	

（县民政局）

黄 南 水 库 建 设

大坝奠基仪式

松阳县黄南水库工程位于大东坝镇黄南村上游约400米处，工程任务以供水、灌溉、防洪为主，兼顾发电、改善水生态环境等综合利用。工程枢纽主要由大坝、溢洪道、放空洞、输水建筑物、发电厂房和升压站等建筑物组成。大坝坝高97米，输水隧洞总长10.5千米，配套坝后及输水隧洞出口电站2座，总装机1.64万千瓦。水库集雨面积207.8平方千米。

建设黄南水库是破解松阳水资源制约瓶颈的有效途径，也是松阳人民几代人的夙愿，早在80年代恢复县制之初，就开始谋划建设，限于当时的社会经济环境，项目一直没有上马。2009年，建设黄南水库的规划再次被提上议事日程，并写进当年县委、县政府的工作报告。截至2012年底，项目建议书批复的准备工作全部完成，项目建议书呈报浙江省发改委待批。

2013年，浙江省委、省政府全面部署“五水共治”实施战略，黄南水库建设迎来历史机遇，县委、县政府高度重视，将其作为松阳县落实“五水共治”实施战略攻坚的龙头项目、骨干工程重新上报。12月，国家发改委、水利部下发《全国中型水库建设总体安排意见（2013～2017）》，黄南水库成功入围，省发改委据此正式批复工程项目建议书。

设立工程建设指挥部及项目法人，2014年1月8日，中共松阳县委、松阳县人民政府印发〔2014〕8号文件，决定成立黄南水库工程建设领导小组，领导小组下设指挥部，由时任县长王峻担任组长，时任县政协主席翁樟明为常务副组长兼任指挥部总指挥，领导小组成员由县直有关部门和乡镇主要负责人组成。负责工程建设的总体协调和征地移民政策处理工作。

2014年7月31日，松阳县国资委以“松国资〔2014〕46号”文批复设立松阳县黄南水库发展有限公司，县国资委为公司出资人，县水利局为公司行业主管单位，负责抽调人员组成公司管理班子和落实管理人员。

2014年至2015年，是黄南水库建设项目前期工作最关键的2年，先后完成20余项可研前置专题及可研报告的报批工作。用2年的时间完成中型水库可研阶段所有的审批程序，被浙江省水利厅称为“全省水利项目前期推进的第一速度”。

2015年7月，松阳县“四套”班子领导集体调研黄南水库工程建设，提出“2015年完成项目前期，2016年全面开工建设，‘十三五’基本完成主体工程建设”的三大奋斗目标。为推进工程建设总进度，水库淹没公路改建工程于2015年底先行开工。

部署工程建设。2016年，黄南水库工程建设组织召开县级层面的动员会1次，领导小组成员暨项目推进会议3次，指挥部工作会议11次，各类政策、实施方案研讨会、乡村各级工作动员会100余次。先后向省领导袁家军、黄旭明、孙景淼、陈艳华，以及省财政厅、水利厅、国土厅主要领导汇报黄南水库建设开展情况。县领导王峻、李汉勤、翁樟明、黄德慧等多次到省发改委、财政厅、水利厅、招标办对接工作，争取项目资金核定和 EPC 招标的支持。

主体工程动建。2016 年 2 月，黄南水库工程初步设计获省发改委正式批复，批复总投资 18.07 亿元，其中移民和淹没处理补偿投资 10.95 亿元，总工期 52 个月，工程规划搬迁人口 1175 人，涉及土地 301.6 公顷。初设批复后，项目正式进入开工前的准备阶段，指挥部协调部署县林业、县国土等部门开展林地、土地报批工作。3 月，林地报批工作结束；9 月，土地报批工作结束。组建政策处理队伍，展开土地征收工作，确定投融资暨建设模式，进行 EPC 招标。于 12 月底前完成全部开工条件，主体工程开工建设。水库建设涉及玉岩、大东坝等 5 个乡镇 17 个行政村，需搬迁玉岩镇余叶、坳头、召楼等移民村 564 户计 1138 人，涉及拆除各类房屋建筑面积 6.08 万平方米。

2016 年 9 月，因人事变动，中共松阳县委、松阳县人民政府印发〔2016〕70 号文件，调整黄南水库工程建设领导小组及指挥部成员，由现任县长李汉勤担任组长，县人大常委会主任翁樟明和常务副县长王立武任常务副组长，翁樟明兼任指挥部总指挥。领导小组成员由县直有关部门和乡镇主要负责人组成。根据项目推进需要，在此次调整时，为指挥部设置了综合协调、资金保障、工程建设、政策研究、移民安置、土地征收、企业处置、监察审计、安全保卫、信息宣传 10 个工作组。

2017 年 12 月 31 日，距 2018 年春节仅 47 天，松阳县黄南水库移民搬迁安置动员大会召开，会议要求春节前完成移民搬迁协议签约、房屋腾空、房屋拆除 3 个 100%。全县 21 个工作组、67 个服务组，赶时间、比干劲、抓进度，开启连续无休模式，通过合理的搬迁安置政策杠杆，精准地为移民算好经济效益账、子孙幸福账。用时 15 天成功签约，10 天房屋腾空，7 天全部拆除。仅用 32 天，实现“签约、腾空、拆除”三个 100%。移民安置工作的顺利推进，保障了工程建设的有序进展。工程于 2017 年 6 月正式动建，2018 年 2 月导流洞贯通，2018 年 10 月河道截流成功，2018 年 11 月大坝开始填筑；2019 年 11 月高 97 米大坝填筑完成，2019 年 12 月长 10.5 千米的输水隧洞全线贯通，占地 15 公顷的安置小区市政工程基本完工。发电厂房、溢洪道、取水塔、调压井等工程进度皆有序推进。

（黄南水库　潘雄）

大事记

延庆寺塔

1月

2—3日 浙江省委书记车俊在丽水开展“服务企业、服务群众、服务基层”活动时，到四都、象溪镇雅溪口等地考察美丽乡村建设工作。

3日 松阳县消防救援大队举行授衔和换装仪式。

4日 松阳县领导干部会议召开，传达学习省委书记车俊在丽水开展“三服务”活动重要指示精神。

是日 中共松阳县委召开常委(扩大)会议暨县委理论学习中心组专题学习会议。

7日 浙江省召开“大棚房”问题专项清理整治行动视频会后，松阳县为全力做好“大棚房”问题专项清理整治行动相关工作进行部署落实。

8日 “2019中国书店大会暨‘新时代杯’2018时代出版·中国书店年度致敬盛典”活动中，松阳陈家铺平民书局获“年度最美书店”。这是中国书刊发行业协会首次把该奖项颁给乡村书局。

9日 丽水市委常委、宣传部部长任淑女带领市考核组到松阳，在县委常委、宣传部长汪健的陪同下，考核落实全面从严治党和意识形态工作主体责任及2018年综合工作，并专题调研基层宣传思想文化工作。

是日 中共松阳县委十届六次全体（扩大）会议暨机构改革方案通报会议召开，会议传达学习省委、省政府批复同意的《松阳县机构改革方案》主要精神，研究部署全县深化机构改革工作。

10日 2018年度党组织书记抓基层党建和人才工作述职评议会召开。

是日 松阳县乡村博物馆项目方案讨论会议召开。DnA建筑设计事务所汇报项目方案，相关单位就蚕文化馆、造纸工坊、砖窑博物馆、横溪废墟计划、采石矿、松阴溪景区(挖沙船)、县博物馆等方案进行讨论交流。

11日 松阳县与浙江大学水利工程系举行共建教学实习基地签约仪式。

13日 县委副书记、县长李汉勤，副县长潘永水到玉岩镇范山头调研地质灾害综合治理情况。

14—15日 浙江省农业农村厅副巡视员徐建华到松阳开展“三服务”活动，现场落实解决省委书记车俊在松阳“三服务”活动中征集的相关问题，为乡村发展搭平台、送政策。

15日 中共松阳县委召开县委常委会议，传达学习浙江省委书记车俊在丽水调研座谈会上的讲话精神，并就进一步贯彻落实作出部署。

16日 丽水市委副书记李锋到松阳开展“三服务”活动并调研乡村振兴工作。

是日 松阳县领导干部集体谈话会议召开。县委常委、组织部长雷剑锋宣布县委关于领导干部调整的决定。

是日 松阳县举行“改革开放40年进位赶超再出发”——第九届“民情地图”促服务应知应会能力大比武决赛。古市镇代表队获一等奖，象溪镇代表队、新兴镇代表队获二等奖，大东坝镇代表队、樟溪乡代表队、望松街道代表队获三等奖。

17日 县委书记王峻主持召开县委常委会会议，听取县人大常委会党组、县政府党组、县政协党组、县法院党组、县检察院党组2018年度履职情况及落实全面从严治党主体责任情况报告。

18日 松阳县机构改革动员大会召开，宣布松阳县机构改革工作正式全面实施。

20日 松阳县召开2019年春运工作动员会，安排部署春运工作。

21日 水南街道瓦窑头村161户迁建安置户集中选地在天元国际大酒店一楼大厅举行。县领导王峻、杨金跃、孔建民、汤根木、潘永水、温小运到现场指导选地工作。

22日 松阳县瓦窑头区块改造项目工作心得交流座谈会召开。县领导王峻、李汉勤、饶庆勤、杨金跃等参加。

是日 松阳县召开美丽商铺建设座谈会。县领导王峻、谢雅贞、潘永水、叶伟兰到明清古街非遗馆与明清古街居民和商户代表共商明清古街美丽商铺建设。

是日 县委副书记、县长李汉勤先后到瓦窑头拆迁工地、大马公路与过境公路交界道口、万寿家园小区、汽车客运站，实地检查指导节前安全生产工作。

22—23日 县委书记王峻带领县考察团到嘉兴市实地考察了“飞地”项目选址地，详细了解选址地周边的产业、交通等工作。

23日 松阳县十二届人大常委会第十五次会议召开。会议审议松阳县第十二届人民代表大会第三次会议的决定（草案）；听取县十二届人大常委会代表资格审查委员会关于部分代表资格变动情况的报告；听取县十二届人大常委会主任会议关于提请补选、另行选举县人大代表的议案；书面审议2018年度县人大常委会任命干部履职情况的报告及其他事项。

24日 县政府召开第30次常务会议。传达习近平总书记在省部级主要领导干部坚持底线思维着力防范化解重大风险专题研讨班开班式上的重要讲话精神，审议《关于深入推进县长项目工程和建立一把手项目工程工作机制的通知》《松阳县国家森林城市建设总体规划(2018—2027)》《关于减轻企业负担促进企业持续稳定发展的二十条意见(送审稿)》。

25日 “乡村振兴·田园松阳”浙江省美术作品展在丽水市美术馆开展。浙江省文联党组书记、副主席、书记处常务书记陈瑶，丽水市委常委、宣传部部长任淑女，县委书记王峻等出席开幕式。

是日 松阳县“两山（一类）”项目点评推进会议召开，通报2017、

2018年度相关项目及资金使用进度及下阶段工作部署。

是日 民盟松阳县第七届基层委员会第三次盟员大会召开。

26日 松阳县“中医药康养新模式休闲农旅新生活”主题民宿论坛在斋坛乡吊坛村举行。

28日 松阳县工商业联合会（总商会）六届四次执委会暨新春茶话会召开。

29日 丽水市委常委、宣传部部长任淑女到松阳开展走访慰问、检查平安建设和安全生产工作。

30日 县委书记王峻开展节前安全生产检查及调研松阴溪景区项目建设。

2月

1日 县委召开全县领导干部会议，传达学习浙江省“两会”精神，部署全县学习贯彻工作及春节相关工作。

是日 县委常委（扩大）会议暨全面深化改革领导小组会议召开。会议听取关于深化“改革创新深化年”“执行力建设年”“基层组织建设年”活动方案的汇报，研究“拯救老屋”行动以及历史文化名城、传统村落保护发展等工作。

是日 松阳县十二届人大常委会第十六次会议召开。会议审议县十二届人大常委会主任会议关于提请补选县人大代表的议案、县人大常委会关于召开松阳县第十二届人民代表大会第三次会议的补充决定（草案），传达浙江省十三届人大二次会议精神。

5日 松阳县首批智能公交电子站牌建成并投入使用。主要分设人民医院、天元广场、明清古街(南菜场)、西屏山公园等5个站点。

10日 松阳春茶在浙南茶叶市场上市。

11日 松阳县创建国家森林城市启动仪式暨2019年新春义务植树活动在卯山国家森林公园（湖溪林场）举行。

是日 县委书记王峻到浙江康恩贝中药有限公司和水南街道塘寮村，开展“服务企业、服务群众、服务基层”活动。

12日 中共松阳县委十届七次全体(扩大)会议暨全县干部大会召开。总结2018年全县工作，部署2019年各项工作任务。

13日 县委副书记、县长李汉勤到新兴镇、叶村乡等地开展“三服务”活动。

是日 县政府召开第31次常务会议，传达学习丽水市“两山”发展大会精神和市政府第11次市长碰头会议精神，审议《2019年政府工作报告》《2019年民生实事项目征集情况》等议题。

14日 县领导李汉勤、杨金跃、周红霞等到部分工业企业开展“三服务”活动，调研生态工业发展。

是日 2019年春节假日旅游市场分析会议召开。全县春节假日期间累计接待游客57.16万人次，收入4.68亿元，同比分别增长16.9%和28.07%，位居丽水市首位。

是日 由松阳县委宣传部、县文化和广电旅游体育局主办，县文化馆承办的“党的十九大精神”文艺宣传下乡巡回演出首站在古市镇文化中心举行。

15日 县委常委会会议召开，专题研讨全市“两山”发展大会精神贯彻落实意见。

是日 2019年浙江省内人力资源余缺调剂系列招聘会暨松阳县东西部就业扶贫劳动协作招聘会在县城市政广场举行。参与招聘活动企业有260家，其中县外企业46家；当日招聘会现场求职登记6923人次，达成就业意向1228人次，录用856人次。

16日 县委副书记、县长李汉勤，副县长潘永水等及相关职能部门负责人到遂昌县考察学习“大搬快聚富民安居”工程。

18日 浙江省自然资源厅副巡视员王耀宏带队的省政府考核组在丽水市副市长杨秀清的陪同下，到松阳检查指导森林浙江建设工作。

是日 县十二届人大常委会第十七次会议召开。会议听取县人民政府关于2018年民生实事项目办理情况的报告；初审政府工作报告和2019年松阳县十件民生实事项目候选项目、松阳县2018年国民经济和社会发展计划执行情况及2019年国民经济和社会发展计划草案的报告、松阳县2018年财政预算执行情况及2019年财政预算草案的报告、松阳县2018年环境状况和环境保护目标完成情况的报告、县人民法院工作报告、县人民检察院工作报告、县人大常委会工作报告；听取和审议县十二届人大常委会代表资格审查委员会关于代表资格审查的报告、《松阳县第十二届人民代表大会第三次会议列席人员的决定(草案)》；书面报告2018年松阳县人大常委会信访工作。

20日 松阳县民主党派统战团体“两山”发展大会精神学习会召开，传达学习丽水市“两山”发展大会精神及浙江省统战部部长会议精神，研究贯彻落实意见，并宣布松阳县“统战之家”正式启用。

21日 松阳县重点项目建设暨文化旅游、服务业发展大会召开。县委书记王峻出席会议并讲话。

是日 县领导王峻、杨金跃、周红霞、温小运等，就全县工业和金融工作开展专题调研。

是日 县委副书记、县长李汉勤到县自然资源和规划局开展专题调研。

是日 政协第九届松阳县委员会常务委员会第十次会议召开。会议协商讨论“一府两院”工作报告；协商讨论全县经济社会发展报告和财政预决算报告；审议通过政协第九届松阳县委员会常务委员会工作报告和提案工作报告。

22日 中共松阳县委常委(扩大)会议暨“浙西南革命精神”弘扬践行

活动领导小组第一次会议召开。

23日 2019浙江省摄影工作会议暨省摄协七届四次理事会在松阳县城召开。

24日 县领导王峻、潘力平等一行到浙西南革命根据地安岱后村，察看红军礼堂、刘英粟裕旧居、浙西南特委和军分区旧址、浙西南革命根据地纪念碑等，详细了解旧址保护情况以及修建情况。

25日 松阳县召开县域医共体建设动员大会。会议对全县医共体建设的总体要求和具体任务做出部署。

26日 松阳论坛——县委理论学习中心组举行专题报告会。邀请曾任中共浙江省委常委、杭州市委书记王国平作《从“旅游城市”向“城市旅游”历史性跨越》的专题报告。

是日 县委、县政府召开黄南水库工作汇报会议。县领导王峻、李汉勤、翁樟明、毛建南、孔建民、黄德慧参加会议。

27日 松阳县政法、信访、安全生产工作会议召开。会议通报表扬2018年度全县政法、信访、安全生产工作中作出突出贡献的集体和个人。

是日 松阳县“学习强国”学习平台建设运用工作会议召开。会议传达学习有关会议精神，部署主管理员工作任务，开展“学习强国”学习平台建设运用业务培训，现场完成全县党组织上下级认证，贯通全县组织架构链路。

28日 浙江省卫生健康委副主任曹启峰带领省考核专家组到松阳，开展基本公共卫生服务项目考核和基层卫生健康调研。

是日 松阳县纪委十届五次全体（扩大）会议召开。会议学习贯彻中央、省、市纪委全会精神，总结全县2018年党风廉政建设和反腐败工作，研究部署2019年工作任务。

是日 松阳县乡镇（街道）人大工作例会召开。会议学习贯彻全市“两山”发展大会和县委十届七次全会精神，部署县十二届人大三次会议相关工作。

是月 松阳县首个氮、磷生态拦截沟渠在樟溪乡力溪村力溪坑建成。该坑全长1.3千米，是全村农田污物的流经之地。

是月 松阳县大木山茶园入选“全国中小学生研学实践教育基地”。

3月

1日 松阳县2019年农村饮用水达标提标行动推进会议召开。

是日 松阳县全面推进垦造耕地、高标准基本农田建设、农村土地综合整治工作现场会议召开。

3日 丽水市“新农村妇女运动”启动仪式在新兴镇举行。市妇联党组书记、主席蒋璟璟，县委副书记王立武出席启动仪式。

4日 松阳县召开“无欠薪”县创建工作推进会。

5日 丽水市委常委、统战部部长王小荣到松阳调研民族乡村振兴等工作。

5—7日 中国人民政治协商会议第九届松阳县委员会第三次会议在县会议中心召开。会议听取县政协九届三次会议提案初步审查情况的报告，审议通过《中国人民政治协商会议第九届松阳县委员会第三次会议决议》。这次会议应到县政协委员178人，实到174人，符合《中国人民政治协商会议章程》的规定。

6—8日 松阳县第十二届人民代表大会第三次会议在县会议中心召开，大会应到代表170人，实到代表168人，符合法定人数。会议表决通过政府工作报告、松阳县2018年国民经济和社会发展计划执行情况及2019年国民经济和社会发展计划报告、松阳县2018年财政预算执行情况和2019年财政预算报告、松阳县人大常委会工作报告、松阳县人民法院工作报告、松阳县人民检察院工作报告等决议。

7日 松阳县“浙西南革命精神”弘扬践行活动动员大会召开。

12日 县委副书记、县长李汉勤，副县长温小运检查一季度“开门红”项目推进情况工作。

是日 松阳县举行“信用让消费更放心”为主题的“3·15”消费者权益日大型宣传服务活动。

13日 浙江省委第八巡视组专项巡视松阳工作动员会议召开。省委第八巡视组组长陈正权就开展巡视工作作动员讲话，省委巡视工作领导小组办公室副主任王忠民就配合做好巡视工作提出要求，县委书记王峻作表态发言。

13—14日 中国文物保护基金会理事长励小捷、国家文物局副局长胡冰在浙江省文物局局长柳河的陪同下，到松阳县实地调研“拯救老屋行动”项目的开展及后期活化利用情况。

14日 丽水市人大常委会党组副书记、副主任陈建波到松阳调研民营经济高质量发展工作情况。

是日 县领导王峻、李汉勤、孔建民、温小运等听取要津南路延伸段及新华路延伸段、江南东路规划方案编制情况专题汇报。

14—15日 由市级媒体、县(市、区)媒体、网络媒体人组成的采访团到松阳县开展“不忘初心 重走浙西南红色革命路”大型新闻活动。

15日 松阳县举行第十五期农村(社区)党组织“支书三晒”活动。

是日 松阳县召开县委审计委员会第一次会议，会议审议松阳县委审计委员会工作规则、办公室工作细则。

是日 松阳县“西（屏）竹（溪）玉（岩）”公路项目汇报会议召开。该项目主线全长约37.36千米，项目合计建设里程约35.06千米。项目采用二级公路标准设计，概算总投资约15.4亿元。

16日 丽水军分区领导带领丽水军分区践行“浙西南革命精神”活动组到松阳开展活动。松阳县委副书记、县长李汉勤，县委常委、常务副县长杨金跃等陪同。

18日 “松阳故事”农文旅融合探索实践展在丽水市美术馆开展。市领导吴晓东、李锋、林亮、王小荣在县领导王峻、李汉勤、汪健、谢雅贞的陪同下参观展区。

是日 县领导王峻、李汉勤、杨金跃、黄德慧等听取特色小镇项目规划方案专题汇报。

是日 松阳县食品安全委员会全体会议暨浙江省食品安全县创建推进会议召开。会议学习贯彻《地方党政领导干部食品安全责任制规定》，部署2019年“浙江省食品安全县”创建等重点工作。

19日 全县领导干部会议召开，学习贯彻落实全国两会精神。县委书记王峻主持并讲话，县领导李汉勤、翁樟明、毛建南、王立武等参加。

是日 松阳县启动“拯救老屋行动”二期项目。

20日 松阳县举办“浙西南革命精神”弘扬践行活动专题讲座。

21日 松阳县2019年十件民生实事项目交办会议召开。

21—22日 松阳县首期文物保护从业人员领队培训班开班，浙江省古建院工程师陈仲寅以PPT的形式给参训学员讲授木结构建筑设计图纸基础知识。

22日 松阳县自然农法协会成立大会暨第一届会员会议召开。

25日 县委副书记、县长李汉勤到部分危（险）化（工）企业检查安全生产工作。

26日 第十二届中国（国际）茶商大会·松阳银猴茶叶节“茶香物语”音乐品茶会举行。

26—27日 中国国际茶文化研究会会长、浙江省政协原主席周国富到松阳考察“乡村振兴”工作。

27日 由中国茶叶流通协会、中国国际茶文化研究会、中国茶叶学会、浙江省农业农村厅、浙江省农民合作经济组织联合会、丽水市人民政府主办，浙江省茶叶产业协会、松阳县人民政府承办的第十二届中国（国际）茶商大会·松阳银猴茶叶节隆重举行。

是日 中国碳中和茶项目松阳成果发布会暨茶产业绿色发展论坛在松阳县城举行。联合国粮农组织土地与水资源部高级官员塞拉亚·塞尔吉奥·博尼拉，中国农业科学院国际合作局国际组织处处长翟琳，县委副书记、县长李汉勤等出席论坛。

是日 第一届全球茶叶产销形势及市场需求分析会议在松阳县城召开。中国茶叶流通协会会长王庆，摩洛哥外交全权公使阿拉维·杰姆、澳大利亚茶叶协会主席帕纳姆·大卫、比利时经济贸易所总经理弗朗索瓦斯·梅森等9个国家的政府官员、专家学者、业界精英和骨干企业及全国各茶叶主要产销区域的企业代表及行业组织负责人、代表等130余人参会。县委书记王峻，县委副书记、县长李汉勤参加会议。

是日 第十二届中国（国际）茶商大会·松阳银猴茶叶节东西部协作暨经贸洽谈系列活动在松阳县城举行。浙江省供销社副主任张建，四川省巴中市副市长王毅，县委常委、常务副县长杨金跃参加活动。

是日 全国茶叶标准发展、全国“茶叶机械”行业标准、茶叶行业组织建设研讨会在松阳县城召开。

是日 浙江省首家专事解决涉茶纠纷巡回法庭——松阳县法院茶乡巡回法庭揭牌仪式在新兴镇上安茶青市场举行。

28日 县委书记王峻主持召开落实浙江省委书记车俊到松阳开展“三服务”活动相关工作进展情况汇报会。

是日 松阳县举办第十二届中国（国际）茶商大会·松阳银猴茶叶节主题茶旅活动。

29日 松阳县扫黑除恶专项斗争推进会召开。

4月

1日 全县领导干部会议召开。会议传达丽水市四届人大四次会议精神和丽水市政协四届三次会议精神。

2日 浙江省政协副主席陈铁雄在县领导王峻、毛建南的陪同下，到松阳县板桥畲族乡张山村、桐榔村调研传统村落保护工作。

是日 松阳县“大搬快聚”工作调研会议召开。

是日 县政府召开第33次常务会议。会议学习《松阳民主革命史概述》，听取一季度统计和应急管理工作汇报，审议《松阳县人民政府关于支持企业用工促进就业稳定的十五条意见》《城乡义务教育阶段家庭经济困难学生营养餐安排方案、中小学校教室安装空调方案》等议题。

是日 县委副书记、县长李汉勤，副县长黄德慧到西屏街道调研“乡村振兴”工作和松材线虫病防控工作。

是日 枫坪乡开展“纪念高亭战斗70周年活动”。

是日 县知联会、社联会、新联会组织会员到枫坪乡斗潭村开展“弘扬爱国奋斗精神，建功立业新时代”为主题的红色教育活动。

3日 松阳县农村工作会议召开。会议表彰2018年度“乡村振兴”工作中作出突出贡献的集体和个人。

是日 县委常委会议召开。会议学习《中共中央关于加强党的政治建设的意见》《中国共产党重大事项请示报告条例》《车俊在省委书记专题会议听取十四届省委第五轮巡视情况综合汇报时的讲话摘要》；传达丽水市四届市委第五轮巡察工作动员部署会、中央扫黑除恶第11督导组督导浙江省工作动员会精神和全市组织部部长会议、全市统战部部长会议、全市宣传思想工作会议精神，听取贯彻意见汇报；研究《关于松阳县2018年度落实全面从严治党主体责任重点检查考核和评议的反馈意见》整改落实工作；审议《松阳县“两山（一类）”专项激励资金和项目管理办法（修改稿）》。

4 日 松阳县与浙江省中医院签订第二轮医疗合作协议。省中医药管理局局长徐伟伟，省中医院党委书记黄琦、院长毛威，县领导王峻、翁樟明、汪健等出席签约仪式。

是日 浙江省中西医结合远程教育学院揭牌仪式在松阳县城举行。

是日 县领导王立武、饶庆勤、汪健等到松阳高速出口、天元名都酒店、西屏街道办事处、县建设局等地调研督导扫黑除恶专项斗争。

5 日 县领导李汉勤、黄德慧、潘永水到西屏街道凉亭陵园、古市镇静安园公墓、湖溪林场七都源仙人谷、叶村乡东坞水库等地督查森林防火工作。

8 日 浙江省人大常委会副主任史济锡到松阳，开展促进民营经济高质量发展、《浙江省学前教育条例》执法检查、“三服务”等调研活动。县领导王峻、翁樟明、杨金跃、毛胜法、孔建民陪同调研。

是日 松阳县与深圳赫兹波生物科技有限公司举行细胞理疗仪生产项目签约仪式。县委副书记、县长李汉勤，深圳赫兹波生物科技有限公司总裁李继前等出席签约仪式。

9 日 中共松阳县委召开基层组织建设重点工作座谈会议。全县 19 个乡镇(街道)就后进村党组织整顿转化、村集体经济发展、行政村规模调整、扫黑除恶专项斗争工作展开座谈。

是日 县委书记王峻听取瓦窑头安置小区方案专题汇报和高速出口绿化方案专题汇报，并现场指导高速出口绿化提升工作。

是日 县委副书记、县长李汉勤，副县长董钊就智慧城市建设工作开展调研。

是日 松阳县组织工作会议暨基层组织建设深化年活动推进会召开。

10 日 县委书记王峻主持召开相关工作汇报会议，听取县水务发展投资集团有限公司、县文旅发展投资集团有限公司组建方案及西（屏）竹（溪）玉（岩）公路(城区段)建设方案。会后，实地调研长虹西路加油站搬迁工作。

2019 年 4 月 14 日，石门圩廊桥—松阳生态农产品市集首度开市

11 日 仙居至庆元公路松阳县水南至枫坪段（西竹玉公路）暨要津南路延伸段工程项目征迁工作动员会召开。

12 日 农业农村部党组成员、中央农办秘书局局长到松阳调研传统村落保护发展和利用工作。县委书记王峻，县委副书记、县长李汉勤陪同调研。

是日 第三届中国城市党刊省际宣传合作联席会议暨乡村振兴研讨会在松阳县城召开。县委书记王峻作《生态文明视角下乡村振兴之路的实践与思考》主题报告。中国城市党刊研究会会长郭宗海参加研讨会。

13—14 日 2019 全国老年人气排球之乡(浙江松阳站)交流活动在松阳县城举行。中国老年人体育协会气排球专项委员会副主任朱琼，浙江省老年人体育协会常务副主席扬平原参加开幕式。县委副书记、县长李汉勤致辞。

14 日 石门圩廊桥—松阳生态农产品市集首度开市，县领导王峻、潘力平等到场参观指导。

15 日 松阳论坛——县委理论学习中心组举行专题报告会。中国艺术研究院艺术人类学研究所所长方李莉作《中国乡村振兴的方向：从乡村中国到生态中国》的专题讲座。

是日 县领导李汉勤、杨金跃、黄德慧在松阳分会场参加浙江省防汛抗台抗旱工作视频会议。会后，县长李汉勤就全县相关工作进行部署。

是日 松阳县全体县处级领导在松阳分会场参加中共浙江省委召开县（市、区）委书记工作交流视频会议。

15—16 日 “美丽鹿城·田园松阳”摄影展在县城文化馆举办。

16 日 下午，县长李汉勤调研生态工业项目建设情况。晚上，县领导王峻、杨金跃、周红霞就招商引资工作开展调研。

17 日 全县工业与金融工作会议召开。会议通报表扬获省市荣誉企业、工业企业纳税大户、工业企业上台阶奖、招商引资优秀项目奖及优秀外贸出口企业。

是日 县政府召开第 34 次常务会议。会议听取近期土地出让相关事宜的汇报、松阳县“拯救老屋行动”二期项目相关工作汇报，审议静安园公墓二期价格拟定标准、松阳县优秀传统建筑修缮项目实施方案等议题。

18日 松阳县部分重点项目督查工作会议召开。会议听取关于全民健身中心、筏铺安置小区四期、瓦窑头区块改造安置用房、江南东路道路及景观工程、火车站站前大道、火车站站前广场和配套工程等项目前期进展、项目推进情况以及存在问题的汇报。

18—19日 北京市门头沟区委副书记、区长付兆庚带领政府考察团到松阳考察乡村振兴工作。丽水市副市长杨秀清，县委副书记、县长李汉勤等陪同考察。

19日 “对标欧盟肥药双控·丽水在行动”暨丽水市“春耕支农”和“送科技下乡”服务活动在松阳县城举行。市政协副主席、市农科院院长金爱武等出席。

20日 衢宁铁路松阳段全段预制桥梁架设工程完工。

是日 松阳县第十五届“红五月”杯职工气排球赛在县气排球馆举行。共有62支球队600人报名参赛。

21日 江西省婺源县委书记吴曙带领党政代表团到松阳考察茶产业发展、美丽乡村和生态文明建设等工作。县委副书记、县长李汉勤陪同考察。

是日 松阳县弘扬“浙西南革命精神”主题朗读比赛在县非遗馆举行。

22日 县委书记王峻就浙江省食品安全县创建工作开展调研。

22日 县委副书记、县长李汉勤，副县长黄德慧调研大花园绿道建设。

23日 国家发展和改革委员会社会发展司副司长彭福伟在县领导李汉勤、杨金跃陪同下，调研松阳的体育产业发展工作。

是日 松阳县统战工作会议召开。会议传达学习省、市统战工作会议精神，回顾总结2018年全县统战工作，部署2019年工作任务。

是日 丽水市侨联到松阳县开展“问海借力侨商回家”活动。

是日“弘扬浙西南革命精神 实施大健康松阳战略”健康松阳建设主题宣传暨国家卫生县城复评启动仪式在县城市政广场举行，有500余人参加启动仪式。

24日 松阳县举行“普惠金融助力乡村振兴”签约活动。县农商银行分别与县强村公司、县国投公司签订战略合作协议，与县农业农村局签订金融支持乡村振兴战略合作协议。

25日 松阳县“打击欺诈骗保维护基金安全”活动部署会议召开。会议通报欺诈骗保典型案例及下步工作措施，布置医保基金监管和“打击欺诈骗保维护基金安全”工作任务，并宣读“维护医保基金安全”倡议书。

是日 第二期松阳青年古建筑实训班在何联奎故居正式开班，该省级保护历史文化建筑何联奎故居作为松阳青年古建筑实训班的实训基地正式投用。

26日 松阳县行政村规模调整工作座谈会召开。相关单位、乡镇（街道)就全县行政村规模调整、相关文件修改意见作建议发言。

25—27日 全国政协常委、副秘书长、民革中央副主席兼秘书长李惠东在浙江省政协常委、副秘书长、民革浙江省委会专职副主委刘净非的陪同下，到松阳调研考察乡村振兴和民革丽水市委会松阳县支部工作。丽水市人大常委会副主任、民革丽水市委会主委戚永远，县领导王峻、李汉勤、翁樟明、毛建南、王立武参加调研。

27日 “浙江·松阳农文旅融合探索实践分享会暨乡村研学实践地发布会”在四都乡榔树村举行。

是日 松阳县“打造书香文化礼堂，助力美丽乡村振兴”活动在新兴镇后周包村举行。

28日 松阳县召开全县领导干部会议，传达学习贯彻省委十四届五次全体(扩大)会议精神和全省防范化解重大风险专题培训班精神。

是日 松阳县举办老干部读书会暨离退休干部党支部书记培训会议。

是日 松阳县召开国家卫生县城复评迎检工作动员部署会。

是日 共青团松阳县委与“浙西南革命精神”弘扬践行活动领导小组办公室联合主办的“传承浙西南革命精神、汇聚田园松阳青春力量”纪念五四运动100周年主题团日活动在县第五中学举行。

是日 松阳县2019年“两会”建议提案交办会议召开，表彰2018年度县人大代表建议优秀承办件和政协委员提案优秀承办单位，部署县人大代表建议和政协委员提案办理工作。

29日 松阳县在松阴溪江滨公园段举行2019年防汛综合演练，县长李汉勤担任现场总指挥。

是日 县领导李汉勤、杨金跃、谢雅贞等到景区景点检查安全生产工作。

是日 松阳县十二届人大常委会第十八次会议召开。会议书面传达车俊在浙江省十三届人大常委会第十一次会议结束时的讲话精神；会议听取和审议县人大常委会主任会议关于确定县十二届人大三次会议代表建议重点督办件的报告、县人民政府关于2018年度政府重大投资项目执行情况及2019年度政府重大投资项目计划（草案）的报告、县人民政府关于2018年政府性基本建设预算执行情况和2019年政府性基本建设预算（草案）的报告、县人民政府关于三都乡西田历史文化名村保护规划的议案，听取县人民政府关于农药化肥减量增效及秸秆露天禁烧与综合利用专题询问审议意见落实情况的报告、县人民法院关于破解执行难工作审议意见落实情况的报告、县人民检察院关于落实民事行政检察工作审议意见落实情况的报告；会议进行人事任免等其他事项。

30日 松阳县水务发展投资集团有限公司和文化旅游发展投资有限公司挂牌成立。

是月 由县关工委、县史志办、丽水新四军历史研究会松阳分会、县教育局共同编写的红色书籍《杜鹃红》(第一版)正式出版，共1500册，以图文形式介绍浙西南革命根据地的斗争历程。

5月

5日 县领导王峻、杨金跃、温小运等就全县经济运行情况开展专题调研。

是日 县领导李汉勤、翁樟明、毛建南等就黄南水库电站、电力输送配套工程建设情况开展专题调研，并召开工程风险防范工作会议。

6日 县领导王峻、雷剑锋、杨金跃、黄德慧、谢雅贞就全县文旅项目和重点项目推进情况开展调研。

是日 县长李汉勤与副县长温小运调研财税工作。下午，李汉勤与副县长黄德慧就县退役军人事务局工作开展情况进行调研。

7日 松阳县举行第十六期农村（社区）党组织“支书三晒”活动。全县10个行政村的党支部书记就“推进家风建设培育好家风好民风好乡风”工作作交流发言。

是日 县政府召开“府院”联席工作会议，会议通报2018年全县行政复议和行政应诉有关情况、行政诉讼案件情况以及开展的行政公益诉讼情况，剖析在法治政府建设过程中存在的问题。

8日 四川省巴中市委书记罗增斌带领党政代表团在丽水市政府党组成员、市委政法委副书记、市公安局党委书记毛建国陪同下到松阳考察。

是日 松阳—巴州东西部扶贫协作联席会议在松阳县城召开。四川省巴中市巴州区委书记张平阳，县领导王峻、李汉勤、王立武、杨金跃出席会议。

是日 由安徽省工商联党组成员、副主席司应武带领“千企结千村、消灭薄弱村”台账工作检查组在浙江省工商联党组副书记、副主席黄正强的陪同下，到松阳开展检查。县领导雷剑锋参加。

是日 县委副书记、县长李汉勤到浙江华威门业有限公司开展“三服务”活动。同日，到古市镇就小城镇环境综合整治工作开展调研。

9日 县领导王峻、杨金跃、董钊等调研智慧城市建设工作。

10日 松阳县召开创建国家全域旅游示范区暨双童山创国家级AAAA景区工作点评推进会。

是日 “荣光70年、成就人生梦”2019年丽水市职业教育活动周启动仪式在松阳县城举行。

是日 丽水至龙游天然气管道工程松阳段隧道全线贯通。

12日 由东南亚农业技术协会、松阳县人民政府、江苏中科亚农生物工程有限公司主办的中国松阳·现代有机农业峰会在松阳县城召开，该峰会为期3天。中国绿色食品协会副会长、研究员、原农业部绿色食品管理办公室主任王运浩，丽水市委副书记李锋，县领导王峻、李汉勤、翁樟明、毛建南等出席。

13日 松阳县被浙江省委、省政府授予2018年度浙江省“五水共治”(河长制)工作优秀县(市、区)“大禹鼎”。

是日 中国松阳·现代有机农业峰会论坛在县城举行。来自不同国家有机农业专家学者32人参加论坛。

是日 松阳县首届“大手拉小手·防溺不松手”防溺水安全教育公益活动启动仪式在县民族中学举行。

15日 丽水市委常委、市纪委书记、市监委主任方文军到松阳，就清廉建设工作开展调研指导。县领导王峻、潘仲珏陪同调研。

是日 松阳县创建国家生态文明建设示范县工作部署会议召开。

16日 松阳县举办“清廉学校”建设微党课决赛。

17日 “自强脱贫·助残共享”为主题的第二十九次全国助残日活动在古市镇山下阳村举行。

18日 中医药复兴地建设——松阳·杭州民间中医药学术交流会议在松阳召开。会上，杭州市针灸推拿学会民营民间分会名誉会长吴和平和中医博士朱慧萍分别作学术交流，并发布《振兴民间中医药松阳宣言》。

是日 松阳县老年人健身气功协会成立大会暨反邪教宣传活动在县城市政广场举行。

20日 县领导李汉勤、黄德慧、潘永水等调研秸秆禁烧及农药化肥减量增效工作。下午，县长李汉勤到赤寿乡开展“三服务”活动。

21日 松阳县外事工作委员会第一次会议召开。会议听取“千校结好”活动开展情况及教育系统因公出国情况汇报，听取2018年赴意大利、德国、芬兰交流访问情况汇报，听取赴肯尼亚联合国人居署交流访问情况汇报；审议《联合国人居署与中国浙江省松阳县谅解备忘录》、2019年全县因公出国（境）计划方案。

22日 松阳县退役军人事务工作领导小组第一次全体会议召开。会议审议《中共松阳县委退役军人事务工作领导小组工作规则》《中共松阳县委退役军人事务工作领导小组办公室工作细则》《中共松阳县委退役军人事务工作领导小组2019年工作要点》。

是日 全县警示教育大会召开。

是日 松阳县与浙江艺术职业技术学院、浙江婺剧艺术研究院分别签订《文化战略合作框架协议》，授予松阳县为“浙江艺术职业学院校外采风实践教学基地”和“浙江婺剧艺术研究院戏曲教学实践基地”。

22—23日 浙江省政协在松阳开展2019年“送文化下乡”书画创作笔会、书画讲座、婺剧《白蛇传》献演等系列活动。省政协文化文史和学习委员会主任潘海生及浙江婺剧团和部分省、市政协诗书画社会员等参加活动。

24日 县政府召开第35次常务会议，听取2019年度城市治堵工作汇报，研究审议《关于深化“亩均论英雄”改革的实施意见》《松阳县不锈钢管产业转型升级三年行动方案（2019～2021）》等议题。

是日 县退役军人事务局与松阳农商银行签订“田园·拥军贷”战略合作协议。

26日 “打造康养胜地，推动乡村振兴”主题论坛在松阳斋坛乡吊坛云顶仙坑源国际人文养生度假村举行。

27日 松阳县扩大有效投资第二批项目集中开工活动暨丽水学院松阳校区工程开工仪式在南城文教园区举行，该活动共涉及项目17个，总投资达19.64亿元。

是日 丽水学院（松阳校区）举行开工奠基仪式。该项目总面积13.33公顷，概算投资3.37亿元。丽水市人大常委会副主任戚永远、丽水学院院长肖刚，县领导李汉勤、翁樟明、毛建南、杨金跃等出席开工奠基仪式。

28日 松阳县召开省市县民生实事推进会议。会上，县民政局、残联、水利局、建设局等各牵头单位汇报省市县民生实事项目进展情况。

是日 松阳县举行中小学校“空调进教室”工程全面竣工仪式。该项目总投资1530万元，全县33所中小学校704间教室共安装空调1345台，受益学生3万余人。县领导李汉勤、杨金跃参加竣工仪式。

31日 2019年第三届杭州（国际）未来生活节期间，“松阳故事，带着传统去未来”为主题的体验馆在杭州国际博览中心亮相。

27—31日 县委书记王峻参加肯尼亚首都内罗毕举行的首届联合国人居大会，并在边会上和部长、市长对话论坛中作发言。

6月

1日 “松阳故事一小时”发布会在2019年第三届杭州（国际）未来生活节主会场举行。县委副书记、县长李汉勤等出席发布会。

3日 县领导王峻、李汉勤、雷剑锋、黄德慧等专题调研行政村规模调整工作。

4日 余姚市委书记奚明带领党政代表团到松阳召开余姚—松阳山海协作高层联席会议。会上，双方签订2019年度余姚—松阳山海协作工程合作协议、余姚—松阳共建“消薄飞地”园区合作框架协议。县领导王峻、

是日 县政府召开第36次常务会议，研究审议《松阳县农村饮用水县级统管实施方案》《松阳县农村供水工程运行管理办法（试行）》《松阳县秸秆禁烧与综合利用工作方案》等议题。

是日 端午节前夕，西屏街道举行第二届端午龙舟赛暨第五届民俗文化节。县领导潘力平、孔建民、谢雅贞、潘永水、叶伟兰参加。

2019年6月6日端午节前夕，西屏街道举行第二届端午龙舟赛暨第五届民俗文化节。

李汉勤、杨金跃、周红霞参加联席会议。

5日 浙江省工业互联网平台建设现场会暨丽水市工业互联网平台推广会在松阳县城召开。省经济和信息化厅副巡视员沈建新，丽水市副市长徐光文，县领导王峻、李汉勤、杨金跃参加会议。

是日 松阳县与浙江水利水电学院签署战略合作框架协议。浙江省水利厅副厅长蒋如华，浙江水利水电学院校长华尔天，县委副书记、县长李汉勤等出席签约仪式。

6日 浙江省知识界人士联谊会松阳同心服务实践基地揭牌仪式举行。这是省知联会开展“三服务”活动建立的首个实践基地。省委统战部副部长张润生主持揭牌仪式，全国政协常委、省知联会会长杜卫，县领导王峻、胡卫亮等出席。

10日 县领导王峻、王立武、胡卫亮、雷剑锋、黄德慧、潘永水、叶伟兰就全县行政村规模调整中涉及的传统村落、移民村和少数民族村等三类特殊村规模调整工作进行调研。

是日 县领导李汉勤、周永龙到象溪镇调研松阴溪绿道、小城镇环境综合整治、“拯救老屋”、油茶全产业链等项目建设情况。

11日 松阳县召开全县金融支持实体经济推进会暨半年度金融形势分析会议。

12日 新疆新和县委书记杜海涛带领党政代表团到松阳在县政协主席毛建南的陪同下，考察美丽乡村建设和农文旅融合项目发展情况。

13日 全国党媒社长、总编丽水行暨百家媒体“浙西南革命根据地”集中采风活动第二采风组媒体代表

80余人到松阳开展采风之旅，并实地考察茶叶博物馆、大木山茶园、松阴溪绿道、延庆寺塔、石门圩廊桥等地，了解松阳茶产业、文旅融合等第三产业发展现状。县委常委、宣传部长汪健陪同采风。

14日　松阳县政府召开第37次常务会议，传达学习“浙西南革命精神”研究成果，审议《关于开展行政村规模调整工作的实施意见》。

是日　松阳县召开上半年大花园建设点评推进会义。会议听取全县创新区2019年重点任务谋划安排计划，1～5月重点建设项目、重大前期项目推进情况和大花园绿道建设完成情况汇报。

是日　松阳县农村饮用水达标提标项目建设和运行管理推进会议召开。

16日　“浙江广电集团百名记者、主持人走基层走进松阳”大型主题晚会在县城市政广场举行。浙江广电集团党委书记、总裁吕建楚，浙江广电集团党委委员、副总编辑胡戎，市委常委、宣传部部长任淑女，县领导王峻、李汉勤、翁樟明、毛建南、王立武等到场观看演出。

17日　县委书记王峻主持召开县委常委（扩大）会议。传达学习丽水市委“浙西南革命精神”研究成果新闻发布会精神。

是日　中共松阳县委召开常委（扩大）会议暨村规模调整工作领导小组会议，专题研究部署下一步村规模调整工作。

是日　县政府召开顾问招商工作座谈会议。聘9人为全县首批招商顾问，并发放聘书。

18日　县领导李汉勤、杨金跃在松阳分会场参加丽水市防汛防旱指挥部召开的全市防汛视频会议后。县政府就全县梅雨季防汛工作进行部署。

19日　县领导王峻、潘永水到玉岩镇沙丘村范山头调研滑坡治理应急处置工作，并实地查看滑坡治理应急处置情况。

是日　县领导李汉勤、毛胜法、温小运等就低效闲置资源整合利用工作开展调研。

是日　县领导王峻、黄德慧、潘永水、叶伟兰等听取建设项目工作专题汇报。省古建院、杭州市政工程建设有限公司、浙江科欣工程设计咨询有限公司、县建筑设计所就松阳老剧院修缮、江滨路二期与绿道衔接、横山头广场建设、江滨公园提升四个方案设计情况进行介绍。

20日　松阳县爱国卫生巩固复审迎检工作部署会议召开。

是日　松阳县举办文化、旅游市场消防安全应急演练培训会。全县星级饭店、景区、旅行社、影剧院等领域的主要负责人90人参与演练培训学习。

21日　浙江省特种设备检验研究院到松阳开展“三服务”工作，并签订高质量产业服务平台战略合作协议。国家市场监督管理总局特种设备局副局长杨泽世，浙江省特检院党委书记、院长钟海见，县领导李汉勤、杨金跃等参加。

是日　2019年丽水市社会科学普及周启动仪式暨系列活动在樟溪乡兴村红糖工坊举行。

24日　松阳县庆祝中国共产党成立98周年纪念大会暨行政村规模调整工作动员部署会议召开。

24—26日　浙江省政协主席葛慧君在丽水市委书记胡海峰的陪同下到松阳县开展蹲点调研。县领导王峻、毛建南等陪同调研或参加座谈会。

24—26日　松阳县开展国家卫生县城巩固环境卫生大整治活动。

27日　中共浙江省委第八巡视组专项巡视松阳县情况反馈会议召开。省纪委常委、省委巡视工作领导小组成员、办公室主任徐鸣华出席向松阳县委书记王峻的反馈会议，并传达省委书记车俊关于巡视工作讲话和指示精神，省委第八巡视组组长陈正权主持会议并向松阳县委书记王峻反馈巡视情况。省委第八巡视组副组长童发根、宣新瑞，丽水市委常委、纪委书记、监委主任方文军参加反馈会议。

是日　由松阳县委、县政府主办，松阳县总工会、杭州旅游集散中心承办的2019年“松阳疗休养资源推介会”在嘉兴市举行。

28日　衢宁铁路丽水段建设推进会议在松阳县城召开，会议总结前阶段建设成效，部署下一步工作任务。截至5月底，衢宁铁路丽水段全线累计投资83.15亿元，占总投资额110亿元的75.6%。其中，松阳段项目累计投资约23.82亿元，实现总投资约30亿元任务的79%。

是日　田园松阳论坛——打造国际中医药康养胜地专题报告会召开。浙江省中医药及康养界的知名专家4人，受邀作专题报告。

是日　县委副书记、县长李汉勤，副县长温小运调研全县医疗保障工作。

是日　松阳县油茶产业农民合作经济组织联合会成立。该组织是由全县从事油茶业的企业、农民专业合作社、家庭农场等自愿加入的非营利性社会团体分支组织，为广大农民群众提供种植技术、农产品销售、金融借贷等帮扶服务。

30日　松阳县行政村规模调整工作推进会召开，会议听取各乡镇（街道）关于行政村规模调整工作的进展情况汇报，梳理分析当前工作存在的困难及问题，部署下一阶段工作。

7月

1日　松阳县十届县委第六轮巡察工作动员部署会议召开。会议宣布十届县委第六轮巡察将要巡察的8个乡镇（街道）以及4个巡察组组长、副组长名单。

是日　松阳县庆祝中华人民共和国成立70周年、中国共产党建党98周年、弘扬践行“浙西南革命精神”

合唱比赛在县会议中心举行。全县有乡镇（街道）代表队 11 支、机关代表队 22 支参赛。

2 日 县领导王峻、翁樟明、黄德慧、谢雅贞等，专题调研黄南水库水利风景区建设工作，并对景区详规方案进行评审。

是日 县委副书记、县长李汉勤到象溪镇上梅村、鲁峰村指导防汛救灾工作。下午，县领导李汉勤、黄德慧、潘永水等调研农村饮用水达标提标工作。

是日 松阳县食品安全周活动在县城市政广场举行。

2—3 日 县委组织部、县委宣传部、县浙西南革命精神活动办等组织开展红色主题教育培训活动。

3 日 县领导王峻、杨金跃、周红霞到工业园区、在建项目现场及重点企业，专题调研工业招商落地、企业运行管理等情况。

4 日 县十二届人大常委会第十九次会议召开。会议听取县人民政府关于 2019 年上半年十件民生实事项目进展情况的报告；听取和审议县人大常委会执法检查组关于《中华人民共和国公共文化服务保障法》执法检查情况报告；听取县人民政府关于居家养老工作提升建设情况报告。会议还进行了人事任免及其他事项。

是日 县委副书记、县长李汉勤主持召开全县防汛抗灾工作视频会议，就防汛抗灾工作进行再落实再部署。

是日 县政协召开“请你来协商”首次专题协商会，就全县居民居住小区物业管理情况进行专题协商。

5 日 松阳县举办 2019 年高校毕业生暨暑期工综合人才专场招聘会，有企业 23 家参加，提供就业岗位 202 个。进场求职 350 余人，现场登记 69 人，达成意向 13 人，录用 4 人。

是日 衢宁铁路松阳段 2.48 千米的上坞隧道出口段无砟轨道完成施工。该工程历时 45 天，上坞隧道全长 3233.095 米，其中隧道内弹性支承块式无砟轨道实际铺设长度 3183 米，为单线单洞隧道，设置进口和出口两个工区进行施工。隧道设计行驶速度 160 千米每小时，隧道内设置无砟轨道，结构高度为 600 毫米，一次铺设无缝线路。

7 日 县领导王峻、潘永水到新兴镇李山头村就防汛工作开展调研。下午，县领导王峻、翁樟明、黄德慧等到黄南水库主体工程建设现场，实地调研工程建设推进情况及黄南水库水利风景区建设工作方案。

8 日 县委副书记、县长李汉勤，县委常委、常务副县长杨金跃到县行政审批中心调研“最多跑一次”改革和政府数字化转型等工作。

是日 松阳县选派的 9 名援川专技干部到达巴州开展各项对口专技工作。

是日 由松阳县委组织部、团县委、县农业农村局、县人力社保局联合主办的大学生乡村振兴创梦行动出征仪式在县城举行，有浙江大学、东南大学、中山大学等省内外高校的大学生 500 人参加。

9 日 县领导王峻、王立武、杨金跃等专题调研衢宁铁路松阳段建设工作。下午，县委书记王峻检查防汛工作，并就当前雨情、汛情、地灾避险等与有关职能部门进行会商研判。

是日 县委副书记、县长李汉勤，副县长潘永水到部分农业经营主体开展调研。

10 日 中共松阳县委全面深化改革委员会第一次会议暨改革创新深化年活动部署会议召开。会议学习中央、省委、市委全面深化改革委员会会议精神；听取“两规则一细则”、专项领导小组调整及改革实施意见等文件的起草说明；审议相关改革文件；听取“最多跑一次”改革工作、“医共体”和“中医药复兴地”建设推进情况等部分重点改革工作汇报。

是日 松阳县行政村规模调整工作第二次推进会议召开。

是日 由上虞区文化广电旅游局和松阳县文化广电旅游体育局主办的“品质上虞田园松阳”2019 上虞·松阳文化走亲专场文艺演出在县文化馆古市分馆上演。

11 日“陶缘怡情·雅致江南”宜兴陶式生活疗休养之旅浙江行第二场疗休养推介会在松阳举行。

9—11 日 浙江省残联党组书记、理事长蔡国春到松阳开展“不记初心牢记使命”主题教育蹲点调研。县领导王峻、李汉勤、黄德慧等陪同调研。

12 日 县政府召开第 38 次常务会议。会议审议《松阳县县域雨污分流截污纳管项目工程 EPC 招标方案》《松阳县政府与省中医院第二轮合作协议》，听取关于《松阳县中医院迁建征地红线方案确定和采用全过程工程咨询管理模式建议》的汇报等。

是日 松阳县举办首届“深入接轨长三角创新引领大花园”项目谋划大赛。县经济商务局、文广旅体局、新兴镇、国投集团等 22 家单位围绕产业、民生事业等领域的 27 个项目，开展现场陈述竞赛。

14 日 松阳县召开防汛视频会议，再部署、再落实当前防汛工作。县委书记王峻，副县长黄德慧等出席。

15 日 县委书记王峻、副县长潘永水等就全县小城镇环境综合整治工作开展调研。

是日 县委副书记、县长李汉勤，县委常委、常务副县长杨金跃到衢宁铁路松阳段项目建设工地，实地考察火车站站前广场及站前大道等项目建设进展情况及存在的困难和问题。

16 日 县领导王峻、温小运、单国亮、叶伟兰等专题调研药皇宫中医药文化区块建设工作。

是日 松阳县有机农业技术培训会议召开，邀请东南亚农业技术协会主席、泰国有机农业专家克萨姆·塞通作有机农业技术专题讲解。

16 日 “精神的力量 初心在身边”网络主题宣传活动走进松阳。来自新华网、《钱江晚报》、丽水网、丽水在线、《处州晚报》等中央、省、市三级网媒记者，就产业带动群众发展等内容蹲点采访，该活动为期3天。

17日 中共松阳县委全面依法治县委员会第一次会议召开，会议传达学习中央依法治国委员会第二次会议、省委全面依法治省委员会第一次会议、市委依法治市委员会第一次会议精神；审议通过《中共松阳县委全面依法治县委员会工作规则》《中共松阳县委全面依法治县委员会协调小组工作规则》《中共松阳县委全面依法治县委员会办公室工作细则》《2019年法治松阳建设工作要点》等有关文件。

是日晚，松阳县与浙江婺剧艺术研究院（浙江婺剧团）联合打造松阳高腔现实红色题材剧目《箬寮风雷》在金华中国婺剧院大剧场首演。

是日 市督查组到松阳专项督查农民增收情况。

18日 松阳县人民医院中医馆正式揭牌。

是日 松阳县获2019年“中国天然氧吧”称号。

19日 县政府召开对口支援合作帮扶工作领导小组会议，会议听取东西部扶贫协作工作进展情况汇报，解读《2019年松阳县东西部扶贫协作任务分解表》并签订年度目标责任书。

19—21日 县委副书记、县长李汉勤到四川省巴中市巴州区开展东西部扶贫协作工作。并举行松阳·巴州东西部扶贫协作联席会议暨捐赠仪式，松阳5个机构向巴州区结对帮扶单位捐献现金及物资计120万元。

21日 县委副书记、县长李汉勤一行在巴州区委副书记、区长杨波，区委副书记何光平的陪同下，参加巴州工业园举行的松阳·巴州东西部扶贫协作中医药产业园项目开工仪式。

21—22日 县委书记王峻带领县考察团到余姚，在余姚市委书记奚明的陪同下，考察“消薄飞地”项目、吉利新能源汽车制造、农产品加工、高新技术产业，并参观奇点机器人体验馆、中意启迪众创工社展厅，与企业就茶产业、中医药产业等方面深化合作进行洽谈。

22日 衢宁铁路松阳火车站站房建设全面开工。该站站房建筑面积4985.11平方米，站房主体部分结构采用钢筋混凝土框架结构，主体屋面采用钢网架结构金属屋面。

23日 县委常委（扩大）会议暨县委落实省委巡视组反馈意见整改工作动员部署会议召开。县领导王峻、李汉勤、翁樟明、毛建南、王立武参加会议。

是日 丽水市人大常委会主任、浙江省人大代表丽水中心组组长虞红鸣带领省人大代表丽水中心组成员到松阳，专题调研乡村振兴战略实施开展情况。

24日 县政府召开第39次常务会议，审议通过《松阳县乡镇（街道）级居家养老服务中心建设和运营资金补助管理办法（试行）》，听取浙江省食品安全县创建、松阳县高标准农田项目建设等情况汇报。

是日 松阳县城乡居民增收工作联席会议召开。

是日 国家发展和改革委员会公布，松阳县四都乡平田村入选全国乡村旅游发展典型案例，为丽水市首个入选县。

25日 县委副书记、县长李汉勤就全县农房发证、土地垦造工作开展调研。

是日 松阳县行政村规模调整工作第三次推进会议召开。会议听取县委组织部、县委政法委、县民政局、县农业农村局、县档案局关于村级党组织设置、村规民约修订、新村组建筹备、新村股份经济合作社建立及规范运行、档案整理和交接工作的部署汇报。

是日 县检察院召开推进“检察公益诉讼，维护公共利益”为主题的检察开放日活动。

25—26日 余姚市委副书记、市长潘银浩带领党政代表团到松阳考察山海协作推进工作并召开专题座谈会，县领导李汉勤、周红霞的陪同活动。

26日 浙江省地方金融监管局党组书记、局长张雁云到松阳开展“调研解难题，深化三服务”活动。

是日 县委武装工作暨国动委全体会议召开，总结全县2018年度武装工作，部署2019年工作任务；宣读《基层武装部政治教导员任职命令》。

是日 松阳县应急管理局、龙丽管理处联合消防、高速交警、高速路政、120急救等部门，在溧宁高速东田隧道举行高速公路隧道火灾暨“消警路卫企”安全保畅应急演练。

是日 中国改革报、经济日报、国中医药报、经济参考报、人民网、健康报社等中央媒体记者组成的调研组，在浙江省中医药管理局副局长蔡利辉、调研员帅玮的带领下，到松阳调研中医药创新工作。

是日 松阳县举行“不忘初心、牢记使命”党建知识竞赛活动，全县有党员300人参加现场竞赛测试。

是日 松阳县城市天然气管道工程政策处理动员会议召开，部署相关推进工作。

30日 县政府召开第40次常务会议，传达学习市委全会精神，审议通过《松阳县行政村规模调整方案及批复文件》。

是日 松阳县2019年征兵工作会议召开，会议学习《关于着力纠治基层征兵“微腐败”的通知》有关精神，总结2018年度全县征兵工作；表彰通报先进单位和个人，部署2019年征兵工作。

是日 余姚市委常委、中意宁波生态园党工委副书记、管委会副主任韩柏顺带领中意产业园考察团到松阳开展为期3天的松阳中医药产业、茶产业、古村落保护、山海协作产业园发展情况考察。

是日 浙江省商务厅副巡视员陈建华带领省督导组到松阳开展为期4天的督查“五水共治”（河长制）、

“三改一拆”、小城镇环境综合整治、生活垃圾分类工作。

31日 全县领导干部会议召开，传达学习市委四届六次全体（扩大）会议精神，部署“不忘初心、牢记使命”主题教育专项整治工作。

是日 松阳县举行第十七期农村（社区）党组织“支书三晒”活动。

是月 松阳县农产品质量检验测试中心（县食品检验检测中心）通过省农业农村厅组织的水产品中重金属含量检测能力验证考核。

是月 松阳县被浙江省评为第十三批（2017—2018年）全省科技特派员工作先进单位。

是月 松阳县大木山茶园和县博物馆分别入选国家级评选项目“2019人民之选——中国亲子游品质产品TOP10”和“2019人民之选——中国博物馆创新锐度TOP30”。

是月 全国皮划艇（静水)赛艇U系列赛浙江站暨浙江省青少年皮划艇赛艇锦标赛上，松阳县第五中学皮划艇运动队取得3金1银3铜5个第四名的成绩。

8月

1日 县领导王峻、翁樟明、毛建南、王立武走访慰问驻松阳部队官兵和应征青年。

是日 县纪委举办“出彩一件事”半年擂台赛，全县有18个乡镇(街道)纪（工）委、3个委机关科室共21支代表队，参加打擂比武。

2日 松阳县农村饮用水达标提质行动建设和管理工作推进会议召开。

6日 县领导王峻 、王立武、杨金跃等就省委巡视整改工作开展调研。

6—7日 浙江省旅行社协会乡村分会领导到松阳，开展乡村旅游和疗休养考察踩线活动。

7日 松阳县召开老旧营运货车淘汰工作部署会议。

9日 全省防御第9号超强台风“利奇马”工作会议召开，县委书记王峻，县委副书记、县长李汉勤在松阳分会场参加省、市两级防御视频会议。会后部署全县防台抗台具体工作。

是日 松阳县行政村规模调整工作用了46天完成新村组建及挂牌运行，全县行政村由原有的401个调整为203个。减少198个，涉及调整村324个。

是日 县政府组织召开健康松阳建设暨献血工作推进会议，通报2018年健康松阳建设工作。

10日 2019“华为手机杯”中国围棋甲级联赛江南秘境·田园松阳专场在松阳县城举行。中国围棋协会副主席、棋圣聂卫平，中国围棋协会副主席常昊，中国围棋协会副主席、中国国家围棋队领队华学明，上海棋院副院长刘世振，女子围棋世界冠军张璇参加，并开展围棋主将战和快棋战大盘讲解。

会议精神，部署全县下一步工作。

是日 丽水市人大常委会党组副书记、副主任陈建波带领调研组到松阳县象溪镇梅峰村上梅自然村，调研少数民族特色村寨建设情况。

是日 县委副书记、县长李汉勤，县委常委、常务副县长杨金跃就全县“十四五”规划工作开展调研。

14日 松阳县与浙江阔界科技有限公司中德AI产业园项目签约仪式在县会议中心举行。浙江阔界科技有限公司董事长李高胜，县领导王峻、李汉勤、杨金跃等出席签约仪式。

14日 松阳县中医药复兴地建设专题讲座举办，邀请湖南省永州市第13代中医传人陈涛作《提高免疫力是战胜一切疾病的法宝》的讲座。中医药复兴地建设领导小组成员单位领导和有关人员，中医药学会及护理分会会员和民间中草药从业人员等170余人参加讲座。

15日 县委书记王峻、县委常委、组织部部长雷剑锋到西屏街道铺门村调研后进村党组织整顿转化工作。

2019年8月10日，2019“华为手机杯”中国围棋甲级联赛上海建桥学院队VS天津四建队“江南秘境田园松阳”专场开赛

12日 县领导李汉勤、杨金跃、黄德慧等在松阳分会场参加浙江省第9号超强台风“利奇马”抢险救灾和灾后重建工作视频会议。

13日 县政府召开第41次常务会议，贯彻落实省、市9号超强台风“利奇马”抢险救灾和灾后重建工作

16日 松阳县农合联召开农民资金互助会第一届出资人代表大会。会议选举产生农民资金互助会第一届理事会理事、监事会监事。

16—18日 美国堪萨斯城儿童医

院临床药理毒理实验室所长 J.Steve Leeder（史蒂夫·里 德尔）和研究助理林涛到松阳考察调研中医药科研项目。

17 日 松阳县第二届“中国医师节”活动期间，县卫健局组织名医义诊团队到革命老区大东坝镇横樟村开展义诊。

17—18 日 松阳县首届焊工职业技能竞赛在县职业中专学校实验培训工厂举行。

18 日 自然资源部上海督查局巡视员常嘉兴到松阳玉岩镇净水源督查垦造水田耕作情况。县委书记王峻、副县长黄德慧等陪同。

19 日 衢宁铁路松阳段隧道全线贯通。

20 日 浙江省政协副主席周国辉在丽水市政协主席陈瑞商、副主席丁岳清的陪同下，到松阳调研生态产品价值实现机制工作。

21 日 松阳论坛——县委理论学习中心组专题报告会议举行。浙江省民宗委副主任莫幸福作《当前民族宗教领域风险评估与防范治理》讲座。

24 日 县委副书记、县长李汉勤，县委常委、常务副县长杨金跃到县防汛抗旱指挥部检查指导台风“白鹿”防御工作。

26 日 松阳县食品安全委员会第二次全体会议暨省级食品安全县创建现场考评迎检动员会召开。

26—27 日 松阳县首届“松阳工匠”助推乡村振兴系列技能比武大赛之松阳“金牌月嫂”职业技能竞赛在县职业中专学校举行。

27 日 县委副书记、县长李汉勤到小微企业联矿业有限公司、浙江凯跃钢管制造有限公司开展“三服务”活动。

是日 浙江省政协第三批集中授牌的 38 家委员会客厅之一“松阳茶业政协委员会客厅首场活动”在松阳县城举行。省政协副主席马光明，市政协副主席丁绍雄，县领导李汉勤、毛建南、叶向东应邀参加。

29 日 县政府召开第 42 次常务会议，会议听取《嘉兴飞地产业园项目推进情况》《余姚—松阳共建“消薄飞地”园区合作项目情况》汇报；审议《深化中医药复兴地建设打造国际中医药康养胜地三年行动计划(2019—2021)》《松阳县交通发展投资集团有限公司组建方案》《松阳县城市发展投资集团有限公司组建方案》。

29—30 日 浙江省市场监督管理局食品协调处处长沈华清带领考评组到松阳，开展省食品安全县创建现场考评验收。

30 日 松阳县召开国家全域旅游示范区创建培训会。浙江工商大学旅游学院教授程乾到会授课。

是月 县中医医院被国家卫生健康委、国家中医药局确定全面提升县级医院综合能力第二阶段 500 家县级中医院。

9月

1 日 松阳县重新修建的独山大桥正式通车。该桥从 2017 年 6 月 28 日正式开工，总投资 1 亿元。按双向四车道一级公路标准建造，时速 60 千米/小时。

2 日 县委人才工作领导小组会议召开。会议传达省、市委人才工作领导小组会议精神；听取有关单位人才工作交流发言；审议《县委人才工作领导小组 2019 年人才工作要点》《2019 年度人才工作目标责任制考核细则》；通报 2018 年度人才专项经费使用情况及 2019 年度预算情况说明；审议 2018 年度松阳县高层次人才政府岗位津贴发放事项；审议建立松阳县技能大师工作室政策事宜。

是日 县委副书记、县长李汉勤调研全县畜牧业发展工作。

3 日 县政协“请你来协商·振兴革命老区”专题会议召开。

是日 县委书记王峻主持召开教育提质工作座谈会议。县领导孔建民、温小运、叶伟兰等参加。

是日 县政府召开国有闲置资产整合工作推进会议，会议听取全县国有闲置资产整合利用推进情况及公房整合利用工作的汇报，研究部署下阶段工作。

4 日 松阳高腔红色革命题材剧目《箬寮风雷》，在丽水大剧院进行公演。浙江省文化和旅游厅副厅长刁玉泉，市领导胡海峰、吴晓东、虞红鸣、陈瑞商，县领导王峻、李汉勤、翁樟明、毛建南等出席公演活动。

是日 松阳县茶香小镇综合体项目举行开工奠基仪式。该项目占地 4 万平方米，总投资约 2.5 亿元。

是日 中共松阳县委召开县委常委（扩大）会议。会上，相关项目指挥部负责人分别汇报历史文化名城区块街巷疏浚工作、青田码道区块改造项目、瓦窑头区块改造项目、北山区块改造项目、南城区块改造项目、项弄区块改造项目的推进情况。

是日 县委书记王峻，县委常委、纪委书记潘仲珏先后到县行政审批中心、县第五中学、国家电网浙江松阳供电有限公司就清廉松阳建设开展调研。

5 日 2019 年度夏秋季征兵工作定兵会议召开，相关领导出席会议。

是日 松阳县青田码道、瓦窑头区块改造项目总结表彰暨城中村改造动员大会召开。

是日 县委书记王峻，县领导杨金跃、潘永水就国土空间规划编制工作开展专题调研。

是日 松阳县农村饮用水达标提标行动点评会议召开，会议通报全县乡镇集中供水、单村供水工程进度以及农饮水县域统管工作情况。

是日 松阳县松阴溪绿道入选浙江省“十佳运动休闲绿道”。

6 日 浙江省第八届运动休闲旅游节在松阳县双童山景区开幕。国家体育总局登山运动管理中心主任、中国登山协会主席李致新，省体育局副局长李华，丽水市副市长卢彩柳，县委副书记、县长李汉勤等参加开幕式。

是日 “2019全国体育旅游产业发展高峰论坛”在松阳县城举行。浙江省体育局副局长李华、国家体育总局登山运动管理中心新项目部部长李文茂、浙江省政府咨询委员会学术委员会副主任徐志宏等参加论坛。

9日 松阳县召开2019年度送新兵迎老兵大会。

10日 松阳县植物医院门诊部授牌仪式暨植物医生培训会在县农业农村局会议室举行。中国农业科学院茶叶研究所种植工程中心主任肖强，中国农业科学院茶叶研究所研究员韩文炎分别以《茶园绿色防控技术》《茶园绿色栽培技术》进行现场授课。

11日 县委常委（扩大）会议暨“不忘初心、牢记使命”主题教育领导小组第一次会议召开。会议传达学习中央、省委“不忘初心、牢记使命”主题教育有关精神，研究审议《中共松阳县委关于在全县开展“不忘初心、牢记使命”主题教育的实施意见》《县委常委会带头深入开展“不忘初心、牢记使命”主题教育实施方案》《工作计划安排》。

是日 松阳县推动高速公路ETC发展应用工作会议召开。

是日 松阳县召开清廉村居建设推进会议。

12日 松阳县“不忘初心、牢记使命”主题教育工作会议召开。会议学习贯彻中央和省委、市委关于“不忘初心、牢记使命”主题教育的工作要求，全面启动主题教育工作。丽水市委“不忘初心、牢记使命”主题教育第十五巡回指导组副组长周大勇，县四套班子领导王峻、李汉勤、毛建南、王立武，第十五巡回指导组成员出席会议。

17日 松阳县首批22辆纯电动新能源公交车正式投运。投放到客流量较大的1路、2路、10路、11路等公交线路。

18日 中共松阳县委召开浙江省委巡视整改工作调研会议。

是日 全国促进中医服务大众工委会副主任兼办公室主任高武到松阳在县领导王峻、温小运、单国亮的陪同下，就松阳中医药发展工作开展调研。

是日 松阳县天然气高压输配工程在望松街道麻洋塔村举行开工仪式。

19日 浙江农信丰收驿站“丽水月”松阳专场活动在杭州正式启幕。省农信联社党委副书记潘天灵，县委副书记、县长李汉勤，以及杭州松阳商会、在杭乡贤代表参加启动仪式。

是日 松阳县十二届人大常委会第20次会议召开。会议听取和审议县政府关于2019年上半年全县经济社会发展情况和下半年政府工作、代表建议办理工作和重点督办件落实情况、2019年上半年财政预算收支执行情况和2018年度财政决算（草案）、2019年地方政府债券使用安排、2018年度财政预算执行和其他财政收支情况审计工作、2019年上半年工业经济运行情况、县检察院关于公益诉讼工作情况等报告，听取县政府关于实施农村饮用水达标提标工程、实施农村亮化工程两件民生实事项目办理进展情况、《浙江省学前教育条例》执法检查情况报告审议意见落实情况、松阳县国民经济和社会发展第十三个五年规划纲要中期评估报告审议意见落实情况等报告，审议县政府关于2019年上半年国民经济和社会发展计划执行情况的报告。

是日 县政协举行“请你来协商”专题协商会议，会议协商分析香榧产业发展存在的短板与问题。县领导李汉勤、毛建南等参加。

21日 王峻、李汉勤、翁樟明、毛建南、王立武等全体县领导到中共浙西南特委成立地小吉村，参加县委常委会开展的“不忘初心、牢记使命”主题教育专题集中学习暨“初心之行”全民国防教育日军事活动。丽水市委第十五巡回指导组组长孙乐明参加。

22日 松阳县开启“有味道”的乡愁之旅，举行“相聚松阳，品家乡味道”家宴。

23日 县政府召开第43次常务会议，审议《松阳县生态红线评估调整方案》《松阳县防汛防台工作规则》《首届中国·丽水休闲垂钓节活动方案》等议题。

是日 松阳县首场乡（镇）党委书记党建政绩离任评审交接仪式分别在古市镇和安民乡举行。

23—24日 丽水市“大搬快聚富民安居工程”现场推进会议在松阳县召开。市领导李锋、方健忠、杨秀清，县领导李汉勤、王立武等出席会议。

25日 县委副书记、县长李汉勤督导“平安护航新中国成立70周年”大会战工作，先后到S222省道古市东角垄路口和寺口茶叶市场路口交通事故易发点、县城明清古街等实地开展安全生产检查。下午，到古市镇八都村开展“三服务”活动。

26日 丽水市委常委、宣传部部长任淑女在松阳县领导李汉勤、王立武、江山的陪同下，慰问浙江省优秀党务工作者李金凤。

是日 “主动健康和老龄化科技应对专项——我国人群健康生物学年龄评价体系研究”浙江分中心启动会议暨“健康松阳”研讨会在松阳县城召开。会议举行国家老年病临床医学研究中心分中心授牌仪式，松阳与浙江省中医院签署“松阳健康长寿随访队列”战略框架协议；县委书记王峻作题为《大力推进中医药复兴地建设》的主题报告。

是日 松阳县召开文化旅游市场秩序整治暨文化旅游安全工作专题部署会议。

27日 松阳县为期11天的“礼赞新中国，银耀新时代”老年书画摄影展在县博物馆开展，共有书画展品112幅、摄影展品60幅。

28日 瓦窑头区块改造安置房建设项目正式开工建设，该项目是市、县两级重点项目，用地总面积85406.5平方米，建筑占地总面积23910平方米，总建筑面积177098平方米。工程概算总投资70205.21万元，其中工程投资55576.83万元。

是日 松阳县茶叶产业农民合作经济组织联合会成立暨第一届会员代表大会召开。首届会员81人，涵盖全县从事茶叶种植、加工、销售的企业、专业合作社、家庭农场等市场主体。会议选举理事15人、理事长1人、副理事长4人。第一届理事长由浙江悠谷春农业开发有限公司董事长孔晓澄担任。

是日 全国首家连环画乡村艺术馆在樟溪乡力溪村开馆。

29日 县委理论学习中心组“不忘初心、牢记使命”主题教育集中学习研讨会召开，会议围绕“全面从严治党”和“党的政治建设”两个专题进行集中学习研讨。邀请中共浙江省委党校、浙江行政学院教务处处长孙雄作《习近平新时代中国特色社会主义思想概论》专题辅导。

30日 松阳县名城古村老屋保护发展工作点评会暨推进会议召开。

是日 松阳县召开第二轮中央环保督察迎检部署专题会议。

30日 松阳县民兵训练基地项目举行动工仪式。

10月

8日 松阳县“不忘初心、牢记使命”主题教育专题读书班及2019下半年干部教育培训班开班。

是日 松阳县开展“不忘初心、牢记使命”主题教育第二次专题学习，并以“理想信念”和“担当作为”两个主题进行学习研讨。丽水市委巡回指导组成员周大勇等到场指导学习研讨。县领导王峻、李汉勤、翁樟明等参加。

11日 松阳县召开领导干部家属廉洁教育会议。会议介绍全县全面从严治党情况，发放《松阳县领导干部家属助廉倡议书》。与会人员还观看黄南水库移民搬迁安置专题片，青田码道区块、瓦窑头区块改造项目征迁专题片。

是日 松阳县政府召开第44次常务会议，审议《松阳县建筑垃圾管理办法(试行)》《松阳县城乡生活垃圾分类工作实施方案》《加快松阳高腔传承发展的实施意见》等议题。

12日 丽水市人大常委会副主任郑力平，松阳县委副书记、县长李汉勤以人大代表身份参加古市镇人大代表联络站联系服务群众活动。

是日 中共松阳县委十届八次全体（扩大）会议召开，结合“不忘初心、牢记使命”主题教育，研究部署大力弘扬践行浙西南革命精神和红色资源价值转化工作。

14日 松阳县开展“不忘初心、牢记使命”主题教育第四次专题学习研讨活动，并围绕“宗旨性质”“政治纪律和政治规矩”“党性修养”“廉洁自律”四个主题进行学习研讨。

是日 松阳县农业综合行政执法队挂牌成立。

15日 浙江省远教专家服务松阳行活动在县城市政广场举行启动仪式。省委组织部电教中心主任江美塘主持，省农村信用社联合社党委副书记潘天灵，县委副书记、县长李汉勤，县委常委、组织部长雷剑锋等出席启动仪式。

是日 江西省政协副主席、抚州市委书记肖毅带领市党政代表团在丽水市委常委、市纪委书记方文军的陪同下到松阳考察。

是日 江省水利厅党组成员、省水文管理中心主任江海洋到松阳检查指导农村饮用水达标提标工作。

是日 四川省巴中市职业中学建档立卡贫困学生86人到对口帮扶学校——松阳县职业中专开展学习交流。

15—18日 国家林草局上海专员办督查组到松阳开展林业专项督查，就“绿卫2019”森林执法专项行动、保护发展森林资源目标责任制建立和执行情况等进行督查。县领导李汉勤、王立武、郑伟坚等分别参加汇报会和反馈会。

16日 松阳县詹宝兄弟牌坊被国务院核定并公布为第八批全国重点文物保护单位。

17日 松阳县庆祝中国农民丰收节暨第十二届“田园松阳”农民文化节“乡村春晚”优秀节目展演在象溪镇象溪村举行。

18日 松阳县“两山（一类）”项目推进暨乡村振兴考核指标分析会召开。

是日 松阳县举行矛盾纠纷联动联调中心揭牌、分中心授印仪式暨召开全县“大调解”工作推进会。

19日 “农夫山泉杯”浙江省全民健身第二届生态运动会松阳象溪站暨第七届松阳象溪溪鱼节在象溪镇象溪村举行。

是日 2019年松阳县全民终身学习活动周在松阳县象溪镇如期启动。

19—20日 2019田园·松阳气排球邀请赛在县气排球馆和体育中心篮球馆开赛。共汇聚省内外参赛队伍48支，运动员、教练员及裁判员400余人。

20日 县委书记王峻到西屏街道三村、新华村和城中社区，开展“不忘初心、牢记使命”主题教育走乡入村 “三服务”活动。

是日 县委副书记、县长李汉勤先后到古市镇、水南街道联系村庄(社区)开展“三服务”活动。

21日 县领导王峻、李汉勤、翁樟明、毛建南、王立武等到县域部分考察点开展“不忘初心、牢记使命”主题教育“使命之行”活动。

是日 县政府举办“不忘初心、牢记使命”专题党课。县委副书记、县长李汉勤以《不忘初心、牢记使命、永远奋斗》为题，作专题报告。

20—21日 县委召开“不忘初心、牢记使命”主题教育调查研究成果交流会暨“松阳振兴”高质量发展专题研讨会。会上就《关于松阳打造“中医药康养胜地”的落地实践与思考》

《红色引领绿色发展加快推进松阳革命老区乡村振兴》等调研成果进行交流。

22 日 松阳县举办中医药复兴地建设专题讲座。河南中医药大学教授许敬生作《掌握钥匙，打开宝库，走向世界》专题讲座。

是日 松阳县档案馆（松阳县党史和地方志研究室）正式挂牌成立。

23 日 松阳县村(社)、两新党组织书记主题教育培训班举行开班仪式。

25 日 县委书记王峻先后到西屏街道九村、七村、城西社区、铺门村，开展走乡入村“三服务”活动。

是日 丽水市食品安全事故应急处置演练和培训在松阳县举办。丽水市市场监管局（市食安办）相关领导，松阳县副县长谢雅贞及市食安委有关成员单位和各县（市、区）食安办相关人员等 100 余人观摩演练并参加培训。

是日 县委副书记王立武、副县长温小运就全县美丽乡村建设项目进行调研。

26 日 松阳县第一届城乡联系国际论坛志愿者培训会在县会议中心 102 会议室举行。

是日 中国美术学院副教授夏克梁的艺术工作室在松阳叶村乡南岱村正式启幕。

是日 “我们都是朗读者·为祖国喝彩”暨“不忘初心、牢记使命”主题教育实践活动在县非遗馆举行。

27 日 首届中国·丽水（松阳）休闲垂钓节开幕式在松阴溪石门驿站举行，来自全国各地休闲垂钓精英及垂钓爱好者 300 人参加。开幕式上，休闲垂钓协会授予松阳县“松阴溪百里长廊——中国休闲垂钓基地”称号

28 日 松阳县首个国家级 AAAA 级景区旅游巡回法庭——松阳大木山旅游巡回法庭在大木山游客中心揭牌。

29 日 浙江省副省长、省公安厅厅长王双全在丽水市委副书记、政法委书记李锋，丽水市副市长、公安局长毛建国的陪同下，到松阳调研指导公安工作。

是日 浙江省委副秘书长刘芸到松阳在县领导王峻、潘力平的陪同下调研档案工作。

30 日 丽水市人大常委会副主任邹培书带领调研组到松阳专题调研人大工作。

是日 县政府召开第 45 次常务会议，研究审议《松阳县北山区块城中村改造项目房屋征收补偿安置实施方案》《松阳县“大搬快聚富民安居”工程实施方案》等议题。

是日 县领导李汉勤、王立武等专题调研铁路建设工作。

31 日 丽水市政协副主席丁岳清带领市委调研组到松阳开展“加强人民政协工作”专题调研，县领导毛建南、王立武陪同调研。

是日 松阳县村务管理能力提升培训班举行开班仪式。县委副书记、县长李汉勤为全县各行政村村委会主任、村监会主任和社区居委会主任、居监会主任 400 人讲授专题党课。

是月 第十五届中国茶业经济年会上松阳县获“2019 中国十大生态产茶县”“2019 中国茶业百强县”称号。

是月 松阳县首家集体经济民宿综合体——“原乡上田”建成并投入运营。

11 月

1 日 松阳县创建国家全域旅游示范区点评推进会议召开。

是日 县人大代表述职评议观摩学习会在象溪镇东田源村石鼓自然村举行。

3 日 第十四届浙江省戏剧节的参评剧目红色革命题材松阳高腔《箬寮风雷》在温州市鹿城区东南剧院演出。

4 日 中共松阳县委召开全县领导干部会议，传达学习中共十九届四中全会精神。

是日 松阳县北山区块改造项目建设动员会议召开。县领导王峻、李汉勤、翁樟明、毛建南参加会议。

5 日 县政府召开第 46 次常务会议，听取第二轮中央环保督政工作情况汇报，审议《2019 年前三季度经济社会发展情况》《2019 年前三季度主要经济指标分析》的议题。

5—6 日 中共浙江省委第十一巡回指导组组长章文彪在丽水市委常委、组织部部长方健忠，市委第十五巡回指导组组长孙乐明的陪同下，到松阳督查指导“不忘初心、牢记使命”主题教育活动。

6 日 县委常委会对照党章党规找差距专题会议召开。县委书记王峻主持会议，丽水市委巡回指导组组长孙乐明到会指导，李汉勤、王立武等县领导参加会议。

是日 中国林业产业联合会香榧分会、浙江省香榧产业协会在松阳县城举办“第二届全国香榧炒制大赛”，来自浙江、福建、安徽等地选手 20 组展开香榧炒制活动。

6—7 日 浙江省美丽河湖建设暨河湖长制培训班在松阳县城举行。省治水办（河长办）副主任、钱塘江管理中心党委书记周卫红，丽水市政协副主席丁岳清，县领导李汉勤、黄德慧出席开班仪式。全省各县（市、区）水利（水电、水务）局、厅属有关单位 200 余人参加。

8 日 松阳县十二届人大常委会第二十一次会议召开。会议听取县人民政府关于推行城区小学放学后校内托管服务、实施市政民生工程、加强中医基层服务体系建设、加强食品安全治理四件民生实事项目办理进展情况的报告；听取县十二届人大常委会代表资格审查委员会关于部分代表资格变动情况的报告；听取县十二届人大常委会主任会议关于提请将代表名额分配至选区的议案；听取县十二届人大常委会主任会议关于提请增选、补选县人大代表的议案；听取和审议县人民政府关于 2019 年

预算调整方案（草案）的报告。会议还进行人事任免及其他事项。

是日 松阳县“不忘初心、牢记使命”主题教育专项整治工作推进会暨走乡入村“三服务”问题交办会议召开。

是日 “不忘初心、牢记使命”主题教育领导小组办公室召开第五次（扩大）会议。会议传达浙江省委第十一巡回指导组到松阳有关指示和县委常委会关于主题教育工作精神及部署近期工作。

是日 松阳县“五水共治”（河长制）暨秸秆禁烧工作推进会议召开，部署全县治水及秸秆禁烧工作。

9日 “2019丽水摄影节”乡村分会场在松阳县古市镇山下阳村开幕，是本届摄影节唯一的乡村分会场。

10—14日 联合国人居署在浙江丽水松阳县城举行第一届城乡联系国际论坛活动。来自17个国家、地区和18个国际组织的官员、专家、学者200人参加。

12日 松阳县四季度安全生产、冬季防火暨小微企业安全生产和消防安全专项整治工作推进会议召开。会议通报全县应急管理及小微企业安全生产工作情况，并部署相关工作。

13日 松阳县第十八期农村（社区）党组织“支书三晒”暨“不忘初心、牢记使命”主题教育推进会议召开。

是日 松阳县松阴溪绿道入选第三届“浙江最美绿道”名单。

14日 松阳县行政服务中心举行“奔跑2019”窗口服务风采大比武活动。

12—15日 浙江省督导组到松阳督导“五水共治”“三改一拆”、小城镇环境综合整治和生活垃圾分类等工作。

15日 县委常委会议召开。会议研究分析全县经济社会发展形势，专题研讨学习贯彻中共十九届四中全会精神。

是日 松阳县党外代表人士意见征求会议召开。

是日 松阳县抗旱减灾工作分析部署会议召开。会议听取关于全县气象分析预警和人工降雨、抗旱救灾、水资源调配及农村饮用水、一体化供水保障、农业生产抗旱减灾等工作汇报。

16日 松阳县举行“健康松阳在行动”暨松阴溪绿道健步走活动。

18日 中共松阳县委常委（扩大）会议召开。会议研究迎接第二轮中央生态环保督察有关工作，听取第一届城乡联系国际论坛举办情况汇报并研究部署后续工作等。

18日 县委副书记、县长李汉勤，副县长温小运调研电子商务产业发展情况。

19日 松阳县召开丽水市就松阳县节约集约利用土地考核工作和全县国有闲置资产整合利用工作情况汇报会议。

是日 县委副书记、县长李汉勤到联系村古市镇黄圩村开展“三服务”活动。

是日 松阳县召开禁止燃放烟花爆竹工作会议。会议对起草修改的《松阳县人民政府关于重新划定禁止燃放烟花爆竹范围的通告》（意见稿）和《松阳县划定范围内禁止燃放烟花爆竹工作实施方案》（意见稿）征求相关单位部门的意见。

19—20日 嘉兴市委常委、经济技术开发区党工委书记陈利众带领嘉兴市经济技术开发区考察团到松阳考察农文旅融合、乡村旅游及精品民宿建设与发展等方面情况，县领导王峻、李汉勤陪同。

20日 松阳县召开县城北山区块改造项目推进会议。县委副书记、县长李汉勤，县委常委、常务副县长郑伟坚等参加会议。

21日 松阳县召开美丽乡村示范县创建总体规划评审会议。邀请了浙江省美丽乡村示范县规划专家程渭山、肖建中、张若健出席会议。

是日 县委教育工作领导小组第一次全体会议召开。听取全县教育工作情况汇报；学习总书记习近平在全国教育大会上的重要讲话精神及浙江省教育大会和丽水市教育提质行动大会精神；审议县委教育工作领导小组和秘书组工作规则。

是日 松阳县召开村级活动场所机构牌子、上墙制度整治推进会议。

24日 “2019田园松阳”国际半程马拉松开赛。全国28个省、自治区、直辖市、港澳地区共109个城市的选手6000人和肯尼亚、埃塞俄比亚、印度、美国、爱尔兰、法国等10个国家的国际跑友30人参赛。

25日 松阳县召开领导干部会议，传达学习省委十四届六次全会精神。县四套班子领导王峻、李汉勤、翁樟明、毛建南、王立武等参加会议。

26日 县委书记王峻参加人大代表接待选民暨代表联络站活动。

是日 县人民医院医生陈俊男完成造血干细胞捐献。他是松阳县第4例造血干细胞捐献者也是浙江省第524例造血干细胞捐献者。

27日 “松阳论坛”——县委理论学习中心组专题报告会在县会议中心举行。浙江财经大学法学院教授张旭勇作题为《法治政府建设任务和依法行政的基本要求》的专题讲座。

27—28日 松阳县在松阳天元名都大酒店召开《松阳县志》志稿复审会议。省、市地方志办公室相关领导及各县、市（区）专家、《松阳县志》全体编写人员30人参加复审，中共松阳县委副书记、县长李汉勤致辞。

28日 松阳县召开重点督办件、民生实事推进会议。会议听取《关于加强生态农业发展的建议》《关于加强闲置国有土地管理的建议》《关于加快农村饮用水提升工程的建议》《农村生活污水处理设施标准化运维》《实施市政民生工程》《改造提升农村公路》及《综合供能服务站建设》等重点督办件办理情况。

是日 松阳县与德国CTC(China Tea Cooperation)举行签约仪式。德国CTC将在松阳——余姚山海协作产业园（赤寿生态工业区块）投资建设欧盟标准袋泡功能茶项目。该项目固定资产总投资约10亿元，项目主要产品为各类有机袋泡功能茶、德国标准袋泡功能茶等。

29日 县政府举行新任命国家工作人员宪法宣誓仪式。县委副书记、县长李汉勤监誓。

是日 松阳县召开事业单位改革部署推进会议，研究和部署落实事业单位改革的重点任务。县委常委、组织部部长雷剑锋参加。

是月 松阳县赤寿乡界首村入选第一批丽水市乡村振兴示范实训基地。

12月

1日 松阳县司法局开展以“弘扬宪法精神，推进国家治理体系和治理能力现代化”为主题的2019年“国家宪法宣传周”活动。

3日 县委书记王峻与县领导郑伟坚、卢丁方专题调研松阳县“十四五”规划暨2020年重点项目谋划工作。

是日 浙江振通宏茶业有限公司入选第六批农业产业化国家重点龙头企业。

5日 县政协九届十六次常委(扩大)会议召开。县委书记王峻参会，宣讲中共十九届四中全会、浙江省委十四届六次全会精神和省委政协工作会议精神，通报县委2020年的主要工作思路。

是日 丽水市水利行业生产安全事故应急演练在松阳县黄南水库工程施工现场举行。

6日 县委书记王峻主持召开县委常委会“不忘初心、牢记使命”主题教育专题民主生活会。丽水市委常委、宣传部部长任淑女，市委第十五巡回指导组副组长周大勇，县领导翁樟明、毛建南、王立武等参加。

7日 松阳县举办首届传统药膳大赛初赛。全县有50支队伍参赛。

7—8日 2019丽水·松阳中国天空跑国际挑战赛在松阳县城举行。来自德国、英国、南非、坦桑尼亚等13个国家和地区以及全国23个省市自治区的运动员750人参加。

10日 松阳县“大搬快聚富民安居”工程推进会议召开。

11日 县委书记王峻，县委副书记、县长李汉勤，常务副县长郑伟坚专题调研国企工作。

11—12日 浙江省人大常委会党组书记、副主任梁黎明在丽水市人大常委会党组书记、主任虞红鸣的陪同下，到松阳调研人大工作。

12日 丽水市大花园瓯江绿道建设现场点评推进会在松阳县城召开。县领导李汉勤、郑伟坚等参加会议。

13日 松阳县委议军会议召开。会议集中学习习近平的强军思想，分析当前全县武装工作情况，并讨论审议今后武装工作的重难点问题。县领导王峻、李汉勤、翁樟明、毛建南、潘仲珏、饶庆勤、潘力平、雷剑锋、吴客竹、江山等参加。

是日 松阳论坛——县委理论学习中心组专题报告会在县会议中心举行。浙江省自然资源厅政策法规处副处长章淇华作《新〈中华人民共和国土地管理法〉及其对我省的影响与建议》的专题讲座。

是日 丽水市现代农业综合服务中心暨“丽水山耕”品牌服务中心融合建设现场推进会在松阳县城召开。

是日 浙江省重点工程衢（州）宁（德）铁路松阳段正式进入铺轨阶段。

16日 县政府召开第47次常务会议，研究审议《松阳县规定范围内禁止燃放烟花爆竹工作实施方案》《松阳县人民政府关于重新规定禁止燃放烟花爆竹范围的通告》《松阳县流动人口积分管理办法》等议题。

是日 黄南水库工程输水隧洞全线贯通。

17日 松阳县新兴镇安路源机制砂有限公司矿山发生山体塌方，经排查现场施工人员17人，其中3人失联，其他均安全撤离。

是日 松阳县首个交通PPP项目合同正式签订。该项目合同为仙居至庆元公路松阳水南至枫坪段（西竹玉公路）工程PPP项目合同。

是日 松阳县象溪村水利风景区获丽水市级水利风景区。该水利风景区位于象溪镇境内，景区面积1500万平方米。

18日 民盟中央社会服务部副部长段海溪，民盟中央社会服务部教育处处长王强，民盟省委会二级巡视员、省政府参事汪传凯，民盟省委会社会服务部二级调研员郑霞意等及北京专家团到松阳民盟“雏鹰·关爱之家”指导工作并在古市中学开展“送教”活动。

20日 县政府召开第48次常务会议，听取应急管理和安全生产工作汇报，审议《松阳县采茶工劳动力市场管理暂行办法》《松阳县深化浙江省食品安全县创建工作实施意见》等议题。

是日 浙江省粮食和物资储备局党组副书记、副局长潘建漳带领省级结对帮扶松阳团组在松阳县城召开省级结对帮扶松阳团组工作会议。

22日 松阳县召开北山区块城中村改造项目推进会议。

24—25日 浙江省副省长高兴夫在丽水市副市长戴邦和的陪同下，带领调研组到松阳调研指导工作。

25日 丽水市纪检监察系统调研组到松阳县人民医院、县第五中学、县公安局、国网松阳供电有限公司，考察调研清廉建设工作。丽水市委常委、纪委书记、监察委主任方文军，县领导潘仲珏、饶庆勤等参加调研。

是日 松阳县2019年干部监督工作联席会议召开。县委常委、组织部长雷剑锋参加会议。

26日 松阳县北山区块城中村改造项目房屋拆除正式启动。

28日 “松阳·魔席”文旅项目对接会暨松阳县乡村振兴产业项目签约仪式在松州文里·文仓美术馆举行。

29 日 松阳县三都乡安联溪山塘水源工程正式下闸蓄水，工程总投资1498 万元。

30 日 县政府召开第 49 次常务会议，听取并审议《关于建立健全违法建设防控治理长效机制的实施办法》《进一步加强住宅小区物业管理的若干意见》《松阳县生态农业发展扶持办法》等议题。

是日 松阳县最大规模的生猪智能信息化养殖场项目——浙江茶香牧业云上牧场项目在三都乡松庄村举行开工仪式。该项目占地 8.2 公顷，计划总投资 5.86 亿元。

31 日 衢丽铁路建设动员会暨松阳站北干渠水利改造工程开工仪式在衢丽(宁)铁路松阳站站区举行。丽水市政协主席陈瑞商出席并宣布项目开工，市委常委、常务副市长杜兴林主持，省交通集团副总经理陈江致辞。市领导徐光文、戚永远，县领导王峻、郑伟坚、杨水文、廖卫民等出席。

是日 松阳县十二届人大常委会第二十二次会议召开。会议听取县人民政府关于实施“四好农村路”建设、加强住宅小区规范化管理、实施“大搬快聚富民安居”工程、提升居家养老服务水平 4 件民生实事项目办理进展情况的报告；听取县人民政府关于 2019 年上半年全县经济社会发展情况和下半年政府工作报告、2019 年上半年财政预算收支执行情况、2019 年上半年工业经济发展情况、《中华人民共和国公共文化服务保障法》执法检查情况等审议意见落实情况的报告；听取和审议县人民政府关于提请审议 2019 年第二次财政预算调整方案、关于农村生活垃圾分类处理推进情况的报告；听取县人民政府关于 2018 年度财政预算执行和其他财政收支情况审计查出问题整改落实情况、县十二届人大常委会代表资格审查委员会关于个别代表资格变动情况的报告。

2019 年 12 月 31 日，衢丽铁路建设动员会暨松阳站北干渠水利改造工程开工仪式在衢丽（宁）铁路松阳站站区举行

是日 松阳县国防教育暨双拥工作会议召开。会议部署全县国防教育、双拥工作。

是日 松阳县交通重点建设项目黄南水库淹没公路改建工程建成试通车。

是月 松阳县创业青年麻功佐获“全国农村青年致富带头人”称号。

是月 松阳县的松阴溪裕溪段、小港大东坝段、谢村源段创建为“2019 年浙江省级美丽河湖”。

是月 松阳县引进的秸秆焚烧烟雾监测系统正式投入使用，开展对西屏街道、水南街道、望松街道、古市镇、新兴镇、象溪镇、叶村乡、斋坛乡、樟溪乡、赤寿乡、裕溪乡 11 个秸秆禁烧重点区域实现火点智能监测预警。

是月 松阳县被浙江省食品安全委员会命名为“浙江省食品安全县”。此命名有效期 4 年。

是月 松阳高腔传承中心在县非遗馆挂牌成立，并被列入第一批国家级非遗保护项目。

（县地方志研究室）

名 录

大木山骑行茶园景区全景

松阳县主要组织机构和乡镇及负责人名录

【中国共产党松阳县委员会】

书　记：王　峻

副书记：李汉勤

王立武

常　委：王　峻

李汉勤

王立武

胡卫亮（-2019.11）

潘仲珏

饶庆勤

潘力平

雷剑锋（畲族）

汪　健（-2019.8）

杨金跃（-2019.8）

周红霞（女，挂职）

吴客竹

郑伟坚（2019.8-）

江　山（2019.8-）

【松阳县人民代表大会常务委员会】

主　任：翁樟明（-2019.12）

副主任：张宏雁（-2019.9）

毛胜法

孔建民

杨水文

汤根木

副主任人选：潘俊明（2019.8-）

党组书记：翁樟明（-2019.12）

【松阳县人民政府】

县　长：李汉勤

常务副县长：杨金跃（-2019.9）

郑伟坚（2019.9-）

副县长：周红霞（女，挂职）

黄德慧

谢雅贞（女）

刘　坤

潘俊明（-2019.9）

潘永水

董　钊（-2019.9，挂职）

温小运

卢丁方（2019.9-）

党组书记：李汉勤

副书记：杨金跃（-2019.9）

郑伟坚（2019.9-）

【中国人民政治协商会议松阳县委员会】

主　席：毛建南

副主席：周永龙

单国亮

叶向东

廖卫民

叶伟兰（女）

秘书长：蓝　海（畲族）

党组书记：毛建南

【中国共产党松阳县纪律检查委员会】

书　记：潘仲珏

副书记：阙晓明

吴子斌

常　委：潘仲珏

阙晓明

吴子斌

潘海滨

邓慧勇

刘志云（女）

方震华（-2019.6）

刘增夷（2019.9-）

正科级纪检员：潘海滨

派驻第一纪检监察组

组　长：潘成伟（-2019.1）

方震华（2019.6-）

副组长：周育年

唐淑芳（女）

派驻第二纪检监察组

组　长：汤志锋（-2019.1）

吴华基（2019.9-）

副组长：张　燕（女，-2019.9）

叶卫华（2019.9-）

华利群

派驻第三纪检监察组

组　长：毛明军（-2019.1）

叶建伟（2019.6-）

副组长：叶世发

派驻第四纪检监察组
组　长：周大坤（–2019.6）
游隆标（2019.6–）
副组长：金关火
派驻第五纪检监察组
组　长：徐美俊（–2019.6）
王善明（2019.6–）
派驻第六纪检监察组
组　长：叶建伟（–2019.6）
王晓红（女，2019.6–）
派驻第七纪检监察组
组　长：李枝伟（–2019.6）
派驻第八纪检监察组
组　长：王善明（–2019.6）
派驻第九纪检监察组
组　长：叶　智（–2019.6）
派驻第十纪检监察组
组　长：潘旭晖（女，–2019.4）
派驻县人民法院纪检监察组
组　长：李展阳（–2019.6）
王　俊（2019.6–）
派驻县人民检察院检监察组
组 长：吴振忠（–2019.1）
李珍莲（女，2019.1–）
派驻县委组织部纪检监察组
（县直机关纪工委）
组长（书记）：叶晓伟（–2019.6）
派驻县委组织部纪检监察组
（县委直属机关纪检监察工委）
组长（书记）：叶晓伟（2019.6–）
派驻县公安局纪检监察组
组　长：李幸伦（–2019.1）
曾志友（2019.1–）
中共松阳县委巡察办公室
主　任：刘志云（女）
组　长：潘成伟（2019.1–）
毛明军（2019.1–）
汤志锋（2019.1–）
潘旭晖（女，2019.4–）
副组长：占剑军（2019.4–）
周夏来（2019.4–）
钟仁锋（2019.4–）
李雪梅（女，2019.4–）

【松阳县人民法院】
院　长：林　伟（2019.3–）
常务副院长：王心阳（2019.2–）
副院长：林　伟（–2019.2，代院长）
许海松（–2019.2）
叶大利
李慧亮
政治处主任：王　俊（–2019.8）
执行局局长：叶强军
党组书记：林　伟
副书记：许海松（–2019.1）
王心阳（2019.1–）
审判委员会专职委员：李永伟
李金泉（2019.8–）

【松阳县人民检察院】
检察长：蔡建彧（–2019.2）
汪 兴（2019.5–）
常务副检察长：曹莉芳（女，2019.1–）
副检察长：汪 兴（2019.2–5，代检察长）
鲍海清（–2019.2）
曹莉芳（女，–2019.1）
李正浩（–2019.2）
吴振忠（2019.2–）
阙福亮（2019.2–）
政治处主任：李珍莲（女，–2019.1）
刘良山（2019.1–）
党组书记：蔡建彧（–2019.1）
汪　兴（2019.1–）
副书记：鲍海清（–2019.1）
曹莉芳（女，2019.1–）
检察委员会专职委员：毛建辉
黄晓莲（女，2019.1–）

【县委工作部门】
办公室
主　任：卢丁方
常务副主任：潘旭辉（–2019.1）
副主任：曹松峻
杨健勇
宋伟林（2019.1–）
许军战（–2019.1，兼）
吴君能（兼）
督查室主任：赵敏洁（–2019.10）
政策研究室主任：卢丁方（–2019.1）
台办主任：卢丁方
台办专职副主任：周景伟（–2019.9）
谢秀峰（2019.9–）

深改服务中心主任：宋伟林（2019.9–）
副主任：蓝艳芳（女，畲族，2019.9–）
陈碧鑫（2019.9–）

中共松阳县委、县人民政府信访局

局　长：吴君能
副局长：林樟明
毛伟荣（–2019.1）
刘春梅（女）
赵如庆（2019.1–，驻京）
党组书记：吴君能（2019.1–）

档案馆

馆　长：黄金花（女，2019.9–）
副馆长：蓝　君（女，畲族，2019.9–）
谷慧香（女， 2019.9–）

史志办

主　任：洪关旺（–2019.9）
副主任：蓝　君（女，畲族，–2019.9）
谷慧香（女，–2019.9）

档案局（馆）

局　长：叶建豹（–2019.9）
副局长：宋明来（–2019.9）
纪歆语（女，–2019.9）

组织部

部　长：雷剑锋（畲族）
常务副部长：傅春霞（女）
副部长：宋跃伟
蓝才旺（畲族）
董金福（兼）
叶建福（–2019.1，兼）
周根良（–2019.1，兼）
廖群慧（女，兼）
许军战（2019.1–，兼）
县委正科级组织员：包绍达
何幼华（–2019.1）
宋昌琪
叶新武
汤海滨
王寿康
县委副科级组织员：邓先平
新经济与新社会组织工作委员会
书　记：蓝才旺（畲族）
副书记：张森平（–2019.9）
叶东香（女，–2019.1，兼）
叶国松（兼）
郑水旺（兼）

县直机关工作委员会
书　记：周根良（–2019.1）
蓝才旺（畲族，2019.9 –）
副书记：蓝丽芬（女，畲族，–2019.1）
县人才工作工作办专职副主任：孟霞（女，2019.9–）
老干部服务中心主任：廖群慧（女，2019.9–）
副主任：钟旭萍（女，2019.9–）

老干部局

局　长：廖群慧（女，–2019.9）
副局长：徐新华（–2019.1）

宣传部

部　长：汪　健（–2019.9）
江　山（2019.9–）
常务副部长：陈增伟
副部长：何群荣（–2019.1）
潘旭辉（2019.6–）
林　云（女）
丁建胜（兼）
网络舆情服务中心主任：林　云（女，2019.9–）
副主任：李林超（2019.9–）
包桂林（2019.9–）
外宣办主任：林　云（女，–2019.9）
副主任：李林超（–2019.9）
包桂林（–2019.9）
文明办主任：黄海清（–2019.9）
社科联副主席：任　燕（女）

统战部

部　长：胡卫亮（–2019.12）
常务副部长：蓝建平（畲族）
副部长：吴文户（–2019.9）
邓胜标
叶梦梅（女，2019.9–）
李志荣（兼）

民宗事务局

局　长：邓胜标（–2019.9）
副局长：雷晓岚（女，畲族，–2019.1）

侨务办

主　任：吴文户（–2019.9）

侨 联

副主席：曹莉娜（女）
叶树兵（2019.6–，挂职）
雷晓岚（女，畲族，2019.6–）
副主席人选：雷晓岚（女，畲族，2019.1–6）
叶树兵（2019.4–6，挂职）

政法委员会

书　记：王立武

常务副书记：包金付
副书记：饶庆勤（兼）
杨金跃（–2019.9，兼）
郑伟坚（2019.9–，兼）
阙柳发
李文军
委　员：许火龙
金国梁
陈文伟
周大坤（–2019.6）
游隆标（2019.6–）
专职委员：潘建跃（–2019.1）
综治办主任：李文军（–2019.1）
副主任：金国梁（–2019.1）
防范办主任：许火龙（–2019.1）
维稳办主任：阙柳发（–2019.1）
维稳办专职副主任：陈文伟（–2019.1）
大调解协调中心主任：宋　伟

县委党校

校　长：雷剑锋（畲族）
常务副校长：马大东（–2019.1）
刘伟俊（2019.1–）
副校长：吴利民
叶远仁

中共松阳县委机构编制委员会办公室

主　任：董金福（2019.1–）
副主任：陶　慧（女，2019.1–）
黄海清（2019.9–）
党组书记：董金福（2019.9–）

中共松阳县委、县政府农村工作办公室

主　任：许军战（–2019.1）
副主任：周志勇（–2019.1）
林海长（–2019.1）
党组书记：许军战（–2019.1）

下山移民（脱贫）（旧村改造）办公室

副主任：吴世新（–2019.1）

【县纪委（监察委）机关】

办公室

主　任：叶洪峰

干部室

主　任：吴宗权

宣传教育室

主　任：邱　芳（女，–2019.6）
张　燕（女，2019.9–）

党风政风监督室

主　任：叶　燕（女，–2019.6）
周晓鹏（2019.6–）

信访室

主　任：郑　涛

案件监督管理室

主　任：季　伟

第一纪检监察室

主　任：徐　烽（–2019.9）
朱发荣（2019.9–）

第二纪检监察室

主　任：曾伟明

第三纪检监察室

主　任：李慧芳（女）

第四纪检监察室

主　任：叶有忠（–2019.9）
周连伟（2019.9–）

案件审理室

主　任：叶卫华（–2019.9）
叶有忠（2019.9–）

【县人大机关】

办公室

主　任：刘跃信
副主任：毛献华
黄金花（女，–2019.9）

法制内务司法委员会

主　任：阙福亮（–2019.1）
毛先法（2019.1–）
副主任：钱明龙

财经工作委员会

主　任：王华松

教科文卫工委

主　任：陈绍明

代表工作委员会

主　任：邱香兰（女，–2019.9）

代表与选任工作委员会

主　任：邱香兰（女，2019.9–）
副主任：洪燕波（女，2019.9–）

民族宗教华侨工作委员会

主　任：朱金伟（–2019.9）
程晓东（2019.9–）

农业资源环境工作委员会

主　任：雷发明

【县人民政府工作部门】

政府办公室

主　任：钟善德
副主任：林晓东（–2019.1）
潘　毅
叶经伟
吴思平（2019.1–）
周景伟（2019.1–）
夏伟清（2019.1–）
单跃忠
梅先平
陈　鹏
叶吉松（2019.5–，挂职）
徐春艳（女，兼）
叶火亮（兼，–2019.12）
党组书记：钟善德
督查室主任：宋　师（女）
法制办主任：钟善德（–2019.1）
副主任：王钧禾（–2019.1）
应急办主任：丁加伟（–2019.11）
外事办主任：钟善德（–2019.1）
金融办主任：钟善德（–2019.1）
副主任：黄黎伟（–2019.9）

县大数据和金融发展中心

主　任：李良厅（2019.9–）
副主任：黄黎伟（2019.9–）
陈金波（2019.9–）

县级机关事务保障中心

主　任：徐春艳（女，2019.9–）
副主任：包绍忠（2019.9–）
华　雷（女，2019.9–）
党组书记：徐春艳（女，2019.9–）

县级机关事务管理局

局　长：徐春艳（女，–2019.9）
副局长：郑　亮（–2019.1）
华　雷（女，–2019.9）
党组书记：徐春艳（女，–2019.9）

县行政服务中心

主　任：周根良（2019.9–）
副主任：潘跃平（2019.9–）
刘伟军（2019.9–）
党组书记：郑伟坚（2019.9–）
副书记：潘跃平（2019.9–）
周根良（2019.9–）

县政府行政审批中心

主　任：毛先法（–2019.1）
周根良（2019.1–9）
副主任：潘跃平（–2019.9）
刘伟军（–2019.9）
党组书记：杨金跃（–2019.9）
副书记：潘跃平（–2019. 9）
周根良（–2019. 9）

发展和改革局

局　长：吴王文（2019.1–）
副局长：刘祖军（2019.1–）
叶青长（2019.1–）
程晓东（2019.1–9）
陆利平（2019.1–）
党组书记：吴王文（2019.1–）
副书记：刘祖军（2019.1–）
铁路建设办主任：程晓东

发展和改革局(粮食局)

局　长：吴王文（–2019.1）
副局长：刘祖军（–2019.1）
叶青长（–2019.1）
程晓东（–2019.1）
陆利平（–2019.1）
翁青怡（女，–2019.5，挂职）
党组书记：吴王文（–2019.1）
副书记：刘祖军（–2019.1）

经济商务局

局　长：陈林贵
副局长：黄鹏飞（–2019.1）
陈新军（2019.1–）
潘先宝
徐立民
叶吉松（–2019.6，挂职）
陈　钊（2019.11–，挂职）
党组书记：陈林贵
副书记：陈新军（2019.1–）

县招商服务中心

主　任：叶辉华（女，2019.9–）
副主任：叶　华（2019.9–）
党组书记：叶辉华（女，2019.9–）

经合办(招商局)

主任(局长)：叶辉华（女，–2019.9）
副主任(副局长)：丁根明（–2019.1）
叶　华（2019.9–）
党组书记：叶辉华（女，–2019.9）

丽水生态产业集聚区松阳分区（工业园区）管理委员会

主　任：纪忠民
常务副主任：叶伟民（–2019.9）

张淑芳（女，2019.9–）
副主任：程海伟
陈新长
徐建军
翁盛强
鲁炎峰（挂职）
党工委书记：纪忠民
党工委副书记：叶国松
总工程师：丁嘉良

浙江松阳—余姚山海协作产业园管委会

主　任：周红霞（女，挂职）
副主任：叶伟民（–2019.9）
张淑芳（女，2019.9–，兼）
程海伟（兼）
陈新长（兼）
叶辉华（女，兼）
黄良金（兼）
专职副主任：包绍忠（–2019.9）
李　超（2019.9–）
书　记：李汉勤
副书记：周红霞（女，挂职）
纪忠民
叶新华

教育局

局　长：李文标（–2019.9）
吴敏娟（女，2019.9–）
副局长：赖松平
曾建光
游隆信（2019.9–）
党组书记：李文标（–2019.9）
吴敏娟（女，2019.9–）
教育发展公司董事长（总经理）：张　骏（–2019.9）

公安局

局　长：饶庆勤
政　委：丁嘉亮
副政委：叶勇军
常务副局长：徐建飞
副局长：周世德（兼）
曾志友（–2019.1）
吴献明
徐智钦
毛伟荣（2019.1–）
政治处主任：刘跃芳
党委书记：饶庆勤
副书记：丁嘉亮
徐建飞
交通警察大队队长：周世德
教导员：徐海美（女）
国保大队大队长：何云富
巡特警大队大队长：徐建峰
禁毒大队大队长：方　健
看守所所长：张志军
治安警察大队队长：汪智杰
应急联动指挥中心主任：李爱华（女，–2019.9）
占开贵（2019.9–）
教导员：张承镳
经侦大队长：刘晓松（–2019.1）

科技局

局　长：何开健
副局长：周伟良
李红明（女，–2019.6）
邱　芳（女，2019.6–）
党组书记：何开健

民政局

局　长：叶培虎（–2019.1）
黄文伟（2019.1–）
副局长：周才用
叶东香（女，–2019.1）
朱　伟
李樟标（2019.1–）
党组书记：叶培虎（–2019.1）
黄文伟（2019.1–）
副书记：李樟标（2019.1–）
老龄委办主任：叶培虎（–2019.1）
副主任：叶东香（女，–2019.1）

移民工作中心

主　任：杨文斌（2019.9–）
党组书记：杨文斌（2019.9–）

移民办

主　任：郑樟华（–2019.9）
党组书记：郑樟华　（–2019.9）

司法局

局　长：叶志文
副局长：刘晓飞
朱大林
潘建跃（2019.1–）
王钧禾（2019.1–）
党组书记：叶志文

综合行政执法局

局　长：叶火亮（–2019.12）
副局长：蓝文清（畲族，–2019.1）
宋金贵

周炳林
叶建英（女，–2019.9）
郑　亮（2019.1–）
党组书记：叶火亮（–2019.12）

监察委员会（与纪委合署办公）

主　任：潘仲珏
副主任：阙晓明
吴子斌
委　员：邓慧勇
刘志云（女，–2019.9）
刘增夷
叶　燕（女）
徐　烽（2019.9–）

财政局

局　长：李剑飞
副局长：李一鹏
冯汉饶
刘青华（女）
占　友（2019.9–）
总会计师：占　友（–2019.9）
吴振宏（2019.9–）
财政监督局局长：陈文俊
预算执行局局长：应伟宏
农业综合开发办主任：金　柯（–2019.6）
国资办公室主任：李剑飞（兼）
副主任：叶智强（–2019.1）
黄黎伟（–2019.9）
党组书记：李剑飞
副书记：李一鹏

县医疗保障局

局　长：丁晓敏（2019.1–）
副局长：蓝春林（畲族，2019.1–）
夏文伟（2019.1–）
党组书记：丁晓敏（2019.1–）

人力资源和社会保障局

局　长：叶建福（–2019.1）
许军战（2019.1–）
副局长：占荣林（–2019.1）
蓝春林（畲族，–2019.1）
王德贵
蓝良松（畲族，2019.1–）
刘丽春（女，2019.1–）
党组书记：叶建福（–2019.1）
许军战（2019.1–）
社会保险事业管理局
局　长：刘丽春（女，–2019.9）
社会保险事业服务中心
主　任：鲍婷婷（女，2019.9–）

县编委办

主　任：董金福（–2019.1）
副主任：韩雪梅（女，–2019.1）

县自然资源和规划局

局　长：刘金理（2019.1–）
副局长：孙建文（2019.1–）
雷淑文（畲族，2019.1–）
刘建宇（2019.1–）
周定德（2019.1–）
包根福（2019.1–9）
林发旺（2019.1–）
张松龙（2019.1–9）
党委书记：刘金理（2019.1–）
纪委书记：金新德（2019.1–）
总工程师：刘建宇（2019.1–）
徐伟民（2019.1–）
森林公安局局长：何林法（2019.1–）
执法监察大队大队长：刘火伟（2019.1–）
生态林业发展中心主任：刘建宇（2019.9–）
总工程师：李杰峰（2019.9–）
不动产登记中心主任：林荣华（女）
土地储备中心主任：包松伟

国土资源局

局　长：徐火明（–2019.1）
副局长：周定德（–2019.1）
包根福（–2019.1）
张松龙（–2019.1）
党委书记：徐火明（–2019.1）
纪委书记：金新德（–2019.1）
土地规划师：徐伟民（–2019.1）
执法监察大队大队长：李小中（–2019.1）

住房和城乡建设局

局　长：王红伟
副局长：叶世荣
胡雄飞（女）
林发旺（–2019.1）
叶茂松
总工程师：叶越屿
党组书记：王红伟
城发公司董事长（总经理）：丁家寿（–2019.9）
名城保护利用发展公司董事长（总经理）：阙祖新
人防办主任：王红伟（–2019.1，兼）
副主任：叶茂松（–2019.1，兼）

县土地和房屋征收工作指导中心

主　任：叶松军（2019.9–）
副主任：叶亚栋（2019.9–）
　　　　潘拥民（2019.9–）
　　　　包卓科（2019.9–）
党组书记：叶松军（2019.9–）

房屋征收办

主　任：叶松军（–2019.9）
副主任：叶亚栋（–2019.9）
　　　　潘拥民（–2019.9）
　　　　包卓科（–2019.9）

县旅游委员会（松阳田园风情旅游度假区管理委员会）

主　任：王心阳（–2019.1）
副主任：汪德军（–2019.1）
　　　　刘　斐（女，–2019.1）
　　　　徐伟锋（–2019.1）
　　　　李天丁（–2019.1，挂职）
党组书记：王心阳（–2019.1）
　副书记：汪德军（–2019.1）
养生养老办专职副主任：蓝艳芳（女，畲族，–2019.9）
旅游发展公司董事长（总经理）：何　琪（–2019.1）

丽水市生态环境局松阳分局

局　长：林晓东（2019.1–）
副局长：叶根基（2019.1–）
　　　　孟群伟（2019.1–）
　　　　丁根明（2019.1–）
总工程师：叶根基（2019.1–）
党组书记：林晓东（2019.1–）
生态环保综合行政执法队队长：林晓东（2019.10–，兼）

环境保护局

局　长：刘伟俊（–2019.1）
副局长：王家遗（–2019.1）
　　　　蓝良松（畲族，–2019.1）
总工程师：叶根基（–2019.1）
党组书记：刘伟俊（–2019.1）

交通运输局

局　长：黄文伟（–2019.1）
　　　　徐火明（2019.1–）
副局长：包海鹰
　　　　潘建业
　　　　曾　波
　　　　何蔚武
　　　　王子鑫（–2019.9）
总工程师：潘锦胜
党组书记：黄文伟（–2019.1）
　　　　　徐火明（2019.1–）
道路运输管理局局长：王子鑫（–2019.9）
　　党支部书记：吴华基（–2019.9）
公路管理局局长：何蔚武（–2019.9）
　　党支部书记：叶洪星
交通运输发展中心主任：何蔚武（2019.9–）
交通发展公司董事长（总经理）：洪　斌
城乡公交公司董事长（总经理）：董哲威
交通运输综合行政执法队队长：徐火明（2019.10–，兼）

县农业农村局

局　长：吴为民（2019.1–）
副局长：李云波（2019.1–）
　　　　夏卫中（2019.1–）
　　　　林海长（2019.1–）
　　　　周志勇（2019.1–9）
　　　　蓝丽芬（女，畲族，2019.1–）
　　　　李大炜（2019.1–，挂职）
　　　　程开俊（2019.1–）
党组书记：吴为民（2019.1–）
　副书记：李云波（2019.1–）
下山移民（脱贫）（旧村改造）办
　副主任：吴世新（2019.1–）
畜牧兽医发展中心主任：廖为伟（2019.9–）
茶叶产业发展中心主任：刘林敏（2019.9–）
农村能源服务中心主任：范金根（2019.9–）
农业综合行政执法队队长：吴为民（2019.10–，兼）

农业局

局　长：吴为民（–2019.1）
副局长：夏文伟（–2019.1）
　　　　夏卫中（–2019.1）
　　　　李云波（–2019.1）
　　　　李大炜（–2019.1，挂职）
党组书记：吴为民（–2019.1）
　副书记：李云波（–2019.1）
总农艺师：夏文伟（–2019.1）
茶产业办主任：刘林敏（–2019.9）
畜牧兽医局局长：廖为伟（–2019.9）
能源办主任：范金根（–2019.9）

林业局

局　长：刘金理（–2019.1）
副局长：孙建文（–2019.1）
　　　　程开俊（–2019.1）
　　　　刘建宇（–2019.1）
　　　　雷淑文（畲族，–2019.1）
党组书记：刘金理（–2019.1）
总工程师：刘建宇(–2019.1，兼)
森林公安局局长：何林法（–2019.1）

水利局

局　长：方建来

副局长：包绍达

王增亮

曾建伟（–2019.4）

包根福（2019.9–）

总工程师：张志杰

党组书记：方建来

副书记：包绍达

防汛防旱指挥部办主任：刘开林

黄南水库董事长（总经理）：潘金土

水利发展有限公司董事长(总经理):叶伟成(–2019.9)

县文化和广电旅游体育局

局　长：叶云宽（2019.1–）

副局长：汪德军（2019.1–）

杨建明（2019.1–）

刘俏杨（2019.1–）

刘　斐（女，2019.1–）

徐伟锋（2019.1–）

王永球（女， 2019.1–4）

李天丁（2019.1–5，挂职）

李玉兰（女，2019.11–，挂职）

党组书记：叶云宽（2019.1–）

副书记：汪德军（2019.1–）

文化市场综合行政执法队队长：叶云宽（2019.10–，兼）

文化广电新闻出版局（体育局）

局　长：叶云宽（–2019.1）

副局长：杨建明（–2019.1）

刘俏杨（–2019.1）

王永球（女，–2019.1）

党组书记：叶云宽（–2019.1）

气象局

局　长：王益琴（女）

副局长：周旭琴（女）

蔡寿强

党组书记：王益琴（女）

县卫生健康局

局　长：何群荣（2019.1–）

副局长：吕建伟（2019.1–）

黄伟飞（2019.1–）

刘　军（2019.1–）

叶东香（女，2019.1–）

党委书记：何群荣（2019.1–）

副书记：吕建伟（2019.1–）

县退役军人事务局

局　长：鲍海清（2019.1–）

副局长：徐新华（2019.1–）

王家遗（2019.1–）

党组书记：鲍海清（2019.1–）

卫生和计划生育局

局　长：丁晓敏（–2019.1）

副局长：李樟标（–2019.1）

吕建伟（–2019.1）

黄伟飞（–2019.1）

刘　军（–2019.1）

党组书记：丁晓敏（–2019.1）

副书记：吕建伟（–2019.1）

计生协会副会长：丁晓敏（–2019.1）

李樟标（–2019.1）

县应急管理局

局　长：潘建伟（2019.1–）

副局长：徐　翔（2019.1–）

蔡　哲（2019.1–）

党组书记：潘建伟（2019.1–）

副书记：徐　翔（2019.1–）

安全生产监督管理局

局　长：潘建伟（–2019.1）

副局长：叶根明（–2019.1）

蔡　哲（–2019.1）

党组书记：潘建伟（–2019.1）

安委办专职副主任：孟群伟（–2019.1）

统计局

局　长：徐福标

副局长：李新雄

叶红佳（女）

党组书记：徐福标

总统计师：王树斌

审计局

局　长：叶雯涛

副局长：游隆标（–2019.8）

方观根

党组书记：叶雯涛

经济责任审计联席办主任：叶跃新

市场监督管理局

局　长：吕书元

副局长：周卫星

徐　翔（–2019.1）

蔡建立

吴庆华（女）

包根华（2019.1–，兼）

党组书记：吕书元

副书记：徐　翔（–2019.1）

县食安办副主任：包根华（2019.1–）
市场监管综合行政执法队队长：吕书元（2019.10–，兼）

【县政协机关】

办公室
主　任：宋明正
副主任：叶荣亮
钟华杰（2019.2–）
经济发展专委会
主　任：翁成龙
社会发展专委会
主　任：毛雄津
副主任：叶炳土
郑樟华（2019.10–）
提案专委会
主　任：陈忠华
副主任：周志清
王子鑫（2019.9–）
农业农村和人口资源环境专委会
主　任：徐定超（–2019.3）
叶建福（2019.3–）
副主任：杨香兰（女）
吴定法（2019.10–）
委员工作委员会
主　任：程松华
副主任：蔡俊霞（女，2019.10–）
教科卫体专委会
主　任：许土田（2019.10–）
副主任：李文标（2019.10–）
文化文史和学习专委会
主　任：叶建豹（2019.10–）
副主任：张增明（2019.10–）
董晓霞（女）
程建中
港澳台侨和民族宗教委员会
主　任：叶伟明（2019.9–）
副主任：吴文户（2019.9–）
文教卫体和文史资料专委会
主　任：张增明（–2019.10）

【部分群众团体】

县总工会
主　席：阙伟亮
副主席：刘以乾
詹志红（女）
徐　丰（女，挂职）
党组书记：阙伟亮
共青团松阳县委
书　记：孔雀屏（女，–2019.1）
陈菁菁（女， 2019.1–）
副书记：张玲燕（女）
周　祎
党组书记：陈菁菁（女， 2019.1–）
县妇联
主　席：叶丽丽（女）
副主席：毛菊军（女）
叶丽萍（女）
叶慧勤（女，–2019.12，挂职）
党组书记：叶丽丽（女）
县科协
主　席：蔡卫民
副主席：王金文
党组书记：王德明
县文联
主　席：吴秀岳
副主席：罗成武
县残联
理事长：许明标
副理事长：李发明
李根亮
章明伟（挂职）
陈　军（挂职）
党组书记：许明标
县工商联（总商会）
常务副主席（副会长）：李志荣
副主席（副会长）：郑水旺
党组书记：李志荣
县关心下一代工作委员会
专职副主任：颜雪玲（女）

【部分企事业单位】

县供销社
主　任：宋苏君（女）
副主任：叶发俊（–2019.1）
叶培虎（2019.1–）
蓝子光（畲族）
书　记：叶发俊（–2019.1）
叶培虎（2019.1–）
县国有资本投资运营集团有限公司
董事长（总经理）：周昌达
副董事长（副总经理）：何迎春（–2019.9）
廖　青

县城市发展投资集团有限公司

董事长（总经理）：潘强军（2019.9–）
副总经理：阙祖新（2019.9–）
钟土军（2019.9–）
黄文山（2019.9–）

水务发展投资集团有限公司

董事长（总经理）：曾建伟（2019.4–）
副总经理：叶伟成（2019.9–）
赵　阳（2019.9–）

文化旅游发展投资集团有限公司

董事长（总经理）：王永球（女，2019.4–）
副总经理：杨　彬（2019.9–）
裘基鹏（2019.9–）

交通发展投资集团有限公司

董事长（总经理）：何迎春（2019.9–）
副总经理：洪　斌（2019.9–）
董哲威（2019.9–）

田园强村投资有限公司

董事长（总经理）：陈艳平
副总经理：李剑勇（2019.9–）

县融媒体中心

主　任：丁建胜（2019.9–）
副主任：吴钟锋（2019.9–）
董剑辉（2019.9–）
总　编：肖土根（2019.9–）
党组书记：丁建胜（2019.9–）

县传媒中心

主　任：丁建胜（2019.1–9）
副主任：吴钟锋（2019.1–9）
肖土根（2019.1–9）
董剑辉（2019.1–9）
党组书记：丁建胜（2019.1–9）

县广播电视台

台　长：丁建胜（–2019.1）
副台长：吴钟锋（–2019.1）
肖土根（–2019.1）
董剑辉（–2019.1）
党组书记：丁建胜（–2019.1）

松阳一中

校　长：阙柳顺
副校长：苏水长
王尚德
占　悠（女）
党总支书记：李文标（–2019.9）
副书记：阙柳顺

松阳二中

校　长：游隆信
党支部书记：吴国林

松阳第三中学

校　长：郑智军
党支部书记：吴　杰

职业中专

校　长：吴建伟
党支部书记：叶秋发

浙江广播电视大学松阳学院

院　长：修志强
党支部书记：修志强
副书记：潘人发

民族中学

校　长：叶建伟
党支部书记：朱志昊

教师进修学校

校　长：黄文信
党支部书记：占龙根

实验小学集团学校

校　长：程发军
党支部书记：杨慧莲（女）

县第五中学

校　长：吴新武
党支部书记：鲍景伟

红十字会

常务副会长：王　芳（女）

人民医院

院　长：鲁科达（–2019.9）
王建平（2019.9–）
常务副院长：许士田（–2019.9）
周　方（2019.9–）
书　记：周　方（2019.9–）
副书记：王建平（2019.9–）
党总支书记：许士田（–2019.9）
副书记：鲁科达（–2019.9）

中心医院

院　长：郭兴化
书　记：程林贵（2019.9–）
党支部书记：詹龙新（–2019.9）

古市医院

院　长：周　方（–2019.9）
刘志平（2019.9–）
党支部书记：马志舜（–2019.9）
刘志平（2019.9–）

疾控中心
主　任：叶富根
党支部书记：叶富根
卫生监督所
所　长：陈子发
党支部书记：叶维德（–2019.11）
陈子发（2019.11–）
妇幼保健所
所　长：陈海莉（女）
党支部书记：黄小伟（2019.10–）
副书记：陈海莉（女）

【中央、省属企业和双重管理单位】
国家税务总局松阳县税务局
局　长：朱肖荣
副局长：徐关根
叶岳泉
吴坛华（–2019.9）
雷永利（畲族）
王海伟
党组书记：朱肖荣
纪检组组长：胡小根
国网浙江松阳供电公司
执行董事：王智平（–2019.11）
王笑棠（2019.11–）
总经理：王笑棠（–2019.11）
吴常春（2019.11–）
副总经理：吴林洋
胡洪涛
监　事：钱　波（–2019.11）
徐丽勇（2019.11–）
党委书记：王智平（–2019.11）
王笑棠（2019.11–）
副书记：王笑棠（–2019.11）
吴常春（2019.11–）
纪委书记：钱　波（–2019.11）
徐丽勇（2019.11–）
松阳邮政分公司
总经理：黄旭军（–2019.1）
副经理：吴青林（2019.1–，主持）
杜巧森
党委书记：黄旭军（–2019.1）
副书记：吴青林（2019.1–，主持）
纪委书记：杜巧森
中国电信股份有限公司松阳分公司
总经理：刘　辉（–2019.2）
施益俊（2019.2–）
副总经理：叶景艳（女，2019.5–）
党委书记：刘　辉（–2019.2）
施益俊（2019.2–）
纪检书记：叶景艳（女）
浙江省移动通信有限公司松阳分公司
总经理：黄福群
副总经理：吴建明
中国联合网络通信有限公司松阳分公司
总经理：周伟光
副总经理：王　晟
县烟草专卖局（烟草公司）
局长（经理）：黄智灵
副经理：陈金尉（–2019.10）
沈小青（2019.10–）
副局长：王延众
党组书记：黄智灵
纪检组组长：王延众
中国人民银行松阳县支行
行　长：周胜胜（–2019.5）
副行长：潘利军
林伟英（女）
党组书记：周胜胜（–2019.5）
副书记：潘利军
纪检组组长：林伟英（女）
丽水银保监分局松阳办事处
主　任：许　俊（–2019.5）
丽水银保监分局松阳监管组
组　长：阙一心（2019.6–）
中国工商银行松阳支行
行　长：叶斐群（2019.9–）
副行长：叶斐群（–2019.9）
丁维明
雷亚军（畲族）
党支部副书记：叶斐群（–2019.9）
党支部书记：叶斐群（2019.9–）
中国建设银行松阳支行
行　长：王　勇
金蕴蕴（女，–2019.3）
陈美霞（女，–2019.7）
纪科锋（2019.7–）
党支部副书记：王　勇
中国银行松阳支行
行　长：单高翔
副行长：程丽红（女，–2019.6）
程伟荣

何金美（女）
党支部书记：单高翔

中国农业银行松阳县支行
行　长：吴孚松
副行长：蒋伟峰
吕永勇（2019.5-）
党委书记：吴孚松
纪委书记：吕永勇（-2019.5）
黄小鸿（2019.6-）

中国农业发展银行松阳信贷组
主　任：徐胜杰

浙江松阳农村商业银行
董事长：季大设（-2019.9）
王旭红（女，2019.9-）
行　长：王旭红（女，-2019.9）
吴步斌（2019.9-，拟任）
副行长：沈俊伟
陈俊浩
监事长：李　诚
党委书记：季大设（-2019.7）
王旭红（女，2019.7-）
纪委书记：李　诚

中国人民财产保险股份有限公司松阳支公司
总经理：陈　斌
副总经理：占鲁梅（女）
党组书记：樊毅成

中国人寿保险股份有限公司松阳县支公司
经　理：钟吉成（-2019.8）
陈向阳（2019.8-）

【西屏街道】

中国共产党西屏街道党工委
书　记：阙祖权
副书记：李绍誉（-2019.1）
黄　健（-2019.9）
叶　峰
蔡根新（2019.1-）
朱邦建（2019.4-，挂职）
张森平（2019.9-）
林军明（2019.11-，挂职）
委　员：冯　斌
孟子仁（-2019.9）
叶建辉
赵　娜（女，-2019.10）
潘强军（-2019.9）
程凌斌
陶　震（2019.9-）

人大工委
主　任：蔡根新（-2019.1）
黄　健（2019.9-）
副主任：戴松强

办事处
主　任：李绍誉（-2019.1）
蔡根新（2019.1-）
常务副主任：潘强军（-2019.9）
副主任：周恩华
王金法
吴新锋
党委正科级组织员：叶梦梅（女，-2019.1）

【水南街道】

中国共产党水南街道党工委
书　记：吴　剑
副书记：刘伟松
包致远（-2019.1）
王昌华
孟子仁（2019.9-）
委　员：廖伟辉（-2019.1）
范林涛（-2019.9）
陈小权
刘世伟（-2019.9）
叶松青（女）
何阳露（2019.1-）
毛金科（2019.9-）

人大工委
主　任：周旭锋
副主任：包致远（-2019.1）
孟子仁（2019.9-）

办事处
主　任：刘伟松
常务副主任：刘世伟（-2019.9）
副主任：胡　俊（-2019.9）
潘金增
江伟胜
徐金俊（2019.9-）

【望松街道】

中国共产党望松街道党工委
书　记：温兴水
副书记：江剑武
吴伟林
谢筱俊（-2019.9）

刘世伟（2019.9-）
陈永连（-2019.5，挂职）
陈铭霞（女，-2019.5，挂职）
施义亭（2019.4-，挂职）
吴伟松（2019.7-，挂职）
委　员：邱土基（-2019.9）
王晓红（女，-2019.6）
周淋龙
蔡杨卿（女）
王　扬（2019.1-）
林　辉（2019.9-）
叶　剑（2019.9-）

人大工委
主　任：刘　伟
副主任：吴伟林

办事处
主　任：江剑武
常务副主任：周淋龙
副主任：陈叔通（-2019.6）
阙永生
项俊华
蔡　浩（2019.9-）
党委副科级组织员：吴文峰

【古市镇】

中国共产党古市镇委员会
书　记：吴敏娟（女，-2019.9）
张　屏（2019.9-）
副书记：张　屏（-2019.9）
叶德标（2019.9-）
蔡俊霞（女，-2019.9）
刘以汉
阙　颖（女，2019.9-）
商政凯（2019.7-，挂职）
党委委员：叶　剑（-2019.9）
宋伟忠
叶陈伟
吴荣鹏
邵成君
王建来（2019.9-）
郑来清（2019.9-）

人大
主　席：洪跃伟
副主席：叶木法（-2019.1）

政府
镇　长：张　屏（-2019.9）
镇长人选：叶德标（2019.9-）
副镇长：宋伟忠
黄松跃
叶根清
吴建伟（-2019.9）
副镇长人选：包超勇（2019.9-）
党委正科级组织员：陈林法
党委副科级组织员：王献德

【象溪镇】

中国共产党象溪镇委员会
书　记：潘伟光
副书记：刘　军（-2019.1）
鲍绍铭（2019.1-）
王伟军
吴　彦（2019.7-，挂职）
党委委员：赖火旺
叶利军
朱松林（-2019.9）
兰丽燕（女，畲族，-2019.9）
叶　勤（-2019.9）
陈奇峰（2019.9-）
翁琼芬（女，2019.9-）
李红艳（女，2019.9-）

人大
主　席：徐发余
副主席：蓝水林（畲族）

政府
镇　长：刘　军（-2019.1）
鲍绍铭（2019.7-）
镇长人选：鲍绍铭（2019.1-7）
副镇长：王　毅
包超勇（-2019.9）
杨旭明
副镇长人选：余　斌（2019.9-）

【玉岩镇】

中国共产党玉岩镇委员会
书　记：宋伟林（-2019.1）
邓智强（2019.1-）
副书记：吴定法（-2019.9）
洪伟林
叶福龙（2019.9-）
楼海勇（2019.4-，挂职）
党委委员：周晓鹏（-2019.6）
叶明晖（2019.6-）

李红艳（女，–2019.9）
赵如庆（–2019.1）
王林超
叶素伟（2019.9–）
杨　扬（2019.9–）
雷熠俊（畲族，2019.9–）

人大

主　席：冯黎明（–2019.9）
主席人选：谢筱俊（2019.9–）
副主席人选：胡爱生（2019.9–）

政府

镇　长：吴定法（–2019.9）
镇长人选：叶福龙（2019.9–）
副镇长：徐伟林（–2019.9）
雷熠俊（畲族，–2019.9）
钟俐青（女）
副镇长人选：徐志明（2019.9–）

【大东坝镇】

中国共产党大东坝镇委员会

书　记：翁金豪
副书记：杨文斌（–2019.9）
杨庆华(女）
张松龙（2019.9–）
褚骏涛（2019.4–，挂职）
党委委员：叶素伟（–2019.9）
陈奇峰（–2019.9）
胡雅杰
郑海燕（女）
占开贵（–2019.9）
李红艳（女，2019.9–）
阙勇东（2019.9–）
范林涛（2019.9–）
尹彬斌（2019.9–）

人大

主　席：叶福龙（–2019.9）
主席人选：冯黎明（2019.9–）
副主席：方伟才

政府

镇　长：杨文斌（–2019.9）
镇长人选：张松龙（2019.9–）
副镇长：叶永明
廖苏里
李伟科

【新兴镇】

中国共产党新兴镇委员会

书　记：周景伟（–2019.1，祖籍望松）
杨伟科（2019.1–）
副书记：杨伟科（–2019.1）
叶德标（–2019.9）
周志勇（2019.9–）
周景伟（2019.9–，祖籍竹源）
梅　华（女，–2019.6，挂职）
党委委员：包朝彪
叶　凌
杨东俊
叶方敏
李　艳（女）
沈伟丰（–2019.9）
朱松林（2019.9–）

人大

主　席：包建梅（女）
副主席：詹满和

政府

镇　长：梅　华（女，–2019.6，挂职）
镇长人选：周志勇（2019.9–）
副镇长：詹利军
刘水松
占远峰
潘长国
党委正科级组织员：叶　凌
包朝彪

【叶村乡】

中国共产党叶村乡委员会

书　记：吴思平（–2019.1）
刘　军（2019.1–）
副书记：王建华（–2019.6）
陈智俊（2019.6–）
王金鑫（2019.9–）
李　诚（2019.4–，挂职）
王　华（–2019.5，挂职）
党委委员：陈伟斌
马志强
占黎峰
杨君弟（女，–2019.4）
刘文炜（2019.9–）

人大

主　席：周杨胤
副主席人选：王金鑫（2019.9–）

政府

乡　长：王建华（–2019.6）

陈智俊（2019.7–）

副乡长：丁路敏（女）

刘晓华

蓝昊慧（畲族）

党委副科级组织员：叶昌明

【斋坛乡】

中国共产党斋坛乡委员会

书　记：叶春松

副书记：阙剑和

章剑荣（–2019.9）

潘浩杰（2019.9–）

党委委员：陶　震（–2019.9）

邱如华

阙仙梅（女）

郑丽君（女，–2019.9）

张　辉（2019.9–）

谢新华（2019.9–）

人大

主　席：詹钧强

副主席：章剑荣（–2019.9）

副主席人选：潘浩杰（2019.9–）

政府

乡　长：阙剑和

副乡长：陈金伟

周方波

吴定邦

【三都乡】

中国共产党三都乡委员会

书　记：何　苗

副书记：张伟信

张旭军

蔡晓君（–2019.5，挂职）

王治国（2019.4–，挂职）

党委委员：伊　晖

黄夏芳

陈建明

王金鑫（–2019.9）

徐　征（2019.9–）

人大

主　席：章冰梅（女）

副主席：张旭军

政府

乡　长：张伟信

副乡长：叶慧华（女）

张　辉（2019.9–）

温作源

副乡长人选：兰晓露（女，2019.9–）

【四都乡】

中国共产党四都乡委员会

书　记：杨志锋

副书记：吴海燕（女）

牟伊婷（女，–2019.9）

兰丽燕（女，畲族，2019.9–）

叶　芳（女，2019.11–，挂职）

洪溪潞（女，–2019.5，挂职）

党委委员：周慧军（–2019.9）

叶家宝

丁坤勇

叶　霞（女）

吴昊东（2019.9–）

人大

主　席：吴永华

副主席：牟伊婷（女，–2019.9）

副主席人选：兰丽燕（女，畲族，2019.9–）

政府

乡　长：吴海燕（女）

副乡长：徐金俊（–2019.9）

纪定锋

副乡长人选：胡　俊（2019.9–）

【竹源乡】

中国共产党竹源乡委员会

书　记：陈新军（–2019.1）

李绍誉（2019.1–）

副书记：叶长春

卢智华

党委委员：吴爱萍（女）

周友和（–2019.6）

徐　征（–2019.9）

郑来清（–2019.9）

董笑春（女，2019.9–）

刘　捷（2019.9–）

周芝芬（女，2019.9–）

人大

主　席：吴梦华

副主席：卢智华

政府

乡　长：叶长春

副乡长：徐薇宏（女，–2019.9）

徐华科（–2019.1）

潘浩杰（–2019.9）

杨君弟（女，2019.8–）

副乡长人选：杨君弟（女，2019.4–8）

秦绍松（2019.9–）

叶家升（2019.9–）

【樟溪乡】

中国共产党樟溪乡委员会

书　记：何花云（女）

副书记：陈智俊（–2019.6）

鲍绍铭（–2019.1）

上官耀鹏（2019.1–）

邱土基（2019.9–）

李征宙（2019.7–，挂职）

党委委员：毛金科（–2019.9）

林　辉（–2019.9）

彭俊根

刘　剑

郑丽君（女，2019.9–）

潘基伟（2019.9–）

人大

主　席：林　巍

副主席：陈智俊（–2019.6）

副主席人选：邱土基（2019.9–）

政府

乡　长：鲍绍铭（–2019.1）

上官耀鹏（2019.1–）

副乡长：金军民

楼继业

詹志伟

【赤寿乡】

中国共产党赤寿乡委员会

书　记：叶新华

副书记：黄良金

陈菁菁（女，–2019.1）

胡慧强（2019.9–）

党委委员：秦绍松（–2019.9）

洪雪婷（女）

叶宝金

董笑春（女，–2019.9）

胡慧强（–2019.9）

蓝季峰（畲族，2019.9–）

王　炜（2019.9–）

人大

主　席：叶国章

副主席：陈菁菁（女，–2019.1）

副主席人选：胡慧强（2019.9–）

政府

乡　长：黄良金

副乡长：叶方敏

蔡冬生

胡慧强（–2019.9）

副乡长人选：周慧军（2019.9–）

【枫坪乡】

中国共产党枫坪乡委员会

书　记：邓智强（–2019.1）

王建华（2019.6–）

副书记：叶金军

上官耀鹏（–2019.1）

徐华科（2019.1–）

党委委员：刘文炜（–2019.9）

吴昊东（–2019.9）

余　斌（–2019.9）

叶君红（女）

雷海亮（畲族，2019.9–）

苏　辛（女，2019.9–）

吴跃华（2019.9–）

人大

主　席：包致远（2019.2–）

副主席：上官耀鹏（–2019.1）

徐华科（2019.2–）

政府

乡　长：叶金军

副乡长：陈俐光

叶家升（–2019.9）

副乡长人选：楼海涛（2019.9–）

【安民乡】

中国共产党安民乡委员会

书　记：张淑芳（女，–2019.9）

应佾潇（2019.9–）

副书记：林嘉栋

何跃平（–2019.9）

牟伊婷（女， 2019.9–）

党委委员：潘关根（–2019.9）

周津辉

兰晓露（女，-2019.9）
刘 挺
包海波（2019.9-）
王金良（2019.9-）

人大

主 席：谢军生
副主席：何跃平（-2019.9）
副主席人选：牟伊婷（女，2019.9-）

政府

乡 长：林嘉栋（2019.1-）
乡长人选：林嘉栋（-2019.1）
副乡长：张益平
孟 伟

【板桥畲族族乡】

中国共产党板桥畲族族乡委员会

书 记：夏伟清（-2019.1）
孔雀屏（女，2019.1-）
副书记：兰明顺（畲族）
邹玲玲（女，-2019.5，挂职）
叶 苏
谢勇华（2019.7-，挂职）
党委委员：林伟东
楼深科
蓝伟明（畲族）
刘宇平

人大

主 席：李宗训
副主席：叶 苏

政府

乡 长：兰明顺（畲族）
副乡长：王 玲（女）
汤海霄
蓝季峰（畲族，-2019.9）
副乡长人选：徐伟林（2019.9-）

【裕溪乡】

中国共产党裕溪乡委员会

书 记：宋荣丽（女）
副书记：应佾潇（-2019.9）
舒 皓
何跃平（2019.9-）
瞿 艺（女，-2019.5，挂职）
潘 琦（2019.4-，挂职）
徐春华（2019.7-，挂职）
党委委员：王建来（-2019.9）
吴建伟（2019.9-）
郑 巍
张增跃（-2019.9）
潘关根（2019.9-）
刘 真

人大

主 席：何昌标（-2019.9）
主席人选：章剑荣（2019.9-）
副主席：舒 皓（2019.8-）
副主席人选：舒 皓（2019.1-7）

政府

乡 长：应佾潇（-2019.9）
乡长人选：何跃平（2019.9-）
副乡长：钟巧玲（女，畲族）
贾慧珍（女）
蔡 浩（-2019.9）
副乡长人选：梅先亮（2019.9-）

（县委组织部）

松阳县第十二届人民代表大会第三次会议代表名单（2019）

叶丽丽	阙建华	范大忠	周建华	程林贵
吴 毅	吴映敏	阙火明	王万良	王华松
宋火星	王智平	项军炎	韩士丰	蒲德余
刘斯华	周伟兰	阙祖权	程金花	毛先法
吴莉梅	刘慧芳	黄 健	占跃华	占芳红
刘克忠	占增军	翁 春	吴岳平	程允寿
王 峻	何 平	项荣伟	谢伟荣	张碧联
占时旺	徐火星	林 军	陈荣华	刘美燕
洋土旺	吴 剑	周旭锋	毛伟东	徐火灵
刘新法	苏仙明	何金德	毛建南	温兴水
刘 伟	翁尚伟	王根水	郑伟坚	王增亮
徐长城	李汉勤	王立武	傅春霞	张 屏
吴宝良	洪跃伟	廖军土	王志红	李建伟
潘必亮	杨振龙	周根伟	周伟民	王龙根
张军伟	纪 莲	洪香云	潘伟光	毛振荣
阙子华	杨水文	高建松	徐发余	包荣强
黄美花	潘仲珏	兰土金	邓智强	谢筱俊
李伟华	叶金亮	叶景才	金世星	叶樟水

翁樟明	周星龙	阙祖富	叶章根	翁金豪
李坤富	叶春景	冯黎明	李坤龙	李美爱
孔建民	石金钟	包建梅	温永其	杨伟科
颜荣山	李会发	张宏雁	陈彩美	朱金伟
徐金来	叶基华	周杨胤	徐林德	林　伟
黄文升	华火浩	叶春松	曹伟湧	雷剑锋
王火根	程卫平	詹钧强	何　苗	章冰梅
宋法亮	叶秀坤	徐建农	江宗信	吴永华
汤根木	杨志锋	鲍朝火	李绍誉	吴梦华
邱香兰	何国鹏	叶祥跃	汪　兴	钟仁旺
林　巍	金永兵	钟伟明	徐永成	何花云
叶新华	陈绍明	傅明亮	叶国章	林　伟
毛胜法	叶信亮	潘俊明	王建华	包致远
周建伟	何火珠	阙伟亮	叶南清	刘跃信
应佾潇	谢军生	樊邦献	徐李献	雷发明
孔雀屏	李宗训	叶根良	叶财金	宋荣丽
吴伟波	章剑荣	蔡卫民	周国理	

（县人大办公室）

松阳县第十二届人民代表大会常务委员会委员名单（2019）

叶丽丽	王华松	王智平	韩士丰	刘斯华
毛先法	张碧联	周旭锋	刘　伟	王增亮
傅春霞	吴宝良	洪跃伟	杨水文	徐发余
翁樟明	叶福龙	孔建民	张宏雁	朱金伟
程卫平	叶秀坤	徐建农	汤根木	邱香兰
钟伟明	徐永成	陈绍明	毛胜法	阙伟亮
刘跃信	雷发明	蔡卫民		

（县人大办公室）

中国人民政治协商会议第九届松阳县委员会第三次会议委员名单（2019）

毛建南	周永龙	单国亮	叶向东	廖卫民
叶伟兰	蓝　海	叶伟民	叶青长	王茂建
叶梦梅	郑永安	吴智勇	应祖逵	季学文
徐和有	夏雨清	叶经伟	章旭东	陈　彬
潘利军	叶丽红	何尉英	徐晓俊	陈国椿
李晓英	叶祖武	翁成龙	李云波	叶春喜
刘金法	潘邦佐	叶根基	陈金富	潘邦先
孟文化	练秋珠	叶慧兰	徐永健	洪建明
曾建伟	王寿康	李伟科	徐定超	杨香兰
叶建福	李红明	王金文	陆俊敏	叶东标
宋泓震	吴理文	叶伟明	洪　斌	叶景艳
叶伟华	张健幸	宋跃伟	阙柳发	潘建英
项骏华	王小明	李樟标	李永伟	周炳林
李发明	徐　翔	毛君明	叶益兰	潘跃平
王家遗	毛雄津	叶炳土	丁晓敏	吴定邦
黄　莹	占利军	陈晓燕	刘志云	阙翔威
金黎艳	曹莉娜	卢寿亮	项晓虎	刘伟军
吴长顺	周景伟	徐微宏	纪　红	雷晓岚
蓝良松	兰建芳	兰明顺	兰　倩	钟水清
蓝建平	叶岳娟	吕少锋	邵慧玉	潘先宝
郑水旺	何东兴	叶金明	潘肇伟	陈志选
郑建标	李胜武	吴坛伟	潘昌财	叶永标
包火旺	钟新明	叶逢彬	詹志文	詹志红
刘　俊	陈忠华	陈　军	吴秀岳	刘以汉
宋苏君	王　军	张维清	徐伟民	邱　蕻
蒋　晨	程松华	陈菁菁	陈智俊	阙杭丽
徐俊辉	叶艳燕	廖建洋	钟巧玲	熊火旺
毛菊军	牟伊婷	吴晓霞	陆秀云	张芝兰
周香美	刘春梅	修志强	阙柳顺	陈子亮
张　骏	叶建伟	王国华	曾木连	叶火云
包春花	杨爱华	张增明	陈春娥	宋明正
叶东香	杨荣军	叶慧勤	陈海莉	李爱英
潘　法	包益来	李　斌	周　方	杨建明
刘　斐	何菊香	阙美法	吴伟松	叶金火
黄春爱	程建中	林　云	王　晔	高　飞
孙丽雅	潘　清	叶　扬		

（县政协办公室）

中国人民政治协商会议第九届松阳县委员会常务委员名单（2019）

毛建南	周永龙	单国亮	叶向东	廖卫民
叶伟兰	蓝　海	王小明	王茂建	毛雄津
叶伟华	叶岳娟	叶建伟	包火旺	刘　斐

刘志云 刘金法 杨荣军 何东兴 宋明正
宋跃伟 陈忠华 陈金富 周香美 郑永安
翁成龙 程松华 蓝建平 雷晓岚 张增明
叶建福 陈菁菁 宋苏君

（县政协办公室）

松阳县村规模调整后203个行政村党支部、村委会主要负责人名单（2019）

西屏街道

行政村	党支部	村委会
一 村	张根兴	刘克忠
二 村	张斌武	
三 村	方永岳	叶伟军
五 村	刘勇华	毛菊芝
六 村	徐长水	占增军
七 村	吴岳平	程长宪
九 村	丁根生	翁 春
十一村	叶忠献	夏海法
钟 楼	吴立长	包海根
延 庆	何 平	叶关旺
新 华	陈家增	林 军
北 山	包珠菊	郭建兵
西 坌	吴启标	刘建勋
项桥下	叶土金	吴昌来
铺 门	徐光明	叶金华
官路口	王明旺	占时旺
桐 溪	项荣伟	金巧英
周 坌	谢伟荣	占 震
乌形山	刘志宏	刘石基
青 蒙	程军民	郑建华
白 沙	程伟胜	程军辉
项 弄	周景军	叶跃法

水南街道

行政村	党支部	村委会
大竹溪	刘国明	毛显伟
潘 西	钟玉宝	徐建福
桥 头	王 鹏	周 峰
清 路	曹森火	王宗标
南 山	王永春	毛伟东
横 山	吴新根	吴火军
程 徐	陈群伟	王治威
水 南	何金德	麻樟根
独 山	刘起达	刘金荣
瓦窑头	刘春林	叶春生
寺岭下	何樟林	徐光亮

望松街道

行政村	党支部	村委会
望 松	邱俊慧	黄民伟
六 都	王金琦	王增亮
翁 村	李伟樟	翁松标
乌石下	王建华	曾国武
山仁下	杨金利	毛小军
西 河	毛献武	林利升（主持）
石 门	金善东	
王 村	王根水	兰云芳
五都阳	翁小贵	吴群林
吴 弄	何 雯	曾伟军
新望社区	潘香兰	程清光
新园社区	周俊杰	林法根

古市镇

行政村	党支部	村委会
建 安	周星平	洪炳丰
城 门	杨剑忠	张星华
下 街	潘必亮	刘志军
塘 湾	程家发	潘连均
筏 铺	纪旭阳	陈伟东
东角垄	吴荣鹏	吴连女
七 都	陈志平	杨振龙
八 都	陈时金	周根伟
黄 圩	黄文知	徐逢军
五 木	叶火寿	周华军
岗 下	吴延金	吴伟强

上　河	王龙根	许文武
山下阳	何跃法	张晓俊
寺　口	张信根	刘献惠
十五里	谢作树	谢挺华

象溪镇

行政村	党支部	村委会
东田源	夏绍伟	苏仁贤
金　钟	李土金	王土财
靖居包	李增仁	包荣强
坑　里	叶发森	
梅　峰	刘长远	李永福
南坑口	周井田	王秋华
南　州	罗金法	江焕明
石牌门	兰火根	兰东明
象溪圩	兰土金	兰伟斌
雅溪口	留益浪	阙子华
象　溪	谢丽娇	高劲松
靖居口	卢丁武	胡连有
南坑源	黄日华	马文彬

玉岩镇

行政村	党支部	村委会
玉　岩	李章火	周伟进
溪　口	金昌伟	李洪根
排居口	叶樟满	何世宝
玉　湖	徐家利	傅兆献
乌　岩	叶景才	吴达荣
根　坑	叶昌谷	叶关旺
交　塘	叶昌发	叶星明
何山头	叶发起	叶富发
大　树	毛益新	周金汉
周　坑	钱荣斌	金大六
周　安	吴松发	吴昌武（负责）
洋　坑	金水发	金关金
白沙岗	陈赤火	潘洪法
程　惠	李卫根	谢土富

大东坝镇

行政村	党支部	村委会
后　宅	阙邦善	阙维清
下宅街	阙关德	王发林
茶　排	阙述平	阙志华
大东坝	叶春景	华章松
二滩坝	梅先标	周学明
横　樟	包绍忠	包绍伟
洋坑埠头	李美爱	潘关法
燕　田	吴子通	潘宪德
五　部	周仲元	李坤龙
灯　塔	雷文凤	刘建平
蔡　宅	叶章根	李小平
山　头	王建华	张德传
西　山	赖根根	赖根根（主持）
百　步	王礼威	刘根林
牛角圩	叶海澜	叶海澜（主持）
山　徐	潘高宝	潘高宝（主持）
黄　南	李支勤	

新兴镇

行政村	党支部	村委会
下源口	刘青春	刘光法
潘　连	郑金法	方小来
上　安	袁启章	刘金法
新　刘	方忠新	吴松青
横　溪	郑美君	方贤良
泉　庄	温作林	孟景威
徐　郑	郑伟春	周樟树
杨村头	颜荣山	方革华
后周包	程卫文	黄德俊
大　石	王军民	陈全保
内　孟	徐加伟	叶松伟
外石塘	徐家宝	叶洪清
新　处	李　禹	叶金户
朱　山	叶水福	郑荣福
竹　囮	郑陈海	郑新华
官　岭	陈洪伟	陈建平
庄　后	周松平	周根峰

平　卿	周松飞	周永贵
李山头	李伟法	李伟法
大岭根	叶法信	李花根
谢西坑	李光忠	毛宗仁
谢　村	李金良	李关华

叶村乡

行政村	党支部	村委会
叶　家	徐林德	叶高华
河　头	陈新荣	刘俊彪
松　山	罗来龙	吴云龙
叶　村	黄文升	游冬华
官　田	杨伟标	杨松明
东　坞	徐新华	华火浩
横　坑	徐叶谊	叶火信
南　岱	金火贵	吴金根

斋坛乡

行政村	党支部	村委会
斋　坛	李金星	梁启武
花田垄	王火根	王火根
庐　东	叶新东	黄先起
京　梁	潘土利	陈承资
大　路	黄火根	毛琳波
石门圩	叶子能	丁加亮
小　石	叶　毅	夏邦铭

三都乡

行政村	党支部	村委会
里　庄	刘志丰	李卫成
紫　草	冯怀杰	汤水标
尹　源	曾土旺	徐樟龙
酉　田	宋大成	吴裕金
杨家堂	潘伟平	占斌龙
黄岭根	蔡美仙	周松旺
上　源	蔡志良	潘金伟
下　田	蔡丽生	蔡伟华
松　庄	叶建忠	毛菊香
上　田	宋建伟	吴建伟

四都乡

行政村	党支部	村委会
下　包	包根信	包水达
西　坑	丁菊红	叶长寿
陈家铺	鲍朝火	鲍景福
平　田	陈国华	江金亮
四都阳	陈邦根	曾文水

竹源乡

行政村	党支部	村委会
后　畲族	叶火法	叶沾聪
大岭头	叶伟跃	叶长伟
小竹溪	吴华土	叶子龙
横　岗	潘安清	潘建胜
呈旺坑	仲　义	潘邦东
黄　上	陈梅娥	周关旺
黄　庄	王延利	叶春英

樟溪乡

行政村	党支部	村委会
肖　周	兰伟林	钟伟虎
上徐山	叶宝龙	叶水信
馒头山	黄显武	李施其
樟　村	卢孙伟	卢昌增
兴　村	韩子火	傅杨柱
溪　下	刘春根	郑连增
力　溪	金永兵	金永兵
东　市	王伟军	王大伟

赤寿乡

行政村	党支部	村委会
界　首	刘方德	陈伟军
赤　岸	吴定云	章建伟
楼　塘	傅明亮	杨增文

陇　川	李军华	程志刚
半古月	宁建伟	林　伟
红　连	项思蔚	应满华
叶川头	叶信亮	张新华
卯　山	毛坚强	刘伟建
界　首	刘方德	陈伟军
赤　岸	吴定云	章建伟
楼　塘	傅明亮	杨增文
陇　川	李军华	程志刚
半古月	宁建伟	林　伟
红　连	项思蔚	应满华
叶川头	叶信亮	张新华
卯　山	毛坚强	刘伟建

枫坪乡

行政村	党支部	村委会
小　吉	翁永和	吴冬明
南　胜	卓妙根	李建林
高　亭	吴永富	徐卫明
山乍口	毛洪根	刘根清
斗　潭	周世星	卢懿林
根　下	王林水	王朝通
沿坑岭头	叶庆春	叶晨波
枫　坪	符肇忠	符康权
丁　坑	吴岩松	叶松强
黄埠坞	叶炳荣	叶献保

安民乡

行政村	党支部	村委会
安岱后	吴祖伟	陈可梧
大潘坑	杨俊清	杨昌仁
李　坑	潘黎明	张继松
苏马坪	潘建根	徐李献

板桥畲族族乡

行政村	党支部	村委会
板　桥	徐方明	叶根良
桐　榔	李　俊	叶财金
大毛科	周火亮	王建胜
东　坑	蔡延军	包建鹏
高　山	叶李英	郑瑞海

裕溪乡

行政村	党支部	村委会
木岱坑	石华凤	胡建生
内　陈	曾延富	刘先清
小　槎	刘　强	刘献得
裕　溪	周国理	项小平
联　溪	曾海土	高法满
凤弄源	吴永进	
霭　溪	陈　烨	吕黎明

（以上名单由各乡镇〈街道〉党政办提供）

松阳概况

松阴溪绿道

建置·区划·人口

【县名释义】松阳史上曾称松阳、长松、白龙。

松阳县《吴录》云："作松杨，以地多二木也。"《吴地志》云："县东南临大溪有松树，大八十一围，腹中空，可容三十人坐，故取此为名。"《旧唐书》载："后汉，分章安之南乡置松阳县。县东南大阳及松树名。"明万历《郡县释名·浙江卷》谓松阳地处长松山之南，故名松阳县。

长松县　清光绪《松阳县志》及《浙江分县简志》载，后梁时，吴越王钱镠与杨行密为仇，上书梁太祖，以"淮寇未平，耻闻逆姓"为由，请改诸县名"阳"（音同杨）者，天宝三年（910）改松阳为长松县。

白龙县　后晋天福四年（939）改长松县为白龙县。《十国春秋》、清顺治《松阳县志》载，天福四年，岁旱，县令陈时祈雨百仞山，据传白龙现于山麓之白龙津，吴越王元瓘遂改长松县为白龙县。

【政区沿革】松阳县域夏商时期属扬州域，春秋战国属越；秦始皇时属闽中郡；西汉初属东瓯国，后属会稽郡；东汉为章安县南乡地。东汉建安四年（199），析章安县南乡置松阳县，属会稽郡。三国吴太平二年（257），置临海郡，松阳隶之。晋太宁元年（323）属永嘉郡。隋开皇九年（589），析松阳县东乡地置括苍县，同年，置处州，松阳属之。开皇十二年，处州改括州，松阳隶之。大业三年（607年），改括州为永嘉郡，松阳属之。唐武德四年（621），升松阳为松州，括州置总管府；武德七年，改都督府，松州均所属。八年，复改松州为松阳县，遂昌入松阳县。景云二年（711），遂昌复从松阳析出。天宝元年（742），改括州为缙云郡。乾元元年（758），复为括州，松阳均为所辖。乾元二年，析松阳、遂昌南乡地置龙泉县。大历十四年（779）括州改处州，松阳隶之。五代后梁开平四年（910），改松阳县为长松县。后晋天福四年（939），改长松县为白龙县。宋咸平二年（999），白龙县复改为松阳县。从此县名一直沿用至今。元至正十三年（1353），松阳属处州路，至正十九年改处州路为安南府，不久复为处州府，松阳均为所属。明、清松阳属处州府，实行乡里制。清宣统三年（1911）11月，置处州军政分府，松阳隶之。民国元年（1912）撤处州军政分府，实行省县两级制，松阳县省辖。民国3年，置瓯海道，松阳为所属。民国16年废道，复为省县两级制，松阳仍为省辖。民国21年6月置第十一县政督察区；10月，改置第二临时特区，松阳均隶之。民国24年6月，第二临时特区改为丽水行政督察区。民国25年4月，又改称第九行政督察区，松阳隶之。民国34年4月，改置第六行政督察区。6月，改称第七行政督察区，至1949年5月，松阳均为所属。

1949年5月9日松阳解放，成立人民民主政府；6月改称县人民政府，驻地西屏镇，辖4个区21个乡镇。1950年，全县扩编为43个乡镇。

1952年1月，丽水专区撤销，松阳县属衢州专区。5月，增设石仓区，8月，撤销城关区，建江南、江北区和县直属西屏镇；置王村乡，属江北区；10月，撤销石仓区，辖1个直属镇5个区41个乡镇。1955年3月，改隶金华专区。1956年3月，撤区并乡，辖15个直属乡镇2个区10个乡。1957年3月复置古市区，1958年2月复置城关区，辖4个区25个乡镇。1958年11月21日，撤销松阳县，原辖境域并入遂昌县。1961年12月，叶村公社分置叶村、斋坛两公社。1962年1月，石仓、汶东、横樟人民公社合并为县直属石仓人民公社。1963年，丽水专区恢复，遂昌（含松阳区域）属之。1964年辖4个区2个镇25个人民公社和1个县直属人民公社。1968年，撤销西屏、古市两公社建制，改为镇。1980年7月，西屏、古市两镇县直属。1982年1月30日，复置松阳县，属丽水地区。原玉岩区垵口公社划归遂昌县，时全县辖2个直属镇、1个直属公社、4个区22个公社。1983年10月后，实行政社分设，时全县辖2个直属镇5个区25个乡399个行政村。1984年8月，板桥乡改建板桥畲族乡。1985年5月，撤玉岩乡建为玉岩镇，时全县辖2个直属镇5个区25个乡（镇）400个行政村。1992年3月撤区扩镇并乡后，有5个镇14个乡1个民族乡。1997年设5个镇15个乡(其中1个畲族乡)，400个行政村、17个居民区。1998年，划四都榔树村的榔阳自然村归望松乡管辖，单独成立行政村，此时，全县共401个行政村。2000年7月，丽水撤地设市，松阳属丽水市。2001年开始至2011年11月，松阳县辖5个镇、14个乡、1个民族乡，401个行政村、6个社区、5个居委会。2011年12月，撤销西屏镇，分设西屏和水南街道，并划叶村乡的黄公渡村归前者管辖，划叶村乡的寺岭下村归后者管辖。撤销望松乡，设望松街道。全县辖4个镇、13个乡、1个民族乡、3个街道，401个行政村、10个社区、5个居委会。

2012年12月28日，松阳县撤销原新兴乡人民政府、新处乡人民政府、谢村乡人民政府建制，挂牌成立新兴镇人民政府。全县辖3个街道、5个镇、10个乡、1个民族乡，401个行政村、10个社区、5个居委会。

2019年6月，松阳县依法开展行政村规模调整，全县401个行政村调整为203个行政村；1077个自然村，调整为1027个自然村，8月调整完毕。

2019年底，松阳县辖西屏、水南、望松3个街道，古市、象溪、大东坝、玉岩、新兴5个镇，叶村、斋坛、三都、四都、竹源、樟溪、赤寿、枫坪、裕溪、安民10个乡，1个少数民族乡（板桥畲族乡），共19个乡级政区。

有城东、城南、城西、城北、城中、古城、独山、云峰、新望、新园和古南社区、新铺社区、古北社区13个社区。

【地理位置】松阳县位于浙江省西南部，丽水市西部，东连丽水市莲都区，东南接云和县，西南与龙泉市相邻，西和西北与遂昌县接壤，东北毗金华市武义县。地理位置介于北纬28°36′33″～28°14′34″，东经119°42′43″～119°09′53″之间。东西宽53.7千米，南北长40.2千米，区域总面积1405.77平方千米。松阳县人民政府驻地位于西屏街道府前街1号。电话区号0578，邮政编码323400，距丽水市区43千米。

【人口状况】截至2019年底，全县总人口240578人。比2018年底减少606人。增长专区在申报出生2233人，高于死亡注销1830人。县外迁入506人。迁出县外1464人。人口自然增长率为1.67‰，出生率为9.28‰。比上年下降1.2‰。死亡率为7.61‰，比上年下降0.51‰。60周岁以上人口48741人，流动人口21058人，登记暂住人口21802人次。

自然环境与资源

【气候特征】松阳县属中亚热带湿润季风区，四季分明、冬暖春早，年平均气温18.5℃。最冷1月平均气温7.0℃；最热7月平均气温29.0℃。四季分明，相邻季节的温差值为7.7℃～11.4℃；冬暖春早，入春时间较同纬度区的南昌等地提前，且冬季平均风速小，日照时数长，体感暖和，加上低温持续时间短，环境保持的热容散失得少，出现严寒概率低。

降水充沛、雨热同步：松阳处亚热带降水量最丰沛的东部地区，历年平均降水量1573.8毫米，最少12月平均雨量61.1毫米；最多6月平均雨量300.3毫米。年平均雨日158.6天，6月平均雨日最多（18.3天），10月平均雨日最少（7.0天）。松阳不仅降水充沛，且雨热资源（降水与温度）在时间尺度上的配置也非常优越。

垂直气候、资源丰富：松阳县四面环山，群山起伏，切割强烈，峡谷众多。境内有海拔千米以上山峰225座，大多耸峙在县境西南边境。高山山体从山脚到山顶可跨越多个气候带，是典型的山地立体气候。在垂直尺度上跨越中亚热带、北亚热带和暖温带3个气候带，这些特有的山地小气候使得松阳的森林植被群繁多，植物资源丰富，植被类型多。

（县气象局）

【自然灾害】自2017年浙江省实施地质灾害"大搬快治"三年行动以来，松阳县累计实行地质灾害避让搬迁项目150个，使6081人摆脱地质灾害威胁，实施地质灾害工程治理项目51个，保护2808人的生命财产安全。全县地质灾害隐患点均实现应搬尽搬。2016年6月28日，开展对玉岩镇沙丘村范山头自然地质灾害点实施整村拆除（A类地质灾害点），多部门连续奋战，用1天时间，55幢房屋全部拆除完毕，彻底消除了该地质灾害点长达5年的安全隐患，使该地质灾害点受威胁农户75户245人过上安心生活。同时，全县坚持依法治火，相继出台《松阳县森林防火规定》《松阳县森林防火责任追究制度》《松阳县森林防火考核办法》《松阳县森林火灾应急处置预案》等用火、管火、扑火制度。同时围绕抓基层、抓基础、抓落实这个中心，建立健全了县乡（镇）村三级森林防火指挥部和领导小组，落实各乡镇村管火、督查、扑火三支队伍，签订县与乡镇（国有林场）、乡镇与村、村与农户、乡镇与护林员四种责任书，每年签订率为95%以上，形成群防群治，自防自救的森林防火新机制，森林火灾始终维持在低发生水平。

2019年，调查确认新发生地质灾害隐患11处，威胁户籍人口35户99人，威胁常住人口59人。11处地质灾害隐患点均委托开展地质灾害应急调查，根据即查即治原则，由当地乡镇政府组织开展综合治理工作，其中7处开展工程治理，3处搬迁避让，1处搬迁和治理相结合。全县仍有地质灾害隐患点13处，直接威胁户籍人口37户109人，间接威胁户籍人口305户708人。共调查处置地质灾害险情15处，威胁户籍人口39户113人。15处险情点经初步调查，滑坡体或崩塌体经简单清理后，后续危险性较小。2019年，实行避让搬迁3户12人，审查发放避让搬迁资金12个批次56户152人，合计资金341.23万元，其中拆房奖励和过渡期租房补助65.1万元、迁建安置补助71.25万元、公寓安置补助123.13万元、货币安置补助76.5万元。组织开展地质灾害工程治理（排险）项目19个，其中2019年启动项目12个。项目竣工验收地质灾害工程治理（排险）4个。

（县自然资源规划局）

【国土资源】松阳县土地总面积140077.22公顷。其中，耕地面积18850.15公顷，占全县总面积的13.46%；园地面积7956.4公顷，占全县总面积的5.68%；林地面积100585.67公顷，占全县总面积71.81%；草地面积709.88公顷，占全县总面积的0.51%；城镇村及工矿用地4470.22公顷，占全县总面积的3.19%；交通运输用地1598.34公顷，占全县总面积的1.14%；水域及水利设施用地2952.63公顷，占全县总面积2.11%；其他土地2953.93公顷，占全县土地总面积的2.11%。

耕地构成：水田13248.5公顷，旱地5601.65公顷，分别占耕地总面积70.28%、29.72%。

园地构成：果园6111.86公顷，茶园1456.56公顷，其他园地387.98

公顷，分别占园地总面积的 76.82%、18.31%、4.88%。

林地构成：有林地 94597.9 公顷，灌木林地 248.1 公顷，其他林地 5739.67 公顷，分别占林地总面积的 94.05%、0.25%、5.71%。

草地构成：无天然牧草地、人工牧草地，其他草地 709.88 公顷，占草地总面积 100%。

城镇村及工矿用地构成：建制镇用地 938.76 公顷，村庄用地 3392.45 公顷，采矿用地 118.16 公顷，风景名胜及特殊用地 20.85 公顷，分别占城镇村及工矿用地总面积的 21%、75.89%、2.64%和 0.47%。

交通运输用地构成：公路用地 835.03 公顷，农村道路 763.31 公顷，分别占交通运输用地总面积的 52.24%和 47.76%。

水域及水利设施用地构成：河流水面用地 2026.2 公顷，水库水面用地 386.75 公顷，坑塘水面用地 260.59 公顷，内陆滩涂用地 67.26 公顷，沟渠用地 113.16 公顷，水工建筑用地 98.67 公顷，分别占水域及水利设施用地总面积的 68.62%、13.1%、8.83%、2.28%、3.83%、3.34%。

其他土地构成：设施农用地 19 公顷，田坎 2887.08 公顷，裸地 47.85 公顷，分别占其他土地总面积的 0.64%、97.74%、1.62%。

（县自然资源规划局）

【生物资源】森林植被：松阳县属中亚热带常绿阔叶林带，以甜槠、木荷最为典型。具有明显的垂直分布规律，从低海拔到高海拔依次有针叶林、针阔混交林、阔叶林、竹林和灌丛 5 个植被型组。由于长期受人类活动影响，天然植被已破坏严重，原始次生植被绝大多数已经被反复改造或利用，代之以次生植被与人工植被。森林群落类型有垂直分布的特征，海拔 800 米以下为马尾松、樟、楠、槠、栲等森林群落林带；800 ~ 1200 米为黄山松、甜槠、木荷等森林群落林带；1200 ~ 1450 米为常绿、落叶阔叶林混交林带；1400 米以上山脊往往是山地灌木丛、草丛带。

野生动植物：松阳县共有种子植物 144 科 611 属 1341 种，种子植物中，有裸子植物 7 科 15 属 18 种，被子植物 137 科 96 属 1324 种。其中属国家 I 级保护植物有东方水韭、银杏、南方红豆杉、钟萼木（伯乐树）4 种，国家 II 级保护植物有福建柏、白豆杉、九龙山榧树、榧树、长叶榧树、长序榆、鹅掌楸、凹叶厚朴、闽楠、毛红椿、香果树等 18 种。另外景宁木兰、南方铁杉、黄山木兰、乐东拟单性木兰等珍稀濒危植物，其中省重点保护野生植物景宁木兰在全县分布数量居浙江省第一位。可供开发利用的优良乡土造林树种 100 多种，花卉、绿化、观赏树种 300 多种。

松阳县拥有兽类 23 科 60 种，鸟类 45 科 296 种，爬行类 9 科 43 种，两栖类 7 科 31 种，其中属于国家级保护动物的有中华秋沙鸭、云豹、豹、黑鹿、猕猴、短尾猴、穿山甲、苏门羚、白鹳、黄腹角雉、鸳鸯、小天鹅、白鹇、虎纹蛙等。国家一级重点保护野生动物中华秋沙鸭已连续 10 年到松阳越冬。

（县自然资源规划局）

【矿物资源】松阳县矿产资源具有矿种多，规模小的特点。全县已发现的主要矿种有铜、钼、铅、锌、银、金、稀土、萤石、高岭土、普通建筑石料等 18 种，金属矿产以钼、铜为主，铅、锌、银、金、稀土次之。非金属矿产以高岭土、萤石为主。地开石型高岭土矿是松阳县优势矿产，主要分布于大东坝镇大樟源、黄南一带，资源分布广，品质优良，形成省内一大高岭土矿田，产业较为聚集，开发条件便利，资源储量在 100 亿千克以上，开发潜力巨大。松阳稀土矿较为丰富，主要分布于板桥一带，为离子吸附型稀土矿，元素配分齐全，采选工艺简单，预测资源量在 100 万千克左右。

全县共有持证矿山 10 家，其中省级发证矿山 4 家，县级发证矿山 6 家。10 家矿山分别为铜多金属矿 1 家、钼矿 1 家、萤石矿 1 家、高岭土矿 3 家、建筑石料矿 4 家。其中 4 家正常生产，5 家停产。1 家筹建。全县共有探矿权 1 宗，矿产资源总储量 260.32 亿千克。2019 年，开采量 75588 万千克，总销售额 1.02 亿元，已建成绿色矿山 5 家。

（县自然资源规划局）

中国共产党松阳县委员会

独山驿站

综　述

【概况】2019年，中共松阳县委常委会全面贯彻落实中央、省、市决策部署，始终坚持“两山”发展理念，围绕“田园松阳”升级版建设战略目标，坚持“稳中求进”工作总基调，紧盯重点工作、重点任务、重点指标，克难攻坚、砥砺奋进，推动全县各项事业发展。松阳县实现地区生产总值115.55亿元，增长8.4%；一般公共预算收入7.89亿元，增长8.5%；社会消费品零售总额54.85亿元，增长13.0%；城镇居民人均可支配收入40432元，增长8.9%；农村居民人均可支配收入19371元，增长10.4%。

坚持一张蓝图绘到底，坚定不移贯彻县第十次党代会和历次全会精神，与时俱进完善县域发展思路，专题研究“浙西南革命精神”弘扬践行和红色资源价值转化工作，细化“中国茶乡”“国际乡愁旅游目的地”“国际中医药康养胜地”“国际艺术创作交流胜地”建设目标实施步骤，谋划推进有机农耕强县建设、蹚出乡村振兴新路等创新工作，对县域发展战略、发展布局和落地举措作了系统完善和有益补充，有效构架了县域经济社会发展的“四梁八柱”。

以绿色生态为导向、全域旅游为驱动、融合发展为特征的新型经济业态呈现蓬勃发展态势。生态农业质效齐增，累计建成生态农业基地46家，实现第二批40种禁限用农药全面退市，松古盆地入选首批省级农村产业融合发展示范园创建名单，增加“中国十大生态产茶县”“中国茶业百强县”两张“国字号”金名片，松阳入选首批部省共建乡村振兴示范省先行创建名单，创建成为省级农业绿色发展先行县。生态工业实现突破性发展，出台企业减负“二十条”、支持企业用工“十五条”，为企业减负2.3亿元，制定不锈钢管产业转型升级3年行动计划和培育发展数字经济3年行动计划，推进省“两化融合”、不锈钢“机器换人”、茶产业改造提升3个省级试点和省级工业互联网平台建设，提升产业清洁化、标准化、智能化水平；深入实施“亩均论英雄”改革，盘活低效闲置工业用地25.06公顷。招商引资态势向好，引进大项目12个，中德AI产业园、细胞理疗仪等一批优质项目落地建设。打响全域旅游品牌，全县民宿（农家乐）总数526家、床位5081张，通过国家全域旅游示范区创建初评，平田村入选丽水市唯一的全国乡村旅游发展典型案例，全县实现旅游收入55.10亿元，同比增幅31.5%，增幅排名全市第一位。

统筹推进“五水共治”、“五气共治”、“三改一拆”、小城镇环境综合整治、洁净家庭创建等工作，空气质量优良率99.5%，获“中国天然氧吧”称号，出境水质一类比例上升13.1个百分点，“五水共治”群众满意度全省第一名，夺取大禹鼎。城中村改造稳步推进，完成老城“街巷疏浚”和北山区块征迁工作，青田码道、瓦窑头区块改造有序实施，创建成为省级“基本无违建县”。完成行政村规模调整，行政村从401个减少至203个。环城西路、屏安东路打通，独山大桥建成通车，南城路网框架基本成型，衢宁铁路松阳站房建设基本完成，衢丽铁路开工建设，西竹玉公路实现无障碍施工，全域交通布局和区位条件实现加快改善。

社会事业均衡发展，教育基础环境持续改善，文教区块初见雏形，“一蛋一奶”“空调进教室”“放学后托管服务”等工作落实到位，高考上线率99.8%，创历史新高，松阳县顺利通过省教育督导评估，教育现代化指数居全市第一名。“医共体”建设有序推进，县级医院与乡镇卫生院结对率、乡镇卫生院标准化建设率均为100%。推进中医药复兴地建设，设立中医药发展基金会，中医智能医联体项目建成投用。举办“国际半程马拉松赛”、全国围棋甲级联赛等高等级赛事活动，“天空跑国际挑战赛”入选省精品赛事，《箬寮风雷》入选省第十四届艺术节终评剧目。全面实行“消薄”任务，村均经营性收入突破6万元。社会大局持续保持和谐稳定，打赢“平安护航中华人民共和国成立70周年大会战”。创建成为“省级食品安全县”，群众满意度位列全省第一位。

开展更加广泛的开放交流合作，融入长三角一体化发展，与上海市松江区、金山区枫泾镇结对友好县区（镇），推进嘉兴“飞地”项目。举办“第二届世界丽水人大会松阳分会”“中国（国际）茶商大会”“国际现代有机农业峰会”“首届城乡联系国际论坛”等活动，并作为全国唯一受邀县级代表参加“首届联合国人居大会”和“第十届世界城市论坛”。拓展深化国际友城关系，与意大利奎斯泰洛市签订教育合作备忘录，与俄罗斯科洛姆纳市结成友好城市并签订合作初步协议。开展国际招商，北京碧山国际旅行社落地松阳，签订国际袋泡功能茶项目战略合作协议。

改革创新全面推进，深化“最多跑一次”改革，实现公事、商事、民事全覆盖，1378项事项实现“全域一证通办”。创新“1+N”代办模式，让偏远山区群众实现“零跑腿”，累计代办事项7000余件，获《人民日报》《浙江日报》点赞。统筹推进“标准地”“承诺制”“多证合一”等改革，营商环境持续优化，“承诺制”实现“零”突破，实现企业开办全流程“一日办结”。深化国企改革，完成县文化旅游发展投资集团有限公司、县水务发展投资集团有限公司、县交通发展投资集团有限公司、县城市发展投资集团有限公司组建，县国投集团公司和县田园强村公司实现稳健运营。三都乡上田村、大东坝蔡宅村和山头村等乡村振兴改革试点成效初显，实现实体化运营。“拯救老屋行动”入选国家文物局首份《文物建筑开放利用案例指南》。制定发布全国首个《乡村景区无障碍建设导则》地方标准、全省首个《传统村落保护建设规范》。

开展“不忘初心、牢记使命”主题教育，完成问题整改3000余个，开展各类志愿服务3.6万人次，为群众办实事好事1.44万件（次）。落实“全面从严治党”主体责任，完成省委巡视反馈问题整改，推进县委巡察，落实共性问题整改，完成十届县委第五、第六、第七轮政治巡察，并以“巡乡带村”方式开展政治巡察行政村111个。弘扬践行“浙西南革命精神”，推动红色资源价值转化，为绿色发展“注魂赋能立根”。深入推进“清廉松阳”建设，打好社会环境综合整治、“扫黑除恶”专项斗争等组合拳，全年共处置各类问题线索288件，立案117件，给予党纪政务处分111人，留置7人，移送司法机关7人。坚持实干担当用人导向，开展整治不担当、不作为、慢作为问题，结合巡视整改处置干部44人次。统战社团与省知联会共创同心实践基地工作获省委主要领导称赞。

重要会议

【县委十届六次全体（扩大）会议暨机构改革方案通报会】2019年，中共松阳县委十届六次全体(扩大)会议暨机构改革方案通报会议于1月9日上午召开，会议传达学习省委、省政府批复同意的《松阳县机构改革方案》（以下得称《方案》）主要精神，对全县深化机构改革工作进行研究部署、推动落实。县委书记王峻主持会议并讲话，县委副书记、县长李汉勤，县人大常委会主任翁樟明，县政协主席毛建南，县委副书记王立武等县领导出席。县委委员、候补委员，不是县委委员、候补委员的县人大常委会副主任、县政府副县长、县政协副主席、县法院代院长，各民主党派、工商联主要负责人、无党派人士代表参加会议。会议指出，深化党和国家机构改革，是以习近平同志为核心的党中央从党和国家事业发展全局和战略高度作出的重大决策部署，是贯彻落实中共十九大精神的重要内容，是坚持和加强党的全面领导、坚持和完善中国特色社会主义制度、推进国家治理体系和治理能力现代化的重要任务。当前，县级机构改革工作已进入关键实施阶段，县委高度重视深化机构改革，把其作为重大政治任务，深入谋划、统筹安排，周密部署、精心组织，稳妥有序地推进机构改革各项任务，确保在2019年3月底前全面完成。会议要求，机构改革工作时间紧、任务重。全县上下务必保持改革力度、增强改革锐气，以“时不我待、只争朝夕”的状态，全力抓好《方案》组织实施。要统一思想，提高站位，深刻理解此次机构改革的重大意义，切实把思想和行动统一到党中央、省委和市委的决策部署上来，强化政治担当。要周密部署，精心组织，紧盯任务要求，突出重点，突破难点，抓紧开展“三定”规定的制定、稳妥开展转隶组建、提前做好部门集中办公和挂牌的准备、同步做好事业单位改革。要压实责任，严肃纪律，把纪律规矩挺在前面，确保机构、职责、队伍等按时限及时调整到位，决不允许迟滞拖延，决不允许搞变通，决不允许拿改革中的职责调整做人情、夹私心，确保机构改革风清气正。

【全县机构改革动员大会】2019年，松阳县于1月18日下午召开全县机构改革动员大会，会议宣布松阳县机构改革工作正式全面实施。县委书记王峻强调，要强化政治担当，紧盯时间节点，抓住关键环节，确保高质量完成改革任务，为建设生活更富裕、家园更秀美、人文更和谐的“田园松阳”升级版提供有力制度保障。并指出，地方机构改革是深化党和国家机构改革的重要组成部分，是推进国家治理体系和治理能力现代化的重要环节，是一项极为重要、极其严肃的政治任务。要全面贯彻中央、省委、市委的部署要求，坚决把中央提出的“六个坚持”、省委确定的“三个突出”和市委强调的“四个务必”贯穿始终，确保全县机构改革工作始终沿着正确的方向推进；要突出“最多跑一次”改革牵引，优化机构设置和职能配置，使各类机构有机衔接，各项改革相互促进；要切实增强改革的系统性、整体性、协同性，按照“五个统筹”的要求，对所有机构改革统筹谋划、一同部署、整体推进，解决政出多门、职能分散、职责交叉、权责脱节等问题；要全面提升法治化、标

2019年1月18日，松阳县机构改革动员大会召开

准化、数字化水平，依法依规完善机构职能、履行机构职责、管理机构编制，推进机构权责和运行标准化，运用大数据提升治理现代化水平。王峻要求，深化机构改革是必须完成的一项硬任务，各级各部门要把讲政治摆在首位，坚决维护中央决策部署的权威性和严肃性；要把任务扛在肩上，形成上下贯通、层层负责、逐级落实的责任链条；要把规矩挺在前面，严格执行机构改革政治纪律、组织纪律、机构编制纪律、干部人事纪律、财经纪律、保密纪律，确保机构改革工作风清气正；要把关爱放在心上，引导广大党员干部拥护改革、支持改革、服从改革，营造机构改革良好氛围。李汉勤在主持会议时要求，各单位要提高站位抓落实，把思想政治工作做深做细做透，把守纪律、讲程序、重规则贯穿于机构改革的全过程，确保形成一个声音，保持一个步调，实现一贯到底；要提高效率抓落实，盯住节点、倒排时间、挂图作战，确保人员转隶、集中办公、“三定”规定迅速到位，各项改革任务落地见效；要提高质量抓落实，既要抓紧时间，更要抓牢质量，既要理顺职责，更要发挥职能，以实实在在的改革成效，确保如期完成市县机构改革任务。县委副书记、县长李汉勤主持会议，县领导翁樟明、毛建南、王立武等出席会议。

【县委十届七次全体（扩大）会议暨全县干部大会】2019 年 2 月 12 日上午，中共松阳县委十届七次全体(扩大)会议暨全县干部大会召开。会议深入学习贯彻中共十九大精神，认真落实中央、省委、市委经济工作会议精神，回顾总结 2018 年工作，研究部署今后各项任务，科学把握新阶段松阳发展新机遇，精准描绘新阶段松阳发展路线图，动员全县上下以“松阳之干”担纲“松阳振兴”，高质量谱写新阶段“田园松阳”升级版建设新篇章。县领导王峻、李汉勤、翁樟明、毛建南、王立武等出席会议。县委书记王峻代表县委常委会作题为《把握新机遇展现新作为高质量谱写新阶段“田园松阳”升级版建设新篇章》的报告。报告要求，要高质量谋划和实施六大“三年行动计划”。实施“中国茶乡”建设三年行动计划，重点实施好“种植质量提升、加工品质升级、品牌市场拓展、经营主体培育、产城融合发展、产业转型保障”六大工程，扎实推进“六个一批”工程建设，打响“中国茶乡”品牌；实施“国际乡愁旅游目的地”建设三年行动计划，高品质推动“旅游产品建设、旅游服务提升、基础配套完善”三大工程，聚焦“历史文化名城现代复兴、传统村落保护发展”两大重点，充分彰显“古典中国县域标本”的乡愁符号，全力打响“江南秘境·田园松阳”旅游品牌；实施“国际中医药康养胜地”建设三年行动计划，围绕“兴三农、兴经济、兴文化”总体目标，系统推进中医药“四大体系”建设，打造有一定知名度和影响力的国际中医药康养胜地品牌；实施“国际艺术创作交流胜地”建设三年行动计划，全面实施“艺术创作交流、传统文化保护、文化产业振兴、文化品牌培育、文化人才培育”五大工程，让国际艺术创作交流胜地初具影响力；实施田园城市建设三年行动计划，综合实施“城乡规划、建设、管理全方位升级”三大攻坚行动，重点打造“一江两岸、南城新区、老城历史文化保护区、北城望松区块、副城古市区块”五大发展引擎，城市发展实现凤凰涅槃；实施“乡村振兴”三年行动计划，系统实施“乡村产业振兴、生态宜居提升、乡村文化兴盛、乡村治理提升、富民惠民”五大行动，强化“改革创新、人才培育、基层党建、组织领导”四大保障，初步蹚出生态文明视角下的乡村振兴新路。要突出“现代化经济体系”建设主题，构建以资源环境承载能力为基础，以符合市场经济要求的经济运行新机制为支撑，以三产深度融合为追求，“生态经济化、经济生态化”的现代化经济体系；要突出“山区国际化”发展主题，全力打造具有国际影响力的“中国茶乡、乡愁旅游目的地、中医药康养胜地、艺术创作交流胜地”；要突出“清廉松阳”建设主题，努力打造干部清正、政府清廉、政治清明、社会清朗的清廉松阳。全面开展“服务企业、服务群众、服务基层”活动，突出问题导向，实打实地帮助解决企业、群众和基层反映的困难和问题，切实提升企业、群众、基层的获得感。深入开展“改革创新深化年”“执行力建设深化年”“基层组织建设深化年”活动，引导广大党员不负重托、不辱使命，更加自觉地为新阶段高质量建设“田园松阳”升级版不懈奋斗。

【庆祝中国共产党成立 98 周年纪念大会暨行政村规模调整工作动员部署会】2019 年，松阳县于 6 月 24 日上午召开部署会，会议重温了党的光辉历程，继承和发扬党的优良传统，同时全面部署行政村规模调整工作。王峻、李汉勤、翁樟明、毛建南、王立武等县四套班子领导参加会议。会议重温入党誓词；县委副书记、县行政村规模调整工作领导小组办公室主任王立武作工作部署；县委常委、纪委书记、县监委主任潘仲珏宣布行政村规模调整工作纪律要求；县委常委、公安局长饶庆勤结合“扫黑除恶”专项斗争强调行政村规模调整相关保障工作；西屏街道、新兴镇、三都乡代表作表态发言。

【主题教育工作会议】2019 年，松阳县于 9 月 12 日下午召开全县“不忘初心、牢记使命”主题教育工作会议，会议学习贯彻中央和省委、市委关于“不忘初心、牢记使命”主题教育的工作要求，全面启动我县主题教育工作。中共丽水市委“不忘初心、牢记使命”主题教育第十五巡回指导组副组长周大勇，县四套班子领导王峻、李汉勤、毛建南、王立武等，第十五巡回指导组成员出席会议。

【县委全体(扩大)会议】2019年10月12日下午，中共松阳县委十届八次全体(扩大)会议召开，结合“不忘初心、牢记使命”主题教育，研究部署大力弘扬践行“浙西南革命精神”和红色资源价值转化工作。王峻、李汉勤、翁樟明、毛建南、王立武等县四套班子领导参加会议。会上，县委书记王峻代表县委常委会向全会作《大力弘扬践行浙西南革命精神为实现松阳高质量绿色发展注魂赋能立根》工作报告。报告要求，全县要高举发展的行动旗帜，不遗余力地推动高质量绿色发展，就必须大力弘扬践行“浙西南革命精神”，充分汲取“浙西南革命精神”养料，用红色精神为坚定不移践行“两山”理念注魂、赋能、立根，奋力蹚出一条以生态文明理念为指导，以坚持和加强党的全面领导为统领，以文化引领为导向，以品质发展为准则，以共同富裕为追求，以改革创新为手段，系统推动发展方式和发展路径深刻变革，系统调整县域经济、政治、文化、社会结构的高质 量绿色发展新路径，全力将松阳打造成全省乃至全国展现生态文明建设成果的县域窗口。其内涵实质体现为三大转变，即：经济发展由“数量赶超、规模扩张、要素驱动”向“质量赶超、结构优化、创新驱动”转变；城乡发展由“城乡二元割裂”向“城镇村三元共生、城乡双向互动互补互促”转变；文化发展由“相对单一的传统农耕文化形态”向“中华优秀传统文化、革命文化、先进文化相融互促、兼收并蓄的多元文化形态”转变。

重要调研

【车俊到松阳开展“三服务”活动】2019年1月2～3日，中共浙江省委书记车俊到松阳开展“三服务”活动，先后考察了松阳县大木山茶园、陈家铺村、西坑村、平田村和雅溪口村，了解产业发展、村庄整治等情况。肯定了这些地方以党建引领乡村振兴的做法。车俊说，“实施乡村振兴战略，产业振兴是基础，组织振兴是关键。希望各地因地制宜、精准施策，把产业发展得更好，把村庄建设得更美”。西坑村和平田村是高山村，依托发展民宿促进农民增收。当地村民说，过去下山是为了脱贫，现在上山是为了致富。他说：“下山脱贫的路子是对的，但是下山不是句号，山上也有乡村振兴文章可做。希望大家继续围绕特色做文章，把高山村建设得更加生机勃勃”。松阳茶香小镇、陈家铺村在招商引资、“老屋拯救”等方面遇到了一些难题。车俊要求当地坚持有为政府与有效市场相结合，列出责任清单解决问题，在发挥好财政资金“四两拨千斤”作用的同时，积极引导鼓励工商资本和人才“上山下乡”，吸引更多年轻人返乡创业，不断激发“三农”发展的内生动力。

【周国富到松阳考察】2019年3月26～27日，中国国际茶文化研究会会长、省政协原主席周国富到松阳考察乡村振兴工作。周国富先后实地考察了大东坝镇横樟村和石仓片区豆腐工坊、契约博物馆、古民居等，详细了解松阳产业发展、生态保护、拯救老屋等工作情况，就全域旅游、传统村落保护发展、民宿经济发展等进行了深入交流，并对松阳打造小而精、小而美、小而特的精品点位以及一二三产融合发展给予了高度评价。县领导王峻、毛建南、雷剑锋、汪健等陪同考察。

【励小捷、胡冰到松阳调研】2019年3月13～14日，中国文物保护基金会理事长励小捷、国家文物局副局长胡冰带领调研组到松阳调研“拯救老屋行动”项目，并召开绩效考评汇报会。省文物局局长柳河，县领导王峻、李汉勤、毛建南、汪健、谢雅贞、叶伟兰等参加。调研组一行先后到三都乡杨家堂村、西田村和四都乡平田村、西坑村、陈家铺村以及赤寿乡界首村、县城明清古街等地，实地调研松阳“拯救老屋行动”开展及后期活化利用情况。

【陈铁雄到松阳调研】2019年4月2日上午，浙江省政协副主席陈铁雄到松阳板桥乡调研传统村落保护工作。陈铁雄先后到板桥乡张山村、桐榔村等地，实地考察传统村落保护工作，详细了解松阳老屋拯救行动、农旅融合、产业发展等工作情况，并就传统村落保护发展、民宿经济发展等进行了深入交流。县领导王峻、毛建南等参加调研。

【吴宏耀到松阳专题调研】2019年4月12日，国家农业农村部党组成员、中央农办秘书局局长吴宏耀带领调研组到松阳专题调研传统村落保护发展和利用工作。先后实地考察赤寿乡界首村、古市镇山下阳村以及四都乡平田、陈家铺、西坑等村落，详细了解松阳传统村落保护发展和利用工作，就古村保护、拯救老屋、产业发展、农民增收等工作情况进行深入交流。省农业农村厅副厅长刘嫔珺，副市长杨秀清，县委书记王峻，县委副书记、县长李汉勤等陪同调研。

【葛慧君到松阳调研】2019年6月24～26日，浙江省政协主席葛慧君带领调研组到松阳开展蹲点调研。市领导胡海峰、陈瑞商，县领导王峻、毛建南等陪同调研或参加座谈会。在省政协结对帮扶的玉岩镇周安村，调研组一行共走访农户60余家，深入了解村集体经济发展及低收入农户的生产生活情况，并实地察看帮扶项目点。周安村海拔1100米左右，是松阳县海拔最高的行政村，村集体经济较为薄弱。葛慧君详细询问农户的收入状况，了解村民增收、村基本公共服务等情况。她边听边记，与村民共话家常，勉励留在村里发展的年轻人积极成长，投身乡村振兴，创造更好的未来。周安村是国家级非物质文化遗产松阳高腔的发源地，在实地查看村文化礼堂筹建项目时，葛慧君表示，要因地制宜建设文化礼堂，保护好当地特有的高腔文化。葛慧君还走访慰问了周安村老党员、困难群众。

【王双全到松阳调研】2019 年 10 月 29 日下午，浙江省副省长、省公安厅厅长王双全到松阳调研。王双全先后到县公安局园区派出所、西屏街道古湖东小区、县网警大队、县情指联勤中心等地，详细了解农村派出所“枫桥式公安派出所”创建、群防群治、“云上公安、智能防控”大数据规划应用、社会应急联动、“情指行”一体化警务模式等工作，并看望奋战在一线的民（辅）警和工作人员。市领导李锋、毛建国，县领导王峻、饶庆勤等陪同调研。

重要活动

【第十二届中国(国际)茶商大会·松阳银猴茶叶节】2019 年 3 月 26 ~ 28 日，由中国茶叶流通协会、中国国际茶文化研究会、中国茶叶学会、浙江省农业农村厅、浙江省农民合作经济组织联合会、丽水市人民政府主办，浙江省茶叶产业协会、松阳县人民政府承办的第十二届中国(国际)茶商大会·松阳银猴茶叶节在松阳县城举行。中国国际茶文化研究会会长、浙江省政协原主席周国富，联合国粮农组织土地与水资源部高级官员塞拉亚·塞尔吉奥·博尼拉，摩洛哥外交部全权公使阿拉维·杰姆，国际茶委会执行主席马努甲·佩雷斯，中国茶叶流通协会会长王庆，浙江省农办主任、农业农村厅厅长林健东，中国农科院茶叶研究所党委书记姜仁华，浙江省供销合作社联合社副主任张建，中国国际茶文化研究会副会长、杭州市委原副书记于辉达，中国国际茶文化研究会秘书长、浙江省人民政府原副秘书长王小玲，中华全国供销合作总社杭州茶叶研究院副院长杨秀芳，浙江省茶叶产业协会原常务副会长、省供销社原副主任冯泉林，浙江省茶叶产业协会副会长、中国茶叶流通协会副监事长、杭州市供销社原巡视员张一民，四川省巴中市人民政府副市长王毅，市领导杜光旻、杨秀清、邝平正，县领导王峻、李汉勤、翁樟明、毛建南、王立武等出席会议。一同参会的有来自 15 个国家的 18 名外宾，以及国内 17 个省份的专家学者、知名茶商和媒体记者等 800 人。该次会议活动内容包括开幕式、音乐品茶会、市场考察（东西部协作暨经贸洽谈系列活动）、中国碳中和茶项目松阳成果发布会暨茶产业绿色发展论坛、“第一届全球茶叶产销形势及市场需求”分析会、全国茶叶标准发展研讨会、全国“茶叶机械”行业标准研讨会、茶叶行业组织建设研讨会、主题茶旅活动、“茶旅融合竞争力全国十强县”松阳香茶“2018 年浙江省优秀农产品区域公用品牌最具成长性十强”“中国茶事样板十佳”授牌、“茶业新秀”“风云茶商”颁奖、《茶叶产销对接合作协议》文本交换、中国云谷·松阳茶香小镇茶产业综合体项目启动仪式、国际茶产业（松阳）宣言、联合国粮农组织项目“中国碳中和茶松阳试验基地”揭牌仪式等。

【中国松阳·（国际）现代有机农业峰会】2019 年 5 月 12 ~ 14 日，由东南亚农业技术协会、松阳县人民政府、江苏中科亚农生物工程有限公司主办的中国松阳·现代有机农业峰会在松阳举行。12 日上午，中国绿色食品协会副会长、研究员，原农业部绿色食品管理办公室主任王运浩宣布峰会开幕。市委副书记李锋出席并致辞。县领导王峻、李汉勤、翁樟明、毛建南等出席。该次峰会以“有机农业、安全生活、保护环境”为主题，旨在倡导人们发展有机农业、追求有机生活、实现人与自然和谐发展。峰会期间，32 名来自各个国家的有机农业专家学者围绕“有机农业、安全生活、保护环境”主题作主旨演讲，与会嘉宾参观考察松阳生态农产品集市，生态茶叶园等点位，就“松阳生态农业发展和建立有机农场模式”进行头脑风暴，并已初步形成一系列意向成果。峰会还发布了《有机农业（松阳）宣言》。

2019 年 12 ~ 14 日，举办中国松阳·（国际）现代有机农业峰会

【松阳亮相首届联合国人居大会】2019 年 5 月 27 ~ 31 日，首届联合国人居大会在肯尼亚首都内罗毕举行，100 多个国家和地区的代表 3000 余人

参会。松阳作为浙江唯一代表受邀参会并分享创新经验。联合国人居大会于2018年12月由联合国大会决议成立，每四年举行一次，是关注可持续城市化和人类住区发展的最高级别决策机构。该次大会以“创新让城市和社区生活更美好”为主题，旨在为全球城镇化面临的挑战找到创新、可持续的应对之策。5月27日和5月28日，县委书记王峻分别在边会上和部长、市长对话论坛中作发言。在发言中，他分享了松阳乡村振兴和平衡城乡关系的探索实践经验，提出城市和乡村都是人类可持续发展不可或缺的重要一极，随着生态文明建设不断深入，乡村地位与价值发生了深刻的变化；认为要把乡村摆在与城市同等重要的位置，坚持城乡一体、融合发展，让城市繁荣与乡村振兴相得益彰。大会期间，松阳与联合国人居署签订了合作意向书。松阳是联合国人居署在全球的第一个发展示范乡村。

【第一届城乡联系国际论坛】2019年11月11～13日，由联合国人居署、浙江省住房和城乡建设厅、丽水市人民政府主办，松阳县人民政府承办的第一届城乡联系国际论坛在松阳举行。该次论坛有17个国家和18个国际组织的官员、专家、学者共200余人参会。在11日上午开幕式上，联合国副秘书长、人居署执行主任麦慕娜·莫哈德·沙里夫女士发去贺电。联合国人居署区域和城市规划部主管雷米·西斯平，文化部原副部长、中国文物保护基金会理事长励小捷，浙江省住房和城乡建设厅厅长项永丹，丽水市委书记胡海峰，松阳县委书记王峻共同启动该次论坛。松阳县委副书记、县长李汉勤主持。如何推动乡村地区加速振兴，让乡村与城市同步共享现代文明成果，成为时代赋予的新命题。该届论坛以“乡村振兴：创新发展与价值提升”为主题，通过与会嘉宾对世界各地乡村振兴创新实践案例的分享和思考，为破解城乡可持续发展难题提供更多的智慧和力量。论坛期间，17个国家和18个国际组织的官员、专家、学者实地考察了松阳老城及乡村振兴创新实践点位，并立足全球视野，围绕“乡村振兴：创新发展与价值提升”这一主题展开了深入的交流探讨。无论是“乡村的价值发现”“乡村振兴创新实践”2场主旨演讲、“乡村产业振兴实践”开放式论坛，还是在不同村落举行的4场边会，都给与会嘉宾带去诸多思想启迪，形成广泛共识，取得了积极成果。论坛发布《松阳共识》，阐释乡村新的价值，描绘乡村发展的前景蓝图，为乡村振兴指明路径和方向。

（县委办公室）

县委办公室

【概况】2019年，中共松阳县委办公室（以下简称“县委办”）围绕中心，服务大局；聚焦要事，紧抓急事，不避难事。践行习近平总书记提出的“五个坚持”要求，抓落实之功，展现主动担当之为，发挥了县委坚强“前哨”和巩固“后院”的作用。

发挥综合协调职能，施行重点项目、重大活动、重要工作的综合协调，解决工作推进中遇到的困难，确保县委各项决策落到实处，各项工作顺利推进。是年，参与服务保障的“中国（国际）茶商大会·松阳银猴茶叶节”“中国松阳·（国际）现代有机农业峰会”“第一届城乡联系国际论坛”等一批重大会议活动顺利举行，完成瓦窑头区块征迁等重点工作。同时，加强与乡镇（街道）、部门办公室的工作联系和业务指导，推进乡镇（街道）、部门之间的工作衔接，根据县委的统一调配和各级各部门的职责，增强沟通联络，使各方面关系更加和谐，工作步调协调统一。

贯彻落实中央、省、市关于基层减负相关文件精神，出台《关于整治形式主义突出问题切实减轻基层负担的通知》，加强对办文办会全流程管理，提高办文办会的效率和质量。2019年，先后下发《关于加强发文管理切实精简文件的通知》《关于加强会议登记管理切实精简会议的通知》，就精简文件、压缩会议等工作作出具体部署，两项任务均取得阶段性成效，完成既定目标，文风、会风进一步改进。全县党委、政府及相关工作部门印发重点精简文件280件，较上年456件减少176件，同比减少39%；县级开到乡镇及以下的各类大小会议224个，较上年465个减少241个，同比减少52%。

突出服务党委中心工作这条主线，发挥信息工作站岗放哨和参谋助手作用，着力在把握重点、紧跟热点、突破难点、深化亮点上下功夫，实事求是做好上级党委重大方针政策、决策部署的信息反馈，及时传达县委的决策和指示精神。同时，拓展信息渠道，延伸信息触角，及时、准确、全面地收集、选编各类信息，不断提升信息服务水平，为县委决策提供精准有效的信息服务。全年围绕“田园松阳”升级版建设、乡村振兴、基层社会治理等中心工作，及山区国际化、“拯救老屋”行动、瓦窑头区块征迁、生态农业发展、茶产业转型升级、“最多跑一次”改革等亮点工作上报信息1500余条。紧急信息报送及时、准确，未发生紧急信息迟、错、漏、瞒报情况。

深入贯彻落实中央、省委、市委和县委全面深化改革部署，“最多跑一次”改革向机关内部、公共服务领域、司法领域、公共场所等全面延伸，实现公事、民事、商事“最多跑一次”全覆盖，1387个事项实现全域一证通办，投资项目审批、企业投资项目承诺制、“标准地”改革、农民建房等审批不断提速，“1+N”村级代办模式被写入2019年市委全面深化改革实施意见在全市推广。八大领域改革不断深化，32项省级及以上改革试点有序推进，“拯救老屋”松阳模式被写入2019年省政府工作报告，在全省推广，“民情地图”以省地方标准《民情地图管理和服务规范》形式在全省推广，全省农业水价综合改革试点以优秀等次通过省级评估，《松阳县发展党员工作“十条”管理办法》在8月召开的全市基层党建重点工作推进会暨“消薄”工作部署会上印发推广。全年增加省级及以上改革试点10项，其中国家级1项、省级9项，相关改革试点成效在国家、省、市媒体刊发150余篇。

开展主题教育“初心之行”活动，集中到浙西南革命根据地中心区域——枫坪乡小吉村、斗潭村等地，走访红色遗址、重温革命故事、缅怀革命先烈、开展党性教育等。集中学习老英雄张富清、扶贫干部黄文秀、“扫雷英雄”杜富国等先进事迹，感悟他们牢记使命、为党奉献、不计私利的岗位风采。全体领导干部围绕主题教育总要求，深入到乡镇、部门开展调查研究，形成一批调研成果。同时，党支部多次组织党员干部到联系村新兴镇新处村开展志愿服务，了解村庄发展思路，帮助村庄破解发展难题。在检视问题环节中，全体党员对照党章党规开展问题剖析检查，制订问题清单，明确整改措施，组织开好专题民主生活会和专题组织生活会，并始终把问题查摆整改作为贯彻主题教育的重要抓手，结合学习和调研不断深化完善。深入开展“8+1”专项整治行动，该办牵头负责的32项整改事项均完成整改。

【政研工作】2019年，县委办发挥以文辅政的作用，坚持把县委综合性重要文稿的研究起草，作为参与政务、服务的重要形式和主要渠道，文稿起草做到精心构思、字斟句酌、反复推敲，文稿的思想性、指导性、针对性和生动性不断提高，起草领导讲话、汇报材料等各类文稿200余篇，完成县委十届八次全会报告等一大批重要文稿的起草任务。注重加强重点课题和难点问题的调查研究，想方设法为县委科学决策提供参考，围绕县委中心工作，对标“山区国际化”目标，聚焦新经济形态培育、城市品质提升、乡村全面振兴、民生福祉改善、体制机制改革、全面从严治党等方面，结合“三服务”工作组织全县各级领导干部开展调研，形成一批有价值的调研成果。

【督查考评工作】2019年，县委办围绕上级党委及县委重大决策和重要部署，以“三服务”活动为抓手，落实“基层减负”要求，通过开展督查与综合考核、效能问责相结合，推动重点项目和重要工作落到实处。制订印发《2019年督查检查考核年度计划》，开展重点工作，县委全会、乡镇工作汇报会等重要会议精神及领导批示的跟踪督查督办，推动县委各项决策部署和工作事项落实到位。抓实省委巡视交办问题整改工作和省市县考核工作。共办理领导批示件450件，开展各类重大决策部署督查60余次，刊发督查专刊、专报10期，督办重要事项12期147项工作，开展省委书记车俊“三服务”交办事项等专项督查15次，整改落实2期《今日聚焦》、3期《每周聚焦》、10期《松州聚焦》媒体曝光问题。广泛开展“服务企业、服务群众、服务基层”活动，截至12月17日，省市县各级走访服务松阳后，共收集交办问题876件，其中企业类问题356件、群众类问题144件、基层类问题376件，办结问题865件，办结率98.74%。

【机要保密安全运行】2019年，县委办以“确保密码使用优质高效，确保密码管理安全可靠”为总目标，规范制度、强化管理，保证中央、省、市重大决策和重要工作部署的贯彻落实，为县委工作提供有力保障。严格执行24小时值班制，高质量完成全年办报工作。开展保密工作宣传教育，印发《关于进一步做好2019年度保密工作的通知》，要求各乡镇（街道）、县直机关单位重视抓好保密工作，并开展全面保密自查自评工作，把保密工作责任落实落细。在日常工作中，强化督查检查，结合检查情况对相关单位保密工作进行指导，提高工作人员业务水平，全年未发生严重失泄密案（事）件。

【落实惠台各项举措】2019年，县委办深入贯彻中共十九届四中全会精神及习近平总书记在《告台湾同胞书》发表40周年纪念会上的重要讲话精神，进一步落实惠台各项措施，完善机制、深化交流、主动服务。以茶为媒，深化松阳——台湾两地基层交流工作，邀请台湾南投县仁爱乡农会一行18人到松阳参加第十二届中国（国际）茶商大会·松阳银猴茶叶节，共同探讨两岸茶产业的交流与合作，共同感悟中国茶文化的魅力和价值。全年接待台胞11批182人次，县组团赴台交流一次，随省市团组参团赴台6人。坚持“用心、用情、用力”为台胞台属排忧解难、办实事。以开展“服务台企，助推美丽经济发展”活动月和“三服务”活动为契机，宣传落实系列“惠台”政策；主动协调，切实帮助台胞、台企解决实际问题。

【外事管理工作】2019年，县委办建立完善县委外事工作委员会组成人员并制订相关工作规则。严把因公出国（境）审批关，完善报批制度。全县共审核办理因公出国（境）9批25人次，其中组团3批17人次（县政府赴肯尼亚团组6人次、松阳三中友校互访团5人次、县政府赴意大利、俄罗斯6人次）；参团8人次，教育系统培训参团3人次，均未出现违反出国管理有关规定、违反外事纪律等现象。同时，实时与财政等有关部门对接，研究经费把控，力求有效控制“三公经费”。严格落实护照管理办法和出访有关规定，做实出访前后公示、访后情况报告和一周内护照收缴等工作，建立工作台账，施行团组后续跟踪管理，有效破解出访单位上交证照、报告不主动、催缴难问题。

【信息化管理工作】2019 年，县委办坚持“统筹规划、统一平台、资源共享、讲求实效、保障安全”的原则，以“党委信息化内网建设”和“安可替代”工作为重点，推进党委机关内部办公的数字化、网络化和保密性。协助密码管理局做好党委信息化内网建设工作，完成省、市部署的党委信息化内网建设。按照浙江省委办公厅的要求，按时完成电子政务内网网络收发文工作，设备运行正常稳定，并开展技术和安全方面的指导，指导相关已经开展业务的单位。及时做好“安可替代”计划的落实和上报工作，对县域需“安可替代”的涉密、非涉密软硬件及系统进行了详细统计并按时上报。

【档案执法监督管理】2019 年，县委办理顺工作机制。机构改革后，行政职能划转到办公室，执法工作以原批档案执法人员为主，科室人员深度参与，快速熟悉掌握档案执法业务。开展档案法律法规宣传活动。利用国际档案日、全国法制宣传日等重要节点组织开展广播车巡回宣传《中华人民共和国档案法》、市政广场设点宣传档案知识、“松阳发布”微信公共号平台发布“档案知识有奖竞赛”等系列活动。推进政府数据化转型工作落实。通过“互联网+政务监管” 统一监管平台，开展“双随机一公开”检查，几项考核指标排位靠前。牵头开展年度档案和史志工作考核。发挥考核“指挥棒”的作用，推动松阳档案事业健康有序发展。

【干部选任工作】2019 年，县委办提升干部队伍建设，坚持凭能力、凭实绩选人用人，加大干部培养力度，创新选人用人机制，选拔任用干部注重德行，注重干部的责任感和平时一贯的表现，尤其是对勤奋工作、敢抓敢管、勇于担当、肯办实事、实绩突出的干部，大胆重用。严格执行《党政领导干部选拔任用工作条例》，坚持民主、公开、竞争、择优原则，扎紧制度的篱笆，严格把好干部选任“进口关”。全年有优秀干部 3 人提任领导岗位，4 名优秀干部充实进入办公室队伍。调整中层干部 2 批，其中 4 名优秀年轻干部提任中层。通过充实及调整，该办基本形成领导班子成员、中层骨干、科员干部在年龄、阅历、业务、能力等方面的梯次搭配，工作活力明显提高。

（县委办公室）

组织工作

【概况】2019 年，中共松阳县委组织部（以下简称“县委组织部”）因机构改革职能划转，县委组织部及下属事业单位的职能配置、内设机构和人员编制进行了相应的调整。县委组织部为县委工作机关，主管组织工作、干部工作和人才工作；挂县委直属机关工作委员会、县委老干部局、县委新经济与新社会组织工作委员会、县公务员局牌子；设办公室、干部调配科、干部综合科（挂老干部科牌子）、公务员管理科、干部教育科、干部监督室、组织科、机关党建科、新经济新社会组织党建科、人才科 10 个科室；下属调研信息宣传中心、党代表联络中心、干部人事档案管理中心、党员电化教育中心 4 个事业单位。行政编制 18 人，其中正科级 2 人，副科级 4 人，股级 12 人；事业编制 12 人，其中股级职数 6 个。

【干部调配管理】2019 年，县委组织部突出提升干部执行力，锻造忠诚干净担当的干部队伍。制定出台《松阳县领导干部政治素质考察操作办法（试行）》，对 369 名干部进行政治素质考察。探索建立“茶炼干部”培育机制，选派 50 余名年轻干部参与一线“墩苗”锻炼、重点项目攻坚、领办信访事项等工作实践历练。全面推进干部档案数字化工作，进一步强化干部档案服务干部工作功能，完成全县公务员（含县管干部）及部分优秀年轻干部数字化档案 1480 卷。围绕党政机关、事业单位改革，完成各单位整合组建更名、领导职数设定、干部人事调整等工作，全年共调配县管干部 6 批 374 人次。

【公务员管理】2019 年，县委组织部研究制定《松阳县公务员职务与职级并行制度实施方案》《松阳县公务员职级晋升操作办法》《松阳县公务员职级晋升资格条件》，完成 880 人非领导职务公务员与职务职级的套改，组织实施 2 批次晋升工作，共涉及县管干部 372 人次。精准有序组织 2019 年公务员考录工作，首次在松阳设置笔试考点，完成 1100 余名考生的笔试任务，2019 年共招录公务员 36 人。

【公务员培训】2019 年，县委组织部抓好公务员网络培训，组织全县科级以下公务员 1100 人实行公务员网络学院学习。实施公务员“学法用法三年轮训行动”第三期培训，全县有科级及以下公务员 400 人参加脱产培训并通过考核，实现公务员“学法用法 3 年轮训”全覆盖。

【干部教育培训基地管理】2019 年，县委组织部深入挖掘红色历史资源，全新打造斗潭、高亭、小吉等红色研学点，建成红军食堂、红军广场等红色项目。进一步优化田园乡村培训中心、横樟村廉政教育中心、安岱后红色基因教育培训基地等各类教学基地，全年接待培训 236 批次计 1.5 万余人次。依托党校开设主体班次 38 期，培训 3545 人次，在注重实际、注重实效、注重特色中推动干部素质的有效提升。

【干部经常性管理监督】2019年，县委组织部下发《关于进一步加强退出领导岗位干部管理工作的通知》《松阳县规范机关事业单位工作人员调动工作的意见（试行）》《松阳县关于加强临时性工作机构管理的若干意见》等文件，进一步规范干部日常管理工作。抓巡视整改落实及各项专项整治，开展“基层选人用人和干部因私出国（境）违规违纪问题”等专项整治行动，对“不担当、慢作为”干部进行及时处置。健全完善干部选任“负面清单”审查体系，深化完善预警扣分机制，充分运用提醒、函询、诫勉等方式，对干部在工作中出现的问题及时纠正。落实《关于深化完善容错纠错机制的实施细则》，探索完善澄清保护机制，切实落实“两个担当”。

【基层组织建设】2019年，县委组织部突出基层组织力提升，推进党建工作提档升级。全面完成行政村规模调整工作，行政村数量减少率49.38%，村民会议参与率、村民同意率、新村“三资”完全融合率均居丽水市第一名。推行村（社区）党组织书记备案管理，深化村主职干部轮训和村干部学历提升工作，村党组织书记大专以上学历的占比58%，超过全市平均水平，全县共有省、市“担当作为好支书”6人，市、县兴村名师级13人，村书记有1人入围浙江省“金牛奖”提名。制定出台《松阳县村（社区）党组织书记备案管理办法（试行）》，建立停（免）职“12+N”条红线底线管理标准，规范骨干队伍管理。出台《松阳县发展党员工作“十条”管理办法》，严格规范发展党员工作，在全市得到推广，全年共发展党员236人。机关党工委牵头开展的“五强”清廉机关建设被评为丽水市纪检监察系统“十佳”品牌。

【两新组织党建工作】2019年，县委组织部开展“不忘初心、牢记使命”主题教育，组织全县“两新”党组织书记100人开展集中轮训。加强新生代企业家“双传承”，选派优秀新生代企业家6人到对口县直单位挂职锻炼。积极助力薄弱村消薄，组织发动39家非公企业参与“千企结千村，消灭薄弱村”专项行动。开展“两个覆盖”集中攻坚专项行动，新建“两新”党组织7个，推进2个工作支部向实体支部转化。推行“两新”党建工作指导员制度，选派优秀机关党务干部165人和退出领导岗位干部23人到“两新”组织担任党建指导员。

【人才队伍建设】2019年，县委组织部突出人才创新力提升，营造人才发展最优生态。引进耶鲁大学博士、国家重点引才计划专家徐晔，东南亚农业技术协会会长、教授克萨姆等7名行业专家人才，推动中国农业科学研究院茶叶研究所博士颜鹏等5名茶叶、中医药等领域人才与企业开展合作，入选市“双百引领计划”，入选市“绿谷精英”人才项目3个。持续开展松阳茶师、松阳厨娘、乡村讲解员等10余个“松阳工匠”系列技能比武。依托职业中专开设专门课程，培养民宿管家与古建工匠青年人才。创设植物医院，开设植物门诊6个，聘任专家顾问3人和植物医生47人。建立以“人才新政”为主体的“1+X”人才政策体系，出台《松阳县高层次人才疗休养办法》，设立7家高层次人才服务站，为博士人才16人发放疗养券，组织高层次人才19人开展疗休养。鼓励和引导人才企业参与修订国家标准3项，主导制订“浙江制造”标准3项，参与制订省市地方标准3项。

【主题教育】2019年，县委组织部坚持把党的政治建设摆在首位，把深入学习贯彻习近平新时代中国特色社会主义思想、中共十九大精神等作为首要政治任务，高质量推动“不忘初心、牢记使命”主题教育落地落实。成立主题教育领导小组及办公室，抽调干部14人集中办公，分设综合、宣传、联络和整改落实4个工作小组，负责主题教育日常工作；成立县委巡回指导组10个，对78个单位、695个党支部实行全覆盖巡回指导。9月12日，召开全县“不忘初心、牢记使命”主题教育工作会议，全面启动主题教育。建立“每周夜学”制度，精心谋划“初心之行”“使命之行”现场教学线路，编印《初心的力量》本土教材，推动学习入脑入心。主题教育期间累计开展专题交流研讨82场，集中学习5400余次，调研活动2600余次，为群众办实事办好事1.44万件次，检视并转化为整改清

为高层次人才发放疗养券

单的问题4.36万条。

【组织部门自身建设】2019年，县委组织部突出抓好规范、红色、活力、廉洁“四大行动”，组工干部能力和作风进一步提升。制定印发《“清廉机关”建设十条办法》，重新研究修订了包含党风廉政建设制度、“三重一大”事项集体决策制度、部机关干部因私出国（境）管理制度、财务管理制度在内的部机关12项工作制度，坚持执行廉政教育“五必讲”制度，进一步强化内部管理。坚持通过“年要点、季安排、月计划、周重点”和周前例会等方式，推进组织工作任务落实。深入开展每月主题党日活动，每2个月专题学习、每季度外出活动，举办全县组织系统首届迎新晚会，丰富了机关文化建设活动。组织参加全市首届组织系统趣味运动会，获得集体项目冠军。

（县委组织部）

·机关党建·

【概况】2019年，县委组织部机关党建科（下简称“机关党建科”）以中共十九大精神和习近平新时代中国特色社会主义思想为指导，认真学习贯彻总书记习近平在中央和国家机关党的建设工作会议以及浙江省委书记车俊在全省机关党的建设工作座谈会上的讲话精神，围绕“三个表率、一个模范”要求，全面落实从严治党有关要求，不断提升机关党建整体工作质量。截至12月底，县直各机关企事业单位有中共党的基层组织354个，其中党委27个，党总支14个，党支部313个，党员4894人。

【思想政治建设】2019年，机关党建科以学习贯彻习近平新时代中国特色社会主义思想为主线，认真贯彻“守初心、担使命、找差距、抓落实”的总要求，扎实开展“不忘初心、牢记使命”主题教育，把政治建设融入日常、意识形态抓在平常、组织生活严在经常，组织集中学习研讨3000余次，开展“每周夜学”、党建知识竞赛、“百名老党员话初心、百名书记践初心、百名年轻党员强初心”等活动，举办中共十九届四中全会精神宣讲，进一步增强机关党员“四个意识”，坚定“四个自信”，做到“两个维护”。

【机关党组织建设】2019年，机关党建科深入开展“组织力建设年”活动，抓好《中国共产党支部工作条例（试行）》落实，加强党支部规范化标准化建设。利用机构改革契机，优化组织设置，对18个单位党组织设置进行撤改建。结合医共体改革，增建2个医共体党委，推行卫生系统党员组织关系行业归口管理。开展机关党组织书记主题教育培训班、入党积极分子（发展对象）等集中培训，抓好发展党员、日常教育管理监督、党费收缴使用管理等有关工作。

【机关作风建设】2019年，机关党建科以“提高党建质量、提升清廉指数、建群众满意机关”为目标，通过“强思想引领、强担当作为、强风险防控、强制度保障、强监督问责”五个方面，开展“清廉机关”建设。召开“清廉机关”建设推进会，选取10家单位开展示范创建。“五强”清廉机关建设被评为年度市纪检监察系统“十佳工作品牌”。

【机关党员志愿服务】2019年，机关党建科深化96345党员志愿服务工作，围绕县委县政府中心工作，组织开展交通文明劝导、大型赛会、服务广场等志愿服务活动。用好“田园松阳 志愿服务”平台，截至12月底，平台共有注册志愿者3631人，全年发布开展志愿服务项目360余个，参与志愿者1万余人次。

【“结对帮扶”活动】2019年，机关党建科利用“不忘初心、牢记使命”主题教育开展契机，组织开展“微心愿”认领活动，结对帮扶困难党员、群众以及孤寡老人、留守儿童等弱势群体，全县各机关企事业单位党员干部共认领微心愿4000余个。结合“七一”建党节、春节等重大节假日，组织开展机关困难党员、社区困难群众等关心关爱和慰问活动，共慰问机关困难党员48人，社区困难群众234人。

（机关党建科）

·老干部工作·

【概况】2019年，松阳县老干部工作是中国共产党干部工作和组织工作的重要组成部分，在党的工作中具有特殊的重要地位。1月，《关于印发〈松阳县机构改革方案〉通知》（松委办发〔2019〕1号），县委组织部统一管理县委老干部工作，把县委老干部局的职责划入县委组织部，保留县委老干部局牌子。5月，《关于调整松阳县局级事业单位的函》（丽机改字〔2019〕128号），松阳县老干部服务中心为正局级事业单位。12月，《关于印发〈松阳县老干部服务中心职能配置、内设机构和人员编制规定〉的通知》（松委办发〔2019〕118号），县老干部服务中心为公益一类事业单位，机构规格相当于正科级，归口县委组织部管理。内设综合科、服务科、老干部活动中心（老年大学办公室）。事业编制7人。主要职责是贯彻落实中央和省、市、县关于离退休干部工作的方针政策和决策部署。指导全县离退休干部工作，总结推广离退休干部工作经验，宣传先进事迹；协助有关部门和社会各方面力量做好离退休干部工作。服务管理对象，截至2019年底，全县有离休干部32人，实职副处以上退休干部29人。

【老干部政治待遇】2019年，县老干部服务中心坚持向老干部通报情况以及老干部听报告、阅文、参加重大会议、“走、看、促”活动等形式，把老干部的各项政治待遇落到实处。

9月底，县委县政府举办庆祝中华人民共和国成立70周年老干部茶话会，为全体离休干部颁发纪念章。通过“我看新中国新变化”畅谈、征文、书画摄影展、“最美系列”推荐等活动，引导老干部积极服务县委、县政府中心工作，发挥正能量。县老科协被浙江省委组织部、老干部局评为浙江省离退休干部先进集体，县水利局离退休干部党支部被省委老干部局授予“最美离退休干部党支部”称号，松州夕阳红志愿团被省委老干部局授予“最美银耀志愿服务团队”称号。

【老干部服务保障】2019年，县老干部服务中心建立和完善离休干部“三个机制”，做好离休干部重大节日走访慰问、生日祝寿、生病住院、困难帮扶等工作。日常坚持定期定人联系走访看望老干部，了解老干部思想状况、身体情况，送上组织关心和问候。开设老干部就医绿色通道，在县属2家医院建立导医制度，为老干部提供预约、就医、购药等服务，对住院老干部提供特别关爱服务。开展医生签约服务老干部制度，每季度为老干部上门服务1次，并建立健康档案，做好随访记录。

【老干部教育管理】2019年9～12月，县老干部服务中心开展“不忘初心、牢记使命”第二批主题教育活动，组织老干部学习《初心的力量》，用身边的典型事迹，教育和引导老同志向身边的先进人物看齐。创新多种形式，以学唱红色歌曲、宣讲浙西南革命红色故事、中华人民共和国成立70周年系列活动、《我和我的祖国》快闪等方式，弘扬主旋律，传播好声音。县老年大学2019年开设政治、歌咏、视唱练耳、合唱、戏曲、舞蹈、中医与养生、摄影、书画等课程，有学员近300人。以“支部+班级”的模式，组织开展校园教学活动，开设课前“微党课”，学习宣传中共十九届四中全会精神和习近平新时代中国特色社会主义思想。“微党课”被评为2019年浙江省老干部工作优秀创新案例。

【老干部文化活动】2019年，县老干部活动中心设有多功能厅、电视室、书画室、象棋室、台球室、扑克室、乒乓球室、麻将室、老干部学习接待室（聊天室）、阅览室和健身舞蹈厅等。日均参加活动的老同志有300余人次。采取日常活动与赛事活动相结合的方式丰富活动内容。日常活动天天有，由各活动室自行组织开展。重要节庆日由活动中心组织开展各项比赛，全年共举办乒乓球、象棋、桥牌等各类赛事活动10余场次。改建老干部活动、学习新场所（原公安局办公场所），占地面积2147.20平方米，建筑面积3575.95平方米，完成主体工程建设。

（县老干部服务中心）

机构编制

【概况】2019年，中共松阳县委机构编制委员会办公室（以下简称“县委编办”）贯彻落实《中国共产党机构编制工作条例》，切实加强党对机构编制工作的统一领导，调整中共松阳县委机构编制委员会（以下简称“县委编委”）成员，召开县委编委第一次会议，设立县委编办党组。印发《县委编委工作规则》和《县委编办工作细则》。

组织开展机构改革工作，1月18日召开全县机构改革动员大会，完成新机构组建工作，改革后党政机构设置33个，较改革前减少4个，精简10.81%。1月22日，召开部门“三定”规定和人员转隶培训会，月底25家部门1526人平稳平静完成转隶。编制并印发党政部门、乡镇（街道）机构编制框架，经部门、乡镇（街道）研究起草，工作专班审核，协调小组审定。3月15日，33家部门与19个乡镇（街道）“三定”规定全部印发，保质保量完成各项改革目标任务。至3月底，县级党政机构和乡镇（街道）机构改革任务全面完成。

开展五大领域综合行政执法改革工作，认真贯彻落实省、市有关5个领域综合行政执法改革精神，8月16日，召开5个领域综合行政执法改革工作部署会，下发《综合行政执法机构情况表》，摸清改革前机构底数，掌握改革后机构拟调整方案。按照“编随事走”原则，根据现有执法职责和实际从事执法工作的人员情况，有序整合执法力量，锁定人员编制。10月，按照局队合一模式，整合组建市场监管、生态环境保护、文化市场、交通运输、农业5个领域执法队伍，并于10月15日前正式挂牌成立。

配合相关部门做好管理体制调整，开展县纪委监委派驻（出）纪检监察组改革，施行机构设置和编制调整等工作，配合国家税务总局松阳县税务局完善税务体制改革人员转隶等后续工作。

【部门机构设置完善】2019年，县委编办于3月底全面完成县级党政机构改革任务，机构改革后党政机构共设置33个，其中党委机构设置纪检监察机关和工作机关9个，政府机构设置办公室和工作部门24个。此轮机构改革建立健全和优化了县委对重要工作的领导体制机制，组建县监察委员会和8个县委议事协调机构；新组建县自然资源和规划局、县农业农村局、县文化和广电旅游体育局、县卫生健康局、县退役军人事务局、县应急管理局、县医疗保障局等政府工作部门。通过机构改革进一步优化了县级党政机构组织结构。改革前党政机构共设置37个，其中党委工作机关13个，政府工作部门24个；合署机构13个，挂牌机构20个；部门管理机构4个；挂靠机构2个。此轮党政机构改革共设置33个，较改革前减少4个，精简10.81%；其中党委工作机关9个，较改革前减少4个，精简30.77%，政府工作部门24个；合署机构2个，较改革前减少11个，精简84.62%；挂牌机构30个，其中10个由合署调整为挂牌；同时全面撤销部门管理机构和挂靠机构。

【开展机构改革后续协调工作】2019年，县委编办扎实做好机构改革“后半篇文章”。加强“三定”规定执行情况的跟踪指导和检查，6月全面开展机构改革“回头看”和机构编制监督检查工作，督促乡镇（街道）、部门严格按照“三定”规定进行履职。进一步厘清部门职责边界，协调部门职责争议问题，重点参与理顺县人力社保局与县医疗保障局，县发改局与县市场监督管理局，县应急管理局、县住房和城乡建设局与县自然资源和规划局、县水利局与县农业农村局，县民政局与县退役军人事务局等部门之间的职责边界，科学界定职责分工。进一步理顺县乡职责边界，按照上级部署要求，根据职权法定、问题导向的原则，以法律法规规章、“三定”规定、权责清单和公共服务目录为基础，组织代表乡镇（街道）、县司法局和县农业农村局等相关部门召开专题研讨会，梳理农业农村领域县乡职责事项清单27项；9个领域县乡职责事项清单结合全县实际完善后予以印发实施。开展改革后工作人员专题培训，坚持问题导向、需求导向，开设培训课程38个，组织培训35次，累计培训2891人次，为基层干部开展一次全方位专题培训，进一步提升干部履职意识。

【事业单位改革推进】2019年，县委编办统筹推进事业单位改革，紧扣事业单位改革部署要求，完成“去两头”改革工作，把全县50家承担行政职能的事业单位原承担的行政职能全部划转回归行政机关，实现政事分开、还政予政。深入推进从事生产经营活动事业单位改革后续工作，县渔种繁殖试验场、县谢村源水库管理处、县剧院、县建筑材料试验室4家单位以撤销方式完成改革任务，人员分流到位。调整县事业单位改革领导小组组成人员，由县委常委、组织部部长担任组长。开展局级事业单位改革工作，按照《浙江省市县局级机构总量控制工作暂行办法》，经前期充分调研摸底，县机构改革领导小组研究决定，上报《松阳县正副局级事业单位改革方案》。根据市机改办批准同意的《关于调整松阳县局级事业单位的函》，确定松阳县局级事业单位18家，其中正科级12家，副科级6家，总量减少1家。限额批复后，及时拟制局级事业单位“三定”规定框架，并经县深化机构改革协调小组组长（扩大）会议审定通过。认真开展事业单位清理规范整合工作。根据省编办下达的至少精简15%的比例要求，以2018年底机构编制报表数367个单位为基数，除学校、医院、乡镇（街道）下属事业单位等明确不纳入改革范围外，对其他事业单位的机构职能、人员编制、经费渠道、实际运行等情况进行调查摸底，综合分析梳理，提出改革工作方案，明确整合撤并改革基本原则，印发实施《松阳县事业单位清理规范整合工作实施意见》。11月，召开全县事业单位改革部署推进会，明确实施范围、工作目标和时间安排，确保按期完成改革任务。

2019年11月29日，召开全县事业单位改革部署推进会

【事业单位登记管理】2019年，县委编办围绕机构改革和事业单位改革工作部署，强化事业单位登记管理和统一社会信用代码赋码服务工作。及时梳理出设立、变更、注销单位清单，指导涉改部门、单位开展调整工作，保障改革后机构顺利运行。截至年底，共办理事业单位法人设立登记3家、变更登记117家、注销登记3家；办理机关群团统一社会信用代码证书初领8家，变更27家，撤销10家。完成161家事业单位上年度法人年度报告公示工作，公示率100%。11月，对县哈灵幼儿园、县汇文中学这2所民办学校2018学年工作开展公益指数评价，综合部门评估得分情况，进行赋分计算。经评价，县哈灵幼儿园102分，县汇文中学97分，评价结果均为A级（综合得分85分以上为A级）。

【机构编制管理】2019年，县委编办按照省委编办提出的“快、准、全、严、勤、合”工作要求，加强机构编制实名制管理。根据机构改革部门新“三定”规定，及时完善机构编制台账信息。5月，组织召开实名制系统操作培训会，指导督促部门单位修改人员信息，并通过与社保养老人员信息数据比对，进一步提高数据精准性。组织开展全县实名制数据质量压力测试，对各开通实名制系统账号的机关事业单位系统中机构、编制、职数等台账和实有人员信息进行核对。随机选取部分机关事业单位，根据《机构编制实名制数据质量核查指标》，检查其机构编制信息历史台账和实有人员信息，加强信息数据真实性、准确性，提升机构编制工作服务水平。严格执行编制使用核准制度，审核下达2019年公务员公开招考用编计划38人，事业单位公开招聘、人才引进等用编计划191人，其中县级综合部门事业单位44人、教育系统60人、卫生系统55人、乡镇（街道）下属事业单位32人；核准年度定向培养计划42人,其中教师18人、卫技人员20人、基层林技人员2人、乡镇文化员2人；核准国资营运机构定员使用计划9人。办理人员进编登记手续519人，其中新进行政34人、参公13人、事业134人，县内调动338人；办理人员出编登记手续555人，其中实际减少行政67人、参公6人、事业143人、工勤1人，县内调动338人。截至年底，县级以上科级行政机构43家，其中党委9家、人大1家、政协1家、政府26家、群团4家、检察院1家、法院1家。乡镇（街道）19家，其中街道3家、乡11家、镇5家。上级共下达松阳县行政编制1411人，实有人数1405人。全县共有事业机构408个，全县事业编制基数为4721人，实有人数4626人。事业编制报备员额486人，实有117人。开展股级领导职数审核，根据单位“三定”和原则意见，审核134个单位，股级领导职数630个。推进监督检查工作，配合县审计局完成全县6个部门、4个乡镇主要领导干部的审计工作。

【省委巡视问题整改】2019年，县委编办结合改革力促问题整改，贯彻落实《中央编办关于十九届中央第一轮巡视选人用人专项检查发现的机构编制问题及整改工作的通报》精神，深入开展违纪违规问题清单梳理工作，全力推进历史问题整改消化，核销高配职位53个。开展省委第八巡视组十四届省委第六轮巡视选人用人专项检查巡视问题整改工作；整改县财政局挂牌机构国资办违规配备副科级专职副主任问题，县公路管理局、县道路运输管理局、县卫生监督所等违规党政分设问题，县纪委“三定”规定明确室主任为副科级和县公安局“三定”规定明确交警大队机构规格为副科级违规提高内设机构规格问题；整改县委外宣办、县房屋与土地征收办等科级事业单位机构规格未按规定程序报批问题。按照省委巡视整改要求，从严从紧核定编外用工，清理压缩编外用工总量。参照《省委编委〈关于加强和规范省本级机关事业单位编外聘用人员管理的意见〉的通知》，结合全县实际，经多次征求县委办、县府办、县纪委、县组织部、县人力社保局、县财政局、县审计局、县司法局等部门意见并召开专项讨论会后，形成《松阳县加强和规范机关事业单位编外用工管理办法（审议稿）》（以下简称《管理办法》），明确使用范围、用工形式、经费列支渠道及编外用工以2018年底为基数，三年内减少10%的目标。11月，根据县委常委会会议精神，对《管理办法》内容进一步细化，拟订《松阳县机关事业单位编外用工清理规范工作实施方案》、《松阳县机关事业单位编外用工管理工作责任追究办法》。截至12月底，清理规范编外用工170人。

【干部队伍建设】2019年，县委编办根据“不忘初心、牢记使命”主题教育工作总体部署，对照“十二字”总要求，不划阶段、不分环节，把学习教育、调查研究、检视问题、整改落实贯穿全过程，组织集体学习10次，专题研讨2次，围绕机构编制重点课题形成调研报告3份，梳理并整改完成问题清单44条，超2/3党员认领贫困农户微心愿，扎实为群众办实事好事，深入推进“自我净化、自我完善、自我革新、自我提高”工作。严格执行主题党日、“三会一课”、组织生活会、民主评议等党的组织生活基本制度，推进党员进社区和志愿服务活动，组织党员志愿服务8次，服务积分780分。贯彻落实市委、县委关于开展“浙西南革命精神”弘扬践行活动的决策部署，通过邀请专家讲座、组队参加合唱比赛、收看“浙西南革命精神”研究成果新闻发布会、组织全办干部到缙云县开展清廉教育等方式，推进弘扬践行活动深入开展。严格履行党风廉政建设、意识形态“一岗双责”制度，印发县委编办财务管理制度，落实长效机制。开展岗位廉政风险排查，防微杜渐，营造风清气正的干事氛围。

（县委编办）

宣传工作

【概况】2019年，中共松阳县委宣传部（以下简称“县委宣传部”）引领全县宣传思想文化战线牢牢把握意识形态工作主导权，弘扬践行“浙西南革命精神”，深化科学理论武装意识，抓好舆论引导，加强价值引领，提升文化软实力，讲好松阳故事、传播松阳声音。2019年，向县委报告意识形态工作主体责任落实情况2次，开展落实意识形态工作主体责任制检查4次，每季度形成社会舆情分析报告，每季度召开意识形态工作例会，组织开展巡视整改专项督查，开展3轮对13个部门、8个乡镇（街道）党组织政治巡察意识形态专项检查。完善基层阵地管理，建成农村文化礼堂32家，启动建设硬件条件丽水市第一的融媒体中心。加强网络阵地建设，建立健全《松阳县重大事项舆情风险评估制度》等制度，开展“扫黄打非”各大专项行动巡查5次。举办县委理论学习中心组专题报告会8期、专题学习会8次，“不忘初心、牢记使命”主题教育集中学习研讨会

10 次、各级党委（党组）中心组学习 1000 余场，编发《干部夜学参阅》12 期，推广运用“学习强国”学习平台，不断增强各级干部的政治理论水平。围绕县委“田园松阳”升级版和山区国际化发展战略目标，评选社科优秀论文 18 篇、立项社科优质课题 15 个，举办“松阳论坛——市民讲堂”11 期，举办全市社科普及科普活动周松阳专场，创建社科普及基地 6 个。征集“乡愁故事”96 篇，获得丽水市“乡愁故事”优秀组织奖。全面开展红色资源普查工作，共梳理革命遗址 149 处，数量为丽水九县（市、区）之首。启动革命遗址修缮保护工程，累计投入 1700 万元，修缮保护革命遗址 72 处。创作松阳高腔剧红色革命题材剧《箬寮风雷》，绘制连环画《红色浙西南》，编撰《红旗插上安岱后》等专著，拍摄《旗帜》等微电影，发行《松州史话》等读物。形成 4 条红色职工疗休养线路、1 条红色精品线路和 9 条红色户外徒步线路。全县 6 个乡镇、31 个乡村列入丽水市红色乡村振兴三年培育计划。

坚持党管媒体，研究制定《松阳县新闻宣传通气会组织实施试行办法》。开展第十二届中国（国际）茶商大会、第一届城乡联系国际论坛等重大主题活动集中采访报道，省级以上主流媒体刊播松阳正面报道 266 篇（条）。

举办“第十二届中国（国际）茶商大会・松阳银猴茶叶节”“第一届城乡联系国际论坛”等国际性节会。以松阳为主要取景地之一的电视剧《麦香》获国家精神文明建设“五个一工程”奖，在松阳取景拍摄的浙江国际青年电影周闭幕影片《我在原地等你》正式上映。深入推进“百名艺术家入驻乡村计划”，签约艺术家工作室 85 个，落地连环画乡村艺术馆等艺术家工作室 40 个，形成后畲村等艺术家集落 9 个。完成新时代文明实践中心（所、站、点）挂牌、改造提升、阵地整合、人员配备、经费落实，建成新时代文明实践中心 1 个、所 19 个、站 119 个、点 213 个。建立“小园丁”志愿服务队伍，被列为全市唯一浙江省青年志愿者服务社区专项行动首批试点县。

【**理论学习**】2019 年，县委宣传部贯彻落实《中共松阳县委关于进一步加强和改进党委（党组）中心组理论学习的意见》。以县委理论学习中心组为龙头，以党员领导干部为重点，把学习宣传贯彻习近平新时代中国特色社会主义思想作为各级党委（党组）中心组的重要内容，突出县级领导带头学，党员干部研讨学，干部讲堂专题学，先进典型激励学，廉政教育警示学“五学机制”，实现理论学习全覆盖。配合县委办做好“松阳论坛——县委理论学习中心组专题报告会”、读书会、讨论会等学习活动。共举办“松阳论坛——县委理论中心组专题报告会”7 期，专题学习会 12 次；持续开展干部夜学，编发《干部夜学参阅》11 期；落实“不忘初心、牢记使命”主题教育，开展主题教育集中学习研讨会 8 次。

10 月 21 日，县委理论学习中心组召开“使命之行”专题学习会

【**文艺惠民活动**】2019 年，县委宣传部举办“第一届城乡联系国际论坛”、“第十二届中国（国际）茶商大会・松阳银猴茶叶节”、第三届高校“教・学”摄影作品展暨学术论坛、“第三届松阳摄影双年展”、浙江广电百名

2019 年 11 月 10～14 日，第一届城乡联系国际论坛现场

记者主持走基层文艺晚会、松阳县“不忘初心 牢记使命”主题教育活动暨第十二届“田园松阳”农民文化节红色故事大赛、庆祝中华人民共和国成立70周年、浙江省摄影工作会议暨浙江省摄影协会七届四次理事会等活动；协助配合完成电视剧《麦香》，电影《我在原地等你》等影视剧的拍摄工作；组织参加“中国艺术乡村建设展”“第十五届深圳文博会”“2019四省边际城市群文博会”“2019嘉兴文博会等省内外文化产业博览会”；推进艺术创作交流“空间+活动+产业+品牌+人才”五位一体发展，签约艺术家工作室85个，组织开展力溪连环画开馆仪式、南岱手绘艺术文创村夏克梁艺术家工作室启幕仪式、首届中国松阳“后舍”艺术春季展、“移动源代码”斗米岙当代艺术展等艺术活动。

2月24日，县委书记王峻（前右二）带队到安民乡调研“浙西南革命精神”弘扬践行工作

【理论研究】2019年，县委宣传部全面贯彻落实中共十九大，十九届三中、四中全会精神，围绕县委“田园松阳升级版”和“山区国际化发展”战略目标，围绕乡村振兴、传统村落保护发展、“浙西南革命精神”等与全县经济社会文化发展息息相关的重大理论和现实问题，围绕社会科学领域的新情况、新问题，制订下发《关于申报松阳县2019年社会科学研究课题的通知》以及《关于做好松阳县第五次社会科学优秀论文评选工作的通知》，截至年底，共评选优秀论文18篇，立项优质课题19个。完成《松阳是孕育“浙西南革命精神”的红土地——松阳在“浙西南革命精神”形成过程中的历史贡献》等理论调研文章。在中央党校《学习时报》刊发《“三迎红军”浙西南革命中的军民团结》。举办“松阳论坛——市民讲堂”5期。开展“乡愁故事”征集活动，共征集征文96篇。联合丽水市各县市区社科联及本土各学会、协会，深入基层一线，在樟溪乡兴村村红糖工坊举办全市社科普及科普周走进松阳专场活动。持续推动社科普及基地建设，制订下发《关于做好松阳县第五批社会科学普及基地创建申报的通知》，全年创建社科普及新基地6个。

【爱国主义宣传教育】2019年，县委宣传部举办“庆祝新中国成立70周年暨传承浙西南革命精神”主题诵读、征文、书信、歌唱、宣讲等系列活动，推动红色基因代代相传。开展“弘扬浙西南革命精神，争做新时代好少年”主题教育活动暨流动少年宫进乡村学校活动、未成年人道德文化节和新时代好少年评选活动，厚植未成年人的红色基因和爱党爱国意识。大东坝镇横樟村“思廉堂”被命名为第六批丽水市爱国主义教育基地。

【理论宣传及理论队伍建设】2019年，县委宣传部以丽水市委四届六次全会精神、“浙西南革命精神”为主题，结合当地实际，组建一支由各级领导干部组成的27人“八进”宣讲团队伍，在全县组织开展市委四届六次全会精神进企业、进农村、进机关、进社区、进学校、进军营、进网络、进社区矫正中心“八进”宣讲活动；联合团县委，结合市委四届六次全会精神，开展“我与祖国共奋进 青春

“春泥计划”安民小学红色小导游讲红军故事传承红色历史

礼赞新时代”青年演讲比赛；邀请中共缙云县委委员，缙云县委党校原党委书记、常务副校长马凤兴，为西屏街道全体干部及社区党员，举办“松阳论坛——市民讲堂暨田园松阳·文化大讲堂”专题讲座；联合县文广旅体局，结合“不忘初心、牢记使命”主题教育，举办献礼中华人民共和国成立70周年朗读活动等。

【基层文化阵地建设与管理】2019年，县委宣传部围绕“文化礼堂、精神家园”的定位，按照高水平建设文化小康的要求、以星级文化礼堂为引领，打好“建、管、用、育”组合拳，逐步实现农村文化礼堂从建设成长期向规范发展期转变，不断把农村文化礼堂建设引向深入。全县增建农村文化礼堂33个，累计建成文化礼堂120个。实现新时代文明实践中心（所、站、点）挂牌、改造提升、阵地整合、人员配备、经费落实，建成新时代文明实践中心1个、所19个、站119个、点213个。推进“百名艺术家入驻乡村计划”，签约艺术家工作室85个，落地连环画乡村艺术馆等艺术家工作室40个，形成后畲村等艺术家集落9个。

竹源乡黄上村文化礼堂

【重大主题宣传】2019年，县委宣传部深化融媒体中心建设，围绕县委、县政府中心工作，开展“不忘初心、牢记使命”主题教育、弘扬践行“浙西南革命精神”、“壮丽70年，奋斗新时代”、“我们都是追梦人”等主题报道，稳步推进“城中村改造”“健康松阳”“大花园创建”“山海协作”“东西部扶贫”“全域旅游”等重点工作宣传，为全县经济社会发展营造良好舆论氛围。开展“第十二届中国（国际）茶商大会”“城乡联系国际论坛”等重大主题活动集中采访报道，省级以上主流媒体刊播松阳正面报道266篇（条），其中《人民日报》8篇、新华网7篇、中央电视台22条、《浙江日报》48篇、浙江卫视46条，央视“新闻联播”播出《首届联合国人居大会 聚焦城镇化挑战》，《参考消息》刊发《实施“建筑针灸”发展特色产业松阳乡村变迁故事引欧洲关注》2180字长篇报道，《浙江日报》头版刊发《当年下山脱贫 今朝上山致富松阳四都乡高山古村焕发新活力》等6篇报道，浙江卫视《浙江新闻联播》头条刊播《松阳：从下山脱贫到上山致富 年轻力量点亮乡村振兴路》。开展“精神的力量 初心在身边”大型网络主题宣传活动，《一片金叶枝致富一方老百姓》《一名年轻党员和80多名老人的致富故事》等报道阅读量达10万+。在抖音平台，“浙里最美”松阳热心市民刹车视频单件作品阅读量突破2.9亿次。“松阳新闻”“松阳广电”“松轩茶语”等政务微信矩阵推送作品1530余篇、粉丝数11.9万、阅读量超188万次。

【文化和新闻出版监管】2019年3月15日，松阳县机构改革实行后，文化和新闻出版职能正式划转县委宣传部管理，该部正式设立文化和新闻出版办公室，负责指导协调全县文化艺术事业工作，指导文艺队伍的业务建设，承担新闻出版、电影业监督管理

在出版发行企业开展年前扫黄打非检查工作

等工作。指导全县农村电影放映工作，安排电影放映员到各乡镇文化礼堂放映电影 1900 场，协调并指导电影、电视剧拍摄工作。对接县文广旅体局职能划转，把 28 家出版发行企业，14 家印刷企业纳入监管范围。推进“扫黄打非”和安全生产工作，巡查指导县域内各电影院、文化娱乐场所、出版发行企业和印刷企业安全生产。推进“最多跑一次”改革，建立审批工作机制，推进平台事项维护，建立良好工作秩序。

丽水市第六届道德模范黄鹤松在五金店修补农具

【“最美松阳好人”宣传活动】2019 年，县委宣传部在全县村镇、重要路段、公交站台、社区小区、银行、医院、旅游景区等地以及县域主流媒体、门户官网、新媒体上设置社会主义核心价值观公益广告，推动核心价值观落地生根、入脑入心。广泛开展“我们的节日”主题活动，在春节、元宵、清明、端午、中秋、重阳等传统节日，精心策划主题活动，弘扬和传播中华优秀传统文化。

（县委宣传部）

·精神文明建设·

【概况】2019 年，县委宣传部文明科深入贯彻落实中共十九届三中、四中以及省、市宣传思想工作会议精神，紧扣纪念中华人民共和国成立 70 周年和弘扬践行“浙西南革命精神”契机，以培育和践行社会主义核心价值观为主线，以新时代文明实践工作为主抓手，加强思想道德建设，深化群众性精神文明创建活动，为建设“田园松阳”升级版蓝图提供有力思想舆论保证和良好精神文化条件。

【公民道德建设】2019 年，县委宣传部文明科深化“身边好人”“尚德松阳百名好人”等推荐评选活动，楼群龙、蓝斌被评为浙江好人；王庆川、古湖东小区义务治安巡逻队等 6 人（集体）被评为丽水好人；6 月黄鹤松被评为丽水市第六届道德模范；周玉英获丽水市第六届道德模范提名奖。开展松阳县第五届道德模范评选活动，共评选出道德模范 5 人，道德模范提名奖 8 人，在全县上下形成学习宣传道德模范和身边好人的浓厚氛围，以群众身边榜样带动文明素养提升。

【群众性精神文明建设指导活动】2019 年，县委宣传部印发《关于全面推进新时代文明实践中心建设的实施方案》，完成“县实践中心—乡镇（街道）实践所—村（社区）实践站—城乡实践点”四级工作体系建设，建成新时代文明实践中心 1 个、所 19 个、站 119 个、点 213 个。开展市级文明单位、文明村镇创建和复评工作，全县创成县级以上文明村 169 个。以“巩固省级文明县城”和丽水市文明县城指数测评为契机，开展文明城市创建工作，利用新闻媒体、公共交通车辆、公共场所、主干道、饭店酒店、建筑工地等显著位置，以电子显示屏、刀旗、户外广告牌等不同形式，刊播“讲文明树新风”公益广告，组织各级文明单位不定期开展结对村帮扶、交通干道文明劝导、捡烟头等志愿服务活动，全面提升市容市貌以及市民素养。

【全县志愿服务组织和社团业务指导】2019 年，县委宣传部文明科发动党政机关、企事业单位在职人员和乡土文化人才、“五老人员”、创业返乡人员等，建立“小青松”志愿服务队伍。县级成立总队，根据服务内容，

医疗志愿者为群众义诊

下设8个志愿服务分队，组织开展各类志愿服务活动，并定期开展“巡城创文明”“党员固定日志愿服务”“节庆赛事志愿服务”等活动。全县在“志愿汇”APP登记注册志愿者达5.9万余人。松阳县被列为全市唯一的浙江省青年志愿者服务社区专项行动首批试点县。

【未成年人思想道德建设】2019年，县委宣传部文明科深入实施“春泥计划”实践活动，围绕家风家训、爱国主义教育、垃圾分类等主题，依托春泥乐园、乡村学校少年宫、乡镇（街道）文化活动中心、农村文化礼堂等阵地，开展内容丰富、形式多样的实践活动1400余次。松阳一中、枫坪乡中心小学获丽水市第二届未成年人思想道德建设创新大赛三等奖，象溪镇靖居小学获全市第七届未成年人道德文化节未成年人最喜爱活动奖。

（县委宣传部文明科　吴怡）

·社会科学·

【概况】松阳县社会科学界联合会（以下简称“县社科联”）成立于2013年12月20日，主要承担开展社科课题研究，施行社科课题立项管理；表彰社科优秀成果，促进成果转化，服务县委、县政府决策；搭建社科宣传普及平台，开展科普宣传咨询活动等工作职责。截至2019年底，吸收松阳县教育学会、松阳县科普宣传协会等31个社团组织入会。命名了松阳县博物馆等19家单位为“松阳县社会科学普及基地”。其中，赤寿乡界首村被命名为省级社科普及基地；县博物馆、县图书馆、县文化馆、县地情资料馆、县青少年活动中心、水南街道寺岭下村文化礼堂被命名为市级社科普及基地。

【课题规划与管理】2019年，县社科联围绕县委“田园松阳”战略目标和县域经济社会文化发展的重大理论和现实问题，组织开展课题申报立项及第五次社会科学优秀论文评选工作。评选出优秀论文10篇，12个立项课题被评为优秀课题，形成各方积极申报，共谋田园松阳升级版建设的浓厚氛围。

【社科活动】2019年，县社科联联合县图书馆开展第11期“松阳论坛——市民讲堂暨田园文化大讲堂”。内容包含春季养生、礼仪逻辑与人文素养、家庭教育中的生涯规划、“浙西南革命精神”解读、礼与中国人文精神、四季养生创新料理接轨国际等各类主题。联合县非遗馆，以“松阳技艺”“松阳味道”“松阳好戏”“松阳故事”为主要内容，以传承人群、专家授课为主要形式，打造包括《松阳豺虎画》《松阳端午茶》《松阳高腔》等当地经典文化课程为主的“非遗+”学堂，共同探索文旅融合研学新模式。在樟溪乡红糖工坊举办“弘扬革命精神 助推乡村振兴”全市社科普及周走进松阳专场活动。在“弘扬浙西南革命精神·谱写丽水新时代篇章”乡愁故事征文大赛中获“优秀组织奖”。

2019年3月20日，弘扬践行“浙西南革命精神”专题讲座

【社会科学人才培养】2019年，县社科联充分发挥松阳社科铁军、社科专家人才队伍作用，引领好网上主流舆论、净化网络公共空间。建设好“乡村振兴社科专家宣讲团”队伍，深入基层宣讲，让党的政治理论在基层落地生根。结合“浙西南革命精神”弘扬践行活动，在全县培育红色讲解员队伍。组织开展5期讲解员队伍培训，培养红色讲解员80余人，提供红色讲解服务3000余人次。

【社科成果】2019年，县社科联弘扬践行“浙西南革命精神”，实现社科成果转化。联合县课题研究组开展“浙西南革命精神”课题研究，形成《松阳是孕育“浙西南革命精神”的红土地》《弘扬践行“浙西南革命精神”加快推进高质量绿色发展——关于以红色项目为抓手促进红色资源价值转化的对策建议》等红色课题，并被列为县委党校主体班次、干部教育的重要教学内容。其中，《“三迎红军”：浙西南革命中的军民团结》一文在《学习时报》、人民网等媒体刊登。联合县档案馆、县文联等单位，编撰《浙西南革命精神简明读本（松阳卷）》，绘制《杜鹃红》《红色浙西南》等画册，拍摄《旗帜》《红色的石臼》等微电影。

（县社科联　蔡绚）

统战工作

【概况】2019年，中共松阳县委统战部（以下简称“县委统战部”）学习贯彻习近平总书记在民营企业座谈会上的重要讲话精神，以“三服务”

活动为契机，提升企业、群众、基层的获得感。收集整理省、市、县惠企政策，编印《减轻企业负担政策汇编》书册，分发至各商会和会员企业手中，传达县委县政府关心支持民营企业家发展的信号。同时在县域经济发展政策制定过程中充分征求非公经济人士的意见，向县委提供决策依据。依托在外松商集群发展优势，主动与县内产业、产品对接，让松阳产品更多的走出松阳。三都乡在当地乡贤会长的带动下实现农副产品远销上海各大超市；温州松阳商会采取集体注资发展模式，助推象溪镇雅溪口村民宿业态发展，初步达成合作意向。

深入实施农民增收、大搬快聚、乡风文明三大行动，推动全面实施民族乡村振兴战略。引导工商资本、乡贤和统战团体“走村入户”，吸引各类生产要素加快向民族乡村流动，以民族行政村规模调整为契机，摸清底数，不断壮大发展村集体经济，实现绿色发展。特别是以“大搬快聚”促进富民安居，把搬迁安置与乡村振兴、脱贫致富结合起来，围绕“怎么搬、快致富”，制订科学的搬迁方案，稳妥有序地推进搬迁安置，真正让高山远山地区的少数民族群众“搬的下、搬的出，稳得住、稳得久，富得起、富得快”。以乡风文明留住美丽乡愁，坚持“塑形”与“铸魂”并重，开启畲族文化“复兴号”，保护优秀传统畲族文化，推进民族乡村传统村落保护发展，塑造淳朴文明的良好乡风，使乡村既具“颜值”更有“气质”。2019年，民革松阳县支部创建成为首批全国示范支部；县工商联被评为全国工商联2019年民营企业调查点工作示范单位、2018—2019年度全国“五好”县级工商联；板桥畲族乡板桥村获第三批“中国少数民族特色村寨”称号；西屏教堂被评为省级宗教普法示范点；曹莉娜被评为民革全省社会服务工作先进个人。

【乡贤回归助推乡村振兴】 2019年初，县乡贤办组织县委统战部、县委组织部、县工商联等相关部门召开“聚力乡村全面振兴”工作座谈会，进一步提高乡贤工作认知，明确责任分工，确保各项职能落实到位，推进乡贤工作。组建“乡贤专家指导组”，助推全县乡村振兴工作。在全县征迁“三大战役”当中，涌现出一批助推乡村治理的乡贤群体，深入拆迁户的走访、动员、服务以及搬迁工作。在瓦窑头搬迁工作中，乡贤代表曾龙法、何发富远赴北京、贵州与商会会员谈心交流、及时向征迁指挥部汇报工作进展，完成县委县政府交办的任务。全县3310名乡贤各尽其责，助力县委迈开山区国际化发展的步伐，蹚出一条符合生态文明理念的高质量绿色发展之路。

到板桥畲族乡指导畲药种植基地建设；县知联会到玉岩革命老区开展以“服务老区群众，助推县中医药复兴地建设”为宗旨的“三服务”活动，结合艾灸、拔火罐、刮痧、针灸、中医义诊、中药辨识等特色载体，推进基层中医药服务体系建设；杭州灵隐寺热心社会公益，捐资兴医，向县中医药发展基金会捐赠500万元发展基金，用于促进松阳中医药事业发展。

【同心聚力行动】 2019年，县委统战部发挥统战优势，践行“浙西南革命”精神，引导统战成员参与送医、送教、送科技等社会公益活动34次，发放慰问金及慰问品计6.95万余元。县知联会会同浙江省知联会开展“三服务”活动，成立全省首个同心服务实践基地，为全县医疗、农技、艺术、

省知识界人士联谊会松阳同心服务实践基地揭牌仪式

【“中医药复兴地”建设】 2019年，县委统战部整合统战资源、统战力量，参与县委关于打造世界中医药康养胜地的决策部署。在统战成员的人才培养中创新人才机制，开辟绿色通道，加强中医药人才引进和培养。吸引社会工商资本，推进中医药产、学、教、研、养一体化建设，推动全县产业布局升级调整，优化经济结构。松阳籍留学归国人才程科军情系家乡发展，力促市农科园结对帮扶板桥畲族乡，发挥自身所学专业技能，多次

规划编制、法律和税务等提出专业指导，获省委书记车俊称赞。杭州松阳商会继续开展走访慰问县培智学校，关爱残障儿童活动。安民乡贤心系桑梓开展“为梦想助力”助学结对活动，助力家乡教育事业的发展。

【民族宗教工作】 2019年，县委统战部完成对宗教团体负责人年度考评，召开宗教领域安全工作会议，与宗教场所负责人签订年度安全目标管理责任书和消防安全责任书。深入宗教

场所开展重点季节、重大节日、大型宗教活动前的消防安全检查，保障重点节庆日和重点时段全县宗教领域和谐正常。在“平安护航新中国成立70周年大会战”中，全县宗教领域平安和谐。

【推进少数民族事业发展】2019年，县委统战部按照各级民族乡村振兴发展规划，推进“双百村结对行动”，对接落实将民族乡村纳入当地经济发展规划及其投资计划总盘子，压实“三倾斜三优先”政策。全面落实民族乡村振兴各项指标任务，紧抓民族景区村、民族村产业示范带、村集体“消薄”、少数民族农村居民可支配收入等四项重大工作。落实党和国家的民族政策，加快少数民族经济社会的发展，推动民族乡村振兴。推进实施少数民族发展项目，引入专业中介机构对扶贫项目的监理，确保资金使用和管理规范。开展民族文化活动，举办第二届周权故里桥灯会、板桥畲乡“三月三”风情文化节、板桥国际小镇音乐节（获省和国家级媒体肯定，6月12日学习强国予以报道），开展畲乡春晚系列活动和内陈村春晚、板桥村春晚等活动。

【侨务工作】2019年，县委统战部凝聚侨心、汇集侨智、发挥侨力、维护侨益，坚持以人为本、为侨服务的宗旨，做好新时期侨务工作。开展“侨界600调查”和省侨情调查，完善侨企、困难归侨侨眷等各类数据库。开展侨界精准扶贫工作，为困难侨眷办理免费小额保险，共走访慰问72户重点侨界人士和贫困归侨侨眷，发放慰问金计4.56万元。加强联络联谊，助推招商引资，牵线投资5亿元的高端装备制造业项目浙江阔界科技有限公司中德AI产业园项目入驻松阳，青田侨商投资的南明桥文旅项目二期的进出口商品店与民宿开始装修，华侨特色种植基地油橄榄大丰收。推进“最多跑一次”改革工作，通过微信、电话等方式，为侨胞侨眷提供涉侨咨询服务，全县共办理涉侨业务12人次，处理涉侨信访件4件，接待侨胞、归侨、侨眷等53批次、330人次，共接收到侨界捐赠物资22.87万元。发挥留联会组织优势，拓展服务平台，设立北京联络站。

（县委统战部　王旭梅）

板桥畲族乡板桥村获评第三批“中国少数民族特色村寨”

党校工作

【概况】中共松阳县委党校（以下简称“县委党校”）于1982年松阳县恢复县制后成立，是在中共松阳县委直接领导下培养党员领导干部和理论干部的学校，是培训轮训党员领导干部的主渠道，是党的哲学社会科学研究机构，是县委的一个重要职能部门。2003年12月增挂松阳县行政学院牌子，2017年2月增挂松阳县社会主义学校牌子。县委党校（行政学校）新校区将于2020年元旦启用，位于松阳县西屏街道白露岭59号，占地1.03公顷，内有办公楼、教学楼、报告厅、会议室、讨论室等，教学基础设施齐全，县委党校老校区内的师生食堂、自助餐厅仍会满足党校干训需要。县委党校核定人员编制17人，其中行政编制7人，事业编制10人，现有在编15人；内设办公室、教务科、教研室、总务科、对外培训科、党建科、信息中心7个科室，股级干部职数8个，其中正股级7人、副股级1人。坚持“以教学为中心、科研为基础、后勤为保障”的理念，加强干训工作，深化教育改革，完善科研机制，提高机关效能，转变工作作风，各项工作均取得优异的成绩，受到各级领导和社会各界的广泛好评。

【理论研究成果】2019年，县委党校申报7个省级课题(立项4个，结题2个)；立项数及立项率均位列全市第二名；申报6个市社科联课题（立项3个，结题2个）；申报15个县级课题（立项15个，结题15个）；完成县级指定性重点课题1个，即《松阳是孕育“浙西南革命精神”的红土地——“浙西南革命精神”形成过程中松阳重大革命史实及其历史贡献研究》，并在中共浙江党史和文献研究室主办的《足迹》发表。全年各刊物发表文章有《丽水党建交流》4篇；《丽水日报》4篇；《湖北开放职业学院学报》1篇；《丽水研究》4篇；县级内刊发表1篇，并获得领导批示1篇；在理论研讨会、学术研讨会获奖有省级理论研讨会入选1篇；市级理论研讨会获奖4篇，其中二等奖2篇，三等奖2篇。

【党校干部培训】2019年，县委党校聚焦省、市、县中心工作，围绕基层干部培训需求，深化干部教育改革，确定全年干训主题“专注学深悟透‘两山’发展理论，弘扬践行‘浙西南革命精神’，深入思考探索田园松阳山区国际化发展道路”。并始终把主题作为主线，贯穿于全年教学中，使培训目标更为明确，培训思路更为清晰，培训质量更为高效。共举办各类主体班次24期，培训学员2758人次；承接外来培训班次（考察团）21批次，培训外来学员1649人次；培训党员领导干部4407人次。对接浙江省委党校干部教育学院，成功争取到“全省加快发展县干部教育培训帮扶项目”，共同开展松阳县干部个性化需求培训调研，并针对需求，量身定制课程，使培训更有针对性、实效性。以“不忘初心、牢记使命”主题教育为契机，通过发放培训需求调查问卷、召开培训需求座谈会等方式，查找培训工作存在的问题与差距，多层次、多角度了解学员的培训需求。立足松阳经济社会发展实践，以乡村振兴、拯救老屋、茶产业发展、民宿经济培育、传统村落保护利用、“浙西南革命精神”等松阳实践经验模式为主要内容，以“红+绿+古”为主要培训模式，积极创新开展对外培训工作。培训学员来自全国各地，包括河南洛阳栾川县全县领导干部班、杭州科技职业技术学院党务干部培训班、富阳区委党校领导干部党性教育专题培训班等，其中河南洛阳栾川县全县领导干部有300余人分4批次到松阳学习考察。

【**党校教科研发展**】2019年，县委党校实行班子成员领衔课题组和全员科研制度，引导全校教职员工研究“田园松阳”升级版建设过程中遇到的热点、难点问题，推动教、研、咨一体化建设，为松阳跨越发展出谋划策。重新修订《科研业绩考核与奖励办法》。严格执行科研制度，科研咨政工作更加突出“党校姓党”。创建“六个统一”科研咨政原则，有力保障科研咨政工作正确方向。组织全校教职工参加省、市级党校培训3次，参加丽水市委党校科研骨干培训班等；邀请县级专家专题授课2次，邀请县委办、县政府政研室领导作咨政撰写专题讲座等；开展调研，组织教职工到临海、黄岩、温岭等发达地区党校交流科研管理办法，学习课题申报经验等；组织教职工深入乡镇、企业基层蹲点调研；加强交流，组织教师参加各级研讨会，参加全省党校行院系统“庆祝新中国成立70周年暨党校建校70周年”理论研讨会等；承办并参加全市党校系统政治、文化学科组骨干教师培训班，该校教师2人作专题授课，1人做专题发言。媒体发声共5人次，校长吴利民在浙西南革命纪念馆中接受丽水市电视台的采访，就“浙西南革命精神”发表看法。

【**政治思想建设**】2019年，县委党校开展“不忘初心、牢记使命”主题教育。认真学习“两书一章”，撰写学习的心得体会，创建学习讲坛，让全体党员进行分享和交流。深入调查研究。在实地调研的基础上，切实分析问题症结，撰写调研文章3篇，并召开了调研成果交流会。深入检视问题。对找出的问题进行系统梳理，制订具体的整改措施，促进党员干部不断实现自我完善。狠抓整改落实。对调研发现的问题、群众反映的问题、自身查找的问题、上级点出的问题列出清单、建立台账，逐条研究制订具体的解决办法和整改措施，持续推动整改，确保问题整改全部落实落地。突出干净干事，认真履行党风廉政建设“两个责任”。深入学习领会中共十九届四中全会精神，落实全国党校工作会议精神及《中国共产党党校工作条例》，推进党风廉政建设和作风建设，贯彻落实中央“八项规定”和省“28条办法”“六个严禁”，坚决反对“四风”，定期召开党风廉政季度例会，研究制订相关规章制度，严格执行约谈制度，制订责任清单，及时更新岗位廉政风险信息，经常通过网站、短信、微信等形式提醒全体教职工遵守党风廉政各项纪律。突出纪律严明，从严做好意识形态工作。把研究党校意识形态工作作为校领导班子会重要议题，不断增强全体教职工做好意识形态工作的责任感、使命感。强化理论学习。充分利用党员固定活动日、夜学等开展干部集中学习，参加县里组织各类理论学习、考试活动，开展“学习强国”学习，定期组织通报，督促干部学习，形成“比学赶超”的良好氛围。加强理论宣传。结合党校工作，增强意识形态引领，把意识形态工作纳入主体班次课程，邀请县委常委、宣传部部长汪健为县管干部一班学员讲授《县域意识形态建设》等。通过多次征求意见、讨论修改，印发《党校工作规范》。该《规范》共涉及包括“教学科研制度”“后勤保障制度”“队伍建设”“党建工作制度”等在内的46项制度，及时印发全体教职工学习，有效地引导教师做到“学术探索无禁区、党校讲课有纪律”，始终把政治纪律和政治规矩挺在前面。

【**行政后勤服务**】2019年，县委党校以校园迁建为核心，本着务实、高效、节俭的原则，不断改善办学条件，美化校园环境，优化校园管理，做实后勤保障工作。开展学习调研工作，着力提升后勤服务理念。分别到中央党校、省委党校及宁波、黄岩、义乌、龙泉等地党校学习考察，探索新校园迁建后后勤管理办法，撰写调研文章《如何打造服务型党校》；派员参加第五届全省党校系统后勤管理研讨会，交流新时代党校后勤管理的方法和经验，着力提升后勤服务的质量和理念。推进后勤工作改革，增强后勤保障能力。改革人员管理办法，采用服务外包的新方式提升后勤保障管理；改革资产管理方式，采用“资产云”“政采云”等新系统科学采购和管理固定资产；改革服务管理制度，修订党校后勤保障制度，提高后勤工作效率，优化后勤服务。聚力校园迁建，着力打造松阳特色红色学府。校园迁建工程是年度重点工作，占地1公顷，总投资1000余万元。推进“信息化”党校建设，建成多媒体教室5个、多功能报告厅1个，新机房配备台式电脑20台，采购笔记本电脑10台，有效提升该校工作信息化程度；加强校园文化建设，突出“党校姓党”，校园大门悬挂“党徽”，培训楼的党旗墙、“浙西南革命精神”十二字文化走廊设置等。

【主体班次教学管理】2019年，县委党校修订《主体班次学员守则》《学员管理工作制度》等10项教学管理制度，把严格教学管理贯彻于干训工作全过程，在学员出勤情况、上课纪律、学习态度等方面作出严格规定，加强对学员培训情况的考核，规范学员评优评先，旨在规范学员管理，提升教学质量。创新推出主体班次干部培训“六大模块”形式：一份通知书——带着课题进党校、开学第一课——明确目标讲学习、接触新思维——对标先进比赶超、走进基层——县情教育强自信、学习大讨论——建言资政谋发展、结业汇报会——学有所悟开新篇。科学谋划教学布局，科学设置课程，使之更具系统性和逻辑性、更具松阳特色。安排县内县外的理论教育、党性教育、现场教学，促进学员开阔眼界、拓展思维，全面提升解决基层问题、服务地方发展的能力，最终实现良好的教学效果。根据主体班次学员特色，量身设计丰富多彩的教学活动，如“破冰活动、现场教学、结构化研讨、分组课题调研、课题大讨论、你来比画我来猜”、“击鼓传花记名字”等各种启发式游戏活动；学员论坛、支部活动、纪念“五四”青年节100周年活动、结业汇报会、主题教育活动进校园等形式多样的学习模式，要求每位学员每日撰写学习感悟并进行展示与交流，力争通过活动，促进学员的交流，增强班级的凝聚力，并在思想的碰撞中互促互进。

【面向基层现场教学宣讲】2019年，县委党校在重要时间节点，充分发挥党校理论宣讲优势，中共十九届四中、省市县两会召开后以及重点工作开展时，如弘扬践行“浙西南革命精神”的活动、“不忘初心、牢记使命”主题教育等，该校安排教师参加上级相关培训，及时更新理论知识；同时由常务副校长带头宣讲并及时组织教师到基层、到农村、到单位、到企业开展宣讲，确保上级的精神能第一时间传达到基层中去。开展宣讲31场，受众1800余人次，其中“初心之行”理论宣讲20场次。发挥党校宣讲主阵地作用，把“浙西南革命精神”、主题教育等县委县政府的中心工作向基层宣讲好、传达好；开展走访结对贫困户活动，制订结对帮扶5年规划、年度计划，为贫困户上致富课，增强脱贫信心，为结对贫困户提供实实在在的帮助；为下包村争取资金2万元，用于基础设施改善、困难群众慰问等。

（县委党校）

档案事业

【概况】2019年，根据《松阳县局级事业单位机构编制框架方案》，县档案馆、县党史研究室、县方志办三合一，设立松阳县档案馆（以下简称“县档案馆”），挂松阳县党史和地方志研究室牌子，为县委直属正科级事业单位。9月23日，新班子成员到任后，积极配合县编办制定机构三定方案，《中共松阳县委机构编制委员会关于印发〈松阳县档案馆职能配置、内设机构和人员编制规定〉的通知》（松编委〔2019〕36号）于11月28日正式发文。该馆共有事业编制15人，其中科级领导职数3人（馆长1人、副馆长2人），股级职数6人，内设办公室、党史科、方志科、年鉴科、保管利用科、信息技术科6个科室。做好原档案馆和史志办2个单位的整合工作。截至年底，党支部、工会、人员分工、科室划分、办公场所、财务管理、股级干部任命等各项工作基本整合到位。制订并实施“三重一大”事项集体决策实施细则、值班考勤管理、财务管理、学习和工作例会等制度。在保障档案和史志的各项业务工作有序推进的同时，开展“不忘初心、牢记使命”主题教育，取得良好成效，在县委主题教育巡回指导组考核评价中名列组内第一名。是年，该馆认真履行“存史、资政、育人、为民”职能，全面推进档案、党史和地方志工作。

【档案工作法治化】2019年，县档案馆落实县委巡察共性问题整改。针对《十届县委巡察发现的共性问题整改清单》指出的“日常档案管理不规范，对日常档案指导工作不足，部分单位档案管理混乱，相关工作台账资料未按照规定完整归档；未落实专人保管档案，个别单位甚至出现档案全部遗失或失窃现象”问题，牵头抓好该项问题的整改。开展全县机构改革、国家卫生县城巩固、全县行政村规模调整等工作的档案业务培训，共培训200余人次。同时，组织各单位档案员根据自身工作需求参加全省专项档案业务培训班，60余人次参加。制订《2019年度松阳县档案史志工作考核评分细则》。根据《2019年度目标管理考核办法》，档案与史志工作列入基础保障类举证扣分，按照工作完成情况实行举证扣分，扣分以2分为限。研究制订考核细则，突出工作实效，注重日常工作情况，增加量化指标权重，减少台账记录留痕。开展“三服务”，针对行政村档案管理一直比较薄弱、存在资料分散、整理不规范等问题，该馆早谋划早部署制订工作方案，结合“三服务”，县委常委分管领导潘力平带队，深入乡

2019 年 10 月 22 日，县档案馆举行揭牌仪式

镇（部门）走访调研档案工作，共走访 19 个乡镇（街道）和 42 个部门，编印 200 本档案工作手册送到各个单位。对县交通局下属单位工程档案失窃事件，及时派出执法人员对相关人员做调查笔录，移交县纪委立案处理。

【档案接收征集】2019 年，县档案馆通过省级综合档案馆业务测评，对照《浙江省市县国家综合档案馆业务建设评价标准》建筑与设备、经费与人员、档案基础业务、开发利用服务 4 大板块 62 个指标项，围绕接收征集、整理编目、查阅利用、编研开发、信息化建设、基础设施建设等开展基础业务攻坚工作，做好档案业务建设评价各项工作。12 月 18～20 日，档案馆通过省市专家组的评定。

【档案服务利用】2019 年，县档案馆提升档案保管利用能力，加强档案接收管理。接收县农业局、县文广新局、县经贸局、县民政局等 29 个单位的档案入库，共 51387 卷计 23085 件，接待群众查询 1824 人次，查阅 5288 卷，复印 24338 份。

制订并落实档案安全应急预案，把档案安全工作做在平时，不留安全隐患。库房做到勤检查，发现隐患及时报告、及时处置，每周安排专人清理库房等。每月进行档案安全检查，对检查内容、检查情况进行汇总，及时消除风险点，力求档案安全工作不留死角。

【数字档案馆建设】2019 年，县档案馆按照《浙江省数字档案馆系统评估办法》，加快数字档案馆的建设进程，增添信息化设施设备、完善数字档案防护功能、提高馆藏档案数字化率、建设“最多跑一次”电子归档平台、升级 1+10+N 数字档案协同管理系统、推进机关数字档案室建设，初步实现档案资源数字化、管理规范化、利用便捷化。11 月 13～14 日，省市档案专家到松阳对县档案馆数字档案馆系统进行评估，县档案馆以 83.45 分通过。松阳县数字档案馆通过省级数字档案馆评估。

【档案信息化管理】2019 年，县档案馆继续开展监督指导档案年度归档工作。指导机构改革涉改单位、国卫巩固、行政村调整等中心工作的档案整理；指导县卫生健康局、县教育局、水南街道等单位完成立卷归档工作；指导并完成象溪镇人民政府及 2 个行政村（靖居包村、东田源村）和板桥乡人民政府及 2 个行政村（桐榔村、后塘村）的档案规范化建档工作。施行数字档案室建设，完成县档案馆、丽水市住房公积金管理中心松阳分中心 2 家示范数字档案室建设和县教育局、县经贸局、县委编办等 14 家单位规范数字档案室的创建。推进“最多跑一次”改革，完成档案系统 7 个“最多跑一次”办事事项指导目录和档案系统“最多跑一次”办事指南，及时更新数据并与省市数据保持一致。助力全县行政村规模调整工作，组织乡镇领导、档案员开展村调工作档案业务知识的培训，确定行政村档案收集范围，全员行动分组对各乡镇的收集情况进行上门指导和检查，督查档案服务中介公司按时、按质完成整理工作。全县 324 个涉调村的档案收集整理工作全部完成。完成档案系统互联网监管系统的事项认领 4 个，检查清单录入 5 个。参与 2 个县级以上重点建设项目的档案验收。

【档案宣传与教育】2019 年，县档案馆开展档案法制宣传工作。围绕“6·9”国际档案日开展系列宣传活动，档案宣传广播车在全县巡回宣传《中华人民共和国档案法》等内容；在市政广场开展主题宣传活动，宣传档案知识、档案法律法规、档案文化，接受咨询，发放宣传资料；在“松阳发布”微信公众号平台开展“档案知识有奖竞赛”，利用网络扩大档案工作的群众知晓率。同时，组织参与国家、省、市“国际档案日”各项活动。

【清廉机关建设】2019 年，县档案馆全面落实从严治党主体责任，开展秦岭别墅违建、“新松阳”身边案例剖析等警示教育；组织党员到青田刘基廉政文化教育基地、云和小顺爱国主义教育基地和横樟村开展廉政教育活动。开展“不忘初心、牢记使命”主题教育。及时发放学习材料；精心部署安排学习会；开展应知应会知识抽查；党员轮流领学必读书目；对照 8 个专题开展研讨交流；班子成员 3 人给全体干部上专题党课；集中收看

《难忘初心》《不忘初心学党章》《榜样4》等专题片。开展清廉机关建设，成立清廉机关建设领导小组，研究制订清廉机关建设方案，深入推进廉政学习教育制度化常态化；召开党风廉政季度例会4次；重新完善制订内部管理制度5项；机构改革后新任领导班子成员之间、班子成员同科室负责人之间开展谈心谈话11人次；档案信息化设备采购、《松阳年鉴（2019）》和《田园松阳文化丛书》第四、五两辑的印刷等重大项目支出严格按照采购程序公开招投标。

【落实意识形态工作责任制】2019年，机构改革后，县档案馆及时调整意识形态工作领导小组，由单位“一把手”负总责，明确分管领导，办公室具体负责日常工作协调。利用各种会议及时传达中央、省、市、县有关意识形态工作的决策部署，把握正确的政治方向，严守政治纪律和政治规矩，严守组织纪律和宣传纪律。每半年上报主体责任落实情况，每半年召开一次班子会专题研究意识形态工作。定期开展研判，及时掌握思想动态。定期分析研判意识形态领域情况，辨析思想文化领域的突出问题，对重大事件、重要情况、重要社情民意中的苗头性、倾向性问题，有针对性地进行引导，按规定上报舆情分析。建立网络发言人工作制度和突发事件新闻应急处置工作预案。实现全馆意识形态工作整体良好，意识形态工作责任制落实到位，社会主义核心价值观教育工作有序开展。积极开展档案文化建设，弘扬主旋律，传播正能量，组织全员参与信息宣传工作，鼓励全体干部积极投稿，全年被各级媒体、网站录用稿件63篇。

【巡察整改落实】2019年，县档案馆对于巡察组反馈的问题，逐项研究，细化明确整改时间、整改措施和整改责任，实行个别“销号”处理，并建立健全巩固提升长效机制。同时，更加注重治本和预防，以问题为导向，从“面”上问题挖掘“根”上的原因，按照“边整改、边总结”的原则，举一反三，研究治本之策，把整改措施制度化、长效化，防止同类问题再次发生，形成用制度管权管事管人的长效机制。整改工作开展以来，新制订制度4项，批评教育5人，巡察发现的31项问题均完成整改。

（县档案馆）

史志编研

【概况】2019年，县档案馆（党史和地方志研究室）围绕全县发展思路和目标任务，把握“以史鉴今、资政育人”这一根本任务，全面推进以地方党史三卷为重点的党史基础研究和以二轮修志为重点的地方志编纂工作，推动党史教育基地建设、红色旅游发展和田园松阳文化建设，切实加强史志工作队伍建设，不断提升全县党史地方志工作科学化水平和服务大局能力。11月18日，县委常委会专题听取县档案馆关于2019年史志和档案工作的汇报，与会县领导充分肯定工作的同时，采纳“在档案馆新馆建设项目融入党史、方志馆功能、增强档案史志人员力量”等建议。2019年度乡镇（街道）和县直单位年终综合考核工作，县委常委会决定将史志和档案工作纳入考核内容，按照工作完成情况实行举证扣分，分值为2分。并由县委办行文下发史志和档案工作考核通知。县档案馆发挥好考核的“指挥棒”效应，认真研究制订相关考核评分细则，针对各单位是否有分管领导和编写人员、是否及时按要求提交《松阳年鉴（2019）》等相关资料、是否认真审核承编的《松阳县志》（新修）内容等情况，据实扣减考核分。

【党史编撰】2019年初，县档案馆党史编研科着手草拟党史三卷本纲目的编写，随后召开座谈会和编研会对拟写的纲目进行讨论、补充、完善；8月，邀请省市专家进行评审；10月，书稿定稿。12月底，完成资料长编各15万字左右。经过讨论研究，确定1978年12月至2016年12月共281个专题，形成《改革开放以来中共松阳历史专题（1978～2016年）征编计划》，于2017年正式启动改革开放以来松阳党史专题的征编工作，2018年完成《松阳县改革开放四十年成就——中国共产党松阳历史专题》共6卷253个专题180余万字。2019年组织复审修改，并进行统稿修改；启动

2019年10月22日，县党史和地方志研究室举行揭牌仪式

编写《中共松阳县组织史资料（第六卷）》。

【县志编纂】2009年9月，县档案馆方志编研科开展修志，启动新修《松阳县志》工作，是全市唯一重修的志书，上限为事物发端，下限截至2010年，跨时4000多年。2018年12月，完成初稿并通过初审，共12本380余万字。2019年，根据初审意见进行补充、完善，继续索引、人物、图照等卷册的整理，查找补充资料、编写部分遗漏章节。11月27～29日召开复审会，计划在2020年6月底前完成终审并交付出版社。同时，编纂《松阳地舆图志》，为县交通局编纂《松阳航运史》，推动地情研究；为蚕桑博物馆、航运博物馆、气象博物馆、废墟博物馆、独山大桥的雕刻、司法公园等提供史料，助力乡村文化建设；参与乡镇（街道）制定行政村调整方案，为新村村名、村址的确定提供资政服务。出版清代顺治、乾隆、光绪3部《松阳县志（标点本）》。收集整理民间宗谱，是年增加姚氏、顺氏2个姓氏录，增加宗谱52部60卷（册），现共收录102个姓640支1000余卷册。编印工作期刊《松州史话》2期。

【年鉴编纂】2019年，县档案馆年鉴科实现“一年一鉴”公开出版；《松阳年鉴（2019）》在上卷的基础上，继续做好年鉴资料的收集、整理、编辑的前期工作。2月28日，发送征集《松阳年鉴（2019）》资料的函；3月，正式启动《松阳年鉴（2019）》撰稿的收集，并着手开始《松阳年鉴（2019）》编辑工作；8月1日，形成《松阳年鉴（2019）》送审稿；11月，《松阳年鉴（2019）》书稿定稿；12月，《松阳年鉴（2019）》书稿送出版社印付，并正式公开发行。

【旧志整理】2019年，县档案馆（党史和地方志研究室）参照《中国地方志集成影印本》进行标点，最大限度地保留县志原貌，对一些古今地名、年代等进行仔细的勘校、修正，并借助标点，适当划分段落，2019年出版清顺治、乾隆、光绪《松阳县志（标点本）》精装本，使古籍易懂好查阅，能为今用，深受史学爱好者的喜爱。

【史志宣传】2019年，县档案馆（党史和地方志研究室）为松阳原创高腔红色革命题材剧《箬寮风雷》提供史料，参与完善剧本，该剧在中国婺剧院、丽水大剧院等地公演，并在央视戏曲频道播出，以松阳县国家级非遗项目松阳高腔为艺术表现形式，演绎陈风生等松阳籍革命先驱在安岱后等浙西南革命根据地率领农军作战历史，让观众真切地感受到革命先辈的崇高精神，广受好评。首次以连环画形式反映革命斗争史，与县关工委、县教育局、县文联联合编撰连环画《杜鹃红》《红色浙西南——松州风雷》，发放至县直各单位、各中小学校，为弘扬践行“浙西南革命精神”和“不忘初心、牢记使命”主题教育提供了优质本土教材，让党史教育更接地气。组建以返聘人员为主体的“红色宣讲团”，深入机关、学校、农村等开展党史“七进”活动，宣讲“浙西南革命精神”。用史实发声，在宣传培育社会主义核心价值观、传承红色基因、弘扬革命文化等方面，积极发挥史志部门的独特作用。

【遗址修复】2019年，县档案馆（党史和地方志研究室）参与安岱后、斗潭、小吉浙西南革命遗址群的修复布展工程，这三地成为主题教育“初心之行”主要目的地，接待各地、各单位参观学习党员1万余人次。

【资政育人】2019年，县档案馆（党史和地方志研究室）根据松阳县委十届八次全会部署的大力弘扬践行“浙西南革命精神”和红色资源价值转化工作，提出45项主要目标任务，其中涉及13项。在弘扬践行“浙西南革命精神”中，参与“浙西南革命精神”内涵的提炼，党史论文《“三迎红军”：浙西南革命中的军民团结》在《学习时报》、人民网等媒体刊登。编写《浙西南革命精神简明读本》（松阳卷），为全县党员干部学习讨论“浙西南革命精神”提供历史依据；编撰《松阳英烈传》和《烽火松阳》，及时挖掘和保存松阳抗日战争和解放战争时期的革命史料，铭记革命前辈的历史功绩；为松阳原创高腔红色革命题材剧《箬寮风雷》、连环画《杜鹃红》、《红色浙西南——松州风雷》提供史实资料，取得显著的宣传效果。培养革命历史讲解员，分批对安岱后村、小吉村、大东坝镇60余名讲解员进行党史知识、讲解要点、注意事项等内容培训。组建红色宣讲团，宣讲团成员深入机关、学校、农村等开展党史“七进”活动，宣讲“浙西南革命精神”，合计100余次，受众1万余人次。参与《松阳革命遗址的保护和利用规划》的制订，参与安岱后、斗潭、小吉等革命遗址的修复、布展，参与筹建革命文物纪念馆。营造“浙西南革命精神”氛围，在馆藏档案中整理出《松阳大惨案——侵华日军在松阳县罪行录》《日寇侵犯丽水罪证——侵华日军在丽水图片专辑》《红色印记——浙西南红军遗址影像档案》和湘湖师范老照片等珍贵红色档案；为“松阳广电”微信号发布的“少先队员讲革命故事”提供资料，配合松阳电视台《时空漫步》栏目制作革命历史节目八期；刊印“浙西南革命精神”宣传册《人民英雄永垂不朽》，作为教育读本分发到各学校。

【田园文化丛书组稿】2019年，县档案馆地方志研究室编辑出版“田园松阳文化”丛书第四、五辑书稿，包括《松阳百姓源流序集》《松阳百姓族规家训》《松阳祠堂志》《松阳民俗•岁时节令》《民国松阳记忆》《松阳历代书法》《松阳古今杂谈》《松阳从历史走来》《松阳农家器用》《松阳田园诗藻选辑》10 本，正式出版发行。

（县党史和地方志研究室）

信访工作

【概况】2019 年，中共松阳县委、松阳县人民政府信访局（以下简称“县信访局”）是负责全县信访工作的职能部门，为县委工作机关，正科级，挂县统一政务咨询投诉举报平台管理办公室牌子。县信访局内设办公室、来信来访（督查）2 个科室，下属松阳县 12345 政务咨询投诉举报服务中心。1 月，设立中共松阳县委、松阳县人民政府信访局党组。

【创新信访服务意识】2019 年，县信访局依托县“民情地图”促服务机制优势，统筹基层治理“四平台”服务功能，于 8 月 28 日在全县铺开县、乡、村三级联动信访代办机制，19 个乡镇（街道）203 个村，共有信访代办员 222 人，实现“群众点单、干部代办”的新型办事投诉渠道，让群众办事、信访坐上直通车，从源头上预防和减少信访矛盾的产生，使信访问题真正化解在基层。

【积案化解行动】2019 年 2 月 28 日，松阳县信访联席办公室印发《松阳县“创建省级无积案县攻坚年”活动方案》和《松阳县“创建省级无积案县攻坚年”考核办法》，全面启动省级无信访积案县创建工作。县信访局以“创建省级无信访积案县攻坚年”活动为契机，常态化抓好初信初访办理、信访积案化解、信访环境整肃等各项基础性、根本性工作，着力推进全县信访生态持续好转。2019 年，5 件国家级积案办结 5 件、化解 5 件，办结率 100%、化解率 100%；9 件省级积案办结 9 件、化解 7 件，办结率 100%、化解率 77.8%。进京访 13 批 15 人次，同比下降 45.8% 和 40%，创建成为省级“无信访积案县”。

2019 年 9 月 19 日，县委书记王峻调研指导信访积案化解工作

【社会矛盾纠纷调处化解中心成立】2019 年 12 月 12 日，松阳县社会矛盾纠纷调处化解中心（信访超市）正式揭牌运行。该中心实行重点部门常驻、一般部门轮值入驻，涉事部门随叫随驻工作模式，按功能区块设立涉法涉诉、城乡建设、社会保障、经济发展、综合 5 个窗口，按照受办一体的即接即办机制、事心双解的教育疏导机制、协调联动的会商研判机制、上下对接的协调办事机制、阳光透明的公开监督机制、协同配合的考核管理机制，基本实现“只进一扇门”“最多跑一地”。自 12 月 12 日上线运行至 12 月 31 日，共接待来访群众 112 批计 196 人次，其中初访 8 批计 63 人次，化解 4 批计 45 人次。

【转办信访事项办理】2019 年，县信访局贯彻落实《信访条例》规定，进一步压实属地责任，规范工作程序，提高工作效能，引导群众依法逐级走访，使群众合理合法诉求得到及时就地解决，使信访问题在基层属地得到妥善解决，切实维护群众的合法权益。共收到群众来信 354 件，比 2018 年 184 件上升 92.4%；收到网上信访 2374 件，同比上升 216.96%；网上信访（不含咨询件）在信、访、网中占比为 76.52%。共接听 12345 热线电话 16392 个，当场答复 13990 个，转后台办理 2402 件，15 秒接通率 96.46%。

松阳县社会矛盾纠纷调处化解中心揭牌运行

截至12月底，全县信、访、网初件2026件，增加积案9件，积案率1.19%，同比2018年6.98%的新增积案率，下降82.95%。

【依法信访引导】2019年，县信访局坚持信访工作“诉求合理的解决问题到位、诉求无理的思想教育到位、生活困难的帮扶救助到位、行为违法的依法处理”的原则，依法及时就地化解信访矛盾，引导信访人接受依法处理结果，促进信访人停诉息访，在全社会营造诚实守信、公平公正的信访工作氛围，化解了一大批群众关心的热点难点问题，赢得广大群众的大力支持。2019年，累计教育训诫56人次，行政拘留16人，行政警告2人，采取刑事措施3人。

【施行全省信访事项依法终结试点】2019年10月下旬开始，浙江省信访事项依法终结试点工作在松阳展开。通过多次调研、座谈、梳理、研判，制定出台《松阳县信访事项依法工作细则》，相关内容以及工作举措得到省信访局肯定。对不同信访案件在信访事项依法终结上，积极与相关部门对接，明确法规政策，固定信访诉求，厘清办理程序和文书，确保回应信访人的证据扎实精准、违法信访行为和教育训诫确凿、帮扶解决方案穷尽、法规政策研究透彻，推进松阳信访事项依法终结试点工作完成。同时做好终结事项的后续管理，以高质量的成果来推进全县信访秩序持续向好发展。全年拟终结信访事项5件，其中听证2件（国家级积案1件、市级积案1件），拟报备入库14件。

【信访文化宣传】2019年，县信访局依托信访环境整肃工作，着力净化信访生态，推动宣传全县信访文化。在城中心LED屏幕、电视台、广播循环播放依法信访公益广告，印发《关于依法打击非访缠访闹访以及越级上访行为的公告》《维权，但不能违法》《以案释法》《依法信访》宣传单（册）共计7000余份，在全县范围内进行张贴宣传。以信访案例为原型创作文学作品，获全省“三线发力破难题”主题征文活动二等奖1个、三等奖1个、优秀奖1个；获丽水市“赞美新中国、筑梦新时代”朗读者大赛三等奖；获2019年度丽水市信息宣传工作先进集体二等奖。

（县信访局　吴深玲）

关心下一代工作

【概况】2019年，松阳县关心下一代工作委员会(以下简称“县关工委”)设专职副主任1人，其他副主任均由离退休老同志或在职的县领导及有关部门领导兼任，名誉主任、顾问若干人。县关工委办公室编制3人，参照国家公务员制度管理。其中，办公室主任1人（副科长级）由关工委专职副主任兼任。 2019年，县关工委被评为浙江省关心下一代工作先进集体；颜雪玲被评为浙江省关心下一代工作先进个人 。

【青少年思想德育教育】2019年，县关工委组织开展社会主义核心价值观教育，量身定制以“传承红色基因 弘扬浙西南革命精神”为主题的宣讲内容18个，以菜单式供各学校选课，先后开展庆祝中华人民共和国成立70周年、“清明”节前到烈士墓前扫墓等教育活动，全面拓宽青少年德育教育的平台。共组织宣讲46场，受教育青少年1.5万余人次。《杜鹃红》一书第一版印刷1500册，发放至各学校每一个班级和图书馆；组织“五老”编排新编革命历史剧《杜鹃魂》，联合县教育局开展红色文化教育专场演出，该活动相继在浙江电视台、浙江新闻客户端报道。在小学生中继续开展国学经典教育活动，推广使用县里编写的国学经典教材，联合县教育局、团县委、县少工委举办丽水市第九届“绿谷之春·文艺”（松阳赛区）暨国学经典成果展示竞赛活动；在大东坝镇中心学校推行“国学经典传承——孝文化”创建工作，建立“孝”文化展示馆，编写“孝”文化校本教材，开设“孝”文化课程等系列孝文化教育活动。

4月3日，在烈士陵园进行青少年爱国主义教育

【失足青少年帮教】2019年，县关工委高度关注青少年健康成长，结对联系涉毒青少年3人，逐一上门进行回访，帮助他们重树自信、重新起航。在多场禁毒宣讲活动上，邀请戒毒人员现身说法，获得广大师生一致好评。同时，编印《未成年人普法教育知识手册》5000册，通过志愿者服务和社科普及周等活动，开展青少年法

治宣传活动，在青少年心中种下守法的种子，全年发放青少年普法宣传手册1200余份。

【帮困助学】2019年，县关工委共筹集帮困助学资金162.05万元，同比增长21%；资助学生637人，同比增长54.6%。其中，中小学生及困境儿童578人，资金95.85万元。高考结束后，通过《中天·钱报》、《嘉兴南湖晚报》、《处州晚报》、“市关心下一代基金”等助学活动共争取和筹集帮困助学资金66.2万元，大学贫困新生59人得到资助，圆了大学梦。举办“嘉禾绿荫行动”“中航环卫助学”“红梅教育基金助学”等助学金发放仪式。

6月26日，在民族中学举办“爱心圆梦 中航环卫爱心助学”助学金发放仪式

【科技扶农】2019年，县关工委以“双百”活动为载体，围绕县委县政府“田园松阳”建设目标，以及农业三大支柱产业和农业“两区”建设重点，推进城乡融合发展体制机制创新，实施“双百”助力乡村振兴工程，开展百亩无公害水稻油菜高产示范、千亩光伏基地、特色优质稻米引种试种等12个项目。全年有老专家15人下乡实地指导480余次，到赤寿陇川千亩光伏基地、大学生创建生态土鸡养殖场、茶鸡种养结合生态茶园调研指导，共举办各类农技培训班25期，参训1068人，发放培训资料1000余份。其中，由科技专家技能帮扶的女大学生张雅静家庭农场被推荐到中国关工委“十百千万”和“五老”关爱行动，张雅静被中国关工委评为“双带”农村致富青年先进个人，真正发挥科技老专家的作用，帮助青年农民科技致富，为乡村振兴添彩。

【自身建设】2019年，县关工委在省关工委成立30周年暨全省关心下一代工作“双先”表彰大会上，松阳县获关心下一代突出贡献荣誉1人，先进个人1人、先进集体1个，见证了该委在狠抓自身建设，努力做好服务青少年工作中取得新的成果。完成《关于浙西南革命精神如何在中小学弘扬践行的调研报告》《松阳县小学生视力现状调查报告》，并获县领导批示，为关心下一代工作建言献策。

（县关工委）

“五水共治”（河长制）工作

【概况】2019年，松阳县深入贯彻落实省、市“五水共治”（河长制）部署和要求，按照省委书记车俊关于“‘五水共治’只能加强，不能放松”指示要求，紧盯2022年全面建成“污水零直排区”的目标，持续高标准推进“五水共治”，高水平落实“河长制”，巩固提升创建成果，严防水质反弹，区域水环境质量得到较大提升。投资3.71亿元用于“五水共治”建设，结合城中村改造，启动核心区块污水零直排区建设，同时覆盖镇（街道）“污水零直排”以及“美丽河湖”建设，深化全域“五水共治”工作。全县10个地表水断面达标率100%，出境水优于入境水质，区域水环境质量大幅提升，治水工作得到广大群众的认可，举办2019年全省美丽河湖建设暨河（湖）长制培训班。

【“污水零直排区”建设】2019年，县五水共治办（河长办）以零直排区创建为契机，落实高标准截污纳管。紧扣零直排区创建“1+1”试点任务（大东坝镇和江南豪园生活小区）和2022全面建成污水零直排区目标，通过制订方案、绘制线路图、科技排查、细化任务、定期通报等举措，全面推进零直排区截污纳管工作。省级“污水零直排区”试点江南豪园生活小区通过竣工验收，大东坝镇通过市级验收。此外，县建设局加快推进主城区“污水零直排区”创建，总投资3.41亿元的松阳县城区截污纳管、雨污分流工程（2019～2021年）于9月动建。截至年底，4个住宅小区的截污纳管、雨污分流工程动建，完成截污纳管10.50千米，清淤排水管网61千米，雨污分流改造管网2千米，建设雨水管网2千米，改造易涝易淹片区1处，建设屋顶建设屋集雨等雨水收集系统26处，建成供水管网11千米、改造6千米。完成城镇污水处理厂清洁排放技术改造前期可研、初设并获批。“六小行业”逐步推进。按照全市“六小行业”污水治理推进会精神，全县召开“六小行业”主管部门座谈会，针对关键难点召开现场会，进一步明确整改任务。至年底，“六小行业”污水整治完成前期摸排告知阶段工作，已排查问题122个，整改108家。

【美丽河湖创建行动】2019年，县五水共治办（河长办）推进“美丽河湖”创建，打造高标准示范工程。出台《松阳县“美丽河湖”实施方案》，全面启动“美丽河湖”建设。申报“美丽河湖”3条，其中，省级“美丽河湖”1条，市级“美丽河湖”2条。年底谢村源水库至松阴溪入口段“美丽河湖”15.5千米，通过省级“美丽河湖”验收。依托“美丽河湖”，嬉水乐园、邻里中心、水产转型示范中心、民宿村等精品示范点成为网红打卡点，进一步释放生态红利。

【实施河湖长制】2019年，县五水共治办（河长办）建立健全河长制。制订河道水环境治理年度工作计划，推进县乡村三级河长履职。根据全县行政村规模调整，对村级河长328人逐一核对，调整为现有的234人，同时聘请百名民间河长，巡河完成率和问题处理率100%，通过中央河湖长制总结评估；完善各级河道信息更新维护，在河道显要位置竖立三级河长公示牌456块，累计更新各级公示牌信息700余处，更换破损公示牌25块。

【河道市场化保洁管理】2019年，县五水共治办（河长办）实施河道保洁考核机制。县域63条计372.94千米河道推行保洁市场化运作模式，每季度组织县水利局、县财政局等职能部门，围绕河道有无漂浮废弃物、河道河岸有无悬挂物、河长公示牌是否完整、信息是否更新到位等对松阴溪干流、小港主流及支流河道开展每月河道保洁考核，发现72处问题均交办整改到位。

【建立各级督查机制】2019年，县五水共治办（河长办）完善督查考核机制。出台《2019年度松阳县“五水共治”（河长制）工作考核评分办法》，紧扣“污水零直排区”建设和河（湖）长制落实等年度重点工作任务，实行“一月一提醒、一月一督查、一月一通报、一月一考评”制度，以持续高压的态势促进治水工作落实。开展“国控断面”巡查、巩固城市黑臭水体治理成果大排查、督查竞赛、河道保洁、满意度宣传、“六小行业”污水整治等一系列明察暗访活动50余次，发现问题447个，全部整改到位。制订饮用水源地的保护机制、年度工作计划和“一湖一策”，实行每月2次巡河，杜绝饮用水源地破坏、污染等行为，维护饮用水源地的安全。

【提升公众满意度获得感】2019年，县五水共治办（河长办）营造媒体宣传造氛围，推行宣传进机关、进社区、进农村、进校园和进企业（商户），通过短信、微信、钉钉等线上方式，横幅、显示屏、问卷调查等线下途径，持续开展治水知识宣传，并公开举报电话，营造全民共同保护、监督水源的良好氛围。全年累计推送“好水出松阳”100期，省治水办录用信息3篇、微信6篇。开展护水行动。充分发挥“党政军民学”等力量，组织开展“全民清洁日”“我当一天河长”“五水共治，健康惠民健身展示”“治水好声音”少儿朗诵大赛等宣传活动，营造“五水共治”全民参与的氛围。开展常规宣传普常识。制作“五水共治”宣传折页、扇子、横幅、调查问卷，微信推送有奖问答等宣传活动，并通过巡逻车、电子屏滚动播放公益广告，让“五水共治”（河湖长）信息家喻户晓。全年张贴海报2000张、公开展板5次、悬挂横幅100余条，入户发放治水日历7万余张。群众满意度测评稳中有升。

（县五水共治办〈河长办〉兰森燕）

松阳县人民代表大会
县人大常委会

箬寮云雾

综　述

【概况】2019年，松阳县人民代表大会（以下简称“县人大”）是松阳县地方国家权力机关，县人民代表大会常务委员会（以下简称“县人大常委会”）是县人民代表大会的常设机关，由同级人民代表大会选举产生。依据法律规定，在本行政区域内，县人大常委会有审议决定重大事项，任免县国家机关工作人员和对法律法规的贯彻实施，对县人民政府、县人民法院、县人民检察院工作及其人员进行监督等职权。县十二届人大常委会组成人员30人，其中副主任4人，委员26人（其中翁樟明在县十二届人大常委会第二十二次会议上辞去县十二届人大常委会主任职务，张宏雁在县十二届人大常委会第二十次会议上辞去县十二届人大常委会副主任职务）。松阳县第十二届人民代表大会设立法制（内务司法）委员会和财政经济委员会2个专门委员会，人大常委会办公室和法制工作委员会、财政经济工作委员会、教育科技文化卫生工作委员会、代表与选任工作委员会、农业资源环境工作委员会、民族宗教华侨工作委员会6个工作委员会作为工作机构，西屏街道工作委员会、水南街道工作委员会、望松街道工作委员会作为派驻街道的工作机构，为人大常委会依法履行职责服务。在各乡镇设乡镇人民代表大会（简称“乡镇人大”），县、乡镇人民代表大会会议每年至少举行1次。县人民代表大会及其常委会每届任期5年，乡镇人民代表大会每届任期5年。

县人大常委会按照习近平总书记对地方人大及其常委会工作的重要指示精神，坚持党的领导、人民当家做主、依法治国有机统一，大力弘扬践行“浙西南革命精神”，紧紧围绕全县工作大局，发挥人大制度优势，提高履职行权效能，推动中央和省市县委决策部署的落实，切实推进法律法规有效实施，实现县十二届人大二次会议确定的各项目标任务。

开展“不忘初心、牢记使命”主题教育活动，把政治建设摆在首位，落实常委会党组从严治党的主体责任，执行党风廉政建设责任制，遵守廉洁从政各项纪律规定。参加全国人大及省市人大培训班、县委理论学习中心组、领导干部网络学院的学习培训，通过举办会前法律知识专题讲座、党组民主生活会、机关夜学等形式，组织常委会组成人员及机关干部开展系统理论和业务知识学习，提升常委会组成人员的政治素质、履职能力和机关干部的工作服务水平。

承办丽水市人大宣传信息交流活动，召开全县人大宣传信息工作座谈会、培训会，推动人大宣传信息工作更好地适应新形势，取得新成效。坚持办好松阳人大期刊、网站，借助电视媒体开设“民生实事项目监督在线”和《人大之窗》栏目，唱响人大声音，讲好人大故事。2019年，县人大被评为省人大信息工作先进单位。

重要会议和决议决定

【县人民代表大会】2019年，松阳县第十二届人民代表大会第三次会议（以下简称“县十二届人大三次会议”）于3月5日下午召开预备会议。会议听取县十二届人大常委会代表资格审查委员会主任委员汤根木所作的《关于松阳县第十二届人民代表大会代表资格审查的报告》，通过大会议程、各项决议决定的表决方式、大会主席团和秘书长名单共43人、议案审查委员会名单共9人，会议还表彰了先进，中共松阳县委书记王峻在预备会上发表讲话；县十二届人大常委会主任翁樟明主持预备会议。

3月6日，县十二届人大三次会议在县会议中心正式召开，会期4天。会议正式代表170人，列席人员179人。会议听取和审查县长李汉勤代表松阳县人民政府（以下简称“县政府”）所作的《政府工作报告》、县十二届人大常委会主任翁樟明所作的《松阳县人大常委会工作报告》、县人民法院代院长林伟所作的《松阳县人民法院工作报告》、县人民检察院代检察长汪兴所作的《松阳县人民检察院工作报告》，审查、批准松阳县2018年国民经济和社会发展计划执行情况的报告及2019年国民经济和社会发展计划，审查松阳县2018年财政预算执行情况的报告和2019年财政预算草案，批准松阳县2018年财政预算执行情况的报告和2019年财政预算，审议松阳县2018年环境

2019年3月6日，松阳县十二届人大三次会议召开

状况和环境保护目标完成情况的报告。会议经过审议，作出决议，决定批准上述报告。

会议选举林伟为松阳县人民法院院长，选举汪兴为松阳县人民检察院检察长，选举毛先法、刘伟、刘斯华、周旭锋4人为松阳县第十二届人民代表大会常务委员会委员。

会议票决产生2019年松阳县十件民生实事，分别为实施农村饮水安全巩固提升工程、加强食品安全监管、全面推进“厕所革命”、完善城乡路网建设、农村生活污水治理设施优化提升、农村垃圾分类处理、智慧教育项目建设、城乡亮化工程、茶叶绿色防控技术推广项目、城乡妇女免费宫颈癌、乳腺癌“两癌”检查。

会议共收到代表提出的议案32件，其中政法方面1件，财贸城建方面6件，农林水方面11件，教科文卫方面7件，工业交通方面5件，其他方面2件。同时，代表提出建议130件。对以上162件建议进行分析研究，对内容相近、承办部门相同的并案处理，并案后为106件。

会议共召开主席团会议4次，通过主席团常务主席名单10人、执行主席分组名单、副秘书长名单、会议日程，作出议案截止时间的决定，提出选举办法（草案）和民生实事项目票决办法（草案）。听取选举办法（草案）和民生实事项目票决办法（草案）讨论情况的汇报，提名县人民法院院长、县检察院检察长候选人名单和县十二届人大常委会委员候选人名单。听取各代表团对政府、计划、财政3个报告及部门预算审查情况的汇报，听取各代表团对政府环境保护工作审议情况的汇报，听取各代表团对人大常委会和“两院”3个工作报告审查情况的汇报，听取、通过县人大财经委员会关于财政预算审查结果的报告，听取、通过议案审查委员会关于议案审查结果的报告，听取县政府关于民生实事候选项目的说明，提出各项报告决议(草案)，提出总监票人、总计票人建议名单。听取各代表团对2019年松阳县十件民生实事候选项目讨论情况的汇报，听取各代表团对各项决议（草案）讨论情况的汇报，听取各代表团提名酝酿候选人情况的汇报，确定正式候选人。

【县人大常委会会议】2019年，松阳县第十二届人大常委会（以下简称“县人大常委会”）共举行常委会会议8次。会议听取和审议“一府两院”（县政府、法院、检察院）专项工作报告40个，依法作出决议、决定20个，任免地方国家机关工作人员86人次。

县十二届人大常委会第十五次会议于1月23日下午举行，会期半天，县人大常委会组成人员30人出席会议。会议审议县人大常委会关于召开松阳县第十二届人民代表大会第三次会议的决定（草案），表决通过相关决定；听取县十二届人大常委会代表资格审查委员会关于部分代表资格变动情况的报告，表决通过相关决定；听取县十二届人大常委会主任会议关于提请补选、另行选举县人大代表的议案，表决通过相关决定；书面审议2018年度县人大常委会任命干部履职情况的报告；听取了人事任免议案，作出了相关人事任免决定。

2月1日下午，县十二届人大常委会举行第十六次会议，会期半天，县人大常委会组成人员27人出席会议。会议听取县十二届人大常委会主任会议关于提请补选县人大代表的议案，表决通过相关决定；审议县人大常委会关于召开松阳县第十二届人民代表大会第三次会议的补充决定（草案），表决通过相关决定；传达省十三届人大二次会议精神；听取人事任免议案，作出了相关人事任免决定。

2月18日下午，县十二届人大常委会举行第十七次会议，会期半天，县人大常委会组成人员29人出席会议。会议听取县政府关于2018年民生实事项目办理情况的报告，并进行了满意度测评；初审政府工作报告和2019年松阳县十件民生实事项目候选项目；初审松阳县2018年国民经济和社会发展计划执行情况及2019年国民经济和社会发展计划草案的报告；初审松阳县2018年财政预算执行情况及2019年财政预算草案的报告；初审松阳县2018年环境状况和环境保护目标完成情况的报告；初审县人民法院工作报告；初审县人民检察院工作报告；初审县人大常委会工作报告（审议稿），表决一致通过了报告；听取和审议县十二届人大常委会代表资格审查委员会关于代表资格审查的报告，表决一致通过了相关决议；听取和审议《松阳县第十二届人民代表大会第三次会议列席人员的决定（草案）》，表决一致通过相关决定；书面报告2018年松阳县人大常委会信访工作；听取人事任免议案，作出了相关人事任免决定。

4月29日下午，县十二届人大常委会举行第十八次会议，会期半天，县人大常委会组成人员32人出席会议。会议听取和审议县人大常委会主任会议关于确定县十二届人大三次会议代表建议重点督办件的报告，作出相关决议；听取和审议县人民政府关于2018年度政府重大投资项目执行情况及2019年度政府重大投资项目计划（草案）的报告；听取和审议县人民政府关于2018年政府性基本建设预算执行情况和2019年政府性基本建设预算（草案）的报告，作出了相关决议；听取和审议县人民政府关于三都乡西田历史文化名村保护规划的议案，作出相关决议；听取县人民政府关于农药化肥减量增效及秸秆露天禁烧与综合利用专题询问审议意见落实情况的报告，并进行了满意度测评，满意度测评结果为基本满意；听取县人民法院关于破解执行难工作审议意见落实情况的报告，并进行满意度测评，满意度测评结果为基本满意；听取县人民检察院关于落实民事行政检察工作审议意见落实情况的报告，并进行满意度测评，满意度测评结果为满意；书面传达省委书记车俊在省十三届人大常委会第十一次会议结束时的讲话；听取人事任免议案，作出相关人事任免决定。

7月4日上午，县十二届人大常委会举行第十九次会议，会期半天，县人大常委会组成人员33人出席会议。会议听取县人民政府关于2019年上半年十件民生实事项目进展情况的报告；听取和审议县人大常委会执法检查组关于《中华人民共和国公共文化服务保障法》执法检查情况的报告；听取县人民政府关于居家养老工作提升建设情况的报告；听取人事任免议案，作出相关人事任免决定。

9月20日，县十二届人大常委会举行第二十次会议，会期1天，县人大常委会组成人员30人出席会议。会议听取和审议县人民政府关于2019年上半年全县经济社会发展情况和下半年政府工作的报告；听取县人民政府关于实施农村饮用水达标提标工程、实施农村亮化工程两件民生实事项目办理进展情况的报告；听取和审议县人民政府关于代表建议办理工作和重点督办件落实情况的报告；听取和审议县人民政府关于2019年上半年财政预算收支执行情况的报告；听取和审议县人民政府关于2018年度财政决算（草案）的报告，作出相关决议；听取和审议县人民政府关于2019年地方政府债券使用安排的报告，作出相关决议；听取和审议县人民政府关于2018年度财政预算执行和其他财政收支情况审计工作的报告；听取和审议县人民政府关于2019年上半年工业经济运行情况的报告；听取和审议县人民检察院关于公益诉讼工作情况的报告；听取县人民政府关于《浙江省学前教育条例》执法检查情况报告审议意见落实情况的报告，并进行了满意度测评，满意度测评结果为满意；听取县人民政府关于松阳县国民经济和社会发展第十三个五年规划纲要中期评估报告审议意见落实情况的报告，并进行满意度测评，满意度测评结果为满意；听取和审议县公安局关于提请许可对王增亮依法行政拘留的申请，作出相关决定；审议县人民政府关于2019年上半年国民经济和社会发展计划执行情况的报告；听取人事任免议案，作出相关人事任免决定。

11月8日上午，县十二届人大常委会举行第二十一次会议，会期半天，县人大常委会组成人员30人出席会议。听取县人民政府关于推行城区小学放学后校内托管服务、实施市政民生工程、加强中医基层服务体系建设、加强食品安全治理四件民生实事项目办理进展情况的报告；听取县十二届人大常委会代表资格审查委员会关于部分代表资格变动情况的报告，作出相关决定；听取县十二届人大常委会主任会议关于提请将代表名额分配至选区的议案，作出相关决定；听取县十二届人大常委会主任会议关于提请增选、补选县人大代表的议案，作出相关决定；听取和审议县人民政府关于2019年预算调整方案（草案）的报告，作出相关决议；听取和审议县公安局关于提请许可对阙祖富取保候审的申请，作出相关决定；书面传达学习中共十九届四中全会精神；听取人事任免议案，作出相关人事任免决定。

12月31日上午，县十二届人大常委会举行第二十二次会议，会期半天，县人大常委会组成人员29人出席会议。会议听取县人民政府关于实施"四好农村路"建设、加强住宅小区规范化管理、实施"大搬快聚富民安居"工程、提升居家养老服务水平四件民生实事项目办理进展情况的报告；听取县人民政府关于2019年上半年全县经济社会发展情况和下半年政府工作报告审议意见落实情况的报告，并进行满意度测评，满意度测评结果为满意；听取县人民政府关于2019年上半年财政预算收支执行情况报告审议意见落实情况的报告，并进行满意度测评，满意度测评结果为满意；听取和审议县人民政府关于提请审议2019年第二次财政预算调整方案的报告，表决相关决议；听取县人民政府关于2019年上半年工业经济发展情况报告审议意见落实情况的报告，并进行满意度测评，满意度测评结果为基本满意；听取县人民政府关于2018年度财政预算执行和其他财政收支情况审计查出问题整改落实情况的报告，并进行满意度测评，满意度测评结果为基本满意；听取和审议县人民政府关于农村生活垃圾分类处理推进情况的报告；听取县人民政府关于《中华人民共和国公共文化服务保障法》执法检查情况报告审议意见落实情况的报告，并进行满意度测评，满意度测评结果为基本满意；听取县十二届人大常委会代表资格审查委员会关于部分代表资格变动情况的报告，表决相关决定；听取人事任免议案，作出相关人事任免决定。

【决议决定】2019年，县人大常委会依据宪法和法律赋予的权力，并根据《松阳县人大常委会讨论决定重大事项的暂行规定》，依法行使重大事项决定权。

4月27日，县十二届人大常委会第十八次会议听取和审议松阳县人民政府关于2018年政府性基本建设预算执行情况和2019年政府性基本建设预算（草案）的报告，作出松阳县人大常委会关于批准2019年政府性基本建设预算的决议；听取和审议县人民政府关于三都乡酉田历史文化名村保护规划的议案，作出松阳县人大常委会关于三都乡酉田村历史文化名村保护规划的决议。

9月20日，县十二届人大常委会第二十次会议听取和审议县人民政府关于2018年度财政决算（草案）的报告，作出松阳县人大常委会关于批准松阳县2018年度财政决算的决议；听取和审议县人民政府关于2019年地方政府债券使用安排的议案，作出松阳县人大常委会关于批准县政府2019年地方政府债务限额的决议；听取和审议县公安局关于提请许可对王增亮依法行政拘留的申请，作出松阳县人大常委会关于许可县公安局对县人大代表王增亮行政拘留的决定。

11月8日，县十二届人大常委会第二十一次会议听取和审议县人民政府关于2019年预算调整方案（草案）的报告，作出松阳县人大常委会关于批准县政府2019年度预算调整方案的决议；听取和审议县公安局关于提请许可对阙祖富取保候审的申请，作出松阳县人大常委会关于许可县公安局对县人大代表阙祖富取保候审决定。

12月31日，县十二届人大常委会第二十二次会议听取和审议县人民政府关于提请审议2019年第二次财政预算调整方案的报告，作出松阳县人大常委会关于批准县人民政府2019年第二次财政预算调整方案的决议。

人事任免

【概况】2019年，县人大常委会共任免地方国家机关工作人员86人次。任免干部实行任前法律知识考试和任职见面表态制度、被任命干部履职情况报告制度，增强被任命干部的法制意识、人大意识、公仆意识和创业意识，提高任命干部依法行政、公正司法的自觉性。

【人大选举产生人员】2019年，县十二届人大三次会议选举林伟为松阳县人民法院院长，选举汪兴为松阳县人民检察院检察长，选举毛先法、刘伟、刘斯华、周旭锋4人为松阳县第十二届人民代表大会常务委员会委员。

人大监督

【概况】2019年，县人大常委会依法履行职责，开展“一府两院”各项工作的监督。全面推进依法治国，促进“一府两院”依法行政、公正司法，开展公益诉讼、法院破解执行难、“扫黑除恶”专项斗争等工作调研，对全县贯彻《中华人民共和国土壤污染防治法》《中华人民共和国公共文化服务保障法》实施情况进行全面检查，开展市场监督管理局、文化和广电旅游体育局2个部门的行政执法办案情况办案质量检查，审查备案登记规范性文件22个，保障法律法规的正确有效实施。选准监督议题，紧扣重大事项监督、跟踪计划运行情况、关注工业经济运行、完善全口径预决算监督、推进部门预算审查公开、深化预算绩效目标监督、开展专项资金检查，推动全县经济社会加快发展。组织开展民生实事项目、民营经济高质量发展、防震减灾等工作视察调研，推动社会民生改善。

【民生工作】2019年，县人大常委会对医共体建设情况开展专题调研工作，深入推进全县医共体建设；专题视察地震工作，推动政府及相关部门依法履行防震减灾职责；对《中华人民共和国公共文化服务保障法》贯彻实施情况进行检查，跟踪监督《浙江省学前教育条例》执法检查意见落实情况。

【环境保护】2019年，县人大常委会围绕打好污染防治攻坚战，在丽水市率先开展对《中华人民共和国土壤污染防治法》贯彻实施情况进行检查；开展农药化肥减量增效及秸秆露天禁烧与综合利用专题询问审议意见落实情况跟踪监督；开展农村生活垃圾分类处理工作监督；落实环境状况和环境保护目标完成情况报告制度，实现县、乡人代会审议环境状况和环境目标完成情况报告制度的全覆盖。

【司法工作】2019年，县人大常委会专题调研“扫黑除恶”专项斗争工作；深入开展公益诉讼工作调研，听取和审议县人民检察院公益诉讼工作情况的报告；对县人民法院落实破解执行难工作审议意见情况开展跟踪监督，组织代表旁听法院拒执案件庭审工作，邀请代表参加法院“春雷行动”集中执行活动；持续开展行政执法办案质量检查和规范性文件备案审查；加强信访综合分析，督办化解信访件，维护人民群众合法权益。

【财经工作】2019年，县人大常委会配合省市开展促进民营经济高质量发展调研；深化政府投资重点项目预算绩效管理监督，采用绩效监督前置的方法对西竹玉公路项目前期开展审查监督；首次试行县级层面预算项目绩效目标评审工作，从2019年财政部门审核的新增和部分延续性重大项目中选取10个具有代表性的项目进行集中评审；加强国有资产管理监督，配合县委出台《中共松阳县委关于建立县人民政府向县人大常委会报告国有资产管理情况制度的意见》；开展深化经济运行和计划执行情况监督，听取和审议县政府经济社会发展情况的报告及预算执行、决算、审计工作、审计查出问题整改情况等报告，推动经济高质量发展。

【信访工作】2019年，县人大常委会按照依法信访的要求，完善信访机构跟踪督办的机制，维护人民群众合法权益和社会稳定，受理人民群众来信15件次，接待群众来访65人次，办理上级督办转办件1件次。

人大代表工作

【概况】2019年，县人大常委会坚持代表主体地位，健全“双联系”制度，完善代表小组联系政府工作部门和“一府一委两院”定期向县人大代表抄送文件的制度，推动县领导干部人大代表进联络站联系群众制度化、常态化。组织在松阳市人大代表会前视察和跨县市区学习交流活动，拓宽代表视野，提升代表履职水平。

【人大代表议案建议办理】2019年，县人大常委会高度重视大会期间代表审议意见，对代表在大会上的审议发言，采取清单形式交办“一府两院”。全面推广使用当地县人大议案建议管理系统，健全建议办理工作机制，并案处理后的106件代表建议均按期办理并答复代表。实行“县委领导联系、人大领导督办、政府领导领办”工作机制，进一步加大重点代表建议督办力度，主任会议成员带队督办了2件重点督办件、3件重点跟踪督办件，其中《关于加强县城城西片医疗卫生服务机构设置的建议》通过连续多年督办，西屏街道社区卫生服务中心于是年正式搬入新址运营，为该跨界跟踪督办件办理画上圆满句号。有关加强生态农业发展、加强闲置国有土地管理、加快农民饮用水提升工程等重点建议办理取得较好成效。

【基层人大工作】2019年，县人大常委会加强乡镇（街道）人大标准化建设，制订完善乡镇人代会、主席团会议、联络站建设、代表小组活动等制度，建立健全街道人大议事监督制度。坚持乡镇（街道）人大工作例会制度和负责人列席常委会会议制度，健全上下级人大沟通联系和联动开展工作的机制。组织新任乡镇（街道）人大负责人到市委党校进行业务培训，组织3个街道人大负责人到温州市鹿城区等地考察学习，有效提升乡镇（街道）人大负责人的业务水平。

【民生实事项目人大代表票决制】2019年，县人大常委会推进民生实事项目代表票决制工作，实现县乡全覆盖，票决通过165个项目，投资金额10.57亿元，其中19个乡镇（街道）产生民生实事项目155个，投资额8.41亿元。县十二届人大三次会议，票决产生了是年松阳县十件民生实事，分别为实施农村饮水安全巩固提升工程、加强食品安全监管、全面推进“厕所革命”、完善城乡路网建设、农村生活污水治理设施优化提升、农村垃圾分类处理、智慧教育项目建设、城乡亮化工程、茶叶绿色防控技术推广项目、城乡妇女免费宫颈癌、乳腺癌“两癌”检查。

（县人大办公室　邱河杰）

万寿山

松阳县人民政府

水文公园

综 述

【概况】2019年，松阳县实现地区生产总值115.55亿元，增长8.4%，规上工业增加值增长12.6%。固定资产投资增长12.8%。财政总收入、一般公共预算收入分别达12.8亿元、7.89亿元，分别增长10.3%、8.5%，增幅均居全市前列。社会消费品零售总额增长13%，居丽水市第一位，其中网络零售总额增长65%，居浙江省第一位。旅游收入55.1亿元，增长31.5%，增幅居全市第一位。城镇居民人均可支配收入40432元，增长8.9%。农村居民人均可支配收入19371元，增长10.4%，增幅居全市第二位。低收入农户收入增长13.9%，扶贫工作获省政府表彰。全县各行政村均完成年度“消薄”任务。“光伏小康”、余姚—松阳共建“消薄飞地”项目完工，助推村集体和低收入农户增收。“大搬快聚富民安居”工程稳步推进，实现农户搬迁1169户3203人。

【民生实事项目】2019年，松阳县第十二届人民代表大会第三次会议票决确定实施农村饮用水达标提标工程、实施“四好农村路”建设项目、推行城区小学放学后校内托管服务、实施市政民生工程、加强中医基层服务体系建设、加强住宅小区规范化管理、加强食品安全治理、实施“大搬快聚富民安居”工程、实施农村亮化工程、提升居家养老服务水平等10件民生实事项目，在县委的正确领导和县人大常委会的监督支持下，县政府以切实提升群众获得感和满意度为目标，围绕民生实事项目精准发力，狠抓落实，10件民生实事项目全面完成年度目标任务。

【生态农业发展】2019年，全县农林牧渔业增加值增长3.3%，增幅居全市第二位。松古盆地现代农业园区、象溪镇入围省农业“一区一镇”创建名单，古市镇成为全市首个国家农业产业强镇创建单位。全面实施茶产业转型升级六大工程，茶叶全产业链产值108亿元，松阳位于“中国茶旅融合竞争力十强县”之首，大木山茶园创成全国首批绿色食品一二三产融合发展示范园。连续11年举办中国茶商大会，节会被评为“中国茶事样板十佳”。“松阳银猴”品牌价值22.7亿元，居全市首位、全省第四位，“松阳香茶”获浙江绿茶（银川）博览会名茶金奖。浙南茶叶市场交易额58亿元，位列全国农业产业化龙头企业500强第89位。完成“600”基地建设2666.67公顷，建成原种农业基地10家、自然农法基地15家，种植生态水稻等水生作物1200公顷。农资批发总公司挂牌营运，农资溯源“一卡通”平台投用，首批40种禁限用农药全面退市，农药、化肥使用量均减少10%以上，降幅居全市首位。开展油茶、香榧及林下经济发展三年行动，新增油茶271.2公顷、香榧245.67公顷，总量分别达6600公顷和5000公顷，成功举办“第五届中国（松阳）香榧节”，“松阳香榧”地理标志商标启用，油茶文化体验中心完工。农旅融合更加紧密，新增农产品旅游地商品购物点12个、产品29个，总数

四都乡平田村

分别为22个和83个，实现年销售额5.3亿元。

【生态工业发展】2019年，松阳县开展深化“精准服务企业、振兴实体经济”专项行动，严格落实企业减税降费政策，为企业减负2.1亿元，规上工业增加值增长11.6%，工业重点技改投资增长18%，新增规上企业17家、工业供地41.55公顷、标准厂房3万平方米。全面开启“亩均论英雄”改革，完成92家规上企业、116家规下企业分类评价，落实要素差别化使用机制，处置低效闲置工业用地5宗14.33公顷。启动不锈钢管产业“1331”工程，46家企业完成生活污水收集排放系统改造。工业园区循环化改造试点通过终期验收，云中马、上上德盛创成省级绿色企业。推进两化融合试点，企业上云累计370家，上上德盛入选国家两化融合管理体系贯标试点。全县企业主导制定“浙江制造”标准2项，科马摩擦获“品字标浙江制造”认证。

【全域旅游发展】2019年，松阳县创成省级全域旅游示范县、松阳老城省级旅游风情小镇和松阴溪国家AAAA级旅游景区，大东坝镇入选省级旅游风情小镇创建单位，全县实现旅游收入41.9亿元，增长46.3%。双童山景区、陈家铺先锋书店、榔树民宿综合体一期等项目建成营业，创成省A级景区村28个。打造有根的乡村民宿，鸣珂里、陌领浮光、飞茑集等精品民宿投入运营，新增民宿床位819张，累计4651张，全年民宿营业收入1.6亿元，增长26%。提升旅游配套设施，启动“四个百千米”绿道建设三年行动计划，增建各类绿道112.6千米，建成独山驿站、水文公园等松阴溪沿线精品节点，改建旅游厕所16座。加快智慧旅游建设，“游松阳”APP上架。全域旅游带动商贸、住宿、餐饮等行业稳步发展，增加服务业限上企业18家，服务业增加值增长5.5%。

【项目攻坚】2019年，松阳县开展项目集中开工、百日攻坚行动，15个重点项目实现开工，18个重点续建项目顺利推进，共完成投资30.9亿元，黄南水库、青田码道、瓦窑头、南城文教区块、火车站站前大道及广场、天然气“县县通”等系列项目征迁工作取得决定性胜利，黄南水库大坝主体工程开工，衢宁铁路建设顺利推进，茶产业综合体、清露乡隐旅游度假区2个县（市、区）长项目落地，大鲵产业园一期、新华路改造工程、美林松州广场等建成。全县域供水一体化、联库联网等重大前期项目进展顺利。

【城市建设管理】2019年，松阳县启动县域总规、中心城区、历史文化名城保护等规划修编，完成城市天然气等专项规划编制，出台智慧城市建设指导意见。项弄、青田码道等安置房项目稳步推进，明清街整治五期、药皇宫区块等完成改造。加强市政运维管理，完成松古平原供水一体化管道安装11.3千米，污水处理厂二期扩建工程投用。县城垃圾分类稳步推进，城市生活垃圾实现100%无害化处理。开展市容、交通专项整治，顺利通过省文明县城复评。

【美丽乡村建设】2019年，松阳县聚焦乡村振兴，制订出台“五年行动计划”。推进传统村落保护发展，“拯救老屋行动”入选国家乡村振兴战略规划，并获省公共管理十佳创新奖，首期修缮的142幢老屋全部完工，浙江省政府工作报告明确“全面推广‘拯救老屋’松阳模式”。实施“古韵三都”风景线建设，三都乡被评为省级美丽乡村示范乡镇，四都乡西坑村、平田村及大东坝镇白丰村上榜省级美丽乡村特色精品村。王景纪念馆、契约博物馆、油豆腐工坊、油茶工坊等精品项目建成。松阳乡村建筑亮相“德国Aedes建筑论坛”“威尼斯建筑双年展”“法兰克福书展”等世界级展示平台，举办国际性乡村振兴论坛。

【环境整治】2019年，松阳县开展蓝天、碧水、净土、清废行动，全面淘汰10蒸吨以下高污染燃料“五炉”，强力推进秸秆禁烧和县城烟花爆竹禁燃，创成玉岩、象溪、大东坝等镇区“污水零直排区”，推进土壤污染详查，实现不锈钢污泥“动态清零”。生态环境实现优中提质，县域空气优良率达97.8%，PM2.5均值为28微克/立方米，均为近年来最优，松阴溪及其支流各断面水质100%达标，松阴溪古市段被评为省级“美丽河湖”，连续11年发现中华秋沙鸭在松阳越冬。开展中央及省环保督察交办件“回头看”，加快市环保督查反馈问题整改。小城镇环境综合整治加快推进，11个点位全部通过省级验收，望松、三都、象溪、大东坝4个点位被评为省级样板。推进“三改一拆”，完成“三改”59.6万平方米、拆违57.4万平方米。扎实推进农村垃圾、厕所和污水“三大革命”，建成乡镇垃圾处理终端10个，改造农村公厕587座、农村生活污水提标项目23个，古市、玉岩、叶村、三都、斋坛、樟溪、板桥被评为省级卫生乡镇，松阳创成省级生态文明建设示范县。

（县府办）

县政府办公室

【概况】2019年，松阳县人民政府办公室（以下简称“县府办”）重规矩、抓规范，重实效、抓实干，重创新、抓创优，努力承担起县政府坚强有力的“前哨”和“后院”的职责与重任，充分发挥县府办的协调职能，主动加强对重点项目、重大活动、重要工作的综合协调，千方百计解决工作推进中遇到的困难，确保县政府各项决策落到实处，推进各项工作。在各方努力下，衢丽铁路松阳段、西竹玉公路等一批重大项目取得进展，第一届城乡联系国际论坛、中国（国际）茶商大会等一批重大活动举行，乡村振兴、“最多跑一次”改革等一批重点工作扎实推进。协调做好省委巡视组对松阳的各项巡视整改工作。

开展“不忘初心 牢记使命”主题教育，县府办发挥领导干部的带头作用和广大党员的先锋模范作用，坚持在真学实做上下功夫，组织党员干部学习“两书一章”、中共十九大和十九届四中全会精神以及习近平新时代中国特色社会主义思想。开展不同主题的交流研讨活动，并举办“初心党课”、业务提升“大讲坛”等活动，科级领导带头上党课，全办干部结合岗位职责开展学习比武活动，每位班子成员和党员都能紧密结合工作实际，推动学习教育入脑入心。同时，组织全办党员干部参加“初心之行”，开展清洁家园志愿服务、我为祖国献热血、服务天空跑国际挑战赛、认领微心愿等志愿服务活动，进一步补足精神之钙、筑牢思想之魂，扎实推进办公室主题教育活动制度化常态化。

干部队伍建设，县府办严格干部选拔任用，按照相关程序和干部选拔任用相关规定，先后组织 10 人参加县青年英才培训班、中青年干部培训班和县管干部培训班。配合县委组织部选拔科级领导干部 2 人。提拔任用中层干部 10 人，岗位交流干部 2 人。公开选调、商调、招考干部 5 人。

【公文处理】2019 年，县府办加强对公文办理的全流程管理，提高办文办会办事的效率和质量，努力当好政府及各部门的“后院”。把办文办会作为办公室工作之基，牢固树立精品意识和效率意识，全年以县政府和县府办的名义撰写、处理公文 890 余份，共处理省、市、县各类公文 7200 余件，公文处理工作规范有序，为政府各项工作的开展提供高质量的服务。同时，强化精简文件会议，制发全口径文件同比下降 30.2%，县政府系统发文召开的口径内会议同比下降 38.8%。加强文件全流程的组织和管理。严格按照文件传阅程序及时送达给县政府领导传阅，对密级文件严格控制传阅范围并落实好保密措施。按照公文办理各文种要求进行公文拟制，并层层做好审核把关。做好公文的签收、登记、拟办、请办、分发、传阅、承办和催办等工作，发文经起草、校核和领导审批签发后做好核发、登记、印制和分发等工作。办毕公文及时归档，纸质公文做好分类留档保存，密级文件严格按照保密工作条例进行处理。

·法治工作·

【概况】2019 年，松阳县推进依法行政，加快法治建设，制定《2019 年法治政府建设工作要点》和《2019 年度法治松阳建设（法治政府建设）考核评价指标及评分标准》，明确各项工作任务及责任单位，并把法治建设情况纳入县委巡查监督要点及年终述职内容。编制《2019 年度松阳县人民政府重大行政决策目录》，把 5 项重大行政决策纳入目录管理。完成行政规范性文件合法性审核 53 件，备案 43 件，对 15 件部门规范性文件进行备案审查。化解行政争议。挂牌成立县行政复议局，共收到行政复议申请 23 件，受理 22 件。推进行政机关负责人出庭应诉工作，行政机关负责人出庭应诉率 100%。做好宪法宣誓工作，推进普法宣传，全年组织县政府任命的国家工作人员 70 余人进行宪法宣誓。

【政府信息公开指导】2019 年，县府办做好服务中心工作，把浙江省委书记车俊“三服务”要求与政务公开紧密结合，推进重大项目建设、城中村改造政策、安置房建设信息“五公开”工作，全县 85 个单位的上年部门决算、是年部门预算和“三公”经费情况全部按期公开；推进重点领域政府信息“9+X”公开；全年公开信息 1 万余条；组织开展政府信息公开条例修订版学习。持续优化平台管理，全年国务院和省、市政府的 10 余次网站监测中，松阳实现问题零通报、全县“僵尸网站”零存在，在 1 月和 9 月浙江省 2 次政务公开第三方评估中保持全省第 22 位（总共 89 家）。做好办结公开申请，全年 19 件主办的信息公开申请和 6 件协办申请全部妥善答复，实现零投诉举报、行政复议零纠错、行政诉讼零败诉。

·政务信息报道·

【概况】2019 年，县府办充分发挥以文辅政的作用，注重加强对重点热点问题的调查研究，想方设法为政府科学决策提供参考。全年围绕社会治理、红色资源保护利用、低效闲置工业用地处置、生态工业招商引资、生态农业发展、推动公共服务均衡等方面进行系统研究，撰写各类调研报告 25 篇，为县政府决策提供有力参考，其中《关于基层社会治理有效探索》的调研文章获省委领导批示肯定。全年共编发《政务信息》220 期，《专报信息》6 期，《参政园地》5 期；上报省、市府办信息 987 条，被国办采用 27 条，其中被国务院领导批示 7 条；被省府办采用 139 条，其中被省领导批示 27 条次；被市府办采用 480 条，被市政府领导批示 6 条。

【政务信息指导】2019 年，松阳县抓好信息网络建设，由县府办信息科、乡镇（街道）、部门信息员组成信息报送主体网络，要求每个单位至少有 1 名兼职信息员，明确分管领导。至 12 月末，全县共有政务信息员 80 余人。坚持顶岗培训制度，鼓励各单位、各乡镇街道新任信息员到信息科顶岗培训，通过多指导、压任务，迅速掌握信息报送方法，熟悉各类信息刊物特点。坚持信息季度例会制度，有针对性分部门进行指导，进一步增强基层信息员的信息报送意识，提高信息报送的水平。

·政务督查·

【概况】2019年，县府办共开展各类督查检查18次，整理汇总各类专项周报、月报材料30余期，印发《政务督查》8期、《政务督查专报》5期、重要事项交办单8期、催办函5份。

【重点工作督查】2019年，编制《县政府2019年度工作任务书》，对128项重点工作，55个重点项目，以及省市考核指标等重点指标进行分解落实，形成责任清单。重点对县政府涉及的省委巡视整改落实情况进行跟踪督办，截至11月底，政府口涉及的35个问题细化为270个整改方案，其中完成整改214项。

【民生实事项目督查】2019年，松阳县强化跟踪督办，推进难题破解。把民生实事办理作为督查工作重点，每月印发攻坚任务清单，以“月考核、月通报”的形式，把办理情况纳入预警扣分系统，紧盯关键节点，对滞后项目下发催办函，实行周报、半月报，倒逼责任单位抓好过程办理。特别是从三季度开始，每周选取相关点位进行暗访，查进度、查质量、查效果，发现问题，及时纠正，及时解决。以主题教育和“三服务”活动为载体，县级、部门及乡镇（街道）之间形成合力，重点针对民生实事项目涉及前期审批、用地办证等问题，通过“三服务”跨部门解决问题清单的形式进行交办落实，破解民生实事项目推进过程中的难点、堵点。

·地方金融管理·

【概况】2019年，松阳县本外币存款余额181.28亿元，增速18.02%；本外币贷款余额144.38亿元，增速16.27%，存贷比为79.65%，其中不良贷款余额8914万元，不良率为0.62%。

【地方金融改革工作】2019年，松阳县批复56个行政村（并村后）和7个专业合作社（涉农行业协会）设立担保互助社，累计提供贷款担保5902笔计6.13亿元，惠及农户4500余户，破解农户贷款难题。

【推进企业股改上市】2019年，制定资本市场发展目标、规划，出台《松阳县推进企业上市和并购重组“凤凰行动”计划》，成立松阳县企业上市工作专班，公布县内8家拟上市重点培育企业，并建立县领导联系制度。全县有“新三板”挂牌企业1家，区域性股权交易市场挂牌33家，增加6家，拟上市后备企业8家。

【地方金融组织管理】2019年，防范金融风险，组织县公安、县工商等部门开展金融风险“地毯式”排查，清理非法放贷主体60余家，非法金融广告200余处。积极化解银行不良贷款，全县不良贷款余额和不良率实现双降，为全市第二低。信贷资产质量持续保持较好水平，未发生系统性金融风险。

（县府办）

·县直机关后勤管理·

【概况】2019年，松阳县机关事务保障中心（以下简称“县机关事务中心”）围绕县委、县政府的中心工作，积极响应以“松阳之干”担纲“松阳振兴”的号召，开展弘扬践行“浙西南革命精神”和“不忘初心、牢记使命”主题教育，助力高质量谱写新阶段“田园松阳”升级版建设新篇章，全局上下凝心聚力，克难攻坚，各项工作任务均得以有力推进。2019年，县机关事务中心何明、徐俊华、徐春英被评为县级事业干部年度考核优秀等次；方力军被评为县级部门决算业务考核先进个人；陈晓燕获民盟丽水市委会“榜样人物”和民盟丽水市委会优秀盟员；张素灵、周圆圆在县级“不忘初心、牢记使命”知识竞赛中分获一、二等奖；何明、周圆圆在全县弘扬践行“浙西南革命精神”主题朗读比赛中获三等奖。

【办公用房管理】2019年，县机关事务中心精准摸清全县办公用房面积底数，委托县规划设计所对全县党政机关办公用房面积进行了测绘整理。在办公用房管理“回头看”工作中，结合各单位自查情况，组织人员对县发改局、县文广旅体局、望松街道等单位的办公用房数据进行实地核查。截至12月底，共实地督查单位42个，督查整改问题50个。同时，以线下整改与线上指导相结合的方式，通过钉钉群，每月发送办公用房清理整改信息或案例，及时做好政策传达和整改跟踪。按照“集中、就近、适用、节约”的原则，做好办公用房资源整合利用，全年共为6家单位整合调整75间办公室。

【公务接待工作】2019年，县机关事务中心严格执行省、市公务接待规定和《松阳县党政机关公务接待管理办法（试行）》，实行规范化、程序化保障。严格按照接待标准执行，认真履行接待审批程序。加强经费管理，对接待费用报销和重大经费支出，坚持票据凭证、接待清单、公函（电话记录）齐全，层层把关审批原则，坚决杜绝公务接待和会务费用多支、乱支、滥支等浪费现象。坚持“勤俭节约、热情周到”的公务接待原则，始终以服务为根本，做到“中心工作推进到哪里，服务保障就跟进到哪里”，完成全县各类大型会议、节庆活动的保障工作和国内嘉宾、国际友人来访、交流的接待任务。立足“高度重视、精心筹备、注重配合”的公务接待准则，全年共接待各级宾客260批次，约6500人次，其中接待国外嘉宾约200人次。

【公务用车保障】2019年，县机关事务中心立足“安全高效”，通过讲座、座谈会等形式开展驾驶员学习培训，确保公务用车安全出行。完善驾驶员管理相关制度，把驾驶员月度考核评分结果与月考核奖发放实行挂钩。依托用车申请平台，及时响应公务用车申请，高质量保障行政机关单位的公务出行，全年累计出车1.5万车次，安全行驶里程243.45万千米。全力保障全县重大活动用车，圆满实现各活动期间国内外嘉宾的接送任务。

【固定资产采购工作】2019年，县机关事务中心建立健全固定资产采购领导小组和监督小组，负责对采购方案及物品进行监督。对政府采购的范围、程序、监督验收等每个环节都进行了明确和规范，做到每个采购事项在事前、事中、事后三个环节进行全过程监督。按照采购项目"网络化、透明化、公开化"的要求，在固定资产及批量物资采购中，严格按照财政等部门的相关要求和规范实施采购，全年各类物品采购共计222.37万元。

【后勤服务提升】2019年，县机关事务中心保洁服务、绿化更加规范。做好年度保障区域内保洁工作劳务服务外包合同续签。完善保洁考核机制，对保洁工作实行"每周巡查、每季考评、跟踪式管理、阶段性评估"，推进保洁工作"规范化、常态化"。健全绿化管理维护工作机制，督促指导绿化承包方每季度开展除草、补植、修剪等绿化养护工作，保障区域内绿化覆盖率稳中有升。餐饮服务品质不断升级。全年共为24个单位31个行政服务中心窗口及临时机构工作人员提供餐饮服务，新办补办就餐卡210余张，注销调出人员就餐卡35张。就餐卡伙食补助、现金充值服务达7900余人次，涉及金额303万余元。12月上旬，创新使用"扫码支付"，实现就餐卡"无现金充值"，在确保机关食堂账户资金安全的同时，为服务对象提供就餐卡充值便利。坚持实行严格的采购、验收、抽检、监督检查等工作，确保食材质量合格；定期检查机关食堂晨检、值班、消毒、留样、卫生等工作和相关记录台账，加强卫生监管力度，杜绝食品安全事故的发生。完善机关食堂换购区的运营模式，及时调整增加换购物资品类，更好地满足干部职工的日常换购需求。截至12月底，共提供换购服务1.12万余次，累计金额150万余元。积极参与"诗画浙江、百县千碗"工程，在"百县千碗进机关食堂"主题展示活动中推出"松阳十小吃"、"松阳十大碗"20道特色菜肴，并把特色菜肴纳入机关食堂日常餐饮供应中。保质保量完成零星水电维修服务。对水电零星维修和门锁、空调故障建立实施维修申报制度，确保维修工作有序开展。截至12月底，为23个单位提供水电维修服务255次，门锁、空调故障排除服务132次，服务满意率100%。同时，每周例行水电巡查，全年共开展巡查94次。

【机关大院安全保卫】2019年，县机关事务中心严格执行各项安全防范措施，对重点要害部门严格监控，在节假日、双休日执行24小时值班制度，安保区域内的消防设施实行每月巡检，实现安保区域全年无火灾、无抢盗、无重大责任事故发生的"三无"安全目标。对出入人员和车辆进行严格管理和登记，实行"白+黑"不定时的巡逻。全年巡逻发现保障区域内夜间门未关、灯未关、钥匙未拔等安全隐患248处，共发送安全隐患告知单100份；进出人员登记5032人次；劝导个访250余人次；劝导群访18次，共计250余人。

（县机关事务中心　陈晓燕）

行政审批服务管理

【概况】2019年，松阳县实施机构编制改革，原松阳县政府行政审批中心（公管办）命名为松阳县行政服务中心（以下简称"县行政服务中心"），于10月18日正式揭牌。该中心对标提质，自我加压，攻坚克难，砥砺前行，奋力打造"最多跑一次"改革及公共资源交易工作的"松阳样板"举办"最多跑一次"改革能力提升培训班。6月10～14日，委托浙江工商大学举办各窗口负责人、业务骨干等50人参加培训。培训内容涵盖"互联网+"在"最多跑一次"改革中的应用与创新、公务形象及窗口礼仪等诸多方面的内容。

【服务大厅标准化建设】2019年，县行政服务中心发扬"铁军"团队精神，精心谋划、倒排节点、奋力攻坚、加班加点、狠抓落实，利用国庆仅有的7天时间，完成总投资89.33万元，建筑面积1562.74平方米的大厅标准化升级改造。实现了窗口前后台分离，设置网办区、自助区，贴近与办事群众的服务距离和心理距离，提升服务温度和舒适度，提升一站式服务格局。完善了系统设备。对排队叫号系统、"好差评"等系统进行升级，叫号设备与一窗受理平台进行无缝对接，安装好差评设备50台并投用。

【"奔跑2019"窗口服务风采大比武】2019年11月14日晚，县行政服务中心举办"奔跑2019"窗口服务风采大比武活动。县委常委、常务副县长郑伟坚及县改革办，县纪委、县委组织部、县委宣传部领导参加活动。此次活动主要围绕践行"不忘初心、牢记使命"主题教育、"最多跑一次"改革、执行力建设、"清廉机关"建设及窗口服务等主题，通过小品、三句半、朗诵、舞蹈等多种形式展现了"最多跑一次"改革中窗口服务人员的精神风貌。

【一窗受理 集成服务】2019年，县行政服务中心实现全域一证通办系统调用事项15851项，调取证照材料22636份。一窗系统办件量11730件。全县"最多跑一次"改革所有事项全部进驻中心，实现跑零次事项2535

项，网上办事实现率 99.66%，1378 个事项实现全域一证通办。积极构建企业办事县内县外“就近办”服务体系，推进企业审批向县内县外“双延伸”，实现“县内企业办事在园区、县外企业办事在商会”。共采购配备综合性自助终端机 26 台，实现乡镇（街道）全覆盖，同时实现城东、城南、城北、城西社区、商会、工业园区全覆盖。

【提升窗口服务水平】2019 年，县行政服务中心出台《中心窗口服务绩效考核办法》，实行窗口人员绩效考核，每周积分、每月绩效、每季评比，真正体现“干多干少不一样，干好干坏不一样”。举办“奔跑 2019”窗口服务风采大比武，提升窗口人员服务“最多跑一次”改革的精神风貌。加强业务培训，在浙江工商大学举办“最多跑一次”改革能力提升培训班。健全服务方式，全年开展局长坐班服务 26 次，预约服务 53 次、上门服务 35 次、延时默认服务 300 余次。

【网上中介竞价平台管理】2019 年，县行政服务中心引入市内外设计、监理、招标代理、造价咨询等涉审中介服务机构，推动中介服务全流程网上运行，有效破解中介市场竞争不充分，降低廉政风险。全年共有 1330 个项目实现网上竞价，涉及投资金额 3101.74 万元。

【做强乡镇延伸“松阳样板”】2019 年，松阳“1+N”村级代办模式被写入《2019 年丽水市全面深化改革实施意见》。全县共组建村级代办员 565 人，其中流动代办点 387 人，全年累计为偏远山区群众代办事项 7000 余件。全县便民服务中心实现 19 个乡镇（街道）全覆盖，开设综合窗口 19 个，配备综合窗口工作人员 37 人。制定出台《村级便民中心“规范引领、分层建设、代办托底”实施方案》，对全县 203 个行政村分阶段、分类别推进村级代办点建设，建成重点村级代办示范村 27 个。

·公共资源交易·

【概况】2019 年，县行政服务中心（招投标中心）共受理各类招投标项目 142 个，涉及交易资金 13.65 亿元，为政府增收节支 1.26 亿元。其中，工程建设类项 64 个，涉及交易金额 12.89 亿元，资金节约率 7.95%；招标类政府采购项目 62 个，涉及采购资金 5258.64 万元，资金节约率 10.44%；国有产权交易项目 16 个，涉及交易资金 2371.37 万元，资金增值率 58.72%。

【公共交易平台建设】2019 年，县行政服务中心（招投标中心）出台《松阳县国有投资限额以下工程建设项目简易发包实施办法（试行）》，进一步规范限额以下项目发包行为，采用“两随机中标法”确定承包人，并对信息公告、发包场地等内容进行了规范；加强对公共资源电子交易系统运行维护与升级，把工程项目纳入全流程电子化；全面实施资格后审，评标专家通过省专家库随机抽取，有效防范串标、围标等违法行为。

【“政采云”平台管理】2019 年，县域共有 408 家供应商入围“全省一张网”，审核上架商品 38237 件，通过网超采购货物 4539 批次，涉及金额 4975 万余元。规范政府采购流程，建立跨部门数据共享。依托金财工程政府采购管理系统和政采云系统，参照《浙江省 2019 年度政府采购目录》，把采购人和采购数据汇集，对采购计划审批、采购执行和备案支付审核环节加以规范。

【公共资源交易综合监管】2019 年，县行政服务中心举办公共资源交易业务培训，对全县乡镇（街道）、县直各单位 300 余人进行培训。内容涉及工程建设项目财审、招投标、结算审计，政府采购项目操作、政采云等。起草《关于在全县开展工程招投标知识学习及警示教育活动的通知》、《关于深入贯彻落实〈关于禁止领导干部违反规定插手干预工程建设领域行为的若干规定〉的通知》；对全县政府性投资和村级投资项目招投标工作开展专项自查和抽查；建立各行政监督部门参与的联席会议制度；对项目标前、标中、标后三个阶段的管理进行了抽查，梳理出问题 53 条，下发整改通知书 20 份。

（县行政服务中心）

大数据和金融发展

【概况】2019 年，松阳县根据《中共中央关于深化党和国家机构改革的决定》《中共浙江省委关于市县机构改革的总体意见》和省委、省政府批准的《松阳县机构改革方案》、市深化机构改革协调小组办公室《关于调整松阳县局级事业机构的函》，于 10 月成立松阳县大数据和金融发展中心（以下简称“县大数据和金融发展中心”）。2019 年，县大数据和金融发展中心围绕市大数据局、市金融办和县委、县政府的工作部署，贯彻落实政府数字化转型相关任务，建立数据共享机制，提升政府治理体系和治理能力现代化；以提高金融服务实体经济能力为目标，以改革创新为动力，以优化金融环境为着力点，为当地经济持续平稳发展提供有力的金融支撑。

【政府数字化转型】2019 年，县大数据和金融发展中心贯彻落实《浙江省深化“最多跑一次”改革推进政府职能转变和“放管服”改革行动计划（2018～2022 年）》文件精神，把政府数字化转型工作作为该中心年度核心工作来抓，以“互联网+”的思维优化部门办公办事环节，通过数据共享等手段促进业务协同，提升政府治理体系和治理能力现代化的进程。

按照最新的数转工作数据指标，全县各项数据总体比较合理，其中，“互联网+监管”工作各项指标居全市第一名；“互联网+政务服务”各项指标总体保持在全市中上水平；“基层治理四个平台”“统一公共支付平台”等工作按省市部署稳步推进。同时，该中心通过办公助手、网站飘窗、短信通知等各种形式，全面推广市民使用“浙里办”和“浙政钉”，并建成移动OA办公平台，助推全县“掌上办事”“掌上办公”体系建设。

【电子政务基础设施及系统的运维管理】2019年，县大数据和金融发展中心统筹协调全县政务外网网络布置、电子政务视联网布点安排。继续做好政务视联网会议的技术保障工作，配合县政府多次组织召开面向全县乡镇的视频会议。同时在机构改革后，及时对全县各个系统平台中的机构节点名称、单位人员、电子公章进行了调整，实现“浙政钉”、办公助手、公文交换平台部门的全覆盖。其中，“浙政钉”已把用户范围延伸至金融机构、学校、医院、村三委成员。截至12月底，架构中共注册激活10997人，为全县在各项攻坚任务中的沟通机制提供有效保障。同时继续做好政务外网和用户终端的安全防护工作，通过采购360天擎安全防护系统，为全县2000台终端提供安全服务，并针对下半年的欧洲挖矿病毒、teamviewer服务器漏洞采取有效的防护措施和安全预警，保障全县政务网络环境的安全可靠。

【政府相关信息的公开发布】2019年，县大数据和金融发展中心在继续做好门户网站的站点管理、保障网站日常信息发布与内容更新的同时，同步指导门户网站下属12个子部门网页更新和配合做好政府信息公开中内容的管理及页面设计工作。在年度重大会议等敏感时段，采取开启镜像保护，通过技术公司后台扫描监控、人员值班等手段，保证网站的平稳安全，全年未出现重大安全事故。在做好网站等传统媒体管理的同时，通过“松阳发布”新浪微博、微信公众号等政务新媒体进行政务实事的内容更新，全年共发布“松阳发布”微博信息136条，微信公众号595条，提升全县政务公开的透明度和对外知名度。按照年度政务新媒体“瘦身”工作的要求，对全县的政务新媒体平台进行摸底，对不符合要求的平台进行整改及关停要求。截至12月底，在全县75个政务新媒体平台中，整改13个政务新媒体账号，关停39个政务新媒体账号，政务新媒体整改关停率69.3%。

【金融保障稳中有进】2019年，松阳县金融形势稳中向好，有力推进县域经济社会的发展。存款平稳增长，截至10月底，全县各项存款余额178.21亿元，总量居丽水市第六位，占全市比例6.22%，余额同比增长17.5%，增速居全市第三位，余额较年初增加24.97亿元，同比增加11.45亿元。贷款增速放缓，各项贷款余额141.75亿元，总量居全市第五位，占全市比例6.55%，余额同比增长11.32%，增速居全市第三位，余额较年初增加17.59亿元，同比增加16.08亿元。

【推进企业上市工作】2019年，全县没有上市公司，有新三板挂牌企业1家，浙江股权交易中心挂牌企业33家（2019年增加6家）。对此，县大数据和金融发展中心制定松阳资本市场发展目标、规划，出台《松阳县推进企业上市和并购重组“凤凰行动”计划》。指导和规划企业上市3年行动方案；成立松阳县企业上市工作专班；梳理当地上市企业后备资源，公布县内8家拟上市重点培育企业，并建立县领导联系制度，建立和健全推动企业股改及对接资本市场的思路和工作方案。加强政策扶持，借助上上德盛“一企一策”决议把企业上市奖励和扶持政策由原来的500万元提升至1000万元，第一家上市再额外奖励100万元。开展拟上市企业“三服务”，帮助解决上市及企业自身发展中遇到的需要政府出面协调的问题。

【政保合作提质扩面】2019年，县大数据和金融发展中心与县域多家保险机构开展政保合作项目，有效发挥保险的应对风险、保障民生的作用。截至10月底，实现总保费收入3.3亿元，同比增速20.32%，增速全市第二名。其中，财险保费收入1.19亿元，同比增速8.31%；人身险保费收入2.1亿元，增速28.44%。

【防范金融风险】2019年，县大数据和金融发展中心施行互联网金融等风险防范工作，开展防范非法集资宣传、互联网金融风险排查、金融风险网格化管理、成立P2P网络借贷风险应对工作领导小组及工作专班等工作机制。全年县域未发生较大风险互联网金融案件，全县不良贷款余额和不良率实现双降。截至10月底，全县金融机构本外币不良贷款余额0.98亿元，比年初减少0.37亿元，不良率0.69%，信贷资产质量持续保持较好水平，未不发生系统性金融风险。另外，由该中心协调监管的小额贷款公司、政策性融资担保公司、开展信用互助业务的农民专业合作社地方金融组织，经过规范引导，全年未发生相关金融风险。

（县大数据和金融发展中心）

中国人民政治协商会议松阳县委员会

2019年3月5日，县政协九届三次全体会议召开

综　述

【概况】2019年，中国人民政治协商会议松阳县委员会（以下简称“县政协”）牢牢把握团结和民主两大主题，忠实履行政治协商、民主监督、参政议政三大职能，为全县高质量绿色发展田园松阳升级版，争当乡村振兴排头兵作出贡献。

县政协把“不忘初心、牢记使命”主题教育工作作为重要政治任务来抓，紧紧围绕深入学习贯彻习近平新时代中国特色社会主义思想，聚焦五方面具体目标，注重解决根子上的问题，思想、政治、作风、能力、廉政建设等方面得到了加强，主题教育取得了成效。在政协系统中深入开展“新时代人民政协的新样子”专题实践活动。通过开展“政协人新时代新风貌”笔谈、“新样子金点子”征集、委员结对帮扶等系列活动，树立了新时代松阳政协的新样子。

县政协不忘议政初心，牢记“双向”使命，紧紧围绕打造“一乡三地”的战略目标，主动对接全县改革发展稳定的重点领域和关键环节，找准履行职能的切入点和着力点，用好“话语权”，发出“好声音”，在高质量绿色发展的田园松阳新篇章上留下了政协印记。2019年，召开常委会8次，主席会议7次，组织开展各类专题协商21次、民主监督12次、视察8次、调研25次，形成协商、监督、视察、调研报告26篇，向县委、县政府提交意见建议137条，提案238件，大会发言33篇，编报社情民意29期。

县政协不断改革创新协商机制，拓宽民主协商途径，为委员履职搭建更多更优更好的平台。在九届三次会议期间增设“大会即席发言”环节，为委员建言发声提供新的途径，让大会的民主氛围更加凸显。构建“请你来协商”议政新平台，围绕中心热点制订“红绿融合”助推革命老区发展、香榧加工及品牌建设等6个重点协商课题和中医药服务体系建设、闲置低效工业用地处置等15个专题协商课题，开展专题协商会21场，向县委县政府提交协商纪要6份和建议案6份。在全市率先制订“请你来协商”考核细则，为平台的有效运行提供坚实保障。

县政协把全面加强政协党组建设作为首要的政治责任，自觉强化“抓好党建工作是本职，抓不好党建工作是失职，不抓党建工作是渎职”的责任意识。2019年，召开党组会议19次，先后向县委请示报告全会召开、协商调研课题、人事任免等重大事项，确保党的领导贯穿政协工作的全过程。进一步健全完善政协党建体系，成立中共松阳县政协机关党组、机关总支，政协党组把方向、管大局、抓落实的作用进一步夯实。把牢牢掌握意识形态话语权当作首要的政治任务，及时总结研判县政协意识形态工作，向县委报告政协党组年度履行意识形态主体责任落实情况。严格按照年度政协意识形态工作要点开展宣传教育工作，确保政协上下树牢“四个意识”，坚定“四个自信”，做到“两个维护”。

县政协重要会议

【概况】2019年，政协第九届松阳县委员会召开全会1次、常委会8次、主席会议7次。

【县政协九届三次会议】2019年3月5日，中国人民政治协商会议松阳县第九届委员会第三次会议（以下简称“县政协第三次会议”）在县会议中心正式召开，会期3天。政协委员178人，到会176人。会议听取并审议第九届县政协主席毛建南所作的《第九届县政协常委会工作报告》和第九届县政协副主席单国亮所作的《九届二次会议以来提案工作情况的报告》，听取18位委员的上台发言和即席发言。全体委员列席县十二届人大第三次会议听取县长李汉勤代表松阳县人民政府（简称“县政府”）所作的《政府工作报告》、县人大委员会主任翁樟明所作的《松阳县人大常委会工作报告》、县人民法院院长章志林所作的《松阳县人民法院工作报告》、县人民检察院检察长蔡建彧所作的《松阳县人民检察院工作报告》，并进行分组讨论。

3月7日下午，县政协第三次全体会议（选举会、闭幕式）召开，会议选举叶建福、张增明、宋苏君、陈菁菁4人为政协第九届松阳县委员会常务委员会委员。表彰县政协2018年先进界别活动组、优秀委员、优秀提案、社情民意积极分子和2019年优秀大会发言。审议通过会议决议和2个工作报告。县委书记王峻，县政协主席毛建南分别作讲话。

【县政协常委会议】2019年，中国人民政治协商会议第九届松阳县常委会（以下简称“政协第九届松阳县常委会”）共召开常委会议7次，会议听取并讨论“一府两院”工作报告及各类专题协商纪要、调研报告、民主监督报告24份。

政协第九届松阳县常委会第九次会议于2月14日下午举行，会期半天，县政协常委会组成人员29人出席会议。会议协商通过统战部所作的《委员调整方案》；举手表决相关人事任免事项；研究决定县政协第九届三次会议相关事宜。

政协第九届松阳县常委会第十次会议于2月21日上午举行，会期半天，县政协常委会组成人员29人出席会议。会议协商讨论“一府两院”工作报告（审议稿）；协商讨论经济社会发展报告（审议稿）和财政预决算报告（审议稿）；审议通过政协第九届松阳县委员会常务委员会工作报告（审议稿）和提案工作报告（审议稿）。

政协第九届松阳县常委会第十一次会议于3月5日上午举行，会期半天，县政协常委会组成人员29人出席会议。会议审议政协第九届松阳县委员会第三次会议选举办法（草案）；审议政协第九届松阳县委员会第三次会议决议（草案）。

政协第九届松阳县常委会第十二次会议于3月7日上午举行，会期半天，县政协常委会组成人员29人出席会议。会议听取各委员讨论组讨论情况的汇报；审议通过政协第九届松阳县委员会第三次会议决议（草案）；听取政协第九届松阳县委员会第三次会议提案初步审查情况的报告；审议通过政协第九届松阳县委员会第三次会议选举办法（草案）；审议通过政协第九届松阳县委员会常务委员候选人建议名单（草案）；审议通过政协第九届松阳县委员会第三次会议总监票人、监票人建议名单（草案）；审议通过县政协九届三次会议优秀大会发言。

政协第九届松阳县常委会（扩大）第十三次会议于8月28日上午举行，县政协常委会组成人员33人出席，邀请县长李汉勤、县发改局负责人列席会议。一同视察县重点工程建设情况（1.独山大桥；2.火车站站房、广场及大道；3.职业中专迁建工程、丽水学院松阳校区）。

政协第九届松阳县常委会第十四次会议于8月30日下午举行，县政协常委会组成人员33人出席会议，全体县政协委员列席会议。县长李汉勤出席并作县政府2019年上半年经济社会发展情况与下半年工作思路通报。县政协主席毛建南主持并讲话。

政协第九届松阳县常委会第十五次会议于10月16日下午举行，会期半天，县政协常委会组成人员33人出席会议。会议审议通过相关人事任免；审议通过关于“闲置及低效工业用地处置暂行办法”落实情况民主监督的建议案；审议通过2019年田园松阳论坛——“文化引领、品质发展 打造世界中医药康养胜地”论坛纪要；审议通过“振兴革命老区”专题协商会议纪要；听取关于九届三次会议提案审查立案情况通报。

政协第九届松阳县常委会第十六次（扩大）会议于12月5日下午举行，会期半天，县政协常委会组成人员33人及全体政协委员出席会议。会议听取县委书记王峻所作的2019年工作开展情况和2020年工作开展思路，县政协主席毛建南主持会议并发表讲话。

重大事项政治协商

【概况】2019年，县政协依托“请你来协商”平台，构建“6+X”协商模式，通过政协秘书长主任会议、主席会议、常委会议先后审议确定议题，报县委常委会审议，最终确定6个常委会重点协商课题和15个专委会、界别组协商课题。7月4日上午，“请你来协商·小区物业管理情况”专题协商会在会议中心举行，部分市、县政协委员，相关行业代表，相关部门负责人70余人参加会议，会议由县政协副主席廖卫民主持，县政协主席毛建南、副县长潘永水、副主席叶伟兰出席会议。9月3日下午，“请你来协商·振兴革命老区”专题协商会在会议中心举行，部分市、县政协委员，相关乡镇（街道），部门负责人参加会议。县政协主席毛建南主持会议，县委书记王峻，县委常委潘力平，县委常委、组织部部长雷剑锋，副县长谢雅贞，副主席叶向东、廖卫民出席会议。9月20日下午，“请你来协商·香榧产业发展”专题协商会在会议中心举行，部分市县政协委员、相关行业代表、有关部门负责人50余人参加会议，县委副书记、县长李汉勤出席会议并发表重要讲话，县政协主席毛建南主持会议。10月23日下午，“请你来协商·农村饮用水达标提标”专题协商会议在会议中心举行，部分市、县政协委员，有关部门负责人，乡镇代表约40余人参加会议，县政协副主席叶向东主持会议。11月5日下午，“请你来协商·加大扶持建筑行业发展”专题协商会议在会议中心举行，部分市县政协委员、相关行业代表、有关部门负责人50余人参加会议，县政协主席毛建南出席并主持会议，县政协副主席叶向东出席会议。

民主监督

【概况】2019年，县政协先后针对“闲置及低效工业用地”、城乡生活垃圾分类处理情况、《茶产业转型升级扶持办法》落实情况等开展民主监督。共组织监督30次，参与人员600余人次，提出相关意见建议60条。

【生态工业监督】2019年，县政协聚焦“闲置及低效工业用地处置”问题，针对闲置低效工业用地处置政策不健全、力度不到位等问题从根源上进行剖析，向县委县政府提交《松阳县闲置及低效工业用地处置暂行办法落实情况》的民主监督报告，助力25.06公顷低效闲置工业用地有效盘活。

【生态环境整治监督】2019年，县政协按照省市政协统一部署，开展“城乡生活垃圾分类处理”三级政协联动专项集体民主监督工作，成立监督组6个，分别由主席会议成员带队到各乡镇（街道）开展民主监督。共开展日常监督活动13次，实地检查点位57个，提出意见建议30余条，均被相关部门采纳。

【生态农业监督】2019年，县政协开展对近2年的调研建议落实情况进行“回头看”，针对《松阳县推进茶产业转型升级扶持办法》的落实情况开展民主监督工作，在茶叶品牌影响力不足、农药化肥减量增效推进难等方面提出切实有效的意见建议。

政协履职为民

【概况】2019 年，县政协从提案督办入手，充分发挥社情民意直通车作用，扎实开展“走基层送服务”和“三联三进”活动，获得社会各界的一致好评。

【民生提案督办】2019 年，县政协坚持从源头出发、质量优先原则，实行提案预审、初审、终审的“三审”制度。同时，坚持“一跟到底”，严防“一答了之”，进一步加强重点提案跟踪追办。九届三次会议期间共收到提案 238 件，其中团体提案 79 件，委员个人提案 159 件。经审查立案 195 件,转来信 43 件，并案后的 130 件提案全部办复,满意率为 99.23%。其中，民盟、经济、工商联等界别提交的《发展红色旅游助推乡村振兴》《关于香榧产业发展的相关建议》等 6 件提案被列为重点提案，由县委、县政府领导亲自领办，相关建议均得到有效落实。“解决县城出行拥堵问题”“中小学生校内课后托管服务”等民生提案在相关承办单位的努力下，城区道路改造，小学托班开设等措施已转化为实际成果。

【助力社会治理】2019 年，县政协注重发挥社情民意“直通车”作用，通过集中座谈、外出考察学习等方式提升信息员水平。共征集社情民意信息 70 余条，经编撰向党委政府报送 29 期，市、县领导批示 6 条。其中，《乡村振兴 5G 应用存冷热不均》《关于网约车合规化的几点建议》被全国政协综合采用，《关于个人所得税专项扣除办法实施中需完善的几点建议》等 10 篇信息被省、市政协录用，推动一些民生问题在上级层面得到重视和解决。

【走基层服务群众】2019 年，县政协主动对接上级部门，精准扶贫困难地区。争取省政协结对帮扶玉岩镇周安村，共有光伏发电、中蜂养殖等 11 个项目落地，争取资金 470 余万元。现有 9 个项目完工。深入村企开展“三服务”活动，共收集群众反映问题 200 余个，通过现场解决、部门协办等方式破解难题 150 余个。开展“走基层送服务”和“三联三进”活动，以帮助群众“做好事、办实事、解难事”为宗旨，开展“送教下乡”“送医下乡”等活动 24 场，参与委员 250 余人次。此外，广大委员自发开展“点对点”结对帮扶、拥军爱军、社区困难慰问等活动，捐赠物资价值近 62 万元。

文史资料

【概况】2019 年，县政协积极争取省政协支持，做好“送文化下乡”活动。促成浙江婺剧研究院、浙江艺术职业技术学院与县政府签订《文化战略框架协议》，并授予松阳县“戏曲教学实践基地”和“校外采风教学实践基地”称号，合作打造的《元宵闹婚》《古井捞钗》《箬寮风雷》等新剧目登上中央电视台等国家级大舞台。积极反映政协的特色亮点工作，打响松阳政协工作品牌。2019 年，共编辑《松阳政协》杂志 4 期，编发“松阳政协”网站、微信公众号信息 50 余条。向上级刊物投稿累计 11 篇，稿件在《联谊报》《同心苑》等省级新闻媒体上刊登报道，“松阳农业界别委员积极为茶叶发展建言”的新闻登上《人民日报》版面。征集文史资料 35 篇，其中有 23 篇文稿分别被省政协《改革开放 40 周年亲历》和市政协《70 年 70 人》文史资料录用。

【举办田园松阳论坛】6 月 28 日上午，县政协主办的第八届田园松阳论坛——打造中医药康养圣地主题报告会在县城举行。浙江省中医药及康养界的知名专家 4 人应邀作专题报告。县四套班子相关领导，县直各单位主要负责人、乡镇（街道）领导干部、县政协机关全体干部、部分政协委员、相关业界人士共 300 余人参加。

联谊交流

【概况】2019 年，县政协搭建平台、创造条件，加强与各民主党派、工商联、人民团体和无党派人士的联系沟通，组织政协委员外出学习培训，以提升履职能力。

【联络联系畅通工作】2019 年，县政协建立《松阳县政协党组成员联系界别党员委员、党员委员联系党外委员制度》，每名党员委员联系帮带 1～3 名党外委员，重点在思想引领、履职带头、互助示范等方面发挥作用。立足“学习交流新载体、联系群众新纽带、协商民主新路径、团结联谊新平台”的功能定位，建设茶业委员会客厅和中医药、不锈钢行业、城东社区委员工作室，开展各类活动 10 次。加强政协组织间的沟通交流，共接待上级政协和省内外政协单位到松阳考察 72 批（次），为促进地方经济文化的交流合作作出努力。

【委员学习培训】2019 年 6 月 17～21 日，县政协在延安举办 1 期优秀委员（干部）培训班。参加此次培训学习的有县政协 2018 年度优秀政协委员、各界别组长及机关干部等 51 人。此次学习活动以在延安的各革命旧址现场教学为主，主要学习《窑洞精神及其现实启示》《张思德与为人民服务》《三五九旅开发南泥湾与南泥湾精神》《白求恩精神》等课程。

（县政协办公室　蓝天野）

中共松阳县纪律检查委员会
松阳县监察委员会

杨家堂省级 AAA 级景区

综 述

【概况】2019年，中共松阳县纪律检查委员会、松阳县监察委员会（以下简称“县纪委监委”）贯彻落实中央和省委、市委、县委决策部署，围绕发展大局、聚焦中心工作，突出问题导向，履行监督责任，持续发力正风肃纪，深入推进反腐惩恶，全面深化“清廉松阳”建设，有力保障全县改革发展，稳定各项工作。2019年，全县各级纪检监察组织围绕县委中心工作，履行监督执纪问责的职责，切实加强对城中村改造、扶贫攻坚、全面深化改革、疫情防控等县委重大决策部署贯彻落实情况的监督检查，坚决查纠打折扣、搞变通等问题，有力维护政令畅通。高标准完成省委巡视反馈问题整改，开展十届县委政治巡察，推进“未巡先改”共性问题前置整改，做好8方面30个共性问题整改，解决一批党的领导弱化、党的建设缺失、管党治党不力等问题。

开展党内政治生态分析研判，建立政治生态指数评价体系，严格落实问责条例，2019年有8个单位党组织、党员干部23人因责任落实不力被问责。开展乡镇（街道）、县直单位季度廉情报告和年度政治生态报告，实现了对政治生态精准画像。深化社会环境综合整治，持续净化基层政治生态，严肃查处恶势力团伙，风清气正的政治生态进一步巩固加强。

锲而不舍落实中央八项规定精神，持续发力纠治“四风”，全面开展扶贫领域和群众身边不正之风专项整治，形式主义、官僚主义等重点难点问题得到有力整治。开展涉纪信访“百日攻坚”、初信初访“清零”、重复越级访“清淤”等专项活动，减存量、遏增量成效明显。探索把澄清工作向基层延伸，共对党员干部15人的不实举报问题进行澄清正名。开展执行力建设深化年活动，创新作风建设载体，依托舆论监督栏目平台有力推动问题整改。坚持惩治基层腐败和扫黑除恶相结合，查处和解决了一批群众身边的腐败和作风问题。

坚持以“清廉松阳”建设为牵引，推进文化、机关、学校、医院、村居（社区）、企业6个单元清廉建设工作，完善计划管理、项目推进、过程检查、考核评价四项机制，打造思廉堂·廉政文化馆、安岱后红色革命教育基地等清廉文化示范点，“五强”清廉机关被评为丽水市纪检监察系统“十佳工作品牌”。通过县委书记王峻分别为全县领导干部上专题党课和领导干部家属上廉洁教育课，县四套领导班子、新提任领导干部200余人到浙江省第三监狱开展警示教育等“七个一”活动，推动警示教育常态化制度化运行。扎实做好案件查办“后半篇文章”，对杨卫中案件进行深刻剖析，组织拍摄警示教育片，进一步营造知敬畏、存戒惧、守底线的良好氛围。

2019年8月1日，松阳县纪检监察系统开展“两年”活动暨“出彩一件事”半年擂台赛

全面深化国家监察体制改革，严格落实监督执纪工作规则、监督执法工作规定精神。持续深化派驻机构改革，把监督单位数量从64家增加到73家，保证全县派驻监督“全覆盖”。开展乡镇监察办规范化建设，建成标准型场所4个，普通型场所15个。深化县纪委监委内设机构改革，规范设置内设机构和职责分工。印发《松阳县监察委员会特约监察员工作办法》，聘任县监委首届特约监察员12人，推动全县纪检监察机关自觉接受民主监督、社会监督、舆论监督。

开展“不忘初心、牢记使命”主题教育，创新开设“精品初心课堂”。班子成员到基层开展调查研究，形成调研报告9篇，解决实际问题10个，帮助群众办理实事好事37件。开展“奔跑2019”暨“工作质量提升年、业务能力提高年”活动，搭建文字能力提升、业务素质锻造、清廉素养熔铸三个平台，每季度组织开展纪检监察系统“出彩一件事”擂台赛。纪检监察干部1人被评为丽水市纪检监察系统“十佳办案能手”，5人通过国家法律职业资格考试。成立县纪委监委直属机关党委和机关纪委。严格落实党风廉政建设责任制，积极推行“五张清单一张网”，每季度召开“一岗双责”汇报会。坚持严管厚爱、刀刃向内，对纪检监察干部4人有信访问题进行调查核实，坚决防止“灯下黑”。

【监督执纪“四种形态”运用】2019年，县纪委监委运用监督执纪“四种形态”处理271人次。其中，第一种形态153人次，占“四种形态”处理总人次的56.5%；第二种形态91人次，占33.6%；第三种形态13人次，占4.8%；第四种形态14人次，占5.2%。

【管党治党政治责任强化】2019年，县纪委监委依托“三重一大”电子监察平台和“清廉丽水建设基础应用平台”，盯牢重点工作，围绕重点项目开展督查，加强督促考核，紧紧牵住各单位全面从严治党主体责任“牛鼻子”。压实主体责任，通过明确责任清单，加强监督检查，压紧压实各级党委全面从严治党主体责任。年初协助县委制定《松阳县2019年党风廉政建设和反腐败工作组织领导与责任分工》，向县领导发放提醒卡、履职记录本，动态追踪履职轨迹。完善电子信息平台建设，通过“三重一大”电子监察平台对监督单位开展全过程监督，81家单位通过网上平台共报送议题1704项。同时，确定12家单位为“清廉丽水建设基础应用平台”试点单位，进一步优化电子信息平台建设。加强督促检查，开展全面从严治党重点工作落实情况专项督查，为衢宁铁路、黄南水库、南城建设、瓦窑头区块改造等重大基础设施建设和民生项目提供坚强的纪律保障。牵头对工作履职不到位的8家单位开展调查，并进行问责处置。强化考核点评，全年对37个部门党组织，19个乡镇（街道）党（工）委开展全面从严治党主体责任考核，发现问题及时反馈给各单位并按要求限时整改；对主体责任履职不到位、巡察发现问题较多的8家单位开展面对面质询点评，现场提问14个，提出评议意见24条，发出整改通知书8份。

【纪检监察干部队伍建设】2019年，县纪委监委选优配强干部队伍，制定机关“三定”方案，明确科室职责和干部职数等。把牢“入口”，坚持以德、能、勤、绩、廉多方面综合考察干部，公开选调公务员1人（派驻纪检监察组），事业干部3人，招聘见习大学生3人。疏通“互通口”，强化内部科室人员交流以及派驻纪检监察组、乡镇（街道）的纪检干部调配。该委机关人员调整15人次，其中提拔副科级4人；乡镇（街道）纪（工）委调整委员、专职委员12人次，抽调干部参与省委、市委巡视巡察2人，干部参与县委巡察102人、到业务科室挂职锻炼15人。关注“出口”，该委机关调出干部2人，根据《松阳县规范机关事业单位工作人员调动工作的意见（试行）》，制定《松阳县纪检监察干部调动规定》。同时，做好符合年度公务员职级晋升人员的申报工作。提升履职尽责内功，结合“不忘初心、牢记使命”学习教育，强化纪检监察干部增强“四个意识”，坚定“四个自信”，做到“两个维护”。举办2期纪检监察干部综合业务培训班，邀请浙江大学光华法学院教授及纪委、审计、法院等专家学者进行专题授课，开展中纪委纪检监察干部培训课程内容的学习，组织干部参加公务员“学法用法三年轮训行动”，有效为纪检监察干部“充电赋能”。组织纪检监察干部参加省市两级业务“大比武”书面测试及“清廉卫士”杯全市纪检监察业务知识竞赛决赛，以考促学、以赛促学，提升业务实力。开展干部交流谈心，由县纪委书记与乡镇纪委书记及派驻机构负责人等定期开展交流谈心，掌握思想动态，倾听内心想法。落实常委（委员）、纪检监察室联系派驻机构、乡镇纪委制度，经常性开展业务指导、协助办信、办案等。2019年，开展谈心谈话、交流指导80余次，纪检监察干部的认同感、归属感、责任感不断增强。

·县纪委重要会议·

【县纪委全会】2019年，中共松阳县第十届纪律检查委员会第五次全体（扩大）会议于2月28日下午召开，会议学习传达十九届中央纪委三次全会、省纪委十四届四次全会、市纪委四届四次全会和县委十届七次全会精神，回顾总结2018年工作，研究部署2019年任务。县委书记王峻出席会议并讲话。李汉勤、翁樟明、毛建南、王立武等县领导出席会议。县委常委、纪委书记、监委主任潘仲珏主持会议，并代表中共松阳县纪律检查委员会常务委员会作题为《忠诚履职、干净担当，以高质量纪检监察工作奋力谱写清廉松阳建设新篇章》的工作报告。

2019年2月28日，中共松阳县第十届纪律检查委员会第五次全体（扩大）会议召开

【“清廉松阳”建设推进会】2019年4月30日上午，松阳县召开“清廉松

阳”建设推进会，县委常委、纪委书记、监委主任潘仲珏出席会议并讲话。县纪委机关、县检察院、古市镇、新兴镇、县实验小学、县卫健局、县委“两新”工委、县委宣传部8家单位交流“清廉松阳”建设工作。县纪委监委机关及各派驻纪检监察组全体干部，乡镇（街道）纪（工）委书记、专职副书记、专职委员，县委组织部、县委“两新”工委、县委宣传部、县检察院、县行政审批中心、县教育局、县卫健局、县国税局、县经济商务局、县农业农村局、县实验小学、县第五中学、县人民医院、古市医院、象溪镇卫生院、古市镇、大东坝镇、新兴镇等单位主要负责人参加会议。

【乡镇（街道）监察办规范化建设推进会】2019年，松阳县于8月18日晚上召开全县乡镇（街道）监察办规范化建设推进会。会上组织收看《遂昌乡镇（街道）监察办规范化建设纪实视频》，传达丽水市委常委、纪委书记、监委主任方文军在全市乡镇（街道）监察办规范化建设现场会上的讲话精神，并签订乡镇（街道）监察办规范化建设责任书。县委常委、纪委书记、监委主任潘仲珏根据全县乡镇（街道）监察办规范化建设的实际，提出四点要求。县纪委监委班子成员、乡镇（街道）监察办规范化建设专项工作组、4个乡镇（街道）党（工）委书记、15个乡镇（街道）纪（工）委书记、监察办主任参加会议。

【清廉村居建设推进会】2019年9月12日，松阳县召开清廉村居建设现场推进会。会议传达学习近期县委书记王峻、市纪委常委黄悌王的调研精神，进一步明确下阶段清廉村居建设的目标任务，并提出具体要求。县委副书记、政法委书记王立武出席会议并讲话。县委常委、纪委书记、监委主任潘仲珏主持会议。19个乡镇（街道）党（工）委书记、纪（工）委书记、分管“三资”工作领导，县委办、县纪委、县委组织部、县委宣传部等多家单位主要领导参加会议。

·清廉松阳建设·

【概况】2019年，县纪委监委以强化对权力运行的制约和监督为根本，坚持标准化引领、个性化示范、全覆盖提升，通过建立健全清廉松阳建设计划管理、项目推进、过程检查、考核评价四项常态化机制，由县纪委牵头、6个单位主动作为，深入推进清廉文化、机关、学校、医院、村居（社区）、企业6个单元清廉建设工作，打造清廉思想树得更牢、制度篱笆扎得更紧、担当作为能力更强、和谐社会氛围更浓的政治生态版绿水青山，为清廉丽水建设奉献“松阳经验”和“松阳样板”。12月25日，丽水市“清廉建设”现场调研活动在松阳展开。

2019年12月25日，丽水市“清廉建设”现场调研活动在松阳展开

【“四个一批”清廉文化】2019年，县纪委监委围绕增强不想腐的自觉，大力弘扬清廉价值理念，形成以清为美、以廉为荣的浓厚氛围。以强化思想引领为着力点，吸收“浙西南革命精神”和松阳特色清廉文化底蕴，推进清廉文化滋润人心。拓展一批清廉文化传播阵地，构建“网络阵地”“固定阵地”“流动阵地”全方位宣传体系，增强清廉文化影响力；创建一批清廉文化示范点，打造思廉堂•廉政文化馆、安岱后红色革命教育基地等，着重培育廉荣贪耻的价值理念，扩大清廉文化的传播效应；推出一批清廉文化精品力作，创作松阳高腔剧目《箬寮风雷》，拍摄《茶》、《豺虎画》清廉宣传短片，举办清廉文化海报设计大赛、“浙西南革命精神”视觉艺术展等活动，让廉洁意识在潜移默化中生根发芽；讲好一批清廉文化松阳故事，把历史文化符号与现代文明有机结合，编发《松阳党员干部警示教育案例选编》，编印《松阳廉洁族规家训读本》，开设松阳清廉文化校本课程，进一步传承优秀传统文化基因，形成崇廉、尚廉的社会风尚。

【“五强”清廉机关】2019年，县纪委监委施行强思想引领、强担当作为、强风险防控、强制度保障、强监督问责的清廉机关建设。年初，结合巡察发现的八方面30个共性问题整改作为清廉机关建设突破口，通过细化整改措施149条，制订《十届县委巡察发现的共性问题整改清单》，召开巡察情况通报会暨全面从严治党业务培训会，县委常委会、书记专题会、巡察工作领导小组会每季度听取共性问题整改情况汇报等措施，确保共性问题整改取得实效。同时，强化干部作风建设，出台《基层涉纪问题澄清通报制度》，先后为党员干部13人或组织澄清正名，推进澄清工作向基层延伸；推动构建涵盖4个一级指标、11个二级指标、23个观测点的政治生态指数评价体系，强化对全县政治生态的考核评价；建立健全层级风险防控及干部选任“负面清单”审查体系，实现风险防控规范化、制度化、常态化。2019年，“五强清廉机关”建设被评为丽水市纪检监察系统“十佳工作品牌”。

【“三清一合”清廉村居】2019年，县纪委监委打造清爽村务、清廉班子、清朗民风、和合干群的清廉村居，健全相关制度。出台简便易行、方便群众的《松阳县村级小微权力清单28条》，制定从体制机制上解决村干部违规承揽本村工程问题的《松阳县村级工程“集体建”实施办法（试行）》。先后开展以“家风建设”“书记话清廉”为主题的“支书三晒”活动，开展五方面20个问题村居巡察共性问题整改，加强社会环境整治、查处“涉黑涉恶”案件力度，党纪处分农村党员干部69人。

【“五清”清廉学校】2019年，县纪委监委突出立德树人，为党育才、为国育人的办学方向，坚持把校园建设成为立德树人的绿水青山。结合近几年师德师风专项整治活动及县委巡察发现的问题，把学区划分、招生入学、收费资助、人事招聘、评先评优、食堂管理、教学质量等列为重大风险点，实施6项阳光工程，营造清明政风、清净校风、清正教风、清新学风、清朴家风的校园新风尚。针对上年巡察发现“伪造、篡改购买凭证形式套取食堂资金用于违规公款吃喝、公款送礼”的问题，在全县各学校开展自查自纠，进行全面整改，重点对食堂进行治理，统一试行“丰收溯配”管理系统，堵塞制度漏洞。

【“三清”清廉医院】2019年，县纪委监委围绕弘扬“医者仁心、大医精诚”传统医德医风，针对近年来全县卫生系统违规违纪违法行为频发、多人被追究刑事责任的严峻态势，重点聚焦药械采购、处方外配、红包收受三大风险点，聚焦采购人员、处方医生、手术科室三大关键群体，设立阳光谈判室，制订“三定”接待、处方点评及外配约谈处罚、红包收受处置等系列工作制度，构建横向到边、纵向到底的廉洁防线，着力打造党风清正、院风清朗、医风清新的新时代医院。

2019年9月5日，丽水市纪委常委黄悌王到松阳县人民医院调研清廉松阳建设

【“四联”清廉企业】2019年，县纪委监委围绕构建新型政商关系，进一步搭建政商沟通交流平台，优化亲商、安商、富商的营商环境。以“四联”活动为抓手，深入推进政企党日联过、党课联上、活动联开、党建示范联建，印发《松阳县亲清政商交往正反面清单》，健全公职人员任职、地域、公务等利益回避制度。严肃查处党员干部利用职权向企业违规借贷、违规持股、低价购房、乱收费乱摊派、吃拿卡要等违纪违法行为，发现县管干部违规借贷3件，留置1人，约谈提醒2人，清退违规所得66.28万元，切实把“清”和“廉”的要求贯穿企业改革发展全过程，突出“政治引领”，突出“氛围环境”，着力培育对党忠诚、勇于创新、治企有方、兴企有为、清正廉洁的企业文化。

（县纪委办）

党风政风监督

【概况】2019年，县纪委监委健全完善“1+x”专项督查工作机制，继续紧盯重要节点，深挖细查顶风违纪、隐形变异问题，坚决防止“四风”反弹回潮；采取“一月一主题一检查”方式，围绕重点项目、重点工程、群众身边腐败问题等，加强随机抽查、交叉检查力度，共开展正风肃纪检查26次，发现问题65个，查处违反中央八项规定精神问题5起8人，发出典型问题通报3期。组织开展公职人员违规事项清理、领导干部利用名贵特产类特殊资源谋取利益、减税降费政策落实专项监督，进一步摸清底数、督促整改。深入整治形式主义、官僚主义，共查处形式主义、官僚主义问题7起，给予党纪政务处分10

2019 年 10 月 1 日，县纪委监委正风肃纪监察小组对公车使用进行检查

人。深入推动廉政风险防控建设，印发《关于进一步加强廉政风险防控工作的通知》，把廉政风险排查延伸至全体公职人员和村三委干部，突出“三个重点”，制订“三张清单”，做到排查到位、措施到位、防范到位。

【党风政风专项整治】2019 年，县纪委监委以扶贫领域乱象整治、“扫黑除恶”专项斗争监督执纪问责、“8+1”专项整治，以及“减税降费”、“天价烟”、领导干部利用名贵特产类特殊资源谋取私利等各类问题开展专项整治工作。持续整治扶贫领域乱象。发布《中共松阳县纪委关于扶贫、民生领域不正之风和侵害群众利益问题集中整治项目申报的通知》，组织 19 个乡镇（街道）和 13 个职能部门排查本单位或本领域行业不正之风和侵害群众利益的突出问题，共确立 36 个集中整治项目。围绕集中整治项目、低收入农户建档立卡动态管理、低保（低边）专项治理等 7 方面内容，对 19 个乡镇（街道）和 4 个职能部门开展全覆盖联合督查，对发现的五大类问题进行通报。强化“扫黑除恶”专项斗争监督执纪问责。梳理起底历年来涉黑涉恶相关问题线索 24 件，对 2 件涉恶案件的党员 4 人进行立案调查，开除党籍 2 人。下发《关于开展扫黑除恶线索排查与工作督查的通知》，要求各基层纪检监察组织切实发挥监督探头作用，督促监督单位进一步做好本区域、本行业、本系统扫黑除恶工作。牵头开展“不忘初心、牢记使命”主题教育“8+1”专项整治工作。印发《关于扎实推进“8+1”专项整治工作的实施方案》，把专项整治任务细化为 59 个项目，确定 4 家牵头单位和 79 家责任单位。压实各单位、责任人职责，推动各项整治工作扎实推进、取得实效。做好省委巡视 57 个反馈问题的整改，落实整改措施 231 条。开展“三服务”活动，共查摆问题 240 个，当场解决 94 个，交办 146 个。推进“最多跑一次”改革向基层延伸，实现 19 个乡镇（街道）可办事项 1387 个。牵头开展有关专项整治。结合各阶段工作要求，以“一月一主题一检查”方式，开展“减税降费”、“天价烟”、领导干部利用名贵特产类特殊资源谋取私利、违规入股兼职、违规房产买卖、人防系统腐败问题等各类专项整治，整治形式主义、官僚主义、违反中央八项规定精神等问题。

【党章党规党纪教育】2019 年，县纪委监委深开展党章、党规、党纪学习，把增强“四个意识”，坚定“四个自信”，践行“两个维护”，作为当前加强党员干部纪律教育的重要工作来抓。同时，结合当地实际，推进警示教育“七个一”活动，通过县委书记上廉政党课、观看警示教育专题片、组织到浙江省第三监狱警示参观等系列活动，推动领导干部进一步形成不敢腐、不能腐、不想腐的思想自觉。

【惩防体系建设】2019 年初，县纪委监委制定下发《关于进一步加强廉政风险防控工作的通知》。各单位进一步理清岗位职责和权力，核定权力清单，明确权力运行的一般过程、关键步骤和重点环节，同时把廉政风险防控延伸至村三委干部。结合清廉村居建设，出台《村级小微权力清单 28 条》。建立健全层级风险防控及干部选任“负面清单”审查体系，实现风险防控规范化、制度化、常态化。如县公安局搭建以责任人为核心架构的“党委书记——党委班子成员——党支部书记（中层正职）——党支部成员（中层副职）——党员民警——协辅警（含聘用人员、文职）”的“六层五级”层级管理责任框架。

（党风廉政办）

巡察工作

【概况】2019 年，松阳县委巡察办聚焦全面从严治党不放松，坚定政治方向、坚持问题导向、坚守价值取向不动摇，深入推进县委巡察和村居巡察，同时积极探索巡乡带村、交叉巡察、专项巡察等巡察监督方式，着力构建横向到边、纵向到底的巡察监督格局，以巡察工作新成效推动清廉松阳建设。

【统筹开展两项巡察工作】2019 年，县委巡察办组织开展 3 轮对 21 个乡镇、部门党组织的政治巡察，同时以

开展以"巡乡带村""直接巡村"方式对111个行政村进行村居巡察

"巡乡带村""直接巡村"的方式对111个行政村以及社区开展村（居）巡察。此外，协助市委巡察组对松阳工业集聚区开展提级巡察，龙泉组对新兴镇、青田组对县人防办开展交叉巡察。通过巡察共发现问题1559个，移交线索79条，给予党纪政务处分30人次（其中乡科级6人），采取留置措施5人（其中乡科级1人），移送司法机关5人，通报3人，约谈提醒142人，清退各类违纪违规费用151.12万元。

【落实省委巡视专项检查整改】2019年4月1～4日，浙江省委第八巡视组在巡视松阳县期间，对松阳县委巡察工作开展情况进行专项检查，检查反馈指出的13个问题均整改到位。县委巡察办在开展省委巡视专项检查整改过程中，共立案6件，给予党纪政务处分7人次、采取留置措施并移送司法机关1人，通报批评18个单位，约谈提醒29人次，新出台制度5项，修改完善制度4项，清退违规资金30.7万元。

【开展共性问题整改】2019年，县委巡察办对十届县委巡察发现的问题进行总结分析，梳理形成《十届县委巡察发现的8方面30个共性问题整改清单》，由县领导12人、牵头单位13个及26个责任单位负责整改，全县79家单位全面开展对照检查，举一反三，做到即知即改。通过专题教育培训、分级审核方案、每季跟踪汇总、定期监督检查、分类通报案例等方式，督促指导共性问题整改工作。针对共性问题每季开展专项督查，发出通报3期，通报部门19个、乡镇（街道）9个。建立完善制度29项，清退超标发放福利81.93万元、违规公务接待6.93万元、违规购买商业保险106.74万元。

（县委巡察办）

监察工作

【组织机构设置】中共松阳县纪律检查委员会由中国共产党松阳县代表大会选举产生，是党的纪律检查机关；松阳县监察委员会（以下简称"县监委"）由松阳县人民代表大会产生，是国家监察机关。县纪委与县监委合署办公，实行一套工作机构、两个机关名称，履行党的纪律检查和国家监察两项职责，对市纪委市监委和县委全面负责。同时，县监委对县人民代表大会及其常务委员会负责，并接受其监督。2019年县纪委监委在市纪委市监委和县委统一领导下，加强对下级纪检监察组织的领导。该委机关下设办公室、干部室、宣传教育室、党风政风监督室、信访室、案件监督管理室、第一纪检监察室、第二纪检监察室、第三纪检监察室、第四纪检监察室、案件审理室11个内设机构和机关党委，机关行政编制55人（县纪委书记、县监委主任编制单列，含派员县委巡察办5人）。其中，县纪委常委领导职数按市委有关规定执行。县监察委员会设主任1人（由县纪委书记兼任）；副主任2人（由县纪委副书记兼任）；委员4人（其中县纪委常委兼任2人）。室主任11人，室副主任、机关党委专职副书记18人。

【组织机构派驻（出）】2019年6月，开展县纪委监委派驻（出）机构改革，根据全县现有派驻（出）机构编制情况，共设置派驻（出）机构10家，其中综合派驻7家［松阳县纪委监委派驻第一纪检监察组、松阳县纪委监委派驻第二纪检监察组、松阳县纪委监委派驻第三纪检监察组、松阳县纪委监委派驻第四纪检监察组、松阳县纪委监委派驻第五纪检监察组、松阳县纪委监委派驻第六纪检监察组、松阳县纪委监委派驻县委组织部纪检监察组（松阳县委直属机关纪检监察工作委员会）］，单独派驻3家（松阳县纪委监委派驻县人民法院纪检监察组、松阳县纪委监委派驻县人民检察院纪检监察组、松阳县纪委监委派驻县公安局纪检监察组），监督单位73家。县纪委监委派驻机构共核定行政编制45人，其中县级党政群机关行政编制44人，政法专项编制1人，编制实行单列，专编专用，由县纪委统一管理。

【监委措施应用】2019年，松阳县党纪立案26件26人，监察立案16件16人，留置7件7人，查询352次，返还查封—扣押—调取3次，扣押2次，搜查7次，谈话83人次，调取28次，询问200人次，讯问5人次。

（监察办）

作风建设

【概况】2019年，县纪委监委以“奔跑2019”为作风建设新载体，抓“一线建设”和“作风建设”两个关键点，以培训、执行力、整改成效、督促落实、监督问责五个方面为抓手，开展执行力建设深化年活动。开展全县域“晒业绩”和学习讨论活动，各单位把本单位重点工作、中心工作、巡察整改八方面30个共性问题整改情况、工作短板等在单位橱窗进行公开晾晒，接受群众监督；督促全县各单位通过作风转变大讨论、“松阳发展我加速”主体思想大讨论活动、“浙西南革命精神”学习及秦岭违建别墅教育警示片等，深入查摆本单位在干部担当作为方面的突出问题，认真抓好整改落实。践行“一线奔跑工作法”，开展领导干部大调研、大走访活动，做到情况在一线掌握，决策在一线形成，问题在一线解决，作风在一线转变，能力在一线锤炼，成绩在一线检验。

【建立“茶炼干部”培育机制】2019年，县纪委监委探索建立“茶炼干部”培育机制，结合松阳大建设、大发展的时机，分类分期安排干部一线“墩苗”锻炼，加强干部政治能力训练和政治实践锻炼。牢牢把握“田园松阳”建设对干部素质需求的变化，青年英才培训班创新干部教育培训方式方法，推进思廉堂·廉政文化馆，枫坪斗潭村、小吉，安民安岱后村等基地建设，全面提升干部教育培训课程的针对性和有效性。坚持严管与厚爱结合，加强年轻干部培养力度，结合《关于加强乡镇年轻干部培养锻炼的意见》（丽组〔2019〕21号）文件要求，共选派90后干部47人到“三重一线”重点工程（项目）锻炼，占总抽调人数20.43%的，选派干部7人到四川东西部扶贫协作和山海协作挂职，占总抽调人数的26.31%，选派优秀年轻干部4人到中央、省市相关单位进行挂职学习。

【抓整改成效】2019年，县纪委监委组织督察组到全县19个乡镇(街道)、20个县直部门开展专项督查，全面准确掌握被督查单位执行力建设深化年活动开展情况，并把督查问题即时反馈给相关单位限期整改，共发出执行力建设深化年活动督查通报2期。认真落实《关于深化完善容错纠错机制的实施细则》，对失实滥报情况及时予以澄清，对苗头性、倾向性情况采取提醒、函询、诫勉等措施。

【推进监督落实】2019年，县纪委监委依托《松州聚焦》《电视问政》《问政进行时》和“问政直通车”等舆论监督栏目平台，以重大项目建设、重点工作推进、群众反映的突出问题为切入点，抓拍慢跑者不作为、慢作为典型，切实增强实现舆论监督的作用。共播出电视问政类节目《松州聚焦》10期，发现并曝光问题30个，其中整改到位29个，1个整改时限未到问题正在整改中。在松阳新闻网开设“问政直通车”专栏，共刊登网民关心关注的问题和部门答复64件，实现“报网”互动。

【从严督查问责】2019年，县纪委监委积极探索建立干部监督“正负”清单报告制度，加强干部管理监督部门联动，织密从严管理监督网络，实现干部信息“集中分析、信息共享”的模式。累计汇总完成包含县管干部在重大事项、教育培训、出国（境）情况、伤病情况、挂职锻炼等方面的正面信息287条；涉嫌违法违纪、作风效能、信访反映、民事案件等方面的负面信息29条。

（作风办）

重大举措重要成果

【乡镇监察办规范化建设】2019年，县纪委监委深入贯彻省、市纪委监委加快乡镇（街道）监察办履职规范化进程的工作要求，实现乡镇（街道）监察从“有形覆盖”向“有效覆盖”转化，切实打通监察监督“最后一公里”，该委全盘谋划，有力督导，从8月开始，用2个月时间，对标“六个有”，即有办公室、有可同步录音录像的谈话室、有一套牌子、有上墙制度、有举报电话、有信访举报箱等）和“七统一”［统一场所配置、统一标识标牌、统一办公（办案）设备、统一工作制度、统一文书格式、统一档案管理、统一人员配备］要求，全方位推动19个乡镇（街道）监察办规范化建设，建成4个标准型、15个普通型办公场所，全面完成硬件、软件、人员“三到位”。

【建成“思廉堂”廉政文化馆】2019年，县纪委监委坚持文化引领，在包拯后裔聚居地大东坝镇横樟村建成以廉洁治家为官为核心的“思廉堂”廉政文化馆，并被评为首批丽水市市级法纪教育基地，共接待各类参观学习者364批次计8152人次。

（县纪委监委　尤芳）

民主党派　工商联

滨水绿道

民盟松阳县基层委员会

【概况】2019年，民盟松阳县基层委员会（以下简称“民盟松阳县”）现主委1人、副主委3人、委员7人，内设办公室，下辖文教、医卫、松阳一中、丽水中专、科技、经济、环境资源等7个支部，在文化教育、医疗卫生、企事业机关中具有较高知识层次和新社会阶层的优秀人才的盟员共有119人；盟员担任丽水市人民代表1人，丽水市政协委员2人，担任县人民代表2人，县政协各届别委员19人。松阳县“盟员之家”被民盟浙江省委会评为“五星级盟员之家”，民盟松阳县基层委员会被民盟丽水市委会评为2019年度先进基层组织。

【自身建设】2019年，民盟松阳县委员会坚持政治理论学习，把政治学习当作组织发展的首要任务，通过学习提升盟员的思想政治素质。开展主题教育活动，民盟松阳县基层委员会高度重视主题教育，及时传达学习上级盟组织关于“不忘合作初心，继续携手前进”主题教育活动相关精神，研究出台实施方案，成立领导小组。组织基层委委员、支部主委赴四川省开展“重温历史 探寻初心”主题教育学习活动。开展“浙西南革命精神”弘扬践行活动，组织基层委委员、各支部主委实地走访安岱后红色革命遗址；经济支部和环境资源支部到温州平阳重走红军路，进行体验式红色教育。信息宣传工作扎实推进，2019年，全县盟务活动信息在盟中央网站发表2篇，盟省委网站发表18篇，丽水市政协网站发表1篇，盟市委网站发表90篇，松阳电视台报道5次。松阳民盟微信公众号实时更新盟务动态，及时传达民盟中央、盟省委、盟市委各级会议和文件精神。创新参政议政工作方式，为进一步发挥骨干盟员在履行政治协商、民主监督、参政议政职能中的作用，2019年成立了思想宣传、参政议政、社会服务工作协调小组。制定各个小组的工作职责，推动各项工作再上新台阶。进一步发挥“盟员之家”的作用，2019年，松阳县“盟员之家”被民盟浙江省委会评为“五星级盟员之家”，各支部充分利用“盟员之家”平台，召开会议、开展活动，共计12场。

【社会服务】2019年，民盟松阳县按照“体现民盟特色，践行为民宗旨，统筹各方资源，服务地方发展”的工作原则，拓展社会实践活动，收获新成果。全力开展民盟“雏鹰·关爱之家”建设，各支部开展“大手牵小手”关爱留守儿童结对活动；盟省委牵头，10月成立盟员屈小武特级教师工作站，截至12月底，开展活动4次；联合浙江水利水电学院、浙江师范大学和丽水市各级民盟组织在古市中学开展“民盟班成长关爱营”“温暖手牵手”“职业规划充电宝”“烛光行动”等活动。发挥“民盟·同心专家工作站”的作用，利用盟内资源，立足农业、农村等方面开展精准服务，借力借势开展各类活动4次，助力乡村振兴。组织盟内技术人员在古市镇、板桥畲族乡等地开展“送科技、送服务”活动。助力东西部协作，8

2019年12月17日，民盟中央社会服务部副部长段海溪一行考察指导松阳民盟“雏鹰·关爱之家”

2019年8月14日，叶向东主委代表民盟松阳县基层委员会向广元民盟烛光中学的10名贫困学生送上捐助款

月组织基层委委员和骨干盟员到四川昭化区开展东西部扶贫活动，向广元民盟烛光中学的贫困学生10人捐款1万元。与昭化广元讯唯电子商务有限公司开展签约消费活动，助力脱贫攻坚。助学支教，各支部全年到各校开展结对班级、规划讲座、送教等不同形式的支教活动。持续送医下乡，2019年，医卫盟员专家先后到乡镇（街道）开展义诊、健康咨询、讲座、发放健康宣传资料等活动，全年接诊病人700余人次。医卫支部坚持“送医下乡”活动不间断。开展公益活动，开辟“民盟林”，树立“民盟林”碑，通过树木认养公益活动助推松阳生态文明建设。

【参政议政】2019 年，民盟松阳县坚持把发展作为参政党的第一要务，围绕中心、关注民情、致力民生、深入调研，积极建言献策、履职尽责。重视两会，展现履职成效。在市政协四届三次会议上，盟员叶向东作《打响香菇“名片”保卫战》的即席发言，被大会评为优秀发言。在县政协九届三次会议期间，共提交大会发言材料 5 篇，其中盟员阙松鹤执笔的《采取有效措施 盘活闲置国有资产》作大会口头发言，并被评为优秀大会发言；盟员兰建芳的《城区行车何时不再难》作大会即席发言，并被评为优秀即席发言；盟员金黎艳的《加强管网改造 加快推进“污水零直排区”建设》获得李汉勤县长批示。提交市人大建议 3 件，市政协提案 3 件，县人大建议 4 件，县政协提案 62 件，其中 3 篇被列为重点提案，3 篇被列为重要提案。关注民生，反映社情民意，2019 年，盟员撰写社情民意 17 篇，省政协采用 1 篇、民盟浙江省委会采用 12 篇、丽水市政协采用 6 篇、松阳县政协采用 10 篇。其中，盟员金黎艳撰写的《参照“农村公路综合保险”进一步保护农村生活污水设施》获潘永水副县长批示。深入调研，提高履职成效，县民盟确定《发挥水资源优势 提升生态养殖价值》为基层委调研课题，形成具有较高质量的调研报告。开展“农村闲置宅基地（农房）盘活利用”“松阳茶叶交易平台建设”“畜禽生态养殖”等调研。其中，政协民盟界别组开展关于加大扶持建筑行业健康发展的专题调研，被县政协列为重点协商课题。

【爱岗敬业】2019年，民盟松阳县广大盟员投身新时代，建立新业绩。叶关毅入选第四批全国百名中医（西学中）优才；王国华美术作品入选“壮丽70年·奋进新时代”——中国民主同盟庆祝中华人民共和国成立70周年美术作品展和“祖国笑容这么美”中国首届水彩风景画大展。刘开根撰写的调研文章《松阳县关于社保征收新政对企业影响的调研分析》被省政府录用；叶丽琴青年返乡创业事迹受到《浙江新闻》《经济半小时》等栏目的报道，并入选县民宿乡贤专家指导组成员；包家训获闽浙皖赣四省军队和地方气象联防工作先进个人；张凌君获2019年丽水市中小学德育带头人称号；李丽香当选为第一届松阳县中医药学会中医护理分会主任委员、阙建梅当选为常务委员；刘志云入选县生态农林业乡贤专家指导组成员，《松阳政协》委员风采栏目刊登他的先进事迹；周晓蓓入选中央电视台星光大道评委；刘俊担任执行董事、总经理的俞同春股份公司被松阳县政府列为首批重点拟上市企业；广大盟员立足本职，为助推松阳县经济社会发展作出积极贡献，展现新时代松阳盟员的风采。　（民盟松阳县）

民革松阳县支部

【概况】民革松阳县支部于 2017 年 4 月 27 日成立以来，各项工作在中共松阳县委和民革丽水市委会的正确指导下开展，以中共十九大精神和习近平新时代中国特色社会主义思想为指引，推进同心民革、智慧民革、博爱民革、活力民革、网上民革等“五大民革”建设，为建设“田园松阳”升级版履职尽责。2019 年，民革松阳支部根据民革中央办公厅印发的《关于开展示范支部创建活动的通知》，第一时间召开支委会议，8 月出台《民革松阳县支部示范支部创建活动的实施意见》。依据党员专业特长，实行“党员责任包干制”，制订《示范支部创建党员责任清单》，把 46 个创建指标逐个落实到位，形成“人人有责、个个有为”的创建氛围。截至 2019 年底，民革松阳县支部共有党员 17

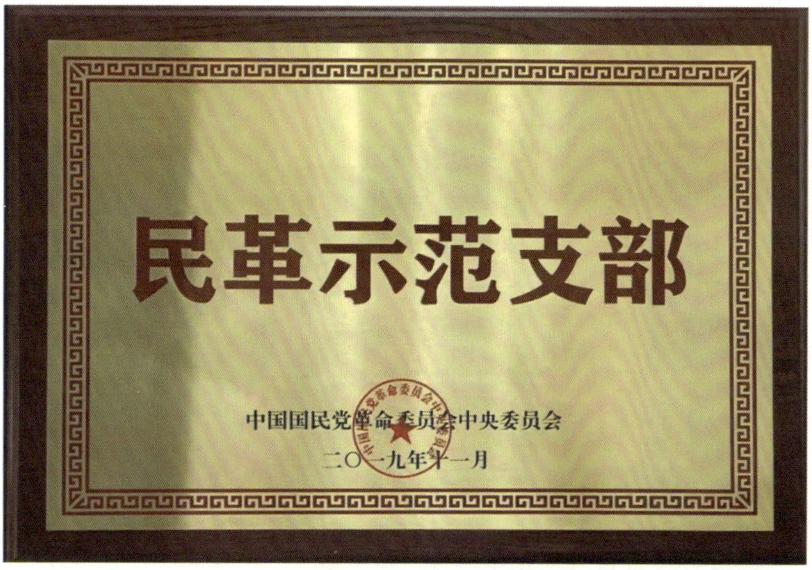

2019 年 11 月，创成首批全国示范支部

人，其学历皆为大学本科以上；其中丽水市人大代表 1 人、市政协委员 1 人，县政协委员 9 人。

【推进民革制度建设】2019 年，民革松阳县支部开展以制度建设为纲，制定支委、支部和党员的制度体系。切实做好党员自身思想政治建设，提高政治站位，增强履职能力，鼓励党员立足岗位发挥自身优势，每年至少完成每月参加一次学习活动，承担一次履职活动，提交一篇高质量的参政议政文章，全年组织“观故居，走多党合作之路”主题教育、廉政警示教育等学习活动 24 次，刊发“松阳民革”内部刊物 3 期。加强组织建设，与民革中央机关总支第 4 支部结成友好共建支部，全国政协常委、副秘书长，民革中央副主席兼秘书长李惠东到松阳为全国首个支部党员之家“民革书屋”授牌。对内召开全省民革组织首个支部层面的民主生活会。创新党员发展模式，以民革特色、政治认同感、参政议政能力作为主要参考点，建好后备人才储备库，努力打造一支素质优良、结构合理、特色明显的党员队伍，创新发展对象开展考一次试、上一堂课、交一篇文章的制度，共发展新党员 5 人。积极参与参政议政，围绕地方经济社会特点，突出“社会法制、三农、祖统”三大领域，按照“抓住重点、找准切入点、打造新亮点”工作思路，开展“专题调研视察、专门对口协商、专项民主监督”工作制度，共组织专题调研活动 14 次，转化成果 14 篇。开展服务联谊活动，打响民革服务“博爱”品牌，打造“博爱·牵手”长效活动机制。

2019 年 4 月 25 日，民革中央副主席兼秘书长李惠东（前排左六）带队到松阳考察调研松阳民革工作

2019 年 5 月 28 日至 31 日，到广州市等地开展“观故居，走多党合作之路”专题教育

【服务大局争创特色】2019 年，民革松阳县支部立足县情，围绕党政中心，聚焦民革服务三农使命，发挥党员专业特长和岗位特色，积极助推松阳传统村落保护利用、“拯救老屋”行动，松阳拥有省级传统村落 84 个，被誉为“最后的江南秘境”。松阳的“拯救老屋行动”工作入选国家《乡村振兴战略规划（2018 ~ 2022 年）》；写入 2019 年浙江省政府工作报告并在全省推广。该支部积极建言献策，为传统村落保护鼓与呼，撰写的《建立传统村落保护利用示范区 打造乡村振兴样板地》社情民意被民革中央、省市县政协录用；《建立传统村落保护利用示范区 打造乡村振兴样板地》《传统村落保护发展亟待破解的三大瓶颈》为省政协提案，《古村落在乡村振兴中实现“四个留住”》《传统村落利用要做好三篇文章》被评为市、县政协优秀大会发言。开展“博爱牵手”古村落活动，从挖掘村级发展潜力、争取项目资金实施村庄整治，牵线搭桥招商引资培育新型业态等方面入手，已完成老屋修缮 14 幢，建成“思廉堂”廉政文化馆、油茶工坊，高端民宿项目已落地，中草药基地在建设中，正在将横樟打造成县级廉政文化教育基地、丽水十大红色旅游经典线路。

助力松阳茶产业转型升级，该支部党员、松阳资深的茶业专家叶火香、陈银方在各自的岗位上为松阳茶产业发展尽心尽力，为茶农的增收致富、实现一二三产融合，以及茶产业可持续发展做出贡献。叶火香和她的团队，经过近20年努力，制定浙江省地方标准《香茶加工技术规程》。编写农业职业教育系列用书《茶叶加工》《实用茶叶技术选编》《松阳茶师》等培训教材，丽水市职业中专将茶叶作为一个特色培养人才专业。叶火香牵头成立“松阳茶业政协委员会客厅”，并相继获得全国农技协先进工作者、浙江省“百千万”高技能领军人才（拔尖技能人才）等国家省市县荣誉10多项，被评为2019年浙江民革骄傲人物。支部撰写的《加快推进“丽水茶香”转化为旅游地商品的建议》被列为市政协提案、《农作物秸秆多途径合力有效利用》被列为市政协提案、县政协书面发言，并获得县委书记批示，《关于注入茶文化元素，将青田码道打造成中国茶城核心区的建议》被列为县政协重要提案。

【社会服务活动】2019年，民革松阳县支部打造民革服务“博爱”品牌，联合中共独山社区党支部、市社会服务专委会、爱心企业、社团和热心人士，持续推进关爱困难抗战老兵和山区留守儿童活动，积极捐资捐物、解难助困。已开展“博爱牵手”活动14次，开展法律进村、进校、进企、进社区等活动11次。在学校建立民革博爱服务基地、留守儿童关爱之家和孝文化讲堂，为横樟村发展积极争取项目支持，共争取资金百余万元。联合市县关工委为大东坝镇中心小学捐赠冬衣价值10余万元，在第五中学建立“博爱书屋”；启动社区共建活动；发挥法律界党员优势，开展送法律进乡村、进校园、进企业、进社区、进监狱等活动6次；企业家党员宋泓震为四川巴中捐赠资金10万元；推进关爱困难抗战老兵，开展抗战老兵音像资料抢救性收集工作。

【全省首个“支部级”民主生活会】2019年3月18日，民革松阳县支部以“坚定理想信念，不忘合作初心，继续携手前进”为主题，召开支委班子民主生活会，这也是全省民革组织首个支部层面的民主生活会。民革丽水市委会副主委胡兵，中共松阳县委统战部常务副部长蓝建平参加会议；松阳县第一纪检组相关领导应邀出席指导。会前，根据《民革松阳县支部委员会民主生活会实施方案》，通过多种方式向有关单位和党员征集了对支委班子的意见建议，认真撰写班子对照检查材料和个人对照检查材料，从严从实做好各项准备工作。班子成员宣读入党承诺书，主委叶伟兰代表班子，对照中共十九大精神、《中国国民党革命委员会章程》和示范性支部创建的要求，从思想政治、精神状态、作风建设、履职能力四方面，认真查摆问题，深刻剖析原因，明确努力方向，提出整改措施。各位班子成员发表意见并认领责任。每位班子成员逐一进行个人对照检查，开展批评和自我批评，进一步增强班子的凝聚力、战斗力和向心力。蓝建平肯定了支部的工作，希望松阳民革继续加强理论学习、统一思想认识；切实履行职能，积极建言献策；注重强基固本，加强自身建设。胡兵要求，松阳民革要通过民主生活会进一步统一思想、明确方向、凝聚力量，向中共学习，以党为师，争创民革新功业。（曹莉娜）

工商业联合会

【概况】2019年，松阳县工商业联合会（以下简称“县工商联”）有在职在编5人，其中：机关编制3人，浙商回归办编制2人；编外用工1人；大学见习生2人；基层商会15个，其中异地商会9个；商会党支部13个，商会工作支部2个，工商联执委以上成员115人。2019年，县工商联获全国工商联民营企业调查点工作示范单位、2018～2019年度全国“五好”县级工商联称号。提供信息咨询服务，组织编辑全县近来的主要优惠政策，通过微信和纸质小册子发布，供广大的非公经济人士查阅，了解相关情况。

【工商联基层基础建设】2019年1月28日，县工商联六届四次执委会暨新春茶话会召开。会议表彰2018年度基层商会考核各项先进和“田园松阳”创业创新·优秀外出创业者，通报财务收支情况报告，审议通过人事事项等。县委书记王峻带领四大班子领导出席会议并讲话。王峻通报全县2018年经济社会事业发展情况，肯定县工商联(总商会)执委会的工作成绩，并对全县新时代“两个健康”发

2019年1月28日，县工商联六届四次执委会暨新春茶话会召开

展提出新的要求。持续加强商会党的建设，建立党组成员联系异地商会党支部机制，指导异地商会党支部的党建工作。在商会党建全覆盖的基础上，建立中共松阳县新生代企业家联合会支部委员会和中共松阳县装饰装修家居建材商会支部委员会。加强指导，统领协调，有序推进各商会年会或换届会议召开；指导各基层商会召开理事会议或会长会议，加快推进“五优”工商联和“四好商会”建设，提升商会的服务能力和影响力。推进“清廉民企”建设，在新生代常务副会长蔡泽坤的松阳隐巷艺术酒店设立“清廉民企”示范点，全面布置企业清廉文化墙等。出台《松阳县亲清政商交往正反面清单》。坚持多措并举，引领商会建设。

2019年6月8日，宁波松阳商会第二届会员大会第五次会议暨招商引资旅游民宿推介会

【非公有制经济人士教育引领】 2019年5月27～30日，县工商联组织工商联执委以上企业家19人到延安学习考察，邀请延安职业技术学院副教授何振岭上《党中央在延安十三年》的党课，实地走访枣园、杨家岭、宝塔山等革命旧址，回顾中共七大、延安文艺座谈会、大生产运动、整风运动等历史。5月25日、7月31日，先后组织松阳县新生代企业家联合会、松阳县门窗业商会党支部和商会到遂昌县王村口革命根据地，学习践行浙西南革命精神。结合商会年会或换届会议，组织各基层商会党支部书记学习培训，指导各有关商会支部学习，进一步激发商会党建新活力，提升商会党建引领商会建设新水平。为庆祝中华人民共和国成立 70 周年，大力弘扬爱国主义精神，组织各商会开展“我和我的祖国”主题征文活动。经评审，评出一等奖1人，二等奖2人，三等奖3人，优胜奖20人。

【非公有制经济管理和服务】 2019年，县工商联组织做好第四批新生代民营企业家部门挂职锻炼工作，选派6人实力强、年纪轻、潜力大的优秀常务副会长以上企业家到政府部门挂职。加强导师团建设，聘任导师2人，助力新生代企业家成长发展。加强招商引资工作，共达成意向投资项目8个，涉及旅游、轻工业、基础设施建设等劳动密集型行业。其中，落地项目1个，松阳县青石坝电站项目，总投资3000万元，到位资金约2600万元；城东商住楼续建项目，累计投资2000万元；古市闻莺幼儿园项目，全年投资2400万元。鼓励支持开展光彩事业，温州松阳、松阳温州、北京松阳、杭州松阳等各商会积极行动，开展形式灵活多样的走访慰问活动，营造出工商联引领支持、执委企业热心参与、各商会踊跃开展的浓厚氛围。全年执委企业、各商会慰问活动资金和慰问品累计230余万元，持续提升松阳县非公经济人士勇担社会责任的良好形象。

（县工商联　叶伟华）

人民团体

松阴溪裕溪段美丽河湖

松阳县总工会

【概况】2019年，县总工会位于县城新华路89号，内设办公室（经审办）、基层工作部、职工服务部等职能部室，下属工人文化宫、职工业余学校、职工服务中心3个事业单位。设主席1人，副主席2人，挂职副主席1人，兼职副主席2人。现有在岗人员16人，其中正式在编人员10人，职业化工会工作者5人，见习大学生1人。全县有乡镇（街道）工会（工委）19家，其中乡镇（街道）级总工会4家。

【思想建设】2019年，县总工会开展“不忘初心、牢记使命”主题教育活动，按要求完成各阶段目标任务。开展中共十九大精神、中国工会十七大精神的学习教育和“中国梦·劳动美”主题活动。弘扬践行浙西南革命精神，组织全体干部职工多次赴安民、枫坪、玉岩等地进行现场教育和体验活动，单独组队参加全市浙西南革命精神经典诵读比赛，获二等奖；与县纪委、县委组织部、县委宣传部、县文广旅体局联合举办的庆祝中华人民共和国成立70周年暨弘扬践行“浙西南革命精神”合唱比赛，全县共有33支队伍报名参加，其中县总工会、妇联、编办、团县委、科协联合组成的队伍获二等奖。

【换届选举】2019年，县总会按照工会换届选举的有关规定，组织实施工会换届选举工作。8月8～9日，松阳县工会第十二次代表大会在县会议中心101室正式召开，县委书记王峻出席代表大会开幕式并作重要讲话。大会选举产生新一届工会委员会和经费审查委员会。阙伟亮当选为县总工会主席，刘以乾、詹志红、徐丰、金晓捷、项晓虎当选为县总工会副主席，詹志红当选为经费审查委员会主任，游隆标当选为经费审查委员会副主任。

【智慧工会】2019年，县总工会组织全县基层工会主席进行工会组织和会员实名制系统录入培训，完成219家企事业单位的会员实名制系统录入工作，录入会员10906人。2019年组建工会11家，发展会员505人。运用“互联网+”，开发工会APP客户端，搭建网上办公、网上入会、网上审批、疗休养商城等服务平台，实行会员入会、疗休养审批备案、职工医疗互助等程序实时审批，建立“零次跑”的网上审批机制。

【提升职工技能素质】2019年，松阳籍会员曹世亮在浙江省劳模、省交通机械操作技能大赛中获“浙江百名工匠”称号，成为全县首位省级百名工匠。魏碧华创新工作室和慧美劳模创新工作室被丽水市总工会授予2019年度市级优秀高技能人才（劳模）创新工作室称号。联合县人劳社保局举办首届电焊工职业技能大赛和中式面点师技能大赛。12月，组织全县基层工会干部100人分两期到金华市浦江县省总干校分校进行培训学习。全年县总工会多批次组织人员参加省、市工会举办的业务培训。

【职工文化】2019年，县总工会组织“五一”劳动节职工气排球比赛、“中国梦·劳动美”文艺晚会、职工趣味运动会、迷你马拉松、绿道健步走等全县性文体活动。组织青年男子气排球队参加在台州举办的全省气排球比赛，获第八名。

【职工休养】2019年，县总工会实现县疗休养接待点、资质旅行社资质审核。通过摄制疗休养专题片，《浙江工人日报》2～3通版宣传，举办松阳（嘉兴）疗休养推介会等多种形式，展示松阳县优质疗休养资源，助推全域旅游。2019年，共报备疗休养职工8000余人，10月，组织全县100余名先进集体代表和一线优秀职工赴余姚市开展为期3天的疗休养活动。完成长三角疗休养区域协作对接工作，与上海市松江区总工会签订多项合作事项。

【劳模管理】2019年，县农业农村局茶产业办公室叶火香、县三鑫工程公司曹世亮被省政府授予浙江省劳动模范称号。走访浙江省级以上劳模16人，探望生病住院的劳模5人，为符合困难条件的省级劳模8人申请救助。组织劳模赴县内红色教育基地开展“初心之行”主题教育活动。组织安排省、市劳模5人参加上级工会组织的劳模休养活动。（县总工会）

共青团松阳县委

【概况】2019年，共青团松阳县委（以下简称“团县委”）全面贯彻落实中共十九大和十九届四中全会精神，把握新时代青年运动的主题，把团的工作嵌入到高质量绿色发展大局中去思考谋划，凝聚起全县团员青年的强大合力，在动员广大青年青春建功、创新创业上取得新发展，在凝聚青年人才、开放合作上达成新成效，在深化改革、优化机制上出现新突破，在夯实团建基层基础、从严治团上创出新成绩，为实现松阳高质量绿色发展注魂、赋能、立根，全面凝聚起创新实践“两山”理念的青春力量。

【党建工作】2019年，团县委按照党风廉政建设“一岗双责”的要求签订责任书，每季度召开“一岗双责”履职汇报会，自觉接受派驻纪检组监督指导。采用理论中心组学习、主题党日、“不忘初心、牢记使命”每周夜学等方式，推进“两学一做”学习教育常态化、制度化，带领机关党员学习领会红船精神、浙江精神、浙西南革命精神，学习先进人物廉洁从政的事迹等。利用“清廉机关”打造契机，组织观看警示教育片、国庆阅兵仪式、《难忘初心》以及县黄南水库、瓦窑头、青田码道等专题片，增强底线思维，感受为民情怀、感悟政治本色。联合县编办等6家单位到县党群服务中心、新兴镇、三都乡等地开展“初心之行”和“使命之行”。在县党群服务中心展示共青团基层团建、少先队工作、乡村振兴三块展板，切实把团的思想建设、组织建设、作风建设统一纳入党的基层组织建设工作，形成党建带团建、党团同发展的良好格局。

【学园共青团建设】2019年，团县委集中开展“不忘初心、牢记使命”学校共青团思政公开课，全县中学近200个班级参与，开展“青年大学习”行动，网上团课参与3200余人次。加强学校共青团的沟通联络，深入攻坚中学团组织的学社衔接业务推进工作与智慧团建学生团员录入问题。全县毕业生团员转出发起率已达到94.1%。开展“智慧团建”系统操作培训，全县50余个基层团组织参与培训。

【青少年思想引领】2019年，团县委围绕“青春心向党 建功新时代”“缅怀革命先烈 传承红色基因”“我与祖国共奋进——国旗下的演讲”等主题活动，开展主题系列活动150余场，覆盖6000余人次。4月28日，团县委联合县浙西南办，在县第五中学开展“传承浙西南革命精神，汇聚‘田园松阳’青春力量”纪念五四运动100周年主题团日活动，全县团干、大队辅导员、团员青年、少先队员代表等2300余人参与。组织发动下属各团、队组织，用青春之声传唱《歌唱祖国》，为祖国献礼。

国庆节期间，举办松阳县青年演讲比赛，共收到各行各业青年投稿60余篇，经稿件评定、初赛、决赛等环节，最终评选出优秀青年10人组成松阳县青年宣讲团，助力第一届城乡联系国际论坛志愿服务和讲解工作。开展“我和国旗合个影”活动，团县委机关、县供电公司团委、城北小学少先队大队部的来稿分别被《共青团中央》杂志、浙江共青团微信和团中央微博录用。

4月28日，松阳五中操场举行“传承浙西南革命精神，汇聚‘田园松阳’青春力量”纪念五四运动100周年主题团日活动

【少先队工作】2019年，团县委开展“弘扬浙西南革命精神”系列主题教育活动。组织全县少先队员认真学习宣传贯彻习近平总书记致中国少年先锋队建队70周年贺信精神，以中队为单位开展“红领巾心向党”主题队日活动160余场，县少工委收到来自辅导员和少先队员的感想共85份。组织12500余名少先队员参与“弘扬浙西南革命精神，争做新时代好少年”学习宣传活动，最终选出丽水市级新时代好少年10人，县级新时代好少年100人。依托全县红色资源，在安民乡、枫坪乡、大东坝镇挖掘设计出3条红色研学路线。开展少先队知识普及教育活动，收到少先队员手抄报作品165份和辅导员硬笔书法作品83份。发挥少先队实践育人的独特功能，在暑期组织少先队员开展“红领巾走浙江”红色研学、“传统文化我传承”“榜样我来学”和“党、团、队史和少先队知识普及教育”等主题社会实践活动281场，共有少先队员12950余人参与。发挥少先队活动阵地功能，利用红领巾学院的阵地

城北小学少先队庆祝中华人民共和国成立70周年活动

功能，开展“松阳——余姚”山海协作夏令营、杭州——松阳青少年手拉手爱鸟俱乐部夏令营等，县域优秀少先队员代表120人参加交流活动。增加樟溪乡力溪村连环画艺术馆“红领巾e站1013”活动阵地。

【青年就业创业】2019年，团县委协助推进县域电子商务体系转型升级建设，全县农村电商企业（网店）660家，从业青年3581人。实施“乡村振兴新青年发展计划”，成立乡村振兴新青年协会，选拔部分优秀青年为“创业导师”，分类别挖掘推荐青年人才32人并推荐入市级协会。发挥优秀创业青年“领头雁”作用：麻功佐被评为全国农村青年致富带头人；黄昊楠获“创青春”浙江省青年创新创业大赛农业农村组铜奖；黄杰飞获选“2019中国农村电商致富带头人”；叶建新获第三届丽水市新农人创业创新大赛金奖；孙慧林获第五届丽水市农村电子商务金牌系列大赛一等奖。与农商银行对接完善创业政策，开展第十七批“创业发展信用卡”申报，增加申报青年71人，累计辐射本地创业青年600人，授信金额2.2亿元。紧密联系青年，开展“走青连心”三服务活动20余场，走访服务企业96家、服务青年320人，解决问题7个。制作松阳创业青年故事宣传片，并在杭州举办“松阳故事·筑梦青春”专场创业故事分享会，营造松阳青年创业氛围，凝聚力量；开展乡村振兴电商精英巡讲，培训100余位当地创业青年；以青年游学为契机，开展青年学堂主题沙龙6场，累计参与创业青年155人。

【青少年关爱救助帮扶】2019年，团县委发挥共青团维护青少年合法权益的重要职能，与萤火虫社工服务站签订政府购买服务协议，扶持社会组织参与青少年权益保护工作，进社区、学校、企业等开展“青春护航 助力成长”课程10余场，为青少年进行个案帮扶、疏导心理6人次；以夏令营、讲座、研学等多种形式开展“亲青帮”主题公益宣讲、“七彩假期”等青少年服务项目活动17场，增强青少年维权意识和能力；依托流动少年宫等载体开展青春自护、普法宣传、禁毒防艾等活动30余场，覆盖青少年3000余人。依托基层团组织摸排核对五类重点青少年、低保留守儿童和残疾青少年678人，发动社会力量开展结对帮扶，保障青少年身心健康。发起“亲青筹”爱心捐助4次，累计捐款60133.68元。建立健全预防青少年违法犯罪机制，联合预青工作小组出台《关于建立高危未成年人临界预防工作机制的实施办法》。开展“共青团与人大代表、政协委员面对面”倾听活动4次并形成调研报告，畅通青少年利益诉求渠道，就《关于加大政府购买青少年社会工作服务力度的建议》办理情况进行面对面现场答复。打造“亲青恋”品牌，举办青年联谊活动4次，如双童驿站行、云里章山行、七夕老街行、古村茶园行等，为传统文化和村落注入青春活力。

【青年志愿工作】2019年9月，松阳被确定为省级“青年志愿者服务社区专项行动” 17个试点县之一。以试点为契机，印发《松阳县新时代文明实践中心青年志愿者服务社区专项行动试点方案》和《松阳县“小青松”志愿服务队助力新时代文明实践中心建设工作方案》，将“小青松”提升为县域志愿服务品牌，推动松阳县志愿服务队伍专业化发展，提升志愿水平。联合县委宣传部、县教育局、县民政局等部门对试点社区开展调研，重新梳理试点社区的需求清单和志愿者资源清单。在国际志愿者日铺开青年志愿者服务社区专项行动，组织青年志愿者走进学校、走进社区开展志愿服务5次。联合县委宣传部、文旅局等部门举办第二届金牌讲解员大赛，选拔出一批英语讲解员志愿队伍助力松阳“山区国际化”发展。牵头分批次系统化开展志愿者交流培训5次，与杭州西子志愿服务发展中心合作，下发《国际志愿者服务教程》，邀请省内志愿者培训师开展培训，参训志愿者300人次。“小青松”志愿服务队助力第十二届中国（国际）茶商大会、现代有机农业峰会、首届中国·丽水（松阳）休闲垂钓节和第一届城乡联系国际论坛等大型活动8次，参与青年志愿者2300余人。借助新媒体的力量，常态化实施志愿服务激励机制，依托“志愿汇”APP，拓展资源并兑出电影票、帆布袋等物品700余份，提高志愿者参与志愿活动的积极性。常态化开展“小

2019年1月10日，举行新时代文明实践中心青年志愿者服务社区暨迎新春“暖冬行动”启动仪式

园丁”便民志愿服务广场14场，志愿服务进乡村5次。

（团县委 郑雅闻）

松阳县妇女联合会

【概况】2019年，松阳县妇女联合会（以下简称县妇联）有行政编制5人，其中主席1人，副主席2人，党组成员1人。按照浙江省群团改革精神，配备挂职副主席1人，兼职副主席2人。2019年是中国人民共和国成立70周年，是决胜全面建成小康社会第一个百年奋斗目标的关键之年。县妇联组织开展思想引领、群团改革、发展参与、维权关爱、家庭建设等各项工作，找准妇联工作与县委县政府中心工作的结合点，积极投身“田园松阳”升级版建设，开启妇女工作新征程。

【妇联基层组织改革】2019年，县妇联立足思想作风建设，紧扣庆祝新中国成立70周年、弘扬践行浙西南革命精神这条主线，以“妇女之家”为主阵地，开展“巾帼心向党·礼赞新中国”红歌联唱活动，献礼祖国70华诞。组织开展“巾帼大宣讲”活动，开展百千万巾帼大宣讲场次51场，覆盖5300余人次。依托县妇联微信公众号，开设妇女发展、维权微课堂、巾帼风采、平安家庭、文明家庭、家庭教育等相关内容。全年微信公众号发布宣传信息250篇，阅读、转发量达4.5万余次。在第109个“三八”国际妇女节，承办丽水市“新农村妇女运动”启动仪式暨“丽水之干”巾帼论坛活动。开展“浙西南革命精神”弘扬践行活动，召开妇联系统“浙西南革命精神”弘扬践行活动推进会，发出“传承浙西南革命精神勇担丽水之干巾帼先行”倡议。开展寻访巾帼英模，听巾帼英模讲述革命故事，收集整理巾帼英模故事等活动。开展“不忘初心、牢记使命”主题教育、“三服务”活动，深入基层妇联组织、来料加工点、创业女性、妇女群众掌握第一手资料，收集到需解决问题7个并积极地帮助解决。依托“妇女之家”“丽人驿站”等阵地，开展家庭教育、文化体育、垃圾分类等活动。依托“松香丽人”大讲堂，为全县女干部免费开放公益性讲堂，搭建一个名家汇聚、百家争鸣的学习交流平台，全年举办讲座7期。熊顿纪念馆被认定为市级妇女儿童教育基地。基层组织建设，组织乡镇（街道）妇联对本区域内的妇联组织架构、妇女代表等信息录入“妇女联心图”系统，建立标准规范的妇女信息数据库，更好地进行管理。深化区域化妇联建设，成立“妇女微家”（丽人驿站）10个。推进基层妇女代表联系家庭制度，已有基层妇女代表2807人联系家庭8421户。妇联干部队伍建设，举办全县妇联系统干部培训班，乡镇（街道）妇联主席和县直单位妇委会主任等47人参加培训，举办来料加工服务干部培训班，乡镇（街道）分管领导、妇联主席，成员单位分管领导共42人参加。妇联品牌建设，打造“智慧妇联”，激活“妇女之家”，以传递女性新闻资讯、聚焦女性热点话题、交流女性关切之声、服务女性多彩生活为重点，深耕妇联服务品牌，持续发挥“知心姐妹”“代理妈妈”“爱心妈妈”等巾帼服务品牌作用。

【助推来料加工业持续发展】2019年，县妇联共培育经纪人250人，加工队伍2.6万人，发放加工费2.41亿元，年人均增收9269元。走访来料加工点、企业68个（家），开展来料加工消防安全检查125次，举办来料加工队伍、经纪人、服务干部培训班，参加培训1106人。落实扶持奖励政策，根据《松阳县来料加工业发展扶持政策(2017～2019年)》标准，对经纪人、示范专业村（社区）、“二十佳优秀来料加工经纪人”、“优秀来料加工企业”给予补助奖励。加强来料加工经纪人之间的交流合作，举办第二届“松阳巧妇”来料加工技能比武大赛，参加手工类现场比武160人、机械类比武196人，决出“松阳巧妇”88人。组织加工者5人参加市“巧手工匠”平车（来料加工）竞赛，获一等奖1人、二等奖2人、三等奖1人。

【实施妇女创业创新工程】2019年，县妇联举办第二届“松阳厨娘”大赛，挖掘本土饮食特色，发展农家小吃产业，全县有农家乐（民宿）及民间厨艺女达人54人参加大赛。组织“松阳厨娘”5人参加市妇联首届“妈妈的味道”民间美食巧女秀活动，绿茶饼获“十佳美食”“最佳人气”奖，柿子红了获“最佳创意”奖，果蔬卡通包获“最佳高颜值”奖，其中柿子红了获得浙江省第三届“妈妈的味

2019年11月29日，第二届“松阳巧妇”来料加工技能比武大赛合影

2019年9月15~16日，松阳县“松阳工匠”助推乡村振兴系列技能大比武之第二届“松阳厨娘”大赛在县职业中专举行

道”民间美食巧女秀“赛优胜”奖。联合县人力社保局举办第二届“金牌月嫂”大赛，评选浙江省最美民宿女主人1人、浙江省百名“女红巧手”1人、创建丽水市级巾帼示范民宿2个、市级乡村旅游巾帼文明岗4个。

【“平安家庭”建设】2019年，县妇联开展“法治中国·巾帼在行动”主题活动。实施《中华人民共和国反家暴法》《中华人民共和国婚姻法》《中华人民共和国妇女权益保障法》等普法宣传咨询活动20场次，印发反家暴宣传资料10000份，参与人次达12000人次。开展“情暖半边天——妇女儿童法律援助活动”，为妇女儿童申请法律援助60件。县级妇联受理妇女信访诉求13起，其中涉及婚姻家庭权益6起（占信访总数的46%）、劳动社会保障2起、人身权益1起、财产权益2起、其他2起，信访案件数量同比明显下降，对妇女信访反映的问题，做到件件有着落、事事有回音。聚焦社会治理，“12338”妇女维权服务热线与“12345”政务咨询投诉举报热线正式联线贯通，热线平台通过电话、微信、网站等渠道，全天候受理妇女儿童各类咨询、投诉、举报、求助、建议等诉求，实现接线力量和数据分析资源共享，联系妇女群众的维权服务更有力度、更具温度。深化婚姻家庭纠纷调解机制建设，加强与公安、司法、法院等单位的沟通和协作，融入社会大调解机制，及时为基层妇女提供服务。把全县19个乡镇（街道）妇联主席和教育、卫生、民政等重点部门妇委会主任纳入婚调委成员，参与法院家事案件诉前调解和回访工作，法院的司法优势与妇女“娘家人”的特点有机结合，在推动依法审判的同时，注重维护妇女儿童权益。

【家教家风创建】2019年，县妇联注重美丽家园建设，推进洁净家庭、美丽庭院创建工作，开展“垃圾分类·巾帼先行”活动，让生态环保理念从家庭开始、在家庭生根。开展以立德树人为目标，做精家庭教育工作。建立普及型家庭教育免费服务平台——“为了孩子、你我相约”家庭教育大讲堂，为6所学校传播家庭教育理念，受益家长1000人。联合萤火虫工作室走进40余个乡村传播家庭教育，举办公益讲座100期，约27860人次受益，为165个家庭解决亲子教育问题。做好“家廉”文章，在县委召开的全县干部家属廉洁教育大会上，发出“松阳县领导干部家属助廉倡议”，号召广大领导干部家属发挥家庭助廉的监督、警醒作用，倡扬清廉家风，助力“清廉松阳”建设，领导干部家属530人接受一次廉政教育。在全县妇联系统干部中开展“争当廉内助，涵养好家风”廉政寄语征集、推广活动，共征集到优秀寄语33条。组织妇女干部群众2000余人通过网络收看丽水市弘扬孝廉文化、涵养良好家风公益讲座。

【助力生态文明】2019年，县妇联开展“洁净家庭”创建活动，每月组织县直单位妇委会主任入村对“洁净家庭”创建工作进行检查指导，并对乡镇（街道）进行排名。通过努力使100%的家庭卫生状况实现根本改观，80%的家庭达到“洁净家庭”标准，5%的家庭达到“美丽庭院”示范户标准。创建省级“绿色家庭”1户、市级“绿色家庭”20户、县级“绿色家庭”101户。全县参与垃圾分类、文明县城创建、环境卫生整治志愿服务活动5000余人次。

【送温暖促和谐关爱行动】2019年，县妇联开展聚焦关爱帮扶，争取省妇儿发展资金10.4万元，开展“暖秋关爱”行动，慰问城乡困境老年妇女50人，送上慰问金4万元；持续开展城乡妇女“两癌”救助工作，走访慰问32名农村贫困“两癌”患病妇女，送上救助金6.4万元。开展农村贫困“两癌”患病妇女网上申报和救助资金申请，1人获得全国妇联1万元救助。走访慰问联系村古市镇十五村、七都村源口自然村8名困境妇女。开展关爱孤儿工作，在六一期间，到叶村、古市等学校对6名孤儿进行走访，并送去购书卡等慰问品。

（县妇联　周根女）

法治　军事

西屏山法治公园

政法　综治

【概况】2019年，松阳县委政法委（以下简称“县委政法委”）坚持“大平安”理念，深化宽领域、大范围、多层面的平安建设，实现平安创建十四连冠，夺取浙江省首批星级平安鼎。排查受理各类矛盾纠纷1639件，调处矛盾纠纷1637件，调处率99.21%。

开展以党建统领网格发展示范试点工作，分别在望松街道石门村、新兴镇上安村、裕溪乡内陈村开展试点，其中上安村为丽水市级试点村。创新开展“时提醒、日通报、月点评、季督查、年考核”机制，规范全科网格建设，全面提升全科网格规范化的三大目标。网格覆盖率、整合率100%；网格长、专兼职网格员、网格指导员配备率100%；专职网格员年度培训、考核率100%。其中，专职网格员配备100%。全县共有工作网格501个，网格员1022人，专职网格员501人。

推进“四个平台”建设，建设全科网格和县乡两级社会治理综合指挥平台，县乡两级社会治理综合指挥平台，按照“四有三网两机一屏”标准，建设综治工作中心标准化。推进以“雪亮工程”和物联网为主的治安防控升级版建设，在乡镇、农村区域增加一类视频监控点183路，累计2165路；增加联网二三类视频监控点200路，累计4378路，初步形成以“两个块、三道圈、5条路、多极点”为骨架，向全县所有自然村延伸的公共安全视频监控网。

推进枫桥经验本土化创新探索，创立符合当地实际的“枫桥经验”暨“1+8”矛盾纠纷联动联调工作机制，通过矛盾纠纷逐级化解导引的方式，使基层矛盾纠纷得到有效化解；通过县级矛盾纠纷联动联调中心，把全县调解资源进行衔接整合，统筹、指导、协同化解县域内人民调解纠纷，推动“三大调解”、专业调解、三级调解的有序联动，完善全县“大调解”组织架构，向实现“小事不出村，大事不出镇，矛盾不上交”的社会治理目标迈出坚实的一步。10月，成立县矛盾纠纷联动联调中心和建设分中心8个，中心成立以来，共化解矛盾纠纷59件，其中涉及非正常死亡案件16件，涉及信访案件26件，涉及金额1800余万元。2019年，松阳县被命名为浙江省2018年度平安县。

【防范化解社会面安保问题】2019年，县委政法委围绕平安护航“新中国成立70周年”这条主线，深入查补安保工作短板和漏洞，做好中华人民共和国成立70周年、中共十九届四中全会、各级“两会”、第二届“一带一路”国际合作高峰论坛、第二届中国国际进出口博览会、世界园艺博览会、世界互联网大会以及第一届城乡联系国际论坛、中国茶商大会、田园松阳国际半程马拉松、2019丽水松阳（中国）天空跑国际挑战赛等重大安保任务，全县社会大局总体保持和谐稳定，未发生较大以上事故和重大群体性事件。推进风险隐患排查化解工作，共摸排出各类安全问题91件，化解82件，化解率90.1%。挂牌成立县级联动调解中心，形成“1+8”矛盾纠纷大调解工作体系，构建具有松阳特色的多元化纠纷解决体系。各级人民调解组织共调解矛盾纠纷817件，调解成功810件，调解成功率99.14%。开展重大决策社会稳定风险评估工作，做好各类重大决策事项的风险评估64件。提升各类安全隐患预测预警能力，保障情报信息畅通。

【基层治理“四平台”建设】2019年，县委政法委按照上级部署稳步抓落实，调整全县“基层治理四平台”建设领导小组，制订部门职责分工、工作推进计划和“基层治理四平台”三清单。开展以平安建设信息系统和基层治理综合信息平台为枢纽，发挥县综合信息指挥中心、乡镇（街道）综合信息指挥室作用。严格履行信息的汇总、交办、督查、评估等职能，及时受理、跟踪、办理、办结。畅通信息渠道，在春节、清明、五一节、国庆节大会战等重要节点期间维护县内持续稳定发挥作用。2019年，全县“四平台”共受理各类事件229925件，其中综治工作平台45928件，综合执法平台13414件，便民服务平台159521件，市场监管平台11065件，办结率100%。

【社会环境大治理】2019年，县委政法委在统筹协调全县政法机关方面发挥职能作用，围绕全县中心工作开展本职工作，完成国庆节安保、城中村改造北山区块征迁拆除等维稳保障任务。县法院依法保障民营经济健康发展，审结涉企纠纷案件876件，标的金额3.92亿元；执结涉企纠纷案件1447件，执结金额3.63亿元。服务防范化解金融风险，审结金融借款纠纷案件247件，标的金额1.04亿元。严惩失信行为，依法限制消费2755人，限制出境53人，限制驾驶995人，司法拘留138人，罚款880人计225.2万元，向公安局移送涉嫌拒执犯罪10件11人，判处拒执犯罪3件4人。县检察院发挥检察职能，推进平安松阳建设，促进社会环境大治理水平的提升。县检察院开展“扫黑除恶”专项斗争，办理4件15人，提起公诉3件25人；开展公益诉讼监督，担当公益保护使命，弘扬践行“浙西南革命精神”公益诉讼专项监督，探索打造检察公益诉讼“红+绿”松阳模式。县公安局在“非访”领域持续亮剑，刑事拘留3人，治安处罚11人，教育训诫23人次。深化合成作战，抓获潜逃越南的猎狐对象3人；“11·5”特大网络贩毒团伙案被列为部目标案件，获浙江省副省长、公安厅长王双全批示肯定。全年未发生重大恶性案件，尤其是命案零发生，实现连续21年100起命案全破且案犯全部归案的佳绩。县司法局助力县委重点项目工程推进。按照县里要求组建重点项目保障组——司法调解组，参与“瓦窑头区块改造项目”“青田码道城中村改造项目”以及“城中村改造北山区块”等征迁工作，期间共调解纠纷70余起，解答法律咨询160余起，代写法律文书30余起。开展重点项目招投标现场监督公证50次，涉及金额12.33亿元。

【社会平安监督和创建】2019年，县委政法委加强监督、构建平安社会。严管社会治安，坚持“打防结合、以打开路”，统筹推进“打侵财”“黄赌毒”“食药环”等专项行动，共移诉386人。深化合成作战模式，精确锁定潜逃在越南芒街“猎狐对象”3人的生活轨迹，并最终劝返归案；“中国城”网络赌博案抓获犯罪嫌疑人86人；在侦的“11·5”特大网络贩毒团伙案移送起诉犯罪嫌疑人11人；8月12日，在宁波抓获潜逃12年抢劫杀人案逃犯1人，连续21年100起命案全破且案犯全部归案。抓安全生产，全县共排查生产经营单位524家次，排查一般隐患391项，整改334项，整改率85.4%，梳理上报2家市级挂牌督办隐患。深入到危化生产和经营企业、重大危险源、加油站等单位，重点对企业生产车间、生产线自动控制系统运行情况、罐区等重点部位进行检查，要求企业开展全员警示教育，严格落实主体责任。共查危化企业11家，督促整改隐患46项，责令3家企业暂时停止生产。开展各类社会风险排查化解管控工作，食品药品领域全面开启餐桌安全治理行动3年计划，实施“三小一市场”整治提升工程。全县27家食品生产加工小作坊建档率92.5%、抽查率100%，持证小餐饮等级公示率97%，重点餐饮单位色标管理覆盖率100%。农批市场、农贸市场实行食品和农产品准入制度，所有产品均索证索票。浙南茶叶市场电子溯源体系安装率100%。全面推行“阳光厨房”建设，建成率30%；药品经营企业严格按照GSP认证管理，实行全程质量监管，食品药品安全全年终考核位居丽水市前列。道路交通领域强化路面巡查管控，交通违法查处总量16万余起。7月26日，举办“消警路卫企”五位一体应急联动高速隧道火灾救援演练，属浙江省首创，在《浙江应急管理》第九期全文刊登。消防领域共查单位1105家次，督促整改隐患1010处，责令“三停”单位28家，罚款20.86万元，拘留1人。建设工程领域共查施工工地142个次，整改隐患710条，责令全面停工5起，局部停工4起。环境保护领域落实最严格的环境监管制度，严防发生重大环境安全事故。全年县生态环境局共下达责令改正违法行为决定书31份，作出行政处罚决定28件，共处罚款300余万元；全县未发生重特大环境污染和生态破坏事件，无因环境问题处置不当引发的群体性事件。

【执法司法监督】2019年，县委政法委认真履行监督职能，开展案件评查工作，重点评查近年来办结的，人民群众反映强烈涉及产权司法保护不力、人权司法保障缺失的来信来访案件以及其他可能存在执法问题的案件。通过评查有力促进全县政法机关办案质量的提高，使执法、司法行为得到进一步规范。立足当地本部门实际，全面排查掌握涉法涉诉信访问题，综合采取措施，把矛盾化解在基层，把纠纷消除在萌芽状态。全年县政法委机关共收理涉法涉诉信访案件25件，通过协调、督促及相关职能单位共同努力，办结25件，办结率100%。全力开展司法救助工作，自该项工作实施后，司法救助资金规模逐年扩大，救助资金使用率高，救助案件数量、种类及人数有所增多，救助工作运行良好。全年实际救助金额31.91万元，救助案件18件，救助19人次。

【政法主题宣传教育】2019年，县委政法委弘扬爱国主义主旋律，传播政法正能量，聚焦节日特色、重点工作、政法为民、一线干警，坚持融入推进、互融共促，把宣传主题融入节日特色，创新政法主题宣传教育方式，紧扣节日特点搭台，选准宣传主题唱戏，传播政法好声音，实现节日特色和主题宣传教育活动的有机融合。把宣传教育融入重点工作，全县政法机关紧贴重点工作，凝聚宣传合力，精心组织策划主题宣传教育活动，营造良好舆论生态氛围，推动政法重点工作有效落实；全年围绕护航中华人民共和国成立70周年大庆安保、“扫黑除恶”及学习贯彻《中国共产党政法工作条例》等重点工作展开宣传。把宣传服务融入政法为民，聚焦百姓关切、群众期盼，更好地服务于政法工作，激发政法干警新活力，提升政法宣传新质效。把宣传触角融入一线干警，借助和运用新媒体、新载体开展政法主题宣传工作，用更为鲜活的镜头、视频，呈现和展示广大政法干警“执法为民、公正司法”的风采。

【综治信息系统化建设】2019年，县委政法委经2年的建设运转，基层治理综合信息平台系统终端延伸到全县各个网格，形成网格员发现上报信息、各乡镇（街道）指挥室人员分流交办至“四平台”、职能部门或上报至县指挥中心、“四平台”或职能部门受理处置的流程，在系统上对事件进行成熟、高效的处理。县指挥中心、各乡镇（街道）指挥室均设置A、B岗人员负责操作系统，如A岗人员因故不在指挥中心（室），则由B岗人员负责系统日常运行，确保充分发挥指挥中心（室）在“四平台”工作中的大脑中枢作用。定期对各乡镇（街道）网格员报送的信息数量和质量进行研判，制订任务清单，并建立好台账记录，提升在数字化背景下依托“四平台”和信息化手段做好基层工作的意识和能力。“四平台”的信息汇总、综合研判、流转督办、绩效评估等流程完整以及系统运转顺畅。每月重点人员、重点场所走访率100%。网格员平安通手机使用率100%，每月开展业务培训。

【反邪教协会工作指导】2019年，县委政法委在机构改革后持续以反邪教“雷霆行动”为抓手，加强宣传教育、严抓防范稳控、推进教育转化、夯实基层基础，团结和动员社会各界有志于反邪教事业人士，开展一系列的反邪教工作，实现全县社会面平稳有序，未发生邪教人员聚集闹事、去市赴省进京滋事等社会重大影响事件。开展反邪教宣传教育“六进”活动，举办各类反邪教宣传活动240余场次，实现反邪教宣传警示教育全覆盖。把反邪教宣传工作纳入县委理论中心组学习、青干班学员培训、中小学生德育课程，并出版发放《中小学生反邪教知识读本》。把反邪教斗争工作与大学生暑期反邪教社会实践相结合，暑假期间浙江大学、浙江中医药大学师生到松阳各乡镇（街道）、村开展反邪教漫画成果展、警示教育影片展映、问卷调查、文艺表演及“反邪教新青年”等活动。已连续8年与浙江中医药大学联手合作开展相关活动，7月获该校赠予的“联合出击反邪教、携手共建促和谐”锦旗。借全县老年人健身气功协会成立之际，以健身气功表演等形式联合开展反邪教宣传活动，打击有害气功，倡导“反邪教、促健康”的生活理念。在企业、教堂、文化礼堂设立反邪教宣传专栏，并结合平安建设内容共同开展反邪教工作巡回宣传。开拓反邪教网络媒介宣传新领域，选送1项作品参加浙江省反邪教原创短视频大赛，获网络投票全省第四名，宣传成效明显。加强协会队伍建设，利用社会资源，发挥社会各界有识之士、专家学者、老干部等作用，壮大县反邪教协会志愿者队伍，邀请省级教育转化能手为反邪教协会人员 、“三员”队伍人员及帮教干部30余人开展反邪教业务培训，并迅速参与运用到教育转化实践工作中，举办年度法制教育培训班，学员转化率85.7%。

（县委政法委）

法治政府建设

【概况】2019年，松阳县为高质量推进“田园松阳”升级版建设提供法治保障。坚持深化改革，1378个事项实现全域一证通办，2389项事项实现零次跑，网上办事实现率99%。“1+N”村级代办模式被写入2019年市委全面深化改革实施意见，在全市推广。编制《2019年度松阳县人民政府重大行政决策目录》，把5项重大行政决策纳入目录管理。做好规范性文件合法性审核51件，向丽水市政府、县人大报备41件，并对13件乡镇（街道）、部门的规范性文件进行备案审查。开展专项行政执法监督、重点领域行政执法案卷评查，规范行政执法行为。深化行政执法体制改革，挂牌成立市场监管、生态环境保护、文化市场、交通运输、农业5个领域执法队伍。制订完善《松阳县人民政府常务会议学法制度》，开展常务会议学法8次，提升领导干部法治能力。召开府院联席会议，对行政争议预防化解工作进行专门部署。推进行政复议体制改革，挂牌成立县行政复议局，2019年，收到行政复议申请23件，受理22件。推进行政机关负责人出庭应诉工作，行政机关负责人出庭应诉率100%。持续推进行政调解工作，共受理行政调解案件3056件，调解成功2875件，成功率94%。

【行政执法监督】2019年，县司法局开展行政执法“三项制度”等有关制度实施情况监督检查，邀请特邀行政执法监督员，通过实地走访、明察暗访、案卷评查等方式，对全县行政执法“三项制度”等有关制度实施情况进行监督检查。联合县防范处置企业欠薪工作领导小组办公室就县人力资源和社会保障局、县发改局、县财政局等部门对企业开展农民工欠薪和根治欠薪夏季专项行动执法情况专项执法监督。与县检察院联合印发《关于开展行政处罚执行情况专项监督检查的通知》，对全县2016年1月1日至2019年6月30日期间办结、未执行到位的行政处罚案件进行监督检查。开展行政执法案卷评查，邀请特邀行政执法监督员对2018年6月1日至2019年5月31日期间，全县已办结的市场监管、食品药品安全、生态环境保护、安全生产、劳动保障及农民工欠薪、自然资源（规划）、建设、综合执法等重点执法领域按一般程序作出的行政处罚、行政许可、行政强制案卷开展重点评查，共评查各类案卷105卷。县综合行政执法局等7个部门共18份行政执法案卷参与全市行政执法案卷集中评查，综合行政执法局行政处罚案卷，获2019年度丽水市优秀行政执法案卷。

【完善依法行政决策体系】2019年，县司法局编制《2019年度松阳县人民政府重大行政决策目录》，把有关重大工程项目、重大规划、重要文件等5项重大行政决策纳入目录管理，落实公众参与、专家论证、风险评估、合法性审查和集体讨论决定等程序，推进重大行政决策科学化、民主化、法治化。全面推行政府法律顾问制度，县政府由法律咨询专家组兼任政府法律顾问。全县19个乡镇（街道）和主要行政执法部门均完成政府法律顾问的续聘及年度考核工作，实现政府法律顾问全覆盖。2019年，全县政府法律顾问共开展法律咨询等法律服务500余人次。做好公职律师的管理，全县有公职律师4人，其中县司法局1人，县市场监管局2人，县科协1人。

【行政执法体制改革】2019年，县司法局按照局队合一执法体制模式，挂牌成立市场监管、生态环境保护、文化市场、交通运输、农业5个领域执法队伍。落实行政执法“三项制度”工作，推行重大行政执法决定法制审核制度，松阳县主要行政执法部门均已明确法制审核机构及法制审核人员；推行行政执法全过程记录制度，共上报配置执法记录仪等记录设备886台；推行行政执法开展情况公示制度，督促乡镇（街道）和主要执法部门统一规范行政执法程序流程，在浙江政务服务网等平台统一公示行政执法信息。结合机构改革情况，制订出台《松阳县司法局关于松阳县行政执法主体（2019年第一批法定行政执法机构）的公告》，对27家行政执法主体进行确认并公示。加强执法队伍建设，组织行政执法人员参加申领行政执法证法律知识考试，84人通过考试，通过率85%，松阳县行政执法人员持证率95.1%。

【法治培训宣传】2019年，县司法局组织召开全县法治专题培训班暨行政执法资格证考前培训班，全县共有100余人参加培训会。完善《松阳县人民政府常务会议学法制度》，县政府常务会议会前集中学法8次。开展领导干部学法用法考试活动，有624人科级以上领导干部参加浙江干部网络学院丽水分院平台的领导干部学法用法考试。县人大常委会举行6次领导干部任前法律知识考试，通过考试34人。组织乡镇（街道）、行政执法部门领导干部及业务科室人员100余人开展行政诉讼案件旁听庭审及交流讨论活动。推进“七五”普法，制订《2019年度县直单位法治宣传教育责任清单》，落实普法责任制。开展以案释法典型案例评选活动，组织办案单位开展典型案例征集评选20余篇。部署“宪法宣传周”活动，全县32个单位开展各类宣传活动，营造良好宣传氛围。加强青少年法治教育，中小学法治副校长配备率100%。做好特色法治宣传活动，在“流动少年宫”开展法治宣讲10余场，“乡村普法赶集”活动开办6场。

【公共法律服务体系建设】2019年，县司法局推进公共法律服务网络、实体、热线“三大平台”融合发展。受理各类法律咨询1300余人次，办理援助及公证案件1000余件，累计为受援人挽回和取得利益490余万元。探索创立“1+8+N”（1个县联调中心，8个分中心，N个调解组织）人民调解松阳模式，全县各乡镇（街道）调解矛盾纠纷案件2245件，化解2231件，化解率99.4%，涉及金额8122.76万元，形成县、乡、村三级有效联动的调解机制，实现法律效果和社会效果的有机统一。

（县司法局）

公 安

【概况】2019年，松阳县公安局（以下简称“县公安局”）辖有科、所、队、室26个，其中基层派出所7个，全局民警306人、职工9人，事业4人，公务员1人、辅警334人。局党委成员11人，中层正职58人、副职53人，派出所警力占总警力的45.8%。全年共接报各类警情73467起，同比上升7.53%，非正常死亡事件94起97人，未发生群体性事件；共立刑管刑事案件768起，同比下降17.06%；受理治安案件1816起，与上年1985起减少169起，下降8.51%；交通事故报警9424起，同比上升10.26%，全口径事故39起，同比减少14起，下降26.42%；死亡31人，同比减少9人、下降22.5%；全年未发生命案。

2019年2月20日，全县公安工作会议召开

2019年，县公安局被浙江省公安厅评为全省公安信访工作考核县级优秀单位；全省公安机关执法质量考评县级优秀单位；局国保大队被省公安厅评为打击处置“全能神”邪教组织专项行动成绩突出集体；周王杰、徐广州、刘洋洋在国庆安保工作表现突出被省厅通报表扬；徐晓春、邵成君被省厅记个人二等功一次。

【警务督察】2019年，县公安局组织各类警务督察158次，发现和纠正问题129个，发督察文书2份，提出督察建议56条。投入网上警务督察资金10万元，完善现场督察与智慧督察的深度融合，逐步实现从问题查纠到整改处置全过程网上流转。开展网上督察巡查841次，巡查基层所队198个次，查看监控视频81828次，查纠问题数378个。对涉警投诉、涉警舆情，迅速调查，依法处置，受理投诉70余件，查证属实或部分属实11件，不属实60余件，处理妨害公务、阻碍执行职务等案件12起，打击处理违法犯罪人员12人，其中追究刑事责任4人、行政处罚8人，慰问民警10人次，发放维权慰问金1.5万元。

2019年4月26日，丽水市副市长、公安局长毛建国（左二）到松阳调研指导公安工作

【国内安全保卫】2019年，县公安局开展搜集深层次、预警性情报信息，为地方党委政府决策提供参考，收集上报各类情报信息672条。根据公安部下发核查对象，落实落地管控，处罚1人、教育训诫4人，确保全县意识形态、国家安全及人民防线领域的政治安全。全力开展反恐怖工作，严格落实“一人一档”及“四见面”管理制度，并做好身份信息采集工作，实行每周上报。同时，在丽水市率先开展反恐实体化运作，建设县人民医院“四联三防”示范点，并通过省级验收。深入开展对邪教的调查打击教育转化，成功侦破部督反宣案，抓获顽固分子3人，开展专项打击行动，教育转化若干名顽固分子。

【情指联情体系建设】2019年，县公安局110接警台共接警73834起，有效接警50500起，其中刑事案件767起，治安案件1384起，交通事故9504起，求助4848起，火灾事故70起，咨询14935起，纠纷4084起，做到接警零投诉。修订《松阳县公安局情指行一体化工作机制》，严格落实平时、要时、应急工作模式的情报会商机制，在各级两会、浙江省委书记车俊到松阳调研等重大活动、中华人民共和国成立70周年大庆等敏感时期，开展每日情报会商，共同研判，收集、查询、反馈各类预警性情报线索300余条，及时堵截外地企业业务在松阳往香港售寄反光背心敏感物资1次。情指联勤中心优化提升合成作战室，以视频引领技网侦合成，发挥“智慧警务多维感知平台”、卡口、视频、社会监控等资源，实行每日必查、每案必查的工作机制。全年视频侦查室侦办案件761起，发现案件线索142起，落地嫌疑人77人，抓获嫌疑人47人，抓获在逃犯罪嫌疑人8人，视频串并案件30起，视频破案作用率42.47%。8月，侦查民警静心巧干、厚积薄发，发现关键线索，抓获潜逃12年的抢劫杀人在逃犯罪嫌疑人刘某某，至此，该局连续21年100起命案全破，命案嫌疑人全部归案。12月，创成“三级视频侦查工作室”。优化警务流程，整合110、12345、社会应急联动等资源，科学设计指挥流程，集成式指挥快速分流非警务警情，分流率14%。强化监督，以标准化考核倒逼成员单位责任落实，每月考核通报，适时褒贬，年终评出应急联动合格、不合格单位各3家。“集成式指挥、信息化联动、标准化考核”的警务模式受到浙江省副省长、省公安厅长王双全，丽水市副市长、市公安局局长毛建国的批示肯定。

2019年10月29日，浙江省副省长、省公安厅厅长王双全（中）到松阳情指联情中心调研指导工作

【出入境管理】2019年，县公安局出入境管理工作实现全部出入境证件制证数据“零回退”和“零差错”，名列丽水市第一名，受理各类申请

6708 件，其中普通护照 3594 件，往来港澳地区通行证 2214 件，往来台湾地区通行证 877 份。实现境外人员临时住宿登记质量全年“零差错”，并列全市第一名，推出松阳特色的培养“公共涉外前台服务员”到现场或视频登记工作，管理服务来自 74 个国家和地区临时到松阳境外人员计 1665 人次。同时，推进出入境新政落地推广，最大程度释放“全国通办”出入境便民利民措施新政普惠红利。推广“外管通”APP，注册率、使用率均为 100%。发挥“外管通”的科技支撑作用，把基层涉外管理工作与国家涉外稳定和外交形势结合好，提升大数据条件下基础管控能力。

【公共安全管理】2019 年，县公安局扎实开展公共安全监管工作，开展重性精神病人大排查专项行动，排查新增重性病人 4 人，死亡注销 1 人，状态稳定清洗 7 人。加强重点物品管理，对全县 7 家爆破作业单位的 11 个民爆物品储存库(含临时存放点)和 15 个爆破作业现场、65 家易制爆化学品使用单位、4 家剧毒化学品使用单位集中开展安全隐患大检查，发现并督促整改到位安全隐患 17 起；加强重点单位管理，做好“护校安园”工作，对学校周边环境进行检查 200 余次，提出整改 40 余次；开展金融系统第六轮安全评估工作，对全县 12 家金融机构、66 个营业网点、自助银行进行全面检查、客观评价银行业金融机构安全保卫工作；对旅馆业、娱乐场所开展地毯式清查，共检查 500 余家次，处罚 44 家，办理特种行业许可证 427 家，并全部安装手机 APP 或旅客登记系统；组织举行寄递业务培训会，并利用微信群等多渠道多举措开展安全宣传教育，加强“三个百分百”制度落实，8 月 6 日，该局拦截一批反光棉衣；实施安保工作，做好浙江省委书记车俊、省政协主席葛慧君、丽水市委书记胡海峰等领导到松阳调研考察、半程马拉松、“中国松阳现代有机农业峰会”、“首届中国丽水（松阳）休闲垂钓节”、“第一届城乡联系国际论坛”等活动的安保执勤工作，实现 50 余场次安保活动“零事故”。

【打击犯罪行动】2019 年，县公安局坚持“打防结合、以打开路”，统筹推进“打侵财”“黄赌毒”“食药环”等专项行动，共移诉 464 人，同比上升 10.48%。其中“黄赌”移诉 161 人，同比上升 177.59%；“食药环”移诉 36 人，同比上升 12.5%。深化合成作战模式，精确锁定 3 人潜逃在越南芒街“猎狐对象”生活轨迹，并最终劝返归案；“中国城”网络赌博案再获战绩，抓获犯罪嫌疑人 86 人；“11・5”特大网络贩毒团伙案被列为公安部目标案件，浙江省副省长、省公安厅长王双全对该案作出“此案重大，对打开当前禁毒工作困境具有重要意义”的批示，该案移送起诉犯罪嫌疑人 11 人；以当地案件为突破口，摧毁一个利用网络渠道制售有毒有害减肥药（含违禁成分“西布曲明”）的犯罪团伙，抓获犯罪嫌疑人 10 人；8 月 12 日，在宁波抓获潜逃 12 年抢劫杀人案逃犯 1 人，实现连续 21 年 100 起命案全破且案犯全部归案。

【网络安全管控】2019 年，县公安局开展“净网 2019”专项行动，坚持“小案暖民心”案件机制，针对全县通信网络诈骗、“食药环”等高发频发案件，相继侦破张某某生产销售有毒有害食品案、广东茂名王某某被诈骗案、经侦“0425”非法销售电子烟案等数十起民生案，抓获犯罪嫌疑人 130 余人。坚持以平安考核为导向，聚焦当地网络安全管理，多次对网吧进行深夜突击检查，重点检查实名登记情况，处罚网吧 11 家次、关停 1 家次。查处“金正网吧”老板盗用他人身份证为无证件人员登记上网案，网吧老板被刑拘，此案为全市首例，获浙江公共新闻频道报道宣传。率先安装当地网吧人脸识别系统，开通上网人员通过人脸识别系统上网通道，杜绝非实名人员上网消费。加强关键信息基础设施和网络安全防护，定期进行安全漏洞扫描，及时通报并督促整改安全隐患，开展重要信息系统的等级测评和复评工作，实现测评率 90% 以上的目标，共处罚网站 4 家次，下发责令整改通知书 6 份。

【禁毒整治及宣教】2019 年，县公安局发扬“小县警察破大案”精神，立足松阳，跨界打击，侦破部督 2019-177 特大网络贩卖毒品案件，该案涉及全国 10 余个省份，在松阳发起全国集群战役后，各省共抓获涉毒违法犯罪嫌疑人 50 人，破获制毒案件 1 起，缴获毒品 12 千克。在持续严打高压下，全县毒品市场大幅萎缩，吸毒人群大量减少，毒情形势明显好转。深入践行新时代“枫桥经验”，集全县之力，强化分级分类、异地管控、网格化管理，常态化开展毒驾治理，全面采集客车、校车、公交车驾驶员等易涉毒人员毛发采集查毒。在浙江省禁毒办实地抽检中，全县吸毒人员 50 人的毛发阳性检出率为零，城市污水样品毒品检测综合指标全市最低。全县未发生大面积非法种植毒品原植物案（事）件，全县有在册吸毒人员 645 人，病残吸毒人员 2 人，45 家易制毒使用企业均得到严密管控，取得“零出事、零肇事、零流失”的管控效果。加强毒品预防教育，校园禁毒“五个一”全面落实，全县中小学校均无学生涉毒，学生禁毒课时学习和竞赛成绩均排列丽水市第一名，并远高于全省平均水平。县第五中学禁毒教育基地、青少年宫禁毒流动阵地有序运转，农村文化礼堂禁毒内容实现全覆盖，并把全县 500 余家民宿纳入禁毒防火墙管理。全民参与“祖国有我、禁毒有我”主题宣传取得预期效果。

【道路交通安全管理】2019 年，县公安局开展以“践行新使命、忠诚保大庆”为中华人民共和国成立 70 周年创造良好道路交通环境，共接交通事故报警9424起，与2018年同期相比增加877起，增长10.26%。全口径事故39起，同比减少14起，下降26.42%；死亡31人，同比减少9人、下降22.5%，其中涉及生产经营性道路交通事故8起，同比减少5起，下降38.46%；死亡7人，同比减少4人，下降36.36%。查处交通违法行为17万起，其中查处未佩戴头盔6万起；查处酒驾473起，其中查处醉驾77起，行政拘留118人，移送起诉86起。办理机动车注册登记3030辆，核发机动车检验标志25798辆，受理初次申领驾驶证2132人，满分学习620人。排查出道路交通安全隐患266处，送达整改通知书6份，协调及督促相关部门完成整改233处。做好“第十二届中国茶商大会”“全国有机农业峰会”“百名记者走基层”“城乡国际联系论坛”“田园松阳国际半程马拉松赛”“国际天空跑”等重大道路交通安全保卫执勤，落实机动车“通道式”查验，推行与医疗机构体检联网核查机制，实现驾驶人体检证明免提交。开展新国标电动自行车上牌工作。加强科技强警投入，安装超速违法抓拍4个点，行车打电话不系安全带抓拍2个点，城区违停抓拍10个点，逆向行车抓拍1个点，违反禁令标识抓拍2个点，与高德电子地图互联把拥堵指数实时进行发布，安装高红绿灯4组。依托广播、报纸、宣传窗等传统媒体，开拓短信、微信、微博、抖音等新媒体，利用城市电子显示屏等商业传媒，发放交通安全宣传各类视频、图片及文字信息，深化交通安全“三进”宣传，开展进农村、进企业、进学校宣传120次，每月开展“事故多发路段”“高危风险企业”“突出违法车辆”“典型事故案例”“终身禁驾人员”5大曝光行动，曝光机动车交通违法行为21期，曝光电动车违法行为6期，形成交通安全教育宣传工作全覆盖。加强基层基础建设，交警古市中队被浙江省公安厅评为一级中队，修缮交警大队业务用房及值班备勤用房，交警西屏中队业务用房选址重新规划。

【公安法制工作】2019年，县公安局深入实践刑事快办机制，实现执法质量、执法效率和社会效果的多赢。推进行政案件快速办理，建成6个行政快办场所，并在局机关、7个派出所、交警大队建成执法办案管理中心，按照全要素、全流程、闭环式、回溯式监督管理要求，对全局执法工作进行动态、实时监管。为促进执法能力稳步提升，通过组织参加大型案件庭审旁听、邀请法制支队为民警培训、组织法律知识考试和执法资格认证考试、外出交流学习等方式，形成互学互促、共同提高的良好学习氛围。在开展执法日常考评的基础上，主动参加重大案件专项行动和重大活动安保工作研判会，参与研究处置重大突发事件、敏感事件，提供法律服务；完善疑难案件会商机制，加强对重大、疑难、复杂、敏感案件的研究和法律指导，收集掌握实施中存在的困难及问题，及时与检、法、省市业务主管部门等单位做好沟通交流，进一步规范警务协作工作。2019年，该局法制大队审核裁决行政案件505（55起不予处罚）起，处罚881人，其中罚款376人，拘留601人，不予处罚55人，警告11人、单位1家，责令社区戒毒15人，强制隔离戒毒6人；审核刑事案件277（49起撤销）起，刑事拘留350人，取保候审296人，监视居住3人，逮捕132人，不批准逮捕24人（其中8人无逮捕必要），移送起诉485人，其中绝对不诉2人，刑事拘留准确率100%，报捕准确率94%，移诉准确率99.6% 。办理行政复议案16件，办结11件（维持10件、确认违法1件）；应诉行政诉讼案件21件，判决维持11件，未宣判4件、未开庭6件；办理国家赔偿案件3件。行政快办133起，刑事快办59人次。

【监所管理】2019年，松阳县看守所开展以“监所安全、执法规范、管理文明、队伍廉洁”为目标，持续加强在押人员军事规范化管理，在监内管控、教育管理、医疗卫生、队伍管理上下功夫，通过制度执行示范月、八个规范执法管理专项学习、规范等级化管理等措施，打造文明监管、透明监管、廉洁监管、安全监所。推进“铁桶工程”项目建设，监所挖隐患效果明显。通过在押人员军事规范化管理，打架等恶劣监所事件下降75%，有效提升监所安全系数。该所被评为年度全国三级看守所，连续19年实现安全无事故。

【人口与户籍管理】2019年，县公安局共受理申领换发第二代居民身份证12544份，办理临时居民身份证3418张，办理出生登记2233人、死亡注销1830人、迁入登记506人、迁出1464人、分户2227户，办理各类变更更正登记业务94843项。该局把解决“错、重、假”户口作为重点工作，清理注销重复户口54个， 解决各类疑难户口13人，容缺受理户籍业务20余件，办理全国免费邮寄证件1373件。配合助产单位、社保局等单位开展出生“一件事”办理工作，全年累计服务450余个新生儿家庭。推进“最多跑一次”改革，该局在全市率先实施户籍业务“全城通办”，自11月开办“全城通办”以来，受理量186件。

【社会治理工作】2019年，县公安局开展以新时代“枫桥经验”为引领，整合“古湖东小区义务治安巡逻队”“城南社区银色护卫队”等群防群治力量，吸纳村（社）乡贤、宾馆（民宿）业主、滴滴司机、外卖骑手、环卫工人等各行业热心公益人士，组建“茶乡义警”，开展常态化治安防控巡逻和社情民意收集，多维立体打造平安联盟大格局。开展“枫桥式派出所”创建，培育推出一批当地特色品牌。如西屏所深化“城南模式”，打造“屏安枫警”；园区所组建“警企党建联盟”，打造“三色警务”（红心向党、爱心为民、暖心惠警）；江南所立足新城特点，搭建亲民纽带“三座桥”（警民连心桥、服务贴心桥、化解暖心桥）；古市所以“茶乡枫警”为主题，绘就三彩所队（革命红、安心蓝、和谐绿）；象溪所针对辖区畲族村落多的特点，打造边界所“畲”乡品牌；大东坝所提炼“四小工作法”推出“针灸式”警务模式；玉岩所发扬革命老区精神，向群众推送“接力续跑”背包警务。同时，深化“乡贤调解”“熟人警务”等模式，挖掘派出所、司法所、村（社）联调等社会资源，建立“一格多元”联调机制，全力履行好维稳“第一道防线”职责。2019年，化解矛盾纠纷1000余起，妥善处置非正常死亡事件70起，坚决杜绝“民转刑”发生，实现重大恶性案件尤其是命案“零发生”。

【国庆安保工作】2019年，县公安局围绕中华人民共和国成立70周年大庆安保维稳工作主线，紧盯“五个坚决防止、三个确保”的总目标，以“勤查、严管、重罚”方式，共上报各类情报信息595条，市局录用444条，省厅录用344条，公安部录用202条；在维护国家政治安全方面破获“8·23”全能神案，维护了政权安全和制度安全。

【“扫黑除恶”行动】2019年，县公安局按照上级公安机关的指示要求，侦破以蓝某华为首的恶势力犯罪集团案，该案已移送起诉16人，查封冻结房产7套，资金20万元，车辆4辆。2月，联合县纪委查处以铺门村原党支部书记徐某某为首的涉恶犯罪团伙，查明该团伙为长期把持基层政权，多次实施非法限制他人人身自由、寻衅滋事、故意毁坏财物等违法犯罪活动，其中主犯徐某某被判处有期徒刑6年并处罚金20万元。3月11日，一举捣毁盘踞在松阳、遂昌、龙游、衢州等地以遂昌籍林某某为首的操控赌场的恶势力集团，该案移送起诉39人，治安处罚36人，扣押涉案车辆23辆，循线深挖出两条“保护伞”线索，并移交纪检监察部门。在“扫黑除恶”专项斗争中破获十类涉黑涉恶案件48起，刑事拘留237人，移诉217人，打掉涉恶团伙3个。

【党建引领工作】2019年，县公安局突出党建引领，传承红色基因，弘扬践行“浙西南革命精神”，利用当地红色资源，组织全警重走红军路，瞻仰战斗遗址，祭扫革命烈士陵园，开展红歌传唱、红色故事演讲活动，筑牢忠诚警魂。深入推进“不忘初心、牢记使命”主题教育，开展讲党课和各类教育活动，坚持问题导向，按照整改清单抓整改、抓落实，取得阶段性成效。推进“最强党支部”“最红先锋岗”建设，激励全警担当作为，该局网警大队获全市机关“争做‘丽水之干’表率—优秀攻坚团队”称号（全市政法系统唯一获评部门）。以“清风茶乡”创建为抓手，结合各单位廉政风险防控点，在全局展开清廉“一所一品”创建活动；坚持铁纪管警，常态化开展预警扣分、正风肃纪检查，全年预警扣分40人，扣考核奖11880元，全警规矩意识、纪律意识全面提升，队伍凝聚力、向心力不断增强。

（县公安局 邱琳玫）

检 察

【概况】2019年，松阳县人民检察院（以下简称“县检察院”）共受理提请批准逮捕案件97件156人，期末未结1件1人，批准逮捕85件130人，决定逮捕1件1人，不批准逮捕10件24人，其中对情节轻微、危害较小的不批准逮捕件9人。受理审查起诉案件507人，提起公诉435人，不起诉55人，其中对情节轻微的犯罪嫌疑人不起诉48人，附条件不起诉4人（上年结转67人，是年期末未结68人，撤案1人，退查公安未重报9人，1人数案并案处理2人）。受理审查逮捕未检案件7件10人，批准逮捕6件7人，不捕1件3人；受理审查起诉未检案件15件33人，提起公诉10件17人，不起诉7件15人，附条件不起诉1件4人（上年结转4件6人，是年期末未结1件1人，退查公安未重报2人）。侦查监督立案6人，上年度以来立案监督案件在是年度内得到有效判决9人，其中被判处3年以上有期徒刑2人；追捕、追诉8人，上年度以来追捕、追诉案件在是年度内得到有效判决11人，其中被判处3年以上有期徒刑5人。审判监督提出刑事抗诉3件，依法采纳抗诉意见2件、维持原判1件；办理民事虚假诉讼案件9件，线索移送他院11件，民事审判活动违法监督案件1件。执行监督办理羁押必要性审查案件16件，社区矫正人员收监执行监督案件2件，纠正违法案件7件；办理民事执行监督案件1件。检察监督办理公益诉讼案件79件，民事公益诉讼案件10件，行政公益诉讼诉前程序案件69件，其中生态环境与资源保护领域37件、食品药品安全领域11件、国有财产保护领域26件、国有土地使用权出让领域1件、其他领域案件4件。审查起诉职务犯罪案件8件8人，侦办司法人员职务犯罪案件1件1人。司法救助5人，发放司法救助金5万元；促成刑事和解8件；受理公益损害与诉讼违法线索85条；“一体化办案系统”协同办案374起，协同推送率100%(监察委、自侦等规定案件除外)；公开案件程序性信息396条，公开法律文书279份；发布检察工作动态文稿201篇。

联合出台《关于建立“涉未”行业准入查询制度的意见（试行）》和《关于建立罪错未成年人临界预防工作机制的实施办法》，并开展专题

2019年9月12日，县检察院在松阳一中开展法治进校园活动

调研、实地查访、微信推送、致信家长、普法宣传等方式落实最高检“一号检察建议”，推动校园安全建设。开展“订单式”法治宣讲，到县域内多所学校开展法治教育讲座11次，受教育学生2260人。联合县公安局、县法院、县司法局制定《关于办理认罪认罚从宽案件实施细则（试行）》，推动认罪认罚在刑事诉讼各阶段、全领域适用，其中审查起诉环节适用认罪认罚从宽制度办理刑事案件163件206人，确定量刑建议提出率95.78%，量刑建议采纳率100%。加强在审查起诉环节认罪认罚教育转化，办理全市首例职务犯罪认罪认罚案件和孙某抢劫、盗窃重型犯罪认罪认罚案件。

开展弘扬践行“浙西南革命精神”公益诉讼专项监督，对全县138处革命遗址遗迹进行地毯式走访排查，办理公益诉讼案件11件，得到省、市检察院充分肯定。开展“警示教育月”和检务廉政督察等党风廉政教育。深入推进清廉检察建设，完善思想教育季度例会、联席会议、一季一考、家庭和社区走访等工作机制。组织开展全员培训，实现检校合作轮训多层次覆盖。加强检察理论调研工作，理论调研文章《当前民事执行检察监督的探索与思考》先后被最高检察院、省检察院录用，获省院贾宇检察长批示肯定，并印发全省检察机关参考。有2篇理论文章获全省检察机关普通期刊优秀成果三等奖，完成省检察院重点立项课题1项。公开法律文书和重要案件信息742条；编发检察工作信息与宣传稿217篇，实现检察工作与社会舆论良性互动。

2019年，县检察院获全省检察机关信息工作先进单位；《浙西南革命精神公益诉讼专项监督案》获全省检察机关公益诉讼工作2周年精品案例；汪兴、陈宙《当前民事执行检察监督的探索和思考》被最高检察院《检察研究参考》2019年第4期录用；汪兴《生态环境和资源保护领域检察机关提起公益诉讼制度与政府磋商、起诉制度衔接问题研究》获全省检察机关普通期刊优秀成果三等奖；阙福亮获第四届沪苏浙皖检察官书法绘画摄影艺术作品优秀奖；陈巧怡获全省检察机关信息工作先进个人；有2名干警获丽水市政法系统先进个人；2名干警获市检察院嘉奖。

【检察监督工作】2019年，县检察院强化刑事立案监督和侦查活动监督，经检察监督办理的案件获有罪判决20人，其中被判处3年以上有期徒刑7人。刑事审判监督提出抗诉3件，其中法院采纳抗诉意见2件、维持原判1件。刑罚执行监督办理羁押必要性审查案件16件，纠正违法违规案件7件、收监执行监督案件2件。审查民事监督案件28件，办结虚假诉讼监督案件9件，监督民事审判活动违法案件和民事执行活动案件各1件。以虚假诉讼监督为重点，依托该院内部线索共享协作机制，从涉恶案件中挖掘虚假诉讼案件线索，调查核实19件，其中该院办结8件，移送他院办理11件。

推进行政检察监督，助推法治政府建设。重点监督行政非诉执行工作，对县法院以“裁执分离”形式审查裁定的52件行政非诉执行案件进行逐案排查，根据不同类型，分别到乡镇（街道）、县自然资源和规划局等单位进行走访、调查，分批召集17家单位就“裁执分离”行政非诉执行案件办理工作进行会商，共发出检察建议18份，督促有关单位进行整改。行政生效裁判文书监督，建议对裁定内容错误的案件进行纠正，获县法院支持，自觉接受人大及社会各界监督。贯彻落实省委《进一步加强检察机关法律监督工作的若干意见》，加强与代表、委员联络，开展走访，听取意见建议，赢取社会各界对检察工作的支持。自觉接受人大及其常委会的监督，主动向县人大常委会专题报告公益诉讼等重点工作开展情况；自觉接受民主监督，向政协、民主党派等社会人士专题通报专项检察工作。深化检务公开，邀请代表、委员、人民监督员和社会各界人士参加检察开放日、公开听证会等活动。

【开展“扫黑除恶”专项工作】2019年，县检察院按照“是黑恶犯罪一个不放过，不是黑恶犯罪一个不凑数”的要求，批准逮捕黑恶势力犯罪4件15人，提起公诉3件25人。依法起诉林某某等10人开设赌场、寻衅滋事恶势力集团案，蓝某某等12人诈骗、开设赌场、寻衅滋事、非法拘禁恶势力集团案。同时紧扣“破网打伞”“打财断血”要求，开展涉黑涉恶案件线索专项排查，移送“保护伞”线索4条，引导侦查机关查封、扣押、冻结涉案财产，共扣押房产8套、汽车6辆、钱款20万元。

【做好未成年人检察工作】2019年，县检察院全面加强未成年人权益保护，传递司法温度，贯彻“教育为主、惩罚为辅”方针，运用羁押必要性审查、不批捕、不起诉等法定手段落实未成年人宽缓刑事政策，对涉罪未成年人依法不批捕3人，不起诉19人，其中相对不起诉14人、证据不足不起诉1人、附条件不起诉4人。办理全县首例支持起诉撤销监护权案件，保护陷入家庭监护困境未成年人；办理校园周边流动食品摊贩公益诉讼诉前监督案，维护未成年人合法权益；办理盗用身份证件案，针对网吧实施实名登记制度存在漏洞发出检察建议2份，助力净化网络市场，保护未成年人权益。联合县教育局等部门制订《关于建立“涉未”行业准入查询制度的意见（试行）》，从制度上把有侵害未成年人“前科”人员挡在“涉未”行业门外；联合出台《关于建立罪错未成年人临界预防工作机制的实施办法》，对罪错未成年人实行分级处理、分级预防，以期最大限度挽救罪错未成年人。参与社会治理机制创新，化解社会矛盾。开展诉源治理工作，最大限度减少对抗、修复社会关系。

【控告申诉检察工作】2019年，县检察局坚持和发展“枫桥经验”，受理群众来信来访63件次，向群众提供法律咨询355人次，实现群众来信7天内程序性回复100%、3个月内实体办结回复率100%。办理司法救助案件5件，发放司法救助金5万元。

【执行刑罚和监管活动监督】2019年，县检察院围绕检察工作的主线和重点，办理执行案件中的各类案件计25件。其中，羁押必要性审查案15件，案件数量上较2018年同期有所突破，发出变更强制措施建议被采纳12份，从采纳数占逮捕数的百分比看，排列全市第五名；纠正违法案件7件（预估排名全市第二名），均已回复采纳；收监执行监督案件2件（包括全市1起暂予监外执行收监案）；自侦案件1件（已移送起诉，全市共3件）。

【检务公开】2019年，县检察院结合工作实际，把各项公开作为基础性来谋划、深化和推进，建立健全检务公开的各项制度措施，使检务公开的具体内容和形式更加规范化、程序化和科学化，完善检务公开制度，推进检务信息公开工作，最大限度保障人民群众对检察工作的知情权、参与权和监督权，以检务信息公开促进严格公正司法，打造“阳光”检察，不断满足人民群众对检察工作的新期待和新要求。通过12309举报平台、微信公众号以及其他宣传媒体平台，直接与民众进行沟通，直接答复民众提出的问题，增强处理突发事件和网络舆情的前瞻性。

【批捕起诉】2019年，县检察院依法履行批捕、起诉职能，受理提请批准逮捕案件97件156人，批准逮捕86件131人；受理审查起诉案件286件507人，提起公诉263件435人。严厉打击涉众新型犯罪，办理吴某某等人网络开设赌场犯罪案件，批捕20人，起诉91人，涉案金额8100余万元；积极回应群众反映强烈的案件，办理刘某某非法吸收公众存款案，依法改变定性为集资诈骗，准确认定犯罪，该案涉案金额560余万元；破解毒品案件证据难题，办理陈某贩卖毒品案，在犯罪嫌疑人“零口供”的情况下，通过引导侦查人员深挖客观性证据，重构案件证据体系，使得该案顺利侦破，最终被判处有期徒刑15年。

【完善监察与刑事诉讼衔接的反腐体系】2019年，县检察院推进“纪法贯通、法法衔接”工作新模式，加强对职务犯罪案件提前介入、审查起诉、出庭支持公诉等工作，受理职务犯罪案件8件。依法对市监委调查移送的原丽水市林业局党组副书记、副局长麻某某受贿案和丽水市委原副秘书长吴某某受贿案提起公诉，在审查起诉阶段追缴赃款915.93万元。在办案的同时开展教育转化，促进嫌疑人认罪悔罪。2起案件均被编入全市职务犯罪领导干部忏悔录，成为廉政教育案件典型素材。依法侦查杨某某涉嫌徇私枉法职务犯罪案件，该案系司法工作人员职务犯罪侦查权回归后，全市首例由检察机关侦办且被告人被判有期徒刑的案件。

【推进绿色司法】2019年，县检察院坚持“强化法律监督、彰显司法权威、维护公平正义”的工作主线，促进依法行政、公正司法、维护人民群众合法权益、促进经济社会健康发展，发挥有效的司法保障作用。开展环境资源领域公益诉讼机制探索，结合办理当地污水处理厂超标排污行政公益诉讼案，牵头县环保部门等8家单位建立完善环境损害赔偿磋商工作机制，督促县环保部门在获得县政府授权后，与污水处理厂运营商磋商达成赔偿协议，收取生态损害赔偿金120万元，实现政府主动作为、企业维护商誉、检察创新监督的多赢效果。拓展公益诉讼监督，办理公益诉讼案件79件。其中，生态环境与资源保护领域37件、食品药品安全领域11件、国有财产保护领域26件、国有土地使用权出让领域1件，其他案件4件。探索打造检察公益诉讼“红+绿”松阳模式，既突出对全县英雄烈士和浙西南革命根据地“红色”资源保护的监督，又体现对“田园松阳”生态环境保护的“绿色”监督。开展弘扬践行“浙西南革命精神”公益诉讼专项监督，对全县138处革命遗址遗迹进行地毯式走访排查，办理公益诉讼案件11件。连接人大监督，办理松阳县茶园内政府采购项目黑刺粉虱信息素诱捕器不规范安装公益诉讼案，以监督行政合同履行的方式，实现“保护国有财产”“保障食品安全”“提升环境质量”三全其美。

【司法体制改革】2019 年，县检察院推进检察机关内设机构改革和检察人员分类管理改革，组织实施司法行政人员职务与职级并行、检察官助理、书记员和司法警察职务序列改革工作，优化检察职业保障和管理。突出“四大检察”法律监督职能，全面完成内设机构重塑性改革，内设机构由改革前 13 个精简为 5 个，其中检察业务部门 3 个，综合行政部门 2 个（现内设机构为第一检察部、第二检察部、第三检察部、政治部、办公室，保留原来的古市监察室、工业园区检察室、机关后勤服务中心）。全面落实检察人员分类管理和司法责任制，遴选员额检察官 3 人，招录司法雇员 6 人。严格落实入额领导干部带头办案制度，院领导直接办理案件 135 件，占案件总数的 24.36%。全面推行“捕诉一体”办案模式，整合办案资源、提升办案效率。在严格落实司法责任制改革总体要求的基础上，推进权责明确、运转高效的专业化办案团队建设，如设立“扫黑除恶”专办组、未检+生态专办组、职务犯罪专办组、公益诉讼专办组等，提升司法办案质量和效率。

【检察队伍自身建设】2019 年，县检察院贯彻落实全国大检察官研讨班、全省检察长会议和全省政法队伍建设会议精神，牢牢把握人民对廉洁从检、司法公信的期盼，对标“五个过硬”“四个铁一般”要求，内强素质、外树形象，打造一支政治过硬、本领高强的高素质检察队伍。深入开展“不忘初心、牢记使命”主题教育活动，把学懂弄通践行习近平新时代中国特色社会主义思想作为重点任务推进。深入压实党风廉政建设和意识形态工作，开展弘扬践行“浙西南革命精神”和“两山”理论大讨论活动，开展“警示教育月”和检务廉政督察等党风廉政教育。深入推进清廉检察建设，完善思想教育季度例会、联席会议、一季一考、家庭和社区走访等工作机制，推动全面从严治党、从严治检向纵深发展。提升法律监督水平，建设专业化队伍。常态化推进高质量检校共建、高层次实务研讨、高强度实战练兵。

（县检察院）

法 院

【概况】2019 年，松阳县人民法院（以下简称“县法院”）开展“不忘初心、牢记使命”主题教育，引导广大干警增强“四个意识”，坚定“四个自信”，坚决做到“两个维护”。组织践行浙西南革命精神主题晚会、“我的初心、我的成长”宣讲等活动。全面落实司法责任制，召开专业法官会议 13 次。院庭长率先垂范，办结案件 3212 件，占结案总数的 65.82%。严惩扰乱法庭秩序行为，司法拘留 2 人。组织开展中层干部竞聘上岗， 80 后、90 后干警走上中层岗位 12 人，占比从 15.32%提升至 53.65%。鼓励创先争优，古市法庭立集体二等功，信息化手段推进案款试点工作入选全省法院十佳司法保障成果，李金泉获丽水市担当作为好干部，另有 3 人获市级以上表彰。清廉法院建设，全面落实主体责任，定期发送廉政警示短信，开展日常督查 28 次，组织开展重大节日专项检查 6 次，运用执纪监督“第一种形态”处理 10 人，“第二种形态”处理 1 人。组织干警参观思廉堂廉政教育基地，组织中层以上干警赴之江监狱接受警示教育。2019 年，县法院综合办公室获浙江省法院十佳司法保障成果；何一峰、何晓芳参与市中院团队，获最高人民法院第四届司法大数据专题三等奖；何晓芳获第十四届中国法学青年论坛三等奖；何一峰、何晓芳、潘耶蓓获中华全国人民调解员协会“发展‘枫桥经验’，深化人民调解工作论坛”三等奖；何一峰获湖北省社会科学界联合会“2019・湖北青年论坛”二等奖

【刑事审判】2019 年，县法院受理刑事案件 275 件，审结 289 件（含 2018 年受理），同比分别上升 31.58% 和 45.96%。其中，判处 5 年以上有期徒刑 32 人，重刑率为 7.36%。开展扫黑除恶专项斗争，审结市督办重点涉黑恶案件 2 件，其中蓝某等人恶势力犯罪集团案件主要成员 7 人被判处 10 年以上有期徒刑，并处罚金和没收非法收入累计 2262.7 万元。审结黄赌毒、“两抢一盗”等严重危害群众安全的犯罪案件 115 件。审结贪污、贿赂等职务犯罪案件 8 件 8 人，以受贿罪判处丽水市委原副秘书长、市农办原主任吴某有期徒刑 10 年 6 个月，以受贿罪判处丽水市林业局原副局长麻某有期徒刑 4 年。落实认罪认罚制度改革，对 154 件案件适用认罪认罚程序。依法判处缓刑、管制和免予刑事处罚被告人 213 人，非监禁刑适用率 46.90%。给予 71 人符合条件被告人指定辩护，指定辩护率 100%。适用非法证据排查排除 1 件，侦查人员 7 人出庭接受询问。

【民事审判】2019 年，县法院诉前调解纠纷 969 件，同比上升 62.04%。审理各类民事案件 3041 件，同比下降 9.67%。实现矛盾纠纷诉前化解率显著上升、民事案件量稳步下降的良性互动。民事案件服判息诉率 92.39%，自动履行率 56.13%。深化家事审判改革，成立家事纠纷化解委员会，审结婚姻、继承等案件 313 件。维护妇女、儿童人身权益，发出人身保护令 2 份，对违反人身安全保护令的何某依法采取司法拘留措施，《人民日报》《法制日报》等主流媒体相继报道。坚决打击虚假诉讼、恶意诉讼等滥用诉讼

行为，公布31人职业放贷人名录，向公安移送涉嫌套路贷案件5件，民间借贷纠纷受案数同比下降30.18%，标的总额下降41.33%。

【行政审判】2019年，县法院审结行政诉讼案件146件，其中行政机关败诉10件，败诉率6.85%，行政机关负责人出庭率100%。注重实质性化解行政争议，经协调促成撤诉31件，占结案总数的21.2%。受理审查行政非诉案件23件，裁定准予执行率100%。根据新的管辖调整，9月后，松阳当事人可选择在当地法院或景宁法院审理。与县政府联合召开第2次府院联席会议，与司法局联合设立松阳县行政争议调解中心，加强对重点及敏感案件风险评估，就涉党政中心工作的行政案件先行协调化解。继续发布年度《行政审判白皮书》，助力县域法治政府建设。

【执行工作】2019年，县法院执结各类执行案件3151件，执结标的金额4.73亿元，分别同比上升22.51%和43.96%。实际执行率61.33%，执行标的到位率53.65%。开展春雷、风暴等涉民生专项行动，到位标的金额977.48万元，妥善解决兴乐电缆公司员工集体讨薪案件，向197人员工发放劳动报酬489.6万元。强化执行刚性，冻结款项2158.86万元，查封房产289处、车辆332辆、股权124件，网络司法拍卖变现1.59亿元。严惩失信行为，依法限制消费2755人，限制出境53人，限制驾驶995人，司法拘留138人，罚款880人计225.2万元，向公安机关移送涉嫌拒执行犯罪10件11人，判处拒执行犯罪3件4人。

【优化法治营商环境】2019年，县法院设立浙江省首家“茶乡巡回法庭”及配套的涉茶执行工作室，实现涉茶商、茶企、茶农纠纷快调快审快执，新华网、《浙江日报》等主流媒体相继报道。设立旅游巡回法庭，实现县域国家AAAA级景区巡回审判全覆盖。稳妥处置“僵尸企业”，启动卖油翁、天虹物流、凯尔泰等6家停滞超3年企业破产处置工作，其中凯尔泰已收储，恒达塑料厂、富康内燃机成功拍卖，累计盘活闲置用地2920公顷。依法维护交易秩序与安全，审结合同纠纷案件3651件，标的金额7.49亿元。依法保障民营经济健康发展，审结涉企纠纷案件876件，标的金额3.92亿元。执行办结涉企纠纷案件1447件，执行办结金额3.63亿元。服务防范化解金融风险，审结金融借款纠纷案件247件，标的金额1.04亿元。

【助推基层社会治理】2019年，县法院助力瓦窑头、北山区块改造等重点工作任务。落实矛盾纠纷逐级化解导引机制，多元化解诉前纠纷787件，同比上升58.67%。与县综合治理办公室建立矛盾纠纷排查化解联席会议制度，与县松香商会建立矛盾纠纷调处对接机制。联合县检察院发布生态环境损害赔偿磋商工作规定，共同建立公益诉讼生态修复资金专门账户，收缴生态公益金140.92万元，用于补植复绿、生态修复等工作。

【干警综合能力建设】2019年，县法院开展“院校合作”，与浙江警察职业学院合作成立环境法学研究与教学实践基地，邀请浙江大学教授为干警授课，与湖南大学合作开展干警综合能力培训。举办“独山说法”论坛、“松法人”讲坛、“五四”青年节青年干警座谈会。法院合唱团在全县庆祝中国共产党建党98周年合唱比赛中获一等奖。深入开展调查研究，完成国家级调研课题1个，获最高院三等奖；省级重点调研课题2个、市级2个。调研文章共获国家级奖项6个、省级1个、市级3个。开展普法宣传，在省级以上媒体发表文章114篇。创新运用新媒体宣传，提升松法微信公众号影响力，粉丝量首次破万，共发布各类普法文章97篇，其中执行专项行动推文登上新浪热搜，点击量突破6700万次。

【接受社会监督】2019年，县法院落实县十二届人大三次会议决议，向政协、各民主党派、工商联、无党派人士通报法院工作。认真办理代表建议、政协提案，贯彻落实县人大会议代表审议发言的意见。建立中层以上干警走访联络人大代表制度，邀请人大代表参加座谈、旁听庭审、见证执行128人次。广泛接受社会监督，在中国裁判文书网公开裁判文书2497份，裁判文书上网率100%。实施人民陪审员倍增计划，增加人民陪审员55人。建立律师与法官互评机制，召开律师座谈会，充分听取意见建议。组织新闻发布会3场，举办“普法六进”活动13次，开展“公众开放日”活动11场，982名市民走进法院。

（县人民法院　潘耶蓓）

司法行政

【概况】2019年3月底，松阳县司法局制订《松阳县司法局（松阳县行政复议局）职能配置、内设机构和人员编制规定》；5月10日，成立松阳县行政复议局并举行挂牌仪式；中共松阳县委全面依法治县委员会办公室于8月8日举行挂牌。8月底，开展调整全局中层干部活动，涉及21人，15个科室处所，做好机构改革重组任务。围绕机构改革后的新任务、中华人民共和国成立70周年大庆安保维稳工作，发挥法律宣传、法律服务、法律保障职能，攻坚克难，改革创新，法治松阳建设创佳绩。2019年，获浙江省“七五”普法中期工作成绩突出县；叶芳阳参加中央网信办“2019中国好网民优秀故事”活动获“热度话题奖”；林子博获浙江省司法厅70周年安保维稳工作个人嘉奖；潘建跃获省优秀农村工作指导员称号。

2019年5月10日，县委常委、常务副县长杨金跃（右四）参加县行政复议局揭牌仪式

2019年8月8日，松阳县委全面依法治县委员会办公室成员在县司法局办公楼参加揭牌仪式

【法律服务】2019年，县司法局（松阳县行政复议局）发挥法治专业优势，参加全县各类重大事件法律处理25件，落实行政机关合同备案审查工作，加强对招商引资、土地招拍卖、市政建设等重点领域行政机关签订合同的审查，审查合同20份，涉及金额20亿余元。助力县委重点项目工程推进，按照县里要求组建重点项目保障组——司法调解组，参与“瓦窑头区块改造项目”“青田码道城中村改造项目”以及“城中村改造北山区块”等征迁工作，期间调解纠纷70余起，解答法律咨询160余起，代写法律文书30余起。开展重点项目招投标现场监督公证50次，涉及金额12.33亿元。深入开展“扫黑除恶”专项斗争，加强对重点人员的排查管控，加强“扫黑除恶”专项斗争工作的宣传，营造良好的社会氛围，加强对律师参与重大敏感案件辩护、代理的指导监管，实行律师接受“扫黑除恶”刑事辩护案件全报告制度。全县共有21件涉黑涉恶案件进行代理备案。

【公证法律服务】2019年，县司法局（松阳县行政复议局）推进公证参与人民法院司法辅助事务试点工作，选聘编外用工人员2人；围绕服务全县经济发展，规范公证业务活动，全年共办理各类公证案件756件，其中国内公证533件，涉外公证213件，涉港澳台公证10件；接待来访、来信、来电咨询4670余人次。

【法律援助】2019年，县司法局（松阳县行政复议局）本着应援尽援的工作原则，开展法律援助“容缺办”“代理办”“就近办”，协调县检察院、县法院做好“认罪认罚”法律帮助案件的律师指派工作，深入推进刑事法律援助辩护全覆盖。全年接待来电来访咨询1308人次，受理援助案件313件，其中涉及刑事154件，民事诉讼152件，公证援助案件6件，累计为受援人挽回和取得利益496万余元。提供认罪认罚法律帮助183件。

【公共法律服务体系建设】2019年，县司法局（松阳县行政复议局）完善公共法律服务体系建设，发挥志愿律师资源，提升法律服务水平。利用“浙江律师法律援助志愿服务行动”选派的志愿律师，通过互帮互学，提升法律援助案件办理质量，落实律师值班制度，为群众提供更加便利的法律咨询服务。同时利用律所资源，开展志愿服务行动，搭建起杭州、松阳律师交流合作平台，在业务技能提升、市场拓展等方面加强互动，提升全县法律服务行业水平。

【人民调解】2019年，县司法局（松阳县行政复议局）探索创新社会治理，推进枫桥经验本土化，10月18日，松阳县矛盾纠纷联动联调中心挂牌，8个分中心授印成立，创立符合松阳实际的“枫桥经验”——“1+8+N”矛盾纠纷联动联调工作机制。通过县级矛盾纠纷联动联调中心，整合全县调解资源，统筹、指导、协同化解县域内人民调解纠纷，推动“三大调解”、专业调解、三级调解的有序联

2019 年 10 月 18 日，举行松阳县矛盾纠纷联动联调中心揭牌仪式

动，有效完善全县“大调解”组织架构。发挥乡贤、“五老”人员、律师等力量参与人民调解工作，防止各类经济民生领域风险演化为政治风险、社会风险。加强对人民调解、行政调解、行业专业调解等非诉讼纠纷解决方式的统筹指导、协调联动，实现“小事不出村，大事不出镇，矛盾不上交”的社会治理目标。2019 年，全县各人民调解组织共受理各类矛盾纠纷 2417 件，调解成功 2402 件，成功率 99.38%，其中疑难复杂纠纷 577 起；涉及金额 9593.36 万元，全县共有 1052 份人民调解协议书通过司法确认。符合以奖代补发放条件的案件为 2167 件，发放“以奖代补”资金 19.75 万余元。

【司法行政“惠企便民”服务】2019 年，县司法局（松阳县行政复议局）开展茶商大会“三服务”法律服务法治宣传，巾帼志愿服务队“三服务”送法下基层，邀请浙江省乡村振兴专家服务团法律专家组、省知联会律师组成的法律服务队、浙江三道律师事务所到松阳开展“三服务”等活动 48 场次，累计开展服务 465 人次，现场解决问题 54 个。致力推进“最多跑一次”向“最多跑一地”延伸，打通法律服务群众“最后一公里”。推行“互联网+法律服务”、司法辅助公证“工作室”派驻工作，实行公证事项证明材料清单制，办理涉及“最多跑一次”公证案件 18 件。在县公共法律服务中心及新兴镇、象溪镇、大东坝镇公共法律服务站配置人工智能自助机，点击进入即可获取自助问答、视频连线律师解答、在线申请法律援助、法律文书自助写作、在线预约公证及司法鉴定等便捷服务，全年有 1200 余人次使用自助机获取法律服务，真正实现让网络数据多跑腿，人民群众少走路，公共法律和公证服务更加便民利民惠民。

【法治宣传】2019 年，县司法局（松阳县行政复议局）推进“谁主管谁负责”“谁执法谁普法”“谁服务谁普法”普法责任制的落实，着力构建社会大普法格局。完善国家工作人员学法用法制度，把法治课程纳入县委理论中心组课程和全年干部培训主体班次安排。7 月 3～5 日，组织开展公务员“学法用法三年轮训行动”第三期培训班，全县有公务员近 400 人参加培训。12 月初，完成全县干部职工学法用法建档考试，全县干部职工 6238 人参加考试，通过率 100%。推进“法治护苗”行动。联合团县委、县青少年宫开展“流动少年宫”活动，开展青少年法治宣传活动 10 场，各类普法讲座 20 余场次，涵盖宪法、国家安全法知识、安全自护、校园欺凌等方面。深化村（居）民法律素质提升工程。把普法宣传的工作重点向农村、向基层转移，推出“乡村普法赶集”品牌项目，每月结合乡村集市日、乡镇重点工作等，开展送法入户、送法进文化礼堂、法治讲堂等活动，组织集市日普法宣传 170 余场次。开展第六个国家宪法日宣传活动。国家宪法宣传周期间，制作宪法快闪视频；开展“法治绘 护成长”现场绘画大赛，吸引全县各中小学选手 120 余人参加；开展全县 32 家普法成员单位参与的 12·4 国家宪法日法治宣传广场活动，吸引群众 600 余人，发放各类宣传品 7000 余份，展出各类展板 30 余块，现场接受各类咨询 80 余人次。开展法治阵地建设，发挥辐射带动作用。创建省级民主法治村 4 个、市级民主法治村 22 个，创建普法农家院 2 家、诚信普法企业 2 家，打造全县首个法治文化主题公园——西屏山法治文化公园，设置入口景观、宪法宣誓台、核心价值观、遵法守法、崇德尚孝、历史典故 6 大功能分区。

【社区矫正安置帮教】2019 年，县司法局（松阳县行政复议局）把中华人民共和国成立 70 周年维稳安保工作作为头等大事，根据省、市、县部署和要求，结合新情况新问题，研究制订实施方案及突发事件应急处置预案。9 月 20 日至 10 月 8 日，社区矫正指挥中心实行领导带班 24 小时值班制度，开展集中教育 12 场，走访、谈话教育覆盖 202 人次，心理辅导教育 100 人次，对思想波动大、情绪不稳定的社区矫正对象进行心理咨询和危机干预 2 人次，大庆期间，未发生脱管、漏管和再犯罪现象。全面落实社区服刑人员管控责任，深入推进司法行政改革试点，构建司法行政大帮教工作机制，形成共建共治共享的社会治理格局。2019 年，共接收社区矫正对象 138 人，减少 120 人，其中矫正期满人员102人，收监执行4人，特赦6人，迁出7人；有在册社区矫正对象155人。审前社会调查48件，使用电子腕带46人次，警告36人次。落实与监狱、看守所的信息对接和无缝对接机制，做好重点对象“必接必送”工作。准确掌握帮教对象基本信息，在重大节日和敏感时期开展安置帮教对象摸底排查，做到底数清、情况明，努力减少刑释人员重新违法犯罪的情况。

【行政应诉和行政执法规范化】2019年，县司法局（松阳县行政复议局）严格落实主要负责人推进法治政府建设第一责任人职责制度，无主要负责人因履职不力而发生违法行政案件。明确承担法制审核职责的科室和人员，确保该局行政执法各项工作严格落实。年初制定集体学法计划，以党组理论中心组学习、机关夜学、专题培训等形式组织全体干部职工学习法律法规。规范执法人员持证上岗，组织行政执法人员参加行政执法证申领法律知识考试，共有行政执法证持证人员34人，行政执法岗位持证率100%。开展权力事项及责任清单动态调整工作，梳理办事事项34项。开展双随机抽查工作，对律所、法律服务所和公证处进行“双随机”抽查，年度抽查任务完成率100%、检查结果公示率100%，发现问题33个，均责令改正。

（县司法局）

中国人民解放军松阳县人民武装部

【概况】2019年，中国人民解放军松阳县人民武装部（以下简称“县人武部”）坚持以习近平新时代中国特色社会主义思想为指引，准确把握新时代国防动员系统新形势新背景，紧紧围绕“四个意识”，突出“四个自信”，坚决做到“两个维护”，确保年度大项工作有序推进，武装建设继续保持稳中向好的发展态势。

【思想政治建设】2019年，县人武部党委用党在新时期的强军目标统一思想和行动，用习近平强军思想武装官兵、灌注部队，做到“绝对忠诚、绝对可靠、绝对纯洁”。开展践行“浙西南革命精神”活动，利用县委常委会“初心之行”暨全民国防教育日军事活动、专武干部集训、民兵集中训练等契机，组织开展重走红军路活动；深入开展“不忘初心，牢记使命”“传承红色基因，担当强军重任”主题教育，用好用足用活当地革命老区红色资源，抓好革命精神的培育，10月结合主题教育，组织全体干部职工、文职人员到县党群服务中心、大东坝横樟村等地开展“初心之行”活动，在实地参观中锤炼自身党性，深刻领会“忠诚使命、求是挺进、植根人民”的精神内涵，使干部职工、专武干部和民兵队伍的思想政治得到了较大提升。

【征兵工作】2019年，县人武部坚持“一季征兵，全年准备”，连续3年兵役登记率100%。把好征兵准备、体检、政审考察等关口，通过网上登记摸清适龄青年底数，面向大中学生重点宣传发动，开展征兵宣传进校园活动，对全县适龄青年进行全面摸排，坚持集体定兵，组织新兵役前训练，打牢思想基础，保证新兵全面素质合格，高标准、高质量完成年度征兵任务。专题组织“梦想与荣光”迎老兵、送新兵文艺晚会，营造参军光荣的良好氛围。

【练兵备战】2019年，县人武部推进战备规范建设和军事斗争准备。组织开训动员，修订完善战备方案计划，结合辖区潜力实际，修订完善国防动员方案计划、日常战备方案和非战争军事行动预案3类方案。指导督促基层武装部修订完善各类应急预案。组织春节战备演练。结合节日战备要求，组织全体现役干部、文职人员和职工开展营门处突演练，检验评估首长机关的备勤水平；同时督促各应急分队加强战备值班，严密关注辖区动态，确保一有任务能够随时拉得出。抓好岗位练兵。集中组织参加上级组织的首长机关训练和考核，重点学习军事理论知识，并在此基础上广泛开展个人自学自练，重点是学好省军区下发的按纲施训指导手册的相关内容，熟练掌握后备力量建设理论及相关制度规定，先后完成共同基础训练10天70个课时，对照自身差异搞好强能补缺。按照战备建设规范化要求，结合民兵组织整顿、基层武装部“评星挂牌”等工作，高标准建成“两室一库”，配足配齐各类战备物资器材，提升整体战备能力。

【民兵工作】2019年，县人武部推进民兵调整改革。根据民兵调整改革任务部署，及时调整领导小组成员，紧盯上级精神、紧贴任务实际、紧扣标准细则，全力抓好民兵整组工作。采取集中点验和分点划片相结合的方式，组织举行全县基干民兵新入队仪式和县级整组点验大会。经过整组，完善规范全县民兵队伍建设，为有效遂行各项任务打下坚实基础。

【双拥共建行动】2019年，县人武部推进双拥共建融合发展。全县上下同心，军地同心，营造浓厚的军爱民、民拥军良好氛围，松阳县获“省级双拥模范县”称号。积极协调对后进村重点援助帮建工作，划拨专项资金对帮扶村进行援助建设，加大对当地红色根据地的整体建设力度。在春节、建军节期间，开展军属大走访大慰问活动，持续推进“八一”光荣榜和军人荣誉墙建设，为现役军人和退役军人家庭上门悬挂“光荣之家”荣誉牌，激发松阳籍军人献身国防、建功立业的热情与动力。组织民兵参加各项救援任务，保卫人民生命财产安全，维护社会政治稳定。动员各乡镇（街道）人武部发动基干民兵队伍配合县委县政府参加“五水共治”“国卫复评”等重大行动，组织广大民兵在保家卫国的同时，投身地方经济建设。

【军事斗争准备工作】2019 年，县人武部按照实战化标准组织各项训练。抓首长机关指挥技能训练和民兵应急、专业分队实战化训练这两个重点，按照“四落实”标准，加大训练强度，有效推进实战化训练的落实。多次组织全体专武干部集训考核、民兵分队各类集训、应急队伍行动演练，全面提升武装队伍备战打仗能力。在防范台风“利奇马”期间，督促指导各乡镇（街道）民兵应急分队加强战备值班，加强防风减灾险情排查，开展应急救援行动的同时，组织人员到台州临海实施跨地区救援，实际检验遂行多样化任务的能力。

【国防动员和后备力量建设】2019 年，县人武部有序推进民兵整组工作，完善细化整组方案，明确任务分工，有序开展潜力底数的摸排，确保方案做实、队伍编精、能力变强。开展战备规范化建设，深入推进“评星挂牌”活动，制订正规“四个秩序”措施，进一步规范战备值班、人员操课秩序，升级改造值班系统、监控系统等硬件设施；对于基层武装部，突出抓好战备库室、战备物资、战备制度的建设和落实，并通过树立标杆、典型激发动力，定期召开专武干部例会汇报规范化建设情况等，有效推动工作进度。加强与地方政府部门之间的沟通合作，共同分析研判形势，明确分工任务，高标准做好应对各项突发事项的相关战备工作。

【党委班子建设】2019 年，县人武部着力建设过硬党委班子。抓实巡视巡察反馈整顿工作，把巡视巡察反馈问题整改作为检验党性忠诚的试金石，作为加强党委班子建设的重要任务来抓，同主题教育一并筹划，开展肃清“郭、徐、房、张”流毒影响清理清查一并部署，同执纪执法专项检查、留存名贵特产类物品专项清理一并落实，加强工作统筹，合并同类项，做到“两手抓”“两不误”，突出主题的同时确保质量。对照《巡视巡查反馈问题整改方案》，结合实际情况，逐一分析梳理，细化整改措施，开展党委自查、群众普查、交叉互查，深入查找巡视反馈共性问题的“本土化”表现，有效促进党委班子整体建设。规范议事议程，落实民主集中制，坚持重大经费开支、干部使用、征兵定兵、大项建设等上会研究，做到民主决策、科学决策、依法决策。坚持用制度管人管事，自觉维护班子的团结，切实把大家的心思和精力凝聚到干事创业上来。当好廉洁自律表率，弘扬清风正气，促进党风廉政建设在该部落地生根。施行廉洁征兵工作，连续三年全县无一例退兵问题，无一例违规违纪问题线索，无一例群众举报信息。

（县人武部　姜大永）

消防救援大队

【概况】2019 年，松阳县消防救援大队（以下简称“县消防救援大队”）开展“不忘初心、牢记使命”和“学训词、铸忠诚、创新业、立新功”两大主题教育，以“创人民满意消防队伍”为主线，不断提升消防服务水平，创新社会消防管理模式，完成中华人民共和国成立 70 周年和互联网大会等消防安保工作。1 月 3 日，该大队举行授衔和换装仪式，县委副书记、政法委书记王立武，县委常委、常务副县长杨金跃，县公安局常务副局长徐建飞，应急管理局局长潘建伟出席仪式。12 月 30 日，举行揭牌仪式，县委副书记、县长李汉勤出席仪式并发表讲话。消防部队转隶后，消防救援队伍作为应急救援的主力军，承担着防范化解重大安全风险、应对处置各类灾害事故的重要职责。

县消防救援大队全年共接警出警 202 次，其中扑救火灾 119 次，抢险救援 68 次；出警人员 1865 人次，出警车辆 303 辆次，抢救疏散被困人员 94 人，抢救财产价值 1156.2 万元。全年火灾起数同比下降 3%，未发生亡人和有影响的火灾事故，全县火灾形势持续稳定。开展城市消防设施维护。全年检查保养县市政消火栓 389 只，天然水源取水口 4 个；新增消火栓 19 只。

【消防监管责任落实】2019 年，县政府组织召开全县安全生产、消防安全工作会议，县委副书记、县长李汉勤，7 位副县长、19 个乡镇（街道）、32 个消防安全委员会成员单位签订年度应急管理、安全生产和消防工作目

2019 年 1 月 3 日，县消防救援大队举行授衔和换装仪式

2019 年 12 月 30 日，县消防救援大队举行揭牌仪式

标管理责任书，把消防工作纳入全县年度综合考核内容，为当地各项消防安全工作奠定扎实的基础。县政府先后 2 次召开常务会听取消防安全形势分析报告，并就做好全县消防安全工作提出要求。深入贯彻落实《消防安全责任制实施办法》，指导乡镇（街道）、行业主管部门落实消防安全岗位职责规定、责任追究办法，依法履行消防安全管理责任。县委书记王峻、县长李汉勤、政法委书记王立武、常务副县长郑伟坚等县领导先后带队开展消防安全检查，并多次做出重要指示，有力推动全县消防安全工作的开展。

【执勤备战】2019 年，县消防救援大队围绕“能打仗、打胜仗”目标，夯实战训基础工作。提升各专业岗位的业务水平和履职能力，先后选派 7 人次参加水域救援、车辆事故、冲锋舟、无人机等专业培训，拓宽应急救援专业处置面，为完成急难险重任务奠定坚实基础。组织开展重点单位熟悉演练 120 次，开展隧道火灾救援、车辆救援、水域救援等类型的多单位、多部门实战演练 3 次，制作 19 份新增重点单位数字化预案，同时对 8 家预案进行修订完善；联合政府专职队与微型消防站演练 15 次，提升全县各类种消防队伍的灭火救援能力。每半年组织全县专职消防队员开展轮值轮训，推进专职队伍正规化建设。该大队在总队冬训考核中获全省第四名、三类支队第一名、优良率 85%以上的成绩；参加总队夏训考核，完成全员达标任务；获支队“火焰蓝”比武团体第三名。

【消防知识宣传】2019 年，县消防救援大队开展以中华人民共和国成立 70 周年消防安保“防风险、保平安、迎大庆”、119 消防宣传月等活动为契机，把消防安全教育纳入党校、职业培训、义务教育、普法和科普教育，广泛开展乡镇（街道）工作人员、村（社区）工作人员、网格员、专职（志愿）消防队员、村义务消防队员等基层管理力量培训。发动社区宣传大使、消防志愿者队伍等开展流动式宣传。联合县教育局把消防安全知识教育纳入中小学教学计划，开展学校“四个一”活动，普及师生的消防知识以及逃生自救能力。联合丽水饿了么开展“消防安全骑守护共建平安幸福家”松阳县志愿服务队伍消防知识送到家活动，把消防常识送入千家万户。借助电视新闻媒体，开展火灾隐患、消防违法行为剖析警示宣传，提升群众消防安全意识。2019 年，开展各类消防培训 125 次，培训 19850 余人，开放消防站 50 余次，出门宣传 248 次，刊播消防微博 1900 余条、微信 800 余条，发送提醒短信 5 万余条，发放宣传资料 5 万余份。

【消防安全监督检查】2019 年，县消防救援大队紧盯“防大火、遏亡人、降总量”工作目标，以打好消防安全三年翻身仗为主线，秉持“突出重点、严打严治、综合治理”的工作理念，抓消防监督检查工作，先后开展冬春火灾防控、“防风险、保平安、迎大庆”消防安全专项整治、小微企业消防安全专项治理、高层建筑消防安全综合治理工作和居住出租房消防安

县长李汉勤（左一）在“十一”国庆节前开展消防安全检查

全专项整治工作等专项行动。2019年，检查社会单位1123家，督促整改火灾隐患1020处，下发行政处罚决定书63份，临时查封13家，责令“三停”28家，罚款20.86万元，拘留1人。跟踪督办县级挂牌重大火灾隐患单位整改1家（松阳县城东保障公寓房），对全县109家重点单位的消防安全负责人、管理人开展逐类约谈，签订《消防安全承诺书》。

（县消防救援大队　金水华）

人民防空

【概况】2019年，松阳县人民防空办公室围绕“战时防空、平时服务、应急支援”使命任务和“发展大融合、能力大提升”目标，深入贯彻习近平总书记系列重要讲话精神和浙江省人防会议精神，切实转变工作作风，抓工作落实，服务城市建设服务民生需求，推进法制化规范化建设。3月，机构改革后，县人防办并入县住房和城乡建设局。11月，事业单位改革后，成立松阳县人民防空事业发展中心（以下简称“县人防事业发展中心”），为县住建局下属股级事业单位。

【人防知识宣传】2019年，县人防事业发展中心结合纪念日开展宣传教育，以3月1日“国际民防日”、5月12日“防灾减灾日”、9月18日“国防教育日”、10月31日“人防创立日”、12月4日“法制宣传日”为契机，开展防空防灾宣传教育活动，在《新松阳》报专版刊登人防民防宣传知识，在松阳电视台播放人防民防宣传教育片，向公众发放居民防灾手册、防空防灾警报信号规定宣传品，上街现场解答群众咨询，通过手机短信向全县民众发出人防知识宣传短信，在闹市区户外视频播放人防宣传片，通过多样宣传举措有效普及防灾知识，增强民众的防空防灾意识。

【人防工程维护管理与监查】2019年，县人防事业发展中心按照人防工程是战时保护人民群众生命财产安全的重要战备设施，也是平时服务和应急支援的基础性工程，日常维护管理水平直接决定着防护效能发挥和服务功能体现的管理职能，认真负责本行政区域内人防工程维护和使用的监督工作，督促建设主体和物业企业履行主体责任，加强人防工程设施的维护管理，确保辖区内人防工程设施设备的完好率。开展全县人防警报维护工作。全县安装人防警报装置13台，全县音响覆盖率97%以上。4月，检查维修全县警报装置，警报装置完好率100%，完成“5·12防灾减灾日”“9·18”警报试鸣。

【人防信息化建设】2019年，县人防事业发展中心加强人防指挥所指挥信息系统的维护管理和机房设备维护保养，落实各项管理制度，做好登记统计工作，落实视频会议系统每周联调、短波电台每周一、三、五联调制度，确保指挥信息系统运行良好。与县气象局签订共建防灾减灾预警体系合作协议，共同推进全县防灾减灾预警体系建设，统筹发挥防空防灾预警资源，为保障经济社会发展服务。

加强大东坝镇和玉岩镇民防应急指挥中心指挥信息系统管理。每季度对2个镇民防应急指挥中心指挥信息系统进行巡检，发现问题及时解决，维护指挥信息系统运行良好。

【依法行政】 2019年，县人防事业发展中心严抓人防建设项目行政许可、人防工程结建项目现场监管、人防法律、法规宣传教育等方面的落实，使人防建设迈入法制化轨道。实行人防行政许可审批服务。严把建设项目审批关，依法许可审批人防结建工程及征收人防工程易地建设费。截至年底，完成人防工程易地建设核实、人防工程易地建设费征收、新建防空地下室战时功能和防护等级确定等工作，应建防空地下室的民用建筑项目报建审批1件。抓人防工程监管，按浙江省行政改革工作及实行“最多跑一次”改革要求，于2017年9月1日起，把人防工程质量监督转为属地管理实施以来，受理并按要求进行人防工程质量监督项目4个。

【人防救援队伍建设】2019年，县人防事业发展中心持续抓人防救援队伍体系建设。组织开展人防专业队、民防应急救援队和志愿者服务队组训工作，完善由人防专业队、民防应急救援队和民防志愿者服务队组成的群众性人防队伍体系。县民防天狼救援队招募新一批志愿者，进一步优

参与田园松阳国际半程马拉松志愿服务活动

化队伍人员结构，提升队伍救援水平。每周三开展常态化训练，训练内容包括体能和技能训练。2019年，选派队员外出培训6个批次计22人次。2人取得无人机操作证，6个取得桨板教练员证，8人取得急流救援技术员证，2人取得绳索救援初级技术员证。通过外出培训，培养部分队员掌握较好救援知识和技能，增强了自身师资力量的建设，为以后自行组织学习、训练打下坚实基础。组织16次失联人员搜救（其中2次人员集结完毕时候因人员已经找到取消）。共组织240余人次参加“第十二届中国茶商大会”、“丽水超级马拉松”、“大木山健步走”、莲都“100·国际钓鱼大赛”、“田园松阳国际半程马拉松”、“国际天空跑”等大型活动安保志愿活动以及“5·12”防空防灾相关志愿服务活动。

（县人防中心　廖谷然）

优抚安置

【概况】2019年，松阳县退役军人事务局于1月24日挂牌成立，贯彻落实中央、省委、市委和县委关于退役军人工作的决策部署，制订措施，分解任务，明确职责，逐步理顺各项工作，重点做好上级交办的各项任务，积极开展业务工作。完善退役军人和其他重点优抚对象信息采集系统，及时上报1959年出生60周岁以上农村籍退伍军人的信息并输入优抚信息系统。加强对全县军队离退休干部的服务管理，落实军休干部各项待遇。

4月23日，松阳县退役军人服务中心成立，该中心主要协助做好退役军人行政关系、组织关系、供给关系转接和档案移交，提供就业创业服务和政策咨询，协助开展职业教育和技能培训等。全县19个乡镇（街道）退役军人服务站也组建到位，每个服务站不少于2人，236个村（社区）退役军人服务站在行政村调整后组建到位，服务站站长原则上由村支书或有退役军人身份的村主任兼任，落实服务场所面积4880平方米。2019年，完成浙江省级双拥模范城（县）创建复评工作，松阳县创建成为省级双拥模范县。

【军转人员接收安置】2019年，县退役军人事务局完成接收退役士兵及初级士官复员工作。对符合政府安排工作的人员和重点优抚对象的退役军人及时转交优抚安置科办理落实，健全“阳光安置”政策，严格按照服役表现量化评分加考试的方式妥善安置，并做好退役军人的落户、社会保险转移、党（团）员关系以及档案的接收移交工作。

2019年4月23日，县退役军人服务中心在县退役军人事务局正式挂牌成立

【优抚政策落实】2019年，县退役军人事务局依照国家出台的标准，把各类抚恤补助足额及时发放到抚恤对象手中。共发放抚恤补助金1098.22万元，其中残疾抚恤324.97万元，“三属”、“两红”、“两参”、在乡老复员军人、带病回乡退伍军人生活补助478.15万元，60岁以上农村退役士兵生活补助295.1万元；发放医疗补助79.3万元，其中门诊补助53.6万元、住院补助25.7万元。全县有残疾、志愿兵、参战立功下岗退役军人30人，这批退役军人在20世纪80～90年代退役时，按照当时的政策均给予安置，后由于企业改制或者倒闭失业，部分对象生活困难，通过与县委、县政府及相关部门沟通协调，把就业困难的下岗残疾军人、志愿兵列为再就业帮扶重点对象，争取公益性岗位就业，7月开展报名工作后，有重新就业愿望的下岗退役人员21人报名，已有12人上岗再就业。

【服务部队建设】2019年，县退役军人事务局做好省级双拥模范城（县）创建复评工作并创成省级双拥模范县，双拥工作获省、市领导的肯定。通过电视、报刊、网站、微信等渠道加强宣传，与县电视台联合推出“老兵风采”系列访谈、最美退役军人、“麦香式”军烈属、优抚安置政策宣传等节目，增强全民双拥意识。引导社区、民营企业和个私社团参与拥军优属活动，为部队、为军人、为优抚对象办实事、送温暖，吸纳退伍军人就业。联合县人武部组织开展2019年迎老兵送新兵活动，发放退役军人返乡纪念品，增强广大退役军人的获得感、幸福感、荣誉感。

【退役军人教育培训】2019年，县退役军人事务局开展退役士兵的复学以及技能教育培训。在退役士兵报到时，给其发放一张技能培训申请表，进行面对面宣传，不仅开设驾驶证、电子商务等常规课程，还与县职业中专、县农业局联合办班，结合当地“乡村振兴”及产业发展特色，开设民宿管家课程，使退役军人有一技之长。9月，由县退役军人事务局主办、县职业中专承办的退役军人就业创业培训班开班，培训班设有技能教育培训的重要性讲解和优秀退役士兵创业经验交流，并组织退役军人到斋坛乡云顶仙坑源实地参观学习。

【自主择业退役军人服务管理与保障】2019年，县退役军人事务局开展退役军人创业就业帮扶调研工作，从9月20日起，由局领导带队，组成3个调研组，先后深入全县19个乡镇（街道），坚持问题导向，聚焦问题短板，采取座谈交流、个别访谈，查阅资料、实地查看等多种形式开展退役军人创业就业难问题调研。联系多家用人单位，于9月28日、11月15日组织退役军人专场招聘，提供就业岗位，招聘活动现场设置就业创业指导区、政策服务咨询台等区域，为有就业创业需求的退伍军人现场解答政策，制订指导意见，提供帮助送服务等。此外，通过松阳就业小程序、就业微信公众号、网络招聘平台等线上发布企业岗位招聘信息和个人求职信息，线上线下多渠道同步进行，促进退伍军人顺利就业。与县农商银行、县中行、县邮政储蓄银行等金融机构合作推出各类“拥军贷”信贷产品，为符合条件的退役军人、军属提供贷款利率优惠政策，解决现役军属、退役军人及其家属融资难问题，有效填补县内退役军人军属群体信贷服务的空白，为金融系统服务推进军民共建发展搭建桥梁。2019年，县域各家银行累计受理各类拥军贷960万余元。

【褒扬纪念工作】2019年，县退役军人事务局为全县烈士遗属、因公牺牲军人遗属、病故军人遗属家庭和现役军人家庭、退役军人家庭悬挂光荣牌，并在春节、建军节、国庆节等节日，对一至四级残疾军人、红失人员、复员退伍军人、烈属、立功下岗参战人员，下岗残疾军人等优抚对象开展走访慰问，为全县30名复员军人和残疾军人发放中华人民共和国成立70周年纪念章，并组织重点优抚对象到嘉兴开展短期疗养。两节共发放驻松部队慰问资金12万元，发放各类优抚对象慰问金14.6万元，为生活困难的优抚对象发放补助金9.9万元。

（县退役军人事务局　徐亚文）

武警松阳中队

【概况】2019年，武警松阳中队全体官兵牢固树立全心全意为人民服务的宗旨意识，把松阳当故乡，视人民为父母，积极参加驻地经济社会建设，大力开展拥政爱民、军地联谊等活动。该中队始终把建强支部作为强军兴军的核心，从班子自身建设入手，有效发挥“一线战斗堡垒”作用。开展学习习近平强军思想和习近平新时代中国特色社会主义思想，深入推进“不忘初心、牢记使命”和“传承红色基因，担当强军重任”主题教育，自觉把“听党话、跟党走，能打仗、打胜仗，法纪严、风气正”放在高于一切的位置，不断强化“当兵打仗、带兵打仗、练兵打仗”的氛围导向。把“忠坚似松，斗志如阳”的队魂注入官兵血脉，突出“职责立队、精细建队、学习强队、素质亮队”队训标准，叫响“固强补弱、精益求精、同心聚力、争创‘四铁’”的目标口号，努力在支队打造松阳品牌、叫响松阳声音，实现执勤目标连续36年安全无事故，高标准实现“两个确保”。

2019年，武警松阳中队被浙江省武警总队评为先进中队；在支队执勤岗位比武、条令竞赛、群众大练兵分别获得第三、第二和第四名；1人因工作突出被记三等功1次。

【战备执勤】2019年，武警松阳中队坚持以“围绕中心抓建设，抓好建设保中心”，确保目标的绝对安全。紧跟形势抓战备。开展常态拉动演练，确保部队处于高度戒备状态，紧贴任务实际，及时开展抢险救灾、处突反恐训练，完善各类任务预案，随时做好上一线、打头阵准备。紧贴任务抓执勤。狠抓各项执勤制度落实，细化职责分工，全年先后担负40余批次县看守所武装押解勤务和国庆期间县重点区域武装巡逻任务，提升了目标安全系数，确保了中队连续35年执勤无事故目标。

【军事训练】2019年，武警松阳中队把建设“能打仗、打胜仗”的过硬基层作为建队目标，紧盯战斗力标准，一切工作向备战打仗中心聚焦，为训练服务、向实战出发。紧盯实战抓训练。坚持干部、骨干带头先训，以无声的号令，掀起军事训练的热潮，坚持向自己开刀、问责，全员查摆问题，全面抓实问题整改，以军事训练龙虎榜为载体，积极营造“训练有为、训练有位”的氛围，在支队执勤岗位比武、群众大练兵中分别获得第三和第四名。以考促训强训练。坚持每日一检验、每周一小考、每月一大考的制度，以考促训，叫响看我的、跟我上的口号，全员纳入军事考核，严格要求，不掺杂掺假，用最严格的标准狠抓部队训练。

【思想文化教育】2019年，武警松阳中队建设一支听党指挥、风清气正的队伍。开展主题教育，积极协调地方专家来队授课辅导，强化理论武装头脑；组织官兵参观松阳县博物馆，让官兵亲身体验驻地经济腾飞和社会发展，进一步坚定信仰；每月开展学习征文和演讲比赛，丰富官兵精神内涵；利用板报、宣传栏和网络等载体营造浓厚的学习氛围，让官兵认识到做好平常的工作和平凡的事情也是在践行革命军人核心价值观。以活动载体为结合点，提高官兵的文化素养。开展“学强军思想、讲强军故事、干强军事业”群众性实践活动，组织“身边最美强军典型”评选活动，并多次与县文化馆举办联欢晚会，不断提高中队“文艺半小时”能力培养；推进中队“一队一品”特色文化建设，丰富官兵的文化生活，激发官兵学习热情；鼓励战士周末外出买书与协调县图书馆在中队建立流动图书站相结合的方式，不断培养战士买书、看书的好习惯，深化“多读书、读好书、善读书”活动。

（武警松阳中队）

城乡建设

松阳高速入城口景观

住房建设

【概况】2019 年，松阳县住房和城乡建设局（以下简称“县住建局”）以全域规划为指引，以项目建设为抓手，扎实推进住房和城乡建设事业稳步发展，为高质量推进“田园松阳”升级版建设添砖助力，实现了年度目标任务。全县总投资 13.95 亿元，其中房地产民间投资 3.49 亿元；实现建筑业总产值 37.15 亿元，同比增长 21.1%，新开工装配式建筑总面积 50.65 万平方米；街巷疏通堵点 37 个，疏通道路长度 1.02 千米；实施 28 个村的饮用水达标提标工程，累计投资 3000 万元；全县域供水一体化管网工程主管道建成 12 千米；要求完成的 29 个 30 吨以上农污处理标准化运维提升改造项目竣工 36 个，并通过验收；城市天然气管道工程铺设管道 11.4 千米，共投资 2006 万元；增加绿地面积 18.1 万平方米，实现年度目标任务的 452%。

【城市建设】2019 年，县住建局负责建设及前期谋划项目 37 个，其中新建项目 15 个（县重点项目 4 个）、续建项目 12 个（县重点项目 3 个）、前期项目 5 个（县重大前期项目 3 个）、市政小工程 5 个以及其他政府投资项目，实现投资约 7 亿元。新开工建设县重点项目：瓦窑头区块改造安置房建设项目、城区截污纳管雨污分流工程、火车站站前大道站前广场及其配套工程。推进重点续建工程建设进度：棚户区改造一期（城中村）项目——项弄区块累计投资 1.5 亿元，实施工程总量 90%；棚户区改造二期（城中村）项目——青田码道安置区块累计投资 1.55 亿元。做好前期项目北山大道拓宽改造工程、要津南路延伸段、江南东路三期道路改造工程（高速出口大转盘至汽车综合服务中心段）项目立项、可行性研究批复等前期报审程序；育英路东段道路工程项目初步设计已审批。

【房地产业】2019 年，县住建局加强房地产业管理，全力做好住房保障工作。加强市场监管，做好商品房预售资金监管，商品房销售面积 18.24 万平方米，商品房买卖合同网签备案 1327 份。全县房地产市场平稳、健康发展，实现房地产开发投资 6.05 亿元。商品住宅消化周期为 6 个月，控制在合理周期内。办理核发预售许可 7 次，核发面积 94468.13 平方米，其中住宅 92480.06 平方米，商业 9632.42 平方米。截至年底，全县有房地产开发企业资质的企业共 16 家，其中二级企业 2 家，三级企业 2 家。加强住房保障工作，全年新开工保障性安居工程 873 套。改善城镇低保、低收入家庭、中等偏低收入家庭及中等收入家庭的居住条件。做好公租房租赁补贴工作，全年增加发放公共租赁住房租赁补贴 61 户。

城区截污纳管雨污分流施工现场

【建筑行业】2019 年，县住建局深入推进建筑业产业发展，确保行业规模同比增长，全县建筑业总产值 37 亿元左右，增幅 21%，其中省内建筑业产值 31 亿元，增幅 8.56%，实现入库税收 2.21 亿元。引导建筑业企业的提升和发展，做好企业资质审核工作。扶持县属建筑业企业的发展，执行《松阳县人民政府关于进一步促进建筑业持续健康发展的若干意见》，表彰 2018 年度松阳县建筑业龙头企业、重点骨干企业和优秀企业，兑现 2017 年度扶持奖金 1014.2 万元。探索新型建筑工业化发展，推动全县建筑工业化发展，开工装配式建筑面积 50.65 万平方米，其中装配式民用建筑 41.35 万平方米，装配式住宅和公共建筑（不含场馆建筑）41.35 万平方米，住宅全装修 10.35 万平方米。新建民用建筑全面实施《浙江省民用建筑绿色设计标准》，深化民用建筑项目节能评估和审查工作，审查率 100%。全面开展房屋建筑和市政基础设施工程施工图联合审查，确保完成该项最多跑一次任务。县住建局按照《扫黑除恶斗争工作实施方案》《松阳县住房和城乡建设局关于开展重点行业领域乱象专项整治“回头看”工作方案》《松阳县建设工程领域扫黑除恶专项斗争长效机制》等相关文件开展工作，未收到相关线索举报，收到市局移交督办线索一条，已及时移交县扫黑办，并按时办结上报市局，办结率 100%。

【村镇建设】2019 年，县住建局助力瓦窑头旧城改造拆迁安置项目。参与瓦窑头旧城改造拆迁安置小区选房抽签，及时对拆迁户的建房用地进行放样。做好瓦窑头旧城改造拆迁安置小区的建房管理。做好2019年度松阳县农村住房建设试点项目的申报，制定试点工作方案，完成《松阳到农村住房建设试点（黄南水库迁建小区）规划及农房设计》的编制和审批。引导乡村建设风貌，设计和推广农民建房通用图集，全年设计和推广建筑方案8套，并在松阳建设网站公布，供农户免费下载使用。根据松阳县农民建房审批标准，每个方案包含85平方米、95平方米、115平方米三种户型；举办建筑工匠基本技能培训班，培训学员49人。启动美丽城镇建设，做好象溪镇、大东坝镇2个样板镇的申报，委托编制县域美丽城镇建设行动方案和样板镇镇域美丽城镇建设行动方案。

【市容环卫】2019年，县住建局强化县城保洁市场化作业模式，建立长效机制，细化管理，加强垃圾清运、街道保洁的考核。推进县城垃圾分类，发动广大志愿者和党员干部投入垃圾分类的宣传，把垃圾分类逐步深入到社区、学校、企业，印发宣传资料4万余册、布置分类垃圾桶1100余只；创建省级高标准生活垃圾分类示范小区（幸福家园），该小区于7月在中国蓝新闻频道播放宣传；编制《松阳县城乡生活垃圾分类工作实施方案》，协助县发改局、县经济商务局编制《松阳县城乡生活垃圾分类和资源回收利用发展规划》和《松阳县再生资源回收利用规划(2020～2025年)》。截至12月底，建成区机关企事业单位、居民小区等范围垃圾分类覆盖面60.85%。落实生活垃圾焚烧事宜，丽水市政府已同意松阳县生活垃圾（含餐厨垃圾）暂时纳入市统一处置事宜。做好建筑垃圾资源化利用工作，资源化利用企业（松阳县启诚新型环保材料科技有限公司）已开工生产，县城临时堆放点的建筑垃圾已清运至企业进行资源化利用。

【园林绿化】2019年，县住建局增建公共绿地面积181044平方米，全县绿地率为34.36%，绿化覆盖率41.01%，人均公园绿地为14.21平方米。做好县城53万平方米街头绿地和公园的管养。2019年松阳县十件民生实事项目的公共绿地基础设施维修及提升工程，包括西屏山公园景观及基础设施提升项目（对公园内管理用房、公厕、凉亭、长廊、水泵房、公园园路、消防设施、楼梯、公园大门、座凳、广场铺装、树池等景观及基础设施进行修缮提升）；江滨公园音乐喷泉、管理用房等绿地景观提升项目（对公园内音乐喷泉、公园园路、广场铺装、树池、雕塑、凉亭、座凳、花箱等进行修缮及提升）；各小游园及公共绿地绿化提升项目（对江滨一期、生态滩等园路、广场铺装、汀步、砌石等进行提升改造）。

【历史文化街区保护利用】2019年，县住建局循序推进历史文化街区保护利用工作，实施明清街整治六期、溪滩路道路整治工程以及明清古街灯光亮化一期工程。延续保护发展区块、示范点建设小商品市场广场改造、青田码道22号、官塘路28号、29号、30号、人民大街106号、叶希贤故居修缮工程以及青田码道航运博物馆修缮工程，同时启动向阳旅馆、横街9号修缮工程。疏通历史文化名城脉络，打通断头街巷，实施街巷疏浚项目，风貌整治取得初步成效。执行历史街区范围内传统业态扶持政策，14户营业业态提交县政府认定。名城范围内传统建筑修缮完工11户，发放补贴80.2万元，自2015年政策实施以来累计修缮57户，发放补贴267万元。

【建筑业体系管理】2019年，全县增加建筑企业3家，累计建筑企业29家，其中施工总承包一级企业2家，施工总承包二级企业3家，三级及其他企业24家。全年实现建筑业总产值37.15亿元，增幅21.1%。做好工程施工许可和竣工验收备案工作，办理建设工程施工许可证67件，建筑面积96.54万平方米，工程总造价25.52亿元，施工图审查率100%。办理工程竣工验收备案60件，建筑总面积18.35万平方米，工程总造价4.39亿元。开展“无欠薪”创建工作，会同劳动人事部门，开展全县建筑工地专项检查行动，在建工地实施实名制管理制度，均办理农民工工资专户，并按月按时足额支付农民工工资。落实安全生产责任，与各施工企业、外地驻松项目部签订安全生产责任书34份，制定印发安全生产工作文件28份。组织召开建筑施工安全生产工

明清街使用传统方法修复传统建筑施工现场

作会议及系统工作会议5次，安全生产大检查4次，并每月组织巡查，累计涉及项目130个次，发出限期整改通知书140份，提出整改意见675条。发放宣传单200余份，办理建筑起重机械产权、安装、拆除、使用登记备案管理195台次。全县有2个在建工程创建省、市、县安全文明标化工地以及平安工地活动，2019年，创成丽水市级文明标化工地2个。

【城市改造升级项目建设】2019年，县住建局负责县城截污纳管雨污分流项目工程已启动（该项目计划分三年实施），第一批项目的建设主要对凌霄小区、玉峰小区、醴泉小区、紫荆村、教师新村5个老旧小区进行截污纳管、雨污分流，同步对部分给水、电力、电信管网进行提升改造。完善城市路网建设，县环城西路延伸段道路正式通车，屏安东路（西段）道路主路竣工，江滨区块基础设施配套工程一期、兴阳路南段道路建设完成，提升城市功能品位。

（县住建局）

城市公用设施

【概况】2019年，松阳县城区面积115平方千米，其中建城区面积10.24平方千米，建成区人口7.6万，道路长度126.57千米，污水管网98千米，雨水管网94千米，公共停车场停车位1396个，市政桥梁21座，城市照明装灯总功率1198.48千瓦。完善城市公用设施规划，编制印发松阳县城乡生活垃圾分类工作实施方案、完成县城燃气专项规划修编。城市公用设施建设迅速，一批截污纳管、雨污分流、老街整治、垃圾处理、园林绿化、道路桥梁等市政公用基础设施建设工程建成投运，实施县城市政公用设施固定投资34938万元，城市服务功能日趋完善。增建和改造一批城市公园和市政广场，增加市民休闲娱乐健身的空间，提升了城市品位。城市公用设施水平不断提升，供水、燃气普及率均100%；建城区路网密度12.19千米/平方千米；污水处理率97.89%；生活垃圾无害化处理率100%；人均公园绿地面积14.09平方米；公园绿地服务半径覆盖率83.27%；建成区绿化覆盖率40.82%；建成区绿地率34.19%。城区供水、供气布局合理、保障能力充足，液化石油气储气能力达到200立方米，液化天然气储气能力达960立方米，城市供水能力10万吨/日，污水处理能力4.5万吨/日。

【城市道路交通】2019年，县住建局对县城金屏路、要津路、长虹东路等主次干道的人行道及部分花岗岩损坏进行维修和更换，修补人行道约2800平方米。对县城太平坊路（老路段）、南环路路面进行修补。对慧明小区坑洼路面进行修复，对屏安东路沙县小吃门口市政设施及要津路爱度摄影门口砌石的修复工作。日常抽查及维护公司每日巡查，保证亮灯率在98%以上。对一中转盘高杆灯进行全部更换。对松阴溪两岸景观灯、独山景观灯及城市路灯进行维修维护，共修复230余盏。对小街小巷的巷弄灯进行维修，共修复300余次。2019年松阳县十件民生实事项目在要津南路（及多个路口护栏延长）共安装护栏1086米。完成22座既有桥梁常规检查，对松洲大桥、寺岭下大桥等桥梁栏杆重新刷漆、路面修补等。

【城市给水排水】2019年，松阳县供排水有限公司和平山水厂为实现农村群众从“有水喝”到“喝好水”，在2018年松古平原135个行政村纳入一体化供水的基础上，2019年启动新一轮一体化供水工程建设，供水管网向象溪、大东坝、裕溪、板桥片延伸，扩大受益面，逐步实现城乡同质同饮。主要建设全县县域供水一体化管网工程（象溪、大东坝、裕溪、板桥片）、松古平原供水一体化进村主管道工程和28个村农村饮用水供水一体化工程的3个子项目，概算总投资2亿元，受益18966人。全年制水量1652万立方米，最高日供水量5.73万立方米，日均供水量4.52万立方米，出厂水、管网水水质达标率均为100%。县自来水厂向城镇总供水量为1045.74万吨，城镇污水处理总量921.63万吨，城市污水处理率97.92%（按0.9排放系数计算）。县污水处理厂实际规模、实际污水处理量、运行天数等数据与全国和省智慧城管信息系统内数据一致，县污水处理厂运行天数为365天，实际污水处理量为1221.27万吨，运行负荷率为74.35%。

屏安东路西段铺设沥青路面

【天然气管网建设】2019年，县住建局为早日实现居民用户的天然气通气，通过公开竞争性磋商的方式选定松阳港华燃气有限公司为松阳县域（不含工业经济集中区）范围管道天然气的特许经营者，并于4月10日签订特许经营协议。城市天然气管道工程高压管线及门站部分于9月18日开工。中压管道建设7.89千米，累计铺设管网60余千米；通气区域包括县工业园区1～5期，江南工业园区、王村工业区、赤寿工业区和十五里农产品区等区块，公司工（商）业用户70余户（其中绝大多数是不锈钢企业），年销气量6396万立方米。储备能力建设方面，建成LNG站2座，总储气能力60万立方米，其中LNG中心站占地2公顷，有150m³低温储罐6台，3000Nm³/h空温式气化器8台，根据实际燃气运营情况，2019年，公司增加10000Nm³/h水浴式气化器1台；赤寿LNG站建成60m³卧式储罐1座，1000Nm³/h气化撬2组。

【消防设施】2019年4月，县住建局接省市机构改革要求，开始纳入消防工程验收工作，接受消防设计审查、消防验收备案等事项。6月，县住建局完成消防验收脱钩工作，自行组织消防专项验收，在丽水各县市中属领先水平。全年办理建设工程竣工验收消防备案51件，总面积280834.55平方米，消防设计审查项目7个，总面积33283.25平方米。办理验收58项，总面积314117.8平方米。出具消防专项验收合格书57份，不合格通知书1份。出具消防专项整改通知单15份，提出整改隐患70余项。协助县应急管理部门进行安全联合审查检查，参与解决消防类事项协调问题，其中参与协调服务的田园文化创意园工程受到县领导的肯定和嘉奖。

（县住建局）

“美丽乡村”建设

【历史文化村落保护利用】2019年，县住建局制定出台《关于加强历史文化村落保护利用，打造“松阳古村落”品牌的实施意见》，开展传统村落串点连线成片保护发展和主题化旅游线路规划研究，成立历史文化村落保护利用专家委员会，定期召集专家组成员召开项目评审会，主要负责把控传统村落的评估认定、规划评审、项目审查、技术指导、效果评估等工作。同时，定期邀请古建院等专家开设三合土专项培训、传统工匠等培训，提高本土工匠技艺和文物保护工程从业人员专业水平，确保古建筑修缮的品质。全年召开项目评审会6次，评审项目113个。注重风貌管控，严格根据村落原始风貌、设计图纸进行建设。注重要素保障，积极向国家文物基金会、历史文化村落保护利用等争取保护发展补助资金。同时，整合新农村建设相关政策项目资金，县财政每年安排资金2000万元用于保护发展工作。

【农村住房改造建设】2019年，县住建局对符合条件的445户农村低保户、分散供养特困人员、贫困残疾户、低保边缘户等4类农村困难家庭危旧房改造开展即时救助。对于验收合格、资料齐全的农户及时发放救助资金，按照7500元/户的标准，共发放救助资金333.75万元445户。另外全县农村四类人员以外的一般户共892户享受C、D级危旧房改造补助资金470.50万元，改造建筑面积147163.54平方米。

【小城镇环境综合整治】2019年8月，随着浙镇治办公布2019年度浙江省小城镇环境综合整治考核验收结果，全县最后3个乡镇（古市镇、玉岩镇、象溪镇靖居集镇）通过省考核验收。其中，象溪镇靖居集镇被评为省级样板乡镇。第三批达标乡镇共开工整治项目91个，总投资5756万元，项目开工率100%，项目完工率100%。坚持文化就是灵魂、特色就是生命的理念，立足“千年古县、田园松阳”传统文化底蕴和田园风光，打造各具特色、产镇融合的特色小镇，防止“千镇一面”，形成有内涵的公园、有记忆的街区、有故事的小镇，指导最后

雅溪小城镇环境整治改造前

雅溪小城镇环境整治改造后

要通过考核验收的古市镇打造汉唐古镇、玉岩镇打造高腔小镇和香榧小镇、靖居集镇打造传统村落保护与发展的典范。

【农村污水治理】2019年，县住建局把农村生活污水治理与美丽乡村建设、旅游产业发展和保护传统村落相结合，统筹规划污水治理，累计建成农污处理设施892个，农污日均处理量1.8万吨，涉及受益人口5.3万户；推进污水治理，成立全县农村生活污水治理专家指导组，下派“治水书记”把农村生活污水治理工作作为“第一书记”的主要工作职责之一。同时针对全县财政资金薄弱的现状，向上争取、自身整合等方式确保农村污水治理资金落实到位。制定《专项资金管理办法》，明确专项资金的筹集、使用和监督，提高项目建设水平和资金使用效益，确保农村生活污水治理工作有效推进；群策群力共治污水，召开群众大会、发放宣传手册等方式进行宣传，各乡镇（街道）随机发放问卷调查1000余份，调查满意度93.6%；做好运维管理，全面促进污水治理，第三方运维服务机构共取水样检测4424个站点，合格3029个，出水达标率68.49%；各类应急处理225次，设施抢修32次，污水泵更换42个、检查井盖更换580套，各项修理费用合计43万元；微动力设施添加药剂，药剂费3.8万元；同时按浙江省建设厅标准化运维导则规范完成日常运维台账，并为标准化提升工程提供项目指导。

（县住建局）

征收拆迁工作

【概况】2019年，松阳县房屋征收工作办公室，是县府办下属公益一类事业单位。9月，根据事业单位机构改革的要求，更名为松阳县土地和房屋征收工作指导中心（以下简称“县土地和房屋征收中心”），是县政府直属公益一类事业单位，机构规格为正科级。2019年，开展北山区块城中村改造项目、仙居至庆元公路松阳水南至枫坪段工程的房屋征收，以及青田码道区块、瓦窑头区块、城中村改造项弄村项目、火车站站前大道站前广场项目、城中村改造街巷疏浚项目等跨年度项目的后续政策处理及安置。累计征收房屋88户，征收面积3.26万平方米。其中，北山区块城中村改造项目征收房屋57户，建筑面积2.6万平方米。仙居至庆元公路松阳水南至枫坪段工程涉及行政村3个，征收玉岩镇和枫坪乡房屋33户，建筑面积0.66万平方米。

【房屋征收管理】2019年，县土地和房屋征收中心完善征收工作的统筹管理机制，制定出台《松阳县房屋征收重置价格及相关补偿标准》《仙居至庆元公路松阳水南至枫坪段工程集体土地上房屋征收项目集体土地上房屋征收补偿安置实施方案》《松阳县北山区块城中村改造项目房屋征收补偿安置实施方案》等征收政策。

开展对各乡镇（街道）房屋征收工作的业务指导，以项目建设为契机，通过联席会议、培训会、乡镇（街道）座谈会等方式，进一步协调处理房屋征收补偿工作所遇到的各种问题。认真做好征收补偿资金发放、调度和房屋征收补偿工作相关文件、资料、档案和台账的收集、整理和送交工作。

【规范内部管理】2019年，县土地和房屋征收中心坚持“三会一课”、党费缴纳、党员学习、支部民主生活会、组织生活会等各项制度，每月10日定期开展夜学、主题党日等党建工作，机关党员参与“八小时”外党员志愿活动。实施《松阳县房屋征收办考勤制度》，全年未发生违法违规事件。全年未发生重大群体性事件，未出现集体访和违规越级访。

【社会稳定风险评估】2019年，县土地和房屋征收中心为加强重大事项社会稳定风险控制，从源头上消除影响社会稳定的隐患，最大限度预防和减少实施重大事项过程中的社会稳定风险，把防范化解重大风险摆在打好“三大攻坚战”的首位，党政主要领导亲自过问，分管领导亲自研究、亲自督导，起草并出台《松阳县土地和房屋征收工作指导中心重大事项社会稳定风险评估制度》，为在征收工作当中开展社会稳定风险评估工作提供方向指导和实施依据。

【国有土地上房屋征收】2019年，县土地和房屋征收中心征收北山区块城中村改造项目国有土地上房屋（含无证）50户，面积2.4万平方米。其中，住宅15户，征收面积0.5万平方米，非住宅35户，征收面积1.9万平方米。

（县土地和房屋征收中心）

信息互联网

生态滩

邮政业务

【概况】2019年，中国邮政集团公司浙江省松阳县分公司（以下简称“邮政松阳分公司”）现有从业人员138人，内设机构有综合办公室、市场营销部、寄递事业部，下设金融业务中心（中邮保险局）1个、营销班1个、投递班1个、支局5个和邮政储蓄所3个，是浙江省、丽水市、松阳县三级文明单位，县级文明行业和县劳动关系和谐企业。现有农村邮路45条，投递段道56条,服务面积1406平方千米，担负着全县24.12万城乡人民群众的邮政通信普遍服务。

【邮政事业发展】2019年，邮政松阳分公司全面实施全县空白乡镇邮政局所补建、村邮站和信报箱的建设，全县203个（原有401个）行政村，建有98个联合村邮站，实现村村通邮，使农村居民与城市居民享受到同等邮政服务。该公司在全县原有20个（现有19个）乡镇（街道）自建邮政网点6个的基础上，补建14个邮政空白乡镇网点，实现乡乡有邮政网点，发挥公共服务作用，给村民用邮带来方便。村邮站增加普法宣传进村邮、邮乐购、代缴水费、金融服务站等项目，通过叠加金融便民服务后的村邮站服务农村客户群全方位，邮政形象进一步提升。

【包裹寄递】2019年，邮政松阳分公司拓展自办邮路，提升服务效率。投入车辆拓展县城到大东坝、玉岩、安民的自办邮路，邮件时限平均提高0.5~1天，在实现“最后一公里”投递的基础上提升了投递效率。在硬件建设方面，为全县投递员配备34部PDA信息化反馈终端，为县城10个投递段道增加电动车，为全县乡邮投递员发放电动三轮车20辆，不仅提高邮件投递反馈的实时率、准确率，还完善了投递网建设，提升企业邮件投递能力，构建满足竞争性业务和客户个性化需求的投递网。全年实现邮政总包损失零个，机要邮件丢失零个，邮件全程时限2%以下，邮件规格不合格率8%以下，邮政服务质量满意率85%以上，均达到县下达的工作目标要求。

【电商惠民行动】2019年，邮政松阳分公司以“邮乐网”为销售平台，销售收入5.2万元。利用邮政网络渠道帮助大东坝镇灯塔村销售“山蜡梅茶”818份，实现农民创收3.6万元；“松阳石仓泡豆腐”实现销售额1000元。通过深度了解助农产品的产量、价格、品质及销售等情况，打造“线上+线下”农特产品销售模式，整合“公共服务+物流配送”的服务体系，发挥邮政遍布乡镇的优势，做实助农扶贫“农产品进城”工程。结合邮政特色邮掌柜订货会，带动商家开展开春大集市活动，聚集各大经销商和邮掌柜，以浓厚的活动氛围和优惠产品促成掌柜下单，该公司完成批销金额75万元，且有15家新人要求入驻邮掌柜，优质邮乐购店42家。

【内控项目管理】2019年，邮政松阳分公司加强成本管控，促进经营单位注重业务效益，增强财务管控意识，实现企业“调结构、转方式”的目标，多次组织损益核算系统培训，结合单位实际情况，根据《松阳县邮政分公司用户欠费管理办法》和《松阳县邮政分公司2017年基层单位损益核算绩效考核办法》，引导基层单位逐步理解发展重效益，经营讲利润的理念，提高收支质量。加强金融网点内控，组织参加各类金融持证考试，提升代理金融从业人员上岗持证率，印发《代理金融从业人员持证上岗考核办法》，规范代理金融网点内控检查操作程序，提高代理金融网点从业人员风险控制意识和网点内控管理能力。规范反洗钱操作，加强反洗钱管理，根据反洗钱相关制度和新反洗钱系统各岗位操作要求，制定《中国邮政储蓄银行松阳县邮政金融反洗钱工作管理考核办法》。加强邮政企业安全生产和内部治安管理，全面落实安全生产、治安责任制，预防和减少各类事故、案件的发生，结合上级邮政企业的安全生产和治安目标管理责任制考核要求，根据《2019年度松阳县邮政分公司安全生产和治安目标管理责任制考核办法》和《2019年松阳县邮政分公司网点、金库运钞作业规范考核实施细则》实行严格考核。

【首发“2019浙江省第八届运动休闲旅游节”主题邮票】2019年9月6日，由浙江省体育局、浙江省文化和旅游厅主办，丽水市文化和广电旅游体育局、松阳县人民政府承办《2019浙江省第八届运动休闲旅游节》开幕式在松阳双童山景区举行。为纪念此次活动，中邮浙江松阳分公司为县政府设计发行了具有松阳元素主题邮票一版及纪念封、纪念邮戳等产品。

【主要活动】2019年1月10日，丽水市邮管局处长陈建平到松阳分公司开展普服工作年度检查。2月26日下午，松阳分公司召开2018年度邮政工作会议暨二届一次职工（会员）代表大会。大会选举产生新一届工会委员。会议签订《松阳县邮政分公司企业集体合同》《松阳县邮政分公司女职工权益保护专项集体合同》和“通信服务质量目标管理、安全生产治安目标管理”等责任书。6月13~14日，浙江省政协委员、省邮政分公司党组书记、总经理陈清带领省邮政分公司办公室总经理张峰、渠道平台部电商分销经理徐静等，到省政协委员少数民族扶贫联系点松阳县大东坝镇灯塔村调研。丽水市邮政分公司党委书记、总经理李红卫，松阳县政协副主席廖卫民、松阳县统战部副部长邓胜标、大东坝镇党委书记翁金豪

2019 年 6 月 13～14 日，浙江省政协委员、省邮政分公司党组书记（总经理）陈清（右一）到松阳县大东坝镇灯塔村调研

等陪同调研。6 月 19 日，市分公司党委书记、总经理李红卫一行到松阳开展党建联系点调研活动。李红卫书记一行查看寄递事业部邮件处理场地，参加金融党支部 6 月主题党日活动，并到党建联系点新兴营业所开展调研，实地考察新兴营业所附近茶产业情况。7 月初，松阳分公司副总经理杜巧森带领市场部主任季新萍多次到三都乡开展调研，了解三都桃的产量、价格、品质及销售等情况，确定继续以统购代销的方式帮助桃农销售桃子。7 月 29 日三都桃正式包装发运，截至 8 月 7 日，该项目结束，总销量 8125 千克，共销售 2000 余份，共帮扶 20 余户桃农，其中 6 户贫困农户共创收 4.06 万元。9 月 25 日，丽水市分公司党委书记、总经理李红卫到松阳开展党建联系点调研活动。松阳县分公司党委副书记、副总经理（主持工作）吴青林等陪同调研。李红卫察看叶村空白局所和大徐村电商邮乐购站点，并到党建联系点新兴镇营业所开展调研，实地考察新兴镇营业所经营情况。12 月 5 日上午，松阳分公司在邮政大楼四楼会议室召开集邮协会第五次代表大会，松阳分公司党委副书记、副总经理（主持工作）吴青林参加会议并致辞。会议由第四届理事会秘书长季新萍主持。12 月 10 日，丽水市分公司党委书记、总经理李红卫到党建联系点松阳分公司调研，实地走访松阳分公司新兴营业所、安民营业所，重点督导金融旺季生产，并到安岱后村“浙西南革命根据地遗址”开展红色教育。

（邮政松阳分公司　傅潇磊）

电信业务

【概况】2019 年，电信中国有限公司松阳分公司（以下简称“电信松阳分公司”）有在职人员 125 人（含代管外包）。累计建设 396 个村光纤网络，光纤网络覆盖率 98.75%；发展宽带用户 2.18 万户，天翼高清用户 2.5 万户。建成手机基站 320 座，城区无线（WiFi）已完成 452 个点位的安装，无线信号覆盖率县城 99%，农村 91%；发展移动用户累计 2.76 万户；该公司下设古市、城区、田园 3 个支局，服务当地政府信息化建设，成立专门机构——信息化服务中心，拥有网络工程师 30 余人，技术力量雄厚。打造优质主厅服务，树立营业厅标杆示范，创建“文明示范窗口”，全年被评为红旗团队 10 次、周红旗团队 31 次。开展内购会、炒店各类专场近百场，在元旦、劳动节、国庆节被评为标杆场次。坚持开展厅店基础管理工作，树立服务理念，做好晨夕会，标杆营业厅标准创建要求，定期开展全业务等基础工作自查。是年转变销售模式，从守店模式到触点深挖、清单式管控、1+1 上门、内购会，提升营业销售能力，拓宽营销方式，开展主题活动 12 场、内购会 20 场、单转融攻坚赛 18 场、星级联动 8 场、外呼专场 36 场，带动移动 4434 户、宽带 1306 户、融合 2208 户，智能组网 715 户。拓展行商校市场，截至 11 月底， C 网增加 1758 户，宽带增加 997 户，其中专线新增 57 条，完美酒店增加 418 户。融合套餐共发展 179 户，其中商企分享 299 套餐 11 户，399 套餐 4 户，599 套餐 22 户。2019 年，刘梅华获“先锋杯”财务技能大比武全省劳动竞赛最佳称号。

【推进项目建设和维护】2019 年，电信松阳分公司增加 C4 网主杆光缆 708 芯、共 3923.4 皮长千米，完成布防 C 网基站传输光缆站点 32 个、共 279 芯 2898 皮长千米，布防公安监控光缆 39 点位，年度增加 FTTH 纤芯数 2016 线、管道 6.44 千米。增加 C 网开通基站 25 个、室分 13 点，优化无线站点 11 个，增加公共 WiFi 2 处 3 个无线 AP。11 月 30 日，在电信中心营业厅开通松阳电信首个 5G 信号站点，松阳电信 5G 网络在全县动建。配合松阳县委、县政府改善民生居住环境、出行条件等重点配套设施项目建设，协同完成衢宁铁路松阳火车站、黄南水库移民项目、弓桥到安民公路、小城镇治理、大竹溪教育基地等重大项目的线路改迁，保障县重大项目工程的建设。

【助力地方信息化建设】2019 年，电信松阳分公司持续助推各单位信息化建设，协助县教育局稳步推进智慧教育，在一期、二期项目的基础上进行增点扩面，实施教育无线网络三期覆盖项目，实现县第三中学、县职业中等专业学校、三都小学、板桥小学、枫坪小学、竹源小学、安民小学、西坌小学无线网络的覆盖；协助县公路管理局推进智慧交通建设，建成道路监控二期项目，实现S222省道及上松线的全路段高清监控覆盖；协助县税务局提升网络安全，完成机房升级改造服务项目，保障网络稳定安全运行。

【重点会议保驾护航】2019年，电信松阳分公司为全县举行的“现代农业有机峰会”、“田园半程马拉松”、“国际天空跑”、“建党70周年”晚会、“围棋甲级联赛”、“茶商大会”、“民情地图”大比武、“城乡联合国际论坛”及“视联网”会议保障、防汛会商视频会议等大小赛事及重要会议提供通信及人员保障。

【深化服务项目】2019年，电信松阳分公司落实“国六条”精神，迎接5G上市，落实携号转网政策，提高服务意识。打造电信中心营业厅标杆窗口，给广大用户提供最优质的入店体验。每月25日为会员权益日，享受更多流量、语音及话费等权益；宽带及数字电视上门安装服务，设定“当当慢”制度，实行当天装、当天修、慢必赔，提高客户感知，在最快的时间享受到更快更好网络服务；开展各渠道满意度测评，各关自己的服务，贯彻中国电信服务宗旨“用户至上，用心服务，让每一位客户满意而归”。

（电信松阳分公司）

移动通信

【概况】2019年，中国移动松阳分公司（以下简称“移动松阳分公司”）坚持统一思想，守土尽责，积极作为，立足自身优势，承担社会责任，统筹推进各项工作。截至年底，手机通信用户数17万余户，同比增长6.25%；光宽带用户4.4万户，同比增长10%；4G用户14.2余万户，同比增长71.08%。落实党支部工作制度，开展“六好”党支部建设，夯实党支部基础管理。落实“三会一课”，组织召开生活会2次，支委会20次，党员大会和主题党日活动24次，上党课4次。每月以“主题党日+特色活动”模式，开展主题党日活动1次，诵读党章、党员承诺、主题研讨、观摩红色教育基地、庆祝中国共产党建党98周年系列活动、庆祝中华人民共和国成立70年活动等；落实党员与群众谈心谈话制度。是年，通过网格平台、“1+3+X”党员与群众谈心谈话70余人次，全员覆盖，谈心谈话中帮助群众解决生产、生活、工作等方面问题10余次。落实党建工作责任制，突出重点任务攻坚，推动党建工作与生产经营有效融合。7月9日，县政协副主席、县网联会会长叶伟兰，统战部副部长邓胜标，松阳县网络联合会成员30余人，到丽水移动参观智慧丽水信息化展示厅。8月28日，该公司党支部与县府办党总支开展“党建和创”实践活动，签订“党建和创”活动合作书，为5G应用于教育、文化、体育等公共事业，提供远程教育、远程医疗等便民新服务打下良好的基础。10月21日，中国移动浙江省公司工程建设部总经理范永升到松阳分公司调研。10月29日，与枫坪乡党委开展“党建和创”实践活动，签订“党建和创”活动合作书。双方在现场开展“党建和创”红色教育实践基地挂牌仪式。在2个支部的交流过程中，双方表示要做到互学互鉴，实现党组织生活生动化、情景化，推进党建工作高质量发展。同时创新典型性载体，在斗潭红色教育基地开展党性教育。推行一个主题党日解决一个生产问题，及时帮助各部门协调解决，全年开展12次。施行服务领先“书记项目”，组建“岗区队”，开展突击队活动30场次，党员责任区20场次，共计参与400人次。2019年，松阳移动公司获“浙江省明星县”称号；毛文英被评为“浙江省级优秀员工”；魏爱萍被评为“浙江省级工会积极分子”。

2019年7月9日，县政协副主席、县网联会会长叶伟兰，统战部副部长邓胜标等到丽水移动考察智慧丽水信息化展示厅

【提升网络支撑和应级保障】2019年，移动松阳分公司累计投资7500余万元，用于网络基础建设。推进4G通信基础建设，建成25个站点，4G行政村覆盖率100%，4G升级86个站点用于流量的容量保障。积极部署5G网络建设，新购节点机房4个，

2019 年 6 月 5 日，松阳县全省工业互联网平台建设现场会暨丽水市工业互联网平台推广会人员合影

改造传输光缆 29 个片区，建设光交 259 个，为 5G 建设做准备。6 月 5 日，在浙江省工业互联网平台建设现场会暨丽水工业互联网平台推广大会上打通松阳县首个移动 5G 视频电话。持续落实宽带提速降费战略，新开片区 6 个，并针对新农村建设，开展 206 个小区补强建设，覆盖用户数 6.41 万户，提升光线接入覆盖率 99.3%。做好政企集团客户服务，推进集客业务的支撑和维护，增加固话 195 户，互联网 211 条、传输专线 45 条，集团业务客户满意度 98%以上。夯实网络基础，累计整改 10 次蓄电池、13 次空调、21 次电力引路等设施的隐患；整治黄南水库和衢宁铁路等隐患光缆 18 处，保障网络的稳定性；改造传输网，全年无重大通信安全事故，提升手机客户通话和上网感知质量。加强网络通信的保障能力，完成县茶商大会、乡村振兴大会、工业互联网大会、松阳国际田园半程马拉松、松阳国际天空跑等赛事，以及竹溪排祭、端午龙舟等民俗节庆 10 余项重要活动通信保障，出动保障 600 余人/次。

【助力地方信息化建设】2019 年，移动松阳分公司围绕全县十大民生工程，推进信息化和数字化建设。为县政府系统、公检法系统、交通系统、教育系统、卫生医疗系统、农业系统等提供信息化咨询和解决方案。全年先后中标并实施县道路运输管理局智能公交电子站牌项目、县事业单位公务用车管理平台项目、县人民政府办公室政务移动办公系统平台二期项目，古市法庭综合审判楼信息化建设项目、县“最多跑一次”不动产登记系统升级改造项目、县医疗保障局医保控费智慧管理项目、全县各中小学和幼儿园“和教育”智慧校园项目等紧贴民生、教育和政务类信息化建设项目，助力全县交通出行、政务办公、智能法庭、智慧医保、智慧校园、“最多跑一次”等多方位信息化建设。

【客户服务提升行动】2019 年，移动松阳分公司为提升移动客户的服务感知，开展多项业务服务提升举措。组织开展“书记项目”营业厅满意度提升工作，专项整改客户较敏感的营业厅排队、营业厅环境和业务办理时长等问题，通过流程穿越简化部分业务的操作流程，通过手机 MCRM 的线上预约办理进行分流，从原来的 5 分 10 秒提升到现在的 3 分 22 秒，有效缩短用户的等候时长，提升用户的感知质量。坚持每月开展总经理接待日活动，组织总经理接待日活动 12 场，听取用户的实际需求，组织各部门帮助用户解决实质性问题。成立服务监督委员会，邀请县消保委、县市场监督局、县经检大队、县公安信息安全中心、“松阳在线”媒体等监督部门的相关人员参与，开展监督委员体验日 3 场，与监督委员会围绕营业厅服务、营销服务、网络服务等互换意见和建议，取长补短，提升公司服务能力和水平。开展季度特色客户关怀服务，每季度组织开展 1 场走出营业大厅送服务的活动，着重为环卫工人、独守老人家等弱势群体进行夏季送清凉，冬季送温暖活动。

【社会公益活动】2019 年，移动松阳分公司党支部建立志愿者队伍服务社会、服务群众。先后开展“传承五四精神，党团志愿者服务进乡村”“倡导科学文明，争当反邪先锋”志愿服务活动，“服务领先”党员突击队联合县公安局开展防电信诈骗宣传服务群众活动，在松阴溪流域开展清扫沿河垃圾，参与“五水共治”，争当志愿河长，清除“黑河、臭河、垃圾河”活动。带领党、团员开展志愿服务活动 10 次。履行社会责任，深入开展结队帮扶工作。干部 3 人与玉岩镇乌岩村低收入农户 4 人结对，定期走访，了解需求，开展生产指导、就业介绍，就医信息等帮扶活动。

【员工关爱行动】2019 年，移动松阳分公司组织开展应急救护讲座、运动员选拔、中医健康与养生科普等工会活动 10 余次，丰富员工的业余生活、增强团队精神；开展生育送关怀，走访和慰问生育员工 5 人次；生日送祝福，员工生日当天公司管理层到员工工作岗位送上鲜花和生日祝福 54 人次；员工生病送温暖，探望慰问因病休假员工。通过多形式关爱行动让员工感受到公司的关怀与关爱，增强员工的归属感、提升团队凝聚力。

（移动松阳分公司）

联网通信

【概况】2019年，中国联合网络通信有限公司松阳县分公司（以下简称“联网松阳分公司”）开展以党建为引领，促进各项工作顺利开展，主营收入同比增长7.3%，提升“互联网+运营专家”形象。开展扶贫结对、公益助残等活动，社会责任践行者、担当者形象日益彰显。创新营销方式，小程序攻坚、征兵季营销工作在浙江省、丽水市领先，起到标杆的作用，在县分公司之间作推广，不断增强网络能力。

【网络建设】2019年，联网松阳分公司小区宽带覆盖以国标和第三方合作建设为主，新接入中梁滨江雅园、瓦窑头安置房区块、黄南水库安置区块、项弄安置区块、国悦府、香格里拉、洞阳观度假村、斋坛新村8个小区；建成幸福家园二期、中梁滨江雅园、农信社室分3个；完成有偿迁改瓦窑头村拆迁安置区块联通机房及线路迁移、新兴小学扩建线路迁改工程、上安村线路被车辆刮断赔补3个项目。

【秸秆禁烧监控云平交付投用】2019年，联网松阳分公司实施县综合行政执法局秸秆禁烧监控云平台服务采购项目。该监控云平台利用基站铁塔搭载高位高清摄像头，实现360度实时监测，系统自动匹配周边秸秆焚烧烟雾数据，实现快速报警功能，有效协助执法人员快速执法。该项目增加监测点20个，覆盖松古平原大部分区域，秸秆禁烧监控云平台的投用，为“蓝天保卫战”发挥着积极作用，成为全市标杆项目。

【智慧水电系统平台应运】2019年，联网松阳分公司通过智慧水电系统实现对全县水电站生态流量的实时监测与分析；整合行业信息资源，整合农村水电站基础信息、现场图片、基础地理、地形数据、全景图等，实现多源、多维、多态水电数据支撑；利用水文—水动力数值模型，实现对主要子流域的生态流量结合流量泄放与自然产汇流的数值模拟、分析评价和效果预测。

【推进智慧城市建设】2019年，联网松阳分公司通过政采云采购，再次成功中标公安“雪亮”工程项目，持续跟进保障视频监控系统发挥的作用，推进社会治安防控体系建设，把治安防范措施进一步延伸到公众身边，确保县公安局的“雪亮”工程作为全市的标杆项目。施行环保污染源监测，为全县30余家企业提供环保监控服务，便于对污染物排放出口的排污监测，固体废物的产生、贮存、处置、利用排放点监测，对防治污染设施运行效果监测。

【助力平安校园智能化管理】2019年，联网松阳分公司助力校园平安建设，避免各种事故发生，为城北幼儿园、新兴幼儿园接入平安校园管理系统，该系统通过人脸识别设备抓拍到的人像信息，根据设备的固有场景属性自动统计生成的该人员通行数据，按照配置好的考勤规则来判断目标的考勤属性，并即时统计，便于学校对教师及学生的考勤管理，同时随时可把学生在校、离校的信息以短信的形式告知家长，实现家、校互通，达到智能化管理。

【提升用户满意度行动】2019年，联网松阳分公司结合县人武部征兵工作，联合异业商家，推出“参军卫国礼包”“军属特享礼包”“家庭守护礼包”等产品，同时开展体检现场送水等公益活动。营业厅适时组织节日营销活动，利用“纳凉节”、劳动节、国庆节等开展营销工作，提升营业厅营销氛围。持续开展智慧助残活动，与县残联对接，给予残疾人实实在在的便利，提供免费的通话号卡和宽带服务，对于部分不便来营业厅办理的用户，组织人员进村入户到残疾人家里给予上门办理。助力乡镇村各级解决实际痛点难点，开拓美丽乡村和智慧党建小程序，获丽水市公众线条排名第一名，得到乡镇领导的肯定，提升联通品牌形象和区域影响力。

【开展反诈防骗宣传】2019年，联网松阳分公司作为县反诈联席成员单位，贯彻集团和省市公司、通管局、公安局机关等部门打击防范电信诈骗专项治理要求，在营业厅和各代办网点，以电子屏、横幅、展板、宣传单和专人宣传等形式开展反诈宣传，并对刷单类诈骗和贷款类诈骗着重讲解，严格执行工号管理、用户信息管理、实名入网管理等，杜绝信息泄露和违规操作。同时通过微信公众号、H5链接等线上渠道发布防范知识，制作反诈防骗小手册，组织员工进村入户对易受骗群体讲解常见种类及防范措施。

（联网松阳分公司）

交通运输　电力

独山风光

交 通

【概况】2019年，松阳县交通运输局（以下简称“县交通局”）推进“田园松阳”升级版建设，构建畅通、高效、安全、绿色的综合交通运输体系。推行“互联网+公交”新模式，为全县群众提供便捷化、智慧化的交通出行服务，全面启用公交运行监测系统，免费为市民开放公共交通出行数据，“松阳出行”微信公众号累计订阅超万次，增建智能电子公交站牌25个，开通公交车移动支付功能。推行“互联网+安全”，推进高效行业监管，实现货运车辆综合性能检测数据，车辆GPS卫星定位数据，车辆行驶证数据等数据共享；完善智能交通诱导系统、停车诱导系统和多功能城市交通公众出行服务查询系统，电子警察和视频监控覆盖率为80%以上。龙丽线、上松线治超非现场执法系统投用，违法超限行为得到有效遏制。推行“互联网+运输”，助推产业高效率转型，铺设农村物流互联网络，增加农村物流服务点68个。搭建“互联网+汽修”平台，全县二类以上维修企业13家全部应用“汽车健康电子档案”管理系统。搭建“互联网+驾培”平台，自动对教学期间的数据进行比对和对接公安部门约考系统，助推“阳光驾培”。深化“互联网+服务”，以“最多跑一次”为抓手，推进交通职能转变和“放管服”改革，落实“一窗受理”“电子档案”“电子签章”“网上年审”“一证通办”等服务，实现行政许可和审验事项“只跑一次”，甚至“一次都不用跑”。

2019年，松阳县交通项目投资计划31245万元，累计投资32703万元，实现年度投资任务的104.7%。

2019年9月1日，重建独山大桥正式通车

【重点项目建设】2019年，松阳县交通项目开工建设1个。235国道松阳段改建工程已完成项目选址意见书、社会稳定风险评估、地质灾害危险性评估、矿产资源调查、环评报告、土地预审等，11月29日项目获浙江省发改委工可批复，12月6日项目初步设计完成审查。续建项目5个：仙居至庆元公路松阳县水南至枫坪段工程于12月17日签订PPP合同，第一合同段2018年10月31日已开工，建成前期场站，开始市口隧道进洞口大管棚施工、路基开挖、场站桩基施工；第二合同段屋后港隧道进口、丁坑口隧道进口、黄埠坞隧道出口开挖，累计投资6782万元。丽水生态产业集聚区松阳赤寿至卯山公路（源口至上五木段）于2018年5月30日正式开工建设，截至2019年底，路基已基本联通，实现投资4552万元。独山大桥工程于2017年6月28日开工，2019年8月31日桥梁工程等各项建设竣工，于9月1日正式通车，共投资3986万元。龙泉安福至松阳大东坝公路建设工程（松阳乌弄口至弓桥段）于2017年8月18日开工建设，项目已基本完工，实现投资7212万元。黄南水库淹没公路改建工程处置两个塌方路段，全线路面浇筑完工，于12月31日通车。重大前期项目5个：S222（原50省道）松阳雅溪口至裕溪段公路改建工程已完成初步设计文本编制，松阳段已具备上报工可审批条件。松阳县江北公路工程、仙居至庆元公路松阳县板桥至靖居口段工程、235国道松阳至武义段工程、金松（遂）龙高速均线位方案编制经过专家组论证。

【交通惠民行动】2019年，县交通运输局平稳有序做好春运工作，春运期间共投放运力客车61辆1684座，客运出租车19辆95座，公交车58辆1961个座、站位，参与春运驾驶员205人，共发8534个班次，运输旅客11.17万人次，周转量589.8万人千米，未发生旅客滞留、道路运输行车事故。坚持公交优先发展，为全县100多家企事业单位工作人员续办公交公务卡6865张；2月3日开通双童山景区公交线路，进一步完善城市公共交通线网布局，推进“全域旅游”发展；9月17日，购置22辆新能源公交车在新客运中心起始站首发投入运营，在县城区域内建设智能电子公交站牌25个，并全面投入运营，依托“松阳出行”微信公众号、智能公交电子站牌等途径乡社会大众开放公共交通出行数据，方便群众出行。推进市、县十大民生实事项目之一的“四好农村路”建设，农村公路提升改造、安防、大中修、新建公路服务站、公交停靠站等项目全部完成建设，落实“四好农村路”路段长工作实施细则，共安装326块路长公示牌。

【航运管理】2019年，县交通局开展以渡口安全监管、“美丽渡口”、“美丽渡船”创建为重点，全面加强航运管理，航运安全呈现平稳的态势，截至2019年底，连续34年保持无水上航运事故。做好谢村水库渡口“浙松阳渡0019号”“美丽渡船”的创建，并对谢村水库“美丽渡口”工程，靖居口渡口“浙松阳渡0010号”渡船进行提升维护。对全县涉水区域开展全面巡查摸底，全年开展水上交通专项大检查4次，航道巡查20次，渡口安全检查32次，完成“松阳县第二届龙舟赛”通航水域水上水下活动许可。

【交通安全管理】2019年，县交通局抓好综治和平安建设责任制，调整安全生产委员会和安全生产管理网络，通过层层签订责任状，分解落实工作责任，未发生较大以上道路交通事故和交通建设工程、水上运输、火灾事故，连续15年实现春运旅客的零死亡。抓道路应急抢险工作，出动抢险机械400台班、抢险人员1200人次，修补沥青路面坑洞4.2万余平方米，修复水毁挡墙20余处、300余立方米，实施沥青路面灌缝16万余米，开展职工安全培训3次，应急演练12次，发放安全资料1400余份、横幅40幅，张贴宣传资料、黑板报、警示牌等100余张。

【交通行业安全生产】2019年，县交通局结合交通安全工作实际，主抓工程建设、道路运输、公路养护、水上运输等重点行业生产。工程建设方面，进行农村公路安全专项检查60余次，签发安全检查意见书18份，通过加强工程安全生产监督抽查、抓整改落实。道路运输方面：检查道路运输企业307家次，查处安全隐患并整改406起，出动执法人员1450人次，检查车辆8100余辆，查处违法案件14起，处罚4万元。公路养护方面，开展农村公路安全生命防护工程，投资5408.5余万元，提升改造农村公路86.1千米，完成投资1722万元，开展路面大中修73.1千米，完成投资2506.9万元，改造危桥10座，投资790.15万元。投入保费194.4余万元，对全县1428.9千米农村公路水毁实行综合保险，公路财产保险金额24.65亿元。开展隐患大排查6次，安全管理检查24次。水上运输方面，开展水上交通专项大检查4次，航道巡查20次，渡口安全检查32次。

【交通建设管理】2019年，县交通局按照“新建项目抓开工，续建项目抓推进，交工项目抓验收，储备项目抓前期”的工作思路，全力抓项目建设和管理，推动交通项目建设工作取得新成效，投资2.25亿余元，新建重点项目1个、续建重点项目5个、重大前期项目5个均达到年度建设目标；投资1.28亿元，建设“四好农村路”等一批民生实事项目；做好33个交通建设项目交（竣）工验收工作，质量评定均为合格以上，其中松阳县江南三期及斋坛连接线工程竣工质量评定为优良。

【交通管理服务机构】2019年，县交通局具有行政审批职能的建管科（行政许可科）、公路局、运管局、港航所、质监站5个单位，积极履行交通运输行政审批和便民服务职能，坚持依法行政，提升交通运输公共服务质量，推进“最多跑一次”改革向交通运输公共服务领域延伸，着力优化服务流程、改进服务方式、提升服务效率，让群众办事更加方便高效，出行更加安全便捷。全年为群众和企业办理行政许可事项107件，其他备案、确认类行政事项2236件，没有发生一起行政复议、行政诉讼案件，行政许可案卷文书规范、表述准确、材料齐全，法定程序到位，按时办结率100%、群众满意率100%。

【城市治堵绿色交通】2019年，县交通局投入资金1200余万元增加纯电动清洁新能源公交车22辆，新能源汽车占比55%，推进新能源电动车租赁体系建设，建成充电网点76个、充电桩505个，投放新能源汽车180台；全县公交车实现移动支付全覆盖，增建智能电子公交站牌25套，实现车辆实时到站、线路查询、信息发布等多项便民功能，增加公交站点5个，县城公交站点500米覆盖率98.2%以上，改造提升城市道路2.22千米，增建停车位309个。依托大数据和科技手段，完善智能交通诱导系统、停车诱导系统和多功能城市交通公众出行服务查询系统，不断提升交通智能化管理水平，“松阳出行”微信公众号累计订阅超万次，订阅用户数同比增长35.7%。

（县交通运输局　刘科伟）

公　路

【概况】截至2019年底，松阳县公路管理局（以下简称“县公路局”）有在职事业干部职工26人，编外用工19人，在职党员21人，本科学历20人，大专学历25人，高级职称7人，中级职称25人。内设7个科室，即办公室、计划财务科、工程管理科、养护管理科、农村公路管理科、桥隧安全科、路政管理科，路政管理科下辖西屏路政中队、象溪路政中队、古市路政中队和路政治超中队。该局担负着全县69千米国省道和1225千米农村公路的养护管理、路政管理等行业管理职责。开展主题教育，通过“订单式”领读、“分配式”督查，分阶段抽查2次，并做到不漏1人，每人签字确认，做到“两书一章”按时通读精读；学习教育不漏员，通过退休党员上门送学、外地党员远程助学、家庭党员相互促学等模式，做到党员学习全覆盖；先后组织全员参加环境大整治、治堵宣传健步走、休闲垂钓节志愿者、微心愿以及义务献血等活动。2019年，投资100万元建设应急指挥平台，累计安装点位监控19个和隧道监控4个，实现龙丽线、上松线全路段无死角监控；总投资1359.12万元，实施超限运输检测站主体工程的建设。

【美丽经济交通走廊】2019年，松阳县创建美丽经济交通走廊152千米，创建公路涉及10条，其中精品线1条，非精品线9条；创建内容包括路面大中修、护栏修复、生命安全防护、病害处理、公路服务站建设等；投资202.08万元，实施普通国省道大中修8千米；增建普通公路服务站5个。委托浙江公路技师学院试验检测中心对98条计468千米的农村公路开展路况检测，全县农村公路路面技术状况指数（PQI）平均值为83.14，其中优良中等路率92.66%。

【推进“四好农村路”建设】2019年，松阳县全面实现“四好农村路”建设任务。大东坝镇创成“四好农村路”示范乡镇；投资1722万元，提升改造农村公路16条86.1千米；总投资2506.9万元，实施路面大中修73.1千米；投入5408.5余万元完成安全生命防护工程183千米；投资538.6万元改造病害桥隧10座；做好农村公路水毁保险工作，投入保费194.4万元，对全县1428.9千米农村公路水毁实行综合保险，公路财产保险金额24.65亿元。

【公路路政管理】2019年，县公路局做好新增治超非现场执法车道建设和治超非现场的处罚工作，投资270万元，增加2个点位车道4个；联合县交警大队开展路警联合治超和专项整治，查处违法超限案件697件，罚款300.07万元；移交交警处罚现场案件135件，驾驶员累计扣分717分，罚款8.26万元。县域2条国道省道日均超限率从2018年前的60%以上下降至15%左右，单车超限率从原来100%以上下降至30%以下；路政大队开展巡查4209人次，纠正并拆除非公路标志牌6块，处理路产赔偿案件60件，及时纠正违法占用公路用地、擅自开接道口等各类违章165件，收取赔补偿款14.21万元。

【干线公路养护】2019年，县公路局实施S222龙丽线松阳三里亭至古市新车站段和G235松阳召山脚至景宁马坑段大中修工程及普通国省道桥隧维修加固工程；做好日常养护及小修保养，累计投入养护抢修资金500余万元，耗用沥青拌和料400万千克，投入人力2200人/次，调用机械台班800台班/日，清理边坡塌方3万余立方米，疏通边沟800余千米，抢修水毁涵洞40余处，抢修水毁受损路面3万余平方米，修复水毁挡墙15处，机械沥青灌缝158千米。

【保障赛事期间公路安全畅通】2019年，县公路局保障全县举办垂钓节、半程马拉松、国际乡村论坛、天空跑等重大赛事期间公路的整洁畅通，组织抢险人员200余人次，调用抢险机械20台班，清理边坡塌方0.8万立方米，疏通边沟20千米，绿化补植50株，处治路面病害（坑洞修补）1万平方米，沥青灌缝12.5千米，切实保障全县公路安全畅通。

（县公路管理局　许士发）

道路运输

【概况】2019年，松阳县道路运输管理局核定行政编制1人，事业编制16人，其中局长1人，书记1人，副局长3人，内设科室4个，分别为客运安全科（公共交通）、法制许可科（维修驾培可）、货运稽查科（信息中心）、办公室。截至年底，实有在职职工27人（包括协管员等），退休职工16人，遗属2人。在职职工中，女职工11人，男职工16人；其中本科文化程度18人，大专文化程度5人。

【城乡道路旅客运输发展提升】2019年，县道路运输管理局以“便民、利民、惠民”为导向，打造智慧交通，建设“四好农村路”。优先发展客运，按期建设农村港湾式停靠站70个、乡镇运输服务站2个、农村客运站1个、乡镇停靠站31个，更新农村客运车辆3辆。推进治堵工作，8月新能源公交投入运行22辆，采购资金1107.2万元，新能源汽车占运营车辆总比例55%，全县所有公交车辆全部实现移动支付功能。投资150万元，新建改建公交停靠站点4个，增加智能电子公交站牌25套，市建成区公交站点500米半径覆盖率98%。免费为市民开放公共交通出行数据，推广“松阳出行”微信公众号、智能公交电子站牌等。在人民医院站、天元广场站等5个客流量集中的公交站点建成首批智能公交电子站牌，累计建成智能公交电子站牌30套，2019年“松阳出行”微信公众号订阅用户数同比增长35.7%。

【驾培维修行业管理】2019年，县道路运输管理局提升“最多跑一次”改革服务水平。实行行政审批电子归档，全部启用电子印章，推广网上年审、异地签注工作，全面落实普通货车年检年审合并、网上年审和异地签注等工作、营业性货车二级维护强制检测取消等改革举措，全年货运车辆网上年审253辆。完善维修驾培社会评价机制，推进培训机构资格条件全面达标，加强对教练员诚信考核，利用现场稽查和监管平台不定期地对教学过程中规范施教行为进行监管。深化推进汽车电子健康档案建设，二类维修企业数据上传率达90%以上，上传数据质量达90分以上。

【货运物流行业】2019年，县道路运输管理局实施农村物流网络体系建设，建成农村物流服务点68个，推进与电商、民宿、农旅景区、农业合作社、邮政等农村物流需求较大的服务载体融合发展，构建“场站共享、服务同网、货源集中、信息互通”的农村物流发展新格局。6月，松阳韵达电商项目被浙江省交通厅评为“农村物流创新发展项目”。加快淘汰老旧营运车辆，2019年，县政府成立老旧营运车辆淘汰工作领导小组，关于老旧营运车辆淘汰工作方案和补助细则，多部门进行联合发文。共淘汰国三及以下排放标准的柴油车辆60辆。

【行业监管工作】2019年，县道路运输管理局探索创新管理模式，强化道路运输行业监管，提高监管的精准性和有效性；开展行业安全管理，落实“双随机、一公开”互联网+监管的数字化转型；加强道路运输市场监管，全年派发工单16个，其中预登记立案11个，整改3个，调查不属实2个，处罚率68.75%。提升行业治理能力，推广应用综合监管平台2.0版，投资70万元完成县级综合监管平台招投标；监管工单办结率在95%以上，监管工单转行政处罚立案办结率100%；公交运行监测系统项目建成，投资65.5万元。与相关职能部门联合执法，联合开展“打非治违”“治超”“非洲猪瘟”“旅游包车”等专项稽查行动，出动稽查人员1936人次，检查车辆484辆，办理行政处罚案件10起，客运案件4起、货运（危货）案件3起，驾培3起，罚款金额6.07万元；参与市道路运输管理局出租汽车（网约车）经营行为联合专项整治行动，派出执法人员32人次，执法车辆8辆次，协助查处非法营运网约车8辆。

（县道路运输管理局　汤阳艳）

铁　路

·衢宁铁路·

【概况】衢宁铁路为《国家中长期铁路网规划（2008年调整）》《“十二五”综合交通运输体系规划》和浙江省铁路“八八计划”第一批建设项目。根据铁路总公司、浙江省政府、福建省政府新建衢州至宁德铁路初步设计的批复，衢宁铁路始于浙江省衢州市，向南经遂昌、松阳、龙泉、庆元，穿百丈山进入福建省，经松溪、政和、屏南、周宁至宁德市，全线设车站30个，正线全长约379.17千米，初步设计概算总额274.11亿元。衢宁铁路项目功能定位为客货兼顾的区域性铁路，标准为国铁Ⅰ级电气化，单线预留双线条件，设计时速160千米，施工总工期60个月。衢宁铁路松阳段全长41.44千米，估算投资30亿元左右。工程涉及乡镇8个、行政村34个和单位4个，铁路红线内用地面积121.10余公顷，拆迁房屋500余户，面积7万余平方米，坟墓迁移2000余穴。其中长21.38千米的松阳先期开工段为衢宁铁路浙江段先期开工工程。衢宁铁路松阳段项目建设包括站场1座、会让站2座，单线隧道5座计25千米、桥梁11座，路基13.53千米，涵洞76座。

省市县及铁路部门领导高度重视衢宁铁路松阳段建设，6月28日，丽水市委常委、常务副市杜兴林，沿海铁路公司总经理何晓一行到松阳实地调研衢宁铁路建设；并参加在松阳召开的衢宁铁路丽水段建设推进会。7月9日，县委书记王峻到铁路

衢宁铁路松阳段预制桥桥梁架设

指挥部专题调研铁路建设工作。5月27日，县委副书记、县长李汉勤到安民溪1号桥施工点检查防汛工作，7月15日调研火车站区块建设；10月30日，到铁路指挥部专题调研铁路建设工作。4月20日，县委副书记王立武实地调研衢宁铁路建设工作；8月12日，深入铁路站房施工现场慰问高温铁路建设者。7月10日，县委常委、宣传部长汪健组织召开站城融合工作落实会；7月16日，带队到杭黄铁路浙江段沿线火车站考察站城融合工作；8月20日参加安民隧道贯通仪式。4月25日，县委常委、常务副县长杨金跃组织召开“炮损”补偿工作会议及铁路建设有关问题研商会。9月17日，县委常委、常务副县长郑伟坚检查站房安全生产工作；10月24日，组织召开“炮损”补偿落实会议。9月19日，县人大常委会组成人员、部分市县人大代表视察火车站区建设。

2019年，全县着力服务保障铁路有序施工，推进衢宁铁路松阳段征迁政策处理、“小三改”、安置房、安置地基础设施、“炮损”、压覆矿补偿等工作，各项工作进展顺利。全年项目投资28145万元。全年松阳段铁路建设未发生重大安全事故，未因铁路建设引发较大群众上访，铁路建设工作总体和谐平稳，项目建设总体进度处在省、市前列。

【铁路施工和配套设施建设】2019年，石角隧道、银岭隧道、安民隧道先后全隧贯通，完成松阳隧道、上坞隧道、安民隧道无砟道床铺设及7座预制桥梁架设和3座现浇梁建设，至此，全线5座隧道、11座桥梁和13.53千米路基全部完工。安装防护栅栏40余千米，展开松阳段轨道铺设。推进“四电”工程，总工程量完成55%以上。7月，站房工程动建，年底主体两层施工完成，雨棚及附属工程快速推进。开展站城融合对接工作，做优站房室内装修、重点旅客候车室、灯光夜景及通货场道路等设计方案。

【安置房及安置点基础设施建设】2019年，县铁办协调解决安置点建设中污水终端、电力建设及征迁遗留等各方面存在的困难和问题，推进安置点建房和安置点配套基础设施建设。衢宁铁路松阳段全线安置点11个，迁建安置224户。全年征迁、安置房、安置地3个基础配套设施建设实现100%。出台《安置小区运维管理办法》，安置小区通过验收并移交所在乡镇。

【“小三改”工程建设】2019年，县铁办加强与九景衢公司、铁四院、省统征办、沿线乡镇、施工项目部工作对接，落实“三改”项目出图、分户测量、征地清表、施工等各项工作，并通过上墙公布、通报进度等形式，督促项目早测量、早清表交地、早施工。经过调查、对接，衢宁铁路松阳段“小三改”项目141项，实施项目建设126项，建设完工率89%。为方便群众的生产生活，实施一大批改路、改渠等“小三改”工程的建设，维护了群众利益和社会和谐稳定。

【“炮损”及压覆矿补偿处置】衢宁铁路松阳段线位长，路基13余千米，“炮损”补偿量多、面广，关乎群众切身利益及社会稳定。主要涉及新兴、樟溪、斋坛、叶村、大东坝、安民等乡镇。按照“实事求是，有损则补”的原则，根据项目推进情况，分2期进行补偿，第一期新兴镇、樟溪乡、斋坛乡259户，受损房屋面积7.8万平方米的补偿工作于11月正式启动，至年底已签订补偿农户256户，并将补偿款175万元拨付乡镇发放到受损户银行账户。第二期大东坝、安民、叶村的定损工作已结束。对接九景衢公司、明石矿业公司，做好“老娘舅”角色，通过反复、多轮沟通，11月29日，签订大樟源矿段压覆矿补偿协议，补偿资金480万元。

【安全生产及维稳工作】2019年，县铁办加强常态化安全生产检查，开展专项检查12次，指挥部日常施工巡查72次，发放整改意见书58份，整改安全隐患135处。组织对破损道路进行排查，督促项目部做好修复、维修、保养。聚焦农民工工资保障问题，提前开展欠薪隐患的排查，督促各项目部及时妥善解决农民工工资拖欠问题。积极督促各项目部严格控制施工污水、噪音、扬尘环保等问题，确保社会和谐稳定。项目自开工建设未发生群体性上访，越级上访等问题。

【遗留问题及临时用地复垦处置】2019年，县铁办对施工及征迁反映的遗留问题，主动对接九景衢铁路公司、各项目部、沿线乡镇、相关职能部门，牵头协调解决。及时统计各项目部租用的临时用地，对已到期的临时用地，督促各项目部做好复垦和续租工作，在县自然资源局等部门的支持，实现先建段大路下、孔槽源临时用地复垦，并通过验收。上坞隧道进口、出口及取土场等临时用地复垦工作开始实施。

·衢丽铁路·

【概况】衢丽铁路（松阳至丽水段）为国家“十三五”铁路规划和省铁路“八八计划”第二批建设项目。衢丽铁路（松阳至丽水段）西连在建衢宁铁路松阳站，东接金温铁路丽水站，线路全长约65.24千米，项目估算投资约90亿元，工期4年。根据浙江省衢丽铁路按“一次规划、同步研究、分段实施”的原则，确定一期工程松阳至丽水段按时速200千米、客货共线双线建设。其中，松阳段全长约24.1千米，估算投资约32亿元。项目经斋坛乡、叶村乡、水南街道、西屏街道、三都乡、板桥乡6个乡镇（街道），松阳段境内桥梁12座计4.64千米，隧道10座计16.96千米，路基2.5千米，征地面积46.67公顷，拆迁面积2.68万平方米。推进项目前期工作，3月4日，省发改委明确衢丽铁路（松阳至丽水段）200千米/小时客货共线标准，一次规划、同步研究、分段实施的建设方案。6月24日，国家铁路总公司经规院组织并通过衢丽铁路（松阳至丽水段）可研评审。7月30日，衢丽铁路（松阳至丽水段）社会稳定风险评估获丽水市政府批复。9月5日，衢丽铁路（松阳至丽水段）规划选址获省自然资源厅批复。12月30日，衢丽铁路（松阳至丽水段）用地预审获自然资源部批复。12月31日，丽水市委、市政府在松阳举行衢丽铁路建设动员会暨松阳站北干渠水利改造工程开工仪式。

（县铁办　徐声龙）

物　流

【概况】2019年，县道路运输管理局引导全县货运企业不断拓展业务，依托“北山物流基地”和县城乡物流有限公司等平台，把普通货运业务向服务电商、农村物流方面延伸。结合全县“四好农村路”建设规划，建设农村物流服务点68个，累计146个，实施农村物流网络体系建设，继续推进与电商、民宿、农旅景区、农业合作社、邮政等农村物流需求较大的服务载体融合发展，构建“场站共享、服务同网、货源集中、信息互通”的农村物流发展新格局。6月，松阳韵达电商项目被浙江省交通厅评为“农村物流创新发展项目”。按照老旧营运车辆淘汰工作方案和任务，县道路运输管理局详细制定补助细则，加快老旧运营车辆淘汰，共淘汰国三及以下排放标准的柴油车辆60辆。

（县道路运输管理局　汤阳艳）

电　力

【概况】2019年，松阳县全社会用电量8.11亿千瓦时，同比增长9.61%；售电量7.57亿千瓦时，同比增长11.06%；最高用电负荷15.38万千瓦，同比增长10.98%；营业收入4.71亿元，同比增长13.56%；资产总额4.96亿元。安全生产日6110天，实现连续16年无事故。

2019年，国网浙江松阳县供电有限公司（以下简称“国网松阳供电公司”）建立向上汇报沟通、向下调研走访双考核机制，为基层解决实际问题102项。优化干部队伍梯队建设，聘任多种用工中层助理7人，提拔交流干部17人次。增加二级建造师3人，13人被评为中高级职称。2人助力丽水市电力公司获得浙江省电力公司配网工程技能竞赛奖项，1人支援西藏那曲电网建设，2人被评为省电力公司线损管理示范区创建先进个人、治损达人，以“教练+学员”作为省电力公司联队核心主力获全国带电作业团体冠军，1人勇夺比武个人第二和全国电力行业技术能手、获丽水市百个“勇担‘丽水之干’”榜样，“慧美”劳模工作室获得丽水市表彰。员工创新创效持续向好，数据挖掘项目首次获省级奖项、管理创新连续4年获省级荣誉，亮榜省市行协优秀论文8篇，获得省电力公司科技成果三等奖2项、省青创赛铜奖1项，QC成果蝉联省市电力公司一等奖，青年优秀实践案例获国家电网公司一等奖，1项成果获全国质量信得过班组建设典型经验三等奖。承办全市职工技术创新成果转化应用推进会，职工技术创新获得全国能源化学地质系统优秀成果二等奖、蝉联省电力公司“十大转化应用成果”、获职工技术创新工作特别贡献奖。古市供电所、客服中心分别获得省电力公司绩效管理标杆班组和工人先锋号（五星级班组），小港供电所被评为市青年文明号先进集体、省电力公司标杆供电所、国家电网公司五星级班组。

结合“浙西南革命精神”，弘扬、推进松电特色“八大挺进行动”，开展“不忘初心、牢记使命”主题教育和“解放思想再深化、注魂赋能再出发”活动，营造良好的组织生态。聘任兼职政工员9人，首次实现党建“四大类”项目在省市电力公司全维立项，3个项目获得省市电力公司党建（企业文化）项目一、二等奖，市电力公司微党课大赛成绩位居丽水市第1名。结合属地特色培育特色服务品牌，围绕“党员服务歌”形成“4个10条”服务套餐。严格落实党风廉政建设“两个责任”，小微权力风险防控机制延伸至配网工程管理领域，建成全市首家廉政谈话室，实现中层干部和敏感关键岗位人员约谈100%全覆盖。开展党风廉政分析会到班组、走进横樟村廉政教育基地等活动。全员参与和美特质文化塑造，系统性梳理和美理念五大精篇，形成从大门“和美石”到各楼层“一理念一幅画”的新大楼文化主轴线，“三型一化”营业厅、职工文体中心、精锐配检、文明实践站、集体企业“一站式”营业厅等文化载体大气登场。打造廉政文化休闲区，拍摄廉政微电影《回归》，勤廉文化浸润人心，承办市县“清廉建设”现场会，“清廉松电”成为全县示范和全市典型。开展主题宣传，录用稿件中央媒体15篇、行业媒体98篇，被评为省电力公司年度十佳网站。举办职工趣味运动会、野外素质拓展等系列工、团“月月有”活动，获得浙江省品牌故事大赛演讲三等奖、微电影二等奖。暖心关爱离退休人员，公司被评为全省创建和谐劳动关系暨“双爱”活动先进单位。

【安全生产务实平稳】2019年，国网松阳供电公司加强安全巡查问题整改、春（秋）季安全大检查等行动，整改问题隐患103项。保持反违章高压态势，开展各类稽查1523次，执行严重违章“说清楚”4次。高分通过新一轮安全性评价，丽水市首家通过应急预案修编外部评审。编制施工班长履职清单，明确施工班长履职要求。明确低压小散作业票面规范，梳理6项防倒送电措施。开展小水电故障解列装置缺陷专项整治，35千伏变电站网安监测装置全覆盖。用3个月全面承接境内110千伏变电站35千伏及以下设备属地化运维，率先开展35千伏变电站机器人巡检和10千伏线路无人机自动巡检，实现停电通知到户全覆盖。编制24条高故障线路“一线一策”治理方案，改造“三跨”线路4条，做好6条线路综合检修及新兴变电站技改和玉岩变电站首检。推进配网自动化，安装智能开关197台、故障指示器70台等设备，实现“新兴”网格配网自动化全覆盖。梳理配网智能开关定值“三核对”流程，保护整定由变电站内延伸至分支线开关。将配网监测融入抢修指挥实行24小时值班，引入“配网总指挥长”，试点开展抢修指挥。开展供电所属地化10千伏带电作业，累计带电作业883次，三类以上同比增长56.2%，被评为浙江省电力公司不停电作业标准化综合试点优秀单位。

【电网建设协同精进】2019年，国网松阳供电公司开展“十四五”电网规划，增加35千伏变电站布点规划3个，编制近3年3.5亿项目的过渡方案，规划储备质量赢得省市电力公司好评。协同丽水市电力公司做好110千伏火车牵引站、松阳—遂昌II回220千伏线路等属地化前期工作，率先取得线路工程规划和林木砍伐许可证，做好35千伏枫坪变电站的核准。促成县政府建立杆塔政策处理单价奖励乡镇考核机制、修订政策处理补偿标准及出台全方位代业主会议纪要，4个供电所与辖区首批6个村支部结对，发挥配改办“大总管”的核心指挥作用，理顺“一张蓝图”管控流程，创新“1+1”业主项目分部管理专职机制，35千伏靖居变电站施工项目部核心配置首个满足国家电网公司“十二项配套措施”。加强劳务分包队伍管理，开展核心队伍评价，形成2支核心分包队伍。量化项目全过程子项指标，倒逼里程碑计划执行率同比提升23%，施工周、日计划执行率全市前列。改造35千伏延古线、10千伏谢村线、枫坪线等重点工程，连续2年入选省电力公司优质工程评比。建成“水韵象溪”精品台区带、6个精品台区、1个“乡村振兴·电力先行”示范区。

【提升服务品质】2019年，国网松阳供电公司实施优化营商环境两年行动，强化业扩时限跟踪管控，严格执行周通报制度，高压业扩全流程平均时长减至44.28天。试点售电市场直接交易，调整一般工商业电价2次。全市首批实现95598自动接派单系统切割，首推“三同时”报备锐减投诉57.63%。实施供电所“三年提升计划”，配合市电力公司编制供电所管理提升“三化”看板，试点站所驾驶员兼职生产运维服务。合理调整优化延庆供电所供电区域，古市供电所与莫干山供电所结对，助推供电所对标排名后进走前。推广清洁能源，投运客运公交汽车充电站、古市综合供能服务站，建成箬寮原始林全电景区及40个全电民宿，全年电能替代1683万千瓦时。完成百名记者下基层文艺会演、首届城乡联系国际论坛等27次重大保供电任务，驰援温岭抗击“利奇马”台风62人，以高度的政治担当解决黄南水库电站送出工程资金，提前完成“空调进教室”民生工程，“千户万灯”公益项目率先完工，2人在服务青田码道和瓦窑头区块改造中获县政府个人嘉奖。应急救援安路源矿山塌方事件，全力保障电力供应。

【合规经营挖潜增效】2019年，国网松阳供电公司落实税改政策，全面推广应用服务采购简易订单，做好资产负债类科目切换。开展存量资产清查，编制闲置房产土地、知识产权和低效投资盘活方案。建立呆滞积压物资盘活利用机制，累计消耗203万元。加强同期线损治理，调整35千伏、10千伏非居民电力用户供电配套工程定额收费，2次入围国家电网公司线损百强县公司月榜单。推进依法合规建设，建立合同履约季通报制度。开展“问题查纠百日攻坚行动”，累计整改巡察审计问题236项，4项成果分别获得市内审协会表彰，2个项目分别获得市电力公司“互联网+智慧监督”大赛银、铜奖，1项法治平面作品获得国网第三名，公司被评为浙江省AA级守合同重信用企业。完善集体企业“四大体系”“三维+1”全员差异化绩效考核体系和带电作业管理模式形成双示范。深推集体企业内部人力资源市场建设，推进岗位公开竞聘、双向选择，发挥预结算技经人员整合优势。全年签订电管家业务29家，数量保持全市前列。公司实现省电力公司对标专业达标率居全市前列，蝉联市电力公司同业对标、供电所同业对标双标杆，绩效考核优胜单位。

（国网松阳供电公司 吕一帆）

农业　水利　气象

耕　地

农　业

【概况】2019年，松阳县将县委县政府农村工作办公室、县农业局的职责以及县发展和改革局的农业投资项目、县财政局的农业综合开发项目、县国土资源局的农田整治项目、县水利局的农田水利建设项目、渔业等管理职责进行整合，组建松阳县农业农村局（以下简称“县农业农村局”），作为县政府工作部门。将县委县政府农村工作领导小组改为县委县政府农业和农村工作领导小组，县委县政府农业和农村工作领导小组办公室设在县农业农村局。县农业农村局承担县扶贫开发领导小组办公室工作。2019年1月，涉及改革的人员均已转隶到新组建的县农业农村局。

【民宿农家乐】截至2019年12月底，全县有农家乐民宿526家，床位5081张，其中2019年增加63户641张。2019年，共接待游客261.55万人次，营业总收入17086.37万元，分别同比增长15.2%和21%。

【农业产业化经营】2019年，全县被认定国家级农业龙头企业1家，为浙江振通宏茶业有限公司；市级重点农业龙头企业3家，分别为浙江香蕙茶业有限公司、浙江嘉丰农业开发有限公司、浙江悠谷春农业开发有限公司。全县累计29家市级以上农业龙头企业，其中省级骨干农业龙头企业有5家。全县增加培育规范家庭农场（种养大户）130家；创建省级示范性家庭农场2家。

【农业科教与服务】2019年，县农业农村局组织农技员进村入户开展农业技术指导近5000人次，征订1110份农村信息报等农技推广资料并免费发放给农业龙头企业、农民专业合作社、家庭农场、种养殖大户、科技示范户等农业生产主体。聘请中国农业科学院茶叶研究所肖强、研究员韩文炎和丽水市科协推广研究员丁潮洪为医院顾问，聘请专业技术人员47人为植物医生，全年坐诊100余人次，田间地头巡诊18人次。建成省级高品质绿色科技示范基地4个，补助资金47万元，建成市级高品质绿色科技示范基地2个，培育精品农业科技示范户50户。

【农村能源建设】2019年，县农业农村局投入奖补经费246.6万元，继续实施秸秆禁烧重点防控区域奖补政策，收集利用茶叶枝条1650万千克，全县秸秆（不含茶叶枝条）综合利用率95.01%；在西屏街道黄公渡、周垄村，望松街道源口村等17个乡镇（街道）24个安装地推广建设太阳能路灯，共安装太阳能路灯496盏；全县农村清洁能源利用率81.35%；加强沼气后续运维工作，做好28个农村沼气工程的建档，安全处置农村废弃沼气池填埋100个，建成种养结合沼液资源化利用推广示范基地13.33公顷。

【农技人才培养】2019年，县农业农村局组织县乡农技员85人参加浙江省基层农技人员知识更新培训班，组织农技骨干5人参加农业农村部组织的骨干农技人员培训，选送高层次职业农民30人参加省高级研修班培训。全年通过中级农业系列职称评审3人，岗位晋升到5级1人、晋升到8级3人、晋升到9级5人、晋升到11级5人。全县农广校在校生130人，毕业生56人，招入茶叶生产专业学员67人，职业技能鉴定56人。

【农业机械】2019年，松阳县落实农机购置补贴资金681.44万元，其中中央补贴资金671.65万元，省级补贴资金9.79万元，增加各类先进适用农机装备3254台（套），受益农户1438户。创建省级农业“机器换人”示范基地1个。截至年底，全县共创建省级农业“机器换人”示范乡镇1个、示范基地4个。

【农村产权制度改革】2019年，松阳县全面推进农村土地承包经营权确权登记颁证工作“回头看”，分别在作业公司、樟溪乡、大东坝镇、古市镇等地设立修改点位，对出现证书未发至农户、暂缓确权、确权信息不准、档案建档和管理不规范、资料和数据保密管理不规范、资金管理使用不规范等问题，进行核对、修改；抓承包地确权数据的全面修改入库，确权档案整理基本入馆。全年共处置修改问题309件，涉及农户2205户；权证发放率90%以上。推动农村承包土地流转，发放流转证60本；推进“农产盘活”试点，开展土地入股试点项目1个；增加村股份经济合作社经营体制机制创新试点35个。进一步完善农村产权流转交易服务体系建设，畅通农村产权流通渠道，实现农村产权流转增值，引导农村产权进入市县平台进行公开流转交易，全县增加农村产权公开交易93宗，交易总额26330.03万元，评估农村产权30宗。推动农村“六权”流转，盘活农村产权粗增收，其中土地流转促增收289.13万元，村股改分红增收444.98万元，林权流转增收279万元，农房三权分置促增收803.5万元，水域开发促增收12.03万元。做好农村集体经济组织登记赋码。结合村调实际，从8月下旬开始，集中3周时间全力攻坚，通过审核、整理、录入、打印、颁证、归档等各环节的配合，高效衔接。截至年底，全县201个行政村完成农村集体经济组织登记赋码工作，登记率99.01%。

【农产品安全生产】2019年，县农业农村局进一步深化农产品质量安全追溯体系建设，增加可追溯主体20家，建成273家，市级以上三大示范性主体追溯覆盖面100%；全县增加“三品一标”农产品25个，其中：

绿色食品增加7个，绿色食品基地98公顷，农业标准化生产程度达72.00%，主要食用农产品中“三品”比率61.27%；省级农产品质量安全抽检合格率稳定在98%以上。建立农资交易“一卡通”信息化管理平台，全县农资经营企业纳入统一追溯交易平台管理，数据覆盖当地全部农资经营企业、90%以上农资商品信息，区域内70%以上农资店应用农资监管与服务信息化系统。开展农产品质量安全专项整治及食品安全问题联合整治，出动执法检查人员1488人次，排查各类农产品生产企业、农资经营单位1068家次，抽检农产品335批次。立案查处违法行为20起，罚没款12.6万元，其中2件为农产品抽检不合格案件。组织开展质量安全相关知识宣传培训24场次1738人次，印发各类宣传资料1.09万份。

【推进绿色环保农业】2019年，县农业农村局组织开展农药化肥减量增效行动，在茶园扦插75万套黄色的黑刺粉虱信息素诱捕器，推广应用绿色防控技术5953.33公顷、测土配方施肥4.02万公顷次，使用商品有机肥1100万千克、配方肥660万千克，农药化肥分别实现减量4.4万千克和205万千克，回收农药包装废弃物6.42万千克（162.6%）并处置5.9万千克（149.44%）。举办“对标欧盟肥药双控·丽水在行动”2019年全市“春耕支农”暨市政协“送科技下乡”服务活动。实现四批152种禁限用农药提前全面退市，基本实现农药产品实名制购买；全县农资企业整合至6家，门市部削减至147家，评定农资星级示范店54家。4月，在农业农村部、北京大学主办的全国第四届“春耕论坛”上松阳县作为浙江省唯一县作《智慧建设、全程溯源、质量监管——智能化助推松阳绿色农业腾飞发展》主题交流发言。

【农业园区建设】2019年是松古盆地省级现代农业园区、古市镇国家级茶叶特色农业产业强镇、象溪果蔬特色农业产业强镇强力推进年。松古盆地省级现代农业园区2018年度、2019年度项目建设及资金分配计划均已下达，累计拨付补助资金1000万元；古市镇国家级茶叶特色农业产业强镇经两年创建，基本完成建设任务，已拨付中央补助资金1000万元；象溪果蔬特色农业强镇2019年拟列入补助计划的7个项目已落实。此外，松阳县新兴茶叶特色农业强镇成功入围特色农业强镇创建对象。

【茶叶产业】2019年，全县现有茶园面积8786.67公顷，其中采摘茶园8420公顷，全年茶叶总产量1570万千克，产值15.76亿元，同比分别比2018年的1490万千克、14.7亿元增长5.37%和7.22%。浙南茶叶市场交易总量8380万千克，交易总额68.25亿元，同比分别增长5.94%和17.88%。茶叶全产业链总产值122.18亿元。“松阳银猴”品牌价值再创新高，以22.96亿元的品牌价值居丽水市第一位，浙江省第六位，全国第三十二位。“松阳香茶”入选2019年浙江农业品牌百强榜（区域公用品牌），松阳县被评为“2019中国十大生态产茶县”“2019中国茶业百强县”。浙江振通宏茶业有限公司被评为“第六批农业产业化国家重点龙头企业”。

·畜牧业·

【概况】松阳县是省级生猪调出大县和丽水市畜禽养殖重点县，全县畜牧业经济重点以生猪养殖为主。2019年，全县肉、蛋、奶产量分别为947.52万千克、150.1万千克和57万千克，牧业产值2.58亿元，占农业总产值的12.8%。

【畜牧生产】2019年，全县生猪存栏4.37万头，累计出栏8.37万头。有存栏200头以上规模猪场31家，其中年出栏500头以上猪场27家，年出栏1万头以上猪场2家。11月，引进青莲集团投资项目——浙江茶香牧业有限公司大型生猪养殖场项目，该项目是省级年出栏10万头生猪养殖项目、市级重点项目，于12月30日正式开工建设，预计项目总投资2.5亿元，投产后年出栏仔猪10万头。全县家禽存栏27.68万羽，累计年出栏58.2万羽，其中鸡存栏24.84万羽，鸡出栏49.52万羽。其中，年存栏1万羽以上蛋禽场1家，年存栏5万羽以上蛋鸡场1家。全县羊存栏0.64万只，出栏0.54万只。其中山羊存栏0.27万只，湖羊存栏0.37万只，年出

荣誉证书

浙江省丽水市松阳县：

荣获“2019中国十大生态产茶县”称号。

中国茶叶流通协会
二〇一九年十月

2019 中国十大生态产茶县

栏100只以上羊场26家。全县蜜蜂存栏1.81万箱，其中中蜂1.36万箱，蜂蜜总产量73.6万千克，年饲养蜜蜂100箱以上养蜂场（户）73家。

【畜禽养殖污染治理】2019年，县农业农村局开展生态环境问题隐患大排查，共排查出畜牧业问题隐患6个，并及时安排人员开展问题隐患整改，整改率100%。加强生猪规模养殖场标准化的提升改造，整县制推广“异位发酵+有机肥加工”的粪污资源化利用新模式，实现畜禽养殖粪污的资源化利用，有效解决畜禽养殖资源化利用消纳地不足的问题。现该模式已在全县全面推广，改建异位发酵床24家。推进养殖废弃物综合利用，创建绿色循环体2个，建设畜禽屠宰场污水处理系统项目1个。

【畜禽疫病防控】2019年，县农业农村局印发《松阳县规模养猪场、生猪屠宰企业生物安全改造提升实施方案》，抓好以生猪养殖场、屠宰场等场所为重点的生物安全改造提升。消毒灭源，强化源头管控，采取“一对一”蹲点管控和“三定”（即定时、定点、定人）模式严格落实泔水管控措施，进行泔水收集统一收运处置，签订《禁止使用泔水饲喂生猪承诺书》等各类承诺书570余份。严格执行“两项制度”（屠宰环节非洲猪瘟自检和官方兽医派驻），提升生猪屠宰企业生物安全水平，建立洗消中心，配备PCR等设备，派驻官方兽医（协检员）10人。强化生猪调运管理及调运备案管理，要求调运车辆必须备案。初步构建生猪产品全链条式追溯体系，破解生猪产品进入流通环节后追溯难题，现已接入用户160人。抽调农业、公安、市场等6个部门36人成立联合稽查队伍，开展非洲猪瘟防控联合执法工作，累计开展联合执法行动8次，查处违规调运生猪事件5起，无害化处置生猪产品12802千克。

·渔　业·

【概况】2019年，松阳县渔业养殖面积为700公顷，年总产量为244.1万千克（包括养殖产量231.1万千克和捕捞产量13万千克），比2018年增加5.76%；经济总产出13809万元（包括渔业和涉渔业流通与服务业），比2018年增长4.26%。10月，举办首届中国·丽水（松阳）休闲垂钓节，开幕式上休闲垂钓协会授予松阳县“松阴溪百里长廊——中国休闲垂钓基地”称号；松阳县青山绿水石蛙专业合作社和松阳县良种繁育场2家单位创成第一批浙江省水产健康养殖示范场。

2019年10月26～27日，首届中国·丽水（松阳）休闲垂钓节被授予“中国休闲垂钓基地”

【“放渔日”活动】2019年，在县域内放流各种鱼苗620余万尾，其中6月6日全国放鱼日放流鱼苗100万尾。

【水生野生动物保护科普宣传】2019年，全县禁渔期期间联合检察院在集市日进行设摊发放宣传资料和法律法规讲解，到松阴溪沿线乡镇（街道）张贴并发放市政府禁渔期通告200份，通过广播、电视图文频道、农民信箱等媒体宣传禁渔制度和渔业法规。

【渔政执法】2019年，机构改革中，松阳县渔政执法职能从县水利局划转至县农业农村局，从7月下旬开始，经局领导研究决定安排包括局领导、水产技术推广站及执法大队人员在内的专项工作专班，开展相关的渔政执法巡查工作，严厉打击电鱼、毒鱼、网鱼等违规违法捕捞行为。全年渔政受案登记149起，出动执法人员447人次，没收渔网、地笼、电鱼器等非法渔具100余副。

·种植业·

【粮食生产】2019年，全县落实生态水稻种植面积1226.67公顷，旱粮百亩示范基地3个共20.73公顷，水稻新品种展示示范方1个3公顷，建成粮油“600”绿色产品基地166.67公顷，粮食生产功能区提标改造335.33公顷；推广甬优系列、中浙优系列等良种3666.67公顷，良种覆盖率90%以上。农作物种子储备19500千克，预计粮食产量和产值可提高1%～2%左右。

【农作物保护】2019年，县农业农村局采购茶黑刺粉虱信息素诱捕器及扦插服务75万套，在松古平原9个乡镇（街道）的茶园扦插使用，使用面积3335公顷。全县近年已安装使用杀虫灯 2970 盏，防控面积 5940 公顷；回收农药废弃包装物 64246.3 千克，累计处置 11.9 万千克，其中 2019 年处置 5.9 万千克，农药废弃包装物回收率 130.19%，处置率 149.44%。建立水稻、茶树绿色防控示范方各一个，推广绿色防控面积 5953.33 公顷，使用二化螟性诱剂诱捕器 400 套，使用稻纵卷叶螟性诱剂诱捕器 400 套，农药减少使用 4.4 万千克，农药减量 5.87%。

【水果生产】2019 年，全县水果生产总面积 3302.53 公顷，比 2018 年减少 72 公顷，下降 2.13%，主要原因为城市用地等的征用、山地果园开发水田、果园树龄老化（如李子）等多重因素影响。全年水果产量 4041.75 万千克，比 2018 年增加 144.33 万千克，增长 3.70%。主要得益于各种类水果花期、果实生长期遇较好天气以及其他类中果桑、树莓逐步进入盛产期。产值 13610.23 万元，比 2018 年增加 891.22 万元，增长 7.01%，主要得益于各种类水果产量的增加，尤其是产品单价较高的果桑、树莓产量的增加。

【茶叶生产】2019 年，全县有茶园面积 8786.67 公顷，其中采摘茶园 8420 公顷，茶叶总产量 1570 万千克，产值 15.76 亿元，分别比 2018 年的 1490 万千克、14.7 亿元增长 5.37% 和 7.22%。浙南茶叶市场交易总量 8380 万千克，交易总额 68.25 亿元，同比分别增长 5.94%和 17.88%；茶叶全产业链总产值 122.18 亿元。

【蔬菜生产】2019 年，全县蔬菜播种面积 4358.07 公顷，总产量 11030.3 万千克、总产值 21984 万元，分别较 2018 年减少 3.4%、8.1%和 8.7%，下降的原因主要是面积减少，加上不良天气影响，尤其是上半年雨水偏多，后期高温干旱，严重影响露地蔬菜产量和质量，尤其是高山四季豆基地损失较大。

【中药材生产】2019 年，全县中药材种植面积 1612 公顷，比 2018 年增加 60 公顷，增长 3.9%；总产量 218.25 万千克，比 2018 年略减；总产值 4971 万元，基本与 2018 年持平。面积增加主要品种为黄精，其他有白芍等。

【食用菌生产】2019 年，全县食用菌生产占地面积 256.19 公顷，生产规模 5008.3 万袋，平均单产 0.51 千克，总产量 2534.32 万千克，总产值 27573.82 万元，标准菇棚建设与 2018 年同比提高 3.64%。

【测土配方施肥】2019 年，县农业农村局推广商品有机肥应用面积 2000 公顷，推广商品有机肥应用 1100 万千克，推广测土配方施肥面积 40200 公顷，推广应用配方肥 660 万千克，减少不合理使用化肥 205 万千克。

·农　村·

【概况】松阳地处浙西南山区，瓯江上游，隶属丽水市，有 1800 余年的建县历史。县域面积 1406 平方千米，总人口 240578 人，辖 3 个街道 5 个镇 11 个乡 203 个行政村，全县“八山一水一分田”，县域中部松古平原是浙西南最大的山间盆地，主要河流松阴溪由西北向东南贯穿全境汇入瓯江。

【新农村建设】2019 年，全县公厕改造建设 100 座，其中新建 8 座，改造 92 座，完工率 100%。农村公厕管护费用每年 238 万元，平均每座公厕每年管护费用 3520 元。增加垃圾分类村 96 个，全县实行垃圾分类村累计 299 个，垃圾分类覆盖面达 74.6%，垃圾资源化利用率 85%，垃圾回收率达 41%，垃圾无害化率 100%，落实农村环境保洁和垃圾分类专项资金 1350 万元。全面完成第五批历史文化一般村项目建设，共实施顶瓦修补 141 幢 3.56 万平方米，墙体加固 48 幢 0.61 万平方米，立面改造 19 幢 0.41 万平方米，古道修复 0.58 万平方米、4 千米。第六批、第七批历史文化村落建设进度达到要求。认定新时代美丽乡村 51 个，其中新时代美丽乡村精品村 21 个。

【发展民宿经济】截至 2019 年底，全县共引进上海、苏州、杭州等地外来工商业主发展精品民宿 24 家，累计投资近亿元，打造“酉田花开”“卓庐若家”“云顶仙坑源”等精品民宿 40 余家。松阳农商银行和泰隆银行分别推出“田园民宿贷”和“云宝·民宿贷”产品，重点支持县民宿特色乡镇、民宿特色村整体规划范围内的民宿建设。发放民宿贷款 952 笔总金额 10741 万元。开展民宿业协会担保融资业务，从 2017 年开始，共向民宿协会会员发放贷款 82 笔 542 万元，现有担保余额 32 笔 315 万元。

【产业精准扶贫】2019 年，全县共发放 480.2 万元资金扶持低收入农户发展“短平快”的增收项目，户均增收 1153 元。安排 80 万元扶持低收入农户发展中蜂养殖，创新采用委托养殖和自行养殖相结合的养殖模式，可带动望松街道、玉岩镇等 5 个乡镇 14 个行政村 270 户低收入农户户均年增收 1000 元以上。组织中介机构对项目库中筛选出的项目逐一进行实地踏勘核实，组织开展项目评审、讨论、公示，确保申报项目实施基础扎实、申报条件充分、预期成效显著。2019 年，累计从项目库中择优筛选出三批扶贫产业增收项目 66 个，共安排财政专项扶贫资金 2565 万元，建设产业基地道路（含田间作业道） 37.3 千米、道路硬化 18.7 千米、道路拓宽 3.9 千米、路墩建设 5 千米、修建防洪堤 0.7 千米、水渠 2.9 千米、堰坝 3 座 、小型农村饮用水项目 4 个、中蜂养殖项目 1 个。

【农民培训】2019 年，县农业农村局围绕全县主导产业发展和重点工作需求，实施农民素质提升工程，开展“松阳茶师”、“松阳工匠”、“松阳民宿管家”、农资经营从业人员、水产养殖户等实用人才培训，培训各类农村实用人才865人，富余劳动力转移就业技能培训562人。赤寿乡界首村、安岱后红色文化教育服务有限公司被评为市级乡村振兴实训基地，其中赤寿乡界首村被评为市级乡村振兴示范实训基地。

【下山脱贫】2019年，松阳县将“大搬快聚富民安居”工程作为全面改善民生、加快人口集聚、促进乡村振兴的重要举措来抓，围绕“搬得出、稳得住、富得起”的目标，谋深、谋透、谋实，高质量推进“大搬快聚富民安居”工程各项工作，取得阶段性成效。全年全县完成投资2.52亿元，增加续建安置小区1个、安置点1个；搬迁农户1169户3203人，其中整村搬迁10个村，涉及搬迁农户729户1755人。

（县农业农村局　周素萍）

水利

【概况】2019年，县水利局重点推进黄南水库工程、松阴溪干流综合治理工程、松阴溪国家AAAA景区项目、农村饮水提升工程、山塘水库除险加固工程等重点项目建设，抓防汛防台抗旱、“最多跑一次”改革、质量安全监管、水政执法等工作的面上管理，深化水利工程标准化改革和小型水利工程产权制度改革，实现投资42773万元，占全年计划总投资的110.08%，其中县政府下达水利项目固定资产投资目标总额38583万元，向上级争取资金17553万元。该局获浙江省水利工作综合绩效考评优秀、省农村饮用水达标提标行动工作中成绩突出县表彰、市安全生产目标管理责任制考核优秀、市水利工作综合考核优秀。

【水资源】松阳县水资源较为丰富，以地表水为主。2019年，年总水资源量为18.08亿立方米，其中年地表水资源量为18.08亿立方米，年地下水资源量约4.22亿立方米，地下水与地表水重复计算量约4.22亿立方米；2019年，全县降雨量为27.60余亿立方米，比2018年上升35.6%，比多年平均上升19.9%。

水资源利用和管理，松阳县通过节水型社会创建、最严格水资源管理制度落实，在节水管理、工程设施、机构能力、节水宣传等基础保障方面狠下功夫，用水效率逐年提高。根据水资源公报，2019年，全县总用水量0.5128亿立方米（不包括水电站发电等河道内用水）。其中，农田灌溉用水量为0.3104亿立方米，占60.53%；林牧渔畜用水量0.0291亿立方米，占5.67%；两者合计占总用水量的66.21%。工业用水量0.0738亿立方米，占总用水量的14.39%；城乡居民生活用水量0.0669亿立方米，占13.05%；城镇公共用水量为0.031亿立方米，占6.05%；生态环境用水量为0.0016亿立方米，占0.31%；2019年城乡居民生活用水量0.0669亿立方米，人均年生活用水量34.79立方米。其中，城镇和农村居民人均年生活用水量分别为36.51立方米和32.90立方米；农田灌溉亩均年用水量为225.75立方米，其中水田灌溉亩均年用水量331.42立方米；万元工业增加值用水量19.29立方米；万元GDP用水量44.38立方米。

2019年，县水利局全面落实省、市最严格水资源管理规定要求，坚持节约优先、保护优先的方针，实施取水许可、用水定额管理、水资源有偿使用等举措；开展节水型社会创建，形成全民用水、全民护水、全民节水的水资源管理大格局。严格落实节水型社会达标创建工作计划，较好地完成浙江恒劲树脂有限公司等4家企业水平衡测试，松阳昊成不锈钢有限公司等7家企业清洁生产审核，创建节水型灌区1个，节水型企业4家，节水居民小区1个。

加强取用水管理，落实用水总量控制与定额管理相结合的水资源管理制度，实行全口径的计划用水管理制度，加强监督检查重点用水单位的取水定额情况，并对可能存在非法取水的单位企业进行现场核查，对符合取水许可申请条件的，完善取水许可审批手续；2019年，增加取水许可证22本（其中12本用于工业用水，4本用于水力发电，6本用于农村生活）。已发证的自备水取用水户（142家）纳入计划用水管理，每年向各自备取水户下达用水计划，实行计量收费和超定额累进加价制度。按照规定的征收范围、对象、标准和程序征收水资源费，严格计量用水管理，做到计量收费，2019年，征收水资源费578.89万元。根据浙江省水利厅相关要求，松阳县取水户计量监控安装率100%，监控数据三率达90%以上，国控点上报率95%以上。自备水重点用水户包括5万立方米以上工业企业和公共供水企业，均安装取水计量设施和取水实时监控系统。

【重点项目工程推进】2019年，县水利局加快推进黄南水库工程建设。11月，高97米的大坝完成填筑；12月，长10.5千米的输水隧洞全线贯通；12月，里程8.5千米的淹没公路建成并通车；2019年，黄南水库工程建设投资2.5亿元。移民小区建设初见成效，401幢移民自建房，开工建设400幢，建成结顶397幢，开工率99.7%，结顶率99%；公寓楼主体全部结顶，墙体砌筑、安装工程完成50%；小区水、路、电、燃气、路灯等市政基础设施基本完建，98%以上的农村移民及随迁人口已搬迁入住，规划17公顷的移民安置小区基本完建。稳步推进松阴溪干流综合治理工程，2019年续建的毛弄至裕溪段治理工程主体工程已完工，松阴溪石门村至港口段、港口至毛弄村段工程均在施工中。松阴溪界首村至石门村段综合治理工程Ⅰ标段挡墙基础开挖，实施Ⅱ标段2座巡查连接桥上方桥、朱坑源桥桥墩基坑浇筑工作，实现年度投资5690万元。实施中小河流治理重点县项目。该项目的主体工程基本完工：新兴项目区于年初验收；梧桐源堤顶路面连接线于12月验收。做好全县联网联库项目前期工作，委托浙江广川工程咨询有限公司编制《松阳县联网联库一期工程初步设计报告》。

【创建松阴溪国家AAAA级景区】2019年，县水利局推进松阴溪国家AAAA级景区创建工作，建成松阴溪绿道工程、力溪大桥、县河道堤防和水库安全运行监测中心（水利博物馆）、水文化公园等建设项目，实现投资3188.78万元，构建松阴溪创国家AAAA级旅游景区的关键节点工程。其中，松阴溪绿道工程，投资1266万元，建设华坑源桥、庄门源桥和六都源桥3座跨河连接桥；力溪村、小石村、蚕桑博物馆等9条通村支线共3千米；续建青龙堰驿站和大路潭驿站；建成绿道标线20千米。11月底，全长164米，宽7.5米的力溪大桥建成，投资1100万元。水利博物馆，增加展板39块，累计收集展品269件。监测中心，投资689万元，实施县河道堤防和水库安全运行监测中心。水文化公园的防渗墙、拱形堰坝、观景平台、绿化 、排水管、停车场平整、北侧广场花岗岩地面铺贴、公共厕所、木栏板安装，正完工等待验收，实现投资1628万元。2019年，建成省级美丽河湖3条。其中，松阴溪裕溪段10.5千米，投资1000万元，依托松阴溪干流综合整治项目中的毛弄村至裕溪村段工程进行创建；小港大东坝段18.1千米，投资500万元，依托松阳县松阴溪小港大东坝段治理工程进行创建；谢村源15.5千米，投资300万元，依托中小河流重点县综合整治及水系连通试点（新兴项目区）工程进行创建。2019年，《松阳县美丽河湖建设实施方案（2019—2022）》的编制和评审通过县政府审批。

【民生水利体系建设】2019年，松阳县全面开展农村饮用水达标提标攻坚行动。建成54个单村供水工程、2处乡镇供水工程和28个城市管网延伸工程，涉及96个村，受益人口5.35万。6月，出台《松阳县农村供水工程运行管理办法（试行）》和统管方案《松阳县农村饮用水县级统管实施方案》，落实统管专管员50人对全县203（原401）个行政村供水站进行专业化管护。实施低丘红壤治理开发项目，实施低丘红壤治理项目78.87公顷，投资250.46万元，该工程于11月完工。山塘水库加固工程建设，10月，赤寿乡乌坛弄山塘整治工程通过验收；11月，岗后垄水库除险加固工程完工验收；12月，西屏街道桐溪水库除险加固工程通过验收。建设松阳县三都乡安联溪山塘水源工程，12月，三都乡安联溪山塘水源工程通过蓄水阶段验收并下闸蓄水，总投资1419.36万元，设计供水人口5000人。开展水利工程安全鉴定，做好东坞、六都源、坑后、谢树寮、竹溪源、水碓垄、杨岭脚等7座水库及古市镇城镇防洪工程堤防、筏铺新村堤防加固工程堤防、老大桥至黄圩段防洪工程堤防、松阴溪古市段加固工程堤防等堤防的安全鉴定。

建成美丽河湖（谢村源）

【水生态保护】2019年，县水利局实施河湖库塘清淤3.05万立方米。落实农村饮用水水源地保护，联合丽水市生态环境局松阳分局公布《松阳县农村饮用水水源地名录（2019）年》（松水利〔2019〕172号）。11月，委托浙江省河口研究院编制《东坞水库饮用水水源地安全保障达标建设实施方案（报批稿）》，12月，松阳县人民政府批复《东坞水库饮用水水源地安全保障达标建设实施方案》（松政函〔2019〕105号）。推进小水电清理整改工作，委托水利部农村电气化研究所就全县电站生态流量核定（复核）及生态现状评价编制《松阳县小水电清理整改综合评估报告》和《松阳县小水电清理整改“一站一策”工作方案》。9月，县人民政府进行批复，根据批复，松阳县69座电站共退出类5座（坳头、余叶口、黄坳、黄南丽润、召楼等）、保留类14座、整改类50座。2019年，开展全县小水电生态流量泄放设施整改及销号工作，清理整改销号电站37座。

【行政管理】2019年，县水利局根据进驻县行政服务中心事项全面实行“一站式”办公、“一条龙”服务、“一个窗口”收费的运行模式。办理行政许可事项42件，征收规费计639.85万元，其中征收水资源费578.89万元，水土保持补偿费45.68万元，占用水域补偿费15.28万元。推进农村水价改革，6月，庄门村省级试点通过浙江省水利厅、省发改委的评估；9月，提前实现全年6166.67公顷的改革任务。推进“河权改革”，实现谢村源、大东坝镇百步村小港支流、茅溪坑、六都源、斋坛乡大路村松阴溪支流5条河道的河权改革，增收1.17万元。

【防汛防台防旱工作】2019年，县水利局进一步完善县、乡、村各级各单位防汛防台组织，形成“横向到边、纵向到底”的防汛防台工作机制。县防汛防旱指挥部在4月公布全县各级各类防汛责任人名单的基础上，按照上级部门的要求，落实全县40座水库“三个责任人、三个方案”，确保责任到位。建成全县雨量遥测站点90个、水位遥测站38个、22路（28个探头）水库河道视频监控，实现全县水雨情监测设施全覆盖，提高监测预警的准确性。在县城松阴溪开展防汛综合演练，同时加强防汛物资储备和抢险队伍建设。全年启动防汛防台应急响应8次，其中提升为Ⅰ级响应1次，共投入抗洪抢险人员4040人，转移人员448人，投入抢险设备74台套，防汛防台实现工程安全、无伤亡、少损失的目标。

【水政渔政执法】2019年，县水利局进行河道巡查247次，巡查路程6545千米。依法开展“清四乱”“打击非法河道采砂”“生态隐患大排查”等专项行动，水政出警50余次，下发各类整改通知书36份，水政案件立案9起，结案7起。开展水法规、渔业法规宣传教育活动，“世界水日”“中国水周”相关宣传活动10余次，发放节水倡议书、节约用水宣传手册、“水法律法规”宣传手册、“五水共治”宣传手册等材料600余份。

【提升规范化管理】2019年，县水利局深化河湖管理范围划界、无违建河道创建和水利工程标准化创建。创建无违建河道143千米，拆除违法构筑物1处，开展谢村源、源内坑、竹溪源、小槎源、根坑、大坑源、雅溪源、洋坑源、石仓源、小港等河道划界85.22千米，创建南源水库、余庄源水库、仙坑源山塘、安民一级电站、安民二级电站、谢村一级电站、谢村二级电站、谢村三级电站8个标准化水利工程。开展质量监督活动，落实“一岗双责”，与各科室、下属单位、在建工程、水电站分别签订安全目标管理责任书，把安全生产工作目标任务层层分解落实。监督水利建设项目30处，开展各类检查77次，发出质量和安全监督书64份，已整改回复64份，发现并整改问题254个；组织编制小流域山洪灾害防御能力提升先行县实施方案。

【水利生态价值转化】2019年，县水利局突破水利生态禀赋实现价值转化工作，为全县水利事业注入新活力。1月，松阳县与浙江大学水利工程学系签订共建实习基地协议；6月，松阳县与浙江水利水电工程学院签订战略合作框架协议，全年接待到松阳实习的浙大、水院师生5批共500余人。11月6～8日，松阳县举办2019年浙江省美丽河湖建设暨河（湖）长制培训班，参训230余人，开展以美丽河湖松阴溪为底本宣传田园松阳，对于松阳打造“没有围墙的水利博物馆”参训人员表示肯定。

（县水利局）

无违建河道一角

黄南水库工程

【概况】黄南水库工程是浙江省“五水共治”保供水骨干项目，也是省百项千亿防洪排涝工程项目。工程位于瓯江流域松阴溪支流小港源上，工程任务以供水、灌溉、防洪为主，兼顾发电、改善水生态环境等综合利用。水库集雨面积207.8平方千米，水库大坝坝高97米，批复概算总投资18.1亿元，是松阳恢复县制以来最大地方自主投资项目，涉及玉岩镇坳头、召楼、余叶3个移民村564户1176人。2019年，县黄南水库工程建成里程8.5千米的淹没公路通车，大坝填筑高0.097千米，输水隧洞全线贯通长10.5千米，规划17公顷的移民安置小区基础设施基本完建，5幢11层公寓房全部结顶。

【推进工程建设】2019年，县黄南水库工程建成从2018年11月7日至2019年11月11日，历时369天，实施总方量180万立方米的大坝主体填筑;历时19个月(2018年6月至2019年12月)实现长10.5千米输水隧洞和0.15千米深调压井的地下洞挖，这两项施工强度指标在浙江省同类的工程中均居于前列。

【移民小区建设初见成效】2019年，县黄南水库工程建设征地、移民安置小区自建房、市政配套等初步建成示范性品质小区，401幢移民自建房，开工400幢，结顶397幢，开工率99.7%，完工率99%。公寓楼主体全部结顶，墙体砌筑、安装工程完成50%。小区水、路、电、燃气、路灯等市政基础设施基本完建，所有农村移民及随迁人口均已搬迁入住。

【移民专项验收工作】2019年，县黄南水库工程完成工程建设及水库淹没土地征收，移民搬迁全部完成；实现水库蓄水涉及的公路、电力、通信、公墓等基础设施改复建，移民集体村资产处置补偿协议签订；库底清理实施库区移民房屋拆除，林木清理及卫生消杀招标工作，古树名木正按依法采伐、迁移和就地保护等方式分类，移民安置蓄水阶段专项验收条件基本具备。

【水利风景区建设】2019年，县黄南水库工程建设按照县委县政府“同步打造国家级水利风景区”的决策部署，在完成景区总体规划编制及批复基础上，开展松阳湖核心景区的详细规划，对枢纽工程(包括大坝坝后坡、黄南电站厂房、坝区管理房、启闭机房等)进行绿化和景观提升设计，部分工程已开始施工。同时以林间生产道路的名义对“北岸慢行系统”进行立项和施工图设计。

（黄南水库）

气　象

【概况】2019年，县气象局始终根据“严密监视、精心分析、滚动预报、及时预警、广泛服务”的要求，加强业务值班，密切监测天气形势，科学预测天气发展及其影响态势，及时以《重要天气报告》《气象信息内参》等方式向县委县政府及相关部门提供气象决策服务，同时向公众加密发布各类预警信息，全方位做好各类灾害性天气的预报服务工作。向政府和相关部门发送“气象内参”38期、“专项气象服务”9期、“信息快报”20期，向县领导、相关单位负责人、气象信息员、协理员，农业种养大户等发布强降雨、寒潮、台风等“紧急异常天气”服务短信78条，接收26万余人次。对公众发布台风蓝色预警信号2次、暴雨黄色预警信号21次、暴雨蓝色预警信号4次、大风橙色预警信号1次、大风黄色预警信号1次、雷电黄色预警信号12次。联合自然资源与规划局发布地质灾害气象风险橙色预警4次、地质灾害气象风险黄色预警15次、地质灾害气象风险蓝色预警1次。

【气候要素】2019年，松阳县年平均气温为18.7℃。年极端最低气温为负2.2℃，出现在12月8日；年极端最高气温为39.0℃，出现在8月27日。年总降水量为1881.9毫米。年内日降雨量最大出现在7月20日，其值为88.1毫米。全年降水日数为177天。年总日照时数为1555.1小时。春季终霜期出现在1月24日，秋冬季初霜期出现在12月17日。全年无霜期日数为301天。

【气象灾害】2019年，松阳县在厄尔尼诺事件的大背景下，全县天气气候较异常，气象要素变幅较大，多个时段的多个气象要素接近或突破历史极值，冬季多雨寡照、春季暴雨和强对流、梅汛期暴雨、超强台风利奇马、秋台风米娜、秋季长时间干旱等灾害性天气造成较明显的不利影响。

气候持续偏暖，年平均气温位居1988年以来第四高。2019年，全县平均气温为18.7℃，较常年偏高0.2℃，仅次于2016年(19.2℃)，2003年、2017年、2018年(同为18.9℃)和2006年(18.8℃)。

暴雨过程多，全县年平均暴雨日数明显偏多。2019年，全县暴雨过程较多，全年平均暴雨(日雨量≥50.0mm)日数为7.0天，较常年偏多3.0天，仅次于2015年(9.0天)，为历年第二多。

2月出现长时间的罕见冬季多雨寡照天气。全县降水持续偏多，平均降水量为189.0毫米，较常年偏多124.5%；平均降水日数为23.0天，较常年偏多10.6天，为历年第一多。日照持续偏少，平均日照时数为25.1小时，较常年偏少66.6小时，为历年最少。降水异常偏多和日照异常偏少，致使全县继2018年12月后再次出现冬季多雨寡照天气。

4月下旬降水异常偏多，局部出现较明显的春汛。全县降水异常偏多，而且连续出现局地暴雨和区域性暴雨过程。全县旬平均降水量为165.8毫米，较常年偏多204.8%，为历年最多。

春季频繁出现强对流天气，部分时段还伴有冰雹。3～5月，全县强对流天气多发，而且强度较强，多次过程还伴有冰雹天气。较明显的强对流天气过程有9次，分别出现在3月21日、4月9日、4月10日、4月21日、4月22日、4月23日、4月24日、5月15日和5月20日。其中，3月21日中午到傍晚，全县大部分地区出现强雷电、7～9级雷雨大风、短时强降水等强对流天气，象溪、裕溪等地出现冰雹。4月24日，部分地区出现雷雨大风、短时强降水等强对流天气。4月29～30日，受强对流云团影响，出现明显雷阵雨天气；4月29日20时至30日12时，全县面雨量62.6毫米，城区66.4毫米，最大为赤寿乡105.1毫米。5月15日，普降中到大雨，局部有暴雨；共有5个站日雨量超过50毫米，最大属枫坪乡73.3毫米。

降水集中期持续时间长、暴雨过程多、累计雨量大。2019年6月18日，全县进入梅汛期降水集中期，7月17日结束，历时1个月。降水集中期不仅时间长、结束迟，而且暴雨过程多、累计雨量大。降水集中期全县平均降水量为533.4毫米，较历年同期偏多122.8%，为历年同期最多。

雨多光照少，对农业生产影响明显。由于梅汛期结束迟，7月上中旬，全县受梅雨带摆动影响，持续多雨天气，并多次出现暴雨过程，降水异常偏多、日照显著偏少。其中，上旬平均降水量为228.3毫米，较常年偏多442.3%，平均日照时数为8.4小时，较常年偏少53.4小时。中旬平均降水量为133.8毫米，较常年偏多234.5%，平均日照时数为30.6小时，较常年偏少32.8小时。多雨寡照天气对夏收夏种造成较明显的影响。

新中国成立以来，第三强台风"利奇马"影响松阳县。8月10日1时45分，1909号超强台风"利奇马"登陆台州市温岭城南镇沿海。"利奇马"为1949年以来登陆浙江省第三强台风，仅次于0608号"桑美"和5612号台风。"利奇马"带来强风暴雨，8月9～10日，全县普降大雨暴雨，个别地区出现大暴雨；9日08时至11日09时，全县面雨量为70.6毫米，城区57.7毫米，有30个站点累计雨量超过50毫米，其中3个站点累计雨量超过100毫米，为三都乡146.1毫米、四都乡132.1毫米、玉岩镇107.3毫米；4个站点超过90毫米，为坑里94.5毫米、白麻山94.1毫米、桐溪村92.9毫米、箬寮90.3毫米；2个站点超过80毫米，为望松街道83.8毫米、高亭80.4毫米；8个站点出现8级大风，最大为叶村21.2米每秒（9级）。

秋季降水异常偏少，气象干旱范围大、影响严重。自8月10日"利奇马"台风影响结束后至12月中旬，全县出现长达4个月的持续少雨天气。其中，以秋季（9～11月）降水偏少最为明显（秋季全县平均降水量为78.3毫米，较常年偏少69.9%。为历年第二少；全县平均降水日数为18.0天，较常年偏少11.4天。）。长时间的少雨天气，致使全县出现大范围、长时间的秋季气象干旱，部分山区出现饮水困难。

入冬后气温强势反弹，部分地方月最高气温创历史新高。12月初，受较强冷空气影响后，全县气温持续走低，上旬平均气温较常年偏低2.9℃，于2日进入气象意义的冬天，8～9日大部分地方出现冰冻天气。中下旬气温强势反弹，气温异常偏高，出现明显的小阳春天气。中旬全县平均气温较常年偏高3.2℃，下旬全县平均气温较常年偏高3.8℃。

【农业气象信息服务】2019年，县气象局联合县茶产业办公室、食用菌办公室，为茶农、菇农做好气象服务，发送茶叶低温冻害气象提醒服务短信10条，接收5.5万人次；提供"气象与茶事"电视栏目的专题服务。缓解部分茶叶、水稻、蔬菜等缺水受旱情况，县人工影响天气工作领导小组办公室进行人工增雨作业3次，缓解了森林防火的压力，对增加土壤表墒、水库蓄水、生态保护均起到作用。

【气象设施现代化建设】2019年，县预警中心项目通过规划验收并于5月1号搬迁，切换新旧气象台站工作，提高气象现代化水平。做好"五水共治"气象服务，购买3套六要素自动站设备，支出资金23.97万元，西屏街道、苏马坪、玉岩自动站的设备已更换启用；购买16套气象自动站设备，支出资金101万元；水文站点和地质灾害隐患点、城市内涝的数据已共享；联合县自然资源和规划局实现地质灾害联合预警，联合县水利局建立山洪灾害预警联合机制；实现突发系统稳定运行、无重大事故，应用突发系统开展地质灾害联合预警发布，设立突发预警发布中心；收集基层网格员名单，预警信息通过短信方式发送给基层网格员。建设农村气象防灾体系，建立和完善农村气象协理员、信息员队伍，建设农村气象信息传播接收网络，利用农村大喇叭、局（乡）会商系统、气象电子显示屏等途径尽快把气象预报预警信息传播给农村广大干部群众。2019年，建成省级气象防灾减灾标准化村38个。

【气象防灾减灾体系】2019年，县气象局强化资源整合，建立全方位的合作机制和定期会晤机制，加强与县应急管理局、县水利局、县农村农业局的合作，开展联合会商18次、联合调研7次。根据乡镇（街道）人员变动，及时调整气象分管领导、协理员，并在办公助手"松阳气象防灾减灾群"里及时进行更新，做好汛期前准备工作。指导乡镇（街道）气象协理员和村（社区）气象信息员通过钉钉群及时上报天气信息和灾情信息。指导 2018 年县府办公布的 5 个气象灾害防御重点单位完成应急准备的认证。组织 2019 年防灾减灾培训，开展对村干部和网格员 200 余人进行气象防灾减灾知识培训，帮助更多贫困村贫困户开展农业生产，科学合理的防范气象灾害，助力脱贫攻坚。

【提供气象保障服务】2019 年 4 月，成立“中国天然氧吧”创建工作领导小组，制订《松阳县创建“中国天然氧吧”工作方案》，明确各部门责任分工，加强工作保障。先后通过“中国天然氧吧”申报初审和实地复核。“中国天然氧吧”创建活动是松阳在实施乡村振兴战略的大背景下深刻领悟习近平总书记“丽水之赞”内涵要求，坚定绿色发展自信，努力探索生态产品价值转化途径，是“两山”理念的生动实践，有利于推动全域旅游，挖掘高质量的生态资源，特别是气候资源，让群众共享绿色发展成果。同时，将为下一阶段高质量建设“田园松阳”升级版增添新活力，赋予新内涵，积攒新动能。经过浙江省气候中心评审、认证，7 月，授予一批具备优质的自然资源和清凉的气候条件、良好的生态环境和交通出行便利、可向公众提供服务的生活设施条件的景区为“浙江省避暑气候胜地”，松阳县箬寮原始林景区成功入选。8 月，县气象局在箬寮景区举行“浙江省避暑气候胜地”挂牌仪式。

【气象社会管理】2019 年，县气象局加强易燃易爆场所及防雷重点单位防雷安全管理的监管。实施建设工程防雷许可的改革，对接县审批中心、县发改局、县建设局，重新调整审批职责，并对已开工项目继续做好监管和竣工验收；对 2017 年 1 月 1 日后报批房屋建设和市政工程防雷装置开工审批不再受理；对危化企业、旅游项目仍按原程序和条件受理、办理。加强防雷检测市场监管，防止无资质或超越资质检测。根据县政府的部署，参与企业遗留问题处置工作，对未办理正常开工手续、验收手续的建筑物提出具体防雷整改意见，指导谢村电站、安民电站、石仓电站等企业抓紧整改，消除防雷安全隐患。指导天然气场站、港口加油站做好项目防雷。做好“互联网+监管”监管事项认领和监管清单、检查内容的录入，并开展“双随机”检查。

【气象科普宣传】2019 年，县气象局开展以“3·23 世界气象日”“全国安全生产月”“5·12 防灾减灾日”等气象防灾减灾科普宣传活动。联合多部门“气象知识进企业进社区”活动，到西屏街道城西社区进行气象科普宣传活动，并发放《气象灾害防御》《气象知识卡片》等气象科普宣传资料。

【“三服务”活动】2019 年，县气象局在春茶采摘期间，开展“党建+智慧茶叶”气象服务活动；针对持续阴雨寡照的天气形势，对全县农业将生产造成不利影响的现状，与县农业农村局联合开展气象为农服务；深入危

2019 年 8 月，箬寮景区举行“浙江省避暑气候胜地”挂牌仪式

2019 年 7 月，松阳县被授予“中国天然氧吧”称号

化企业、国家AAA级以上旅游景区、人员密集场所开展防雷安全专项检查。

【主题教育工作】2019年，县气象局领导班子带头开展集中学习，参加县里组织的为期3天的专题读书班，采取集中辅导学、自学等方式读原著、学原文、悟原理，进行分组研讨和理论考试；局党支部结合“两学一做”学习教育常态化制度化，依托支部党员大会，组织党员干部原原本本通读主题教育有关辅助读本、交流学习体会、观看学习视频、学习先进事例，并进行主题教育应知应会闭卷考试，强化理论武装，坚定理想信念；坚持因地制宜，以丰富的学习载体，拓宽教育平台，联合市气象局直属一支部、云和县气象局党支部开展“不忘初心、牢记使命”主题教育专题活动，在追寻红色足迹中，接受思想政治洗礼，牢记初心使命，高质量推进主题教育。局班子成员牵头，结合正在开展的“服务企业、服务群众、服务基层”活动，科学设置选题，围绕“当前茶叶气象服务存在的问题及对策建议”调研主题，深入田间地头开展调研，把调查研究、查找问题与气象事业发展相结合，切实把调研成果转化为推动松阳气象事业发展的务实举措。结合调查研究，该局重点围绕党的政治建设、思想建设、作风建设、担当作为、全面从严治党等五个方面存在的突出问题及省局“七个整治”方面存在的问题，深入查找本单位领导班子及班子成员存在的问题，认真剖析根源症结，形成《气象局领导班子主题教育“问题清单”报表》，明确整改措施和整改时限。局党组召开主题教育专题民主生活会，列出整改清单和责任清单，以钉钉子的精神抓好整改落实，确保主题教育取得更高质量的成果。

【党建和廉政建设】2019年，县气象局深入学习贯彻中共十九届四中全会精神，开展“两学一做”常态化制度化学习教育，组织学习《中国共产党纪律处分条例》，收看《以案为鉴 警钟长鸣》警示专题片（第一集）并组织讨论。共组织召开加强党风廉政建设工作专题会议3次。按照《党风廉政建设党组主体责任和纪检组监督责任清单》，把工作任务细化量化，逐项分解到科室岗位和具体人员。强化履行全面从严治党主体责任和监督责任，准时上报县气象局“三重一大”民主决策事项月报。党组成员带头讲党课，分别做了“不忘初心，牢记使命”专题党课、《中国共产党纪律处分条例》解读专题党课、党风廉政建设专题党课。党课内容有记录。召开党风廉政专题会议，传达建设“清廉浙江气象”的相关文件精神；制订中共松阳县气象局党支部促进清廉机关建设实施方案；邀请县党校老师做“必须强化底线意识，把纪律规矩挺在前”为主题的党课；组织党员3人参加市局组织的党建和“浙西南革命精神”知识竞赛。加快建设清廉松阳气象，推进“五清”部门建设相结合。继续开展廉政文化风险排查和防范化解，建立完善三张清单。加强节假日、汛期应急值班及日常等监督检查，把党风廉政建设与日常业务工作相融合。主动配合完成对松阳2018年中央“三农”专项项目的审计。强化党内监督，主动参与重大项目招投标、验收等重点工作的监督，严格工作程序。组织干部职工到安岱后村，重走红军路，弘扬践行“浙西南革命精神”；到大东坝镇“思廉堂”廉政文化馆，接受廉政文化教育。做好正风肃纪内部自查，开展上下班纪律、会议纪律检查等工作，其中专项检查1次，作风纪律检查4次，节日廉政提醒4次；实施四种形态“第一种形态”，谈话提醒1次。

（县气象局　宋丹）

自然资源规划

探秘原始林

综　述

【概况】松阳县自然资源和规划（林业）局于2019年1月24日正式挂牌成立（以下简称“县自然资源和规划局”），主要行使县国土资源局、县林业局、县测绘与地理信息局职责以及县发展和改革局组织编制并实施主体功能区规划，县住房和城乡建设局城乡规划，县水利局水资源调查和确权登记，县住房和城乡建设局、县环境保护局、县水利局等部门自然保护区、风景名胜区、自然遗产、地质公园等管理职责，同时保留松阳县林业局牌子。全局共有干部职工351人，其中班子成员15人。共设置11+2个内设机构，分别为办公室、计财与审计科、自然资源调查确权登记科、自然资源所有者权益和开发利用科（挂行政许可科牌子）、国土空间规划科、测绘与地理信息科、国土空间用途管制与耕地保护科、国土绿化与生态修复科、森林资源与自然保护地管理科、地质矿产资源管理科、政策法规科、纪检监察室、机关党委。行政编制17人，设局长1人，副局长3人，总工程师1人，股级职数12个。下属事业单位35个，编制213人。其中，行政单位1个（森林公安），正科级事业单位1个，副科级事业单位1个，参公事业单位7个，股级事业单位25个。

新成立正科级生态林业发展中心。以产业为导向、以技术为服务，将林业种苗管理站、林权管理中心、森林资源收储中心、林业技术推广站、公益林管理中心、香榧产业办公室、林业科学研究所、林村林场、湖溪林场整合为松阳县生态林业发展中心，为该局管理的正科级单位。下设股级事业单位9个，核定事业编制53人，股级职数19个。

新设立西屏、古市、象溪、大东坝、玉岩5个自然资源和规划所，保留原国土资源所、林业站。人员编制72人（其中参公24人），股级职数15个。

整合成立县自然资源和规划局执法监察大队。将原国土局执法监察大队、原林业局森林资源保护管理总站（木材运输巡查大队、野生动植物保护管理站）进行整合。人员编制18人（其中参公7人），股级职数7个。

森林公安局仍实行双重管理，行政上归属于自然资源和规划局，业务上归属于县公安局，森林公安局局长兼任自然资源和规划局党委委员。

2019年1月24日，县自然资源和规划（林业）局举行挂牌仪式

土地资源管理

【概况】2019年，松阳县自然资源和规划（林业）局实行政府性资金收入19.36亿元，其中收取土地出让金12亿元，指标款收入7.1亿元。上级下达松阳县土地指标59.77公顷，上报10个计划批次农转用材料，上报面积59.97余公顷，计划指标农用地和耕地使用率100%。做好全县民生项目饮用水提升工程的大东坝灯塔水厂，三都乡紫草村安溪联水厂，茶香小镇及火车站区块综合供能服务站，育英路、中医院迁建工程以及县重点项目新兴镇杨村头村砖窑博物馆项目，县市长项目象溪镇油茶产业发展全产业链等项目土地报批工作。向上级争取指标13.33余公顷，保障要津南路等基础设施项目。省重点项目天然气管道（一期）松阳段、西竹玉公路2个单选项目，需使用省留土地指标70.98余公顷，其中农用地69.10公顷（耕地19.02余公顷），已获省政府批准。乡村振兴农民建房安排任务数20公顷，实际安排用于农民建房用地指标为20.46余公顷。实行土地征收88.18公顷，保障瓦窑头区块改造、仙居至庆元公路、火车站区块综合供能服务站等23个项目落地实施。根据浙江省委省政府关于深化“放管服”和“最多跑一次”改革的要求，从2019年12月10日开始，涉及省政府审批的农村土地综合整治项目（城乡建设用地增减挂钩项目），建设用地项目农用地转用、土地征收省级审批权限，下放给松阳县人民政府行使。强化村庄规划编制及村庄集镇建设，2019年，修编村庄规划事项29件，涉及西屏街道、樟溪乡、新兴镇等多个乡镇（街道）。加强自然资源房产档案的管理，2019年，接收房产档案41815卷，均实行数字化扫描工作。

【自然资源调查监测评价】2019 年 3 月，通过机构改革设立松阳县自然资源和规划局自然资源调查确权登记科，负责全县自然资源调查监测评价工作。根据国家（省）第三次全国国土调查实施方案及技术方案文件规定，全力做好国家下发图斑和自提取不一致图斑的外业调查、内业核对工作，推进松阳县第三次全国国土调查，开展“三调”基本数据库建设，做好第九次全国森林资源连续清查、第三次全国水资源调查评价、城市开发边界等数据对接，完善“三调”基本数据库，按时向上汇交数据成果。

【自然资源的合理开发利用】2019 年，出台《中共松阳县委关于建立县人民政府向县人大常委会报告国有资产管理情况制度的意见》（松委发〔2019〕25 号），有序推进自然资源所有者权益管理工作。为保障县域经济发展，做到用好增量和盘活存量两手抓，全年供应土地 68 宗，面积 227.2 公顷(包括铁路单独选址 112.27 公顷)，其中增建设用地 177.8 公顷，存量建设用地 49.4 公顷。

【耕地保护】2019 年，上级下达松阳县耕地保有量、基本农田保护面积和标准农田任务分别为 16658.93 余公顷、14733.33 余公顷和 7420 公顷，全县实际数分别为 19106.67 公顷、14733.33 余公顷和 7820 公顷，达到或超出上级下达的任务数。推进耕地保护工作，制定《耕地保护和土地违法行为联合防控机制》《松阳县土地执法监管责任暂行规定》《松阳县领导干部耕地保护责任审计实施办法（试行）》等制度，形成较完善的耕地保护体系，建立“县考核乡镇、部门，乡镇考核村”的逐级考核机制，形成党委领导、政府负责、部门协同、公众参与、上下联动的耕地保护共同责任机制。2019 年，丽水市耕地保护目标责任制考核中松阳县获得优秀。

【规划体系并监督】自 2018 年松阳县列入国土空间规划编制试点县后，县自然资源和规划局启动规划编制相关工作。2019 年 3 月中旬，召开浙江省国土空间规划编制部署动员会暨业务培训会议，根据《浙江省市县国土空间总体规划编制要点》工作的组织要求，松阳县人民政府成立规划编制专项工作领导小组、工作小组和技术团队，并初步确定委托规划编制单位，逐步对乡镇（街道）开展县域国土空间基础情况的调研。2019 年 9 月，印发《松阳县国土空间规划编制工作方案》；10 月，联合各职能部门和乡镇（街道）召开松阳县国土空间规划编制工作动员会议。

完善城市建设和基础设施提升及重点区块有机更新，编制《松阳县燃气专项规划（2017～2035 年）》《松阳县域绿道网规划》《松阳县瓦窑头区块修建性详细规划》等多个专项规划。同时，编制规划设计条件 28 件、公示公布大小项目 45 件、办理规划选址意见书 42 件、建设用地规划许可证 84 件、建设工程规划许可 96 件、简易审批办理 8 件、规划核实验收项目 84 件。

垦造水田改造项目

【不动产登记】2019 年，单位机构改革后，原国土、原林业、原规划 3 个单位的事项全面整合，并将受理窗口予以整合，推进“一窗受理、集成服务”。现有行政权力事项 476 项，主要有木材运输许可，调入省同意省际调运植物和植物产品、一般林木采伐、占用林地许可，林业生产占用林地许可，建设项目用地预审、具体建设项目国有土地使用权审核、设施农用地备案、临时用地审批 、一般建设项目选址审批、建设用地规划许可，建设工程（含临时建设）规划许可证核发、采矿权许可（新立），乡村建设规划许可，乡（镇）村公共设施、公益事业建设用地审核以及不动产登记事项等常用事项。2019 年，农房发证 19345 本，占任务数 11450 本的 168.95%，丽水市排名第二位；应发宗地证书53096宗，占任务数57712宗的 92%，实现浙江省政府农房发证三年行动任务。农村宅基地及住房使用权流转证书 16 本，宅流农房抵押贷款 475 万元，为松阳县优化投资环境，引入工商资本投资乡村民宿等旅游业、服务业提供保障。

【土地征用】2019 年，松阳县共涉及项目征地 24 个，集体土地征收补偿 91.52 公顷；配合耕保科做好农转用土地征收的报批，全年征收 6 个批次、2 个单选，报批面积 132.4 公顷。做好被征地农民基本生活保障工作，拟定完善失地农民社保政策，严把办理程序，全县共测算失地农民保险名额 592 人。

大东坝镇山边村下包滑坡治理工程坑口滑坡治理工程

【未供土地及闲置土地管理】2009～2016年，松阳县消化利用批而未供土地工作，经初步统计2009～2016年批而未供土地面积13.33余公顷（不含低丘缓坡项目201公顷，其中已供52.57公顷，未供148.43公顷），其中工业用地占比较大，面积54.73余公顷，占比41.05%，其他用地面积78.6公顷，多数为无法使用的零星地块和短期内无法进行供地的项目地块。2019年，丽水市下达2009～2016年批而未供消化利用任务数21.8公顷，消化利用22.73余公顷，消化利用率104.27%。闲置土地处置，2019年市级下达松阳县闲置土地处置任务数0.13余公顷，处置0.13余公顷。此外，仍有松阳县秀丽谷农场有限公司（安民乡大毛岘背）、高庆松（象溪溪鱼馆）、赤寿乡6个村（赤四村、楼塘村、龙下村、赤三村、章家村、择子山村）村委会8个闲置用地。其中，松阳县秀丽谷农场有限公司、松阳县赤寿乡择子山村村委会2个闲置土地项目处置方案已上报县政府批准，高庆松项目以及赤寿乡剩余5个村委会项目涉及问题正在协商研究处置方案中。

【土地出让】2019年，县自然资源和规划局按照县域区块发展的整体导向，统筹全县土地出让项目，有序把握经营性用地出让规模、结构和时序，做好项目动态监管，推进全县土地市场健康平稳发展。全年收取土地出让金8.57亿元，其中具体建设项目土地出让金8.42亿元，涉及32宗，项目总面积26.61公顷；补办土地出让金0.15亿元，涉及197宗。

【自然地质灾害】2019年，县自然资源和规划局调查确认发生地质灾害隐患11处，威胁户籍人口35户99人，威胁常住人口59人。11处地质灾害隐患点均委托开展地质灾害应急调查，根据即查即治原则，由当地乡镇政府组织开展综合治理工作，其中7处开展工程治理，3处搬迁避让，1处搬迁和治理相结合。截至年底，全县仍有地质灾害隐患点13处，直接威胁户籍人口37户109人，间接威胁户籍人口305户708人。调查处置地质灾害险情15处，威胁户籍人口39户113人。15处险情已初步调查，滑坡体或崩塌体经简单清理后，后续危险性较小。全年避让搬迁3户12人，审查发放12个批次56户152人避让搬迁资金，合计资金341.23万元，其中拆房奖励和过渡期租房补助金65.1万元、迁建安置补助金71.25万元、公寓安置补助金123.13万元、货币安置补助金76.5万元。组织开展地质灾害工程治理（排险）项目19个，其中2019年启动项目12个，地质灾害工程治理（排险）项目竣工验收4个。

【国土矿藏资源】2019年，松阳县共有持证矿山10家，其中省级发证矿山4家，县级发证矿山6家。10家矿山分别为铜多金属矿1家、钼矿1家、萤石矿1家、高岭土矿3家、建筑石料矿4家，其中4家正常生产，5家停产，1家筹建。全县共有探矿权1宗。矿产资源总储量2603.24万吨，2019年开采量75.59万吨，总销售额1.02亿元，建成绿色矿山5家。

【基础测绘工作】2019年，县自然资源和规划局推进基础测绘与自然资源管理业务对接和融合，建立测绘与地理信息管理体制机制，持续做好测绘基准体系的动态维护，统筹推进基础地理信息数据的覆盖与更新，持续优化完善地理信息公共服务平台，不断丰富地理信息公共服务产品。全县1：2000地形线划图完成并通过省质检站验收；组织开展测绘标志巡查，及时更新测绘标志数据库；推进规划核实、土地核验、不动产测绘等多项测绘业务整合，推荐“多测合并、联合测绘、成果共享”，不得重复测绘，要求建设单位和个人委托一家测绘公司进行测绘，使“最多跑一次”真正落到实处。同时，对松阳县范围内房地产企业进行问题地图专项整治，检查2个在建房地产企业关于地图宣传资料及影像资料。8月29日，开展以“强化国家版图意识，共同守护美丽中国”为主题的“8·29”全国测绘法宣传日。9月6日，该局联合县“扫黄打非”办、县公安局、县综合行政执法局、县市场监管局、县文广旅体局等成员单位对全县范围的出版物及文化经营市场进行地图检查，减少“问题地图”的产生，确保监管到位。9月10日，开展国家版图意识宣传教育进校园活动。

林业

【概况】2019年，县自然资源和规划局深入践行“绿水青山就是金山银山”的发展理念，按照高质量发展的要求，做好青山绿水的守护和森林经济的发展，各项森林指标稳步增长，基本实现“八山一水一分田”中的八山森林全覆盖，创建国家森林城市行动全面启动；林业主导产业持续提质扩量，11月5～6日举办第二届全国香榧炒制大赛。

【森林资源监测】2019年，全县林地面积从116276.93余公顷增加到116319.33余公顷，增加42.4公顷；乔木林面积17654.66公顷减少到17622.73公顷，减少31.93公顷；竹林面积从12365.2公顷减少到12349.13余公顷，减少16.07公顷；疏林从60.13余公顷减少到52.27公顷，减少7.86公顷；特殊灌木林从12032.47增加到12115.27，增加82.8公顷；一般灌木林150.67公顷；未成林造林地从1557.73余公顷减少到1527公顷，减少30.73公顷；苗圃地20.93公顷；迹地从1158公顷减少到1145.87公顷，减少12.13公顷；宜林地从1277.13余公顷增加到1318.27公顷，增加41.14余公顷；森林面积从112203公顷增加到112225.27公顷，净变化量22.27公顷；森林覆盖率（按浙江省以往公布的同比口径计算含一般灌木林，下同）从80.09%增长到80.11%，提高了0.02个百分点；活立木总蓄积量从652.56万立方米增长到692.31万立方米，增加39.03万立方米。

【国家级森林城市创建】2019年2月11日，在卯山国家森林公园(湖溪林场)举行松阳县创建国家森林城市启动仪式暨2019年新春义务植树活动，全面启动创建国家森林城市工作。2月13日，印发《松阳县人民政府关于同意实施〈松阳县国家森林城市建设总体规划（2018—2027）〉的批复》（松政发〔2019〕16号）。为推进松阳国家森林城市创建工作进程，县政府召开国家森林城市创建工作部署推进会，将创建指标责任、“十个一”工程和重点项目进行分解落实。

完善一个城市森林公园，提升西屏山公园基础设施改造项目。开展对公园大门主入口、公园内游步道、山顶凉亭及长廊、山顶公共卫生间、山顶管理用房的修缮，进行对县城江滨一期、生态滩、西屏山公园、东西园、古湖坑、小区小游园等设施的维护，修缮江滨公园的方案正在设计中，县城江滨公园、江滨一期、生态滩及各小游园的设施维护已结束。实施县城公园绿化提升工程，在各小游园内种植乔木、花灌木。

打造一批街头绿色小品，提升县城主要街道绿化。对后续新建街道旁的绿地进行规划建设，将街道旁打造成全新的城市转角“微公园”。开展对环城南路原有的水果篮、麦穗、稻草人小品进行维护提升，在白露岭与大马公路交界处设计建设花镜景观小品。

建设一条站前大道，该项目概算投资63460万元。实施路槽开挖20万立方米，1#、4#箱涵的基础浇筑，山体挖方16万立方米，雨污水管道2400米，站前广场基础部分已竣工，开始顶板支模架的搭设。累计完成工程投资2.8亿元。

建设一条美丽公路，打造古韵三都线，种植爬墙虎10000余株，种植、补植、更新绿化树1446株，打造景观节点，种植果岭草、美丽月见草、大波斯菊等草皮11118.15平方米。同时在全县公路打造大小景观节点12个，建成停车场3处600平方米，修复游步道200米。

美化一条滨水绿道——松阴溪干流滨水绿道，完善旅游、科普、宣传等配套服务设施，进行景观提升，打造更加宜居宜游的生态绿道。2019年，该项目建设松阴溪干流滨水绿道松古平原段、象溪段、裕溪段，计划投资7050万元，建设里程28.1千米。实际累计投资7056万元，建设长度28.1千米，实现全年计划投资的100%。

培育一批森林生态旅游休闲基地，加强等级景区（景点）打造培育。建设大木山骑行茶园，双童积雪等重点项目和民宿体验产业。截至8月中旬，大木山茶园景区提升工程，自然

2019年2月11日，松阳县创建国家森林城市启动仪式暨2019年新春义务植树活动在湖溪林场举行

学堂项目投资约950万元、茶文化体验中心项目投资约8450万元，室外景观配套工程基本竣工，室内装修工程正式启动。清露乡隐旅游度假区项目累计投资约3.4亿元，双童山景区部分已投入营业，风情商业街区1～3号楼土建建设竣工，双童小镇样板间启动外墙装饰工程。榔树民宿综合体项项目累计投资约1.18亿元，一期项目已正式投入营业，二期项目基础开始施工建设。

创建一批绿化示范单位。建设实施局长示范林3片，面积173.33余公顷。示范点（村）3个，分别为象溪镇鲁峰村，四都乡庄河村，安民乡安岱后村。示范单位3个，分别为县客运中心，古市医院，浙江振通宏茶业有限公司。市级绿化示范村6个，分别为西屏街道水车村，斋坛乡小石村，水南街道潘村，裕溪乡徐山村，安民乡安岱后村和大潘坑村。

种植一批珍贵树种，推进种植1亿株珍贵树活动和一村万树示范行动。鼓励各用苗单位采购苗木优先选用红豆树、光皮桦、浙江楠、浙江樟等珍贵树种，形成全面营造推广珍贵树的良好氛围。2019年，种植珍贵树种31.6万株，种植率179%，其中基地造林61.67公顷，种植8.9万株，补植培育214.67公顷，补植14.5万株，四旁植树8.2万株。

发展一批森林人家和“一村万树”示范村。油香小镇项目，2019年，建设发展新品种油茶107.67公顷，低产改高产油茶林76.67公顷，建设油茶基地林区道路7.8千米；改造一座集榨油工坊、油茶文化展示、油茶科普知识宣传、油茶产品体验销售的油茶文化体验中心，50省道油茶景观节点1处，修复木岱坑村森林古道项目40%的工程进度。建设市级森林人家特色村6个、省级森林人家2个、林业体验园4个、森林康养特色村1个。2019年，实施建设“一村万树”示范村6个，分别为西屏街道桐溪村、水南街道潘村村、古市镇庄门村、叶村乡包安山村、安民乡安岱后村、裕溪乡徐山村等。

保护拯救一批老树，全县177株一级或濒危及存在安全隐患古树抢救性保护。邀请浙江农林大学古树名木救护公司、杭州啄木鸟古树救护公司对四都乡西坑村、陈家铺村、平田村和安民乡李坑村古树保护主题公园建设方案进行设计。邀请浙江农林大学古树名木救护公司对3月21日风倒的大东坝镇洋坑埠头村樟树和后宅村银桂古树开展抢救性保护。

【古树名木保护】2019年，根据县政府《松阳县“拯救老树行动”实施方案》（松政办发〔2018〕108号），对全县103株濒危株和68株保护等级一级的衰弱株共171株老树使用江苏中科亚农生物工程有限公司生产的植物免疫剂、生物营养素、植物防虫免疫剂、天然生防剂及诱导剂、微生物诱导剂等菌剂开展救治。同时根据古树名木权属单位的申请，制订《一树一策保护方案》并经专家评审，通过布置围栏、水肥管理、病虫害防治、支撑加固、堵洞修补、装置避雷针设备等措施，开展对全县177株一级或濒危及存在安全隐患的古树实行抢救性保护，拨付省级财政补助资金172万元。打造玉岩镇大树后村南方红豆杉（全国最美古树）建设主题公园和四都乡西坑、陈家铺古树精品线；安民乡李坑村民宿古树群精品线及玉岩镇余叶、何山头村古榧、长序榆线三条古树游览线。开展林业特色品种森林保险——为全县5730株古树名木投保古树名木公众责任险。全年受冰冻雪灾和大风大雨等自然灾害的影响，全县发生古树名木公众责任险事故8起，获得保险理赔款2.63万元，有效降低民众的灾害损失，促进生态文明建设。

【林业与生物资源】2019年2月2日，县自然资源和规划局组织开展湿地保护宣传活动，本次活动以“湿地与气候变化”为主题的世界湿地日宣传活动；推进松阴溪省级湿地公园建设，松阴溪省级湿地公园生态保护与修复（一期）项目已竣工，谋划该（二期）项目。加强与省林业局、中国林科院亚林所等单位的对接，争取到项目追加专项资金280万元，开展松阴溪国家湿地公园的总体规划及申报工作，实行2018年度全国中华秋沙鸭同步调查、全省水鸟同步调查工作。2019年，观察并记录到中华秋沙鸭10只，为2008年有观察记录以来数量较多的一次，中华秋沙鸭保护观察站建设工程土建主体结顶。为优化松阴溪湿地公园的品牌形象，推广和展示湿地文化、地域特色，提升知名

黄坑口银杏

度和公众参与度，组织开展松阴溪湿地公园形象标识(LOGO)征集工作。

【林业绿化造林】2019 年，县自然资源和规划局实行绿化造林 558.07 公顷，占省下达任务 233.33 公顷的 239%，其中人工造林 177.67 公顷；迹地更新380.4公顷。种植珍贵树31.6万株，种植率 179%，其中基地造林 61.67 公顷，种植 8.9 万株，补植培育 214.67 公顷，补植 14.5 万株，四旁植树 8.2 万株。建成珍贵树种示范林 3 片、示范点 3 个、示范单位 3 个、市级绿化示范村 6 个，平原绿化 144.66 公顷，其中新建53.73公顷，提升90.93 公顷。育苗 1.27 公顷，四旁植树 12.8 万株，义务植树 54.8 万株。建成美丽林相 5653.33 公顷，达成市政府下达任务的 123%，其中彩色森林 1400 公顷，健康森林 1466.67 公顷，珍贵树种造林 640 公顷，大径材培育 733.33 公顷，一般抚育 1413.33 公顷。

野生动植物保护宣传月暨“爱鸟周”宣传活动

【野生动植物保护】2019 年，县自然资源和规划局开展“保护海洋物种 传承海洋文明”为主题的世界野生动植物日宣传活动和“关注候鸟迁徙，维护生命共同体”为主题的野生动植物保护宣传月暨“爱鸟周”宣传活动。开展候鸟越冬地、迁飞停歇地等野生动物重点活动区域的野外巡护 160 人次。救护个人或部门移交的野生动物 39 只。收缴清理非法猎捕工具电捕装置（电猫）、兽夹、捕鸟网具等 7 件。加强野生动物执法检查，依法打击破坏野生动物及其栖息地行为。开展野生动物专项执法检查 1 次，检查农贸市场、野生动物养殖场所、宾馆饭店 62 家，野生动物养殖场所、菜市场 12 家。全年巡查里程 489 千米，监测到鸟类 32 种 2.9 万余只，监测到数量最多的有普通翠鸟、白鹭、云雀等，未发现野生动物异常现象。在林村林场马鞍山林区开展省重点保护野生植物景宁木兰野外回归试验，野外回归 0.67 公顷 1000 余株，在安民乡李坑村、玉岩镇何山头村等地开展国家二级保护野生植物长序榆野外回归试验，野外回归 220 株；繁育景宁木兰苗木 270 株，长序榆苗木 2000 株，采集景宁木兰种子 1000 粒。2019 年，全县累计实现野外回归长序榆 3400 株、景宁木兰 2150 株、伯乐树 260 株，其中，景宁木兰野生种群分布数量居全国第一位。

【林业资源管理保护】2019 年，县自然资源和规划局共防治松材线虫病面积 11646.67 公顷，清理枯死松木 18.09 万株，无害化处理疫木 2580 万千克，投入资金 1535 万元。同时，开展古松树挂牌 467 株、黄山松的注干施药工作，并对独山景区、松阴溪绿道景区、卯山景区及高速公路、520 省道沿线等重点区域的松木注干施药，共注射注干剂 31.12 万支，松树注干剂注射数量为丽水市第一位。在重点林区悬挂诱捕器、喷洒噻虫啉等生物制剂毒杀松褐天牛，降低松褐天牛密度，防治松材线虫病，防治面积 400 公顷。据秋季疫情普查数据，2019 年全县枯死松木总量与 2018 年同期相比下降 14.6%。

森林防火：2019 年除因遂昌县森林火灾蔓延至赤寿乡，导致过火面积 2.8 公顷，森林受害面积 2.8 公顷外，没有发生过森林火灾和火情，处于历史最低位。

技术人员注射松树注杆剂

森林执法：开展森林督查和“绿卫2019”执法专项行动，在2018年自查整改的基础上，组织技术人20人成立10个调查组，对国家局2018年下发的610个图斑、2019年下发的645个图斑进行全面核查梳理，2018年涉嫌违法的39个图斑中，有11个图斑经再次调查已完善合法的审批手续，其余28个图斑已全部处罚；2019年自查发现的19个违法图斑全部处罚到位。2019年4～9月，在全县范围组织开展“绿卫2019”森林执法专项行动，对卫片判读疑似变化地块进行现场核实，查清变化的类型及时间；对未批先占、边批边占、少批多占、毁林开垦、非法采伐等问题进行彻查，共查处涉林案件37宗，未曾发现违法图斑。

枫坪钱余大根坳香榧套种多花黄精基地

【林业产业】2019年，自然资源和规划通过“两山（一类）”项目共赠送油茶苗44.68万株、香榧苗11.6万株。发展油茶面积297.87公顷，全县累计油茶种植面积6886.67公顷；发展香榧面积250公顷，全县累计香榧种植面积5240公顷。连续第三年开展香榧花粉采购免费送农户活动，共采购香榧花粉117斤，实现人工授粉面积866.67公顷。建成“一亩山万元钱”模式1478.67公顷，其中新建培育218公顷，辐射推广523.33公顷，巩固提升737.33公顷。林下经济“中药材”建设面积52.33公顷；建设中药材苗圃基地0.77公顷。全县增加林地流转面积860公顷，林地经营权流转证发证面积210公顷，培育新型林业经营主体10家，增加林权抵押贷款余额2628万元，其中“香榧贷”（香榧基地预期收益抵押贷款）余额553万元，成为丽水市首创林业金融产品。持续10年实现63733.33公顷生态公益林火灾保险全覆盖；林木综合保险面积8666.67公顷。受冰冻雪灾和连续强降雨天气的影响，导致毛竹林大面积受损和香榧、油茶基地塌方等保险事故，共获得林木综合保险理赔款9.22万元。

【林业公安业务工作监督】2019年，松阳森林公安抓主业、苦练内功，依托“法制大讲堂”，提升了执法能力，推进执法规范化建设，完善“司法+生态修复”办案模式，严厉打击涉林违法犯罪。全县立案查处各类破坏森林案件100件。其中，立刑事案件8件，破案8件，取保候审8人，移送检察审查起诉8人。立林业行政案件92件，办结92件，处理92人及4个单位，林政罚款42万余元。

（自然资源和规划局）

工 业

浙江云中马股份有限公司

综 述

【概况】2019年，松阳县工业经济发展总体保持稳中向好，实现规上工业总产值135.6亿元，同比增长15.2%；规上工业增加值25.9亿元，同比增长12.6%;新兴产业增加值5.17亿元，同比增长10.2%；高新技术增加值11.35亿元，同比增长11.5%；装备制造业2.73亿元，同比增长55%。工业投资14.67亿元，同比增长40.5%。有规模以上企业104家，产值上亿元企业40家，其中1～3亿元企业30家，3～5亿元企业5家，5～10亿元企业4家，10亿元以上企业1家。

·管理体制改革与管理·

【概况】2019年，松阳县稳步推进茶产业转型升级、不锈钢管行业 “机器换人”“两化融合”三个省级试点，年末成功申报“2020年度工业与信息化重点领域提升中工业节能和绿色制造试点”，共争取资金2500余万元。修订出台《关于深化“亩均论英雄”改革的实施意见》，做好上年度99家规上工业企业和118家用地0.2公顷（含）以上的规下工业企业的评价，规上企业实现亩均税收11万元/亩，相较2017年7.61万元/亩同比增长44.5%。抓闲置低效工业用地处置工作，全年盘活利用企业9家计25.06公顷的工业用地。

【数字经济】2019年，松阳县制定出台《松阳县培育数字经济发展的行动计划（2019—2022年）》（松政办发〔2019〕53号），围绕数字化美丽乡村建设、数字生态工业提升、数字文旅融合引领、数字化新动能培育、数字田园城市建设、数字化支撑体系六大行动推进数字经济培育工作。推进工业互联网平台建设。以上上德盛集团的不锈钢管智能制造工业互联网平台列入省级工业互联网平台和6月5日在松阳举办“2019年全省工业互联网平台建设现场会（丽水站）”活动为推手，推进传统产业智能化改造提升。启动全县5G网络建设，拨通松阳历史上第一个5G电话。“两化融合”指数首次跨入全省“两化融合”发展水平二类地区，位居全市第三名；信息化水平、数字经济水平首次摆脱丽水市倒数第一的位置；电子商务网络零售额25.8亿元，同比增长65%，增速位列全省第一名。

【企业服务】2019年，松阳县兑现各类奖扶资金1097.6万元，全面落实国家、省、市减负政策，制定出台县级层面的《减轻企业负担促进企业持续稳定发展的二十条意见》，为企业减负2.3亿元。开展“三服务”和“精准服务企业、振兴实体经济”专项行动，深入企业走访服务，帮助解决企业难题105个，难题破解率92.9%。抓好企业培训。统筹安排企业在经营管理过程的需求，全年共组织开展各类涉企培训15期，就税费政策、外贸法律、多层次资本市场对接等企业最关注的方面开展了详细的培训和解读，确保各级政策能够惠及企业。

（经济商务局）

工业园区

【概况】2019年，丽水生态产业集聚区松阳分区管理委员会（以下简称“集聚区松阳管委会”）坚持科学规划引领，兴建生态工业平台，既注重产业集聚、功能分区、项目承接的总体规划，又注重工业与城乡、交通、旅游、公共服务等各类规划的相互衔接，整合、优化、提升空间布局，最终达到“以产促城、以城兴产、产城融合”的目标。辖区规上工业企业71家年度实现总产值109.95亿元，同比增长18.5%；增加值19.7亿元，同比增长12.8%；税收3.67亿元，同比增长15.8%，其中工业企业税收3.54亿元，同比增长13.4%。2019年增加规模以上工业企业6家。34家亿元企业增加值16.24亿元，占辖区增加值的82.3%，拉动增加值18.7个百分点。

主导产业不锈钢实现产值56亿元，占规上企业的51%，同比增长16.6%。拥有自主品牌，生产中高端钢管，终端客户的企业订单增加，竞争优势较强。上上德盛集团股份有限公司2019年的产值达到5亿元，同比增长40%；税收3546万元，同比增长49%。

【园区规划项目开发】2019年，集聚区松阳管委会规划控制区总面积52平方千米，其中重点规划区面积12平方千米，国家核准区面积3.2平方千米。已开发建成西屏工业园区块（省级工业园区）、江南工业区块、王村工业区块、农产品精深加工区块、北山物流基地5个区块；集聚区一期、赤寿生态工业区块2个区块的基础设施已建成；茶产业综合体区块正在建设当中。

西屏工业园区块：一期至四期已建成，规划面积238.66公顷，开发利用面积212.73公顷，区块内以不锈钢管企业为主，其中规上企业42家。

江南工业区块：规划面积58.67公顷已全部开发，规划工业用地33.8公顷全部出让，属于滩涂淤地等未利用土地综合开发的工业区块，区块内以不锈钢钢管企业为主，其中规上企业10家。

王村工业区块：规划面积107.4公顷，开发利用面积为104.93公顷，是松阳实施低丘缓坡等未利用土地综合开发的首个工业区块，区块内以生态合成革、新能源、装备制造业等企业为主，其中规上企业15家。

农产品精深加工区块：规划面积73.47公顷，开发利用面积26.47公顷，是松阳实现工农产业融合的重要平台。区块内以农产品加工和中草药加工企业为主，其中规上企业2家。

北山物流基地区块：规划面积

13.67 公顷，利用面积 12.67 公顷，其中规划商业住宅用地 2.2 公顷，仓储物流用地 6.47 公顷。是丽水市首批九个现代服务业集聚区之一；是集仓储、包装、分拣、货代、运输、装卸、配送等物流功能于一体的物流基地。

集聚区一期区块：规划面积 174.67 公顷，已开发 116 公顷，区块的产业定位为城市经济，先进装备制造业。剩余可供成熟工业用地 44.33 公顷，其他用地 10 公顷。

赤寿生态工业区块：是国土资源部低丘缓坡开发试点项目，余姚市人民政府与松阳县人民政府合作共建的产业园坐落其中，于 2013 年 7 月正式成立，产业园分 A、B、C 三个区块，规划面积 662.67 公顷，已开发 450.67 公顷，规上企业 2 家。以“生态新城”为理念，总体布局“北工南城”。区块的产业定位为先进装备制造业、新材料、新能源、农产品精深加工、健康产业。区块达到三通一平。现剩余可供成熟工业用地（三通一平且已有土地农转用指标）97.4 公顷，剩余其他用地 16.67 公顷。

新兴区块：主要项目为茶产业综合体，该综合体是茶香特色小镇的核心地块之一，规划面积为 55 公顷，涵盖一、二、三产业，发展茶文化休闲产业和茶深加工产业，形成集茶叶深加工、茶文化、茶旅游、茶交易、茶休闲为一体的现代化综合体。还剩余成熟工业用地 3.53 公顷，剩余商业住宅用地 17 公顷。

【招商引资】2019 年，集聚区松阳管委会联合涉工部门实现签约项目 28 个，合同利用内资 48.68 亿元，实际利用内资 14.59 亿元，实际利用外资 1060 万美元。招引一批以浙江博勒科技有限公司中德 AI 产业园项目、细胞理疗仪项目为代表的绿色生态企业；签订投资 10 亿元，占地 8 公顷的国际袋泡功能茶项目《战略合作协议》。探索“飞地”经济，深化山海协作，与嘉兴经济开发区签订《“飞地”产业园合作协议》，项目总投资约 2 亿元，主要建设内容为 6 万余平方米的标准厂房及配套设施；与余姚签订《“消薄飞地”合作协议》，在余姚建设“消薄飞地”园区，建筑面积 8629 平方米，每年可为参股村股份经济合作社增加 5 万元的经营性收入。

【环境治理】2019 年，集聚区松阳管委会推进“1331”工程建设，34 家企业通过验收，完成计划的 81%；编制《丽水生态产业松阳片区松阳分区废气专项整治方案》，开展大气专项排查，推进园区环保设施建设提升改造工作。出台《松阳县不锈钢管产业转型升级三年行动计划》，以政策为导向，引导不锈钢企业技术改造。绿洁废水处理厂改造项目完成初步设计并开工建设，截至年底，累计外运污泥 3200 万千克。

新兴区块茶产业综合体规划效果图

【企业帮扶行动】2019 年，集聚区松阳管委会通过优化班子成员联系区块，党员、干部联系企业等制度，当好企业难题的化解员、安全环保的督导员，绿色发展的引导员，干部职工共走访企业 636 人次，解决企业反映较多的酸洗场地改造补贴资金、一般工业固废进垃圾填埋场难等 55 个问题。结合大气专项排查、污染防治设施运行情况、日常安全检查和特种设备、消防等，累计到企业排查 442 次，帮助查找安全、环保隐患 669 处，协调处置劳资纠纷 21 起，涉及 29 人计 26.9 万元。

【非公党建工作】2019 年，集聚区松阳管委会党工委印发党建工作计划，完成“两新”组织党组织换届选举工作 17 个，建立非公企业支部 3 个，撤销组织活动不正常支部 1 个。推动党建指导员到联系支部指导督促主题教育工作 60 余次，创新开展“企业午间课堂”“两新领域组织生活现场观摩会”，开展 4 次“园会企开”、6 次“四联”工作，推进主题教育，提升企业职工的满意度。通过党建带群团模式，举办庆祝中国共产党成立 98 周年暨弘扬践行“浙西南革命精神”系列活动，职工党员 220 余人参与，以丰富的形式不断推动爱国主义教育、主题教育及弘扬践行“浙西南革命精神”再深入。

【落实全面从严治党】2019 年，集聚区松阳管委会结合实际，履行主体责任，为生态工业发展提供坚强的纪律保障。研究制订《2019 年党风廉政建设和反腐败工作组织领导与责任分工》，通过党工委会议，5 次专题研究和部署党风廉政建设和反腐败工作，签订责任书 21 份。全年组织干部学习县纪委十届五次全体会议精神和省委巡视动员会精神、《关于“三重一大”事项集体决策制度实施意见（试行）》、《松阳县亲清政商交往正反面清单》等 6 次。配合市委巡察组和县经济责任审计组工作，多次召开专题会议，对照反馈意见，逐条研究整改措施，制订《市委第一巡察组反馈意见整改方案》，列出整改措施96条，逐条明确责任领导、责任科室和整改期限，实行清单和销号管理。制订的96项整改措施中92项已落实到位，到位率95.8%。其中，全面整改问题19个，整改率82.6%；部分整改问题4个，集中整改期间共约谈及批评教育37人次、书面检查9人、通报批评1人。

（集聚区松阳管委会　叶青）

工业平台

【概况】2019年，松阳县有浙江省省级工业园区1个、乡镇工业功能区2个、小微企业园区3个、飞地产业园区2个。

省级工业园区：丽水生态产业集聚区松阳分区于2010年经省政府审核为省级开发区，其中工业区核准面积3600公顷（包含浙江松阳工业园区320公顷范围），分为三大区块，赤寿工业功能区块核准面积1100公顷，入园企业16家，投产企业12家；古市工业功能区块核准面积500公顷，入园企业16家，投产企业15家；松阳县工业园区核准面积2000公顷，入园企业170家，投产企业164家。

乡镇工业功能区：江南工业区块以不锈钢生产加工企业为主，区块一期面积58.67公顷，入园企业14家，规上企业10家，投产企业13家。象溪工业区块，象溪工业小区里的企业是在原木制品企业的基础上，在2011～2012年镇政府招商引资后化工企业的入驻逐渐发展而成，占地12.67公顷，企业入驻15家。

小微企业园区：赤寿茶叶精深加工园区位于松阳—余姚山海协作产业园内，占地面积约6.47公顷，建筑面积约4.1万平方米，由政府投资7255万元开发建设，有企业入驻20家。竹客口茶叶精深加工园区位于西屏街道竹客口村，占地面积1公顷，建筑面积约3万平方米，由政府投资2076万元开发建设，有13家企业入驻。汽摩配小微园位于集聚区四期内，占地面积约3.67公顷，建筑面积36572平方米，由民间投资开发建设，正在建设中就有浙江金豪汽车配件有限公司、浙江华捷驰汽车部件有限公司、浙江斯莱德机车部件有限公司、浙江得迈机械有限公司4家汽摩配企业入驻。

飞地产业园区：嘉兴“飞地”产业园位于嘉兴市经济开发区塘汇街道，用地面积约3.87公顷，建筑面积约6万平方米，投资概算约2亿元，重点引进培育高端装备制造、新材料、新能源等产业。余姚“飞地”产业园位于中意宁波生态园内的中意启迪科技城，选址B区10号楼，建筑面积8629平方米，投资约3110万元。项目于2019年底建成并启动招商，招商以中意启迪科技城为主，余姚—松阳及中意宁波生态园招商部门共同配合，以启迪科技城三大科技实业平台为支撑，重点引进高科技企业。

·主要行业·

【概况】2019年，松阳县主要有黑色金属冶炼和压延加工业规上企业47家，是规上工业第一大产业，实现产值61.73亿元，同比增长15.1%；实现增加值8.83亿元,同比增长21.6%，拉动规上工业增加值增长5.6个百分点。纺织业规上企业2家，实现产值18.26亿元，同比增长8.5%；实现增加值3.73亿元，同比增长6.2%。橡胶和塑料制品业有规上企业6家，实现产值5.98亿元，同比下降13.4%；实现增加值1.24亿元，同比下降13.4%。纺织服装、服饰业有规上企业2家，全年实现产值2.29亿元，与2018年基本持平，实现增加值0.62亿元，同比增长0.12%。皮革、毛皮、羽毛以及制品和制鞋业有规上企业2家，全年实现产值2.58亿元，同比增长1.34%；实现增加值0.65亿元，同比增长1.34%。

酒、饮料和精制茶制造业共有规上企业3家，实现产值2.78亿元，同比下降11.4%;实现增加值0.55亿元，同比下降11.4%。

·优秀企业·

【概况】2019年，松阳县根据2018年度“亩均论英雄”综合评价结果，综合得分位居全县前二十的A类规上工业企业：有浙江康恩贝中药有限公司、宝丰钢业集团有限公司、松阳上上德盛不锈钢有限公司、浙江隆达不锈钢有限公司、浙江鹏业不锈钢有限公司、浙江金信不锈钢制造有限公司、浙江博盛不锈钢制造有限公司、浙江云中马布业股份有限公司、浙江松阳明石矿业有限公司、浙江科马摩擦材料股份有限公司、浙江香蕙茶业有限公司、浙江益大特钢有限公司、浙江巨龙钢业有限公司、浙江锐奇鞋业有限公司、浙江银来钢管有限公司、松阳县国富鞋业有限公司、松阳县景顺实业有限公司、浙江信和微粉有限公司、浙江益宏不锈钢有限公司、浙江省松阳金山矿业有限公司。

（经济商务局）

商贸服务业

浙江振通宏茶业有限公司

经济商务

【概况】2019年，松阳县共有限上商贸企业（个体）110家，其中：批发25家，零售51家，餐饮21家，住宿10家。累计培育电网店641家。实现全社会消费品零售总额54.85亿元，比2018年增长13.0%，其中限上消费品零售总额6.67亿元，增长30.1%。全县网络零售额25.75亿元，同比增长65.0%。进出口总额9.02亿元，同比下降0.1%，其中出口总额8.90亿元，下降0.5%。

【内贸流通管理】2019年，松阳县经济商务局（以下简称“县经商局”）深入企业走访服务，宣传上规上限优惠政策，增加限上商贸企业（个体）4家。加强成品油监管，做好全县21家加油站上年度成品油的年检；根据浙江省“互联网+监管”要求，通过钉钉掌上执法对加油站、汽车、二手车等企业进行巡查11次，同时制订年度成品油双随机抽查检查计划。施行再生资源管理。全县回收可利用的城镇生活垃圾472.6万千克，产生可回收利用的城镇生活垃圾总量1204.5万千克，城镇生活垃圾回收率39.24%，实现省垃圾回收率考核指标。开展特色餐饮行动，助推全域旅游示范县建设，启动全县特色餐饮街创建，西屏街道、古市镇、大东坝镇、安民乡4个重点旅游乡镇创成餐饮特色街。加强促消费活动，参加各类展会帮助企业拓展市场，组织7家食品企业参加“2019中国（宁波）食品博览会”，展销香榧、油茶、脐橙、笋干等松阳特色农产品，松阳伟建竹笋专业合作社与杭州祖名食品有限公司签订合作协议。

【对外贸易】2019年，县经商局全力支持外贸企业发展，鼓励企业积极应对国内外发展形势，引导和帮助企业开拓中东、东盟、东欧等“一带一路”沿线国家市场，组织企业参加“第二届中国国际进口博览会”；支持生产型外贸企业优化出口商品结构，扶持外贸企业发展，尽力消除复杂国际局势带来的负面影响。出口结构从资源密集型的初级产品向劳动密集型及技术密集型制成品转变，基本形成以机械产品、纺织服装为主的出口格局。出口市场由以往的欧美市场为主向亚洲、欧洲市场等国家和地区拓展。

【电子商务市场拓展】2019年，县经商局通过政策支撑、示范创建、人才培训助推电子商务健康发展。投入资金3000余万元用于平台培育、市场开拓、基础保障及产业集聚区的建设；为电商170余人办理网商创业信用卡，实现网商创业贷款1900余万元；组织县域传统企业和电商从业人员参加省市举行的各类跨境电子商务培训10余次，为全县电子商务从业者提供业务培训、技术指导、货源对接等线上线下的公共服务支撑，共服务网商9000人次。推进茶叶电子商务发展，建成全国首个集成型绿茶产业带——中国绿茶产业带、丽水市首个茶产品电子商务网上交易平台——浙南茶叶市场网上商城，开办茶叶电商企业64家、茶叶网店105个。2019年，全县茶叶网络零售总额14.78亿元，其中浙南茶叶市场网上商城销售额6.25亿元；中国绿茶产业带销售额2.65亿元；线上茶叶电商企业销售额5.88亿元。

【电商平台建设】2019年，松阳县建成以服装线上销售为主的松阳祥瑞电商产业园，以跨境电商、直播经济为主的松阳康洁电子商务园，以专业市场电商化为主的浙南茶叶市场电子商务集聚区三大电子商务物理集聚平台。松阳祥瑞电子商务产业园成功创建为省级首批小微企业园，占地面积3.2万平方米，有集农产品展示区、公共服务中心、电商培训教室、大数据显示中心、仓储中心、电商公寓等于一体。该园积极招引县内外电子商务企业（网店）入驻，对入驻园区的电商企业（网店）实行“三免三服务”政策，即免房租费用、免宽带费用、免装修费用和代办营业执照服务、代办财会税务服务、代办人工招聘服务。截至12月底，该园入驻电子商务企业（网店）156家，累计发件量278万件，销售额约6.72亿元。松阳康洁电子商务园建筑面积1.3万平方米，建有创业办公室、公共服务中心、活动中心、仓储中心等区块。现入驻电商55家，其中年销售额1000万元以上6家、500万元以上20家，含跨境电商5家，分别在阿里巴巴国际站和速卖通平台；网络直播10家；

松阳康洁电子商务园

微商4家，从事玉石工艺品、农副产品以及茶叶批发销售。截至12月末，该园入驻电子商务企业（网店）71家，累计发件量75.89万件，销售额约3.23亿元。

（县经济商务局　罗怡）

·招商引资·

【概况】2019年，县招商服务中心开展“三服务”活动，创新招商方式方法，拓展招商广度深度，提高招商质量和招商水平，为推进“田园松阳”接轨大上海、融入长三角、走向山区国际化注入新动力。2019年，全县签约项目65个(含技改项目27个)，实际利用内资17.47亿元，实际利用外资1060万美元；引进大项目14个，其中总部经济项目2个。有代表性的项目浙江博勒科技有限公司中德AI产业园一期项目、松阳港能投智慧能源有限公司兴建分布式能源集中供热项目、松阳港华燃气有限公司天然气输配工程、浙江保园文化发展有限公司松阳县南山大健康文化园项目、深圳赫兹波生物科技有限公司细胞理疗仪生产线项目、松阳渔业科技管理有限公司高科技三文鱼养殖项目等。

【优化营商环境】2019年，县招商服务中心推进“三服务”活动，帮助解决企业生产生活中的实际问题。累计开展“三服务”活动71人次，研究解决营商问题4个，其中现场研究解决问题2个，跨部门研究解决问题2个。为招商企业项目协调解决地块标高调整、土地平整、融资难等问题。

【择优招商项目】2019年8月14日，松阳县与浙江阔界科技有限公司中德AI产业园项目签约仪式在县会议中心举行，双方代表签订《浙江阔界科技有限公司中德AI产业园项目投资框架协议》。浙江阔界科技有限公司中德AI产业园项目，属高端装备制造业，为数字经济范畴。该项目主要产品为智能咖啡机、智能售货机、医用冷链设备等产品，项目一期用地面积9.4公顷，固定资产总投资为人民币5亿元，设计产能50亿元，投产后5年内预计年销售达到11.4亿元，年上缴税收8177万元。

2019年8月14日，产业园项目签约现场

【创新招商引资机制】2019年，县招商服务中心突出产业招商，注重抱团引进符合需求的产业，努力形成产业优势；加强已有基础的产业研究，抓产业嫁接和产业链招商。开展以商招商，发挥在松阳企业客商、异地商会协会等资源优势，扩大盯引对接招商范围，培育壮大产业规模。推进顾问招商，借鉴丽水市开发区等兄弟县市区的成功经验，聘请优秀企业家9人和商会会长担任招商顾问，助推松阳引进优质工业项目。探索其他招商方式，利用“飞地”窗口效应借势借力，促进产业项目合作；加大基金组合招商模式研究，引导金融资本和社会资本参股投资；探索中介招商，对接上海谷川联行、中国产业升级网等第三方招商服务机构，寻求优质资源信息。

【招商项目跟踪服务】2019年，县招商服务中心开展招商项目跟踪服务行动，推进县域工业经济发展。装备制造产业园项目：谋划选址赤寿生态工业区块，地块编号CS—3—05内开发装备制造产业园项目，与有意向开发企业签订投资框架协议，投资方启动项目产业招商前期工作。该谋划项目计划采取统一规划、专业化运营的工业地产模式建设开发，项目一期用地15.73公顷，固定资产投资约5亿元，容积率≥1.6，以装备制造产业为主导。双方初步约定入园企业亩均税收≥15万元，使用面积原则上不低于4000平方米。中德产业园项目：谋划选址集聚区一期成熟地块，用地面积工业51.3公顷（含中德AI产业园项目9.4公顷），住宅11.47公顷（专家楼，研发中心，职工宿舍等配套设施），商业配套1.85公顷（德国街等），预计总投资30亿元，计划招引德国中小型企业及部分小型企业孵化入驻，主要招引产业方向以新材料（汽配类、家电类），医疗器械（医用检测设备），食品精深加工（进口食品）为重点。是年，该谋划项目与德国石荷州经济技术促进中心、Leading Consult Solutions（德企）、中冶集团（央企）等平台对接中。拟上市公司新建项目：浙江云中马股份有限公司拟上市后扩大产能项目；浙江科马摩擦材料科技产业园的项目兴建及配套建设；浙江上上不锈钢有限公司智能立体仓库、新建焊管车间项目；浙江华威门业高端入户装甲门系列、高端商用门窗、庭院铁艺等现代化文化产业园项目。

【文旅康养项目】2019年，县招商服务中心实施“两山”价值转换，挖掘松阳人文和森林康养资源优势，建设松阳卯山森林康养项目一期。该项目计划总投资约人民币3亿元，总用地面积约12公顷，建设用地面积约2.87公顷（具体根据政府审定的规划红线为准）。其中，原湖溪林场场部建设用地面积约2.3公顷，七都仙人谷区块建设用地面积约0.53公顷，项目容积率需符合国家相关规定。项目整体建设周期为2年（以取得土地使用权时间为准）。欧盟标准袋泡功能茶项目。意向落户松阳—余姚山海协作产业园，该项目固定资产总投资约人民币10亿元，其中机器设备投资约4亿元，项目投产后预计年销售额达人民币20亿元，年上缴税金约1亿元。项目主要产品为各类有机袋泡功能茶、德国标准袋泡功能茶(主要原材料为茶叶和各种中草药）等。

【招商活动指导】2019年，县招商服务中心出台《招商引资目标管理考核办法》，把全年招商引资工作任务及时分解落实到各专业招商单位，围绕重点盯引目标项目开展新一轮招商引资集中攻坚行动，举措施落任务。提高招商服务水平，完善项目审批代办制，协助投资企业客商办理各类项目前期审批手续，优化土地资源配置，保障新引进项目快速推进早日投产。强化考核导向，注重大项目跟踪、对接、落地，鼓励各专业招商单位及服务保障单位盯引优质一、二、三产大项目，在年终考核分数上予以倾斜。全面考核上海招商部和各招商分队工作，以成效论英雄。具体考核项目为签约个数、落地个数、重大项目数等细化指标上。

（招商服务中心）

供销合作

【概况】2019年，松阳县供销合作社联合社（以下简称“县供销社”）继续推进生产、供销、信用“三位一体”综合改革，组建油茶和茶叶2个产业农民合作经济组织联合会，建设规范化香榧产业农合联；召开农民资金互助会第一届出资人代表大会；组建新型庄稼医院1家；加强全县农合联农资批发有限公司的运行管理。提升“三位一体”农合联供销服务，畅通会员产品销售渠道；组织参加丽水市第二届产业农合联精品展示暨第六届“供销年货节”；推进农特产品进入“云上平田”的农合联优质农产品展示展销中心；在县“祥瑞汽车城”设点，搭建农合联优质农产品展示展销中心，组建供销服务中心1个。举办“对标欧盟肥药双控·丽水在行动”、全市“春耕支农”和市政协“送科技下乡”服务活动；做好丽水市现代农业综合服务中心暨“丽水山耕”品牌服务中心融合建设现场推进会。加强对农民合作基金的管理，开展服务企业、服务群众、服务基层的“三服务”活动，向上级争取资金100万元。做好信访接待、解释与沟通、信访答复等工作，维护供销系统的稳定。参与2019“浙茶杯”优质红茶推选活动；参与北山区块城中村改造项目工作；开展“不忘初心、牢记使命”主题教育；推进县供销社机关建设。2019年，蓝子光被评为浙江省供销社、浙江省农合联执委会“三位一体”改革成绩突出个人。

【组建农民合作联合会】2019年6月28日，松阳县油茶产业农民合作经济组织联合会成立大会暨第一次会员大会在县财政局六楼会议室召开，首届会员65人，第一届理事长由松阳县秀丽谷农场有限公司董事长泮邦先担任。9月28日，松阳县茶叶产业农民合作经济组织联合会成立暨第一届会员代表大会召开，首届会员95人，第一届理事长由浙江悠谷春农业开发有限公司董事长孔晓澄担任。

【农民资金互助会出资人代表大会】2019年8月16日松阳县农合联召开农民资金互助会第一届出资人代表大会，出资人代表73人出席会议，第一届理事长由发起人王塘金担任；截至12月底，农民资金互助会发展会员101人，提供信贷服务80笔计2070.9万元，享受贴息6.5万元。

2019年8月16日，松阳县农合联召开农民资金互助会第一届出资人代表大会

【农产品营销行动】2019年，县供销社先后组织农合联会员到四川省巴中市巴州区、杭州、南京、哈尔滨等地开展农产品推介营销活动；1月，

2019 年 10 月 24 日，举行松阳县农合联田园农产品有限公司揭牌仪式并正式投入运营

选派浙江正德和食品有限公司、松阳县洋坑高山蔬菜专业合作社、松阳县绿谷精耕园家庭农场、松阳县昌明香榧专业合作社、松阳县农合联田园农产品销售有限公司、叶伟烧饼 6 家企业参加丽水市第二届产业农合联农产品精品展示暨第六届供销年货节活动，销售额计 12.4 万元。推进农特产品上架“云上平田”的农合联优质农产品展示展销中心，全年共有企业 8 家、专业合作社 3 家、4 家家庭农场的农特产品在该中心进行展示展销；在县“祥瑞汽车城”设点，搭建农合联优质农产品展示展销中心，中心以“发展产业电商，服务实体经济”为宗旨，打造完整的农旅融合产业电商生态系统，为全县香榧、油茶等特色优质农产品推介和农村经济发展提供服务。成立松阳县田园农产品供销服务中心。该中心旨在为全县农业主体提供更多销售服务，承接“丽水山耕”品牌农产品、松阳县优质农产品的销售，通过汇集农合联会员优质农产品集中展示销售，打响全县优质农产品口碑，拓宽农产品销售渠道。

【新型庄稼医院成立】2019 年 6 月 28 日，松阳县新型庄稼医院成立并举行揭牌仪式，揭牌仪式由松阳县供销社主任宋苏君主持，县农业农村局、县科协、市场监管局、县供销社、县自然资源与规划局、县水利局、县农合联成员单位以及 19 个乡镇（街道）农业主体和农资公司代表参加；该庄稼医院是松阳首家可提供网络问诊和测土配方服务的植物诊疗机构，将在减少农药化肥使用，推广生态控制、生物防治、理化诱控、免疫诱抗和高效低毒生态农药等绿色防控技术和产品，推广有机肥，发展生态农业等方面为广大用户提供支持和服务。

【农资批发市场运行管理】2019 年，县供销社加强全县农合联农资批发有限公司的运行管理，实现统一标识、统一集中采购、统一指导零售价“三统一”。6 月，做好第二批 40 种禁限用农药的退市；开发植入人脸认证系统，上线农资溯源一卡通系统，试运行 11 家农资经营示范店，累计登录 1909 种农药品种。

【农作物放心工程建设】2019 年 4 月 8 日，县农合联在玉岩镇溪口村召开香榧授粉现场会，就全县香榧授粉种植展开现场指导；林业站站长肖庆来针对香榧授粉、施肥浇水等问题为参会榧农作知识讲座，并现场与榧农交流种植技术。4 月 19 日，“对标欧盟肥药双控·丽水在行动”全市“春耕支农”和市政协“送科技下乡”服务活动在松阳新兴镇举行。活动围绕“农作物放心工程”和“农合联万元钱” 增收富民行动目标，全力倡导会员主体科学使用化肥农药，切实解决当前化肥农药使用环节存在的不规范问题，市农技专家现场讲解肥药“双制”的具体工作以及如何利用无人机开展“统防统治”。 10 月 25 日，丽水市农作物放心工程香榧产业农合联会员培训会在松阳召开；培训会上，丽水林科院果树研究所教授吴连海就香榧丰产栽培技术中的品种选育、造林地选择、栽植与管理技术、

2019 年 4 月 8 日下午，松阳县农合联在玉岩镇溪口村召开香榧授粉现场会

2019 年 4 月 19 日，在新兴镇大木山茶园开展农药化肥“双制”和科学施用现场培训会

授粉等内容授课；“丽水山耕”品牌传播有限公司设计总监颜峻瑜就香榧品牌建设及包装设计、丽水“山耕”品牌等内容作详细讲解，还观看品牌设计理念的相关视频，突出品牌建设与包装设计的重要性。12 月 12～13 日，全市现代农业综合服务中心暨“丽水山耕”品牌服务中心融合建设现场推进会在松阳召开，其间，与会者参观“丽水山耕”松阳示范基地及厂区、举行“丽水山耕”品牌服务中心揭牌仪式；通过该服务中心的建设，促进“丽水山耕”全产业链一体化公共服务体系和“三位一体”供销改革的各项服务功能落地，让广大会员主体共享“丽水山耕”品牌发展的红利。

【农民合作基金成立】2019 年，县供销社根据松委发〔2016〕70 号文件精神，组建县农合联农民合作基金。基金来源主要为原始基金，原始基金由县财政整合相关涉农资金 1000 万元，分五年注入，第一年不少于 300 万元。年底，农民合作基金到位 800 万元，实现上级考核指标。农合联农民合作基金主要用于发展为农服务事业，即注入松阳县农合联农资批发有限公司用于开展农资服务，注入到农民资金互助会用于农民资金互助会风险补偿。

【“三服务”工作】2019 年，县供销社落实省委书记车俊到松阳开展“三服务”工作指示，谋划参与浙江茶业学院松阳分院组建工作，推进浙江茶业学院松阳分院建设。3 月，在第十二届中国（国际）茶商大会·松阳银猴茶叶节上，浙江省供销社与松阳县政府签订共建“浙江茶业学院”战略合作协议。11 月底，松阳县推荐孔晓澄、陆俊敏、叶洪清 3 人参加浙江茶业学院的首期培养。组织开展下基层，为群众、企业服务活动，全年研究解决问题 11 件。

【信访维稳工作】2019 年，县供销社信访维稳工作总体平稳，全年有 3 批次人员到浙江省委第八巡视组进行信访。信访主要涉及 2014 年松阳社 37 人参加改制遗留的问题，要求发放 2014 年 11 月～2016 年 9 月之间的生活补偿费等；2014 年之前参加改制的人员要求享受与 2014 年参加改制的人员同等待遇问题、股金清退和王小明夫妇反映双职工下岗违反政策问题，原古市社遗留问题以及其他零星来访。对于来信来访，该社均按照相关政策、法规，进行引导或做出信访答复或给予解释说明。日常通过走访排查，消除隐患；完成矛盾纠纷调查及维稳周报的报送等。

（县供销社 蔡陈秀）

财税　国资管理

叶村乡岱头有机稻米生产基地

财 政

【概况】2019 年，松阳县财政总收入 12.83 亿元，与 2018 年同比增长 10.26%，其中，一般公共预算收入 7.89 亿元，同比增长 8.55%，全县一般公共预算收入占财政总收入的比重为 61.49%；税收收入 6.46 亿元，同比增长 7.84%，占一般公共预算收入 81.89%。全县一般公共预算支出 46.3 亿元，增长 21.86%，全县地方财政实现收支平衡。出台《2019 年竞争性存放评分标准及分配方案》，对评价指标设置和评委产生机制进行修订完善。全县 14.72 亿元财政资金分两期实现竞争性存放，两期收益率较银行利率分别上浮 40.35%、40.79%；做好 70 个政府性投资项目的预算审核，核减额 6145 万元；全年政府采购节约资金 386.31 万元，资金节约率 5.02%。

完善资金管理机制，推动集中支付改革，推行授权支付业务；强化资金统筹整合和清理，2019 年，整合资金 1.1 亿元，清理回收结余资金 1.71 亿元；出台《松阳县国库集中支付动态监控管理暂行办法》，加强财政资金支出管理，将行政事业单位内部控制制度执行情况纳入日常检查内容；委托丽水职业技术学院对松阳县企业财务人员进行业务培训。

健全财政监督体系，2019 年“三公”经费支出 1863 万元，同比下降 22.89%；开展预决算公开、公款竞争性存放、惠民惠农财政补贴资金“一卡通”专项治理、减税降费政策措施实施效果等 6 项重点检查。制定专项资金风险防控办法和预算绩效管理工作规程，并全面组织实施内控自查工作。开展“至少上门服务一次”活动，组织集中培训 25 次，累计服务部门次数 1478 次，服务企业次数 251 次，覆盖率 100%。

【组织财政收入】2019 年，县财政局加强财政运行分析，发挥财税协调领导小组职能收好税，抓组织收入应收尽收；加强非税收入的征缴，紧抓土地收入，做好土地出让金的结算和缴库工作，全年实现政府非税收入 21.61 亿元，增长 29.9%。规范“四率”管理，落实“五费”合征，开展以浙江省政府提出“五不得”要求，定期预测全县社保基金的存量情况，应对社保基金收支平衡风险。增加 8 亿政府债券，共获得上级转移支付 22.27 亿元。在“两山（一类）”、扶持村级集体经济发展、“一事一议”助推美丽乡村、涉农、农发资金和二次资金的切块中，尽可能使用竞争性分配。

【保障民生支出】2019 年，县财政局加强对民生领域的财政倾斜，提高基本养老公共医疗等政府托底能力，支持“空调进教室”、“健康松阳”建设、城乡生活垃圾分类、“厕所革命”等民生实事，全县民生支出 38.77 亿元，同比增长 26.51%。加大对产业培育、农业基础项目、新农村建设等重点领域的扶持，整合涉农资金，做好财政支农资金二次分配及支农项目库管理，全年财政支农专项资金支出 6.59 亿元。深化农村综合改革，争取到 2019 年度省级乡村振兴产业发展示范建设县、2020 年度第一批“一事一议”财政奖补助推美丽乡村建设试点等 2 个省级改革试点项目。强化财政政策和资金供给，加强优质财源培育，兑现各类财政奖补政策 1.44 亿元。贯彻“以项目为第一抓手”的工作要求，统筹抓好重点项目建设。2019 年，政府投资项目实际支出 13.86 亿元，执行率为 69.24%。

【深化财政改革】2019 年，县财政局加强优质企业筛选，夯实区域基金投资基础，推进已立项的云夕松阳国际乡村文化交流中心、大木山云酒店、上上德盛集团 3 个项目的投资进程。实施丽水学院松阳校区项目及火车站站前大道站前广场及其配套基础设施项目、仙居至庆云公路松阳县水南至枫坪段 PPP 项目的签约。全县有入库项目 9 个。推进国投集团、强村公司、文旅投集团、水投集团、交投集团和城投集团的组建；研究完善国有企业公司治理组织结构；部署开展全民所有制企业制改制工作。出台《松阳县国有经营性资产管理规定》；严格按照《松阳县行政事业单位国有资产处置管理暂行办法》，全县范围内推广“资产云”管理平台。出台《松阳县国有资产整合利用工作实施方案》，推进闲置国有资产整合利用。建立国资营运机构“三公经费”和“福利费”监控预警制度。做好县会计领军（后备）人才培育，共开展培训 4 次。

【强化财政监管】2019 年，县财政局出台《2019 年竞争性存放评分标准及分配方案》，修订完善评价指标设置和评委产生机制。推动集中支付改革，全面推行授权支付业务。强化资金统筹整合和清理，提高资金使用效益。出台《松阳县国库集中支付动态监控管理暂行办法》，加强财政资金支出管理。将行政事业单位内部控制制度执行情况纳入日常检查内容。组织开展预决算公开、公款竞争性存放、惠民惠农财政补贴资金“一卡通”专项治理、减税降费政策措施实施效果等 6 项重点检查。制定专项资金风险防控办法和预算绩效管理工作规程，并全面组织实施内控自查工作。

【推进法治建设】2019 年，县财政局深化“最多跑一次”改革，按照“八统一”要求，加强对省级清单修改情况的关注，联系上级部门，落实好材料的报送。做好规范性文件出台前的合法性审查和报备，出具合法性审查意见 8 份，其中局发文合法性审查 1 份。开展制发和起草政府发文的行政规范性文件专项清理，专项清理 1 次。开展行政机关合同审查，出具合法性审查意见 10 份，其中修改意见 13 条。

加强法治宣传教育，组织学习《中华人民共和国中小企业促进法》《重大行政决策程序暂行条例》《中国共产党党内法规工作学习资料选编》《中国共产党党内法规制定条例》《政府投资条例》等12部法律法规，下发《财政厅学法手册》，实现年度“七五”普法各项要求。

【队伍建设】2019年，县财政局开展以“三服务”“三个年”“不忘初心、牢记使命”主题教育，“浙西南革命精神”等活动为契机，支持黄南水库、青田码道、瓦窑头征迁等全县重点工作。推动清廉财政和清廉队伍建设，印发《松阳县财政局开展“执行力建设深化年”实施方案》《松阳县财政局清廉机关建设实施方案》，加强纪律建设和工作纪律检查督查，抓好会风会纪和干部个人作风提升，开展党风廉政建设提升月活动。组织干部参加省、市（县）各类调研活动、征文比赛。开展微型党课、大合唱比赛、青年干部演讲、财税运动会、中医养生讲座、健康E站等活动。

（县财政局　应少泽）

税　务

【概况】2019年是国税地税征管体制改革后首个完整年，国家税务总局松阳县税务局（以下简称“县税务局”）全面落实“便民办税春风行动”4类13项65条措施，推出企业开办全流程“一件事”一日办结，全系统“最多跑一次”主项10个，子项事项140个全部实现“最多跑一次”，“网上办、零次跑”办理实现100%，建成网上办税为主、自助办税为辅、窗口办税兜底的办税服务新格局。推进“万名党员进万企 领导干部下基层”活动，连续第六年开展“便民办税春风行动”，搭建“三服务”活动载体，走访7548户纳税人。升级智慧办税平台。推进办税服务厅整合优化，实体办税大厅与电子税务局实现融合发展。全面推广征纳沟通平台，实现征纳沟通的信息化、集成化、规范化。

2019年3月14日，丽水市税务局党委书记、局长李纪灵到松阳开展“三服务”调研

开展“不忘初心、牢记使命”主题教育，制定《主题教育实施方案》，召开动员部署会。分批次组织全局干部到郑州大学、宁波大学开展专题学习和交流。结合庆祝新中国成立70周年、纪念机构改革一周年和弘扬践行“浙西南革命精神”等活动，把红色精神与税务工作有效结合，开展“红色注魂税务蓝”党建品牌创建活动。

做好干部职级套转111人和临退干部的职级晋升3人，创新推出青年轮岗制和青年成长积分制，搭建青年成长平台。推进文化兴税工程，深化“田园松阳、清和税务”文化品牌建设，组织开展“全民阅读，书香税务”和 税务文化建设典型宣传推介活动；举办首届乒乓球比赛、趣味运动会、妇女干部知识竞答、庆祝中华人民共和国成立70周年文艺晚会等活动，组队参加全县合唱比赛获得三等奖、获得“红五月”气排球赛一等奖，组队参加绿道健步走、迷你马拉松赛等活动。

2019年，县税务局团支部获2018年度“浙江省五四红旗团支部”，第一党支部、第五党支部分别被评为“2018年度机关党建工作先进集体”和“2018年度党建工作先进单位”，7名干部获得省级以上表彰。

【税收征管】2019年，县税务局加强基础税源管理，持续开展定期定额、个人出租房、个税代扣代缴等各类税源管理工作，厘清征管思路。开展管户调整工作，制发《松阳县税务局管户划分（调整）规则（试行）》，制订统一的管户分配标准与调整流程。建立企业电销比风险模型，推进以票管税以及协同相关部门完善涉税数据链，及时排查涉税风险。下发风险应对任务8批，查补入库各类税款411.67万元，入库滞纳金2.61万元，调增企业所得税应纳税所得额13.48万元。开展社保费和非税收入有序划转，协调县相关单位向县政府汇报工作情况，通过政府主导印发《关于做好城乡居民两费工作的通知》，召开全县城乡居民医保参保征缴工作部署会，组织社保员和医保员分别进行业务培训，平稳推进城乡医疗和养老保险职能划转。

【减税降费】2019年，县税务局贯彻落实上级局的决策部署，把减税降费作为首要工作，持续打好个人所得税改革、小微企业普惠性税收减免政策、增值税改革、社保降费“四场主

2019 年 3 月 5 日，松阳县税务局减税降费宣传进“两会”

攻战”，让纳税人和缴费人真切享受到减税降费的红利。全年累计增加减税降费 23611.7 万元，其中增加减税 20078.7 万元，社保增加减费 3533 万元。

【组织收入】2019 年，县税务局开展收入形势和减税降费政策的研判，统筹把握“减”与“收”的关系，依法依规征税收费，税收收入步入良性循环发展，减税降费支持地方经济建设。全年组织税费收入 21.24 亿元，同比增长 7.32%；其中税收收入 12 亿元，同比增长 10.1%；社会保险费收入 8.86 亿元，同比增长 3.4%；非税收入 0.39 亿元，同比增长 4.4%。实现一般公共预算税收收入 6.39 亿元，同比增长 8%。

【依法治税】2019 年，县税务局开展税收执法督查，就减税降费、个人所得税改革、落实就业创业优惠等专项督察督办。组织开展执法督察和内部审计自查整改，查摆问题，逐条进行整改落实。推进内控机制建设。通过内控平台对全局的过错情况进行监控。开展电子税务局及自助办税终端内控调研，集中查找税收执法、内部管理方面的风险点，提出防控建议。全面落实执法“三项制度”。组织开展规范性文件清理工作，深入推进依法行政，优化执法方式，强化执法质量。（县税务局 叶翎）

国有资产监督管理

【概况】2019 年，县财政局（国资办）加强全县国有资产运营管理、国有资产监督管理，推进国有企业市场化改革。全县有国有企业 57 家，其中国资营运类公司 21 家，其他经营性企业 36 家。

【国有资产运营管理】2019 年，县财政局（国资办）加强纳入中心监管的国资营运机构的财务审核支付，已纳入中心集中审核支付的国资营运机构 16 个、各类领导小组 38 个，规范设置核算账套 54 个。建立国资营运机构“三公经费”和“福利费”监控预警制度。根据《松阳县财政暂付性款项管理办法》规定及借款协议约定，累计收回企业借款 10300 万元。对逾期未归还借款企业发出《借款逾期催收通知书》。结合每月核拨国资营运机构经费工作，按照落实“最多跑一次”改革要求，通过对县国投集团、县担保公司、县强村公司、县旅发公司 4 家不在中心审核支付的国资营运机构的财务执行情况的检查，纠正并收回违规发放津补贴 18564 元。组织开展国有企业违规发放津补贴及福利自查和拖欠民营中小企业账款情况、全县 47 家国有企业和 39 重点工程指挥部进行自查自纠，针对问题督促整改。

【国有企业改革指导】2019 年，县财政局（国资办）根据《中共松阳县委 松阳县人民政府关于推进国有资产管理体制改革的指导意见》和《松阳县国有企业市场化改革实施方案》的精神，在县国投集团和县强村公司组建成立并正式运营的基础上，4 月，松阳县文化旅游发展投资集团有限公司和松阳县水务发展投资集团有限公司正式挂牌成立并进入试运营；10 月，松阳县交通发展投资集团有限公司和松阳县城市发展投资集团有限公司正式挂牌成立。牵头组织开展各集团公司本级及其子公司的股权划转工作。逐步完善国有企业的公司治理组织结构。县委县政府研究任命的六大集团公司董事长（总经理）、副总经理均到位履职，及时审批实行年薪制人员的年度薪酬。各集团公司本级及其下属子公司的董事会、监事会逐步健全。抓国有企业清产核资结果的确认，规范和加强国有企业资产管理。根据《浙江省全面完成全民所有制企业公司制改制工作实施方案》的要求，部署全县 12 家全民所有制企业公司制改制工作。

【国有资产监管】2019 年，县财政局（国资办）贯彻落实县政府《关于开展全县行政事业单位房产清查的通知》精神，部署全县行政事业单位进行房产清查。该次清查全县行政事业单位共上报房产 1083 处，其中非经营性房产 681 处，经营性房产 128 处，公有住房 185 处，其他（仓库、车库、违章建筑等）89 处。土地总面积 152.69 万平方米，土地账面价值 10215.49 万元；房产总面积 78.53 万平方米，房产账面价值 88588.04 万元。按照财政部、省财政厅对国有资产监督管理工作要求和《松阳县行政事业单位国有资产管理暂行办法》《松阳县行政事业单位国有资产配置管理暂行办法》《松阳县行政事业单位国有资产处置管理暂行办法（试行）》等有关规定，落实十届县委巡察发现共性问题的整改要求，利用浙江省行政事业单位国有资产管理信息系统（“资产云”），对全县各行政企事业单位的资产购置和处置进行动态管理，抓好行政企事业单位资产购置处置审批工作，做好全县17家行政事业单位公共基础设施等行政事业性国有资产报告的编报，开展行政事业单位国有资产年报编报及向县人大常委会报告准备工作。

（县财政局　应少泽）

县国有资本投资运营集团

【概况】2019年，松阳县国有资本投资运营集团有限公司（以下简称“县国投公司”）按照“融资、经营、管理”三大职责，抓改革、促转型、谋发展。截至年底，公司总资产12.45亿元，同比增长78.77%，净资产为9.78亿元，同比增长50.7%；1～10月，营业收入974万元，实现利润485万元。

【实施投资经营】2019年，县国投公司实施北山停车场经营权公开招拍，北山停车场于2018年9月从集聚区企业划转到该公司，经设施简易维护和市场调查后，于2019年1月公开招拍该停车场经营权，成交金额为35万元/年。开展收购存量闲置资产，2月，公司以5346万元成功拍下华汽电池（浙江）有限公司资产。该资产市场评估值9545万元，地块土地使用权面积127350.30平方米，土地性质为工业用地，建筑物面积48532.76平方米。做好招商引资及投资入股工作，8月，公司配合县招商服务中心等招商部门成功引进浙江阔界科技有限公司中德AI产业园项目，投资3000万元共同成立浙江博勒科技有限公司，占其公司股比9.09%。项目投产后5年内预计年销售额达到11.4亿元，年上缴税金8177万元。

【合资人力资源公司成立】2019年5月，县国投公司与宁波杰博人力资源有限公司、杭州野牛投资有限公司2家企业合作投资成立丽水杰博人力资源有限公司，合资公司注册资本200万元，其中县国投公司出资80万元，股份占比40%。依托2家合作企业在人力资源开发及培训教育领域积累的丰富经验，实现国有资本和工商资本取长补短，相互促进，共同发展。截至10月底，营业收入595万元。

【国有资产管理】2019年，县国投公司开展公司国有资产调查摸底工作。根据县国有闲置资产整合利用领导小组的工作要求，对公司各类资产进行梳理汇总，全面摸清底数。现该公司名下资产（不动产）57宗，其中办公用房24宗；文化活动场所3宗；出租商铺、仓库（粮库）和住宅30宗。闲置资产3宗，即古市镇老电影院宿舍2套、古市镇老车站附近二层楼房1幢，房屋老旧，存在安全隐患，建议维修后公开拍卖。做好资产修缮管理工作。会同县名城公司，基本完成作为中国松阳（国际）现代有机农业峰会配套场所的西屏街道中弄11、15、16号房屋修缮，项目概算180万元；积极筹措县老年大学项目建设资金（项目概算1040万元），开展项目建设相关事宜的协调工作；其他零星修理3处，项目概算24.9万元，现已支出5.4万元。及时进行经营性资产公开拍租。截至10月底，开展资产拍租4次，对41个标的物进行公开拍租，成交金额为70万元。现公司在租房产标的有99个，其中托管房产47个，1～10月共收取租金77万元。

【企业融资工作】2019年，县国投公司加大银行直接融资等低成本项目融资力度，开展公司银行授信审批工作。实现银行授信额度9000万元，期限3年的中国建设银行（省行）授信审批工作。对接参股省融资担保公司。通过“省融资担保公司+入股企业反担保”的方式，对接省融资担保公司投资入股，投资5000万元入股浙江省融资担保公司计划的申报工作，并达成意向协议。开展信用等级评定前期工作，会同县财政局（国资办）到缙云县学习了解开展信用等级评定工作情况。草拟《松阳县国投集团公司关于企业债券发行建议方案》。

【担保公司业务启动】2019年，县担保公司现有存量担保业务3笔，担保余额1305万元，未开展新的担保业务。根据上级关于有效发挥政府性融资担保基金作用，支持小微企业和“三农”发展的要求，结合当地中小微企业对融资担保服务的实际需求，着手开展担保业务。建立内控制度，进一步明确公司管理层和业务人员职责，制订公司业务管理操作规程、风险管理操作规程、业务评审操作规程和业务保证金存放操作规程等内控制度，强化风险防控。落实银担合作，对接各银行业金融机构，落实融资担保授信。健全银担风险分担机制，引入银行机构代理担保业务，由银行工作人员配合担保公司做好尽职调查和业务审核等工作，帮助担保公司防控业务风险。全面摸清担保代偿和短期借款、应急转贷债权情况，担保公司担保代偿19户26笔计5320.4万元，短期借款15户22笔计5978.2万元，应急转贷8户11笔计2750万元，产生不良担保业务和应急转贷的时间集中在2011～2012年。积极做好担保代偿等债权追偿准备工作，拟在三季度开展一次追偿活动。

（县国投公司）

·县城市发展投资·

【概况】松阳县城市发展投资集团有限公司（以下简称“县城投公司”）为国有独资企业，由松阳县国有资本运营集团有限公司出资，于2019年

2019 年 11 月 6 日，松阳县城市发展投资集团有限公司举行授牌仪式

10月成立,并于2019年11月6日揭牌。

该公司由原县城市建设发展有限公司、县兴民新农村建设发展有限公司、县教育发展有限公司、县名城保护利用发展有限公司、县规划设计所、县建筑设计所、县新绿园林绿化工程有限公司、县工程建设监理有限公司、县松洲建筑材料检测有限公司、县城建测绘队 10 家国有企业重组而成，注册资本金 2 亿元。

2019 年，县城投公司正式国企人员编制数为 29 人，实际在编 24 人，其中县城投集团公司正式在编 4 人（集团班子成员）；县城市建设发展有限公司（县兴民新农村建设发展有限公司）定编 20 人，正式在编 16 人；县名城保护利用发展有限公司定编 5 人，正式在编 4 人。公司下属子公司无正式编制企业人员 130 人。2019 年，该公司人员编制尚未定员，“三定方案”初稿上报国资办审核后报县编办审批。

公司主要职责：承担投资、开发、建设及经营管理城市社会公共事业基础设施和教育行业的国有资源资产；城市建设及教育领域的附属实施工程项目的投资、建设和城市发展的资源开发；城市建设及教育行业的空间研究、项目策划、工程规划设计及投资计划；开展房地产开发及相关产业的经营；承担城市发展社会公共事业及教育事业的政府性投资项目的代建及工程管理任务；根据县政府授权或批准，开展资本股权运作、项目融资等；承担县委、县政府下达的其他任务。

2019 年，县城投公司实施建设项目 51 个。其中，重点项目 12 个，其他前期项目 7 个，新开工项目 16 个，续建项目 11 个，市政小工程 5 个，完成投资 8.02 亿元。重点项目中重大前期项目 2 个，分别为南环路（万通大道–叶村）道路拓宽改造工程、北山大道拓宽改造工程。重点新开工项目 6 个，分别为瓦窑头区块改造安置房建设项目、江南东路道路及景观工程、城区截污纳管雨污分流工程、“火车站站前大道、站前广场及其配套工程”、青田码道船运博物馆加固与修缮工程、名城区块范围内的巷弄梳理；重点续建项目 4 个，分别为江滨路二期及地下停车场工程 PPP 项目、棚户区改造二期（城中村）项目—青田码道安置区块、棚户区改造一期（城中村）项目—项弄区块、小商品市场—何联奎故居区块保护利用更新。

2019 年，县城投公司资产总额 35.36 亿元，负债总额 30.48 亿元，所有者权益总额 4.88 元。运营收入 3038.41 万元。

（县城投公司　洪金龙）

·县交通发展投资·

【概况】松阳县交通发展投资集团有限公司（以下简称“县交投集团公司”）于 2019 年 11 月 6 日挂牌成立，由县交通发展有限公司、县华顺交通投资有限公司、县城乡公共交通客运有限公司、县三鑫工程有限公司和县交通勘察设计所 5 家企事业单位整合重组而成。集团公司内设综合部（党务办）、财务审计部、经营管理部和投资建设部 4 个部门。该集团公司是一家国有独资企业，由松阳县国有资本投资运营集团有限公司出资，注册人民币为 10000 万元。全公司共有从业人员 141 人。2019 年，实现营业总收入 6292.85 万元，净利润 30.82 万元，总资产 87435.26 万元。其主要职能：负责投资、开发、建设及经营管理公共交通基础设施的国有资源资产；负责投资、开发、建设及经营管理交通运输行业的国有资源资产；负责投资、开发、建设及经营管理交通运输领域的附属实施工程项目及交通基础设施项目沿线规划区内的资源开发；负责交通运输行业的工程勘察设计；开展交通运输建设物资及相关产业的经营；承担公共交通事业政府性投资项目的代建及工程管理任务；根据县政府授权或批准，开展资本股权运作、项目融资等；承担县委、县政府交办的其他任务。

下属子公司基本情况：县交通发展有限公司内设综合办、安全管理部、工程管理部 3 个科室，现有职工 12 人。该公司承担政府性项目建设，是一家非营业性企业。公司目前承担的建设项目有：县独山大桥工程、县黄南水库淹没公路改建工程、县乌弄口至弓桥公路改建工程、丽水生态产业集聚区松阳赤寿至卯山公路，仙居至庆元公路松阳水南至枫坪段公路一期、二期工程，同时配合县交通局做好 G235 国道松阳段改建工程、50 省道二期等项目前期工作。2019年，调拨建设资金2.05亿元。与浙能公司共同出资组建松阳县浙石油综合能源销售公司，注册资本1000万元，其中浙能公司占51%，该公司占49%。建成茶香小镇、火车站、裕溪3个综合供能服务站。

县华顺交通投资有限公司因县客运综合服务中心建设融资需要，该公司成立于2015年，与县交通发展有限公司同一套班子，未定编。其承担政府性项目建设，是一家非营业性企业。2019年承担的建设项目松阳县客运综合服务中心。

县城乡公共交通客运有限公司内设综合部、安全机务部、运营稽查部3个部门，现有职工81人。2019年，营运收入139.85万元。公司有营运车62辆（含退出油补系统常规柴油车19辆），公交线路13条，运行时间每日6∶30～20∶30,线路总长约245千米，日发442班次。全年运营总里程224.10万千米，实现公交客运量224.72万人次，比2018年同期增长10.72%。公交IC卡刷卡量158.89万人次，其中公务卡刷卡量39.70万人次，老人免乘卡刷卡量69.46万余人次，爱心卡刷卡量7.56万余人次，免费运送乘客116.72万人次。

县三鑫工程有限公司内设综合办（财务）、工程科、养护机械科、安全科4个科室，现有国有企业身份职工31人。公司主营业务是通过投标，中标后完成全县省道和农村公路的路面大中修工程、安保及危桥改造工程和日常养护工作。2019年，实现工程营业收入5671万元。

县交通勘察设计所属自收自支的事业单位，内设总工室、路桥室、综合办公室，共有在职员工14人。2019年，完成仙居至庆元公路松阳县水南至枫坪段工程（西竹玉公路）第2合同段的施工图设计；农村联网公路设计；G235国道松阳段的初步设计和施工图设计。2019年，营业收入482万元。

（县交投集团公司）

·县水务发展投资·

【概况】松阳县水务发展投资集团有限公司（以下简称“县水投集团”）为松阳县国有资本投资运营集团有限公司的下属全资子公司，于2019年4月注册成立。该集团拥有松阳县水利发展有限公司、松阳县东坞水库发展有限公司、松阳县庄门源水库发展有限公司、松阳县小水电公司、松阳县田园水务运维管理有限公司、松阳县子民市政工程有限公司、松阳县供排水有限公司、松阳县古市水厂、松阳县慧众乡村供水有限公司、松阳县泰盛水利建筑工程有限公司、松阳县白沙湖水电开发有限公司、松阳县谢村源流域水电开发公司、松阳县水利水电勘察设计所、松阳县黄南水库发展有限公司（待建成后再整体划转）等16家企业，在职员工179人。主要经营范围涉及水利工程设计施工、水利工程物业化运维、市政管道工程施工、水电开发、原水供应、城乡供排水运维、河道疏浚以及砂石资源开发等领域。截至2019年12月底，总资产146737万元，集团下辖水厂2座，日供水能力达10万吨；电站13座，总装机规模达9150千瓦。2019年，供水1646万吨，发电943万千瓦时，实现总收入9823.8万元。

推进联合大厦前期工作，该大厦项目位于新华南路和环城南路交叉口东北侧，县公安局和消防大队中间地块，项目总用地面积10404平方米，建筑占地面积3200平方米，总建筑面积39300平方米，估算总投资2.15亿元。该项目由9家单位共同联建，县水投集团作为项目业主统一组织实施，建成后将成为南城的地标性建筑和公共文化活动空间，也将是该集团主要办公场所。

推进县水文化公园科普景观电站建设，工程总投资1913万元，2019年建成发电机层，实现投资650万元。城市污水处理厂清洁排放技术改造工程总规模4.5万立方米/日，总投资2954万元，按计划进度要求完成初步设计审批。推进河道砂石资源的开发和利用工作，完成黄南水库库区河道疏浚砂石弃料的拍卖出让，县财政获得收益2300万元。

做好电站收购，东坞水库发展有限公司、梧桐源水库发展有限公司先后累计融资4500万元，收购电站资产5座及电站股权1座，增加电站装机容量1950千瓦，收购后集团下属电站共有13座，总装机规模9150千瓦。

【城乡供水一体化工程】2019年，县水投集团立足于供水安全，依托县城自来水厂，扩大供水范围，让更多的农村老百姓喝上与城市一样的自来水。总投资9568.4万元，动建县域供水一体化工程，工程铺设屏安东路至象溪镇、大东坝镇、裕溪乡和板桥乡的供水主管道及进村管道98.2千米，增建加压泵站10座，建成县城至象溪镇供水主管道13千米，投资3000万元。总投资2995.55万元，动建松古平原供水一体化进村主管道工程，工程铺设供水主管道37.4千米，是年铺设管道18千米，投资1800万元。投资3000万元，实施28个村的农村饮用水供水一体化村网的改造，增加城市水厂供水受益人口1.9万人。全县城乡供水一体化率位居丽水市第一名，在全省同类型县市区中也名列前茅。

【推进河道治理工程】2019年，县水投集团动建松阴溪干流综合治理工程西屏段和古市段，西屏段综合治理河道长16.5千米，改造加固堤防0.92千米，生态修复堤防11.59千米，新建防汛抢险道路1.65千米，动建巡查连接桥2座，过水路面2处，改造西屏堰并增加通航泄洪闸，动建青蒙排涝泵站，总投资6471.1万元。古市段综合治理河道长18.5千米，动建堤岸2.14千米，堤防生态修复30.5千米，动建防汛道路0.52千米，动建巡查连接桥2座合计152米，总投资9452.6万元。全县综合治理河道10千米，投资5690万元。结合河道治理工程，建成裕溪绿道10.5千米，象溪绿道路基全线贯通。松阴溪裕溪段被评为“2019年省级美丽河湖”。

【农村供水工程县级统管】2019年，县水投集团动按照专业化管理、商品化供水、社会化服务的原则，制定出台《松阳县农村供水工程水质检测方案（试行）》《松阳县农村供水工程净水消毒设施现场管理人员考核办法（试行）》等。8月从落实责任单位、规范操作流程、加强考核监督等方面切实抓好运维管理工作，实现全县农村供水工程的县级统一管理。通过第三方运维单位，实现全县5个乡镇集中水厂、396个单村供水工程净水消毒设施的专业化运维管理，农村供水设施建后管护不到位的问题得到根本解决，保障了农村饮用水的安全。

【农村生活污水运维管理】2019年，县水投集团编制《农村生活污水处理设施专项规划》，建成县、乡镇(街道)、村、户和第三方机构“五位一体”的农村生活污水运维管理体系。投资1600万元，配合建设部门改造农污处理设施提标工程29个。农污处理设施实现运维管理892个，日均处理量1.8万吨，受益5.3万户，农污处理设施运维管理获得省、市两级考核优秀。

【优化用水报装服务流程】2019年，县水投集团推进“最多跑一次”改革，实行“一窗受理”及“首问责任制”，围绕“减事项、减材料、减环节、减时间、减费用”的要求，报装申请材料精简至1份，环节精简至3个，从用户申请到通水不超过4个工作日，切实提高用水报装公用服务质量和效率，居民、企业用水报装的便利性、满意度持续提升。

（县水投集团　蓝雪银）

• 松阳县文化旅游发展投资 •

【概况】松阳县文化旅游发展投资集团有限公司（以下简称“县文旅投集团”）于2019年4月30日完成工商登记注册，正式挂牌成立，是由县国有资本投资运营集团有限公司出资的国有独资企业，注册资本金人民币1亿元。公司下辖6个子公司，分别为松阳县旅游发展有限公司、松阳县卫计发展有限公司、松阳县四方保安有限公司、松阳县田园乡村建设培训有限公司、松阳县档案服务有限公司、松阳县广播电视广告有限责任公司。

公司主要职能：县文旅投集团以优化国有资本布局、提升产业竞争力和国有资本运管效率、提高国有资本回报为目标，按照县政府确定的国有资本文化旅游布局和结构化要求，以对核心业务控股和财务性持股为主，通过开展投资融资、产业培育孵化、资本股权运作、价值管理、有序进退等方式，盘活文化旅游国有资产存量，发挥架构调整作用，引导和带动社会资本共同发展，实现文化旅游国有资本合理流动和保值增值。

公司主要职责：负责投资、开发、建设及经营旅游资源资产，包括旅游景区、旅游地产、酒店民宿、旅游交通、航空旅游、旅游商品、工艺美术品、旅游产品开发、智慧旅游服务，国内旅游业务、出入境旅游业务，票务服务，初级食用农产品、食品经营、日用百货、工艺礼品、陶瓷制品等的销售，服装、鞋帽、珠宝首饰等的经营，旅游产业和绿化、劳务服务等旅游相关产业。

负责投资、开发、建设及经营文化资源资产，包括文化传媒、文化演艺、影视影像、文化传承、培训研学、广告宣传、会务及会展服务、形象策划、礼仪服务、文艺演出服务、电子商务服务、培训服务、市场营销策划，广告设计、制作、代理、发布，档案服务、档案相关产品销售，体育赛事活动策划、组织、承办，体育用品、文化用品等的销售，文化产业、体育健身产业。

负责投资、开发、建设及经营卫生健康资源资产，包括医疗卫生、健康咨询、中医药传承发展、养生养老及大健康产业等。

负责投资、开发、建设及经营服务资源资产，包括安保服务、安保相关产品销售、安保设施建设、安保系统开发，保洁、门卫等其他服务人员派遣及相关产品销售，物业管理。

根据县政府授权或批准，开展资本股权运作、项目融资等；承担县委、县政府交办的其他任务；公司章程规定的其他职能。

下属子公司基本情况：松阳县旅

2019年4月30日，松阳县文化旅游发展投资集团有限公司举行揭牌仪式

游发展有限公司于 2012 年 11 月 13 日成立，企业类型为国有独资有限责任公司，其经营范围为全县风景旅游资源的规划、包装和市场化运作；风景旅游资源项目的开发文化产业投资等。现有项目开发部、经营管理部、综合部三个部门，下辖大木山茶园、黄家大院、延庆寺塔、松阴溪 4 个旅游景区，公司现有正式在编人员 8 人，劳务派遣人员及见习大学生 37 人。

松阳县田园乡村建设培训有限公司成立于 2017 年 11 月 27 日，现有员工 5 人。业类型为非自然人投资或控股的法人独资有限责任公司，经营范围为非学历文化教育培训，会务服务，礼仪服务，文艺演出服务，电子商务服务，市场营销策划，广告设计、制作、代理、发布，视频制作，健康知识咨询服务，国内旅游业务，出入境旅游业务，票务服务。

松阳县四方保安服务有限公司于 2006 年 7 月 17 日成立，现有员工 32 人。企业类型为非自然人投资或控股的法人独资有限责任公司，经营范围涵盖打字复印；为社会提供专业化、有偿安全防范服务；车辆施救；摄影；保安器材、服装等。

松阳县档案服务有限公司成立于 1999 年 8 月 25 日，前身为松阳县档案服务部，现已完成公司制改制，企业类型为企业类型为非自然人投资或控股的法人独资有限责任公司，经营范围为档案整理服务；办公用品销售；文具用品零售；文具用品批发；日用品零售；工艺美术品及收藏品零售；办公设备销售；五金产品零售；计算机软硬件及辅助设备零售；出版物零售。

松阳县卫计发展有限公司于 2018 年 3 月 21 日成立，企业类型为企业类型为非自然人投资或控股的法人独资有限责任公司，经营范围为卫生计生资产投资管理。

松阳县广播电视广告有限责任公司成立于 1999 年 1 月 22 日，现有工作人员 8 名。企业类型为非自然人投资或控股的法人独资有限责任公司，经营范围为广播电视、报纸、新闻网站、新媒体的广告策划、制作、发布和经营，承办各类文化活动。

【开拓业务增收】2019 年，县文旅投集团正式挂牌成立后，在延续原有的传统业务的基础是，积极拓展其他业务。以旅发公司为主体，加大对大木山茶园、松阴溪、黄家大院和延庆寺塔等旅游景区的基础设施提升。是年，增设了大木山游客中心和石门驿站休闲吧、独山驿站和大木山游客服务中心购物区，方便游客休闲购物；开发文旅投小程序，提供线上票务预订、景区导航、生态农产品购买等服务；设计开发“松阳故事”系列的笔记本、笔、雨伞、帆布包等文创产品，在中秋节时推出月饼套装，在春节前推出松阳味道系列年货（销售额约 57 万元）。以田园培训公司为主体，承接县内外的考察游学活动。全年围绕“不忘初心、牢记使命”主题教育，承接全县的“初心之行”“使命之行”活动；与县委党校合作，对浙西南红色文化进行课题研究，打造红色研学游线。在景区内开展寒暑假研学活动试点。通过活动的开展，锻炼人员队伍的能力。开拓新业务。承接会务活动类业务，全年承接中国松阳当代艺术系列展、南岱手绘艺术文创村夏克梁艺术工作室启动仪式和全省乡村文旅产业发展培训班等活动。签订碧山国际旅行社合作协议，推进雅溪口文旅招商项目落地。是年，文旅投、旅发公司和田园培训公司营业收入 541.4 万元，同比增长 58.4%；保安公司收入 2185 万元，同比增长 6.7%；广播电视广告公司收入 128.45 万元，同比增长 28.8%。

夏克梁艺术工作室启动仪式和全省乡村文旅产业发展培训班活动

【推进项目建设】2019 年，县文旅投集团推进 9 个文旅项目建设，其中在建项目 3 个，前期项目 4 个，扫尾项目 2 个。茶文化体验中心，12 月 13 日签订四方合作协议及股权划转协议，27 日完成注资、消防验收和竣工验收；合资公司完成工商登记变更，进入装修设计等前期工作。大木山自然学堂，主体结构建设并通过中间结构验收，墙体砌筑及室内墙体粉刷完工，正在进行水电安装及水泥花格板安装。蚕桑研学中心，主体修缮工程和室外道路铺设完成，正在布展中。造纸工坊，完成项目前期工作，正在进行招投标。大木山茶园景区景观驿站（采石矿）12 月 27 日动建。青田码道西路口商业区项目，完成概念方案和施工图初步设计，推进艺术照明设计，公示出让地块选址及规划设计方案。瓦窑头区块项目，完成第一批五幢保留房屋修缮和部分土地复垦。大木山茶园综合服务中心和松阴溪景区综合服务中心办理不动产权证。

【盘活资源行动】2019 年，县文旅投集团开展盘活青田码道21号、22号、A17号、A18号改建县航运博物馆修缮工作；青田码道溪滩路A01-1号、1号2幢房屋出租用于威尼斯驿站，白龙圳50号出租用于文化产业项目，白龙圳16号、43号、45号出租用于非遗传承体验项目均建成运营；溪滩路45号、后坑弄头13号出租用于民宿开发和商品销售。

（县文旅投集团）

光伏项目基地鸟瞰图

·县田园强村投资·

【概况】松阳县田园强村投资有限公司（以下简称“县强村公司”）前身是松阳县农业发展有限公司，成立于1996年11月。于2017年11月变更为县强村公司，注册资本6600万元，法定代表人张林福。2018年5月，根据县国有企业改革组建方案，公司出资人由松阳县国资委变更为松阳县国有资本投资运营集团有限公司，法定代表人由张林福变更为陈艳平，公司住所：松阳县西屏街道长松路258号3楼，经营范围：实业投资，投资管理，农业项目综合开发、建设与管理，农业技术咨询与服务，食用农产品初级加工与销售，物业管理，农业休闲观光服务，保洁服务，常规种子、苗木、饲料、兽药、农业机械销售，从事光伏发电等可再生能源项目的开发建设，电力生产和销售、经营管理、电力技术服务、电力生产的派生产品销售等。该公司有编制人数9人：总经理1人，副总经理1人，综合管理部（总经理办、办公室）2人，财务审计部2人，投资经营管理部3人（投资开发部1人，项目建设部1人、项目运营部1人）。县强村公司的组建，主要是解决“三农”问题，消除全县经济薄弱村，实现乡村振兴。

【光伏小康工程项目】2018年3月，县强村公司与浙江省水利水电投资集团有限公司共同投资建设光伏小康电站工程项目，成立浙江松阳浙源光伏发电有限公司。县强村公司出资6997.26万元，占股49%，（其中股权投资出资2356.9万元，项目借款形式出资4640.36万元）。松阳县光伏小康电站工程项目年均上网电量约2211万千瓦时，第一期建设30兆瓦，计划投资2.1亿元；第二期建设15兆瓦，计划投资1亿元。截至2019年底，光伏项目发电量为2579.256万千瓦时，营业收入为2115.62万元。项目建成后将为全县近100个村集体带来每年3万～5万元的经营性收益。“光伏小康工程”是一项增强集体经济薄弱村“造血”功能，提升低收入农户生活品质的民生工程，可增强低收入农户和经济薄弱村的自我发展能力，为全县消除薄弱村工作添砖加瓦。

【有机农业基地项目】2019年，县强村公司与江苏中科亚农生物工程有限公司开展对接，着力开展引进有机农业新技术、新产品，打造松阳县有机农业示范基地。1月，同江苏中科亚农生物工程有限公司签订《松阳县有机农业示范基地合作项目框架协议书》，并报请县政府批复。申报克萨姆教授人才工作室，并申请专项经费20万元，用于工作室运营。克萨姆教授多次为松阳县干部群众进行专业的有机农业知识培训。截至2019年底，购入菌剂5批7.27余万元，菌剂分配给4个有机农业基地(松阳县双童积雪家庭农场、松阳县思路源口家庭农场、松阳县源口茶叶专业合作社、花田泥农业专业合作社)。

【乡村振兴改革试点项目】2019年，松阳县乡村振兴改革试点中的3个重点项目公司——松阳县石仓工坊原种豆腐有限责任公司于2019年1月建成投产，豆腐工坊日产量达到50千克以上，截至12月底，实现石仓客家油豆腐产值75余万元。11月，

蔡宅村已建成的石仓豆腐工坊

豆腐工坊与杭氧集团进行接洽，每周根据杭氧集团的需求向对方食堂固定供货，工坊运营情况已步入正轨。

松阳县上田乡村振兴开发有限公司于2019年10月正式对外营业，十一7天对外试营业，营收收入4万元，截至2019年12月底，营业额20余万元。

2019年11月，松阳县大东坝镇石仓白老酒工坊经营有限公司建成投产。县强村公司作为大股东，投资入股松阳县新兴镇、四都乡生态强村公司，带动所在乡镇利用生态产品价值实现机制。

【项目运营情况】2019年，松阳县"余姚消薄飞地产业园"项目与18个乡镇行政村撤并后的48个村集体代表共同签署《松阳县"余姚消薄飞地产业园"项目投资协议书》，总投资3109.55万元，其中强村公司投资599.55万元，村股份经济合作社出资共计2510万元。10月，"余姚消薄飞地产业园"项目的第一次收益（310.9万元）已到账，第一次收益分配方案经政府常务会议审议通过。12月初，将第一批投资收益总计94.5万元陆续汇入各参股村股份经济合作社账户。

县强村公司与全县19个乡镇级强村公司，抱团共同投资"松阳——嘉兴松州飞地产业园"项目，计划覆盖全县除参加余姚飞地项目外的155个行政村，参加飞地项目。该项目位于嘉兴经开区塘汇街道北郊河南侧、320国道东侧，占地3.87公顷，总投资约2亿元，计划工期为1年半（含二次装修时间）；主要建设内容为6万平方米建筑面积的标准厂房及配套设施建设（一栋八层的综合楼和四栋三层的厂房以及垃圾房、地下车库）。目前前期工作已全部落实，接下来可进行土地挂牌工作。项目建设具体由嘉兴市飞地实业有限公司负责，县集聚区管委会帮助落实。

【中医药康养产业】2019年，松阳县中医药康养产业发展基金项目是由县强村公司组建以浙江省乡村振兴投资基金、产业资本、第三方独立社会资本共同参与的"中医药康养产业发展基金"。基金围绕中医药康养产业，谋划建设项目13个，投资总额13.5亿元，其中一期项目8个投资额7.05亿元，二期项目5个投资额6.45亿元。形成区域性一体化的自生经济内循环模式，促进农业发展方式转变和乡村产业高质量发展探索路径、打造样板，为新时代"三农"的全面整合转型发展积累经验。

【东西部扶贫茶苗捐赠】2019年，县强村公司接到《巴中市巴州区发改局关于松阳县捐赠巴州区茶苗所需品种及数量分配的函》后，通过公开招标，采购茶苗520万株，总价值116.25万元。并于2019年底前分批运往巴州区。（县强村公司）

住房保障

【概况】2019年，县住建局在推进城镇住房商品化的同时，探索推进城镇住房保障工作，通过加快保障房建设、推进住房保障受益人群扩面、强化住房保障配租和监管等措施，加强住房保障力度，保障对象包括城镇低保户、低收入、中等偏下收入、外来务工、新就业职工和引进人才家庭。建设标准化，全县保障性住房项目规划选址在3个区块，分别位于县城城北、城东及城南区块，共797套，总建筑面积为6.2万平方米，总投资约1.52亿元；配租公平化，为确保保障房配租过程公平、公正、公开，保障性住房申请须经社区、街道、民政、公安、国土、建设等单位进行联合审查，最终符合交由县房管处进行统一配租管理。保障房配租抽签过程由公证处公证，并由人大、政协、新闻媒体及相关单位现场监督。加强住房保障年审工作，严格落实保障房退出机制，根据保障房资格年审结果，符合条件的租户续签合同，不再符合低收入标准的租户按要求提高租金标准，不再符合保障房条件的退租处理；三是管理物业化。为确保物业企业切实履行职责，在物业公司的选聘上，事前对有意向的物业公司进行调查摸底，了解其是否符合保障房物业服务企业标准。物业管理费用由县财政承担，不向住户收取物业费，县住房保障服务中心定期对物业公司管理情况进行考核。

【公租房准入管理】2019年，县住建局加强住房保障年审，严格落实保障房退出机制，根据保障房资格年审结果，符合条件的租户续签合同，不再符合低收入标准的租户按要求提高租金标准，不再符合保障房条件的退租处理。加强保障房小区的管理，组织工作人员到保障房进行必要的检查，对小区环境进行整治。做好公共租赁货币补贴，组织人员就县城租房情况进行调查，为全县公共租赁住房货币补贴扩面工作打好基础。2019年，松阳公共租赁住房补贴工作已将中等偏下收入住房困难家庭纳入保障范围，租赁补贴户数由2018年的25户增至61户，发放公共租赁住房补贴14.46万元。

【高层次人才住房保障】2019年，松阳县人才公寓位于水南保障房小区，共54套，户型面积约60平方米，二居室，简装修。人才公寓保障对象为从县外引进到县属机关、企事业单位第四至第五类高层次人才以及经县委人才工作领导小组办公室研究审定的从事高新技术研究、科学成果转化的高层次人才或专家等。县人才公寓配租2期共7户，因工作调动等原因退租23户，截至年底实际居住43户，空余人才公寓11套。人才公寓实行动态管理，由县住建局按照保障性住房进行统一管理，落实每年资格年审，同时做好小区日常公用设施维护、环卫保洁等物业管理工作。

（县住建局）

公积金管理

【公积金事项办理“最多跑一次”】 2019年，丽水市住房公积金管理中心松阳分中心（以下简称“公积金松阳分中心”）创新举措深化“最多跑一次”改革。推出“商贷通”便民服务，打通公积金与银行数据通道，在合作银行办理住房按揭贷款的缴存职工，授权公积金中心获取商业贷款数据，无需提供商贷还款流水。推出“直提还贷”便民业务，打破先还贷后提取的现有模式，实现提前还贷、还贷提取一窗集成办理和提前还贷就近能办、全市通办、异地可办。优化流程简化材料，职工申请住房公积金贷款，取消工资收入证明材料。加强“互联网+”住房公积金建设，推进“互联网+政务服务”，100%民生事项实现“一证通办”，100%事项实现网上办、掌上办；做好单位网厅的推广和应用，63.2%缴存单位完成网厅签约。做好服务网点延伸，推广银行受理公积金贷款业务，建行在县城网点实现可受理公积金贷款业务；通过借助银行“面广点多”的优势，在农商行、邮政公司各乡镇（街道）便民服务网点，通过政务服务网自助终端、PC端、手机端，实现公积金业务自助服务100%全覆盖。

【住房公积金缴存管理】 2019年，公积金松阳分中心推进住房公积金制度扩面工作，探索公积金宣传新载体、新形式、新方法，加强对企业主、职工、个体工商户和自由职业者的宣传。开户单位31家，实缴单位441家；开户职工1380人，实缴职工12671人，净增实缴人数601人；缴存额2.95亿元，累计缴存总额22.08亿元，缴存余额8.17亿元。

做好资金的有效利用率，住房公积金提取额23854万元，累计提取总额13.91亿元，发放个人住房贷款389笔16025万元，回收个人住房贷款8998万元，累计发放个人住房贷款7165笔15.66亿元，贷款余额8.66亿元，个人住房贷款余额占缴存余额的106%，贷款逾期率为零。

规范缴存各项业务，按照丽水市公积金中心要求，规范公积金缴存基数、比例、月缴存额、业务办理程序、缴存方式等，单位可在5%～12%住房公积金缴存比例区间内自主确定缴存比例，助力企业减负，促进单位按职工真实的工资基数缴存公积金。同时全力推进单位版网上办事大厅，在全县各行政机关事业单位推行单位公务卡办理住房公积金同城委托收款业务，进一步深化“最多跑一次”改革，住房公积金缴存实现“一签永逸”，同时派专人服务机关单位和建制企业，对各经办人员进行一对一、面对面讲解，指导其能够独立且熟练办理网厅业务，真正实现“单位业务零上门”。

【住房公积金内部控制管理】 2019年，公积金松阳分中心完善内控制度建设，执行“三重一大”集体决策、经费收支管理、大额资金存储调度管理、内部会计控制等制度。按照“房子是用来住的，不是用来炒的”政策定位，着重从资金存放、信贷风险防范、违规提取整治三方面下功夫。抓资金管理运作，委托县财政局公开招投标实行资金竞争性存放7000万元。规范合作楼盘准入机制，强化现场调查审核；全面排摸抵押权未落实情况，采取电话通知、发送律师函等手段督促购房户在期房交付后及时办理不动产登记及抵押；加强逾期贷款催收，安排专人负责贷后管理，实现公积金贷款稳步提升、贷款风险有效控制。开展“扫黑除恶”专项工作，形成严厉打击骗提、骗贷高压态势，防范住房公积金骗提骗贷行为。从严治党抓作风，严格落实全面从严治党主体责任，认真落实新时代党的建设总要求，深化意识形态工作，切实推进干部担当作为；定期开展内部稽核，积极配合外部审计与监管，主动防范资金风险；扎实推进清廉机关建设，开展岗位廉政风险点排查，制订切实管用的防控措施，提高风险防控水平；突出督查重点，强化作风建设，不断激发公积金队伍干事创业、追赶超越、勇创一流的精气神，不断推进住房公积金工作的公开、公平、公正和高效廉洁。

（公积金松阳分中心）

金融　保险

三都乡酉田村景

中国人民银行松阳县支行

【概况】2019年，中国人民银行松阳县支行（以下简称“人行松阳县支行”）贯彻稳健货币政策和宏观审慎政策双支柱调控。推进依法履职，开展“两管理、两综合”和金融机构综合评价工作，评价结果进行通报并作为施行财政、事业单位存款竞价的参考依据，促进金融机构规范经营、合理竞争、健康发展；督促金融机构落实重大事项报告制度，制订日常考核标准，动态化管理金融机构；加强金融消费者权益保护工作，完善农村金融消费者权益保护服务站的机制建设，组织承办银行深入农村金融消费者权益保护服务站进行业务检查指导，夯实农村金融消费者权益保护各项基础工作。

开展重点领域风险防控，实行金融机构重大事项报告制度，开展流动性监测工作。使用存款保险系统，审核上报央行评级材料。按月监测、动态掌握辖内法人金融机构流动性状况，开展同业存单和大额存单备案工作。持续打击防范电信网络新型违法犯罪，配合公安部门开展打击治理通信网络新型违法犯罪专项行动。重点宣传银行卡用卡安全、农村支付、电子支付、个人银行结算账户分类、防范通信网络诈骗等知识，提高公众的风险防范能力以及对非现金支付工具的认知度。构建反假长效机制，加强与公安机关联系，净化全县货币流通市场，全年收缴假币1070张，金额8.65万元。鉴定并处理火烧币、霉烂币、损伤币合计兑换数量12张，兑换金额590元。

提升县域金融服务水平，指导辖内金融机构持续开展金融知识宣传活动，通过营业网点、集市日、银行卡助农服务点、社区、学校、微信平台等开展形式多样的金融知识宣传活动。重点宣传新版人民币的防伪鉴伪知识、投资理财、理性借贷、存款保险、安全用卡、反洗钱、防电信诈骗、金融消保、征信等内容。发放各类宣传资料10万余份，解决老百姓关心的金融热点、难点问题100余个，受众居民3.45万余人次。深化“智慧支付工程”建设，在联合松阳农商行智慧菜场、智慧公交应用的基础上，进一步推动银行卡、移动支付在医疗健康、旅游景区、行政服务中心、纳税大厅等便民领域的应用。全面开展商户移动支付受理功能改造，重点推进示范街区商户、活跃商户等开通银联标准的手机PAY或二维码支付，开通“免密免签”功能，整治支付领域风险。

推进“三服务”工作，实施“三张清单”制度。落实县委书记的批示精神，依据《实施融资畅通工程 推动解决民企融资难融资贵取得实质性突破》，梳理“三张清单”。召开部分规上工业企业座谈会和银行机构座谈会，收集融资需求和融资困难的企业名单，向银行交办任务。打通金融服务“最后一公里”，组织全县银行业金融机构开展“三服务”工作，组织“百名行长进企业送服务”活动，主动对接企业，送政策、送资金、送服务。2019年，组织银行业走访企业470人次，走访行领导42人，走访民营和小微企业327家次，搜集问题212个，问题解决和部分解决191个，解决融资金额98305万元。

参与浙江省传统制造业改造提升分行业省级试点，持续支持茶加工业为代表的传统制造业发展。6月11日，县委、县政府召开松阳县金融支持实体经济推进会暨半年度金融形势分析会，此次会议是松阳有史以后最高规格的金融形势分析会。丽水中心支行党委书记、行长阮建明受邀参加会议并作重要讲话，县委书记王峻，县委副书记、县长李汉勤，常务副县长杨金跃，分管金融副县长温小运等县领导参加会议并讲话。是年，县委书记召开2次金融形势分析会，县长召开4次金融形势分析会，分管县长召开2次金融形势分析会，会议重点是研究存贷款指标、金融支持制造业发展。截至12月末，全县茶产业贷款余额7.56亿元、制造业贷款余额10.46亿元。

【农村产权融资服务体系建设】2019年，人行松阳县支行持续把“三权”抵押贷款业务列为全年农村金融改革工作的重点工作。完善“三权”抵押贷款的台账资料，落实林权抵押贷款登记的会议纪要，在登记部门变动的背景下，林权抵押贷款业务正常开展。截至12月末，林权抵押贷款、农房抵押贷款、农村土地流转经营权抵押贷款笔数分别为4170笔、2405笔、216笔；贷款余额分别为51914万元、61257万元、6448.99万元，比年初增长分别为1960万元、2431万元、438万元，任务完成率分别为163.33%、151.94%和219%。另外，全县茶园抵押贷款1551笔、余额20146万元，比年初增加376笔、金额4887万元。协调推进村级担保组织建设，持续完善村级担保互助社，该工作纳入县政府的重点工作任务清单。截至12月末，全县建成田园乡村惠农担保互助社57家，行业协会担保组织6家，分别为社员提供5902笔、计4.68亿元；316笔、计1.61亿元的贷款担保，担保余额分别为1.23亿元和0.14亿元。政策性融资担保有限公司1家，为企业提供1773笔、计24.85亿元，担保余额1330万元。力促县政府恢复担保公司的正常运行，向县政协提交《关于恢复松阳县政策性担保公司正常运行的提案》。

【农村信用体系建设】2019年，人行松阳县支行完善个人信用报告查询、异议和投诉受理各项制度和流程，办理个人信用报告查询6365份，企业查询110份，共核实异常查询7203笔，核实查询用户异常阻断11次。

丽水市信用信息服务平台信用报告查询量16098次。开展41家企业信用评级，7家企业的内部评级。开展“征信服务小微与民营企业”专题宣传活动，在县城主要街道和商业银行营业网点共设宣传网点32个、播放宣传电子横幅35幅、播出宣传电子屏13个、发放征信宣传折页1800余份、举办宣传活动场次24次，参加宣传活动企业50余家，参加宣传活动的个体工商户220余家，参与宣传活动1200余人，发送征信宣传短信5000余条。拓展农村信用体系成果运用。截至12月末，全县对建立信用档案农户发放贷款余额15.24亿元，累计贷款额81.16亿元、累计农户数54420户。

【普惠金融助力乡村振兴】2019年，人行松阳县支行优化金融服务，支持民营和小微企业发展，创新办理农房流转使用权抵押贷款业务和香榧贷业务；立足乡村振兴，绿色金融，助力农村变美，创新推出“民宿贷”贷款产品；开展水利工程产权抵押贷款业务，助推小水电发展。截至12月末，累计支持民宿经营户1182户、计13412万元，余额203户、计3998万元；水利工程产权抵押贷款余额5笔、计3314万元；香榧贷余额9笔、计485万元。持续推进金融精准扶贫贷款项目。累计发放扶贫再贷款1.57亿元，利率1.75%。县借款金融机构已发放低收入农户扶贫贷款190万元，为帮扶低收入农户的个人提供贷款15286万元，帮扶低收入农户1119户。其中，签订现金帮扶协议1107份，生产资料帮扶协议9份，雇佣协议3份，增加帮扶资金56万元。发放小微企业精准扶贫贷款12户、计265万元，签订雇佣协议12份。

【农村支付体系建设】2019年，人行松阳县支行持续改善农村支付服务环境，推进助农服务点规范化建设。增加五星级助农服务点12个，四星级助农服务点32个，持续推进小额取款、现金汇款、转账汇款、代理缴费等基础支付业务稳步增长。全县银行卡助农点业务量30.56万笔，金额2.64亿元。

【基层央行党建工作】2019年，人行松阳县支行突出主题党日教育，开展“双基建设深化年”主题活动和“不忘初心，牢记使命”主题教育活动。制订主题党日活动计划，先后组织开展“庆七一、忆党史，践行浙西南革命精神”“不忘初心、牢记使命”等主题党日活动。突出支部建设，共召开支委会11次、党员会11次、专题党课8次。丰富支行党员活动室，把中共十八大以来的历次学习教育活动内容做成展板挂上墙。设置党员先锋岗桌牌，党员佩戴党徽上岗。推进学习型党组织建设，突出主题教育。把学习教育、调查研究、检视问题、整改落实贯穿全过程。向全体党员干部发放相关学习资料，先后安排10次集中研学，集中研学的内容包括《习近平新时代中国特色社会主义思想纲要》、《习近平关于“不忘初心、牢记使命”论述摘编》、中共十九届四中全会精神及习近平总书记系列重要讲话精神等。支行班子成员给党员上党课，组织到安岱后浙西南革命教育基地学习，到大东坝镇后宅村开展党员志愿者活动。

【干部队伍建设】2019年，人行松阳县支行坚持“工作主题化，主题载体化、载体具体化”的工作方式，围绕“双基建设深化年”主题，完善规章制度，强化履职能力。建立民主集中的议事制度、上下联动的督办制度、相互协调的帮扶机制制度规范。打造以“人生当如茶，清廉胜浮华”为核心的“一行一品”清廉文化，把茶文化与清廉文化相结合，开展党纪警示教育，元宵游园“廉政知识”竞答，倡导廉政知识常牢记，为人做事要正气。签订《党风廉政建设责任书》，筑牢廉洁道德底线。按季召开党风廉政建设季度分析会，加大对风险岗位和重要风险点的事前防控。完善班子成员和部门负责人约谈和承诺制度，分管领导每半年对职责范围内的党风廉政建设工作进行检查指导。把意识形态工作贯穿于支行各项工作之中，党组专题研究意识形态工作，并开展意识形态工作职责检查考核。建立支行意识形态阵地清单，从严审核支行网站内容，加强对行务会、报告会、研讨会、讲座论坛的管理。推进工会活动，开展职工“新年微心愿”征集、“我们的中国梦—文化进万家”活动、元宵游园会、女工“三八”节种植多肉植物活动及全员广播操、书法夜学、“庆祝新中国成立70周年健步走向北京”、“不忘初心 牢记使命，庆祝新中国成立70周年”道德讲堂、庆祝中华人民共和国成立70周年个人藏品展及征文征集活动，成立青年党员金融志愿者服务小分队，开展志愿者活动，打造和谐支行“家”文化，巩固央行形象。

（人行松阳县支行）

银保监组工作

【概况】2019年，中国银行业监督管理委员会丽水监管分局松阳监管办事处正式更名为中国银行保险监督管理委员会丽水监管分局松阳监管组（以下简称“松阳银保监组”），引领银行保险业服务实体经济，服务乡村振兴，推动银行保险业转型升级，稳步推进全年监管工作。截至年底，松阳县有银行业金融机构13家（含农发行松阳信贷组），入驻银行业机构1家，台州银行股份有限公司丽水松阳支行，全县银行业各类营业网点46个，从业人数700余人。保险业机构14家，其中，险财公司8家，寿险公司6家，从业人数1000余人（含业务员）。

推动红色信贷发展，指导泰隆银

行松阳支行设立红色信贷基地，发放党员先锋卡，发挥村里党员的先锋作用，带动全村致富发展。2019年，设立红色信贷基地5家，发放党员先锋卡114张。指导县农商银行加强党建引领，提高业务发展的凝聚力和向心力。该行与县委组织部结为党建共建单位，政银合作助力乡村振兴。建立纵向“三级联动”组织体系，与全县19个乡镇（街道）党（工）委、203个行政村及10家企业党组织建立党建联盟。

指导辖内银行业转化经营思路，从过去相对模式单一和粗放的整村授信进行优化，并结合各村实际和产业特色，推出乡风文明贷款、“三色”金融服务等整村授信新模式，提升服务的针对性和契合性。开展多方协作，扩大金融服务普惠面和受众面。引导辖内机构开展多元化合作模式，通过与省农村担保公司开展农村担保协作，缓解抵押担保难问题，并通过降低贷款利率等方式，减轻客户的融资负担。是年，辖内农商银行、农行、邮储银行3家银行开展农村担保合作，发放贷款11笔，金额260万元；县农商银行通过与县退役军人事务局签订“拥军优抚”战略合作协议，为县内优抚对象和军人提供优先、优惠、优质的金融服务。发放第一批退役军人“拥军贷信用卡”29张，发放“田园拥军贷”53户、金额618万元。

普及网格化管理，指导辖内银行业实行网格化管理模式，把全县所有乡镇进行网格化细分，成立由网格员和支农联络员为核心的网格队伍，对网格区域客户提供“金融保姆”服务，提升服务精准度。2019年，泰隆银行、农商银行、稠州银行、村镇银行等均开展先行先试，取得良好成效。开展“家门口”服务，提升服务便利性。指导县域部分银行业机构通过下沉服务网点拉近与偏远地区农户的地域距离，方便客户往来网点办理业务。同时，通过配备移动办公设备，实现从客户到银行办业务转变银行员工到农户家里办业务，真正做到信贷全流程“最多跑一次”的要求。泰隆银行累计为4111农户在家办理贷款14亿元，实现90%以上客户通过移动办贷功能实现客户贷款最多跑一次。推进溯源体系建设。在县城各菜场和批发市场推进第三代溯源建设，实现农贸产品从批发到零售全程追溯。拓展丰收溯配项目，丰收溯配嵌入丰收互联使用，重点优化学校餐厅配送验收监管，全力推进平台建设和溯配业务。截至10月底，全县165户鲜肉经营户、14所学校、7家社会餐饮、14家配送机构使用丰收溯配平台进行交易，累计交易69962笔，交易金额7136.71万元。

【防范信用风险监管】2019年，松阳银保监组制订“年末不良贷款率控制在1%以下，关注类贷款率控制在2.5%以下”的信用风险防控目标，按月监测信用风险状况，组织开展全面排查，加强对重点领域、行业和客户的信用风险分析，做到心中有数、手上有招；法人机构逾期60天贷款按要求全部纳入不良。开展不良贷款化解处置，对不良贷款上升较快的松阳农商银行在审慎会谈上提出监管意见，督促其制订压降目标，并逐笔制订清收处置方案。截至12月末，松阳辖内不良贷款率0.61%，比年初下降0.46个百分点，位居全市第二位（由低到高），持续保持较低水平。全县银行业共处置不良贷款17958.06万元，同比多处置4301.25万元。

【维护地方金融秩序】2019年，松阳银保监组开展“金融乱象整治合规建设年”活动。结合松阳银行业具体情况，聚焦整治管理乱象，推进法人机构公司治理提升工作，开展股权和关联交易专项整治。聚焦整治业务乱象，加强存款偏离度管理，整治“不当销售、不当收费、违规转嫁成本”等侵害消费者权益乱象。全年开展小微企业融资收费专项检查2次。聚焦整治员工行为乱象，按照《丽水银行业员工职业生命全周期风险排查工作指导意见》，督促银行业机构对员工行为进行全方面、全覆盖排查，杜绝员工行为失范，打造员工行为管理示范区。召开辖内保险机构负责人会议，开展保险业乱象治理再提升活动。实施法人机构监管。通过监管约谈、审慎会谈、三方会谈、出具年度监管意见书等措施，督促2家法人机构持续完善内部管理，严防各类风险，稳健经营，2家法人机构各项监管指标均符合监管要求。同时通过对2家法人机构小微企业金融服务进行评价，督促其找准自身定位，培育工作亮点，打造普惠金融品牌。开展县域银行业机构安全评估和检查。联合县公安部门对全县47家营业网点及18家自助银行开展安全评估。同时检查离行式机具47台、附行式机具99台。开展元旦、春节安全大检查和国庆节前农村中小银行机构专项安全检查，督促银行机构对问题进行整改，建立健全操作风险防控机制，全面强化操作风险和案件风险管控；对辖区内11家银行业机构开展监管巡查，对各行完成当年重点工作情况进行督查指导。抓消费者保护工作，组织辖内银行保险业金融机构开展“3·15”消费者权益保护活动；持续推进松阳银行业开展“金融入网格宣传到农民”的宣传活动，送金融知识到全县203个行政村。完成省委巡视组交办信访件1件，其他信访件3件。答复县政协提案1件。推进P2P专项整治。督促银行业筑牢风险隔离墙，配合县政府治理各类P2P乱象，在疑似P2P机构周围张贴标语，共同维护社会稳定。

【支持地方经济建设】2019年，松阳银保监组配合政府部门开展“三服务”工作。帮助解决松阳上上德胜不锈钢有限公司在“三服务”交办单中提出的关于贷款难、贷款贵问题。召集辖内银行业机构开展金融服务民营企业专题会，推进“精准服务企业，振兴实体经济”活动；与县金融办携同调研全县制造业贷款总量和增量排名先后原因分析。开展民营经济金融服务推进年活动。落实《2019年丽水银行业保险业民营企业金融服务推进年“13458”活动方案》，召开银政企座谈会、开展企业走访、送贷上门、银企对接等方式，扩大金融服务覆盖面。强化政策执行，修订相关制度，支持尽职免责，提高小微企业不良贷款容忍度。推动八类信贷产品增量扩面。每家银行选择1～2个重点产品突破。引领银行业加大对供给侧结构性改革的支持力度和制造业信贷投放力度。继续开展“减费让利”专项行动，对辖内银行机构减费让利工作进行综合督查，进行抵押登记、评估费专项检查，未发现辖内银行乱收费问题。组织全县规上企业参加金融政策和风险教育大宣讲活动，为园区企业、全县规上企业和部分小微企业、相关经济部门负责人，各银行行长，乡镇分管工业领导共135人参会，解读《金融服务民营企业的相关政策及举措》和丽水银行业保险业民营企业金融服务推进年“13458”活动内容。市银行业协会讲师作《多银行角度看，企业如何基业长青》报告，取得较好的反响。组织推广丽水银行业信贷平台。召开县辖银行业丽水银行业信贷平台推进会。建立丽水银行业信贷平台，推进联系人制度，在全县各平台推广使用丽水银行业信贷平台。

【普惠农村金融行动】2019年，松阳银保监组提升农村金融普惠率，增加普惠签约10111户、普惠签约率新增10.67个百分点。发放小额信用贷款12299户，占30万元以下小额贷款户数的73.71%，贷款余额12.77亿元，占30万元以下小额贷款余额的54.27%。县农商银行创新推出“田园乡村贷”，支持村集体消薄工作，该产品已向27个村集体发放“飞地”消薄项目贷款700万元。与县农业农村局合作推广“田园•民宿贷”，并通过一码通、智能付、丰收溯配等配套措施把服务延伸到乡间民宿。截至10月底，发放农旅融合贷款3366万元；助力产业农合联发展，发放“香榧”和“油茶”2家产业农合联贷款3948万元。松阳农商银行开办的“拯救老屋行动”贷，向界首村村民发放全省首笔拯救老屋贷款40万元。推进建行松阳支行　“裕农通”业务，打通国有商业银行服务“最后一公里”。“裕农通”合作方已签约覆盖全县203个行政村，覆盖率100%。

【村级担保组织监管】2019年，松阳银保监组持续做优村级互助担保融资模式，联合县金融办持续完善村级担保组织管理制度和考核评价等机制，对存量村级担保组织开展业务督查，推动完善内部管理，提升发展质量。完善推进机制，推动政府把“村级担保组织”发展工作纳入地方政府重点工作，建立对各乡镇的考核机制，实现进一步增量扩面。全县担保互助社64家，担保6230笔，累计担保金额6.37亿元，担保余额1.77亿元。丰富内涵，把村级担保组织作为金融知识宣教平台，与金融进网格相结合，推进金融知识宣教覆盖所有农户。

【打造茶产业链金融服务升级版】2019年，松阳银保监组引导农村金融机构支持“三位一体”农联合改革，推进茶产业链金融与茶产业“农合联”的融合发展，进一步延伸茶产业链金融服务链条，重点支持茶叶龙头企业贷款9户，金额6005万元。持续跟进中行松阳县支行在浙南茶业市场开展大数据线上融资服务试点工作，进一步拓宽服务覆盖面。8月21日，中行松阳支行全线上特色个人经营贷款产品——“茶商E贷”实现投产并完成首笔贷款投放。截至11月20日，办理贷款124笔，金额1823.2万元。

【结对帮扶村项目推进工作】2019年，松阳银保监组落实结对帮扶措施，建立结对帮扶工作月报机制，定期向省局报告结对帮扶工作情况。开展与结对活源村村民三访三问活动。走访村两委，深问村情民情和发展现状；走访农户，实问金融服务感受；走访银行，细问金融支持现状和服务难点。会同普惠科撰写《关于丽水金融扶贫的典型调研——以浙江银保监局结对帮扶村为样板》获得省局包祖明局长和周立新副局长批示肯定。发挥桥梁纽带作用，加强与省局、华统集团和县政府的沟通汇报，在华统公司养猪场项目进展缓慢情况下，分局向松阳县政府发送《关于进一步推进浙江银保监局结对帮扶村松阳活源村帮扶项目落地的函》，希望当地政府尽快落实养猪项目选址地，持续推动消薄项目落地。多方考量，活用华融扶贫资金。结合活源村并村实际情况，与华融公司沟通探讨扶贫资金使用计划，用于帮助活源村通村道路翻修政策处理资金。多方对接，加强困难群体帮扶工作。联合稠州银行松阳支行到活源村开展“金融入网格，宣传到农民”活动，提升农民金融风险防范意识，守住自己的“钱袋子”。开展银农对接工作。引导松阳农商银行、泰隆商业银行松阳支行到活源村与村两委座谈交流金融支农情况，泰隆银行在活源村建立“绿色金融实践基地”，针对性抓好金融服务工作。开展最暖金融人活动，引导当地银行业开展贫困户和留守儿童送温暖活动。

（松阳银保监组　程曦）

农发行松阳县信贷组

【概况】2019年，农发行松阳县信贷组各项贷款余额46833.34万元，日均贷款余额36642万元；储备粮油轮换1074.5万千克，发放粮油贷款2766.88万元。存款余额9293万元，日均存款余额12746万元；全年累计投放贷款24767万元，累计收回贷款8468万元；各项贷款利息收回率100%；不良贷款继续保持零余额。

持续做好项目营销和已批项目贷款投放工作，针对政府融资模式的变化，围绕农业开发和农村基础设施建设，积极了解贷款新模式，树立客户为中心的经营理念，助力地方基础设施建设及教育建设。2019年，成功审批松阳县职业中等专业学校迁建及秀峰路二期工程PPP项目3.6亿元贷款、丽水学院松阳校区PPP项目2.6亿万元贷款、松阳火车站站前广场项目2.8亿元、流动资金贷款1000万元，全年实现投放2.2亿元。

加强对农村土地综合整治、粮食收储、农村基础设施项目以及农村水利建设项目等重点领域的投入，支持产业化龙头企业，以稳经营促发展的原则，了解企业经营状况和资金需求情况，支持当地茶产业龙头企业浙江振通宏食品有限公司贷款1000万元。

【贷款经营规范管理】2019年，农发行松阳县信贷组推进风险规范管理，抓制度办法梳理整合，签订客户经理五大责任书，责任落实到人，夯实信贷管理基础，提高申报材料质量和效率，明确贷后管理职责、规范程序和内容。落实贷款“三查”制度，尤其是贷款调查环节的“三必到三必看”，抓实信贷全流程的每一个环节。开展存量风险监测，推行企业信用等级评定工作；实行商业性贷款的按月跟踪检查，推进客户经理尽职记录及日常信贷维护；加强贷款风险管理，开展信贷风险排查工作，把信贷风险降到可控的范围之中；规范资金支付流程，杜绝贷款资金挪作他用情况，对每笔资金支付去向客户经理有责任查明真实用途。

【员工队伍建设】2019年，农发行松阳县信贷组开展“信贷队伍建设年”活动，严格落实每周学习例会制度，突出基础、突出实效，做好“传、帮、带”工作，不断提高员工的思想素质和业务素质。落实《关于加强全省系统干部队伍建设的意见》，推进员工责任意识、服务意识、合规意识和业务技能的提升。派员参加市分行组织的财会技能测试及知识竞赛活动。

（农发行松阳县信贷组　唐优青）

中国工商银行股份有限公司松阳支行

【概况】2019年，中国工商银行股份有限公司松阳支行（以下简称“工行松阳支行”）内设办公室、公司部金融业务部和营业部（个人金融业务部）3个职能部门，下辖4个自助银行，有在职员工32人。本外币各项存款余额13.94亿元，比年初下降178万元；其中对公存款余额8.31亿元，比年初下降9850万元；储蓄存款余额5.66亿元，比年初增加9672万元。本外币各项贷款余额108149万元，比年初增加13489万元。不良贷款余额169万元，比年初下降124万元，不良率0.15%，比年初下降0.12%。其中，公司贷款实现零不良。不良贷款清收处置转化总额114万元，实现拨备前利润4362万元，净利润3736万元，实现中间业务收入819万元。

【拓展贷款结构市场】2019年，工行松阳支行推进项目贷款前期调查工作，与县相关职能部门对接项目情况，落实营销责任人和营销责任领导，明确营销目标和责任。定期不定期召开基建项目营销沟通会，协调和解决营销问题。积极向上级行争取信贷规模，加强中小企业和小微企业贷款投放力度。对接园区和招商部门，发展一批新的优质客户。做好网贷通客户的月末提款工作，重点落实对已预审客户的责任分解，开展二次营销，加快贷款投放。全年新支持小微企业38户，贷款发放额5200万元。持续支持全县茶产业的发展，依托浙南茶叶市场，设计实施专属茶产业集群融资方案，该方案贷款方式可采用抵押、保证、信用贷款。批量发展涉及茶产业的客户，为茶产业链的小微企业拓宽融资渠道，截至10月末，发放贷款11户，贷款余额4577万元。推进E“抵快贷”支持个体工商户、经营户。E“抵快贷”，线上办理，方便快捷，一次签约，6年有效，客户随借随还，全年累计发放“抵快贷”8000万余元。E分期突出“快、准、全”，截至10月末，办理E分期2564万元。

【服务实体经济】2019年，工行松阳支行推出无本续贷、中长期贷款、法人E“抵快贷”等特色产品，有小微企业使用网贷通产品42户，贷款余额20677万元，较年初增加7609万元。办理无本续贷2户，金额127万元；办理中长期贷款10户，余额5430万元；法人E抵快贷1户，余额30万元。

【提升中小企业金融服务】2019年，工行松阳支行创新小微企业服务方式，推出中长期网贷通，企业自主提款、随借随还、循环使用，方便小企业融资，减轻企业财务成本和还款压力。根据小微企业经营特点和资金运用状况，为客户精心设计贷款业务模式，在流程的设计运用中，针对小企业资金需求急、快、紧的特点，实行小微企业“评级、授信、押品、融资”四合一流程，缩短审批流程，提高审批效率。同时实行小微企业年审和贷款预审机制，缩短小微企业转贷时间，减轻企业资金周转压力和负担。针对重点产品实施包片管理，明确责任人，实施重点帮扶，采用“走出去、请进来”相结合的方式，贴近小微企业需求，主动做好新产品服务工作。将信用评级、利率定价、授信审批、发放审核、贷后管理等职能集中整合，专业服务小微企业客户。在融资品种、贷款方式的选择上，灵活运用政策，尽量满足小微企业需求，实现自身的业务发展和履行社会责任“双

2019年12月10日，工行丽水分行高级经理陈剑锋（右二）到松阳上上德盛集团有限公司考察

丰收”。成立专门的小企业金融服务中心，制订具体相应的办法措施，以“专门机构、专职队伍、专业产品、专属流程、专职审批、专项规模”“个性化服务方案”为小企业提供全功能、一站式服务平台，满足小企业客户“短、频、急”的融资需求和多元化的金融服务。

【安全风险防范】2019年，工行松阳支行加强安全风险防范，把警惕风险、正视风险、管理风险、防范风险的意识深入人心，在任何岗位、任何工作中，思想上绷紧安全这根弦；结合下半年员工异常行为动态排查，开展走访，密切关注员工思想动态；严格执行各项制度，做到制度上面无商量，制度上面无情面，落实各项检查整改工作，把合规管理、合规经营、合规操作落到工作实处；加强自身建设，开展思想道德教育，严于律己，防微杜渐，筑牢思想防线，杜绝一切社会上的不良行为与腐朽作风。

（工行松阳支行 毛春达）

中国农业银行股份有限公司松阳县支行

【概况】2019年，中国农业银行股份有限公司松阳县支行（以下简称“农行松阳县支行”）是中国农业银行在松阳县设立的一级支行，辖属支行营业中心和古市支行（二级）2个营业网点和4个自助银行，现有员工50人，是松阳县域营业网点最多、覆盖面最广的国有商业银行。县支行机关内设客户部、风险管理部、综合管理部等职能部门。该支行党委成员3人，党委书记、行长吴孚松；党委委员、副行长吕永勇；党委委员、纪委书记黄小鸿。全支行设5个党支部，现有党员34人（含离退休党员）。开展以支持地方经济发展为己任，全力做好金融保障工作，在促进县域经济发展中发挥重要作用。全支行自身经营规模、市场份额稳步发展，主要业务指标在全县金融同业中名列前茅，保持县域强行地位。截至12月末，各项存款18.98亿元，各项贷款余额15.11亿元，存贷款总量在全县工、农、中、建四大行（以下简称“四大行”）中保持第一位，市场占比保持第一位；信用风险防控成效显著，全支行法人和个人贷款实现零不良；实现拨备前利润4577万元，拨备后利润3631万元。在各金融机构支持松阳经济发展考评中获得松阳县“金融系统综合考评一等奖”。

【核心业务有效发展】2019年，农行松阳县支行各项存款18.98亿元，总量名列四大行第一位，增量名列四大行第二位；各项贷款余额15.11亿元，比年初增加3.39亿元，总量名列四大行第一位、增量名列四大行第一位，增量占比55.17%；全支行存贷比为76%，比年初提升12个百分点；实现中间业务收入1204万元，其中新兴中间业务收入占比78.66%。全支行获批项目贷款7.35亿元，其中县全民健身中心PPP项目贷款4.4亿元，松阳诚邦建设管理有限公司火车站站前大道站前广场及其配套工程PPP项目贷款2.95亿元，2018～2019年共获批项目贷款21.45亿元，成为松阳县政府类项目贷款授信总额最多、项目储备最丰富的国有商业银行。

【服务三农有特色】2019年，农行松阳县支行围绕服务乡村振兴，大力支持美丽乡村建设。在古市镇创建3个金融自治村，连续6年选派业务骨干到古市镇挂职，为农村“融资又融智”。打造“微型村银行”，在全县各村铺设“惠农通”有效机具139台，对所有商户加载二维码支付功能，农民“足不出村”就能高效办理金融业务。推广“惠农茶商贷”“惠农电商贷”“农家乐贷款”等特色惠农贷款，创新“惠农e贷”线上产品，与农村金融自治村合作创建田园乡村惠农担保互助社；与省再担保集团、省农信担保集团签订合作协议，解决部分农户贷款无抵押担保难的问题，农户通过手机银行、微信等渠道就能获得贷款，增强农户贷款的可得性、便捷性。截至12月末，累计发放“茶商贷”504户、余额1.33亿元，其中增加“惠农e贷”151户、增量1.04亿元。

【行业服务提升行动】2019年，农行松阳县支行制订营业网点规范化服务各项措施，开展争创“青年文明号”“巾帼文明示范岗”“文明服务示范窗口”和优质文明服务明星活动。通过对营业网点完善网点功能分区、整合规范网点工作流程，进一步提升全行的服务能力。全年开展形式多样的宣传活动，充分利用网点LED、电子海报机、多媒体机顶盒等宣传渠道，突出重点产品宣传，营造场内营销氛围。举办理财周、贵金属巡展、送金融知识下乡、进超市办卡、精准营销等系列活动，引导员工多开口、转推介、巧营销，在业务营销竞赛活动中，进一步增强员工团队合作意识，提升全行的服务能力、客户的满意度和社会信誉度。

【精细管理有成效】2019年，农行松阳县支行突出党建引领作用，贯彻“从严治党、从严治行”方针，坚持依法合规和有效发展。深入推进“三线一网格”管理，落实党风廉政建设“两个责任”，切实规范全行员工的行为和职责履行。加强柜面操作风险管控，推进“三化三铁”创建；抓“平安金融单位”创建，坚决守住安全生产底线；强化声誉风险防范，全年无经济刑事案件、无重大违规事项、无重大经营风险和无重大负面舆情，全支行连续23年实现安全经营，连续17年保持市级文明单位称号，古市支行被市分行命名为“合规示范网点”。

【开展企业文体活动】2019年，农行松阳县支行把企业文化建设作为经营管理的重要内容来抓，以先进的企业文化来助推业务经营有效发展，努力打造一支“有勇气、有底气、有朝气”的专业团队。通过多形式、多渠道、多层次培训，员工队伍素质得到进一步提升；在全行深入开展争先创优、建言献策、扶贫结对、慈善捐款等各类活动；推进人文关怀，深入实施“凝聚.激励、关怀”员工行动计划。重视新员工的培养。开展新员工入职仪式和青年员工座谈会，激发新员工爱岗敬业、踏实工作、爱行如家的精神。实行民主管理，召开职代会，发动员工开展“建言献策”活动，增强员工主人翁意识；加强职工之家建设，开办支行机关食堂和古市支行食堂，解决员工就餐问题；建立员工活动室和阅览室，丰富员工业余生活；积极发挥好工会、团委、女工等组织作用，建立全行困难员工档案，开展为困难员工帮扶送温暖活动；因地制宜组织开展春游、篮球、羽毛球、游泳、文艺会演等各类文体活动，有效引导员工进一步释放压力，提高队伍凝聚力和向心力，被授予全省农行系统“先进职工之家”称号。

（农行松阳县支行　姚政阳）

中国银行股份有限公司松阳县支行

【概况】2019年，中国银行股份有限公司松阳县支行（以下简称“中行松阳县支行”）开展“不忘初心，牢记使命”主题教育，创建创新“茶乡中行红”党建品牌。按照“存款高速度、贷款高质量、中收大突破、赚钱不出事”工作要求，持续推动支行业务高质量发展。截至12月末，本外币存款余额162505万元，县工农中建四大行中市场占比25.83%，列第二位；本外币增加存款19996万元，新增市场占比58.91%，列第一位。本外币贷款余额147623万元，县四大行中市场占比28.17%，列第二位。2019年，被评为松阳县银行业金融机构综合评价A类金融机构；中国银行丽水市分行优秀机构；党支部被中国银行丽水市分行评为先进党组织。

【夯实客户基础】2019年，中行松阳县支行落实省中行对公客户基础拓展大会战及市行“双户双基”工作精神，制订“松阳支行对公客户基础拓展实施方案”，发动全行员工营销。至12月末，新开立公司基础客户156户，新开账户市场占比位列当地四大行第一名。发展个金业务，联合推广茶青溯源系统、茶叶溯源系统、农资溯源系统的应用，深挖茶产业链客户群。3月，与县农业农村局在新兴镇上安村共同举办农资溯源推进会；6月，在新兴镇、樟溪乡举办重点茶叶加工户业务推进会；推进茶青溯源平台，拓展烟草商户批量获客，5月末与县烟草公司达成合作意向，举办烟草商户客户专享会。推进军人保障卡发卡项目及居民代发薪批量获客，举办特色网沙，古市支行针对当地辐射周边的4个乡镇，农村市场分散、文化水平相对较低、客户求知欲不强的状况，开展以集市日宣传、重点客群走访、厅堂节日活动、农村入网格等特色网沙形式开拓、夯实客户基础。

【压实责任抓存款】2019年，中行松阳县支行在公司业务发展上做文章，积极谋划当地行政事业存款招标，在全县2次公款竞争性存放竞标中，11家当地银行参与招标，最终分别以第二名（四大行第一）和第四名（四大行第二）的成绩争揽行政事业招标存款，有效助力公司存款的提升；以大额存单产品、企智通2号产品等带动无贷户的有效增长；积极传导结算银行的理念，争做结算流量，以结算带动有贷户存款的沉淀。在个金业务上拓宽渠道，聚力争揽土地征迁款，针对县棚户区改造瓦窑头区块项目征迁款逐步投放，该支行提前谋局，专门成立瓦窑头区块居户存款营销小组，全行员工参与瓦窑头居户存款争揽。提升茶产业资金沉淀，重点服务好浙南茶叶市场商户、依托古市支行网点，通过上门服务、网点沙龙、茶商座谈会等形式开展多方位的有效营销。精准营销强化存款产品配置，以“智盈宝”产品推出的时间窗口，通过对理财客户的产品配置引导、提升存量客户签约产品的存款、公司高管的分红营销、来聚财客户三方平台回流的资金引导等，抢抓时间窗口，锁定产品签约，并以移动柜台的便捷性强化服务。

【普惠金融贷款优先】2019年，中行松阳县支行落实上级行“抓大做小中间择优”的授信政策及攻坚对公制造业贷款战行动，努力发展普惠客户。全年新增获批华鑫起重、浙江德瑞、鼎力建筑、浙江鹏业、兰兰建材、万南钢业6家企业，合计授信总量4950万元，普惠金融（人行降准口径贷款）余额较年初增加2433万元。加大存量客户挖掘，加快项目储备进程，松阳县火车站站前大道站前广场及其配套工程PPP项目2.92亿元项目贷款获批。紧密联系一手房房企、二手房中介，做强房贷。依托浙南茶叶市场溯源系统应用平台，向上级行争取授信产品，上报线上茶商E贷产品获总行批复投产，于12月16日联合县市场监管局举办茶商座谈会暨茶商E贷产品发布会。通过烟商贷的前期集体走访与资料收集，投放烟商贷27笔。以茶商E贷、烟商贷为抓手，带动支行普惠金融有效投放。

【开拓中间业务】2019年，中行松阳县支行重点开拓非息收入及产品渠道，收取银团安排费和贷款承诺费；代理保险有所侧重，增加保费收费；突破资金业务，增加电子交易平台有效户2户，增加FICC客户4户，增加金融市场非息创收；利用票E贴产品大力拓展贴现客户群。积极营销ETC业务，促进信用卡发卡有效增长。

【合规经营赚钱不出事】2019年，中行松阳县支行；加强内控合规管理，严防经营风险，促进业务稳健发展。严格落实“基层网点风险管控50条”，开展不良清收、风险化解工作。1月份全额清收丽水兴乐有限公司不良贷款5500万元，实现公司贷款零不良；2月以现金催收方式全额清退支行风险预警企业2户，合计1749万元。个贷不良余额10万元，比年初下降34万元。信用卡不良26万元，与年初持平。落实存量账户的治理工作及重复客户号清理工作，主抓防范电信网络诈骗，坚持每日晨会的“案防一分钟”教育，以平安中行的各类案例为借鉴，提高员工防范诈骗的业务敏感性，积极向客户传达正确理财观念，落实“四必问、一签字”，成功劝阻以出借账户为名、以律师费为名、以投资为名的电信诈骗，挽回客户损失。营业部柜员杨宇帆在柜面为客户办理汇款业务过程中，成功堵截以投资为名的诈骗案；古市支行上报防范电信诈骗案例1次，挽回客户损失。开展员工专项排查，排查员工是否参与非法集资、民间借贷、参与经商、违规炒股炒汇、买卖期货等。

（中行松阳县支行 阙象和）

中国建设银行股份有限公司松阳支行

【概况】2019年，中国建设银行股份有限公司松阳支行（以下简称“建行松阳支行”）按照“以党建为纲、以发展为要、以管理为基、以人为本”的工作要求，提高“三大能力”建设，践行“三大战略”发展，提升全行精细化管理水平。截至12月末，一般性存款余额137247万元，其中个人存款余额59562万元，对公存款余额为77685万元；各项贷款余额122366万元，其中个人贷款82133万元，对公贷款40234万元。不良贷款余额126.92万元，不良率0.09%。是年，该行被评为“省级文明单位”、省分行级“平安支行”、“企业文化建设示范点”、安全保卫先进集体。

【优化信贷结构】2019年，建行松阳支行坚持“六型”客户优先原则，高度关注棚户区改造进程及关联企业链，关注基础设施、“三改一拆”和民生工程等项目建设，抓住重大发展机遇，支持政府重点项目建设。与县国有资本投资营运集团有限公司、县文化旅游发展投资集团有限公司达成初步业务合作；投入资金支持县中医医院银医项目上线，县人民医院医共体金融科技社会化平台建设。完成对县国有资本投资运营集团有限公司的综合授信，加大对民营企业的信贷投放力度，新增浙江松阳浙源光伏发电有限公司固贷项目贷款投放。持续发挥个人住房贷款传统优势，个人住房贷款快速增长。2019年，与“美好家园”、“新鸿悦府”、“南城壹号”、“香格里拉”、“铺门佳苑”二期、“松泰家园”楼盘，以及房屋中介进一步全面合作，个人住房贷款增量位居全县四大商业银行第一位。

在北山村开展金融知识宣传和推广“裕农通”业务

【普惠金融行动】2019年，建行松阳支行推出“小微企业快贷”产品，助推全县小企业发展，全县有授信小微企业客户61户，授信金额5615.42万元，贷款支用44户，余额4188.52万元。积极推广个人住房贷款、“文明助农贷”、“好家庭信用贷”和“惠农贷”等产品支持乡村振兴发展，提高“三农”服务能力。为8个乡镇158户下山脱贫农户发放个人住房按揭贷款6345万元，并给予一定的利率优惠。为省级文明村村民生产、经营和消费等提供授信245万元，发放贷款236万元，降低村民的融资成本，增加村民收入。办理“好家庭信用贷”贷款2笔，发放金额49万元。办理“惠农贷”转贷18笔，贷款余额187.5万元。

【党建引领促业务发展】2019年，建行松阳支行开展“不忘初心、牢记使命”主题教育，成立张富清金融服务队、张富清党员突击队、设立张富清服务热线，在全行兴起“学英雄、提境界、比贡献、促发展”的热潮。组织党员外拓小组进市场、进社区、走客户，积极开展外拓营销活动，引导党员干部在普惠金融、ETC业务营销工作中勇挑重担。与县税务局联合举办“云税贷”宣传推介会等形式，加强小微快贷的推广力度。到各乡镇、村开办“裕农通”业务，融合普惠金融理念，着力构建“手机+农村服务点+裕龙卡”的村口银行模式，用“龙易行”便捷的操作、强大的功能，为村民提供安全便捷的各项金融服务。

【风险管控工作】2019年，建行松阳支行推进主动风险管理，坚持五个到位，加强信贷客户风险排查、逾期贷款催收管控和不良贷款处置的化解，做到资产质量管控不放松。安排专人负责通过个贷催收账户管理系统对逾期、不良贷款进行电话或上门催收、司法催收等手段做好逾期和不良贷款管理。全年共起诉个人贷款18笔，处置化解261.73万元。个人不良贷款余额126.92万元，公司类贷款继续保持零不良。

【合规教育】2019年，建行松阳支行开展员工合规意识教育，促进全行员工树立稳健经营理念，增强责任意识，合规经营。有计划地进行合规监督，不定期进行飞行检查，及时开展员工家访，联合家属主动参与合规监督工作，把合规教育延伸到单位、家庭的每一个角落。开展警示教育工作，教育全行员工筑牢思想道德和党纪国法防线，提高拒腐防变的能力。召开支行警示教育大会，组织全行员工观看警示教育片《蜕变》，聆听《中国共产党纪律处分条例》宣讲等内容，并教育员工遵守道德底线、坚守制度红线。落实党风廉政建设，严格执行中央八项规定，开展预防节日腐败工作，严格执行公务用车制度，规范办公用房管理。

【社会责任担当行动】2019年，建行松阳支行结合县政府对口帮扶工作要求，联合斋坛乡村集体企业、浙江赶街电子商务有限公司共同开展“善融商务”个人客户回馈促销活动，为斋坛村销售生态大米，安排专项补贴资金支持斋坛村村集体经济的发展。引导员工奉献爱心，组织员工到望松街道敬老院慰问老人，送上慰问物品，贴对联、送福字。与县“爱心蚁工公益服务中心”志愿者一起到大东坝横樟村关爱空巢老人，让老人们感受到社会各界的关心。组织党员、团员干部到大东坝镇外大阴村，开展体现“家国情怀、大行责任”的社会公益活动，为村里的老人包饺子，并走访看望村里的18户低保户，5户低保边缘户，了解他们的家庭需求，逐一送上爱心礼包，让他们感受到来自该行的温暖。组织员工志愿者团队到斋坦乡开展全民“清洁日”清扫活动。参加县城创卫工作到古湖坑沿溪街道，对路边花圃杂草、垃圾进行清理，配合县政府做好专项督查工作。

【员工队伍建设】2019年，建行松阳支行组织青年党员参加建行丽水市分行举办的“学习张富清，践行新使命”主题演讲活动，引导党员和群众在本职岗位上主动作为，在创新工作中积极突破，在迎接考验中建功立业，充分体现党员先锋模范作用，争当张富清式的优秀党员和优秀员工。举办员工迎新晚会、开展“三八”妇女节自助烧烤活动，促进员工之间互帮互助精神。修缮员工宿舍，为他们解决住宿等实际问题，实行绩效考核政策向一线倾斜等措施，提高员工的认同感和归属感。

（建行松阳支行 阙伟红）

开展消费者权益保护宣传活动

浙江松阳农村商业银行股份有限公司

【概况】2019 年，浙江松阳农村商业银行股份有限公司（以下简称“县农商银行”）有在职员工 243 人，内设职能部门 11 个，下辖营业部 1 个、支行 14 个和分理处 7 个；全行网点机构 22 个、流动服务网点 4 个、助农服务点 152 个、49 台 ATM 机遍布城区及各乡镇。各项存贷款总额突破 115 亿元，被松阳县政府授予“乡村振兴主办银行”称号，与县委组织部结为党建共建单位，被松阳县农业农村局授予“三资”管理合作银行称号；2019 年，被评为浙江省“民企最满意的银行”。坚持稳中求进的总基调，发展以人为核心的全方位普惠金融，打造“做业务最实、与民企最亲、离百姓最近”的银行。截至 12 月末，各项存款余额 65.19 亿元，比年初增加 11.86 亿元，增长 22.24%。存款增量和期末余额均居全县银行业第一名。各项贷款余额 50.24 亿元，比年初增加 8.83 亿元，增长 21.31%。其中，涉农贷款余额 45.15 亿元，比年初增加 68.17 亿元，增长 22.08%；小微企业贷款余额 16.46 亿元，比年初增加 2.96 亿元，增长 21.93%。存贷比为 77.06%。提升普惠基础，签约普惠客户数 27704 户，比年初增加 10111 户，普惠签约率 29.23%，比年初提高 10.67 个百分点，实现乡村振兴考核目标。推进互联网金融，互联网客户 79773 户，增加 26477 户。互联网客户覆盖率 67.16%，比年初上升 22.40 个百分点。个人移动支付价值客户 20085 户。互联网活跃客户 22601 户，活跃率 28.33%。社保卡发卡量 137029 张，增发 5183 张。社保卡发卡占比 55.84%，比年初上升 1.16 个百分点。申领电子社保卡 16429 张，一码通用户 3638 户，智能付用户 601 户。全年实现利润总额 10180.03 万元，同比增加 2000.24 万元，增幅 24.45%；实现税后净利润 7937.67 万元，同比增加 1472.31 万元，增幅 22.77%。缴纳税金 5632 万元，贡献地方税收位居全县第二名。

【党建工作创新】2019 年，县农商银行建立“党建联盟”组织体系，与县委组织部开展战略合作，联合发文《关于推行松阳农商银行与基层党组织开展党建共建推进金融更好服务乡村振兴的通知》，并结为党建共建单位，建立党建共建联盟关系，推进政银合作助力乡村振兴。同时，开展各领域党建工作融合共进活动，建立纵向“三级联动”组织体系，与全县 19 个乡镇（街道）党（工）委、203 个行政村（社区）及 10 家企业党组织建立党建联盟，实现 “党建+三治融合”发展。开展横向合作，与县交警大队、县武警中队、县消防大队等 10 余个单位签订《党建共建联盟协议书》，延伸党建共建触角。

5 月 24 日，县退役军人事务局与松阳农商银行举行“田园·拥军贷”签约仪式

【普惠田园金融】2019 年，县农商银行支持生态农业、特色工坊、休闲旅游的农旅融合产业的发展。与县农业农村局合作推广“田园·民宿贷”，并通过一码通、智能付、丰收溯配等配套措施把服务延伸到乡村民宿，发放农旅融合贷款 4834 万元。发挥县农合联副理事长单位优势，深化“三位一体”改革，助力产业农合联发展，全年发放农合联贷款 1806 万元。成立“香榧”和“油茶”2 家产业农合联，对县香榧农合联成员授信面达 100%，为县油茶产业农合联贷款授信 5000 万元。

【提升民营企业金融服务】2019 年，县农商银行开展走访民营企业，下调小微企业贷款利率，着力解决民营企业转贷难、融资难问题；支持具有当地特色的支柱产业发展，全年发放茶叶龙头企业贷款 11 户，金额 7085 万元。创新新型农业经营主体服务模式，牵头组建 2 家产业链型农民专业合作社，汇集入股保证金 800 万元，获财政补助 80 万元，授信合作社成员 2400 万元。推进小微企业服务便捷化，推广“田园•转贷通”“小微速贷”“流动资金中长期贷款”等产品，实现小微转贷无缝对接，小微速贷一次授信、循环使用、随借随还，为松阳县裕溪合溪水电发展有限责任公司发放社团贷款 9500 万元。

【支持乡村振兴】2019 年，县农商银行创新推出“全民信用贷”产品，推进无担保无抵押的纯信用贷款，利率定价参考客户黏合度，打造普惠金融服务品牌。发放小额信用贷款12299户，占30万元以下小额贷款户数的73.71%，贷款余额12.77亿元，占30万元以下小额贷款余额的54.27%。普惠签约率比年初提升10.67个百分点。支持乡村振兴，4月24日与县委、县政府，县农业农村局、县强村公司等部门共同举行“振兴乡村，我们在行动”主题签约仪式，给予村集体优惠的金融政策（村集体存款利率上浮到政策上限，贷款每个行政村50万元以内享受基准利率），并成为县强村公司飞地业务的金融合作银行，共同助力乡村振兴。助力消薄。与叶村乡6个薄弱村结对，推进“千企结千村·消灭薄弱村”行动，3年计划投入300万元助力薄弱村脱贫致富。创新“田园•乡村贷”稳步支持村集体“飞地”项目发展，支持27个村集体“飞地”消薄项目贷款700万元。

【普惠金融拓展】2019年，县农商银行助力地方经济发展，与当地税务部门沟通联系，建立健全纳税服务、融资服务等合作机制，对接县不锈钢龙头企业上上德盛集团，发放贷款2200万元；介入县域水电站拍卖转让，对接6家县域水电站提供信贷支持共计1.45亿元（含组团贷款）；探索银军合作新模式，推出“田园•拥军贷”，与县退役军人事务局签订“拥军优抚”战略合作协议，向全县优抚对象及退伍军人提供优先、优惠、优质的金融服务。

【互联网金融】2019年，县农商银行推进新生儿一件事联办工作，该行独家办理全县新生儿一件事联办社保卡开立。从6月开办以来，累计为499个新生儿家庭提供社保卡便捷开卡服务。优化社保卡服务，推进社保卡“最多跑一次”改革，10家一级支行实现社保卡补换卡业务办理，为广大社保卡客户提供便利。开展“在家办、更便捷”电子社保卡申领工作，申领电子社保卡16429张。推进医疗领域场景建设，做好慢病外配处方和送药上山相关工作，完成20家慢病药店医保监管系统入网使用和4家乡镇卫生院送药上山POS配置。深化溯源体系建设，在县城东菜场、城南菜场和批发市场推进第三代溯源建设，实现农贸产品从批发到零售全程追溯。拓展丰收溯配项目，丰收溯配嵌入丰收互联使用，重点优化学校餐厅配送验收监管，全力推进平台建设和溯配业务。全县有165户鲜肉经营户、14所学校、6家社会餐饮、14家配送机构使用丰收溯配平台进行交易，全年累计交易78929笔，交易金额8298.36万元。

【企业文化】2019年11月14日，县农商银行新大楼正式乔迁营业，在激活南城发展活力的同时，以全新的环境和一流的服务服务客户和地方经济发展。开展横向联动与纵向协作，深化银政、银农、银商等全方位、全领域合作，有效提升企业形象，实现文化兴行。该行借助新大楼乔迁之际，组织开展“乡村振兴·农商在行动”主题活动暨扶贫捐赠仪式，向县红十字会捐赠扶贫资金100万元，帮助因病因灾的困难群体。开展一户一策一干部、爱心捐赠、定点扶贫和温暖传递等社会公益活动，彰显社会担当和企业责任。

（县农商银行　周燕萍）

中国人民财产保险股份有限公司松阳支公司

【概况】2019年，中国人民财产保险股份有限公司松阳支公司（以下简称“人保财险松阳支公司”）坚持依法合规经营为前提，以客户为中心，转型创新求突破的谋划全年各项工作任务。截至11月30日，实现保费收入6023.83万元，支付赔款3137.95万元。考核费用率39.04%，综合赔付率50.36%，综合成本率89.39%，全险种市场份额为46.72%，同比增加0.07个百分点，SR比值1.02，其中车险市场份额为43.75%，同比增加1个百分点，SR比值1.44，非车非农市场份额56.69%，同比下降8个百分点，SR比值0.34。2019年，被省公司评为“创先争优活动”先进集体；营业厅被省公司授予“金牌服务示范窗口”称号。

【两险业务稳步发展】2019年，人保财险松阳支公司坚持对标市场，加快车险业务发展速度；推进非车险业务发展步伐。在车险业务发展上应对市场变化，深化车险基础管理工具的应用，根据费改后的变化，重点加强呼出、续保团队建设，发挥自身营销员团队作用，巩固和加强获取能力。同时，向新车市场要保费，向其他公司要保费，全力争夺新保业务，持续推进车险业务有效益发展。提高车险销售能力，完善公司考核办法以及实践员工职业生涯管理为先导，激发员工展业积极性，提高车险销售队伍的能力和水平。拓宽车险销售渠道，继续加强与汽车经销商等中介代理单位的沟通和联系，营造双方共赢的合作环境。落实“四位一体”工作方法，深化续保实施细则，提高优质业务的续保率。挖掘优质存量业务，强化回流业务考核，促进回流业务发展。推进项目管理，加强政府营销，力促政保合作项目，促进非车险业务有效发展。根据市公司提出的非车险项目管理指引，明确全年非车险业务发展方向，探索非车险业务的发展规律和展业方式，使非车险业务真正实现健康发展。

【承保三农项目系列险】2019年，人保财险松阳支公司承保“三农”政银保合作项目系列险。其中，政策性农房保险的续保工作全面完成，全年共承保53470户，并附加室内财产险承保45235户，参保比例98%。林木火灾保险共承保公益林56086.47公顷，林木综合保险14042.4公顷，保额3.78亿元。茶叶低温气象指数综合保险共承保108.2公顷，参保比例1.35%，为144户参保农户提供1056万元高额风险保障。生猪保险承保37480头，能繁母猪承保2175头，参保比例95%，累计保额5000万元。水稻承保791.87公顷，参保比例100%；蔬菜大棚保险承保4.27公顷，食用菌险承保344.5万袋，累计提供风险保障2500万元。与县林业局协商为县辖普查登记挂牌的73个古树群和3679株古树名木投保公众责任险，提供约500万元的风险保障，是丽水市系统内第一单古树名木公众责任险。

【承保社会民生项目各类险】2019年，人保财险松阳支公司承保自然灾害公众责任险，为全县24万户籍人口系上“保险带”，提供高额风险保障千万元；对接县民政局，完成全县老年人意外险、低收入人群小额意外险、农村小额意外险，为全县2.5万余人提供超2亿元意外险保障。其中，普通农户参保农村小额意外险保费由农户自交50元，政府补贴10元，低保户及低保边缘户、残疾户、80岁以上老年人三类特殊人群小额意外险由政府全额出资补贴；为教育系统提供教职员工责任险、校园方责任险、学生幼儿平安险等，惠及全县师生7000余人，提供近亿元的风险保障；与县农办签订松阳县农家乐民宿保险政府采购合同，为全县约400家主体经营资格合法，正常营业的农家乐民宿提供1500万元的风险保障；与县社保局对接续签全民医保一档高额补充医疗保险项目，合作期限为3年；为县域城镇职工居民3万余人提供约5000万元高额医疗保障；同时，开展安全生产综合治理，逐步健全安责险制度和事故预防机制，在县安监局的支持下为全县30余家一线生产企业承办安全生产责任险，提供约9500万元风险保障。

【客户服务提升】2019年，人保财险松阳支公司结合“创优争先”活动，以客户为中心，不断改善客户体验为出发点，注重服务效率和服务质量的双重提升，在注重理赔“四个一”标准化服务和加快理赔速度的基础上，推出贴心服务和细心服务。开展上门理赔服务，公司要求理赔员工化被动服务为主动服务，上门为客户收取理赔资料，同时向客户发放车险理赔指南、车险人伤案件处理流程图以及掌上人保等各项宣传手册。围绕“主动、迅速、准确、合理”理赔工作机制，抓好理赔各项关键举措的落实。加强第一现场查勘，实现查定分离，提高查勘、定损人员的工作责任心；开展定损、核损及赔案复查，提高理赔质量；加强人伤案件和诉讼案件的管理力度，强化医疗费用审核环节管理，提高医疗费用审核工作的有效性和针对性；加强理算环节的管控，坚持“小额赔案抓速度，大额赔案抓质量”，缩短理赔周期，提升理赔速度；开展未决赔款清理，努力使未决赔款减低到最低。

【提升公司盈利能力】2019年，人保财险松阳支公司围绕“承保有利润，经营有效益”的中心，全面梳理全险种盈利能力工作措施，有针对性地制订措施，实行差异化管理，重点加强对承保质量、手续费、理赔和应收保费的管控。完善相关考核办法，严格按时间进度使用各项费用，降低展业成本，开源节流，严格控制车辆使用费、差旅费、会议费、修理费、办公费等，节约各项费用开支，把费用用在刀刃上。大力倡导勤俭建司，坚持以效益为先，提升承保质量，抓实节点管控，降低理赔成本，从而提升公司经济效益。

【员工队伍建设】2019年，人保财险松阳支公司组织员工开展烧烤、登山等联谊活动，丰富员工业务文化生活，增强员工的身体素质。充分调动员工工作激情，面对市场挑战，变被动为主动，变资源为保费，转变观念和角色，为员工增添展业信心。组织员工参加市公司组织的各项工会活动，获得乒乓球比赛团体三等奖。该公司始终把费用向一线倾斜，在思想和经济上对每位职工都给予关怀和帮助，每位职工生日都会收到公司工会送去的祝福，组织全体员工参加健康体检，确保员工安全健康水平持续提高，从而调动员工的工作积极性和创造性，进一步增强员工的使命感和责任感。

【合规经营】2019年，人保财险松阳支公司坚持依法合规经营，细化举措，提高数据真实性。开展标准化服务培训，高度重视客户投诉和神秘人检查。开展学习型组织建设，抓好全员的学习教育工作，倡导“四多四少”正气之风，努力形成会学习、勤学习、爱学习的工作新格局。执行“三重一大”决策制度，完善党委议事规则制度，实现党风廉政建设责任状全覆盖，全面打造一支政治更加坚定、作风更加优良的政治队伍，进一步增强公司依法合规经营意识，防范和化解经营风险。

（人保财险松阳支公司）

中国人寿保险股份有限公司松阳支公司

【概况】2019年，中国人寿保险股份有限公司松阳县支公司（以下简称“人寿保险松阳县支公司”）为中国人寿保险（集团）下属子公司，属国有大型保险金融企业。该公司内设个人业务部、营销发展部、综合管理部、客户服务部4个部门。通过个人营销、团体直销、银行代理、网络销售等渠道，向个人和团体提供人寿、年金、健康和意外伤害保险产品，涵盖生存、养老、疾病、医疗、身故、残疾等多种保险保障，全面满足客户在人身保险领域的保险保障和投资理财需求。公司秉持“诚实守信、客户至上”的服务理念，拥有95519客户服务专线、安全快捷的企业互联网站、16位专业管理人员、385位专业销售人员，致力于为社会大众广泛提供优质的保险产品和服务。2019年，实现总保费收入6651.30万元，同比增长5%；新单保费2260.69万元，同比增长3%；续期保费4390.61万元，同比增长2%；其中标保791.65万元，同比增长99.7%；保障型592.47万元，同比增长109.5%；短险1134.59万元，同比增长27%。全年短期意外险累计赔付995万元，其中死伤赔付283万元；满期金给付450万元。

【政策性保险】2019年，人寿保险松阳县支公司针对不同群体开展多项政策性保险，分别在大病保险、意外保险、住院医疗等方面提供保险保障，包括独生子女家庭意外伤害保险、计生特殊家庭保险、女性安康保险、男性安康保险、残疾人保险、学生平安保险、农民自建房保险、康悦百万医疗保险等，在改善民生、服务困难群体、完善社会保障体系、辅助社会管理和促进经济发展等方面发挥积极的作用。

【内部管理】2019年，人寿保险松阳县支公司制订《松阳支公司费用管理办法》《松阳支公司职业化建设管理办法》，成立反洗钱、非法集资、内控管理等相关领导工作小组，提出“遵制度、明流程、严执行”的工作要求，推行月度经营管理制度、月度学习制度，形成年度有思路、季度有总结、月度有进度、员工有目标的良好格局。同时开展各岗位员工的工作技能培训，提升业务管理质量，提高销售人员的销售技能，增强客户服务体验标准。该公司投入50万余元对公司职场和古市营销服务部进行标准化装修。

【风险管控】2019年，人寿保险松阳县支公司开展纪检风控辅导式教育，并开展反洗钱、非法集资、“治乱打非”、销售非保险金融产品、金融服务月等各项活动，有效治理销售过程中的不合规行为，通过风险教育与现场检查相结合的方式，防范化解销售风险，强化整改责任落实，及时消除风险隐患，促进公司持续稳步健康发展。

【党建工作】2019年，人寿保险松阳县支公司按照《党支部书记职位说明书》和《党支部书记抓党建工作质量目标合同党建工作目标责任书》的要求，坚持从加强学习教育、强化内部管理和完善制度机制入手，转变工作作风，狠抓工作落实，切实加强党建工作，提高党员的整体素质，并抓实党风廉政教育，开展“不忘初心，牢记使命” 学习教育。该公司党支部以领导带头学、干部集中学、专题党课学、讨论交流学、体验观摩学等方式，推动党员干部加强学习，把学习与业务推进紧密结合，以理论联系实际，围绕中心抓党建，抓好党建促发展。

（中国人寿松阳支公司　周世隆）

中国邮政储蓄银行股份有限公司松阳县支行

【概况】2019年，中国邮政储蓄银行股份有限公司松阳县支行（以下简称“邮储松阳县支行”）共有员工51人，内设3个职能部门，下辖2个自营网点、6个邮政代理网点、6个金融空白乡镇网点和95个助农取款服务点，网点覆盖全县18个乡镇（街道），覆盖率94.74%。该行于2008年成立以来，积极落实党中央、国务院关于“服务三农、普惠金融”的总体要求，立足地方经济发展实际，充分发挥和运用邮政金融独特的网络优势、品牌优势、信誉优势、服务优势，依托遍布城乡的物理网点、金融空白乡镇网点、助农取款点和ATM等自助终端体系，加强支农支小服务，持续业务创新和服务创优，持续推进涉农金融业务快速发展。截至12月底，各项存款余额14.45亿元，其中个人储蓄余额12.28亿元，公司存款余额2.17亿元。各项贷款余额11.93亿元，其中个人贷款余额10.49亿元，小企业贷款余额1.44亿元。不良贷款余额127.65万元，不良率0.11%。

【运行管理有序推进】2019年，邮储松阳县支行开展“案件警示教育”活动，组织员工“查摆反思”，教育引导员工树立良好的职业操守。开展“巩固治乱象成果 促进合规建设”工作，进一步识别和推动整治重点领域操作风险隐患。开展“资产质量再提升”活动，严格管控信贷资产质量。开展“反洗钱整治年”活动。强化精细管理，有效整改内、外部检查发现的问题，建立长效管理机制。推进“消保”工作，严格保密客户信息，做好服务投诉管理。加强“消保驿站”示范网点的建设，让其真正成为“为民、利民、便民、惠民”的“服务驿站”。

【小企业金融服务拓展】2019年，邮储松阳县支行施行小企业无还本续贷业务，贷款客户在不归还贷款本金的情况下完成自动转贷，从而缓解企业资金周转压力，解决续贷难问题，降低小微企业融资成本，提升客户融资服务体验。对当地的茶产业、制造业等小微企业客户，评级符合条件的，全部通过无还本续贷产品转贷，有效解决了企业“过桥资金”问题。为解决企业中长期流动资金融资需求，推出中长期贷款及线上产品，向民营企业（制造业）推出最长期限为5年的流动资金贷款，解决贷款周期与企业生产周期错配的问题。同时，推出快捷贷等线上产品，进一步简化作业流程、减少作业环节，全面提升业务效率。

【创新农村产权融资业务】2019年，邮储松阳县支行大力支持当地新农村建设，持续推广“农房集聚”按揭贷款，为整村搬迁、下乡脱贫等集聚新区的购房农户提供按揭贷款服务，该业务实现了农房与购买一手商品房的同等贷款服务，让广大村民享受与城里居民购买商品房一样的待遇；持续推广“农房自建”按揭贷款，进一步扩大农户受众群体，让广大农户在动建“农房初期”也能办理按揭贷款服务。农户在建房前期，取得村委、县国土、县建设部门相关审批手续，办理建设用地规划许可证（黄本）和建设工程规划许可证（绿本）即可办理按揭贷款，为其提供10年期农房按揭贷款服务，切实解决农民建房资金问题。

【支持现代农业经营主体发展】2019年，邮储松阳县支行向上级行争取开办家庭农场(专业大户)贷款业务的权限，简化流程、拓宽抵押物范围，采用保证、抵押、质押等形式，也可多种担保方式进行组合，同时对经营主体给予利率优惠等措施。

【员工队伍建设】2019年，邮储松阳县支行以党员突击队——宣教小分队、内控小分队、外拓小分队活动为抓手，充分发挥支部战斗堡垒作用和党员先锋模范作用。先后组织党员到大东坝镇横樟村——“思廉堂”开展廉政教育活动、到革命烈士纪念碑开展弘扬“浙西南革命精神”清明祭扫主题党日活动等，并定于每月18日为该行党支部党员学习日。工会组织健步走、趣味运动会等系列活动，丰富职工业余生活，营造积极向上的企业氛围，增强企业凝聚力和向心力。团支部开展读书会等活动，关注青年员工的成长，了解青年员工的所思所想，不断提高青年员工的归属感。

（邮储松阳县支行　刘洪升）

浙江泰隆商业银行丽水松阳支行

【概况】浙江泰隆商业银行丽水松阳支行（以下简称“泰隆松阳支行”）成立于2010年10月28日，是入驻松阳县的第一家股份制商业银行。2015年9月22日，在古市镇分设小微企业专营支行。不断深化“小微企业市场定位”，积极探索符合当地实际的信贷产品和模式，满足实体经济的信贷需求，树立高效、优质、廉洁的社会形象，各项业务得到平稳有序的发展。该行设有县域支行行长1人，副行长1人，小微支行行长1人，业务部门负责人6人，营业经理2人，职工42人，从业人员合计53人。截至2019年12月末，泰隆松阳支行各项存款余额130577万元，较年初增加26033万元，增长24.9%；各项贷款余额144964万元，较年初增加18767万元，增长14.87%；不良贷款余额994.86万元，不良率0.69%。2019年，泰隆松阳支行获得市级“敬老文明号”称号。

打造“金融+公益”形象，结合日常工作，常态化地开展各类金融知识宣传。2019年，开展金融入网格、防范通信网络诈骗、反洗钱、反假币、网络安全、新版人民币、存款保险制度、防范非法集资等各类金融知识宣传156场，惠及客户3500余人。

【合规管理】2019年，泰隆松阳支行开展合规培训，通过支行行长带头合规宣讲，全员共同学习合规规章制度、文件、案例，提升员工合规意识。开展自查检查，通过员工行为排查、重大风险排查、安保检查、信息科技检查、财务检查、反洗钱排查等，为支行正常运转保驾护航；成立支行信审会。开展对大额贷款合规操作及风险把控，对大额业务开展信审，加强风险防控。

【队伍建设】2019年，泰隆松阳支行统筹人员调整，内部提任、调动11人，通过招聘、转岗，补充新人的同时推动员工在行内合理流动，做好人才储备。关心关爱员工，秉持“严爱结合”的宗旨，关注、关心每一位员工的工作、生活，落实“说到做到我行动”，增强　“三个自己”“三誉三感”意识，促进自我对标、自我学习、自我完善、自我提升。是年，考取初级银行从业资格证2人，考取中级经济师1人，考取在职研究生1人。

（泰隆松阳支行）

浙江稠州商业银行丽水松阳支行

【概况】浙江稠州商业银行丽水松阳支行（以下简称“稠州银行松阳支行”）于2012年9月成立，始终坚持“支持中小、服务个私”的市场定位，扎根松阳，深耕市场，满足客户多元化需求，赢得广大客户的信赖与支持。其主要职能：吸收公众存款；发放短期、中期和长期贷款；办理国内结算；办理票据承兑与贴现；代理发行金融债券；代理发行、代理兑付、承销政府债券；买卖政府债券、金融债券；从事同业拆借；从事银行卡业务；代理收付款项及代理保险业务；经营中国银行业监督管理委员会批准的其他业务。内设机构有办公室、风险管理部、营业部、小微金融部、储蓄理财部。截至2019年12月末，稠州银行松阳支行各项存款余额95537万元，增加42620万元，增长80.54%；各项存款日均余额82776万元，增加30995万元，增长59.85%；各项贷款余额53980万元，增加14725万元，增长37.51%；小微零售贷款余额38643万元，增加10988万元，增长39.7%。2019年，实现税前利润2056万元。

（稠州银行松阳支行）

温州银行股份有限公司丽水松阳小微企业专营支行

【概况】温州银行股份有限公司丽水松阳小微企业专营支行（简称“松阳小微企业专营支行”）成立于2015年12月30日，2016年3月1日正式开业，现有员工13人，其中高管1人、中层3人、员工9人；内设有综合管理部、业务部、营业部和松阳古市镇古北社区支行。其中，松阳古市镇古北社区支行成立于2019年2月1日，正式对外营业时间为2019年2月20日，社区网点配备网点负责人1人，社区零售经理2人。该行自开业以来立足松阳，依托温州银行的产品与服务，坚持创新服务、特色经营的发展思路，以“支小”“支微”“支农”为市场定位，各项业务稳健快速发展，扩大公务卡和理财2个拳头产品市场，“金鹿普惠贷”“茶农贷”等特色产品受到市场认可。截至2019年12月31日，松阳小微企业专营支行本外币时点存款34281.26万元，日均存款36393.98万元；贷款余额10705.16万元，日均贷款余额14550.57万元，贷款五级分类不良类余额135.04万元，关注类余额89.6万元；实现拨备前利润184.59万元。信用卡有效卡2105张，信用卡透支余额4081.32万元，信用卡不良本金余额62.14万元，不良率1.52%。理财年化销售量13864.5万元。

（松阳小微企业专营支行）

浙江民泰商业银行股份有限公司丽水松阳小微企业专营支行

【概况】浙江民泰商业银行股份有限公司丽水松阳小微企业专营支行（以下简称“民泰银行松阳支行”）于2018年5月入驻松阳，现有员工24人。

2018年5月，浙江民泰商业银行入驻松阳

2019年，该行坚持小企业市场定位，积极探索小企业融资发展的新模式，全力为当地中小企业及客户提供便捷、可靠、贴心的金融服务，打造“小企业之家”。截至12月底，各项存款余额46292万元，年日均存款27501万元；各项贷款余额6307万元；年日均贷款余额6875万元；其中个人贷款3386万元，农户贷款743万元，农村企业贷款1080万元；信用卡发卡424张，激活334张，信用卡及透支1841万元。

【金融服务提升行动】2019年，民泰银行松阳支行上线移动设备（PAD）现场签约功能，业务人员携带移动设备（PAD），现场开卡、身份核验、预评估、采集贷款影像资料并审核通过后，通过客户经理双人面签与作业中心远程审核方式，实现合同行外签约功能，使客户无需到该行网点，即可办理开卡及贷款业务。提升柜面人员工作效能，推进“厅堂一体化”转型，开展柜面限时服务活动。针对单位开户业务、电子银行签约、大额存现等超时较多的业务，进一步精简优化流程，如单位开户资料由大堂经理或账户专管统一复印及审核，操作员无需再次审核复印件，系统录入先操作开户交易，待客户离开再进行信息维护，大额现金清点如遇设备无法通过的情况，结合手动人工检验，同时做好日常机具清洁保养维护工作，减少客户等待时间。进一步优化企业银行结算账户服务，推进取消企业银行账户许可工作，严格抓好企业账户的备案及基本存款账户、临时存款账户的影像资料电子化报送工作。柜面交易系统根据规定要求作相应改造，包括支持企业银行账户自开立之日起即可办理收付款业务，无需进行核准操作；推行企业证明文件到期处理的机制；账户止付和不动户状态下借记业务的优化等，确保柜面交易系统对取消企业银行账户许可工作的全面支持。

【多举措加大营销力度】2019年，民泰银行松阳支行为推进金融支持小微企业、金融服务进社区工作，组织员工开展各种金融知识宣传活动，通过摆摊设点、上门服务等方式为周边居民和商户提供良好的金融帮助。利用儿童节、端午、中秋、国庆节等各种节日，以及参加当地建材城、松阳各地商会年会、松州广场举办音乐嘉年华等活动，开展客户的营销及维护工作，把客户管理落到实处，细化到每位员工身上，要求员工为每位客户建立详细的客户档案及客户维护计划，通过电话、短信、上门走访等多种方式，组织员工有目标、有步骤地进行攻关营销，挖掘周围潜在客户，吸收各种小额闲散资金。开拓与企业间合作项目，辐射经营范围，稳固存款业务。

【金融知识宣传教育工作】2019年，民泰银行松阳支行普及银行卡用卡知识，以营业网点、社区、村居为宣传主阵地，开展“进村入居”宣传活动，平均每周进村3次以上，建成信用村西屏街道水车村，深入推进“进百园、走千村、访万户”活动的开展。组织员工在基层公众场所宣传信用卡相关知识，引导消费者关注银行卡使用安全，科学使用银行卡，掌握信用卡分期费用、逾期收费等相关知识。开展“金融知识进村入乡”大宣讲活动。利用当地每周赶集日，开展5～6场宣传活动，结合该行特色产品，说明银行存款、理财产品、外汇、贵金属、基金等产品的风险。引导消费者根据自身投资能力和风险合理选择投资工具，促进消费者树立“理性投资、收益自享、风险自担”观念。开展在校学生宣传教育。通过现场向学生发放宣传册，向学生讲解个人征信常识、金融消费者个人权益保护、防范电信网络诈骗等金融安全知识，以多种形式和角度帮助学生树立正确的消费观念，让学生们远离非法借贷，提高风险防范意识。同时引导青年学生树立正确的消费观，正确识别与对待“校园贷”，加强金融知识的宣传和普及，提升金融服务水平，共同保护绿色校园不受非法金融活动的玷污。

（民泰银行松阳支行 郑芳媛）

金融安全知识进校园

金融安全知识进村入乡宣传

台州银行股份有限公司丽水松阳支行

【概况】台州银行股份有限公司丽水松阳支行（以下简称“台州银行松阳支行”）于2019年11月14日成立开业，网点位于松阳县长虹东路122号，现有员工29人。该行坚持“小微企业伙伴银行”的市场定位，秉持“社区银行”商业模式，“深扎基层、下沉服务”，积极主动“入村居、进厂区”，高质量金融服务小微企业发展。截至12月末，各项存款余额7908.67万元，各项贷款余额4341万元。小微企业贷款49户，计1779万元；个人经营性贷款105户，计4111万元。

【推广金融创新产品】2019年，台州银行松阳支行加大小微贷款投放力度，支持当地小微企业和“三农”经济的发展。向县域项弄村、西坌村、吕潭村、山头村、下田村、后宅村、斋坛村7个村居各授3000万元的“村居易贷·兴农卡”授信额度，助力“三农”客户发展。对周边村居、社区开展多场普及金融知识等公益活动，树立“公益银行”的品牌形象。

【提升金融服务水平】2019年，台州银行松阳支行运用互联网技术，提高客户融资便利性。通过运用大数据和信息技术，先后创新推出“PAD移动工作站”，让客户可以足不出户获得贷款；“24小时移动营业厅”，让客户低门槛享受现代金融服务的便利；“小微金融服务智慧平台”，让客户经理可以简单、方便、快捷地为客户提供服务。同时推出“永续合同”“年检制”等服务模式，进一步简化贷款办理手续，逐步推动制造业贷款的自动续贷业务增量扩面，保障续贷业务规模逐年增长，提升制造业、小微客户的金融服务水平。

【职业道德教育】2019 年，台州银行松阳支行重视职业道德教育，开展以遵纪守法、爱岗敬业为主要内容的职业道德教育，倡导岗位奉献，要求员工做到“以品德立身、以技能立业”。利用每月的学习会学习各项行为规范，提高员工的职业道德意识与修养。重视员工思想动态。通过交流沟通、了解和掌握员工的想法，对有不良倾向的员工及时开展沟通、交流，并予以指正。利用每天的班前会对上一天工作中存在的问题进行反馈及指正，提醒、督促员工“举一反三”减少问题的发生。

【业务稳健合规经营】2019 年，台州银行松阳支行坚持“额小面广”的发展策略和“贷款先行”的经营方式，持续加大信贷投放力度，重点支持 500 万元以下小微企业贷款，践行普惠金融战略，降低贷款利率水平，切实解决“融资难、融资贵”的问题。加强与政府部门、行业协会、商会、村居等的合作，推进批量预授信工作，通过“整体授信—批量开发—单户营销”的作业模式，提高贷款投放效率，重点推广“兴农卡”“商赢易贷”“信用易贷”等产品，为小微客户、“三农”提供优质、符合需求的金融服务，进一步提升客户数量和贷款总量，确保完成“两增、两控”目标，支持乡村振兴。

（台州银行松阳支行）

松阳恒通村镇银行

【概况】松阳恒通村镇银行于 2013 年 10 月开业以来，秉承“持之以恒，通商惠农”的理念，明确“支农”“支小”经营方针，为县域“三农”、个体工商户、小微企业等提供方便、快捷的金融服务。2019 年，松阳恒通村镇银行（以下简称“村镇银行”）共有员工 72 人，下辖总行营业部、古市支行、新兴支行三个网点。该行内设综合办公室、风险（业务）部、计划财务部等管理层级。截至 12 月末，各项存款规模 6.7 亿元，各项贷款规模 7.7 亿元，同 200 余个村建立金融服务关系，存、贷款客户数分别为 23236 户、3142 户，是专门为当地老百姓贴心服务的伙伴银行。

（村镇银行）

松阳恒通村镇银行营业大厅

综合经济管理

樟溪乡力溪湖

发展计划管理

【概况】2019年，松阳县发展和改革局（松阳县粮食和物资储备公司）（以下简称“县发改局”）统筹推进大花园（创新区）、重大项目建设、粮食物资、综合能源等各项工作，保障地方经济运行平稳有序。全县实现地区生产总值115.55亿元，同比增长8.4%，增速排名丽水市第五位。其中一、二、三产分别增长2.7%、9.7%和8.8%。农业经济平稳运行，农林牧渔业总产值20.11亿元，增长6.7%；主导产业茶叶保持较快增长，实现产值7.98亿元，同比增长7.2%。工业经济速度稳健，规模以上工业总产值135.68亿元，同比增长15.2%；规上工业增加值25.9亿元，同比增长12.6%。服务业向好发展，服务业增加值完成55.42亿元，同比增长8.8%，同时，服务业企业亩产效益领跑全市，在首次开展的服务业重点行业规上物流业企业“亩产效益”综合评价中，全市34家企业遴选，松阳5家参选企业入选领跑者3家，占据席位居全市第一名。

【启动“十四五”规划编制】2019年6月，县发改局组织召开“十四五”规划编制工作启动会议，成立“十四五”规划工作领导小组，制定“十四五”规划编制工作方案，落实“十四五”规划各单位课题任务，并委托规划编制单位就全县“十四五”规划思路、产业发展及布局、“十四五”规划纲要等进行编制。完成“十四五”前期13个课题研究报告结题并印发，施行“十四五”规划思路征求意见，为下阶段编制规划纲要夯实基础。

【重点项目建设】2019年，县发改局组织编制重点项目45个和重大前期项目21个的建设计划，采用“计划表”和“横道图”，把年度计划分解到每个月，明确项目责任领导、分管领导、责任人，成为项目管理的重要依据。县重点项目全年计划投资34.25亿元，实际投资36.68亿元，完成年度计划的108.6%。15个新开工重点项目动建14个，开工率为93.3%。独山大桥竣工通车，遂昌—松阳—丽水天然气管道工程具备通气条件，乌弄口至弓桥公路改建工程、棚户区改造一期（城中村）——项弄区块、大鲵产业综合园等一批续建项目基本完工。开展全县重大项目“百日攻坚”行动，着力抓县长工程、重大前期项目、重点建设项目、难题破解、征地拆迁5类攻坚，推进35个攻坚项目、102个攻坚事项。破解火车站站前大道及广场工程、赤寿生态工业区块基础设施工程、要津南路道路延伸工程等政策处理难题，上年遗留的7个难题全部破解。丽水—龙游天然气管道一期工程（松阳段）于5月10日贯通木岱坑1号隧道，标志着全县天然气管道项目全境隧道贯通，已投资1.94亿元；衢宁铁路松阳段完成路基、桥梁、隧道线下工程，资金投入2.8亿元，均超额完成目标任务；衢丽铁路松阳段完成可研报告审查；全年各项重点工程未发安全生产事故。

衢宁铁路轨道铺设现场

【推进大花园（创新区）建设】2019年，县发改局结合松阳县实际，梳理大花园建设“1561”推进清单，即“1”是指围绕全省大花园典型建设这一主线，“5”是指加大五大工程提升，“6”是指加快六方面美丽载体建设，“1”是指开展“人人成园丁、处处成花园”行动。推进绿道建设，实施绿道项目22个，计划投资5.71亿元，建设绿道里程137.6千米，累计实际投资5.82亿元，建成绿道139.67千米，完工率分别为101.9%、101.5%。综合交通11个项目纳入《丽水市综合交通建设推进行动项目计划》，全年计划投资2.81亿元，累计投资4.09亿元，投资完成率145.6%。

【施行绿色清洁产业发展】2019年，县发改局加强发展循环绿色经济，推动光伏产业发展、抓能源“双控”和节能审查。邀请省发改委副处长王毅恒到现场指导，实施省级园区循环化试点改造，经省发改委考核位列全省试点县第一位，得到省级财政全额补助资金2120万元。开展首批省级农村产业融合发展示范园的创建，加强部门沟通，争取省相关厅局的支持，松阳县松古盆地农村产业发展融合示范园入选首批省级农村产业融合发展示范园，是丽水市入选2个县之一。施行光伏产业发展，7月上报光伏消薄项目9个，全部拟纳入年度光伏发电国家竞价补贴范围，装机总容量0.0702万千瓦时。在综合功能服务站建设中，面对时间紧、任务重、难度大的多重压力，县发改局聚焦发力、强力攻坚，截至12月底，建成3座综合供能服务站和改建站点1座，工程进度位居全市第一名。

【开展生态产品价值实现机制试点】2019年，县发改局牵头负责全县作为国家、省、市改革试点先行项目生态产品价值实现机制试点工作。建立专项工作领导小组，对照试点方案的五大重点任务进行相应的任务分解；确定新兴镇、四都乡为试点示范乡镇，编制并发布试点示范乡镇实施方案，评估试点乡镇以及全县生态系统生产总值（GEP）的核算；12月16日，在四都乡举行生态强村公司成立的更名仪式，县生态强村公司成立后，正式启动生态产品购买的试点工作。同时总结出全县生态产品价值转换机制的10个案例。国家发改委基础产业司副司长马强、省发改委副主任徐幸、资环处处长朱瑞清先后到松阳调研，肯定松阳生态产品价值实现机制试点工作取得的成效。

【落实全面深化改革】2019年，县发改局深化企业投资项目“最多跑一次”改革。开展工业项目“标准地”+承诺制改革。新供工业用地10宗，总面积12.39公顷，全部采用“标准地”形式挂牌出让；承诺制审批项目实现零突破，共10个项目开展承诺制审批（承诺制审批试行10个项目后，县建设部门反映难以继续推行，现已暂停）；推进一般企业投资项目按照从赋码备案到竣工验收审批“最多90天”改革，实现率100%，最快到开工可以2天内完成，为营造良好营商环境发挥作用。继续开展结合新型城镇化支持农民工等人员返乡创业试点工作，持续把扶持电商经济、古村落民宿经济和高效精品农业经济发展作为推进创业创新的新载体，实施《松阳县进一步加快发展服务业若干政策》《松阳县关于做好当前和今后一段时期就业创业工作的实施意见》等政策，吸引乡贤能人和草根农民等多元主体返乡在乡创业创新，加快推进祥瑞汽车城二期工程建设。2019年，增加返乡创业就业1725人，带动就业7135人。

【固定资产投资和审批服务】2019年，松阳县实现固定资产投资47.48亿元，增幅12.8%，位列丽水市第5位；其“4+1”投资结构完成情况：生态环保和公共设施投资11.84亿元，增幅29.5%，居全市第五位；交通投资3.27亿元，增幅51.8%，居全市第三位；高新技术产业投资4.37亿元，增幅106%，居全市第二位；项目民间投资19.74亿元，增幅25.31%，居全市第一位。4个考核指标均达到了市里下达的增长12%的要求。全县3个项目列入浙江省“4+1”重大项目建设实施计划、7个项目列入浙江省“五个千亿”投资工程实施计划、1个项目列入第二批重大产业实施类项目。根据省市要求，全县谋划县长项目3个，落地2个。全面推广应用投资项目在线审批监管平台3.0版，该平台实现申报项目从立项、规划许可、施工许可到竣工验收的全流程网上审批、全过程监管、多部门协同和多层级联动，投资项目申报单位只需在一个平台申报，改变以往多个平台多头审批的状况。推进省级以上平台区域评估工作，由政府对投资项目审批过程中涉及的有关评估事项进行统一评估，形成整体性、区域性评估成果，由区域内投资项目共享共用，通过政府购买服务，变企业付费为政府买单，有效解决投资项目评估评审手续多、时间长、花费多等问题，进一步提高审批效率，减轻企业负担，加快项目落地。2019年，全县2个省级以上工业平台完成（除地震评估外）全部区域评估工作。

【粮食储备】2019年，县发改局全面提升粮食安全保障水平，粮食订单数量和种植面积进一步增长，与2018年相比提高80.09万千克，总量达194.12万千克，种植面积323.55公顷。做好县级储备粮油和县级周转轮换年度计划，逐步优化储备粮品种结构，中晚籼谷储备达到50.7%，成品粮储备100%为晚籼米。建立粮食应急供应网点22个，并与1个粮食加工企业和1个粮食流通企业签订应急加工任务的书面协议，确保日应急加工能力达20万千克。2019年，全县粮食需求11450万千克，基本实现粮食供需平衡。

【对接山海协作助力乡村振兴】2019年，县发改局开展施行山海协作工程，规划面积6.05平方千米的松阳—余姚山海协作产业园，推进省级山海协作产业园高质发展。截至12月底，开发土地面积4.05平方千米，产业园政府性投资1.44亿余元，民间投资数4.49亿余元；产业园规上企业8家累计实现工业增加值9867万元，亩均工业增加值52.88万元；规上企业税收2460.78万元，亩均税收为13.19万元。推进“飞地”产业园建设，总投资约1.8亿元与嘉兴市“经济飞地”合作项目正在施行中，同余姚市“消薄飞地”项目完成全部投资建设工程。

（县发展和改革局）

·物价管理·

【概况】2019年，县发改局贯彻执行省、市局价格管理政策，调整管理权限范围内价格定价项目；施行放开的工农产品、服务价格组织行业价格管理；对重要商品价格进行监审，对农副产品价格进行动态监测，为全县经济发展提供良好的价格秩序。

出台价格政策，规范市场行为。动态调整并公布《松阳县行政事业性收费目录清单》《全县政府定价管理的经营服务性收费目录清单》；制定松阳县小学放学后校内托管服务收费标准（500 元/学期），调整公办幼儿园保教费标准，完成县公办中等职业学校军训服装费的备案；出台公墓价格，规范基本服务项目和标准；核定浙江天天健食品有限公司定点屠宰加工服务费试行价格；开展自来水价格成本监审等，规范市场行为。

实施重要民生商品保供稳价，开展农产品成本调查，密切关注粮油肉蛋菜等重要农产品市场供应和价格变化，防范生猪等商品价格大幅波动，做好重要节假日、严重自然灾害等特殊时期保供稳价工作，密切跟踪分析价格总水平、重要商品和服务市场价格变化，增强价格调控的针对性、前瞻性、有效性。

【价格监测】2019 年，松阳县价格监测品种涵盖粮油、蔬菜、禽肉、水产品、农业生产资料、建材以及民生商品和服务价格等 50 余个品种，共建立监测点 20 个，监测频次每月 1～3 次，一旦发现价格异常及时处理，切实保障群众利益。定期在松阳政府网站和《新松阳》报刊公布县城主要民生价格信息。同时，对县城供水定期成本、公办幼儿园和公墓价格定价成本进行监审，提高政府定价科学性、约束经营者成本和维护消费者权益。

【开展价格调查服务民生】2019 年，县发改局开展全县客运票价情况、景区票价执行情况、民办学校收费及出租车运价改革跟踪调查，及时收集、记录、整理与分析有关市场价格运动的现状及其发展变化的活动过程。同时开展农户种植意向、农户存售粮情况、农户购买农资 3 个专项调查，并对茶叶、晒红烟、中晚稻种植和生猪养殖成本进行调查。2019 年，茶叶种植成本每亩为 14930.65 元，生产成本每亩为 14530.65 元，每亩净利润为 2071.54 元；晒红烟种植每亩总成本为 7789.35 元，生产成本 7639.35 元，每亩净利润为 2884.28 元；晚籼稻种植成本每亩为 1282.73 元，生产成本每亩为 1077.17 元，每亩净利润为 300.71 元；生猪饲养总成本平均每头 2353.7 元，每头生猪净利润为 1400.64 元。完善市场价格监管系统维护管理，把全县的旅游景区名称、价格管理形式、门票标准、景区位置、分类、经营单位性质和城市供水价格及污水处理标准详细录入系统，实行信息化管理。

【发挥价格杠杆作用降低企业要素成本】2019 年，县发改局贯彻落实减轻企业负担，降低企业要素成本。先后在 4 月和 7 月 2 次降低一般工商业电价，共有 63 户享受直接交易电价的优惠，共为企业减少电费约 843.16 万元。同时组织企业参与电力直接交易试点，扩大直供电范围。开展规范涉企收费项目和标准，通过放开一批、完善一批、转化一批，降低行政事业性、经营服务性收费项目，为企业减轻负担 70 万元。通过优化资源要素配置，促进工业转型升级，根据“亩均论英雄”工业企业综合评价结果，对全县 78 家 C、D 类企业用水实行差别化水价政策，差别化水量 13.4 亿千克，收取差别化水价 25.7 万元。

（县发展和改革局）

统　计

【概况】2019 年，松阳县统计局（以下简称“县统计局”）印发《2019 年统计法治工作要点》，运用钉钉“掌上执法”系统，分别开展了统计巡查、专项检查和“双随机”执法检查，检查企（事业）单位 47 家；开展“第四次经济普查”，完成业务培训、普查入户登记、数据审核改错、数据质量检查等相关工作；积极提供高质量的统计分析产品，上报《统计分析》27 篇；为县“两会”提供统计信息服务，印发《2018 年松阳经济和社会发展报告》；编辑发行上年度《松阳统计年鉴》；编印《松阳县统计数据质量管控制度》。2019 年，被评为浙江省第四次经济普查成绩突出集体；陈娅、刘克鹏被评为浙江省第四次经济普查成绩突出个人。

【统计基础管理】2019 年，县统计局开展部门业务指导。除了利用每月 1 次的部门统计联席会议举行 GDP 核算相关支撑指标的业务指导和预测预警分析外，加强省、市各项考核指标，尤其是短板指标的分析，帮助了解和掌握统计范围、指标含义、考核得分计算方法等内容。深化部门沟通协作。健全和完善部门统计协调机制，围绕 GDP 及省、市考核指标，加强与各部门的交流沟通，了解和掌握各部门主管行业或企业的发展情况，做到心中有数。深化部门信息整合。与相关部门进行沟通衔接，改善数据资料共享机制，基本形成由县财政、经商、发改、文广旅体、交通、金融等部门定期向政府统计部门报送统计资料的机制。增强乡镇（街道）统计工作。针对乡镇（街道）统计基础薄弱的短板，该局开展乡镇（街道）统计工作巡查，督促乡镇（街道）重视统计工作，配强统计工作人员，切实提升统计工作基础。

【统计监管】2019 年，县统计局推进统计法治建设，出台《2019 年统计法治工作要点》。组织执法人员、专业人员到统计基层单位开展统计执法检查；同时运用钉钉“掌上执法”系统，分别开展统计巡查、专项检查和“双随机”执法检查，全年检查企事业单位 47 家。开展乡镇（街道）统计巡查工作。完成古市镇、大东坝镇、竹源乡 2 个镇 1 个乡统计工作的巡查。

【统计服务】2019 年，县统计局提升统计信息服务，上报《统计分析》27 篇，为“两会”提供统计信息服务，编发《2018 年松阳经济和社会发展报告》，完成上年度《松阳统计年鉴》编印。施行“早会商、早研判、早上报”准确把握全县经济发展趋势。明确每月25日与各相关部门开展会商，次月初组织局专业人员会商，要求各专业人员在各部门上报预测预警数据后，在报表关网前，对本专业领域监测的重点指标结合预测预警数据进行预判，及时分析全县经济运行情况。对月度监测指标做到月初预判、月中评估、月底修正，提前预判主要指标走势，保持统计分析研判预警的周期性。局综合科每月及时把主要指标完成情况、重点企业发展情况、企业对下月或下季度的预期以及对营商环境方面的意见建议等情况在第一时间形成专报，呈报县委县政府主要领导，供决策参考。

【统计数据质量提升】2019年，县统计局开展三抓提升统计数据质量活动。严守统计数据质量生命线，要求全局干部坚持依法统计，做好企业一套表工作的规范，注重“四上企业”（规模以上工业企业、资质等级建筑业企业、限额以上批零住餐企业、国家重点服务业企业）监测工作。督促指导企业和相关单位建立统一规范的统计台账，完善统计资料来源渠道，不断提高源头数据质量。严格按照统计报表制度要求，建立健全统计数据质量的评估和控制制度，保证统计数据准确、及时、全面、客观地反映全县的实际发展情况。提升基层统计业务水平，采取“自主学习、实际操作、以会代训”等多种方式，组织基层统计人员学习统计业务技能，提高统计人员的工作能力和业务水平。多下基层，把平时 “请上来”培训转变为“走下去”上门培训，重点培训在统计填报过程中可能出现问题的解决方法，切实提高基层统计人员对数据处理平台具体应用的掌握能力。5月24～28日，在省统计局统计教育培训中心举办统计干部能力素质提升班，全县各乡镇（街道）、主要部门和企业统计人员共58人顺利学成结业。培训注重干部统计业务能力的提升和拓展，把当地实际与统计业务提升相结合，激发全县统计干部职工的工作积极性。抓审核。要求所有专业人员依法统计，正确看待提高数据质量的重要性、严肃性，进一步细化、量化数据质量审核标准，加大数据质量管控力度。

2019年8月，松阳县统计局开展统计数据质量核查

（县统计局 叶欣）

审 计

【概况】2019年，松阳县审计局（以下简称“县审计局”）组织实施审计项目19个，工程价款结算审计项目84个，共发现各类问题243个，查处各类管理不规范资金2.37亿元、各类违规资金487.78万元，核减工程结算造价8424.72万元，移送案件线索3件。被评为丽水市优秀审计项目1个。开展审计项目管控，建立审计项目分类管理制度，对重点项目实行分管领导带班制，实行审计项目清单化管理，推行审计项目“1+5”目标导向，提升审计项目时效和质量。优化审计资源配置，实行重点审计项目“团队协作”模式，推进工程、财务、计算机等各类专业审计人员统筹使用，以政策跟踪审计、财政审计大格局统筹项目开展，拓展审计监督广度和深度。

深化“巡审联动”工作，健全与县纪委监委、县委组织部、县委巡察办等部门的协助配合机制，加强计划对接、信息资源互通、巡审成果共享，凝聚监督合力，提升监督效能。提升审计成果运用，17篇专报获县委县政府领导的批示，组织全县22家被审计单位开展审计整改结果公告，组织编印发放3000册《农村集体经济运行重点风险防范清单》，提升审计成果运用层次和水平。

开展“三服务”活动，组织完成扶贫专项审计等一批民生审计项目，认真做好结对帮扶和走访调研工作。组织开展书记县长经济责任审计和财政决算审计整改情况专项督查、全县自然资源资产管理和生态环境保护工作专题调研。抽调审计力量配合省委巡视、县委巡察、行政村规模调整等重点工作。

开展“不忘初心、牢记使命”主题教育，持续推进“两学一做”学习教育常态化制度化，开展“浙西南革命精神”弘扬践行活动。加强机关支部建设，实行党员先锋指数管理，建立党员先锋示范岗，完善党员谈心谈话制度，组织开展各类志愿服务活动。提升干部能力培养，丰富教育培训载体，完善干部培养和考核评价机制。健全内部控制制度，完善审计结果文书管理、协审单位遴选、协审业务分配等系列制度。推进清廉审计建设，开展清廉机关示范单位创建，强化党组主抓直管，健全廉政风险防控体系，开展廉政警示教育，加大监督检查力度，筑牢廉政风险防线。

【县委审计委员会第一次会议召开】2019年3月15日，县委审计委员会第一次会议召开。县委书记王峻主持并讲话，县领导李汉勤、雷剑锋、毛胜法等出席会议。会议审议通过《中共松阳县委审计委员会工作规则》《中共松阳县委审计委员会办公室工作细则》《2019年审计项目计划》，听取2018年审计工作主要情况和2019年审计工作总体安排汇报。

【政策落实情况跟踪审计】2019年，县审计局组织实施扶贫专项审计、全域旅游政策落实情况专项审计调查、“两山（一类）”建设财政专项资金管理使用情况专项审计调查。通过审计，推动有关单位发放各类惠农补助资金128.19万元，追缴收回违规发放资金9.11万元，化解村集体债务50.29万元，促进建立健全《松阳县农村文化礼堂资金管理办法》等系列制度。

【财政资金审计】2019年，县审计局组织开展县本级预算执行情况审计和4个乡镇（街道）财政决算审计。通过审计，推动县财政部门编制《松阳县2020～2022年全县中期财政规划》，推动收回结余资金4010万元，收回及核销财政借款2.89亿元，促进制定出台《松阳县财政暂付性款项管理办法》《松阳县公款竞争性存放管理实施办法》等系列制度。

【经济责任审计】2019年，县审计局组织实施6个部门、4个乡镇（街道）领导干部经济责任审计和2个乡镇领导干部自然资源资产离任（任中）审计。通过审计，推动有关单位清退各类问题资金269.19万元，上缴利息收入88.41万元，收取租金159.36万元，促进完善“三重一大”事项集体决策、财务管理、政府采购等一批内控制度。

【政府投资审计】2019年，县审计局组织实施工程价款结算审计项目84个、小额政府投资项目备案登记375个、工程预算执行情况审计项目1个、工程竣工决算审计项目1个。通过审计，核减工程结算造价8424.72万元，推动制定出台《松阳县政府投资项目监督管理办法》《松阳县重大建设项目前期经费使用管理办法（试行）》等系列制度。

【内部审计】2019年，县审计局持续推进“三年轮审”工作，指导部门、乡镇（街道）开展内管干部和村居干部经济责任审计。推进国家审计与内部审计协同开展，实行“经责审计+内部审计”模式，既弥补审计力量不足，又通过“以审代训”锻炼培养内部审计人才。内部审计项目1个获全省表彰项目。

（县审计局）

市场监督管理

【概况】2019年以来，松阳县市场监督管理局（以下简称“县市场监管局”）开展以“最多跑一次”改革为引领，持续优化营商环境，在丽水市率先核发第一本新版营业执照，常态化企业开办全流程“一件事”一日办结，实现“个转企”全年任务、使用企业注销“一网服务”平台，其中企业开办由原先的23份材料减少到7份。共核发新版营业执照3217本，全县在册企业总数3153户，同比增长10.4%。提升监管效能，构建“互联网+监管”格局，深入推进“双随机一公开”工作，指导26个部门设置“双随机”检查任务101个，设置检查对象1150户，掌上执法率99.99%，检查出问题62.52%。掌上执法检查量是全市平均值的4.18倍，各项数据名列全市第一位，位居全省前列。实施涉及省政府民生实事项目1项，设立送药上山进岛便民服务点，建成新兴镇大岭里村、外石塘村，三都乡上源村，大东坝镇山头村4个省民生实事送药上山进岛便民服务点，超额实现任务数的133%。涉及市政府民生实事项目2项，改造提升农村家宴放心厨房，提升改造古市镇岗下村、新兴镇李山头村及大东坝镇横樟村等11家农村家宴放心工程，其中获初评B级2家，C级9家。开展放心农贸市场建设，建成西屏城北菜市场和古市综合市场2家放心农贸市场。涉及县政府民生实事项目1项，加强食品安全治理，通过集中整治、探索创新、长效管理，实现食品安全整体环境大优化。对食品、食用农产品、初级农产品（水产品）开展监督抽检共计1380批次，抽检合格率为99%。开展“省食品安全县创建”活动，全县991家餐饮服务单位量化等级率98.7%，建成食品安全科普宣传站51个，阳光厨房50家，小作坊集中加工园区2个。2019年，松阳县被浙江省食品安全委员会命名为“浙江省食品安全县”，省食品安全县创建满意度测评全省第一名；县市场监管局被浙江省市场监管工作联系会议评为2017～2019年度省放心农贸市场建设工作成绩突出单位；县消保委被浙江省消费者权益保护委员会评为2019年度全省消保委系统信息工作先进集体；西屏、城郊2个市场监督管理所创建成为省级三星级规范化市场监管所；新兴、水南、望松3个市场监管管理所创建成为省级规范化达标所；周卫星、黄昌联、叶建俊被浙江省市场监管工作联系会议评为2017～2019年度省放心农贸市场建设工作成绩突出个人；徐隽被浙江省消费者权益保护委员会评为2019年度全省消保委系统信息工作先进个人。

【行政执法监督】2019年，县市场监

2019 年 6 月 27 日，县市场监管局在西屏街道北山停车场对油罐车上装载的燃料油进行抽样

管局切实履行监管职责，共查处各类案件 217 件，其中大要案 21 件，涉刑移送案件 3 件，罚没款共计 129.9 万元。对保健品行业存在的违规直销、非法会销、传销等情况进行深入走访排查，共查处保健品虚假宣传案件 16 件，其中大案 2 件，累计罚没款 40 余万元。开展行刑衔接，向公安部门提供一条涉嫌非法制售减肥产品的重要线索，并积极配合公安机关开展案件调查工作，捣毁违法窝点 7 个，抓获犯罪嫌疑人 10 人，涉案金额 400 余万元。保持对成品油市场监管的高压态势，严厉打击成品油走私等违法行为，于 6 月在龙丽高速路上查获 1 辆涉嫌走私的油罐车。开展打击走私成品油专项整治行动，采用广撒网的形式在各乡镇（街道）和公路路口处共截获 5 辆涉嫌非法运输的油罐车，立案调查成品油案件 7 件，查扣成品油 9.92 万千克，查扣油罐车 7 辆，办结案件 1 件，罚没款 24.7 万元。保障全县商标品牌战略深入实施，维护公平竞争的市场秩序，营造保护知识产权的良好氛围，查处商标侵权案件 4 起、反不正当竞争商标案件 2 起，罚没款 18 万元，其中查处的某房地产公司侵犯商标注册专用权案，入选上年度省十大消费维权典型案例。开展“红盾护农”专项行动，加强农资市场的执法检查和流通领域农资商品质量抽检，全年抽样送检农资产品 69 批次，查处农资不合格案件 9 件，罚没款计 7.6 万元。开展“扫黑除恶”专项斗争攻坚年工作，发放线索征集清单 327 份，设立“扫黑除恶”线索举报箱 7 个，发现疑似职业索赔件共 329 起、重复投诉举报 51 起。落实省局的工作部署，建立综合行政执法队伍，投资 70 万元建成执法办案区，并同步开展业务技能培训，制订各项规章制度，提升行政执法监督工作。

【市场价格监管检查】2019 年，县市场监管局发挥价格监管职能对规范市场价格秩序的重要作用，加强重点民生领域价格监管，保障重点民生领域价格基本稳定。密切关注消费量大的粮油肉禽蛋菜等生活必需品市场价格变化，以点带面加强猪肉价格监管，维护市场猪肉价格基本稳定；及时处置价格舆情，防范和处置好价格突发事件，维护春节、国庆等节假日和重大活动期间市场的正常价格秩序。规范餐饮业明码标价，推行“阳光菜单”，创建 8 家餐饮业明码标价示范店，营造全县“明白消费、放心消费”环境。加强医药价格监管，推进医疗服务价格重点治理工作，打击医疗收费乱象，立案 1 件，涉嫌违法收费近 3 万元。开展涉企收费清理规范专项整治，先后开展各类保证金、行政审批中介服务、行业协会收费、转供电收费、金融行业收费等专项整治，落实整治保证金及金融行业转嫁客户承担费用等问题，分别为企业和消费者减负 8.8 万元、27.2 万元。

2019 年 10 月 14 日，县市场监督管理局在万家惠超市对猪肉价格进行检查

【食品安全监管】2019 年，县市场监管局围绕省、市、县关于食品安全监管工作的要求，全力开展省食品安全县创建工作，县级主要领导多次召开创建工作会议、深入基层调研创建工作开展情况。通过培训、演练提升基

层监管人员业务水平，10月25日承办丽水市食品安全事故应急处置演练现场会，组织基层监管人员培训1次，网格员培训2次，网格员通过手机“食安通”上报巡查信息4.1万余条。实施食品安全金融联合惩戒工程，向县人民银行报送食品安全不良信息55条，发出食品安全金融惩戒告知书5份，对食品安全失信人员5人实行金融惩戒。推进食品安全责任险提质扩面，政府买单统一投保农村集体聚餐责任险，动员各大型食品生产经营单位投保食品安全责任险。县、乡、村三级联动，广泛开展食品安全摸排、巡查、整改工作，提升食品安全大环境和管控水平。7～8月，通过台账审核、满意度测评、开门暗访、现场考评等环节，成功创建成为省食品安全县，其中全县满意度测评获浙江省第一名。县食品安全办规范化建设通过市级验收。开展整治食品安全问题联合行动，破获张某某等人生产销售有毒有害食品案件，刑事拘留10人，起诉10人，涉案价值400余万元，该案件被省公安厅列为督办案件。在年终市对县食品安全考核工作中被评为全市第二名。

【信用监管】2019年，县市场监管局开展2018年度市场主体年报申报督查，创新采用电子化方式申报，基本实现年报“零跑路”。建立年报进度“每周通报”督查制度，利用“四个平台”把责任落实到所、到人，分析研判年报数据，梳理市场主体，清除僵尸户，企业、农专社、个体工商户自然年报率分别位居丽水市第一、一、二名。推广松阳县“浙政钉.掌上执法系统”，除在7个重点部门推广外，辐射至其他19个执法部门，确保执法干部全覆盖，并通过开展“双随机，一公开”等跨部门联合检查，企业从应对“多次检查”改为“一次检查”，有效破解政府监管碎片化和部门化，监管盲区和多头监管并存的难题，减轻了企业负担，实现了7个100%。开展“浙南茶叶市场”行业信用监管，评定出2018年度信用优良的AAA级经营户12户，信用良好的AA级经营户21户，信用稳定的A级经营户59户，通过信用披露、社会化应用等方式，以激励、教育、限制、惩戒等手段实施行业信用监管，提高经营者诚信自律意识，推动市场在经营、管理、发展上取得进一步提高。开展小微企业成长指数和新设小微企业活力指数采集工作，通过微信平台线上指导样本企业联络员、实地走访调研样本企业等方式，完成57家小微样本企业2018年度成长指数采集工作，16家正式样本（省局随机抽取）及2家备选样本企业2018年度活力指数采集任务，完成率100%。

2019年9月17日，县市场监管局举办“双随机，一公开”抽查监管工作培训会

【行政审批工作】2019年，县市场监管局着力优化营商环境，助推“最多跑一次”改革。3月20日，县行政服务中心市场监管窗口在一个工作日内完成松阳茶通天下企业管理有限公司开办手续，实现企业开办全流程“一件事”一日办结。把工商登记、公章刻制、银行开户、领取发票4个环节统一为一个完整的闭环流程，实现申请材料“一次提交、一窗受理、信息共享、并行办理、限时办结”，为企业节约了时间与资金成本。在丽水市率先使用企业注销“一网服务”平台，缩短企业注销办理时限，减少办理材料，节约办理费用。

自3月1日起启用新版营业执照，并在全市率先核发第一本新版营业执照。推进“小微企业三年成长计划”，贯彻落实“个转企”工作，不断提升市场主体质量和层次，更好地促进企业转型升级，全年共支持和引导完成“个转企”登记注册42家，其中转成公司制企业39家，占总数的92.9%，于6月底提前完成“个转企”全年任务。从4月26日起，在丽水试行企业业务办理相关自然人身份信息实名验证，有效杜绝提交虚假材料、冒用他人身份等欺诈手段骗取工商登记的行为发生，避免“被股东”现象的出现，使办事群众在审批环节多了一层安全保障。深化食品经营许可改革，实施“告知承诺制”，推行“最多核一次”，优化许可条件。把审批流程由原先的十一段式简化为三或四段式，许可时限由原先的20个工作日缩短为7个工作日内，简化许可流程，缩短许可时限。全年通过“告知承诺制”办理食品经营许可证78家，“最多核一次”65家。推进企业名称自主申报改革工作。通过企业名称库与在册库企业登记信息对比，及时清理自主申报、预先登记、变更登记、注销登记中已过保留期的名称，主动清理已过保留期名称16个，充分盘活释放全县名称资源。加大力度持续推进“证照分离”改革，着力破解“准入不准营”难题，全年“证照分离”办件量为2432件，其中告知承诺219件，优化准入服务2197件，改为备案16件。

【市场规范管理】2019年，县市场监管局贯彻落实省市县工作部署，开展市场规范管理，创新工作举措，推进省放心农贸市场建设、商品交易市场提升发展。2家市场创建省放心农贸市场被列入省政府工作报告重点工作及市政府办实事项目，1家乡村市场创建星级文明规范市场列入乡村振兴重要工作。全县从农贸市场“民生性、社会性、公益性”定位出发，开展农贸市场综合创建工作。西屏城北菜市场、古市综合市场被认定为省放心农贸市场，古市综合市场还被认定为省三星级文明规范市场。以规范为抓手，施行茶叶市场转型。深入实施“中国茶乡”建设三年行动计划，继续执行局班子成员带班值勤驻场管理，督促市场落实“四个严禁”（严禁茶叶落地、严禁场内吸烟、严禁乱扔垃圾、严禁随地吐痰）要求。推行“红黑榜单”加强信用培育，对市场经营户进行信用等级评定，对信用优良经营户予以“红榜”公布；建立茶农茶商不良交易行为“黑名单”制度，对违反交易诚信甚至涉嫌违法行为的茶叶加工户，列入“黑名单”。全年“浙南茶叶市场”实现交易总量8400万千克，交易金额68.3亿元。

2019年3月12日，3·15国际消费者权益日大型宣传咨询服务活动

【网络交易监管】2019年，县市场监管局针对辖区内电子商务经营者在经营活动中存在的违法违规问题，利用深入企业走访、微信群交流、“3·15”消费者保障日、“双11”购物节集中交易节点，采取印发《中华人民共和国电子商务法》等宣传资料，组织辖区内从事电子商务经营者开展电子商务相关法律法规的宣传培训，增强电商经营者守法经营意识及消费者的维权能力。根据省、市局开展“2019网络市场监管专项行动（网剑行动）”的部署，坚持“依法监管、审慎监管、智慧监管、综合监管和协同监管”的要求，开展专项行动，结合当地网络监管实际，制订《松阳县市场监管局2019网络市场监管专项行动（网剑行动）方案》。根据《中华人民共和国电子商务法》对辖区网络监管主体数据库中电子商务经营主体进行一次全面清理，督促电子商务经营主体根据市场主体登记有关法律法规和总局《关于做好电子商务经营者登记工作的意见》规定，依法办理主体登记和有关行政许可工作，该局清理后现建档388家。依据工作方案，严厉打击网售不安全食品、医疗器械、化妆品，假药劣药及网络餐饮违规行为；严厉打击网上销售假冒伪劣商品行为；严厉打击网络不正当竞争行为；严厉打击互联网违法广告；严厉打击侵害消费者权益的违法行为；监督电商经营者落实责任；强化网络交易监测。对网络经营活动中存在的突出问题，采取网上巡查、现场检查、梳理消费投诉等措施，严厉查处各类网络经营违法违规案件。2019年，共查处网络案件21件，罚没款7.45万元，其中大要案2件，罚没款6.5万元。

【消费维权】2019年，县市场监管局利用“12345”投诉举报平台、“110”应急联动等多种渠道不间断受理消费者各类申诉、举报、咨询，做到即时受理、即时办理、即时反馈。共受理消费者投诉、举报、咨询843件，其中：咨询495件，举报109，投诉239件，结案率均为100%，为消费者挽回经济损失7万元。同时根据消费者投诉热点，针对当地现状发布4期消费警示，及时提醒消费者安全理性消费。在“3·15”期间，组织开展大型宣传咨询和消费维权“七进”活动，通过消费教育宣传，引导消费者合理表达诉求，依法维权；引导经营者规范经营，积极化解矛盾纠纷。深化“放心消费在浙江”行动，推进“放心消费”建设工作，根据省委、省政府“放心消费在浙江”工作决策部署，按照建设要求推进创建工作。经培育、公示、监管及后评价，最终评定104家企业为年度放心消费单位。其中，放心商店28家、放心网店12家、放心餐饮22家、放心工厂42家。9月，县消保委在松阳非常装饰工程有限公司设立全县首家住宅装修行业消费教育示范基地。该基地的落成对规范工艺操作和施工标准，引导同行企业对标看齐，促进全县住宅装修业的持续健康发展有积极的作用。

【餐饮服务监管】2019年，县市场监管局加强餐饮服务监管，稳抓餐饮环节食品安全监管和提升。开展农村家宴“放心厨房”建设，提升农村家宴的整体水平。创建农村家宴厨房11家，通过县级验收B级2家、C级9家。创建阳光厨房15家，实行“智慧阳光厨房”试点2家。鼓励打造茶空间、茶主题餐厅，成功创建9家，共计奖励金额27万元。网络申报放心消费示范店22家，超额实现任务的10%，在创建过程中鼓励并指导创建单位提升厨房品质，做阳光厨房、可视化的透明厨房，同时加强色标管理并对其进行规范化的指导。结合省食品安全县创建工作，开展餐饮环节的监督检查出动执法人员700余人次，检查餐饮单位（含学校、单位食堂）1800余户次，责令整改27户，示范街提升改造餐饮单位5家。开展各类大型社会活动的食品安全保障工作12件。与教育局联合开展“不忘初心，牢记使命”校园食品安全整治工作，有80%以上的食堂阳光厨房入网工作。

农村家宴厨房创建指导

【食品生产与流通监管】2019年，县市场监管局开拓食品生产流通监管思维，强化食品安全监管，召开全县食品生产企业培训会及履行食品安全主体责任报告会，推进落实企业主体责任。深化“最多跑一次”改革，完成67家食品生产企业自查报告网络上报，实现“零次跑”。加强食品安全监督抽检力度，把控食品安全风险源头，稳步推进县民生实事项目，监督抽检各类食品、食用农产品、茶叶共计1030批次，不合格10批次，均已依法立案查处。持续改造提升加工作坊水平，完成松阳县昌明香榧专业合作社、浙江陆和茶业发展有限公司等8家“名特优食品作坊和亮化达标小微食品生产企业”创建。开展省级食用农产品批发市场食品安全规范化建设，健全食品安全管理制度，完善台账及风险防控等各项措施，浙江浙南茶叶市场、松阳浙西南绿色农产品物流中心通过评价验收，分别获AA级、A级的良好成绩。开展流通领域猪肉质量安全监管，落实防控巡查日报告制度，全年检查农贸市场、大型商超、餐饮、生产企业等肉品生产经营单位17287户次，排查鲜冻肉268.65万千克，案件2件，罚没款0.53万元。深入落实农产品质量安全监管，以“源头可溯、过程可控、风险可防、责任可究、公众可查”为核心，完善溯源体系建设。为保障群众“菜篮子”安全，全县各农贸（农批）市场检测室开展定性检测13.28万批次，检出率0.02%。推进茶叶溯源体系建设，加强茶青溯源推广，年溯源交易笔数30.23万笔，交易额28.63亿元。全面推广“丰收溯配”系统应用及向餐饮、配送平台延伸，开展新一代食品安全溯源体系建设，把好人民群众日常食品安全第一道关口。

【药品医疗器械监管】2019年，县市场监管局探索监管新模式，精准防控与化解行业风险，在助推企业转型发展，保障药品安全工作上动脑子，下功夫。严把生产源头关，防范区域性系统性风险。生产环节风险管控承诺率100%；自检率100%；药品生产企业年报上报上传率100%；风险隐患处置关闭率100%；药品不良反应上报率100%，生产环节监管得力，获省局加分。开展“药剑”专项行动，集中整治中药饮片质量，共检查涉药单位182家次，出动执法人员364人次， 发现不符合相关要求的单位17家次，发现各类缺陷21条，均督促企业整改到位。疏堵结合治理药师虚挂兼职现象，共出动执法人员107人次，检查药品经营企业48家次，覆盖县域内所有药品经营企业，收到企业自查报告48份，引导企业主动开展整改2家次，更换驻店药师2人次。组织开展流通领域特殊药品安全专项整治，施行医疗器械“清网”行动及无菌、植入类医疗器械专项治理工作，共检查网络销售医疗器械经营企业2家，无菌医疗器械经营企业1家，无菌及植入类医疗器械使用单位54家，出动执法人员156人次， 发现不符合相关要求的单位8家次，发现各类缺陷17条，均督促企业整改到位。开展“三服务”活动，打通工作堵点，全力推进送药上山便民服务建设。完成省级创建任务的133%，送药服务队服务群众979人次；开展药品安全科普知识宣传2次，发放宣传资料800余册；流动医院义诊2次，免费为群众提供量血压、测血糖、B超检查等服务，受益群众2053人次，完成药品配送212单；开展家庭过期

2019年10月，“药剑”专项整治行动

药品回收2次，回收药品31件，有力提升了山区的药学和药品服务能力。

【化妆品安全监管】2019年，县市场监管局施行风险防控，落实企业主体责任，精准服务对接，保障化妆品安全领域各项工作平稳有序开展。全面铺开“百千万”示范创建工作，明确创建的任务、实施步骤及工作要求，明晰业务科室和辖区所的监管指导帮扶责任，科学摸底，精挑细选，把一批基础扎实，经营者责任心强配合度高的单位纳入示范创建名单。开展摸底走访7次，建立化妆品监管工作群2个，纳入监管对象120家次，召开“百千万”工作部署推进会1次。创建化妆品示范单位15家，完成市级下达任务的115%。开展化妆品“线上净网线下清源”风险排查处置工作。依托该局网监科对网络销售经营者、网络销售平台的日常监测情况，通过电话询问、网站浏览查询和现场检查等方式，对确定的检查重点对象逐一排查，摸清全县化妆品网络销售的底数，明确该类单位的区域分布，实现全县化妆品网络销售经营单位底子清楚、情况明确、台账信息登记基本准确的目的。结合化妆品监督抽检工作，发现不合格化妆品2例，实现该局查办化妆品案件零的突破。推进化妆品不良反应监测，发挥哨点医院监测作用，拓宽不良反应收集、报送渠道，有序开展化妆品不良反应监测和评价工作，全年保质保量完成化妆品不良反应监测90余例。抓好宣传工作，增强保化社会共治氛围。把化妆品安全知识科普宣传列为一项常态化的宣传工作，结合“3·15”宣传、局党员志愿者活动、“巾帼红盾”送法下乡、化妆品安全知识进校园、入乡镇科普知识宣传活动等开展形式多样的现场宣传。通过现场展示化妆品安全知识海报，发放相关宣传单、科普折页等，对群众现场咨询进行答疑解惑。

2019年12月，化妆品安全科普知识进校园活动

【质量与产品监管】2019年，县市场监管局加强产品质量监督抽查，共完成生产领域监督抽查产品102批次，其中，市级定期监督抽查78批次、县级定期监督抽查7批次、省级飞行监督抽查17批次，合格97批次，批次合格率95.1%；流通领域监督抽查产品34批次，发现问题产品6批次，问题发现率17.6%。开展产品质量安全隐患排查治理，在上年度隐患排查治理的基础上，针对省市局新的要求，就全县不锈钢管、皮革等行业开展全面深入的调查摸底，重新梳理各类具体产品的风险隐患，梳理7类产品15个风险点，同时提出针对性的监管措施，确保隐患不再发生。推进“放心工厂”建设，根据省局“放心消费在浙江”放心消费单位创建工作的要求，结合当地企业实际，要求企业及时进行相关信息的公示，并把相关信息上传至创建系统中，共创建“放心工厂”42家。落实兑现质量建设奖励资金，印发《关于开展2018年度松阳县推进品牌创建与质量建设奖励申报工作的通知》，开展2018

年度品牌创建和质量建设奖励兑现工作，共兑现奖励资金130万元，以激励企业转型提升，提高企业质量创新和品牌培育积极性。开展第四届松阳县政府质量奖评选工作，积极沟通县政府开展政府质量奖评选，动员指导6家企业参选并通过评审，通过政府质量奖获奖企业的示范带动作用，在全县企业中树立学习标杆。

【标准与计量监管】2019年，县市场监管局以“标准化+工业制造”为引领，线上线下指导企业建设标准编制工作平台，邀请专家为企业打通标准上升通道。共发布国家标准3项，分别为《精细重晶石粉》《尿素级超低碳奥氏体不锈钢无缝钢管》《钛—钢复合管》；“浙江制造”团体标准3项，分别为《硅藻土彩泥》《液化天然气（LNG）输送用不锈钢无缝管》《空分设备用不锈钢无缝钢管》。以“标准化+基层社会治理”，推进标准创新融入治理体系和治理能力现代化，指导西屏街道城西社区开展市级标准化试点《党建引领下的小区物业“四有自治”模式服务标准化试点》项目建设，于11月1日项目通过验收。以“标准化+农业现代化”鼓励涉农单位、企业、农专社把香榧种植、种鸡选育等先进经验，生态精品农业科技成果转化为标准，发布《人工榧树林嫁接香榧建园技术规程》《鹊山鸡种鸡选育技术规程》2项市级地方标准，《香榧套种皇菊技术规程》《饮用皇菊栽培技术规程》2项县级地方标准。在全县创新实施农业标准化管理体系，大力培育生态农业标准化试点，增加市级农业标准化项目立项2个。以“标准化+传统村落保护”，推进名城老屋办总结经验和成果，12月31日，发布县级地方标准《传统村落保护建设规范》。围绕“放心消费在浙江”，全面加强计量监管，组织开展“公平计量维权益”、“定量包装双随机抽检”、眼镜制配计量专项检查等。共检查计量器具使用单位228家次，抽查样品118批次，重点对茶叶市场、“米袋子”、“菜篮子”等民生计量进行抽样，共查处定量包装案件3件、计量器具不合格案件3件。通过预约送检、上门服务、绿色通道等为企业提供检定服务，共完成计量器具免费检定3654台（件），其中茶叶市场计量器具249台（件）、农贸市场电子秤307台（件）、医疗计量器具486台（件）、加油机279枪。

2019年12月13日，召开县级地方标准传统村落保护建设规范评审会

【特种设备安全监察】2019年，县市场监管局围绕“防风险、保平安、迎大庆”为中心开展特种设备安全监察工作，推进特种设备智能动态监管、分类评价、三项制度的常态化应用，严格落实各方责任，开展医用灭菌锅、压力管道、流动叉车等各类设备专项整治，全年共出动监察人员520人次，检查单位143家，排查隐患177处，下发指令书67份，立案3起，未发生特种设备安全责任事故。遵照省政府“三服务”的要求，争取国家总局的政策支持，于12月19日，经国家市场监管总局同意，国家特检协会在松阳举办一期超声检测人员培

2019年4月25日，国家总局特种设备局副局长高继轩到松阳县调研压力管道元件制造产业

训考核班，全县32家企业的73名技术人员参训，为企业减少包括交通、住宿等培训相关费用40余万元。筑牢根基夯实安全基础，开展观光车事故应急救援演练，全市50余人参加现场观摩，提高特种设备应急救援工作的指挥协调和抢险救援能力，增强特种设备使用单位的应急意识和安全意识。推进电梯的“互联网+NFC”监管全覆盖，规范电梯的维护保养全程，避免电梯维护保养走过场的现象。开展特种设备安全进校园、进企业、现场咨询等各类宣传活动7次，宣传涉及生命财产安全、危险性较大以及与人民群众生产生活息息相关的电梯、气瓶、索道、大型游乐设施等特种设备的使用规范和安全常识，营造人人关注特种设备安全、人人重视特种设备安全的良好氛围。

【基层市场监管】2019年，县市场监管局开展星级规范化建设所创建活动。指导各基层所建立健全长效创建机制，因地制宜，与“四个平台”有机结合，严格坚持标准，提高服务质量和硬件设施，成功创建三星级规范化市场监管所2个和规范化达标所3个，基层所规范化达标所创建率90%。该局现拥有四星级规范化市场监管所1个，三星级规范化市场监管所4个，规范化达标所3个。

【知识产权与发明专利】2019年，县市场监管局根据企业知识产权运用及企业经营等情况制订名牌梯度培育计划，推行重点企业品牌指导结对联系制度，主动下沉监管服务职能，加强宣传引导，提高企业的知识产权意识。全年新增注册商标518件，其中，农副产品商标185件、服务商标138件，“松阳香油”已向国家知识产权局申报地理标志证明商标。全县有效注册商标2550件，其中农副产品商标766件、服务商标450件。是年全县专利申请量491件、授权量398件，其中发明专利申请量53件、授权量17件。截至年末，全县经国家知识产权局授权的有效发明专利为79件，按上年末全县常住人口计算，每万人有效发明专利拥有量为4.123件。围绕人民群众关心的热点、难点问题，深入开展商标专用权保护，积极实施各项专项整治行动，加大对各类商标侵权违法行为查处力度，推进流通领域和商贸企业的知识产权市场监管，提高知识产权法制意识，杜绝知识产权假冒，侵权产品进入各大商场，营造公平、有序的市场竞争秩序。同时做好“双随机、一公开”监管制度的建立和落实，对辖区商标使用情况和商标代理机构、产品专利宣传真实性进行“双随机一公开”抽查检查，形成对知识产权失信行为的协同监管和联合惩戒机制。共查处各类侵犯驰名商标专用权案件6起，案值4.67万元，罚没16.75万元。搭建融资平台，鼓励以小微企业为核心的品牌企业开展商标、专利专用权质押，提升知识产权的品牌价值。办理商标质押登记1件，授信额1000万元，贷款发生额1000万元；专利权质押登记1件，授信额1000万元，贷款发生额1000万元。同时充分利用“3·15”消费者权益日、“4·26”知识产权宣传周、“12·4”法制宣传日等活动平台，向市民广泛宣传《商标法》等法律知识。组织多家企业先后参加了企业知识产权战略规划培训班、农业知识产权宣讲会、专利分析与侵权风险规避远程网络培训班等。

（县市场监管局）

烟草专卖

【概况】2019年，松阳县烟草专卖局（分公司）（以下简称“县烟草公司”）销售卷烟9317箱，同比下降1.89%；卷烟销售额3.76亿元，同比增长4.49%；单箱销售额4.03万元，同比增长6.51%；客户盈利度12.99%。重点品牌销量占比76.9%，同比上升4.5个百分点；二类烟销量占比11.3%；阶段性品牌培育完成率100%。全年签订晒红烟种植收购合同27份，种植面积3.8公顷，收购总量197担。组建自律互助小组81个，发展“香溢家”会员31040人，活跃消费者会员比值达106.88%，综合得分位居全市第二名。加强党的建设，提升基层负责人“一岗双责”履职能力，全面推进党建与业务深度融合，发挥领导表率、支部堡垒、党员先锋作用。按照中央部署和行业要求，开展“不忘

2019年8月27日，松阳晒红烟开秤收购，“党员先锋队”帮助烟农卸车、搬运服务

初心、牢记使命”主题教育，围绕主题主线，以学、研、查、改四项措施为抓手，做到基础“实”、进度“稳”、质量“高”、成效“好”。根据职能变化、人员调整等情况，及时建立健全基层党组织，原党支部升格设立党总支，新成立党支部4个。在全省系统管理类岗位一般性流转选拔、市局（公司）工作人员公开遴选、该公司副股级干部选拔任用及“双聘”工作中，均严格按照规定程序进行，严把审核关，确保各环节公开透明，畅通优秀人才的上升通道。2019年，选拔副股级干部1人，调整基层部门负责人4人、普通职工1人。以技能型人才库为依托，组建3个QC小组，形成2个立项课题，以管理手段创新促进管理效能提升，《岗位有标杆 比学有动力》新名片获全市“十佳书记项目”。按照县委县政府整体部署，做好“五水共治”、区域征迁等重点工作，以向结对村防洪堤修建项目捐赠帮扶补助资金等方式助力脱贫攻坚战，组织开展生活垃圾分类减量化工作宣传，助力困难零售户秋收等志愿服务活动200余人次。2019年，县烟草公司车队被评为“浙江省烟草专卖商业系统安全生产工作”先进车队。

【规范内部治理】2019年，县烟草公司签订《全面从严治党责任书》12份，明示承诺书57份；党组班子成员、党支部班子成员带头签订《党员领导干部贯彻落实中央八项规定精神承诺书》16份；签订《员工保密协议》61份。通过“签字背书”把主体责任、监督责任明确到人，落实到事。严格落实省、市局（公司）关于重要节假日期间党风廉政建设工作部署，紧盯重要节点，持续深入贯彻落实中央八项规定精神，坚持在元旦、春节、劳动节、中秋节、国庆节等重要时间节点，通过OA平台内部通知、钉钉廉政钉语等载体重申纪律要求，对节假日车辆封存、慰问品发放、会风会纪、劳动纪律、工作日饮酒等情况开展检查，全年开展正风肃纪检查12次，全力遏制“四风”问题反弹回潮。按照“标本兼治、综合治理、惩防并举、注重预防”的工作方针，全员发动、上下联动查找岗位、工作流程中容易引发不廉洁行为的环节，紧盯“三项工作”、营销费用、大额资金管理等重点领域和关键环节，开展廉情风险辨识，并对风险预防和控制措施进行了优化。2019年，共梳理58个过程（活动），87个廉情风险点，其中新增21个，修改36个风险点，并适时组织对廉情风险点的监控管理。

【烟草专卖监管】2019年，县烟草公司推进联合管控，坚持外打内管、出入双防，构建卷烟市场综合治理新格局。对涉烟违法行为展开多领域、多维度打击，全县共查处各类违法案件82起，查获违法卷烟107件，案值660余万元。其中，当地市场查获各类违法卷烟同比增长71%，包括国产真烟105件，同比增长104.45%；查获国家局确认的可查清来源地的省外真烟20件，同比增长2535.53%。以云上监管、数据集成为基础，深入运用“153”工作法，破获“4·25”互联网销售加热不燃烧卷烟案，实现打假破网连续30年不间断。该案涉及全国17个省（区、市），是丽水市首起县级局破获的加热不燃烧卷烟网络案，为全国打假大局作出了贡献。深化“互联网+政务服务”“最多跑一次”事项7项，占比100%；实现跑零次事项7项，零跑率100%；即办率71.43%；承诺期限压缩比92.86%；网上可办率、掌上办事实现率、材料电子率均实现100%。以“专卖队伍素质提升年”为抓手，实行全员持证和等级提升两大攻坚任务，在全省专卖队伍“走查考学”活动中，“应知应会”平均分位居全市前列，行政执法评议考核全市第一名。第三季度对标创优竞赛评比中，专卖管理所总得分位列全市管理所第一名，获得首面“红旗”，实现历史性突破。

【法制宣传专题活动】2019年，县烟草公司深入贯彻落实习近平总书记在中央全面依法治国委员会会议和中央政法工作会议上的重要讲话精神，把握新时期法治工作规律，通过集中组织普法培训、普法建档考试等活动，在单位内部大力营造学习宪法、遵守宪法、维护宪法、运用宪法的浓厚氛围。组织开展“第六个国家宪法日”和“第二个宪法宣传周”主题宣传等法制宣传活动3场次，发放宣传资料300份，有效树立了法治烟草的良好形象，为维护卷烟市场秩序提供了支撑。聚焦内部规范，审核合同15份，涉及金额59.34万元，规范性文件合法性审查2次，开展执法检查2次，发出整改意见书1份，出具审查意见书73份，提升了依法治企的规范化水平。

（县烟草公司）

综合执法 应急管理 环保

陈家铺村

综合行政执法

【概况】2019年，松阳县综合行政执法局（以下简称“县执法局”）内设科室4个，办公室、政治处、法制科、综合业务科；派出机构10个，机动中队、办案中队、西屏中队、水南中队、望松中队、古市中队、象溪中队、大东坝中队、玉岩中队和新兴中队；下属事业单位2个，县综合行政执法指挥中心、县后勤保障服务中心；现有工作人员166人，其中在编人员48人、协管员118人。局内有党支部2个，现有党员47人；有团支部2个，现有团员21人。

【城市执法精细化管理】2019年，县执法局以国卫复评为契机，对流动摊贩、店外店经营、人行道违停等开展集中整治，结合上下班无缝衔接的24小时值班制度，实现市容管理全面高效。在要津路老米厂路口、三桥红绿灯和环城西路下首至官塘路路口人行道等增加4处流动摊贩疏导点，合理安置食品、水果摊点27个；落实秸秆禁烧日常巡查机制，严格实行立案处罚，营造浓厚禁烧氛围，全面禁严秸秆焚烧现象。全县发现火点数132起，立案处罚79起，收缴处罚金额27150元；开展户外广告调查摸底，推进两路两侧违规广告清理专项行动，规范美化户外广告设置。累计出动92人次，清理整治违章广告355宗，两路两侧违规广告牌全部清理完毕。2019年，出动执法人员2.03万余人次，出动车辆6360余台次；纠正店外店、流动摊贩、污水零直排、噪音扰民、横幅广告、秸秆焚烧、餐厨油烟等违法行为2.77万余起；整治乱停放、“抛洒漏”车辆1.97万辆次。

执法局工作人员在人行道违停联合执法中向群众宣传相关法规

执法局工作人员赴违建现场进行测绘

【城乡规划综合行政执法】2019年，县执法局依托网格化执法体系，压实执法监督职责，强化违建巡查、违建处罚以及批后监管，坚持发现一起处置一起，强势推进防违控违工作。“松州府”小区执法联勤室试点成效显著，通过密切联勤联动，发现并及时整改各类违建苗头5起，破解违建管控难题，进一步健全长效监管机制；继续推行不动产过户变更、房产抵押贷款违建审查制度，落实干部选拔任用、入党政审等相关人员的违建审查，做到有案必查、一查到底；不定期开展案审会，分析研讨执法案例、讨论学习执法案卷，提升执法办案规范化。立案调查101起，其中发出《责令停止违法行为通知书》23份；处罚类案件78起，罚款人民币274.5万元，处理不动产抵押案件1790余份；配合县纪委、县委组织部等部门开展各类资格审查人员2680余次。

【智慧城市管理】2019年，县执法局“智慧城管”系统通过移动网络、城管通APP，实时采集城市管理问题上报平台，并对政务热线12345和110社会应急联动、四个平台举报投诉问题进行受理、转办和指令下达，形成“高位监管、一级监督、二级指挥、三级考评、四级联动”的城市管理新模式；谋划建立秸秆禁烧烟雾监测系统，通过20个铁塔自动匹配周边秸秆焚烧烟雾，实现对县域内秸秆焚烧行为的实时监控，提高秸秆焚烧巡查与整治效率。2019年，依托“智慧城管”平台发现综合行政执法问题32273件，各部门应解决案件数32273件，结案数32273件，结案率100%。

【专项综合行政执法活动】2019年，县执法局通过开展各类专项综合行政执法活动，为全县各项重点工作、重点活动的开展提供保障。国卫复评、省食品安全县创建、文明县城指数测评等重大测评期间，实行24小时全天候执勤模式，开展专项市容整治，成功推进松阳县通过国卫复评、创成省食品安全县、通过文明县城指数测评；在茶商大会、乡村振兴论坛、半程马拉松等重大活动中投入日常执勤3倍执法力量，做好活动安保工作，为活动完成保驾护航；配合重点项目清表、乡镇拆违等工作要求，共展开行动30余次，出动执勤人员3160余人次。

【行政执法宣传】2019年，县执法局围绕智慧城管建设、城市精细化管理、中队规范化建设、防违控违等亮点措施和做法，突出工作重点，不断提升宣传效益，营造综合行政执法队伍新形象，努力提高综合行政执法工作的社会认同感，营造人人参与城市管理的良好氛围。强化与融媒体的沟通合作，加大同《新松阳》报、松阳政府网、松阳电视台等本级媒体沟通协调，开拓媒体资源；加强内外宣传，着力在宣传内容上更有温度、宣传技巧上更加丰富、宣传载体上更加创新，多层次、全方位展现工作风貌、执法形象；强化党委、政务信息报送，加强经验专报类信息提炼，力求信息工作有亮点、有特色，为领导发挥好信息决策参考作用。全年报送社会舆情信息、电子政务信息、党委信息、舆情信息等973篇，录用693篇，其中丽水市级以上录用92篇。

【行政执法体制改革】2019年，县执法局按照县委、县政府统一部署，着力做好机构、编制、职责和人员的调整工作，进一步推进全县机构改革落实。根据新“三定”规定核定，取消督查信访科，相关职能及人员进行拆分，划归其他科室，确保相关职能整合、调整、划转落实到位；内设科室名称和数量、人员编制、股级职数均按规定执行。

【基层综合行政执法事项】2019年，县执法局在全县行政区域内集中行使涉及城市市容和环境卫生管理、城乡规划（含风景名胜）管理、城市绿化管理等21个方面145项行政处罚及与之相关的行政强制、行政监督检查职权，其中144项于2016年12月7日正式开始履职，另1项露天焚烧秸秆行为的监督管理事项，于2018年11月8日开始履职。

（县执法局　雷舒馨）

执法局工作人员明清街专项整治行动中为商户发放温馨提示

应急管理

【概况】2019年，全县发生各类安全生产事故11起，死亡10人，安全生产事故起数与2018年同比减少2起，降低15.38%，死亡人数与2018年同比减少2人，降低16.67%。其中：发生工矿商贸事故3起，死亡3人；发生生产经营性道路交通事故8起，死亡7人。

【高危行业安全综合监管】2019年，松阳县应急管理局（以下简称“县应急管理局”）组织开展危化生产企业攻坚服务提升行动，邀请省级危化安全专家5人组成指导服务工作组利用数个周末分别对全县7家危化生产企业开展攻坚服务提升指导。工作组对照《危险化学品生产企业攻坚提升检查表》203条标准和《化工和危险化学品生产经营单位重大生产安全事故隐患判定标准（试行）》，对各危化生产企业围绕安全基础管理、工艺安全、设备、仪表与电气、设计与总图、消防与应急管理6个方面提出337条隐患，县应急管理局对检查发现的隐患立即落实限期整改。对整改落实不力、问题严重的，依法进行处罚、停产停业整顿。10月底，所有专项检查发现的隐患已经全部整改。

矿山：根据《浙江省应急管理厅关于开展非煤矿山安全生产专项执法检查的通知》文件精神，为深刻吸取事故教训，举一反三，有效防范较大生产安全事故，坚决遏制重特大事故，县应急管理局组织开展全县非煤矿山安全生产专项执法检查。由分管领导带队，组织有经验的执法人员和省市级矿山安全专家，严格对照《金属非金属矿山重大生产安全事故隐患判定标准（试行）》，逐一开展检查。

共检查矿山生产经营单位32家次，出动人员64人次，发出现场检查记录32份，整改指令书16份，复查意见书16份，现场处理措施决定书2份，查出事故隐患56个。县应急管理局对检查发现的隐患限期整改，要求落实企业主体责任并进一步加大安全隐患排查力度，及时消除事故隐患，确保企业的安全生产。

【突发事件应急救援】2019年，县应急管理局全面排摸并汇总全县4支社会救援队伍的基本情况，将松阳县民防天狼救援队培育为县级社会救援队伍。推进1个全县突发事件总体应急预案和61个专项应急预案的修编。开展全县防汛综合演练和高速公路隧道火灾暨“消警路卫企”安全保畅应急演练两个大型演练，依托乡镇、企事业单位开展危险化学品泄漏、森林防火等专项演练。参与“7·4”山体塌方事故救援，利用大型机械、升降器、挖掘工具、绳索、无人机等搜救工具，历时15个小时，找到遇难人员1人。参与“12·17”山体塌方事故救援，在多部门的共同努力下，在事故发生60小时后搜救出遇难人员第1人，64小时后搜救出遇难人员第2人；12月28日，借助金属探测仪确定挖机方位找到挖机，尚有失联人员1人未找到；12月29日开始，在继续搜寻失联人员的同时，救援工作重点转为爆破物品清理工作；截至2020年3月10日，已清理出炸药170千克、爆雷管11发，清理工作持续进行中。

【安全生产知识宣传教育】2019年，县应急管理局在电视台和《新松阳》报常年开设安全生产和应急管理宣传栏目，定期宣传安全应急知识；通过现场咨询、有奖问答、发放宣传资料等形式组织开展防灾减灾宣传周和安全生产月现场咨询活动，发放宣传资料和宣传用品6000余份；通过“松阳应急管理”微信公众号举办安全（应急）知识大闯关和集赞送水杯活动，吸引数万名群众参与。另外，通过邮政快递车、户外LED、宣传横幅等载体加强公益宣传，形成浓厚工作氛围。累计举办各类培训班11期，培训人员900余人。

2019年4月29日，松阳县开展防汛综合演练

【安全生产标准化和防控体系建设】截至2019年，松阳县三级标准化企业已创建150家，包括轻工、机械、防治、非煤矿山、危险化学品等行业，按照10%的抽查比例，抽查辖区内三级标准化企业15家，重点检查核验企业标准化体系运行情况，推进全县安全生产标准化的建设。在2017年和2018年建设48家规上企业双重预防机制的基础上，2019年，规上企业双重预防机制建设增加30家。

为树立全县安全生产行业样板，引领、带动行业企业规范安全管理，提升本质安全水平，推动企业主体责任“一依法、八到位”要求的有效落实，2019年，创建安全生产精细化管理示范企业16家。在确保企业依法生产经营的前提下，做到安全责任到位、安全投入到位、安全培训到位、安全管理到位、风险辨识管控到位、隐患排查治理到位和应急救援到位，树立企业法人、安全生产管理人员和操作人员“安全第一，生命至上”的核心价值观，形成“不安全不生产”“不安全不上岗”的良好氛围，实现从“要我安全”向“我要安全”“我会安全”“我能安全”的转变。

【安全生产行政执法】2019年，县应急管理局按照年度执法检查计划开展行政执法工作，及时公开行政执法信息。检查企业181家，下发责令整改意见书92份，现场处理措施决定书6份，整改一般事故隐患646项，重大事故隐患9项，查处安全生产违法案件18件，经济处罚金额73.62万元。

【智慧式用电安全监管】截至2019年，松阳县共安装智慧式用电系统114套，涵盖29个安装单位。根据生产经营单位火灾风险辨识评价制订“智慧用电”系统安装方案，有效地解决经营性企业、小微企业、党政机关等单位大部分无专职电工，以及企业专职电工肉眼无法实时、直观、系统排查电气隐患及隐蔽工程隐患检查难等难题。应用该系统能有效提升电气设备本质安全水平，为有效防范恶性火灾事故的发生提供科技支撑，是“科技兴安”的重要组成部分。通过智慧用电系统在电气火灾高危行业领域的广泛应用，明显提升生产经营单位火灾风险防控能力，全县电气火灾技防水平明显提升，社会单位电气使用维护安全水平明显改善，全县电气火灾事故显著减少，实现“防患于未燃”的目的。

【自然灾害救助】2019 年，松阳县受灾乡镇数量 19 个，其中洪涝 19 个，台风 19 个。受灾人口 2283 人，其中洪涝 1645 人，台风 638 人。因灾死亡人口 1 人，其中洪涝 1 人。紧急转移安置人口 595 人，其中洪涝 368 人，台风 227 人。需紧急生活救助人口 11 人，其中洪涝 11 人。农作物受灾面积 253 公顷，其中洪涝 124 公顷；台风 129 公顷，其中洪涝导致农作物成灾面积 123 公顷。倒塌房屋间数 38 间，其中因洪涝倒塌 35 间，因台风倒塌 3 间。倒塌房屋户数 29 户，其中洪涝 29 户。严重损坏房屋间数 8 间，其中洪涝 8 间。严重损坏房屋户数 4 户，其中洪涝 4 户。一般损坏房屋间数 31 间，其中洪涝 31 间，洪涝导致一般损坏农房间数 5 间。一般损坏房屋户数 29 户，其中洪涝 29 户，洪涝导致一般损坏农房户数 5 户。直接经济损失 5840.34 万元，其中洪涝 5622.17 万元，台风 218.17 万元；其中农业洪涝损失 1013 万元，工矿企业洪涝损失 135.5 万元，基础设施洪涝损失 2991 万元，公益设施洪涝损失 84.68 万元，家庭财产洪涝损失 587.14 万元，家庭财产台风损失 0.81 万元；上级财政安排的自然灾害生活补助资金 2 万元。启动响应次数 6 次，其中Ⅰ级响应次数 1 次，Ⅱ级响应次数 1 次，Ⅲ级响应次数 1 次，Ⅳ级响应次数 6 次。已救助人口 40 人。需维修住房 16 户，其中已维修住房 16 户。需维修住房 31 间，其中已维修住房 31 间。本级支出自然灾害生活补助资金 2 万元，其中已支出应急生活补助资金 1.5 万元，已支出遇难人员家属抚慰金 0.5 万元。

（县应急管理局）

生态环境保护

【概况】2019 年，松阳县深入贯彻“绿水青山就是金山银山”战略指导思想，坚持高质量绿色发展，全力打好治水、治气、净土、清废污染防治攻坚战，保护和优化生态资源，加快生态创建，在成功创建国家生态县和省级生态文明建设示范县的基础上，启动国家生态文明建设示范县创建。按要求做好中央、省级环保督察整改工作，加强环境监管与风险防控，全年未发生突发环境事件。2019 年出境Ⅰ类水质达 56 天，Ⅰ类占比从 2018 年的 2.9%提升至 16%，上升 13.1%，增幅居丽水市第一位。2019 年全县空气质量 PM2.5 浓度为 26 微克/立方米，空气优良率达 99.5%，优良率同比上升 1.4%，增幅居全市第一位。生态环境状况公众满意度位列浙江省 90 个县（市、区）第九位。

【大气污染防治】2019 年，丽水市生态环境局松阳分局（以下简称“县生态环境局”）推进清洁生产，制定《2019 年度挥发性有机物企业整治方案》，整治辖区内涉挥发性有机物重点企业 6 家。开展不锈钢退火油烟的整治，收集率 95%以上，提升近 50%。开展“散乱污”企业和集群综合整治，涉气“散乱污”企业综合整治 11 家，其中关停淘汰 7 家、搬迁改造 4 家。控制煤炭消费总量，煤炭削减约 300 万千克，天然气消费总量

松阴溪国家 AAAA 级景区

达到0.6亿立方米。实施强制性清洁生产审核浙江骏达钢管制造有限公司等5家企业。

倡导绿色生活，严禁燃放烟花爆竹。2019年，实施划定区域内烟花爆竹禁燃，取消该区域内零售经营网点，抓秸秆禁烧和综合利用，出台《松阳县秸秆禁烧及综合利用工作方案》，把秸秆焚烧和综合利用纳入乡镇年终考核，秸秆综合处置1600万千克。建立联合专项巡查工作机制，加强执法巡查，发现火点数140起，立案查处焚烧秸秆案件78起，其中实施简易程序当场处罚19起，普通程序立案调查59起，已结案53起，收缴处罚金额2.9万元。加强移动污染源管理，做好非道路移动机械摸底调查和编码登记，并开展集中抽检，机动车尾气污染源进行遥感监测，全年巡检6次。

推广清洁能源，加快实施太阳能光伏发电，截至2019年底，松阳县光伏发电装机总容量5.7万千瓦，同比增长7.7%，增加0.4万千瓦，其中分布式家庭屋顶光伏装机容量为1.6万千瓦，同比增长19.1%。工商业分布式光伏项目装机容量为1.8万千瓦，同比增长8.7%。推进天然气管道“县县通”工程建设。

【水污染防治】2019年，县生态环境局提升县城生活废水治理，实施城区截污纳管雨污分流工程三年行动，计划总投资3.4亿元，其中2019年开工建设凌霄小区、教师新村、新华小区、古老院等4个小区和城南菜场截污纳管雨污分流工程。推进城镇生活小区“污水零直排区”建设，江南豪园小区“污水零直排”改造通过验收。完善市政污水管网建设，建设10.5千米，实现年度任务的145%，其中新建污水管网4.4千米，改造管网6.1千米。提升工业污染防治能力，实施新星、绿洁2家废水处理厂提升改造，其中绿洁废水处理厂总投资2000万元，提升COD及总氮处理能力。实施“1331”工程推进园区污水“零直排”，完善企业雨水、生活污水、生产废水三套收集系统，推行厂房、设备、地面三大洁净措施。截至2019年底，36家企业三套水收集系统改造通过阶段性验收，三大洁净措施率80%。总投资847万元，改造工业园区1～4期，王村和江南区块的雨、污管网。整治农业农村面源污染防治，推进畜牧业绿色发展，争创省级畜牧业绿色发展示范县。综合利用养殖废弃物，实施绿色循环体项目2个，畜禽屠宰场污水处理系统建设项目1个，创建省级美丽牧场3家。加快农村生活污水提升改造，新增日处理能力30吨以上农村生活污水处理设施标准化运维36个。投资109.4万元，完成樟溪乡下阙家、上溪滩自然村、新兴镇潘连村3个点位氮磷拦截生态沟渠，净化水质，改善生态景观。开展松阴溪水质专项提升行动。系统监测松阴溪流域水环境质量，摸清污染源分布情况。编制以生态配水为主线，以生物多样性保护为重点的《松阳县山水林田湖草生态保护与修复工程总体规划》，实施松阳二中国控断面流域截污纳管工程。其中污水处理厂清洁排放技术改造、生态产业集聚区地下水调查评估、垃圾填埋场地下水污染阻控工程等3个项目列入中央水污染防治项目库，2019年下达第一批中央补助资金4300万元。2019年出境水质Ⅰ类比例上升13.1%，该项指标获得省级绿色奖补资金2.04亿元，较2018年增收1.4亿元。

【土壤污染防治】2019年，县生态环境局推进工业固废安全处置，投资3.2亿元，由松阳光洁环保固废处置有限公司建设年处理1亿千克工业危险废物综合利用处置项目，于10月开工建设。加快存量污泥的动态清零，共处置3400万千克。实施危废企业登记及规范转移手续，注册67家企业，完成危废管理计划及转移备案304份。推进生活和建筑垃圾处置。创建高标准生活垃圾分类示范小区（桃花源）1个、定时定点投放清运小区（御景园）1个和1条商业街（紫荆街）垃圾分类示范点。加快推进垃圾资源化利用，据统计各分类示范点累计回收0.46万千克。实现建筑垃圾资源化利用，全年处置建筑垃圾1600万千克。完善考核体系，把农村垃圾分类工作纳入乡镇季度考评体系。加强农业土壤污染防治，开展农业“两区”土壤污染防治试点工作，实施68个耕地质量监测点、11个土壤污染监测点，5个长期定位监测点的管理、采样、检测分析工作。加强农药废弃包装物综合处置，回收6.42万千克，处置5.9万千克。推进农药购进、储存、销售的信息化管理，开展“对标欧盟肥药双控·丽水在行动”2019年全市“春耕支农”暨市政协“送科技下乡”服务活动，提前实现四批152种禁限用农药自律退市工作，农药实名制购买实现全覆盖。开展农药减量增效行动，全县农药减少使用4.4万千克，农药减量5.8%。采购茶黑刺粉虱信息素诱捕器及扦插服务75万套，用于松古平原9个乡镇（街道）的茶园扦插，推广应用绿色防控技术5933.33公顷。推广应用商品有机肥1100万千克，减少化肥使用量202万千克。

【生态建设】2019年，松阳县启动国家生态文明建设示范县创建工作，印发《松阳县生态文明建设示范县规划》，成立国家生态文明建设示范县创建领导小组，召开全县国家生态文明建设示范县创建工作部署会，做好第一轮技术材料收集。推进松阴溪省级湿地公园建设，完成松阴溪省级湿地公园生态保护与修复项目（一期），晋升国家湿地公园工作稳步推进。推进四都乡西坑村和陈家铺村、安民乡李坑村、玉岩镇余叶村、何山头村及玉岩镇大树后村开展古树保护主题公园建设。推进传统村落中央环保资金项目，审核拨付资金3471万元。

服务绿色发展

着手创建国家森林城市，建设美丽林相5666.67公顷，绿化造林558.07公顷。加强松材线虫病防控，全年完成防治面积1.67万公顷，清理枯死松木18.1万株，无害化处理疫木2600万千克，投入资金1535万元。开展森林督查和"绿卫2019"执法专项行动，查处涉林案件37宗。推进矿山生态环境治理，加强矿山储量动态监测和开发利用方案监管，严禁矿山越界开采、破坏开采等违法行为。开展2座绿色矿山创建入库以及12个特定区域压覆矿产资源调查评价。加强生态宣传教育，开展"6·5世界环境日"主题宣教——生态教育课堂进基层系列活动。

【环保督察整改工作】2019年，县生态环境局第一轮中央环保督察交办17个信访件、省环保督察交办21个信访件全部整改销号备案。集中式饮用水源地环境隐患专项督查交办3个问题全部整改。华东督察局现场督查6个点位问题整改5个。长江经济带生态环境隐患问题49个整改34个。启动第二轮中央环保督察迎检工作，印发《第二轮中央生态环境保护督察协调保障工作方案》，成立迎接第二轮中央环保督察工作领导小组，11月7日，召开松阳县第二轮中央环保督察准备工作推进会，11月18日，县委常委（扩大）会议，专题部署第二轮中央环保督察迎检工作，全县生态环境保护各类问题整改实施挂图作战，稳步推进。

【环境监测】2019年，系统开展县域水生态体检，摸清水系水质情况。对12个县控以上地表水断面，以及41个主要河道、主要支流和城区内河的水质进行系统监测，获得水生态监测成果数据2827个。开展对县控以上重点污染源进行监督性监测，实现污染源监测任务45家（次）。实施地下水预警监测，全县提供有效监测数据1705个，监测数据显示，监控区域的地下水水质呈持续变好的趋势。做好污染纠纷仲裁监测及应急事故监测，共获得环境执法、事故监测数据2271个。

【污染物排放与减排】2019年，松阳县化学需氧量削减8.09%，减排33.7万千克；氨氮削减5.4%，减排2.3万千克；二氧化硫削减1.2%，减排2.9万千克；氮氧化物削减3.9%，减排6万千克，四项污染物均完成2019年度考核任务。

【环境应急与执法监管】2019年，县生态环境局着手编制《松阳集中式饮用水源突发环境事件应急预案》《松阳县突发环境事件应急预案》。指导企业突发环境事件应急预案编制和备案登记，编制修订企业突发环境事件应急预案31家。完善各工业区块应急物资应急物资库建设；受理信访件352件，其中信访来源为浙江省统一政务平台231件，110应急联动106件，12369微信举报平台15件。全县涉水、涉气、涉危废等107家排污企业安装环保监控专网视频监控实施安装；开展生态环境隐患大排查和全县企业生态环境排查整治专项行动，办理环境违法行为案件29件，累计罚款金额299.3万元，移送公安机关

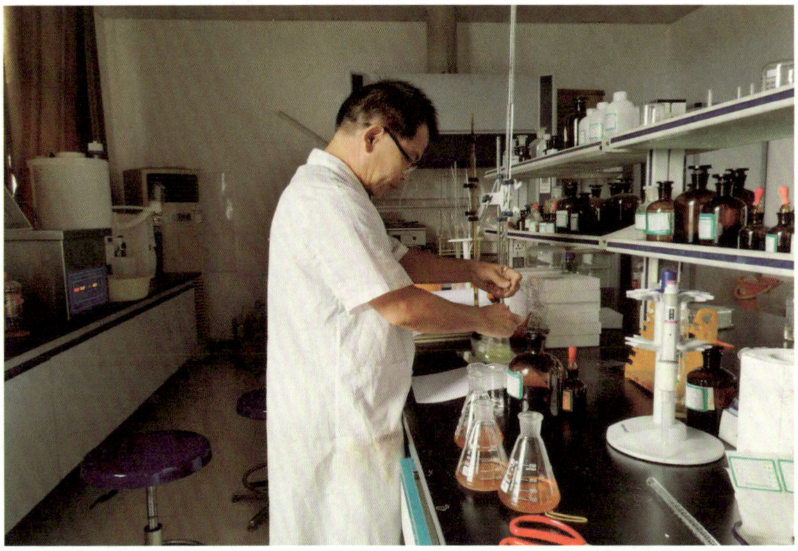

深化技术创新

行政拘留8人，查封扣押1起，责令限产停产1起。

【生态体制改革】2019年，县生态环境局推进审批制度改革，制定建设项目环境保护竣工验收指导意见，规范建设项目环境保护设施竣工验收程序和标准。实施环评审批降级，按照“区域环评+环境标准”的实施方法，指导3个项目环评降级备案。加速网上办理，2019年完成45个项目审批，62个环境影响登记表备案，实现网上办理100%。健全生态文明体制。启动生态环境损害赔偿工作机制，全年收缴生态损害赔偿资金120万元。健全饮用水安全保障体系，根据《丽水市饮用水水源保护条例》要求，完善饮用水源8项配套制度。实施排污许可制度，全年完成4个行业8家企业排污许可证核发，完成全县113家企业第二轮排污权有偿使用和交易及13家企业初始排污权交易工作。

【生态环境】2019年，县域水质达标率常年稳定在100%，出境水质稳定保持Ⅱ类水标准，连续6年获得全省跨行政区域河流交接断面水质考核优秀，2019年出境Ⅰ类水质达56天，Ⅰ类占比为16%；“五水共治”工作资金投入3.71亿元。空气质量PM2.5浓度为26微克/立方米，空气优良率99.5%。2019年，全县森林面积为11.23万公顷，同比增加66.67公顷，森林覆盖率达80.1%。林木蓄积量692.3万立方米，同比增加6.1%。林地面积11.63万公顷，同比增加42.4公顷。公益林面积6.37万公顷。建设美丽林相5666.67公顷，绿化造林558.07公顷。松材线虫病防治面积1.17万公顷，清理枯死松木18.1万株，无害化处理疫木2600万千克，投入资金1535万元。完成松阴溪省级湿地公园生态保护与修复项目（一期），湿地保护红线面积1309.1公顷，稳步推进晋升国家湿地公园工作。野外回归省重点保护野生植物景宁木兰0.67公顷1000余株，国家二级保护野生植物长序榆220株；繁育景宁木兰苗木270株，长序榆苗木2000株。2018年，被命名国家生态县。2019年，获“中国天然氧吧”称号。松阳县连续2年生态环境状况公众满意度位列浙江省90个县（市、区）前10位，被评为第二批省级生态文明建设示范县。

传播生态文明

【声环境】2019年，松阳县噪声监测结果显示，昼间城区道路交通噪声路长计数平均等效声级66.9分贝，达到国家标准，交通噪声监测路长27.4千米，各路段均达标，比往年有所好转；功能区定点噪声监测结果显示，城区内1类区、2类区、3类区、4类区均符合声功能区标准；区域噪声监测结果显示，县城区域环境噪声昼间平均值为54.2dB(A)，其中昼间最大声级为71.2dB(A)，最小声级为43.8dB(A)，城区声环境质量持续保持良好，松阳县城影响声环境质量的主要声源为生活噪声，其次为交通噪声。

【大事记】2019年1月24日，丽水市生态环境局松阳分局挂牌成立，作为市生态环境局的派出机构，将县环境保护局的职责以及县发展和改革局的应对气候变化和减排职责，县国土资源局的监督防止地下水污染职责，县水利局的编制水功能区划、排污口设置管理和流域水环境保护职责，县农业局的监督指导农业面源污染治理职责等整合划入丽水市生态环境局松阳分局，不再保留县环境保护局。

2019年10月14日，松阳县生态环境保护综合行政执法队挂牌成立，将县环境监察大队承担的污染防治、生态保护、核与辐射安全等方面的生态环境行政执法职责；县自然资源和规划局有关地下水污染防治，因开发土地、矿藏等造成生态破坏的执法职责；县林业局有关对自然保护地内进行非法开矿、修路、筑坝、建设造成生态破坏的执法职责；县农业农村局有关农业面源污染防治的执法职责；县水利局有关流域水生态环境保护的执法职责，整合划入松阳县生态环境保护综合行政执法队相关污染防治和生态保护执法职责。

（县生态环境局　毛肖强）

教育　科技

松阴溪绿道

教育

【概况】2019年，松阳县有高中3所（普高2所，职高1所）初中4所，小学20所，九年一贯制学校2所，特殊教育学校1所（松阳培智学校），幼儿园共53所（公办幼儿园22所，民办幼儿园31所），社区学院1所，区域成技校4所。全县共有在校生31272人，其中高中5055人（普高2894人，职高2161人）、初中6866人、小学12367人、培智学校77人、幼儿园 6907人。2019学年，全县在编在职教职工2121人，其中专任教师学历合格率幼儿园为100%，小学为100%，初中为100%，普通高中为99.64%，职业高中为98.55%。拥有省级特级教师3人，市县级名教师56人，市县学科带头人118人，市县教坛新秀470人。

2019年，松阳县教育局（以下简称“县教育局”）制定《松阳县教育提质行动计划（2019～2022年）（征求意见稿）》和《松阳县教育提质行动任务清单和年度推进计划（2019～2022年）》等政策文件。

开展“不忘初心、牢记使命”主题教育，对全县2500余名教师举行为期3天的“不忘初心、牢记使命”主题教育学习暨师德培训。把爱国主义教育与主题教育紧密结合，多形式开展庆祝中华人民共和国成立70周年系列活动，落实立德树人根本任务。

开展主题教育圆梦“微心愿”活动，筹集资金2万余元，圆了结对乡困难群众党员50人和小学104人的“微心愿”。开展“浙西南革命精神”弘扬践行活动。举办教育系统弘扬践行“浙西南革命精神”暨“清廉学校”建设微型党课比赛，在全县“弘扬践行‘浙西南革命精神’，礼赞新中国，奋斗新时代”微型党课大赛上获一等奖2人。教育宣传工作成效显著，省级主要媒体录用15条，其中中国教育报1条、人民网1条，对系统内20余人次先进人物及事迹进行宣传报道。组织服务组，动员整个教育系统的力量，相继参加瓦窑头区块、北山区块、塘寮区块等重点项目一线服务工作，按要求完成了政府各项中心工作任务。取得浙江省2018年度县（市、区）教育现代化发展水平监测总得分73.7分，高于全省平均3.00分，居丽水市第一位；获浙江省县级政府2018年度履行教育职责评价工作“优秀”，总体评价为“A”等；县教育局被评为“2018学年浙江省教育宣传工作先进集体”、教育通讯站被评为“浙江省2018学年教育宣传工作先进集体”。

2019年，县教育局获被评为“2019年度丽水市教育提质行动优秀奖”；松阳一中获得国家级“节约型公共机构示范单位”称号；古市小学被评为“省级示范家长学校”；县实验小学、县职业中专、松阳三中、靖居小学4所学校被评为“省级劳动实践教育项目试点学校”；县教师进修学校被评为“省师干训先进集体”；县实验幼儿园被确定为浙江省“安吉游戏实践园”；松阳一中心理辅导室、松阳二中心理辅导室创建成为“浙江省中小学心理辅导一级站”；西屏中心成技校申报的“农家乐培训”获浙江省培训品牌项目；县职业中专学生蔡海峰获得“2019年浙江省中等职业学校学生手工制茶技能大赛暨全国职业院校技能大赛选拔赛”手工制茶（卷曲形绿茶）项目一等奖，并代表浙江省参加“全国手工制茶技能大赛”获三等奖。

【教师队伍建设】2019年，县教育局建立并完善师德建设长效机制，印发《松阳县中小学教师师德建设长效机制》，建立师德负面清单制度，实行师德失范“一票否决”制。全面实行教师专业发展培训制度，采用“请进来与送出去”相结合的培训模式，实施“名优骨干培养工程”“农村教师提升工程”“专业发展主题培训”三大类32个培训项目，对全县教育系统干部和教师进行全覆盖、多方位、分层次的培训。高中段3所学校均进行“县管校聘”改革，该次列入改革的教职工有458人，占教职工总数的25.2%。中小学教师县管校聘管理改革工作平稳有序，实现县域内中小学教师全覆盖。稳步推进职称评审改革，探索教师积分制管理改革。教师补充机制更加多元，通过绿色通道引进教师16人，公开招聘中小学幼儿园教师34人，委培教师15人。岗寺小学教师陈莉被评为浙江省中小学教坛新秀；松阳一中江松贵被确认为松阳县首位正高级教师；全县有教师获市学科（德育）带头人19人，获市级教学（德育）能手8人。

【教育基建项目】2019年，全县教育系统新建、续建及改扩建项目共13个，实现固定资产投资3.97亿元。按计划有序推进松阳一中学生宿舍楼、新兴小学集团学校扩建、象溪镇雅溪幼儿园等项目建设。完成古市中学风雨操场、实验幼儿园综合楼新建及松阳一中、松阳二中和全县其他中小学校舍维修工程。职业中专迁建项目稳步推进，固定资产已投资1.2亿元，累计固定资产投资2.2亿元，占总投资的59.5%。丽水学院松阳校区项目动建，完成固定资产投资1.6亿元，占总投资的47.9%。秀峰路二期工程固定资产投资4000万元，占总投资的50.4%。城西小学、城西幼儿园项目落地，于11月20日县委教育工作领导小组第一次会议确认选址区块。

【智慧教育建设】2019年，《松阳县教育信息化三年实施方案》被评为年度浙江省10个优秀方案之一，获省竞争性资金奖补1000万元。全县学校实现无线网络覆盖率100%，录播教室覆盖率100%，100%的课堂教学在数字环境下开展3个百分百。16所学校及教学点参与省市县“互联网

+义务教育”学校结对帮扶，在课堂教学、学科建设、师资的流动和培养方面进行探索。

【省市民生实事】2019年，县教育局实现省市民生实事年度目标。“一蛋一奶”提升工程在义务教育学校全面铺开，全县共有家庭经济困难学生1524人受益。为33所中小学校704间教室，统一安装1345台冷暖空调，安装后空调覆盖率84.4%，受益学生3万余人。对10所有刚性需求的学校开展小学放学后校内托管服务，共有学生6514人参加托管。

【立德树人教育】2019年，县教育局深入开展内涵建设，落实立德树人根本任务，推进“田园教育”县域德育品牌创建。重点开展“浙西南革命精神”宣传教育系列活动。在全县各学校开展红色故事、红色事迹、红色文化宣讲活动；开展主题实践活动、清明祭英烈系列活动；《杜鹃红》红色画册进课堂，“杜鹃魂”戏剧进校园活动；开展以传承“浙西南革命精神”为主题的中小学生经典诵读比赛、革命故事大王比赛、征文比赛；加强生态文明教育，举办第三届“治水好声音”比赛；通过青少年法治宣传教育主题、禁毒教育等系列活动，增强校园法治教育。印发《推进松阳县中小学生“田园教育”研学旅行实施办法》，指导全县中小学校开展研学旅行工作。加强与其他部门的协作，建设多样化高水准的校外研学实践基地，推进“中医药进校园”，推动中医师传承教育从娃娃抓起。2019年，创建市级研学营地1个，市级研学基地5个，增加国家级足球特色学校1所，省级示范家长学校1所，省级劳动实践教育项目试点学校4所，市未成年人道德文化节学生最喜爱活动奖学校1所，市级劳动实践教育项目试点学校5所，市级绿色学校2所。

【学前教育】2019年，县教育局落实《松阳县发展学前教育第三轮行动计划》，推进集团化办园工作。以实验幼儿园、第二实验幼儿园、古市幼儿园3个省一级园为龙头，组建教育共同体“大集团”，分片区把全县公民办幼儿园纳入共同体“大集团”。春季，第二实验幼儿园铺门分园开园；9月，古市幼儿园湖溪分园开园。加快推进游戏教学为主的课程改革，分批组织召开幼儿园课程规划的论证与交流会。是年，等级幼儿园比例96.23%，其中一二级幼儿园覆盖率59.53%，持相应教师资格证的专任教师比例97.05%。实验幼儿园被确定为浙江省“安吉游戏实践园”，第二实验幼儿园、古市幼儿园等10所幼儿园被确定为丽水市“云和木玩游戏试点园”。

2019年12月7日，水南小学参加“挖掘松阳传统药膳”活动

【义务教育】2019年，县教育局推行义务教育优质管理工作，积极谋划县域内联盟学校的组建和集团化办学。联盟学校多举措进行互助办学，先后开展教学质量交流座谈会、教研活动研讨会等活动，实现数据对接和教研活动共享，成为提升教学质量的重要手段。全县中考优秀率、关注率排列丽水市第二名，平均分排列全市第四名。小学六年级总分平均分、优秀率、关注率均排列全市第三名。2019年，联合县卫生健康局等10个部门制定《关于做好儿童青少年近视防控工作实施意见》，全县儿童青少年近视率为57.45%，低于全省基数1.55个百分点。健康促进学校金牌4所、银牌5所、铜牌11所，创建工作处于全市领先。实验小学集团学校、松阳五中开展“清廉学校”示范校建设，获市县相关领导肯定。

【成人教育】2019年，县教育局开启社区教育进农村文化礼堂活动，成人教育服务家庭教育、老年教育活动，中心成技校平均服务4次以上，社区教育进农村文化礼堂67次，覆盖率为73.6%。5月初，与山海结对的宁波成校、余姚牟山成校在宁波市联合开展成人教育干部素质提升培训活动。西屏中心成技校申报的“农家乐培训”获浙江省培训品牌项目，县党史和地方志研究室洪关旺获“浙江省百姓学习之星”，西屏、象溪、大东坝中心成技校成为丽水市级老年教育基地，10人获丽水市“绿谷学习之星”。全年组织开展技能培训、家庭教育、家政服务、老年教育等各类培训活动110余场，参训2.3万人次。

【普通高中教育】2019年，松阳县高考多项数据创历史新高，松阳一中普通一段线上线170人，上线率创历史新高（29.4%），被清华大学录取1人、浙江大学录取7人、C9高校联盟录取9人、双一流高校录取39人；松阳二中高考上线率首次达到100%。根据浙江省公布2019年大一新生体质健康分析数据显示，松阳籍大一新生体质健康合格率居浙江省第九位，优良率全省第十位。2019年，松阳一中创建成国家级"节约型公共机构示范单位"，校心理辅导室创成"浙江省中小学心理辅导一级站"，获丽水市"2018学年教育科研先进集体"，被兰州大学、浙江理工大学等高校授予"优秀生源基地"称号。加强骨干教师和名师培育，增加市学科（德育）带头人5人、市教坛新苗3人。松阳二中德育建设不断落实，创建成"浙江省中小学心理辅导一级站"，获丽水市"青亲帮"青少年维权教学基地称号。办学条件日渐改善，建成风雨操场2500平方米，为广大师生健身锻炼提供场所；建设母婴室，为哺乳期教师提供便利。

【中等职业技术教育】2019年，松阳县职业中专高考上线率和录取率首次达到100%。县职业教育获2018年度浙江省职业教育发展挂钩考核"优秀"等级，获得奖补资金400万元。持续开展中职学校"三名工程"建设，建立校企共建课程机制，建成浙江省品牌专业1个。实施省市"百名大师、千名高徒"工程，结对大师4人和高徒28人。申报建成丽水市名大师工作室1个，市校企合作共同体1个，市优势特色专业1个。积极探索"中高职一体化、中本一体化"招生人才培养模式，完成率91.3%。单考单招和中高职一体化上线人数348人，创历史新高。全县有76%以上的高中毕业生接受高等教育。推进"校—企—校"升学直通车，推荐41人到丽水电大就读。职业中专多名师生在全国、全省制茶技能大赛中获奖，突破历史最佳水平，获省级一等奖1人，打破此前从无省技能大赛一等奖的记录，三等奖1人；市级一等奖7人、二等奖18人、三等奖48人；蔡海峰同学代表浙江省参加全国手工制茶技能大赛获"三等奖"。

【中等幼师专业教育】丽水学院幼儿师范学院(丽水中等专业学校)前身是浙江省示范性中等师范学校——松阳师范，创办于1978年秋。2000年并入丽水师专成为丽水师专松阳校区，2003年学校更名为丽水中等专业学校。2011年3月，经丽水市人民政府批准，学校纳入高等教育发展序列，成立丽水学院幼儿师范学院，是丽水市唯一一所实行市、院双重领导，以培养大专层次学前教育师资为主要目标的公办全日制幼儿师范学校。学校占地面积7.33公顷，建筑面积4万余平方米。教育教学和生活设施完备，图书馆藏书9万余册。学校现有教职工124人，专任教师97人。其中有副教授、高级讲师57人；具有研究生学历或硕士学位和在读研究生61人，在读博士6人，双师素质教师60人。增加丽水市学科带头人3人、市教坛新秀1人。学校还分别在龙泉市中等职业学校、缙云县工艺美术学校、青田县职业技术学校、临海市高级职业中学、温州平阳县职业教育中心5地设有教学点。2019年，该校招生196人，在校生1182人。生源分布包括丽水、温州、金华、衢州、台州等市。学校艺术教育形势喜人，组织参与市内外大型经济文化交流和文艺演出赛事活动，学生类获奖国家级2个，省级93个，市级118个。其中，学校啦啦操队在"2019年浙江省第五届青少年学生阳光体育运动会"中获3个第一名，在浙江省第十四届中学生运动会"2018～2019年度啦啦操"总决赛中获一等奖；舞蹈节目《天浴》获浙江省大学生艺术节舞蹈类一等奖。组织社会培训，开展"十三五"第三期幼儿园园长资格培训、基于统编教材的小学语文教学能力提升培训等44个培训项目，充分发挥丽水市教师培训基地的功能。

（县教育局）

科 技

【概况】2019年，松阳县科技局（以下简称"县科技局"）是县域科技工作主管部门，内设办公室、综合科、下设县科技信息中心、县生产力促进中心、县科技发展服务中心。有行政编制5人，事业编制8人，其中班子成员3人（局长1人、副局长2人）。根据《松阳县人民政府办公室关于补齐科技创新短板的若干意见》（松政办发〔2017〕204号），全年向企业释放政策红利669.95万元。推广科技创新券制度，根据省创新券系统的全面升级，结合全县创新券使用办法，重新对系统进行设置维护，并通过多种形式向企业宣传培训创新券政策和操作方法，全年发放208万元，使用143.87万元。开展"三服务"活动85人次，现场解决问题18项。2019年，全县完成高新技术产业投资4.19亿元，累计增长率106%，居丽水市第二名，26县考核排位第二名。全县高新技术产业增加值完成11.35亿元，占工业增加值比重43.8%，26县考核列居第六名。2019年，松阳县被评为第十三批省科技特派员工作先进单位；省级科技特派员叶胜海、韩宝瑜、俞信光3人获"浙江省优秀科技特派员"称号。

【机构改革】2019年，根据《松阳县机构改革方案》（松委办发〔2019〕1号）文件，重新组建县科学技术局。把县科学技术局的职责，县人力资源和社会保障局的引进国外智力和外国专家管理职责整合，重新组建县科学技术局，作为县政府工作部门。2月1日，该局出台《松阳县科技局机构改革组织实施工作方案》，改革工作小组组长由党组书记、局长何开健担任，分管副局长周伟良、办公室缪建鸿、何雯婷为成员。按照《松阳县机构改革部门“三定”工作程序》要求，在县机构改革工作协调小组办公室指导下，开展“三定”规定草案的修改完善，与有关部门沟通协商等工作。3月11日，“三定”规定按程序批准印发，中共松阳县委办公室、松阳县人民政府办公室关于印发《松阳县科学技术局职能配置、内设机构和人员编制规定》的通知（松委办发〔2019〕20号），规定该局“贯彻实施创新驱动发展战略，牵头拟订全县科技发展规划和科技政策并组织实施”等15项职能。内设机构2个，即办公室、综合科（挂地震办公室牌子），行政编制5人。设局长1人、副局长2人；股级职数2个；局所属事业单位3个，编制数8人。其机构改革前后的主要职能变化为原该局的震灾应急救援职责划入应急管理局；知识产权保护协调和专利行政执法职责划入县市场监督管理局。

【科技创新体系建设】2019年，松阳县省级茶产业创新服务综合体列入丽水市市级创新服务综合体。全县申报并获认定的高新技术企业8家，其中新申报高新技术企业6家，分别为松阳县景顺实业有限公司、浙江益宏不锈钢有限公司、浙江鹏业不锈钢有限公司、浙江巨龙钢业有限公司、浙江金信不锈钢制造有限公司、浙江华田不锈钢制造有限公司；重新认定2家为浙江恒劲树脂有限公司、浙江康恩贝中药有限公司。共申报并获认定的省科技型中小企业15家，分别为浙江宝泽高分子材料有限公司、浙江华田不锈钢制造有限公司、浙江巨龙钢业有限公司、浙江龙跃实业有限公司、浙江鹏业不锈钢有限公司、浙江越玉兰茶叶有限公司、丽水市三青农业发展有限公司、浙江宜洁刷业有限公司、丽水威斯堡科技发展有限公司、浙江骏达钢管制造有限公司、浙江省松阳亚洲制漆有限公司、浙江悠谷春农业开发有限公司、浙江正业特钢有限公司、松阳县绿谷茶乡农业科技有限公司。此外，国家高新技术企业宝丰钢业集团有限公司上报的浙江省宝丰特种不锈钢材料研究院被省科技厅、省发改委、省经信局认定为省级企业研究院。

国家高新技术企业宝丰钢业有限公司

【科技人才】2019年，县科技局会同县委人才办组织推荐丽水市绿谷精英550计划人选5人，通过申报、现场评审答辩，共有3人获绿谷精英培养对象，分别为浙江茗阳茶业生物科技有限公司引进的高层次人才李医明被认定为绿谷精英C档创新类人才，季慧华以“基于物联网的数字农业技术开发及推广”、孙蕙以“模块化预制木结构超低能耗系统技术建造（改造与新建）”项目列入绿谷精英C档创业类人才；指导绿谷精英人才的项目落地，帮助落实生产办公场所等工作，兑现绿谷精英人才奖励15万元。

【科技计划项目】2019年，县科技局在组织实施县级科技项目方面共有7个科技计划项目获得县级立项支持，分别为“县城医共体模式下基层中医药需求调查和对策研究”“从肺脾论治对慢性阻塞性肺疾病稳定期疗效

县委常委、组织部长雷剑峰调研绿谷精英申报企业

省农科院合作项目——“蔬菜水肥一体化技术模式研究与应用”实施基地

的影响”“老油茶林产能提升改造项目”“生姜新品种引进及其精深加工产品开发”“仿野生中药材种植研究与示范仿野生中药材种植研究与示范”“黄龙锦茶树品种生物学特征和生化成分鉴定”“薯脯干加工的全产业链技术示范和推广”，共验收县级科技项目4个，分别是浙江瑞鑫达实业有限公司承担的“不锈钢钢管辊底式连续固溶热处理炉示范工程”、松阳县中医院承担的“粗针治疗脑卒中后遗症的应用研究”、松阳县谢源玉露茶业有限责任公司承担的“新兴镇茶乡小镇绿茶加工提升”、松阳县诚天和食品有限公司承担的“茶粉在茶叶熏火腿加工中的产业化应用技术与示范”项目。争取上级科技计划项目为浙江康恩贝中药有限公司的“中药材鱼腥草山区高效种植研究推广及全产业链建设”项目获省26县绿色发展重大科技专项立项支持，获省补经费65万元。该项目把从鱼腥草的栽培环境及采收与品种关系分析，建立鱼腥草在山林坡地单种或套种的栽培规范，并着手形成示范推广，同时基于“药性—药效—物质”三元论开发理念，综合开展药材的药性研究、中药复方制剂药效研究和物质确证，到工艺改进、质量控制等开展系统研究，提高复方鱼腥草合剂临床用药安全有效。

【科技交流与合作】2019年，县科技局围绕茶产业技术需求，与中国农业科学院茶叶研究所、中国计量大学签订了茶产业研发合作协议，共建立30余位专家参加的全方位产业产学研专家团队，并与浙江大学农学院、杭州电子科技大学达成合作意向。通过项目申报、新产品（技术）开发、载体建设、网上技术市场，引导企业积极参与多种形式的科技对接活动，全县试行工业科技特派员制度，通过企业需求和大专院校对接，有12家企业与省内大专院校有关专家签订了协议，通过工业科技特派员的服务，提高企业自主创新能力和产品市场竞争力。推进山海科技协作工作，邀请余姚市科技局到松阳对接合作项目，落实蟠桃种植引种项目1项，在樟溪乡东市村建立蟠桃种植科技示范基地3.33公顷，开展余姚专家松阳行活动。

【科技特派员工作】2019年，县科技局引导各级科技特派员服务乡村振兴，开展科技服务基地建设，获得项目扶持经费182万元，建立科技特派员项目实施基地20个。引进科技成果4个；引进新品种11个、新技术21项；累计培训（咨询）农民1750人次；发放资料2510份；累计邀请省内技术专家到松阳指导57人次。

【防震减灾】2019年，县科技局就县第五中学防震减灾科普展示馆进行维修，对体验度不够的地震体验小屋、烟雾通道、绳结训练等进行完善，对虚拟翻书、展馆内挂墙的科普展板内容进行更新。全年，该科普基地共接待公众1828人次。组织开展防震减灾科普宣传，共发放防震减灾逃生小知识折页4000余张，防震减灾宣传抽纸、宣传扇380余份。5月9日，

余姚—松阳山海协作蟠桃种植引种项目

联合国家防震减灾科普示范学校县第五中学，开展第十一个“防灾减灾日”教学楼地震应急疏散演练活动，全校师生1500余人参加演练，通过应急疏散演练提升师生防灾减灾应从自我做起的认知度，切实“提高灾害防治能力，构筑生命安全防线”。“5·12”防震减灾日，联合县人防办等有关单位在县城主街道开展防震知识科普集市宣传、咨询活动。6月21日，参加“2019年丽水市社科普及周启动仪式暨广场咨询服务活动”，宣传发放《防震减灾法律法规汇编》《防震减灾常识读本》和各类自救常识折页以及宣传扇800余份。9月26日，在县第五中学报告厅，组织开展“2019年防震减灾千场科普讲座——松阳场”活动。邀请丽水市科技局地震测防中心工程师王燕为300名中学生讲解题为“地震知多少”的讲座。（县科技局）

科 协

【概况】2019年，松阳县科协（以下简称“县科协”）坚持为科技工作者服务、为创新驱动发展服务、为提高全民科学素质服务、为党和政府科学决策服务的职责定位，实施“十三五”松阳县《全民科学素质行动计划纲要》，拓展科普工作思路，打造科普工作特色品牌，全面提升科协服务能力。组织老科技专家下乡指导服务，全年举办蔬菜、茶叶、香榧、油茶、特色稻种植和商品有机肥应用技术培训班73期，受众6400余人次，发放农技资料1万余份。开展科普、健康、文化“三下乡”科普宣传活动，举办科普书画、摄影作品进社区、校园巡回展出、讲座和健康咨询累计38场，受众2万余人次；每年选择2个乡镇为农民义诊，为贫困群众免费配药，累计义诊9场，为农民1500人义诊，免费配药12.3万元；该协会的文艺演唱团结合重大民俗、节庆和文明创建活动，举办文艺演出57场，观众2.5万余人次。

【科普知识宣传活动】2019年，县科协开展“全国科技工作者日”活动。5月25日，在裕溪乡章山村，结合“振兴章山”系列活动，举行以“科普助力乡村振兴”为主题的“科技活动周”暨“全国科技工作者日”活动启动仪式。该系列活动包括文艺演出、科普咨询、专题展板、义诊、科普微信公众号扫一扫等形式开展。共发放各类宣传资料300余份，展出宣传展板22块，受益群众500余人次。9月19日，开展“全国科普日”活动。在县农贸市场门口，举行以“礼赞共和国·智慧新生活”为主题的大型科普宣传活动，共有16家学（协）会及《纲要》成员单位和110名党员志愿者参加活动，参与群众3000余人。

开展科普进校园、进社区活动，与县青少年宫联合开展“流动少年宫”进校园活动，科普大篷车开进新兴镇、斋坛乡小学，让学生体验科技原理，激发热爱科学的兴趣。在城中社区建成全县首条科普小巷，长80余米，包含“心理健康”“垃圾分类”“食品安全”等14个主题，形成爱科学、学科学、讲科学、用科学的良好社会氛围。

开展中科院老科学家科普巡讲活动，5月20～21日，邀请孙万儒、韩莉2名老科学家为县汇文中学、县实验小学集团学校、古市中学、古市小学作了6场科普报告会，共计1700

学生体验科技原理

余名师生参会聆听。邀请丽水市科普宣讲团的夏朝云、卢朝升等10余名专家到县少年宫、县司法局等单位，开展科普宣讲活动。

开展广场科普宣传活动，5月18日，结合“老年气功协会”成立仪式，与县反邪教协会开展反邪教宣传活动，发放科普资料500余份。

【科普信息化建设】2019年，县科协在推进科普工作上不断探索，与《新松阳》采编中心在“松阳新闻”公众微信号的百事通栏目中推出丽水科普，让公众在看新闻的同时学习科普知识。开展“科普文化进万家”活动，是年购置科普e站4台，分别放于县植物医院和社区，打通科普“最后一公里”。借助民宿、旅游点在安装电子屏传播科普信息，实现让科普信息化进乡村。借助移动E管家信息手机短信平台，开设《科普小知识》手机短信，全年发送科普短信80万条，重点宣传健康、节能环保、安全生产等方面的科普知识，有效推动了科学技术知识的传播和普及。编印全民科学素质行动科普系列丛书4000余册。

【科普推进“乡村振兴”】2019年，县科协培育科技示范户。持续培育一批示范能力较强的农村科普带头人，培育市级科技示范户11人，县级14人。开展农民技术职称评定。推荐4人参加农民高级技术职称晋升，评定初中级职称24人。设立县级植物医院总院，副院长、秘书长由科协副主席兼任，负责日常工作。设立植物医院门诊部6个，基地10个，聘任顾问3人、高级植物医生47人，负责开展相关试验、数据收集、分析研究、培训指导、经验总结、宣传推广等工作;每周都有植物医生在各门诊部巡诊;收集整理编印民间生态农业病虫害防治手册，为全县高品质生态农业作出科协力量。

科普传授进茶园

【基层科协改革】2019年，县科协通过开展基层科协改革工作，在村、社区、企业、学校等建立基层科协组织，形成乡镇科协为重点，村（社区）科普组织为基础，企业科协、学校为依托的基层组织网络体系。根据省市科协精神，开展提升基层科协组织力工作，把医院院长、区域农业服务中心主任、学校校长吸纳担任基层科协挂兼职副主席。截至12月底，全县乡镇（街道）科协“三长一员”兼职副主席共54人，他们在基层切实发挥出“三长一员”队伍在助力乡村振兴、青少年科技教育、群众健康、科技培训、科技推广等方面的作用，打通服务群众的“最后一公里”。

【科普服务企业转型升级】2019年，县科协深入开展“三服务”活动，深入浙江锐奇鞋业有限公司、城中社区等地走访，赠送科普图书近700册为其设立科普阅览室，在城北、城东、城西社区、植物医院新建科普e站，为员工、社区居民提升科普素质提供平台。加强院士工作站建设，与建站企业沟通联系，邀请院士专家及家属、工作团队到松阳免费疗休养;向院士寄送《新松阳》报，宣传松阳。

（县科协　杨慧华）

文体　旅游

松阳十大特色小吃

公共文化

【概况】2019年，松阳县公共文化围绕《浙江省基本公共文化服务标准（2015～2020年）》以及松阳县委、县政府提出的“山区国际化发展道路”，以夯实文化服务基础为主线，以提升文化服务效能、弘扬“浙西南革命精神”为重点，着力推进公共文化建设。“拯救老屋行动”项目获得省公共管理创新案例“十佳创新奖”并被写入2019年省政府工作报告在全省推广；申报全国重点文物保护单位（詹宝兄弟进士牌坊）1处；松阳高腔传承中心正式挂牌成立，松阳高腔传承保护实践团入围2019年度浙江省创新团队；《松阳传家》入选2019文化力年度榜；松阳县博物馆入选《人民日报》“2019人民之选——中国博物馆创新锐度TOP30”；大木山茶园入选“2019人民之选——中国亲子游品质产品TOP10”；双童山飞拉达项目和大木山茶园骑行项目被评为“浙江省运动休闲旅游优秀项目”；松阳高腔红色革命题材剧目《箬寮风雷》入选浙江省第十四届戏剧节终评剧目，参加上海白玉兰表演艺术奖评选；松阳县被评为浙江省全域旅游示范县。

【群众文化】2019年，松阳县文化广电旅游体育局（以下简称“县文广旅体局”）统筹城乡公共文化服务网络建设，实现公共文化设施全覆盖，推动公共文化资源共建共享。实施“十百千”工程，1个重点乡镇、19个重点村完成整改提升，并通过《浙江省基本公共文化服务标准（2015～2020年）》认定验收；在古市镇建设图书分馆及文化馆分馆；非遗馆附属建筑区块一期完成修缮预验收。繁荣群众文化生活，打造高品质高规格的群众文化活动。继续推进文化下乡工作，科学配置基层文化产品和服务供给，共开展乡村春晚54场，举办松阳县庆祝中国共产党建党98周年、中华人民共和国成立70周年暨弘扬践行“浙西南革命精神”合唱比赛：“不忘初心 牢记使命”弘扬践行“浙西南革命精神”军民联欢会等各类文艺活动420场。其中，送戏下乡222场，大型活动61次，其他活动137场。指导全县文艺骨干创作以“弘扬践行浙西南革命精神”为主旨的文艺作品23件，并出版。《永远的英雄》在国家级核心刊物《歌曲》杂志发表。歌曲《柿子红》入围2019浙江省新人新作大赛，广场舞《年年有鱼》获浙江省广场舞大赛入围奖、市级金奖。

【文化交流】2019年，松阳县与绍兴市新昌县、上虞区、诸暨市，台州市临海市、椒江区等地开展文化走亲交流活动15次，其中走出去7次，走进来8次。与浙江婺剧艺术研究院（浙江婺剧团）联合打造的松阳高腔红色革命题材剧目《箬寮风雷》在央视CCTV-11戏曲频道《九州大戏台》栏目进行首播，广受好评。同时受邀参加“浙江好腔调”浙江省传统戏剧展演，并在丽水大剧院、中国婺剧院进行演出。越剧《张玉娘》参加2019年第三届嘉兴市民文化艺术节开幕式，广受好评。《箬寮风雷》入围第十四届浙江省戏剧节提名剧目，参加上海白玉兰表演艺术奖评选，《古井捞钗》入选2019年全国高腔优秀剧目展演名单，于10月21日在江西抚州上演。

【传统文化保护】2019年，县文广旅体局推进非遗保护传承体系建设。完善非遗传承人培养体系，开展第三批县级非遗传承人申报工作，增加县级非遗项目代表性传承人39人。完善传承基地建设体系，开展第五批县级非遗传承基地申报工作，增加县级非遗传承基地4个，象溪镇石牌门村彩带展陈馆申报市级非遗传承体验点。完善传承项目提升工作，以国遗项目申报为契机，提升道教音乐“月宫调”申报国遗。推进非遗活态保护利用。开展“非遗闹新春，年味别样浓”“以月为诗庆中秋”等活动，焕发起人们对传统民俗的精神需求，形成“松阳技艺”“松阳好戏”品牌，亮相第十二届中国（国际）茶商大会、杭州未来生活节、无锡市文博会等文旅推广活动。加强非遗阵地建设，打造“非遗+学堂”亲子活动课程，开展“每周剧场”展演系列活动，全年展演80余场次。打造校园传承阵地，开设松阳高腔社团，开展校园非遗传承基地汇报演出、戏曲进校园活动。加强国遗保护传承，创编新剧目《穆桂英挂帅》参加国际茶商大会提升国际影响力，《古井捞钗》入选全国高腔优秀剧目展演名单。制定出台《加快松阳

《箬寮风雷》演出剧照

高腔传承发展实施意见》，与浙江省艺术职业学院、浙江婺剧艺术研究院签订战略合作协议，在高腔全谱抢救记录、艺术创作等方面开展合作。同时，进行抢救申报工作，组织松阳高腔传承人进行曲谱整理、访谈、视频拍摄等抢救性工作，作品《松阳高腔集锦》在“第七届全国市县级电视台推优活动”中获得电视专题类一等奖。

全国重点文保单位詹宝兄弟进士牌坊

【博物馆】2019 年，松阳县博物馆组织流动博物馆展览，文博讲座进校园、进社区、进消防队活动，发放《中华人民共和国文物保护法》宣传手册，让公众进一步了解松阳历史文化及《中华人民共和国文物保护法》的内容。全年共举办汤兰公所“古城记忆”老照片展、何联奎故居“生活”手机摄影作品展、庆祝中华人民共和国成立 70 周年暨弘扬践行“浙西南革命精神”视觉艺术展等临时展览 8 次，馆藏文物多次外借展览交流，参加故宫博物院、浙江省博物馆的天下龙泉——龙泉青瓷与全球化特展，中国茶叶博物馆的盛世清尚——宋代茶文化展。从“乡村振兴”高度，高品质打造全县域生态博物馆群，指导协调乡镇（街道）完成全县域生态博物馆群点位建设，建成豆腐工坊、白老酒工坊、油茶工坊，有序推进气象公园、张玉娘诗文馆、航运博物馆、蚕文化馆、砖窑博物馆建设，同时探索创新全县域生态博物馆“建、管、用”长效机制，推进生态博物馆后期活化利用与产业融合发展。生态博物馆建筑模型参加了奥地利维也纳的“乡村变迁：松阳故事”乡村建筑展。

【文物保护】2019 年，松阳“詹宝兄弟牌坊”被列入全国重点文物保护单位，全县共有全国重点文物保护单位 3 处，省级文物保护单位 9 处，县级文物保护单位 25 处。完成全国重点文物保护单位延庆寺塔以及省级文物保护单位安岱后浙西南革命根据地旧址之刘英、粟裕故居，挺进师机关和浙西南特委旧址的修缮工程，后宅村宁静堂、敦睦堂门楼、蔡宅集祜凝祥民居等修缮工程有序推进中。推进浙西南革命文物保护利用工作，对全县原有 138 处革命遗址进行梳理，分类登记，上报省文物局不可移动革命文物 75 处。指导枫坪乡小吉村“中国工农红军挺进师政治委员会会议旧址”项目工程的修缮，并联系史志办、枫坪乡做好红色革命展览的布展，水南街道竹溪村（中共松阳县工作委员会成立地旧址）、安岱后陈丹山故居修缮、竹溪区苏维埃政府成立地旧址(高坛背村)、卢子敬故居、启新社旧址（叶雪庵公祠）5 处遗址的修缮。加强传统古建工匠培养，举办松阳县青年古建工匠设计测绘实训提升班和松阳县文物保护从业人员（领队）培训。

【公共图书馆】2019 年，县文广旅体局在加强基础设施建设的同时积极拓展服务外延，着力为读者提供丰富、优质的图书馆服务，各项特色工作多次获得《中国文化报》《浙江文化旅游》等主流媒体的报道，获得 2019 年“文化行走 阅读中国——庆祝中华人民共和国成立 70 周年 70 城联读”活动优秀组织奖，松阳图书馆微信服务号影响力进入全国前 50 名。“我们都是朗读者”“早安朗读”“田园梦 心悦读”免费培训、松阳童谣进校园、田园松阳文化大讲堂、“乡村振兴 筑梦书屋”农家书屋公益讲座等一批有特色的阅读推广活动成型，全年举办阅读推广活动 13 场，讲座 57 场（其中“乡村振兴 筑梦书屋”公益讲座 44 场），展览 6 场，累计送书下乡 12873 册，丰富全县群众文化生活；在已经修复好的老屋中建设因梦书屋（老屋书房）7 家，通过开展晨读、读书沙龙、讲座等活动，打造融合图书阅读、文创工艺、旅游休闲和创作培育为一体的阅读空间，让老屋焕发新生，让文化反哺乡村；全县首个城市书房建成并投用，对外开放至今，已接待读者 12 万余人次；首个县级城市在杭州世界城市博物馆内设立的城市书房——“松阳书房”正式揭牌。

【文化市场】2019 年，松阳县文化市场综合执法工作按照“强基础、练内功、守底线、促提升”的要求，全面加强文化市场监管，提升综合执法能力，确保全县文化市场的安全稳定。组织开展节假日期间文化市场专项整治行动、“扫黄打非”专项行动、校园周边文化市场整治、农村集市专项整治等执法行动，共检查 432 人次，检查经营单位683家，查获违规单位1家，受理群众举报件1件，实施行政处罚1件（其中立案处理1件，警告1家次，罚款3000元），严厉打击网吧、电子游戏厅违规经营行为，封堵、查缴淫秽色情、凶杀暴力和侵权盗版等非法出版物，取缔非法演出及无证经营活动，排查安全隐患。同时依托“文化市场安全日”，在有电子屏幕的经营场所滚动播放宣传安全知识，发放文化市场安全宣传资料。

文学艺术

【概况】2019年，松阳县文学艺术界联合会（以下简称“县文联”）有参公编制3人，主席1人、副主席1人、普通公务员1人、挂职副主席2人；文联委员22人；直属艺术家协会11个，协会会员708人，其中市级会员134人，省级会员71人，国家级会员26人。召开县文联六届二次全体（扩大）会议，会议审议并通过《崇德尚艺、潜心耕耘，做有信仰、有情怀、有担当的田园松阳文艺工作者》工作报告，初步促成《松阳县文艺人才培养和文艺创作奖励办法》讨论稿。松阳县首届连环画艺术节召开，力溪连环画艺术馆正式开馆。松阳高腔《箬寮风雷》在丽水大剧院首演。第十四届浙江戏剧节，松阳高腔《箬寮风雷》在温州东南剧院上演。举行松阳高腔传承中心挂牌仪式。

《笔尖下的松阳》系列丛书以及《松阳探秘》，与上海图连文化传播有限公司合作，以企业投资的方式，邀请知名连环画画家，出版本土原创连环画《红色浙西南——松州风雷》，创作并制作一首红歌《杜鹃花开》；同时做好“松阳文艺”微信公众号平台维护工作，为全县艺术家搭建网上作品展示、交易、交流平台。出版发行《松阳文艺》4期，编印《兰雪吟苑》1期。4月联合县书法家协会举办2019年第二期“田园松阳 书法人才”骨干培训班。9月，举办“田园松阳 美术人才”骨干培训班。

【文艺创作活动】2019年1月25日，“乡村振兴 田园松阳”浙江省美术作品展在丽水市美术馆开幕，浙江省文联党组书记、副主席、书记处常务书记陈瑶，中共丽水市委常委、宣传部部长任淑女，浙江省美术家协会副主席、秘书长骆献跃，中共松阳县委书记王峻，松阳县人民政府副县长谢雅贞等出席了展览开幕式，松阳县委常委、宣传部部长汪健主持开幕式。配合市文联弘扬践行“浙西南革命精神”创作采风活动，全体文联干部及下属协会骨干前往安民乡安岱后村、枫坪乡斗潭村进行采风；组织承办上海美术家协会艺术家30余人到松阳采风写生活动，规划安排艺术家采风路线，为上海美协迎接第十三届全国美展、深入生活、创作精品力作提供支持；承办中央文史研究院书画院、中华文化促进会国际交流中心、浙江省美术家协会联合组织艺术家20余人到松阳考察写生活动；6月，陪同临安市文联到大木山、四都等地采风，并举办书画笔会，促进两地艺术交流。

【举办各类展演赛】2019年2月，春节期间青田码道“三进堂”展出王培权、叶高兴、毛进军等本土摄影师12人关于松阳传统记忆的作品共250幅摄影展开幕，其中既有展示老街生产生活形态的照片，也有反映乡村风貌人物的作品；竹源乡后畲村艺术展开幕。3月，在“松阳故事”农文旅融合活动期间布置摄影作品展，展出作品反映松阳自然人文景观。4月，“移动源代码”——斗米岙当代艺术展开幕式开幕。7月，联合县纪委、县委宣传部、县活动办开展庆祝中华人民共和国成立70周年暨弘扬践行“浙西南革命精神”的征文大赛和视觉艺术展，共征集到各类艺术作品600多件（篇、幅），其中，文学作品158篇，书画作品145幅，摄影作品298幅，经过专家评选，共评出入展书画摄影作品140余件（幅），获奖文学作品30余篇，并于8月在县博物馆进行为期12天的视觉艺术展；9月20日至10月7日，在安民、枫坪举办庆祝中华人民共和国成立70周年暨弘扬践行浙西南革命精神视觉艺术展巡展。10月，联合县委统战部举办“同心筑梦”书画展，夯实新时代多党合作的共同思想政治基础，弘扬践行浙西南革命精神，积极引导全县各民主党派、工商联、无党派人士不忘合作初心，继续携手前进，同心筑梦，建功立业。11月，举办“田园松阳·乡村振兴”书画展，为第一届城乡联系国际论坛营造艺术氛围，展示乡村文化振兴的成果。

【文艺交流活动】 2019年，丽水市文联主席会议暨推进文联改革工作座谈会在松阳召开。4月，陪同中国文联美术艺术中心副主任李伟一行人及省美协副主席兼秘书长骆献跃等到陈家铺考察。浙江重点影视文学作品创作采风活动，省委宣传部副部长葛学斌、文艺处处长刘如文、浙江省作家协会党组书记臧军以及刘波等作家12人到松阳明清古街、石仓古名居、黄家大院、四都云上平田、榔树、寨头摄影基地、陈家铺等地考察采风。5月，配合松阳赴嘉兴《张玉娘》演出做好艺术氛围营造工作，在嘉兴大剧院摄影布展。

【文艺志愿服务惠民活动】2019年，县文联开展“写春联、迎新春、送祝福”系列活动，春节前夕组织书法协会会员、文艺家队伍到樟溪乡力溪村、古市镇庄门村、三都乡杨家堂村和岭上村、四都乡平田村、新兴镇大岭根村、大东坝镇横樟村、西屏街道项桥下村、望松街道王村村等地为当地村民送春联、送福字和送文艺演出。5月省政协送文化下乡“走进松阳”系列活动，给书画爱好者讲课并在汤兰公所开展笔会活动。用文艺的力量为联系村提升文化礼堂的艺术氛围。联合县摄影家协会开展“温暖全家福 摄影惠民”活动。

（县文联 梁婉飞）

旅 游

【概况】2019年，松阳旅游开展以“国际乡愁旅游目的地”为目标，坚持抓规划定方向，抓项目促发展，抓业态增活力，抓品质扩影响，进一步提升旅游区域的竞争力和影响力。松阳成为联合国人居署首个乡村发展示范县；创成省级全域旅游示范县（正式发文）；创成四都乡省级旅游风情小镇，松阳善应见山堂中医药体验馆创建成为浙江省中医药文化养生旅游示范基地；大木山茶园入选《人民日报》“2019人民之选——中国亲子游品质产品TOP10”；松泰酒店被评为浙江省银鼎级特色文化主题饭店;鸣珂里被评为白金级民宿。

【旅游经济运行】2019年，松阳县实现旅游收入55.1亿元，同比增长31.5%，增幅连续3年位居丽水市首位，旅游产业增加值占GDP比重9.15%。景区（景点）接待飘红。全县共17家景区列入具体统计，接待游客计622.29万人次，实现旅游营业收入3357.12万元，同比增长57%，其中双童山景区、松阴溪景区等依然备受欢迎。住宿业入住稳中有升。全县有星级饭店6家，接待过夜游客计23.90万人次，平均客房出租率55.41%；非星级住宿设施10家，平均床位出租率63.03%。旅行社经营不断向好。全县共有9家旅行社正常营业，旅行社共接待游客13.88万人次，同比增长为24.24%。客源地以省外上海、江苏、福建游客为主，达七成，其余来自温州、杭州等省内各地。其中，县假日旅行社接待游客量最多，达3.7万人次。

【A级景区创建】2019年，松阳县立足实际，注重特色、差异化发展，开展各类景区创建。组织创建国家级景区，全县共有国家级A级旅游景区9家，双童山景区国家AAAA级景区创建通过市级初评，上报省文旅厅等待验收，松阳平田景区创成国家AAAA级旅游景区，其余A级旅游景区依照省市部门暗访结果，开展整改提升，推动景区交通、旅游厕所、导览体系、标识系统等基础设施完善，旅游服务和接待水平进一步提高。创建省级A级景区镇村，依托“万千百”工程，启动新兴镇省级AAAA级景区镇创建，创成35家省级A级景区村庄（新增29家，提升6家），其中陈家铺村、沿坑岭头村、安岱后村、西屏六村、吊坛村5个村庄创成省级AAA级景区村。同时，开展景区村庄沿线环境整治，绿化美化通景干道，集中整治村庄外立面，抓好内部景观提升。

安岱后省级AAA级景区村

【推进全域旅游】2019年，松阳县获丽水市全域旅游考核一等奖，成功创成浙江省全域旅游示范县，启动国家级全域旅游示范县创建工作。由县委书记、县长任全域旅游创建工作领导小组组长，创新“5+X”联系点评机制、联合督查机制、领导联系机制和定期会商制度；出台《加快全域旅游发展若干意见》，创新“征用+挂牌”等5种乡村旅游土地集约利用模式，破解用地难题，经验刊发在《中国旅游报》《中国国土资源报》；引进徐甜甜等一批优秀团队和高端人才全程参与文旅项目建设，建成豆腐工坊、白老酒工坊等一批小而精、小而美的点位，茶文化体验中心、清露乡隐旅游度假区、洞阳观旅游度假村、全民健身中心等重点项目有序推进，椰树主题民宿一期建成并运营，携程、先锋书店、第二书房等品牌落户松阳；全县域旅游基础设施根据全域旅游创建指南要求不断完善提升，打响“松阳故事”文旅IP。

【创省级旅游风情小镇】截至2019年底，松阳县有省级旅游风情小镇1个，被列入创建单位3个。其中，松阳老城创成；四都乡通过创建评定，已公示待正式发文认定，区域内椰树民宿综合体一期、飞茑集、先锋书店建成营运；推进椰树民宿综合体二期、云夕摩家国际共享空间、气象博物馆等项目，完善游客中心、标识系统、旅游厕所等基础设施；完成大东坝镇旅游风情小镇区域白老酒工坊、蜂蜜工坊、鸣珂里二期等项目建设，推进泉沚白丰民宿综合体项目，发挥旅游对新型城镇化的引领作用，丰富旅游产品业态；启动象溪镇旅游风情小镇培育创建工作，编制完成象溪镇旅游风情小镇创建实施方案初稿，有序谋划推进象溪镇旅游风情小镇培育。

【旅游基础设施建设】2019年，县文广旅体局深入开展厕所革命，全县改建旅游厕所12座，深化旅游厕所电子地图上线工作，全国旅游厕所管理系统内60座旅游厕所全部完成百度地图APP上线，切实推进旅游厕所智慧化建设，改善城乡环境卫生；统一完善县域标识系统，编制《松阳县城乡标识系统设计方案》，推出首款城市字体“汉仪松阳体”，编制完成全域旅游全景手绘地图，推进全域旅游标识系统规范化、科学化、品质化建设；依托“百县千碗”活动，深入挖掘培育当地美食文化，打造松阳美食品牌，促进松阳美食文化由“吃饱”向“休闲”功能转化。依托自然造物松阳民艺中心，研发一批既传承传统工艺又能满足现代消费需要的高品质文创产品，推动传统工艺再现再造再生。

【旅游市场营销】2019年，县文广旅体局针对江苏、杭州、上海等旅游市场，通过举办2019文化旅游江苏（南京、南通、苏州）推介、上海旅游周、松阳故事——农文旅探索实践展、未来生活节“松阳故事—带着传统去未来”主题展等30余场活动，展开精准旅游推介活动。其中，未来生活节“松阳故事——带着传统去未来”主题展人流量达10万+次，抖音总曝光量64.4万次。在上海旅游周中，主动对接上海松江区作为结对区，与松江区文旅局达成框架协议。利用自有网络宣传平台，松阳文旅公众号推出“主题徒步线路”“研学主题线路”“匠人匠心匠艺”“探店松阳”“国际研学”等特色板块系列，共推送微文269篇，总阅读量48.48余万次，其中最高一条阅读量1.35万+次。开辟“松阳旅游”抖音号，粉丝数1.5万人，获赞4.4万次。为豆腐工坊、独山驿站、水文公园等艺术建筑拍摄高精度宣传照和航拍视频，拍摄“四季松阳之美食松阳”“风的方向”“松阳十大碗”3部宣传片。与《都市快报》“今日头条”“携程”等主流媒体展开合作，就松阳的特色旅游资源展开宣传报道。

2019年11月10日，中国首款城市字体“汉仪松阳体”发布

【旅游节庆活动】2019年，县文广旅体局依托“乡乡有节会、月月有活动”的民俗活动展演机制，持续推动全县域永不落幕的民俗文化节和当代艺术展、永不闭馆的乡村博物馆、永不停歇的乡野运动场品牌建设。举办竹溪摆祭、端午赛龙舟等节庆活动。依托第十二届中国（国际）茶商大会•松阳银猴茶叶节、中国松阳•现代有机农业峰会考察活动、第一届城乡联系国际论坛等国际性交流活动，提高国际知名度。同时借助央视新闻联播、《人民日报》、《都市快报》、“FM93”交通之声、《江南游报》等平台开展宣传报道，开展推广营销。

【旅游行业管理】2019年，县文广旅体局加强旅游行业规范化、法制化、品质化管理，开展旅游市场暨旅游安全检查21次，检查人员 222人次，检查涉旅企业52家。组织开展酒店消防及疏散逃生应急演练，联合县市场监管局等部门开展了松阴溪绿道观光事故应急演练和食品安全事故应急演练；出台《旅游企业年度考评办法（试行）》（松文广旅体〔2019〕31号），将考核结果与下一年度旅游项目支持、资金补助、市场推广、行业资质评定、企业红黑榜等挂钩，进一步规范旅游企业经营行为；组织县优秀导游参加丽水市金牌导游大赛，2人获金牌导游称号；举办“田园松阳 游你来说”2019年松阳县第二届金牌导游（讲解员）大赛，首次设置中文组、英文组和少儿组三个组别，进一步加强导游队伍人才储备。大赛在浙江新闻客户端全程直播，关注量34.9万次；松泰酒店创成银鼎级特色文化酒店。

体 育

【概况】2019年，县文广旅体局按照《松阳县全民健身实施计划2016—2020》目标要求，推进“四提升四覆盖”全民健身工程建设，构建更加完善、惠民的全民健身公共服务体系，推进体育事业发展。全县经常参加体育锻炼的人数达42.8%以上，所辖19个乡镇（街道）全部创成省体育强乡镇，实现创建全覆盖，松阳县获得“浙江省体育强县”称号。

【体育产业】2019年，县文广旅体局推动体育和旅游融合发展，围绕松阳茶文化、松阴溪国家AAAA级景区、大木山茶园国家AAAA级景区，该局与杭州蜂向体育合作，开发松阳全域定向运动乐园AR版本并投用。松阳双童山山地生态运动休闲基地和丽水·松阳中国天空跑国际挑战赛成功入选省体育产业发展资金项目库。大木山茶园骑行项目被评为浙江省运动休闲旅游优秀项目，双童山飞拉达项目被评为浙江省运动休闲旅游优秀项目。举办“浙江省第八届运动休闲旅游节”，节会分序幕篇、运动休闲篇、文化旅游篇、学术研讨篇、产业招商和成果展示篇6大板块。在运动休闲旅游节期间既可以游览古道、古村、古宅，欣赏“山边马灯”等松阳非遗项目，又可以体验AR定向活动、飞拉达、高空滑索、玻璃滑道等户外体育项目，另外还组织健步走，松阴溪千人垂钓等活动。

2019年11月24日，田园松阳国际半程马拉松比赛

【群众体育】2019年，县文广旅体局因地制宜承办各类赛事，大力发展绿水青山之上、蓝天白云之下的体育事业。以“4和1”为主打品牌（即4个国家级赛事活动：中国围棋甲级联赛江南秘境·田园松阳专场、丽水·松阳中国天空跑国际挑战赛、田园松阳国际半程马拉松、全国老年人气排球之乡交流活动和1个省级运动休闲旅游节），60余场丰富多样的体育赛事和活动贯穿全年，打造永不停歇的“乡野运动场”，全年参与各赛事和活动人数达5万余人次。规范体育社会组织管理，全县25个单项体育协会中有13个体育协会参加等级评估，县气排球协会被评为AAAA级体育社会组织，县登山协会等9个协会被评为AAA级体育社会组织，另有2个协会被评为AA级体育社会组织，全县录入各类体育社会组织会员3万余人，社会体育指导员486人。组织举办五禽戏暨社会体育指导员培训班、全县工间操培训班、八缎锦健身气功培训班，共培训300余人次。充分发挥报纸、电视、网络等媒体的传播作用，深入开展全民健身、健康松阳等主题的宣传教育活动，举办《科学健身 增强体质 促进健康 幸福生活》科学健身指导讲座等6次，普及科学健身知识和方法，在“健康松阳”宣传活动期间发放运动与健康知识小册子500余份。

【竞技体育】2019年，县文广旅体局推进全县青少年业余训练工作的开展，发现、培养、输送更多的优秀体育后备人才，提高全县青少年竞技体育整体水平，与县财政局联合出台《关于印发松阳县体育业务经费使用管理办法（试行）的通知》，积极调动各布点学校业训的主动性，有计划、有选择、有重点地挖掘和培养体育苗子，构建和完善体育后备人才队伍。针对备战省第17届运动会的项目，省体育局2019～2022年周期的布局以及年度市局要求的参赛任务，1月完成注册工作，新注册运动员187人。其中，重新注册运动员15人，田径30人，篮球33人，足球31人，排球26人，跆拳道9人，羽毛球23人，网球9人，皮划艇3人，武术散打8人。上年末，启动重点项目皮划艇和攀岩的冬训工作，在暑假期间，发挥基地学校的优势，组织游泳、田径、足球、排球、篮球、攀岩、皮划艇7个项目的集中训练。通过教体结合机制，教育、体育两家共同抓好青少年部的田径、足球、篮球、排球、跆拳道、皮艇、攀岩、乒乓球等各项

全县中小学生运动会

目的训练工作，及时了解各项目训练的动态。特别是皮艇项目，通过制订科学的目标体制和有效的训练计划，提高训练质量。

【体育设施】2019 年，县文广旅体局推进社区、村级体育设施建设。建成水南街道云峰社区等 3 个社区多功能运动场、笼式足球场 1 个、拆装式游泳池 2 个，实施小康体育村升级工程 11 个。推进省首批 PPP 试点项目——松阳县全民健身中心项目，该中心集举办体育赛事、市民健身休闲活动为一体的综合体育设施，总规划用地面积为 15.23 万平方米。建设项目包括体育场、体育馆、游泳馆和室外运动场以及停车场、景观绿化、道路、电力等配套工程，总建筑面积 7.49 万平方米。其中，体育场建筑面积 2.81 余万平方米，座席 8000 个；体育馆建筑面积 1.63 万平方米；游泳馆建筑面积 1.46 万平方米；室外运动场 0.92 余万平方米，包括 2 片笼式足球场，4 片篮球场，2 片网球场，4 片气排球场。

（县文体广电旅游局）

全民健身中心效果图

融媒体　华数

独山驿站

广播电视

【概况】2019年2月，松阳县广播电视台更名为松阳县传媒中心，为县委、县政府直属，相当于正科级公益二类事业单位，负责全县的新闻宣传工作，管理乡镇（街道）广播站。原松阳县广播电视台和松阳县《新松阳》采编中心职责整合，划入松阳县传媒中心，不再保留松阳县《新松阳》采编中心。县传媒中心全体干部职工深入开展“不忘记初心，牢记使命”主题教育，积极弘扬践行“浙西南革命精神”，强化责任担当，认真做好新闻宣传主业，推进媒体融合发展。9月，松阳县传媒中心更名为松阳县融媒体中心（以下简称“县融媒体中心”）。

【重要宣传活动】2019年2月，春节期间，新闻栏目策划播出《新年新气象》《新春走基层》等专栏报道30余篇；同时开展弘扬践行“浙西南革命精神”宣传，在广播电视新闻及微信中开设《弘扬践行“浙西南革命精神”》和《不忘初心 重走浙西南红色革命路》等专栏，共播出相关报道100余篇，充分宣扬当地红色文化，展现当地红色名片。3月，松阳县“两会”期间，共播出《履职在路上》专栏新闻11条，关注代表委员对加快推进松阳高质量绿色发展的意见和建议，展现松阳人民的时代风采；月末茶叶节期间，推出《喜迎茶叶节》专栏，播出相关报道20余篇。持续关注城中村改造，对青田码道有机更新、瓦窑头区块改造等情况进行深入报道，共播出《关注城中村改造》专栏15条。在“不忘初心、牢记使命”主题教育中，推出专栏深入宣传，共播出相关报道100余篇。国庆节前后，开展中华人民共和国成立70周年专题宣传，推出《我们都是追梦人》系列，聚焦当地人物故事，反映时代变迁中人们对美好生活的追求和为之不懈奋斗的生活态度。通过寻找大主题的小切口，使重大主题报道更生动具体，更富感染力。

【广播电视节目栏目设置】2019年，县融媒体中心自办电视节目主要有《松阳新闻》，周一至周五日播，周六、周日播出一周要闻，配合手语播报，节目时间10~15分钟。《农业在线》每周1档，由“信息快递”“茶乡新事”“专家课堂”“农技之窗”“农民信箱”“气象与农事”等板块组成，节目时长10分钟左右。对农广播电视服务节目共有8档。其中广播对农节目5档，分别是《每周农经》《病虫预报与防治》《金色田园》《音乐茶吧》和《生活新风尚》，每周各一档，节目时长10~15分钟。前3档主要以服务“三农”为主，关注新农村建设和农业生产。《音乐茶吧》节目以流行音乐欣赏为主。《生活新风尚》主要以与人们的现代生活相关，包括“车行天下”“旅游天地”“卫生健康”等内容。电视对农节目有3档，分别是《农业在线》《每周农经》《致富经》，每周各一档，节目时长15分钟。

2019年2月，县传媒中心挂牌成立，县委常委、宣传部长汪健（左）参加揭牌仪式

【百名记者下基层大型新闻行动】2019年5月，浙江广电集团组织百名记者、主持人深入到松阳，开展增强“四力”教育实践活动。县传媒中心和省广电集团的新闻人员分成8个小组，累计行程8000千米，从当地“绿色发展”“红色旅游”“古村落保护”“茶文化”“民宿经济”等方面开展报道，在浙江卫视、钱江频道等6个电视频道，浙江之声和浙江交通之声2个广播频率和新蓝网等平台播出，产生了融合传播的效果。该次活动还举办践行“四力”主题晚会，通过新闻团队采访收集到的松阳故事，创编成形式多样、内容丰富的文艺节目，向国内外观众传递出松阳奋进的力量。

【提升媒体融合发展】2019年，由原县广播电视台和《新松阳》报社2家新闻单位整合为县融媒体中心，微信公众号、手机客户端和新闻网站等新闻媒体与传统广播、电视和报纸融合发展。9月，融媒体中心平台搭建完成，成为该中心电视、广播、报纸、网站、微信公众号和手机APP各类传播渠道的“中央厨房”，媒体融合发展快速推进。“掌上松阳”手机APP建成测试，正在逐步完善推广实施。“松阳广电”“松阳新闻”微信公众号成为全县权威新闻发布平台，成为当地最具影响力微信公众号。“松阳广电”粉丝数突破5.75万人，共推送图文消息770余篇，累计阅读量超过130万人次。

【县融媒体中心搬迁项目】2019年10月，经县政府常务会议研究同意，县融媒体中心办公地点搬迁到县新客运中心，搬迁工程项目投资预算为860万元。全年完成项目立项、设计招标、初步设计、编制预算招标、监理服务招标、工程施工招标代理等工作。

【产业经营】2019年，县融媒体中心广播电视广告和《新松阳》广告经营对外发包，全年总承包款为132.5万元，其中广播电视广告90万元，《新松阳》广告42.5万元。

（县融媒体中心）

·《新松阳》报·

【概况】2019年，县融媒体中心在报纸宣传方面，通过《新松阳》记者推介、配合以及自己采写的文稿在《人民日报》发稿5篇；《浙江日报》发稿29篇，其中整版5篇，头条2篇；《丽水日报》发稿302篇，头版头条24篇；《新松阳》报共出版143期，刊发文章1100余篇。县融媒体中心获得全省广播新闻融合传播协作三等奖、电视新闻融合传播协作三等奖；孙丽雅获得《浙江日报》报业集团“最佳报道工作者”称号。

【茶产业宣传报道】2019年，县融媒体中心在第十二届中国（国际）茶商大会期间，加强与《浙江日报》《丽水日报》以及浙江新闻APP、茶网等主流媒体及新媒体平台的合作，推出《松阳：一片茶叶背后的乡村振兴》等稿件40余篇，被中新网、新华网、人民网等60余家媒体网站同时刊发转载500余次，相关稿件被“今日头条”“浙江新闻APP”“浙江24小时APP”等各大主流新闻APP或微信平台转载。松阳新闻网新浪微博“茶乡随手拍”话题活动上线，该活动获全国10个省和直辖市网友的关注，“茶乡随手拍”话题总阅读量4924.5万次，讨论量8042次。活动期间，松阳新闻网共发布微博32条，其中原创视频微博16条，视频微博阅读总量达527.2万次，单条最高为4月7日发布的《高山云雾茶》视频微博，阅读量263万人次。

【城中村改造宣传】2019年，县融媒体中心在《新松阳》报、“松阳新闻微信公众号”开设专题专栏，通过新闻报道、政策解读、深度报道等多种形式，及时、全面、准确地展现全县干群狠抓城中村改造工作的力度，并及时报道搬迁安置工作中的先进、典型人物和事迹。在《关注城中村改造》专栏报道中，新闻记者全员参与，借鉴黄南水库、青田码道征迁宣传工作经验，采取集中蹲点、全程参与的方式，及时记录征迁过程中的感人故事，推出一批有时效、有温度、有热度的征迁报道，为专题片《瓦窑头征迁启示录》制作提供真实有效的第一手素材。

【乡村振兴论坛】2019年，县融媒体中心结合首届城乡联系国际论坛，围绕全县传统村落保护发展，旅游产业创新，农业产业创新、文化和遗产，乡村经济创新等经验做法的挖掘，并积极沟通，向中央、省市级媒体推荐供稿。围绕乡村振兴内容在《人民日报》上刊发了《国际论坛落户浙江松阳！第一届城乡联系国际论坛在松阳举办》等5篇稿件，《浙江日报》刊发相关稿件10余篇。

【热点问题宣传报道】2019年，县融媒体中心围绕县委、县政府全年战略性和阶段性重点工作，精心策划，在报纸《新松阳》中开设《深刻领悟“丽水之赞” 创新实践“八八战略”》《以“松阳之干”担纲“松阳振兴”》《弘扬践行“浙西南革命精神”》《“不忘初心，牢记使命”主题教育》《壮丽70年 奋斗新时代》《学习贯彻党的十九届四中全会精神》《第一届城乡国际联系论坛》等专栏19个，各类专栏刊发稿件230余篇，及时传递县委、县政府的声音，增强了新闻宣传报道的引导力和感召力。

（县融媒体中心）

华数电视

【概况】松阳华数广电网络有限公司（原名松阳县松广数字电视网络有限公司，以下简称“松阳华数公司”）由松阳县国有资产管理委员会投资设立，于2012年5月2日在松阳县工商行政管理局登记注册。经过股权变更及增资后，该公司股东为浙江华数广电网络股份有限公司。公司内设综合办、技术工程部、市场部3个部门，西屏、古市、象溪、大东坝4个乡镇站。截至年底，共有员工72人，其中事业编制4人，合同编制59人，劳务派遣9人。松阳华数服务于全县各级党委、政府和各行各业，是全县规模最大的有线电视运营商和智慧化综合服务运营商。业务涵盖有线电视、数字内容传输、综合政务信息化服务、综合生活信息化服务、行业数字化应用服务等。承担全县“最多跑一次”“文化大礼堂”“四个平台”“党员远教平台”等政务数字化信息化服务运行。截至12月底，该公司有线电视（数字电视）主终端出账用户数50431户，其中高清晰电视用户40083户，互动电视用户10348户。全年权责总收入2279万元，年度考核完成率101%。其中，大众增值业务收入133万元，大众基本视听收入778万元；集客业务收入1088万元，智慧家居产品销售收入60万元，广告及其他收入220万。全公司技术人员35人，约占公司总人数的50%。为提高技术支撑的及时性，技术人员为属地

华数公司营业大厅

化分布管理。全县有线数字网络同轴电缆具备技术优势，完全适应三网融合与绿色建筑发展要求。经过多年的发展和改造，全县以有线数字同轴电缆网作为家庭网络的基础设施，传输带宽可按需扩展至3Gbps，完全满足4K视频、3D视频、VR等新应用，具备极高的网络安全性。能够满足人民群众日益增长的精神文化需求以及“智慧家庭”“智慧城市”的建设发展需要，同时确保可管可控。按照“分级、分责、属地化管理、量化考核”的原则，秉承“贴心服务、满意第一”的服务理念，坚持“以客户为中心，用服务促转型”，不断提升服务水平。公司客户服务部主要负责落实本级客户服务的具体工作并指导监督支公司客服工作；由丽水市公司统一成立全市呼叫中心，通过全省统一客服电话96371可以7×24小时为广大用户提供业务咨询、业务受理、故障报修、投诉建议等“一站式”服务，并在完成公司客服工作的同时，开展电话营销、坐席外包等业务。

【优化大众业务】2019年，松阳华数公司分别有互动业务、宽带业务、付费频道业务、信息化业务，互动电视业务分为高清互动电视产品和华数4K智家产品。高清互动电视产品包含数字电视产品、互动视频产品与互动增值产品三大类，定位用户群体为个人家庭用户；华数4K智家产品实现4K直播、4K点播、语音遥控等功能，智慧+教育、智慧+医疗、智慧+安防等业务也在不同区域结合项目落地。宽带业务已覆盖全县10255户用户。付费频道业务由中数、鼎视、华诚等平台提供，汇集100余路的影视、体育、娱乐、健康等专业频道。信息化业务主要指基于电视大屏，提供满足村、镇政府及村民信息化需求的综合解决方案。以当地屏为基础，实现美丽乡村、党员远教、村级监控、智慧乡镇、智慧旅游、视频会议、WiFi、农产品交易等信息化平台的搭建、运营和维护，从而为政府信息化宣传提供发布便捷、质量稳定、形式多样的展示平台。

【集客业务】2019年，松阳华数公司布局全县，公安、医疗、交通、水利、教育等政府信息化项目均有涉猎，融媒体、物联网等重要战略领域有所突破。具体项目涵盖智慧交通、智慧教育、生活污水智慧监控、智慧社区、智慧安防、可视应急广播、智慧城管、“四个平台”、县级融媒体平台、“最多跑一次”、新时代文明实践中心等。

【网络建设】2019年，松阳华数公司有骨干网，市级骨干网作为全县互动电视业务、宽带业务、集客业务的传输承载和交换枢纽，建成丽水、遂昌方向2个通道环网，实现环路双路由传输。每环网40波系统，单波10Gbps，环网容量达到400Gbps，业务侧10Gbps、100Gbps支持速率端口，具备10Gbps到100Gbps的业务对接能力。通过浙江华数省、市干光缆监测保护系统实现骨干网络主备光缆的保护切换、光缆监测检测和光缆资源管理等功能，增强骨干网络可靠性、缩短光缆故障历时、降低光缆阻断率，确保市级骨干网络安全、可靠运行。城域网。在城域IP网络建设上，主要乡镇具备10Gbps及以上的业务对接能力，全县核心层与汇聚层之间基本实现双路由，具备承载综合性IP业务能力。通过网络运行管理系统对全网设备运行参数采集，图形化呈现，实现城域网自动化、智能化的管理。接入网。全县网络完成双向接入，具备全县全网双向运营能力。接入网侧约60%县城区域和农村区域支持100Mbps带宽接入，可开展4K超高清视频、超高清游戏、AR/VR等高带宽业务应用。通过浙江华数网络质量拨测系统实现实时收集现网中宽带用户和互动电视用户的网络质量指标数据，通过后台系统大数据分析，实现网络运行质量的实时监测，主动发现网络质量劣化并预警，为全县网络质量的优化提供数据支撑。

（松阳华数公司　吕丹青）

医疗　卫生

大木山茶园

综 述

【概况】2019年，松阳县卫生健康局（以下简称“县卫健局”）推进公立医院综合改革。落实“4+7”药品集中带量采购政策，供应19个品种、22个品规药品，降低患者用药负担。严格执行医改控费政策，推广应用DRGs（疾病诊断相关分类），坚决监管控制医疗费用不合理增长，医改主要指标向好发展。全年公立医院医疗收入、门（急）诊均次费用同比分别增长8.51%和4.97%，住院均次费用、药占比、检查检验收入同比分别下降2.13%、0.66%和0.25%，各项指标均达到省定标准。推进省县医疗合作，省中医院第二轮全面托管县人民医院、专科托管县中医医院，在2家医院建成中西医结合远程教育平台。县人民医院建成中医馆，成为国家重点研发计划“主动健康和老龄化科技应对——中国人群健康生物学年龄评价体系研究”浙江分中心。县中医医院入选全面提升县级医院综合能力500家县级中医院，申报省级科研2项，肺病科列入省“十三五”中医药重点专科建设项目。完善县域医共体改革机制，制定出台医共体改革配套政策和制度58个，设立“三室五中心”，搭建完成内部管理信息化网络，构建完成人事招聘、财务核算、药品调配的管理架构，基本完成医共体改革省级55项任务，实现县乡“一家人”“一盘棋”“一本账”的总体格局。

制订中医药复兴地3年行动计划、总体规划以及乡村振兴中医药康养产业示范项目方案，设立中医药发展研究中心和中医药发展专项基金，形成全要素全聚集的强大合力。全年筹集中医药发展资金700万元，争取到省财政厅产业扶持资金4000万元。中医药服务网络升级，全县建成规范化村中医室21家，建成中医智慧信息中心、共享药房中心、炮制培训中心，贯通使用中医智能医联体，实现全县乡镇医疗机构中医药服务全覆盖，基层中医药服务网络更加健全便捷。中医药特色品牌创建“落地布局”，国家中医药综合改革试验区完成材料申报，全国基层中医药工作先进单位创建工作顺利推进。

2019年4月23日，在县城市政广场举行启动仪式

推进健康教育和健康促进行动，举行健康松阳建设主题宣传活动11次，举办健康讲座460余场；创成省级健康金牌学校1家，评选出健康单位12家、健康家庭420户，57家农村文化礼堂开展健康素养行动。2019年，全县居民健康素养水平达27.68%，超过省定2020年达到24%的目标。健康环境持续改善，松阳县被评为中国长寿之乡康养示范城市，国家卫生县城复评、11家国家卫生乡镇创建均通过省级复核报国家爱卫会等待命名，创成省级卫生村28个，四都乡被评为中国乡情体验基地，箬寮风景区被评为中国康养示范基地，5家企业七类产品获得国家级长寿之乡品牌认定。

2019年4月4日，举行浙江省中西医结合远程教育学院启动仪式

2019年，松阳县创建国家卫生县城复评通过省级评估；县疾控中心被评为全国儿童青少年健康发展调查工作优秀单位，并获得2017～2018年国家人体生物监测项目突出贡献奖；象溪镇卫生院被评为全国儿童青少年健康发展调查工作优秀单位；县中医院创建成为“浙江省健康促进医院”；县实验小学创建成为“浙江省健康促进（金牌）学校”；三都乡上田村被确定为省“无蝇村建设”试点；

县人民医院获得“2019嘉速杯”浙江省第二届营养科普展示一等奖；县中医院获得浙江省中医院伤寒论知识竞赛二等奖。

【卫生健康事业发展】2019年，县卫健局按照县委十届七次全会确定的实施“国际中医药康养胜地”3年行动计划和“田园松阳”升级版建设要求，开展以“健康松阳”为引领，中医药复兴地建设为载体，深入实施3个年活动，推进“一大核心、两大建设、三大改革”任务落实，提升卫生健康事业发展水平，全力护航百姓健康。全县有医疗卫生健康机构159家，其中县级医疗单位2家，县级卫生单位3家，乡镇卫生院（医共体分院）17家，村卫生室46家，民营医院3家，其他医疗机构88家。截至12月底，卫健系统在岗人员1332人，其中在编人数、卫技人数分别为1062人和1112人；高级职称163人，中级职称343人。全县常住人口每千人执业（助理）医师数3.1人、注册护士数3.15人、医疗床位数4.26张。

【卫生重点项目建设】2019年，县卫健局不断夯实卫生健康基础支撑，全县基建项目完工9个、投资额1110万余元。其中，县重点预备项目县中医医院迁建工程完成项目可研编制及审批、代理机构招投标、社会稳定风险评估、设计、全过程工程咨询机构招标；西屏街道、象溪镇、玉岩镇中心卫生院等改造项目竣工投用；县人大重点跟踪督办件——城西片医疗卫生服务机构设置办结。

【中医药事业】2019年，县卫健局推进中医药服务、产业、文化、保障体系成框成形，制定中医药复兴地3年行动计划、总体规划、乡村振兴中医药康养产业示范项目方案，设立中医药发展研究中心和中医药发展专项基金，全年筹捐专项基金700万元，获省财政厅扶持资金4000万元；建成21家村中医室、中医智能医联体，实现全县中医药服务全覆盖。中医药人才交往、学术交流频繁，对接并引进中医药相关企业2家。

【医务人才队伍建设】2019年，县卫健局全面提升人才软实力。完成卫生健康人才队伍建设10条政策送审稿，引进成立沈敏鹤名中医工作室、许敬生中医药文化传承研究工作室，到兰州、西安、武汉等地引进高层次、急需紧缺专业技术人员，新入编25人，招录定向委培生20人，“浙江省中西医结合人才培养项目”1人，省级名中医传承人项目指导老师1人、继承人名单2人。

【基层公共卫生服务】2019年，县卫健局基层补偿机制、绩效改革方案、基层服务模式和配套政策措施逐步完善，基本公共卫生服务项目经费人均标准进一步提高，基层活力得到进一步激发；完成国家基本公共卫生服务项目省级现场考评和整改工作。全县居民电子健康档案建档率93.43%，65岁及以上老年人健康管理率70.73%，高血压、糖尿病患者规范管理率分别为61.06%和60.8%。全县在丽水市年度公共卫生工作考核排列第三名。

【公立医院综合监管】2019年，县卫健局实施5大中心建设，县人民医院动建卒中中心、胸痛中心、创伤中心、危重儿童和新生儿救治中心、危重孕产妇救治中心。根据市卫健委的统一部署，开展全县各级医疗机构进行院感质量控制专项检查。邀请市级组织专家组对2家县级医院和吴苏君医院进行检查，组织各质控管理小组对全县72家医疗机构进行检查。抓好核心医疗制度的落实，重点是处方点评、病例讨论、危重病人会诊、抗生素使用、值班制度等。开展“三好一满意”活动，抓好临床路径和优质护理工作，加强医疗质量管理。

【建立老年健康服务体系】2019年，县卫健局全力推行80岁以上老人参保人身意外险工作，累计完成户籍在当地的80岁以上老年人参保人身意外险5874人。配合丽水市开展长寿人群后续健康管理、疾病干预和科学研究，收集百岁以上老人的基础健康信息两大类共23个小项。同时，开展“重阳”节百岁老人慰问走访工作，共走访慰问百岁老人12人，为每位百岁老人送上慰问金1000元。

（县卫健局）

计划生育

【概况】2019年，松阳县新生儿出生2187人，计划生育率95.38%，无因违法行政而导致的恶性事件发生。全面落实计划生育奖励扶助、特别扶助政策及公益金制度，全年发放奖扶、特扶金388.58万元、计生困难家庭补助二胎生育223万元，41户计生特殊家庭老人享受助老服务。深化计生系列保险，提供多渠道保障。松阳作为丽水市唯一代表在浙江省计生协改革推进会上作经验交流。健全妇女儿童医疗服务体系，创新设立婚姻登记·婚孕前检查一站式服务，开展孕产妇保健管理、儿童发育监测和筛查。2019年，实行城乡适龄妇女宫颈癌检查9247例、乳腺癌检查9397例，3岁以下儿童系管率97.4%，孕产妇系管率95.61%，成功抢救3例危重孕产妇，全县连续10年保持孕产妇零死亡。

【全面两孩政策实施】2019年，县卫健局落实全面两孩生育政策和配套措施，根据《浙江省人口与计划生育条例》规定，落实产假、生育奖励假期保障、福利待遇、生育津贴发放。严格执行《浙江省女职工劳动保护办法》内增加哺乳时间、孩子1周岁内不安排夜班等规定，保护女职工的合法权益。同时开展优生、优育、优教服务，有序推进“三优”指导中心建设。截至12月底，创建省级示范中心1家、市级指导中心4家。

【基层计生队伍建设】2019年，县卫健局配齐乡镇（街道）卫生计生办工作人员，明确职责。全县各乡镇（街道）从事卫生计生工作并持有执法证人员39人。同时，把乡镇（街道）村计生服务员调整为卫生计生人口管理全科网格员，由县财政局统一转移支付到乡镇（街道），由乡镇（街道）统筹安排使用。该专职网格员报酬按年人均6500元为标准，其中60%为基本报酬，40%为绩效考核奖。基本报酬由各乡镇（街道）按季度发放，绩效考核奖由乡镇（街道）根据全体专职网格员年度绩效考核情况统筹发放。

【出生人口性别治理】2019年，县卫健局持续施行出生人口性别比工作，组织开展打击“两非”专项行动。制定行动实施计划，联合县卫生监督所执法人员对松阳博大医院和县妇幼保健院2家医疗机构进行关于“非医学需要的胎儿性别鉴定和选择性人工终止妊娠”的检查，针对专项整治行动中发现的问题，出具卫生监督意见书1份，并督促其整改落实。通过此次行动，全县有13家医疗机构签订《禁止“两非”承诺书》，18家超声岗位医务人员签订《禁止非医学需要胎儿性别鉴定承诺书》，进一步加强相关医疗机构的管理，把责任具体落实到人。

【计生特殊家庭服务】2019年，县卫健局深入开展特殊家庭关怀行动，以国家计生协计生特殊家庭帮扶项目为载体，发挥志愿者帮扶特色，在精准帮扶上下功夫。继续组织心理援助、助孕服务、医疗关怀、法律援助、联络帮扶志愿者团队113人对全县118户计生特殊家庭开展精准帮扶，做到志愿者结对帮扶、节日走访慰问、重点对象帮扶“三个常态化”。

（县卫健局）

卫生监督

【公共场所卫生监督】2019年，县卫健局开展美容美发、沐浴场所、住宿场所、游泳场所等550家公共场所卫生环境提升行动，进一步增强公共场所业主卫生意识、主体责任意识。住宿场所乱项整治专项治理工作取得实效，顾客用品用具清洗消毒保洁工作得到提升。游泳场所“放心游”项目持续推进，各游泳场馆均配备有余氯检测仪器，水质自检、检测结果公示率均为100%，游泳者健康承诺制度推行率100%，泳池独立水表安装率100%，每天补充新水量均达10%以上。全县各类场所卫生抽检工作逐步开展，全年累计抽检429份次，合格397份次，合格率92.54%。辖区内应量化公共场所546家，量化分级率100%，信息公示率均为100%。2019年，未发生公共场所传染病卫生安全事件。

【医疗卫生监管】2019年，县卫健局全面完成中小医疗机构依法执业医疗服务质量提升专项行动、医疗乱象专项整治行动、医疗机构临床用血管理专项整治行动、医养结合机构依法执业专项行动等各项医疗整治行动。规范全县医疗服务市场秩序，取缔无证行医点，打击乡镇、集市无证行医违法行为，医疗机构依法执业，就医环境改善。共立案查处10起非法行医案件，其中1起移送公安机关，罚没款总额22.3万余元，未发生非法行医致人死残案件。

【监督执法能力提升】2019年，县卫健局全面推行“双随机一公开”“三项制度”，创新“互联网+”监督执法模式，提升卫生行政执法能力。共立案161起，一般案件123起，其中公共场所59起、医疗卫生类52起、餐饮具集中消毒单位1起、职业卫生2起、学校卫生3起、饮用水卫生6起，简易程序38起。罚没金额计50万余元，结案率98.8%。投诉举报6起，结案5起。其中大案6起，移送公安机关1起、罚没款5万以上4起、吊销执业许可证1起，无行政复议诉讼案件；未发生突发公共卫生事件。2019年，被评为第二批省卫生行政执法规范化建设单位；丽水市卫生行政执法工作考核中被评为优胜单位，居全市第一名；全市卫生应急技能竞赛获得团体一等奖，被授予“全市卫生监督先锋号”称号。

【传染病防治卫生监督】2019年，县卫健局有序推进传染病防治工作，提升全县医疗卫生机构对医疗废物的管理意识和管理水平，降低涉医疗废物违法行为发生率，103家医疗卫生机构产生的医疗废物实现100%规范化收集处置，其中集中处置47家、小箱进大箱53家，无医废产生单位3家。2019年，2家公立医院及21家乡镇卫生院的医疗废物暂存点接入智慧卫监平台，医疗废物处置全过程实施监控；2家医疗机构配备数字式医废职能转运车，实现终端设备数据全部接入“省医疗废物智能监管系统”。稳步推进医疗卫生机构传染病防治分类监督综合评价工作，实现辖区内的二级医疗机构、一级医疗机构、疾病预防控制中心综合评价全覆盖，未定级医疗机构10%，共16家单位参与综合评价，优秀单位1家，合格单位15家。加强餐饮具集中消毒服务单位监管工作，立案查处3起，处罚金额1万元，企业布局、出厂检验、相关制度、人员管理、卫生设施等方面得到提升，开展集中消毒餐饮具卫生质量监测工作5次，共抽取样品192份，合格率100%。

（县卫健局）

卫生应急

【食品安全风险监测】2019 年，县卫健局在全县所有二级以上医疗机构开展疑似食源性异常病例/异常健康事件监测，未发现疑似病例；食源性疾病哨点医院监测中县人民医院共上报 304 例，阳性标本 20 例，为沙门氏菌 9 例，副溶血性弧菌 11 例。县中医院上报 151 例，不要求做粪便检测；报告 2 起食源性疾病事件，均按规范处置，病人全部治愈；开展食品污染及食品中有害因素监测，采集样品 250 件，其中食品中化学污染物监测 110 份，5 份铝添加剂超标。食品微生物及其致病因子监测 140 份，12 份检出金黄色葡萄球菌。

【大型活动应急保障】2019 年，县卫健局成立医疗保障工作领导小组，制订详细的医疗卫生保障方案，选派临床经验丰富的医师和护士组成医疗救护小组，在活动现场配备基本的诊疗器械及常用药品。同时设定定点医院，建立 120 急救绿色通道，确保救护车出车的及时性，保障全县大型活动顺利开展。2019 年，共派出医疗卫生人员 43 批计 265 人次。

【疫情应急处理】2019 年，县卫健局提升疾病防控能力，甲类传染病无病例报告，乙类报告 11 种 513 例，报告发病率同比下降 12.75%；全县适龄儿童基础和加强免疫疫苗接种率达 97.14%以上。

【突发医疗事故救治】2019 年，县卫健局健全卫生应急体制，推进工作机构和职责制度规范建设，完善部门间和地区间联防联控机制，对医务人员按实战进行应急培训演练，提高医务人员应急能力。加强卫生应急队伍的建设，规范突发事件应急处置工作。全年发生突发事故 1 起，12 月 17 日，新兴镇安路源机制砂有限公司矿山发生山体塌方事故。事故发生后，县卫生应急队伍第一时间到达现场进行救援工作，分级负责，统一指挥，应急物资准备充足，并在救援期间，安排县人民医院、县中医医院、古市医院医务人员做好轮流值班工作，协调有序，完成突发事故医疗救治工作。（县卫健局）

中医中药

【基层中医药服务能力建设】2019 年，县卫健局推进中医药服务网络升级，全县建成规范化村中医室 21 家，建成中医智慧信息中心、共享药房中心、炮制培训中心，贯通使用中医智能医联体，实现全县乡镇医疗机构中医药服务全覆盖，健全基层中医药服务网络。截至 12 月底，各乡镇卫生院共开具上传中药处方 1402 张，配送中药 8508 贴。中医药特色品牌创建“落地布局”，国家中医药综合改革试验区完成材料申报，推进全国基层中医药工作先进单位创建工作。

【中医药文化传播】2019 年，县卫健局开展中医药文化自信厚植，制作完成《江南秘境 中医药复兴》主题宣传片，完成城区及周边 107 类 188 块药用植物立牌挂牌、县内 132 种草药土名确定和《松阳常用中草药》编著。举办中医药文化展、中医童子夏令营、中医传统技艺体验等各类载体教育活动，中医知识编入《田园松阳》教材，建成中医药文化教学实践场所 7 个。举办中医药康养胜地报告会等高规格交流活动 5 场次，国内外知名专家学者、有一技之长的民间中医师多层面到松阳走访，中医药人才交往、学术交流日益频繁。

【中医药产业招商加快】2019 年，县卫健局加快中医药产业招商工作，引进俞同春股份有限公司落户松阳，并快速建成“五谷虫”基地和中药材种植基地；先后与上海相宜本草化妆品股份有限公司、乡伴旅游文化发展有限公司，签署《中医药本草生态圈三方战略协议》，与瑞典农业大学下属公司完成数字化植物工厂项目洽谈，与浙江中意启迪投资股份有限公司签订中医药产业体系及功能性食品科技开发示范基地项目合作意向书，不断加大中医药产业招商引资和回引创业力度。

（县卫健局）

医院管理

【公立医院综合改革】2019 年，县卫健局落实“4+7”药品集中带量采购

2019 年 4 月 4 日，县政府与省中医院签订第二轮医疗合作协议

政策，供应19个品种、22个品规药品，降低患者用药负担。严格执行医改控费政策，推广应用DRGs，监管控制医疗费用不合理增长，医改主要指标向好发展。公立医院医疗收入、门急诊均次费用同比分别增长8.51%和4.97%，住院均次费用、药占比、检查检验收入占比同比分别下降2.13%、0.66%和0.25%，各项指标均达到省定标准。

【省县医疗合作】2019年，省中医院第二轮全面托管县人民医院、专科托管县中医医院，在2家医院建成中西医结合远程教育平台。县人民医院建成中医馆，成为国家重点研发计划“主动健康和老龄化科技应对——中国人群健康生物学年龄评价体系研究”浙江分中心。县中医医院入选全面提升县级医院综合能力500家县级中医院，申报省级科研2项，肺病科列入省“十三五”中医药重点专科建设项目。

【县域医共体改革】2019年，县卫健局制定出台医共体改革配套政策和制度58个，设立“三室五中心”，搭建完成内部管理信息化网络，构建完成人事招聘、财务核算、药品调配的管理架构，基本完成医共体改革省级55项任务，实现县乡“一家人”“一盘棋”“一本账”的总体格局。

【卫生许可管理】2019年，县卫健局核发各类卫生行政许可事项697件，按期办结697件。其中，公共场所卫生许可201件，医疗机构执业许可（含变更、校验、设置等）136件，放射诊疗许可（注册、变更、校验）13件，医师护士执业注册294件，乡村医生执业注册53件。全年无重大行政许可听证案件、无行政复议和诉讼案件。

【“智慧医疗”服务】2019年，县卫健局施行出生服务一件事、费用结算医后付、急救院前院内一体化等“1+10+3”医疗服务领域“最多跑一次”改革任务全面完成。推出“流动医院进百村到万家”行动，打通边远山区留守老人看病就医“最后一公里”，全年古市医院“巡回诊疗车”走访105个村次、行驶5500千米。优化“互联网+政务服务”，该局行政许可网上办事实现率、掌上办事实现率、跑零次实现率、即办率、承诺期限压缩比、材料电子化率均达100%，所有指标全部达到省定年度目标，综合得分居全市前列。

（县卫健局）

全县医疗卫生服务领域“最多跑一次”改革服务全面上线

社会事务管理

松阴溪国家 AAAA 级旅游景区

人力社保

【综述】2019年，松阳县人力资源和社会保障局（以下简称“县人力社保局”）深入学习贯彻习近平新时代中国特色社会主义思想，开展“不忘初心、牢记使命”主题教育，弘扬践行“浙西南革命精神”，强化意识形态领域学习。加强作风建设，推进执行力建设深化年活动，开展警示教育，创建清廉机关，打造清廉人社。开展省委巡视县委巡察问题反馈整改工作，制订《整改方案》，逐一落实，确保各项整改任务得到不折不扣的完成。组织党员干部参加各类党建活动，取得全县党建知识竞赛第一名、全县庆“七一”大合唱二等奖、“奔跑2019”窗口服务风采大比武活动第二名。组织开展“练兵比武强技能 人社服务树新风”业务技能大比武，罗倩玲入围全省人力社保系统窗口单位业务技能比武。劳动监察大队大队长李万君忠于岗位使命，担当有为，被作为全县执行力建设典型人物宣传报道。机关第二支部党员李冬梅热心服务群众，作为主题教育优秀典型人物在全县推广。

提升全方位公共就业服务能力，保持就业形势稳定。全年城镇新增就业3775人，完成全年任务1400人的269.64%；城镇失业人员实现再就业1941人；困难人员就业201人；发放创业担保贷款745万元，完成全年任务350万元的213%；就业创业培训2236人，完成全年任务1743人的128.28%；城镇登记失业率1.77%，控制在3.5%以内；累计开发就业见习基地89家，完成全年任务15家的593%，累计开发企业见习岗位166个，完成全年任务100个的166%，企事业见习基地共吸纳见习人员72人，是全年任务20人的350%；推进公益性就业岗位开发管理，开发公益性岗位110个，现有公益性岗位200个，在岗人员168人，完成目标任务115人的146.09%。实现“零就业家庭”动态清零。

推进社会保障新政策落地，提升社会保障水平。截至12月末，全县参加基本养老保险182420人、工伤保险46455人、失业保险16803人，被征地农民新参保710人、转保913人，基本养老保险待遇享受57678人，实现社会保障扩面提质。

开展“精准服务企业、振兴实体经济”专项行动。聚焦“就业难”“用工难”“人才少”等热点难点问题，深入企业和联系村进行实地走访和调研活动620人次，牵头交办事项9个。推进“政银合作”，实现社保业务经办“就近跑一次”。举办全县就业和社会保障员“三年轮训行动”活动暨人社“最多跑一次”改革业务培训，确保全县人力社保系统“一卡通办”“同城通办”等业务在各基层窗口有效开展。

【人力资源事业发展】2019年，县人力社保局深化“最多跑一次”改革、“三个年”和“三服务”活动，促进就业、人才培养、社会保障、和谐劳动关系创建等工作。聚焦茶产业，规范劳动力市场，加强采茶工劳动力市场管理。拓展网上服务功能，推进“互联网+人社”多元化发展。推广新媒体运用，开展乡村创富培训，培养一大批具有现代营销能力的创业带头人，为乡村创富带来新的生机。全年基本养老保险参保率为97.59%；引进大学生541人；培养具有国家职业技能人才2958人，挖掘培养“松阳工匠”144人，培养“松阳茶师”2296人，增加高技能人才408人。城镇登记失业率1.77%。2019年实施机构改革后，城镇职工医疗保险、生育保险和城乡居民医疗保险职责划转至县医疗保障局。

【公共服务优化】2019年，县人力社保局提升窗口经办服务能力，在完善就业、社保窗口服务的基础上，增设劳动监察服务专窗，主要用于受理农民工工资拖欠、超时加班、未经许可使用未成年人等相关违反《中华人民共和国劳动法》事项的专门举报投诉。建立“一窗受理，集成服务”经办新模式，开设综合窗口以提高经办的效率和水平。提升基层网点服务能力，推进政、银合作，把75项业务下沉到县农商银行22个服务网点办理，推动“跑一次”服务半径再延伸。提升“一件事”服务功能，新生儿社会保障卡办理顺利对接纳入“县跑改办”出生“一件事”事项，当地户籍新生儿办卡可直接在助产医院完成，实现一次都不用跑。实现企业开办全流程“一件事”一日办结和部门联办“一件事”迭代升级。提升公共服务水平，增强人社工作效能。优化营商环境和提升部门间办事效率，开展全县企事业单位的社保信息系统的统一社会信用代码等关键信息进行集中维护。启用CA数字管理证书，对接数据共享平台，58项社保“最多跑一次”事项实现“全域一证（卡）通办”。加大基层社保工作人员培训力度，通过集中培训和轮岗轮训方式，提升社保基层服务平台经办能力和效率。

【“互联网+人社”行动】2019年，县人力社保局实施“互联网+人社”行动，拓展“互联网+”经办业务，拓宽便民通道，实现“互联网+人社”多元化、规模化发展，形成线上线下融合、服务衔接有序、开放共享、规范安全高效的“互联网+人社”发展格局。开通网上就业渠道。推进人力资源市场信息化建设，在全市率先上线“就业自助服务平台”，开通“互联网+招聘”平台，实现掌上就业。是年，全县就业小程序上线，发布招聘信息995条，招聘岗位3186个，累计注册企业313家次，添加个人用户1500人，点击量39.09万人次。实行社保网上业务办理。依托丽水市人力社保公共服务平台，实现网上自主办理单位增减员、社保费查询等业务，网上注册单位1085家，使用动态令牌并绑定系统525家；网上办理增减员社保业务7.92万件，占全部增减员业务的66.13%，提升办事效率。推进网上智能认证。全面推行“人脸识别”系统开展社保待遇人员生存认证工作。社保待遇人员生存认证50552人，认证率100%，其中通过手机完成“人脸识别”认证39006人，认证率77.16%。施行网上劳动监察执法和网上仲裁案件办理。开展掌上执法专项检查，全年共出动检查组10个，检查工作人员480人次，检查企业132家。推进网络调解案件的办理，网上办案，网上网下同步操作。

【完善政策体系】2019年，县人力社保局修订出台《松阳县职业技能培训和创业培训项目补贴标准》（松人社〔2019〕81号），加强职业技能培训管理，提高职业技能培训质量，确保资金使用安全和使用效益，结合省市文件精神和当地实际，制定《松阳县职业技能培训学校管理办法（试行）》(松人社〔2019〕36号)。加强援企稳岗的力度，保障就业创业，出台《松阳县人民政府关于支持企业用工促进就业稳定的十五条意见》（松政发〔2019〕38号）。健全就业援助制度，加强对就业困难人员的帮扶，结合当地失业保险基金和就业专项资金的结余情况，修订出台《松阳县人民政府办公室关于调整就业困难人员社保补贴比例的通知》（松政办发〔2019〕66号），调整灵活就业的就业困难人员的社会保险补贴比例从30%提高到60%，补贴比例调整于2019年9月1日起执行。创建和谐劳动关系，维护社会和谐稳定。为及时、稳妥地处理好因劳资矛盾纠纷，特别是因欠薪引发的突发群体性事件，出台《松阳县欠薪突发群体性事件应急处置预案》（松政办发〔2019〕82号），切实维护劳动者和用人单位的合法权益，促进全县劳动关系和谐与社会稳定。

【制度改革推进】2019年，县人力社保局为保障采茶工和茶叶种植户合法权益不受侵害，对采茶工用工市场实行规范管理，建立采茶工用工市场中介制度化常态化管理机制，在妥善处置采茶工劳务纠纷的基础上，出台《松阳县采茶工劳动力市场管理暂行办法》（松政办发〔2019〕87号），以制度的形式，规范采茶工用工市场，保护茶农和采茶工合法权益，维护社会稳定。

・人事管理・

【事业单位公开招聘与岗位管理】2019年，县人力社保局严格按照《浙江省公务员录用办法》和《浙江省事业单位公开招聘人员暂行办法》，坚持“信息公开化、操作程序化、监督全程化”，严把报名关、笔试关、面试关、体检关、考察关。对考生和家长最为关注的面试环节，坚持做到“三全制”，即全部外县考官制，聘请外县具有考官资格的人来担任面试考官；全程监督制，由县纪检监察部门全程监督，并聘请人大代表、政协委员进行全程监督；全程录音录像制，把面试情况全程录音录像，设立举报电话，增加工作的透明度，确保面试环节的公平。因为程序到位、工作严谨，招聘全程无举报、无差错，全年零投诉，人事招考工作得到社会各界的认可。完善机制，有序开展机关事业单位工作人员考录工作。全年共招聘事业单位综合岗位工作人员46人，中小学幼儿教师36人，卫计人员18人，引进硕士研究生8人，卫计系统紧缺专业人才8人，教育引进16人。会同县国资办和县公安局，招聘国企工作人员11人，辅警51人，司法雇员8人。首次开展集中统一公开选调考试，选调机关事业单位工作人员43人。建立岗位管理机制，完善事业单位岗位设置管理工作。根据编制员额、人员结构变化以及事业发展需要，实行动态管理。推进和规范中小学校教师“县管校聘”和县域医共体岗位设置管理工作，中小学校和县域医共体分院设置岗位总量，实行总量控制。全年核准变更事业单位岗位设置65家，岗位2384个。

【机关事业单位工资福利与管理】2019年，县人力社保局以机关事业单位按年度考核正常晋升工资工作为重点，做好机关事业单位工作人员的工资调整审核审批工作。全年共审核审批晋升级别工资340人，晋升级别档次工资334人，晋升薪级工资4241人。做好机关事业单位工作人员职务岗位调整工资变动审批和重新确定工资工作。共审批办理机关事业单位工作人员职务（岗位）变动调整工资581人；工作调动、工龄认定等原因重新套改工资133人；调整警衔津贴标准62人；新参加工作大中专毕业生工资定级83人；基层农技人员及农村教师卫技人员浮动工资转固定69人；享受浮动工资审批11人；审核办理工资转移手续398人。根据文件精神，办理工龄认定49人。审批晋升职级公务员43人。严格执行机关事业单位工作人员退休制度，做好退管工作。按照干部管理权限下文批准机关事业单位工作人员退休120人，其中机关干部50人，事业干部59人，事业工人11人。审核机关事业单位工作人员和离退休人员死亡后享受丧葬费和抚恤金45人，其中在职4人，离休3人，退休38人；审批遗属生活困难补助6人。发放丧葬费18万元、抚恤金464.6万元。落实机关事业单位离休干部18人、企业离休干部6人每年增发1～2个月的基本工资作为2019年的生活补助费。审批事业单位女职工受聘在专业技术或管理岗位延长至55周岁退休共5人。根据文件精神，完成县公安警员职务套改工资工作307人。

・人才服务・

【人才引进】2019年，县人力社保局在深入企业开展人才引进需求情况

县人力社保局组织企（事）业单位参加丽水—西安人才招聘会

调查摸底的基础上，组织 63 家次企事业单位到省内外参加人才招聘会 16 次。分别参与丽水—西安、武汉综合性人才专场招聘大会、浙江省春季人才交流大会、河北医科大学医疗专场招聘会、山西大学校园招聘会、浙江省高校毕业生就业实习专场招聘大会、宁夏大学校园专场招聘会、上海化工专场、上海高层次人才洽谈会、哈尔滨人才招聘会、浙江省秋季人才招聘大会、兰州大学和兰州工业学院校园专场招聘会、温州医科大学卫生专场招聘会、湖南师范大学专场招聘会，引进人才 541 人，其中本科 237 人，研究生 12 人。

【技能人才培养】2019 年，县人力社保局聚焦职业技能提升，大力培养技能劳动。培养发掘“松阳工匠”，举办第二届“松阳工匠”助推乡村振兴系列技能大比武，涉及“松阳茶师”“金牌导游（乡村讲解员）”“松阳厨娘”“松阳巧妇”“松阳金牌月嫂”、焊工等项目，参赛 594 人，共培养发掘“松阳工匠”144 人。“松阳茶师”劳务品牌项目列入浙江省级推荐品牌。全年评出“松阳茶师”2296 人，其中高级 13 人，中级 336 人，初级 1947 人。截至 12 月底，培养“松阳茶师”7005 人。技能人才队伍扩量提质，国家职业技能培训鉴定工作再推进，举办各类技能培训班 57 期计 3249 人，获证 2958 人，增加高技能人才 408 人。参加技能鉴定考核县职业中专学生 460 人，考核合格 434 人，合格率为 94.34%。

【人才项目选拔】2019 年，县人力社保局开展专业技术人才选拔，推荐市 138 人才 11 人，其中 3 人入选丽水市 138 人才工程第二层次培养人员。成功申报是年市级现代服务业和专业技术人员高级研修班 1 家。完成申报市“双百引领计划”5 家。组织“才聚松阳·人才工作室”申报工作，以柔性引才工作方式引入急需紧缺人才和高层次人才（团队）。全县共有县农业农村局的“茶产业人才工作室”、县香榧产业办公室的“香榧产业人才工作室”、县林业技术推广站的“油茶产业工作室”、县卫生健康局的“中医药文化人才工作室”、县中医院的“中医药产业人才工作室”、县田园强村投资有限公司的“克萨姆人才工作室”、浙江万基光学有限公司人才工作室 7 家企事业单位设立“才聚松阳·人才工作室”。开展高技能人才选拔。全县被评为“浙江省首席技师”“浙江工匠”各 1 人。县代表队获得丽水市“五养”职业技能竞赛团体总分第三名，3 人获丽水市“五养技能大师”“丽水市技术能手”称号。10 人入选是年浙江省“百千万”高技能领军人才——优秀技能人才培养项目。“五养技能大师”叶丽琴入选丽水市“五养”品牌宣传计划，宣传视频在优酷等视频平台播出。入选丽水市技能大师工作室建设项目 1 家，入选是年松阳县技能大师工作室建设项目 7 家。高级技师曹世亮获“最美浙江人·最美工匠”称号。

2019 年“松阳工匠”助推乡村振兴系列技能大比武活动之焊工职业技能竞赛获奖人员合影

【专业技术人才培养】2019年，县人力社保局根据专业技术人才需要和“最多跑一次”的要求，转变方式，开展继续教育公需科目网络培训。指导农业工程、林业工程、水利工程、教育、卫生等系统的职称评审专委会做好职称评审和推荐工作。推进职称评审制度改革，在古市中学、县人民医院医共体、县中医院医共体开展职称自主评聘工作。开展企业工程专业技术人才评审工作，评审初级人才34人，推荐中级55人。开展大中专毕业生初定专业技术职务申报、审核工作，共确认33人具有初级专业技术职务任职资格。开展事业单位工作人员岗位等级（职务）变动认定，按要求审核因工作变动或其他原因的事业单位工作人员等级（职务）变动的人员989人。发放引进人才安家补助27人次计40.5万元，发放上年度高层次人才政府岗位津贴665人次计423.1万元，发放“百名博士入百家企业”项目奖励企业4家计25万元。

·就业·

【公共就业服务与信息化平台建设】2019年，县人力社保局搭建公共就业服务平台和信息化服务平台，全方位促进就业。组织各类大小型乡村振兴系列招聘会12场，参加企业481家，提供就业岗位10745个，现场求职登记7347人次。推进人力资源市场信息化建设，在丽水市率先上线“就业自助服务平台”，为企业和求职者搭建供求平台。通过网上人才市场、就业微信公众号、电视招聘专栏等为350余家企业和单位发布求职招聘信息6500余条。发挥基层服务平台作用，开展基层平台人员一对一业务培训，提升业务经办能力，实现业务有效下沉。认定27个社区（村）为县级高质量就业社区（村），推荐4个社区（村）为市级高质量就业社区（村）。用好企业用工监测平台，实行网上企业用工监测平台实时管理。全县监测企业共66家，发放企业用工监测补贴8.5万元。深入实施培训“百千万”计划，培训有需求的劳动者2236人。全年增加城镇就业3775人，城镇失业人员再就业1941人，困难人员就业201人，就业创业培训2184人，城镇登记失业率控制在1.77%以内。

【就业援助】2019年，县人力社保局开发村级公益岗位，新开发村（社区）公益性岗位110个，现有公益性岗位200个，在岗人员168人，从事该岗位工作人员每月岗位补贴500元。加强东西部扶贫协作和对口支援工作力度，委派扶贫工作人员徐玉文到四川省巴州市挂职交流协助扶贫工作。持续推进《松阳县人力资源和社会保障局对口帮扶人力资源协作工作方案》落实。通过举办松阳——巴州劳务协作专场招聘会，建立供需对接，吸纳就业增收。开展就业援助，优化就业创业政策。对到松阳就业创业人员，提供就业创业服务，符合条件的同等享受就业创业扶持政策。组织建档立卡贫困劳动力输出到松阳就业的给予一定的交通补贴。鼓励企业吸纳建档立卡贫困劳动力，符合条件的可享受住房补贴、一次性补贴等。

【高校毕业生就业与大学生创业服务】2019年，县人力社保局实施高校毕业生就业创业促进计划，精心打造毕业季系列服务活动。增加见习基地11家，见习岗位68个，截至12月底，共有见习基地89家，见习岗位414个。开展创业沙龙、创业项目推荐展示等活动促进创业，推进创业优惠政策落地，增加发放创业担保贷款23人计670万元，发放一次性创业社保补贴2人次计1万元，发放大学生从事现代农业岗位补贴6人次计6万元。加快创业平台建设，开展农村电商精准服务活动，加快创业园建设。现拥有省级创业孵化示范基地1家，市级创业园2家，为返乡农民工、大学生、登记失业人员等重点群体提供优质的创业服务，发放创业园建园补贴25万元。

【智慧松阳就业信息系统上线】2019年，县人力社保局积极推动智慧松阳就业信息系统上线，开通“互联网+招聘平台”，努力实现掌上就业。全年松阳就业小程序上线，共发布招聘信息995条，招聘岗位3186个，累计注册企业313家次，添加个人用户1500人，点击量39.09万人次。

·社会保险·

【基本养老保险统筹管理】2019年，松阳县参加基本养老保险182420人，参保率97.59%；企业职工基本养老保险基金收入44414万元，支出73456万元；机关事业养老保险基金收入24232万元，支出23806万元；城乡居民基本养老保险基金收入7337万元，支出6869万元。强化举措，提高社会保障待遇。企业退休人员基本养老金从人均2072元/月提高为2221元/月，惠及2.7万人。机关事业退休人员基本养老金从人均6155.99/月提高为6415.43元/月，惠及0.3万人。机关事业养老保险单位缴费比例实现调整。自5月起，全县机关事业单位养老保险单位缴费比例从20%调整为16%。涉及全县机关事业6409人，全县机关事业单位每月少支出养老保险费130余万元。

【社保基金安全管理】2019年，县人力社保局通过规范社保经办业务操作，健全基金监督制度，强化内部审计等手段，结合现场监督与非现场监督，保障社会保险各项基金的安全平稳运行。根据上级部署，开展社保基金专项检查。实行社保网络和信息系统安全、社会保险基金管理风险防控、“三个全面取消”、全县城乡居民基本养老保险基金管理、社保工作人员亲属参保及待遇领取、涉刑人员违规领取养老金等问题的自查工作并落实整改。严格执行社保基金要情报告和基金监管定期报告制度。落实社保基金第三方审计，由浙江同方会计师事务所有限公司对全县的社保基金进行审计，督促社保经办机构就存在的问题进行整改。通过增强风险意识，完善制度，堵塞漏洞，确保社保基金安全。

【社保信息体系建设】2019年，县人力社保局扩大网上人社服务功能。各平台绑定“掌上人社”应用36009人，覆盖率15.47%。实施“互联网+人社”行动，依托丽水市人力社保公共服务平台，实行网上自主办理单位增减员、社保费查询等业务，网上注册单位1085家，使用动态令牌并绑定系统525家；网上办理增减员社保业务7.92万件，占全部增减员业务的66.13%，办事效率有所提升。实体社保卡基本实现全覆盖，实体+电子社保卡持卡人数逐步增加，实体持卡人数为240578人，持卡率125.56%。电子社保卡签发量49132张，丽水市排名第二名。自3月起，全面推行“人脸识别”系统开展生存认证工作，截至12月底，已认证50552人，总体认证率100%，排全市第一名。其中，通过手机完成“人脸识别”认证39006人，“人脸”认证率77.16%，突破市局要求的50%认证率。总体认证率和“人脸识别”认证率均排名全市第二名。

【工伤保险】2019年，县人力社保局按照《工伤保险条例》开展工伤认定工作，积极配合市局做好劳动能力鉴定报名和告知等各项工作，为企业和工伤职工提供便捷、高效的服务。推进工伤预防国家试点工作，探索全县工伤预防工作机制体制建设，贯彻落实“政府牵头、部门协作、信息共享、常态管理”的工作机制，通过召开工伤预防联席会议、工伤预防三级预警制度、多部门工伤预防联合检查等，督促生产经营单位落实安全生产主体责任，有效减少工伤事故的发生。全县平均参保41753人，发生工伤760件，工伤发生率1.82%，较2018年同比下降10.78%。

【被征地农民基本生活保障】截至2019年底，全县共办理被征地农民转保31819人，增加被征地农民基本生活保障710人、被征地农民基本生活保障转保企业职工养老保险913人，被征地农民保障基金收入5875万元，支出4563万元。发放被征地农民转保人员30%补贴 6人，发放补贴7.59万元；新增和正常结算30%补贴人员10850人，发放补贴2194.55万元。发放按新转保政策结算余额919人，发放结算余额59.16万元。办理被征地农民终止手续70人，支付3.44万元，追缴扣回7278元；发放过渡期一次性补贴20人，发放补贴25万元。

【城乡居民基本养老保险】2019年，县人力社保局强化举措，残疾人员按城乡养老最低缴费档次（100元）全额免缴；对低保、特困人员做到应保尽保。明确城乡居民基本养老保险待遇确定和基础养老金正常调整机制。从2020年1月1日起，城乡居民基本养老保险个人缴费档次调整为9档，分别为每年100元、300元、500元、800元、1000元、1500元、2000元、3000元、5000元，其中100元档次限低保对象、特困人员、残疾人、低保边缘户等困难群体参保，由县财政全额代缴。城乡居民基本养老保险基金收入504万元，支出5935.5万元。

·劳动关系·

【职工维权】2019年，县人力社保局全面开展“松阳无欠薪”创建工作，制订“松阳无欠薪”实施方案，完善防范和处置欠薪工作机制，出台一系列“松阳无欠薪”创建配套文件和制度。结合“无欠薪”创建工作，进一步充实乡镇基层劳动监察协管员，推进劳动监察“两网化”建设。推行建筑工程分账管理制度，并开展落实情况的专项检查，完成建筑工程项目库录入工作。全年劳动监察大队共处理各类欠薪投诉案件311起，为农民工追缴被欠工资4250余万元。及时处理90余件采茶工劳务纠纷，其中，受理110应急相关案件43件，妥善处置3·20采茶工集聚事件、古市岗下非法中介引发采茶工群体上访等较大群体性突发事件。对吴某未经许可擅自从事职业中介行为进行立案调查，责令其停止职业中介活动，没收违法所得40.5万元，并处罚款3万元。

【劳动争议仲裁】2019年，县人力社保局以“结案率”“调解率”为工作目标，开展“最多跑一次”改革和“对标赶跑”活动，推进工作创新，加强日常案件的处理。运用“简易案件办理”“要素式办案”等方式，克服人少案多的困难，提高案件处理效率。推进基层“1+X”劳动争议多元化解机制的建设，在各乡镇（街道）建立劳动纠纷调解中心。加强对基层调解员的业务指导和培训，进一步完善基层调解组织的工作制度，按照“三位一体”的方式，增强调解员队伍力量，推动多元化解工作的实效。县劳动人事争议仲裁委员会共受理272件仲裁案件，上年期末未结5件。其中，涉劳动报酬6件、工伤待遇84件、经济补偿金179件，期末结案269件，结案率97.1%，结案金额1033.56万元。其中，调解结案242件，撤诉18件，调解率96.6%；裁决9件，终局裁决8件，终局裁决率88.9%。

【劳动保障监察】2019年，县人力社保局开展建筑工程落实六项基本制度情况的专项检查5次，企业欠薪隐患专项排查3次，检查制造业、建筑企业348家次。主动排查、妥善处理中梁滨江首府工程、棚户区一期工程、天然气县县通工程等欠薪案件。全面排查处理衢宁铁路（松阳段）欠薪案件。与龙泉、遂昌等县协同处置衢宁铁路欠薪投诉案件，积极回应配合省、市防欠薪办的督办和督察。

县劳动监察大队到企业开展“三服务”企业调查暨“掌上执法”检查

【企业薪酬调查】2019年，县人力社保局实行专人负责落实制度，做到精心准备、周密部署，调研走访企业160余家，完成薪酬调查工作。前期，通过电话逐个落实人社部下发的样本企业经营状况，制订企业薪酬调查工作方案，制作培训资料，并对企业填报人员进行专业的培训。在填录过程中，通过电话、网络、远程操作演练等方式，帮助解决企业填录过程中存在的问题，通过到企业指导、实地调查，对应用计算机填录有困难的企业进行帮助。最终选定浙江云中马布业股份有限公司、松阳上上德盛不锈钢有限公司等5家企业作为长期跟踪的行业薪酬调查国家级样本企业。6月，对全县技术工种开展全面调研，最终公布了66个技术工种的全市指导价位，其中独占全市高级、中级技术工种10余个指导价位，并含松阳县特色技术工种茶艺师、评茶师的工资指导价位，为全市进一步健全人力资源市场工资指导价位制度做出贡献。

【劳动关系机制建设】2019年，县人力社保局开展“双爱”活动综合试验区创建工作，举行“双爱”宣传周、“两法”宣传、“劳动关系和谐企业”评比等活动，现场宣传“双爱”活动相关法律法规、政策，解答群众咨询，深入企业召开企业管理人员及职工代表座谈会，了解职工工作和生活情况，现场解决实验区创建存在的问题。全年共发放宣传资料1000余份，有效推进全县“双爱”活动的开展。

（县人力社保局）

医疗保障

【概况】2019年1月24日，松阳县医疗保障局（以下简称“县医保局”）正式组建成立。3月，印发机构三定方案，县医保局主要承担原县人力社保局的城镇职工医疗保险、生育保险、城乡居民医疗保险职责，原县卫计局的药械集中采购和监督管理有关职能、县发改局的药品和医疗服务价格管理职能、县民政局的医疗救助等整合职责。全局编制27人，其中行政编制7人，参公编制13人，事业编制7人；科级领导职数3个，股级职数9个。局机关内设办公室、政策法规科、医疗医保监管科3个科室；下属事业单位3个，分别为医疗保险服务中心、医疗保险稽核中心、医疗保险支付中心，其具体设置与职能如下：松阳县医疗保险服务中心，为县医疗保障局下属相当于股级公益一类事业单位，核定事业编制4人，其中相当于股级职数2人。主要职责：承担全县医疗保险和生育保险的参保登记、转移、中断、终止等职能；做好生育保险、医疗救助待遇核定，医疗费用零星报销、特殊病种和慢病认定的受理等业务；建立健全医疗保险信息系统，将生育保险、医疗救助纳入系统范围，按规定做好系统维护升级管理工作，确保社保卡正常使用；负责基本医疗保险异地就医人员登记备案;负责医保病历、证件等发放工作；按分工做好“最多跑一次”改革等相关工作。

松阳县医疗保险稽核中心，为县医疗保障局下属相当于股级公益一类事业单位，核定事业编制13人，其中相当于股级职数3个。主要职责：负责对参保单位申报的缴费基数、缴费人数、补缴情况进行稽核；负责对医疗保险、生育保险、医疗救助待遇领取情况的稽核；配合局机关监督各定点医药机构规范开展诊疗、购药；负责对举报事项的受理；负责医疗保险等政策宣传，做好参保人员信息审核、按规定开展分级诊疗；负责定点医药机构协议管理、医保医师服务资格管理和年度考核工作；做好慢病、特殊病审核认定工作；审核参保人员就医、购药的医疗费用；负责基本医疗保险付费方式改革的具体业务；负责全县企业退休人员的健康体检工作；负责离休备用金结余报销业务。

松阳县医疗保险基金支付中心，为县医疗保障局下属相当于股级公益一类事业单位，核定事业编制3人，其中相当于股级职数1人。主要职责：做好医共体改革、筹资标准测算等工作，按规定与医共体做好基金结算工作，及时拨付医疗保险基金。

【基本医疗保险】2019年，松阳县全民医保门诊医疗待遇，全民医保一档参保人员在市内等级医院、社区卫生服务机构的门诊医疗费用实行即时结报50%，市内其他定点医疗机构、市外定点医疗机构门诊刷卡及时结报40%。一个结算年度门诊医疗待遇最高支付限额5000元；全民医保二档参保人员在市内等级医院、社区卫生服务机构的门诊医疗费用即时结报40%，市内其他定点医疗机构、市外定点医疗机构门诊刷卡及时结报30%。一个结算年度门诊医疗待遇起付标准300元，最高支付限额3000元。住院医疗待遇，全民医保一档参保人员在社区卫生服务机构、二级及以下医疗机构、三级医院分别报销92%、87%、83%（在职）。退休人员分别报销95%、90%、86%，支付额15万元以上统筹基金支付比例为90%，起付标准1000元，最高支付限额30万元。全民医保二档参保人员在参保地所在的社区卫生服务机构、医共体牵头（二级）医院、其他二级及以下医疗机构、三级医院分别报销84%、79%、75%、70%；在非参保地所在的社区卫生服务机构、医共体牵头（二级）医院、其他二级及以下医疗机构、三级医院分别报销80%、75%、75%、69%。支付额10万元以上统筹基金支付比例为70%，起付标准1000元，最高支付限额18万元。慢性（特殊）病种门诊待遇，特殊病种待遇：全民医保一档参保人员在市内社区卫生服务机构、二级及以下医疗机构、市外社区卫生服务机构、二级及以下医疗机构分别保销87%、83%（在职）；退休人员分别保险分别保销90%、86%；全民医保二档参保人员在市内社区卫生服务机构和二级及以上医疗机构、市外社区卫生服务机构和二级及以上医疗机构分别保销75%、69%；慢性病门诊待遇：在原门诊统筹支付限额（一档5000元，二档3000元）的基础上提高慢病门诊的统筹支付限额1000～5000元；慢性病门诊统筹报销比例在原门诊统筹报销比例上提高10%，其中基层医疗机构按签约待遇再提高20%，慢病定点零售药店参照二级医疗机构待遇。建立大病保险制度。全民医保一档、二档参保人员一个结算年度内，参保人员住院和特殊病种门诊个人累计负担的超过2万元的部分，由大病保险基金按60%的比例予以支付，年度最高支付限额为20万元。全民医保一档参保人员住院、特殊病种、门诊、大病保险最高支付限额为50万元，二档人员最高支付限额为38万元。完善医保慢性病管理政策，自2018年10月1日起将高血压等18种（类）疾病纳入慢性病门诊配药管理，恶性肿瘤等15种（类）疾病纳入特殊病种门诊就医管理。2019年，全民医保二档人员人均筹资标准1200元，财政补助850元，城乡居民个人缴纳350元。2019年，全县基本医疗保险参保238206人，参保率99.14%。

【生育保险】2019年，松阳县机关事业单位、企业参加生育保险1017户，参保18571人，生育保险基金收入866.61万元，支出665.6万元，生育津贴核发322人次，人均生育待遇2.067万元。从2020年1月起，全县生育保险与职工基本医疗保险合并实施正式运行，参加全县全民医疗保险一档（即职工基本医疗保险，以下简称“职工医保”）的单位在职职工应按职工医保参保地同步参加生育保险，同时办理2项社会保险参保登记。2项保险合并实施后，生育保险基金并入职工医保基金，用人单位在职职工医保费率按照合并实施前生育保险和职工医保的缴费比例之和确定，职工个人缴费费率不变。职工医保参保人员的生育津贴待遇和生育医疗待遇按原有规定执行。参加职工医保的灵活就业人员缴费费率不变，享受生育医疗待遇，不享受生育津贴待遇。

【医保基金管理】2019年，松阳县城乡居民医保基金收入27473.97万元，基金支出25645.16万元，同比增加3482.2万元，增长15.71%。大病保险上交市里747.96万元（每人40元），当年结余1080.85万元。基金支出增加的主要原因是就诊人次增加和门诊待遇提高、县域外住院人次占比高且均次费用高。是年就诊154.68万人次，同比增长16.27%，县域外住院15207人次，均次费用12995元（县内均次费用7941元），住院基金支付10140.93万元，占全部住院基金支出的52%。城镇职工医保统筹基金收入6267.92万元，个账收入5325.74万元；统筹基金支付6760万元，同比增长7.74%，个人账户支付5932万元，同比增长25.17%。其中个人账户家庭共济全年支付1156.9万元，同比增长44.79%，历年个账结余4000元/月以上部分用于购买商业保险支付84万元，同比增长96.19%。

【打击欺诈骗保行动】2019年，县医保局结合实际开展“五个一”活动。即召开一次宣传活动部署会，召集相关部门、乡镇（街道）分管负责人、医疗机构、定点药店等120余人参加的部署会，副县长温小运出席并作专题部署。开展一次现场宣传活动，在新华路和市政广场开展现场宣传活动，现场分发基金监管宣传折页1000余份，接待群众咨询490人次，宣传欺诈骗保相关知识。做好一次局领导访谈节目，局领导在县传媒中心接受访谈，就定点医药机构欺诈骗保行为及举报等问题作出解答。开展一场医疗保障基金监管宣传进万家活动。在全县定点医药机构张贴宣传海报180余张。在户外屏媒、松阳电视台图文频道滚动播放宣传片。建立一支医保义务监督员队伍。出台《松阳县医保义务监督员管理办法》，从两代表、一委员、社区人员、退休人员等社会各界人士中选聘11名医保义务监督员，对医保经办机构及工作人员、医保“两定”单位、参保单位和个人开展监督工作。开展对定点医药机构的稽核行动，全县定点医药机构经稽核

打击欺诈骗保维护基金安全宣传活动

共扣款 10.65 万元；专项巡查中共发送处理意见书 25 份，共扣回违规金额 31.69 万元，暂停 7 家药店 1 个月服务协议，暂停 1 家药店 2 个月服务协议。加快对案件的办理工作，主动稽核外伤案件 3964 起，阻止 878.85 万元医保基金的流失；共追回骗保基金 8.62 万元，涉案 7 人次；9 起涉嫌欺诈骗保案件移送到县公安机关，其中一起案件当事人以诈骗罪被判处有期徒刑 6 个月缓刑 1 年，并处罚金 2 万元。加强制度建设，与县财政局联合发文举报奖励制度，并在政府网站、公共场所给予公布；建立非正常疾病调查重大疑难案件专家委员会和重大疑难案件（病历）讨论制度。完善医药机构合理治疗、合理用药，控制医疗费用的不合理增长。通过智能审核系统加强对医药机构医疗费用的审核，1 ~ 10 月审核扣款金额 10.6 万元。开展医保支付方式改革，对上年度的住院医疗费用总额预付进行结算，5 家医院住院医疗费用不予支付医保基金 160 万元，同时下达是年总额预付相关指标；上年度单病种付费结算后奖励医院 53.87 万元。

【医疗保障“最多跑一次”改革】2019 年，县医保局组建工作专班，加强组织领导，全面优化“即时办、网上办、掌上办”，创建“雷锋式”医保服务品牌，推进“最多跑一次”改革纵深发展。开展医保办事大厅标准化建设，按照县行政服务中心要求，通过整理、整顿、清扫、清洁办法，对照 5S 现场管理标准，务求办事大厅前后台整齐划一、规范有序，该局办事大厅标准化建设通过县级考核评审。组织参加全县最多跑一次“奔跑 2019”窗口服务风采大比武活动获全县第二名。大力营造窗口比、学、赶、超良好氛围，为群众和企业提供优质高效服务。对接调试“一窗受理平台”。配置 3 台窗口“好差评”评价器，按要求进行“一窗受理平台”接件调试，现全县通过“一窗”收件受理医保业务事项 300 余件。

【医疗救助】2019 年，县医保局通过理顺相关政策，制订操作细则等，切实践行精准扶贫，实现应助尽助，确保全面完成两个“百分百”目标。推行低边户参保个人缴费部分由财政全额补助。坚持“精准扶贫，应保尽保”原则，对接县民政部门，了解全县贫困人口情况；主动作为，与县财政部门沟通，测算参保经费。在相关部门的协同下，全县低边人员近 4000 人全部纳入医保免缴范围。制订下发医疗救助实施操作细则，组织业务人员逐条梳理医疗救助办法，开展风险点评估，细化操作细则，形成长效机制。9 月，印发《松阳县城乡困难人员医疗救助实施操作细则》（松医保〔2019〕28 号），重点对办理程序、申报材料、救助时限以及纳入低保、低边的因病致贫人员救助等工作做进一步完善和规范，确保政策执行不走样、无偏差。及时拨付救助资金。截至 11 月底，全县共救助困难人员 16672 人次，救助金额 766.4 万元，医疗机构“一站式”结算及个人账户手工结报救助资金均及时拨付到账。

（县医保局）

县医保局领导走访医疗救助对象

民政事务

【概况】2019年，松阳县民政局(以下简称“县民政局”)以改革破难题，创新补短板，在全县民生保障、社会治理和基础服务等重要领域贡献民政力量。完成机构改革，民政原有的退役军人优抚安置职责划转至县退役军人事务局；救灾减灾职责划转至县应急管理局；救灾物资储备管理职责划转至县发展改革局；医疗救助职责划转至县医疗保障局；县老龄工作委员会办公室职责划转至县卫生健康局。实施全县行政村规模调整工作，自6月24日松阳县动员会召开至调并新村挂牌运行，全程历时46天，完成既定的目标任务，全县原有行政村401个，调整后为203个，减少198个，减少率49.38%。调整后行政村的组织设置、班子结构、发展布局、乡村治理格局均得到优化。2019年，松阳县建成5个乡镇（街道）级居家养老服务中心列入省、市、县三级民生实事，社区嵌入式养老护理机构建设列入市民生实事，及时建立工作专班，通过调查摸底、择优选点、统一培训、统一规划设计等举措，建成玉岩镇、古市镇、叶村乡、斋坛乡、板桥乡5个乡镇级居家养老服务中心并投用；实施赤寿乡居家养老服务中心嵌入式养老护理机构项目改造，并委托松阳县唯乐长者照护中心运营管理。

【社会救助体系建设】2019年，县民政局实行低保“六制度、一流程、一办法”规范操作流程，通过平台对全县19个乡镇（街道）在册低保对象居民家庭经济状况进行复核，不符合低保条件的给予取消；开展全县低保整治，对低保对象实行动态管理，落实应保尽保，不符合条件，坚决不保的工作要求，全县增加低保268户521人，取消（退出）1407户2061人，全县低保对象4287户6525人，发放补助资金3540.71万元。建立低保边缘户评估机制和认定工作，低保边缘户1666户3164人。全面落实支出型贫困入保政策，切实解决因患大病、遭受重大意外事故等刚性支出大而导致经济困难家庭的实际问题。全县共有315户460人享受该项政策。临时救助2684户4195人，发放救助资金共计301.98万元。救助金额1000元（含1000元）以下继续委托乡镇（街道）审批发放。按时发放229人集中供养经费，发放供养经费343.79万元，护理补贴91.76万元。做好新入院对象的审批工作，新入院特困对象17人，死亡注销27人。发放精简下放人员36人生活补助69.61万元、三老人员16人生活补助10.43万元、支宁返乡人员47人生活补助16.57万元，特困户及其他定补对象20人，发放生活补助金37.27万元。

【养老服务体系建设】2019年，县民政局推进县养老服务中心附属工程建设。指导推进君宇颐养院、合家欢怡养院、松泰养老院3个民办养老机构的建设。其中，君宇颐养院于6月投入运行；合家欢怡养院于9月投入运行；松泰养老院与浙江恒益养老服务有限公司签订合作协议。委托第三方开展60岁以上失智失能低保对象进行生活自理能力评估，采取政府购买服务的方式，以招投标的形式引进3家社会组织承接养老服务补贴政府购买服务项目，为184人符合养老服务补贴政策的老人提供全方位、个性化的服务，同时进一步拓展助洁助浴、代购陪医、康复保健、关护通等服务项目。开展养老护理员培训，培育和发展养老服务组织，发展志愿者队伍，建立助老服务队、志愿者服务队、96345专业服务队共计1400余人。

【儿童社会福利工作】2019年，县民政局推进孤儿、困境儿童、留守儿童救助关爱工作。发放孤儿12人的基本生活费及监护人补助费18万元；发放困境儿童234人基本生活补助262.59万元。开展“添翼计划”工作，申报残疾儿童7人，丽水市万地儿童福利院审核审批4人；开展“焕新乐园”项目，实施45户低保家庭儿童环境工程改造，并为低保家庭儿童送温暖和关爱。

【慈善事业】2019年，县民政局慈善事业稳步推进，按要求开展松阳县慈善精准帮扶基地建设，启动全省慈善基地申报。全年募集慈善资金及上级慈善项目资金共454万元，发放慈善助医、慈善助学、慈善春节慰问等救助资金342万元，937人次受益。

【社会管理体系建设】2019年，县民政局开展涉村（社区）机构牌子和上墙制度专项整治工作，清理机构牌子1126块，上墙制度1487条，其中摘除对外挂牌（竖牌）121块，室外服务标识牌396块，室内功能指示牌690块，整合宣传阵地151个。组织开展“绿谷社工师”评审报名工作，推荐上报8人进行审核筛选，确定参评名单，提交评审会评审。与松阳县96345信息服务中心组织开展社会工作主题日宣传活动，扩大社会工作的社会影响力；组织全县社会工作者职业水平培训、考试工作，全县共有340人参加社会工作资格证书考试，54人取得社会工作资格证书；开展社会组织年度检查工作，全县328家社会组织参与年检，参检率100%。通过询价委托第三方开展社会组织评估工作，评出AAAA级社会组织1家，AAA级社会组织9家，AA级社会组织2家。

【殡葬管理工作】2019年，县民政局把全县树葬工作列入浙江省殡葬综合改革试点，出台《深化殡葬改革，推广树葬工作方案》等系列文件，以树葬推广作为生态安葬的突破口，在完成县级树葬试点的基础上，向乡镇、村级纵深发展，建立板桥乡镇级公益性公墓、古市镇原四村、大东坝镇大东坝村的公益性公墓内村级树葬区，该做法被市局作为典型在全市推广。推进生态公墓建设，竣工验收36个村计2558穴坟墓，做好13个乡镇26个村计2457穴坟墓的建设审批工作；破解城中村居民安葬难问题，推进城中村公墓建设，动建静安园3期公墓项目，总穴位数1800穴，于7月建成投用；落实殡葬基本服务免费政策，办理免费服务1700人次，免费金额96.1万元；对全县19个乡镇（街道）开展殡葬政策宣传及实行骨灰跟踪管理；3月28日松阳县第二批2人逝者在舟山集体海葬，全县累计参加海葬5例，连续2年举办公益海葬活动。

【区划地名管理】2019年，县民政局办理门牌证、出具地名证明等6058件；制作各类门楼牌、街道牌共计2387块。开展清理整治全县不规范地名和平安边界创建工作，于3～4月实现莲（都）松（阳）线，莲（都）云（和）松（阳）、龙（泉）云（和）松（阳）三交点外业联检工作，做好《中华人民共和国标准地名词典》《浙江省标准地名词典》《中华人民共和国标准地名志》《浙江省标准地名志》中的松阳县部分内容的编写。

【婚姻、收养登记工作】2019年，县民政局推进AAA级婚姻登记机关规范化和标准化建设，婚姻档案分类归档整理，实现浙江省通办补领婚姻登记证，落实双休日预约服务，共办理各类婚姻登记2185件；办理结婚登记1436对，离婚登记579对，补发婚姻登记证299件，无婚姻登记记录证明1份，弃婴收养登记13件，登记合格率100%。

（县民政局）

移民工作

【概况】2019年5月，因机构改革，松阳县移民工作办公室更名为松阳县移民工作中心（以下简称“县移民中心”），为县政府直属相当于副科级公益一类事业单位。有序推进黄南水库移民工作，做好新建水库移民人口核定登记，核定黄南水库新库人口1140人，其中搬迁安置人口1140人。同时，组织梳理黄南水库移民安置规划涉及变更、调整等事项，牵头编制《库底清理方案》，为蓄水验收夯实基础。精准实施年度后扶项目。全年分2批共安排项目资金1618.94万元，计划项目71个，得益于早谋划、细踏勘、准研判、紧督促，项目竣工验收率和资金拨付率均为全市前列。

维护全县移民群体和谐稳定，2019年来信来访5批次11人，办结率100%。开展“人千访万”“三服务”等主题教育实践活动，收集意见建议15条，为移民群众办实事、解难事13件。连续6年获得全省“水库移民工作优秀县”称号。

2019年10月16日，松阳县移民工作中心揭牌仪式

【扶持移民工作】2019年，县移民中心实行移民直补人口复核和直补资金发放。共核减直补移民106人，其中死亡96人，财政供养9人，其他情况1人，发放移民直补资金751.11万元，其中发放新增黄南水库移民直补资金68.4万元。精准实施年度后扶项目，深入各移民安置乡镇（街道）、村调研，科学合理编制移民项目年度计划，抓实立项前期踏勘，建立后扶项目库，召开项目实施方案分析研判会议。2019年，分2批共安排项目资金1618.94万元，计划项目71个。

【黄南水库移民安置】2019年，县移民中心作为黄南水库移民安置工作指挥部成员单位，配合黄南水库移民安置工作，抽调中层干部3人组成精干服务组，全力服务移民搬迁建房、生产用地分配等重点工作。截至年底，移民自建安置房401幢，开工400幢，结顶397幢；生产安置移民1524人，其中农业安置471人、基本生活保障911人、自谋职业142人。选择农业生产安置的移民，按人均0.04公顷标准分配到位，集中在安置区周边的叶村乡和水南街道，开始农业生产耕作。

【县委巡察整改工作】2019年，县移民中心配合县委巡察组于4月8日至5月8日历时一个月的集中巡察，实事求是提供相关资料。巡察期间，针对巡察组提出的巡察问题，该中心党组高度重视，立说立行，边查边改，及时整改违规购置移动电脑和违规报销餐费、油费、过路费等问题，共上交县廉政账户 54619 元。6 月 6 日，县委巡察组向中心党组反馈巡察意见，6 月 26 日，上报《关于落实县委巡察组反馈意见整改方案》，对 7 大方面 16 类 30 个问题，制订 90 条整改措施，按照要求，在 2 个月内基本完成相关整改工作。

【主题教育活动】2019 年，县移民中心开展“不忘初心、牢记使命”主题教育“初心之行”活动，组织观看《不忘初心学党章》等党员教育电视教材和纪录片。开展调查研究，制订专题调研方案，到新兴镇谢村村等移民村开展走访调研，了解移民工作发展存在的问题，征求移民群众的广泛意见，围绕山区国际化发展目标，聚焦移民增收创富、乡村全面振兴、消除集体经济薄弱村等方面，形成《充分发挥移民后期扶持政策作用，大力助推实施乡村振兴战略》调研报告；以实地走访、座谈、结对帮扶等形式，到西屏街道、水南街道、新兴镇、玉岩镇、赤寿乡等重点移民乡镇、移民村开展“三服务”活动，共收集征求原始意见 15 条，合并归类为 9 条。印发《县移民工作中心“不忘初心、牢记使命”主题教育“8+1”专项整治整改方案》，结合实际整改落实。

（县移民工作中心　夏君蔚）

残疾人事业

【概况】2019 年，松阳县共有各类持证残疾人 9021 人，其中视力残疾 1155 人，肢体残疾 3336 人，听力残疾 2740 人，言语残疾 74 人，智力残疾 621 人，精神残疾 636 人，多重残疾 459 人；一级 1087 人，二级 1342 人，三级 2630 人，四级 3962 人。为全县符合条件的残疾人发放轮椅 96 辆，假肢适配 13 条，助听器验配 80 台，盲人智能眼镜 22 副，髋/膝关节置换手术补助 10 人。做好精神残疾人救助工作，全年精神病人门诊免费服药补助 1930 人次，补助金额 336937.55 万元。全年投资 1477 万元，建设县重点项目残疾人托养中心，于 8 月底主体建筑工程结顶。谋划实施托养中心公建民营项目，11 月县政府第 46 次常务会议通过公建民营运营模式方案，12 月初采用竞争性磋商方式对外公开招投标，杭州钱江养老服务中心中标，进入项目内部装修。

【残疾人服务管理】2019 年，松阳县残疾人联合会（以下简称“县残联”）推进残疾人之家规范化建设，协调县财政、县卫健等相关部门，制定出台相关扶持政策和医疗服务细则，在实施过程中加强项目监督管理和评星建设，对照省市下达的工作目标和项目清单，每周进行通报并到实地开展督查和指导。2019 年，全县共有 7 家残疾人之家投入运营，庇护照料人员 102 人，超额实现省政府民生实事（任务数为 6 家，庇护照料 60 人）的目标任务。

开展基层残联组织改革专项试点，7～11 月，推进基层残联组织改革和服务创新，全方位壮大县级残联队伍，多渠道充实乡镇残联力量，多形式推进村级力量和制度保障。健全岗位长效机制和考核制度，量化责任，奖惩挂钩。注重专职委员队伍能力提升，通过岗前、岗中培训、年度轮训和以会代训等形式开展业务培训。借助行政村撤并调整的契机，全面完成全县 209 个行政村（社区）村残协调整，每个村（社区）残协主席由村（社区）党组织负责人担任，残协副主席由村委会（社区）主任担任，209 个行政村（社区）均选聘残疾人专职委员 1 人负责日常工作。5 月，组织残联系统干部 50 余人，到浙江省委党校四明山分校培训学习；11 月 7～8 日，组织开展乡、村残疾人专职委员业务培训，提升残疾人工作者业务水平和服务能力。紧扣改革要求，推进“最多跑一次”惠残公共服务改革，全面提升服务水平。简化残疾人证核发和两项补贴发放流程。加强与评残机构协作，整合申请、评定、审核、制证、发证环节，把残疾人证核发由原来五个环节减少至评定和制发证两个环节。把“两项补贴”申请服务下沉至乡镇（街道），残联、民政部门第一时间联动审批，实现全流程线上联动办理，即转即办，率先在全市实现“两项补贴”全流程线上联动办理“零跑趟”。公共服务“帮代办”。全面推行残疾人工作乡镇街道残联代办、帮办制，制订“帮代办”工作实施方案，理好事项清单和办理流程图，发放给乡镇驻村干部和代办员，全年累计上门帮代办服务 580 余次。

【残疾人扶贫救助】2019 年，县残联向上争取资金，按月发放重度残疾人护理补贴和困难残疾人生活补贴。同时实行动态管理，3 月根据民政低保、低边人员变动情况及时核减困难残疾人生活补贴对象 2049 人。1～12 月残疾人“两项补贴”共发放金额 1333.93 万元，其中 1～2 月困难残疾人生活补贴 4559 人，3 月始为 2510 人，补助金额 698.17 万元，重度残疾人护理补贴 3401 人，补助金额 635.76 万元。持证残疾人 5325 人(低保残疾人由民政补助)参保城乡居民医疗保险补助 186 万余元，937 人持证残疾人参保城乡居民社会养老保险补助 9.37 万元，为全县持证残疾人参保意外伤害保险，投保金额 24.46 万元。实现城乡居民医疗保险、城乡居民社会养老保险和意外伤害保险补助全覆盖。向省申报三批慈善助残危房改造 12 户。全县残疾儿童义务教育入学率达 98 %以上，残疾学生 69 人在培智学校就学或开展送教上门，实行专业免费特殊教育。助学救助残疾人大学生和贫困残疾人家庭大学生 29 人，救助资金 12.95 万元。春节和助残日期间走访慰问贫困残疾人 250 余人，发放慰问金 15 万余元。2019 年，城东社区被评为浙江省无障碍社区；赵浥涵获浙江省自强模范称号；李发明被评为丽水市最美残疾人工作者。

【就业培训工作】2019年，县残联联合县人社部门举办残疾人就业专场招聘会，来自县内外数家企业参加，为残疾人提供就业岗位80余个。开展残疾人种养殖业培训2期和茶艺培训1期，共培训人员156人。对新创业残疾人实施创业帮扶，104名残疾人创业贷款享受贴息补助，补助金额78.54万元；51名个体工商户得到养老保险补助，补助金额15.3万元;28名残疾人创业补助，补助金额14万元。全年征收残疾人就业保障金计789.8万元。

【宣传文体工作】2019年，县残联在重大残疾人节日（爱耳日、全国助残日、残疾预防日、盲人节国际残疾人日等）和残疾人文化艺术周，开展惠残政策宣传和适合残疾人的文化活动，发放各类宣传资料2000余册。围绕残疾人工作，与主流媒体沟通与对接，宣传全县残疾人工作经验、成就、亮点，全年累计在《新松阳》、县电视台等主流媒体宣传32次。在县广播电台开设残疾人宣传专栏节目，全面宣传残疾人事业，全年播出节目14期。印发《幸福松阳》杂志2期，深入宣传残疾人脱贫致富典型和残疾人身残志坚、艰苦创业的精神，激发全社会关注和关爱残疾人群体，弘扬社会正能量。深化文化助残“五个一”工程，联合“狮子会”组织开展助残志愿服务，开展特殊艺术走进农村礼堂巡演活动，组织残疾人观看爱国电影，丰富农村残疾人文化生活。推荐赵浥涵参加浙江省自强模范评选并获评，李发明被评为丽水市最美残疾人工作者。

【无障碍环境创建】2019年，县残联制订无障碍环境创建实施方案和计划，推进无障碍景区、无障碍社区和无障碍示范村创建工作，协调县建设、县文旅等相关部门分解创建责任，研究落实创建工作中的重点、难点问题，确保创建工作顺利推进。3月，结合全县乡村景区建设实际，出台首个《乡村景区无障碍建设导则》，从交通设施无障碍、基础设施无障碍、信息交流无障碍、居家养老和乡村民居建设无障碍等方面提出相对应的指导意见，7月底该导则作为全省无障碍环境建设成果得到中残联推广，并申报获批成为首个地方标准规范。依据导则，全年实施无障碍厕所改造进家庭41户，其他辅具器具进家庭29户。大木山骑行茶园国家AAAA级景区、松阴溪国家AAAA级景区、界首村国家AAA级景区无障碍创建和城东社区省级无障碍社区。

【残疾人维权】2019年，县残联把残疾人权益维护内容纳入年度“平安建设”考核，全面实施信访代办制，建立县、乡、村三级联动的残疾人信访代办机制，使残疾人诉求信访问题在基层得到化解，聘请律师作为残联维护全县残疾人合法权益的代言人，全年为残疾人提供法律援助，通过开展“送法进农村（社区）”等活动，把残疾人法律服务向社区、乡村延伸。全年接待来信来访33人次，办结率100%。

（县残联）

县红十字会

【概况】2019年，松阳县红十字会（以下简称“县红十字会”）列入群团改革，制定出台《松阳县红十字会改革实施方案》（松委办〔2019〕64号）。现有在编4人，其中领导职数1人，参公管理人员2人，编制计划内合同工1人。2019年，被评为丽水市红十字会系统综合考核先进单位、浙江省红十字会工作县级先进单位。

【应急救援】2019年，县红十字会山鹰救援队组织开展冲锋舟驾驶、水上巡逻、水上搜救等技能培训。4月29日，该救援队作为民间公益救援队首次参与全县在松阴溪江滨公园段举行的防汛综合救援演练。6月7日，派出队员8人，配备救生艇和其他救生器材，参与西屏街道“第五届民俗文化节暨松阳第二届端午龙舟赛”水上安全保障，为全场赛龙舟活动保驾护航。8月10日，接松阳县应急办指令集结骨干队员7人，2辆救援车辆，携带冲锋舟、橡皮艇、救生衣20件、潜水设备2套、绳索、医药急救箱、发动机等物资装备赶往临海市崇和区开展防涝救援。救援时长210小时，转移群众200余人，救治伤员1人，送物资2人，获救群众1人。12月17日，派出队员8人、挖土机2台，赶往新兴镇安路源矿山塌方现场，全力协助政府搜寻失联人员，根据现场指挥部工作安排，搜寻队员主要负责清理现场、保护现场、扛抬设备进场、协助专家利用生命探测仪进行探测救援等工作。并引入浙江极客桥公司向县红十字会捐献1架应急照明无人机，为救援现场提供急需物资。

【救护培训】2019年，县红十字会完成救护员培训845人，普及培训6768人。推进救护师资队伍建设，选送师资1人参加省一级师资培训并进入省一级师资库，选派师资1人参加浙江省骨干师资复训，二级师资3人参加市红十字会师资复训，为全县救护培训工作规范化开展注入新的知识技能，夯实师资队伍。组织民族中学初一年段师生200人参加全国红十字运动及救护知识竞赛。开展应急救护普及培训进农村文化礼堂活动。全年进农村文化礼堂活动21个村计99场次，普及培训4171人。

【生命关爱工程】2019年，县红十字会开展无偿献血宣传和造血干细胞捐献工作。全年无偿献血宣传和造血

欢送无偿捐献造血志愿者

干细胞捐献志愿服务队成员计107人次到献血车开展宣传和服务工作，累计服务献血2468人次760.65升。造血干细胞捐献采集血样23人份，完成市对县考核22人份指标任务。11月26日，实施造血干细胞捐献1例，县人民医院骨科医生陈俊男捐献264毫升造血干细胞混悬液，急送往重庆，挽救80后女子的生命。陈俊男是松阳县第4例、浙江省第524例、全国第9174例造血干细胞捐献志愿者。截至年底，全县有潘晓云、叶伟杰、蔡伟飞、陈俊男4人实现造血干细胞捐献。潘晓云、蔡伟飞获中华人民共和国国家卫生健康委员会、中国红十字总会、中央军委后勤保障部卫生局共同颁发的“2016～2017年度全国无偿捐献造血干细胞奖奉献奖”。开展人体器官捐献工作，全年到县红十字会登记9人，登记在册计44人。实现人体器官捐献3例。5月22日，捐献者周美寅捐献肝、肾、眼角膜和遗体，挽救3人的生命，为2人眼疾患者送去光明，并为医学研究做出贡献。8月11日，捐献者李智超捐献一肝二肾，挽救3人的生命。10月14日，捐献者泮芝新捐献肝、肾和眼角膜，挽救3人的生命，为2人眼疾患者带去光明。12月28日，县红十字会授予周美寅、李智超、泮芝新家庭为松阳县“红十字仁爱之家”称号。截至12月底，全县实现人体器官捐献15例。

【红十字会法宣传】2019年5月8日，县红十字会在第72个世界红十字日，组织红十字志愿者38人参与丽水市红十字系统在万地广场举行的庆祝活动，宣传《中华人民共和国红十字会法》和红十字核心业务。并多次在县市政广场、下乡志愿服务活动中宣传和贯彻红十字会法，通过发放宣传资料、组织参加体验操作等开展核心业务宣传。全年选送信息在省红十字网站刊发5篇、丽水市红十字会刊发18篇、松阳政府网19篇、松阳广电5条、松阳发布2条、县红十字微信公众号编发25篇。

【博爱帮困活动】2019年，松阳县实施当地基金有吴苏君医院红十字医疗救助金、松阳农商银行红十字人道救助金和松阳县人道救助基金。吴苏君重病救助基金发放定向助医券及减免140人计11.95万元；现金救助14人计1.2万元。松阳农商银行红十字人道救助金救助特困群众32人计4.95万元。松阳县人道救助基金对县域内发生的火灾、困难家庭、器官及造干捐献者进行及时人道救助，发放人道救助金5.2万元，受益75户。开展东西部结对扶贫活动，取得省红十字会、宁波市红十字会的支持，整合全县平时募捐物资，援助四川省巴州区红十字会物资价值60.7万元，受益公众8500人。2019年，县红十字会分批开展博爱送万家活动，累计发放物资价值66120元，现金24000元，受益家庭545户。其中，慰问三都乡困难家庭68户、全县特别困难家庭5户；联合县疾控中心慰问重点疾病患者困难家庭7户；与县农商银行红十字人道救助基金负责人一同探视慰问特别困难家庭，帮助解决困难。在竹源乡可重旺村为70岁以上老人现场发放由宁波市红十字会捐赠的毛毯、鞋、袜、保温杯等暖冬物资。开展关爱慰问全县环卫工人425人，每人送上鞋子1双、袜子2双。

（县红十字会）

乡镇（街道）

桃源仙景

西屏街道

【概况】2019 年，西屏街道区域面积 69 平方千米，辖 22 个行政村 85 个自然村。辖区山林面积 1709.93 公顷，耕地面积 1403.49 公顷，其中水田 16.33 公顷。该街道总户数 20766 户，其中农业户 2070 户； 总人口 47815 人，其中农业人口 4477 人；出生新生儿 493 人，死亡 318 人，人口自然增长率 3.66‰。规模以上企业实现工业总产值 7459.3 万元、增加值 1772 万元，完成年度工业制造业投资 3000 万元任务，实现工业经济稳步增长。推进工业经济绿色发展，整治验收“低小散”企业 5 家。推进农药化肥减量增效，落实购买实名制，实行商品有机肥使用补贴 24.43 万千克。加强农产品质量安全监管，做好年度农产品质量安全速测报告 300 批次，合格率 100%。推广农业生产机械化，补贴农机 392 台，提高农业生产效率。开展“非洲猪瘟”疫病专项巡查，保障生猪养殖产业发展。

【新村融合发展】2019 年，西屏街道以党组织和党员的率先融合来带动新村的融合发展，实现“三资”、人心的全面融合。截至年末，共有 7 个新村实行“三资”融合。以村调为契机，确定村级建设目标共 7 大项计 148 小项，进一步激发村干部干事创业、服务村民的积极性和主动性。充分挖掘村调改革红利，优化土地流转推动农民建房，联合审批延庆村、新华村、乌形山村等融合后新村建房 85 宗，全年旧村改造联合审批建房 219 户，推进村庄建设集聚化发展。实现“大搬快聚富民安居”异地搬迁 45 户，安置人口 122 人，进一步改善群众生活水平。项弄城中村改造洞阳亭迁建房建设竣工 80 幢，并同步推进基础设施建设，中梁安置公寓 340 套安置楼房已完工，配套设施在建设中。

【行政村规模调整】2019 年 6 月 28 日，西屏街道召开行政村规模调整动员大会，正式启动村调工作，历时 25 天相继完成村务联席会议、党员大会、村民代表会议和户代表会议等各个阶段的规定程序。截至 7 月 22 日，各村（户）代表会议同意并村，村调工作收官。8 月 5 日，该街道召开新村授印大会，为新村授牌、授印，县委副书记王立武参加。经过调整，辖区行政村总量由原 35 个调整为 22 个，减少 37%；各村平均人口由原来的 687 人增至 1100 人左右，户籍人口 1000 人以上的村增至 9 个，7 个新村设置党总支部委员会。

行政村规模调整新村授牌

【文旅经济融合发展】2019 年，西屏街道做足旅游风情小镇品牌文章，组织举办“第二届端午龙舟赛”弘扬船帮精神，传播端午民俗文化，被省、市、县各级媒体争相报道，进一步打响松阳文旅品牌；投资 65 万元建成棚里驿站，延庆村被评为浙江省 AA 级景区村，进一步挖掘老城旅游资源禀赋；协办“2019 年第一届城乡联系国际论坛”“2019 丽水松阳中国天空跑国际挑战赛”“2019 中国田园松阳半程马拉松”等大型活动，推进辖区优质旅游资源展示；实施松阳文里项目建设，投入试营业；修缮王氏宗祠，重新开业传承根雕技艺，不断活化利用老城资源禀赋。

【城乡环境持续改善】2019 年，西屏街道开展“拯救老树行动”，采伐枯死松木 160 万千克，松材线虫病防控工作初见成效。严防森林火灾，严禁秸秆焚烧，开展防火、禁燃巡查，引

2019 年第二届端午龙舟赛

导辖区群众禁燃烟花爆竹，倡导春节、清明节等传统节日移风易俗。落实“双河长”制，聘任民间河长11人。打扫国家卫生县城复评主战场，清理各类垃圾20万千克，通过国家卫生县城复评。持续推进“垃圾革命”，新建、改造垃圾四分类亭18个，引导群众自觉开展垃圾分类，增进资源集约化利用。

【施行民生福祉行动】2019年，西屏街道实施西1～11村公墓、旧村改造、文化礼堂等民生实事项目建设。实行村（社）代办事项1500余件，推进“最多跑一次”改革扩面提质。开展地力培育，建设垦造耕地项目共7项计32.13公顷，其中上连头村大毛弄垦造耕地项目、西五村高标准农田建设项目竣工通过验收。高标准保障群众住房，治理危房15幢，修缮困难群众住房39幢。加快脱贫攻坚行动，启动村镇联建项目2个，投资173万余元；开展低收入农户产业帮扶到户，发放资金32万余元；谋划村级30%自建项目12个。

【社会综合治理工作】2019年，西屏街道受理信访案件151件，同比下降15%，化解积案8件，受理省委巡视组转办件86件并全部办结，没有初信初访转为积案，实现国家级信访积案全面清零，确保两会期间进京赴省赴市赴县零人次上访。基层治理能力不断提高，排查民间矛盾纠纷176件，其中24件重大疑难矛盾纠纷均成功调处，涉及金额500.15万元。办结110联动转办案件283件，办结率100%。开展防欠薪工作，化解各类欠薪事件48件。探索基层治理新模式，以北山村和乌形山村为试点，完善村规民约，强化村民自治，推进村级信访维稳工作。开展“扫黑除恶”专项斗争，打击涉黑涉恶分子3人次，净化社会风气。

（西屏街道党政办　毛慧锋）

水南街道

【概况】2019年，水南街道区域面积46平方千米，辖11个行政村45个自然村。全街道山林面积2346.65公顷，耕地面积900.83公顷，其中水田630.58公顷。户籍总户数6458户，总人口14234人。全年实现工业总产值1.81亿元，税收107万元。辖区内名胜古迹有独山、双童山景区等。持续开展来料加工业帮扶工作。截至11月底，区域内共有来料加工点20个，从业人员2612人，发放来料加工费1800余万元，发展来料加工经纪人2人，组织来料加工技能培训11场。推进生态农业发展，培育现代农业产业。着重发展以茶叶为主导的高效生态现代农业，组织茶农、加工大户参加第十二届中国茶商大会松阳银猴茶王手工制作大赛，组织检查农产品质量303次。开展农业面污染源治理，落实农产品质量监管责任，开展“非洲猪瘟”防控等农业“四防”工作，维护农业发展大局稳定。召开森林防火工作会、座谈会5次，开展巡山护林73次，扑灭火情2处。清理松材线虫松木60万千克，发放处理经费39.7万余元。

【民生实事项目建设】2019年，水南街道推进各村民生实事项目建设落地，瓦窑头村物业楼建设项目店面房正在图审阶段；瓦窑头安置小区自建房户共161户，已结顶160户；垦造耕地完成潘村与市口村共计20公顷、岩下村6.67公顷；横山、郑弄口村基础设施项目动建，清路村进入招投标程序；旧村改造工作，竹溪村开展核对付款，横山村57幢陆续开工建设，新溪村正在办理审批手续，寺岭下村正在办理报批手续；新溪小区公寓楼续建项目完成二层楼建设。潘西、横山、桥头、寺岭下村农民饮用水提升工程竣工；横山村、大竹溪村文化礼堂建设项目通过验收；潘西村旅游公厕开工建设，南山村旅游公厕设计方案正在完善。

【重点项目建设】2019年，水南街道实现西（屏）竹（源）玉（岩）公路及要津南路延伸段项目全线清表，县中医院迁建项目土地测量进度为92%，衢宁铁路火车牵引站塔基政策处理项目74个塔基点位的政策处理顺利推进，项目正在实施中。瓦窑头斜坡治理所涉土地全部测量结束，71穴坟墓于5月底迁移完毕。投资250余万元，整治双童山景区周边环境，景区AAAA评级通过预验收。“清露乡隐”项目坟墓迁移涉及21穴，现已迁移20穴。加油站建设项目政策处理落地，正在施工中。

【文旅营商环境改善】2019年，水南街道举办民俗文化“大竹溪摆祭”“竹溪锣鼓”“乡村春晚”“广场舞大赛”等旅游活动。实施大竹溪村老县委遗址修缮、桥头村古村落保护开发二期建设、双童山景区周边基础设施完善和环境整治，建成A级景区村横山村1处。加强旅游厕所管理，确保干净卫生、功能齐全，建成岩西村A级旅游厕所1个。持续推动农村民宿建设，2019年动建民宿4家，建成2家20个餐位、16个床位。

【社会保障事业】2019年，水南街道开展育龄妇女生殖健康服务，逐户发放检查通知单，参查800余人次。推进两性安康保险和“两癌”筛查工作，参保2744人，征收金额237811元，“两癌”筛查800余人。发放临时救助金132人次计96600元。失地农民转职工养老保险40人，城乡养老待遇审核发放25人，养老待遇终止丧葬抚恤金发放20人，医保中途参保60人，社会保障卡申领15人，社会保障卡启用25人，医疗费用报销申请75人计25万余元。发放131户低收入农户产业帮扶资金共计108985

元。走访慰问计生困难家庭，发放计生公益金计15200元；走访慰问6户“特殊”家庭，发放慰问金及慰问品计8000余元。

【正风肃纪全面推进】2019年，水南街道开展监察办规范化建设，推进“执行力建设深化年”活动各项要求落实，全面推行“村级小微权力清单28条”管理，建成横山、寺岭下2个清廉村居示范点。制订正风肃纪工作计划，强化重点工作、重点项目督查，联合党政办开展街道干部工作效能建设随机督查20余次，发现问题10余个，发出督查通报12期，约谈提醒40余人次。规范瓦窑头办公楼招投标程序，制止横山村村干部违规承包工程行为，施行项目备案50余件，纠正不符合程序开展项目建设10余起。坚持把查办案件作为党风廉政建设和反腐败工作的重中之重，受理涉纪信访件3件，开展并实行巡察问题线索核查2条，立案查处违纪党员3人，其中党内警告1人，党内严重警告1人，开除党籍1人。

【平安街道建设】2019年，水南街道共排查各类矛盾纠纷1087起，调处率100%。接收各级交办各类信访件153件，结案率100%。组织网格员培训6次，网格员参训426人次。平安通、政务通、平安浙江等APP有效运转，共受理、流转、处置平台爆料事件10921件。持续深化“最多跑一次”改革，综合窗口代办事项4300余件。

【农村环境卫生整治】2019年，水南街道完善《水南街道农村卫生保洁制度》，实行“进度汇报”“考核奖惩”“责任追究”三方面保障机制，结合“洁净家庭”创建和与年底村干部考核挂钩，不断提升农村环境卫生整治工作成效，评出“洁净家庭”户528户，其中“洁净家庭”示范户318户。全年累计拆除各类违法广告牌680余处、清理河道40余千米、清除“牛皮癣”1300余处、整治乱堆乱放1.5万余平方米。投资6万余元购买垃圾分类桶，规范落实垃圾分类，便利垃圾分类的收集与转运。全力保障双童山景区创国家AAAA级景区工作，协助相关部门落实周边村庄环境整治改造。投资250万余元建成塑石假山，硬路肩铺石800余米，花坛绿化，外立面改造2.2万平方米。

【五水共治工作】2019年，水南街道深入实行“河长制”，完善河道市场化保洁方案，合理运用“丽水河长”APP不断强化河道巡防监管，街道、村级河长累计巡河640次，组织开展全民治水活动3次，参与1400余人，并通过宣传单、短信、微信等载体宣传“五水共治”工作，提高群众的知晓率和满意度。加快推进“农村生活污水零直排”工程，完成水南、青龙、塘寮村摸底和平面布置图标注。开展农村生活污水治理工程项目决算审计，20个终端项目已审计12个；横山村、清路村农村生活污水终端提升工程竣工。

【农村违法违章建筑治理】2019年，水南街道拆除违法建筑面积17.66万平方米，实现县下达目标任务数的176%；实施城中村改造面积8万余平方米，改造率100%；处置并拆除大棚房点位7个，涉及拆除面积1000余平方米。组织100人以上大型拆违行动5次，对20余宗新发违法建筑进行了拆除。开展“两违”处置，收到“两违”处置函告单和信访交办单4件，基本处置到位。74宗违法房屋缴纳了“两违”处置款，并对72宗历史遗留问题的房屋处置到位并移交县自然资源和规划局备案制证。

（水南街道党政办）

望松街道

【概况】2019年，望松街道区域总面积46平方千米，行政村规模调整后辖10个行政村、137个村民小组、2个社区。常住人口16632人，其中户籍人口10646人，流动人口5986人。耕地面积286.93公顷，山林面积1813.61公顷。

2019年，实现工业总产值59262.5万元，同比增长13%。其中，3家规上工业总产值21648.5万元，同比增长25%；增加规上企业1家（松阳县天天健食品有限公司），年产值3366万元。招商引进企业1家丽水点点特种材料有限公司，投资2258万元。增加企业技改项目2个，实行技改固定资产投资2467万元，同比增长22.7%。其中，浙江科马摩擦材料股份有限公司挤胶工艺技术改造项目投资800万元，丽水点点特种材料有限公司年产200万千克光亮不锈钢产品技术改造项目投资2258万元。

农业经济稳中有进，创建各类农业主体。2019年，申报县级休闲性家庭农场1家（六都源家庭农场），县级示范性家庭农场（雅静家庭农场），申报家庭农场“两山（一类）”项目2个。开展“消薄”攻坚行动，有10个行政村集体经济总收入均达到10万元以上、经营性收入达到5万元以上的工作目标任务，规范村级非生产性开支监督管理。

发展“农文旅”经济，创建文旅精品线，建设“农文旅”项目旅游节点，打造街域经济新的增长点。文旅小镇被列为全县年度前期重点项目，文旅小镇策划和设计有序开展。2019年，投资300万元建设王村文旅区块，修缮“将军房”等8幢老宅，整治玉林街风貌。推进乡村食府、翁村瀑布群游客接待中心、西河雅静民宿、山仁下美丽乡村建设。吴弄“三叶居”民宿主体工程完工。

2019 年 8 月山仁下村美丽乡村工程岗后自然村王氏宗祠老屋修缮中

做好行政村规模调整工作，全街道 16 个涉调村均以“双百”到会率和同意率通过村调整方案及各项决议，全部实现资产完全融合，新村班子平稳过渡。调整后的村两委主要干部平均年龄同比年轻 3 岁以上，大专以上学历占比提高 20%，达到选优配强的目标，基层党组织的凝聚力和战斗力全面提升。

开展“不忘初心，牢记使命”主题教育。构建“街道组织学+支部研讨学+微信随时学+红色基地学”的“四学”机制，推动主题教育在全体党员干部心中落地生根。深化“走乡入村三服务”活动，领导班子成员深入到 10 个行政村和 66 家企业开展调查研究，形成有针对性且操作性强的调研报告 15 份，收集意见 85 条，提出建议 18 条，落实解决群众强烈关注的道路建设、村庄亮化等 56 个民生难题，完善工作制度和流程 15 个，化解矛盾纠纷 35 件。主题教育活动开展期间，街道联合县经商局、城北小学党支部开展“汇聚微力量、圆梦微心愿”活动，共帮助小学生实现微心愿 31 个。2019 年，组织村民参与茶叶种植销售、超市经营、面点师、乡村乡厨、民宿管理、来料加工等培训，共 13 个班次计 1560 余人次。

【基层组织建设】2019 年，望松街道建立“三张清单”推动工作落实，压实基层党组织和党组织书记责任，继续坚持三个“85%”原则，高标准把好发展党员质量关，全年共培养入党积极分子 8 人，发展预备党员 6 人。全面落实街道班子成员“一岗双责”责任清单，听取下属各班子成员汇报“一岗双责”季度履行情况 4 次，约谈街道和村干部 98 人次，集体廉政谈话 300 余人次。加强干部作风建设，梳理个人及单位作风短板 20 余条，督查责任清单落实情况 25 次，通报 5 人。围绕街道中心工作开展效能点评 6 次，开展正风肃纪督查 12 次，制定《不适任村干部（停职）辞职（劝退）办法（试行）》，劝退村书记 1 人，歇职、诫勉村干部 3 人。严抓不合格党员处置工作，全年党内警告 1 人，严重警告 1 人，留党察看 1 人。

2019 年 10 月 18 日，开展“初心之行”活动

【社会治理提升】2019 年，望松街道加强网格员队伍建设，选聘全科网格员 49 人，其中专职网格员 31 人，兼职网格员 18 人。每月事件新增数基本实现上级交办的任务，事件结案率 100％。推进信访工作，落实村级主要领导信访责任，全年调解矛盾纠纷 118 起，其中特别重大疑难 4 件，行政拘留寻衅滋事的老访户 1 人，处理信访工作不力的相关干部，县级以上信访积案化解率 80%。创新乡贤参与矛盾纠纷化解治理工作，充分发挥部分乡贤威信高、人脉广、积极性高的优势，引导他们参与当地矛盾纠纷的化解，并建立乡贤调解中心，在各村（社区）建立标准化“乡贤文化讲堂”、乡贤调解室、乡贤角等平台，形成稳定的化解队伍和良好的参与机制。全年街道乡贤调解员参与调解邻里关系、建房、婚姻家庭、赔偿等矛盾纠纷 36 件，调处成功率 99%。

【举行文体活动】2019 年，望松街道举办乡村晚会 2 场、送戏下乡活动 1 场、“好婆婆好媳妇评选”活动 2 场，街道第三届全民运动会、第三届乡村文旅游暨第四届太极养生文化节、首

2019 年 10 月 27 日，第三届乡村文旅游暨第四届太极养生文化节

届“王景祭”暨民俗文化节等活动，协助全国、省、市、县四级在望松境内举办的“首届中国·丽水（松阳）休闲垂钓节”“2019 田园松阳国际半程马拉松”等活动。注重文化培育，挖掘当地“文旅”资源，开展以“旅游+非遗”“旅游+传统美食”“旅游+特色农产品”的发展模式，打造石门驿站（石门圩廊桥）—王景纪念馆——黄家大院—吴弄传统古村落精品旅游线路。组织开展各类宣讲、培训、礼仪、民俗文化、评选等活动。发挥新园、新望社区文化阵地和文体队伍的作用，结合街道各时期的中心工作和重大节日，开展文化体育活动，构建和谐社区周边村（居）民之间的友情。2019 年，社区先后举行“迎新春送对联 外来人口村社一家亲”趣味运动会、闹元宵品元宵游园活动、庆祝中国人民解放军建军 92 周年——炎炎夏日送清凉，军民鱼水一家亲、“九九重阳节，浓浓敬老情”等大型活动 7 场。

【乡村生态环境治理】2019 年，望松街道开展“无违建县”创建工作，拆除违法建筑 42032 平方米，实现年度拆违任务的 120%。提升“五水共治”，完善落实河长制，加强农村生活污水治理，加强农业面上源头治理和河道保洁，落实治水项目，建设“污水零直排区”。开展“五水共治”群众满意度宣传，制订水环境保护公约、制作治水宣传牌，每季度召开 1 次治水工作例会。街道 10 个行政村均设立宣传栏开展专题宣传，悬挂张贴治水标语 40 余条，不漏一户、不落一户，将“五进五个一”落实到位。提升村庄洁化行动，开展“第一届城乡联系国际论坛”“迎松阳半马全域清洁”“公厕革命”等专项行动，完成 10 个行政村公路边、水边、山边、城边、村边等区域洁化、绿化、美化工作，累计清理完成乱堆乱放 260 余处、垃圾清理 23 万千克、清理各类小广告 260 余处。推行垃圾分类试点，开展垃圾分类知识宣传和引导，张贴宣传海报 40 张，设置宣传横幅 5 处，发放垃圾分类宣传资料 1000 余份；建立垃圾分类处置终端，并于 10 月投用。创建“洁净家庭示范户”，落实各类巡查和保洁制度。

2019 年 10 月 1 日，六都村生活污水提升工程现场

【民生项目建设】2019 年，望松街道推进农业基础设施建设，建成机耕路 2.2 千米、水渠 1.5 千米，改造提升污水终端 2 个，改造新建农村公厕 6 座。推进松古平原供水一体化工程，有 8 个村的供水主管已接通，安装村供水总表共 13 个。实施农村危旧房修缮，修缮危旧房 27 幢。解决农房发证和农民建房难题，共办理农房产权证 1143 本，新批农房建设 70 幢。翁村村宅基地复垦 0.73 公顷，水田垦造项目 4 公顷。

【社会保障体系建设】2019 年，望松街道加强对教育的支持力度，深化校园周边治理，开展教师节慰问活动，设立优秀学子奖等。开展社会救助。扩大城乡居民医疗保险惠及面，完善医疗救助制度及居民保障体系，农民医疗保险参保率 97.32%，养老保险参保率 99.53%。实施医疗救助 705 人次，发放大病救助款 39 次计 15 万余元，纳入五保 16 人，纳入低保边缘户 69 户计 113 人，发放各类救灾、临时救助及慰问金 22 万余元，建成省级残疾人之家示范场所 1 处。推进扶贫工作。对符合条件的 141 户农户进行产业帮扶，提供帮扶资金计 13.126 万元，为农户生产提升造血功能；组织开展“雨露计划”，申报符合条件的低收入农户在校子女 3 人，每人补助 3000 元，减轻低收入农户家庭经济负担。

【街道武装工作】2019 年，街道向部队输送优秀青年 10 人，其中正规大学生比例占总数的 80%。抓好民兵军事训练，组织民兵参与理论学习和军事训练及当地经济建设，全年出动应急排民兵参加各类抗洪抗灾，人员搜救、安全防卫等计 180 余人次。重视“双拥”工作，组织开展军烈属走访慰问活动。

（望松街道党政办　朱晓雅）

古市镇

【概况】2019 年，古市镇区域面积 47 平方千米，辖 15 个行政村 60 个自然村和 3 个社区。全镇总户数 8859 户，其中农业户 7422 户；总人口 20755 人，其中农业人口 18069 人。全年出生新生儿 210 人，死亡 180 人，人口自然增长率 1.45‰。全年实现工农业总产值 10.54 亿元；财政总收入 1300 万元；农民人均纯收入 19371 元。辖区内名胜古迹有卯山、上观、下观、通海井、天师渠、山腰道院、俭公祠、白鹤洞、天师殿、城头街清朝城门楼、八村潘家祠堂、东角垄赖家宗祠、山下阳奇门八卦村、刘边村明朝门亭、正念寺、飞来庵、太保殿、城隍庙。8 月 7 日，召开古市镇行政村规模调整新村授牌授印大会，古市镇原有行政村 30 个，涉及调整的村共有 25 个，合并为 10 个新村，调整后全镇行政村总数由 30 个调整为 15 个，调整占比为 50%。

9 月 12 日，古市镇开展“不忘初心、牢记使命”主题教育工作。主题教育开展以来，古市镇 42 个党支部的 1100 余名党员实现全覆盖，走访群众征求到意见建议 1200 余条，为群众办实事办好事 1000 余件，开展党员志愿服务 1000 余人次。

2019 年，古市镇小城镇环境综合整治通过省考核验收；被评为浙江省“平安农机”示范单位；卯山农业园入选 2019 浙江 100 个“最美田园”；农贸市场被评为省级放心农贸市场；被确定为“农信杯”第三届浙江省大学生乡村振兴创意大赛基地乡镇；浙江振通宏茶业有限公司入选农业产业化国家重点龙头企业名单；该镇山下阳村在全省第四批历史文化村落保护利用重点村综合评分中以 98.5 的高分居丽水市第一名、浙江省第四名；庄门村、山下阳村获第二批省级农村引领型社区；岗下村、十五里村被评为 2019 年浙江省气象防灾减灾标准化村；岗下村、白角外村被评为首批浙江省善治示范村；叶德标被评为小城镇环境综合整治行动突出贡献个人。

【农业产业结构优化】2019 年，古市镇开展创建国家农业产业强镇，巩固提升茶叶主导产业，扩建寺口茶青市场，新增振通宏和茗阳茶叶深加工生产线，全年茶叶产值 1.76 亿元，茶叶全产业链产值 8.6 亿元，成为省级示范性茶叶全产业链的核心区。打造茶叶标准化生产基地，提升茶叶全产业链格局。充分发挥科技特派员作用，省科技特派员韩宝瑜教授多次到该镇农业企业指导农业科技工作，建成 23.33 公顷 “技术服务+购置农药+包打农药”的岗下片茶叶农药减量及绿色防控示范基地，在保证品质和产量的前提下，使原本每年 15 次以上的喷药次数减少到 8 ~ 9 次，探索绿色高效种植模式。围绕打造生态循环示范区，实施茶叶秸秆禁烧和资源化利用，秸秆综合利用率达 95%，畜禽粪污综合利用率达 98%以上。蔬菜、水果和养殖业紧扣农业供给侧结构性改革，发展势头稳中有升。

【生态工业产业转型提质增效】2019 年，古市镇实现规模以上工业产值 8.04 亿元，全年生态工业固定资产投资 7062 万元。松阳县景顺实业有限公司获得松阳县第四届政府质量奖；浙江振通宏茶业有限公司完成高新技术项目“浙南山区年产 360 万千克

2019 年 8 月 7 日，古市镇召开行政村规模调整授牌、授印大会

速溶茶高效加工项目”。全年完成招商引资4060万元，其中丽水市国彩文化用品有限公司、浙江松洲电气有限责任公司建成投产。开展中央、省、市环保督察“回头看”工作，完成低散乱企业整治3家，改造提升不规范茶叶加工户106家，处置低效企业3家，技改企业6家，实行全镇企业中频炉改造任务。规范提升小餐饮整治30家，创建特色餐饮一条街；全面实现第四次全国经济普查。

【农旅融合三产发展提档升级】2019年，古市镇举办首届“康养节”“游卯山·采脐橙”康养古市系列活动，建成运营“驿芙”民宿客栈、“从都园”农家乐等一批精品民宿农家乐。发挥“创业圆梦屋”集聚带动效应，做强网上销售平台，打造农旅品牌，实现电子商务年销售额8803万元，有效带动当地特色农产品销售和农民增收。全年培育来料加工经纪人32人，从事来料加工3900人，发放来料加工费3800万元，举办2场松阳巧妇来料加工（机械类）技能大比武，获得丽水市缝纫工技能大比武一等奖。依托卯山国家森林公园、国家AAAA级松阴溪景区和万亩茶园风光，加快推进岗寺畈田园和文化卯山特色片区打造，基本完成十五里村蚕桑研学中心建设，着手建设卯山坤泰活力生态养生养老综合体，累计建成5个休闲农业观光点，该镇卯山农业园成为2019年浙江省“最美田园”。山下阳古村落成为影视剧《麦香》的主要取景地之一，并在央视黄金时段播出。新开河绿道、庄门源绿道全线贯通，全域旅游发展基础进一步夯实。

【小城镇环境综合治理】2019年，古市镇坚持把小城镇环境综合整治作为改善城镇设施、优化城镇环境、提升城镇品位的重大机遇，实施全民动员、全域治理、全力推进的工作模式，完成近2000万元的中央环保资金城镇污水整治提升项目和3000余万元的镇区线路改造、道路修复、老街整治等一批项目建设。拆违拆旧5.6万余平方米，增建停车位566个，新建绿化小公园7个，完成背街小巷整治100余条，共清理建筑和生活垃圾500万余千克。整治工作严格按规实施，推进有序，科学高效。通过全镇党员干部群众的共同努力，8月初该镇小城镇环境综合整治顺利通过省考核验收。基础设施显著改善。赤卯线、天然气管道工程古市段等重点项目有序推进，做到服务保障有力，确保无障碍施工。完成菸行弄污水整治提升工程，古青小区基础设施工程和肖弄、马房弄等污水整治提升工程基本完工，保障性住房一期工程完成主体工程。垦造耕地10.67公顷，复垦面积11.73公顷。优化城乡环境，全年完成农村建房审批79户，“四类”人员住房救助24幢。实施地质灾害安置区建设，“大搬快聚”筱铺安置小区四期3.59公顷土地采取市场化建设模式，于11月动建。“三改一拆”强力推进，累计拆除“两违”面积3.6万平方米。开展垃圾分类工作，发放“四分类”垃圾桶30组120只，建成“四分类”站点22座。河长制落实到村、到点、到人，实现河道有人巡、有人管、有人清。

古市镇小城镇环境综合整治百日攻坚战誓师大会

【文化教育事业蓬勃发展】2019年，古市镇举办的松阳摄影双年展成为丽水国际摄影节分展场。“熊顿”漫画馆共接待参观游客8000余人，以“熊顿”真人真事改编的电视剧《向阳而生》开机拍摄，选定古市为拍摄点之一。中小学教学质量成效明显，松阳二中高考再创佳绩，本科上线80人，大专上线率首次实现大满贯；古市中学获“丽水市教学质量奖”，是该校第五次获得“丽水市教学质量管理进步奖”后的又一次突破；校合唱团获省艺术节一等奖；古市小学创建成为省健康促进学校；第一所按省一级标准建设的高品质民办幼儿园——古市镇闻莺幼儿园建成。文化事业蓬勃发展。连续举办4届“美丽古市·畅游母亲河”冬泳活动，5个村举办 “乡村春晚”，举办首届“康养节”暨第十二届农民文化节活动。2019年，获得全县弘扬践行“浙西南革命精神”合唱比赛二等奖、县文化节红色故事比赛一等奖、县“养生杯”气排球比赛二等奖。新铺社区获得丽水市第十一届邻居节群众最喜爱活动奖。

【特色活动】2019年1月1日，在古市镇政府门口松阴溪举办第四届“美丽古市·畅游母亲河”冬泳活动；2月5～6日，在岗下、山下阳、庄门、十五里、寺口5个村举办春节文艺演出；4月4日，古市镇小城镇环境综

市镇首届“康养节”系列活动·康养菜品烹饪赛暨农产品展销活动

合整治百日攻坚战誓师大会在古市文体中心召开，全镇机关干部、城中村及社区三委成员、党员、人大代表、村民代表以及镇属部门负责人、商户代表、项目负责人等500余人参加会议；7月31日，筏铺小区四期地块由丽水佳龙房地产开发有限公司挂牌竞价竞得，面积3.59公顷，成交价为6754万元，首次通过市场化建设模式推进；8月初，古市镇小城镇环境综合整治通过省考核验收；10月1日，在古市镇文化站举办中华人民共和国成立70周年文艺表演活动；10月11日，2019年松阳县乡村振兴人才招聘会（筏铺专场）在古市镇筏铺小区举行，主要招聘对象为筏铺小区下山脱贫农户；11月9日，在古市镇山下阳村成功举办第三届国际摄影研讨会暨丽水摄影节、第三届松阳摄影双年展；11月9日至12月15日，开展古市镇首届“康养节”系列活动，内容包括第十二届农民文化节、游卯山、采脐橙活动，康养菜品烹饪赛暨农产品展销活动等。

【“平安古市”建设】 2019年，古市镇深入开展“扫黑除恶专项行动”、反邪教专项整治、流动人口服务管理提升工程等工作。探索开展“两个三次”矛盾纠纷调解机制，妥善化解4起非正常死亡事件，来信来访均得到有效解决。全年调解矛盾纠纷65起，110联动平台受理135起，调解成功率和办结率均为100%。

【民生实事管理服务提升】 2019年，古市镇开展低保、低边全面清查整改工作，注销不符合条件对象299户计442人，实现阳光低保，办理领取社保待遇资格人员认证2415人。开展低保胃癌筛查工作，全年累计完成筛查264人；开展城乡妇女免费“两癌”检查、送健康服务、生育关怀行动。加强养老服务机构管理监督，完善助餐服务。依托“一窗受理”“一证通办”平台提高办事效率，全年完成接件办理15633件。实现申领老年人优待证“零跑次”，一窗办理312件老年优待证；实现门牌证办理“最多跑一次”，办理677件。推进“点单式”服务，开展“1+N”村级代办制，累计完成代办3942件。深化基层治理“党建+四个平台”建设，实施全科网格建设规范提升工程，实行全科网格员全过程督查考评制度，累计完成事件录入17912件。

（古市镇党政办　钟李斌）

象溪镇

【概况】 2019年，象溪镇区域面积124平方千米，辖13个行政村101个自然村。全镇山林面积9043.19公顷，耕地面积489.45公顷。全镇总户数5366户，其中农业户5158户；总人口14505人，其中农业人口14190人。出生新生儿147人，死亡102人。全年实现工业总产值2863万元，与上年同比增长1.8%；财政总收入6740.33万元，增长26.7%。辖区内主要企事业单位有13家；名胜古迹有七沐山景区、罗坑原始瀑布群、石佛。

推进农业强基增效，象溪镇果蔬特色农业强镇投资1000余万元，其中投资500余万元建成靖居农产品加工区投用，有效推进农业产业从种植到加工转变；投资110余万元的石马源村精品标准化气雾果蔬基地，一期投资已运营；神农农业企业、上梅皇菊基地、南州精品果园示范园、建呈农场、靖居包中药材基地等农业企业稳步发展，实现农业提质增效。

坚持把“转型升级、科技创新”作为工业克难发展的重要目标，引导企业规模化和生产线向绿色发展、技改提升、品牌创建等方向转型。2019年，实现工业总产值28631万元，其中2家规上企业总产值5638万元，工业增加值达2634万元，增加值率为19.2%；投资固定资产4806万元，其中技改投入4625万元；引进工业企业项目2个。

开展县重点项目集中攻坚行动，全力保障镇域内县重点建设项目松阴溪滨水绿道、城乡供水一体化、丽水—龙游天然气管道工程顺利推进。截至年底，完成滨水绿道涉及的南坑口、雅溪口、南州、象溪圩、象溪、靖居口6个行政村11个自然村400余农户的地块政策处理工作，共计10.8余万平方米，涉及农户47170平方米，支付政策处理费用261.44万元。天然气象溪段全线管道施工主管落地达98%，基本实现全线贯通，完成因管道改线、施工便道等补租补测南坑口、雅溪口等村的零星土地1.2万余平方，补租补测超范围用地8000余平方米，协调解决南坑源隧道3个弃渣点2.23万立方米的弃渣清运，清理沟渠5处，全力保障工程有序施工。

2019年，象溪镇被评为“浙江省美丽乡村示范乡镇”“浙江省小城镇综合整治突出贡献集体”，入选“浙江省农业绿色发展示范区”，雅溪口村被评为“省级民主法治村”，靖居集镇获得“省级小城镇综合整治样板”称号，象溪圩村、南州村被评为“浙江省善治示范村”，靖居村被评为“省级历史文化重点村”，雅溪口村、梅峰村上梅自然村、象溪村创建成为省AA级景区村庄，金钟村毛弄自然村创建成为省A级景区村庄。

【行政村规模调整工作】2019年，象溪镇立足当地发展实际，依法依规全面开展行政村规模调整工作。通过广泛征求意见，在充分尊重历史和民意基础上，按照集聚提升、城郊融合、特色保护、搬迁撤并的思路，坚持以做大集镇村、做强中心村、以强带弱、以富帮贫、同向发展、抱团发展等原则，全面推进行政村调整工作。全镇原35个行政村调整为13个行政村，撤并率62.8%，其中少数民族村7个。8月6日，在靖居包村召开行政村规模调整新村授牌授印大会。

县委常委、纪委书记、监委主任潘仲珏出席会议并作重要讲话，新村党组织、村务工作领导小组、村务监督工作领导小组、社务工作领导小组全体成员，非涉调村“三委”主职干部，全体镇干部参加会议。村调后新村4套组织班子人员进一步优化配强，村级三资实现全面融合，新村发展平稳有序。

【全域旅游快速发展】2019年，象溪镇围绕雅溪口省级休闲村创建，盘活村内传统老屋和闲置建筑，建成集手工体验、休闲购物、住宿餐饮为一体的“宿茶”手工皂工坊1家，改造特色民宿4家，同时引进杭州十里芳菲、浙旅集团、松阳文旅等社会各界参与雅溪口业态培育，打造慢生活休闲示范区。完善七沐山和象梅畲寨国家AAA级景区管理和配套基础设施建设，推进风情小镇申报和前期创建工作；承办浙江省生态运动会，举办溪鱼节、脐橙节、村头畲族“三月三”等民俗风情活动，推介宣传象溪。以滨水绿道建设为契机，培育南州瑞盛水果基地，推出采摘、美食体验游，打造石牌门彩带馆、南坑源祖图、村头畲族契约等少数民族文化传承推动畲族风情游，持续推动各村串点成线，打造“留客1日”全域游目标。

2019年8月6日，象溪镇在靖居包村召开行政村规模调整新村授牌、授印大会

【共建大健康】2019年，象溪镇按照县构建大健康共建体系要求，普及健康生活，提升健康服务，营造健康文化，完善健康保障，兼顾不同群体的健康权益。全面开展城乡妇女免费“两癌”检查，截至12月底，全镇“两癌”筛查参与414人。开展低保人群胃癌免费筛查，血清检查139人，胃镜检查56人。开展健康培训，全镇范围开展“两癌”知识、应急救护等各类健康讲座和咨询服务38场次，发放宣传资料750余份，家庭医生签约服务率40.01%，网上办理生育登记率100%。开展特殊家庭及计生困难家庭关怀活动，全年走访慰问家庭21家，发放公益金2.5万元。

【完善民生保障工作】2019年，象溪镇全面实行低收入农户动态管理，开展低保整改工作，在册低保对象全部核查登记造册。全年低保新增21户、计36人，取消63户计91人；低收入边缘户新增1户1人，取消32户计77人；特困供养新增6人，取消4人。城乡养老待遇审核发放68人，养老待遇终止丧葬抚恤金发放60人，医保中途参保112人，社会保障卡申领70人，社会保障卡启用85人，医疗费用报销申请78人，共计报销支付20万余元。完成退役军人、现役军人光荣牌发放，共发出光荣牌428块。开展镇域范围内社会组织备案登记，登记社会组织65个。开展“全国助残日”活动，走访慰问辖区内9名残疾青少年，南州村残疾人之家创建工作通过省里验收。

【“农夫山泉杯”第二届生态运动会】2019年10月19日，“农夫山泉杯”浙江省全民健身生态运动会松阳象溪站暨第七届象溪溪鱼节在象溪镇象溪村举行。浙江省体育局群体处副处长徐杰、松阳县人民政府副县长谢雅贞等领导出席开幕式并致辞。此次活动以推动全民健身、全民卫生、全域旅游、乡村振兴、农文旅融合为主

2019 年 10 月 19 日，“农夫山泉杯”浙江省全民健身第二届生态运动会松阳象溪站暨第七届象溪溪鱼节在象溪镇象溪村举行

要目标，立足象溪镇高效生态农业、风情休闲旅游发展战略，在活动设置、形式选择、宣传策划等方面进行了创新。设立有“最多跑一次”、车轮滚滚、抗旱救灾、拔河对抗、浑水摸鱼等竞赛项目，其中“最多跑一次”、抗旱救灾等活动结合垃圾分类、“五水共治”等知识的宣传，让参与者在活动中接受知识教育。2019 年，松阳县全民终身学习活动周同步启动，结合各类游戏，让体验者在活动中学习，普及终身学习理念。溪鱼节的举办让广大参与者在感受乡村之美，享受运动快乐的同时，树立环保、健康、终身学习的理念，着力推进生态、旅游、健康和文化的深度融合。

【社会治理平稳有序】2019 年，象溪镇推进平安创建、维护稳定工作，坚持每月和重点时段的涉稳问题线索排查，确保隐患苗头尽早化解；充分发挥基层治理“四个平台”和全科网格作用，严抓日常社会治安防控、平安巡查宣传、矛盾纠纷调处、“禁毒反邪”、“扫黑除恶”、社会管理创新等工作，确保打牢社会平安稳定基础不动摇。2019 年，排查矛盾纠纷 584 件，调处 584 件，其中调处成功 580 件，调处率 100%，调处成功率 99.3%。收到“扫黑除恶”线索举报 17 件，核查办理 17 件，上报县“扫黑办”核查办理报告 17 件，核查率和核查报告率 100%；受理信访件 149 件，直接答复 113 件，重复件 29 件，转纪委或其他法定途径类告知 7 件均办结，成功化解信访积案 2 件。

（象溪镇党政办　何芳琴）

玉岩镇

【概况】2019 年，玉岩镇区域面积 134 平方千米，辖 14 个行政村 60 个自然村。全镇山林面积 10901.067 公顷，耕地面积 1040.2 公顷。全镇总户数 4629 户，其中农业户 3403 户；总人口 14232 人，其中农业人口 14197 人。年内出生 127 人，死亡 99 人，人口自然增长率 1.967‰。全镇实现工农业总产值 3.48 亿元，同比增长 7%；财政总收入 7205.88 万元，同比增长 12.97%；农民人均纯收入 15555 元，增长 10%；工业固定投资 510 万元；辖区内主要事业单位有 5 家；名胜古迹有普济桥、文昌阁、香乳山、香乳禅寺、高腔文化中心、翠屏山公园等。

全镇发放计生公益金 1.39 万元，按规定发放春苗计划助学款。推进社会文化事业发展，建成何山头文化礼堂，举办镇第十二届农民文化节暨香乳山庙会民俗文化节。全面整修国家级文物保护单位普济桥，做好文物保护单位、文物保护点和历史文化建筑的常态巡查。压实安全生产责任，定期召开安全生产分析会，组织安全培训 13 次，对项目建设、企业生产、液化气站点等重点领域进行排查 38 次，实行整改事项 3 项。严把农产品质量安全关，2019 年抽检 300 余批次，抽检合格率 100%。加强非洲猪瘟防疫，开展全域排摸 12 次，镇域未发生疫情。落实食品药品安全巡查监管机制，检查农村家宴场所、学校、幼儿园集体食堂、餐饮食品加工场所等 130 余次，没收销毁不合格食品 3 批次。落实农村集体聚餐备案制，全年备案 95 批次 2 万余人。发挥团、妇、工等团体力量，全面开展“洁净家庭”

玉岩镇 2019 年香乳山庙会民俗文化活动

创建、垃圾分类宣传、重点青少年结对走访等工作。镇人大主席团不断加强工作创新，完成代表联络站提升改造，工作成效获县人大点赞。2019年，玉岩镇通过小城镇环境综合整治省级验收；玉岩村“浙江省AA级景区村庄”；叶福龙被评为“浙江省小城镇环境综合整治行动突出贡献个人”。

【农林经济提质增效】2019年，玉岩镇引导食用菌、香榧、高山蔬菜、中草药、茶叶等农林产业向集群化、品牌化发展。全年新种植高山茶叶37.33公顷、香榧97.2公顷、高山蔬菜253.33公顷、水稻86.67公顷、油茶30公顷，新发展食用菌1300万袋。全市首个高山香菇周年化生产项目在该镇吴往培育成功，并带动周边20余家农户种植。积极推广中草药种植，新增黄精27公顷，浙贝、百合、玉竹等中药材4公顷。推进原种农业种植，大岭脚基地自然农法种植面积增至10公顷。善待农场出产的大米获“2019年度浙江好稻米金奖”。

【乡村旅游持续推进】2019年，玉岩镇依托古村落和文物保护建筑修缮项目，发展“红+绿+古”的乡村旅游。依托红色革命遗址保护修缮项目，挖掘红色元素，开发红色旅游。全镇增建和改造旅游公厕10个，创成省AA级景区村1个。加强民宿经济产业发展，组织开展服务技术培训，改造民宿3家，备案12家，全镇民宿（农家乐）收入133.8万元。

【项目建设】2019年，玉岩镇推进黄南水库村集体资产处置、生产用房建设等后续政策处理工作，协助推进移民安置小区基础设施建设。做好黄南水库淹没公路改建工程2.13公顷的土地补征，年内实现通车。提前实行西（屏）竹（溪）玉（岩）公路项目红线内7个村计440户、征收土地17公顷，征迁农户房屋5家，拆除香菇棚35处等政策处理，控制性工程实

玉岩镇小城镇环境综合整治后镇域面貌图

现年内开工，推进弃渣场地、施工便道等附属工程的政策处理。开工建设溪口、交塘等10个村计253.33公顷高标准农田项目。农村土地综合整治全面推进，完成建设用地复垦项目3.86公顷，水田垦造项目7.07公顷，旱地垦造项目7.33公顷。推进浙江省政协结对村（周安村）帮扶项目建设，屋顶光伏小康、村综合楼等项目竣工。

【美丽乡村建设】2019年，玉岩镇组织加强村庄人居环境综合治理，累计投资2300余万元，全面实施城镇环境综合整治——运输服务站、街心景观花园等13个主体项目，全域整治环境卫生，镇区面貌全面提升，顺利通过省级验收。推进5个传统村落保护发展项目，大岭脚村叶氏宗祠、钟氏宗祠修缮，交塘村污水管网、大会堂及廊桥维修，玉岩村污水提升及道路修复、老茶厂修缮，何山头村村庄亮化等工程均竣工验收。建成20个自然村四分类垃圾收集站点，全镇发放分类大垃圾桶446个，农户小分类垃圾桶1865个。坚持“防、控、拆”相结合，拆除各类违法建筑2万余平方米；完成“633”交办件整改点位，整治公路沿线问题点位4处，面积2097平方米。持续推进困难群众安居工程，治理危房15幢。范山头滑坡地质灾害治理虹吸排水工程和应急抢险工程均已完工。实现地质灾害搬迁15户49人，联合审批新溪小区二期地质灾害公寓50户。

【生态修复绿色发展】2019年，玉岩镇打好生态修复攻坚战，全力守护“蓝天、碧水、净土”。提升改造集镇污水管网终端，“污水零直排区”试点创建工作成效显著，顺利通过省级复验，被县里推荐参评全省“五水共治”（河长制）工作考核优秀乡镇。鼓励菇农菌棒集聚化、规模化生产，依法整治直排“香菇黑水”作坊8家。落实“河（湖）长制”，全面严管禁渔禁砂工作。深入推进秸秆禁烧、森林防火、松材线虫病防控工作。实施农药化肥减量增效行动，推广使用有机肥，地力培育成效明显。

【社会事业齐头并进】2019年，玉岩镇开展“重精准、补短板、促攻坚”专项整改行动，7个特扶项目均开工建设，其中5个提前竣工。制订帮扶措施，确定帮扶对象142户333人，发放产业帮扶到户资金21.63万元。消薄项目进展顺利，2个联建项目、12个单建项目和余姚飞地项目均按计划推进，年度消薄任务提前实现。全面开展低保专项整治行动，及时取消不符合低保农户106户、低边98户，增加低保18户、低边6

户。推进失智失能养老服务，全镇累计发放临时救助金 132 户计 8.02 万元，临时救助 15 户计 5 万元。完善农村养老服务照料中心建设，11 家居家养老服务照料中心实现全年营业，创建镇示范型居家养老服务照料中心、残疾人庇护中心，并投入运行。建成何庄、白麻山等 5 个避灾中心。

【基层社会治理多元化】2019 年，玉岩镇健全大信访工作机制，建立县调解委员会玉岩分中心，完善基层社会多元治理，镇政府与行政村、镇属部门签订社会治安和信访工作责任状。开展“反邪教”、“平安创建”、“扫黄打非”、“扫黑除恶”、普法等主题宣传，发放各类宣传手册 14400 余份。开展社会不稳定因素排查 126 次，排查出矛盾纠纷 314 起，并进行调处化解。接待来信来访案件 6 件，全部办结，积极推进信访积案化解工作；被县里推荐参评市人民调解成绩突出单位。

（玉岩镇党政办）

大东坝镇

【概况】2019 年，大东坝镇区域面积206 平方千米，辖17 个行政村108 个自然村，192 个村民小组。山林面积 17578.13 公顷，耕地面积 271.2 公顷。全镇总户数 5981 户，其中农业户 5382 户；总人口 16925 人，其中农业人口 15232 人。

全年实现工农业总产值 1.39 亿元，同比增长 7%；财政总收入 7949 万元，同比增长 9.55%。农村经济总收入 1140 万元，同比增长 7.8%；农民人均纯收入 15584 元，同比增长 7.5%。2019 年，大东坝镇被评为浙江省公益林建设成绩突出集体；2018 年度浙江省“五水共治”（河长制）工作成绩突出集体；浙江省文化强镇；2019 年省电商镇；入选首批浙江文艺创作采风基地名单；浙江省民间文化艺术之乡名单；镇武装部被评为 2018 年度基层建设标兵单位。

【综合项目建设】2019 年，大东坝镇实施原种农业，建成二滩坝、蔡宅等 5 个村原种农业、旱粮基地 29.33 公顷，燕田、小后畲自然村生态桃园初具规模。继续落实土地流转、产业发展、区域小作坊提升等扶持政策，鼓励农户发展规模农业产业，全镇发展茶叶 23.33 公顷，发放“两山一类”油茶苗 27.7 万余株，增加土地流转 33.33 公顷，并吸引部分乡贤资本进入农业产业。全县域供水一体化管网工程项目在该镇进展顺利，深入推进农村饮用水达标提标工程，黄南、横樟等 17 个单村供水项目、石仓水厂项目全部完工，有 3 个村实行竣工决算。全面落实“河长制”工作，实现河长巡河、护河、河道保洁全覆盖，并在大东坝村河道安装智慧河道监控系统。开展美丽河湖提升行动，通过市级“美丽河湖”小港流域大东坝段验收。巩固黑臭河、小微水体治理成果，进一步形成全民参与、共治共管的浓厚氛围。提升改造五部、黄南生活污水终端站点，全面实现镇域省级污水零直排区试点建设，制订“一点一策”治理方案，实行集镇污水“应截尽截、应处尽处”，并通过省、市验收。更换行政村调整后的河长及河长公示牌，通过多元化方式开展群众满意度宣传，取得成效。

【镇集体经济提质增效】2019 年，大东坝镇强村公司实现实体运营，各村股份经济合作社出资入股，完成总金额 1000 万元以上的有效投资，入股松阳县石仓工坊原种豆腐有限责任公司、石仓工坊白老酒经营有限公司；引进光伏项目，收购二滩坝电站，累计收益 95.6 万元。流转盘活后宅、蔡宅等村的闲置土地资源，大力培育水稻、大豆、旱粮、油茶等自然农法基地 5 个。开展横樟村山海协作乡村振兴试点建设，培育提升油茶、香榧、中草药（药王谷）基地各 1 个，累计种植面积约 133.33 公顷。全镇实现工业总产值 1.39 亿元，同比增长 7%，其中，规上企业总产值 0.5 亿元，其他规下企业产值 0.89 亿元。

【商贸旅游产业融合发展】2019 年，大东坝镇实现电商发展新模式、高质量，统筹推动来料加工和农村电子商务产业融合发展。全镇农村电子商务

大东坝老街节点——整治前

大东坝老街节点——整治后

网店56家，从业人员200余人，农村电子商务销售额实现2.12亿元，其中农副产品销售额1624万元。累计培育来料加工经纪人31人，发放加工费1897万元，带动2031户低收入农户在家门口就业。依托该镇丰富的历史文化、农耕文化、自然山水等资源，推动发展民宿业，培育阙和小院、兰馥园等民宿，启动下宅街青年旅社和横樟伴山民宿综合体的建设以及小后畲自然村整村开发项目前期工作。截至12月，全镇累计建成民宿（农家乐）48家，其中星级民宿（农家乐）35家，精品白金民宿1家；床位360张，餐位1900个，从业人员150人，全年实现经营收入506万元。

【客家民俗风情文化节】2019年，大东坝客乡年货节活动于1月26日在石仓举行，多个文体活动队献上精彩纷呈的节庆活动。2月15日，举办“松阳县第七届客家民俗风情文化节”，以喜庆祥和之貌走向大众，让广大游客感受该镇人文历史。此次活动主要包括客家文化赶街、传统文化展示、尝客家风味、食客家家宴、体验客家民俗、赏客家小戏、听家训明家风、闹客家民俗灯会等，吸引参观体验游客1万余人次。2019年，该镇获“浙江省民间文化艺术之乡”称号；入选“首批浙江文艺创作采风基地”名单。

【扶贫救助工作】2019年，大东坝镇共有低保408户604人，月发放救助金计33.70万元；低保边缘户72户179人。截至12月底，镇民政办临时救助26户65人，发放救助金计2.22万元；上报县民政局审批的临时救助10户25人，发放救助金计3.4万元；上报医疗救助25人，发放救助金计19.63万元。全镇共有居家养老照料中心村18个，正常运转的有9个。全镇80周岁以上老人意外伤害保险参保人员共420人。空巢老人44人；失能失智老人10人。困境儿童26人，月发放救助金计2.27万元。

【乡村人居环境治理】2019年，大东坝镇实行县级“六边三化三美”和“两路两侧”整改件20件，拆除各类违法广告牌、宣传牌183处计436平方米，清理牛皮癣101处。持续推进“三改一拆”和“拆违治危”工作，共拆除处置违法建筑31宗计37440平方米。鉴定D类危房4户，C类危房36户，其中有20幢C类危房、3幢D类危房完成修缮。着力推进蔡宅等9个重点村的生活垃圾减量化处理工作，配备发放分类垃圾桶500余对。建成茶排村天堂坑太阳能垃圾分类处理终端，一年可减少垃圾近45万千克，覆盖茶排等7个村，受益约9000人，实现垃圾快速减量化、无害化和资源化处理。

【文体活动】2019年2月18日，“党的十九大精神文艺宣传下乡巡回演出”在洋坑埠头村举行，共有村民1500余人观看演出。3月8日，组织全镇妇联主席在镇四楼会议室开展“垃圾分类　巾帼先行”活动。5月18日，积极组队参加县级气排球比赛。6月1日，在大东坝镇蔡宅豆腐工坊开展六一文艺汇演暨大班毕业晚会。6月12日上午，2019“了不起的乡村”央媒浙江行到大东坝镇石仓进行采访。6月14日上午，召开“洁净家庭”巾帼创建活动部署动员会，同时开展包粽子、做薄饼、缝制香包等活动。6月26日，举行庆祝中国共产党建党98周年暨弘扬践行“浙西南革命精神”红歌大合唱比赛，全镇30多个行政村组成11支参赛队伍，以嘹亮的歌声唱出祖国之辉煌。8月10日，组队参加“养生杯”气排球比赛。9月27日，镇文化站组织镇干部开展气排球和羽毛球比赛。9月29日，组织老年人参加“庆祝中华人民共和国成立70周年健步走”活动，并举办庆祝中华人民共和国成立70周年暨“新村融合促发展　文化自信绘新篇”排舞大赛。10月18～19日，组织“水墨小港”舞蹈队参加乡村农民文化节，荣获金奖。11月20日，开展趣味运动会；11～12月多次开展兜球训练，组队参加县级兜球比赛，丰富广大群众的文化生活。

（大东坝镇党政办　占永慧）

新兴镇

【概况】2019年，新兴镇区域面积210904.05平方千米，辖22个行政村77个自然村。全镇山林面积12229.3公顷，耕地面积2072.33公顷，其中水田1555公顷。全镇总户数7899户，总人口22148人，出生新生儿206人，死亡156人，人口自然增长率2.26‰。全镇实现工业总产值10.05亿元，农民人均纯收入20178元；辖区内有国家AAAA级景区——大木山骑行茶园；全镇共有茶叶加工企业553家。茶产业产值8.7亿元，占工业总产值的82.85%。规上企业1家（丽水鸿昌混凝土有限公司），年产值9336万元，同比增长64.48%。2019年，新兴镇被评为2018年度农村文化礼堂建设示范乡镇；入选第三批全省“扫黄打非”进基层示范点名单；省级农业绿色发展先行区创建名单；2019年特色农业强镇创建对象；该镇横溪村被评为浙江省2018年度省级民主法治村；上安村被评为2019年浙江省电商专业村。

【基层便民服务】2019年，新兴镇发放低保救助资金286.2万元，发放产业帮扶资金53.8万元，临时救助困难救助95人次，享受残疾人生活补贴201人，享受残疾人护理补贴286人，发放困难补贴和重度补贴113.9万元。推行“全主体联动、全区域治理、全方位服务”治理模式，建成全县首个村级便民服务代办点，代办服务720件，成立全省首家茶乡巡回法庭，化解涉茶纠纷145起，发挥“茶香帮忙团”作用，调解矛盾纠纷244件。配备专职网格员91人，上报信息

茶香巡回法庭

12532条，办结率100%。居民生活品质提升，实施潘连农村生活污水终端提升工程，建成林场和大岭根太阳能垃圾沤肥池终端，推进“厕所革命”，改造公厕6座。

【矿山山体塌方救援工作】2019年12月17日上午10时43分许，位于新兴镇下源口村的安路源机制砂有限公司矿山突发山体塌方，17人安全撤离，3人失联，公司厂房2000余平方米受损。事发后，县委县政府领导立即组织消防、公安、应急管理、新兴镇等开展救援。

救援队伍赶往塌方现场

【特色农业产业发展】2019年，新兴镇创成省级绿色发展先行示范区，入选首批浙江省丽水市生态产品价值实现示范建设单位，申报省级特色农业强镇。协办中国茶商大会、中国松阳现代有机农业峰会和丽水市供销系统“春耕支农”等活动。推进“松阳茶师”培养，开展茶艺师、评茶员等专项培训，取得国家中级技能资格证421人，促进上岗就业281人。加强农业面源污染防控和农药化肥减量化工作，农药废弃包装物回收率和处置率达82%。推广使用有机肥69.4万千克，开展农产品检测300批次。实施内孟村、新处村高标准农田项目2个。在庄后、新处、官岭3个重点村种植香榧6500株；水稻等水生植物种植面积33.67公顷。实施杨村头、泉庄、外孟3个村的垦造耕地项目4.67公顷；实施农村饮用水达标提标工程项目竣工14个行政村。

【全域旅游有序推进】2019年，新兴镇大木山茶园自然主题亲子活动入选“中国亲子游品质产品”TOP10。创建上安AA级景区村和大岭根、后周包A级景区村。建成泉庄湖游步道，推荐浮光、静觅等民宿申报“丽水山居”示范点。全镇增加民宿4家、床位20个，累计建成民宿81家、床位695个，全年民宿共接待游客29万人次，营业总收入794万元。杨村头村砖窑博物馆、大岭根村造纸工坊、大木山自然学堂等精品项目有序推进。

【美丽集镇建设】2019年，新兴镇实施上源口等4个铁路安置小区基础配套设施建设，新铺路工程项目建设已竣工。实施小岭头至上坌、谢西坑至遂昌阴岱道路提升工程，建成上仓茶产业基地田间作业道路等7个特扶项目，徐郑村路面硬化等12个移民资金扶持项目和上安美丽乡村建设等8个财政“一事一议”项目。实施“大搬快聚富民安居”工程，异地搬迁25户86人，审批农民建房90幢。开展小南坑等6个村的地质灾害综合治理项目“回头看”问题整改工作，累计搬迁6户16人，拆除房屋4幢、香火堂10座、灰铺2座；完成山甫村地质灾害点治理工程。拆除违法建筑3.13万平方米，制止违建行为12起，拆除新违建8起。

【文教体卫普惠覆盖】2019年，新兴镇举办第六届茶叶文化节、大木山茶园健跑等活动及4台乡村春晚。组织参加第十二届田园松阳农民文化节获得红歌大赛三等奖、优秀乡村春晚节目展演三等奖、广场舞大赛优秀奖，参加县气排球赛获得三等奖。开展送戏下乡进礼堂活动12场，申报非遗传承人6人。做好新兴镇集团学校扩建项目学生宿舍楼主体工程建设和教学辅助用房工程项目招投标工作，建成农村放心家宴厨房2家。免费“两癌筛查”1000余人，慰问计生困难家庭26户，发放慰问金1.4万元。建成农村文化礼堂5个、新时代文明实践站22个。

【村调工作】2019年，新兴镇用时2个月完成行政村规模调整工作，行政村由44个优化调整为22个，涉调村37个，组建新村14个，新村平均人口达1150余人。37个涉调村参会率和同意率均超过90%，其中28个村参会率和同意率均达100%。村调后启动新村建设项目12个，化解遗留问题5个。

（新兴镇党政办　潘标）

叶村乡

【概况】2019年，叶村乡区域面积43平方千米，辖8个行政村29个自然村。全乡山林面积2554.9公顷，耕地面积338.9公顷，其中水田338.9公顷。全乡总户数3066户，其中农业户2082户；总人口7235人，其中农业人口6897人。年内出生65人，死亡49人，人口自然增长率2.2‰。全年实现工农业总产值2000万元，同比增长2%；财政总收入3091.33万元，同比下降16.5%；农村集体经济总收入517.17万元，同比增长41.43%；农民人均纯收入16021元，同比增长5%。

全乡实现工业总产值1600余万元，工业投资500万元，招商引资1280万元。开展安全生产隐患大排查，提升改造茶叶加工厂17家。淘汰落后产业企业，官田崇良页岩砖厂淘汰拆除。2019年，实现农业总产值400余万元。推动原种农业种植，建成岱头、叶村、松山3个粮食生产基地，种植水稻66.67公顷。实施香榧产业扩面提质，种植香榧33.33公顷。积极发展食用菌和中蜂养殖，发展香菇350万袋，中蜂养殖85户748箱。开展各类农业科技培训120余人次。提升家庭农场“丽水山耕”品牌2家。完成叶家、官田等村建设用地复垦2公顷，河头、叶家高标准农田项目通过验收。

开展“不忘初心、牢记使命”主题教育，致力转作风、抓落实，政府自身建设全面加强。自觉接受乡人大监督，定期向人大通报工作，14件人大代表建议案全部办复。规范重大事项决策行为，提升决策的科学化、民主化、法治化水平。落实党风廉政建设责任制，深入开展警示教育，持续推进“三服务”，建立起风清气正、崇廉尚实的政治生态。2019年，叶村乡2人入围松阳县第五届道德模范评选。

【首届丰收节暨农耕趣味运动会】2019年11月2日，叶村乡举行“首届丰收节暨农耕趣味”运动会。此届丰收节在现场展示农耕器具，村民现场制作器具。设置了农产品展示区，展示该乡的土特产，如铁皮石斛、斗米岙村的高山土蜂蜜，岱头的无公害高山生态大米等。农耕趣味运动设9个竞赛项目，分别为个人项目和集体项目，全乡上百名村民选手参加。

首届丰收节暨农耕趣味运动会

【第三产业提速发展】2019年，叶村乡大力发展农村电子商务，祥瑞电子商务产业园入驻企业87家，电子商务总销售额7.8亿元。组织村主要干部进行电子商务培训，叶村村成功申报电商示范村，南岱村被评为超市创业村。发展民宿、农家乐、艺术写生等休闲旅游产业，增加民宿5家、床位70余个，横坑村精品民宿常年爆满。河头村创成AA级景区村。乡村“798文化创意园”接待写生画家、师生15万人次，举办各种艺术活动16场次。

【项目建设稳步推进】2019年，叶村乡有力保障衢宁铁路、松阳火车站站前大道、黄南水库等重点工程顺利推进，完成站前大道土地征用和表土剥离、火车站牵引站征地、衢宁铁路租用地续租等工作。整改大棚房2处，治理地质灾害隐患点2处。开展危旧房治理排摸调查，组织鉴定C级危旧房15幢，全部修缮完工。完成扶贫、移民等项目建设，农村基础设施进一步完善。

【传统村落保护发展】2019年，叶村乡实行5个传统村落20余个项目的建设，当年报账387.4万元。竣工验收了斗米岙村饮用水源地保护工程、岱头房屋修缮工程、南岱水碓房复建等项目。深化“拯救老屋”行动，斗米岙2幢老房修缮完工。推进文化艺术引领乡村振兴示范区建设，举办“中国·松阳斗米岙当代艺术展”，孙景波等艺术家15人签约入驻斗米岙国际艺术村，“膳垄玖层美术馆”项目签约，南岱“夏克梁艺术工作室”正式启幕。横坑村承办“第一届城乡联系国际论坛边会”，中外嘉宾、学者100余人到村考察，传统村落保护发展的知名度和美誉度进一步提升。

【乡村环境提升行动】2019年，叶村乡推进“无违建”乡镇创建，全乡拆除违章违法建筑25386平方米，拆后利用率98.8%。全力抓好“三大革命”，开展村庄公厕提升改造，建成2个AA级、1个A级旅游公厕；推进农村生活垃圾分类处理，建成10个垃圾分类亭；完成叶村、膳垄农村生活污水处理终端提升。结合全民清洁日、“百日攻坚、全域洁净”、环境整治周、小城镇环境综合整治“回头看”等活动，组织1000余人开展环境卫生大整治，清理乱堆乱放、乱搭乱建、违法小广告2000余处，实施治水竞赛县级整改点7个，乡级整改点13个。持续开展“洁净家庭”创建，创建率突破80%，洁净家庭示范户119户。

【承办城乡联系国际论坛边会】2019年11月12日，第一届城乡联系国际论坛边会在叶村乡横坑村举行，有中外嘉宾、学者100余人到村考察。在用竹子编制的剧场内，与会嘉宾、学者席蒲团而坐，感受松阳高腔的魅力。该次论坛边会以文化和建筑为切入点推进物质更新、文化复兴，让松阳走出了一条城乡可持续发展的路子。

【基层治理体系建设】2019年，叶村乡围绕“并建制、并三资、并人心，促发展、促民生、促振兴”目标，按照地域相近、人文相通、产业相融原则，完成行政村规模调整，把原15个行政村调整撤并至8个，在三资融合方式、新村村名、村址等方面形成了广泛共识。建立健全综合指挥体系，提升网格员能力，举办业务培训11次。加强部门派驻人员管理，“基层治理四平台”实现有效运行，共上报处理各类事件信息8235条。深化“最多跑一次”改革，完成便民服务中心规范化改造并投用，设立综合受理窗口，实行“一窗受理，集成服务”。

11月12日，第一届城乡联系国际论坛边会分会场在横坑村举行

【推进平安乡建设】2019年，叶村乡开展矛盾纠纷排查调处工作，有效解决了一批群众关注的热点难点问题，调处矛盾纠纷178起。全面推进“扫黑除恶”专项斗争和信访维稳工作，确保重点时段、敏感时期安全有序。组织开展动物防疫，加强“非洲猪瘟”排查，全乡未发生一起重大动物疫情。深入开展安全隐患排查和安全生产大检查，全面开展安全生产、食品药品安全、公共卫生、防台防汛、消防等各项工作，保障社会大局和谐稳定。

【完善民生保障】2019年，叶村乡推进“双增”工作，横坑、官田精品民宿项目完工，南岱精品民宿开工建设，深化“村企结对”，开展强村公司运营探索，积极谋划“飞地”项目，全乡原15个行政村8月底全面完成“消薄”任务。开展农村饮用水提升工程，叶村、河头城乡一体化供水和横坑、南岱等5个自然村单村供水工程基本完工。开展低保、低边专项整治，实施低收入农户产业帮扶，全乡共发放补助资金18万元，受益人口322人。开展低收入农户“胃癌”免费筛查。帮助学子8人申报雨露计划。

【社会事业协调发展】2019年，叶村乡开展计生公益金补助调查及走访慰问工作，对全乡困难独生子女家庭8人进行补助；开展生殖健康检查和“两癌”筛查；开展两性安康保险和农村小额意外保险，全乡农村医疗保险参保率99.35%，城乡基本养老保险参保率97.24%。建成松山、叶家农村文化礼堂，叶村乡被评为丽水市健康单位。充分发挥人大及工青妇等群团组织职能作用，精神文明、统战、民族、宗教、工会、老干部、政务公开、档案、保密、科技等工作稳步推进。

（叶村乡党政办　徐雨潇）

斋坛乡

【概况】截至2019年底，斋坛乡区域面积26平方千米，辖7个行政村46个自然村。全乡山林面积1356.3公顷，耕地面积1931.5公顷。全乡总户数4065户，总人口9290人。2019年，出生新生儿91人，死亡61人，人口自然增长率3.26‰。财政总收入4771.45万元，增长17.96%。农村经

斋坛乡路口改造前

斋坛乡路口改造后

济总收入 543.23 万元，增长 26.27%。域内主要企事业单位斋坛乡卫生院、斋坛学校；名胜古迹石门圩廊桥等。2019 年，吊坛村创成浙江省级 AAA 景区村；石门圩村被评为省级 A 景区村。

【乡村环境综合治理】2019 年，斋坛乡累计拆除各类违章建筑 2.16 万余平方米，实现全年任务的 120%。做好地质灾害隐患点治理“回头看”，核销 C 级地质灾害点位 3 处，治理 1 处，避让搬迁 1 处。处置“两违”34 宗，涉及违法用地 2010.68 平方米，建筑面积 6204.46 平方米。开展“大棚房”问题专项清理整治工作，共整治 7 处 11 个点位、计 3700 余平方米，通过市县考核验收。做好批后监管工作，发放 523 本农村宅基地使用权确权登记，完成任务 124%。开展“六边三化三美”专项行动，推进农村环境综合整治常态化、长效化。推进污水、垃圾、厕所三大革命，实施农村生活垃圾分类，配齐办公场所分类垃圾桶 70 套，建成行政村公共分类垃圾亭 10 座，位于石门圩村的太阳能垃圾沤肥房于 5 月投用。投资 400 余万元建设石门圩美丽乡村。

【农业生产稳定】2019 年，斋坛乡扩大粮食生产面积，实现年度水稻种植 90.4 公顷任务和清理松材线虫病疫木工作。推广应用绿色防治技术，健康发展茶叶主导产业。深化市级生态精品现代农业示范乡创建成果，加强农产品品质量安全生产和监测体系建设，开展农药包装废弃物回收，推广使用有机肥 52 万千克，与乡域内 3 家农资店签订农药包装废弃物回收。

【工业升级步伐快】2019 年，斋坛乡域内企业恒丰高岭土公司新增全自动投料机及除尘设备，获得安全生产标准化三级企业证书。浙江宏兴包装有限公司新增疫木剪碎生产线，获得浙江省进出口资质。绿健蔬菜合作社新增全自动真空包装机，并在“买卖吧”APP 进行网上销售。农村电子商务营销产值 5000 万元，从事来料加工 234 人，发放来料加工费 97 万元。

【发展农耕文化】2019 年，斋坛乡推进农旅融合和全域旅游发展，举办云顶仙坑源“中医药康养新模式，休闲农旅生活”主题民宿论坛和“打造康养胜地，推动乡村振兴”主题论坛，被评为丽水市农家乐综合体精品示范项目，“花前听风”和“云尚楼”被评为三星级民宿。举办第二届中国农民丰收节暨斋坛乡第十二届农耕文化节，推进农耕文化发展。

【行政村规模调整】2019 年，斋坛乡实施行政村规模调整工作，把原 14 个行政村整合为 7 个行政村，三资融合落地，建立党务、村务、村务监督、社务四套领导班子。探索村集体经济增收渠道，完成 7 个行政村消薄任务并通过县级验收。运用好上级项目补助资金，将吊坛、东圩蓬 2 个村的有限资金投资“飞地”项目，增加资金使用绩效。启动吊坛村集体经济发展有限公司实体化运作，首期流转土地 2 公顷，建设全息自然农法基地。

【营造稳定的社会环境】2019 年，斋坛乡加强农村社会治理力度，探索社会治理新思路新举措，做好各项安保工作。全乡开展全网式排查 4 次，排查和调处村级矛盾纠纷 130 起，受理调处各类矛盾纠纷 150 件，调解成功率 98%以上。压实信访工作责任，无进京赴省上访和群体访事件。及时答复省巡视组反馈的 22 件信访件，网信 55 件，调解卷宗 58 件，成功化解积案 1 起，走司法程序 2 件。加强扫黑除恶、反邪教、禁毒预防工作，严查黄、赌、毒等各类违法行为，广播宣传 30 余次，制作标语 100 余条，发放宣传资料 1000 余份，张贴海报宣传画 100 余幅。

【重点项目建设】2019 年，斋坛乡辖区火车站四电场坪、外电引入线路工程于 6 月开工建设并顺利推进，综合供能服务站 5050.16 平方米土地征用并交付使用。实施斋坛陶窑工坊 8100

余平方米的征地和99穴坟墓迁移。完成15.4公顷旱改水和3.33余公顷的垦造耕地项目建设，下坌村复垦土地0.38余公顷。投资485万元，实施斋坛小区道路、雨水管道及污水管道基础设施项目建设。庐东村农村饮用水达标提升项目在全县率先完成；实施上坌村至新兴镇小岭头村的公路提升改造项目；石门圩、庐东、大路3个村避灾安置场所提升规范化建设完工。基本完成3个传统村落村21个项目建设，吊坛村传统民居改造和道路修复项目分别被评为传统村落项目一等奖、优胜奖，全年报账266万元，实现年度任务的103%。

【民生保障工作】2019年，斋坛乡实行农村低保动态管理，核销不符合低保条件49户计72人，不符合低边条件144户计254人。做好社会救助救济工作，发放救灾款8.2万元。推行养老服务，10月大路村养老服务照料中心建成，并于10月正式投入运营。加强残疾人救助工作，享受困难残疾人生活补贴64人，重度残疾人护理补贴152人。办理被征地农民失地农民养老保险参保200人次。开展政策宣传，实施城乡居民养老保险和城乡居民医疗保险参保工作。

【乡村文化阵地建设】2019年，斋坛乡定期召开工作会议，分析研判突出问题，及时掌握，有力处置，有效引导。召开分析研判会议2次，研究部署重大事件舆情引导3次。开展“不忘初心、牢记使命”主题教育、弘扬践行“浙西南革命精神”、“学习强国”政策宣讲和常态化学习教育。组织夜学9次，主题教育学习活动2次，中层干部课堂4次，主题讲座、瞻仰、考察学习等活动5次。把意识形态工作纳入目标管理考核制度，与党建等党委中心工作同部署同落实。2019年，结合各项会议研究意识形态工作推进4次，细化工作措施5条。加强舆论引导，成立一支年轻干部为主的网评队伍，及时掌握网络舆情动态，及时反馈社情民意，维护网络清朗空间。全年通过省市县各级主流媒体宣传报道党委政府工作20余篇。弘扬乡风文明，建设精神文明阵地。以乡文化站、村文化礼堂、农家书屋等文化场所为主阵地，开展政策宣讲、知识培训、送戏下乡、选树典型等活动。全年举办乡村春晚4场、政策宣讲10余次、送戏送电影下乡6场次。

（斋坛乡党政办　许桢）

四都乡

【概况】截至2019年底，四都乡区域面积47平方千米，辖5个行政村13个自然村。全乡山林面积3466公顷，耕地面积292.8公顷。全乡总户数1390户，其中农业户1280户；总人口3755人，其中农业人口3696人。2019年，出生新生儿27人，死亡43人，人口自然增长率负4.26‰。财政总收入4174.57万元，同比增长7.1%。农村集体经济总收入258.7万元，同比增长9.6%。辖区内建成精品民宿有过云山居、云端觅镜、揽树山房、云上平田、云影心谷、九舍、无心云舍等；有先锋书店陈家铺平民书局，诗人庞培、陈东东等5位艺术家工作室，云夕摩加国际文化交流共享中心等文化交流中心；有荷花山中药材基地、大旱田梅花鹿养殖基地、大荒田自然农法果蔬种植基地、牛路岗高山生态水稻种植基地等生态种植（养殖）示范基地。2019年1月2～3日，浙江省委书记车俊先后到四都乡陈家铺村、西坑村、平田村考察村容村貌、传统民居、先锋平民书局，了解“拯救老屋”、工商资本与村民集体利益衔接等方面困难，肯定四都乡党建引领乡村振兴的做法。2019年，四都乡被授予“中国摄影艺术乡村”；创建成为“心安云上　栖居四都”省级旅游风情小镇；被丽水市委、市政府评为“2018年浙江（丽水）绿色发展综合改革创新区（大花园）建设”先进集体；被丽水市政府评为丽水市高水平建设“四好农村路”示范乡镇；陈家铺村创建成为浙江省AAA级景区村，平田村塘后自然村、陈家铺村庄河自然村创建成为省AA级景区村，四都阳村榔树自然村创建成为省A级景区村。

【推进生态农业发展】2019年，四都乡通过召开“600”生态农业座谈会等形式，发挥专业合作社、家庭农场示范引领的作用，发展以高山茶叶、高山蔬菜、香榧为主的现代特色农业，提高农民组织化程度，推动村集体、小农户与现代产业体系有效链

生态彩稻基地

接。全乡发展香榧种植面积13.33公顷，中草药基地15.33公顷，种植十余种高山生态水稻3.33公顷，并大力推广彩稻种植，发展景观农业；平田大荒田农产品合作社积极探索生态循环农业，实现“移栏出村”、零污染生态饲养生猪；探索生态产品价值实现机制试点工作，开展乡生态强村公司实体化运作，陈家铺番薯产业合作社优势初显，带动村民增收。开展林相改造、山林抚育等工作，实施“拯救老树行动”，让濒危古树重新焕发生机。完善示范农业基地基础设施，建成大荒田农业基地水池，建设老寨农农业基地水渠和安装杀虫灯25盏。实施农村饮用水达标提标工程，实施西坑、陈家铺、平田、四都阳4个村的项目建设。

举行行政村规模调整后新村挂牌仪式

【旅游民宿经济提质增效】2019年，四都乡坚持“全域推进、全域提升、全域创建”的要求，开展山居民宿集聚区建设，高品质推进全域旅游，四都“云上栖居”创建成为省级旅游风情小镇，平田村入选全国乡村旅游发展典型案例，创成陈家铺省AAA级景区村，庄河自然村、塘后自然村省AA级景区村，榔树自然村省A级景区村。做精做强民宿经济，持续高标准抓好设计、建设各环节，指导民宿开展规范管理、服务提升，不断提高“云系列”民宿的影响力和美誉度。云影心谷、九舍、无心云舍、云夕摩加国际文化交流共享中心三楼公区等建成营业，陈家铺依山半舍、云夕，塘后不知年等民宿项目有序推进。截至12月底，全乡共有民宿23家，星级农家乐13家，餐位1460个、床位321个；其中白金级民宿1家、金宿级民宿1家、银宿级民宿1家，直接从业人员127人；全年累计接待游客30万余人次，营业总收入3600余万元。

【社会各项事业协同发展】2019年，四都乡不断完善社会保障制度，全乡社保参保2769人，医保参保3573人；纳入低保122户158人，低保边缘户58户90人；53人享受困难残疾人生活补贴，59人享受护理补贴；申请及发放各类困难补助12.02万元。全面落实乡镇主抓、村级主体的脱贫攻坚分工机制，为每户低收入户设计精准脱贫计划。为179户247人低收入农户发放产业帮扶资金共计20.92万元；改造贫困户危旧房13户；投资165.92万元，实施扶贫项目4个。顺利完成行政村规模调整，把原11个行政村撤并调整为5个行政村，配齐配强村班子，推进新村融合发展。2019年，共排查化解矛盾纠纷75件，及时处置初信初访2个，有效预防信访上行；开展“扫黑除恶”工作，加强重点村的治理，落实重大会议活动的安全保卫工作。切实抓好安全生产工作，组织开展民宿、食品、项目生产等安全隐患大排查24批次，排查整改隐患20处。推进“五水共治”、河长制、“三改一拆”、“洁净家庭”、危旧房治理等工作。着力改善人居环境，实施西坌小区二期四批公寓楼及基础设施项目、小区绿化和停车场等市民健身项目等建设；常态化开展垃圾分类工作，太阳能堆肥处置中心正常运营，全乡配备保洁员17人，“农户分类、村组收集、乡镇转运、集中处理”的垃圾清理体系发挥积极作用，环境卫生持续向好。

【推进农文旅深度融合】2019年，四都乡以文化艺术助推乡村振兴，开展“百名艺术家入驻松阳乡村”规划，与诗人庞培、陈东东等5位艺术家签约成立工作室。以先锋书店陈家铺平民书局为文化引领，建立艺术教学基地，打造艺术创作线路，在乡村开展艺术创作、作品展览、学术交流等活动。翎芳魔境松阳美食研究基地组织开展“村妇上岗”培训、“三茶三点”研发等公益活动，开展分餐制试点研究。西坑村文创集市开设“苔藓工坊”，进行苔艺制作、苔藓盆景的展示体验。进一步丰富群众的精神文化生活，创成“中国摄影艺术乡村”，改造提升乡级文化站，深入挖掘本土特色的传统文化，举办摄影节、“乡村春晚”等文化民俗活动，推进“农文旅”深度融合，使传统乡土文化与现代元素交融碰撞，不断激发乡村内生动力。

（四都乡党政办　张佩霞）

三都乡

【概况】2019年，三都乡地域面积62平方千米，其中有耕地393.07公顷，多为山间梯田；山地4658.33公顷，是个典型的“九山半水半分田”的山区乡。截至10月底，全乡共有总户数3191户，总人口8373人；2019年，共出生新生儿71人，死亡44人，人口自然增长率为3.2‰。辖区拥有高山生态农业，三都生姜、桃子等土特产；国家登山健身古道，国家级传统村落全覆盖，连续举办6届国际天空跑赛事。

【生态精品农业发展】2019年，三都乡加强政策引导，出台《三都乡生态精品农业发展的实施意见》和《2019年度生态精品农业发展扶持办法》，加强生态农业发展扶持力度，引导农业主体在农业种植、主体培育、农药化肥减量增效、农业品牌打造、农产品营销、产业化建设、休闲农业开发等方向发展。加强示范引领，建设生态农业示范基地，推进上庄秋歌、桃李满园合作社的带动示范，提升岭上、夏田、白水涧、绿谷精耕家庭农场等基地的品质，建设上田、上源以村集体为主导的农业基地，建设紫草中草药基地和后湾香榧套种中草药基地。加强推广营销，推动农产品与市场的对接，组织参加县内各类农产品集市活动及各类农产品博览会，在杭州菜市场设立三都农产品售卖点，对接上海松阳商会、杭州企业、宁波北仑企业等开拓市场。

【乡村振兴改革试点】2019年，三都乡上田村施行乡村振兴的改革探索，在生态文明背景下，探索以集体经济制度为基础，混合所有制、农民专业合作社等多样化联合合作发展为特征，政府、村集体、村民三方共同参与，既充分调动村民个体积极性，又有利于实现共同富裕的新农村建设模式。通过一年的改革实践，上田村改革取得初步成效，组建上田乡村振兴发展有限公司，创新“农民入股+保底收益+按股分红”的利益连接机制，构建集体经济运行新机制。在改革的过程中，突出村集体、村民的主体地位，政府资金的引导作用，村集体、村民的资产、资源整合，农民的组织化。10月1日，原乡上田民宿综合体正式投入试运营，取得较好的经济和社会效益。上田村改革发展模式得到社会广泛的认可，10月县委“四套班子”到上田村开展主题教育的使命之行活动，11月联合国人居署第一届城乡联席会议边会在上田村召开，期间中央、省、市各部门领导到上田村调研考察，其发展模式得到充分肯定。

三都乡原乡上田民宿综合体风貌

【行政村规模调整和消薄工作】2019年，三都乡因地制宜、依法依规，稳妥有序推进行政村规模调整工作，把全乡18个行政村调整为10个，6月末，全乡行政村规模调整动员部署会正式启动，全乡上下齐心协力、同频共振，其中14个涉及调整村村民代表会议、户主代表会议，均以同意率100%通过调整方案，8月初召开新村授印大会，配优调强村级组织班子队伍，村级事业总体稳定，完成行政村调整工作。以行政村规模调整为契机，全面系统谋划“消薄”工作，实施项目化“消薄”，通过有固定收益的政府型项目、内生动力建设型项目、强村公司投资项目、结对单位扶持项目等项目类型对全乡各村分门别类实施消薄，全乡10个行政村在8月底全部完成集体经济总收入均突破10万元、年经营性收入达到5万元以上的目标任务。

【传统村落保护利用】2019年，三都乡持续推进传统村落项目建设，全乡13个自然村累计实施项目138个、投资额4800余万元，累计完工113个，实现报账2538余万元，其中紫草、上庄、周山头、杨家堂4个村项目建设全面竣工。持续推进老屋拯救项目建设，完成修缮优秀传统建筑4幢，建筑面积2004平方米，项目全部通过竣工验收；申报二期老屋修缮项目11幢，开工7幢计3802平方米，概算投入260余万元。开展传统村落项目的后期保护利用工作，酉田村23号中医馆硬件建设完工，杨家堂村2号、4号与杭州广晟成功签约，毛源青峰远映民宿是年春节正式对外营业，原乡上田精品民宿国庆节正式营业，松庄桃野精品民宿于12月开始内部测试。4月，电影《我在原地等你》先后在酉田、杨家堂和后湾村拍摄，11月在全国院线上映，省新闻媒体多次报道该乡传统村落保护利用情况。

【户外运动体验区建设】2019年，三都乡组织完善乡域范围内古道体系建设，紫草至四都乡塘后古道建设项目竣工并通过验收，修建呈回、紫草、里庄、上庄、毛源段古道，并于12月通过验收。联合县登山协会组织开展“2019步步高友谊登高赛”“桃花梨花节古道徒步健身”“三都之夏——溯溪扎营”等活动6次。12月7日，“2019中国•松阳国际天空跑挑战赛”在松阳县国家登山健身步道——三都古道举行，来自全国23个省、市（自治区）以及13个国家和地区的750余人运动员参赛。天空跑赛事被国家登山协会评为年度精品赛事、被省体育局列入重点支持项目。

2019年12月29日，三都乡举行安联溪山塘水源工程下闸蓄水仪式

【洁净村居创建行动】2019年，三都乡印发《三都乡2019年洁净村居工作考核办法》，启动国家卫生乡镇创建，开展病媒消杀、乱堆乱放、垃圾分类、环境整治等工作。5月底，通过省级暗访，继后通过国家验收。开展洁净村居创建，推进“六边三化三美”，提升农村洁净水平，对上田、杨家堂、酉田、下田、里庄、尹源等村开展“垃圾分类”及“洁净家庭”培训10余场次，并通过进村入户宣传、检查评比、示范户创建、志愿者活动等措施，引导农户自觉参与，全乡创建成为“洁净家庭”示范户250余户。落实河长制，乡村两级河长积极履职，实现全乡河道总体干净。

【民生实事工作】2019年，三都乡岭上至山仓殿段路面浇筑竣工，提升酉田至尹源段项目改造。实施里庄至上源路段改造工程项目，改善交通基础条件，实施防护栏工程。开展农村饮用水达标提标3年行动，安联溪山塘建成并下闸蓄水，建成安联溪水厂，全面启动单村饮用水提升工程，改造提升尹源、黄岭根村单村供水工程，保障农民饮用水安全。桐溪安置小区污水处理室外排水项目开工建设，里庄车站前期项目完成招投标。建成尹源、黄岭根2村的文化礼堂，建设新时代文明实践所1个、实践站6个、实践点10个，实现6个村文化礼堂和全乡行政村全覆盖，丰富农村精神文化生活。先后实行铺门二期下山脱贫联审120户，“大搬快聚”回头看整治点位3处，呈回村地质灾害核销工作，“四类人员”的危住房救助修缮28户，CD类危房治理42幢。

【社会治理机制完善】2019年，三都乡推进“四个平台”建设，优化选聘网格员队伍，共选聘网格员36人，同时做好巡查、信息报送等日常管理。4月，便民中心规范化改造完工并投用，提升“一窗受理”服务，群众办事在便民中心实现集中受理。开展“扫黑除恶”专项斗争，做到学习宣传到位、营造氛围、建立机制、齐抓共管，排摸线索、综合治理，切实把“扫黑除恶”专项斗争落到实处。推进信访工作，整合力量夯实综治基础，健全接访制度，注重发挥村级调解力量，一批热点难点问题有效化解，做好中华人民共和国成立70周年庆典和中共十九大四中全会等重点时段信访维稳工作。

【党建工作全面推进】2019年，三都乡强化廉政风险防控，组织党员干部开展岗位风险自查，观看专题教育片《警钟长鸣》，学习《松阳县党员干部警示教育案例选编》，到大东坝横樟村“思廉堂”接受廉政教育。弘扬优秀清廉家风，建设杨家堂村清廉村居，并在全乡推广示范。开展执行力建设深化年专项活动，重点抓干部效能建设。加强村干部队伍监督管理，全年乡纪委约谈相关村干部11人，梳理问题线索2条，立案2人，给予党内严重警告2人。开展基层党建“回访固基”专项行动和村社换届“回头看”工作，清理2人曾受刑事处罚干部。抓好党员发展工作，严格按照“改善结构，慎重发展”的原则发展党员，完成全年发展党员5人的年度目标任务，优化了党员结构，提高党员素质。严格执行主题党日“8+X”模式，探索“量化考评”，规范“主题党日”，实行一月一督查、一季一通报、半年一点评、一年一考核机制，开展集中检查3次，电话抽查党员110余人次，组织支部书记党建擂台赛三期。开展涉行政村调整152人原三委干部审查，严格选人用人标准，配齐配强新村组织班子。全面落实意识形态工作“一岗双责”责任制要求，把意识形态工作纳入领导班子、领导干部目标管理的重要内容，纳入领导班子成员民主生活会和述职报告的重要内容。抓好乡党政班子成员理论中心组和党员干部的学习活动，组织集体学习12次。推进“学习强国”平台的注册学习进程，浓厚全乡党员干部学习氛围。开展“浙西南革命精神”弘扬践行活动，先后5次组织乡、村干部开展“浙西南革命精神”主题学习活动；开展乡域范围内红色资源普查工作，组织参加县微型党课比赛。推进乡贤回归工作，全年乡贤联谊会慰问优秀困难大学生6人，里庄、毛源村等乡贤积极助力村级集体经济增收。

（三都乡党政办）

竹源乡

【概况】 截至2019年底，竹源乡区域面积57平方千米，辖7个行政村20个自然村。全乡山林面积5065.54公顷，耕地面积368.66公顷，其中水田336.44公顷。全乡总户数2578户，其中农业户2578户；总人口6828人，其中农业人口6828人。2019年，出生新生儿59人，死亡51人，人口自然增长率1.17‰；财政总收入3147.49万元，同比增长12.4%。农村经济总收入334.33万元，同比增长16.5%。辖区内名胜古迹有“竹源峡”瀑布群、潘殿源瀑布、尧桥观景亭、东岭蝙蝠洞、水库湖心岛等。

推进生态产业发展，种植水生作物29.33公顷，旱地种植10.67公顷，积极引进原种农业、自然农法等高品质生态农业，实施阿郎自然农法项目13.33公顷，参加县生态农产品集市13次。发放扶贫中蜂养殖605箱，扶持低收入农户121户。开展高标准农田项目建设，投资470余万元，建设后畲、大岭头、小竹溪、横岗4个村的高标准农田项目，并于11月开工，提升266.67公顷的农田基础设施；全年购买使用有机肥27万千克；落实农产品质量安全监管工作，实行农产品检测320批次。落实“非洲猪瘟”防控各项工作，做好春防、夏防、秋防、冬防等各项工作，确保“非洲猪瘟”零发生。发展林业经济，2019年，种植油茶20.67公顷，种植香榧11.47公顷，采伐迹地更新造林面积0.73公顷，抚育面积76.8公顷，开拓油茶香榧操作道1.4千米，林区道路2千米，全乡3666.67公顷生态公益林补偿款发放到位。开展松毛虫、松材线虫、柳杉毛虫等病虫害测报，共调查4666.67公顷。推进农村饮用水达标提标工程，实现周岭根、燕庄、小竹溪3个村农村饮用水达标提标工程，动建下年度呈旺坑、大岭头、黄下3个村农村饮用水达标提标工程，整改2018年度后畲、黄上、横岗3个村的农村饮用水达标提标工程，切实解决5000余人口农村饮用水问题。

开展乡文化站建设，改造小竹溪村办公楼建成综合文化站，建成后畲村A级旅游公厕及创成黄上村省A级景区村。投资260余万元，继续实施竹源峡景区项目建设，景区七级瀑布游步道、观景台等设施已竣工。

【推进乡域各类项目建设】 2019年，竹源乡开展西（屏）竹（源）玉（岩）公路竹源路段的政策处理和征地清表工作，全力保障县级重点工程衢宁铁路、黄南水库等项目建设，及时解决项目政策处理及其他影响施工的问题，保障工程无障碍施工。实施古村老屋保护利用项目，完成横岗、后畲、黄上等5个传统村落共计项目15个，实现资金报账915万元。完成“消薄”工作，通过村双增和乡联建项目、村企业结对等拓展各村“消薄”增收渠道，在产业增收渠道和强化物业经济支撑上发力，逐村分析，因村制宜，全乡于10月全部完成行政村“双百”任务。推进农村生态公墓建设项目，可重旺村生态公墓竣工验收，后畲村、大岭头村生态公墓建设有序推进中。开展危房治理和住房救助工作，全年共救助22户低保、低边困难群众的住房修理；治理C、D级危房34幢，涉及农户46户；处置“两违”4宗，处置面积656.2平方米；办理不动产权425户，完成任务的112.7%；拆除违法建筑总面积3228平方米，完成目标任务的161.4%。建成后畲、小竹溪、横岗3个村规范化避灾安置场所。

【文化旅游产业稳健发展】 2019年，竹源乡推进文化旅游产业发展。2月6日，举办小竹溪村首届乡村春晚，村民自编自演节目14个，展现乡村老百姓的精神风貌和乐享美好生活的喜悦之情；2月21日，以“排祭文化”和“竹文化”为中心，打造“小竹溪排祭”民俗活动节，吸引近1万人次游客前往观光游玩，并推动小竹溪村民宿的发展，文旅融合；2月22日，首届“中国松阳后・舍艺术春季展”在该乡后畲村举行，共展出中国、意大利、德国等34位国内外艺术家作品100余件，吸引14名艺术家入住该村成为荣誉村民，并成立14家艺术工作室。老屋活化利用初见成

2019年5月10日，西竹玉公路项目竹源乡路段放样测量

“小竹溪排祭”民俗活动节

效，并被央视新闻、《人民日报》、《光明日报》等国家级媒体报道。

【提升救助便民服务水平】2019年，竹源乡增加低保4户、5人，针对低保户异常进行核查，共取消低保11户、计17人；临时性困难救助41户、计117人，共计发放救助款79500元。推进基层治理“四平台”建设，全乡通过信息指挥平台上报事件6769件，办结率100%；深入推进“最多跑一次”改革，开展乡级便民服务中心规范化建设，实现“一窗受理、内部流转、全程代办”的工作机制；积极推广待遇资格手机人脸认证，实现社保待遇资格认证零次跑；全力做好信访工作，全乡共调处矛盾32起，调处成功率100%，化解市级信访积案2件，解决重大历史遗留问题5起，全年未发生安全生产事故。

（竹源乡党政办　陈翀）

樟溪乡

【概况】截至2019年底，樟溪乡区域面积31平方千米，原辖22个行政村，7月份行政村规模调整并村后辖8个行政村49个自然村。全乡山林面积1187.56公顷，耕地面积735.7公顷。全乡总户数4094户，其中农业户4079户；总人口10300人，其中农业人口10300人。2019年，出生新生儿90人，死亡86人，人口自然增长率0.4‰。实现财政收入4221.88万元，增长181.07%。农村经济收入574.29万元，增长10.8%。辖内古迹有始建于南北朝大同年间的县级文物保护单位法昌寺。市级非物质文化遗产樟村拳，县级非物质文化遗产木偶戏、溪下文武彩灯等。

9月26日，在樟溪乡力溪村举行松阳县首届连环画艺术节、力溪村连环画艺术馆开馆、“红色浙西南”原创连环画首发仪式。县委书记王峻、副县长谢雅贞、上海图连文化传播有限公司董事长邵彦山及艺术家出席仪式。来自全国各地数十名连环画艺术家、嘉宾、全国“连友”参与签名售书、连环画精品艺术展、连环画藏品拍卖会、《红色浙西南》连环画研讨会、书画艺术交流笔会等活动，共同把松阳打造成为“国际艺术创作交流圣地”，助力实施田园松阳“乡村振兴”战略。

【主导产业绿色发展】2019年，樟溪乡深化“中国茶乡”建设三年行动，从源头提升种植质量，进一步培育壮大茶产业，通过扩大规模、技术引进、改变经营模式等举措，推进茶产业强基固本。大力倡导生态田园建设，全年推广商品有机肥28.81万千克，水稻种植面积59.59公顷。鼓励茶产业加工企业联小做大，延伸产业链，提升综合效益，打造生态品牌。

【民生实事项目建设】2019年，樟溪乡坚持把项目建设作为富民强乡的重要抓手，集中力量、精力、资源全面推进。建设樟村、上徐山等3个自然村5.33公顷的垦造水田工程项目，东市、馒头山、兴村、溪下等7个自然村2.67公顷宅基地复垦项目，建成力溪等3个村高标准农田，球坑、黄田古村落续建项目按年度计划稳步实施。投资约145万元，实施环境整治、饮用水源保护、污水提升、原办公楼修缮等工程。

【特色产业发展】2019年，樟溪乡积极探索合作化和跨区域抱团合作模式，成立樟溪有礼农旅合作社，提升“红糖经济”的社会效益，促进村集体和村民增收。东市村中草药基地依托山海协作余姚科技项目，探索试种蟠桃。依托“丽水山耕”，全年增加“二月天”等商标3家。充分发挥“互联网+”的模式，扶持和规范来料加工业发展，加工费累计收入369万元。通过开展特色农业开发、特色产业挖掘等契机，抱团打响品牌知名度，实现资源共享，共同发展。

【农村消薄工作】2019年，樟溪乡多次召开农村消薄专题部署会，压实村三委干部责任，把消薄质量纳入年底绩效考核，并通过村企结对、飞地项目、联建项目等推动消薄工作。多方面引导各村充分挖掘资产资源，鼓励村集体盘活闲置或低效使用的会堂、村办公场所、生产加工场地等各类集体存量资产，开展租赁经营，发动各村摸排荒山、荒滩、空闲地等土地资源进行垦造耕地，壮大村集体经济，全乡完成消薄任务。

【全域旅游行动】2019年，樟溪乡围

2019年9月26日，力溪村连环画艺术馆举行开馆揭幕仪式

绕“国际乡愁旅游目的地”建设三年行动，将各村的美丽乡村环境整治、垃圾分类等融入建设内容，激发乡村旅游新动力。提升兴村红糖工坊功能，举办市社科联科普周活动。发挥力溪湖生态优势，提升生态环境，打造景区节点。全国首家连环画乡村艺术馆开业暨2019年松阳首届连环画艺术节开幕仪式在力溪村举行，力溪村游学线路入选县精品线路；全乡共接待游客2.5万余人。

【乡文体活动】2019年，樟溪乡推进文化惠民工程，组织开展各类文体活动，先后举办“2019年松阳首届连环画艺术节”、“樟溪乡第四届红糖展陈工坊开糖节”、“科普进万家”宣讲、老年人健步走等大型文化节庆活动。举办乡村春晚活动4场。组织队伍参加全县小品、排舞等各项活动，组织机关干部参加弘扬践行“浙西南革命精神”合唱比赛、气排球赛、篮球赛等文体赛事。全年累计组织机关干部、普通群众8批70余人参加县各类文体比赛，其中“樟村拳”节目被评为乡村村晚会优秀节目、排舞大赛获得三等奖、气排球赛获得一等奖。

【人居环境建设】2019年，樟溪乡着力改善农户住房条件，审批农户建房35幢，修缮C级危房4幢，申报住房救助7户。农房确权颁证907份，实现年度任务150.66%。开展防违控违工作，拆除违章建筑88宗，拆除建筑面积18509.2平方米，实现年度任务的123.39%。建成西源等4个村农民饮用水工程，居民1000余人喝上放心的洁净水。投资110万元实施5个村移民建设项目，建成2个村的文化礼堂，公厕1座、提升公厕3座，污水终端提升工程项目改造2个村。开展“洁净家庭创建”活动，清除乱堆乱放1000余处，清理小广告380余处。全面实施农村生活垃圾分类处理，创建农村生活垃圾分类处理村17个，开展国家级卫生乡创建工作。

【乡村生态环境整治】2019年，樟溪乡深入落实“秸秆禁烧”工作，制订详细工作方案，落实专人巡查，对4起违反秸秆禁烧禁令事件进行行政处罚。严格落实“河长制”管理，乡、村两级河长开展巡河1188次，巡河率为100%，处理问题36件。全面开展剿灭劣五类水工作，整治小池塘7处、小沟小渠整治点2条。绘制整改攻坚作战图，采取挂牌销号的方式，整改小微水体整改点9处。

【基层社会治理】2019年，樟溪乡深化基层社会治理“一张网”体系和“四个平台”建设，加强网格员日常考核管理，约谈提醒网格员8人次，开展网格员队伍培训20余次。倡导“枫桥经验”，引导民事村了，成功调处矛盾纠纷64件。努力净化信访环境，接待群众来访65件次计78人次，办结率100%。深入推进平安创建工作，开展扫黑除恶行动；落实安全生产，举办安全知识培训3期；协同古市交警大队开展道路交通检查18次；开展松材线虫病防治工作，清理枯死树木32万千克。

【便民服务】2019年，樟溪乡深化“最多跑一次”改革，推出村级“最多跑一次”服务事项18项，乡便民服务中心“一窗”系统办理205件，完成乡便民服务中心规范化建设。开展“上门服务”，实行农房不动产权证

11月9日，樟溪乡举办兴村红糖展陈工坊开糖节

"统一收件，上门办理"服务，该项工作被《浙江日报》报道。开展"三服务"活动，全乡干部累计开展志愿服务1025人次，为民办实事265件，机关干部助力完成25个微心愿。全乡推广376台车辆安装ETC，列全县第一名。

【民生社会保障工作】2019年，樟溪乡推进低收入人群动态管理，做好低保边缘家庭认定工作。全乡增加养老待遇领取人员150余人，统筹生存认证665人；开展救灾救助工作，累计发放临时救助7.76万元，救助农户153户；增加低保7户计19人，取消47户计141人。实施低保人员免费胃癌筛查民生实事项目，实行血清筛查117人，胃镜检查人员54人。建成省民生实事项目"樟溪乡残疾人之家"，为全乡残疾人提供更实在的庇护服务。扎实开展武装工作，发挥民兵作用，先后组织2次40余人参加新兴镇安路源自然灾害抢险。

（樟溪乡党政办　梁日强）

赤寿乡

【概况】截至2019年底，赤寿乡行政区域面积54平方千米，辖8个行政村，50个自然村，155个村民小组；全乡山林面积3352.83公顷，耕地面积3695.24公顷，其中水田3695.24公顷；全乡总户数4403户，总人口11112人。2019出生新生儿113人，死亡89人，人口自然增长率2.16‰。实现工业规上企业产值5.74亿元，同比增长10.34%；财政总收入1445.8万元，同比减少6.43%。各村集体收入共计901.6万余元，同比增长11.75%。辖区内名胜古迹有万寿山、狮子岩、国家AAA级旅游景区古驿界首、国家传统村落黄山头，省级传统村落赤三、赤四村。

2019年，赤寿乡开展科学素质类、农业专业技能等各类培训1000余人次，为农民提高各类知识搭建平台。全乡粮食种植面积78.12公顷，发放粮食直补、有机肥补贴、农机补贴等各类涉农补贴180余万元；回收各类农药废弃包装物12841千克，动物疫病防控工作规模场户防疫密度100%，散养畜禽95%以上。实施垦造耕地项目20.66公顷，其中垦造水田12.98公顷，垦造旱地3.07公顷，建设用地复垦6.67公顷。通过大力发展物业经济、盘活存量资产、融合发展美丽经济、培养经营队伍、结对帮扶五大举措，发展壮大村级集体经济。全乡各村2019年"双增"项目共13个、乡联建项目2个。全乡各行政村实现"双百"目标及验收全覆盖，集体经济收入达到100万元以上的村5个。

赤寿乡标准茶厂区

全乡工业企业380余家，规上企业7家。2019年，实现规上企业工业产值5.74亿元，同比增长10.34%，实现税收1300万元。招商引资项目2个（其中投资5000万元以上1个），实现投资2600万元。推进清洁化生产，改造不锈钢企业酸洗场地和雨污分流6家。引导2家企业结对帮扶省定集体经济薄弱村的发展，促进以工扶农、村企业融合发展。完成楼塘新村供电线路改造提升工程；建成3个村邻里中心（物业楼）；园区拆迁户招拍挂地块建设项目和墙里村水渠建设 工程竣工；园区纵二路楼塘安置新村建房竣工验收。

全乡共有13个农家书屋，健身路径18个，文化礼堂7个。2019年，投资20万余元完善提升综合文化中心，建成楼塘村文化礼堂，举办梧桐口村、界首村、赤四村、叶川头村乡村春晚4台，举办"粽子飘香 情满赤寿"第三届包粽子比赛系列活动、赤寿乡第六届休闲养生文化旅游节系列活动。建成界首村、叶川头村中医药馆，开展学习会、义诊咨询、安康保险、圆梦微心愿、孕产妇保健服务等活动。

全乡新农医参保10981人，参保率99.06%；城乡养老保险参保8439人，参保率95.43%，全面落实低保对象胃癌筛查工作。2019年，发放各类救济款12.46万元，发放衣物棉被21床，救助503人；增加低保户10户计16人，取消低保28户计32人，办理老人优待证1250本，居家老年养老服务中心全面运行。

全年接待群众法律咨询矛盾调解96人次，全部疏导劝导成功化解，制作调解卷宗35件，涉及人民调解金额60余万元，化解市级信访积案2件，110应急联动32件次，办结32件，接待办理来信来访89件，未发生重大信访事件。

【项目建设】2019年3月，赤寿乡启动"拯救老屋研学基地"建设，总投资约1600万元，建设项目主要包括培训教室、展陈馆、实训基地等，建成运营后将用于拯救老屋的松阳成功展示、松阳经验传授、老屋修缮理论培训和实践操作等。截至12月底，实行土地征收1272平方米，拆除房屋845平方米，主体建筑工程竣工。5月，启动松阳——遂昌220千伏Ⅱ回线路项目建设，该项目线路全长25千米，涉及该乡6个村，28个塔基。全面完成征地政策处理工作及塔基基础建设。9月，投资1.3亿元启动松阳县民兵训练基地项目建设，总面积约5.33公顷，涉及征地1.99公顷，征地工作全面结束，保障民兵训练基地按期施工；启动松阴溪绿道该乡段建设项目，做好该乡段前期的用地调查、测量等准备工作，有序推进政策的处理，确保工程无障碍施工，绿道狮子口段动建。

【全域旅游提升行动】2019年，赤寿乡通过各村宣传栏张贴宣传资料，邀请关注“松阳旅游”“一机游丽水”等微信公众号等形式，加强宣传力度，营造全域旅游良好的宣传氛围。推进景区村建设，通过老屋修缮、松阴溪绿道建设、农房外立面改造、村主路改造提升等项目，提升景区村基础设施；加强景区管理培训、完善标识牌、拆除乱搭乱建、整治村庄环境、新建农家乐民宿等措施，提升景区风貌及日常接待功能；通过举办乡村春晚、书画展、民俗活动、旗袍秀、广场舞等多种形式的文化活动，提升全域旅游文化基础。2019年，赤岸村创建省A级景区村，全乡共有省AAA级景区1个，省A级景区村2个，共接待游客12.5万人次，实现旅游收入525万余元。

【推进全乡经济社会发展】2019年，赤寿乡在充分调研的基础上，综合考虑历史沿革、产业发展、生产生活等因素，采取以强带弱、以富帮贫、同向发展、抱团发展等模式，稳步推进行政村规模调整工作。该乡原19个行政村调整为8个行政村，并于8月7日，召开行政村规模调整新村授牌授印大会，实现各新村财务完全融合，推进各村经济社会发展。针对大川村农民饮用水困难的情况，共投资120万元，建成大川村供水城乡一体化工程，彻底解决困扰该村520人10余年的饮用水困难问题。实施饮用水提升改造工程，卯山后、黄坑口2个自然村供水城乡一体化工程基本完工，黄山头自然村农民饮用水提升工程竣工，惠及1400余人。加强批后监管，全乡共审批新建房屋85户，全部做到房屋批后“零违建”。全年办理不动产证865户，完成拆除违章建筑面积15165平方米。处置“两违”20宗，处置3921.25平方米，收缴回购款10.42万元。实施公厕改造提升、污水处理终端提升、垃圾分类收集点建设，进一步完善基础设施。

万寿山

【乡人代会议召开】2019年1月25日，赤寿乡第十七届人民代表大会第五次会议召开。本次大会应到代表42人，实到代表38人，列席代表28人。大会听取审议黄良金所作的《政府工作报告》、叶国章所作的《人大主席团工作报告》、叶方敏所作的《赤寿乡2018年财政预算执行情况和2019年财政预算安排意见的报告》，审查了《2018年度民生实事票决项目完成情况和2019年民生实事票决候选项目情况说明的报告》和《2018年赤寿乡环境状况和环境保护目标完成情况报告》。

（赤寿乡党政办　周永斌）

枫坪乡

【概况】截至2019年底，枫坪乡区域面积98平方千米，辖10个行政村48个自然村。乡政府驻地枫坪村，距离县城63千米。全乡山林面积8515.97公顷，耕地面积489.6公顷。集体经济602.59万元。全乡总户数2881户，总人口8479人，其中农业人口 8368人。2019年出生新生儿69人，死亡61人，人口自然增长率0.09‰。辖区内主要旅游景点苏维埃政府旧址、卢子敬故居、小吉会议旧址等 。

举办高亭、小吉、钱余村“迎神赛会”民俗文化月活动，做好丁坑、黄埠坞等6个村六星文明户的复评工作，周世星、周立和、翁永和3户被评为松阳县“最美六星文明户”。推进社会维稳和“平安枫坪”“和谐枫坪”建设，开展“四抓四促五联合”矛盾纠纷逐级导引全域化解机制，开展普法教育，进行矛盾纠纷排查调解，建成综治视联网平台，完善网络舆情建设，安排专人关注网络上有关当地的事件或新闻，2019年未发生赴省进京上访事件；化解各类矛盾纠纷30余件，其中化解省级信访积案1件，县级信访件5件。开展农家乐民宿安全检查和自查自纠，全年组织检查6次计48人次，发现隐患5处，整改5处；自查自纠农家乐46家，自查率100%，确保全乡农家乐民宿各项安全生产工作稳定推进。

【农业经济】2019年，枫坪乡挖掘当地资源、产业优势，发展食用菌、茶叶，培育高山蔬菜、石蛙等特色产业，推进生态农业提质增效。全年发展食用菌240万袋，高山蔬菜32公顷，茶叶24公顷，水稻种植95公顷，同时，探索农民组织化建设工作，以沿坑岭头村为试点，实行“村集体+公司+农户”等多种利益联结方式，构建集体和村民共同参与的运行新机制。注册成立柿子红农旅专业合作社，进入土地流转开荒，并开始种植。

【打造红色旅游地】2019年，枫坪乡开展弘扬践行“浙西南革命精神”活动，编制《浙西南红色旅游》规划，实施15个浙西南红色旅游项目的建设，建成斗潭村红军广场、红军食堂和旅游公厕、小吉会议旧址纪念馆，修复革命遗址15处。培育讲解员队伍，成立以乡干部、村主要干部、老党员、老红军等20余人组成的红色讲解员队伍，负责接待到当地参观学习游客的讲解，全年接待机关单位、社会团体、游客等开展红色游学6500余人次。建成斗潭村旅游厕所2个；创建小吉村、梨树下村、沿坑岭头村浙江省级景区村庄，其中梨树下村创成为省级A级景区村、小吉村为省级AA级景区村，沿坑岭头村为省级AAA级景区村。

【林业经济】2019年，枫坪乡完成造林更新34个小班55.4公顷。开发小吉、高亭、黄埠坞等6个村油茶造林基地16.33公顷。种植香榧7155株，折合种植面积19.08公顷。林下套种黄精10公顷，建成3千余米操作道。全乡共有公益林3875.43公顷，占全乡林地总面积42.06%。

【工业经济】2019年，枫坪乡发展以小水电、竹木加工、农产品加工等为代表的绿色产业。全乡拥有小水电站4家，食用菌冷库26家，专业合作社34家，工业总产值8600万元。发展来料加工、农村电子商务等现代服务业，全乡来料加工从业人员306人，加工费收入159万元。

红军挺进师“政委会”会议——小吉会议

【旅游经济】2019年，枫坪乡立足生态优势和红色资源，推进全域旅游，提升当地乡村红色旅游的品牌。开展乡境内红色资源的全面调查排摸，编制《红色枫坪》读本和宣传册，推出以“三迎红军”路线为轴的红军路1条，开展视觉艺术展和主题征文活动等。接待游客3.2万余人次，其中前来开展红色游学6500余人次。全乡共有农家乐（民宿）46家，餐位1020个，床位532个。做好5家农家乐民宿星级评定工作，增加银星民宿2家。推进丁坑、钱余村农家乐（民宿）重点村建设。沿坑岭头村被列入首批浙江省美丽乡村培育试点村。

【行政村规模调整】2019年，枫坪乡实施行政村规模调整工作，秉承因村制宜、资源整合、利于发展的原则，将全乡原17个行政村调整为10个行政村，调整率41.17%。建立健全新村机构设置，选优配强新村干部队伍，以行政村数量“减法”加快实现推进乡村振兴的“加法”，坚持以“并建制、并‘三资’、并人心，促发展、促民生、促振兴”为总体目标，深化行政村调整工作成果，通过调整实现1+1 > 2的效果。

【项目建设】2019年，枫坪乡完成县重点项目西（屏）竹（溪）玉（岩）公路项目征迁工作，土地征用和清表13.33公顷，房屋征收签约28户。垦造耕地及农村土地整治项目，实施丁坑、山乍口等8个村2.67公顷的土地复垦项目竣工验收；高寮村兰花滩垦造耕地项目通过验收，枫坪村黄坛后、洋庄源大毛头、小吉村下坳儿和枫撑坪垦造耕地测量工作已结束，全乡垦造耕地总面积突破13.33公顷。农村饮用水提升项目，年度农村饮用水提升项目均完工并投入使用，5个村全部实现水费收缴，全年饮用水提升项目累计投资200万元。生态产业培育项目，投资650万培育生态产业，发展高山蔬菜32公顷，香榧17.13公顷，油茶58.33公顷，茶叶24公顷，培育林下黄精基地20公顷。

“四好农村路”建设，2019年，实施浇筑农村联网公路路面2.4万平方米，改善提升通村公路8千米，修复通村公路破损路面1000平方米，做好公路养护管理，及时修复水毁工程，确保公路畅通，全年累计投资350万元。

【传统村落保护】2019年，枫坪乡开展第二、三期和第六期国家级传统村落保护与发展项目的建设。组织实施省级传统村落的项目，加强传统村落风貌管控，探索传统村落的活化利用；累计项目投资300万元。同时狠抓新建项目开工。梨树下村传统建筑修缮项目完成预算，钱余旧处自然村环境综合整治项目完成预算审核，项目建设全面启动，累计投资110万元。

【社会保障事业】2019年，枫坪乡加快民生设施投入，做实临时困难救助和结对帮扶工作。调整低保77户计100人，增加特困低保10户计22人，取消不符合低保67户计88人；组织71人低保人员参加胃癌筛查。医疗救助12人，救助金28.66万元；临时救助困难户142人，发放临时救助金6.8万余元。实施“雨露计划”，为12户低收入农户家庭子女就学提供资金帮扶。推进卫生健康工作，完成年度妇女病普查，组织350名妇女参加“两癌”免费筛查。开展男女两性安康保险，全乡共参保1750人，其中女性1086人，男性664人。开展社保、医保政策宣传，引导农户应保尽保，切实筑牢民生保障网。是年，全乡社保参保率97.7%，医保缴费率99.37%。

（枫坪乡党政办　阙春勇）

安民乡

【概况】截至2019年底，安民乡区域面积96平方千米，辖4个行政村20个自然村。全乡山林面积107239公顷，耕地面积2309公顷。全乡总户数1286户，总人口3597人。2019年，出生新生儿25人，死亡19人，人口自然增长1.67‰。辖区内主要名胜古迹为浙西南革命根据地安岱后村、国家AAAA级景区箬寮原始林景区、国家AAA级景区村李坑村，浙江省AAA级景区村李坑村和安岱后村。

2019年4月29日，松阳县安岱后红色基因教育培训基地首批学员参加现场教学培训

推进安岱后村红色项目建设，实施村庄整体环境综合整治项目和“一事一议”美丽乡村建设项目。丹山故居、竹溪区苏维埃政府成立地旧址被列入县优秀传统建筑修缮名录。累计投入拯救老屋和省保资金250万元，对一批革命文物遗址进行保护性修缮。截至年末，完成陈凤生烈士墓、特委旧址、刘英粟裕旧居等省保建筑以及游客接待中心、红星广场和红色氛围营造的修缮提升。红军主会场、红军桥、红军食堂修缮方案获省文物局批复。安岱后省AAA级旅游景区村庄创建工作有序推进，鼓励村民开展农家乐民宿建设和提升工作，制作红军菜谱，建成民宿农家乐3家；对革命遗址进行布展展陈，建成红军主会场展馆。整合农村四好路项目，对安岱后至大潘坑10千米公路进行弯道拓宽、沥青路面修补。

开展红色教育培训工作，打造以安岱后革命遗址群为核心，以“专题教学+现场教学+体验式教学”模式为依托的红色教学体系。壮大师资力量。组建安民乡红色讲解员队伍，建成“红色基因”现场教学点7处，培养红色讲解员20余人；与县委党校、县史志办、县文化馆等单位和基地开展长期合作，可满足不同教育主题的专业师资输入。基地充分挖掘优秀的当地退伍军人、传统手工艺者加入，优化师资结构。注重课程开发。以“红色+”的模式，拓展现场教学、国防教育、情景再现、古法造纸、军事训练、户外拓展、红歌教学等系列课程，完成讲解讲课相关材料编撰3册，制作讲课课件4件。课程涵盖县内外各个红色点位，可承接从简单的半天现场教学到半个月及以上不同课程需求的主体班次教学培训。截至11月底，安岱后红色教育培训基地已接待学员90余批次、计5000余人次，经营收入20万余元。

打造宣传特色，与县文联等单位联合，开展了“六个一”活动，即开展一次重走红军路采风创作活动；原创并录制一首红歌；编印出版一本《红色浙西南》连环画；举办一次视觉艺术展；开展一次主题征文大赛；编印出版一期弘扬践行“浙西南革命精神”的《松阳文艺》特刊等。系列活动共征集到各类艺术作品600余件（篇、幅），其中文学作品158篇，书画作品145幅，摄影作品298幅。同时，加大文创系列产品开发，截至12月底，已开发10余种2万余件文创产品。完成以安岱后村为背景的红色影片《红色石臼》和《致敬·安岱后》的拍摄制作，已对外公映。

2019年，安民乡依托项目建设“做热”宣传工作。把文旅提升项目列入乡十大民生实事项目，落实“10+1”工程，通过安岱后“浙西南革命精神”弘扬践行活动等附属项目的建设，增设弘扬践行“浙西南革命精神”大型宣传牌2块；中国工农红军挺进师旗子2面；导览图1幅；丹凤亭文化墙1幅；党建背景墙1幅。沿线红色氛围刀旗15块，进一步浓厚村庄红色氛围。5月，浙江经视摄制组舒中胜一行到安民开展“红+绿”融合产业发展采访活动，浙江经济生活频道连续4天播放系列报道。选派乡干部谢佳兵参加全市博物馆讲解员大赛，获“全市博物馆十佳讲解员”称号。全乡通过各类媒体、网站平台、微信公众号、纸质刊物、内部简报发布宣传报道90余篇，其中市级媒体18篇，省级媒体4篇，国家级媒体2篇。

发扬民间文化传统，台坑村祖传技艺花鼓灯、大潘坑村銮驾被列为第二批县级非物质文化遗产，李坑村古法造纸、舞龙舞狮展现了当地灿烂的传统文化。杨家宗祠、周氏宗祠、观音桥等26处历史文化建筑列入县文物保护范围。

【强基固本农业发展】2019年，安民乡围绕“农业增效、农民增收、农村发展”的工作目标，不断优化农业产业结构。进一步培育壮大高山茶、中草药及高山蔬菜等产业，通过扩大规模、技术引进、改变经营模式等举措，继续做好“600+”文章。全乡发展生态水稻28.2公顷、高山四季豆6.8公顷，培育种植中草药浙贝母1.6公顷。做大做强农业龙头企业，继续开发和建设大毛岘背红花油茶基地。结合苗木春种，新种植香榧1.6万株、油茶9.33公顷；在安岱后村开展“一村万树”工程，种植紫薇、桂花等树苗2000余株。

【市县领导到安民乡调研活动】2019年2月28日，丽水市委常委、宣传部部长任淑女，县委常委、宣传部部长汪健等到安民乡调研安岱后“浙西南革命精神”，推进该乡充分挖掘和利用资源优势，努力书写好“红+绿+古+蓝”融合文章。2月24日，县委书记王峻到安民乡安岱后、李坑2个村调研“浙西南革命精神”弘扬践行工作。提出高度重视革命遗址的保护和利用，快速推进一批红色项目建设，提升红色旅游发展软实力的要求。3月9日，县委书记王峻走访调研安民乡大毛岘背星空博物馆建设项目，县委决定以大毛岘背、乌弄村为核心区打造国际暗夜公园，此将成为该乡乃至全县旅游产业又一增长点。

【组建乡级文联】2019年，安民乡结合自身民间传统文化优势，不断整合乡村文化、才艺工作者队伍，成功组建全县首个乡镇级文联组织。该文联已成为全乡文艺工作深入基层的重要渠道、推动基层文艺创新发展的重要载体、繁荣发展社会主义文艺事业的重要力量。充分发挥传统工艺传承人的作用，做好传统文化的传承和弘扬，积极做好乡贤回归助推乡村振兴工作。春节期间，开展乡贤联谊活动，构建交流平台，激发乡贤参与积极性，为家乡发展建言献策，引导乡贤回归本土开展创业帮扶和困难群体慰问工作，全年在联谊会的推动下开展乡贤慰问老人、助学结对等活动，累计发放慰问金、慰问品8万余元，覆盖受益群体80余人次。

2019年2月28日，丽水市委常委、宣传部部长任淑女（右三）在县委常委、宣传部部长汪健（右一）的陪同下，到安岱后村调研“浙西南革命精神”

【重点项目建设】2019年，安民乡如期完成垦造耕地项目。大横坑大石岩项目新增耕地面积33.33公顷，路网及9个区块基本完工待验收；台坑村垦造耕地项目、曹竹村杨坑儿区块垦造水田项目2个区块共计3.07公顷竣工验收；实行审计安岱后、大横坑标段高标准农田建设项目，苏马坪标段完工待验收。全力护航乌弄口至弓桥段公路改建工程和衢宁铁路项目。公路改建工程区块政策处理完成，涉拆建筑物全部拆除到位。公路建设顺利推进，现基本完成路面施工，正在实施沥青路面铺设，将于2020年春节前竣工通车。衢宁铁路安民段地面工程基本完工，实施铺轨工作，预计春节前完成轨道铺设，2020年9月底竣工通车。

【农村饮用水工程】2019年，安民乡农村饮用水达标提标工程涉及全部4个行政村，覆盖全乡域。单村供水工程涉及苏马坪村的乌弄、台坑自然村，大潘坑村的大横坑自然村2个行政村3个自然村，共投资112万元，惠及1018人，建设项目涵盖取水堰坝、蓄水池、净水设备、消毒设备、消毒机房、美丽水厂、自来水管网、智能水表等现已完成全部工程项目建设，通过初步验收。2020年，单村供水工程涉及大潘坑、苏马坪、安岱后3个行政村，惠及2115人，投资86万元，已于2019年提前开工建设，除大潘坑村、安岱后村、苏马坪村未进行净水设备安装，小苏坑供水站未建设完成，其他施工均已完工，完成整体工程进度的90%。在全县域率先完成乡镇和单村供水工程水费收缴工作，全乡共收缴水费537户计6490元。同时，计划将全乡范围的饮用水管理运维工作推向市场化，采取第三方管理运维的方式，提升设施维护的专业性和针对性，做好饮用水源的日常检测工作，为村民提供安全健康的饮用水。

【行政村规模调整】2019年，安民乡以高度的政治站位、统一的思想认识、务实的工作作风，稳步开展行政村规模调整工作。秉着因村制宜、资源整合、利于发展的原则，把全乡8个行政村缩减为4个，缩减率50%。调整方案周全合理、程序依法依规，村调工作得到广大干部群众的响应与拥护。全乡各村全面完成村务联席会、党员会、村民代表会、户代表会四次会议。建立健全新村机构设置，选优配强新村干部队伍，以行政村数量“减法”换取加快推进乡村振兴的“加法”，坚持以“并建制、并‘三资’、并人心，促发展、促民生、促振兴”为总体目标，不断深化行政村调整工作成果，通过调整实现1+1＞2的效果。截至10月底，全乡4个行政村全部完成总收入和经营性收入“双百”任务，其中总收入合计161.39万元，经营性收入合计59.09万元。

2019年8月7日，安民乡召开行政村规模调整授牌、授印大会

【美丽乡村建设】2019年，安民乡结合美丽乡村建设、传统村落保护、国家卫生乡镇创建等中心工作，累计拆除各类违章建筑、旱厕、猪栏1352平方米，实现目标量的135.2%，任务完成率居全县第二位。常态化抓好批后监管工作，按照规范要求，组织国土、建设等工作人员对辖区内建房对象现场管控。办理不动产登记证115宗。“大搬快聚”完成李坑村依山傍水房子的搬迁工作1幢3户，受益10人；安岱后D级危房2幢4户，受益10人。开展全民共治，长效管控，持续推进美丽乡村建设。克服“地无三尺平”的保洁难度，努力增加“洁净乡村”投入力度，通过创国家卫生乡镇省级暗访组检查。是年，在全乡范围内配齐户外四分类垃圾桶39套，太阳能垃圾减量化处理终端建设竣工验收并投用。深化全民清洁日行动，动态开展跨村、互动集中开展垃圾死角清理，切实提高村内改水、改厕、垃圾分类处理、生活污水治理等整治成效，有效调动全民治水的积极性，全乡乡、村党员干部累计486人次参与义务清扫，河道保洁累计清运垃圾1.93万千克，清理乱堆乱放36处。有序推进厕所革命，全乡改造提升公厕9座。

【完善民生保障体系】2019年，安民乡加大低收入农户的产业资金扶持力度，鼓励低收入农户因户制宜、因地制宜发展风险小、操作性强、有针对性的短、平、快增收项目，助力精准扶贫、精准脱贫。在乌弄、大潘坑、大横坑、安岱后等扶贫重点村实施低收入农户产业发展扶贫项目三批次共4个。至年末，3个项目通过验收，累计拨付资金113.5万元，对全乡127户低收入农户发放产业帮扶到户资金计15.24万余元。完成大潘坑村小型水库移民后期帮扶项目1个，拨付项目资金13万元。按照“应保尽保、应退尽退”的原则，严格实行低收入农户动态管理机制，从3月底开始，对全乡8个行政村281户计516名低收入农户的家庭、子女、房产、车辆、就业、收入等信息开展全面核查，取消不符合条件的低收入农户78户计147人，其中低保户21户33人，低保边缘户57户114人。发放低保金105.01万余元，让弱势群体得到最基本的生活保障；发放临时救助资金37人次2.91万元。城乡居民医疗保险征缴率99.9%，城乡居民基本养老保险参保率97.2%，电子社保卡签发率114.8%，三项指标均完成县里下达的目标任务。严格履行残联“代表、管理、服务”的职责，加强各项惠残政策的落实。严格按照要求对低收入残疾人家庭实行两项补贴政策，全乡享受残疾人生活补贴 65 人，残疾人护理补贴 39 人，共发放 2 项补贴资金 27.58 万余元，建造无障碍厕所 4 座。

【构建社会治理格局】2019 年，安民乡积极探索社会治理新思路新举措，继续抓好综治信访维稳安保工作。完成各级重大安保任务，确保在重要时段“安民人不出门惹事、安民事不上交添乱”。常态化开展矛盾纠纷排查化解工作。强化信访接待工作，每天确保党政领导 1 人在乡进行信访接待，畅通信访渠道，努力把矛盾化解在基层。开展矛盾纠纷排查工作，全乡共排查矛盾纠纷 139 件，调处 139 件，调处率 100%，确保社会和谐稳定。开展全方位多功能网格管理。全乡网格员推进基层巡查治理工作中持续发力，网格员总巡查里程突破 6520 千米，爆料事件 5419 条，对全乡重点场所走访 190 余次，在防火防汛等重要时间，网格员协助村干部联合开展巡查活动 70 余人次。深化“扫黑除恶”专项整治工作，在乡域开展入户宣传 2500 余户次、拉横幅 40 条、“两微一端”等新媒体平台发布信息 30 余条，农民信箱宣传短信 3000 余条，使“扫黑除恶”专项整治工作深入人心，维护社会治安稳定，规范市场经济秩序，为当地经济社会发展创造良好环境。

（安民乡党政办）

板桥畲族乡

【概况】截至 2019 年底，板桥畲族乡区域面积 32 平方千米，辖 5 个行政村 43 个自然村。全乡山林面积 1955.72 公顷，耕地面积 507.34 公顷，其中水田 315.87 公顷。全乡总户数 1882 户，其中农业户 1873 户；总人口 4816 人，其中农业人口 4796 人。年内出生 43 人，死亡 31 人，人口自然增长率 2.49 ‰。全年实现工农业总产值 5269 万元，比上年减少 5.35%；农村集体经济收入 379 万元；农民人均纯收入 19371 元，增长 10.4%。辖区内名胜古迹有桐榔崇觉寺。开展“服务企业、服务群众、服务基层”三服务工作，走进金山矿业开展送政策、送服务、解难题活动，全面加强营商环境建设。加强安全生产检查力度，对辖区内各重点区域进行各类检查 20 余次，在春茶季对重点茶叶加工点进行专项检查，遏制安全生产各类事故的发生，助力企业做大做强。2019 年，板桥畲族乡张山村和麒上村被评为国家级传统村落；板桥村被评为民族特色村寨；高山下山背跳马灯和板桥端午节煮红鸡蛋被列为县级非遗项目；桐榔村被评为县级协商民主治理先进村。

【畲乡品牌文化活动】2019 年，板桥畲族乡在四年一次的“桥竹柳新”三月三畲歌会的基础上，创新举办“2019 板桥三月三风情文化节暨畲家淘货节”，赋予畲族文化文艺新玩法，把具有畲乡风情的农特产、编织品、服饰、首饰、酒类等产品分成农产品区、文创区进行展示互动，邀请“中国畲歌王子”蓝永潇，通过畲歌分享畲族故事；邀请遂昌县三仁乡、松阳县象溪镇和裕溪乡、莲都区老竹镇和丽新乡、武义县柳城镇等畲族聚集区参会，以文化走亲的方式实现畲文化的交流碰撞。以全县“山区国际化”发展为契机，举行“畲乡板桥振兴暨第四届国际小镇音乐节”启动仪式，让艺术助力乡村振兴，挖掘乡村的人文之美，提升乡村的生态之美，促进乡村价值的输出，乡土文化品牌的打造以及艺术产业的延伸拓展。该小镇音乐节当天上了学习强国载体，取得良好的宣传效果和社会效益。云岭麒上民宿举办畲乡特色的民俗节庆活动。

【发展绿色农业】2019 年，板桥畲族乡推广种植水稻等水生作物 38.67 公顷。继续扶持农户发展茶叶新品种，全乡改种白茶、龙井 43 号、黄金芽等优质高效茶叶 333.33 公顷。发展香榧 6.67 公顷，林下经济多花黄精 13.33 公顷，新品种油茶 14.4 公顷，完成 15.2 公顷老油茶改造示范片，100 公顷油茶低改。发展蓝莓、仙桃、软枣猕猴桃，特色农场取得明显效益，全乡形成了茶叶、油茶、香榧三大主导产业。

【特色旅游业】2019 年，板桥畲族乡依托良好的生态资源优势，畲族文化优势，积极发展第三产业，坚持“三美融合、主客共享”，建成麒上文旅特色村，发展畲乡民宿，麒麟山居、

2019 年 4 月 10 日，板桥畲族乡“三月三”风情文化节暨畲家淘货节在金村举行

麒上人家、壹隅等民宿，农旅融合发展有效促进农民增收。着力把红色文化、畲族文化、绿色产业发展紧密结合，深入挖掘革命故事，修复革命旧址遗址，打造红色旅游路线等红色旅游项目建设，做好“红+绿+畲”融合发展文章。创成金村A级景区村，板桥村申报全国少数民族特色村寨，为乡村旅游注入新的活力，发展旅游新业态。

【基础设施建设】2019年，板桥畲族乡着力推进村庄治理，依托“大搬快聚”实现富民安居。采取工程治理、避让搬迁等办法，搬迁8户28人，实施板桥村、东坑村地质灾害治理工程。建成板桥村下仓、桐榔村2个农民异地搬迁安置小区，批建新房260余幢。有序推进农村建房审批工作，许可建房审批16户，同时严格执行批后监管。开展农村房屋不动产证发证工作，计划任务332本，实发不动产证456本。实施张山村国家级传统村落和大毛科麒上自然村的保护发展项目。坚持零容忍、开展“三改一拆”工作，全年拆除违章建筑33宗、面积1261平方米，实现任务数126.1 %，拆后土地利用宜耕则耕，宜绿则绿，宜建则建，土地利用率80%以上。持续推进环境卫生工作，加强垃圾分类宣传，建成垃圾分类处理终端并投用，在金村开展垃圾分类试点，实现垃圾处理资源化、减量化。推进河道卫生保洁，做好河长制日常巡河工作，推进桐榔污水提升工程。做好靖（居）板（桥）公路沿线村停靠站选址工作，制作和安装各条乡道的路长牌。开展对后塘至桐榔路面硬化工程项目预验收，发现并排除道路各类隐患22处，出险处置22处。

【民生保障工作】2019年，板桥畲族乡启动9个村的农村饮用水达标提标工程建设，完成板桥村的农村生活污水提升工程，建成示范性公厕3个，实用型公厕9个。全年新增低保户6户12人，取消低保28户40人。截至12月末，全乡低保在册人员149户217人，低保边缘户在册人员31户53人。投资700万元新建民族幼儿园。实施临时救助，共救助45户，发放救助金额6万余元；实施县慈善总会“千户万灯”项目，为24户困难残疾人进行电力改造，确保安全用电。成立畲乡乡贤回归助推乡村振兴工作领导小组，动建新乡贤馆。发挥人民调解、司法调解、行政调解的作用，乡调委会调解矛盾纠纷4起，其中疑难复杂案件2起，化解信访案件1起，各村级调解委员会调解矛盾纠纷60起，全乡共计64起，调处率100%，成功率98%。

（板桥畲族乡党政办　陈叶鹏）

裕溪乡

【概况】截至2019年底，裕溪乡区域面积76平方千米，辖7个行政村66个自然村。全乡山林面积7198.29公顷，耕地面积211.53公顷，其中水田89.67公顷。全乡总户数2459户，总人口6297人。

制订《2019年裕溪乡油香小镇建设工作计划》，种植新品种油茶33.33公顷，动建油茶基地林区道路6千米，建设章山丽发家庭农场、裕溪村大承家庭农场、徐山村老油茶3个高标准油茶示范性基地。打造乡域农副产品“品味裕溪”品牌，开发木岱坑村土茶“山间云雾茶”，实现农产品由“零散”闲置到“抱团”发展的转变，推进资源整合、品牌化运作打下扎实基础和提供高层次平台。以萧山市统战部与该乡结对为纽带和桥梁，通过强村公司与杭州“百香园”农产品销售公司进行合作，整合山茶油、土蜂蜜、土茶等高品质的“土色”产品资源，进行统一回收、包装，搭乘“百香园”农产品公司销售平台，参加农产品展销会，逐步打开销售市场。通过一系列的创举，有效破解 “两山”转换通道，进一步增强村民守住“绿水青山就是金山银山”的信心，拓宽了村集体经济走绿色发展的路子。

【商贸旅游与经济】2019年，裕溪段松阴溪景观绿道全线贯通，正式接入大花园瓯江绿道系统。依托强村公司，鼓励各村带资入股，注册农副产品“品味裕溪”品牌，整合全乡优质的山茶油、土蜂蜜等农副产品10余种，实现销售额8万元，有效带动村集体和村民的增收。积极拓宽“两山”转换通道，加快绿色发展。10月21日，与杭州民本食品有限公司签订框架合作协议，利用木岱坑村优质水资源，开发山泉水项目，探索把生态资

2019年10月21日，裕溪乡与杭州民本食品有限公司举行槎川源山泉水开项目合作签约仪式

源转换为生态产品，实现“绿水青山”与“金山银山”的价值转化。引进“云上平田”参与全面实施“章山复兴”，并与村合作成立第三方运营公司“云里章山”旅游发展公司，签订“云里章山”文化艺术业态村项目。“云里章山”游客接待中心和雪光民宿经改造提升对外营业，章山驿中高端民宿改造接近收尾，岭脚至章山公路全面完成路面拓宽，实现全线硬化。依托“云里章山”旅游发展公司，帮助解决村民油茶、板栗销售问题，提高农产品附加值，打响章山名片，带动村民增收。同时，流转村口0.67公顷农田，为业态产业开发做好备份。以文化活动为平台，不断丰富活动载体来带动增收，如举行许愿灯、篝火、烤全羊、长桌宴、广场K歌等业态。开发写生产业，对接各大艺术院校，组织院校师生在章山、小槎、内陈、木岱坑等村开展创作写生活动，2019年共接待5批次计380余人，为每户民宿增收500元。

【集镇建设】2019年，裕溪乡行政村规模调整工作于8月4日结束，并在全县第一个举行新村授牌。全年累计拆除违章建筑面积2544平方米，实现任务的127%，处置国土卫片1宗，审批动建农房25幢，在建10幢。持续推进传统古村落保护，木岱坑村中央扶持资金报账70%，建成村内A级旅游厕所，推进村庄环境整治、村内古道修复项目，编制并启动实施“油茶古道”、老油坊修复项目。潘山江南油王金马芳故居修缮收尾，凤弄源许氏宗祠修缮完工。

【村居环境治理】2019年，裕溪乡深化“垃圾革命”，更新垃圾桶900余个，增建及提升四分类垃圾亭12个，实现垃圾分类覆盖面100%。每月开展检查，排名先后与村干部绩效工资、年终考核等挂钩。完成2个新时代美丽乡村达标村创建，其中精品村1个。推进环境综合整治，结合古村落建设、美丽宜居示范村建设等，重点推进木岱坑、小槎等村环境整治，消除私搭乱建、乱堆乱放现象，不断提升村容村貌。深化厕所革命，新修建农村公厕1座，加强公厕卫生督查，提高建管水平。

【民政事业救助工作】2019年，裕溪乡低收入农户有303户计541人。其中，低保对象195户计316人，低保边缘对象103户计220人，其他经济困难户5户5人，通过一系列精准扶贫政策的实施，同比减少25户计57人。通过低收入农户申报、验收、公示，对全乡符合条件的265户低收入农户进行产业帮扶，共发放补助资金288.77万元。开展雨露计划，对符合条件的3位低收入农户子女进行补助申报，减轻低收入农户子女就学压力。办理医保报销共计25人，报销金额5万余元。2019年，养老保险核定享受人员400余人，办理丧葬补助60余人。

（裕溪乡党政办　徐国栋）

荣 誉

大木山骑行茶园景区全景

省部级以上表彰的先进单位与先进个人（2019）

【全国基层残联组织专项改革试点县】
松阳县

【中国十大生态产茶县】
松阳县

【中国茶业百强县】
松阳县

【“中国天然氧吧”称号】
松阳县

【全国美丽河流（湖泊）称号】
松阳县松阴溪

【全国“五好”县级工商联】
县工商联

【全国工商联民营企业调查点工作】
示范单位：县工商联

【全国第一批民革示范支部】
民革松阳县支部

【“国家人体生物监测项目”突出贡献奖（2017～2018）】
县疾控中心

【全国儿童青少年健康发展调查工作】
优秀单位：县疾控中心

【农业产业国家重点龙头企业】
浙江振通宏茶业有限公司

【全国乡村旅游发展典型案例】
入选名单：四都乡平田村

【第三批中国少数民族特色村寨】
板桥畲族乡：板桥村

【第十一届全国农村青年致富带头人】
麻功佐（丽水横樟蜂业发展有限公司）

【中国农村电商致富带头人】
黄杰飞（松阳县绿云峰茶业有限公司）

【浙江省双拥模范县】
松阳县

【浙江省平安县】
松阳县

【全省实施乡村振兴战略】
优秀单位：松阳县

【浙江省全域旅游示范县】
松阳县

【“拯救老屋行动”写入年度省政府工作报告全省推广】
松阳县

【全省第二批农业水价综合改革试点县评估】
优秀县：松阳县

【浙江省河湖标准化管理】
试点县：松阳县

【浙江省小流域山洪灾害防御能力提升工作】
试点县：松阳县

【第十三批省科技特派员工作】
先进单位：松阳县
优秀特派员：叶胜海（省农业科学院派驻四都乡）
韩宝瑜（中国计量大学派驻古市镇）
俞信光（浙江万里大学派驻竹源乡）

【第十批省农村工作指导员工作】
优秀指导员：潘建跃（县政法委派驻裕乡木岱坑村）
李益民（县经合办派驻赤寿乡黄山头村）
张金菁（大东坝镇派驻二滩坝村）

【全省第四批“基本无违建县”】
松阳县

【全省低收入百姓增收攻坚战成效明显县】
松阳县

【浙江省食品安全县】
松阳县

【全省“七五”普法中期成绩突出县】
松阳县

【第一批“一事一议”财政奖补助推美丽乡村建设试点县（2020）】
松阳县

【省级乡村振兴产业发展示范建设县】
松阳县

【浙江省首批乡村振兴产业发展示范建设单位】
松阳县

【列入第一批部省共建乡村振兴示范省先行创建单位】
松阳县

【省级农业绿色发展先行县】
松阳县

【列入全省渔业转型发展先行区创建名单】
松阳县

【列入浙江省文旅产业融合试验区培育名单】
松阳县

【浙江省青年志愿者服务社区专项行动首批试点县】
松阳县

【列入全省“无欠薪县”创建名单】
松阳县

【全省依法终结试点县】
松阳县

【达到第三批《浙江省基本公共文化服务标准县（2015～2020）》】
松阳县

【列入首批省级农村产业融合发展示范园】
创建名单：松阳县松古盆地农村产业融合发展示范园

【全省工业与信息化重点领域提升发展入围名单（2020）】
“工业节能和绿色制造”项目：松阳县

【浙江省基层残联组织专项改革】
试点县：松阳县

【农村生活污水治理设施运维管理考核（2018）】
优秀县：松阳县

【重大农业植物疫情防控工作（2018）】
优秀县：松阳县

【美丽浙江建设（2018）】
成绩突出个人：占夏欢（丽水市生态环境松阳分局）

【全省“五水共治”工作（2018）】
成绩突出集体：大东坝镇
成绩突出个人：潘长国（新兴镇）

【全省公益林建设】
成绩突出集体：大东坝镇

【省级电商镇】
大东坝镇

【列入浙江省美丽城镇建设样板创建名单（2020）】
大东坝镇、象溪镇

【“浙江省民间文化艺术之乡”】
大东坝镇

【首批浙江文艺创作采风基地】
入选名单：大东坝镇

【全省基层武装部建设标兵单位（2018）】
大东坝镇武装部

【浙江省小城镇环境综合整治行动】
突出贡献集体：象溪镇
突出贡献个人：叶德标（古市镇）
叶福龙（玉岩镇）
李宗训（板桥畲族乡）

【第四批浙江省旅游风情小镇培育单位】
象溪镇

【浙江省美丽乡村示范乡（镇）】
象溪镇

【浙江省农业绿色发展示范区】

象溪镇、新兴镇

【列入省级农业绿色发展先行区】

创建名单：古市镇、象溪镇、玉岩镇、新兴镇

【浙江省“平安农机”示范单位】

古市镇

【浙江省“最美田园”】

古市镇卯山农业园

【第三批全省“扫黄打非”进基层示范点】

新兴镇

【浙江省茶叶特色农业强镇】

新兴镇

【全省扫黑除恶专项斗争】

先进集体：县公安局

【打击整治枪爆违法犯罪专项行动】

成绩突出集体：县治安大队

【省级安全管理工作】

先进单位：县人武部

【全省国土绿化美化工作】

成绩突出集体：县湖溪林场

【全省关心下一代工作】

先进集体：县关工委

【全省执行无纸化建设试点法院】

县人民法院

【全省检察机关信息工作】

先进单位：县人民检察院

【浙江省“五四”红旗团支部】

县税务局团支部

【全省五星级盟员之家】

松阳县盟员之家

【全省水利工作综合绩效考评】

先进单位：县水利局

【全省水库移民工作考核】

优秀单位：县移民工作中心

【新中国成立70周年省级安保维稳工作】

个人嘉奖：林子博（县司法局社区矫正管理科科长）

【浙江省美丽河湖】

松阴溪段　小港大东坝段　谢村源

【全省小城镇环境综合整治工作】

考核达标单位：古市镇　玉岩镇　象溪镇　靖居集镇

【浙江省第三批省级旅游风情小镇】

四都乡

【省级表扬东西部扶贫劳务协作工作】

成绩突出：县人力资源和社会保障局

【浙江省电子商务示范村】

西屏街道（北山村　一村）

叶村乡（叶村村）

【浙江省电子商务示范服务站（点）】

水南街道（大竹溪超市服务点）

玉岩镇（根坑烟酒服务点、旺盛超市服务点）

樟溪乡（欣欣超市服务点）

【浙江省电商专业村】

赤寿乡（卯山后村）

大东坝镇（横樟村　牛角圩村　西山村）

古市镇（筏铺村　黄圩村）

西屏街道（北山村　一村）

新兴镇（上安村）

叶村乡（叶村村）

【首批省级农村引领型社区】

象溪镇象一村　望松街道吴弄村　古市镇庄门村

【省级“民主法治村（社区）”】

大东坝镇（二滩坝村）

三都乡（杨家堂村）

望松街道（石门村）

象溪镇（雅溪口）

【浙江省农村物流创新发展项目】

松阳韵达电商项目

【浙江省中医药文化养生旅游示范基地】

松阳县善应见山堂中医药体验馆

【省级青年文明号（2018～2019）】

县税务局纳税服务股（办税服务厅）

【省级“精品示范道路（入城口）”（2018）】

松阳县（S33 龙丽高速松阳入城口）

【全省农业渔业工作考核（2018）】

优秀单位：县农业局

【全省公安机关执法质量考核（2018）】

优秀单位：县公安局

【全省公安机关信访工作考核（2018）】

优秀单位：县公安局

【省级“民主法治村（社区）”（2018）】

水南街道（郑弄口村）

新兴镇（横溪村）

四都乡（平田村）

【全省农村文化礼堂建设示范乡镇（街道）（2018）】

新兴镇

【浙江省美丽乡村示范乡镇（2018）】

三都乡

【浙江省美丽乡村特色精品村　（2018）】

四都乡（西坑村　平田村）

大东坝镇（白丰村）

【浙江省高标准农村生活垃圾分类（2018）】

示范村：四都乡（西坑村　平田村）

【浙江省历史文化（传统）村落保护利用（2018）】

示范村：赤寿乡（界首村）

【全省美丽宜居（2018）】

示范村：三都乡（紫草村）

　　　　叶村乡（岱头村）

【全省检察机关信息工作（2018）】

先进单位：县人民检察院

先进个人：陈巧怡（县人民检察院）

【全省体坛报体育宣传工作（2018）】

贡献奖：县文化和广电旅游体育局

【浙江省“最美家庭”名单（2018）】

翁桥梁家庭（西屏街道）

县委县政府表彰的先进部门和先进个人（2019）

【乡镇（街道）目标管理考核】

一等奖：大东坝镇

二等奖：象溪镇　新兴镇

三等奖：四都乡　古市镇　樟溪乡　西屏街道

优胜奖：赤寿乡　枫坪乡　竹源乡　水南街道

进步奖：四都乡　竹源乡　枫坪乡

【县直机关单位目标管理考核】

一等奖：公安局　税务局　农商银行　农业农村局　自然资源和规划局

二等奖：政法委　纪委　财政局　教育局　气象局　农业银行

三等奖：法院　残联　文广旅体局　水利局　司法局　邮政局　中国银行　市生态环境局松阳分局

进步奖：党校

【县第五届“道德模范”】

助人为乐模范：叶艺菲（古市镇下街村黄岗坑自然村村民）

见义勇为模范：周仙军（叶村乡南岱村斗米岙自然村村民）

诚实守信模范：李晓英（水墨石仓农产品有限公司经理）

敬业奉献模范：胡海瑞（国家税务总局松阳县税务局主任科员）

孝老爱亲模范：周玉英（新兴镇上安村村民）

【县第五届“道德模范”提名奖】

蔡伟飞（县自然资源和规划局机关党委副书记）

谢新华（斋坛乡党委委员）
楼群龙（县公路管理局路政大队西屏中队长）
蓝　斌（县公路应急抢险中心养护科副科长）
叶春华（松阳天虹机动车驾驶培训有限公司教练）
余　辉（浙江零伍柒九贸易有限公司松阳分公司总经理）
马　艳（县中医院超声科医生）
叶松珺（县实验小学集团学校副校长）

【全县生态工业发展中突出贡献集体】

纳税超千万元工业企业：

浙江云中马布业股份有限公司
浙江康恩贝中药有限公司
国网浙江松阳县供电有限公司
上上德盛集团有限公司
宝丰钢业集团有限公司
浙江科马摩擦材料股份有限公司
松阳宏泰不锈钢有限公司
浙江锐奇鞋业有限公司

工业企业销售收入上台阶奖：

首次超 5 亿元企业：上上德盛集团有限公司
首次超 3 亿元企业：浙江康恩贝中药有限公司
首次超 1 亿元企业：浙江博盛钢业集团有限公司
浙江泓泉不锈钢有限公司

招商引资优秀工业项目：

浙江博勒科技有限公司智能咖啡机项目
浙江继能科技有限公司深圳细胞理疗仪项目

优秀外贸出口企业：

宝丰钢业集团有限公司
浙江金信不锈钢制造有限公司
浙江耶米玛服饰有限公司

【全县平安工作突出贡献集体和个人】

1. 平安综治维稳工作

突出贡献集体： 古市镇　象溪镇　大东坝镇　斋坛乡　竹源乡　裕溪乡　公安局　组织部　政法委　市场监管局

突出贡献个人：

叶　峰（西屏街道）　吴鑫法（望松街道）
刘以汉（古市镇）　王威容（象溪镇）
洪伟林（玉岩镇）　金　卫（大东坝镇）
卢军强（叶村乡）　张旭军（三都乡）
杨永伟（樟溪乡）　胡慧强（赤寿乡）
牟伊婷（安民乡）　杨龙庆（县委办）
舒　畅（县府办）　李林超（宣传部）
陈文伟（政法委）　汪智杰（公安局）
何如冰（建设局）　刘火伟（自然资源和规划局）
包根华（市场监管局）　徐新华（退役军人事务局）

进步集体：

西屏街道　叶村乡　板桥乡

2. 信访工作

突出贡献集体： 公安局　政法委　纪委　樟溪乡　竹源乡　西屏街道

突出贡献个人：

金伟富（县委办）　赖以超（县府办）
郑　涛（纪　委）　项远震（组织部）
蔡志方（宣传部）　阙长金（信访局）
潘富俊（法　院）　潘　毅（发改局）
游隆信（教育局）　潘火红（公安局）
刘瑶琴（司法局）　何如冰（建设局）
曾　波（交通运输局）　魏益美（水利局）
王海英（文广旅体局）　卓伟强（卫生健康局）
王　燕（市场监管局）　占荣林（医疗保障局）
徐家明（综合执法局）　翁盛强（集聚区管委会）
蔡陈秀（供销社）
包卓科（土地和房屋征收工作指导中心）
李坤林（残　联）　詹　飞（西屏街道）
程晓东（水南街道）　吴鑫法（望松街道）
吴　静（古市镇）　吴长素（象溪镇）
洪伟林（玉岩镇）　金　卫（大东坝镇）
潘　标（新兴镇）　陈伟斌（叶村乡）
叶家起（斋坛乡）　宁伟平（三都乡）
刘　斌（四都乡）　卢智华（竹源乡）
叶信利（樟溪乡）　胡慧强（赤寿乡）
洪炳奇（枫坪乡）　徐周火（安民乡）
阮立伟（板桥乡）　舒　皓（裕溪乡）

3. 应急管理、安全生产工作

突出贡献集体： 西屏街道　望松街道　古市镇　象溪镇　赤寿乡　四都乡　建设局　应急管理局　交通运输局　卫生健康局　市场监管局　县委统战部　县供电公司

突出贡献个人：

叶海兰（县委办）　蔡海滨（县府办）
周晓鹏（纪　委）　郑　舰（教育局）
周　峰（公安局）　徐王军（公安局）
朱道艺（建设局）　叶程伟（交通运输局）
郑华庆（应急管理局）　毛董宙（应急管理局）
毛宇东（应急管理局）　游晓来（市场监管局）
叶益军（集聚区管委会）　潘金秀（总工会）
徐　婕（西屏街道）　黄锋铭（望松街道）

应　弘（古市镇）　　黄一波（赤寿乡）

4. 县级基层治理示范乡镇（街道）

古市镇　大东坝镇　新兴镇

5. 大调解工作

突出贡献集体：

松阳县矛盾纠纷联动联调中心
松阳县望松街道人民调解委员会
松阳县新兴镇人民调解委员会
松阳县劳动争议纠纷人民调解委员会
松阳县望松街道石门村人民调解委员会
松阳县西屏街道城西社区人民调解委员会
松阳县人民法院诉讼服务中心
松阳县公安局象溪派出所
松阳县司法局人民参与和促进法治科
松阳县人民政府处理山林纠纷办公室

突出贡献个人：

金昌军（松阳县古市镇人民调解委员会）
翁永贵（松阳县赤寿乡人民调解委员会）
潘宗伟（松阳县水南街道潘村村人民调解委员会）
王关增（浙江锐奇鞋业有限公司人民调解委员会）
程亚昕（松阳县矛盾纠纷联动联调中心）
刘远华（松阳县矛盾纠纷联动联调中心象溪分中心）
叶关良（松阳县矛盾纠纷联动联调中心玉岩分中心）
叶芳阳（松阳县司法局）
叶荣富（松阳县司法局玉岩司法所）
周建华（松阳县自然资源规划局）

6. 防范和处理邪教工作

突出贡献集体：古市镇　财政局　教育局
公安局　司法局

突出贡献个人：

杨庆华（大东坝镇）　董笑春（竹源乡）
何云富（公安局）　傅建国（司法局）
周圆圆（人力社保局）　郭俊莉（医疗保障局）
陈晓燕（机关事务保障中心）　张玲燕（团县委）
潘献伟（行政服务中心）　王金文（科　协）

7. 无邪教创建示范村（社区）

北山村（西屏街道）　南山村（水南街道）
玉湖村（玉岩镇）　灯塔村（大东坝镇）
泉庄村（新兴镇）　松山村（叶村乡）
平田村（四都乡）　黄庄村（竹源乡）
叶川头村（赤寿乡）　大潘坑村（安民乡）

【获县政府记个人三等功】

包韶君（县治安大队副大队长）
丁剑飞（县治安大队副大队长）
王耀民（江南派出所副所长）
陈惠铭（江南派出所民警）
杨　鹏（西屏派出所民警）

【获县政府记个人嘉奖名单】

蓝　斌（县公路管理局）
楼群龙（县公路管理局）

【全县建筑业重点骨干企业和优秀企业】

重点骨干企业：浙江万寿建筑工程有限公司
浙江中邦建设工程有限公司
浙江富宇建设有限公司
松阳县鸿鑫建设工程有限公司
松阳县鼎力建筑工程有限公司
松阳县兴宇建设工程有限公司、
浙江鹏达建设工程有限公司
丽水市凯信建设工程有限公司

优秀企业：浙江林苑路桥工程有限公司
浙江独山市政园林有限公司
丽水锦鸿建设有限公司
浙江华方市政园林有限公司

【第四届政府质量奖】

获奖企业：浙江云中马股份有限公司
宝丰钢业集团有限公司
松阳县景顺实业有限公司
松阳宏泰不锈钢有限公司
浙江浙铜五星金属材料有限公司
上上德盛集团股份有限公司

县委办县政府办表彰的先进部门和先进个人（2019）

【支持地方经济发展工作】

一等奖：松阳县农村商业银行
中国农业银行松阳县支行

二等奖：中国银行松阳县支行
中国建设银行松阳支行
中国邮政储蓄银行松阳县支行
浙江泰隆商业银行松阳支行
中国农业发展银行松阳县信贷组

三等奖：松阳恒通村镇银行
浙江稠州商业银行松阳支行
中国工商银行松阳支行

浙江民泰商业银行丽水松阳小微企业专营支行
中国人民财产保险公司松阳支公司
鼓励奖：温州银行丽水松阳小微企业专营支行
松阳县科马小额贷款公司
中国人寿保险公司松阳县支公司
财通证券公司松阳要津路证券营业部
浙商证券公司松阳长松路证券营业部
合格单位：丽水银保监分局松阳监管组
人民银行松阳县支行
松阳县财政局
松阳县大数据和金融发展中心

【全县政务信息工作】

先进单位：经济商务局　农业农村局　市场监管局
卫健局　教育局　文广旅体局
交通运输局　水利局　四都乡
人力社保局　赤寿乡　枫坪乡
望松街道　大东坝镇
西屏街道综合行政执法局

先进个人：
吴颖俊（县府办）　罗　怡（经济商务局）
周素萍（农业农村局）　李浩如（市场监管局）
兰肖莉（卫健局）　翁伟红（教育局）
陈恺奕（文广旅体局）　赖春香（人力社保局）
徐超颖（交通运输局）　周诗甜（水利局）
项苏芳（赤寿乡）　包叶雯（综合行政执法局）
王　丹（枫坪乡）　符星香（望松街道）
叶斌倩（大东坝镇）　阙姜琦（西屏街道）
牟伊婷（安民乡）

（县志方志研究室）

附 录

三都乡上田村杨梅坪自然村

松阳县机构改革方案

根据《中共中央关于深化党和国家机构改革的决定》《深化党和国家机构改革方案》《关于地方机构改革有关问题的指导意见》和《中共浙江省委关于深化机构改革的实施意见》《浙江省机构改革方案》《中共浙江省委关于市县机构改革的总体意见》及《丽水市机构改革方案》，结合实际，制定松阳县机构改革方案。

一、机构改革的总体部署

深化机构改革，要以习近平新时代中国特色社会主义思想为指导，全面贯彻党的十九大和十九届二中、三中全会精神，贯彻落实习近平总书记关于深化党和国家机构改革的重要论述，牢固树立政治意识、大局意识、核心意识、看齐意识，坚持加强党的全面领导、坚持以人民为中心的发展思想、坚持社会主义市场经济改革方向、坚持优化协同高效、坚持以法治方式推进改革、坚持在中央统一领导下充分发挥地方积极性。

深化机构改革，要认真贯彻落实习近平总书记对浙江工作的重要指示精神，深入践行“干在实处永无止境，走在前列要谋新篇，勇立潮头方显担当”的新期望，按照省委、市委要求，从机构职能上把加强党的领导落实到各领域各方面各环节，主要机构设置同中央保持基本对应、与省市机构改革有效衔接；以深化“最多跑一次”改革为牵引，加快政府职能转变，使市场在资源配置中起决定性作用、更好发挥政府作用，强化社会管理和公共服务职能，切实解决人民群众最关心最直接最现实的利益问题；统筹县和乡镇（街道）各层级、党政群各领域改革，优化机构设置和职能配置，提高效率效能；充分发挥法治规范和保障改革作用，在改革中完善和强化法治，坚决维护国家法制统一、政令统一、市场统一；结合松阳县实际，因地制宜，积极探索机构设置和职能配置，全面推进体制机制创新，构建系统完备、科学规范、运行高效的机构职能体系，促进各方面改革有机衔接、协调联动、发挥改革整体效应，为奋力开创“开放兴县”新格局、不断谱写高质量“田园松阳”升级版建设新篇章提供坚强有力的体制机制保障。

深化机构改革，要在党中央集中统一领导和省委、市委具体部署下，由县委负总责，不折不扣落实好各项改革任务。

二、调整优化党政机构和职能

（一）对应省市机构改革，调整优化相应机构和职能

1.建立健全和优化县委对重要工作的领导体制机制

（1）组建县监察委员会。将县监察局的职责，以及县人民检察院查处贪污贿赂、失职渎职及预防职务犯罪等反腐败相关职责整合，组建县监察委员会，同县纪律检查委员会合署办公，履行纪检、监察两项职责，实行一套工作机构、两个机关名称。

不再保留县监察局。

（2）组建县委审计委员会，作为县委议事协调机构。县委审计委员会办公室设在县审计局。

（3）将县委全面深化改革领导小组改为县委全面深化改革委员会，作为县委议事协调机构。县委全面深化改革委员会办公室设在县委办公室，对外加挂县最多跑一次改革办公室牌子，划入县发展和改革局的城乡和社会体制改革相关职责，以及县政府行政审批中心的行政审批制度改革牵头协调职责。

（4）组建县委全面依法治县委员会，作为县委议事协调机构。县委全面依法治县委员会办公室设在县司法局。

（5）将县网络与信息安全协调小组改为县委网络安全和信息化委员会，作为县委议事协调机构。县委网络安全和信息化委员会办公室设在县委宣传部。

（6）组建县委财经委员会，作为县委议事协调机构。县委财经委员会办公室设在县委办公室。

（7）将县国家安全领导小组改为县委国家安全委员会，作为县委议事协调机构。县委国家安全委员会办公室设在县委办公室。

（8）组建县委外事工作委员会，作为县委议事协调机构。县委外事工作委员会办公室设在县委办公室。

（9）组建县委教育工作领导小组，作为县委议事协调机构。县委教育工作领导小组秘书组设在县教育局。

2.加强县委职能部门的统一归口协调管理职能

（1）县委组织部统一管理县委机构编制委员会办公室。调整优化县委机构编制委员会领导体制。县委机构编制委员会办公室作为县委机构编制委员会的办事机构，承担县委机构编制委员会日常工作，作为县委工作机关，归口县委组织部管理。

（2）县委组织部统一管理公务员工作。将县人力资源和社会保障局的公务员录用调配、考核奖惩、培训、工资福利等职责划入县委组织部，对外加挂县公务员局牌子。

（3）县委宣传部统一管理新闻出版和电影工作。将县文化广电新闻出版局的新闻出版、电影管理职责划入县委宣传部，对外加挂县新闻出版局牌子。

（4）县委统战部统一管理民族宗教工作。将县民族宗教事务局的职责划入县委统战部，对外保留县民族宗教事务局牌子。

（5）县委统战部统一管理侨务工作。将县政府侨务办公室的侨务管理职责划入县委统战部，对外保留县政府侨务办公室牌子。

将县政府侨务办公室的指导、开展对华人华侨及其社团的联谊和服务工作职责划归县归国华侨联合会行使。

3.新组建和优化职责的机构

（1）组建县自然资源和规划局。将县国土资源局、县林业局、县测绘与地理信息局的职责，以及县发展和改革局的组织编制并实施主体功能区规划职责，县住房和城乡建设局的城乡规划管理等职责，县水利局的水资源调查和确权登记管理职责，县住房和城乡建设局、县环境保护局、县水利局等部门的自然保护区、风景名胜区、自然遗产、地质公园等管理职责整合，组建县自然资源和规划局，作为县政府工作部门,保留县林业局牌子。

不再保留县国土资源局、县测绘与地理信息局。

（2）组建县农业农村局。将县委县政府农村工作办公室、县农业局的职责，以及县发展和改革局的农业投资项目、县财政局的农业综合开发项目、县国土资源局的农田整治项目、县水利局的农田水利建设项目等管理职责，县水利局（县渔业局）的渔业管理职责整合，组建县农业农村局，作为县政府工作部门。将县委县政府农村工作领导小组改为县委县政府农业和农村工作领导小组，县委县政府农业和农村工作领导小组办公室设在县农业农村局。县农业农村局承担县扶贫开发领导小组办公室工作。

将县水利局（县渔业局）的渔船检验和监督管理职责划入县交通运输局。

不再保留县委县政府农村工作办公室、县农业局，不再保留县渔业局牌子。

（3）组建县文化和广电旅游体育局。将县文化广电新闻出版局（县体育局）的文化、广电、体育管理职责，以及县政府直属承担行政职能的事业单位县旅游委员会的管理职责整合，组建县文化和广电旅游体育局，作为县政府工作部门。

不再保留县文化广电新闻出版局（县体育局）、县旅游委员会。

（4）组建县卫生健康局。将县卫生和计划生育局（县中医药管理局）职责及其承担的县深化医药卫生体制改革领导小组办公室职责，以及县民政局承担的县老龄工作委员会办公室职责，县安全生产监督管理局的职业安全健康监督管理职责等整合，组建县卫生健康局，作为县政府工作部门，保留县中医药管理局牌子。

保留县老龄工作委员会，日常工作由县卫生健康局承担。

不再保留县卫生和计划生育局、县深化医药卫生体制改革领导小组办公室。

（5）组建县退役军人事务局。将县民政局的退役军人优抚安置职责，县人力资源和社会保障局的军官转业安置职责等整合，组建县退役军人事务局，作为县政府工作部门，按中央有关改革部署实施。

（6）组建县应急管理局。将县安全生产监督管理局的职责，县政府办公室的应急管理职责，县公安局的消防管理职责，县民政局的救灾减灾职责，县国土资源局的地质灾害防治相关职责，县水利局的水旱灾害防治相关职责，县林业局的森林防火相关职责，县科学技术局的震灾应急救援职责，县防汛抗旱指挥部的职责，以及县森林防火指挥部、县减灾委员会等有关职责整合，组建县应急管理局，作为县政府工作部门，按中央有关改革部署实施。

不再保留县安全生产监督管理局。

（7）组建县医疗保障局。将县人力资源和社会保障局的城镇职工医疗保险、生育保险、城乡居民医疗保险职责，县卫生和计划生育局的药械集中采购和监督管理有关职责，县民政局的医疗救助职责，县发展和改革局（县物价局）的药品和医疗服务价格管理职责等整合，组建县医疗保障局，作为县政府工作部门。

（8）重新组建县科学技术局。将县科学技术局的职责，县人力资源和社会保障局的引进国外智力和外国专家管理职责整合，重新组建县科学技术局，作为县政府工作部门。

（9）重新组建县司法局。将县司法局、县政府法制办公室的职责整合，重新组建县司法局，作为县政府工作部门，加挂县行政复议局牌子。

不再保留县政府法制办公室。

（10）优化县审计局职责。将县发展和改革局的重大项目稽察职责，县财政局的预算执行情况和其他财政收支情况监督检查职责，县属国有企业的相关经济责任审计职责以及县属国有企业监事会等职责划入县审计局。

（11）优化县市场监督管理局职

责。将县发展和改革局（县物价局）的价格监督检查与反垄断相关职责，县科学技术局的知识产权保护协调和专利行政执法职责，县经济商务局的打击侵犯知识产权和假冒伪劣商品以及反垄断等相关职责划入县市场监督管理局。

保留县食品安全委员会，具体工作由县市场监督管理局承担。

不再保留县工商行政管理局、县质量技术监督局、县食品药品监督管理局牌子。

4.其他不再设立的机构

（1）不再设立县社会治安综合治理委员会及其办公室、县委维护社会稳定工作领导小组及其办公室，有关职责交由县委政法委员会承担。

（2）将县委防范和处理邪教问题领导小组及其办公室职责交由县委政法委员会、县公安局承担。

（二）与省市机关机构基本对应的其他机构和因地制宜设置的机构

1.与省市机关机构基本对应的其他机构

县委办公室、县委巡察工作领导小组办公室、县委县政府信访局作为县委工作机关；县政府办公室、县发展和改革局、县经济商务局、县教育局、县公安局、县民政局、县财政局、县人力资源和社会保障局、县住房和城乡建设局、县交通运输局、县水利局、县统计局、县综合行政执法局作为县政府工作部门。其中：

（1）优化县委办公室职责。将县政府办公室（县政府外事办公室）的外事管理职责，县档案局（县档案馆）的行政职能，以及县委机要局（县密码管理局）、县委保密委员会办公室（县国家保密局）的职责划入县委办公室，对外保留县政府外事办公室、县档案局、县委机要局（县密码管理局）、县委保密委员会办公室（县国家保密局）牌子。

县档案馆继续作为县委直属事业单位设置。

（2）优化县政府办公室职责。将县政府金融工作办公室职责，县经济商务局的融资租赁、典当、商业保理管理、融资担保管理，县农业局从事信用互助的农民专业合作社管理职责划入县政府办公室，保留县政府金融工作办公室牌子。

（3）优化县发展和改革局职责。将县粮食局的职责，以及县经济商务局的国防科技工业综合协调与管理相关职责和能源相关职责，县经济商务局、县民政局等部门组织实施重要物资和应急储备物资的收储、轮换和日常管理职责，划入县发展和改革局，加挂县粮食和物资储备局牌子。

不再保留县粮食局，不再保留县物价局牌子。

（4）优化县住房和城乡建设局职责。将县人民防空办公室（县民防局）的职责划入县住房和城乡建设局，保留县人民防空办公室（县民防局）的牌子。

（5）优化县综合行政执法局职责。县综合行政执法局负责统筹协调和指导监督全县综合行政执法，以更大力度深化行政执法体制改革和推进跨部门跨领域综合行政执法。

（6）将县委县政府信访局由县委办公室管理的机关调整为县委工作机关。

2.因地制宜设置的机构

（1）优化县委组织部职责。将县委直属机关工作委员会的职责划入县委组织部，保留县委直属机关工作委员会牌子。

（2）县委组织部统一管理县委老干部工作。将县委老干部局的职责划入县委组织部，保留县委老干部局牌子。

（3）县委组织部加挂县委新经济与新社会组织工作委员会牌子。

（4）县委宣传部对外加挂县精神文明建设委员会办公室、县互联网信息办公室牌子。

（5）县财政局加挂县政府国有资产监督管理办公室牌子。

（三）优化市级部门派出机构设置

市生态环境局在松阳县设立生态环境分局，作为市生态环境局的派出机构。将县环境保护局的职责，以及县发展和改革局的应对气候变化和减排职责，县国土资源局的监督防止地下水污染职责，县水利局的编制水功能区划、排污口设置管理和流域水环境保护职责，县农业局的监督指导农业面源污染治理职责等整合划入市生态环境局松阳分局。

不再保留县环境保护局。

机构改革后，共设置党政机构33个。党委机构9个，其中，纪检监察机关1个，工作机关8个。政府办公室和工作部门24个。市级部门派出机构1个，生态环境分局不计机构限额。（详见附件）

三、统筹推进其他各项改革

（一）深化县人大、政协机构改革和群团组织改革

1.深化县人大、政协机构改革

健全人大组织制度和工作制度，完善人大专门委员会设置，更好发挥其职能作用。推进人民政协履职能力建设，加强政协民主监督，优化政协专门委员会设置，更好发挥其作为专门协商机构的作用。

2.深化群团组织改革

认真落实省委和市委关于群团组织改革的决策部署，健全党委统一领导群团工作的制度，紧紧围绕保持和增强政治性、先进性、群众性这条主线，自觉服从服务省委和市委工作大局，着力解决机关化、行政化、贵族化、娱乐化等问题，把群团组织建设得更加充满活力、更加坚强有力。

群团组织设立的党组，接受批准其成立的党委统一领导，定期汇报工作，确保党的方针政策和决策部署得到贯彻落实。进一步抓好各群团改革方案落实，改革机关设置、优化管理模式、创新运行机制，探索群团组织机关综合性设置。坚持眼睛向下、面向基层，将力量配备、服务资源向基

层倾斜，更好适应基层和群众需要。

群团组织改革与机构改革相结合，促进党政机构同群团组织功能有机衔接，支持和鼓励群团组织承接适合其承担的公共服务职能，增强群团组织团结教育、维护权益、服务群众功能，充分发挥党和政府联系人民群众的桥梁纽带作用。

（二）深化县委县政府直属事业单位改革和承担行政职能的事业单位改革

按照精干高效原则设置党委政府直属事业单位。将完全、主要和部分承担行政职能的事业单位全部纳入机构改革范围，统筹推进、同步实施。全面清理事业单位承担的行政职能，将行政职能划归行政机构。按照能转职能的不转机构、确需转机构的实行综合设置的原则，区分情况推进改革，理顺政事关系，实现政事分开。确需转机构并实行综合设置的，结合部门“三定”规定，根据工作内在联系，在部门内设机构设置和职能配置中统筹研究。改革后保留设置的事业单位，名称不再称“委、办、局”。除行政执法机构按照中央部署推进改革外，不再保留或新设承担行政职能的事业单位。

结合党政机构调整，撤并整合职责相近、设置重复分散、规模过小的事业单位，同步划转涉改部门所属相关事业单位，并按一定比例精简编制。面向社会提供公益服务的事业单位，理顺同主管部门的关系，逐步推进管办分离，强化公益属性，破除逐利机制；主要为机关提供支持保障的事业单位，优化职责和人员结构，同机关统筹管理。

（三）深化“最多跑一次”改革，推进审批服务便民化

按照“只进一扇门”“最多跑一次”要求，推进机构和职能优化配置，以更大力度推进简政放权、放管结合、优化服务改革，推动政府职能转变和审批服务便民化，建设人民满意的服务型政府，切实增强人民群众获得感和幸福感。

进一步深化“一窗受理、集成服务”，全面实现“一窗通办、就近能办、异地可办”。推进各类政务服务事项向行政服务中心全进驻，加强便民服务网点建设，推进服务事项标准化，加快“无差别全科受理”窗口向乡镇（街道）、村（社区）代办点延伸，大力打造“无证明县”，实现政务服务“最多跑一次”100%全覆盖。推进“最多跑一次”改革向公共服务领域延伸，提升医疗卫生、教育和水电气等公共服务水平，在解决人民群众反映最强烈、最渴望解决、最难办的事情上取得更大突破。

全面深化政务大数据共享开放与优化运用。充分利用互联网、大数据，全面整合优化信息流，推动政务服务方式数字化变革。持续加力打破信息孤岛、实现数据共享，建立健全公共数据资源体系，依托省市公共数据交换平台与共享平台，利用全省统一的人口、法人单位、信用信息、电子证照、办事材料等基础数据资源库，构建标准、安全与运维支撑体系，实现数据资源跨部门跨层级跨区域互通共享。深化“互联网+政务服务”应用，依托浙江政务服务网，构建一体联动、一网通办的线上线下政务服务体系。完善“互联网+信访”服务体系，使用覆盖全省的政务咨询投诉举报统一平台。深入推进统一公共支付平台建设，推动各类政务服务涉及的收费项目网上收缴并向相关领域延伸，解决网上办事的“最后一公里”问题。加强电子化归档工作，加快形成政务事项在线办理、归档、保存、利用的长效机制。

进一步简化投资审批和商事登记流程，全面优化营商环境。制定发布企业投资项目开工前审批“最多跑一次”负面清单，着力打好标准地、承诺制、中介提速、代办制、区域评价、流程优化等改革组合拳，实现一般企业投资项目开工前审批“最多100天”；联动推进证照分离、多证合一、证照联办，减少涉企证照事项，压缩企业开办时间，实现常态化企业开办4个工作日内完成。

进一步创新完善事中事后监管，全面推动执法监管“一次到位”。深入推进“互联网+监管”，强化非现场检查，综合运用“双随机、一公开”、智慧监管、审慎监管、信用监管等举措，着力构建事前管标准、事中管检查、事后管处罚、信用管终身的监管体系，实现服务零距离、监管不扰民。

（四）深化综合行政执法改革

按照力量下沉、整合队伍、提高效率的原则，深化行政执法体制改革，统筹配置行政处罚职责和执法资源，完善“部门专业执法+综合行政执法+联合执法”的行政执法体系，进一步加强和创新执法监管。

大力推进科学执法。全面梳理和精简行政处罚、行政强制事项，实行清单化管理，建立动态调整机制，规范执法职责。改进执法方式，更多应用新科技手段，提高执法效能。运用全省统一的行政执法监管系统，实现监管信息共享、平台工具共用、部门执法协同、违法失信共管，提升监管执法水平。

大幅减少多头执法。结合部门职责和机构整合，做好部门所属执法队伍和执法职责的整合，实现一个部门原则上设置一支执法队伍。强化行政执法职责，一般实行局队合一体制，避免重复执法。认真落实中央专项部署，整合组建市场监管、生态环境保护、文化市场、交通运输、农业等5个领域执法队伍。5个领域内现已纳入综合行政执法的具体执法事项，由部门专业执法更加有效的，应回归相应领域的执法队伍承担。进一步加大整合力度，将商务执法、盐业执法等整合划入市场监管执法队伍；县级市场监管、生态环境、文化广电旅游、交通运输、农业农村部门加强指导，其他相关业务主管部门做好衔接配合，确保行政管理与行政执法接转有序。加大跨部门跨领域综合行政执法

力度，优化执法事项，切实解决执法扰民、执法真空等问题；县综合行政执法局加强协调指导，各乡镇（街道）、各部门上下联动、相互配合，协同落实综合行政执法改革。健全完善县乡行政执法统筹指挥机制，更大范围融合基层执法力量，在乡镇（街道）逐步实现一支队伍管执法。

加强执法队伍建设。下沉执法力量，推动执法重心下移。强化执法队伍编制管理，锁定执法人员编制底数，暂保持现状不变，待中央统一明确政策后逐步规范。严控总量规模，统筹资源配置，探索建立体现行政执法特点的编制及人员管理办法。综合行政执法改革涉及的机构编制事项按有关规定办理。加强人员招录、使用和考核管理，全面清理规范临时人员和聘用人员使用，严禁使用辅助人员执法。严把人员入口关。建立健全行政执法可追溯、可问责机制和执法人员不作为、乱作为退出机制，完善执法程序，严格执法责任，加强执法监督，做到严格规范公正文明执法。

（五）深化乡镇（街道）机构改革

根据《中共浙江省委办公厅浙江省人民政府办公厅关于加强乡镇（街道）"四个平台"建设完善基层治理体系的指导意见》《中共浙江省委办公厅浙江省人民政府办公厅关于深化街道体制改革完善城市基层治理体系的意见》《中共浙江省委办公厅浙江省人民政府办公厅关于深化经济发达镇管理体制改革加快服务型乡镇政府建设的实施意见》有关精神，按照构建简约高效的基层管理体制要求推进乡镇（街道）改革，整合基层审批、服务、执法等方面的力量和职能，统筹机构编制资源。综合设置乡镇（街道）机构，实行扁平化和网格化管理。一般乡镇（街道）设置9个综合性办公室和中心，规模较小的适当精简，经济较发达、人口规模大、基层治理任务重的可适当增设1—2个。乡镇（街道）相关改革与县机构改革统筹谋划、同步推进，使各类机构、组织在服务保障群众需求上有更大作为。坚持和发展新时代"枫桥经验"，深化"基层治理四平台"建设，推动问题在一线发现、矛盾在一线解决，着力构建覆盖县乡、功能集成、运行协同的基层治理新体系。

（六）强化机构编制管理刚性约束

强化县委对机构编制工作的统一领导，统筹使用各类编制资源，加大部门间编制统筹调配力度，严格执行机构编制管理法律法规和党内法规，严格机构编制管理权限和程序，严禁越权审批。

坚持总量控制和限额管理。严格执行中央和省规定的机构限额。加强和规范机构编制管理。严禁超编进人、超限额设置机构、超职数配备领导干部。严格执行部门领导职数有关规定，县级部门领导职数一般不超过3名，任务重、规模大的部门可适当增加。严格管理编外聘用人员。清理不规范设置的机构和配备的职数，全面清理限额外设置的行政机构，规范管理合署办公机构、精简整合规范开发区管委会等各类派出机构，根除挂牌机构实体化、"事业局"。清理规范议事协调机构，职能相近的予以整合，临时性、阶段性的任务完成后及时撤销，严控新设议事协调机构。议事协调机构一般不单设办事机构，具体工作由有关部门承担。部门承担联席会议日常工作的内设机构不加挂牌子、不刻制印章。

认真做好部门"三定"工作。重新制定或修订县委工作机关、县政府工作部门"三定"规定，坚持优化协同高效，科学配置机构职能编制，强化部门内部职责和业务整合，推动组织架构重建和流程再造，切实把加强党的全面领导和职能转变要求落实到位，规范履职行为，确保权责一致。统一规范内设机构规格和名称，加大内设机构综合设置力度，综合性内设机构不超过内设机构总数的三分之一。整合归并的党政机构，综合性内设机构合并为一套，业务机构要根据工作的内在联系进行重新设计和整合，该精简的精简，该加强的加强。

坚决查处各类机构编制违纪违法行为。及时公开机构编制有关信息，接受各方监督。完善机构编制实名制管理，健全机构编制管理同组织人事、财政预算管理共享的信息平台，强化机构编制同纪检监察机关和组织人事、巡察、审计等部门的协作联动，形成监督检查合力。

四、组织实施

（一）加强组织领导。各级各部门要充分认识做好机构改革工作的重要性，提升政治站位，增强"四个意识"，坚决维护习近平总书记的核心地位，坚决维护党中央权威和集中统一领导，切实把思想和行动统一到党中央关于地方机构改革的决策部署上来。在省委、市委具体部署下，县委加强统筹，县深化机构改革协调小组负责做好全县机构改革的组织实施工作，具体工作由协调小组办公室承担。各级党委主要负责同志要当好第一责任人，牵头挂帅，靠前指挥，抓好机构改革组织实施工作。

（二）细化工作进度。机构改革工作部署、组织实施要上下协同、有机衔接、紧凑有序，统筹安排时间表、路线图，严格按照上级规定的时间进度要求压茬推进。省委、省政府批准县机构改革方案后，县委召开动员部署大会，组织开展新部门组建、人员转隶和"三定"规定制定等工作，2019年3月底前基本完成。

（三）稳妥有序推进。全面贯彻先立后破、不立不破原则，有序做好人员转隶、新机构挂牌、集中办公等工作。特别是涉及安全生产、应急救援、维护社会稳定等工作的新老机构要确保工作有序衔接。各级各部门要紧紧抓住职能转变这个关键，在改职责上出实招硬招，在职能整合、业务融合上真正发生化学反应，做到脱胎换骨。要高度重视思想政治工作，教育引导广大党员干部特别是领导干部坚持党性原则和全局观念，自觉服从改革大局，确保思想不乱、工作不断、队伍不散、干劲不减，保证机构改革和日常工作两不误。要加强改革正面宣传，做好舆论引导和政策解读工作，为改革顺利开展营造良好氛围和环境。

（四）严明纪律规矩。坚决维护党中央改革决策的权威性和严肃性，对上级明确的改革任务要坚决落实到位。严格执行机构改革政治纪律、组织纪律、机构编制纪律、干部人事纪律、财经纪律、保密纪律，严防国有资产流失，不讲条件、不打折扣、不搞变通、不开口子，确保机构、职责、队伍按照改革要求及时调整到位。要将机构改革实施情况纳入县委县政府督察任务和巡察范围，强化监督和执纪问责，保障改革顺利推进。各级各部门推进机构改革情况和遇到的重大问题要及时向县委报告请示。

附件：

1.中共松阳县委机构设置表

2.松阳县人民政府机构设置表

附件 1

中共松阳县委机构设置表

县委县政府信访局

巡察工作领导小组办公室

县委县政府农业和农村工作领导小组办公室（设在县农业农村局）

教育工作领导小组秘书组（设在县教育局）

审计委员会办公室（设在县审计局）

机构编制委员会办公室

外事工作委员会办公室（设在办公室）

财经委员会办公室（设在办公室）

网络安全和信息化委员会办公室（设在宣传部）

国家安全委员会办公室（设在办公室）

全面依法治县委员会办公室（设在县司法局）

全面深化改革委员会办公室（设在办公室）

政法委员会

统一战线工作部

宣传部

组织部

办公室

纪律检查委员会监察委员会机关

说明：松阳县委设置纪检监察机关 1 个，计入机构限额的工作机关 8 个（设在相关部门的县委议事协调机构的办事机构不计入机构限额）。其中，纪律检查委员会与监察委员会合署办公，实行一套工作机构、两个机关名称；台湾工作办公室（县政府台湾事务办公室）与办公室合署办公；办公室挂县政府外事办公室、政策研究室、县档案局、机要局（县密码管理局）、保密委员会办公室（县国家保密局）、县最多跑一次改革办公室牌子；组织部挂直属机关工作委员会、老干部局、新经济与新社会组织工作委员会、县公务员局牌子；宣传部挂县政府新闻办公室、县精神文明建设委员会办公室、县新闻出版局、县互联网信息办公室牌子；统一战线工作部挂县民族宗教事务局、县政府侨务办公室牌子；县委县政府信访局挂县统一政务咨询投诉举报平台管理办公室牌子

附件 2

松阳县人民政府机构设置表

工作部门

- 办公室
- 发展和改革局
- 经济商务局
- 教育局
- 科学技术局
- 公安局
- 民政局
- 司法局
- 财政局
- 人力资源和社会保障局
- 自然资源和规划局
- 住房和城乡建设局
- 交通运输局
- 水利局
- 农业农村局
- 文化和广电旅游体育局
- 卫生健康局
- 退役军人事务局
- 应急管理局
- 审计局
- 市场监督管理局
- 统计局
- 医疗保障局
- 综合行政执法局

市级部门派出机构

- 市生态环境局松阳分局

说明：松阳县人民政府设置办公室和工作部门 24 个。办公室挂县政府金融工作办公室牌子；发展和改革局挂粮食和物资储备局牌子；经济商务局挂中小企业局牌子；司法局挂行政复议局牌子；财政局挂县政府国有资产监督管理办公室牌子；自然资源和规划局挂林业局牌子；住房和城乡建设局挂人民防空办公室（民防局）牌子；卫生健康局挂中医药管理局牌子。市级部门派出机构 1 个，市生态环境局松阳分局不计机构限额

2019 年 1 月 17 日印发

中共松阳县委 关于松阳县自然资源和规划局等单位党组（党委）设立和撤销的通知

各乡镇党委，街道党工委，县直各单位党组织：

县委决定：

设立中共松阳县自然资源和规划局委员会、中共松阳县自然资源和规划局纪律检查委员会，撤销中共松阳县国土资源局委员会、中共松阳县国土资源局纪律检查委员会，撤销中共松阳县林业局党组；

设立中共松阳县卫生健康局委员会，撤销中共松阳县卫生和计划生育局党组；

设立中共松阳县委松阳县人民政府信访局党组；

设立中共松阳县发展和改革局党组，撤销中共松阳县发展和改革局（粮食局）党组；

设立中共松阳县财政局党组，撤销中共松阳县财政（地税）局党组；

设立中共松阳县住房和城乡建设局党组，撤销中共松阳县住房和城乡建设局（人民防空办公室）党组；

设立中共松阳县农业农村局党组，撤销中共松阳县农业局党组、中共松阳县委松阳县人民政府农村工作办公室党组；

设立中共松阳县文化和广电旅游体育局党组，撤销中共松阳县旅游委员会党组、中共松阳县文化广电新闻出版（体育局）党组；

设立中共松阳县退役军人事务局党组；

设立中共松阳县应急管理局党组，撤销中共松阳县安全生产监督管理局党组；

设立中共松阳县医疗保障局党组；

设立中共丽水市生态环境局松阳分局党组，撤销中共松阳县环境保护局党组；

设立中共共青团松阳县委员会党组；

设立中共松阳县传媒中心党组，撤销中共松阳县广播电视台党组。

2019 年 1 月 15 日印发

中共松阳县委　松阳县人民政府关于开展行政村规模调整工作的实施意见

为贯彻落实党的十九大精神，加快实施乡村振兴战略，健全完善乡村治理体系，推进农业农村现代化，根据中央、省委和市委关于加强和完善城乡社区治理的决策部署，结合我县实际，经县委、县政府研究，决定在全县开展行政村规模调整工作，现提出如下实施意见：

一、指导思想

坚持以习近平新时代中国特色社会主义思想为指导，以党的十九大精神为指引，以党和国家有关法律法规为依据，以“并建制、并三资、并人心，促发展、促民生、促振兴”为目标，因地制宜、依法依规，稳妥有序地推进行政村规模调整工作，努力把全县行政村规模调大、布局调优、实力调强、班子调好，以“丽水之干”担纲“丽水之赞”，为松阳深入践行“八八战略”、全面深化“开放兴县”，奋力推进山区国际化发展，在更高起点上谱写“田园松阳”升级版建设宏伟篇章奠定更加坚实的基础。

二、基本原则

（一）坚持党的领导、依法依规。始终坚持在党委统一领导下开展村规模调整工作，全面落实村党组织对村级各类组织、各项事务的领导权。严格按照《中国共产党农村基层组织工作条例》《中华人民共和国村民委员会组织法》《中共中央办公厅国务院办公厅关于建立健全村务监督委员会的指导意见》《浙江省村经济合作社组织条例》《浙江省民政厅浙江省农业厅浙江省建设厅关于村规模调整工作的指导意见》等有关规定，有计划、按步骤、依程序组织实施村规模调整工作。

（二）坚持总量调控、因村施策。顺应村庄发展规律和演变趋势，根据不同村庄的发展现状、区位条件、资源禀赋、文化习俗等，按照集聚提升、城郊融合、特色保护、搬迁撤并的思路，结合城乡建设发展规划、村庄发展规划、生态功能区规划等系列规划和“大搬快聚富民安居工程”，科学合理确定村庄规模与布局。坚持社会稳定风险防控超前抓，“一村一策”制定调整方案和社会稳定风险防控方案，确保不发生群体性事件和负面舆情事件。

（三）坚持尊重历史、注重民意。坚持党的群众路线，广泛听取群众意见，把思想引导工作贯穿于行政村规模调整全过程，最大限度地争取广大党员干部支持，赢得人民群众拥护。认真研究各村历史沿革、具体问题、发展愿景和村民意愿，积极稳妥处理好历史遗留问题，保持“五个不变”（即：土地〈林地〉承包关系不变，公益生产生活设施的投入和受益范围不变，已签订的各类有效经济合同不变，村主职干部基本报酬过渡期内不变，已安排的各类扶贫资金和帮扶项目的享受对象范围不变），切实保护农民利益，确保平稳过渡。

（四）坚持着眼长远、有利发展。按照“有利于夯实乡村振兴基础条件、有利于改革优化基层治理体系、有利于保护开发自然生态资源、有利于推进乡村人口聚集与城乡融合、有利于集约利用公共服务资源、有利于提升公共服务水平”的要求，立足于加快要素集聚和优化资源配置，优化乡村生产、生活和生态空间，统筹推进公共基础设施、基本公共服务共建共享，鼓励富村带穷村、强村带弱村、大村带小村，做大做强新村，促进农村经济社会发展。

（五）坚持全县统筹、三级联动。按照党委领导、党政共管、书记主抓、各方合力的要求，县、乡镇（街道）、村三级联动推进。县委、县政府负责宏观指导、统筹协调，县级各部门充分发挥职能作用，相互配合，切实加强政策研究和具体业务工作指导。各乡镇（街道）全面落实行政村规模调整工作主体责任，具体组织开展。村级负责具体实施。

三、调整要求

根据我县农村实际情况和发展趋势，全县各乡镇（街道）具体调整幅度视实际情况差别化确定，具体要求如下：

（一）户籍人口在500人以下的行政村，原则上予以调整。

（二）户籍人口在500人以上，属于自然灾害频发、生存条件恶劣、“大搬快聚富民安居工程”需要、重点项目建设需要、集体经济基础薄弱、“空心村”、村级领导班子长期软弱涣散又无理想人选等行政村，一般应列入调整范围，特殊情况不作调整的，需经县委、县政府研究决定。

（三）调整的人口要求只设下限，不设上限。对少数村民意愿强烈、就近就便合并有利的村，不局限于人口数，适度进行调整；除“大搬快聚富民安居工程”需要等情况外，一般不跨乡镇（街道）调整，如特殊情况确需调整的，需经县委、县政府研究审定。

（四）调整后各行政村户籍人口规模一般控制在1000～2000人，原则上不超过3000人。

（五）按照地域相近、人文相通、产业相融原则，科学合理进行撤并，做大集镇村、中心村，不搞跨乡镇（街道）“飞地并村”，不搞简单“1+1”。

（六）国家级传统村落行政村同时是省历史文化名村，或是省AAA级景区村，或是历史文化村落重点村，或是县委、县政府确定的综合改革试验区的，可根据实际情况经各村申请，乡镇（街道）审核，县委、县政府研究审定，原则上可予以保留。

四、调整模式

综合考虑人口规模、区位优势、历史渊源、产业布局、发展趋势等因素，在尊重民意、因村制宜、科学合理、有利发展的前提下进行行政村规模调整。主要模式有：

（一）“做大集镇村”模式：调大乡镇（街道）政府（办事处）驻地所在集镇村规模，集聚人口、做强实力，提高城镇化率；

（二）“做强中心村”模式：突出中心村地位，增强中心村凝聚力和带动力；

（三）“以强带弱”模式：通过党建以强带弱，推动软弱后进村整体转化提升；

（四）“以富帮贫”模式：通过经济富强村帮助薄弱村、空壳村，增强整体造血功能；

（五）“同向发展”模式：根据相邻村发展定位、产业发展同向性明显的特色，推动特色融合发展；

（六）“抱团发展”模式：将地缘相近、习俗相同、资源相连或有历史渊源村合并，实现抱团发展。

五、工作步骤

行政村规模调整工作从2018年10月份开始，到2019年8月底全面完成，分三个阶段进行：

（一）前期准备阶段（2018年10月至2019年6月）

1.开展学习考察调研。深入开展调研，学习借鉴外地经验做法，广泛征求各方面意见，形成行政村规模调整的基本构想和总体思路。

2.建立工作领导小组。建立全县行政村规模调整工作领导小组、联系督导组、评审委员会及相关协调机构，明确各成员单位、职能组职责分工。

3.研究制定政策意见。在全面广泛征求各方意见的基础上，研究制定关于行政村规模调整工作实施意见、集体资产处置及村级组织设置等一系列工作方案和政策意见。

4.专题研究细化方案。各乡镇（街道）在逐村开展模拟调整、社会稳定风险排查化解防控和农村集体“三资”调查登记、清产核资等工作的基础上，制定行政村规模调整工作模拟方案。县评审委员会对模拟方案进行评审，并上报县委、县政府同意。

（二）组织实施阶段（2019年6～8月）

1.全面宣传发动。召开全县行政村规模调整工作动员大会，进行动员部署和业务培训，进一步统一思想、形成共识，明确要求、强化纪律。各乡镇（街道）建立领导小组及工作机构，组织召开动员大会，进行全面部署。组织各村党组织通过主题党日、专题组织生活会等方式，党员逐个作表态发言，并签订承诺书。

2.全面封存档案。按照有关程序，在村级集体资金暂停支付业务开始时，封存各涉调村账户、资产及档案。收缴各村印章、统一社会信用代码证，由乡镇（街道）统一保管。

3.开展清产核资。开展农村集体“三资”清产核资工作，重点做好债权债务及资产、资源清查核实登记等工作。

4.依法依规实施。根据《中华人民共和国村民委员会组织法》《浙江省村经济合作社组织条例》和《浙江省农村集体资产管理条例》等规定，由乡镇（街道）提出调整方案，经村民（社员）会议讨论通过，形成决议报所在乡镇（街道）。乡镇（街道）形成《关于要求调整行政村规模的请示》及相关材料，上报县政府审批。县政府批复调整方案。

5.组建新村机构。建立新村党组织、过渡时期村务工作领导小组、村务监督工作领导小组和社务工作领导小组及其他配套组织。

6.新村成立运行。召开新村成立授牌大会，制发调整后新村印章，开设新村账户，稳步推进“三资”融合。

（三）总结完善阶段（2019年8月）

1.档案整理。完成档案资料、各类印章、统一社会信用代码证书的整理、更换、移交等工作，任何单位和个人不得借故销毁、变卖、占有或拒交，否则将依法严肃查处。

2.建章立制。坚持民主集中制原则，建立健全村级班子工作例会、工作协调和议事决策等工作制度，探索新的服务形式和办法，规范村级组织运行。及时修订完善新村建设发展规划和工作目标，确保村级组织运行制度化、规范化。

3.后续工作。县相关部门妥善做好村规模调整后村民户籍、身份证、门牌户牌等证照的办理和更换工作。优先制订新的村庄布局规划、村庄建设规划，切实推进多规合一，并优先安排新村集居点等农民建房用地指标。做好国道、省道、乡村道路的标志标识更换等，确保后续工作井然有序。

4.组织验收。组织考核验收，兑现相关财政奖补政策。

六、配套政策

（一）村级组织设置和原村干部的待遇政策。按照《松阳县关于行政村规模调整过渡阶段组织设置、班子配备和人员安排的意见》执行（详见附件1）。

（二）原村各类资产的处置政策。按照《松阳县关于行政村规模调整中村级集体资产处置和管理工作的指导意见》《松阳县行政村规模调整期间暂停支付村级集体资金的意见》执行（详见附件2、3）。

（三）原村的扶持政策。村规模调整后，如有民族村、中国传统村落、历史文化名村等涉及调整的，在保留该自然村原有村名的前提下，不影响其享受原补助政策。原各村与省、市、县有关单位帮扶结对关系、移民村扶持政策、扶贫政策在期限内原则上保持不变。县财政对村级组织运转经费补助只增不减，原村所享受的其他优惠政策，合并新村后予以保留。对各涉调村原安排的和已列入部门项目库的各类建设项目，原则上仍按原村落实，由新村组织实施。

（四）经费补助政策

1.行政村规模调整涉及村，按人口规模补助工作经费。户籍人口500人以下的涉调村补助2万元；户籍人口500 人以上的涉调村补助3万元。

2.行政村规模调整每减少1个村，补助所在乡镇（街道）工作经费2万元。

3.集体“三资”完全融合的村，每个涉调村补助10万元。协商融合的村，每个涉调村补助3万元，2021年年底前实现完全融合的，每个涉调村再补助5万元。之后再完全融合的村不再予以补助。

以上各项奖补资金由乡镇（街道）统筹安排，监管使用，其中第1、2项主要用于行政村规模调整期间及新村工作经费保障；第3项主要用于村级债务核减、新村运行等。

七、新村村址和命名

按照《松阳县关于新村名称命名和办公选址的指导意见》执行（详见附件4）

八、工作要求

（一）加强组织领导。为切实加强对全县行政村规模调整工作的领导，县委、县政府建立行政村规模调整工作领导小组及其办公室，办公室日常办公地点设在县民政局，下设综合组、集体资产处置指导组、宣传组、信访维稳组、纪律保障组等五个工作组。各乡镇（街道）要按照党委领导、党政共管、书记主抓的要求，切实加强领导，建立工作领导机构，组建工作专班，确定工作联络员，精心组织、周密安排，抓好各项工作落实，确保平稳顺利推进行政村规模调整工作。

（二）强化工作责任。县级层面，开展行政村规模调整工作联系督导行动，指导督查各乡镇（街道）推进行政村规模调整工作。县级有关部门要从自身职责出发，各司其职，加强行政村规模调整工作研究和协调，及时出台有关政策，做到指导有力、形成合力。各乡镇（街道）党（工）委书记是行政村规模调整的第一责任人，要切实负起总责，牵头研究制定工作方案，统筹资源，依法有序和谐推进各项工作。各乡镇（街道）党（工）委、村级党组织要切实承担起主体责任和直接责任，强化底线思维，把问题想在先、把工作做在前，逐村逐组逐户做好群众工作，紧紧依靠群众做深做细做实行政村规模调整工作。

（三）加大考核力度。县委、县政府将行政村规模调整工作作为今年重点工作，列入对乡镇（街道）目标管理责任制考核和县委、县政府重点督查工作内容，对各乡镇（街道）的工作推进情况适时进行通报。将行政村规模调整工作成效纳入乡镇（街道）党（工）委书记党建政绩档案，并作为衡量、检验和选拔任用干部的重要依据。

（四）严肃工作纪律。要严肃政治纪律、组织纪律、廉洁纪律、群众纪律、工作纪律和生活纪律，大力营造有利于行政村规模调整的浓厚氛围。行政村规模调整期间，要尽可能少安排县乡领导干部一般性外出学习或培训，尽可能少安排牵涉乡镇（街道）精力的一般性工作。全县党员干部特别是领导干部要带头讲政治、讲大局、守纪律，不讲不利于行政村规模调整的话，不做不利于行政村规模调整的事，始终与县委保持高度一致。各乡镇（街道）、县直部门要加强对党员干部和公职人员的日常教育监督管理，全面签订承诺书，进一步严明纪律要求，结合扫黑除恶专项斗争，对插手干预、恶意阻挠甚至操纵破坏行政村规模调整工作的违纪违法行为，坚决依纪依法给予严肃处理。对工作执行不力的村干部，依据相关规定给予免职或停职教育等处理。对不配合或暗中阻挠的农村党员，组织关系一律转入乡镇（街道）整转支部，进行教育或组织处置。对在行政村规模调整工作中不作为、慢作为、乱作为等推进不力问题，严肃追究相关单位和责任人的责任。

附件 1

松阳县关于行政村规模调整过渡阶段组织设置、班子配备和人员安排的意见

为妥善处理好行政村规模调整过渡阶段组织设置、班子配备和人员安排工作，确保行政村规模调整工作顺利实施，按照党章和国家有关法律法规等规定，现提出如下意见：

一、村级组织设置和班子配备的原则意见

（一）村级组织设置

行政村规模调整时，要优先调整建立新的村级党组织。新村一般要根据党员数量多少，合理设置村党支部（总支或党委）。党员人数较多、从业结构复杂或居住比较分散的村，可以以加快村庄融合为原则组建党小组。建立新村党组织，统一由乡镇（街道）党（工）委报县委组织部备案。

新村村委会、村务监督委员会和村股份经济合作社董事会选举产生前，其职能由村务工作领导小组、村务监督工作领导小组和社务工作领导小组代行，在新村党组织统一领导下开展工作。共青团、妇女、民兵、调解、老龄等组织按照村党组织设置模式对应设置。在新村上述组织成立后，原村各类组织停止履行职能。

行政村规模调整后，原村的正式党员、预备党员和入党积极分子等由新村党组织统一管理。原村的村民（社员）代表在新村村民（社员）代表推选产生前，继续履行新村的村民（社员）代表职能。

（二）村级班子配备

1.村党组织班子配备

新村党组织成立后，由乡镇（街道）党（工）委在深入考察、综合分析基础上，采取指定或直接选派等形式，择优选配党组织书记，对特别复杂或个别村探索采取下派第一书记的方式，并报县委组织部备案。过渡期内，其他原村党组织成员一般过渡为新村党组织成员。

2.村务工作领导小组班子配备

新村村委会在依法选举产生前，成立过渡时期新村村务工作领导小组，由各乡镇（街道）党（工）委在深入考察、综合分析基础上，选好配强新村村务工作领导小组组长（可设副组长），原村村委会成员一般过渡为新村村务工作领导小组成员。

3.村务监督工作领导小组班子配备

在新村村务监督委员会产生前，成立过渡时期新村村务监督工作领导小组，由各乡镇（街道）党（工）委在深入考察、综合分析的基础上，选好配强新村村务监督工作领导小组组长，原村村务监督委员会成员一般过渡为新村村务监督工作领导小组成员。

4.社务工作领导小组班子配备

在新村股份经济合作社董事会产生前，成立过渡时期新村社务工作领导小组。新村社务工作领导小组组长原则上由新村过渡时期党组织书记兼任，原村股份经济合作社董事会成员一般过渡为新村社务工作领导小组成员。

在换届选举前的过渡期内，新村党组织、村务工作领导小组、村务监督工作领导小组和社务工作领导小组成员由各乡镇（街道）党（工）委集体研究后确定；共青团、妇女、民兵、调解、老龄等配套组织由新村过渡时期党组织提出建议人选，报乡镇（街道）党（工）委集体研究后确定。

二、行政村规模调整过渡阶段村干部安排意见

在行政村规模调整中，相关部门及各乡镇（街道）要积极探索村干部安排的有效途径和办法，制定相关政策，做出合理安排，确保调整工作顺利完成。

1.新村组织成立后，仍担任新村主职干部相应职务的人员，根据其在行政村规模调整工作中以及新村成立后的相关表现，经乡镇（街道）考核后，发放基本报酬。

2.新村组织成立后，不再担任新村主职干部的原村干部，根据其在行政村规模调整期间以及新村成立后的相关表现，相关待遇可以享受至换届时止，任职年限计算至换届时止。

3.对因行政村规模调整而不再担任新村职务的原村其他“两委”干部、财务人员及各线负责人，应积极协助新村班子做好行政村规模调整等相关工作。其在原村享受的相对固定部分的报酬待遇，可予以保留到换届时止。

三、工作要求

行政村规模调整有利于选好配强农村领导班子、强化对农村工作的领导、推动农村现代农业产业发展、提升农村管理水平，事关我县农村经济社会全面发展和基层组织建设大局，是推动乡村振兴的重要举措。同时，也是对农村基层党组织组织力与广大党员先进性的一次重大考验，要注重发挥党组织和广大党员的作用，要将党员干部在行政村规模调整中的表现作为新村班子配备、待遇享受、年度民主评议的重要依据。

在行政村规模调整中，各乡镇（街道）要普遍开展谈心谈话教育，及时了解掌握党员干部和村民的思想动态，深入细致做好思想工作。对新村干部，各乡镇（街道）主要领导要亲自做好谈心谈话工作，确保行政村规模调整工作顺利推进。

行政村规模调整后，各乡镇（街道）要及时对新村过渡期班子成员开展思想教育和业务培训，切实加强管理和监督，积极帮助新村理清工作思路，抓实基层党建基础工作。要建立健全农村重大事项、重要问题、重要工作都由党组织主导决策的机制，不断强化党组织在基层事务中的主导权，探索完善民主决策、民主协商、民主管理和民主监督等制度，推动新村过渡阶段各项工作正常化、规范化，为实现平稳过渡、顺利换届打下坚实基础。

附件 2

松阳县关于行政村规模调整中村级集体资产处置和管理工作的指导意见

村级集体资产处置是行政村规模调整过程中的一项重要工作，事关农村稳定和广大群众利益。为切实做好行政村规模调整过程中集体资产处置融合和财务管理工作，实现乡村振兴目标，根据《浙江省农村集体资产管理条例》《浙江省村经济合作社组织条例》和有关法律法规政策规定，结合我县实际，提出如下指导意见。

一、正确把握集体资产处置原则

各有关单位、乡镇（街道）在行政村规模调整过程中要高度重视集体资产的处置工作，按照我县行政村规模调整实施意见、集体资产处置跟进开展的要求，及时做好集体资产的处置融合工作。在具体操作中坚持三项原则：

（一）坚持党的领导。行政村规模调整过程中集体资产的处置融合要在村党组织的领导下开展，新村股份经济合作社负责人原则上由新村党组织书记兼任。

（二）坚持因村制宜。集体资产处置融合要从实际出发，因村制宜、分类指导，不搞“一刀切”，不简单平调集体资产。要在依法的前提下，听取广大社员的意见，按照民主集中制原则决策集体资产融合等重大事项。

（三）坚持政策稳定。行政村规模调整后，原村股份经济合作社与单位或个人已经签订的承包、租赁等合同法律效力不变。原已承包到户的大田、山林、茶山、果园、水面等，仍按原定政策保持稳定不变。严禁在行政村规模调整期间违规收回土地承包经营权，严禁以行政村规模调整、资产处置融合名义随意进行土地调整，切实维护原承包者的正当权益。新村成立后，要妥善处理原村的土地征收、债权债务等各种问题。

二、全面清查核实集体资产

（一）清产核资范围

村级所有的集体资产包括资源性资产、经营性资产和公益性资产。资源性资产主要指村集体所有的土地、山林、荒地、水域等；经营性资产主要指村集体所有的用于生产经营的建筑物、构筑物、设施设备、库存物资、各种货币资产以及债权、股权等；公益性资产主要指村集体所有的用于教育、科学、文化、卫生、体育等公益事业的非经营性资产。

（二）清产核资方法

1.暂停支付业务。全县动员会当日下午5时起，暂停全县所有行政村（村股份经济合作社）[以下简称村（社）]集体资金支付业务，银行账户资金只进不出。各乡镇（街道）农经员、农村集体“三资”管理服务中心财务人员要对涉及村（社）的集体“三资”票据、账册等资料进行整理、装订、归档，特别要做好账款核实工作。

2.组建工作小组。各村（社）要选定3－5名责任心强、懂财务，了解集体资产情况的人员，组成村级清产核资工作小组，具体负责集体资产清查核实工作。

3.编制资产清册。在去年清产核资的基础上，结合各村（社）最新的“三资”账表数据，对村（社）本级的所有账内外资产、应收款项、各项收入和支出、债务情况进行全面的清查和核实，并分门别类地进行登记和编制清册。

4.处置不良资产。对有账无物、有物无账，虽有账有物但已无价值或确实无法收回的应收款、借欠款等不良资产，可在查明原因的情况下，由原村(社)联席会议提出处理意见，报所辖乡镇（街道）审核后，经社员代表会议通过，予以核销。

5.审核及公示。各乡镇（街道）要建立清产核资工作专班，负责对村（社）上报的清产核资清册（需村级清产核资工作小组人员签名和加盖原村党组织、村民委员会、村股份经济合作社、村务监督委员会等四个公章）进行逐村审核，专班负责人和乡镇长（办事处主任）要在清册上签字并加盖乡镇政府（街道办事处）公章。经乡镇（街道）审核后的清产核资结果，须在召开社员会议前在原村（社）财务公开栏中张榜公示，并及时收集、处理公示过程中收到的反馈信息和意见。

三、合理确定集体资产处置方式

集体资产处置融合方式的确定，要综合考虑原村（社）集体资产总量、人均集体净资产拥有量以及资产的形成过程和资源性资产存量等因素，主要以有利于新村（社）集体资产统一管理和集体经济发展为目标，分为完全融合和协商融合两种方式。为避免"并村不并账"现象发生，确保规模调整后新村平稳有序运行，原则上要求集体资产采取完全融合方式进行资产处置。处置方案须经原各村股份经济合作社社员会议讨论决定，报所辖乡镇（街道）批准后组织实施。

（一）完全融合方式

对涉调村（社）之间集体资产总额或人均集体净资产额相差不大，或现有净资产额虽有差异但资产质量能进行优势互补，或通过其他方法能实现基本平衡的，可把资产直接合并、直接并账，实行由新村（社）统一管理运营，原村（社）的债权、债务等也随之转移，由新村（社）全面承接管理。

（二）协商融合方式

对涉调村（社）之间集体资产总额或人均集体净资产额相差悬殊，资产质量也不能进行优势互补，一时没有条件把差距拉平的，先要融合设立新村（社），取消原村股份经济合作社法人资格，作为新村（社）的二级科目核算，待条件成熟时再实行完全融合。资产方面要确定一个（最大化）基数归新村统一管理使用，超基数部分可归原村定向使用，用于优先偿还原村债务，以及用于原村的公益事业建设、社会保障等公共支出。村规模调整后，政府各有关单位（部门）不再以原村（社）名义给予扶持补助，融合后的新村（社）接受政府各有关单位（部门）扶持补助形成的资产归新村（社）所有、管理；新村（社）正常工作经费按融合前原村（社）的规模进行分摊；基础设施等公益事业支出，可以按受益情况分摊；其他具体的管理办法由新村（社）社员代表会议讨论决定。

村规模调整集体资产处置融合工作纳入县对乡镇（街道）重点考核督查工作内容。

四、及时开展新社组建和集体资产规范管理工作

（一）收回原村股份经济合作社证明书。各乡镇（街道）要收回原村股份经济合作社证明书（正、副本）、印章等，由乡镇（街道）农村集体"三资"管理服务中心统一保管。因遗失等原因不能上交的，乡镇（街道）统一上报农业农村局，统一通过《松阳政府网》公告作废，用公告结果替代原证书。

（二）建立新村股份经济合作社。实施完全融合或协商融合后，要同步设置新村股份经济合作社和章程，在产生新村股份经济合作社董事会前，由新村社务工作领导小组具体负责做好集体资产处置、财务管理的各项工作。原村股份经济合作社董事会成员一般为新村社务工作领导小组成员，新村社务工作领导小组组长原则上由新村党组织书记兼任。

选择协商融合方式进行集体资产处置的，原村（社）集体资产也要纳入新村（社）统一管理，可在原村（社）设立事务管理小组，可从原村（社）社员中推选出 3 人设立原村（社）事务管理小组。原村（社）事务管理小组成员应当优先在新村党组织、村务工作领导小组、村务监督工作领导小组和社务工作领导小组的班子成员中推选。

（三）颁发新村（社）相关证书。新村（社）要及时按国家农业农村部、中国人民银行和国家市场监督管理总局联合下发的《关于开展农村集体经济组织登记赋码工作的通知》（农经发〔2018〕4 号）要求，向县农业农村局申领《农村集体经济组织登记证》，县农业农村局要及时赋予农村集体经济组织统一社会信用代码和颁发新证。

（四）规范财务管理。为规范新村（社）集体资产管理，各新村（社）要及时制订完善集体资产（财务）管理制度，严格执行"四个一"要求。

1.只建一个财务账套。继续执行村集体财务"双代理"制度，及时与所辖农村集体"三资"管理服务中心签署委托代理合同（协议），一个新村（社）只设一个财务账套，相关财务票据、资产档案也由"三资"管理服务中心统一管理。实行协商融合方式的新村（社），也要取消原财务账套，要将原村（社）财务账套合并到新村（社）财务账套中统一管理。

2.只设一个银行账户。资产融合后，原村（社）账户和各类属于村（社）管理的社会组织账户都要一并注销，将资金全额并入新村（社）账户统一管理。严禁多头开户，严禁以任何理由公款私存、私设小金库。各新村（社）的银行基本结算账户，统一在就近的农商银行开设支票户。

3.资产统一管理。资产融合后，原村（社）的财务收支、资产运营等统一由新村（社）按照《松阳县农村集体资金资产资源管理办法（试行）》及省市县相关规定进行管理。实行协商融合方式的新村（社），涉及原村（社）资产的处置，先由原村（社）事务管理小组审签后，再按新村（社）规定审批管理。新村（社）的财务要在新村（社）和原村（社）公开栏同时张榜公示。

4、档案统一保管。行政村规模调

整后，要及时办理“三资”、财务资料以及其他档案的移交，对各类合同、凭证、账册等资料进行登记造册，实行集中统一保管，对村级集体“三资”处置过程中形成的调查登记资料、社员大会或者社员代表会议决议及其他有关材料，要整理归档，由新村（社）永久保存，乡镇（街道）备案一份。

五、组织保障

（一）加强领导。各乡镇（街道）是村级集体资产处置的责任主体，要加强农村经营管理机构和人员队伍建设，充分发挥其专业职能作用。各乡镇长（街道办事处主任）是村级集体资产处置的第一责任人，要亲自深入调查研究，因村制宜落实集体资产处置工作。

（二）强化指导。县集体资产处置指导组要统筹协调指导好村级集体资产处置工作。县直各相关单位要根据职责，做好相关业务指导工作。对在集体资产处置中遇到的问题，要及时研究，提出针对性的措施加以解决，确保集体资产处置融合工作保质保量按时完成。

（三）从严监管。在集体资产处置工作过程中，相关职能单位要切实加强对村级集体资产的管理和监督，严防集体资产流失、损害群众利益等问题发生。纪委监委、组织、公安等部门要严明行政村规模调整工作纪律，强化舆论宣传，深入一线督导，一经发现问题，及时予以严肃查处，构成犯罪的，要及时移送司法机关追究其法律责任。

（四）规范运行。新村（社）要严格执行村集体经济组织会计制度、集体资产和财务管理相关的法规制度，实行集体资产委托“双代理”。乡镇（街道）要加强对新村（社）主职干部、村务监督工作领导小组成员、乡镇（街道）代理会计、村集体报账员等人员的业务和政策培训，不断提高其管理集体资产的水平。

附件 3

松阳县关于行政村规模调整期间暂停支付村级集体资金的意见

为确保我县行政村规模调整工作（以下简称村调）顺利开展，保障村级集体资产安全、群众利益不受损失、维护农村社会稳定，在开展村调工作期间暂停支付村级集体资金，现将有关事项通知如下：

一、严肃工作纪律

全县动员会当日下午5时起，全县所有村（社）集体资金暂停支付。在村调期间，各乡镇（街道）、涉调村（社）、有关单位要严格按照县委、县政府要求，切实加强集体资产管理，防止集体资产流失。要自觉遵守财政纪律，严格执行落实“八不准”：不准突击变卖村（社）集体资产，暂停一切资产流转交易、工程发包等行为；不准突击安排由村（社）集体支付报酬的人员；不准突击花钱、私分公款公物；不准突击提高村干部报酬待遇，滥发奖金、补贴和实物；不准虚设、伪造债权债务；不准瞒报和虚报村集体资产；不准建账外账，私设“小金库”；不准拖欠、占用村集体款项和实物。若发生上述违规行为，将从严从重处理；涉嫌犯罪的，将移送司法机关依法追究刑事责任。

二、暂停资金支付业务

（一）资金暂停支付后，各乡镇（街道）农村集体“三资”管理服务中心财务人员应及时到涉调村（社）开户银行提取银行对账单，并做好货币资金、银行存单等有价证券盘点、核对工作，将资金暂停支付日前已受理的票据及时进网入账、装订归档。

（二）资金暂停支付期间，各村（社）集体资金只收不付，各乡镇（街道）农村集体“三资”管理服务中心停止受理支付票据，确需办理支付业务的，必须经乡镇长（街道办事处主任）审核后，按原审批规定办理。

（三）资金启动支付时间以各乡镇（街道）书面通知为准。启动支付后，对原村（社）已按法定程序提取的农户分配款（社员股东分红），可按原村（社）规定对原社员股东进行分配。

三、强化组织保障

各乡镇（街道）要明确暂停支付村级集体资金工作的责任领导、业务人员，要认真做好各项具体工作。松阳农商银行要落实专门人员，主动配合做好涉调村（社）银行账户余额的核对、原村（社）旧账户注销、新村（社）账户开设、资金划转等工作，确保工作落实到位。

附件 4

松阳县关于新村名称命名和办公选址的指导意见

村民委员会辖区规模调整（简称行政村规模调整）中新村名称命名和办公选址牵涉到村民的历史情感、文化传承和新村发展融合，是行政村规模调整工作中一项重要环节。各乡镇（街道）要认真研究，严格把关，慎重对待，既要加强党的领导，又要尊重村情民意，做到充分调研，广泛征求村民意见，为此提出以下原则和意见供遵循。

一、新村名称命名原则及方法

（一）命名原则

新村名称命名是指经村民委员会辖区规模调整后，两个或多个行政村调整重新组建新村的名称命名。在征集、确定过程中一定要按照《地名管理条例》《浙江省地名管理办法》和《松阳县地名管理办法》的规定，符合地名命名的基本原则，充分体现历史、地理、人文特征和地方特色，做到真正体现乡村地域特征、历史沿革、文化渊源、外界知名度和群众认同感等综合因素，要取能够反映社会主义核心价值观、反映人民群众美好向往与期盼、具有丰富文化内涵的新村名。确定新村名称一定要做到充分酝酿，广泛征求村民意见，尊重民意，要防止强配硬取，简单叠加以及使用违反地名命名原则、违背社会主义核心价值观的“大、洋、怪、重”的不规范地名。

（二）命名方法

具体做法和应注意的地方：

1.历史文化积淀深厚、知名度较高较广的新村名原则上应优先予以保留沿用。

2.调整前人口较多、经济实力较强、文化内涵丰富的村名可选择为新村名。

3.历史沿革中具有历史纪念意义的名称可确定为新村名。

4.按村民意愿以其他具有前瞻性和合理方式确定新村名。

5.新村名的确定要避免生僻字，同时不要取类似“XX 新村”等带有“新村”字样通名的名称。

6.新村名不得取“大、洋、怪、重”的不规范地名：一是地名含义、类型或规模方面刻意夸大，专名远远超出其指代地理实体实际的“大”地名。二是以外国人名地名以及使用外语词及其汉字译写形式命名的“洋”地名。三是盲目追求怪诞离奇，地名用字不规范、含义低级庸俗或带有浓重封建色彩的“怪”地名。四是在县域范围内多个地名重名或同音的“重”地名。

7.乡镇（街道）驻地行政村如涉及调整，驻地名称原则上不要变更；如确需变更，须按《浙江省民政厅关于加强政府驻地迁移管理的通知》（浙民区〔2018〕168 号）规定向省市政府申报变更程序材料。

新村名称初定后需先报县地名专家委员会、县民政局审核，再经村民会议（或村民代表会议）表决通过后确定。新村名称申报材料由乡镇（街道）按规定与行政村规模调整请示材料同时一并上报县政府。（详见附表：松阳县村民委员会辖区名称命名申报表）

二、新村办公选址

根据有利于新村开展工作和发展，有利于方便群众办事的原则，按照人口相对集中、交通相对便利、公共设施相对完善、地理位置适当，充分利用近年新建、改扩建的原行政村办公楼和设施。选址时要做到审慎稳妥、科学合理确定新村办公地点。

2019 年 6 月 19 日印发

中共松阳县委关于开展“不忘初心、牢记使命”主题教育的实施意见

根据中央、省委和市委的部署和要求，县委决定，以县处级以上领导干部为重点，在全县党员中开展“不忘初心、牢记使命”主题教育。为高标准高质量开展好主题教育，引导全县广大党员干部大力弘扬践行新时代“红船精神”、浙江精神、浙西南革命精神，推进“三个年”、提升“三个力”、抓好“三服务”，以“松阳之干”担纲“松阳振兴”，高质量推进山区国际化发展，谱写新阶段“田园松阳”升级版建设新篇章，现提出如下实施意见。

一、准确把握总体要求

松阳是较早践行习近平总书记“两山”理念，探索生态文明视角下高质量绿色发展新路径的实践地，也是丽水市革命遗址存量最多的革命老根据地县之一，全县各级党组织要以更高政治站位，充分认识开展“不忘初心、牢记使命”主题教育的重大意义。要把深入学习贯彻习近平新时代中国特色社会主义思想作为根本任务，全面把握守初心、担使命，找差距、抓落实的总要求，坚持抓思想认识到位、抓检视问题到位、抓整改落实到位、抓组织领导到位，充分借鉴运用第一批主题教育的成功经验，以彻底的自我革命精神解决违背初心和使命的各种问题，解决群众最关心最直接最现实的利益问题，努力实现理论学习有收获、思想政治受洗礼、干事创业敢担当、为民服务解难题、清正廉洁作表率的目标。结合松阳实际，做到：一是理论学习更加扎实。在原有学习的基础上，通过主题教育取得新进步、达到新高度，更加全面深入学习领会习近平新时代中国特色社会主义思想的重大意义、科学体系和丰富内涵，以理论滋养初心、以理论引领使命，确保习近平总书记的重要指示精神和党中央、省委、市委、县委的重大决策落地生根。二是理想信念更加坚定。坚决落实习近平总书记强调的理想信念是共产党人精神之钙、必须对党绝对忠诚的要求，树牢“四个意识”，坚定“四个自信”，把好总开关，不折不扣落实习近平总书记重要指示批示精神，真正把“两个维护”落细落实、见诸行动。三是干事创业更加担当。准确把握习近平总书记作出的干部有多大担当才能干多大事业的指示，直面矛盾、求是挺进，培养斗争精神、增强斗争本领，不断强化应对挑战把握机遇的战略担当、攻坚克难守正出新的改革担当、防范风险消除隐患的底线担当、一贯到底狠抓落实的执行担当。四是为民服务更加务实。自觉践行习近平总书记提出的以人民为中心的发展思想，把群众观点、群众路线深深植根于思想深处，落实到具体行动，健全落实联系服务群众长效机制，切实解决好群众操心事、烦心事、揪心事，不断增强人民群众获得感、幸福感、安全感。五是清正廉洁更加自觉。深入贯彻习近平总书记坚定不移推进全面从严治党向纵深发展的庄严宣示，引导党员干部公正用权、依法用权、为民用权、廉洁用权，始终保持为民务实清廉的政治本色，全力建设干部清正、政府清廉、政治清明、社会清朗的清廉松阳。

主题教育在全县各级机关单位及其直属单位和企事业单位，乡镇（街道）和村、社区，非公有制经济组织、社会组织和其他基层组织中开展，从2019年9月开始，11月底基本结束。

二、突出主题教育重点

县委、县人大、县政府、县政协领导班子，要按照中央主题教育领导小组《关于切实抓好第一批主题教育学习教育、调查研究、检视问题、整改落实工作的通知》（教组发〔2019〕4号）要求，抓好四项重点措施，确保取得实效。乡镇（街道）、县直机关等领导班子参照实施。

领导干部是松阳高质量发展的骨干力量，必须争当学懂弄通做实习近平新时代中国特色社会主义思想的“排头兵”，必须争当忠诚使命、求是挺进、植根人民的“挺进师”。聚焦学习贯彻习近平新时代中国特色社会主义思想这条主线，把学习教育、调查研究、检视问题、整改落实贯穿主题教育全过程，统筹安排、有机融合、一体推进。

入脑入心抓好学习教育。原原本

本学，坚持以自学为主，精读熟读《习近平关于“不忘初心、牢记使命”重要论述选编》，认真学习党章、《习近平新时代中国特色社会主义思想学习纲要》，深入学习习近平总书记在“不忘初心、牢记使命”主题教育工作会议、中央政治局第十五次集体学习、中央和国家机关党的建设工作会议和在内蒙古考察并指导开展“不忘初心、牢记使命”主题教育时的重要讲话，学习习近平总书记对丽水工作以及对本地区本领域本系统工作的重要指示批示精神。各级党组织要对自学工作进行专门部署，领导干部要排出自学计划，发挥示范带头作用。党委（党组）要有适当的督促检查和评学的措施。集中研讨学，领导班子要列出专题，采取党委（党组）理论学习中心组学习、举办读书班等形式进行集中研讨。集中学习可以连续安排、也可以分专题安排，总的时间不少于5天，期间要安排一定时间进行集中自学。全县举办专题读书班，对领导干部进行集中轮训。结合实际学，认真学习党史和新中国史，大力弘扬新时代“红船精神”、浙江精神，编发浙西南革命精神学习资料，依托我县丰富的红色资源和全县上下推进高质量绿色发展的生动实践，开展“初心之行”“使命之行”。通过百名老党员话初心、百名书记践初心、百名年轻党员强初心“三个一百”初心引领，扩大学习教育的覆盖面和影响力，形成“人人争先锋、处处有先锋、事事当先锋”的干事创业氛围。

求真务实抓好调查研究。紧紧围绕贯彻落实习近平新时代中国特色社会主义思想、习近平总书记重要指示批示精神和党中央决策部署，围绕解决我县及本单位存在的突出问题和群众反映强烈的热点难点问题，边调研边学习边对照检查。把握调研重点，围绕山区国际化发展“四个地”目标，聚焦新经济形态培育、城市品质提升、乡村全面振兴、民生福祉改善、体制机制改革、全面从严治党等六大方面，列出重点课题开展集中调研和蹲点调研，推动解决一批痛点焦点堵点难点问题。提高调研质量，调查研究要以“大学习大调研大抓落实”活动为主要抓手，以“服务企业、服务群众、服务基层”活动为具体抓手，坚持实事求是、沉下身子，了解民情、掌握实情，对企业、群众和基层的诉求要主动回应、立说立行、立查立改。要统筹安排调研的主体、时间、地点，防止扎堆调研，防止增加基层负担。抓好成果运用，召开调研成果交流会，推动把调研成果转化为解决困难的实际行动。各级领导班子成员要紧密结合学习和调研，上好千堂初心党课。主要领导要在本单位本系统带头讲，其他班子成员要到分管领域基层单位讲，党支部书记要在本支部讲，鼓励普通党员讲“微党课”。党课要突出针对性，讲清自己的学习体会、对初心使命的感悟、存在的差距不足、改进工作的思路措施等。

刀刃向内抓好问题检视。坚持边查边改，要按照习近平总书记关于“四个对照”“四个找一找”的要求，通过自己找、群众提、集体议、上级点等方式，结合“改革创新深化年”活动，把自己摆进去、把职责摆进去、把工作摆进去，以刀刃向内的勇气和精神，查摆“理论武装上不够深不够透、思想政治上不讲纪律不守规矩、干事创业上不担当不作为、服务群众上作风不实本领不高、廉洁自律上修身不严形象不佳”等方面问题和自身差距。从主题教育一开始，各级领导班子和领导干部要列出工作问题清单，作为贯穿主题教育的重要抓手，结合学习和调研不断修正完善。问题清单要一条一条列出，不搞官样文章，不硬性规定条数字数。广泛征求意见建议。综合运用谈心谈话、座谈访谈、书面问卷、网络征求等形式，敞开大门听取党员群众、工作服务对象的意见建议。领导班子成员之间、领导班子成员与分管部门负责同志之间要开展谈心谈话，相互听取意见建议。要召开对照党章党规找差距专题会议，结合对照党章党规查找的、巡视巡察和专项督查反馈的、长期信访积案中存在的、群众反映强烈的，以及谈心谈话指出的问题，从思想、政治、作风、能力、廉政方面特别是从主观上、思想上进行深刻剖析反思。

从严从实抓好整改落实。奔着问题去，把“改”字贯穿始终，边学边改、立查立改，真改实改、应改尽改。对照贯彻落实习近平总书记对本地本领域重要指示批示和中央、省委、市委、县委决策部署情况开展自查自纠。盯住难题改，要把“8+1”专项整治作为整改落实的重中之重，实施清单化管理、项目化推进，定期通报工作进度、特色做法和存在问题，并以专项整治的效果检验主题教育的成效。县委常委会对专项整治进行专题分析研判，县委常委根据分工牵头抓好落实。各级领导班子和领导干部要对本部门本单位出现的问题主动认账担责，并成立整改落实组，扎扎实实推动整改。开展正风肃纪，通过明察暗访推动整改落实。求真务实改，要结合“执行力建设深化年”活动，区分班子问题、个人问题，当下能改的问题、需要长期整改的问题，有针对性抓好整改。要列出几件主题教育期间能够解决的事关群众利益的实事，抓紧整改解决。要防止纸上整改、虚假整改、数字整改，防止以简单问责代替整改责任落实，不能在整改中产生新的问题。注重建立长效制度，把主题教育中的好经验好做法用制度形式固定好、运用好、坚持好。主题教育结束前，各级领导班子要召开专题民主生活会，严肃认真开展批评和自我批评，做到红红脸、出出汗，确保开出高质量新气象，并列出整改清单和责任清单，以钉钉子的精神抓好整改落实。

三、做实基层党支部学习教育和检视整改

县处级以上领导干部和参照实施的领导班子之外的党员，要以党支部为单位参加主题教育。各党支部要突出听党话、跟党走的要求，在上级党组织统一安排的基础上，按照统分结合的原则，结合实际制定主题教育计划安排，主要依托“三会一课”、主题党日、民主评议党员等基本制度，把四项重点措施融入日常组织生活，融入“两学一做”常态化制度化。

开展学习教育。组织党员以个人自学为主，采取看、听、读等多种形式，原原本本学习《习近平关于“不忘初心、牢记使命”论述摘编》等，增强党的意识和党员意识，领悟初心使命，坚定理想信念。通过召开党员大会、支委会、党小组会，组织集中学习、交流学习体会、相互启发提高。集中学习可分月安排，总的时间不少于5天。党支部书记要讲一次专题党课或者向所在支部党员报告一次个人学习体会。鼓励邀请联系单位领导干部、上级党组织负责人给党员作专题辅导。全县组织开展一次村（社）党支部书记轮训，重点学习习近平新时代中国特色社会主义思想和党中央、省委、市委、县委关于主题教育的部署要求。要通过学习教育，使党员有新进步新领悟新收获，不断增强党性、提高素质。

组织党员做好走访群众和征求意见等工作。听取群众对本单位事业发展、对党员作用发挥、对强化支部政治功能的意见建议。农村党员要走访联系户，实现全覆盖。涉及支部的意见建议，由党员收集汇总并向支部做好报告；涉及党员个人的意见建议，梳理出问题清单，作为检视整改的内容。

组织党员检视整改。检视整改工作结合民主评议党员、先锋指数考评等进行。对照党章规定的党员条件和义务权利，对照《中国共产党廉洁自律准则》《关于新形势下党内政治生活的若干准则》《中国共产党纪律处分条例》，对照新时代“红船精神”、浙江精神、浙西南革命精神，对照先进典型、身边榜样，对照群众提出的意见建议，查找党的意识和党员意识、担当作为、服务群众、遵守纪律、作用发挥等方面的差距和不足，不断完善问题清单。对查摆出的问题，对群众反映的问题，要立查立改、边查边改。主题教育期间，通过党员先锋岗、党员责任区，设岗定责、“一句话承诺”等，组织党员立足岗位，履职尽责。依托主题党日，每名党员至少参加一次志愿服务，为身边群众至少办一件好事实事。主题教育结束前，党支部要召开一次专题组织生活会，开展“党性体检、民主评议”。岁末年初，各党支部要专门组织一次整改交流。

要大力推进基层党组织软弱落后、村干部管理宽松软、党员失联失管、党内基本制度落实不到位、党建主体责任缺失等突出问题的整治，深化开展“整乡推进、整县提升”，大力推进“基层组织建设深化年”活动，建立健全“抓乡促村”工作机制，全面建强党的基层组织。

四、强化分级分类指导

要坚持从实际出发，针对不同层级、不同领域、不同对象特点，把主题教育的任务具体化精准化差异化，科学合理作出安排，改进组织指导方式，保证学习教育全覆盖，增强主题教育效果。

分类把握主题教育着力点。全县要围绕做好稳增长、促改革、调结构、惠民生、防风险、保稳定等工作，着眼推动解决我县改革发展稳定的突出问题、党的建设的紧迫问题、企业群众和基层急难愁盼问题等开展主题教育。县直各单位要聚焦精神不振、能力不足、作风不实等问题检视整改。乡镇（街道）要重点解决贯彻落实党中央决策部署，省委、市委、县委要求和服务群众“最后一公里”问题。国企要把贯彻新发展理念、推动转型升级、加强党的建设等作为主题教育着力点。村和社区要聚焦乡村振兴、脱贫攻坚、基层治理、服务群众等找差距、抓落实。非公有制经济组织和社会组织要围绕健康持续发展，下大力气把党员组织起来、把党的工作开展起来、把职工群众凝聚起来，推动“党建强、发展强”。

创新方式方法。针对不同群体党员的实际，采取生动鲜活、喜闻乐见的方式，用好案例教育、微信公众号、微视频等，增强主题教育的吸引力和感染力。深化浙西南革命精神弘扬践行活动，认真组织学习浙西南革命精神有关资料，组织开展“百千万”宣讲。采取书记领学、支部研学、班前班后学等方式，丰富学习形式，增强学习效果。流动党员通过流入地、流出地党组织相结合的方式参加主题教育，没有落实到位的可在返乡之际“补课”。对于年老体弱、行动不便、学习能力弱的党员可采取送学上门、结对帮学等形式组织参加主题教育。

五、加强组织领导

压实领导责任。全县“不忘初心、牢记使命”主题教育在县委领导下开展。各级党委（党组）要高度重视、精心组织，成立相应领导组织和工作机构，抓好组织实施。各级党委（党组）主要负责同志负总责，履行第一责任人职责，要集中精力、统筹安排做好示范表率，抓好分类指导。教育、卫健、国资等主管部门要针对行业系统的特点，加强对学校、医院、国企的督促指导，上下联动、条块结合、防止脱节。坚持抓书记、书记抓，各级党组织书记要带头学、带头改、带头抓，切实担负第一责任人责任。要把开展主题教育情况作为领导班子和领导干部年度考核、党委书记抓基层党建工作述职评议考核的重要内容。

善用特色资源。既要用好“三个地”政治资源，又要用好丽水“红+绿”特色资源，还要用好松阳的本土资源。各级党委（党组）要全面梳理习近平总书记重要指示批示精神，深刻体悟“两山”理念的萌发历程和生动实践，组织党员干部认真学习、对标检视、深化落实。大力弘扬践行浙西南革命精神，强化担纲“丽水之赞”的自觉真抓实干。

抓好统筹融合。要把主题教育同改革发展稳定各项任务结合起来，同全县山区国际化发展“四个地”目标和聚焦六项重点工作结合起来，防止“两张皮”。要结合庆祝中华人民共和国成立70周年，把各级党组织和党员、干部在主题教育中激发出来的工作热情和奋斗精神，转化为做到“两个维护”、担当使命的实际行动，转化为做好各项工作的强大动力，推动全县各项事业稳中有进、持续向好，深入践行“两山”理念，全面深化“开放兴县”奋力蹚出一条山区国际化发展道路。

强化督促指导。县委组建“不忘初心、牢记使命”主题教育巡回指导组，采取听取汇报、参加会议、随机抽查、座谈了解、个别访谈等方式，从严从实加强督促指导，及时发现和解决问题，推动中央、省委、市委、县委精神落地见效。要注意听取群众评价，坚持过程评估与结果评估相结合，开展定性定量评估，以群众口碑检验主题教育成效。乡镇（街道）要注重发挥联村（社区、企业）干部、“第一书记”等作用，加强对所辖基层党组织的指导。

营造良好氛围。要加强正面宣传和舆论引导，充分运用主流媒体和新兴媒体，深入宣传习近平总书记关于主题教育的重要讲话和重要指示批示精神，大力宣传中央和省委、市委、县委部署要求，及时反映主题教育的进展成效，总结推广主题教育中形成的好经验好做法好典型，营造开展主题教育的良好氛围。坚决防止形式主义和官僚主义，对可能出现的各种问题，要提前预判、有效防范，坚决防止各类“低级红”“高级黑”，对搞形式、走过场的，要严肃批评，通报曝光，促其改正。

2019年9月12日印发

中共松阳县委 松阳县人民政府关于全面落实预算绩效管理的若干意见

根据《中共中央 国务院关于全面实施预算绩效管理的意见》(中发〔2018〕34号)、《中共浙江省委 浙江省人民政府关于全面落实预算绩效管理的实施意见》(浙委发〔2018〕71号)及《中共丽水市委 丽水市人民政府关于全面实施预算绩效管理的若干意见》(丽委发〔2019〕24号)精神，为加快建成全方位、全过程、全覆盖的预算绩效管理体系，健全以绩效为核心的预算管理新机制，提高财政资源配置效率和使用效益，保障和推动松阳高质量绿色发展，提出如下意见：

一、总体要求

坚持以习近平新时代中国特色社会主义思想为指导，深入贯彻“两山”发展理念，以“松阳之干”担纲“丽水之赞”，按照“总体设计、统筹兼顾，全面推进、突出重点，科学规范、公开透明，权责对等、约束有力”的基本原则，将绩效理念和方法深度融入预算编制、执行、监督全过程，完善“预算编制有目标、预算执行有监控、预算完成有评价、评价结果有应用、结果应用有问责”的全过程预算绩效管理运行机制，形成以绩效为核心的财政政策体系和预算管理机制。2019年底前建立以绩效为核心的集中财力办大事财政政策体系和资金管理机制，2021年底前全县基本建成全方位、全过程、全覆盖的预算绩效管理体系，实现预算和绩效管理一体化，着力提高财政资源配置效率和使用效益，提高公共服务供给质量，为推进松阳高质量绿色发展提供有力保障。

二、构建全方位预算绩效管理格局

（一）实施政府预算绩效管理。将政府收支预算全面纳入绩效管理。政府预算收入要实事求是、积极稳妥、讲求质量，必须与经济社会发展水平相适应，严格落实各项减税降费政策，严禁脱离实际制定增长目标，严禁虚收空转、收取过头税费，严禁超出限额举借政府债务。政府预算支出要统筹兼顾、突出重点、量力而行，着力支持重大发展战略和重点领域改革，提高保障和改善民生水平。同时，不得设定过高民生标准和擅自扩大保障范围，确保财政资源高效配置，增强财政可持续性。建立绩效管理与中期财政规划、跨年度预算平衡机制之间的协同机制，提高财政综合管理水平。

（二）实施部门和单位预算绩效管理。将部门和单位预算收支全面纳入绩效管理，赋予部门和资金使用单位更多的管理自主权。围绕部门和单位职责、行业发展规划，以预算资金管理为主线，统筹考虑资产和业务活动，从运行成本、管理效率、履职效能、社会效应、可持续发展能力和服务对象满意度等方面，衡量部门和单位整体及核心业务实施效果，推动提高部门和单位整体绩效水平。

（三）实施政策和项目预算绩效管理。将政策和项目全面纳入绩效管理，从数量、质量、时效、成本、效益等方面，综合衡量政策和项目预算资金使用效果。建立健全财政专项资金绩效分配、绩效运行、定期评价和退出机制，对实施期超过一年的重大政策和项目实行全周期跟踪问效，建立动态评价调整机制，政策到期、绩效低下的政策和项目要及时清理退出。

三、完善全过程预算绩效管理链条

（四）建立绩效评估机制。各乡镇（街道）、各部门单位要结合预算编审、项目审批等，对新出台的重大政策、项目开展事前绩效评估，重点论证立项必要性、投入经济性、绩效目标合理性、实施方案可行性和筹资合规性等，评估结果作为申请预算的必备要件。县人大要积极发挥预算监督职能，组织开展重大政策和项目的事前绩效监督。投资主管部门要加强基建投资绩效评估，并征询财政和行业主管部门的意见。财政部门要加强新增重大政策和项目预算审核，必要时可以组织第三方机构独立开展绩效评估，审核和评估结果作为决策的重要参考依据。

（五）强化绩效目标管理。各乡镇（街道）、各部门单位要推进整体绩效预算编制改革，编制预算时要贯彻落实各级党委、政府的决策部署，全面设置部门和单位预算的整体绩效目标、政策及项目绩效目标，反映预算预期的产出和效益。绩效目标应依据相关法律法规、经济社会发展规划、部门职能、相关历史标准、行业标准、计划标准等设定，做到指向明确、细化量化、合理可行、相应匹配，并作为预算编审的重要依据。财政部门要加强绩效目标审核，将绩效目标设置作为预算安排的前置条件，重点预算项目绩效目标在财政部门初审的基础上经县人大、县政府组织县级集中评审和监审后审定，财政部门要将绩效目标与预算同步批复下达。

（六）做好绩效运行监控。各乡镇（街道）、各部门单位对绩效目标实现程度和预算执行进度实行“双监控”，发现问题要及时纠正，确保绩效目标如期保质保量实现。各部门单位要建立预算执行情况的绩效运行定期监控机制，对绩效目标运行偏离、未达预期进度或预计不能达成目标的，应分析原因及时采取措施，并将相关情况及时报送财政部门。财政部门要建立重大政策、项目绩效跟踪机制，对存在严重问题的政策、项目，暂缓或停止拨款，督促及时整改落实。财政部门要加强预算执行管理，科学调度资金，推进国库集中支付电子化管理，切实提高财政资金使用效益。

（七）全面开展绩效评价。通过自评和外部评价相结合的方式，对预算执行情况开展绩效评价。各乡镇（街道）、各部门单位对预算执行情况以及政策、项目实施效果开展绩效自评，评价结果报送财政部门。财政部门要组织对部门单位绩效自评结果进行再评价，促进提升绩效自评质量；要建立重大政策、项目预算绩效评价机制，逐步开展乡镇（街道）、部门单位整体绩效评价，必要时可以引入第三方机构参与绩效评价。

（八）加强绩效评价结果应用。各乡镇（街道）、各部门单位要建立健全绩效评价结果应用机制，加大绩效评价结果的应用力度。强化绩效管理激励约束，财政部门要抓紧建立健全绩效评价结果与预算安排和政策调整挂钩机制。将乡镇（街道）、部门单位整体绩效评价结果与体制结算、部门预算安排挂钩，对绩效好的政策和项目原则上优先保障，对绩效一般的政策和项目要督促改进，对交叉重复、碎片化的政策和项目予以调整，对低效无效资金一律削减或取消，对长期沉淀的资金一律收回并按照有关规定统筹用于亟须支持的领域。进一步强化绩效评价结果在财政专项资金分配和调整中的应用，未达成预期绩效的，视情予以削减或扣回。完善绩效评价结果反馈与通报制度，落实绩效问题整改责任制。

四、完善全覆盖预算绩效管理体系

（九）建立一般公共预算绩效管理体系。要加强一般公共预算绩效管理。收入方面，要重点关注收入结构、征收效率和优惠政策实施效果。支出方面，要重点关注预算资金配置效率、使用效益，特别是重大政策和项目实施效果。同时，积极开展涉及一般公共预算等财政资金的政府投资基金、政府和社会资本合作（PPP）、政府采购、政府购买服务、政府债务项目绩效管理。

（十）建立其他政府预算绩效管理体系。除一般公共预算外，还要将政府性基金预算、国有资本经营预算、社会保险基金预算全部纳入绩效管理，加强四本预算之间的衔接。政府性基金预算绩效管理，要重点关注基金使用效果和对专项债务的支撑能力。国有资本经营预算绩效管理，要重点关注贯彻发展战略、收益上缴、支出结构、使用效果等情况。社会保险基金预算绩效管理，要重点关注各类社会保险基金收支政策效果、基金管理、精算平衡、地区结构、运行风险等情况。

五、健全以绩效为核心的预算管理新机制

（十一）构建集中财力办大事的财政政策体系。聚焦聚力党中央、国务院和省、市、县党委政府重大决策部署，综合运用一般公共预算、政府性基金预算、国有资本经营预算等预算资金，以及政府产业基金、政府和社会资本合作(PPP)、政府债券等政策工具，吸引带动金融资本、社会资金增加对重点领域、重大项目投入，到2019年底前建立以绩效为核心的集中财力办大事财政政策体系和资金管理机制，有效发挥政府投资对加强基础设施建设、改善生态环境、促进民生项目建设、推动高质量发展的引领作用，提高财政资金使用绩效。

（十二）完善预算绩效管理流程。将绩效理念和方法深度融入预算编制、执行、监督全过程，按照预算与绩效管理一体化的要求，健全预算绩效管理制度体系和相关的实施细则。围绕预算管理的主要内容和环节，完善涵盖事前绩效评估、绩效目标管理、绩效运行监控、绩效评价管理、评价结果应用等各环节的预算管理流程，形成事前事中事后预算绩效管理闭环。

（十三）健全预算绩效标准体系。绩效指标和标准是绩效目标的细化和量化描述，应根据预算项目合理设置。财政部门应进一步完善预算项目设置规范和支出标准体系，建立健全各部门单位普遍适用的共性绩效指标框架。各行业主管部门要加快构建分行业、分领域、分层次的核心绩效指标和标准体系，实现科学合理、细化量化、可比可测、动态调整、共建共享。加强绩效指标和标准与基本公共服务标准、部门预算项目支出标准的衔接匹配，突出结果导向，注重考核实绩。

（十四）夯实预算绩效工作基础。建立专家咨询机制，引导和规范第三方机构参与预算绩效管理，逐步强化第三方机构的行业自律，严格执

业质量监督管理。加快预算绩效管理信息化建设，打破“信息孤岛”，促进各乡镇（街道）和各部门单位的业务、财务、资产等信息互联互通。创新评估评价方法，探索绩效调查、绩效监督等多种手段,运用成本效益分析法、比较法、因素分析法、公众评判法、标杆管理法等，提高绩效评估评价结果的客观性和准确性。

六、保障措施

（十五）加强绩效管理的组织领导。坚持党对全面实施预算绩效管理工作的领导。按照县委县政府领导、人大绩效监督、财政牵头、预算单位为责任主体的原则，全力推进预算绩效管理工作。各乡镇（街道）和各部门单位要加强对全面落实预算绩效管理工作的组织领导，按照中央和省、市、县党委政府的要求贯彻落实。财政部门要制定预算绩效管理制度办法，指导各乡镇（街道）、各部门单位全面实施预算绩效管理工作，健全与全面实施预算绩效管理相适应的内部组织架构，加强预算绩效管理力量。各乡镇（街道）、各部门单位要切实发挥党组织的领导作用，加强对本乡镇（街道）、本部门单位预算绩效的组织领导，充实预算绩效管理人员，结合实际制定实施办法，确保预算绩效管理延伸至基层单位和资金使用终端。

（十六）硬化绩效责任约束。按照县委、县政府统一部署，财政部门要完善绩效管理的责任约束机制，各乡镇（街道）、各部门单位是预算绩效管理的责任主体。各乡镇（街道）和各部门单位主要负责同志对本乡镇（街道）、本部门单位预算绩效负责，项目责任人对项目预算绩效负责，对重大项目的责任人实行绩效终身责任追究制，切实做到花钱必问效、无效必问责。

（十七）强化监督问责。严肃查处财政资金低效无效、造成重大损失浪费的行为。审计机关要依法对预算绩效管理情况开展审计监督。财政、审计等部门发现违纪违法问题线索的，应当及时移送纪检监察机关。各乡镇（街道）、各部门单位因事前绩效评估、绩效自评结果不实造成重大损失浪费的，依纪依法追究主要负责人及相关人员责任。第三方机构在绩效评估、绩效评价过程中有弄虚作假、出具不实评价报告等行为的，列入行业失信黑名单，并依据相关法律法规处理。

（十八）加大绩效信息公开力度。财政部门要推进绩效信息公开，将重大政策和项目绩效目标、绩效评价结果随同预决算草案同步报送县人大，同步向社会主动公开，建立健全社会公众参与预算绩效管理的途径和平台，自觉接受监督。各乡镇（街道）、各部门单位应当结合工作进展推进预算绩效信息公开，逐步在部门预算中公开乡镇（街道）和部门单位重点政策和项目预算的绩效目标，在部门决算中公开主要民生项目和重点支出项目的绩效评价结果。

（十九）加强绩效管理工作考核。县政府将预算绩效结果纳入政府绩效和干部政绩考核体系，作为领导干部选拔任用、公务员考核的重要参考，充分调动各乡镇（街道）和各部门单位履职尽责和干事创业的积极性。财政部门负责对各乡镇（街道）和各部门单位预算绩效管理工作情况进行考核，考核结果作为政府绩效考核的重要内容，并对工作推进不力的乡镇（街道）和部门单位进行约谈并责令限期整改。

2019 年 12 月 31 日印发